스노볼1

The Snowball

워런 버핏 공식 전기

스노볼 1

앨리스 슈뢰더 지음 | 이경식 옮김

The Snowball: Warren Buffett and the Business of Life

RHK
알에이치코리아

워런이 아홉 살 되던 해 겨울, 바깥에는 눈이 내리고 워런은 누이동생 버티와 함께 마당에서 논다.

워런은 눈송이를 손으로 잡는다. 그러다가 손으로 한 움큼 눈을 뭉친다. 점점 더 많은 눈을 붙인다. 제법 큰 공 모양의 눈뭉치가 된다. 소년은 이제 이걸 땅에 내려놓고 굴리기 시작한다. 눈뭉치는 눈덩이가 되고, 이 눈덩이는 점점 커진다. 신이 난 소년은 마당을 가로질러 눈덩이를 굴리고, 눈덩이는 더욱 커진다. 이윽고 눈덩이는 소년의 집 마당 끝에 다다른다. 잠시 망설이던 소년은 마침내 결심을 하고 이웃집 마당으로 눈덩이를 밀고 간다.

워런은 계속 눈덩이를 밀었고, 이제 그의 시선은 눈 덮인 온 세상을 향했다.

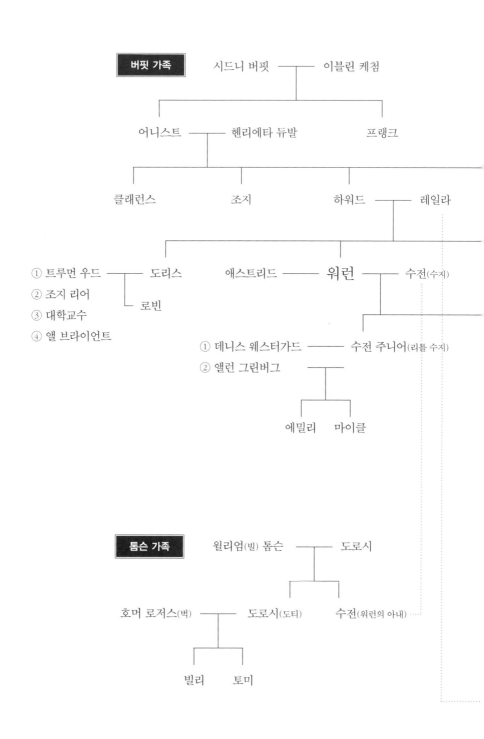

버핏 가족

시드니 버핏 ──┬── 이블린 케첨

어니스트 ──┬── 헨리에타 듀발   프랭크

클래런스   조지   하워드 ── 레일라

① 트루먼 우드 ──┬── 도리스   애스트리드 ── 워런 ──┬── 수전(수지)
② 조지 리어
③ 대학교수   └── 로빈
④ 앨 브라이언트

① 데니스 웨스터가드 ──── 수전 주니어(리틀 수지)
② 앨런 그린버그

에밀리   마이클

톰슨 가족

윌리엄(빌) 톰슨 ──┬── 도로시

호머 로저스(벅) ──┬── 도로시(도티)   수전(워런의 아내)

빌리   토미

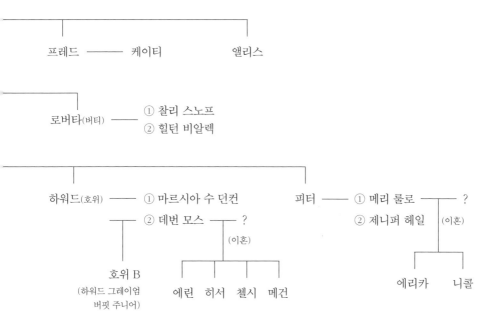

프레드 —— 케이티 　　　　앨리스

로버타(버티) —— ① 찰리 스노프
　　　　　　　　② 힐턴 비알렉

하워드(호위) —— ① 마르시아 수 던컨　　　피터 —— ① 메리 룰로 —— ?
　　　　　　　② 데번 모스 —— ?　　　　　　　② 제니퍼 헤일　(이혼)
　　　　　　　　　　　　　(이혼)

호위 B　　　에린 히서 첼시 메건　　　　　　　　에리카　니콜
(하워드 그레이엄
버핏 주니어)

스탈 가족

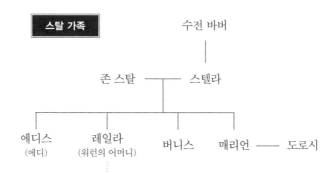

　　　　　　　　　　수전 바버

존 스탈 —— 스텔라

에디스　　레일라　　버니스　　매리언 —— 도로시
(에디)　(워런의 어머니)

차례

✳

스노볼1

PART 4 수지, 노래를 부르다

스노볼2

PART 1

거품

The Snowball: Warren Buffett and the Business of Life

1

아첨이 덜한 쪽으로

오마하, 2003년 6월

워런 버핏은 아버지 하워드가 쓰던 평범한 목제 책상 뒤에 다리를 꼬고 앉아서 몸을 편안하게 흔든다. 값비싼 제냐(이탈리아의 명품 브랜드—옮긴이) 양복이 어깨에 걸쳐져 있지만 싸구려 기성복처럼 구김이 가 있다. 그는 늘 이 옷만 입는다. 버크셔 해서웨이 본부의 직원 열다섯 명이 아무리 평상복 차림으로 입어도 이 옷은 그의 어깨에서 떠날 줄 모른다. 그리고 또 그는 늘 흰색 와이셔츠만 입는데, 이 와이셔츠의 목둘레 사이즈는 그의 목에 비해 작아서 언제나 맨 위 단추는 풀어져 있고 넥타이 역시 느슨하다. 젊은 시절부터의 습관 같다. 어쩌면 워런은 지난 40년 동안 자기 목둘레 사이즈가 얼마인지도 모르고 살았는지 모른다.

두 손은 희끗희끗한 머리카락을 비집고 뒷머리에서 깍지를 끼고 있다. 유독 단정치 않아 보이는 머리숱 한 덩어리가 오른쪽 귀에서 마치 스키장의 점프 코스처럼 위로 뻗쳐 있다. 숱이 많은 오른쪽 눈썹은 뿔테 안경 너머로 삐죽 나와 오른쪽 귀를 향하고 있다. 이 눈썹 때문에 의심이 많아 보이고 아는 게 많아 보이고 또 어딘지 모르게 재미있어 보인다. 또한 엷은 미소 덕분에 눈썹에서는 상대방을 매혹하게 만드는 힘이 발산된다. 그럼에도 불구하고 그의 연푸른 두 눈동자는 한 점 흔들림도 없이 강렬하다.

그가 앉은 자리 주변에는 50년이라는 세월의 온갖 흔적들이 놓여 있다. 사무실 바깥에 있는 복도에는 네브래스카 대학교 링컨 캠퍼스의 미식축구 팀 사진들, 연속극 드라마에 출연하고 받은 출연료 지불표, '롱텀 캐피털 매니지먼트LTCM: Long-Term Capital Management'라는 헤지펀드 회사를 사겠다는 제안서(하지만 이 제안은 한 번도 받아들여지지 않았다) 그리고 코카콜라와 관련된 기념품들이 도처에 널려 있다. 사무실 안 커피 탁자 위에는 고전적인 모양의 코카콜라 병이 하나 놓여 있다. 야구 글러브 하나가 루사이트(투명 합성수지 – 옮긴이) 안에 갈무리되어 있다. 소파 위에는 그가 1952년 1월 데일 카네기의 연설 과정을 수료했다는 증명서가 걸려 있다. 웰스 파고Wells Fargo 은행의 상징인 역마차는 서쪽을 향해 책장 위에 놓여 있다(1852년 설립된 웰스 파고 은행은 돈과 우편물을 역마차에 싣고 날랐다 – 옮긴이). 오마하의 신문사인 〈오마하선Omaha Sun〉(정식 명칭은 'The Sun Newspapers Of Omaha'이다 – 옮긴이)이 1973년에 수상한 퓰리처상도 있다. 이 신문사는 그의 투자 회사 소유다. 사무실에는 온갖 잡지와 신문들이 어지럽게 흩어져 있다. 가족 혹은 친구들과 찍은 사진들이 책장과 사이드테이블을 가득 메우고, 책상 옆 컴퓨터가 놓일 자리에 대신 놓인 장식장 아래쪽에도 놓여 있다. 그리고 그의 아버지 하워드 버핏의 대형 사진이 책상 뒤쪽의 벽에 걸려 있는데, 이 사진은 그 방에 들어오는 모든 사람을 굽어본다.

비록 창문 너머 바깥에서는 늦봄의 아침이 따스하게 손짓하고 있지만, 갈색의 목제 덧문은 굳게 닫혀서 이런 풍경을 차단하고 있다. 책상을 향한 상태로 켜져 있는 TV는 CNBC 채널에 고정되어 있으며, 소리는 제거된 채 화면만 보인다. 화면 하단에 흐르는 자막이 종일 그에게 뉴스를 전달한다. 오랜 세월 동안 이 자막 뉴스가 자기와 관련된 소식을 숱하게 전했다는 생각을 할 때마다 늘 기분이 좋아진다.

하지만 실제로 그를 잘 아는 사람은 그다지 많지 않다. 나는 그를 안 지 6년 되었다. 나는 버크셔 해서웨이 주식을 포함해서 주식 종목들을 분석하는 애널리스트 자격으로 그를 처음 만났다. 그 뒤 시간이 지나면서 우리는 우정을 나누는 사이가 되었다. 그리고 지금, 그는 나더러 어떤 부탁 하나를 한다. 여태까지보다 훨씬 더 많이 자기와 자기 이야기들을 알아야 하는 일이다. 그는 자신의 이야기를 쓰겠지만, 자기가 직접 쓰지는 않겠다고 말한다. 그가 말을 한 마디씩 할 때마다 제멋대로인 눈썹이 꿈틀거리면서 단어 하나하나를 강조한다.

"앨리스, 당신이 나보다는 더 잘 쓸 것 아닙니까? 나는 당신이 이 책을 써주면 좋겠어요. 나 대신 말입니다."

그렇게 할 때 모든 게 분명하고 명확해질 거라는 게 자기 대신 내가 그 책을 써야 하는 근거로 그가 제시하는 이유다. 그리고 얼마 뒤, 우리는 가장 내밀한 문제부터 시작한다.

"왜 그렇게 돈을 벌려고 하세요?"

그의 시선이 잠시 허공을 응시한다. 휙, 휙, 휙, 머릿속의 파일을 훑어 넘기며 생각에 잠긴다. 그가 자기 이야기를 하기 시작한다.

"발자크는 엄청난 재산 뒤에는 항상 엄청난 죄가 도사리고 있다고 말했죠.[1] 하지만 버크셔 해서웨이는 그렇지 않아요."

그는 자리에서 일어나 사무실을 가로질러 두세 걸음 걷는다. 생각을 떠올리기 위해서다. 겨자색 팔걸이의자에 다가가서 기대고는 몸을 앞으로 숙인다. 그 모습은 일흔두 살의 전문 투자가라기보다는 첫사랑 이야기를 자랑스럽게 떠벌리는 십대 소년의 모습이다. 그 이야기를 어떻게 해석할 것인가, 누가 그를 인터뷰하고 또 무엇을 쓸 것인가? 모든 것은 오로지 나에게 달려 있다고 한다. 그는 인간의 본성과 기억의 취약성을 길게 이야기한 뒤에 이렇게 말한다.

"내가 말하는 내용과 다른 사람이 이야기하는 내용이 다를 때는 말입니다, 무조건 나를 나쁘게 말하는 쪽을 선택해 주시오. 아첨이 덜한 쪽으로 말입니다."

수많은 교훈들 가운데 최고의 교훈은 단지 그를 바라보는 것만으로도 충분히 나온다. 가장 먼저 들 수 있는 게 바로 이 겸손함이다.

돌이켜보면, 그가 요청한 대로 무조건 그를 나쁘게 말하는 쪽으로 선택할 일은 많지 않았다. 그래야 했던 때가 있긴 있어도 그건 기억의 취약성 문제가 아니라 인간의 본성 문제였다. 그 가운데 하나가 1999년 선 밸리에서 있었던 일이다.

2

선 밸리

워런 버핏은 자동차에서 내린 뒤 트렁크에서 서류 가방을 꺼냈다. 그리고 철망이 쳐진 통로를 통과해서 공항 활주로로 걸어 들어갔다. 환하게 빛나는 흰색 걸프스트림 4 제트기가 그와 그의 가족을 태우려고 기다리고 있었다. 이 기종은 지역 항공사의 주력 기종으로, 1999년 당시 개인 항공기로는 가장 큰 비행기였다. 조종사 가운데 한 명이 그의 서류 가방을 받아서 짐칸에 실었다. 처음 워런을 태우고 비행하는 조종사들은 워런이 손수 자동차를 운전하고 와서는 자기 짐을 직접 옮기는 모습에 깜짝 놀랐다. 계단을 밟고 비행기로 올라가던 워런이 여승무원에게 인사했다. 처음 보는 얼굴이었다. 그는 곧바로 창문가의 자리로 가서 앉았다. 하지만 그렇다고 해서 비행하는 동안 창문으로 풍경을 내다보려는 건 아니었다. 좀처럼 그런 적이 없었다. 자리에 앉은 그는 무척 들떠 보였다. 사실 그는 이 여행을 몇 주 전부터 들뜬 마음으로 기다렸다.

아들 피터와 며느리 제니퍼, 딸 수전 주니어와 그녀의 남자친구 그리고 손주 두 명이 모두 탑승해서 15미터 길이의 객실에 마련된 카페오레 색깔의 가죽 클럽체어(키가 낮고 묵직한 안락의자-옮긴이)에 자리를 잡았다. 이들은 승무원이 음료수를 가져다주러 오갈 때 거치적거리지 않도록 의자의 방향을 돌려서 모퉁이 쪽 통로에 여유를 두었다. 비행기의 주방에는 이들 가족이 좋아하는 음료수와 간식이 준비되어 있었다. 의자 곁에는 〈배너티 페어Vanity Fair〉, 〈뉴요커New Yorker〉, 〈포천Fortune〉, 〈요팅Yachting〉, 〈롭 리포트Robb Report〉(럭셔리 라이프스타일 잡지-옮긴이), 〈애틀랜틱 먼슬리Atlantic Monthly〉, 〈이코노미스트Economist〉, 〈보그Vogue〉, 〈요가 저널Yoga Journal〉 등 온갖 잡지들이 한 무더기 쌓여 있었다. 여승무원이 워런에게는 잡지 대신 신문을 한 아름 가져다주었다. 포테이토칩이 가득 담긴 바구니와, 그가 입고 있던 붉은색 네브래스카 스웨터와 색깔이 같은 체리 코크도 한 잔 줬다. 그는 고맙다고 말했다. 그러고는 여승무원이 처음 시중들면서 가지는 부담을 덜어주려고 잠시 그녀와 잡담을 나눈 뒤, 이륙할 준비가 다 되었다는 말을 조종사에게 전해달라고 했다. 그러고 나서 그는 신문에 얼굴을 묻었고, 비행기는 곧 활주로를 달린 뒤 4만 피트 상공으로 날아 올랐다. 그리고 두 시간 동안 워런을 제외한 여섯 사람은 비디오를 보고, 잡담을 나누고, 전화를 했다. 그동안 승무원은 새의 눈 무늬가 있는 단풍나무 원목으로 된 식탁들에 식탁보를 깔고 난초 꽃병을 놓은 뒤 점심식사를 준비하러 주방으로 돌아갔다. 워런은 자기 자리에서 꼼짝도 하지 않았다. 자기 집 서재에 혼자 있을 때처럼 신문 뒤에 숨어서 신문만 읽었다.

이들은 3천만 달러짜리 하늘 궁전을 타고 날고 있었다. 이 비행기의 소유는 소위 '지분제'로 되어 있어서 명목상 소유주는 모두 여덟 명이나 되지만, 다른 비행기들까지 함께 운항되기 때문에 원하면 언제든 쓸 수 있었다. 비행기 조종사와 비행기 정비사, 탑승 의사를 전달받으면 여섯 시간 안에 일정을 조정하는 업무를 담당하는 사람 그리고 객실에서 승객 시중을 드는 승무원은 모두 '넷제츠NetJets' 소속이었고, 넷제츠는 버크셔 해서웨이에 속한 회사였다.

얼마 뒤, 걸프스트림 4 제트기는 스네이크리버평원 위를 날았고, 백악기에 형성된 거대한 화강암 융기물인 소투스산맥으로 접근했다. 소투스산맥은 여름 햇살을 받아서 뜨겁게 작열하고 있었다. 비행기는 밝고 맑은 하늘을 가로질러 우드리버계곡 위를 날면서 고도를 8천 피트로 낮추었다. 갈색 구릉지로 인해 형성된 난기류 탓에 비행기가 요동을 치기 시작했다. 비행기가 덜컹거리고 다른 가족들은 자세를 바로잡는다고 한바탕 부산했지만 워런은 전혀 개의치 않고 신문만 읽었다. 고도가 점점 내려가면서 계곡들 사이의 산등성이 위에 줄지어 늘어선 소나무들이 점점 크고 또렷하게 보이기 시작했다. 비행기가 멀리서 점점 다가오는 두 개의 산봉우리 사이를 향해 내려가자, 한낮의 태양은 아이다호에서 과거 광산촌으로 이름 높았던 도시 헤일리 위로 비행기 그림자를 점점 크게 드리웠다.

몇 초 뒤, 비행기의 바퀴가 프리드먼 기념 공항 활주로에 닿았다. 버핏 일행이 비행기 계단을 내려오면서 6월의 햇살에 얼굴을 찌푸릴 때, '허츠Hertz' 직원들이 SUV 두 대를 비행기 옆에 주차해 놓고 기다리고 있었다. 그 사람들은 모두 허츠의 황금색과 검은색으로 된 셔츠를 입고 있었다. 하지만 로고는 허츠 것이 아니었다. '앨런 앤드 컴퍼니Allen & Co.'라고 씌어 있었다.

손주 두 명이 먼저 내려오고 조종사들이 여행 가방들과 테니스 라켓, 워런의 붉은색과 흰색이 섞인 코카콜라 골프 가방을 차례로 내려서 자동차에 실었다. 워런과 그의 일행은 조종사들과 악수하고 승무원과 작별 인사를 나눈 뒤 자동차에 올랐다. 활주로 남쪽 끝에 있던 '선 밸리 항공'의 사무소인 소규모 조립식 건물을 지나 철망이 쳐진 통로를 통과해서 멀리 보이는 산의 정상으로 이어지는 길로 들어섰다. 비행기 바퀴가 처음 활주로에 닿은 때부터 약 2분밖에 지나지 않았다.

공항의 일정은 조금도 차질이 없었다. 8분 뒤 또 한 대의 제트기가 착륙했고, 자기 주차 구역으로 향했다.

황금빛 햇살이 내리쬐는 오후 내내 비행기들이 꼬리에 꼬리를 물고 헤일리에 착륙했다. 남쪽에서도 왔고 동쪽 혹은 높은 산을 돌아 서쪽에서도 왔다. 부지런하고 힘 좋은 세스나 시테이션, 매력적이고 빡빡한 공간의 리어젯, 속도가 빠른 호커, 호화스러운 팰컨 등이 있었지만 대부분은 찬탄을 금할 수 없는 걸프스트림 4였다. 해가 저물어 갈 때쯤 수십 대의 거대한 흰색 비행기들이 비행장에 줄을 지어 늘어섰다. 그 풍경은 마치 거부들이 즐겨 찾는 장난감 가게의 진열장 같았다.

버핏 일행은 앞서 간 SUV들이 지나간 길을 따라서 공항에서부터 소투스국유림의 끝자락에 있는 케첨이라는 작은 마을까지 몇 킬로미터를 더 갔다. 엘크혼 패스Elkhorn Pass로 갈라지는 지점에서 멀지 않은 곳이었다. 그리고 다시 몇 킬로미터 더 간 뒤에 산을 끼고 돌았는데, 초록색 오아시스가 갈색 경사지 속에 덩그러니 나타났다. 반짝거리는 사시나무들과 레이스로 수놓은 듯한 소나무들 사이에 선 밸리가 있었다. 소투스산맥 인근에서 가장 유명한 휴양지인데, 어니스트 헤밍웨이도 여기에서 《누구를 위하여 종은 울리나For Whom the Bell Tolls》의 집필을 시작했다. 이곳은 오랜 세월 동안 동계 올림픽에 출전하는 스키 선수와 스케이트 선수의 제2의 고향이기도 했다.

화요일 오후에 열리는 회합에 참가하는 사람들은 모두, 미디어와 통신 산업 분야에 주력하는 부티크 투자은행인 앨런 앤드 컴퍼니와 어느 정도 관계가 있었다. 앨런 앤드 컴퍼니는 할리우드에서 몇몇 최대의 합병을 성사시킨 적이 있으며, 또 10년이 넘는 기간 동안 해마다 스위트룸에 자기 고객들과 친구들을 불러서 소위 '앨런 앤드 컴퍼니 컨퍼런스'를 개최해 일련의 토론회를 열고 또 자연 속에서 여러 가지 유쾌한 레크리에이션을 즐기게 했다. 이 회사의 CEO인 허버트 앨런은 자기가 좋아하는 사람이나 최소한 자기가 기꺼이 사업을 함께 하고 싶은 사람들만 컨퍼런스에 초대했다.

그랬기 때문에 이 컨퍼런스는 언제나 유명한 갑부들로 북적거렸다. 예를 들면 다음과 같은 인물들이 그의 초대를 받았다. 할리우드 유명인사 캔디스 버겐, 톰 행크스, 론 하워드, 시드니 폴락, 방송연예계의 거물 배리 딜러, 루퍼트 머독, 로버트 아이거(현재 월트디즈니 컴퍼니 회장, 당시는 ABC 그룹의 사장 겸 COO[최고운영책임자] – 옮긴이), 마이클 아이스너(월트디즈니 컴퍼니 전 CEO – 옮긴이), 언론계의 거물 기자 톰 브로코(전 NBC 방송국 앵커 – 옮긴이), 다이앤 소이어(ABC 방송국 앵커 – 옮긴이), 찰리 로즈(PBC 방송국의 '찰리 로즈 쇼' 진행자 – 옮긴이), 기술 분야의 거물 빌 게이츠, 스티브 잡스, 앤디 그로브(인텔의 공동창업자 – 옮긴이) 등. 수많은 기자들이 해마다 선 밸리 로지Sun Valley Lodge 바깥에서 이들을 기다렸다.

기자들은 그들보다 하루 일찍 뉴저지의 뉴어크로 가야 했다. 거기에서 솔트레이크시티로 가는 민간 항공기를 탄 다음, 다시 E 구역으로 달려가서 와이오밍의 캐스퍼와 아이오와의 수시티와 같은 곳으로 가는 항공편을 기다리는 사람들 틈에 끼어 앉아 선 밸리로 가는 프로펠러 비행기가 뜰 때까지 기다려야 했다. 마침내 이 비행기가 준비되면 짐짝처럼 구겨진 채 덜컹거리며 한 시간을 날아야 선 밸리에 도착했다. 선 밸리에 도착한 이들의 비행기는 공항의 반대편 맨 끝으로 간다. 거기에는 테니스장만 한 작은 터미널이 있는데, 여기에서 기자들은 피부를 건강하게 태운 앨런 앤드 컴퍼니의 젊은 직원들을 보게 된다. 이 직원들은 'SV99'라는 글자가 적힌 파스텔 색조의 폴로 셔츠에 흰색 반바지를 입고서, 항공사의 비행기를 타고 행사에 참석하러 오는 손님들을 맞고 있었다. 이들은 수많은 승객들 속에서 자기들이 기다리는 사람들을 곧바로 알아보았다. 이들은 겉모습만 보고도 알아볼 수 있었다. 보통 남자들은 웨스턴 부츠에 청바지와 폴 스튜어트(남성복 브랜드 이름 — 옮긴이) 셔츠를 입었고, 여자들은 염소 스웨이드 가죽 재킷을 입고 구슬 하나의 크기가 공깃돌만 한 터키석 목걸이를 했다. 앨런 앤드 컴퍼니의 직원들은 손님들의 사진을 미리 전달받았던 터라, 자기들이 기다리는 사람들의 얼굴을 알고 있었다. 이들은 손님들을 마치 오래전부터 사귀었던 친구나 되는 듯 반갑게 껴안고 인사를 나눈 뒤 그들이 가지고 온 짐을 들었고, 주차장에서 조금 떨어진 곳에 줄지어 늘어선 SUV로 안내했다.

기자들은 렌터카 사무실로 달려가서 차를 빌린 뒤 선 밸리 로지로 운전해 갔다. 이때쯤 되면 이미 자기들은 행사에 정식으로 초대받은 사람들에 비해서 얼마나 초라하고 낮은 신분인지 절감했다. 그리고 그 뒤 며칠 동안 선 밸리의 곳곳에 '사유지 — 출입 금지'라는 표지판들이 들어서서 기자들의 진입을 가로막았다. 그리고 도처에 있는 보안 요원과 대형 화분들, 위에서 늘어뜨린 꽃바구니들이 기자들의 시선을 차단했다. 울타리 안에서는 흥미로운 일들이 벌어지고 있었지만 기자들은 울타리 바깥에서 서성여야 했다. 하지만 관목 울타리에 얼굴을 쑤셔 박은 채 내부의 동정을 살피는 건 물론 얼마든지 자유롭게 할 수 있었다.[1] 디즈니의 마이클 아이스너와 '캐피털시티즈/ABC Capital Cities/ABC'의 톰 머피가 '선 밸리 95'(1995년도의 이 행사가 마치 선 밸리 전체를 통째로 빌린 것처럼 보통 이런 식으로 불렸는데, 사실 어떤 면에서 보자면 통째로 빌린 거나 마찬가지였다)에서 자기들 회사의 합병을 시도한 뒤로, 선 밸리 컨퍼런스에 대한 언론의 관심은 엄청나게 커졌다. 칸 영화제의 기업계 판이라고 할 만큼 현기증이 날 정도로 어지럽고 화려한 관심이 쏠렸다. 하지만 선 밸리에서 새어 나온 인수 합병 관련 이야기는 빙산의 일각이었다. 그런 거래 소문들 때문에 기자들이 모여들긴 했지만, 선 밸리에서는 단순한 거래 차원을 넘어서는 일들이 진행되었다. 아무개 회사 혹은 아무아무개 회사가 아이다호의 휴양지에서 은밀한 회의를 통해 모종의 인수 합병 거래를 추진한다는 소문들은 해마다 나왔다. 그랬기 때문에 SUV가 한 대씩 와서 설 때마다 기자들은 우르르 달려가서 그 자동차의 유리창에 얼굴을 들이대며 안에 누가 타고 있는지 확인하려고 애를 썼다. 그러다가 보도 가치가 있는 사람이라도 타고 있으면 사냥감을 좇아서 마이크를 들이대고 사진을 찍어댔다.

워런 버핏이 자동차에서 내리자 기자들은 그를 금방 알아보았다.

"컨퍼런스의 DNA는 버핏을 컨퍼런스의 공고한 일부가 되게 만들었다."

워런의 친구이자 앨런 앤드 컴퍼니의 회장인 돈 커우가 한 말이다.[2] 기자들은 대부분 워런을 좋아했다. 워런은 누구에게도 미움을 받지 않으려고 비상한 노력을 했다. 그는 또한 기자들의 호기심을 일부러 자극하기도 했다. 대외적으로 워런은 소박한 사람이라는 이미지를 가지고 있었다. 그리고 또한 천재처럼 비쳤다. 하지만 그는 매우 복잡한 삶을 살았다. 집을 다섯 채 가지고 있었지만 두 채에만 거주했다. 어쨌거나 워런은 사실상 아내도 두 명이 있었다. 워런은 상냥하게 눈빛을 반짝이며 보통 수수한 격언을 들어서 이야기했으며, 그의 주변에는 놀라운 충성심으로 무장한 친구 집단이 있었다. 하지만 그때까지 살아오면서 그는 거친 거래협상가 혹은 심지어 얼음처럼 차가운 거래협상가라는 이름을 얻었다. 워런은 전 세계의 다른 어떤 기업가보다 사람들 앞에 나서지 않으면서도 그 어떤 기업가보다 더 많은 관심을 끌었다.[3] 걸프스트림 4를 타고 전 세계를 돌아다녔고, 유명한 행사에도 자주 참석했다. 명사 친구들도 많았다. 그러면서도 오마하와 햄버거와 절약이 편안하다고 했다. 워런은 자기가 성공할 수 있었던 것은 몇 개의 단순한 투자 원칙을 집중적으로 실천했으며 날마다 즐거운 마음으로 출근해 열정적으로 일한 덕분이라고 말했다. 하지만 그 말이 맞다면, 똑같이 평생을 그렇게 산 사람들이 엄청나게 많은데 어째서 이 사람들은 워런처럼 많은 돈을 벌지 못했을까?

늘 그랬듯이 워런은 사진 기자들을 위해서 손을 흔들고 인자한 할아버지의 미소를 띠면서 걸어갔다. 워런이 가고 나자 기자들은 다시 다음에 들어오는 자동차로 눈을 돌렸다.

버핏 가족은 자기들이 묵을 프랑스 시골풍의 콘도로 자동차를 몰았다. 수영장과 테니스장이 바로 옆에 붙어 있는 이곳은 사람들이 가장 탐내는 콘도였고, 그랬기 때문에 허버트 앨런은 VIP들을 이쪽으로 배치했다. 실내에는 여러 가지 선물들이 마련되어 있었다. 'SV99'라는 로고가 찍힌 앨런 앤드 컴퍼니의 재킷, 야구 모자, 지퍼 달린 플리스, 해마다 색상이 바뀌는 폴로 셔츠 그리고 지퍼가 달린 노트가 무더기로 쌓여 있었다. 공항에 주차된 걸프스트림 4 제트기 1천 대를 살 수 있는, 300억 달러나 되는 돈을 재산으로 가지고 있으면서도 워런은 친구에게서 받는 공짜 선물을 누구보다 좋아했다. 워런은 시간을 들여서 선물들을 찬찬히 살펴보았다. 워런이 무엇보다 관심을 가진 것은 허버트 앨런이 손님 한 사람 한 사람에게 따로 준비해서 제공하는 개인 노트였다. 이 노트는 각각의 손님에게 선 밸리가 어떤 준비를 하고 있는지 상세하게 설명해 주는, 일종의 개인 맞춤용 행사 안내서였다.

워런의 일정은 허버트 앨런의 빳빳한 프렌치 커프스(셔츠를 꺾어서 접는 커프스-옮긴이)만큼이나 시간별로 그리고 날짜별로 철저하게 조직되어 있었다. 이 노트에는 공식적인 회의에서 누구누구가 연설을 하고 연설 주제가 무엇인지 자세하게 적혀 있었다. 물론 이 내용은 그때까지 철저하게 보안에 부쳐진 것들이었다. 그리고 그가 선 밸리에 머물면서 참석할 오찬과 만찬에 대한 설명도 있었다. 물론 워런은 다른 손님들과 달리 이런 내용을 이미 알고 있었다. 하지만 그렇다고 해서 그 노트에 적혀 있는 내용을 자기 눈으로 보고 싶은 마음이 줄어들지는 않았다.

선 밸리 컨퍼런스의 조용한 연출가로서 '선 밸리의 영주'라 불리던 허버트 앨런은 행사 전반에 녹아 들어가는 일상적인 호사의 수준을 설정했다. 사람들은 언제나 그가 고매한 원칙을 가지고 있고 재기 발랄하며 좋은 충고를 하고 또 관대하다고 칭송했다. 심지어 초대받은 어떤 사람은 이런 말도 했다.

"허버트 앨런과 같은 사람의 존경을 받으면서 죽는다면 얼마나 좋을까."

사람들은 그에게서 받은 행사 초대를 취소당할까 두려워서 그가 '괴짜'라거나 침착하지 못하다거나 참을성이 없다거나 특이한 개성을 가지고 있다는 말은 삼갔다. 키가 크고 바짝 마른 그의 그림자와 함께 서 있을 때는 그가 기관총처럼 쏟아 내는 말들을 따라잡으려고 언제나 신경을 바짝 곤두세워야 했다. 그는 숱하게 많은 질문을 쏟아 내지만 상대방이 하는 대답을 가운데서 툭툭 잘랐다. 그 대답들이 자기 시간을 낭비하는 걸 참지 못했다. 감히 함부로 말할 수 없는 말들을 하는 게 그의 주특기였다. 한번은 그가 기자에게, 자기 역시 월스트리트에서 은행을 경영하면서도 이런 말을 했다.

"궁극적으로 월스트리트는 없어질 겁니다."

그리고 또 자기 경쟁자들을 '핫도그 노점상'[4]이라고 부르기도 했다.

앨런은 회사를 소규모로 유지했으며, 직원들은 자기들이 하는 거래에 자기들 돈을 투자했다. 일반적인 관행과 다른 이런 경영 방침 덕분에 회사는 단순히 고객(이들은 할리우드와 미디어 업계의 엘리트들이었다)의 시중을 드는 심부름꾼이 아니라 고객과 대등한 동업자가 되었다. 그랬기 때문에 그가 마련한 이 행사에 참석한 손님들은 거래 관계로 어쩔 수 없이 참가한 게 아니라 이 행사에 참가함으로써 특권을 누린다는 인상을 받았다. 앨런 앤드 컴퍼니는 각각의 손님이 가지고 있는 개인적인 인간관계를 모두 파악하고 있었는데, 해마다 이 인간관계에 기초해서 상세한 사회적인 의제를 마련했으며, 새로이 참석하는 인물들이 누구를 만나야 할지도 미리 파악하고 정리해서 행사의 각 프로그램에 반영했다. 선 밸리의 중앙 회관으로 기능하며, 손님 전체를 대상으로 하는 각종 회의들이 열리는 공간인 선 밸리 인Sun Valley Inn에서 각 손님이 묵는 콘도까지의 거리가 얼마나 되는지 그리고 어떤 식사 자리에 손님이 초대를 받고 또 누구와 한자리에 앉을지 하는 것들에도 암묵적으로 위계 질서가 녹아 있었다.

워런의 친구 톰 머피는 이런 종류의 행사를 '코끼리 박치기elephant bumping'라고 불렀다. 여기에 대해서 워런은 다음과 같이 말한다.

"거물들을 여러 명 한자리에 모이게 할 때마다, 사람들은 꾸역꾸역 찾아와요. 왜냐하면 코끼리 박치기가 벌어지는 현장에 있으면 자기들 역시 코끼리이며, 이런 사실을 스스로 뿌듯한 마음으로 확인할 수 있기 때문입니다."[5]

선 밸리는 초대받은 손님에게 언제나 안도감을 안겨주었다. 대부분의 코끼리 박치기와 다르게 돈을 주고 입장권을 살 수 있는 자리가 아니었기 때문이다. 결과는 일종의 유사 엘리트 민주주의였다. 여기에서 즐길 수 있는 긴장감 넘치는 게임 가운데 하나는 누가 초대받지 못했는지 확인하는 것이었다. 그리고 이보다 더 긴장감 넘치는 건 누가 초대를 받았다가 취소당했는지 확인하는 것이었다. 하지만 초대받은 사람들끼리는 진정한 인간관계를 발전시켰다. 앨런 앤드 컴퍼니는 즐길 거리들을 풍성하게 마련해서 여흥을 돋우었다. 이런 프로그램은 첫날 오후부터 시작되었다. 손님들은 서부 시대의 복장으로 갈아입고 옛날식 마차를 타고 카우보이들이 이끄는 대로 꼬불꼬불 이어지는 길을 따라 천연 돌탑을 지나서 트레일 크리크 캐빈Trail Creek Cabin 초지(草地)까지 갔다. 해질녘이 되면 허버트 앨런이나 그의 두 아들 가운데 한 명이 그곳에서 기다리고 있다가 손님을 맞았다. 카우보이들은, 진홍색 피튜니아와 파란색 세이지를 담은 항아리들로 장식된 커다란 흰색 텐트 가까이에서 로프를 이용한 놀이로 어린이들과 즐겁게 놀아주었다. 한편 선 밸리의 원년 멤버들은 이날 다시 모여 줄지어 늘어선 채 새로운 손님들을 맞았다. 이들은 각자 스테이크와 연어 요리가 담긴 쟁반을 들고 있었고, 손님들은 이 음식으로 뷔페를 즐겼다. 버핏 가족들은 보통 무수한 별들이 점점이 박혀 있는 서부의 하늘 아래에서 모닥불을 가운데 놓고 둘러앉아 친구들과 이야기를 나누는 것으로 그날 저녁 일정을 마쳤다.

떠들썩한 놀이는 수요일 오후에도 계속 이어졌다. 원하는 사람만 참가했는데, 바닥이 훤히 보이는 맑고 잔잔한 새먼강을 따라서 쪽배를 타고 노를 저어 하류로 내려가는 래프팅 프로그램이었다. 이 여행을 하는 동안 동행한 사람들 사이에는 친밀한 우정이 싹텄다. 왜냐하면 앨런 앤드 컴퍼니는 함께 배를 탈 사람의 조합뿐만 아니라 배를 타는 곳까지 가는 버스에서 옆자리에 앉을 사람의 조합까지도 섬세하게 미리 조정해 뒀기 때문이다. 계곡을 내려가는 동안 뱃길을 안내하는 직원은 꼭 필요한 말 외에는 아무 말도 하지 않았다. 행여 손님들이 나누는 대화나 그들 사이에 싹트는 우정을 방해할까 싶어서였다. 그리고 혹시 손님 가운데 누군가가 차가운 물에 빠질지도 모르는 만약의 사태에 대비해서, 지역 주민들 가운데서 몇 명을 뽑아 이 뱃길 주변을 지켜보도록 했고 구급차도 여러 대 대기시켰다. 그리고 배가 목적지에 도착해서 노를 내려놓고 배에서 내리는 순간 손님들은 따뜻한 수건을 받았고, 이어서 바비큐 요리를 대접받았다.

래프팅에 참가하지 않은 사람들은 다른 활동을 했다. 낚시, 승마, 사격, 산악자전거, 브리지 게임, 뜨개질 강습, 야외 사진 촬영 강습, 프리스비 던지기, 실외 링크에서 타는 스케이트, 완벽한 상태의 클레이 코트에서 하는 테니스, 흠집 하나 없는 그린에서 하는 골프까지 그 종류도 다양했다. 골프장에선 카트를 타고 다녔고, 카트에는 자외선 차단제와 간식 그리고 해충 방지 스프레이 등이 완벽하게 갖추어져 있었다.[6] 모든 여흥 활동은 흠잡을 데 없이 완벽하고도 조용하게 이루어졌다. 뭐가 필요하다 싶으면 달라고 하지 않아도 어느새 직원이 제공해 주었다. 'SV99' 폴로 셔츠를 입은 이 직원들은 지칠 줄 몰랐으며, 거의 보이지 않았지만 거의 모든 곳에 있었다.

하지만 허버트 앨런의 비밀 병기는 누가 뭐래도 어린아이를 돌봐주는 백여 명 정도의 준수한 외모를 가진 베이비시터들이었다. 이들은 대부분 금발에 짙게 태닝을 한 십대들이었다. 이들 역시 'SV99' 폴로 셔츠를 입고 앨런 앤드 컴퍼니의 로고가 박힌 백팩을 메고 있었다. 이들은, 어린아이의 부모 혹은 할아버지 할머니가 주최 측에서 제공한 다양한 활동을 즐기는 동안 이 아이들이 각자 자기 마음에 드는 친구들과 어울려서 테니스 강습, 축구, 자전거 타기, 발야구, 마차 타기, 마술(馬術) 쇼, 스케이트 타기, 이어달리기, 래프팅, 낚시, 미술 강습, 피자나 아이스크림 먹기 등의 다양한 체험활동을 할 수 있도록 해주었다. 이 베이비시터들은 모두 철저한 선발 과정을 거쳐서 뽑힌 사람들이었다. 허버트 앨런이 이렇게 공을 들인 이유는 이 상냥한 베이비시터들의 손길 아래 아이들이 잊을 수 없을 만큼 신나고 재미있게 놀도록 해서 다음 해에 이 아이들이 자기 부모나 할아버지 할머니에게 또다시 이 자리에 오고 싶다고 졸라대도록 하기 위해서였다. 아울러, 아주 매력적인 젊은이들은 어른 손님들에게 즐거운 눈요깃거리가 되었고, 부모들은 아이들에 대한 걱정이나 미안한 마음 없이 다른 손님들과 즐거운 시간을 보낼 수 있었다.

워런은 예전부터 줄곧, 앨런이 제공해 주는 여러 편익들을 무척 고마워했다. 그는 선 밸리 컨퍼런스를 가족 휴가 기회로는 최고라고 생각하며 그렇게 이용했다. 왜냐하면 아무런 도움도 받지 못한 채 손주들과 자기만 덜렁 남을 경우 뭘 어떻게 해야 할지 몰라서 쩔쩔맸을 터이기 때문이다. 그는 골프 말고는 다른 실외 활동에 전혀 관심이 없었다. 사격장에는 얼씬도 하지 않았고, 산악자전거는 쳐다보지도 않았다. 다른 사람들이 좋은 여가 활동 공간이라고 여기던 강이나 호수의 물도 '일종의 감옥'이라고 여겼다. 그래서 래프팅을 하느니 차라리 그 시간에 수갑을 차고 어슬렁거리며 돌아다니는 게 낫다고 생각했다. 그래서 그는 '코끼리들'이 무리를 지어 있는 곳의 한가운데로 들어가서 골프를 조금 치고 브리지 게임도 했다. 미국영화협회 이사장이던 잭 발렌티와 1달러를 걸고 골프 게임을 했으며, 톰 브로코의 부인 메러디스 브로코와 브리지 게임을 했다. 그 외의 시간은 모두 '플레이보이'의 CEO 크리스티 헤프너와 컴퓨터 하드웨어 업계의 CEO 마이클 델과 같은 사람과 어울렸다.

하지만 워런은 콘도에 틀어박혀서 오랜 시간을 보내는 경우가 많았다. 골프장이 훤히 내려다보이는 그곳 거실에는 돌로 만든 거대한 벽난로가 있었다. 그는 이 난로 옆에 앉아서 신문이나 TV로 비즈니스 뉴스를 접했다.[7] 그가 있던 콘도의 창문 너머에는 소나무가 덮인 발디산이 보였고, 페르시아 궁전에 깔린 양탄자처럼 온갖 꽃으로 뒤 덮인 제방이 보였다. 양귀비와 인디언붓꽃 위로 웃자란 파스텔 색조 의 루핀과 청옥색 참제비고깔, 꿩의비름과 긴병꽃, 사이에 자리를 잡 은 파란색 샐비어와 베로니카 등이 그 제방에 지천으로 깔려 있다는 사실을 워런은 거의 알지 못했다. 그는 다만 이렇게 말했을 뿐이다.

"거기에 그런 풍경이 있는 것 같네요."

그는 허버트 앨런이 만들어 낸 따뜻한 분위기를 찾아서 선 밸리를 찾았다.[8] 그는 가까운 친구들과 함께 있는 걸 좋아했다. 케이 그레이 엄(〈워싱턴 포스트〉 회장, 2004년 사망 - 옮긴이)과 그녀의 아들 돈 그레이 엄, 빌 게이츠와 멜린다 게이츠 부부, 돈 커우와 미키 커우 부부, 배 리 딜러(유니버설 영화사 사장을 역임했으며, 미국 연예 사업의 풍운아로 일컬어 진다 - 옮긴이)와 다이앤 폰 퍼스텐버그(여성 의류 디자이너 - 옮긴이), 앤디 그로브와 그의 아내 에바 등이 워런의 가까운 친구들이었다.

하지만 워런에게 선 밸리의 가장 큰 의미는 모든 가족이 한자리에 모인다는 것이었다. 그럴 기회가 많지 않았기 때문에 더욱 의미가 깊 었다.

"아버지는 우리가 모두 한집에 함께 있는 걸 좋아하시죠."

그의 딸 수지 버핏 주니어의 말이다. 그녀는 오마하에 살았다. 그 녀의 남동생 호위와 그의 아내 데번은 일리노이의 디케이터에 살았 고, 그해에는 선 밸리에 가지 못했다. 그리고 이들의 동생 피터와 그 의 아내 제니퍼는 밀워키에 살았다.

47년 동안 워런의 아내로 살아온 수전은 워런과 따로 떨어져서 지 냈는데, 가족들을 보러 샌프란시스코에서 왔다. 그리고 20년 넘게 워런과 함께 살아온 동반자 애스트리드 멩크스는 오마하의 집에 남 았다.

금요일 밤, 워런은 하와이 셔츠를 입고 아내와 함께 콘도 옆에 있는 테니스장으로 갔다. 유서 깊은 '풀 파티Pool Party'에 참석하기 위해서였다. 손님들은 대부분 수지(수전의 애칭 – 옮긴이)를 알았고 또 좋아했다. 언제나 이 파티의 스타였던 그녀는 횃불 조명 아래에서 반사된 불빛이 일렁거리는 수면을 바라보며 흘러간 인기곡들을 불렀다.

칵테일이 흐르고 우정이 넘쳤다. 하지만 그해에는 무슨 뜻인지 알아들을 수 없는 새로운 말들, 예컨대 B2Bbusiness to business, B2Cbusiness to consumer, 배너 광고, 대역폭bandwith, 광대역broadband 따위의 새로운 용어들이 밴드의 연주 소리와 경쟁했다. 한 주 내내 희미한 불편함이 오찬 자리와 만찬 자리에서 그리고 칵테일 파티 자리에서 악수를 하고 키스를 하고 포옹을 하는 동안 마치 소리 없는 안개처럼 떠돌았다. 최근에 새로 나타난 기술 산업 분야 거물들이 으스대는 모습이 예사롭지 않았다. 이들은 한 해 전만 하더라도 자기를 전혀 알지 못했던 사람들에게 자신을 자랑스럽게 소개했다.[9] 몇몇 사람들은 선 밸리의 예전 분위기에 맞지 않을 정도로 지나치게 오만한 모습을 보이기도 했다. 그래서 허버트 앨런은 무례와 오만방자함을 규제하는 일종의 불문율에 입각해서 추방이라는 벌칙을 가하기도 했다.

거만함이라는 구름은 행사의 핵심이라고 할 수 있는 프레젠테이션 과정에서도 무겁게 걸려 있었다. 기업의 수장들, 고위 관료들 그리고 기타 중요 인사들은 다른 데서 하는 것과 전혀 다르게 강연을 했다. 그들의 연설은 선 밸리 인의 각 문에 걸린 화분 너머로는 전혀 들리지 않았기 때문이다. 기자들은 출입이 금지되었고, 신문사나 방송사를 소유하고 있는 언론계의 거물들이 청중석에 앉아 있긴 했지만 비보도 약속을 해야 했다. 이런 조건 아래에서 연설자들은 오로지 동료들에게만 중요한, 때로는 진실한 내용을 말했다. 기자들 앞에서는 절대로 말할 수 없는 내용들이었다. 너무 직설적이거나, 뉘앙스의 차이가 너무 클 수 있거나, 너무 놀랍거나, 너무 쉽게 야유를 받을 수 있거나, 오해의 소지가 너무 많았기 때문이다. 기자들은 바깥에서 진을 치고 기삿거리를 건지려고 기다렸다. 하지만 기삿거리가 나오는 일은 거의 없었다.

인터넷 분야에서 새로운 황제로 떠오른 사람들은 거만하게 으스대며 자기들이 가지고 있는 엄청난 기대를 뽐냈고, 최근에 이룬 합병을 떠벌렸으며, 또 청중석에 앉아 있는 투자자들로부터 투자 자금을 끌어들이려고 애썼다. 다른 사람의 연금과 저축을 떠맡고 있는 이 투자자들은 어마어마한 투자 자금을 가지고 있었다. 1조 달러가 넘는 규모였는데[10] 1999년의 1조 달러면, 미국 모든 개인에게 부과되는 소득세를 납부할 수 있는 돈이었다. 그리고 적어도 아홉 개 주 이상의 모든 가구에 신형 벤틀리 자동차를 한 대씩 사줄 수 있는 돈이기도 했다.[11] 또한 시카고와 뉴욕시티 그리고 로스앤젤레스의 모든 부동산을 살 수 있는 돈이기도 했다. 프레젠테이션을 하는 몇몇 기업들은 그 돈을 필요로 했다. 그들은 청중이 그 돈을 자기들에게 투자하길 바랐다.

주초에 톰 브로코의 패널 중 한 명이 '인터넷과 우리의 생활'이라는 주제를 내걸고 인터넷이 장차 통신 산업의 지형을 바꿀 것이라는 내용으로 이미 목소리를 높인 적이 있었고, '프라이스라인닷컴 Priceline. com'의 창업자 제이 워커는 인터넷을 1869년 개통된 대륙 횡단 철도에 빗대어 정보의 초고속도로라고 소개하며 인터넷의 현란한 비전을 제시했다. 그리고 각 회사를 대표하는 중역들은 차례로 연단에 올라가서, 저장 공간 및 지리적 제약을 넘어선 미래의 매혹적인 청사진을 제시하고 자기들 기업의 눈부신 전망에 대해 언급했다. 이들의 매끄러운 말솜씨와 장밋빛 전망에 혹한 몇몇 사람들은 신세계가 곧 펼쳐질 것이라고 확신했다. 또 몇몇 사람들은 옛날 장바닥을 돌면서 뱀

기름으로 만든 만병통치약을 팔던 약장수를 떠올렸다. 기술 관련 기업을 운영하는 사람들은 스스로를, 인간에게 불을 제공함으로써 인간의 운명을 획기적으로 바꾼 프로메테우스와 같은 천재라고 여겼다. 생활 속에서의 필요성이 그저 그렇고 그런 자동차 부품이나 정원용 기구 등을 생산하는 기업체 운영자들은 이제 그런 기술들 가운데 얼마나 많은 것들을 자기들이 살 수 있을지에 관심을 가졌다. 몇몇 인터넷 종목들은 존재하지도 않는 수익과 무관하게 엄청나게 높게 책정된 가격에 매매되는 반면에, 물건을 만들어 내는 '진짜 회사들'의 주식 가치는 계속 떨어지고 있었다. 기술주들이 소위 '구식 경제'를 추월하면서 다우존스산업평균지수는 이미 넉 달 전에 1만 포인트를 돌파했다. 3년 반 만에 두 배로 뛰어오른 것이었다.

한 연설이 끝나고 다른 연설이 시작되기 전의 휴식 시간이었다. 최근에 부자가 된 사람들 여러 명이, 이곳에서 기르는 백조 한 쌍이 헤엄을 치고 있는 오리 연못Duck Pond 옆에 조성된 테라스에 모였다. 이때 기자가 아니고 손님이면 누구나 다가가서 빌 게이츠나 앤디 그로브에게 질문을 할 수 있었다. 하지만 인터넷의 거물들이 자기 콘도에서 선 밸리 인 사이를 오갈 때 기자들은 이들의 뒤를 쫓으면서 애타는 목소리로 질문을 던졌는데, 이런 모습은 그해 선 밸리에 스며들었던 한껏 부푼 자긍심 혹은 거만함을 더욱 부풀리는 분위기를 조장했다.

애니 레이보비츠(유명 사진작가―옮긴이)가 토요일 오후에 잡지 〈배너티 페어〉에 '미디어 올스타 팀'이라는 제목으로 실을 사진을 찍을 예정이었다. 그런데 인터넷 황제들 가운데 몇몇은 허버트 앨런에게 자기를 그 촬영 대상에 넣어달라고 로비를 하느라 금요일 오후를 몽땅 써버렸다. 이들은 자기가 당대 최고의 명사이기 때문에 선 밸리에 초대받았다고 생각했다. 이들은 레이보비츠가 그 모델들을 직접 선택했다고는 믿지 않았다. 그랬다면 워런을 포함했을 리 없다고 보았던 것이다. 미디어 산업 분야에서 워런의 역할은 이미 뒷줄로 물러나 있었다. 기껏해야 이사회의 구성원으로서밖에 영향력을 행사하지 못했던 것이다. 그리고 또 있다면 인맥의 영향력, 미디어 산업에 크고 작은 투자를 했던 경험뿐이었다. 게다가 워런은 구식 인물이 아닌가. 그의 얼굴이 여전히 잡지가 팔리게 만드는 힘을 가지고 있다는 사실을 그들은 믿기 어려웠다.

'올스타'가 되고자 하는 그들은 자기들의 현재 위치에 걸맞은 대우를 받지 못하고 있다고 생각했다. 미디어에서의 무게중심이 인터넷 쪽으로 옮겨 갔다는 사실을 잘 알고 있었기 때문이다. 그들이 보기에 이건 너무도 명백한 사실이었다. 하지만 허버트 앨런은 기술 및 미디어 종목 주식들을 평가하기 위한 '새로운 패러다임'이라는 건 순전히 뻥이라고 생각했다. 현금을 벌어들이는 능력이 아니라 클릭수와 방문자 수 그리고 먼 미래에 엄청난 수익이 날 것이라는 예상만으로 기업의 가치를 평가할 수는 없다는 것이었다. 그래서 그는 이런 말을 했다.

"새로운 패러다임이라고? 흥! 새로운 섹스 같은 거죠 뭐. 솔직히 새로운 섹스라는 게 있을 수가 없죠."[12]

다음 날 아침, 낡은 패러다임의 상징이던 워런은 일찍 일어났다. 마무리 연설을 하기로 되어 있었기 때문이다. 그는 다른 컨퍼런스에서 연설해 달라는 요청을 받으면 보통 거절했다. 하지만 허버트 앨런이 선 밸리에서 연설을 해달라고 할 때는 언제나 수락했다.[13] 토요일 아침에 있을 마무리 연설은 선 밸리 행사에서 핵심이라고 할 수 있었다. 그래서 사람들은 대부분 이날 아침에 곧바로 골프장으로 가거나 낚싯대를 잡는 대신 선 밸리 인에 아침을 먹으러 갔다. 특히나 그날은 워런이 주식시장에 대해서 연설을 하기로 되어 있었기 때문이다.

개인적으로 워런은 한 해 내내 기술주들을 아찔한 높이의 고지를 향해 전력질주하도록 몰고간 주식시장을 비판적으로 바라보았다. 그의 회사 버크셔 해서웨이의 주식은 이런 분위기 속에서 고전을 면치 못했고, 기술주를 사지 않는다는 그의 엄격한 원칙은 이제 낡아빠진 구시대적인 유물로 비치기도 했다. 그러나 이런 비판은 그의 투자 원칙에 전혀 영향을 미치지 않았다. 그리고 그때까지 워런은 공개석상에서 시장 예측을 하지 않았다. 하지만 선 밸리의 연단에 서서 전례 없던 일을 하기로 마음먹었다. 어쩌면 적기인지도 몰랐다. 그는 확고한 신념을 가지고 있었고, 사람들에게 설교하고자 하는 충동도 엄청나게 강했다.[14]

워런은 몇 주에 걸쳐서 이 연설을 준비했다. 시장은 사람들이 주식을 마치 카지노의 칩처럼 사고파는 곳만은 아니라고 워런은 이해했다. 주식시장의 칩들은 각 기업을 반영하는 것이었다. 그는 칩들의 총가치를 생각했다. 이 칩들의 가치는 모두 얼마나 될까? 그다음에 그는 모든 지적인 능력을 동원해서 역사를 돌아보았다. 세계를 바꾸어 놓는 획기적인 기술 발전이 이루어져서 주식시장을 뒤흔든 것은 이번이 처음이 아니었다. 경제가 발전해 온 역사를 보면 신기술들은 수없이 많았다. 철도, 전신, 전화, 자동차, 비행기, TV…… 이 모든 것은 다양한 것들을 더 빠르게 연결할 수 있도록 해준 혁명적인 수단이었다. 하지만 이 가운데 얼마나 많은 것들이 투자자들을 부자로 만들었던가? 이것이 그가 하려는 연설의 주제였다.

클라크 커우는 뷔페에서 아침을 먹은 뒤 연단에 올랐다. 청중의 시선이 그에게 집중되었다. 워런은 커우 가족을 아주 오래전부터 알고 있었다. 그들은 오마하에 살 때 이웃이었다. 사실 워런이 선 밸리에 연줄이 닿은 것도 클라크의 아버지 돈 커우가 있어서였다. 코카콜라의 사장으로 재직했으며 현재는 앨런 앤드 컴퍼니 회장인 돈 커우는 코카콜라에 있을 때인 1982년에 앨런 앤드 컴퍼니로부터 '컬럼비아 영화사Columbia Pictures'를 인수하면서 앨런을 처음 만났다. 당시 돈 커우와 그의 상사인 코카콜라의 CEO 로베르토 고이주에타는 앨런의 전혀 장사꾼답지 않은 태도와 방침에 깊은 감명을 받아 그를 코카콜라의 이사회 구성원으로 영입했다.

수시티에서 목장주였던 아버지를 두었으며 어릴 적 한때는 성당에서 사제의 복사(服事)이기도 했던 돈 커우는 비록 형식적으로는 코카콜라에서 은퇴했지만 여전히 경영에 강한 영향력을 행사했다. 이 영향력이 워낙 크다 보니 그는 코카콜라의 '그림자 최고 임원'이라고 불리기도 했다.[15]

커우 가족이 1950년대에 오마하의 이웃에 살 때 워런은 돈에게 아이들의 대학교 학비를 어떻게 댈 거냐고 물으면서 1만 달러를 자기에게 투자해서 동업자가 되어달라고 제안했다. 하지만 돈은 주급 200달러를 받고 '버터 너트Butter-Nut'의 커피 영업사원으로 일하면서 여섯 명의 자식을 성당으로부터 재정 지원 받는 학교에 보냈다. 그로부터 수십 년이 지난 뒤 돈의 아들 클라크는 선 밸리의 연단에서 그때를 회상하며 청중에게 이렇게 말했다.

"우리에게는 그 돈이 없었습니다. 우리가 절대로 잊지 못할 우리 가족사의 한 장면이지요."

워런이 연단으로 올라가서 클라크 옆에 나란히 섰다. 그는 평소에 즐겨 입던 '네브래스카'라는 글자가 박힌 붉은색 스웨터 차림이었고 스웨터 안에는 격자무늬 셔츠를 받쳐 입었다. 워런이 클라크 커우의 이야기를 계속 이어갔다.[16]

커우 씨 부부는 아주 멋진 이웃이었습니다. 돈은 자주, 자기는 나와 다르게 직업을 가지고 있다고 말하곤 했습니다만, 우리와는 사이가 아주 좋았습니다. 하루는 아내 수지가 이 집에 가서, 중서부 지역에서는 소문난 어떤 행동을 했습니다. 설탕 한 컵 빌려달라는 것이었지요. 그런데 돈의 아내 미키는 아내에게 설탕 한 자루를 주었습니다. 이런 일이 있었다는 말을 듣고 나는 그날 밤 그 집에 찾아갔습니다. 그리고 돈에게 이렇게 말했습니다. '저한테 2만 5천 달러를 투자해서 동업자가 되어주십시오'라고요. 그러자 이 집 가족들이 모두 움찔하면서 얼어붙더군요. 물론 거절당했습니다.

나중에 다시 가서 1만 달러를 투자해 달라고 했습니다. 옆에 있는 클라크가 아까 이야기하던 바로 그 1만 달러입니다. 하지만 이번에도 결과는 다르지 않았죠. 자존심이 허락하지 않았습니다. 그래서 나중에 다시 가서 이번에는 5천 달러를 투자하라고 했습니다. 하지만 그때도 거절당했습니다.

그리고 1962년 어느 여름날 밤이었습니다. 나는 돈의 집을 또 찾아갔습니다. 이번에는 투자해 달라는 금액을 2,500달러로 낮추기로 마음먹었는지 어쨌는지는 기억이 나지 않습니다만, 아무튼 그 집에 갔는데 집이 온통 깜깜했습니다. 불이라고는 하나도 켜져 있지 않더군요. 아무것도 보이지 않았어요. 쥐죽은 듯 조용했고요. 하지만 나는 눈치를 챘죠. 돈과 미키가 나를 피해 2층에 숨어 있는 게 분명했습니다. 그래서 그냥 죽치고 기다렸습니다.

초인종을 누르고 문을 두드렸죠. 아무런 반응이 없었습니다. 하지만 돈과 미키는 분명히 2층에 있었습니다. 칠흑같이 깜깜했지만 말입니다.

무언가를 읽기는 너무 어두웠고, 그렇다고 잠자리에 들기는 너무 이른 시각이었습니다. 나는 지금 그날을 마치 어제처럼 생생하게 기억합니다. 1962년 6월 21일이었습니다.

여기에서 워런은 클라크를 바라보며 질문을 던졌다.

"클라크, 당신은 언제 태어났죠?"

"1963년 3월 21일입니다."

역사는 이렇게 사소한 것들에서 비롯됩니다. 당신 부모님이 그때 나에게 1만 달러를 빌려주지 않은 게 당신에게는 얼마나 다행인지 모르겠군요. 까딱하다간 세상 구경을 못 할 수도 있었으니까요.

옛날이야기 한 토막으로 청중의 관심을 붙잡은 뒤에 워런은 본론으로 넘어갔다.

오늘 나는 멀티미디어 장비를 동원할 생각입니다. 허브가 그러더군요, 연설할 때 슬라이드도 몇 개 넣으라고요. '트렌드를 안다는 걸 보여주세요'라면서요. 허브가 어떤 걸 말하면, 그것은 사실상 명령이나 마찬가집니다, 버핏 가족 사이에서는요.

'버핏 가족'이라는 말이 정확하게 어떤 의미인지 밝히지 않은 채 (워런은 자기 가족이 다른 집의 가족과 다른 점이 없다고 생각했다) 그는 곧바로 앨런에 대한 농담 하나를 했다. 미국 대통령의 비서실장이 갑자기 백악관의 대통령 집무실로 허겁지겁 들어와서는 일정 조정을 잘못해서 두 가지 스케줄이 겹쳤다며 머리를 조아렸다. 대통령은 둘 가운데 하나를 선택해야 했다. 교황을 만나는 일정과 허버트 앨런을 만나는 일정이었다. 자, 대통령은 어떤 선택을 할까? 여기까지 말한 워런은 잠시 말을 멈추고 뜸을 들이며 청중이 궁금해하게 만들었다.

대통령은 '교황을 만납시다. 기껏해야 교황의 반지에 키스만 하면 되지 않소'라고 말했습니다.

반지 키스를 하는 모든 여러분께, 오늘 저는 주식시장에 대해 말하고 싶습니다. 주식들의 가격이 책정되는 것에 대해서 이야기할 것이지만, 다음 달 혹은 다음 해에 이 가격의 추이가 어떨지 예측하는 이야기는 하지 않을 겁니다. 가치를 평가한다는 것은 예측하는 것과 다르니까요.

단기적으로 보자면 시장은 투표지 계산기입니다. 하지만 장기적으로는 체중계입니다.

결국에 중요한 것은 체중입니다. 하지만 투표지는 단기간 동안만 중요할 뿐입니다. 투표의 비민주적인 특성이라고 볼 수도 있습니다. 불행하게도, 다들 잘 아시겠지만 문맹 검사를 해서 유권자가 과연 투표권을 행사할 자격을 가지고 있는지 확인하는 과정이 없지 않습니까?

여기까지 말한 뒤에 워런은 버튼을 클릭했고, 그의 오른쪽에 있던 커다란 스크린에 파워포인트 슬라이드 영상이 나타났다.[17] 청중석에 앉아 있던 빌 게이츠가 잠시 숨을 멈추었다. 손으로 하는 모든 일에 서툴기로 유명한 워런이 마침내 첫 번째 프레젠테이션 화면을 제대로 띄우자, 그제야 빌 게이츠는 안도의 한숨을 쉬었다.[18]

• 다우존스산업평균지수 •

1964년 12월 31일   874.12

1981년 12월 31일   875.00

워런은 스크린 쪽으로 다가가서 설명을 시작했다.

17년이라는 이 기간 동안 경제 규모는 다섯 배 커졌습니다. 〈포천〉 선정 500대 기업의 매출액은 다섯 배 이상 성장했습니다(〈포천〉은 매출액을 기준으로 해서 미국 내 500대 기업을 선정한다. 이들을 '포천 500'이라고 부른다. 이 기업 집단은 미국의 전체 기업을 대표하는 지표로 활용된다 – 저자). 하지만 같은 기간 동안 주식시장은 꼼짝도 하지 않았습니다.

그는 뒤로 한두 걸음 물러난 뒤에 계속 말을 이었다.

사람들이 투자할 때 하는 행위는 소비를 유예하고 돈을 어딘가에 맡겨두는 겁니다, 나중에 더 많은 돈을 돌려받으려고요. 그런데 여기에 딱 두 개의 질문이 놓여 있습니다. 하나는 얼마나 많이 돌려받을까 하는 것이고, 또 하나는 그때가 과연 언제일까 하는 겁니다.

이솝이라는 사람은 대단한 금융 전문가가 아니었던 게 분명합니다. '손 안에 있는 새 한 마리가 덤불 속에 있는 새 두 마리보다 낫다'는 말을 했거든요. 다만 이 이야기에서 이솝은 '언제'라는 시간을 말하지 않습니다.

돈을 빌리는 데 따르는 비용, 즉 금리가 이 '언제'의 가격이라고 버핏은 설명했다. 금융 분야에서 금리는 물리학에서의 중력과 마찬가지다. 금리가 변함에 따라서 건물, 주식, 채권 등의 모든 금융 자산의 가치도 변한다. 이것은 새의 가격이 요동을 쳐왔던 것과 다르지 않다.

그렇기 때문에 때로는 손 안에 있는 새 한 마리가 덤불 속에 있는 새 두 마리보다 나을 때도 있지만, 또 때로는 덤불 속에 있는 새 두 마리가 손 안에 있는 새 한 마리보다 나을 때도 있습니다.

워런은 숨소리와 비음이 섞인 낮은 목소리로 빠르게 말하는 바람에 그가 말하는 단어들은 때로 겹치기도 했다. 워런은 이솝을 1990년대의 엄청난 활황장과 연결시켰는데, 이 시장을 그는 허황된 것으로 묘사했다. 수익의 성장은 이전 시기에 비해서 훨씬 떨어졌지만, 덤불 속에 있는 새들은 금리가 낮았으므로 엄청나게 비쌌다. 그처럼 낮은 금리 상황에서는 현금, 다시 말해서 손 안에 든 새를 가지고 있겠다는 사람이 거의 없었다. 그래서 사람들은 덤불에 있는 새들을 엄청나게 비싼 가격에 샀다. 워런은 이것을 별생각 없이 '탐욕 요소'라고 불렀다.

엄청난 활황장에서 부를 축적해 가면서 세상을 바꾸고 있던 기술 분야의 구루들로 가득한 청중석에서는 아무 소리도 들리지 않았다. 이 구루들은 엄청난 가격으로 거래되는 종목들을 자산 운용의 중심축으로 삼고 있었다. 그들은 이런 사실에 무척 만족해했다. 인터넷 시대의 새벽이라는 시기에 그것은 새로운 패러다임이었다. 그랬기 때문에 워런이 자기들을 탐욕스럽다고 말할 권리는 없다는 게 그들의 생각이었다. 그들이 생각하기에 워런은 전매 특허인 '절약'만 내세워 인색하게 살면서 오랜 세월 동안 돈을 축적해 왔으면서도 이 돈을 거의 내놓지 않았고, 어떻게 하면 돈을 벌까 고민하는 데 대부분의 시간을 보내고, 그러면서도 기술주 중심의 벼락 경기에서 막차까지 놓쳐버린 인물이었다. 이런 워런이 그들이 터뜨리는 샴페인에 침을 뱉으며 모욕한 것이다.

워런은 계속해서 말을 이었다. 주식시장이 계속해서 10퍼센트 이상씩 성장할 수 있는 방법은 세 가지밖에 없다. 하나는 금리가 떨어져서 그간 지속되었던 역사적 수준 이하로 유지되는 것이다. 그다음은 피고용자나 정부 등과 대척점에 서는 존재로서의 투자자에게 돌아가는 경제 몫이 기존의 역사적 수준 이상으로 올라가는 것이다.[19]

그리고 나머지 하나는 경제가 정상보다 더 빠른 속도로 성장하기 시작할 수 있을 때다.[20] 워런은 이런 낙관적인 가정을 '희망사항'이라고 불렀다.

몇몇 사람들은 전체 시장이 번영을 구가할 것이라 생각하지 않는다고 워런은 말했다. 그들은 자기들이 알짜만을 고를 수 있다고 믿는다고 했다. 워런은 마치 오케스트라 지휘자처럼 두 팔을 흔들며 슬라이드 화면을 넘기면서, 비록 혁신이 세상을 빈곤에서 건져낼 수 있을지 모르지만 역사적으로 볼 때 혁신에 투자한 사람들은 나중에 웃지 못했다고 설명했다.

한때 미국에 있던 자동차 회사의 이름을 적은 목록은 70쪽이나 되었습니다. 하지만 지금은 여기 이 목록처럼 한 쪽도 다 채우지 못합니다.

그는 종이 한 장을 허공에 대고 흔들었다.

자동차 회사는 무려 2천 개나 있었습니다. 자동차는 20세기 전반기의 가장 중요한 발명품이라고 할 수 있습니다. 자동차는 사람들의 삶에 엄청난 충격을 주었지요. 만일 여러분이 처음 자동차들이 나오기 시작할 때 이 자동차로 인해서 미국이 얼마나 발전할지 알았더라면, 아마 이렇게 말했을 겁니다. '바로 이거야! 여기에 투자해야 해!'라고요. 하지만 그 2천 개 기업 가운데서, 몇 년 전 기준으로 오로지 세 개밖에 살아남지 못했습니다.[21] 그리고 언제부터인가 이 회사들의 주식은 장부 가격보다 싸게 팔리기 시작했습니다. 장부 가격이 뭡니까? 여태까지 그 회사에 들어간 돈이며 또 그 회사에 남아 있는 돈입니다. 요약해 볼까요? 자동차가 미국에 긍정적인 방향으로 엄청난 충격과 변화를 가져다주긴 했지만, 투자자들에게 준 충격은 그것과 반대 방향이었습니다.

워런은 종이를 내려놓고 그 손을 주머니에 집어넣었다.

때로는 패배자를 찾아내는 게 훨씬 쉽습니다. 내가 보기에 그때 당시 분명히 내렸어야 할 선택이 하나 있습니다. 그때 사람들이 선택해야 했던 것은 말을 공매도하는 것이었습니다(공매도는 주식을 가지고 있지 않은 상태에서 주가가 내려갈 것을 예상하면서 매도 주문을 하는 것이다. 주가가 내릴 경우에는 내린 주가로 결제하기 때문에 차익을 얻지만, 반대로 주가가 오를 경우에는 손해를 본다. 공매도는 통상적으로 위험성이 높다. 시장의 장기적인 경향에 역행해서 투자를 하기 때문이다 — 저자).

워런이 다시 클릭하자 스크린에 다음 내용이 떴다.

• 미국 내의 말 개체수 •

1900년 1,700만 마리

1998년   500만 마리

솔직히 우리 집안에서 이 기간 동안 말을 공매도하지 않았다는 사실이 무척 실망스럽습니다. 언제나 패자들이 있게 마련이죠.

비록 소리가 크지는 않았지만 청중들이 킥킥거리면서 웃었다. 이들이 소유하거나 경영하는 회사들은 적자를 기록할 수도 있었다. 하지만 이들은 자기들이 끝내 승자가 될 것이라는 믿음, 결정적인 순간에 초신성(超新星: 별의 진화 과정에서 마지막으로 대폭발을 일으켜 태양의 천만 배에서 수억 배까지 밝아지는 별-옮긴이)이 될 것이라는 확고한 믿음을 가슴에 품고 있었다. 그리고 자기 이름이 역사의 한 페이지를 장식할 것이라고 믿었다.

다시 클릭, 또 다른 슬라이드가 나타났다.

그리고 20세기 전반기를 장식했던 또 하나의 위대한 발명품은 비행기입니다. 1919년부터 1939년에 이르는 기간 동안 비행기 산업과 관련해서 약 200개의 기업이 있었습니다. 자, 한번 상상해 봅시다. 여러분이 그 옛날 키티호크에서 항공 산업의 미래를 볼 수 있었다고 칩시다(1903년 12월에 노스캐롤라이나의 키티호크에서 인류 역사상 최초로 오빌 라이트가 동력 비행에 성공했다-옮긴이). 아마도 그때까지 꿈도 꾸지 못하던 세상을 보았을 겁니다. 여러분이 그런 통찰을 가지고 있고, 모든 사람들이 비행기를 타고 하늘을 날기를 바라고 친척과 친지를 만나려 하든 이들에게서 도망치려고 하든 간에 비행기로 할 수 있는 건 뭐든 하고 싶어하는 것을 읽었다고 칩시다. 그러면 바로 여기에 투자해야 한다고 생각하겠죠.

2년 전에 있었던 일입니다. 항공 산업 분야의 전체 주식에서 수익이 한 푼도 나지 않았습니다.

그렇기 때문에 나는 이렇게 말씀드립니다. 만일 내가 키티 호크의 그 역사적인 자리에 다시 설 수 있다면, 오빌에 대해서 공매도할 겁니다. 미래의 어떤 자본가들에게 확실하게 배운 게 있거든요.[22]

또 한 차례 웃음이 일었다. 하지만 몇몇 사람들에게는 이 진부한 예시들이 점점 지루해졌다. 하지만 워런에 대한 존경심 때문에 그런 내색을 하지 않고 참았다. 워런은 이제 이들이 하는 사업으로 화제를 옮겼다.

새로운 산업을 일으키고 키우는 것은 매우 멋진 일입니다. 투자를 이끌어 내기가 쉬우니까요. 일상적이고 평범한 제품에 투자 자본을 끌어들이기는 무척 어렵습니다. 하지만 소수만이 아는 난해한 제품은 투자 자본을 끌어들이기 쉽습니다. 심지어는 계속 손실을 내고 있을 때도 그렇습니다. 계량적인, 즉 수치로 표시해 주는 가이드라인이 없기 때문입니다.

워런의 말은 청중의 아픈 곳을 찔렀다.

하지만 그럼에도 불구하고 사람들은 계속 투자합니다. 이런 모습을 보면, 죽어서 천국에 간 어떤 석유 시굴자 이야기가 생각납니다. 성 베드로가 이렇게 말했습니다. '내가 네 기록을 다 살펴보았는데, 너는 천국에 갈 수 있는 모든 자격을 갖추었더구나'라고요. 그리고 계속해서 말했습니다. '그런데 문제가 하나 있다. 여기 천국에서는 구역 법칙이 엄격해서 석유 시굴자는 모두 저 우리 안에서 지내게 한다. 그런데 보다시피 저곳이 발 디딜 틈도 없이 꽉 차서 네가 들어갈 자리가 도저히 나지 않겠구나'라고요.

그러자 석유 시굴자는 '내가 고함 한마디만 질러도 괜찮겠습니까?'라고 물었습니다.

성 베드로는 별로 어려운 부탁도 아니어서 그렇게 하라고 했습니다. 그러자 석유 시굴자는 두 손으로 손나팔을 만들어 큰 소리로 외쳤습니다.

'지옥에서 석유가 발견되었다!'

그러자 철장의 자물쇠가 떨어지더니 철장 안에 있던 석유 시굴자들이 번개처럼 바깥으로 튀어나와서 곧바로 지옥으로 달려갔습니다.

성 베드로가 말했습니다. '머리를 제법 잘 쓰는구나. 그럼 이제 들

어가서 편히 쉬어라. 공간은 아주 충분하겠구나.'

그러자 석유 시굴자가 잠시 망설이면서 아무 말 하지 않더니 이랬습니다. '잠깐만요, 나도 그 친구들 따라서 지옥으로 가봐야겠습니다. 소문이 그렇게 나고 사람들이 모두 간 걸 보면 아무래도 진짜로 뭔가 있지 않겠습니까?'라고요.[23]

주식에 대해서도 사람들은 이렇게 느끼고 행동합니다. 떠돌아다니는 소문에 진짜로 뭔가 있을 거라고 너무 쉽게 믿어버린다는 말입니다.

청중 사이에서 웃음이 일었다. 하지만 이 웃음은 금방 사라졌다. 워런이 무슨 의미로 그런 우스갯소리를 했는지 깨달았기 때문이다. 당신들도 석유 시굴자처럼 소문에만 휘둘려서 지옥으로 유전을 찾으러 가고 있는 것 아니냐는 힐난이었다.

워런은 다시 덤불 속의 새 이야기로 돌아갔다. 그리고 새로운 패러다임이라는 것은 없다고 말했다. 주식시장의 가치는 궁극적으로 경제적인 산출 결과를 반영할 뿐이라고 했다.

워런은 다른 슬라이드 화면으로 넘겨서 오랜 세월 동안 시장 평가액이 경제 성장을 엄청난 수준으로 앞질렀음을 수치로 보여주었다. 이런 사실은 바로 다음에 이어질 17년이라는 기간 역시 다우존스지수의 변화가 거의 없었던 1964년부터 1981년에 이르는 17년에 비해서 압도적으로 더 나을 것 같지는 않다는 전망을 의미한다고 말했다. 시장이 곤두박질치지 않는다는 가정하에서 말이다.

이 기간 동안의 수익률을 예상해 보라고 한다면, 아마도 6퍼센트 정도가 되지 않을까 생각합니다.[24]

하지만 최근에 '페인웨버-갤럽 PaineWebber-Gallup'에서 실시한 여론 조사에 따르면, 투자자들이 기대하는 주식 수익률은 13퍼센트에서 22퍼센트나 되었다. **25**

스크린에는 만화로 그린 벌거벗은 남자와 여자가 등장했다. 주식 시장을 다룬 전설적인 책《고객의 요트들은 어디에 있는가? Where Are the Customers' Yachts?》**26**에 등장하는 인물들이었다. 워런은 숱이 많은 눈썹을 움직거리며 이 인물들을 손으로 가리켰다. 그리고 다음과 같이 말했다.

남자가 여자에게 이렇게 말했습니다. '처녀에게 말이나 그림으로는 적절하게 설명할 수 없는 것들이 있어'라고요.

청중은 워런이 하는 말의 요지를 파악했다. 인터넷 종목의 주식을 사는 사람들은 머지않아 낭패를 볼 것이라는 말이었다. 청중은 돌처럼 무겁게 입을 다물었다. 아무도 웃지 않았다. 그 어떤 종류의 웃음소리도 나지 않았다.

겉으로만 보면 워런은 청중의 이런 분위기 변화를 전혀 눈치채지 못한 것 같았다. 그는 연단으로 돌아가서, 청중에게 나누어 주려고 자기가 버크셔 해서웨이에서 가지고 왔던 선물에 대해서 말했다.

나는 제트기의 지분을 쪼개서 파는 회사 하나를 인수했습니다. 맞습니다, 넷제츠입니다. 여러분에게 걸프스트림 4의 지분을 4분의 1씩 나누어 드릴까 생각했습니다. 하지만 공항에 와서 비행기들을 보고 이런 생각이 번쩍 들더군요. 그건 여러분 대부분이 한 급 아래로 물러나는 일이 되겠구나, 라고요.

그 말에 사람들이 와자하게 웃었다. 워런은 말을 계속 이었다. 그 것 대신에 보석상들이 쓰는 소형 확대경인 루페를 하나씩 나누어 줄 것이라고 했다. 이 루페로 다른 사람들의 아내가 가지고 있는 반지를 서로 살펴보는 데 요긴하게 쓰라고 했다. 특히 세 번째 부인의 반지를 눈여겨 살피라고 했다.

그 농담은 적중했고, 사람들은 떠들썩하게 웃으며 박수를 쳤다. 그리고 곧 조용해졌다. 어떤 분노 혹은 분개의 감정이 강연장 바닥에 흘렀다. 1999년 선 밸리에서 주식시장의 과열을 경계하라고 설교하는 것은 사창가에서 순결을 설교하는 것이나 마찬가지였다. 워런의 연설이 청중을 의자에 붙잡아 둘 수는 있었을지 몰라도, 나아가 그들이 절제하도록 만들지는 못했다.

하지만 개중에는 워런의 연설을 듣고 매우 중요한 사실을 깨우쳤다고 생각한 사람들도 있었다. 예컨대 빌 게이츠는 이렇게 생각했다.

"굉장했습니다. 주식시장에 대한 기본적인 지침으로 삼을 수 있는 교훈이 집약된 강연이었어요."[27]

자산운용가들은 워런의 연설을 듣고 위안을 받았으며 심지어 카타르시스까지 느꼈다. 이들 가운데 많은 사람들은 가격이 상대적으로 싼 주식 종목들을 찾고 있었다.

워런은 책 한 권을 들고 사람들 앞에 흔들었다.

《장기 투자 대상으로서의 보통주Common Stocks as Long Term Investments》는 1929년 주식시장 마니아층을 사로잡았던 지적인 지주였습니다. 에드거 로런스 스미스의 이 책은, 주식의 수익률이 언제나 채권 수익률보다 높다는 걸 증명했습니다. 스미스는 다섯 가지 이유를 확인했습니다. 그런데 이 가운데서 가장 참신한 대목은 바로, 기업이 수익 가운데 일부를 다시 투자하지 않고 그대로 보유하는 바람에 재투자해서 동일한 수익률로 거둘 수 있는 수익을 놓치고 있음을 지적했던 겁니다. 그것이 바로 이익의 재투자였지요. 1924년의 기발한 발상이 아닐 수 없습니다! 하지만 나의 스승인 벤 그레이엄은 언제나 이렇게 말씀하셨습니다. '나쁜 생각보다는 좋은 생각으로 인해 더 많은 곤란을 당할 수 있다.' 좋은 생각에는 한계가 있다는 사실을 잊어버리거든요. 케인스 경은 이 책에 쓴 서문(저자 주에서는 '이 책에 대한 서평'이라고 되어 있다-옮긴이)에서 이렇게 말했습니다. '위험이 하나 있다. 과거를 보고 미래의 결과를 예측할 수 있을 것이라고 기대하는 위험이다'[28]라고요.

워런은 지나간 몇 년 동안 주가가 치솟았다는 사실을 근거로 섣불리 미래를 예단해서는 안 된다는 원래의 주제로 다시 돌아와 있었다.

　나 때문에 성질이 나지 않은 사람이 아직 남아 있나요?[29]

워런은 잠시 아무 말도 하지 않고 청중을 바라보았다. 딱히 대답이 필요 없는 그의 질문에 아무도 손을 들지 않았다.

　감사합니다.

그것으로 그의 연설은 끝났다.

칭찬할 때는 이름을 부르고, 비판할 때는 해당 집단을 말하라는 게 워런의 원칙이었다. 워런은 자기 연설이 도발적인 효과를 발휘하도록 의도했다. 하지만 사람들이 불쾌하게 받아들이도록 할 생각은 없었다. 사람들이 자기를 어떻게 생각할지를 무척 많이 염두에 뒀기 때문이다. 그는 특정 인물들을 지목해서 욕을 하거나 범죄자라고 하지 않았다. 그리고 사람들이 자기가 한 농담들을 충분히 받아줄 것이라고 생각했다. 그의 주장은 워낙 강력하고 튼튼했다. 그의 논리를 깬다는 건 불가능해 보였다. 그래서 워런은 자기 메시지를 좋아하지 않는 사람들도 그것이 가지고 있는 힘은 인정할 수밖에 없을 것이라고 생각했다. 그리고 청중이 불편해할 내용은 굳이 목청을 높여서 말하지 않았다. 질의응답이 몇 차례 이어진 뒤 그는 연단에서 내려왔다. 사람들은 자리에서 일어나 갈채를 보냈다. 청중이 본 게 투자에 대한 장인적인 견해의 피력이었든 늙은 호랑이의 마지막 포효였든 간에, 그의 연설은 어떤 기준으로 보더라도 역작임이 분명했다.

5년만 좋은 성과를 내도 찬탄의 대상이 되는 월스트리트에서 워런은 무려 44년 동안이나 정상의 자리를 지켰다. 그의 기록이 줄곧 연장되면서 그의 마지막을 궁금해하는 질문은 계속해서 이어졌다. 과연 그는 언제쯤 몰락할까? 과연 그는 자기가 지배하던 시대가 이제 끝났다는 선언을 할까? 예측하지 못한 어떤 거대한 변동이 그를 황제의 자리에서 밀어내지 않을까? 몇몇 사람들은 이제 그 시기가 다가왔다고 보는 듯했다. 개인용 컴퓨터와 같은 의미심장한 발명품의 등장이 인터넷과 같은 파급력 강한 기술과 결합해서 그의 퇴장을 재촉한다고 보았다. 하지만 상황이 그럼에도 불구하고 겉으로 보기에 그는 분명 쉽게 접근할 수 있는 정보를 간과하고 또 새로운 천 년의 시대가 다가온다는 현실을 외면하는 것 같았다. 젊은 사자들은 워런에게 멋진 연설이었다고 정중하게 인사했지만, 반항심을 품고 이리저리 어슬렁거렸다. 심지어 휴식 시간에 여자들이 모인 방에서조차 실리콘 밸리의 황제들로 새롭게 부상한 남자들의 아내들 입에서 워런을 비꼬는 발언들이 거침없이 쏟아졌다.[30]

이건 몇몇 사람들이 느낀 것처럼 단지 워런이 틀렸다는 문제만은 아니었다. 사람들이 쉽게 동의하지는 않았지만 설령 그가 옳다고 하더라도 투자의 미래를 암울하게 예견하는 것은 전설적이던 그의 과거 모습과 판이했다. 워런의 초기 영광의 시절에 주식들은 값이 쌌고, 그는 이런 주식들을 힘들이지 않고 쉽게 주워 담았다. 길가에 떨어진 황금 사과들을 혼자서만 알아보고 주워 담았던 것이다. 하지만 세월이 흐르면서 경쟁이 치열해지고 장벽이 높아지면서 다른 사람들이 알지 못하는 것을 혼자 알아내서 투자하고 이문을 남기기가 점점 더 어려워졌다. 이런 상황에서 이제 자기들 차례가 왔는데 탐욕을 버리라고 설교하는 워런을 사람들은 어떻게 봐야 한단 말인가? 자기가 뭐기에, 멋지게 수확할 기회가 왔는데 그렇게 하지 말라고 한단 말인가?

손님들은 오후 시간을 느긋하게 보냈다. 어떤 사람들은 테니스나 골프를 마지막으로 한 차례 더 했고, 또 어떤 사람들은 오리 연못 잔디에 모여서 한가롭게 잡담을 나누었다. 워런은 오후 시간을 오랜 친구들과 함께 보냈다. 이들은 워런이 멋진 연설을 한 걸 축하했다. 워런은 자기가 청중을 뒤흔드는 설득력 있는 연설을 했다고 믿었다. 그는 그때까지 단 한 번도 확실한 증거들로 가득 찬, 그래서 장차 기록으로 길이 남을 연설을 한 적이 없었다.

사람들에게서 호감을 얻길 원했던 워런은 자기 소망대로 불평이 아니라 기립 박수를 받았다. 하지만 '아첨을 덜하는 쪽'에서 보자면, 많은 사람이 그의 연설에 설득되지 않았다. 오히려 사람들은 워런이 기술주 활황을 놓친 것을 합리화한다고 믿었으며, 또한 터무니없이 빗나가고 말 게 뻔한 시장 예측을 아주 구체적으로 하는 그를 보고 깜짝 놀랐다. 그가 듣지 못하는 곳에서는 불만과 비난이 이어졌다.

"워런은 막차까지 다 놓쳤어. 어떻게 기술주 활황을 놓칠 수가 있지? 빌 게이츠와 친구 사이이면서 말이야."[31]

그날 저녁 숨겨진 계획대로, 선 밸리 로지에서 몇 킬로미터 떨어진

리버 런 로지River Run Lodge에 손님들이 모인 가운데 마지막 만찬이 열렸고, 이 자리에서 허버트 앨런은 마지막 연설을 하면서 여러 사람들에게 고맙다는 인사를 하고 지나간 며칠을 회고했다. 그리고 수지 버핏이 자갈이 많은 빅우드강이 바라보이는 창가의 무대에 올라가서 다시 한번 흘러간 인기곡들을 불렀다. 시간이 흘러 손님들은 선 밸리 로지의 테라스로 돌아갔고, 여기에서는 동계 올림픽에 참가했던 스케이트 선수들이 토요일 밤의 아이스쇼를 펼치며 액셀과 아라베스크 등의 아름다운 동작들을 자랑했다.

마지막으로 밤하늘에 불꽃놀이가 펼쳐지면서 1999년 선 밸리 컨퍼런스의 화려하고 호화로웠던 닷새 동안의 일정은 모두 끝이 났다. 하지만 사람들의 기억에 가장 많이 남은 것은 래프팅이나 아이스쇼가 아니었다. 그것은 주식시장에 대한 워런의 이야기였다. 정확하게 30년 만에 그가 처음으로 시장을 예측한 내용이었다.

3

습관의 동물들

워런의 동업자이자 동반자인 찰스 T. 멍거는 선 밸리 어디에서도 보이지 않았다. 앨런 앤드 컴퍼니 기획자들은 단 한 번도 그를 초대하지 않았다. 사실 멍거에겐 오히려 좋은 일이었다. 왜냐하면 선 밸리 같은 행사에는 도저히 참가할 마음이 생기지 않았기 때문이다. 선 밸리의 의식들을 따르려면 너무 많은 사람들을 즐겁게 해줘야 했다.[1] 워런은 다른 사람들을 즐겁게 해주는 재미를 즐기는 사람이었다. 비록 청중에게 따끔한 일침을 날리기는 했지만, 그럼에도 불구하고 개인적으로 사람들에게 두루 사랑받고 싶어 했고, 또 그렇게 하려고 노력했다. 이에 반해서 멍거는 오로지 존경심만 바랐다. 그리고 누가 자기를 개자식이라고 생각하든 말든 전혀 상관하지 않았다.

그러나 이 두 사람은 많은 사람들의 마음속에서 거의 동일 인물이나 마찬가지였다. 워런은 두 사람을 가리켜서 '사실상 샴쌍둥이'라고 말했다. 둘 다 똑같이 어색한 갈지자 걸음으로 걸었다. 같은 종류의 회색 양복을 입었으며, 똑같이 빳빳하게 주름이 잡혀 있었다. 바깥에서 운동이나 노동을 하기보다는 실내에서 책과 신문을 읽으면서 수십 년을 보낸 사람들답게 유연하지 않은 몸도 똑같았다. 그리고 대머리를 감추려고 희끗한 머리카락을 옆으로 빗어서 넘긴 모양새도 같았고, 클라크 켄트(영화 〈슈퍼맨〉의 남자 주인공 - 옮긴이)의 안경과 비슷한 안경을 쓴 것도 같았고, 또 눈동자에서 깜박거리는 강렬함도 같았다.

두 사람은 생각도 비슷했다. 사업에 대해 일생을 바쳐서 풀 가치가 있는 퍼즐로 여기고 열정을 다하는 모습도 같았다. 그리고 둘 다 합리성과 정직을 최고의 덕목으로 쳤다. 이들이 보기에 섣부른 충동과 자기 기만은 실수의 주요 원인이었다. 이들은 성공의 법칙을 도출하기 위한 방식으로서 실패의 온갖 이유들을 곰곰이 생각하길 좋아했다.

"나는 오랜 세월 거꾸로 뒤집어 생각함으로써 통찰력을 얻으려고 노력했다. 대수학 분야의 위대한 수학자 카를 야코비의 조언에 따라서 집중을 다해 모든 것을 뒤집었다. 뒤집어라, 언제나 뒤집어라."

멍거가 한 말이다. 그는 이 역전의 사고방식을 "내가 어디에서 죽을지 가르쳐 주시오, 거기에는 결코 가지 않을 작정이니"라고 말했던 현명한 농부 이야기로 예시했다.[2]

멍거는 이것을 비유적으로 의미한 반면, 워런은 보다 직설적이었다. 워런은 멍거가 가지고 있는 미묘한 숙명론적 감각이 부족했다. 특히 자기 자신의 죽음 혹은 필멸성에 대해서는 더욱 그랬다.

하지만 두 사람 모두 다른 사람들에게 설교하고자 하는 강한 충동을 가지고 있었다. 멍거는 자기에게 교훈벽이 있다는 사실을 인정했다. 그는 이따금씩 성공적인 삶의 기술을 주제로 연설을 했는데, 언제나 공들여 준비했다. 그리고 이 연설들은 사람들에게 깊은 감동과 통찰력을 주어, 사람들은 이것을 따로 모으고 또 다른 사람들에게 추천했다. 이런 과정이 반복되면서 인터넷을 통해 누구나 그의 연설을 접할 수 있게 되었다. 그는 이런 연설에 점점 심취했다. 연설에 워낙 열중한 나머지, 워런의 표현을 빌리자면 '자아도취 상태'에 빠지기도 했다. 그래서 다른 사람의 손에 이끌려 억지로 연단에서 내려와야 했던 적도 몇 차례 있었다. 멍거는 사적인 자리에서 대화할 때, 말(馬)이 제어되지 않는 역마차 뒷자리에 앉은 손님처럼 대화 상대방에게든 자기 자신에게든 훈계를 늘어놓는 경향이 있었다. 하지만 멍거는 자기를 아마추어 과학자이자 건축가로 생각했다. 그래서 아인슈타인, 다윈, 사고의 합리적인 습관들 그리고 산타 바버라 지구의 집과 집 사이의 이상적인 거리 따위에 대해서는 거침없이 이야기들을 늘어놓아도, 자기가 상당한 시간을 들여서 학습한 주제에서 멀리 나아가는 모험은 하지 않으려고 조심했다. 그는 하버드 로스쿨에 함께 다니던 친구들 가운데 한 명이 '신발 단추 콤플렉스'라고 불렀던 것에 희생될까 끔찍할 정도로 두려워했다. 다음은 멍거가 한 말이다.

"그 친구의 아버지는 날마다 똑같은 사람들과 통근했지요. 그런데 이 사람들 가운데 한 사람이 신발에 다는 단추 시장을 독점하고 있었답니다. 아주 작은 시장이었지만, 아무튼 이 시장을 몽땅 장악하고 있었죠. 이 사람은 모든 주제, 상상할 수 있는 모든 주제를 화제에 올리고 이야기를 했답니다, 자기가 최고인 양 거드름을 피우면서 말이죠. 이 사람은 신발 단추 시장을 독점했다는 이유만으로 모든 것에 관한 전문가 행세를 했던 겁니다. 워런과 나는, 그런 식으로 행동하는 건 엄청난 실수를 저지르는 것임을 언제나 명심했어요, 지금까지도요."[3]

워런은 소위 '신발 단추 콤플렉스'로 고통받을 위험은 전혀 없었다. 그는 자기가 사람들에게 불쾌하게 비칠까 봐, 더 나쁘게는 성인인 체하는 것으로 비칠까 봐 무서워했다. 그는 누구에게나 본인이 잘할 수 있는 능력의 범위라는 게 분명히 있다고 보았고, 그걸 '능력의 동심원the Circle of Competence'이라고 불렀다. 그는 자기 주변으로 동그랗게 선을 그리고, 거기에 포함된 주제들, 즉 자기가 전문성을 발휘할 수 있는 세 가지 주제 안에서만 머물렀다. 그 세 가지 주제는 돈과 사업과 자기 생활이었다.

하지만 멍거와 마찬가지로 워런도 자기 나름의 자아도취가 있었다. 멍거는 자기 연설의 주제를 선별적으로 잘 고르긴 해도 제대로 마무리를 짓지 못해서 어려움을 겪곤 했지만, 워런은 보통 자기가 하는 강연의 마무리는 잘 지었다. 하지만 시도 때도 없이 강연을 하고 싶은 게 문제였다.

워런은 연설을 많이 했다. 여러 매체에 글도 많이 썼다. 파티를 자주 열어서 사람들을 불러 모아 이런저런 설교를 했다. 법정에서 증언도 했고, TV의 다큐멘터리 프로그램에도 자주 출연했으며, 여행을 갈 때는 기자들을 함께 데리고 다녔다. 대학교에도 자주 가서 강의했다. 대학생들이 자기를 찾아오게도 했다. 가구점 개장식이나 보험사의 텔레마케팅 센터 개관식 혹은 넷제츠의 잠재적인 고객들을 위해 마련한 만찬 자리에서도 연설을 하고 가르침을 주었다. 미식축구 선수들과 라커룸에서 이야기를 나누었다. 의원들과 함께 점심을 먹으면서 이야기를 나누었다. 신문사의 편집 회의에 참석해서 사람들을 가르치기도 했다. 자기 회사의 이사회 자리에서도 강의를 했다. 그리고 그는 주주들에게 보내는 편지에서나 주주들을 만난 자리에서 교사 역할을 했다. 버크셔 해서웨이는 그에게 시스티나 성당(교황의 예배당. 미켈란젤로의 〈천지창조〉가 있다-옮긴이)이나 마찬가지였다. 그에게는 자기 믿음을 온전하게 드러낸 하나의 교본이었다. 그랬기에 멍거는 버크셔 해서웨이를 툭하면 워런의 '교훈벽의 회사'라고 불렀다.

두 사람은 1959년에 처음 만났다. 두 사람과 동시에 친구 사이이던 몇몇 사람들과 함께 점심을 먹던 자리였다. 그때 두 사람의 다변은 다른 친구들을 모두 나가떨어지게 만들었고, 결국 테이블에는 둘만 남아 서로 실컷 지껄였다. 그 뒤로 수십 년 동안 두 사람은 아무에게도 방해받지 않고 대화를 나눠왔다. 이렇게 되자 나중에는 말하지 않고 서로 얼굴만 봐도 텔레파시가 통해서 상대방이 무슨 생각을 하는지 알게 되었다. 두 사람의 관계가 이렇게 되는 동안 친구들, 사업 파트너들, 주주들, 아니 전 세계가 이들의 이야기에 귀를 기울이는 청중이 되었다. 워런의 사무실에서 그를 만나고 나오는 사람이나 멍거의 연설을 들은 사람은 손으로 이마를 치면서 외쳤다.

"바로 그거구나!"

도저히 해결할 수 없어 보이던 문제의 해결책이 비로소 보였다. 그러니 멍거나 워런이 아무리 말을 많이 해도 이들이 더 많은 이야기를 해주길 바라는 수요는 점점 더 증가했다. 두 사람의 삶에 존재하는 대부분의 것들이 그렇듯이 이 일 역시 두 사람에게는 전혀 어렵지 않았다. 오히려 쉽고 편했다. 이미 오랜 습관으로 자리 잡았기 때문이다.

하지만 습관의 동물이라는 말을 들었을 때 워런은 실망스럽다는 표정으로 이렇게 말했다.

"나는 습관의 동물이 아니네. 그런 사람은 따로 있지. 찰리…… 찰리야말로 습관의 동물이지."

멍거는 아침에 일어나서 알의 두께가 6밀리미터나 되는 구닥다리 스타일의 백내장 안경을 코에 걸쳤다. 그리고 날마다 정확하게 같은 시각에 자동차에 타고, 아버지에게서 물려받은 서류 가방을 조수석에 놓고, 패서디나에서 로스앤젤레스 시내로 운전했다.[4] 차선을 바꿀 때는 뒷거울로 뒤에 오는 차들이 몇 대나 되는지 정확하게 세고, 이들이 지나간 다음에 그리고 앞차 및 뒤차와의 거리가 충분하게 확보되어 있는지 확인한 다음에 차선을 바꾸었다.[5] 또한 그는 여러 해 동안 트렁크에 휘발유를 한 통씩 싣고 다니기도 했다. 혹시라도 주유소에 들르는 걸 깜박 잊어서 낭패를 당할지 모른다는 게 이유였다. 하지만 이 습관은 주변 사람들의 설득으로 포기했다. 시내에 들어가서는 그 도시에서 유서 깊은 곳 가운데 하나로 꼽히는 아르데코풍의 캘리포니아 클럽 California Club으로 아침을 먹으러 갔고, 여기에서 아는 얼굴들을 자주 만나곤 했다. 그는 3층 엘리베이터 옆의 콘솔테이블에서 신문을 여러 개 움켜쥔 뒤에 식당 안으로 성큼성큼 걸어가서 첫 번째 식탁에 앉았다. 이런 동작은 언제나 자동적으로 이루어졌다. 그리고 크리스마스 아침에 예쁜 선물을 뜯어서 갈무리하듯이 그 신문들을 하나씩 모두 읽었다.

"좋은 아침입니다, 멍거 씨."

로스앤젤레스의 기업계 인물들이 멍거가 앉은 식탁보다 못한 다른 식탁으로 가다가 그를 보고 정중하게 인사했다. 이들은 멍거가 자기를 알아보고 잠깐이라도 말을 걸어주면 무척 좋아했다.

멍거는 그 사람들을 오른쪽 눈으로만 응시했다. 왼쪽 눈은 백내장 수술에 실패해 보이지 않았다.[6] 그가 말할 때 혹은 주변을 둘러보려고 고개를 돌릴 때, 이 왼쪽 눈의 눈꺼풀은 눈을 반쯤 가린 채 덮여 있었다. 이런 모습 때문에 그는 어쩐지 상대방을 경계하고 또 경멸하는 듯 비쳤다.

블루베리를 마지막으로 식사를 마친 멍거는 수수하고도 잡다한 것들로 어수선한 사무실로 갔다. 이 사무실은 그가 1962년에 설립한 '멍거, 톨스 앤드 올슨 Munger, Tolles & Olson' 법률 회사로부터 빌린 것이다. 그는 1965년에 이 회사에서 나왔다. '웰스 파고 센터'에 자리를 잡고 있는 이 사무실은 독일 출신으로 오랜 세월 그의 비서로 일해 온 도로시 오베르트가 지켰다. 과학 서적과 역사 서적, 벤저민 프랭클린의 여러 전기들, 사전 편찬자이자 숱한 금언을 남긴 새무얼 존슨의 거대한 초상화, 최근에 있었던 여러 부동산 거래 계획서들과 부동산 모형들, 창문 옆에 놓여 있는 프랭클린의 흉상 등이 있는 이 사무실에 들어서면 멍거는 편안함을 느꼈다. 멍거는 비록 자기는 마음 내키는 대로 살면서도, 청교도적 시민 가치를 신봉했던 프랭클린을 존경했다. 그래서 프랭클린의 말을 자주 인용했다. 그리고 낮 시간 동안 그의 저작들과 다른 '저명한 고인들(멍거는 키케로나 마이모니데스 등을 이렇게 불렀다)'의 저작들을 읽었다. 그는 또한 버크셔 해서웨이의 자회사인 '웨스코 파이낸셜Wesco Financial'과 웨스코 파이낸셜이 소유했던 법률 서적 출판사 '데일리 저널 코퍼레이션Daily Journal Corporation'을 관리했다. 그리고 여기저기 널려 있던 부동산 거래 관련 사항들을 처리했다. 한편 멍거를 만나서 이야기를 나누고 싶은 사람들은 가족이나 친한 친구 혹은 사업과 관련된 사람이 아니면 모두, 도로시에게 제지를 당한 뒤 면박을 받고 낙담해야 했다.

멍거는 자기 시간의 많은 부분을 4원인설[아리스토텔레스의 사물 변화에 대한 4가지 원인. 질료인(質料因), 형상인(形相因), 동력인(動力因), 목적인(目的因)을 뜻한다 - 옮긴이]를 공부하는 데 썼다. 아리스토텔레스의 엘리트주의에 심취했던 것이다. 마음만 먹으면 그는 얼마든지 많은 돈을 기부할 수 있었지만, 자기가 '드렉스빌 사람들'이라고 불렀던 사람들에게는 그다지 애정이 없었다. 가장 영리한 사람들에게 보다 더 큰 힘을 실어주려고 했다. 그랬기 때문에 그가 베푸는 자선은 다원적인 추구라고도 할 수 있었다. 선한 사마리아인 병원Good Samaritan Hospital, 하버드 웨스트레이크 스쿨, 헌팅턴 도서관 그리고 스탠퍼드 로스쿨이 멍거의 혜택을 받는 기관들이었다. 이 수혜 기관들은 멍거의 돈과 노력 뒤에는, 모든 사람들이 그가 주장하는 대로 일해야 한다는 조건과 숱한 잔소리가 뒤따른다는 것을 알고 있었다. 하지만 그 조건과 잔소리를 받아들이기만 하면 되었다. 스탠퍼드대학교가 기숙사 각 방의 폭을 어느 정도 길이로 하고, 창문을 정확하게 어디에 내며, 침실을 부엌에서 어느 정도 멀리 두어야 한다는 등의 조건을 지키기만 하면 그리고 그가 주장하는 곳에 주차장을 만들기만 하면, 그는 스탠퍼드대학교의 로스쿨 기숙사에 기꺼이 돈을 내놓았다. 그는 구식 노블리스 오블리제를 구현했다. 수혜자에게 돈을 줬을 뿐만 아니라 온갖 종류의 귀찮은 잔소리도 했던 것이다. 가장 좋은 것이 무엇인지 멍거 자신이 알고 있었기 때문이다.

이런 활동 외에도 여러 가지 일이 많이 있었지만 멍거는 자주 옛날 친구들과 어울려서 로스앤젤레스 컨트리클럽에서 골프를 쳤다. 그러고는 아내 낸시와 함께 저녁을 먹었는데, 때로는 이 장소가 자기가 직접 설계한 집이 되기도 했다. 하지만 가깝게 지내던 친구들과 함께 또다시 캘리포니아 클럽이나 로스앤젤레스 컨트리클럽에 갈 때가 더 많았다. 그러고는 그날의 마지막 남은 시간을 책을 읽으면서 보냈다. 그는 의붓자식을 포함한 여덟 명의 자식들 그리고 그야말로 다채롭게 구성된 손자 손녀들과 함께 정기적으로 휴가를 갔다. 보통은 미네소타의 스타 아일랜드에 있는 오두막집으로 갔는데, 여기에 가기만 하면 그는 자기 아버지가 그랬던 것처럼 광적인 낚시꾼이 되었다. 그는 '채널 캣'이라는 이름의 거대한 쌍동선(雙胴船)을 가지고 있었는데, 이 배에 수십 명이나 되는 손님들을 부르곤 했다(그의 친구 가운데 한 사람은 이 배를 '떠다니는 레스토랑'이라고 불렀는데, 이 배는 주로 여흥을 즐기는 데 사용되었다). 멍거가 어떤 사람인지 한마디로 줄여서 말하면, 비록 특이한 점이 많긴 했지만 친구와 클럽과 자선을 좋아하는 정직하고 가족적인 사람이었다.

워런도 친구와 클럽을 좋아했다. 하지만 자선은 거의 베풀지 않았다. 비록 그의 개성은 멍거의 개성보다 훨씬 더 복잡했지만, 그의 삶은 멍거의 삶보다 훨씬 더 단순했다. 그는 대부분의 시간을 오마하에서 보냈다. 그의 일정은 여러 개의 이사회 참석과 친구 방문 여행이 주기적으로 반복되는 일정으로 짜여졌다. 하지만 이 일정은 결코 빡빡하지 않았다. 마치 달이 조금씩 기울었다가 다시 차는 것처럼 그렇게 여유로웠다. 오마하에 있을 때는 40년 동안 살아왔던 집에서 역시 그만큼 오랜 세월 동안 입주해 있던 '키위트 플라자' 건물의 사무실까지 약 2.5킬로미터 거리를 자동차를 타고 왕복했다. 오전 8시 30분까지 사무실 문을 열고 들어선 뒤에는 자기 아버지가 쓰던 책상 앞에 앉았다. 그러고는 TV를 켜서 채널을 CNBC에 맞추고 소리를 죽인 뒤에 신문을 들추기 시작했다. 신문을 다 본 뒤에도 그는 TV 화면 하단에 흐르는 자막을 흘낏흘낏 바라보면서 책상 위에 수북하게 쌓인 잡지들을 뒤적였다. 〈아메리칸 뱅커American Banker〉, 〈에디터 앤드 퍼블리셔Editor & Publisher〉, 〈브로드캐스팅Broadcasting〉, 〈비버리지 다이제스트Beverage Digest〉, 〈퍼니처 투데이Furniture Today〉, 〈A.M. 베스츠 프로퍼티-캐주얼티 리뷰A.M. Best's Property-Casualty Review〉, 〈뉴요커〉, 〈컬럼비아 저널리즘 리뷰Columbia Journalism Review〉, 〈뉴욕 옵서버New York Observer〉 등이 그런 잡지들이었다. 이것 말고도 읽을거리는 또 있었다. 그가 감탄하는 사람들이 주식시장 및 채권시장에 대해서 쓴 뉴스레터들이었다.

또 팩스와 우편, 인터넷 메일로 들어온 월간, 주간 및 일간 보고서를 모두 검토해야 했다. 버크셔 해서웨이가 소유하는 기업체들이 보낸 보고서들이었다. 그런데 이 보고서의 목록은 해가 갈수록 점점 길어졌다. 보고서 내용은 예를 들면 지난주에 보험사인 '가이코GEICO: Government Employees Insurance Company(공무원보험회사)'가 보험 상품을 얼마나 팔았고 보험금은 또 얼마나 지불했는지, '씨즈캔디See's Candies'의 어제 매출액이 얼마나 되는지, 유니폼 제조업체인 '페치하이머Fechheimers' 가 교도소의 교도관 제복 주문을 얼마나 받았는지, 넷제츠가 유럽과 미국에서 전세기 지분 소유권을 얼마나 팔았는지 따위의 내용이었다. 물론 이것 말고도 많았다. 천막, 배터리 충전기, 전력 소비량, 에어 컴프레서, 약혼반지, 임대 트럭, 백과사전, 조종사 훈련, 가정용 가구, 심폐 소생 장비, 돼지 축사, 자동차 대출, 부동산 목록 작성, 아이스크림선디(시럽과 과일 등을 얹은 아이스크림-옮긴이), 크레인, 가스 사용량, 양수기, 진공청소기, 신문 광고, 달걀 계수기, 칼, 임대 가구, 간호사 신발, 전기기계 부품…… 이런 것들의 비용과 매출액과 관련된 모든 숫자들이 그의 사무실로 들어왔고, 이 가운데 많은 수치를 그는 머리로 암기하고 있었다.[7]

그리고 여유가 있을 때는 아직 사들이지 않은 수백 개 기업에서 나온 보고서들을 읽었다. 어떤 것들은 관심이 있어서, 어떤 것들은 관심이 생길지도 몰라서였다.

어떤 거물급 인사가 그를 만나러 오마하로 올 때는 강청색 링컨 타운카(1981년부터 생산된 포드 자동차의 대형 고급 세단-옮긴이)를 타고 시내를 가로질러 약 2.3킬로미터 떨어진 공항으로 직접 마중 나갔다. 공항에서 직접 영접을 받은 사람들은 그의 꾸밈없는 태도에 놀라고 또 매료됐다. 하지만 곧 신경을 바짝 곤두세워야 했다. 워런이 한껏 고무되어 수다를 떠느라 일단 정지 표지판이나 신호등, 지나가는 다른 차들을 거의 무시하면서 도로를 휘저었던 것이다. 하지만 그는 자기가 워낙 천천히 달리기 때문에 사고가 나더라도 절대로 큰 사고는 나지 않는다는 말로 자신의 그런 산만함을 합리화했다.[8]

워런은 자기 사무실에 손님이 오면 늘 사무실 순례를 시키며, 자기의 금융계 인생의 발자취를 담고 있는 기념품들이나 아끼는 물건들을 보여주며 자랑했다. 그러고는 자리에 앉아 방문자가 하는 질문이나 요청 사항을 들었다. 이때 그는 상체를 앞으로 숙이고 두 손은 모아 쥔 채 눈썹은 위로 추켜올렸다. 상대방이 하는 말에 진지하게 관심을 가지고 있다는 뜻이었고, 또 그렇게 비쳤다. 그리고 그는 상대방의 말이 모두 끝나면, 즉석에서 재치 넘치는 대답을 했다. 상대방이 사업을 제안할 때는 판단을 내렸으며, 도움을 청할 때는 조언을 했다. 그리고 이들이 떠날 때는 배웅하는 길에 맥도널드와 같은 패스트푸드점에 들러 함께 간단한 요기를 한 뒤 공항까지 바래다주었다. 유명한 정치인이든 거대 기업의 CEO든 간에 거물급 인사들은 또 한 번 깜짝 놀랄 수밖에 없었다.

책을 읽거나 문서들을 뒤적이며 조사를 하거나 이따금씩 있는 회의에 참석하거나 하는 사이사이 워런은 하루 종일 울려대는 전화를 받았다. 그의 사무실로 전화를 건 사람은 워런이 직접 전화를 받아서 친절한 목소리로 "여보세요!"라고 말하면 화들짝 놀랐다. 그리고 어떤 사람들은 그가 직접 전화를 받았다는 사실을 알고는 혼란스러워서 한동안 정신을 차리지 못하고 말을 더듬기도 했다. 그의 비서 데비 보사네크는 붙임성이 많은 여자였다. 그녀는 폭주하는 전화를 걸러서 모은 메시지를 부지런히 워런에게 날렸다. 그런데 워런의 작은 책장 위에 또 한 대의 전화가 있었는데, 이 전화기도 자주 울렸다. 이 전화가 울리면 워런은 지체 없이 수화기를 들었다. 그의 트레이더에게서 온 전화였다. 이 전화를 받을 때 그가 하는 말은 보통 이런 식이었다.

"어이, 그래…… 음…… 그래…… 얼마? 음…… 그렇게 해."

그게 그가 하는 말의 다였다. 그러고는 또 다른 전화를 받거나, 책을 읽거나, CNBC를 보았다. 그리고 정확하게 5시 30분에 사무실에서 나와 집으로 향했다.

집에서 그를 기다리는 여자 애스트리드 멩크스는 그의 아내가 아니었다. 하지만 그는 그녀에 대해서 아무것도 숨기지 않았다. 그는 1978년부터 그녀와 함께 살았다. 아내 수전과 그녀 그리고 워런 사이에는 유별난 삼각관계가 형성되어 있었다. 수전 버핏은 두 사람의 관계를 인정했다. 보다 정확하게 말하면 수지가 두 사람의 관계를 만들어줬다. 하지만 그와 수지는 둘 다 자기들이 결혼한 부부임을 강조했고, 부부이기 때문에 마땅히 해야 하는 정례적인 일들은 워런의 일상에 자리 잡은 다른 것들과 마찬가지로 정확한 일정 속에 조직화되었다. 하지만 그동안 내내 그는 공개적으로는 다음과 같이 말할 뿐 다른 설명은 일절 하지 않았다.

"당신이 관련된 모든 사람을 다 잘 안다면, 그것도 잘 알 겁니다."[9]

틀린 말은 아니었지만, 이 말이 호기심을 채워주지는 못했다. 수지와 애스트리드를 둘 다 잘 아는 사람은 거의 아무도 없었고, 바로 그렇기 때문에 워런 버핏이라는 인물에 대해서도 온전하게 잘 아는 사람은 없었다. 워런은, 자기가 맺고 있는 다른 인간관계를 관리할 때와 마찬가지로, 수지와 애스트리드 사이에서 분리된 관계를 계속 유지했다. 하지만 겉으로 드러난 모습만으로 볼 때 애스트리드와 수지는 적이 아니라 친구였다.

특별한 일이 없는 한 워런은 대부분 집에서 애스트리드와 함께 저녁을 먹었다. 메뉴는 햄버거나 돼지 갈비살이었다. 그리고 한두 시간 지난 뒤에 그는 인터넷으로 브리지 게임을 했다. 그는 이 게임에 한 주에 열두 시간가량을 할애했다. 그가 눈으로는 게임 화면을 바라보고 귀로는 TV에서 나오는 소리를 들을 때, 애스트리드는 그런 그를 그냥 내버려 두었다. 그러면 워런은 가끔씩 이렇게 고함을 지를 뿐 게임 화면에 코를 박았다.

"애스트리드, 콜라 한 잔만!"

그런 다음에는 보통 브리지 게임 상대이자 막역한 친구인 샤론 오스버그와 전화 통화를 하고, 그동안 애스트리드는 집 안 여기저기를 오가며 시간을 보냈다. 그러다가 10시가 되면 버크셔 해서웨이 소유의 재보험 회사를 운영하는 애지트 제인과 전화 회의를 했다. 이 회의는 밤마다 이루어졌다. 한편 애스트리드는 시장에 갔다가 돌아오는 길에 미리 나온 다음 날 신문을 챙겨 가지고 왔다. 워런이 이 신문을 읽는 동안 그녀는 잠자리에 들었다. 이게 바로 수백억 달러의 재산을 가진 엄청난 부자가 살아가는 단순하고도 평범한 일상이었다. 적어도 겉으로 보기에는 그랬다.

4

"워런, 뭐가 문제요?"

300억 달러가 넘는 워런의 거의 모든 재산은, 정확하게 말하면 전 재산의 99퍼센트는, 버크셔 해서웨이의 주식에 투자되어 있었다. 그는 선 밸리에서 시장의 체중계가 시장의 투표지 계산기보다 중요한 이유를 주제로 연설했었다. 하지만 그가 그 연설을 하도록 한 것은 그의 주식 가격에 대한 (체중계의 의견이 아니라) 투표지 계산기의 의견이었다. 사람들은 그가 부자였기 때문에 그의 의견에 관심을 기울였다. 이런 이유로 시장이 앞으로 17년 동안 투자자들을 실망시킬 것이라고 예측할 때[1] 워런은 벼랑 끝에 서 있었으며 이런 사실을 그도 잘 알고 있었다. 만일 그의 예측이 빗나간다면, 그는 선 밸리의 웃음거리가 될 뿐만 아니라 세계 갑부 명단에서 그가 지키고 있던 순위도 떨어질 게 분명했다. 사실 워런은 평소에 이 순위를 무척 민감하게 지켜보았다.

1990년대 말에 버크셔 해서웨이의 주가 평균 상승률은 시장 지수의 상승률을 훨씬 웃돌았다. 1998년 6월에는 한 주에 8만 900달러까지 치솟았다. 그래서 한 주만 있어도 작은 콘도 하나를 살 수 있을만큼 값비싼 버크셔 해서웨이 주식은 미국에서도 매우 독특했다. 워런에게 버크셔 해서웨이의 주가는 자기의 성공을 가장 단순하게 드러내 주는 지표였다. 이 주식의 가격은 그가 처음 한 주에 7.50달러에 샀을 때부터 줄곧 상승해 거기까지 올라갔다. 설령 1990년대 말에 주식시장이 아무리 요동친다 하더라도, 1999년까지는 버크셔 해서웨이 주식을 보유하고 있는 투자자가 꽤 짭짤한 재미를 볼 터였다.

[도표] 연도별 주가 상승률 / 버크셔 해서웨이, S&P[2]

연도별 주가 상승률						
	1993	1994	1995	1996	1997	1998
버크셔 해서웨이	39%	25%	57%	6%	35%	52%
S&P	10%	1%	38%	23%	33%	29%

하지만 지금 워런은 정보통신 종목의 주가가 치솟는 상황에서, 사랑받지 못하는 주식을 타고 가라앉는 자기 모습을 보았다. 1999년 8월이 되자 버크셔 해서웨이의 주가는 6만 5천 달러까지 내려갔다. 해마다 4억 달러의 수익을 가져다주는 크고 탄탄한 회사를 사는 데 돈을 얼마나 지불해야 할까? 적자가 나는 작고 새로운 회사를 사는 데는 또 얼마나 지불해야 할까?

> - '토이저러스(Toys 'R' Us)'는 한 해에 4억 달러를 벌고 매출액은 110억 달러를 기록했다.
> - '이토이스(eToys)'는 한 해에 1억 2,300만 달러를 손해 봤고, 매출액은 1억 달러를 기록했다.

　시장의 투표지 계산기는 '이토이스'가 49억 달러의 가치가 있으며 '토이저러스'는 그보다 10억 달러가량 적은 가치가 있다고 말했다. 또 인터넷을 통해서 전자가 후자를 뭉개버릴 것이라고 추정했다.[3]

　그런데 주식시장 위에 드리운 의심의 그림자 하나가 달력에 시선을 고정시켰다. 전문가들은 1999년 12월 31일 자정에 재앙이 터질 것이라고 예측하고 있었다. 전 세계의 컴퓨터들이 '2'로 시작하는 연도의 날짜를 제어하도록 프로그램되어 있지 않다는 게 근거였다. 공황이 발생할 것을 우려한 연방준비제도는 전국의 모든 현금자동지급기가 동시에 먹통이 될 경우에 발생할 현금 부족 사태를 신속하게 예방하기 위해서 현금 유동성 공급을 늘리기 시작했다. 여기에 힘입은 주가는, 선 밸리에서 워런이 연설한 직후에 마치 독립 기념일의 불꽃처럼 하늘 높이 치솟아서 밝게 빛났다. 1월에 기술주 종목들이 우글거리는 나스닥에 투자한 1달러는 25달러가 되어 있었다. 하지만 버크셔 해서웨이에 투자한 1달러는 80센트로 떨어져 있었다. 12월 말, 다우존스산업평균지수는 연초에 비해 25퍼센트 상승한 지점에서 마감했다. 나스닥은 4천 포인트를 돌파했으며 86퍼센트 상승이라는 놀라운 기록을 세웠다. 한편 버크셔 해서웨이는 5만 6,100달러로 떨어졌다. 지난 5년 동안 선두를 달리던 버크셔 해서웨이가 불과 몇 달 만에 참혹하게 무너지고 만 것이다.

　거의 일 년이 넘는 기간 동안 금융 전문가들은 과거의 상징적인 인물이었던 워런을 조롱했다. 그리고 이제 새 천년의 전야에 월스트리트의 필독서인 〈배런스Barron's〉는 워런의 사진을 표지에 실었다. '워런, 뭐가 문제요?'라는 제목을 달고는 그 옆에 버크셔 해서웨이가 심하게 "비틀거리며 넘어졌다"고 썼다. 하지만 워런은 아무런 일도 일어나지 않은 것처럼 태연했다. 계속해서 이 말만 반복했을 뿐이다.

"바뀐다는 건 분명합니다. 하지만 그때가 언제인지는 모릅니다."[4]

바짝 곤두선 그의 신경은 반격하라고 그를 충동질했다. 하지만 그는 아무것도 하지 않았다. 아무런 반응도 보이지 않았다.

1999년 말이 가까워지자 워런의 투자 방식을 추종했던 수많은 장기 가치 투자자들이 더는 버티지 못하고 투자 자금을 회수하거나 기술주 종목에 투자했다. 하지만 워런은 그렇게 하지 않았다. 금융적인 판단에 대한 그의 강인함이 그를 흔들리지 않게 붙잡았다. 누구나 기억할 수 있을 정도로 오랜 세월 그를 단련시켜 왔던 이 강인함을 그는 '내면의 점수판'이라고 불렀다

시스티나 성당입니다. 나는 그림을 그리고 있습니다. 나는 사람들이 이런 말을 할 때면 기분이 좋아집니다. '이야아! 그림 정말 죽이네요!' 하지만 이건 내 그림입니다. 누군가가 와서 파란색 대신 빨간색을 더 쓰는 게 어떠냐고 말할 수도 있습니다. 그러면 나는 '네, 고맙습니다만 안녕히 가십시오'라고 말합니다. 이건 내 그림이니까요. 나는 그 사람들이 내 그림을 얼마 받고 파는지 상관하지 않습니다. 그림은 절대로 사라지지 않을 테니까요. 이것이 내 그림에 대한 위대한 진실 가운데 하나입니다.[5]

사람들이 어떻게 행동할 것인가를 예측하는 것과 관련된 커다란 질문은 이 사람들이 내면의 점수판을 가지고 있는가 아니면 외면의 점수판을 가지고 있는가 하는 것입니다. 만일 여러분이 내면의 점수

판에 만족할 수 있다면 도움이 될 것입니다. 나는 언제나 이렇게 생각합니다. 나는 이렇게 말하죠. '정신 차리고 잘 생각하자. 너는 모든 사람이 네가 세계에서 최악의 연인이라고 생각하게 하면서도 세계에서 가장 위대한 연인이 되려 하는가? 아니면, 모든 사람이 네가 세계에서 가장 위대한 연인이라고 생각하게 하면서도 세계 최악의 연인이 되려 하는가?'라고요. 흥미로운 질문 아닙니까?

또 다른 질문이 하나 있습니다. 만일 세상이 여러분의 결과를 볼 수 없다고 칠 때, 당신은 실제 현실에선 최악의 기록을 내면서도 세상에서 가장 위대한 투자자로 비치고 싶습니까? 아니면, 실제로는 최상의 기록을 내면서도 세계 최악의 투자자로 비치고 싶습니까?

여러분이 자녀를 가르칠 때, 아이들은 아주 아주 어린 나이에 자기 부모가 강조하는 것을 교훈으로 배운다고 나는 생각합니다. 만일 당신이 진정으로 어떻게 행동하는지는 깡그리 잊어버리고 세상이 당신에 대해서 생각하는 것만 강조하고 거기에 의존한다면, 당신은 외면의 점수판을 가지고 있는 겁니다. 자, 나의 아버지 얘기를 해보죠. 아버지는 백 퍼센트 내면의 점수판을 가지고 계셨습니다.

그분은 진정으로 독립적인 분이셨습니다. 하지만 아버지는 독립 그 자체를 목적으로 하지 않으셨습니다. 다른 사람들이 어떻게 생각하든 거기에 신경을 쓰시지 않았을 뿐입니다. 아버지는 나에게 인생을 어떻게 살아야 하는지 가르쳐 주셨습니다. 여태까지 살면서 아버지와 같은 분은 아직 보지 못했습니다.

PART 2

내면의 점수판

The Snowball: Warren Buffett and the Business of Life

5

설교의 충동

버핏이란 성을 가지고 신대륙에 최초로 정착한 존 버핏은 직조공이었고, 프랑스 위그노교도의 후손으로 추정된다. 그는 17세기에 종교적인 박해를 피해서 아메리카로 이주했고 롱아일랜드의 헌팅턴에 농부로 정착했다.

미국에서 버핏 가문의 내력과 활동에 대해서는 농사를 지었다는 것 말고는 알려진 게 거의 없다.[1] 하지만 워런 버핏의 설교 충동은 가문의 유산임이 분명하다. 우선 일찌감치 존 버핏의 여러 아들 가운데 한 명[2]이 그런 면모를 보였다. 그는 북쪽으로 롱아일랜드 해협을 건너 코네티컷의 해변에 정착했는데, 여기에서 그는 언덕에 올라가 이교도를 향해 종교 연설을 했다. 하지만 부랑자와 범법자, 종교적 신념이 다른 사람들이 그의 연설을 듣고 회개했다고 보기는 어렵다. 왜냐하면 그가 곧바로 벼락을 맞아 사망했다고 역사는 기록하고 있기 때문이다.

여러 세대가 지난 뒤, 롱아일랜드의 딕스 힐스에 살았던 농부 제블런 버핏은 버핏 가문의 또 하나의 특성, 즉 자기 친족에게까지도 극단적으로 인색하게 군다는 특성을 처음으로 가계도에 기록한 사람으로 자신의 존재를 남겼다. 그의 손자인 시드니 호먼 버핏이 터무니없이 낮은 급료에 분개하면서 할아버지의 농장에서 더는 일하지 않겠다며 뛰쳐나온 기록을 보면 알 수 있는 사실이다.

키가 크고 호리호리하던 십대 소년 시드니는 서쪽으로 가서 네브래스카의 오마하로 외할아버지 조지 호먼을 찾아갔다. 외할아버지는 말과 마차를 세놓는 사업을 하고 있었다.[3] 그해가 1867년이었는데, 당시 오마하는 나무로 지은 오두막집들만 있던 작은 정착촌이었다. 골드러시 기간 동안에 서부로 향하던 투기꾼들에게 여행에 필요한 물품들을 제공한 뒤로 오마하는 개척자들이 필요로 하는 것들, 즉 노름과 여자와 술을 제공했다.[4] 하지만 남북전쟁(1861~1865년 – 옮긴이)이 끝나면서 오마하는 커다란 변화를 앞두고 있었다. 대륙횡단철도가 미합중국으로 새로 편입된 여러 주들의 해안까지 놓일 예정이었다. 에이브러햄 링컨은 오마하가 철도의 중심축이 될 것이라고 직접 선언했다. 철도 회사 '유니언 퍼시픽Union Pacific'이 들어오면서 도시는 상업적인 정신으로 부산하게 활기를 띠었다. 하지만 그럼에도 불구하고 '악당 소굴'로 잘 알려져 있던 이 도시는 신앙심이 깊은 경건한 네브래스카주의 타락한 '소돔'이라는 명성을 계속 유지했다.[5]

시드니는 외할아버지의 마차 회사에서 일한 뒤, 포장도로 하나 없던 도시에서 최초로 식료품점을 열었다. 꽤 괜찮은 그러나 소박한 가게에서 그는 날마다 밤 11시까지 가게 문을 열어놓고 과일, 채소, 사냥꾼이 잡은 짐승을 팔았다. 프레리치킨[뇌조(雷鳥)의 일종 – 옮긴이]은

25센트에 팔았고, 산토끼는 10센트에 팔았다.[6] 그의 할아버지 제블런은 시드니의 앞날을 걱정하며 자주 편지를 보내 충고했다. 이 충고는 그의 후손들이 지금도 충실하게 지키고 있는 원칙이다. 비록 단한 명의 의미심장한 예외가 있긴 하지만……

거래를 할 때는 언제나 시간을 철저하게 지키려고 노력해라. 시간을 잘 지키지 않는 사람들과 거래하기가 어렵다는 건 너도 깨달을 것이다. (……) 신용을 잃지 마라. 신용은 돈보다 더 소중하다. (……) 사업을 할 때는 적당하게 이익을 얻는 데 만족해라. 무리하게 부자가 되겠다고 성급하게 굴지 마라. (……) 적당하게 살고 또 적당하게 죽을 생각을 하며 살기 바란다.[7]

정신없이 빠르게 그리고 돈이 흥청망청 넘쳐나는 곳에서 적당하게 이익을 얻는 데 만족하면서 시드니는 점차 성공 가도를 달렸다.[8] 그는 이블린 케첨과 결혼했으며 자식을 여섯 명 낳았다. 이 가운데 몇 명은 어려서 죽었다. 살아남은 자식 가운데 어니스트와 프랭크 형제가 있었다.[9]

"어니스트 버핏보다 이름이 더 좋은 사람은 없었다"[10]는 말이 있었다('Ernest'라는 이름은 '돈을 벌다'라는 뜻의 'earn'에 최상급 '-est'를 붙인 꼴과 같은 발음이다–옮긴이). 그는 1877년에 태어났으며 8학년까지 학교에 다닌 뒤에 공식적인 학업을 마치고, 1893년 경제 공황기에 아버지의 가게에서 카운터 일을 했다. 어니스트는 실제적이고 현실 계산에 빨랐지만, 프랭크 버핏은 훨씬 더 괴짜였다. 그는 덩치가 크고 배가 불룩 튀어나왔으며, 청교도적인 집안 분위기와 맞지 않은 이단아였다. 가끔씩 술을 즐기기도 했다.

그런데 어느 날, 기절초풍할 미인이 가게에 나타나서 일자리를 찾았다. 계모의 구박을 피해 오마하에 온 헨리에타 듀발이라는 여인이었다.[11] 프랭크와 어니스트는 헨리에타를 동시에 사랑하게 되었다. 그녀를 아내로 맞아들인 사람은 좀 더 미남이었던 어니스트였다. 두 사람은 1898년에 결혼했다. 결혼한 지 일 년도 되지 않아서 첫아기 클래런스가 태어났고, 이어서 아들 셋과 딸 하나가 더 태어났다. 어니스트는 프랭크와 헨리에타를 두고 다툰 직후 아버지 시드니와 함께 동업 관계를 맺었다가 나중에는 독립해서 다른 식료품점을 차렸다. 한편 프랭크는 거의 평생을 독신으로 살았으며, 어니스트에게 사랑을 빼앗긴 뒤 25년 동안, 즉 헨리에타가 살아 있는 동안에는 어니스트와 말도 하지 않았다.

어니스트는 도시의 유지로 성장하기 시작했다. 새로 낸 가게에서는 '노동 시간은 길었고, 급료는 낮았으며, 불만은 묵살되었고, 어리석은 짓은 하나도 용납되지 않았다.'[12] 언제나 말쑥하게 양복을 차려입은 어니스트는 높은 곳에 마련된 책상 앞에 앉아 종업원들을 지켜보면서 게으름을 피우지 못하도록 했고, 물건을 대주는 사람들에게는 "셀러리 배달에 걸리는 시간을 줄여주면 좋겠다"[13]고 편지를 썼다. 그는 여성 고객들을 자기가 가진 매력으로 사로잡았다. 하지만 자기를 짜증 나게 하는 사람들이 누구인지 판단하고 또 이들의 이름을 작은 검은색 공책에 빼놓지 않고 적었다. 그들은 바로 민주당원과 외상값을 갚지 않는 사람들이었다.[14] 어니스트는 세상이 자기의 의견을 필요로 한다고 확신하고, 전국 각지의 회의장을 찾아다니면서 자기와 비슷한 생각을 가지고 있는 기업가들과 함께 국가의 안타까운 상황을 한탄했다.[15] 여기에 대해서 워런은 다음과 같이 말한다.

그분은 자기가 틀렸다는 생각은 하지 않았습니다. 기질적으로 그랬습니다. 언제나 격한 감정을 실어서 말씀하셨고, 또 자기가 문제의 핵심을 가장 잘 알고 있다는 사실을 상대방이 인정한다고 생각했습니다.

아들과 며느리에게 언제나 현금을 준비해 두고 있어야 한다고 당부했던 한 편지에서 그는 버핏 가문의 사람들을 타고난 '부르주아'라고 묘사했다.

버핏 가문의 사람들 가운데 막대한 재산을 남긴 사람은 한 명도 없었다. 하지만 다들 어느 정도의 재산은 남겼다. 번 것은 절대로 다 써버리지 않고 언제나 일부분을 저축했다. 그리고 이런 방식은 언제나 효과가 있었다.[16]

'번 것을 다 써버리지 마라'라는 원칙은 사실 버핏 가문에서 내려오던 신조였다. 이 원칙은 '빚을 지지 마라'는 것과 일맥상통한다.

역시 프랑스 위그노교도의 후손이던 헨리에타도 남편만큼이나 절약을 중시했고 의지가 굳었으며 철저하게 금주 원칙을 지켰다. 독실한 캠벨리트Campbellite(개신교 사도 교회파를 가리키는 말. 버핏 가문은 이 용어를 자주 사용한다–저자)로서 헨리에타 역시 설교의 소명을 강하게 느꼈다. 어니스트가 가게를 지키는 동안 그녀는 서리(2석 4인승 사륜마차–옮긴이)에 아이들을 태우고 시골로 나가서 농가를 돌며 전도했다. 그녀의 기질은 버핏 가문의 성향을 더욱 강화했다. 사실상 어떤 점에서 보자면 그때까지의 그 어떤 버핏 가문 사람들보다도 헨리에타가 더 설교를 많이 한 셈이었다.

버핏 가문 사람들은 도매상이나 전문직 종사자가 아니었다. 철저하게 소매상이었다. 하지만 오마하의 초기 개척 정착민으로서 그들은 자기들의 지위를 탁월하게 잘 인식했다. 헨리에타가 품었던 희망은 네 명의 아들과 한 명의 딸이 모두 가문에서 최초로 대학교를 졸업하는 것이었다. 이들에게 들어갈 학비를 마련하려고 그녀는 생활비를 쪼개고 또 쪼갰다. 버핏은 자기 기준으로 보더라도 엄청나게 절약했다고 말한다. 남자아이들은 어릴 때 모두 가게에서 땀 흘리며 일했다. 그리고 첫째 아들 클래런스는 대학교에서 지질학을 전공한 뒤 석유 회사에 취직했다.[17] 둘째 아들 조지는 화학 박사학위를 따고 대서양 연안에 자리 잡았다. 그리고 그 아래의 하워드, 프레드, 앨리스는 모두 네브래스카 대학교를 졸업했다. 프레드는 가족이 운영하는 가게에서 일했고 앨리스는 가정과 교사가 되었다.

셋째 아들이자 워런의 아버지인 하워드는 1903년에 태어났다. 그는 1920년대에 센트럴고등학교에 다니는 동안 마치 자기가 이방인 같다고 느끼는 불행한 경험을 했다. 가축 방목장, 은행, 백화점 등을 소유한 가문과, 당시에는 금주법 때문에 불법이었던 양조업으로 큰 돈을 모은 조상에게 막대한 유산을 물려받은 가문, 즉 극히 소수가 오마하를 쥐고 흔들 때였다. 다음은 하워드가 한 말이다.

"나는 두 형들이 입던 옷을 물려받아서 입었습니다. 나는 신문팔이 소년이었고 식료품점의 아들이었습니다. 그래서 고등학교 친구들은 나와 어울리려고 하지 않았습니다. 비주류에 속하는 아이들 가운데 하나였지요."

이런 냉대가 그를 괴롭혔다. 출생으로 결정된 사회적인 지위와 상대적인 박탈감을 깊이 느꼈던 것이다.[18]

네브래스카대학교에서 하워드는 언론학을 전공했고 대학교 신문사 〈데일리 네브래스컨Daily Nebraskan〉에서 일했다. 여기에서 그는 권력층의 활동을 알리고자 하는 이방인의 열정과 정치에 대한 자기 가문의 열정을 결합할 수 있었다. 그리고 얼마 지나지 않아서 레일라 스탈을 만났다. 그녀 역시 성장 배경 때문에 신문에 대해서 하워드가 가졌던 것과 똑같은 관심을 가졌으며 사회 계층에 대한 자의식도 하워드만큼이나 강했다.

레일라의 아버지 존 스탈은 독일계 이민자의 후손이었다. 체구는 작고 땅딸막했으며 성격은 쾌활하고 친절했다. 그는 교육장 자격으로 말 한 필이 끄는 사륜마차를 타고 들소 가죽으로 만든 무릎덮개로 무릎을 덮고 네브래스카의 커밍 카운티에 첫발을 디뎠었다.[19] 가족의 역사를 보면 그는 아내 스텔라를 무척 아끼고 사랑했다. 두 사람 사이에는 세 딸 에디스, 레일라, 버니스와 아들 매리언이 있었다. 영국인 후손이던 스텔라는 네브래스카의 웨스트포인트에서 불행하게 살았다. 그곳은 독일계 이민자들의 중심지여서 늘 이방인처럼 느끼며 살아야 했다. 그녀는 파이프오르간을 연주하면서 울적한 마음을 달랬다고 한다. 1909년에 스텔라는 정신 질환을 앓았다. 이 일은 아마도 가족의 유전병이 발병한 것으로 비쳤을 게 분명하다. 왜냐하면 가족의 역사에서 '미치광이'로 묘사되었던 그녀의 어머니 수전 바버가 1899년 '네브래스카 주립 정신병원'에서 사망했기 때문이다. 가족 사이에 구전되는 이야기에 따르면, 스텔라가 벽난로의 부지깽이를 들고 에디스를 때리려고 했고 두 사람 사이에는 쫓고 쫓기는 한바탕 소동이 벌어졌다고 하는데, 아무튼 이런 일이 있은 뒤에 존 스탈은 여기저기 여행을 다녀야 하는 직업을 아예 포기하고 아이들을 돌보기 시작했다. 스텔라는 어두컴컴한 방에서 혼자 칩거하는 시간이 점점 더 많아졌다. 이 방에서 그녀는 자기 머리를 쥐어뜯었다. 우울증이 분명했다. 그러다가 가끔씩 남편과 딸들에게 잔인한 행동을 하기도 했다.[20] 아이들을 아내에게만 맡기고 집 바깥으로 나갈 수 없다고 판단한 스탈은 〈커밍 카운티 데모크래트Cuming County Democrat〉라는 신문사를 인수했다. 집에서 일하면서 생활비를 벌 수 있다고 판단했던 것이다. 레일라가 다섯 살이 되던 해부터 세 딸들은 집안일을 하며 아버지를 도와 신문을 발행했다. 레일라는 활자로 조판하면서 단어의 철자를 익혔다. 그녀는 그때를 다음과 같이 회상했다.

"내가 4학년일 때, 우리는 학교가 파하면 곧장 집으로 가야 했고, 활자 조판을 모두 마친 뒤에야 밖으로 나가서 놀 수 있었습니다."

레일라는 열한 살 때 리노타이프 식자기를 다룰 줄 알았다. 목요일 밤이면 신문을 만드는 작업에 매달렸고 금요일마다 두통으로 학교에 결석했다. 쥐 떼가 들끓는 허름한 집에서 일하며 생계를 유지해야 했기 때문에 가족은 모두 매리언의 미래에 희망을 걸었다. 매리언은 변호사가 되려고 공부하던 명석한 아들이었다.

1차 대전이 진행되는 동안 스탈은 더 어려움을 겪었다. 〈커밍 카운티 데모크래트〉가 독일계 미국인이 살던 곳에서 독일에 반대하자, 구독자 가운데 절반이 〈웨스트포인트 리퍼블리컨West Point Republican〉으로 발길을 돌렸다. 엄청난 재앙이었다. 하지만 존 스탈은 민주당의 거물 정치가 윌리엄 제닝스 브라이언의 열렬한 지지자였다. 19세기에서 20세기로 넘어갈 무렵에 브라이언은 미국에서 가장 중요한 정치가들 가운데 한 명으로서 미국 대통령이 될 뻔하기도 했던 인물이었다. 전성기 때 그는 일종의 포퓰리즘(대중주의)을 내세우기도 했는데, 다음에 소개하는 그의 가장 유명한 연설에서 그런 면모를 엿볼 수 있다.

정부를 바라보는 두 가지 생각이 있습니다. 잘사는 사람들이 더 잘살 수 있도록 해주는 법률을 제정하면, 이들의 부가 넘쳐흘러서 못 사는 사람들에게로 이전될 것이라고 생각하는 사람들이 있습니다. 하지만 민주당의 생각은 다릅니다. 만일 여러분이 일반 대중이 잘살 수 있도록 해주는 법률을 제정하면, 이들의 부는 이들보다 잘사는 사람에게도 넘쳐흐를 것이고, 일반 대중에 의지하는 모든 계층

이 잘살게 될 것입니다.[21]

　스탈 집안 사람들은 자기들이, 나머지 다른 계층이 모두 의지하는 일반 대중에 속한다고 생각했다. 하지만 그 짐을 감당할 그들의 능력은 늘어나지 않고 있었다. 1918년에, 열여섯 살의 버니스가 삶을 놓아버리기 시작했다. IQ가 139나 되었지만 세 자매 가운데 가장 둔한 딸이었던 그녀는 자기도 할머니와 어머니처럼 정신병을 앓을 것이고 결국은 할머니처럼 네브래스카 주립 정신병원에서 죽어갈 것이라고 확신했다.[22] 이 시기에 레일라가 학교에 다녔던 기록을 보면 당시 스탈 집안의 형편이 얼마나 어려웠는지 짐작할 수 있다. 우선 그녀는 아버지를 도우려고 대학 진학을 두 해나 미루었다. 그리고 링컨에 위치한 네브래스카대학교를 딱 한 학기만 마친 뒤 다시 집으로 돌아와 아버지를 도왔다.[23] 그런데 언제나 활력이 넘쳤고 또 세 딸 가운데 가장 명석하다는 말을 듣던 레일라는 나중에 이 시기의 상황을 전혀 다른 느낌으로 묘사했다. 당시에 자기 가족은 완벽했으며 자기는 학비를 벌기 위해서 3년을 휴학했다고 말했던 것이다.

　1923년에 그녀가 링컨에 갔을 때 그녀는 딱 한 가지 분명한 야심을 가지고 있었다. 그것은 바로 남편감을 찾는 것이었다. 이런 사실은 그녀도 인정했다. 그녀는 곧바로 학보사로 가서 일자리를 찾았다.[24] 뼈대가 약한 몸에 부드러운 갈색 단발머리를 하고 봄날의 울새처럼 부지런히 돌아다니던 레일라는 매력적인 미소를 가지고 있었다. 이 미소 덕분에 화살촉 모양의 눈에 담긴 표정도 한결 부드럽게 비쳤다. 〈데일리 네브래스컨〉의 스포츠부 기자로 출발해서 나중에 편집자까지 올라갔던 하워드 버핏은 그녀를 보자마자 곧바로 채용했다.

　짙은 색 머리카락에 교수 같은 느낌으로 호감을 주는 인상이었던 하워드는 전체 학생 가운데 열세 명만 추려서 만든 단체 '이노센츠 Innocents'의 회원이었다. 하버드대학교와 예일대학교의 사례를 따라 캠퍼스에서 가장 뛰어난 남학생들을 선발해 구성된 이 단체는 이노센트라는 이름을 가진 열세 명의 역대 로마 교황에게서 이름을 따왔으며, 악에 대항해서 싸운다는 게 기본 목적이었다. 이 단체는 또한 대학교의 무도회와 동창회를 후원하기도 했다.[25] 이런 거물을 발견하자 레일라는 곧바로 그를 붙잡았다. 나중에 하워드는 다음과 같이 말했다.

"그녀가 〈데일리 네브래스컨〉을 위해서 많은 일을 했는지는 잘 모르겠습니다. 하지만 나를 위해서 많은 일을 한 건 분명해요. 그리고 나는 그녀를 선택한 것을 한 번도 후회한 적이 없습니다. 이 말은 절대로 틀릴 수가 없습니다. 그건 내가 여태까지 한 일 가운데서 가장 잘 한 일이었습니다."[26]

레일라는 수학에 소질이 있는 좋은 학생이었다. 그래서 레일라가 학교를 중도에 그만두고 결혼하겠다고 했을 때 미적분학 교수는 실망한 나머지 책을 내동댕이쳤다고 한다.[27]

졸업을 앞두고 있던 하워드는 아버지를 찾아가서 진로를 상의했다. 그는 돈에는 관심이 없었다. 하지만 어니스트가 권하는 대로, 이상만 고상하고 급료는 낮은 언론 분야를 포기했다. 그리고 로스쿨에 진학할 가능성도 보험 판매[28]에 나서면서 완전히 포기했다.

신혼부부 하워드와 레일라는 오마하의 방 네 개짜리 흰색 작은 목조 단층집으로 이사했다. 어니스트는 결혼 선물로 이 집을 온갖 식품으로 가득 채웠다. 레일라는 366달러를 들여 이 집에 필요한 모든 물품을 구입했다. 이 물품은 모두 "도매 가격으로 샀다"고 그녀는 적었다.[29] 그리고 그날 이후로 그녀는 자신의 열정과 야망과 수학적 재능(이 방면에서 그녀가 하워드보다 나았다는 점에 대해서는 모든 사람들이 동의한다)

을 모두 하워드의 출세를 위해 바쳤다.[30]

1928년 초에 하워드와 레일라의 첫아이 도리스 엘리너가 태어났다.[31] 그해 말에 레일라의 동생 버니스가 정신병을 앓아 교사직을 그만두었다. 하지만 레일라는 자기 어머니나 동생을 짓눌렀던 우울한 압박감에서 완전히 자유로웠던 것 같다. 활력이 펄펄 넘쳤던 그녀는, 비록 같은 이야기를 장황하게 늘어놓고 반복하는 경향이 있긴 했지만, 몇 시간씩 쉬지 않고 말할 수 있었다. 그래서 하워드는 그녀를 '사이클론(회오리바람)'이라고 불렀다.

신혼 생활이 어느 정도 자리를 잡자 레일라는 하워드를 자기가 다니던 '퍼스트 크리스천 교회'에 데리고 갔다. 그리고 하워드가 집사가 되었을 때는 일기장에 이 사실을 자랑스럽게 기록했다.[32] 여전히 정치에 깊은 관심을 가지고 있던 하워드는 집안의 내력인 설교의 충동 징후를 드러내기 시작했다. 하지만 하워드와 어니스트가 저녁 식탁을 정치 토론의 장으로 끌고 가면, 하워드의 동생 프레드는 지겨워하며 아예 바닥에 드러누웠고 그러다가 잠들어 버리곤 했다.

레일라는 정치적인 입장을 남편이 지지하는 쪽으로 바꾸어서 열렬한 공화당 지지자가 되었다. 버핏 집안 사람들은 '미국인의 가장 중요한 사업은 사업을 하는 것이다'[33]라고 선언했던 캘빈 쿨리지(1923~1929년에 대통령 재임 – 옮긴이)의 열렬한 지지자가 되었고, 최소한의 규제만 하는 작은 정부라는 그의 주장을 열렬히 지지했다. 쿨리지는 세금을 낮추었고 아메리칸 인디언에게 시민권을 부여했다. 하지만 임기 내내 그는 입을 다물고 비켜서 있었다(그를 비판하는 사람들은 '임기 동안 잠만 잔 대통령'이라고 비꼰다 – 옮긴이). 1928년에 부통령이던 허버트 후버가 대통령으로 선출되어 친기업적인 정책들을 계속 이어가겠다고 맹세했다. 쿨리지 재임 기간에 주식시장은 활기를 띠었고, 버핏 사람들은 후버가 이 기조를 계속 이어갈 것이라고 생각했다.

나중에 워런은 당시를 회상하면서 이렇게 말한다.

어릴 때 나는 모든 좋은 것들을 다 갖추었습니다. 우리 집에서는
사람들이 흥미로운 것들을 화제로 자유롭게 이야기했습니다. 또 부
모님은 모두 지성적인 분들이었습니다. 그리고 나는 괜찮은 학교에
다녔습니다. 그 어떤 부모도 우리 부모님보다 나를 더 잘 키우지 못
했을 거라고 생각합니다. 이건 엄청나게 중요한 요소였어요. 나는 부
모에게서 돈을 받지 않았습니다. 솔직히 그러고 싶지도 않았습니다.
하지만 나는 가장 적절한 시기에, 가장 적절한 공간에서 태어났습니
다. 그야말로 땡잡은 거였지요.

워런은 언제나 자기가 거둔 성공을 운으로 돌렸다. 하지만 가족을
회상할 때면 자기의 실제 모습 가운데 일부만을 드러냈다. 어떤 부모
도 그의 부모보다 더 잘 키우지 못했을 거라는 그의 말에 동의할 사
람은 거의 없을 것이다. 부모가 자식을 키울 때 내면의 점수판을 가
지는 것이 얼마나 중요한지 이야기하면서 그는 언제나 아버지를 예
로 들었다. 어머니를 언급한 적은 한 번도 없었다.

6

욕조 공깃돌 경주

오마하, 1930년대

1920년대 주식시장은 샴페인 거품으로 부글부글 끓어올랐다. 이 바람에 평범한 보통 사람들도 처음으로 주식시장에 투자하게 되었다.[1] 1927년이 되자 하워드도 이 대열에 합류하기로 마음먹고, '유니언 스테이트 뱅크Union State Bank'에 주식 중개인으로 취직했다.

하지만 잔치는 2년 뒤에 끝났다. 1929년 10월 29일 '검은 화요일'에 시장은 단 하루 만에 140억 달러가 떨어졌다.[2] 미국 정부 예산의 네 배나 되는 돈이 불과 몇 시간 만에 사라져 버린 것이었다.[3] 1929년에 발생한 시장 손실은 300억 달러였는데, 이것은 미국이 1차 대전에 쏟아부은 전쟁 비용에 육박하는 금액이었다.[4]

파산과 자살이 속출하는 가운데 사람들은 돈을 비축해 두기 시작했으며, 아무도 주식을 사려고 하지 않았다.

그 뒤로 아버지가 처음으로 주식을 거래한 건 네 달이나 지나서였습니다. 이때 받은 수수료가 5달러였고요. 어머니는 아버지와 함께 밤에 전차를 타고 외출하시곤 했습니다. 아버지가 누구를 방문할 때는 바깥에서 기다렸지요. 아버지가 돌아오실 때 암울하다는 생각이 들지 않게 하려고 말입니다.

검은 화요일 이후 열 달 지난 1930년 8월 30일, 둘째 워런 에드워드가 예정일보다 무려 다섯 주나 일찍 태어났다.

수심에 가득 찬 하워드는 자기 아버지가 운영하는 식료품점에 취직할 수 있을까 하는 기대를 안고 아버지를 만나러 갔다. 버핏 식구들은 모두, 심지어 다른 직업을 가지고 있는 사람들조차 한 주에 한 번씩 일정 시간 동안 그 식료품점에서 일했다. 하워드의 동생 프레드만이 유일하게 보잘것없는 급료를 받고 풀타임으로 일하고 있었다. 그런데 어니스트는 하워드에게 프레드 이외의 다른 자식들에게 지급할 돈은 없다고 말했다.[5]

그러나 어떤 의미에서 보자면 아버지의 이런 태도가 하워드에게 안도감을 주었다. 그는 아버지의 식료품점에서 일해야 하는 굴레에서 '탈출'했다는 생각이 들었던 것이다. 다시는 그 가게로 돌아가고 싶지 않았다.[6] 하지만 가족이 굶어 죽을지도 모른다는 걱정은 여전히 남았다. 이때 어니스트가 하워드에게 말했다.

"음식 걱정은 하지 마라, 하워드. 음식은 내가 외상으로 줄 테니까."

워런이 말한다.

할아버지는 그런 분이셨습니다. '음식은 내가 외상으로 줄 테니까.'

어니스트는 자기 가족을 사랑하지 않은 게 아니었다.

솔직히, 그런 모습을 조금 더 자주 보여주셨으면 좋았을 텐데 말입니다.

하워드는 아내에게 이렇게 말했다.

"당신은 고향인 웨스트포인트로 가 있는 게 좋지 않을까? 최소한 하루에 세 끼는 먹을 수 있을 테니까."

하지만 레일라는 남편 곁을 떠나지 않았다. 그녀는 우유를 사러 '로버츠 데어리 Robert's Dairy'까지 걸어갔다. 차비를 내느니 한 푼이라도 아껴서 그 돈으로 우유를 더 샀다. 그리고 그녀는 교회 모임을 빠지기 시작했다. 돌아가면서 내는 커피 값 29센트를 낼 여유가 없었기 때문이다.[7] 시아버지 가게에서 외상 빚이 자꾸 늘어나는 게 싫어서 가끔은 하워드가 식사를 했는지 묻는 걸 건너뛰기도 했다.[8]

어느 토요일, 워런의 첫 번째 생일을 2주 앞둔 날이었다. 은행마다 한여름의 뜨거운 열기 아래에서 땀을 삐질삐질 흘려가면서 사람들이 길게 줄을 지어 서 있었다. 은행의 불안한 지불 능력을 의심하며 예금을 인출하려고 줄 선 사람들이었다. 사람들은 이른 아침부터 밤 10시까지 자기 앞으로 얼마나 많은 사람들이 남았는지 세고 또 셌다. 그리고 소리 없이 기도했다. 주여, 내 차례가 되었을 때 제발 은행에 잔고가 남아 있게 해주소서!![9]

신은 모든 사람들의 기도를 들어주지는 않았다. 그 달에 네 개의 주(州) 은행이 문을 닫았다. 예금을 인출하지 못한 사람들은 영원히 인출할 수 없었다. 이 은행 가운데 하나가 바로 하워드 버핏의 직장이던 '유니언 스테이트 뱅크'였다.[10] 다음은 이런 상황과 관련해서 워런이 여러 차례 반복해서 이야기했던 가족의 전설이다.

당신 생일 이틀 뒤였던 1931년 8월 15일, 아버지는 은행으로 갔습니다. 그런데 문이 닫혀 있었습니다. 일자리를 잃었고, 돈은 문을 닫은 은행 안에 있었지요. 아버지에게는 먹여 살려야 할 어린아이가 두 명이나 있었습니다.[11] 어떻게 하면 좋을지 몰랐습니다. 일자리가 있으면 좋겠지만 남아 있는 일자리는 없었습니다.

하지만 2주도 지나지 않아 하워드와 칼 포크와 조지 스클레니카는 주식 중개 회사 '버핏, 스클레니카 앤드 컴퍼니 Buffett, Sklenicka & Co.'를 설립했다.[12] 아무도 주식을 살 생각을 하지 않는데 주식 중개 회사를 차리다니, 그야말로 독불장군식의 결정이었다.

3주 뒤에 영국이 금본위제를 폐기했다(당시에는 정부가 확보하고 있는 금의 양에 따라서 시중에 유통되는 달러의 양을 결정하게 되어 있었다. 이 금본위제 때문에 정부는 돈을 찍어서 시중에 푸는 방식으로 인플레이션을 불러일으킬 수 없었다). 이것은 빚을 많이 지고 있던 정부가 화폐를 보다 더 많이 발행해 빚을 갚음으로써 파산을 면할 수 있다는 뜻이었다. 이건 오로지 화폐 발행 권한을 가지고 있는 정부만이 행사할 수 있는 교묘한 수법이었다. 이것은 당대에 가장 폭넓은 신뢰와 인정을 받고 있는 통화수단을 보유한 국가가 '우리는 불량 수표를 발행할 것이다. 이걸 받든 말든 알아서 해라'라고 선포하는 거나 다름없었다. 이런 발표는 우량 기관의 신뢰도까지 뒤흔들었다. 그리고 전 세계 금융 시장들이 비틀거리며 내리막길을 달렸다.

이미 꺼져가고 있던 미국의 경제는 심하게 기침을 했고, 진창에 빠졌고, 이어서 자유낙하를 했다. 수많은 은행들이 줄지어 쓰러졌다. 도시마다 예금자들은 은행 창구 앞으로 힘겹게 나아갔지만 속절없이 발길을 돌려야 했다.[13] 하지만 이런 소용돌이 속에서도 하워드의 사업은 성공가도를 달렸다. 처음 그의 고객은 주로 친구나 가까운 사람들이었다. 그는 이들에게 지방채나 생필품 종목의 주식과 같은 안전이 보장된 증권을 팔았다. 회사 문을 열고 한 달 동안, 비록 금융 공황이 전 세계에 퍼지고 있었지만 그는 400달러의 수수료를 벌었고 회사도 이문을 남겼다.[14] 그리고 그 뒤로도 계속, 심지어 사람들의 예금액이 증발하고 은행에 대한 믿음이 실종되는 와중에서조차 하워드는 마찬가지의 보수적인 투자 방침을 고수하면서 꾸준하게 고객을 늘리고 또 회사를 키웠다.[15]

이렇게 해서 하워드의 가정 경제는 회복되었다. 그런데 워런의 두 번째 생일 직전이던 1932년 3월, 나이가 22개월밖에 안 되었던 한 아기가 유괴된 뒤 살해되는 사건이 벌어졌다. '외로운 독수리'라는 별명을 가지고 있던 찰스 린드버그(1927년에 최초로 대서양 단독 논스톱 횡단 비행에 성공한 미국의 비행 영웅─옮긴이)의 큰아들이었다. 잡학박사 H. L. 멘켄에 따르면, 이 사건은 '예수의 부활 이후 최대 사건'이었다. 유괴의 공포가 미국 전역을 휩쓸었다. 자식을 가진 부모들은 모두 자기 아이가 유괴되지 않을까 전전긍긍했다. 버핏 부부도 예외는 아니었다.[16] 그즈음에 하워드는 레일라가 구급차를 부를 정도로 심각한 심장 발작을 일으켰다. 메이오 클리닉Mayo Clinic이 최종적으로 심장에 문제가 있다는 진단을 내렸다.[17] 의사는 무거운 것을 들거나 달리거나 수영을 하지 말라는 등의 주의를 주었고, 그때 이후로 하워드는 이 금지 사항들을 지키며 살아야 했다. 레일라에게 하워드는 식자기를 돌려야 했던 지긋지긋한 운명에서 자기를 구해준 백마 탄 기사였다. 그리고 하워드는 레일라의 모든 생활의 중심에 있었다. 그랬기 때문에 하워드에게 무슨 일이 생길지도 모른다는 생각만으로도 레일라는 공포에 휩싸였을 게 틀림없다.

워런은 이미 호기심이 많은 아이로 성장했다. 걸음마를 배운 뒤로는 신기한 것들을 살피느라 마당에 나가서 살다시피 했다. 어머니가 교회 사람들을 만나는 자리에 데리고 나갈 때는 어머니 곁에서 얌전하게 자리를 지켰다. 그때 어머니는 아들에게 장난감 대용으로 가지고 놀라며 칫솔 하나를 주었다. 워런은 이 칫솔을 두 시간 동안이나 쉬지 않고 계속해서 조용히 살폈다.[18] 과연 그 어린 꼬마는 칫솔모의 가로줄과 세로줄을 바라보면서 무슨 생각을 했을까?

그해 11월, 국가가 여전히 위기에 빠져 있는 가운데 프랭클린 델라노 루스벨트가 대통령으로 선출되었다. 하워드는, 일반 대중에 대해서는 아무것도 모르는 이 상류 특권층 인사가 국가의 통화를 오염시키고 파멸로 몰고갈 것이라고 확신했다.[19] 그래서 그는 최악의 사태에 대비하려고 커다란 설탕 자루 하나를 다락에 챙겨놓기도 했다. 그즈음에 하워드는 신사복을 입은 순진한 청년 클라크 켄트(《슈퍼맨》의 주인공-옮긴이)처럼 보였다. 금속테 안경 너머의 근시, 조금 벗어진 짙은 색 머리카락, 진지한 미소, 부드러운 태도. 하지만 정치 이야기만 나오면 사람이 완전히 바뀌었다. 그는 저녁 식탁에서 그날 있었던 뉴스를 큰 소리로 거칠게 씹어댔다. 민주당이 백악관을 장악했으니 이제 미국 앞에는 엄청난 재앙과 공포가 기다리고 있다고 하워드가 떠들어 댈 때, 아마도 도리스와 워런은 아버지가 하는 말이 무슨 뜻인지 전혀 알아듣지 못했을 것이다. 하지만 '사회주의' 따위의 단어들은 어린 그들의 가슴에 깊이 새겨지기 시작했다. 경외감을 불러일으키던 존재인 아버지는 저녁을 먹은 뒤 언제나 거실에 있는 붉은색 가죽 안락의자에 가서 앉았다. 그 의자 옆에는 라디오가 놓여 있었고, 아버지는 석간 신문과 여러 잡지들을 뒤적이면서 몇 시간가량을 혼자만의 세상에서 보냈다.

버핏 집안에서는 정치, 돈, 철학은 식탁에 올려도 좋은 화제였지만 감정적인 화제는 금지되었다.[20] 비민주적인 부모의 모습이 정상으로 비치던 당시에도 하워드와 레일라는 아이들에게 따뜻한 정이 없는 걸로 유명했다. 버핏 집안에서는 그 누구도 '사랑해'라는 말을 하지 않았다. 잠자리에 든 아이에게 담요를 덮어주며 뺨에 키스를 해주는 사람도 없었다.

하지만 가족의 울타리 바깥에 비친 레일라의 모습은 달랐다. 그녀는 완벽한 어머니이자 아내였다. 사람들은 그녀를 보고 활기차고, 명랑하고, 자상하고, 다정하다고 했다. 심지어, 감정을 과장해서 잘 표현한다는 의미로 '분출 유정(噴出油井)'이라고 하기도 했다.[21] 그녀는 자기가 살아온 이야기를 하는 걸 좋아했는데, 반복해서 했던 이런 이야기 속에서 자기 부모는 독실한 기독교인이었으며 또한 멋진 분들이었고 이런 부모 슬하에서 자란 게 행운이었다고 함으로써 자기에게 묻어 있던 어색하고 숨기고 싶은 부분들을 감추었다. 또한 그녀는 자기와 하워드가 감내했던 희생을 자주 이야기했다. 대학교 등록금을 벌려고 3년 동안 휴학했던 일이며, 하워드가 사업을 시작했을 때 넉 달 동안 단 한 건의 거래도 성사시키지 못했던 일이며, 전차비를 아끼려고 걸어서 우유를 사러 갔던 일 등이 그런 내용이었다. 레일라는 신경통 때문에 고통스럽다는 말도 자주 했다. 이 신경통을 때로 편두통으로 오인하기도 했는데, 그녀는 이것이 어린 시절 활자 조판을 하면서 보냈기 때문에 생긴 병이라고 했다.[22]

이렇게 힘든 상황에서도 그녀는 브리지 게임을 할 때 차를 준비했고, 생일이나 온갖 기념일들을 다 챙겼고, 이웃 사람들을 방문했고, 또 교회의 저녁식사를 준비했다. 그녀는 모든 일을 자기가 다 해야 하는 것처럼 행동했다. 누구보다 더 많은 사람들을 방문했고, 더 많은 쿠키를 구웠고, 더 많은 편지를 썼다. 임신했을 때는, 혼자 가족의 저녁을 준비하면서 입덧을 심하게 했는데 그때마다 비누 냄새를 맡아가면서 참았다.[23] 하지만 그녀의 태도 가운데 가장 핵심적인 내용은 하워드를 위한다는 것이었다. 그녀와 동서 사이이자 워런의 숙모였던 케이티 버핏은 이렇게 말했다.

"자기 자신을 스스로 십자가에 못 박은 사람이지요."[24]

하지만 레일라가 다했던 의무와 희생 뒤에는 비난과 부끄러움이라는 또 다른 측면이 숨어 있었다. 어두운 측면이었다. 아침에 하워드가 전차를 타고 출근하면, 도리스와 워런은 놀러갈 옷을 차려입었다. 그런데 갑자기 레일라가 아이들에게 분노를 폭발했다. 때로는 이런 폭발 직전의 징후가 말투에서 감지되기도 했지만, 아무런 경고도 없을 때가 대부분이었다.

언제나 우리가 한 행동이나 말이 문제였지요. 그게 불씨가 되어서 그렇게 펑 터졌습니다. 한번 터지고 나면 절대로 수그러들지 않았지요. 예전에 잘못했던 온갖 것들이 새로 들춰졌습니다. 우리가 저지른 죄의 목록은 끝이 없었습니다. 때로 어머니는 당신의 이런 모습을 신경통 때문이라고 돌렸지만, 겉으로 그런 증상을 보인 적은 한 번도 없었습니다.

격렬한 분노에 휩싸인 레일라는 반복해서 아이들을 거친 말로 세차게 몰아세웠다. 내용은 늘 같았다. 자기가 감당하는 희생에 비하면 너희 인생은 정말 너무 편하다, 너희는 가치가 없고 고마워할 줄 모르고 이기적이다, 부끄러운 줄 알아야 한다! 그녀는 실제로 아이들이 저지른 잘못뿐만 아니라 자기가 머릿속에서 상상해서 지어낸 잘못까지 들추었다. 그리고 언제나 도리스에게 장광설을 퍼부었다. 똑같은 말을 반복하는 이 장광설은 적어도 한 시간, 때로는 두 시간씩이나 이어졌다. 워런의 표현을 빌리자면, 아이들이 '완전히 구겨져서' 무력하게 울기만 할 때까지 절대로 멈추지 않았다. 다음은 도리스가 하는 말이다.

"내가 눈물을 쏟기 전까지는 절대로 만족하지 않았죠."

워런은 도리스가 당하는 광경을 꼼짝없이 지켜보아야 했다. 그는 누나를 지켜줄 수 없었고 불똥이 자기에게 튀지 않기만을 절망적으로 바랄 뿐이었다. 레일라가 부모로서 자기가 한 행동을 어떻게 생각했는지는 명확하지 않다. 그러나 레일라가 자기 행동을 어떻게 생각했든 간에, 워런이 세 살이고 여동생 로버타(보통 '버티'라고 불렸다)가 태어났던 그 시절에 자기와 도리스는 '결코 돌이킬 수 없는' 상처를 받았다고 워런은 말한다. 두 사람은 영혼에 상처를 입었던 것이다.

비록 어머니가 자기들에게 감정을 격렬하게 터뜨린다는 걸 아버지가 알고 있다는 사실을 인식했음에도 불구하고, 아이들은 한 번도 아버지에게 도움을 청하지 않았다. 하워드는 아이들에게 "엄마가 화나셨어"라고 말하며 레일라의 폭발이 임박했음을 경고하곤 했지만, 레일라의 학대에 개입하지는 않았다. 보통 레일라의 폭발은 하워드가 듣지 못하는 시간 혹은 장소에서 일어났고 또 하워드를 향한 적은 없었다. 그러므로 어떤 점에서 보자면 하워드는 아이들을 어머니에게서 보호해 주는 존재였다. 비록 그가 아이들을 구해주지는 않았지만, 적어도 아이들은 하워드 주변에 있을 때는 안전할 수 있었기 때문이다.

바커가의 흰색 작은 목조 단층 주택 바깥에서 네브래스카는 무법천지가 되어가고 있었다. 워런이 세 살 때까지 오마하에서는 밀주 제조가 성행했다.[25] 교외의 시골에서는 농부들이 담보로 잡힌 농지가 빚을 갚지 못해 넘어가자 집단으로 들고일어나서 불복종 운동을 벌였다.[26] 농민 5천 명이 링컨에 있는 주 의회로 행진해 갔고, 공포에 질린 의원들은 서둘러서 담보물 채무 불이행 법안을 의결했다.[27]

1933년 11월, 차가운 바람이 바싹 마른 서쪽의 모래 구릉지를 휩쓸면서 모래를 빨아올려 검은 구름의 거대한 회오리바람을 만들었다. 이 바람은 시속 100킬로미터의 빠른 속도로 동쪽으로 멀리 뉴욕 시티까지 덮었다. 유리창을 요란하게 두드렸고 도로를 달리던 자동차를 길 바깥으로 밀어냈다. 〈뉴욕 타임스〉는 이 바람을 인도네시아의 크라카타우섬 화산 폭발(1883년에 발생했으며, 현대의 가장 큰 화산 폭발 가운데 하나로 꼽힌다-옮긴이)에 비유했다. 몇 년 동안 길게 이어질 모래 폭풍의 시대가 시작된 것이었다.[28]

20세기 최악의 가뭄 속에서 중서부 지역 사람들은, 세찬 모래바람이 벽에 칠한 페인트를 지우고 자동차 유리에 곰보 자국을 낼 때면 집 안에 피신해 꼼짝도 하지 않았다. 레일라는 아침마다 현관 앞에 쌓인 붉은 황진(黃塵)을 치웠다. 워런이 네 번째로 맞은 생일에는 불그레한 황진이 현관을 온통 뒤덮다시피 했고, 바람은 야외 식탁에 올려놓은 냅킨과 종이 접시들을 모두 날려버렸다.[29]

모래 폭풍과 함께 이례적인 더위도 찾아왔다. 1934년 여름에 오마하의 기온은 섭씨 47.8도까지 올라갔다. 네브래스카의 한 농부는 젖소 한 마리가 없어져서 며칠 동안 찾으러 다니다가 마침내 찾아냈는데, 이 소는 바짝 마른 땅이 갈라지면서 생긴 틈새에 다리가 끼여 빠져나오지 못하고 있었다.[30]

평원에 사는 사람들은 물 한 방울을 얼굴에 맞고 기절한 사람을 깨우기 위해서 모래 세 양동이를 이 사람 얼굴에 퍼부어야 했다는 믿기지 않는 이야기를 하기도 했다. 사람들은 집 안에서는 너무 더워서 도저히 잠을 잘 수 없어 뒷마당에서 잠을 잤다. 혹은 센트럴고등학교 운동장이나 조슬린 미술관(먼 훗날, 버크셔 해서웨이의 주주 총회가 몇 년 동안 이 미술관에서 열리기도 한다-옮긴이)의 잔디 위에서 야영을 하기도 했다. 워런은 물에 적신 시트를 덮고 잠을 자려고 애썼지만 아무 소용없었다. 그의 2층 방으로 뜨겁게 달구어져서 올라오는 공기를 식힐 수 있는 건 아무것도 없었다.

1934년에는 기록적인 더위 및 가뭄[31]과 함께 수백만 마리의 메뚜기 떼가 습격을 해서 바짝 마른 옥수수와 밀을 그루터기까지 먹어치웠다.[32] 레일라의 아버지 존 스탈은 그해에 뇌졸중으로 한 차례 쓰러졌고, 워런은 웨스트포인트에 있는 외할아버지 집에 갔다가 몹시 굶주린 메뚜기 떼를 목격했다. 녀석들은 울타리 기둥과 빨랫줄에 널어놓은 빨래까지 먹어치웠으며 나중에는 서로 잡아먹기 시작했다. 녀석들이 내는 소리는 트랙터 엔진 소리 같았고, 녀석들이 하늘을 시커멓게 뒤덮는 바람에 마당에 주차된 자동차가 잘 보이지 않을 정도였다.[33]

사실 1930년대에는 공포 그 자체보다 더 공포스러운[34] 끔찍한 일들이 많이 벌어졌다. 경제 상황은 더욱 악화되었다. 당대에 가장 악명 높던 악당들인 알 카포네, 존 딜린저 그리고 '베이비 페이스' 넬슨 등을 모방한 범죄자들이 중서부 지역을 누비고 다니며 그러잖아도 허덕거리던 은행들을 약탈했다.[35] 어린아이를 키우는 부모들은 떠돌이와 집시를 경계했다. 광견병에 걸린 미친개들도 자주 나타나는 바람에 부모들은 아이들을 집 밖으로 나가지 못하게 했다. 공중 수영장은 소아마비 확산을 우려해 문을 닫았다. 부모들은 아이들에게 공중 식수대에 입을 대고 물을 마시면 소아마비에 걸려 철폐(鐵肺: 쇠로 만든 호흡 보조 장치 – 옮긴이)를 차야 할지도 모른다고 귀에 못이 박히도록 일렀다.[36]

하지만 네브래스카 사람들은 태어날 때부터 재난에 낙관적으로 대응하도록 훈련되어 있었다. 황진과 가뭄으로 점철된 몇 해는 그저 중서부 지역 사람들의 삶을 구성하는 하나의 배경일 뿐이었다. 기차를 탈선시킬 정도로 강력한 바람[37]이나 토네이도 등에 무시로 노출되는 경험을 통해서 아이들은 성장하면서 혹독한 자연의 기후에 익숙해졌다.

하워드의 세 남매는 학교에 갔고, 친구들과 놀았고, 또 열두어 명의 또래 아이들과 함께 어울려서 섭씨 38도가 넘는 불볕더위 속에서도 동네 사람들이 함께하는 소풍을 갔다. 이 자리에서 모든 아버지들은 양복을 입었고 모든 어머니들은 드레스를 입고 스타킹을 신었다.

이웃 가운데 많은 집이 점점 나빠지는 가정 경제 문제 때문에 힘들어했지만, 식료품점 주인의 아들인 하워드는 가족의 생활을 중산층의 안락한 수준으로 끌어올렸다. 나중에 그는 다음과 같이 회상했다. "그 어렵던 시기에도 우리는, 극단적일 정도로 검소한 생활을 하는 가운데 살림살이가 꾸준하게 나아졌습니다."

그는 자기 가족의 검소함을 자랑하지 않았다. 쉰 명이나 되는 사람이 '버핏 앤드 선Buffett & Son'의 오렌지색 트럭을 운전하는 주급 17달러 일자리를 얻으려고 길게 줄을 늘어설 때 하워드는 주식 거래 사업의 문을 두드렸고, 마침내 '버핏 앤드 컴퍼니Buffett & Co.'라는 이름의 자기 회사를 운영하게 되었다.[38] 오마하에서는 1935년에 전차 파업이 격렬하게 일어나고 폭동으로까지 발전하면서 잠시 계엄령이 발동되기도 했다. 하지만 하워드는 새로운 자동차 뷰익을 샀다. 그리고 공화당원으로서 지역에서 활발한 정치 활동을 했다. 일곱 살이 된 도리스는 이미 아버지를 숭배하고 있었는데, 그녀는 미래에 출간할 아버지의 전기 내용을 곰곰이 생각했고, 공책 맨 앞에 '하워드 버핏, 정치가'라는 제목을 썼다.[39] 일 년이 지난 뒤에도 대공황의 그림자는 여전히 짙게 드리워져 있었지만 하워드는 오마하의 외곽에 있는 던디에, 예전에 살던 집보다 훨씬 큰 2층짜리 튜더식(전통적인 고딕 양식에 르네상스 양식의 화려함을 더한 것이 특징인 건축 양식 – 옮긴이) 붉은 벽돌집을 지었다.[40]

가족이 이사 준비를 할 무렵에 레일라는 뉴욕에서 성공한 변호사로 자리 잡은 남동생 매리언이 서른일곱의 나이에 불치의 암에 걸렸다는 소식을 들었다. 다음은 워런 버핏이 한 말이다.

매리언 외삼촌은 외가의 자랑이고 기쁨이었습니다.

또한 그의 가족들에게 매리언은 '스탈'이라는 가족의 이름이 '정신이상'이라는 말에 훼손되지 않은 채 계속 이어질 희망이기도 했다.[41] 그해 11월에 매리언이 자식을 한 명도 남기지 않은 채 사망하자 그의 가족들은 망연자실했다. 하지만 나쁜 소식은 이게 다가 아니었다. 레일라의 아버지 존 스탈이 또 한 차례 뇌졸중으로 쓰러졌고, 이 일로 그는 예전보다 훨씬 더 쇠약해졌다. 집에서 아버지를 돌보던 버니스는 점점 더 우울증에 심하게 빠져드는 것 같았다. 학교 교사이자 세 딸 가운데 가장 예뻤고 또 모험심이 강했던 맏딸 에디스(보통 '에디'라고 불렀다)는 서른 살이 되기 전에는, 혹은 버니스가 결혼하기 전에는 절대로 결혼하지 않겠다고 선언했다. 하지만 현실 인식이 빨랐던 레일라는 자기 형제들의 비애와 고통에 짓눌려 있지만은 않겠다고 다짐했다. 아무리 어려운 일이 닥치더라도 반드시 해내고 말 것이다, 정상적인 가족과 함께 정상적인 생활을 해나갈 것이다, 라고 마음먹은 것이다.[42]

그녀는 이사 계획을 세우고 가구를 새로 샀다. 사회 계층의 사다리를 상당히 높이 올라갔기 때문에 시간제 가정부인 에셀 크럼프를 고용할 여유도 생겼다.

이제 부모로서 경험도 많이 쌓았고 경제적으로도 훨씬 여유가 있었기 때문에, 비록 발작적인 분노를 폭발하는 주기가 짧아지긴 했어도 레일라는 막내 버티와 좋은 관계를 유지했다. 버티는 자기 어머니가 성미 급하다는 건 알았지만 언제나 어머니로부터 사랑을 받는다고 느꼈다고 말한다. 하지만 워런과 도리스는 그렇게 느끼지 않았다.

버티에 대한 레일라의 편애는 이 둘이 자존감을 가지는 데도 방해가 되었다.[43]

1936년 11월, 루스벨트는 재임에 성공했다. 이제 하워드에게 남은 희망은 4년을 더 기다리면 루스벨트가 백악관에서 물러난다는 것뿐이었다. 하워드는 저녁마다 보수적인 논조의 잡지들을 읽었고, 아이들은 라디오를 듣거나 여러 가지 놀이를 하거나 찬송가를 불렀다. 그리고 레일라는 가족이 가장 최근에 구입한 비싼 물건으로 아이들과 함께했다. 파이프오르간이었다. 그녀는 자기 어머니가 그랬던 것처럼 파이프오르간을 연주했다.

레일라는 새 집으로 이사하고 오르간을 사는 등 부유한 사람들만이 누릴 수 있는 사치를 이따금씩 누리면서도 아이들에게는 늘 절약과 실용성을 강조했다. 장난감은 잃어버려도 괜찮은 그저 그런 것만 사줬고, 옷은 늘 바겐세일할 때만 샀기 때문에 아이들이 마음에 들어 하지 않아도 반품할 수 없었다. 꼭 필요한 물건이 아니면 사지 않았다. 이 모든 것들은 어린아이가 가질 수 있는 환상을 채우기에 턱없이 부족했다. 워런은 HO 게이지(철도 모형의 크기 단위이며, 게이지는 철도의 폭으로 산출하는 크기 단위이다. HO는 실물 크기의 약 87분의 1 – 옮긴이)의 작은 철도 모형 장난감을 가지고 있었는데, 시내에 있는 브랜다이스Brandeis 백화점에서 본 것과 같은 보다 크고 정교한 모형을 가지고 싶었다. 이 철도 모형은 복식 엔진을 가지고 있으며 불빛을 반짝거리며 신호기를 빠르게 지나가고, 눈 덮인 언덕을 빠르게 올라갔다가 터널 속으로 떨어지며, 작은 마을들을 빠르게 지나쳐 소나무 숲 사이로 사라지는 것이었다. 정말 꼭 가지고 싶은 모형이었다. 하지만 그가 할 수 있는 건 이 모형을 자세하게 설명하는 카탈로그를 사는 것뿐이었다. 그게 최대치였다.

시시한 기차 모형을 바라보고 있느니, 10센트를 내고 새로운 모델의 카탈로그를 산 다음에 환상의 날개를 펴는 겁니다.

내향적이던 소년 워런은 모형 기차 카탈로그에 몇 시간씩 빠져들 수 있었다. 하지만 때로는, 아직 초등학교에 입학하기 전이던 그는 친구 잭 프로스트의 집에, 그의 표현을 빌리자면, '숨어들어서' 잭의 마음씨 좋은 어머니 헤이즐을 상대로 유치한 '연정'을 키웠다. 세월이 흐르면서 그는 이웃집이나 친척집에서 점점 더 많은 시간을 보냈다.[44] 그가 가장 자주 찾아가던 친척은 앨리스 고모였다. 키가 컸던 앨리스는 결혼하지 않고 집에서 자기 아버지 어니스트와 함께 살면서 학교에서 가정 과목을 가르쳤다. 그녀는 워런에게 따뜻한 정을 주면서 워런이 하는 모든 것에 관심을 보이며 어떻게 하면 워런에게 동기 부여를 할 수 있을지 깊이 생각했다.

유치원에 들어갈 당시[45] 워런의 취미와 관심은 주로 숫자들이었다. 여섯 살이 되면서는 시간을 초 단위로 정확하게 측정하는 것에 깊이 매료되었다. 그래서 스톱워치를 간절하게 갖고 싶어 했다. 물론 앨리스가 이런 귀한 선물을 아무런 단서도 달지 않고 주지는 않았다.

고모는 열렬한 내 팬이었지요. 하지만 한두 가지 조건을 꼭 달려고 했습니다. 아스파라거스나 뭐 이런 걸 먹어야만 했죠. 말하자면 동기 부여를 했던 겁니다. 하지만 어쨌거나 나는 결국 스톱워치를 손에 넣었습니다.

워런은 이 스톱워치를 가지고 누나와 여동생을 데리고 욕조로 가서 자기가 새로 개발한 놀이를 함께 즐겼다.[46] 우선 욕조에 물을 가득 채웠다. 그러고는 공깃돌 몇 개를 꺼내 들었다. 공깃돌은 제각기 이름을 가지고 있었다. 그는 이 공깃돌들을 욕조 뒷부분 끝 평평한 부분에 나란히 세웠다. 그러고는 스톱워치를 누르는 것과 동시에 공깃돌을 욕조 속으로 쓸어넣었다. 공깃돌은 자기(瓷器)로 만든 욕조 벽을 타고 미끄러지기도 하고 구르기도 하면서 달그락거리는 소리를 냈다. 공깃돌들은 배수구 고무마개를 향해 경주했다. 그리고 가장 빠른 녀석이 그 부분에 도달해서 멈추는 순간 워런은 스톱워치를 누르고 승자가 누구인지 선언했다. 도리스와 버티는 워런이 이 공깃돌 경주의 최고 기록을 단축하려고 애쓰는 모습을 지켜보았다. 경주가 계속 반복되었지만 공깃돌은 지치지 않았다. 스톱워치도 실수를 하지 않았다. 그리고 지켜보는 두 여자아이와 달리 워런은 조금도 지루해하지 않았다.

워런은 언제 어디에서나 숫자 생각만 했다. 교회에 가서도 그랬다. 그는 설교 듣는 걸 좋아했지만, 그 이외의 순서는 지루하기만 할 뿐이었다. 그래서 그는 이 지루한 시간을 금방 보낼 놀이를 개발했다. 찬송가를 작곡한 사람들의 생애를 계산하는 것이었다. 사망년도에서 출생년도를 빼면 되었고, 이 숫자는 찬송가집에 나와 있었다. 종교적인 사람은 신앙심 덕분에 신으로부터 어떤 보상을 받아야 마땅하다고 워런은 생각했고, 찬송가 작곡가들은 당연히 그런 보상을 받을 테니 다른 사람들보다 더 오래 산다고 믿었다. 당시의 그에게는 평균보다 오래 사는 것이 상당히 중요한 목표였다.

그런데 놀랍게도 워런은 경건한 신앙심이 사람의 수명을 늘려주지 않는다는 사실을 깨달았다. 신의 은총에 대한 깊은 생각을 가질 수 없었던 나이였기 때문에 그는 종교에 대해서 회의적인 생각을 품기 시작했다.

욕조의 공깃돌 경주와 찬송가 작곡가들에 대해서 그가 수집한 정보는 무언가 소중한 가치가 있는 것을 그에게 가르쳤다. 그는 확률 계산을 배우고 있었던 것이다. 워런은 주변을 둘러보았다. 확률을 계산할 대상은 어디에나 널려 있었다. 핵심은 정보를 모으는 것으로, 될 수 있으면 많은 정보를 모으는 게 중요했다.

7

제1차 세계대전 휴전 기념일

오마하, 1936~1939년

1936년 로즈힐 학교에 들어간[1] 워런은 학교 생활에 잘 적응했다. 우선 학교에 다니면서 적어도 하루의 많은 시간을 어머니에게서 해방되었다. 학교는 그에게 완전히 새로운 세상을 열어주었으며, 입학한 직후에 밥(로버트의 애칭-옮긴이) 러셀과 스튜 에릭슨이라는 두 친구를 사귀었다. 그는 밥을 '러스'라고 불렀는데, 학교에 갈 때 러스와 함께 다니기 시작했고, 학교를 마친 뒤에 러스의 집에 자주 놀러갔다. 그렇지 않은 날에는 스튜가, '해피 할로'라는 골프장 인근에 있는 벽돌로 지은 워런의 새 집에 놀러갔다. 워런은 아버지가 퇴근해서 집으로 돌아올 때까지 바깥으로 싸돌아다녔다. 그렇게 돌아다니면서 할 일들은 거의 날마다 끊이지 않고 있었다. 그는 늘 다른 아이들과 함께 있었으며, 그만큼 어머니로부터 안전할 수 있었다.

그와 러스는 러스의 집 현관 앞에 몇 시간씩 죽치고 앉아서 밀리터리가를 지나가는 자동차들을 바라보았다. 두 아이는 지나가는 자동차의 번호판을 공책에 적었다. 부모들은 아이들의 이런 취미가 이상하다고 생각했지만 아이들이 숫자를 워낙 좋아해서 그러나 보다 하며 내버려 두었다. 부모들은 워런이 번호판에 적힌 문자와 숫자의 빈도를 계산하기를 좋아한다는 걸 알고 있었던 것이다. 그런데 워런과 러스는 자기들이 이렇게 하는 '진짜' 이유를 부모들에게 단 한 번도 말하지 않았다. 러스의 집 앞에 나 있는 도로는 더글러스 카운티 은행이 있던 구역에서 빠져나가는 유일한 통로였다. 워런은, 만일 언젠가 그 은행이 강도에게 털리면 경찰은 자동차 번호판을 이용해서 이 강도를 체포할 수 있을 텐데, 이렇게 하려면 자기들이 가지고 있는 번호판 기록이 결정적인 증거가 될 수 있다고 러스를 설득했었다.

워런은 수집하고 세고 숫자를 기억하는 활동이 포함되는 것은 무엇이든 다 좋아했다. 그는 이미 열렬한 수집가로서 우표와 동전을 모으고 있었다. 그는 또 신문이나 성경책에서 특정 문자가 얼마나 자주 등장하는지도 계산했다. 또한 벤슨 도서관에서 빌린 책에 몰두해서 많은 시간을 보내기도 했다.

그가 가지고 있던 기질의 다른 측면들을 바깥으로 이끌어 낸 것은, 자동차 번호판이 보장해 줄 수 있는 연극적 가능성과 범죄와의 싸움이었다. 특히 연극이라는 놀이의 의미에 대해서는 가족이나 러스에게 절대로 말하지 않았고, 그들은 이런 사실을 알지 못했다. 워런은 경찰 놀이를 무척 좋아했다. 그는 주의를 집중해야 하는 것이라면 거의 모든 걸 좋아했다. 예를 들면 독특한 의상을 입고 다른 사람으로 변장하는 것 등이 그랬다. 워런이 초등학교에 들어가기 전에 있었던 일이다. 하워드가 뉴욕시티에 출장을 갔다오면서 워런과 도리스에게 특별한 선물을 가지고 왔다. 바로 특별한 의상이었다. 워런은 인디언 추장이 되기도 했고 카우보이가 되기도 했고 경찰관이 되기도 했다. 그리고 학교에 다니기 시작한 뒤로는 아무도 생각하지 못했던 생각을 하고 또 실천에 옮기기 시작했다.

하지만 워런이 좋아했던 놀이들은 대부분 승패를 겨루는 속성을 가지고 있었다. 상대방이 없을 경우에는 자기 자신을 상대로 해서라도 승패를 겨루었다. 그가 즐기던 놀이는 욕조 공깃돌 경주에서 요요로, 다시 볼을 나무주걱에 고무줄로 연결해서 날렸다가 받아치는 놀이인 패들볼로 바뀌었다. 토요일 오후면 워런과 아이들은 자주 벤슨 극장에 갔다. 이 극장은 5센트만 내면 영화 세 편에 시리즈물 한 편을 보여주었는데, 영화 한 편이 끝나고 다른 영화가 시작되기 전에 워런은 아이들과 함께 무대에 올라가서, 누가 공을 제일 멀리 그리고 정확하게 보내는지 시합했다. 다른 아이들은 모두 지쳐서 무대에서 내려가도 워런은 끝까지 남아 공을 날리곤 했다.

그는 심지어 자기와 특별하고 따뜻한 관계에 있던 그리고 즐겨 놀려먹던 대상인 버티에게도 이런 승부욕을 발휘했다. 그는 버티를 '오동통'이라고 불렀다. 이렇게 부르면 버티가 화를 내면서 식탁에서 칭얼거렸기 때문이다. 버핏 집안에서 이런 행위는 금지되어 있었다. 버티가 금지된 행위를 하도록 그가 도발했고, 그의 시도는 매번 성공했다. 워런의 이런 장난은 버티가 세 살이 될 때까지 계속되었다. 하지만 워런에게는 따뜻한 구석도 있었다. 한번은 버티가 어머니 때문에 화가 난 나머지 아끼던 다이디(브랜드 이름—옮긴이) 인형을 쓰레기통에 버렸다. 그러자 워런이 이것을 꺼내서 버티에게 가져다주었다.

"쓰레기통에 이게 있더라? 솔직히, 이거 진짜 버리고 싶어서 그런 거 아니지? 그렇지?"[2]

버티는 비록 아직 어린 나이였지만 이 일로 오빠가 얼마나 재치 있는지 알아보았다.

버티는 매사에 자신이 있었고 모험심이 강했다. 그런 까닭에 레일라가 버티를 들볶는 일이 거의 없었다고 도리스와 워런은 생각했다. 버티는 자기 나름대로의 생각을 가지고 있었다. 언니나 오빠와 달리, 어머니가 좋아하게끔 어머니의 기대에 자기를 얼마든지 맞출 수 있다고 생각했던 것이다.

레일라에게 가장 중요한 건 다른 사람들이 바라보는 눈이었다. 나중에 워런이 '외면의 점수판'이라고 부르게 될 것을 가지고 있었던 것이다. 레일라는 늘 이웃 사람들이 자기와 자기 가족을 어떻게 볼지 걱정하며 아이들을 다그쳤다. 버티는 레일라가 퍼붓던 길고 긴 잔소리에 대해서 다음과 같이 말한다.

"나는 언제나 올바르게 행동하려고 조심했습니다. 그 일이 나한테 일어나길 바라지는 않았거든요."

도리스는 반골 기질이 강했다. 어릴 때부터 그녀는 세련된 취향을 가지고 있었고, 또 웬만한 것에는 좀처럼 기뻐 들떠하지 않았다. 이런 성격 때문에 늘 기계적인 일상만 반복하고 쩨쩨할 정도로 인색한 워런과는 사이가 좋지 않았다. 도리스는 이국적인 것, 멋을 내는 것, 특이한 것을 좋아했다. 하지만 어머니 레일라는 겸손의 망토를 뒤집어쓰고 절약을 미덕으로 내세웠다. 그랬기 때문에 도리스는 늘 레일라에게 대들고 모욕을 주는 것처럼 보였고, 두 사람은 끊임없이 충돌했다. 세월이 흘러 도리스가 제법 머리가 굵어진 뒤에도 이따금씩 불쑥불쑥 터지던 레일라의 분노는 수그러들지 않았다. 오히려 "두 사람 사이는 더 나빠졌고 사태는 악화되었습니다"라고 워런은 말한다.

워런은 일찌감치 세상 사는 요령을 터득했다. 또한 경쟁을 인식하는 조숙한 아이였다. 지적으로는 또래들에 비해 앞섰지만 신체적으로는 그렇지 않았다. 여덟 살 때 부모가 워런에게 권투 글러브를 사줬다. 하지만 한 차례 권투 강습을 받은 뒤 다시는 글러브를 끼지 않았다.[3] 스케이트를 배우려고 했지만 발목을 접질려서 배우지 못했다.[4] 그는 비록 운동을 좋아하고 운동 신경이 제법 발달했지만 또래 아이들이 길거리에서 뛰어다니면서 하는 놀이에도 참여하지 않았다. 상대방과 일대일로 맞붙어 싸우는 걸 싫어했지만, 딱 하나 예외가 있었다. 그건 탁구였다. 집에 탁구대를 들여놨을 때 그는 밤이고 낮이고 여기에 매달려서, 상대가 부모님의 친구든 학교 친구들이든 간에 자기를 상대해 주려는 사람과는, 상대방이 고개를 절레절레 저으며 두 손을 들 때까지 게임을 계속했다. 하지만 주먹으로 싸워야 할 때는 오히려 어린 버티가 나서서 오빠를 돌봤다. 워런은 누구라도 자기에게 비열하고 심술궂게 굴면 잘 울었다. 그는 다른 사람이 자기를 좋아하도록, 그래서 그 사람과 사이좋게 놀 수 있도록 무척 노력했다. 그런데 태도와 행동이 비록 쾌활하긴 했지만, 친구들 눈에 워런은 어쩐지 외로워 보였다.

1936년 크리스마스에 버핏 부부는 세 아이의 모습을 사진 한 장에 담았다. 이 사진 속에서 버티는 행복해 보인다. 그러나 도리스는 불쌍해 보인다. 워런은 앨리스 고모에게서 받은 선물이자 당시 그의 가장 중요한 소지품이던 주석 도금 동전 보관기를 꼭 쥐고 있는데, 그런 자리에서 보통 보여야 하는 행복한 표정과는 아주 거리가 멀다.

워런이 여덟 살 때였다. 노먼 록웰(특유의 유머와 따뜻한 감성 덕분에 미국인이 사랑하는 일러스트레이터-옮긴이)이 묘사하는 완벽한 가정이 바로 자기들이 되어야 한다는 레일라의 확고한 생각은, 그녀의 친정에 재앙이 닥쳤을 때 더욱 확고해졌다. 그녀의 어머니 스텔라의 상태가 더욱 악화되는 바람에 노퍽 주립 병원에 입원시켜야 했던 것이다.[5] 게다가 이 병원은 예전에 그녀의 할머니가 숨을 거두었던 바로 그 네브래스카 주립 정신 병원이었다. 그리고 레일라의 언니 에디도 그 병원에서 석 달을 보냈는데 복막염 때문에 거의 죽을 뻔했다가 살아났다. 이런 일을 겪은 뒤 에디는 결혼해야겠다고 마음먹었고, 출신 배경이 의심스러웠지만 자기에게 웃음을 찾아준 남자와 결혼했다. 하지만 레일라의 마음속에서는 에디의 미래가 밝을 것 같다는 생각이 들지 않았다. 레일라가 보기에 에디는 의무에 충실하기보다는 언제나 모험에 관심이 더 많았기 때문이다.

한편, 하워드는 학교 이사회 회원으로 선출되었다. 가문의 자랑거리가 될 만한 새로운 역할이었다.[6] 친가인 버핏 가문은 잘되고 외가인 스탈 가문은 몰락하는 이런 분위기 속에서 워런은 대부분의 시간을 어머니의 시선과 간섭을 피해 집 바깥으로 나돌면서 보냈다. 이웃집들을 찾아다니면서 다른 아이들의 부모와 친하게 지내고 그 사람들이 하는 정치 이야기에 귀를 기울였다.[7] 그리고 길거리를 돌아다니면서 병뚜껑을 모으기 시작했다. 시내에 있는 술집이란 술집은 다 돌아다니면서 병뚜껑을 모았다. 집의 지하실에는 펩시, 루트비어, 코카콜라, 진저에일 등 온갖 종류의 병뚜껑이 쌓여갔다. 병뚜껑 더미는 점점 커졌다. 그는 병뚜껑을 모으는 일에 집착했다. 이 일이 재미있다는 사실을 워런 말고는 아무도 몰랐다. 사실, 아무도 그걸 좋아하지 않았다! 하지만 워런에게는 이 일이 놀라울 정도로 재미있었다. 저녁을 먹은 뒤에 그는 거실 바닥에 신문지를 깔고 그 위에 그날 자기가 수집한 병뚜껑들을 펼쳐놓고는 종류별로 분류하고 숫자를 세고 또 셌다.[8] 이 숫자를 보고 그는 어떤 상품이 가장 인기를 끄는지 알 수 있었다. 하지만 단지 이것만을 위해서 그렇게 했던 건 아니었다. 분류하고 계산하는 것 자체가 좋았다. 그렇게 함으로써 긴장을 느슨하게 풀 수 있었기 때문이다. 병뚜껑을 분류하고 세지 않을 때는, 역시 그의 수집 물품이던 동전과 우표를 분류하고 셌다.

학교에서 배우는 것들은 대부분 지루했다. 식스턴 선생이 담임이었던 4학년 때는 밥 러셀 및 스튜 에릭슨과 한 반이었는데, 시간을 보내기 위해 수학 게임을 하고 암산을 했다. 하지만 그는 지리학을 좋아했고, 철자 알아맞히기를 좋아했다. 특히 철자 맞히기 대회를 좋아했다. 이 대회는 1학년 학생 여섯 명이 2학년 학생 여섯 명과 대결하고, 여기에서 이긴 사람이 다시 3학년 학생들과 대결하고, 다시 이긴 사람이 상급반 학생들을 상대하는 식으로 진행되었다. 이론적으로만 보자면 1학년 학생이라 하더라도 얼마든지 계속 이길 수 있었고 또 6학년 학생을 이기고 최종 승자가 될 수도 있었다.

나는 도리스를 이기길 바랐고, 버티는 나를 이기길 바랐죠.

하지만 버핏 가문의 이 세 아이들은 모두 나이 순서대로 똑똑했고, 그런 일은 일어나지 않았다.

아무튼 그 대회만큼 우리의 관심을 사로잡은 것은 없었습니다.

철자 맞히기 대회를 좋아했지만, 교사가 칠판에 낸 산수 문제를 먼저 푸는 것은 무엇보다도 워런을 흥분하게 만들었다. 2학년 때부터 학생들은 서로 먼저 칠판 앞에 서려고 경주했다. 때로는 두 명이 동시에 분필을 잡기도 했다. 우선 제한 시간 안에 덧셈 문제를 풀어야 했다. 그다음에는 뺄셈 문제를 풀었고, 마지막에는 곱셈 문제와 나눗셈 문제를 풀었다. 워런과 스튜, 러스가 반에서 제일 똑똑했다. 처음에는 점수가 같았다. 하지만 시험이 반복되면서 워런이 조금 앞서가기 시작했다. 시험이 반복될수록 워런은 더욱더 앞서갔다.[9]

마침내 어느 날 식스턴 선생은 워런과 스튜에게 방과 후에 남으라고 했다. 워런의 가슴은 콩닥콩닥 뛰었다. 이때 워런과 스튜의 심정을 스튜는 다음과 같이 말한다.

"도대체 우리가 무슨 잘못을 저질렀기에 우리만 남으라고 한 건지 알 수가 없었지요."

그런데 선생은 아이들에게 꾸중을 한 게 아니라, 각자의 책을 4A 구역에서 4B 구역으로 옮기라고 말했다.[10] 반 학년을 건너뛴 것이었다. 밥 러셀은 그대로 뒤처져 있었고, 그의 어머니가 분통을 터뜨리며 항의했지만 아무 소용없었다.

워런은 러스와 스튜 둘 다와 친하게 지냈지만, 이 두 친구에 대한 관계는 각각 독립적이었다. 러스와 스튜는 둘 다 워런과 친했지만, 서로는 단 한 번도 친하게 지낸 적이 없었다.

사소한 걸 좋아하는 워런의 취향은 그 뒤로 계속 발전했다. 그는 미국 각 주(州)의 주도 알아맞히기 놀이를 하기 시작했고, 그의 부모와 친구들은(친구들은 그를 '워러니'로 불렀다) 무척 재미있어 했다. 5학년이던 1939년에 워런은 《세계 연감World Almanac》에 푹 빠졌다. 이 책은 곧 그가 가장 좋아하는 책이 되었다. 그는 모든 도시의 인구수를 외웠다. 그리고 스튜를 상대로 인구 백만 명이 넘는 세계 도시들을 누가 더 많이 말할 수 있나 시합하기도 했다.[11]

하지만 어느 날 저녁, 워런은 심한 복통 때문에 《세계 연감》이고 병뚜껑이고 아무것도 눈에 들어오지 않았다. 의사가 왕진을 와서 워런을 진찰한 후 잠을 자려고 집으로 돌아갔다. 하지만 이 의사는 아무래도 마음에 걸렸던지 다시 워런의 집으로 돌아와서 한 차례 더 진찰한 다음 워런을 입원시켜야 한다고 했다. 그리고 그날 밤 워런은 급성 맹장염 수술을 받았다.

의사가 조금만 늦었어도 큰일 날 뻔했다. 워런의 상태는 심각했고, 가톨릭 재단이 운영하는 병원에서 몇 주 동안 입원해야 했다. 하지만 간호사 수녀들의 간호를 받으면서 그는 병원이 더할 나위 없이 안락한 천국이라고 생각했다. 회복기에 접어들면서 또 다른 기쁨들이 그를 기다리고 있었다. 우선 집에서 가져온《세계 연감》을 느긋하게 읽을 수 있었다. 그리고 담임 선생은 자기 반의 모든 여학생들에게 위문편지를 쓰게 했다.[12] 조카가 어떤 걸 좋아하는지 잘 알았던 에디 이모는 장난감 지문 채취 도구를 사다주었다. 워런은 이것을 가지고 무엇을 해야 할지 정확하게 알고 있었다. 그는 병원의 수녀들을 구슬려서 모두 자기 병실에 오게 한 다음 이들의 손가락에 잉크를 묻혀서 지문을 채취했다. 그리고 퇴원한 뒤에도 이 지문을 소중하게 보관했다. 가족들은 그의 이런 행동이 재미있다고만 생각했다. 과연 어떤 아이가 수녀의 지문을 채취할 생각을 할까? 하지만 워런은 그저 아무런 생각 없이 이렇게 한 게 아니었다. 그 병원의 수녀들 가운데 누구라도 범죄를 저지를 수 있었고, 만일 실제로 그런 일이 일어난다면, 오로지 자기만이 그 범죄자의 신원을 알아낼 수 있다고 생각했던 것이다.[13]

1939년 5월, 병원에서 퇴원한 직후의 어느 날이었다. 그날은 특히 춥고 바람이 많이 불었다. 부모가 워런에게 외출할 준비를 하라고 했다. 그리고 그의 할아버지가 나타났다. 한 줄 단추가 달린 코트를 입고 가슴 주머니에 손수건을 꽂은 할아버지 어니스트 피보디 버핏은 로터리클럽의 회장답게 근엄해 보였다.

어니스트는 비록 엄한 태도를 보였지만 아이들에게 인기가 있었다. 그리고 자기 손자 손녀들을 즐겁게 해주기를 좋아했다. 버티는 심지어 할아버지를 숭배하기까지 했다. 할아버지가 말했다.

"워런, 우리는 오늘 시카고에 간다."

그들은 기차를 타고 시카고 컵스와 브루클린 다저스가 벌이는 경기를 보러 갔다. 이 경기는 연장전 10회를 합쳐 무려 19회까지 가는 어마어마한 마라톤 혈투 끝에 결국 날이 어두워 승부를 결정짓지 못한 채 중단되고 말았는데, 점수는 9 대 9였다. 이 경기에 걸린 시간은 무려 4시간 41분이었다.[14] 메이저리그 야구 경기를 본 뒤에 워런은 아버지로부터 1938년 야구 시즌에 대한 정보를 담은 25센트짜리 책을 선물 받았다. 워런은 이 책을 달달 외었다.

　　그건 나에게 가장 귀중한 책이었습니다. 나는 모든 선수들 개개인의 활약 사항과 약력을 다 알았습니다. 그 책에 있는 모든 내용을 하나도 틀리지 않고 다 말할 수 있었죠. 자면서도 줄줄 외울 정도였으니까요.

　　앨리스 고모는 워런을 또 다른 새로운 세계로 안내했다. 브리지에 관한 책을 선물했던 것이다. 아마도 컬버트슨의 《컨트랙트 브리지의 완성 Contract Bridge Complete》이라는 책이었던 것 같다.[15] 당시 미국에서는 문제 자체가 문제의 해결만큼이나 중요한, 사회적이며 심리적인 카드 게임인 컨트랙트 브리지[16] 열풍이 불고 있었고, 워런은 체스보다 그게 더 자기에게 잘 맞는다는 걸 알았다.

　　워런은 또한 음악에도 관심이 있었다. 벌써 여러 해 동안 그는 코넷 연주를 배우고 있었고, 그가 좋아하던 영웅들 가운데는 버니 베리건이나 해리 제임스와 같은 트럼펫 연주자들이 포함되어 있었다. 비록 코넷을 연주하려면 집에서 어머니와 함께 있으면서 결코 즐거워하지 않는 사람을 끊임없이 즐겁게 해주려고 애써야 했지만, 그는 이런 어려움까지 모두 감내했다. 그리고 레일라로부터 혹독한 비판을 들으면서 오랜 시간 연습한 끝에 마침내 이런 노력에 대한 보상을 받을 수 있었다. 1차 대전 휴전 기념일 학교 행사에 참가할 연주자로 선발되었던 것이다.

　　해마다 1차 대전 휴전 기념일인 11월 11일에는 로즈힐의 전교생이 체육관에 모여서 전사자들을 추모하는 행사를 했다. 그리고 학교의 오랜 전통에 따라서 트럼펫 연주자들은 체육관의 앞문과 뒷문 양쪽에 각각 서서 위령곡을 연주했다. 그런데 이 연주는 모두 한꺼번에 하는 게 아니었다. 한 사람이 먼저 위령곡의 한 부분을 연주하면 다른 사람이 그 부분을 똑같이 따라서 반복하고, 그다음에 다른 부분으로 넘어가고 다시 반복하는 방식으로 번갈아 가면서 연주하는 것이었다.

그해에 워런의 코넷 연주 실력은 상당히 늘어서 신나게도 이 연주팀에 합류할 수 있었다. 그날 워런은 아침 일찍 일어났다. 전교생이 보는 가운데서 연주한다는 생각에 잔뜩 들떴다. 그리고 마침내 그 순간이 코앞까지 다가왔고, 워런은 모든 준비가 되어 있었다.

워런은 코넷을 들고 체육관 출입문 앞에 섰고, 첫 번째 트럼펫 연주자가 연주를 했다. 그런데 이 연주자가 실수를 해서 '빰 빠 밤'으로 해야 할 걸 '빰 빠 빰'으로 소리를 내고 말았다.

앞에서 틀린 그 곡조를 도대체 어떻게 해야 할지 눈앞이 깜깜해지면서, 갑자기 내 눈 앞에 내가 살았던 모든 인생이 파노라마처럼 펼쳐지더군요. 그런 경우에 어떻게 하라는 말은 미처 듣지 못했거든요. 완전히 얼어버렸습니다. 굉장한 순간이었죠.

앞 연주자의 실수를 그대로 따라 할 것인가, 아니면 제대로 연주해서 그 연주자가 틀렸음을 밝혀야 할까? 당혹스럽기 짝이 없었다. 그 순간의 장면은 그의 기억에 영원히 각인되었다. 하지만 그 뒤에 이어진 장면은 그 일이 있은 지 몇 년 뒤에 완전히 삭제되었다. 워런이 그때 코넷을 아예 불지도 못했던지, 불었다면 어떤 것을 선택해서 불었던지 기억에서 완전히 지워져 버렸던 것이다.

이 일에서 그는 교훈을 하나 얻었다. 메아리처럼 남이 하는 대로 따라서 인생을 사는 것은 훨씬 쉬워 보이지만, 그건 앞서 가는 사람이 실수하지 않을 때만 그렇다는 교훈이었다.

8

천 가지 방법

오마하, 1939~1942년

워런 버핏이 최초로 벌었던 몇 센트의 돈은 껌을 팔아서 남긴 이문이었다. 그날부터 그는 줄곧 물건을 팔기 시작했다. 그때 그의 나이는 여섯 살이었다. 그는 자기 물건을 사는 고객에게 단호한 태도를 보였는데, 이런 태도는 나중에도 그대로 나타났다.

나는 작은 초록색 판매 상자를 가지고 있었습니다. 이 상자는 안에 칸이 다섯 개로 나뉘어 있었죠. 에디 이모가 그 상자를 나한테 줬던 것 같습니다. 맞을 겁니다. 아무튼 그 상자 안에 다섯 가지 종류의 껌을 담아서 들고 다니면서 팔았습니다. 주시프루츠, 스피어민트, 더블민트, 뭐 그런 것들요. 나는 할아버지한테 껌을 사서 이웃집을 돌아다니면서 팔았습니다. 저녁때는 늘 그렇게 껌을 팔러 다녔습니다.[1]

한번은 이런 적이 있었습니다. 버지니아 매쿠브리라는 여자였는데, 이러더군요. '주시프루츠 하나만 살게, 한 통이 아니고.' 그래서 이렇게 말했습니다. '통을 깨서 낱개로는 팔지 않습니다.' 그게 판매 원칙이라고 했습니다. 나는 지금도 매쿠브리 부인이 껌을 낱개로 하나만 원한다고 말하던 모습을 생생하게 기억합니다. 하지만 그때 나는 다섯 개들이 한 통 단위로만 팔았습니다. 껌 한 통에 5센트였는데, 그 부인은 1센트밖에 쓰고 싶지 않았던 거죠.

껌을 낱개로 거래한다는 것 자체는 매력적이었다. 하지만 마음을 바꿀 정도로 매력적이지는 않았다. 만일 그가 버지니아 매쿠브리에게 껌을 한 개 팔았다면, 나머지 네 개를 다른 누군가에게 팔아야 했을 것이다. 매쿠브리 부인과의 거래는 그런 위험이나 수고를 부담할 값어치가 없었다. 껌 한 통을 팔면 2센트의 이문이 남았다. 그 이문은 온전하게 워런의 것이었다. 이 작은 돈들은 장차 커다랗게 될 눈덩이 속 최초의 눈송이 몇 개였던 셈이다.

워런이 정말 낱개로 팔고 싶었던 것은 코카콜라였다. 그는 여름날 밤에 집집마다 돌면서 코카콜라를 팔았다. 가족 여행을 할 때도 아이오와에 있는 오코보지호수의 모래사장에서 일광욕하는 사람들을 상대로 코카콜라를 팔았다. 소다수는 껌보다 이문이 훨씬 많았다. 여섯 병을 팔면 5센트가 남았다. 그리고 이 돈을 허리띠에 묶은 야구장 모양의 주석 도금 동전 보관기에 자랑스럽게 채워 넣었다. 워런은 〈새터데이 이브닝 포스트Saturday Evening Post〉나 잡지 〈리버티Liberty〉를 팔러 집집마다 돌아다닐 때도 이 동전 보관기를 차고 다녔다.

그 동전 보관기를 가지고 있으면 마치 전문 직업인이 된 듯한 느낌이었다. 그것은 워런이 가장 즐겼던 판매의 한 부분, 즉 수집 행위를 상징하는 것이었다. 그는 여전히 병뚜껑과 동전과 우표를 수집했지만 이젠 주로 현금을 모았다. 그는 자기가 벌어서 모은 돈을, 그가 여섯 살이 되었을 때 아버지가 기념으로 주었던 20달러와 함께 집에 있는 자기 서랍에 모았다. 그리고 이 모든 현금 출납 내용을 작은 밤 색 수첩에 기록했다. 이 수첩이 그에게는 최초의 장부였던 셈이다.

아홉 살에서 열 살이 되었을 무렵 그는 스튜 에릭슨과 함께 엘름 우드 파크 골프장에서 중고 골프공을 팔았다. 하지만 누군가가 이런 사실을 사람들에게 알리는 바람에 경찰관에게 쫓겨났고, 결국 그 일 은 더 하지 못했다. 경찰관이 이런 사실을 워런의 부모에게 알렸는 데, 하워드와 레일라는 이 일로 조금도 걱정하지 않았다. 두 사람은 자기 아들이 야망을 가지고 있다는 걸 알고 있었던 것이다. 집안의 귀한 외동아들이었던 워런은 일종의 엄청난 '후광(後光)'을 누리고 있 었고, 덕분에 아무리 잘못을 저질러도 별다른 처벌을 받지 않은 경우 가 많았다고 그의 누나와 여동생은 말한다.[2]

열 살 때 워런은 오마하대학교의 미식축구 팀이 시합하는 경기장 에서 땅콩과 팝콘을 파는 일자리를 얻었다. 그는 스탠드를 누비고 다 니면서 이렇게 외쳤다.

"땅콩이나 팝콘! 5센트! 1센트 다섯 개! 다임(10센트짜리 동전-옮긴 이)의 절반! 쿼터(25센트짜리 동전-옮긴이)의 5분의 1! 땅콩과 팝콘이 왔어요!"

당시는 1940년이었고 대통령 선거 유세가 진행되고 있었다. 워런 은 윌키-맥너리(공화당 대통령 후보 웬델 윌키와 러닝메이트인 부통령 후보 찰 스 맥너리-옮긴이) 배지 수십 개를 수집했었는데 이걸 셔츠에 달고 다 녔다. 당시 워런이 가장 좋아하던 구호는 '워싱턴은 안 해, 클리블랜 드는 못 해, 루스벨트는 절대 안 돼!'였는데, 이것은 민주당의 대통령 후보이던 프랭클린 루스벨트가 3선에 도전하기로 결정한 사실을 빗 댄 것이었다. 대통령의 연임에 관해서는 법률적인 제한 규정이 없었기 때문에 '황제 대통령'이라는 개념 자체가 성립되지 않았다.³ 하워드는 프랭클린 루스벨트가 인기에 영합하는 독재자라고 생각했다. 그는 루스벨트가 4년을 더 대통령 자리에 머물지 모른다는 생각만으로도 숨이 막힐 지경이었다.

비록 자기 기준으로 볼 때 웬델 윌키는 너무 자유주의적이었지만, 루스벨트를 꺾을 수만 있다면 누구라도 상관없다는 게 하워드의 생각이었다. 자기 아버지의 정치적인 견해를 그대로 가지고 있었던 워런은 경기장을 찾은 관중들에게 윌키-맥너리 배지를 보여주는 게 무척 자랑스러웠다. 그런데 매점의 매니저가 워런을 사무실로 불러서 이렇게 말했다.

"그 배지들 다 떼라. 루스벨트를 지지하는 사람들이 욕할 거 아니냐."

워런은 배지들을 동전을 넣는 앞치마 주머니에 넣었다. 그런데 5센트짜리와 10센트짜리 동전 몇 개가 배지의 침 부분에 박혀 있었다. 경기가 끝난 뒤 워런이 매니저 앞에서 정산할 때, 매니저는 배지까지 포함해서 주머니에 있던 모든 내용물을 다 쏟아놓으라고 했다. 그러고는 그걸 모두 쓸어 담아서 가지고 가버렸다. 그때를 회상하면서 워런은 이렇게 말한다.

그게 나로서는 사업계의 입문 과정이었습니다. 정말 슬펐습니다.

그리고 루스벨트가 선거에서 이기고 유례없이 세 번째 임기를 맞자, 하워드와 워런 부자는 더욱더 슬펐다.

하워드에게는 정치가 주된 관심사이고 돈이 부차적인 관심사였지만, 워런에게는 그 반대였다. 워런은 기회가 있을 때마다 장엄한 위용을 자랑하는 '오마하 내셔널 뱅크' 건물에 있던 자기 아버지의 사무실 주변을 어슬렁거리면서 〈배런스〉의 '트레이더The Trader'라는 칼럼과 아버지 책장에 있는 책들을 읽었다. 그는 또 하워드의 사무실에 서 두 층 아래에 있던 '해리스 업햄 앤드 컴퍼니 Harris Upham & Co.'라는 지역 주식 거래 중개 회사의 객장에 앉아 있기도 했다. 여기에서 그는, 불황이 계속 이어지던 시기의 어느 토요일 아침에 주식 가격을 표시하는 일을 황홀하게 바라보았다. 시장은 여전히 토요일에 두 시간만 열렸다. 달리 다른 일을 할 생각이 없는 사람들이 객장에 반원 형태로 놓여 있던 의자에 앉아서, 주요 주식 종목의 가격을 나타내는 전기 디스플레이 장치인 트랜스 룩스[4] 위로 흐르는 숫자들을 시큰둥한 표정으로 바라보고 있었다. 이따금씩 누군가가 갑자기 자리에서 벌떡 일어나서 느릿하게 토해내는 티커기의 테이프를 한 움큼 떼어내기도 했다. 워런은 친가 쪽의 작은할아버지인 프랭크 버핏, 외가 쪽의 작은할아버지인 존 바버와 함께 그 객장에 갔다.[5] 프랭크 버핏은 형제이던 어니스트에게 사랑하던 여인 헨리에타를 빼앗긴 뒤 길고 긴 상심의 세월을 살아온 염세주의자였다. 두 사람 다 오랜 세월 고집했던 한 가지 방향에 사로잡혀 있던 인물들이었다.

프랭크 할아버지는 세상에 대해서 완전히 곰이셨고 존 할아버지는 완전히 황소셨습니다('곰'은 약세 시장을 상징하는 동물이고 황소는 강세 시장을 상징하는 동물이다-옮긴이). 나는 두 분 사이에 앉아 있었습니다. 그리고 두 분은 늘 내 관심을 독차지하려고 애쓰며 당신들 판단이 옳다고 서로 다투셨습니다. 두 분은 서로 좋아하지 않았고, 그래서 대화를 나누려고 하지 않으셨습니다. 하지만 가운데 있는 나를 매개로 해서 대화를 나누셨지요. 프랭크 할아버지는 세상의 모든 회사가 파산할 거라고 생각하셨습니다.

그리고 누군가가 직원에게 다가가서 '내가 지금 23달러에 U.S. 스틸 U.S. Steel 주식 100주를 사려고 하는데 말이죠'라고 말할라치면 큰 소리로 이러셨습니다. 'U.S. 스틸? 그거 빵 달러로 떨어질 텐데?' 라고요.

물론 그건 그 회사의 사업에 방해가 되는 것이었다.

그렇다고 회사 사람들이 프랭크 할아버지를 쫓아낼 수는 없었습니다. 하지만 할아버지가 거기 있는 걸 지독하게 싫어했지요. 시세 하락을 노리는 공매자를 위한 곳이 아니었으니까요.

워런은 두 할아버지 사이에 느긋하게 앉아 시세를 나타내는 숫자들을 바라보았다. 그 숫자들은 어쩐지 희미하게 잘 보이지 않았다. 시세판이 잘 보이지 않는 게 계기가 되어 워런은 시력 검사를 받았고, 근시라는 사실이 밝혀졌다. 안경을 쓰기 시작한 뒤로 워런은 그 숫자들이 나름대로 어떤 불변의 법칙에 따라서 변하는 것 같다는 사실을 깨달았다. 비록 두 할아버지는 각자 자기들이 가지고 있는 생각, 즉 양극단의 생각에 워런이 동조하기를 바랐지만, 워런은 두 사람의 견해가 시세판에 흐르는 숫자들과 아무런 연관이 없다는 사실을 깨달았다. 워런은 숫자가 변하는 그 법칙을 알아내려고 노력했지만, 아직까지는 알아낼 수 없었다.

프랭크 할아버지와 존 할아버지는 서로 나를 데리고 점심을 먹으러 가려고 하셨습니다. 그게 상대방에게 크게 한 방 먹이는 셈이었으니까 절대로 양보하려고 하지 않으셨지요. 프랭크 할아버지를 따라나서면, 할아버지는 오래된 팩스턴 호텔로 나를 데려갔습니다. 거기에 가면 25센트를 내고 하루 지난 음식을 사먹을 수 있었습니다.

어른들과 시간 보내길 즐겼던 워런은 할아버지들이 서로 자기를 제 편으로 끌어들이려고 애쓰는 상황을 즐겼다. 사실 그는 모든 사람이 자기를 차지하려고 다투길 바랐고, 또 그런 상황을 즐겼다. 다른 친척들이나 부모의 친구들에게서 관심을 받으려고 애썼다. 그는 특히 아버지 하워드의 관심을 받고 싶어 했다.

하워드는 세 아이 모두 열 살이 될 때마다 기념으로 동부 연안으로 여행을 갔다. 이 여행은 아이들의 삶에서 매우 중요한 사건이었다. 워런은 자기가 무엇을 원하는지 정확하게 알고 있었다.

나는 아버지에게 세 가지를 보고 싶다고 했습니다. '스콧 스탬프 앤드 코인 컴퍼니Scott Stamp and Coin Company'를 보고 싶었습니다. '라이어널 트레인 컴퍼니Lionel Train Company'를 보고 싶었습니다. 그리고 뉴욕증권거래소를 보고 싶었습니다. 스콧 스탬프 앤드 코인은 47번가에 있었고, 라이어널 트레인은 27번가에 있었으며, 뉴욕증권거래소는 시내 중심가에 있었죠.

1940년의 월스트리트는 불황에서 막 깨어나려 하고 있었다. 하지만 여전히 벌 받는 중이었고 황량했다. 월스트리트 사람들은, 전우들이 대부분 전사한 뒤에도 지치지 않고 싸우는 용병의 무리 같았다. 1929년의 충격이 아직도 생생하게 남아 있었던 터라 일반 사람들은 월스트리트 사람들을 곱지 않은 눈으로 바라보았다. 하지만 일부 용병들은 비록 벙커 바깥으로 나와서까지 떠벌이지는 않았지만 실제로 무척 잘 싸우고 있었다.

하워드 버핏은 로어 맨해튼으로 아들을 데려가서 가장 큰 주식 중개 회사 가운데 하나로 꼽히던 회사의 사장을 만났다. 덕분에 어린 워런 버핏은 황금색 도금을 한 손잡이가 달린 문 안으로 들어가 용병들의 벙커를 엿볼 수 있었다.

그때 시드니 와인버그를 만났습니다. 월스트리트에서 가장 유명하던 사람이었습니다. 아버지도 이 사람을 만난 적이 없었습니다. 아버지는 오마하라는 작은 곳에서 아주 작은 회사를 운영했을 뿐이니까요. 하지만 와인버그 씨는 우리를 맞아들였습니다. 아마도 어린 꼬마가 동행한 게 신기했을지도 모르죠. 아니면 다른 이유가 있었거나. 아무튼 우리는 약 30분 동안 대화를 나누었습니다.

와인버그는 투자은행인 '골드만 삭스Goldman Sachs'의 수석 파트너(여기서 '파트너'는 회사의 지분을 가진 조합원이라는 의미다-옮긴이)로, 1929년 시장 붕괴 때 악명 높은 피라미드 사업[6]으로 투자자들을 잘못 인도했다는 불명예를 안은 뒤 이후 10년 동안 절치부심하며 회사의 명예를 되찾는 데 힘을 쏟았다. 워런은 이런 사실을 전혀 알지 못했다. 뿐만 아니라 와인버그가 이민자의 아들로 성장했으며 골드만 삭스에서 재떨이를 비우고 회사 파트너들의 실크 모자에 묻은 먼지를 떨어내는 사환으로 처음 일을 시작했다는 사실[7]도 알지 못했다. 하지만 그는 시드니 와인버그의 사무실에 들어선 순간, 다시 말해서 호두나무 판재로 마감한 사무실 벽을 온갖 원본 편지와 서류를 담은 액자들이 장식하고 있으며 또한 이 벽에 에이브러햄 링컨의 초상화가 걸려 있는 것을 보는 순간, 자기가 엄청난 거물을 만나고 있다는 사실을 깨달았다. 그리고 워런이 아버지와 함께 사무실을 나가기 직전에 와인버그는 또 한 차례 워런에게 깊은 인상을 남겼다.

돌아가려고 문을 향해 걸어가는데, 그분이 자기 팔을 내 어깨에 걸치더니 이렇게 말했습니다. '워런, 어떤 주식을 사면 좋을까?' 아마 그분은 자기가 그렇게 했다는 사실을 그다음 날에는 잊어버렸겠지만, 내 기억 속에서는 영원히 지워지지 않았습니다.

워런은 월스트리트의 거물인 와인버그가 자기에게 그렇게나 깊은 관심을 가져주었고, 또한 자신의 의견에 귀를 기울이려고 했다는 사실을 결코 잊을 수가 없었다.[8]

골드만 삭스에서 나온 하워드는 아들을 브로드가로 데려갔다. 그리고 코린트식 건축 양식의 거대한 기둥들을 지나서 뉴욕증권거래소 안으로 들어갔다. 돈의 사원(寺院)이던 이곳에서는 밝은 색 재킷을 입은 사람들이 연철로 만든 거래 구역 주변에 서서 고함을 지르고 종이에 뭐라고 휘갈겨 썼으며, 다른 한편에서는 직원들이 바쁘게 오가면서 종잇조각들을 객장 바닥에 뿌렸다. 하지만 워런의 상상력을 자극한 장면은 증권거래소의 식당에서 전개되었다.

우리는 거기에서 애트 몰이라는 네덜란드 출신의 어떤 사람과 함께 점심을 먹었습니다. 그 사람은 뉴욕증권거래소에서 일하는 사람이었고, 첫인상이 매우 강렬했습니다. 점심을 먹고 나자 어떤 남자가 쟁반 하나를 들고 이 사람 앞에 왔는데, 그 쟁반에는 제각기 다른 담뱃잎들이 있었습니다. 그런데 몰 씨가 그 가운데 하나를 지목하자, 그 남자는 몰 씨가 지목한 담뱃잎으로 시가를 직접 말아주었습니다. 그걸 보고 나는 이런 생각을 했죠. '그래, 바로 이거다!' 이보다 더 인상적인 게 있을 수 없었습니다. 고객 한 사람을 위해서 직접 말아주는 시가!

고객 한 사람을 위해서 직접 말아주는 시가! 이 시가의 강렬한 인상은 워런의 수학적인 마음을 뒤흔들었다. 그는 시가를 피우는 것 자체에는 전혀 관심이 없었다. 다만 그런 사소한 일까지 자기가 직접 하지 않고 사람을 고용해서 한다는 게 무엇을 의미하는지 알았다. 거기에 들어가는 비용을 아낌없이 지출할 정도면, 미국 전역 거의 대부분의 사람들이 공황의 긴 그늘 아래에서 헤어나지 못하던 바로 그 시기에도, 애트 몰이라는 사람은 엄청나게 많은 돈을 벌고 있을 게 분명했다. 그랬다. 워런이 정확하게 짚었다. 증권거래소에서는 산맥처럼, 폭포수처럼, 급류처럼 엄청나게 많은 돈들이 흘러다니고 있었던 것이다. 적어도 거기에서 일하는 사람이 자신의 고유한 취향에 맞는 시가를 직접 손으로 말아줄 사람을 고용할 수 있을 정도로 말이다.

시가를 말던 남자의 모습을 본 바로 그날, 워런은 자기의 미래 모습을 확실하게 그리고, 이것을 가슴에 심었다.

그는 자기의 미래상을 오마하에 돌아와서도 계속 간직했다. 그의 나이 열 살이었다. 자기가 필요한 것이 무엇인지 파악하고 그것을 보다 체계적으로 추구하기에 충분한 나이였다. 그는 또래의 여느 아이와 다름없이 농구를 하고 탁구를 하고 또 동전과 우표를 모으면서도, 또한 심지어 늘 살갑게 굴었던 외할아버지 존 스탈이 일흔세 살의 나이로 세상을 떠나 가족이 슬픔에 잠기고 본인 역시 생애 처음으로 사별의 아픔을 맛보면서도, 자기가 본 자기의 미래 모습, 너무도 생생한 그 미래 모습을 위해서 온 열정을 다해 일했다. 워런은 돈을 원했다.

돈이 있으면 독립을 할 수 있다, 그리고 내 인생에서 내가 원하는 건 무엇이든 할 수 있다, 그런 생각이었죠. 그리고 무엇보다 내가 하고 싶었던 건 나 스스로를 위해서 일하는 것이었습니다. 나는 다른 사람 밑에서 일하고 싶지 않았어요. 날마다 내가 하고 싶은 걸 하면서 살고 싶었습니다. 그건 나에게 매우 중요한 조건이었습니다.

그리고 얼마 지나지 않아서 그를 도울 도구 하나가 나타났다. 어느 날 벤슨 도서관에 갔을 때였다. 책장에 있던 어떤 책 하나가 그에게 손짓을 했다. 은색 장정이 마치 커다란 백동전처럼 반짝거렸다. 마치 그 책의 내용을 암시라도 하는 듯했다. 《천 달러를 버는 천 가지 방법 One Thousand Ways to Make $1,000》이었다. 워런은 제목에 이끌려서 그 책을 꺼내 펼쳤고, 곧바로 빨려들고 말았다.

표지 안에 사진이 있었고, 사진 속에서 작은 남자가 거대하게 쌓은 동전 더미를 올려다보고 있었다. 첫 페이지의 내용은 이랬다.

"기회가 문을 두드린다. 미국 역사를 통틀어서, 작은 돈을 가지고 자기 사업을 시작하기에 지금처럼 유리한 적은 단 한 번도 없었다."

굉장한 메시지였다.

"우리는 모두 지나간 과거에 기회들이 숱하게 많았다는 이야기를 늘 듣는다. (……) 하지만 어제의 기회들은 용기가 있고 책략이 풍부한 오늘의 사람을 기다리는 기회들에 비하면 아무것도 아니다! 애스터(존 제이콥 애스터. 미국의 모피 거래를 독점했던 '아메리칸 퍼 컴퍼니'의 창업자, 미국 역대 3위의 부자로 꼽힌다—옮긴이)나 록펠러(존 데이비슨 록펠러. 석유상, 미국 역대 1위의 부자로 꼽힌다—옮긴이) 같은 사람들조차 시시한 인물로 만들어 버릴 정도로 엄청난 부가 기다리고 있다."

이 글을 읽으면서 워런 버핏의 눈은 천국을 보았다. 하지만 그 책은 경고하고 있었다.

"그러나 '우선 시작하지 않으면' 절대로 성공할 수 없다. 돈을 벌려면 우선 시작해야 한다. (……) 미국에서 수십만 명이 많은 돈을 벌고자 하지만 뜻을 이루지 못한다. 그 이유는 바로 이 사람들은 그런 일 혹은 그와 비슷한 일이 일어나길 기다리고 있기 때문이다."

그 책은 우선 시작하라고 촉구하고 또 어떻게 해야 할지 설명했다. 돈을 버는 데 필요한 실천적인 충고와 여러 가지 발상들로 가득한

《천 달러를 버는 천 가지 방법》은 마치 저자가 자기 집 현관 앞 계단에서 친구와 나란히 앉아 이야기해 주는 것처럼 쉽고 친근한 방식으로 서술되어 있었다. 몇몇 발상은 워런으로서는 쉽게 활용할 수 없었다. 예를 들면, 염소젖을 짜는 사업이나 인형 병원을 운영하는 사업 따위가 그랬다. 하지만 금방 써먹을 수 있는 것들이 많았다. 유독 워런을 사로잡은 것은 체중계였다. 자기에게 체중계가 있다면 하루에 쉰 번씩 몸무게를 잴 것 같았다. 다른 사람들 역시 체중계를 사는 데 기꺼이 돈을 쓸 거라고 생각했다.

체중계는 이해하기 쉬웠습니다. 우선 체중계를 하나 사겠지만, 이문이 생기면 이 이문을 체중계를 사들이는 데 계속 투자합니다. 머지않아서 체중계 스무 개를 가지게 되겠죠. 그런데도 모든 사람은 계속 하루에 쉰 번씩 자기 체중을 잴 거고요. 이런 생각이 듭디다. '저기가 바로 돈이 있는 곳이구나.'[9] 복리(複利), 그보다 더 좋은 건 있을 수 없었습니다.

복리 개념이 그의 머리를 때렸다. 엄청난 것이었다. 그 책은 워런이 천 달러를 벌 수 있다고 말했다. 만일 천 달러로 시작하고 일 년에 10퍼센트의 이익이 발생한다면 다음과 같이 되었다.

1,000달러는 5년 만에 1,600달러 이상이 된다.
10년 만에 2,600달러 가까이 된다.
25년 만에 10,800달러 이상이 된다.

처음에는 비록 적은 돈이었지만 일정한 비율로 오랜 시간 계속 반복해서 늘어나면 마침내 엄청난 재산이 될 수 있었다. 마당에서 눈덩이를 굴릴 때 눈덩이는 점점 빠른 속도로 커졌다. 이런 모습을 떠올리자 워런은 그 숫자들이 복리로 늘어나는 것을 보다 생생하게 머릿속에 상상할 수 있었다.

워런은 시간에 대해서 다른 방식으로 생각하기 시작했다. 복리는 현재를 미래와 맺어주었다. 만일 오늘의 1달러가 몇 년 뒤의 10달러가 된다면, 오늘의 1달러와 몇 년 뒤의 10달러는 동일한 것이었다. 워런은 이런 생각을 했다.

워런은 친구인 스튜 에릭슨의 집 현관 앞 계단에 앉아서 자기는 서른다섯 살에 백만장자가 되어 있을 것이라고 선언했다.[10] 1941년이라는 불황의 시대에 살던 어린이가 하기에는 터무니없는 말이었다. 하지만 워런이 계산한 대로라면(그리고 그 책이 일러준 대로라면) 분명히 가능한 일이었다. 그에게는 아직 25년이라는 시간이 남아 있었다. 비록 돈이 조금 더 필요했지만, 그는 해낼 수 있다고 확신했다. 일찍부터 돈을 더 많이 모으면 모을수록 돈을 더 오랫동안 굴릴 수 있고, 그러면 목표를 달성할 가능성도 그만큼 더 높아질 수 있었다.

그리고 일 년 뒤, 워런은 자기 실체의 핵심을 사람들에게 선보였다. 1942년 봄에 *그*의 재산은 120달러나 되었다. 이런 *그*의 모습에 가족들이 놀라고 대견해했음은 말할 것도 없었다.

워런은 누나인 도리스를 동업자로 삼아서 함께 '시티즈 서비스Cities Service'의 우선주 여섯 주를 샀다. 각자 세 주씩 소유했고, 여기에 들어간 돈은 각자 114.75달러였다.[11] 그 주식을 선택한 이유를 그는 다음과 같이 설명한다.

그 주식에 대해서 잘 알고 샀던 건 아닙니다.

하워드가 여러 해 동안 자기 고객들에게 즐겨 팔았던 주식이 바로 그것이었기 때문이다.[12]

시장은 그해 6월에 저점을 기록했고 시티즈 서비스의 주가는 38.25달러에서 27달러로 곤두박질쳤다. 도리스는 아침에 학교에 갈 때마다 주가가 떨어진다는 사실을 워런에게 상기시켰다. 그때를 회상하면서 워런은 끔찍할 정도로 무거운 책임감을 느꼈다고 말한다. 그래서 주가가 다시 상승하자 그는 그 부담감에서 벗어나려고 40달러 시점에서 주식을 팔았다. 이렇게 해서 각자 5달러의 이익을 남겼다. 도리스는 그때를 회상하면서 이렇게 말한다.

"그때 나는 워런이 자기가 무얼 하는지 잘 알고 있구나, 그런 생각을 했어요."

하지만 시티즈 서비스의 주가는 계속 치솟았다. 나중에는 한 주에 202달러까지 올랐다. 이때 워런은 세 가지 교훈을 얻었고, 지금도 이때의 일을 자기가 인생을 살면서 경험한 가장 중요한 일 가운데 하나로 꼽는다. 첫 번째 교훈은 주식을 사면서 투자한 돈에 지나치게 집착하지 말아야 한다는 것이었다. 두 번째 교훈은 별생각 없이 작은 이익만 덥석 물고 물러나 앉아서는 안 된다는 것이었다. 이 두 가지 교훈은, 조금만 더 끈기를 가졌더라면 벌 수도 있었던 492달러[(202-38)×3=492달러 – 옮긴이]를 두고 곰곰이 생각해서 얻은 것이었다. 그 주식을 사는 데 든 돈 120달러를 모으기까지 여섯 살 때부터 5년이 걸렸다. 골프장에서 중고 골프공을 팔고 미식축구 경기장 스탠드에서 땅콩과 팝콘을 팔아서 어렵게 모은 돈이었다. 이런 생각을 하면 '잃어버린' 돈이 더욱더 아까웠다. 그 돈을 벌충하려면 몇 년이 더 걸릴지 알 수 없었다. 그래서 워런은 다시는, 절대로 다시는 그런 실수를 하지 않겠다고 다짐했다.

그리고 마지막으로 세 번째 교훈은 다른 사람의 돈을 가지고 투자할 때와 관련된 교훈이었다. 만일 자기가 실수할 경우, 돈을 맡긴 사람은 자기에게 화를 낸다는 것이었다. 그래서 그는 정말 성공을 확신하지 않을 때는 다른 사람의 돈을 맡아 책임지길 꺼렸다.

신문 배달의 달인

워런이 열한 살이던 12월의 어느 화창한 일요일 오후, 가족이 함께 웨스트포인트에 있는 교회에 갔다가 돌아오던 길이었다. 그런데 자동차의 라디오에서 갑자기 정규 방송이 뚝 끊어지더니 아나운서가 일본이 진주만을 공격했다는 소식을 전했다. 정확하게 어떤 일이 일어났으며 얼마나 많은 사람들이 다치거나 죽었는지 아무도 설명하지 않았다. 하지만 그 불안한 흥분 속에서 워런은 세상이 바뀌고 있음을 깨달았다.

아버지 하워드의 정치적인 성향은 이전보다 훨씬 더 극단적으로 치우쳤다. 하워드와 그의 친구들은 루스벨트가 독재를 갈망하는 전쟁광이며 미국을 또 하나의 유럽 전쟁 속으로 몰아넣음으로써 독재 권력을 손에 넣으려 한다고 생각했다. 그들은, 유럽은 내부에서 벌어지는 작은 분쟁조차 해결할 능력이 없어서 결국 치명적인 전쟁의 소용돌이 속으로 빠져들 수밖에 없으며, 또 유럽은 마땅히 그 분쟁의 불씨로 스스로를 태울 수밖에 없다고 보았다.

그때까지 루스벨트가 미국이 2차 대전에 뛰어들도록 수없이 부추기고 유혹했지만 그런 시도는 잘 먹히지 않았다. 루스벨트는 소위 '국제적인 협력'을 소리 높여 외쳤다. 하지만 하워드는 이것을 사악하고 사기적인 무기 대여 사업일 뿐이라면서 '쥐구멍 작전Operation Rat Hole'이라고 불렀다(1947년 IMF 체제에 참가하는 것을 로버트 A. 태프트가 이렇게 비난한 것이며, 1947년에 에버레트 M. 더크슨도 마셜 플랜을 '쥐구멍 작전'이라고 불렀다—옮긴이). 그러면서 이는 전쟁 물자를 영국에 빌려주는 게 아니라 공공연히 선물하는 것이라고 비난했다.[1] 그리고 또 루스벨트는 풍채 좋고 대중적인 인기를 누리던 영국인 윈스턴 처칠과 함께 숱한 연설을 했다. 그러나 미국 사람들을 그 전쟁으로 끌어들이는 데는 실패했다. 루스벨트는 미국인에게 이렇게 말했는데, 하워드와 그의 친구들은 이 말이 새빨간 거짓말이라는 데 동의했다.

"어머니이며 아버지인 여러분에게 다시 한번 확실하게 말씀드립니다. (……) 여러분의 자식을 외국에서 벌어지는 전쟁에 보내는 일은 없을 겁니다."[2]

워런의 말에 따르면, 하워드는 루스벨트와 육군 참모총장 조지 C. 마셜 장군이 절망적인 상태에서 필사적으로 '우리가 유럽 전쟁에 뛰어들 수 있는 유일한 길은 일본이 우리를 공격하게 하는 것이며, 임박한 진주만 공격에 대한 정보를 밝히지 않는 것'이라고 판단한 결과라 믿었다. 비록 하워드가 누구보다도 확신하긴 했지만, 이런 생각은 당시 보수주의자들 사이에서 보편적인 것이었다.

다음 해 봄, 공화당의 네브래스카 지구당은 현직 의원으로 강력한 인기를 누리고 있던 민주당의 찰스 F. 매클로플린Charles F. McLaughlin 의원에 맞서서 하원의원 선거에 출마할 공화당 후보를 선정하는 쉽지 않은 임무를 하워드에게 맡겼다. 가족의 말에 따르면, 막강한 매클로플린에 맞서 싸울 경우 누가 봐도 질 게 뻔했던 터라 아무도 나서지 않는 바람에, 마지막 순간 하워드는 그 후보자 이름을 써넣을 공란에 자기 이름을 썼다고 한다.

이렇게 해서 하워드는 엉겁결에 공화당 후보가 되었다. 가족들은 '버핏을 하원으로'라는 아주 단순한 구호를 적은 유세 전단을 전신주마다 붙였다. 가족들은 또 시골의 장터에도 나갔다. 팔려고 내놓은 가축들 사이에서 그리고 최고의 피클을 뽑는 대회장을 누비면서 하워드와 레일라는 명함을 돌렸다.

　　아버지가 당선될 가능성은 전혀 없었습니다. 아버지는 사람들 앞
　　에 나서서 연설하는 걸 지독하게 싫어하셨어요. 어머니는 훌륭한 선
　　거 운동원이셨습니다만, 아버지는 너무 내성적이셨죠.

말을 잘하고 또 말하기를 좋아했던 레일라는 어떻게 하면 군중을 움직일 수 있는지 알았고, 또 사람들에게 다가가는 걸 즐겼다. 아이들은 "우리 아빠 뽑아주실 거죠?"라면서 사람들 사이를 헤집고 다녔다. 아이들은 또 나중에 페리스 관람차(페리스가 발명한 대형 회전 관람차-옮긴이)에도 올라가서 유세를 했다.

　　그때 우리는 15분짜리 라디오 광고물도 만들었습니다. 어머니는
　　오르간을 연주하셨고, 아버지는 우리를 소개하셨습니다. '도리스, 나
　　이는 열네 살입니다. 그리고 워런, 나이는 열한 살입니다.' 그때 내게
　　주어진 대사는 '잠깐만 아빠, 나는 스포츠 섹션을 읽고 있어요'였습
　　니다. 그리고 우리 세 아이는 〈아름다운 아메리카America the Beautiful〉를

불렀죠. 어머니는 오르간을 연주하셨고요.

이 방송은 감동적이지 않았다. 하지만 소득은 있었다.

　이 15분짜리 라디오 방송이 계기가 되어 많은 사람들이 자원봉사
자로 나섰습니다. 하지만 상대편에서는 그보다 네 배나 많은 자원봉
사자들이 이미 활동하고 있었죠.

　자원봉사자의 도움을 받았지만 하워드는 우선 자신의 염세적인
정치관과 너무도 고지식한 자신의 성격을 상대로 싸워야 했다. 하워
드의 유세는 음산한 미래에 대한 노골적인 경고와 1940년대 중서부
지역 어느 곳에서나 볼 수 있었던 아무 생각 없는 공허한 일체감에 대
한 공격으로 채워졌다. 그는 유권자들에게 이렇게 요구했다.
　"아무짝에도 쓸모없는 사람들, 허수아비들, 앞잡이들, 몽유병자들,
그리고 모든 속물들에게 다시는 워싱턴으로 돌아오지 못하는 차표
를 끊어줘서 보내버립시다!"
　이 공격적인 언사는 하워드 안에 있던 부드러움과 섬세한 재치와
순진함까지 모두 가려버렸다. 여러 해 동안 하워드는 손으로 직접 쓴
메모 한 장을 주머니에 넣고 다녔었다. 보풀이 일 정도로 닳아버린
이 메모지에는 이런 글이 적혀 있었다.
　"나는 신의 아들이다. 나는 그분의 손 안에 있다. 내 육체는 영원하
지 않지만 내 영혼은 영원하다. 그러니 내가 무엇을 두려워하랴."[3]
　그의 아들이 보기에는 유감스럽게도, 하워드는 오마하의 거리거리
에서 자기의 이런 신조를 철저하게 지켰다.
　선거 유세 기간 동안 그는 동이 트려면 아직 한참 남은 시각에 이
제 열두 살이 된 워런을 깨워서 사우스오마하의 가축 임시 수용장들

이 있는 곳으로 데려갔다. 철길을 따라 조성되어 있던 이 가축 수용장 및 도축장은 오마하에서 중요한 사업체였다. 거의 2만 명이나 되는 사람이 여기에서 일했고, 이들은 대부분 이민자였다. 한 해에 800만 마리의 가축들이 육류의 도시인 이곳으로 들어와[4] 수십만 톤의 포장육이 되어 나갔다.[5] 사우스오마하는 오마하와 비록 거리는 멀지 않았지만 문화적으로는 완전히 다른 도시였다. 수십 년 동안 이곳은 오마하의 인종적·민족적 소요의 진원지였다.

워런은 이곳에 발을 들여놓는 순간 두 주먹을 불끈 쥔 채 걱정스러운 눈으로 자기 아버지만 바라보았다. 하워드는 소아마비 때문에 어릴 때부터 다리를 절었다. 그리고 또한 가족들은 모두 그의 심장에 혹시라도 어떤 문제가 생기지나 않을까 걱정했다. 아버지가 사우스오마하의 거리를 걸어 다니면서, 근무 교대 시각 5시 30분에 맞추어 가슴받이가 달린 작업복 바지를 입고 통조림 공장으로 출근하는 덩치가 크고 험악해 보이는 노동자들에게 다가갈 때 워런은 마음을 졸였다.

그 사람들 가운데 다수는 집에서 영어를 쓰지 않았다. 그들 가운데서도 제일 가난한 축에 들었던 흑인과 새로운 이민자는 가축 수용장 인근에 있는 초라한 판잣집이나 싸구려 기숙사에서 비좁게 살았다. 이들보다 수완과 수단이 좀 나은 사람들은 사우스오마하의 구릉지를 따라서 어떤 곳은 높게 또 어떤 곳은 낮게 형성된 뾰족 지붕의 작고 깨끗한 집에 살면서, 인근에 있는 인종별로 형성된 상가에서 일했다. 체코 사람들은 리틀 보헤미아에서, 세르비아 사람들과 크로아티아 사람들은 구스 할로에서, 폴란드 사람들은 G 타운에서 각각 살았다. G 타운은 예전에 그리크 타운Greek Town이라고 불렸지만, 그리스 사람들은 1909년 반이민자 폭동 때 집이 모두 파괴되어 다들 떠나버리고 없었다.

하워드가 다가가서 유세를 한 사람들의 분포는 매우 다양했다. 도축장의 맨 위층에서는 도축사들이 일했고, 그 아래에 있는 부산물 처리장에는 라드(돼지 비계를 정제한 반고체의 기름–옮긴이)를 만드는 부문과 비료를 만드는 부문이 있었다. 그리고 많지 않은 여자들이 돼지고기를 손질하고, 비엔나소시지를 만들고, 통조림 깡통에 칠을 하고 라벨을 붙였고, 가금류의 털을 뽑았고, 달걀을 분류했다. 관리자들은 특히 흑인 여자를 선호했는데, 백인보다 훨씬 적은 돈으로 고용할 수 있었으며 또한 짐승의 내장들로 가득한 소위 '찌꺼기 방'에서도 믿음직하게 일을 잘했기 때문이다.[6] 이들은 내장, 즉 창자, 방광, 염통, 분비샘 및 기타 내부 기관들을 손질했다. 지독한 열기와 발목까지 차는 핏물 속에서 내장을 분류하고 절이고 내장에 내용물을 채우는 일을 하는 이들의 손은 하루 종일 물과 오물에 축축하게 젖어 있었다. 이들은 공기 중에 떠다니는 동물 사체의 배설물 입자들이 자기들의 폐속으로 깊이 들어가는 것을 막아야 했기 때문에, 입을 벌려 얕게 헐떡거리며 호흡했다.[7] 심지어 아무리 새로 이민을 온 사람이라 해도 또 아무리 가난한 남자라 하더라도 그 '찌꺼기 방'에는 발을 들여놓으려 하지 않았다. 그곳은 오로지 흑인 여자들만 일하는 곳이었다.

남자든 여자든 백인이든 흑인이든 간에 그곳 사람들은 모두 철저한 민주당 지지자였다. 네브래스카의 다른 지역 사람들이 비록 뉴딜 정책이나 대공황에 대한 루스벨트 대통령의 처방에 반대한다 하더라도, 사우스오마하에서 프랭클린 루스벨트는 여전히 영웅이었다. 그러나 하워드 버핏이 그 지역 사람들의 못 박힌 손에 정중하게 나누어 준 전단지는, 미국이 여태까지 지켜왔던 민주주의를 가장 심각하게 위협하는 인물이 바로 루스벨트 대통령이라고 비난했다. 그리고 발언할 기회가 주어지면 하워드는 언제나 침착하게, 그 지역을 대표하는 의원으로서 자기가 왜 도축장의 노동자들이 반대할 법안을 만들겠다고 주장하는지 그 이유를 설명했다.

하워드는 열성당원이었다. 하지만 어리석지도 않았고 광적이지도 않았다. 비록 신의 손에 자기를 맡기긴 했지만 나름대로 계획을 가지고 있었다. 새벽같이 워런을 깨워서 데리고 나간 건 워런에게 민주주의 체험 교육을 시키려는 게 아니었다. 부자(父子) 2인 1조의 태그매치 팀을 만들어서 몸싸움의 전투력을 조금이나마 강화하려는 것도 아니었다. 워런에게 맡겨진 임무는, 만에 하나 도축장 노동자들이 하워드에게 달려들어 때리거나 하는 일이 발생하면 곧장 달려가서 경찰에게 알리는 것이었다.

합리적인 이성이 있는 사람이라면 그런 곳에 하워드가 가서 도대체 무얼 하려는 거냐고 물을 수 있었다. 그렇게 정성을 들이더라도 단 한 표도 건지지 못할 수도 있었다. 하지만 그는, 비록 사우스오마하 사람들이 그를 신통찮게 여긴다 하더라도 그들이 유권자인 한 그들에게 나서는 게 선거에 출마한 후보로서 당연히 해야 하는 의무라고 생각했다.

집으로 돌아올 때는 두 사람 모두 언제나 털끝 하나 다치지 않았다. 경찰관에게 구조 요청을 하러 달려갈 일도 없었다. 어쩌면 운이 좋았을 수도 있고, 또 어쩌면 진심과 성실함을 담은 하워드의 품행 때문에 그랬을 수도 있었다. 하지만 하워드를 포함해서 가족들은 유권자들이 그의 이런 모습을 보았으리라고 믿을 근거가 전혀 없었다. 또 설령 유권자들이 하워드를 좋게 보았다 하더라도 판세가 뒤집힐 일은 전혀 없다고 생각했다. 선거일이던 1942년 11월 3일, 도리스는 아버지가 질 거라 확신하고는, 시내에 가서 다음 날 학교에 갈 때 달 브로치를 하나 샀다. 선거 패배의 아픔을 달래줄 어떤 게 필요했던 것이다.

아버지는 지지해 준 유권자들에게 고맙다고 인사할 문건을 작성했습니다. 그리고 우리 가족은 모두 8시 30분에서 9시경 잠자리에 들었습니다. 더 늦게까지 깨어 있을 이유가 전혀 없었거든요. 그리고 아버지는 다음 날 아침에 일어나서 자기가 선거에서 이겼다는 걸 알았습니다.

외교 정책에 대한 하워드의 깊은 불신은 단지 퀘이커교도와 같은 그의 개인적인 특성에서 비롯된 것이 아니었다. 그 이상이었다. 그것은 보수적인 고립주의의 저수지에서 비롯된 것이었다. 한때 이런 의식은 중서부 지역에서 넓고 깊게 뿌리를 내렸었다. 비록 이 흐름이 말라버리긴 했지만, 진주만 습격 이후 외교 정책에 대한 노동자층의 지지가 오마하에서 일시적으로 흔들렸다. 운이 좋게 이 틈을 타서, 승리를 자신하며 자만했던 상대 후보를 누르고 하워드가 당선될 수 있었다.

다음 해 1월, 버핏 가족은 던디의 집을 세놓고 버지니아행 기차를 탔다. 어니스트는 기차에서 상한 음식을 먹고 탈이 나면 안 된다며 예쁘게 포장한 음식 바구니를 건네면서, 엉뚱한 차를 타 길을 잃어버리지 말라고 당부했다.

이들은 워싱턴의 유니언 역에 내렸다. 이들의 눈에 비친 워싱턴은 사람들로 넘쳐났고 혼란스러웠다. 엄청난 인구가 도시를 채우고 있었고, 이들은 대부분 새로운 여러 전시 행정 부처들에서 일했다. 군 당국은 조만간 새로 완공된, 세계에서 가장 큰 사무실 건물인 펜타곤 안으로 쉽게 이전할 수 있도록 그곳 주변의 건물과 사무실 및 온갖 사무실 집기 등을 징발해 두고 있었다(펜타곤은 현재 국방부의 전신인 육군부 산하 17개 건물을 한 군데로 통합하기 위해 지은 건물로, 1941년 8월 공사를 시작해서 1943년 2월 완공되었다 - 옮긴이). 그래서 허름한 임시 사무실 건물들이 거리를 빈틈없이 채우고 있었다.[8]

새로 몰려온 사람들로 워싱턴의 인구는 두 배로 늘어났다. 남루한 차림의 흑인 남자 및 여자의 행렬은 '14번가 다리'를 넘어서 버지니아에서 몰려왔다. 이들은 다들 세계에서 가장 바쁜 도시에 있으면 뭐든 일자리를 하나 잡을 수 있지 않을까 하는 기대를 품고서, 가난에 찌든 남부의 담배 농장, 면화 농장, 직물 공장 등에서 빠져나온 사람들이었다. 그리고 이 가난하고 순진한 사람들 뒤를 따라서 소매치기와 매춘부, 사기꾼 등이 함께 들어오는 바람에 워싱턴은 미국 최대의 범죄 도시가 되었다.

낡아 빠진 19세기 목제 트롤리 전차는, 전차를 타지 않으면 결코 이곳을 지나다닐 일이 없었던 공무원들을 가득 태우고 다녔다. 이 트롤리 전차가 서는 정류장마다 지역 주민들이 피켓을 들고 흑인 고용을 거부한 전차 회사 '캐피털 트랜싯The Capital Transit'을 규탄하는 시위를 벌였다.[9] 하지만 흑백 분리 제도의 족쇄는 서서히 풀리고 있었다. 도시의 흑인 구역에 있던 리틀 팰리스Little Palace 카페테리아에 하워드 대학교 학생들이 자기들에게 음식을 팔지 않겠다는 주인의 방침에, 그냥 자리를 차지하고 앉아 비워주지 않는 방식으로 저항해서 결국 항복을 받아냈다.[10]

버핏 부부에게는 워싱턴에 친구가 있었다. 하워드가 주식 거래 중개업을 할 때부터 알고 지내던 레이첼 부부였다.[11] 레이첼 부부는 워싱턴에 살면 끔찍하다면서 워싱턴에 살지 말라고 말했다. 이들 부부는 버지니아에 커다란 저택이 하나 비어 있다고 알려줬다. 해병대에 근무하는 사람이 막 비운 집이라고 했다. 이 집은 언덕 위에 있었고, 언덕 아래로는 라파하노크강이 흘렀다. 남북전쟁의 프레더릭스버그 전투 당시 북군의 지휘 본부가 주둔했던 채텀과도 멀지 않았다.

벽난로가 열 개나 있고, 형식 정원(원, 타원, 직사각형 따위의 기하학적 도형을 따라서 화단 등을 배열한 인공 정원 – 옮긴이)과 커팅 정원(일년생 혹은 다년생의 꽃을 꺾어서 아름답게 배치하는 정원 – 옮긴이)이 각각 여러 개 있으며, 온실도 있었다. 비록 저택의 웅장함 정도가 버핏 가족에게는 맞지 않았고 또 시내까지 거의 한 시간 거리에 있었지만, 일단 일시적으로 이 집을 빌려서 쓰기로 했다. 하워드는 컬럼비아 지구에 작은 아파트를 하나 얻어서 주중에는 여기에서 생활하다가 주말에는 가족이 있는 언덕 위의 저택으로 갔다. 그런데 재무위원회 일을 맡으면서부터 무척 바빠졌다. 그 밖에도 하원의원으로서 마땅히 알아야 할 여러 관습과 절차 및 규칙을 배우고 익혀야 했기에 그야말로 눈코 뜰 새 없이 바빴다.

레일라도 뿌리를 내리고 오래 살 집을 돌아보려고 워싱턴 출입을 하기 시작했다. 그런데 그녀는 오마하를 떠난 뒤로 줄곧 이상할 정도로 짜증을 많이 냈으며, 오마하를 그리워하는 말을 자주 했다. 그런데 버핏 가족이 프레더릭스버그로 이사한 시점이 예사롭지 않았다. 그즈음에 레일라의 동생 버니스가 심상찮은 말을 했던 것이다. 버니스는 만약 가족이 자기를 어머니 스텔라가 있는 노퍽 주립 병원에 보내주지 않으면 그다음에 일어날 일에 대해서 책임질 수 없다면서 은근히 자살을 시도할 수도 있다는 뜻을 비쳤다. 동생을 돌보던 에디는 의사와 만나서 상담을 했다. 두 사람은 버니스가 어머니 스텔라와 함께 살고 싶어서 일부러 멜로드라마에나 나옴 직한 그런 수법을 쓴다고 생각했다. 그럼에도 불구하고 자살 위협을 진지하게 받아들일 수밖에 없었고, 결국 버니스를 노퍽으로 보냈다.

하워드와 레일라는 아이들 외가 쪽의 나쁜 이야기는 아이들 앞에서 자세하게 하지 않았다. 아이들은 각자 자기 나이에 맞게 나름대로 워싱턴 생활에 적응했다. 열다섯 살의 아름다운 도리스는, 마치 흑백의 캔자스를 떠나 막 '오즈의 천연색 나라'에 발을 디딘 도로시가 된 듯한 기분이었다. 그녀의 삶은 완전히 바뀌었다. 그녀는 프레더릭스 버그의 미녀가 되어서 그 마을과 사랑에 빠졌다.[12] 레일라는 도리스가 자기보다 더 상류 사회에 끼고 싶어서 안달하는 아이라고 생각하고 그렇게 대하기 시작했다. 그래서 예전과 다름없이 가끔씩 엄청난 장광설로 도리스를 혼내곤 했다. 하지만 이제 도리스는 어머니의 구속에 저항했다. 자신만의 정체성을 지키기 위해 싸우기 시작했던 것이다.

한편 열두 살의 워런은 처음 여섯 주를 8학년 반에서 보냈다. 오마하에 있을 때와 비교하자면 낮은 학년이었다. 신이 나지 않았다. 그래서 일자리를 가지고 싶었다. 빵집에서 일자리를 구하긴 했지만, 별 재미가 없었다.

거의 아무것도 하지 않았습니다. 빵도 굽지 않았고 빵을 팔지도 않았으니까요.

집에서도 뿌리가 뽑혀버린 식물 신세가 되어버렸다는 느낌에 화가 나고 비참한 기분이었다. 오마하로 돌아가고 싶었다. 정체를 알 수 없는 '어떤 알레르기' 때문에 잠을 설치고 결국 서서 잠을 잘 수밖에 없다고 주장했다.

할아버지에게 편지를 썼지요. 물론 이런 애처로운 사정들을 다 담았습니다. 그러자 할아버지는 부모님에게 편지를 보냈습니다. 편지 내용은 이랬습니다. '그 아이를 이리로 보내야겠다. 너희가 내 손자를 아주 망가뜨리고 있구나.'

버핏 부부는 어쩔 수 없이 몇 달 동안만이라는 단서를 붙여서 워런을 네브래스카로 가는 기차에 태웠다. 그런데 놀랍고 기쁘게도, 워런이 기차를 타고 함께 네브래스카로 가게 된 사람은 네브래스카의 상원의원 휴 버틀러였다. 워런은 나이가 많은 사람과는 언제나 말이 잘 통했는데, 이 상원의원과도 마찬가지였다. 그는 정중한 태도로 즐거운 대화를 나누었고, 문제의 그 '어떤 알레르기'는 언제부터인지 완전히 사라져 버렸다.

아홉 살이던 버티는 자기도 할아버지와 무척 친하고 할아버지와 자기는 특별한 유대감으로 이어져 있다고 생각했는데 오빠만 오마하로 돌아가자 질투가 났다. 그래서 할아버지에게 편지를 썼다.

"엄마 아빠에게는 비밀로 하고, 나도 데려가 주세요."

여기에 대해서 워런은 다음과 같이 회상한다.

버티가 내가 썼던 것과 똑같은 편지를 보내왔을 때 나는 할아버지한테 이렇게 말했습니다. '신경도 쓰지 마세요, 할아버지. 버티는 뺑입니다'라고요.[13]

그러자 어니스트는 버티에게 이렇게 답장했다.

"여자아이는 엄마하고 함께 살아야 한단다."

버티는 언제나 오빠만 특별 대우를 받는다고 씩씩거리면서 프레더릭스버그에 남을 수밖에 없었다.[14]

워런은 로즈힐 학교로 돌아가서 다시 친구들과 어울렸다. 그는 날마다 정오경에는 아버지의 옛 동업자였던 칼 포크의 집에 갔고, 그의 아내 글래디스는 워런에게 점심으로 샌드위치와 토마토 수프와 친절함을 식탁에 올렸다. 그는 포크 부인이 어머니라도 되는 것처럼 그녀를 '숭배'했다.[15] 친구였던 잭 프로스트의 어머니 헤이즐과 이모 및 고모에게 그랬던 것처럼 말이다.

　워런은 이 모든 중년 여성들과 함께 있을 때, 비록 모든 게 편안했지만 무척 수줍어하고 부끄러워했다. 특히 자기 또래 여자아이들 앞에서는 숨도 제대로 쉬지 못했다. 그러다 새로 들어간 8학년 반의 여자아이들 가운데 한 명인 도로시 흄을 좋아하게 되었다. 그즈음에 친구이던 스튜 에릭슨은 마지 리 캐너디에게 반했고, 다른 친구인 바이런 스완슨은 조앤 퍼게이트에게 반했다. 세 명의 남자아이는 몇 주 동안 어떻게 하면 좋을지 궁리하다가 마침내 여자아이들에게 함께 영화를 보러 가자고 말하기로 했다.[16] 워런은 도로시의 집으로 갔다. 영화 보러 가자는 말을 하기 위해서였다. 벨을 눌렀을 때 그녀의 아버지가 문을 열고 나오자 놀란 워런은 어떤 잡지를 정기 구독해 달라는 엉뚱한 소리를 했다. 하지만 어쨌거나 도로시에게 영화 보러 가자는 말을 했고, 도로시도 그러겠다고 했다.

　약속했던 토요일, 바이런과 워런은 함께 자기 짝을 데리러 갔다. 여자아이들이 약속 장소에 홀로 나타나기가 꺼려진다고 해서였다. 그래서 그날 오후는 한 집에서 또 다른 집으로, 다시 전차 정류장으로 몇 구역이나 걸어야 했다. 그것도 무겁고 불편한 침묵 속에서. 반대쪽 지역에 살았던 마지 리가 스튜와 함께 전차 정류장에 도착하고 여섯 명은 모두 전차에 탔다. 전차를 타고 가는 동안 내내 남자아이들은 홍당무가 된 채 고개를 숙이고 자기 발만 바라보았지만, 여자아이들은 자기들끼리 깔깔거리며 재미있게 떠들었다. 극장에 도착하자 마지 리, 도로시, 조앤은 곧바로 자기들끼리만 쪼르르 좌석으로 달려가서 나란히 앉았다. 공포 영화 〈미라의 무덤The Mummy's Tomb〉과 〈캣 피플Cat People〉 두 편을 보는 동안 짝꿍끼리 따로 앉기로 한 남자아이들의 원래 계획은 무산되고 말았다. 남자아이들은 주말 시리즈물과 만화와 영화 두 편이 상영되는 동안, 머리를 맞대고 키득거리거나 비명을 지르는 여자아이들의 갈색 뒤통수만 바라보아야 했다. 영화를 다 본 뒤에 당연히 들러야 하는 코스로 여겼던 월그린(소매 잡화 체인점 -옮긴이)을 힘들게 순회도 했다. 그런 뒤에 다시 집으로 돌아가는 전차를 탔고, 여자아이들을 집까지 바래다주어야 했다. 오후 내내 여자아이들과는 변변하게 말 한마디 나누지 못했다.[17] 이 경험이 세 남자아이에게 너무도 끔찍했던 터라, 이 아이들이 다시 한번 용기를 내어 여자아이들에게 데이트 신청을 하는 데는 몇 년의 시간이 필요했다.[18]

이 일로 비록 워런이 낙담하긴 했어도 그 방면으로 완전히 관심을 끊은 건 아니었다. 그는 자기 반의 다른 여자아이인 클로-앤 카울을 상대로 연정을 키웠다. 눈에 확 띄는 금발 소녀였다. 하지만 그녀는 워런에게 관심이 없었다. 워런은 여자를 상대로 해서는 도무지 뭘 해낼 수 있을 것 같지 않았다. 워런은 스스로에게 실망했다. 이 실망에서 헤어나는 길은 돈을 버는 것이었다.

할아버지는 내가 늘 돈 버는 방법을 생각한다는 사실을 흡족하게 여기셨죠. 나는 동네를 돌면서 폐지나 헌 잡지를 모아다가 팔았습니다. 앨리스 고모가 나를 폐지 수집상에 태워다 주셨는데, 그곳에 가면 폐지 45킬로그램당 35센트를 줬습니다.

할아버지 집에서 워런은 책장을 가득 메우고 있던 〈프로그레시브 그로서 Progressive Grocer〉 과월호를 읽었다. 특히 '육류 물품을 어떻게 구비할 것인가?'와 같은 주제들이 그를 사로잡았다. 주말이면 어니스트는 손자를 자기 가게 '버핏 앤드 선'으로 데리고 가서 일을 시켰다. 그 가게는 어니스트의 왕국이었다. 2층짜리 차고만 한 규모의 가게의 지붕은 스페인풍 기와를 이고 있었으며, 던디 외곽의 쾌적한 중산층 거주지에 우뚝 서 있었다. 버핏 가문 사람들은 늘 '신용과 배달'을 기본적인 영업 철학으로 삼아 장사를 했다. 주부들 혹은 이들이 고용한 요리사는 '월넛 0761'로 전화를 해서 자기들이 사고자 하는 품목과 수량을 직원에게 말만 하면 되었다.¹⁹ 고객의 주문 내용을 받아 적은 직원은 진열대의 선반을 여기저기 뒤지고 사다리를 타고 부지런히 오르내리며 고객이 원하는 물건을 박스나 봉지에 챙겼다. 피라미드 형태로 쌓인 채소나 과일들도 바구니에 챙겼다. 바나나 송이들이 한데 뭉쳐 있는 거대한 더미가 뒷문 갈고리에 매달려 있었다. 1미터가 넘는 이 더미에서 바나나를 송이별로 떼어낼 때는 날카로운 칼을 사용했다. 그리고 소금과 식초에 절인 양배추와 피클을 챙길 때는 지하실로 내려갔다. 달걀이나 생선 등 상하기 쉬운 것들을 모아둔 곳 옆에 그런 물품들이 있었다. 모든 주문 물품을 챙겨서 포장하고 명세서를 붙인 다음 활차에 실으면, 이 활차는 '버핏 앤드 선' 배달 트럭이 있는 곳으로 이동해서 물건을 트럭에 실었다. 오렌지색의 이 트럭은 짐칸 양옆에 지붕과 별도로 고무나 가죽으로 된 천을 달고 있었는데 물건을 싣거나 내릴 때 둘둘 말아 올리게 되어 있었다. 이렇게 해서 오마하의 주부들이 주문한 물건을 트럭에 실으면, 트럭 운전사가 배달에 나섰다.

1층보다는 조금 높고 2층보다는 조금 낮은 중2층에 어니스트의 책상이 놓여 있었다. 그는 여기에 앉아서 직원들을 지켜보았다. 직원들은 그가 없는 데서 그를 '노땅 어니'라고 불렀다.

아무것도 안 하셨죠. 그저 지시만 내리셨습니다. 무슨 말이냐 하면, 제왕이셨다는 뜻입니다. 할아버지는 그 자리에서 모든 걸 보실 수 있었습니다.

만일 고객이 들어오는데 아무도 그 고객을 맞지 않으면 직원들은 엄청나게 혼났다. 어니스트는 '일해라 일, 더 많이, 더!'가 가지고 있는 힘을 믿었다. 어니스트는 자기가 임금을 주는 사람들이 이 세상에는 공짜가 없다는 사실과 관련해서 어리석은 생각을 절대로 하지 않도록 하는 것이 자기 임무라고 철저히 믿었다. 그래서 한번은 물품 창고에서 허드렛일을 하는 소년에게 사회보장세금(근로 소득 가운데서 일부분을 공제한다. 이는 나중에 받게 될 연금의 근거가 된다-옮긴이)을 현금으로 내라면서 2센트를 주었다. 그리고 이어서 사회주의의 사악함에 대해서 30분 동안 강의를 늘어놓았다. 그 바람에 이 소년은 악덕의 화신인 루스벨트와 그가 정부 고관으로 끌어들인, 트위드 소재의 옷을 즐겨 입고 파이프 담배를 피우는 아이비리그 출신 교수들이 미국을 어떻게 망쳐놓는지 충분히 이해했을 것이다.[20]

어니스트가 중2층의 책상을 떠나는 유일한 순간은 어떤 중요한 여성이 운전기사를 대동하고 가게에 나타날 때였다. 그는 허겁지겁 계단을 내려가서 직접 주문서를 받아들고 기다렸다가 방금 하와이에서 날아온 '악어 배'(아보카도를 그렇게 불렀다)를 보여주고 그녀가 데려온 아이들에게는 페퍼민트 껌을 나누어 주었다.[21] 이처럼 '버핏 앤드 선'은 고객의 신분이나 지위에 따라서 그 고객을 대하는 태도가 완전히 달랐다. 한번은 레일라가 물건을 사러 갔는데, 시동생인 프레드가 다른 고객을 상대하느라고 한참 동안 레일라를 그냥 세워둔 적이 있었다. 그러자 레일라는 화를 내며 나가버렸고 다시는 물건을 사러 '버핏 앤드 선'에 가지 않았다. 그때 이후로 식료품을 사러 가는 일은 하워드의 몫이 되었다.[22]

워런은 이런 '노땅 어니'가 시키는 대로 부지런히 매장과 창고를 오가야 하는 신세가 되었다. 할아버지의 가게에 있으면서 워런은 마치 노예처럼 일했다. 하지만 노예처럼 일하는 건, 나중에야 밝혀지는 사실이지만 그를 기다리고 있던 미래의 운명이었다.

온갖 허드렛일을 시키셨습니다. 때로는 매장에서도 일했습니다. 어떤 때는 중2층의 할아버지 옆자리에서 전시 배급표를 세기도 했습니다. 설탕 배급표나 커피 배급표 뭐 그런 거였죠. 그래서 때로는 할아버지가 나를 찾지 못하도록 안 보이는 데 꼭꼭 숨기도 했어요.

진짜 최악이었던 일은 할아버지가 나와 내 친구 존 페스칼에게 밤새 내린 눈을 치우라고 시킨 겁니다. 엄청나게 눈이 많이 왔을 때였어요. 30센티미터쯤, 그것도 축축하게 습기를 머금은 눈이었습니다. 눈삽을 들고 손님용 주차장의 눈을 다 치웠고, 가게 뒤에 있던 통로의 눈을 다 치웠고, 또 여섯 대의 '버핏 앤드 선' 트럭이 대기하던 주차장과 짐을 싣는 공간까지 모두 눈을 치웠습니다.

대략 다섯 시간쯤 일했습니다. 삽질을 하고, 또 삽질을 하고, 또 삽질을 했지요. 나중에는 팔을 제대로 뻗을 수조차 없더군요. 그렇게 일을 모두 마친 뒤에 할아버지에게 갔습니다. 그런데 할아버지가 이러시더군요. '보자…… 내가 얼마를 주면 될까? 10센트는 너무 적은 것 같고, 1달러는 너무 많잖아'라고요.

존과 나는 기가 막혀서 서로 얼굴을 쳐다봤습니다. 그때의 황당함은 영원히 못 잊을 겁니다.

그러니까, 아무리 많이 받아봐야 1달러라는 것이었고, 그렇다면 한 시간 동안 삽질을 한 대가가 20센트라는 말이었다.

정말 말도 안 되었죠. 게다가 둘이서 나누어야 했는데…… 우리 할아버지가 그런 분이셨습니다.

버핏 가문 사람은 어쩔 수가 없었다. 워런은 소중한 교훈 하나를 얻었다. 거래할 때는 미리 가격을 확인해야 한다는 것이었다.[23]

어니스트는 이것 말고도 버핏 가문의 특성을 두 가지 더 가지고 있었다. 하나는 여성을 대할 때 충동적인 감정에 이끌린다는 것이었고, 또 하나는 완벽을 추구한다는 것이었다. 어니스트는 헨리에타가 죽은 뒤 두 차례 더 짧은 결혼 생활을 했다. 한번은 캘리포니아에 휴가를 갔다가 만난 여자와 결혼해서 돌아왔었다. 하지만 이런 특성과 달리 완벽을 추구하는 기질은 그에게 도움이 되었다. '버핏 앤드 선'은 오마하에서 가장 오래된 식료품점의 후예였고, 어니스트는 고객에게 이상적인 최상의 서비스를 제공하려고 부단히 노력했다. 그는 전국적인 할인 체인점이 시장을 잠식하고 있지만 조만간 사라지고 말 일시적인 현상일 뿐이라고 확신했다. '버핏 앤드 선'이 제공하는 서비스 수준을 도저히 따라잡을 수 없다는 게 그 근거였다. 그래서 그 시기에 어니스트는 친척 가운데 한 사람에게 보낸 편지에서 자신만만하게 "체인점의 시대는 끝났다"고 적었다.[24]

'버핏 앤드 선'에서 빵이 떨어지면 어니스트는 고객이 실망하고 발길을 돌리게 하지 않았다. 워런에게 가장 가까이 있던 슈퍼마켓 체인점인 '힝키 딩키Hinky Dinky'로 얼른 달려가서 소매 가격으로 빵을 사오라고 심부름을 시켰다. 워런은 이 심부름을 좋아하지 않았다. 힝키 딩키에 가면 그곳 직원들이 금방 자기를 알아봤기 때문이다.

"안녕하세요오오오오오, 버핏 씨!"

워런이 빵을 한 아름 안고서 될 수 있으면 사람들 눈에 띄지 않으려고 매장을 살금살금 걸을 때 매장 직원은 누구든 그를 찾아내고서 모든 사람들이 들을 수 있게 이렇게 큰 소리로 부르곤 했다. 어니스트는 힝키 딩키에 분개했다. 던디에 있던 다른 경쟁 업체인 '소머스Sommers'와 마찬가지로 유대인 가족이 운영하는 식료품점이었기 때문이다. 고객에게 좋은 서비스를 하려면 어쩔 수 없긴 했지만 경쟁자에게, 그것도 격이 낮은 유대인에게 비싼 값으로 물건을 산다는 게 참을 수 없을 정도로 화났다. 1950년 이전에는 미국의 대부분 지역에서 그랬듯이 오마하에서도 종교와 인종에 따른 분리 원칙이 확고했다. 유대인과 기독교인은(심지어 가톨릭교도와 개신교도조차) 서로 어울리지 않고 따로 살았다. 만나는 클럽도 달랐고 어울리는 무리도 달랐다. 유대인이 아닌 사람들은 유대인과 동업하려 하지 않았고 유대인을 직원으로 고용하려 하지도 않았다. 어니스트와 하워드는 공적인 자리에 있을 때 '에스키모인'이라는 별명으로 유대인을 공격했다. 당시 사회에서는 반유대주의가 보편적이었기 때문에 워런도 이런 태도를 당연하게 생각했다.

어니스트는 사실 워런에게 매우 권위적인 존재였다. 워런이 할아버지에게서 벗어날 수 있었던 시간은 학교에 가 있을 때와 토요일마다 할아버지가 워런더러 배달 트럭에서 일하게 했던 몇 시간 동안이었다. 트럭에서 짐을 내리는 일은 무척 힘들었다. 워런은 자기가 육체노동을 얼마나 싫어하는지 깨닫기 시작했다.

에디라는 할아버지가 있었습니다. 처음에 나는 이 사람이 백 살쯤 되는 줄 알았습니다. 실제로는 쉰다섯 살쯤 되었는데, '버핏 앤드 선'이 트럭으로 배달하는 방식을 도입한 뒤부터 줄곧 배달 트럭을 몰았던 사람입니다.

그런데 에디가 배달하는 체계가 참 특이했습니다. 먼저 벤슨에 가서 물건을 내려준 다음 던디 쪽으로 8킬로미터 돌아와서 다른 고객의 집에 물건을 내려줬습니다. 그리고 다시 또 벤슨으로 갔습니다. 전시라서 휘발유를 배급받아 쓰던 시기인데 말입니다. 나는 그게 하도 이상해서 물어봤습니다. 배달을 왜 그렇게 비효율적으로 하느냐고요. 그랬더니 화를 내면서 '제대로 시간을 맞추기만 하면 그 여자의 잠옷을 볼 수 있단 말이야'라고 했습니다.

워런은 처음에 그 묘한 표현이 무엇을 뜻하는지 몰랐다.

에디는 배달 물건을 집 안까지 들고 들어갔습니다. 그 사이에 나는 가게로 회수하는 빈 음료수병을 나르느라 스물네 개들이 상자들과 씨름했고요. 그런데 에디는 고객 가운데 가장 미인이던 카울 부인이 잠옷 바람으로 있는 걸 보려고 무척 애쓰더군요. 추파도 던지고 말입니다.

카울 부인은 클로-앤 카울의 어머니였고, 워런이 빈병을 가져갈 때 그를 쳐다보지도 않았다.

여태까지 식료품점에서 일했던 수많은 사람들 가운데서 급료를 가장 적게 받은 사람은 아마 내가 아닐까 싶네요. 거기에서 일하면서 배운 건 아무것도 없습니다. 내가 힘든 일을 좋아하지 않는다는 사실 빼고는요.

워런은 일요일 아침 식탁에서도 할아버지를 상대로 자율성 보장을 위한 전투를 벌였다. 그는 지폐를 빼고는 초록색이 있는 건 뭐든 좋아하지 않았다. 브로콜리와 방울양배추, 아스파라거스가 워런의 접시 위에서 적군의 보병이 되어 워런을 노려보았다. 부모와 함께 있을 때는 어떻게든 억지를 써서 피할 수 있었지만, 어니스트에게는 그게 통하지 않았다. 앨리스 고모가 워런을 구슬리는 동안 어니스트는 식탁 저 끝에서 워런을 지켜보며 접시에 놓인 채소를 다 먹을 때까지 기다리고 기다리고 또 기다렸다.

두 시간 동안 식탁에 앉아 있은 적도 있었지만, 언제나 결국에는
할아버지가 이기셨죠.

하지만 그 밖의 다른 점들로 보자면 할아버지 집에 있음으로 해서
워런은 많은 자유를 누렸다. 워런은 할아버지 집의 차고에서 도리스
의 파란색 '슈빈'(1895년 슈빈이 시카고에 세운 자전거 회사 및 브랜드 이름 — 옮
긴이) 자전거를 발견했다. 자전거에는 도리스의 이니셜이 새겨져 있
었다. 어니스트가 도리스에게 선물한 것인데, 워싱턴으로 이사하면
서 가져가지 않고 맡겨두었던 것이다. 그때까지 워런은 자기 자전거
를 가져 본 적이 없었다.

당시에는 자전거가 꽤 귀하고 큰 선물이었죠.

워런은 도리스의 자전거를 타기 시작했다. 그리고 얼마 뒤에는 이
자전거에 웃돈을 얹어서 남자 자전거로 바꾸었다.[25] 하지만 여기에
대해서 아무도 가타부타 말을 하지 않았다. 워런에게는 외동아들이
라는 후광이 작용했던 것이다.

어니스트는 워런에게 자기 나름의 방식으로 특별한 애정을 베풀
었다. 저녁이 되면 어니스트는, 미국은 절대로 다른 나라의 전쟁에
말려들어서는 안 된다고 열변을 토하던 풀턴 루이스 주니어가 진행
하는 프로그램을 '존경하는 마음을 가지고 경건하게' 청취했는데, 이
프로그램을 손자가 함께 들을 수 있게 해줬던 것이다. 어니스트는 풀
턴 루이스 주니어의 논조를 그대로 받아들였다.

방송이 끝난 뒤에 어니스트는 자기가 쓰려고 하던 책에 대한 생각

을 손자에게 이야기했다. 책의 제목도 이미 정해놓은 상태였다. '식료품점을 운영하는 방법 그리고 낚시에 대해서 내가 배운 몇 가지 사실들'이었다. 어니스트는 이게 '인류가 당연히 관심을 가져야 하는 유일한 두 가지 주제'라고 생각했다.[26]

할아버지는 밤늦게 혹은 오후 시간에 혹은 초저녁에 나를 붙잡고 애기하셨습니다. 나는 할아버지가 하시는 말들을 장부책 뒷장에 적곤 했습니다. '버핏 앤드 선'에서는 낭비라는 게 절대로 없었으니까요. 할아버지는 그 책이 미국 사람들이 모두 손꼽아 기다리는 책이라고 하셨습니다. 그 책 이외의 다른 책들은 아무짝에도 쓸모가 없다고 하셨죠. 예를 들면《바람과 함께 사라지다Gone with the Wind》와 같은 게 그런 쓸모없는 책이었습니다.《식료품점을 운영하는 방법 그리고 낚시에 대해서 내가 배운 몇 가지 사실들》이라는 책이 있는데《바람과 함께 사라지다》 따위의 책을 누가 읽겠느냐고 하셨지요.[27]

워런은 이 모든 것을 사랑했다. 적어도 대부분은 사랑했다. 오마하에 돌아와서 고모와 할아버지, 친구들과 함께 있는 게 너무 좋았다. 그래서 워싱턴에 대해서는 잠시 잊고 있었다.

몇 달 뒤, 나머지 가족들이 자동차를 타고 네브래스카로 사흘 동안 휴가를 와서 집을 하나 빌려서 묵었다. 집안의 경제 상황은 점점 더 나아졌다. 그때까지 도축장은 그저 하워드의 선거구 주민 몇몇의 사업일 뿐이었다. 하지만 상황은 바뀌고 있었다. 남풍이 불어서 사우스오마하의 악취가 오마하 곳곳으로 퍼질 때, 오마하의 모든 사람은 그게 바로 돈 냄새라는 사실을 깨달았다. 하워드도 의원 봉급을 보충할 요량으로 '사우스오마하 피드 컴퍼니South Omaha Feed Company'를 인수했다. 그리고 워런은 거기에 일을 하러 갔다.

사우스오마하 피드는 길이가 수백 피트(1피트는 30센티미터-옮긴이)나 되는 커다란 창고를 운영하는 회사였습니다. 이 창고에는 에어컨이 없었지요. 내가 했던 일은 20킬로그램짜리 동물 사료 자루를 화물차에서 창고로 옮기는 것이었습니다. 화물차가 얼마나 넓은지 직접 안에 들어가 보지 않은 사람은 모릅니다. 게다가 그 화물차에는 사료 자루들이 천장까지 쌓여 있었습니다. 이것뿐만이 아니었습니다. 한여름의 화물차 안은 정말 죽을 맛이었지요. 프랭키 지크라는 사람이 사료 자루를 화물차에 날랐는데, 지크는 역도 선수였지요. 나는 반팔 셔츠를 입고 일했습니다. 너무 더웠으니까요. 나는 작은 사료 봉지들은 몇 개씩 안고 날랐고, 또 무거운 건 질질 끌기도 했습니다. 정오쯤 되니까 두 팔은 군데군데 긁혀서 피가 맺혀 있고 난리도 아니었죠. 그 일을 세 시간 정도 했습니다. 그리고 나는 전차 정류장으로 가서 전차를 타고 집으로 갔습니다. 육체노동은 정말 나에게 가치가 없는 일이었습니다.

여름이 끝나기 전에 버핏 가족은 오코보지호수로 짧은 휴가를 다녀왔는데, 이 휴가를 떠나기 직전에 도리스는 워런이 자기 자전거를 팔아먹었다는 사실을 알아차렸다. 하지만 가족들의 편파적인 판정으로 워런은 별다른 벌을 받지 않았다. 그리고 여름이 끝나고 워싱턴으로 가기 싫어서 얼굴을 잔뜩 찌푸리고 있던 워런을 부모가 억지로 데리고 갈 때, 워런이 누나의 자전거를 몰래 팔아서 마련한 돈으로 산 새 자전거를 가지고 가도 좋다고 허락했다. 그러자 도리스가 불공평하다며 화를 냈다. 그러나 누나의 자전거를 훔친 워런의 행위는 시작에 불과했다. 워런의 부모가 정말 행동에 나설 수밖에 없었던 다른 일이 먼 후일 그를 기다리고 있었다.

워싱턴에 돌아온 뒤 가족은 식민지 시대의 건축 양식으로 지어진 2층짜리 매력적인 흰색 집으로 이사했다. 마당에는 미모사나무도 있었다. 위치는 워싱턴 교외인 스프링 밸리였고, 매사추세츠가에서 가까웠다. 1930년에 '사회적인 저명인사나 고위 공직자'를 위해서 조성된 제한적인 주택지(유대인은 이 지역에서 집을 살 수 없었다는 뜻이다-저자)이던 스프링 밸리는 '특별한 사람들만을 위한 마을'이었다.²⁸ 이 마을의 집들은 튜더 양식의 거대한 석조 건물에서부터 버핏 가족의 집처럼 식민지 시대의 건축 양식으로 지어진 흰색 이층집까지 매우 다양했다. 레일라는 이 집을 사는 데 가구 몇 가지를 포함해서 1만 7,500달러를 지불했다. 워런은 앞쪽에 있는 침실을 차지했다. 양쪽에 있던 이웃집에도 모두 남자아이가 있었지만 이들은 하나같이 워런보다 나이가 많았다. 그리고 길 건너편 집에는 키브니 씨 가족이 살았는데, 이제 열세 살 소년이 된 워런은 키브니 부인을 향해 연정을 키웠다. 키브니 부인은 인근에서 가장 어머니답고 상냥한 중년 여성이었다.

완전히 홀딱 빠졌지요.

이웃들은 다들 어딘지 모르게 국제적인 분위기를 풍겼다. 외교관들도 무척 많았다. '해군여성 예비부대WAVES'²⁹ 본부도 인근에 있던 아메리칸대학교의 거대한 고딕 양식 건물에 자리하고 있었다. 버핏 가족은 다들 오마하와는 전혀 다른 곳인 워싱턴에서의 전시 생활에 적응하기 시작했다. 미국은 마침내 길고 긴 불황의 터널을 빠져나와 번성하기 시작했다. 하지만 전시 배급제가 계속됨에 따라 돈은 점점 더 가치를 잃었다. 생활 수준은 돈이 아니라 포인트와 쿠폰으로 측정되었다. 한 달에 지급되는 푸른색 48포인트는 통조림 제품을 구입하는 데 쓰였고, 붉은색 64포인트는 상하기 쉬운 음식을 구입하는 데 쓰였으며, 쿠폰은 고기나 신발, 버터, 설탕, 휘발유, 스타킹 등을 구입하는 데 쓰였다. 아무리 돈이 많아도 쿠폰이 없으면 고기를 살 수 없었으며, 가금류만이 배급제에서 제외되었다. 버터는 배급제 대상이고 또 귀했기 때문에 사람들은 모두 흰색 버터 대체물인 맛없는 올레오마가린을 황색 식용색소로 진짜 버터처럼 노랗게 염색하는 방법을 배웠다. 그러나 아무도 새 자동차는 살 수 없었다. 모든 자동차 회사들이 군수품을 생산했기 때문이다. 자동차를 몰고 멀리 여행하려면 친척들이 가지고 있던 휘발유 쿠폰을 모두 모아야 했다. 혹시 펑크라도 나면 낭패였다. 자동차 바퀴는 가장 엄격하게 배급제가 실시되는 품목이었던 것이다.

하워드는 아침마다 전차를 타고 출근했다. 전차는 위스콘신가를 거쳐서 조지타운에 있는 M가를 지난 다음에 펜실베이니아가로 내려갔다. 그는 정부 청사 건물 앞에서 내려 북적거리는 워싱턴으로 갔다. 거리는 공무원뿐만 아니라 각국 외교관들로 넘쳐났다. 킬트(스코틀랜드 고지대에서 입는 남자용 짧은 스커트―옮긴이)를 입은 사람이나 터번을 두른 사람, 사리를 두른 사람, 사무직원들과 군복을 입은 사람들로 북적거렸다.

때로는 교회에 갈 때처럼 모자를 쓰고 잘 차려입은 흑인 여성들이 남부 지역에서 일어나는 흑인 대상 폭력 사태에 항의하며 국회의사당 앞에서 피켓을 들고 시위했다. 공습감시원들이 집집마다 돌아다니면서 모든 집들이 두껍고 불투명한 커튼을 창문에 달고 있는지 검사했다. 버핏 가족들은 다른 사람들과 마찬가지로 한 달에 한두 번씩 모든 불을 끄고 지하실로 대피하는 훈련을 했다.

레일라는 워싱턴에 발을 디딘 첫날부터 워싱턴을 지독히 싫어했다. 오마하를 그리워하는 향수병에 걸린 데다 외롭기도 했다. 하워드는 의원이라는 새로운 직업에 푹 빠져서 예전보다 아내와 아이들에게서 더 멀어졌다. 하루 종일 사무실에서 일했고 저녁에는 국회 의사록과 입법 관련 자료들을 읽었다. 토요일도 사무실에서 보내기 일쑤였다. 어떤 때는 일요일에, 그것도 예배가 끝난 시각에 집으로 돌아오기도 했다.

도리스는 우드로 윌슨 고등학교에 다녔다. 그녀는 여기에서도 입학하자마자 인기가 좋은 아이들과 어울렸다. 버티도 이웃에서 말이 통하는 또래의 아이들을 찾아서 쉽게 친하게 지냈다. 하지만 워런은 이들과 달랐다. 그는 앨리스 딜 중학교에 들어갔다.[30] 이 학교는 워싱턴에서 가장 높은 언덕에 자리 잡고 있어서 스프링 밸리와 그 뒤에 움푹 꺼진 곳에 있던 흑인 학교와 도시의 나머지 부분을 모두 굽어보았다.

워런의 반 아이들 가운데는 외교관 자녀가 많았고, 평균적으로 볼 때 워런이나 워런이 로즈힐 학교에서 어울렸던 친구들보다 훨씬 세련되었다. 처음에 그는 쉽게 친구를 사귀지 못했다. 야외에서 농구도 하고 미식축구도 했지만, 안경을 쓴 데다 소심해서 과격한 신체 접촉이나 충돌을 무서워했기 때문에 어느 것도 썩 잘하지는 못했다.

나는 다른 아이들과 계속 떨어져 있었습니다. 친구를 잘 사귀지 못했던 겁니다. 나는 그럴 준비도 되어 있지 않았고, 반 아이들보다 한 살 어렸으며, 운동을 아주 못하는 건 아니었지만 그렇다고 썩 잘하는 수준도 아니어서 운동을 통해 다른 아이들과 가까워지기도 어려웠습니다. 도리스나 버티는 아주 예뻤기 때문에 쉽게 친구들을 사귀었죠. 사실 예쁜 여자아이들에게는 아무 문제가 없습니다. 세상이 맞춰주니까요. 그래서 두 사람은 나보다 훨씬 더, 아주 훨씬 더 잘 적응했습니다. 나는 그런 사실에도 짜증이 났습니다.

워런의 성적은 B학점과 C학점에서 시작했지만 나중에는 영어만 빼고 모두 A학점으로 향상되었다.

대부분의 경우 내 성적은 그 과목의 교사가 누구냐에 따라 판가름 났습니다. 영어 교사이던 올와인 선생님을 나는 증오할 정도로 싫어했지요.[31] 음악도 계속 C학점이었습니다.

음악 교사이던 바움 선생은 학교 최고의 미녀였다. 남학생 대부분이 그녀에게 연정을 품었다. 하지만 워런은 이 교사와 무척 맞지 않았다. 그녀는 워런을 평가하면서 협동과 정중함과 자립심이 부족하다고 했다.

나는 우리 반에서 제일 어렸습니다. 여자아이들에게도 관심이 많았습니다. 여자아이들을 피하지는 않았지만 내가 준비가 덜 되었다는 느낌을 가지고 있었지요. 사회성 수준에서 보면 여자아이들은 나보다 훨씬 멀리 앞서 있었습니다. 오마하를 떠날 때 우리 반에서는 춤을 출 줄 아는 아이가 아무도 없었는데, 워싱턴에 도착하고 보니 아이들은 다들 춤을 배운 지 1~2년이나 되었더군요. 그러니 내가 어떻게 따라잡을 수 있었겠습니까.

워런이 열두 살 때 가족이 이사를 갔고, 그 바람에 워런은 그 시기에 했어야 하는 결정적인 경험을 하지 못했다. 애디 포그가 가르치던 사교댄스 강습을 놓쳐버렸던 것이다. 금요일마다 오마하의 재향군인회 회관에서는 나비넥타이를 맨 남자아이들과 치마 안에 딱딱한 페티코트를 받쳐 입은 여자아이들이 모였다. 땅딸막한 체구의 중년 여성 애디 포그는 이 아이들을 키 순서대로 나란히 세운 뒤에 짝을 지어주고 폭스트롯(짧고 빠르며 활발한 스텝−옮긴이)과 박스 스텝 왈츠를 가르쳤다. 이런 경험을 통해서 소년은 신사가 공적인 자리에서 여성을 어떻게 대해야 하는지 배웠다. 어색하고 고통스러운 침묵을 깨는 방식도 아직 불완전하나마 나름대로 조금씩 터득했다. 여자의 손이 닿는 감촉을 느끼고, 여자의 허리를 잡는 법을 배웠다. 그리고 여자의 얼굴이 자기 얼굴 앞에 가까이 다가올 때의 기분이 어떤 것인지 알았다. 함께 춤을 출 때는 난생처음으로 여자를 이끌어야 한다는 의무감과 그렇게 할 때의 즐거움이 어떤 것인지 조금이나마 맛보았다. 작지만 함께 나누는 숱한 당황스러움과 승리감 덕분에 남자아이들은 애디 포그가 마련한 시간의 집단적인 통과의례를 통해서 자신의 존재감과 남자아이들끼리의 동질감에 눈을 뜰 수 있었다. 이 경험을 놓칠 경우 외톨이가 될 가능성이 높았다. 이건 심각한 문제가 될 수도 있었다. 그런데 워런은 그 경험을 하지 못하고 뒤처졌던 것이다.

반 아이들은 워런이 정답게 굴긴 하지만 부끄러움을 많이 타고, 특히 여자아이 앞에서 더 그렇다는 걸 알았다.[32] 8월에 태어난 데다(미국의 학년은 9월에 시작한다−옮긴이) 한 학기를 월반했기 때문에 그는 다른 아이들보다 한 살 적었다.

나는 도무지 맞지가 않았습니다. 당시 나는 여자아이들 앞에 서면 스스로가 바보처럼 느껴졌어요. 사회적인 성숙 수준이 많이 떨어졌습니다. 하지만 나이가 든 어른들하고는 아주 원만하게 잘 지냈습니다.

가족이 스프링 밸리에 정착한 지 얼마 지나지 않아서 하워드의 친구이던 에드 S. 밀러(워런 버핏이 원만하게 잘 지냈던 어른들 가운데 한 명이다)가 오마하에서 전화를 걸어 워런을 바꿔달라고 했다.

전화를 받았더니 이러더군요. '워런, 내가 아주 죽을 지경이다. 이 사회에서 워싱턴 디시에 있는 창고 물량을 다 처분하라지 뭐냐. 나 정말 큰일났다. 그 창고에는 오래된 콘플레이크 수백 킬로그램과 개 사료 수백 상자가 있는데 말이야. 완전히 죽을 맛이다. 여기서 거기 까지는 2천 킬로미터나 떨어져 있는데, 워싱턴에 내가 아는 사업가 라고는 너밖에 없잖아'라고요.

그러더니 또 이럽디다. '나는 널 믿는다. 말할 필요도 없는 사실이 지만, 나는 창고 직원들에게 보관 중인 그 콘플레이크와 개 사료를 모 두 너희 집으로 보내라고 했다. 나로서는 달리 방법이 없거든. 그러니 네가 그걸 어떻게 처분하든 간에, 처분해서 돈이 생기면 반은 나한테 보내고 반은 네가 가져라'라고요.

그리고 갑자기 거대한 트럭들이 들이닥치더니 차고며 지하실까지 모든 곳을 그 물품들로 완전히 꽉 채웠습니다. 아버지가 차를 댈 자 리도 남지 않을 정도였습니다.

자, 이제 이걸 내가 처리해야 하는데, 어떻게 하나…….

누가 가져가면 유용하게 쓸 수 있을지 생각했습니다. 개 사료야 물론 개가 먹으면 되겠지만, 콘플레이크가 문제였습니다. 신선한 상 태가 아니니 사람이 먹을 식품으로 팔 수는 없었고, 동물 사료로 돌리 면 되겠다는 생각이 들었습니다. 그래서 가금류를 키우는 사람에게 팔았죠. 이 거래로 100달러 정도의 돈을 손에 넣었습니다.[33] 이 가운 데 반을 밀러 씨에게 보냈는데, '네 덕분에 다행히 일자리를 잃지 않 았다'는 내용의 답장이 왔습니다.

오마하에는 정말 좋은 분들이 많았습니다. 어릴 때부터 나는 어른 들 곁에서 얼쩡거리며 노는 걸 좋아했지요. 교회든 어디든 그냥 들 어가서 어른들을 만났습니다.

아버지 친구분들도 정말 좋았습니다. 그분들은 목사관에서 했던 성경 연구 모임이나 여러 가지 다른 모임들에 참여하셨는데, 모임이 끝난 뒤에는 브리지 게임을 하시곤 했죠. 그분들은 나한테 정말 잘해 주셨습니다. 모두 나를 좋아하셨고, 나를 '워러니'라고 부르셨습니다. 나는 도서관에서 책을 빌려 탁구에 대해 배웠고 YMCA 회관에서 연습하기도 했습니다. 그분들은 내가 지하실에서 함께 탁구 치는 걸 좋아한다는 사실을 알고는 그렇게 해주셨습니다.

오마하에 있을 때는 이렇게 재미있게 살았습니다. 그때는 정말 좋았죠.

그런데 워싱턴으로 이사한 뒤에는 집에서 탁구대도 사라졌습니다. 코넷도 그랬고 보이스카우트도 그랬습니다. 오마하에서는 온갖 즐거운 것들을 누렸는데, 워싱턴으로 이사하면서 모든 게 사라져 버렸습니다.

미칠 것 같았죠.

하지만 어떻게 해야 할지 전혀 몰랐습니다. 아버지가 의원 선거에 당선된 뒤로, 그전까지 누리던 모든 즐거운 것들이 갑자기 내 주변에서 사라졌다는 것 말고는 내가 알 수 있는 게 아무것도 없었습니다.

워런은 아버지를 따라 의회에서 의원들이 회의하는 것을 두 차례 구경한 뒤 국회의사당에서 급사로 일해야겠다고 마음먹었다. 하지만 하워드는 그렇게 해줄 수 있는 위치가 아니었기 때문에 그런 바람은 접어야 했다. 대신 워런은 셰비 체이스 골프장에서 캐디 일자리를 얻었다. 하지만 육체노동은 자기에게 맞지 않는다는 사실을 다시 한번 확인하고 돌아서야 했다.

어머니가 셔츠 안 어깨 부분에 수건을 덧대어 기워주셨습니다. 무거운 골프 가방을 어깨에 메고 다녀야 했으니까요. 때로는 골프를 치는 사람들이, 주로 여자들이었습니다만, 나를 불쌍하게 여기고 자기들이 직접 가방을 들기도 했습니다.

워런은 자기가 잘할 수 있고 또 재능이 있는 분야의 일자리를 찾아야겠다고 생각했다. 그런 게 있었다.

버핏 가문의 사람들은 거의 대부분 뉴스에 열광했다. 워런도 마찬가지였다. 뉴스 접하길 무척 좋아했던 터라, 그는 신문 배달 일을 해야겠다고 마음먹었고, 그 일이 꽤 마음에 들기도 했다. 〈워싱턴 포스트Washington Post〉 한 구역과 〈타임스-헤럴드Times-Herald〉 두 구역을 맡아서 배달했다. 〈타임스-헤럴드〉는 〈시카고 트리뷴Chicago Tribune〉의 발행인 로버트 매코믹의 독재적인 사촌 시시 패터슨이 소유하던 신문으로 우익 성향을 가지고 있어 프랭클린 D. 루스벨트를 증오했으며 대통령이 다음 날 이 신문에 무슨 내용이 실릴지 걱정하게 만들었다. 시시 패터슨은 〈워싱턴 포스트〉를 소유하며 이 신문의 모든 기사를 동원해서 루스벨트 대통령을 옹호하고 지지했던 금융가 유진 메이어와 사이가 좋지 않았다.

워런은 자기 집 가까이 있던 스프링 밸리에서부터 신문을 돌리기 시작했다.

첫 해에 내가 신문을 돌릴 집들은 멀리 떨어져 있었지만, 나는 크게 신경 쓰지 않았습니다. 신문은 날마다 돌려야 했습니다. 크리스마스에도 말입니다. 크리스마스 아침에 가족들은 내가 신문을 모두 돌리고 올 때까지 기다려야 했습니다. 내가 아파서 나가지 못하면 어머니가 대신 배달을 나갔습니다. 하지만 돈은 모두 내가 관리했지요. 내 방에는 50센트짜리와 25센트짜리 동전들을 모은 항아리들이 있었습니다.[34]

그 뒤 워런은 석간신문도 하나 배달했다.

〈이브닝 스타Evening Star〉였습니다. 이 신문사는 명문가인 워싱턴 가문이 소유했는데, 지역에서 가장 인기가 좋았습니다.

오후에 그는 자전거를 타고 거리를 달리면서 〈이브닝 스타〉를 배달했다. 그리고 돌려야 할 신문이 몇 부 남지 않을 즈음에는 마음을 굳게 먹어야 했다.

세즈윅 씨 집에는 무서운 개가 한 마리 있었거든요.
나는 혼자 일하기를 좋아했습니다. 내가 생각하고 싶은 걸 생각하면서 내 시간을 보낼 수 있었으니까요. 워싱턴은 처음에 나에게 엉망진창 뒤죽박죽 세상이었지만, 그 속에서도 나는 나만의 세상을 누렸습니다. 홀로 방에 앉아서 사색하거나 자전거를 타고 쏘다니면서 나쁜 것들을 훌훌 털어내고 생각에 잠길 수도 있었거든요.

워런이 생각한 것들은 분노였다. 워런은 앨리스 딜 중학교에서 이 분노들을 쏟아내면서 하루하루를 보냈다. 이 학교 교장이던 버티 배커스는 전교생의 이름을 다 안다는 사실에 무척 긍지를 가지고 있었는데, 워런 버핏이라는 이름을 다른 어떤 이름보다 분명하게 기억할 일이 생겼다.

그 학교에 갔을 때 나는 좀 뒤처진 상태였습니다. 나는 실제보다 내가 훨씬 더 뒤처졌다는 생각을 했습니다. 또 세상에 대해 분개했어요. 자주 백일몽에 빠졌고 늘 무언가를 도표로 그렸습니다. 주식과 관련된 차트들을 학교에 가지고 가기도 했죠. 수업 시간에는 선생님이 앞에서 무슨 이야기를 하는지 신경도 쓰지 않았습니다. 그때 존 맥레이와 로저 벨을 친구로 사귀었습니다. 그 뒤로 망가지기 시작했죠.

어린 시절에 워런이 가지고 있었던 유쾌한 모습은 전혀 찾아볼 수 없었다. 어떤 수업 시간에는 단지 미움을 받고 싶다는 이유 하나만으로, 워런은 교사가 앞에서 이야기하고 있음에도 불구하고 존 맥레이를 부추겨서 체스를 두었다. 또 어떤 시간에는 골프공을 쪼갰는데, 그 바람에 골프공에서 정체를 알 수 없는 액체가 천장까지 튀기도 했다.

아이들은 골프를 시작했다. 존 맥레이의 아버지는 트레가론의 골프장에서 관리인으로 일했다. 트레가론은 워싱턴 시내에서 가까운 유명한 사유지였는데, 이곳의 주인은 상속녀 마저리 메리웨더 포스트와 그녀의 남편이자 주 러시아 대사이던 조지프 E. 데이비스였다. 이 집에서 일하는 사람은 수십 명이나 되었지만, 이들 가족은 거의 집에 있지 않았다. 그래서 존 맥레이와 그의 친구들은 그 집에 딸린 9홀 골프장에서 마음껏 놀았다. 그런데 워런이 가출해서 펜실베이니아의 허시로 가자고 로저와 존을 꼬드겼다. 거기에 가면 유명한 골프장에서 캐디 일을 할 수 있다는 말에 아이들은 솔깃해서 나섰다.[35]

우리는 지나가는 차를 얻어 탔습니다. 그리고 240킬로미터쯤 가서 허시에 성공적으로 도착했습니다. 그리고 호텔에 들어갔지요. 그런데 벨보이에게 자랑을 늘어놓는 실수를 하고 말았습니다.

다음 날 아침, 덩치가 엄청나게 큰 고속도로 순찰대원 한 명이 프런트 앞에서 우리를 기다리고 있더군요. 이 사람은 우리를 고속도로 순찰대 본부로 데려갔습니다.

우리는 거짓말을 하기 시작했습니다. 우리는 모두 부모님의 허락을 받았다는 거짓말을 하고 또 하고 계속 했습니다. 그 사이 고속도로 순찰대의 전신타자기는 온갖 사건과 사고에 관한 정보를 끊임없이 토해내더군요. 그걸 보고 있자니, 머지않아서 워싱턴 디시에서 부모님들이 우리가 가출한 걸 알고 찾아나섰다는 소식도 거기에서 나올 것 같았습니다. 그렇게 되면 우리가 거짓말하고 있다는 게 탄로 날 테고요. 우리는 무조건 거기에서 빠져나와야 했습니다.

결국 아이들은 우여곡절 끝에 거짓말을 들키지 않고 고속도로 순찰대원을 속이고 빠져나왔다.[36]

우리는 게티즈버그나 뭐 그런 쪽을 향해서 걷기 시작했습니다. 운이 나빠서 지나가는 차를 얻어 타지도 못했습니다. 그런데 트럭 한 대가 서더니 우리를 태워줬습니다. 세 명 모두 그야말로 구겨지듯 탔었죠.

아이들은 그때 너무도 무서워서 오로지 집에 돌아가고 싶다는 마음뿐이었다.

그런데 이 트럭이 볼티모어의 한 휴게소 식당에 섰습니다. 그러더니 우리 세 명을 한 명씩 각기 다른 트럭 운전사에게 맡겼습니다. 날은 점점 어두워지고 있었고, 살아서는 트럭 운전사의 손아귀에서 벗어나지 못할 거라고 생각했습니다. 하지만 이들은 우리를 워싱턴으로 데려다 주었습니다. 로저 벨의 어머니는 병원에 입원해 있었어요. 아들의 가출로 상심해서 말입니다. 그 이야기를 들으니까 미치겠더군요. 로저를 꼬드긴 게 나였으니까요. 아무튼 나는 4성급 비행 청소년의 길을 걷고 있었습니다.

그즈음에 워런은 다른 아이 한 명과도 친구가 되었다. 루 바티스톤이었다. 하지만 오마하에서 그랬던 것처럼 워런은 루와 로저 그리고 존을 각자 따로 만났다. 워런은 그 아이들과 모두 친했지만 그 아이들은 서로 친하지 않은 그런 관계를 유지했다. 한편 워런의 성적은 점점 떨어졌다. C와 D 심지어 D⁻도 있었다. 영어, 역사, 자재화(자나 컴퍼스 따위의 기구를 쓰지 않고 연필이나 붓만으로 그린 그림-옮긴이), 음악 등이 그랬다. 심지어 수학에서도 C학점을 받았다.³⁷

> 내가 잘한다고 다들 생각했던 과목들에서도 이런 점수를 받았던 겁니다.

워런을 가르친 교사들은 그가 고집 세고 무례하고 게으르다고 했다.³⁸ 교사들 가운데 몇몇은, 심각하게 나쁘다면서 XX점을 주었다. 1940년대에 아이들은 보통 교사들에게 순종했다. 하지만 워런은 그러지 않았던 것이다.

> 나는 빠르게 타락하고 있었습니다. 부모님은 무척 상심했습니다. 아주 많이.

워런은 딱 한 과목에서만 탁월했다. 타자 과목이었다. 워싱턴은 서류로 전쟁을 치르고 있었던 터라 타이핑은 매우 중요한 기술이었다. 앨리스 딜 중학교에서는 타자 교습을 할 때 자판 위에 검은색 천을 올려놓고 치게 했다.³⁹ 그래야 자판을 쉽게 익힐 수 있었기 때문이다. 그리고 타자 실력은 암기력을 비롯해 눈과 손의 협응을 필요로 했다. 워런은 그 두 가지 능력이 모두 탁월했다.

타자 과목에서는 늘 A학점을 받았습니다. 당시에 전동 타자기라는 건 없었고 모두 수동 타자기였습니다. 손으로 캐리지를 오른쪽으로 밀 때 '땡!' 하는 소리가 났죠(한 행을 다 쓰고 나면 캐리지를 오른쪽으로 밀어서 행을 바꾸어야 했다ー옮긴이).

스무 명의 학생 가운데 나는 탁월할 정도로 뛰어났습니다. 타자 시험을 볼 때였습니다. 내가 한 행을 다 쓰고 캐리지를 밀어서 '땡!' 하는 소리가 나면 그 순간 아이들은 얼어붙어 버렸습니다. 왜냐하면 자기들은 이제 첫 번째 단어도 완성하지 못했거든요. 아이들은 완전히 공황 상태에 빠져서 허둥대고 난리가 아니었습니다. 그래서 나는 타자 시간에는 늘 즐거웠습니다.

타자 시간에 보였던 이런 열정을 워런은 조간과 석간을 합쳐서 세 지역을 맡아서 하던 신문 배달에서도 발휘했다. 워런은 마치 천직처럼 그 일을 했다. 그리고 수완도 발휘했다. 다음은 루 바티스톤이 하는 말이다.

"워런은 특유의 개성으로 보급소장을 구워삶아서 텐리타운의 웨스트체스터 구역을 넘겨받았습니다."

워런은 멋지게 성공한 셈이었다. 웨스트체스터는 일반적으로 성인 배달부가 관리하는 곳이었다.

굉장한 기회였습니다. 웨스트체스터는 알짜 가운데서도 알짜, 그야말로 최고였으니까요. 네덜란드의 빌헬미나 여왕이 그곳을 소유하고 있었습니다.[40] 그곳에는 미국 상원의원 여섯 명이 있었고, 육군 대령 여러 명, 대법원 판사들도 있었습니다. 다들 거물이었지요. 오베타 컬프 호비(미국 최초의 건강교육복지부 장관ー옮긴이)가 있었고 물가관리국의 레온 헨더슨도 있었습니다.

호비 부인은 텍사스의 유명한 출판 가문 출신이었고, 육군여성단
WACs: Women's Army Corps 단장직을 맡아 워싱턴에 와 있었다.

그렇게 급작스럽게 그 엄청난 일을 맡았습니다. 열서너 살 때였
죠. 나는 처음에 단지 〈워싱턴 포스트〉를 돌리려고 웨스트체스터를
맡았지만, 그곳을 담당하면서 아침에 배달하던 다른 두 구역을 포기
해야 했습니다. 마음이 아팠습니다.

워런이 배달을 포기한 신문은 〈타임스-헤럴드〉였는데, 이 신문의
보급소장과 매우 친해졌기 때문에 마음이 아팠던 것이다.

웨스트체스터에 〈워싱턴 포스트〉를 배달하게 되었다고 말씀드렸
는데, 그건 결국 스프링 밸리의 〈타임스-헤럴드〉 배달을 그만둘 수
밖에 없다는 뜻이었습니다. (……) 보급소장님은 내게 정말 잘해주셨
죠. 정말 슬펐습니다.

그즈음 워런은 자기가 매우 경험 많은 신문 배달 전문가라고 생각
했다. 하지만 그가 수행해야 했던 과제는 결코 만만치 않았다. 웨스
트체스터는 11만제곱미터가 넘는 땅에 들어선 다섯 개의 빌딩으로
구성되어 있었다. 이 가운데 네 개는 서로 연결되어 있었고 하나만
따로 떨어져 있었다. 그리고 워런이 맡은 배달 구역은 여기 말고도
커시드럴가를 가로지른 '매릴린'과 '워릭'이라는 두 개의 아파트 그
리고 위스콘신 가까지 이어지는 단독주택 지역까지 아울렀다.

나는 일요일부터 신문을 배달하기 시작했습니다. 신문을 넣어야
할 사람의 이름과 주소가 적힌 공책을 받긴 했지만 미리 받은 것도

아니었고, 또 수습 과정도 없었습니다.

워런은 테니스화의 끈을 바짝 조였다. 버스표를 끊고(버스 요금은 한 번 타는 데 3센트였다) 졸린 눈을 비비며 '캐피털 트랜싯' 회사의 버스를 탔다. 아침을 먹으러 중간에 내리지도 않았다.

새벽 4시 30분에 그곳에 도착했습니다. 돌려야 할 신문 뭉치가 많았어요. 나는 내가 해야 할 일을 정확하게 잘 몰랐습니다. 부수 계산을 어떻게 해야 할지도 몰랐고요. 몇 시간을 앉아서 배달해야 할 신문을 분류하고 정리했는데, 나중에 보니까 신문이 모자라더군요. 사람들이 교회에 가면서 한 부씩 그냥 가져가는 바람에 말입니다.

정말 큰일이었습니다. 내가 도대체 뭘 하고 있나 하는 생각이 들더군요. 결국 모든 일은 10시나 11시쯤에야 끝났습니다.

하지만 나는 차근차근 적응해 나갔습니다. 점점 더 나아지고 속도도 빨라졌습니다. 나중에는 일이 아주 쉬워졌죠.

워런은 새벽마다 커시드럴가 3900번지에 있는 웨스트체스터로 가는 N2번 첫 버스를 타려고 집에서부터 뛰었다. 워런이 끊은 버스표 번호가 001번일 때도 자주 있었다. 그건 그 주에 워런이 맨 먼저 버스표를 끊었다는 뜻이었다.[41] 첫 버스 운전사도 워런이 보이지 않으면 혹시 그가 헐레벌떡 달려오는지 한 번 더 살펴볼 정도였다. 워런은 버스에서 내려서 웨스트체스터까지 두 구역을 달려가기도 했다.

워런은 시행착오를 거쳐서 가장 빠르고 효과적인 배달 경로를 찾아냈다. 그리고 날마다 수백 부의 신문을 배달하는 지루한 작업을 그저 지루하게만 하지 않았다. 자신과 싸우는 흥미로운 도전 과정으로 삼았던 것이다.

당시에는 신문이 지금처럼 두껍지 않았습니다. 신문 용지도 전시 배급제의 관리 품목이었으니까요. 32면이면 꽤 두꺼운 편이었습니다. 아파트 복도 입구에 서서 신문 뭉치에서 한 부를 뽑아냅니다. 그리고 이걸 납작하게 여러 번 접고 말아서 팬케이크를 만들기도 하고 비스킷을 만들기도 합니다. 그리고 이걸 허벅지나 손목에 때려서 약간 구부립니다. 목표 지점을 노리고 던질 때 회전을 잘 먹게 하기 위해서죠. 이걸 바닥으로 던져서 15미터 심지어 30미터까지 보낼 수 있었습니다. 우선 맨 먼 곳에 있는 집의 문부터 겨누고 던집니다. 그 다음에 차례대로 가까운 집의 문으로 던지죠. 문에서 너무 멀리 떨어지지 않게 해야 성공입니다. 그리고 가끔씩 문 앞에 우유병이 놓여 있을 때가 있는데, 이럴 때는 더욱 흥미진진해지죠.

워런은 신문 구독자들에게 달력도 팔았다. 그리고 신문 배달을 하면서 부수입을 얻을 수 있는 길도 개척했다. 구독자들에게 전시 경제에 보탬이 되고자 헌 잡지를 폐지로 재활용하려고 하니 그런 게 있으면 모아서 자기에게 달라고 부탁한 뒤에,[42] 이렇게 모은 잡지에 붙은 라벨을 확인해서 그들의 잡지 구독 만료일이 언제인지 확인했다. 이 확인 작업은 일반 사람들은 할 수 없었지만, 워런에게는 그 라벨의 암호를 해독할 수 있는 암호 해독집이 있었다. 출판계의 실세였던 인물 무어-코트렐에게서 받은 책이었는데, 이 사람이 자기 잡지 판매량을 늘리기 위해서 워런을 고용했던 것이다. 워런은 구독자의 관련 정보를 따로 수첩에다 정리해 두고 관리했는데, 이들 구독자의 구독 만기일이 가까워지면 그 집을 찾아가서 새 잡지를 구독하라고 권했다.[43]

그런데 웨스트체스터에서는 전쟁 기간 중에 특히 이직률이 높았다. 신문 구독료를 내지 않고 그냥 이사를 가버리는 경우도 많았다.

이건 워런에게 최악의 공포였다. 그 돈을 고스란히 자기가 물어야 했던 것이다. 몇 차례 이렇게 당하자 워런은 엘리베이터 안내원에게 부탁해서 사람들이 이사 가려고 할 때 그 사실을 자기에게 살짝 알려 달라고 부탁했다. 그런데 오베타 컬프 호비가 구독료를 내지 않았다. 그녀 정도면 아침마다 신문을 배달하는 소년에게 그럴 수 없었다. 구독료를 두 배로 내는 동정심을 발휘해도 시원찮다고 생각했다. 〈휴스턴 포스트Houston Post〉라는 신문사를 소유한 사람이기 때문이었다. 워런은 그녀가 구독료를 떼먹고 달아날지 모른다고 걱정하기 시작했다.

나는 내가 내야 하는 돈은 꼭 냈습니다. 결제 날짜를 어긴 적이 없었습니다. 그리고 아침마다 배달 일을 했습니다. 내가 하는 일 혹은 한 일에 책임을 질 줄 아는 아이였지요. 일을 완벽하게 잘한다고 전쟁 채권을 선물로 받기도 했습니다. 이런 나였기에, 신문 구독료가 외상으로 계속 밀리는 게 싫었습니다. 그래서 오베타 컬프 호비에게 구독료를 받아내려고 온갖 노력을 기울였습니다. 우선 메모를 남겼습니다, 그것도 여러 번. 그러다가 마침내 아침 6시에 그녀가 사는 집의 문을 두드렸습니다. 도망가기 전에 붙잡으려고요.

다른 방면에서는 수줍음이 많았지만 돈과 관련된 일에서만큼은 절대로 소심하게 굴지 않았다. 호비 부인이 현관으로 나오자 워런은 이렇게 대응했다.

나는 그녀에게 봉투를 내밀었고, 그녀는 거기에 구독료를 넣어서 나에게 돌려줘야 했습니다.

학교가 끝나면 워런은 버스를 타고 스프링 밸리로 가서 자기 자전거를 타고 〈이브닝 스타〉를 배달했다. 비가 오는 겨울날 오후에는 때로 배달을 마친 뒤 친구들 집에 찾아가기도 했다. 그는 늘 너덜너덜한 캔버스 운동화를 신었다. 이 신발에는 구멍이 워낙 많이 나 있어서 비가 오는 날이면 발이 신발 안에서 수영을 했다. 축축하게 젖은 격자무늬 셔츠 안의 그의 피부는 여드름투성이였다. 그는 코트는 절대로 입지 않았는데, 거기에는 이유가 있었다. 엄마처럼 따뜻한 마음씨를 가진 친구의 어머니가 혹은 어떤 중년 부인이 그의 가여운 모습을 보고 동정심에 고개를 저으면서 미소를 지을 때 그리고 그의 물기를 수건으로 닦아주고 따뜻하게 감싸줄 때, 그녀의 온기 안에서 몸을 녹일 수 있었기 때문이다.[44]

1944년 말, 워런은 생애 처음으로 소득세 신고를 했다. 그는 세금으로 7달러만 냈는데, 결론적으로 손목시계와 자전거를 사업비로 공제했다. 워런은 그것이 미심쩍다는 것을 알았지만, 당시에는 원하는 곳으로 가기 위해서 절차를 무시하는 지름길이라도 택하려 했다.

14세의 나이에, 그는 자신이 가장 좋아하는 책 《천 달러를 버는 천 가지 방법》에서 제시한 바를 이행했다. 그의 저축액은 이제 천 달러 정도였다. 워런은 이에 대해 큰 자부심을 가지고 있었다. 지금껏 자신은 경기를 앞서왔고, 앞서고 있으며, 이렇게 하는 것이 목표로 향하는 방법이란 사실을 그는 잘 알고 있었다.

범죄 행위들

나쁜 성적, 세금 포탈 그리고 가출은 중학교 시절 워런이 일으켰던 문제의 극히 일부분이었다. 워런의 부모는 이런 사실을 알지 못했고, 워런은 이미 범죄의 세상에 빠져 있었다.

나는 반사회적인 학생이었습니다. 8학년, 9학년 때요. 나쁜 아이들과 어울렸고 하지 말아야 할 일들을 했습니다. 그저 반항을 했던 겁니다. 불행했습니다.

그는 못된 중고등학생이 흔히 하는 못된 장난, 하지만 어떻게 보면 사소할 수도 있는 장난부터 시작했다.

나는 인쇄 과목을 무척 좋아했습니다. 그 시간에는 각 문자와 숫자의 빈도를 계산하곤 했습니다. 인쇄는 나 혼자서 할 수 있었습니다. 조판이나 뭐 그런 거 모두 할 줄 알았으니까요. 나는 온갖 종류의 인쇄물을 인쇄하는 걸 즐겼습니다.

'미국금주연맹 회장, 목사 A. W. 폴'이라는 레터헤드(사무용 서신 용지에 인쇄하는 발신인의 기관명 및 관련 정보 – 옮긴이)가 들어간 편지지를 만들었습니다. 그러고는 이 편지지로 편지를 써서 사람들에게 보냈습니다. 편지 내용은 이랬습니다. 여러 해 동안 나는 전국을 돌면서 술이 가지고 있는 폐해에 대해서 강연했다, 이 여행을 할 때 늘 나의 젊은 제자 해럴드가 수행했다, 그런데 해럴드는 술이 인간에게 끼칠 수 있는 모든 해악을 보여주는 살아 있는 사례였다, 이 사람은 연단에서도 술에 취해 있었고 침을 질질 흘렸으며 자기 주변에서 무슨 일이 벌어지는지 전혀 알지 못하는 불쌍한 인간이었다. 이런 내용을 줄줄이 쓴 다음에, 이 해럴드가 지난주에 사망했는데 당신을 잘 아는 어떤 사람이 해럴드 대신 나와 동행해 줄 사람으로 당신이 적격이라고 추천하더라고 썼습니다.[1]

워런이 가장 편안하게 여겼던 사람들은 그의 반사회적인 충동을 자극하고 격려했다. 그와 새로 사귄 두 친구 돈 댄리와 찰리 트론은 새로 생긴 백화점 시어스sears에 자주 갔다. 네브래스카가와 위스콘신가가 만나는 '텐리 서클' 인근에 있던 이 백화점은 워싱턴에서 두 번째로 오래된 마을인 텐리타운 한가운데 갑자기 우뚝 솟아서 현대적인 디자인으로 사람들의 눈길을 단숨에 잡아끌었다. 인도 위 2~3층 높이에는 곡선으로 된 철제 시설물이 설치되어 있었고, 여기에 어른 키 높이의 글자들인 'SEARS'가 붙어 있었다. 그리고 지붕 위 백화점 표지판 뒤에는 놀라운 게 숨어 있었다. 그건 바로 옥상 주차장이었다.[2] 이 주차장은 곧 남녀 고등학생들이 자동차를 몰고 가서 서로 껴안고 비비기에 가장 멋진 자리가 되었다. 백화점은 모든 중학생들에게도 최고의 인기 공간으로 자리를 잡았다. 워런과 그의 친구들도 점심시간과 토요일에 H2번 버스를 타고 가서 어슬렁거렸다.

학생들은 대부분 백화점 지하에 자리 잡은 어둡고 작은 음식 판매대를 좋아했다. 이곳에는 도넛을 하루 종일 뱉어내는 컨베이어벨트가 설치되어 있었고, 이 모습은 아이들이 보기에 너무도 매혹적이었다. 하지만 워런과 돈과 찰리는, 비록 경찰서가 반대편 모퉁이에 있었음에도 불구하고, 거리 반대쪽에 있던 대형 마트 체인점인 '울워스Woolworth's'를 점심을 먹는 장소로는 시어스 백화점보다 더 좋아했다. 울워스는 시어스와 대각선 위치에 있었다. 그들은 점심을 먹으면서 창문을 통해 범행 계획을 미리 점검할 수 있었다.

햄버거를 먹은 뒤에 아이들은 계단으로 내려와서 시어스의 지하층으로 들어갔다. 그리고 점심 판매대를 지나 곧바로 스포츠용품을 파는 구역으로 갔다.

우리는 그냥 그곳을 마구 털었습니다. 우리한테는 쓸모도 없는 것들을 훔쳤지요. 골프 가방과 골프채를 훔쳤습니다. 스포츠용품점이 있는 곳에서 계단을 통해 거리로 나왔습니다. 골프 가방에 골프채 여러 개를 집어넣고 말이죠. 물론 훔친 것들이었습니다. 골프공도 수백 개는 족히 훔쳤습니다.

그들은 자신들의 절도 행위를 '낚기'라고 불렀다.

어떻게 해서 우리가 잡히지 않았는지는 지금도 모르겠습니다. 우리가 선량하게 보였을 리 없었으니까요. 나쁜 짓을 하는 십대 청소

년은 선량하게 보이지 않거든요.³

나는 훔친 골프공을 오렌지색 자루 여러 개에 담아서 내 벽장에다 뒀습니다. 시어스가 매장에 골프공을 채워놓자마자 낚았지요. 하지만 실제로 골프공은 나에게 아무런 쓸모가 없었습니다. 팔지 않았으니까요. 벽장 안에 골프공이 그렇게 많아야 했던 이유나 오렌지색 자루가 자꾸 커지고 많아져야 했던 이유를 뭐라고 설명할 수 있겠습니까? 도둑질 대상 품목을 다양화해야 했습니다. 아무튼, 나는 부모님에게 황당한 이야기를 꾸며댔습니다. 아마 내 말을 믿지 않으셨겠죠. 그 이야기는 이랬습니다. 친구가 한 명 있다, 이 친구의 아버지가 돌아가셨다, 이 친구는 아버지가 사다놓은 골프공들을 계속 찾아낸다……. 내 이야기를 들은 아버지와 어머니가 무슨 얘기를 나누셨는지는 모릅니다. 신이나 알겠죠.⁴

버핏 집안의 사람들은 소스라치게 놀랐다. 특출한 아이였던 워런이 1944년 말에 불량한 문제아로 전락해 버린 것이다

내가 받은 성적은 내 불행을 반영하는 것이었죠. 수학은 전부 C, 영어는 C와 D였습니다. 자립심과 근면함과 공손함은 모두 X였습니다. 나를 많이 겪은 선생님들일수록 점수를 낮게 매겼습니다. 선생님들은 마치 한니발 렉터처럼 교실에 나 혼자 놓고는 수업 내용을 문 밑으로 집어넣었습니다.⁵

졸업이 다가오자 학교에서는 워런과 그의 친구들에게 양복 차림에 넥타이를 매고 나오라고 했다. 하지만 워런은 이를 거부했다. 그러자 버티 백커스 교장은 더 이상 참지 못했다.

학교에서는 나를 졸업시키지 않으려고 했어요. 내가 너무 막 나가면서, 졸업식에 걸맞은 옷을 입지 않으려고 했거든요. 나로서는 중요한 문제였고 또 불쾌한 처사였습니다. 말하자면 나는 반항하고 있었던 겁니다. 교사 몇몇은 내 앞날이 깜깜하다고 말했습니다. 품행을 비롯해 모든 면에서 부족하다는 게 그 사람들의 의견이었죠.

하지만 아버지는 나를 포기하지 않았습니다. 어머니도 마찬가지셨고요. 자기를 믿어주는 부모가 있다는 건 정말 굉장한 일입니다.

그러나 1945년 봄, 워런이 고등학교 생활을 시작할 무렵 버핏 부부도 더는 참을 수가 없었다. 워런의 마음을 돌려놓는 방법은 간단했다. 하워드는 돈을 벌지 못하게 하겠다고 워런에게 겁을 줬다.

언제나 내 편이었던 아버지가 이러시더군요. '난 네가 무얼 잘할 수 있는지 안다. 네게 백 퍼센트 완벽하게 하라고 요구하는 게 아니다. 너한테는 두 가지 길이 있다. 계속 이런 식으로 행동할 수도 있고, 네가 가지고 있는 잠재력을 발휘할 수 있는 어떤 일을 할 수도 있다. 만약 계속 이렇게 하겠다면, 신문 배달은 그만둬라.' 그 말이 나를 움직였습니다. 아버지의 목소리는 높거나 크지 않았습니다. 그저 나에게 실망했다는 사실만 전달하셨습니다. 오히려 그런 모습이 나더러 이것도 하지 말고 저것도 하지 말라며 고함을 지르는 것보다 훨씬 더 강하게 나를 붙잡았습니다.

11

뜨거운 우상

워런은 가족의 삶에 분열을 만들어 냈다. 이것이 새로 하원의원이 된 그의 아버지의 소신 있는 의정 활동에 도움이 되지 못했던 것은 말할 필요도 없다. 제78대 하원의원들은 하원의장 샘 레이번이 다스리는 유쾌한 군주제 분위기 속에서 우의를 다졌다. 레이번은 텍사스 출신의 민주당원이며 자기 사무실에 로버트 E. 리 장군(남북전쟁 당시 남군 총사령관-옮긴이)의 초상화를 남쪽을 향해 다섯 점이나 걸어놓은 인물이었다. 일 년에 한 차례씩 열리는 카운티의 농산물 품평회와 누군가의 할머니, 미인 대회에서 뽑힌 여성 혹은 손 가까이에 있는 비서와 키스할 기회만 바라보며 사는 무능하고 게으른 의원들에게 있어 레이번이 감독하는 하원은 '하우스House'라는 문자 그대로 편안한 집이나 마찬가지였다. 막후 교섭과 강력한 웅변술로 무장하고서 자기가 좋아하는 사람들을 모아놓고 술이나 접대하는 레이번은 일종의 사설 살롱을 운영하는 셈이었다.

당연한 사실이지만, 하워드는 거기에 끼지 않았다. 게다가 그는 공화당원이었고, 또 밤마다 술을 마시는 것보다 그 시각에 의사록 읽는 걸 더 좋아했다. 하워드는 살롱 근처에는 가지도 않았다. 그러나 다른 많은 측면에서 그는 그 시대의 전형적인 하원의원의 모습이었다. 시골 소도시 출신에 주립 대학교를 졸업했으며, 성적도 중간이었고, 정치적인 배경은 지방에 있으며, 중산층의 로터리클럽 회원이고, 고급 컨트리클럽의 회원은 되지 못하며 공산주의를 적으로 설정한다는 점 등에서 그랬다.

그러나 하워드 버핏은 다른 동료들과 클럽에서 한데 어울리거나 권력의 사다리를 올라가려고 시도하는 대신, 자기 주를 잘 대표하며 따라서 지역구 사람들의 등짝을 후려칠 가능성이 가장 적어 보이는 의원이라는 명성을 얻었다. 많은 의원들이 정치 자금을 모으는 일이나 유권자의 환심을 살 만한 일을 벌이는 데 지대한 관심을 가졌지만, 그는 이런 데 관심이 별로 없었다. 그리고 자기가 의회에서 행사할 수 있는 투표권은 돈을 받고 팔 수 있거나 조건에 맞추어서 다른 것과 바꿀 수 있는 게 아니라는 사실을 분명히 했다. 의원 세비 인상도 거절했다. 자기를 뽑아준 사람들은 자기보다 훨씬 낮은 봉급을 받고 있다는 게 이유였다. 의원 신분에 자연히 따라오는 특권에도 얼굴을 찌푸렸다. 정부의 보조금으로 지급되는 식비, 친구와 친척, 심지어 애인의 이름까지 허위로 올라 있는 의원 사무실 직원 임금 대장, 식물을 공짜로 제공해 주는 온실, 타이어에서 보석까지 모든 것을 도매 가격으로 파는 의원 전용 상품점 등을 보고 하워드는 충격을 받을 정도로 놀랐다. 그리고 이런 것들을 세상에 알렸다.

하워드의 이런 오랜 고립을 함께한 동료 의원이 있었다. 공화당의 지도자 로버트 태프트였다.[1] 하지만 고립주의자들은 이제 더는 의회에 들어가지 못했다. 의회에 있어도 버티지 못하거나 은퇴하고 있었다. 게다가 정부는 전쟁을 치르고 적자 재정 상태였던 터라, 하워드는 국가를 다시 금본위제로 되돌려야 한다는 돈키호테적인 생각에 사로잡혀 있었다. 미국은 1933년에 금본위제를 버렸다. 그 뒤로 재무부는 뉴딜 정책을 뒷받침하고 전쟁을 수행하는 데 필요한 돈을 마구 찍어냈다. 하워드는 어느 날 미국이 양배추 한 통을 사려면 수레에 지폐를 한 가득 싣고 가야 했던 1930년대의 독일처럼 바뀌는 게 아닌가 하고 두려워했다. 독일은 1차 대전에 진 뒤 배상금을 지불하기 위해 금본위제를 폐기할 수밖에 없었고, 그 결과 그런 현상이 나타났던 것이다.[2] 이 경제적인 혼란이 히틀러가 나타날 수 있었던 가장 큰 배경이었다.

정부가 미국을 파멸의 구렁텅이로 몰아넣는다고 확신한 하워드는 네브래스카에 농장을 하나 샀다. 경제 파탄 속에서 사람들이 굶어 죽을 때 가족들이 안전하게 지낼 수 있는 피난처로 삼을 생각이었다. 정부 채권에 대한 불신은 버핏 가문 사람들에게 너무도 당연한 것이었다. 버핏 가 사람들은 누군가에게 생일 선물로 저축 채권을 줄 것인가를 놓고 토의를 했는데, 아홉 살인 버티가 이렇게 말했다.

"이게 아무런 쓸모가 없다는 걸 그분이 아시지 않을까요?"[3]

하워드의 고집스러운 엄격함은 오히려 입법 활동을 하던 그의 발목을 잡았다.

아버지가 발의한 법안은 하원 투표에서 통과되지 못했습니다. 아마 412 대 3이었을 겁니다. 물론 아버지가 던진 표는 세 표 가운데 한 표였지요. 그래도 아버지는 끄떡하지 않으셨습니다. 무척 차분하셨습니다. 나라면 아마 미쳐버렸을 겁니다. 하지만 아버지는 꿋꿋하게 당신만의 길을 가셨습니다. 그리고 왜 그렇게 하는지 이유도 아셨습니다. 우리, 자식들을 위해서였습니다. 국가의 앞날을 매우 비관적으로 바라보셨지만, 본인은 비관주의자가 아니셨습니다.

하워드는 공화당 지도부가 설정한 여러 목표에 협조하는 타협안을 따르지 않고, 자신의 원칙을 고수했다. 그 바람에 동료들과의 관계도 껄끄러웠다. 레일라는 이런 남편이 못마땅했다. 그녀에게는 본인이 어떤 의견을 가지고 있느냐가 아니라 다른 사람들이 어떤 의견을 가지고 있느냐가 더 중요했다. 또한 그녀에게는 남보다 더 앞서고자 하는 경쟁심도 있었다. 그래서 이런 말을 할 수 있었다.

"좀 더 유연하게 처신하면 안 되나요? 켄 훼리처럼 말이에요."

훼리는 네브래스카의 신진 상원의원으로 권력의 중심부로 빠르게 편입한 인물이었다. 하지만 하워드는 이런 충고를 받아들이려 하지 않았다. 아버지의 이런 모습을 회상하면서 도리스는 다음과 같이 말한다.

"우리는 아버지를 믿었습니다. 하지만 매번 지는 아버지의 모습은 바라보기 힘들었습니다."

이런 말은 절제된 표현이었다. 자식들은 하워드의 뚝심을 높이 샀고 자기들에게 성실함이 무엇인지 가르치는 아버지를 신뢰했다. 그리고 세 아이는 각자, 자기들도 가족의 특성인 독립성을 다소 순화하거나 균형을 잡아서 추구하고 싶다는 나름의 열망이 있었다.

외로운 늑대가 되어 의회, 나아가 공화당의 흐름도 거스르는 남편의 처신에 레일라는 점점 화가 나기 시작했다. 그러잖아도 워싱턴에 사는 걸 지긋지긋해하던 그녀는 워싱턴에 작은 오마하를 만들려고 노력하면서, 네브래스카 대표단에 속한 사람을 남편으로 둔 여자들과 자유로운 시간을 보냈다. 하지만 그 자유로운 시간도 많지 않았다. 집에 가정부를 두지 않았기 때문이다. 레일라는 자기가 혹사당한 다고 생각했다.

"나는 하워드와 결혼하면서 모든 걸 포기했는데!"⁴

그녀가 자주 하던 말이었다. 자기와 남편이 자식들을 위해서 얼마나 많은 것을 희생했는데 자식들은 고마워하기는커녕 알아주지도 않는다고 탄식했다. 그녀는 아이들에게 집안일을 가르치거나 시키지 않고 모든 걸 혼자서 했다.

"내가 직접 하는 게 더 쉬웠어요."

아이들 때문에 자기만 희생한다는 생각에 그녀는 아이들에게 화를 많이 냈다. 특히 도리스에게 그랬다. 하지만 도리스는 자기 나름의 고민을 안고 있었다. 또래 집단과 어울리고 그들 속에 하나의 구성원으로 자리 잡는 문제였다.

눈에 띄게 예뻤지만 자기는 그렇게 느낀 적이 한 번도 없었다고 도리스는 말한다. 그토록 어울리고 싶어 하는 세련된 워싱턴 아이들 무리에 과연 자기가 낄 수 있을까, 그 고민만 했다. 도리스는 프랑스 대사관에 초대를 받았다. 마거릿 트루먼(33대 미국 대통령 해리 트루먼의 무남독녀. 1924년생. 나중에 성악가, 방송인, 작가로 활동한다 – 옮긴이)의 생일잔치였다. 도리스는 이 자리에서 '아크사벤Ak-Sar-Ben(네브래스카Nebraska의 철자를 거꾸로 배열해서 만든 조어 – 저자)의 공주'로서 사교계에 첫발을 디디면서, 사교계 소식을 전하는 잡지 〈데뷔턴트 레지스터The Debutante Register〉에도 소개될 참이었다. 워런은 도리스의 이런 허세를 놀려댔다.

외면적인 것을 열렬하게 추구하는 성향이었던 레일라는, 왕세자를 만나기 전까지는 평범하기 그지없는 삶을 살다가 왕세자를 만난 뒤 극적으로 신분이 상승한 윈저 공작부인(왕세자와 결혼하기 전의 이름은 월리스 워필드 심프슨. 그녀는 한 차례의 이혼 경력이 있는 유부녀로, 영국 왕실의 황태자 에드워드와 사랑에 빠져 현재의 남편과 이혼 절차를 밟았지만, 영국 왕실에서는 두 번의 이혼 경력이 있는 여성은 왕비가 될 수 없다며 반대했고, 결국 왕세자는 사랑을 얻기 위해서 1936년 왕위를 포기한 뒤, 1937년에 그녀와 결혼했다. 결혼한 뒤에 그녀는 윈저 공작부인이 되었다–옮긴이)과 관련된 소식에 언제나 귀를 쫑긋 세웠다.[5] 하지만 레일라는 공작부인과 달랐다. 공작부인은 세계에서 가장 인상적인 보석들 중 하나를 수집하는 데 자기의 모든 인생을 바쳤지만, 레일라의 야망과 자부심은 겉치레에 대한 자의식적인 경멸 속에 감추어져 있었다. 그녀는 자기 가족을 〈새터데이 이브닝 포스트〉의 표지에 실릴 수 있는 중서부 지역의 전형적인 중산층이라고 하면서 도리스가 품고 있던 사회적인 야망을 꾸짖었다.

한편 1945년 열네 살이던 워런은 앨리스 딜 중학교를 졸업하자마자 그해 2월 우드로 윌슨 고등학교 2학년생이 되었다.[6] 워런은 특별하고 싶기도 했고 동시에 평범하고 싶기도 했다. 부모는 동급생들보다 훨씬 덜 성숙했던 그를 주의 깊게 살폈다. 하워드와 레일라는 어떻게든 워런을 똑바로 키워야겠다고 단단히 마음먹고 있었다. 신문 배달은 워런에게 자율성의 원천이었고, 이 자율성을 그는 마음껏 누렸다. 그리고 워런은 신문을 배달할 뿐만 아니라 꼼꼼하게 읽고 있었다.

만화를 보고, 스포츠 면을 보고, 주식을 다루는 기사를 읽었습니다, 날마다. 그런 다음에 신문을 돌렸습니다. 나는 아침마다 만화 〈릴 애브너〉를 보았습니다. 릴 애브너가 날마다 무엇을 하는지 보지 않고는 배길 수가 없었어요. 그의 매력은, 만화를 보는 사람으로 하여금 자기가 똑똑하다고 느끼게 만드는 것이었습니다. 이 만화를 보면 '만일 내가 저런 상황에 처한다면…… 얘는 너무 바보 같아!'라는 생각이 들었습니다. 그런데 이 만화에는 릴에게 홀딱 반한 데이지 메이라는 여성이 등장했습니다. 놀라운 여성이었죠. 데이지는 언제나 릴의 꽁무니를 따라다녔습니다. 그런데 남자는 여자가 자기를 그렇게 나 간절하게 사랑하는지 모릅니다. 당시에 피 끓던 미국 소년들이라면 모두 데이지가 릴을 잡기를 바랐을 겁니다.

데이지 메이 스크래그. 애팔래치아에 있는 가공의 장소 독패치에 사는 여주인공. 그녀는 놀랄 만한 금발 미녀였다. 어깨가 훤히 드러나는 물방울무늬 블라우스 바깥으로 풍만한 가슴의 골이 다 드러났다. 우둔하고 힘만 센 남자 릴 애브너 요컴은 데이지 메이의 접근을 피해 다니는 데 대부분의 시간을 썼다. 하지만 도망치면 칠수록 그는 그녀의 관심과 바람에 더 무감해졌고, 또 그가 그녀를 차면 찰수록 데이지 메이의 애정 공세는 더욱 거세졌다. 아무리 힘이 세고 돈이 많은 남자가 사랑한다고 말해도 데이지 메이에게는 이 지구상에 오로지 한 사람, 릴 애브너뿐이었다.[7]

그런데 릴 애브너가 가지고 있는 유일한 자산은 남성미 넘치는 육체였다. 워런은 그때까지 자기가 여자아이들에게 별로 인기가 없었던 이유를 알 것 같았다. 데이지 메이처럼 멋진 여자의 관심을 받고 싶다면 몸을 좀 더 매력적으로 만들 필요가 있다는 생각을 했다. 그래서 새로운 관심거리 하나를 만들어 냈다. 덕분에 지하실에 혼자 틀어박힐 좋은 핑계도 생겼다. '사우스오마하 피드'에서 20킬로그램이 넘는 동물 사료 자루 몇 개를 한꺼번에 번쩍번쩍 들어올리던(그것도 몇 시간 동안이나!) 프랭키 지크가 떠올랐다. 그때 그의 모습은 무척 인상적이었다. 워런은 루 바티스톤을 설득해 함께 근력 운동을 시작했다. 당시에 근력 운동은 그다지 인기가 많지 않았다. 하지만 워런은 이 운동에 매료되었는데, 그럴 만한 이유가 있었다. 근력 운동에는 시스템, 측정, 계수(計數), 반복 그리고 자기 자신과의 싸움 등의 요소가 들어 있었던 것이다. 기술적인 부분을 배우려고 그는 밥 호프먼과 그가 발행하던 잡지 〈스트렝스 앤드 헬스Strength and Health〉를 찾았다.

〈스트렝스 앤드 헬스〉는 호프먼이 역도 및 근력 운동에 대한 세상 사람들의 편견을 씻어내리려고 공격적으로 시도했던 잡지다. 편집, 발행, 집필까지 거의 모두 그가 혼자서 했다. 그는 자기 제품에 대한 광고를 거의 모든 면에 실었다. '엉클' 밥의 기술 관련 지식, 소란스럽고 떠들썩한 과장, 자기 자신을 상품으로 파는 지치지 않는 뻔뻔함 등은 모두 놀라웠다.

올림픽 역도 팀의 감독은 늘 밥 호프먼이었습니다. 그는 '요크 바벨 컴퍼니'의 사장이었고 《빅 암스Big Arms》와 《빅 체스트Big Chest》의 저자이기도 했죠. 그가 주로 팔았던 물품은 바벨 세트였는데, 온갖 종류가 있었죠. 당시에는 어떤 운동용품점에 가더라도 바벨 하면 모두 요크 바벨 컴퍼니에서 만든 거였습니다.

워런은 덤벨 한 세트와 바벨을 샀다. 바벨은 570그램 무게의 쇠로 만든 원판을 하나씩 끼우거나 빼서 쓸 수 있도록 되어 있었다. 워런은 이 운동 도구들을 가지고 운동할 수 있는 공간을 지하실에 마련했다.

나는 늘 거기에서 덤벨이나 바벨을 들면서 철커덩거렸습니다. 부모님은 이런 내 모습을 보고는 무척 재미있어하셨죠.

때로 그는 YMCA 회관에 가서 다른 청년들과 섞여서 운동을 하기도 했다. 그와 루는 이따금식 '헤비급과 라이트급'이나 '서서 노를 젓는 동작'에 대한 자기들끼리만 통하는 농담을 주고받기도 했지만, 매우 진지하게 이 근력 운동에 매달렸다. 둘은 엉클 밥이 쓴 모든 글을 꼼꼼하게 읽었다. 호프먼은 어떻게 하면 시대의 분위기에 편승할 수 있을지 알고 있었다. 사악한 일본군이 육체적인 고통을 얼마나 잘 참아내는지 모르는 사람은 없었고, 그는 이 점을 이용했다. 역도와 근력 운동의 핵심은 일본에 맞서서 이기는 것이라고 썼다. 그는 이것을 한 장의 사진으로 나타냈다. 연합군을 이기려고 훈련하는 일본군이라는 설명과 함께, 일본군 병사 한 사람이 몸을 활처럼 휘어서 발가락과 정수리만으로 자기 몸을 지탱하면서 시멘트로 만든 커다란 바벨을 가슴 위로 들고 있는 사진이었다. 워런은 일본군과 싸워서 이기려고 혹은 다른 누구와 싸워서 이기려고 역기를 들지 않았다. 엉클 밥이 쓴 모든 글은 워런이 오로지 자기 자신과의 싸움을 하도록 고무시켰다.

하지만 워런이 지하실에서 철커덩거리며 땀을 흘릴 때, 공화당원들은 지옥에 있었다. 프랭클린 루스벨트가 네 번째로 대통령 선거에 도전해서 연임에 성공했기 때문이다. 민주당이 또다시 4년 동안 백악관을 차지한 것이었다. 저녁을 먹는 자리에서 가족들은 분노에 찬 하워드의 연설을 들어야 했다. 그런데 4월 12일, 루스벨트가 뇌출혈로 쓰러져 사망했고, 부통령이던 해리 트루먼이 대통령직을 승계했다.

루스벨트의 죽음은 미국의 대부분 가정에 깊은 슬픔을 안겼다. 이 슬픔 속에는 불안함도 묻어 있었다. 3년 반 동안 전쟁을 치르면서도 안전하다고 느낄 수 있게 해주었던 사람을 잃은 슬픔과 불안함이었다. 그 때문에 트루먼을 바라보는 국민의 기대는 낮았다. 트루먼은 루스벨트의 내각을 그대로 유지했고 발인도 무척 겸손하게 했다. 그래서 사람들은 트루먼이 대통령이라는 직책에 압도된 게 아닐까 하는 생각도 했다. 하지만 버핏 가족들은 누가 대통령이 되든 적어도 프랭클린 루스벨트보다는 낫다고 생각했다. 루스벨트가 사망했다는 소식이 전해진 직후에, 캐나다 대사관에서 일하는 사람의 가족이, 하원의원인 하워드 및 그의 가족을 위로하려고 집으로 찾아갔다. 이 사람들이 왔을 때 도리스는 이들에게 다음과 같이 말했다.

"호호호, 우리는 좋아서 축하를 하고 있는데요."[8]

워런에게 대통령의 죽음은 돈을 더 많이 벌 수 있다는 뜻이기도 했다. 신문사들마다 특별호를 발행했고, 그는 이 신문을 들고 거리로 나가서 모든 사람이 슬픔에 잠겨 있을 때 소리치며 신문을 팔았다.

한 달 뒤인 1945년 5월 8일, 독일의 무조건 항복에 이어서 유럽에서의 전쟁이 공식적으로 종료됐다. 워런은 또다시 거리에서 특별호를 팔았고, 자기 아버지의 정치적인 신념을 소리 높이 외쳤다. 하지만 당시에 그는 이런 어른들의 관심사에는 크게 무게를 두지 않았다. 근력운동과 밥 호프먼에 빠져 있었기 때문이다. 그래서 남는 시간은 거의 대부분 지하실에서 보냈다. 몇 주 뒤, 학교에서 돌아온 워런은 더는 참을 수 없었다. 우상인 엉클 밥을 만나지 않고는 배길 수가 없었다.

바로 내가 원하던 사람이었죠. 그를 직접 만나봐야 했습니다.

워런과 루는 각자 부모님으로부터 축복이 함께한 허락을 받고 펜실베이니아의 요크로 향했다. 도중에 남의 차를 얻어 타기도 했다.[9]

밥 호프먼의 바벨 공장은 요크에 있었습니다. 하지만 그건 단순한 주물 공장 이상이더군요. 올림픽에 참가하는 선수들도 거기에서 훈련을 시켰으니까요. 존 그리메크(1910년 출생. 1940년과 1941년에 '미스터 아메리카'에 연속으로 우승했고, 보디빌딩계에서 무패 기록을 남겼다. 1936년 올림픽에는 역도 선수로 출전했다─옮긴이)는 최고의 보디빌더였습니다. 스티브 스탠코는 173킬로그램을 들어서 용상 부문 세계 기록을 갈아치웠죠. 이건 슈퍼헤비급이 있기도 전의 일입니다.

그런데 어떤 점에서 보자면 '엉클' 밥 호프먼의 공장을 방문하고서
는 오히려 실망이 컸다.

　거기 있는 선수들은 당시 유행하던 것처럼 근육이 빵빵하지 않았
　습니다. 이 사람들이 올림픽 챔피언들이란 사실에 흥분됐지만, 그 선
　수들 가운데 많은 수가 낮은 체급에 속해 있어서인지 덩치가 그다지
　크지 않았어요. 아무튼, 주물 공장에서 작업복 비슷한 옷을 입고 있
　는 선수들이 어쩐지 시시해 보였습니다.

하지만 그 선수들의 평범한 모습이 두 소년에게 커다란 용기와 자
신감을 불어넣어 준 측면도 있다. 자기들도 어쩌면 보디빌더로 성공
할 수 있다는 생각이 들었던 것이다. 두 소년은 여성에게 매력적인
인상을 줄 수 있는, 육체적으로 건장한 남성으로 변해가는 자신들의
모습을 상상했다.

　엉클 밥이 하는 말은 우리에게 신이 하는 말과 다름없었죠. 거울
　앞에 서서 삼각근과 복근과 광배근을 살펴볼 수 있었고 신체의 모든
　근육에 대해서도 공부했습니다.

하지만 〈스트렝스 앤드 헬스〉에서 엉클 밥을 제외하고 가장 인상
적이었던 인물은 세계 최고의 보디빌더 존 그리메크가 아니었다. 그
인물은 남자가 아니라 여자였다.

　〈스트렝스 앤드 헬스〉에는 여자가 많이 나오지 않았습니다. 하지
　만 퍼지 스톡턴이 있었습니다. 유일하게 성공한 여성 보디빌더였죠.
　나는 퍼지를 좋아했습니다. 그녀는 잊을 수 없을 정도로 매력적이었

죠. 우리는 학교에서도 퍼지 이야기를 무척 많이 했습니다.

단순히 이야기만 많이 한 정도가 아니었다. 워런과 루는 '퍼지'(땅딸막하다는 뜻-옮긴이)라는 별명으로 불리던 애비 스톡턴에 홀딱 빠져 있었다. 그녀는 인간의 살을 빚어서 만든 하나의 예술 작품이었다. 산타 모니카에서 열렸던 보디빌딩 대회 '머슬 비치 Muscle Beach'에서 빚은 듯이 아름다운 두 팔이 바람결에 흔들리는 머릿결 위로 거대한 바벨을 들어올릴 때, 팽팽한 허벅지에는 근육이 빚어내는 굴곡이 아름답게 흘렀다. 그리고 비키니는 그녀의 가는 허리와 의기양양한 가슴을 한껏 자랑했고, 사람들은 경탄으로 놀란 입을 다물지 못했다. 키 157센티미터에 몸무게 52킬로그램이던 그녀는 성인 남자의 몸무게가 나가는 바벨을 머리 위로 번쩍 들어올릴 수 있었다. 그것도 여성적인 아름다움을 조금도 잃지 않은 채로 말이다. 세계 '최고의 육체 문화주의자'로서 그녀는 〈스트렝스 앤드 헬스〉에 '바벨 Barbelles'이라는 제목으로 고정 칼럼을 썼으며, 로스앤젤레스에서 '가슴 확대, 체형 교정 그리고 다이어트'를 전문적으로 다루는 헬스장 '살롱 오브 피규어 디벨로프먼트 Salon of Figure Development'를 운영했다.[10] 퍼지 스톡턴에 대해서 루 바티스톤은 다음과 같이 말한다.

"그녀는 미치 게이너(1931년 출생의 미국 여배우-옮긴이)와 같은 팽팽한 근육과 소피아 로렌(1934년 출생의 이탈리아 여배우-옮긴이)처럼 풍만한 가슴을 가지고 있었죠. 경이로운 여성이었습니다. 솔직히 말하면, 우리는 그 여자를 목이 타게 원했습니다."

그때까지 워런에게는 데이지 메이가 줄곧 상상 속의 여자였다. 어떤 여자를 보든 데이지 메이와 닮은 점부터 찾았다. 하지만 퍼지가 나타났다. 게다가 퍼지는 만화 속의 캐릭터가 아니라 실제 사람이었다.

하지만 만일 퍼지와 같은 여자친구가 생긴다면 무엇을 해야 할지는 분명하지 않았다.[11] 워런과 루는 〈밥 호프먼이 안내하는 행복한 결혼 생활〉과 같은 글을 들여다보면서 당혹스러워했다. 밥 호프먼은 결혼 전에 검사를 해봐야 한다고 했다. 이 글이 담고 있는 내용은 다음과 같은 것들이었다. 결혼하기 전에 장차 아내가 될 여자가 다른 남자로부터 '손을 타지 않았음'을 확인하는 방법, 그 여자가 장차 당신에게 공손하게 굴 것인지 알아내는 방법, 사람들이 결혼하는 이유, 성애의 소소한 몇 가지 기술…….

성애의 소소한 몇 가지 기술이라는 게 무얼까, 워런과 루는 골똘하게 생각했다. 그렇다면 소소하지 않은 성애 기술은 또 무얼까? 〈스트렝스 앤드 헬스〉 뒤표지에 실린 광고들은 1940년대 최고의 성교육 교재 역할을 했다. 걱정하지 마세요, 아버지. 우리는 지하실에서 곧 있을 물리 시험 공부를 하는 것뿐이니까요.

하지만 결국 데이지 메이나 퍼지 스톡턴, 그 밖의 다른 모든 것들을 누르고 워런의 마음을 사로잡은 건 숫자였다.

이두박근의 둘레 길이가 33센티미터에서 조금 더 늘어났기를 바라면서 줄자를 들고 계속 쟀습니다. 혹시 줄자를 너무 빡빡하게 당기지 않았나 고개를 갸우뚱하면서 계속 쟀습니다. 찰스 아틀라스(보디빌더계의 대부로 일컬어지는 세계적인 보디빌더—옮긴이)처럼 되고 싶었지만 조금도 나아지지 않았습니다. 거울을 바라보며 수천 번씩이나 근육에 힘을 줘봤지만 이두박근은 33센티미터에서 2센티미터도 더 늘어나지 않았던 것 같습니다.

《빅 암스》라는 책은 나한테 그다지 많은 도움이 되지 않았습니다.

12

사일런트 세일즈

워싱턴 디시, 1945~1947년

버핏 가족이 잠시 오마하에 가 있던 그해 8월에 미국은 히로시마와 나가사키에 각각 원자폭탄을 한 발씩 떨어뜨렸다. 그리고 9월 2일, 일본은 공식적으로 최종적인 항복을 했다. 전쟁은 끝났다. 미국 사람들은 흥분과 열광 속에서 축하를 했다. 하지만 이때 워런은 원자폭탄 투하 이후에 세계를 무대로 하는 장기판의 말들이 어떻게 움직일지 곰곰이 생각하기 시작했다.

나는 물리학에 대해서는 아무것도 몰랐습니다. 하지만 전쟁에서 원자폭탄을 쓰면 20만 명을 살상할 수 있다는 건 알았습니다. 그건 마치 어두운 뒷골목에서 불량배를 만났는데, 나는 대포를 가지고 있고 그 불량배는 권총을 가지고 있는 거나 마찬가지였습니다. 이 불량배가 방아쇠를 당기려는데 내가 양심의 가책 때문에 대포를 쏘지 못한다면, 불량배가 이깁니다. 아인슈타인은 폭탄 투하 직후에 '원자 폭탄은 사람이 생각하는 방식 빼고는 세상의 모든 것을 완전히 바꾸어 놓았다'라고 말했습니다. 이제 세상의 구석까지도 도화선이 깔리게 되었습니다. 물론 그 도화선의 길이는 무척 길 수 있습니다. 그리고 그 도화선이 다 타들어 가기 전에 저지할 방법들도 많이 있을 겁니다. 하지만 이 폭탄의 도화선이 하나가 아니라 열 개도 넘는다고 할 때 문제는 완전히 달라집니다. 설령 아무 도화선에도 불을 붙이지 않았다 하더라도 말입니다. 그때 나는 겨우 열네 살이었습니다. 하지만 내가 보기에 장차 어떤 일이 일어날지는 너무도 분명했습니다. 그리고 내가 예상한 것과 상당히 비슷한 방향으로 일들이 전개되었습니다.

몇 주 뒤, 가족은 다시 워싱턴으로 돌아왔고 워런은 10학년을 마치러 우드로 윌슨 고등학교에 계속 다녔다. 비록 열다섯 살이었지만 그는 어엿한 사업가였다. 그동안 신문 배달로 많은 돈을 벌어서 이제 그가 모은 돈은 2천 달러가 넘었다. 하워드는 워런이 '빌더스 서플라이 컴퍼니Builders Supply Co.'라는 회사에 투자하는 것을 허락했다. 이 회사는 사료 회사에 이어 하워드가 칼 포크와 함께 오마하에 세운 철물점이었다.[1] 한편 워런은 독자적으로 161제곱킬로미터 규모 부지의 농장을 1,200달러에 샀다. 네브래스카 서스턴 카운티의 월트힐 인근에 있던 농장이었다.[2] 농장은 소작농에게 빌려주고, 거기에서 생기는 이익을 소작농과 함께 나누었다. 땀 흘리며 힘들게 일해야 하는 작업을 남에게 맡기는 이런 방식은 워런이 좋아하던 것이었다. 그리고 워런은 학교 친구들과 교사들에게, '중서부 지역에 소작농이 농사를 짓는 농장을 가지고 있는 네브래스카 출신 워런 버핏'이라고 자신

을 소개하기 시작했다.[3]

그는 사업가처럼 생각했지만 사업가처럼 보이지는 않았다. 학교에서는 다른 아이들과 편안하게 어울리지 못했다. 운동화는 여전히 너덜너덜했고, 헐렁한 바지 아래로는 탄력 없는 양말이 축 늘어진 채 접혀 있었다. 목은 앙상했고 어깨는 좁았다. 정장 구두를 억지로 신어야 할 때는 깜짝 놀랄 만한 노란색 혹은 흰색 양말이 구두 위로 보이게 신었다. 그리고 자기 자리에서 꼼지락거리기만 하며 남들과 어울리려 하지 않았다. 때로 그는 수줍어하는 듯 보였는데, 천진난만해 보일 정도였다. 때로는 날카롭고 냉정한 표정도 지었다.

도리스와 워런은 학교에서 마주쳐도 서로 거들떠보지 않았다.

도리스는 인기가 많았는데, 내가 자기 동생이라는 걸 유난히 부끄러워했습니다. 내가 옷을 끔찍할 정도로 못 입었거든요. 때로 도리스는 내가 친구들과 잘 어울릴 수 있게 도와주려고 했습니다만, 나는 이런 도움을 애당초 거부했지요. 도리스 잘못은 전혀 아닙니다. 나의 사회성 수준이 엉망이라는 건 나도 절실하게 알고 있었으니까요. 스스로 가망 없다고 생각했을 정도였습니다.

그런데 무표정한 얼굴과 건방질 정도로 자신만만한 행동이, 오마하를 떠난 뒤로 줄곧 그의 생활을 힘들게 만들었던 부적응에 대한 자의식을 어느 정도 덮어주었다. 그는 평범하고 싶은 마음이 간절했지만, 여전히 다른 아이들 사이에 끼지 못하는 이방인이었다. 적어도 본인은 그렇게 느꼈다.

워런의 친구 돈 댄리의 여자친구였던 워런의 급우 노마 서스턴은, 워런이 늘 머뭇거렸으며 태도가 분명치 않았다고 말한다.

"말을 조심해서 하고 단어를 가려서 썼습니다. 그리고 나중에 번복해야 할지도 모른다고 생각하는 말은 절대로 하지 않았습니다."**4**

급우들 가운데 많은 아이들이 십대의 생활 속으로 열정적으로 뛰어들었다. 남자는 남자끼리 여자는 여자끼리 사교 클럽을 만들고, 이성 친구를 사귀고, 어떤 아이의 집 지하실에서 파티를 열어 소다수와 핫도그, 아이스크림을 먹고 놀았다. 또 키스 타임을 정해 불을 끄고 이성끼리 키스를 하기도 했다. 하지만 워런은 이렇게 할 상대가 없어서 그저 구경만 해야 했다. 토요일 밤에는 루 바티스톤과 단골인 지미 레이크 극장을 드나들었다. 야한 노래와 춤 그리고 촌극 등을 하는 곳이었다. 이곳에서 둘은 무용수 가운데 한 명이었던 키티 라인을 상대로 상상의 유희를 펼쳤다. 워런은, 코미디언이 엉덩방아를 찧는 슬랩스틱 연기를 하거나 발코니에 있던 조연 역할의 또 다른 연기자가 이 코미디언을 조롱하고 방해할 때마다, 웃음보를 터뜨리곤 했다.**5** 워런이 한번은 1920년대 느낌을 풍기는 너구리털 코트를 25달러에 샀다. 이 옷을 입고 지미 레이크 극장에 가자, 문 앞을 지키던 남자가 가로막았다.

"어릿광대 같은 차림으로는 못 들어가. 그걸 벗든지, 아니면 꺼지든지."**6**

워런은 코트를 벗었다.

시어스 백화점에서 물건을 마구 훔치던 버릇은 잠잠해졌다. 하지만 완전히 없어진 건 아니었다. 워런과 돈 댄리는 여전히 가끔씩 매장에서 물건을 훔쳤다. 그리고 그를 가르치던 교사들이 그에게 노후 자금을 'AT&T American Telephone & Telegraph'에 묻어두고 있다는 말을 하면, 그 사람들을 속상하게 하려고 그 종목의 주식을 공매도한 뒤(가격 하락을 예측한다는 뜻이다–옮긴이) 그 거래 명세표를 보여주기도 했다. 이때 일을 회상하면서 워런은 한 강연회에서 이렇게 말했다.

나는 골칫거리였습니다.[7]

워런은 놀라운 추론 능력과 오만한 태도를 가지고 있었는데, 이런 태도는 괴팍한 심술이 되어서 표출되기도 했다. 아무래도 하원의원의 아들이라는 점이 많이 작용하지 않았나 싶은데, 그는 CBS 방송국의 〈미국의 방송통신학교American School of the Air〉라는 라디오 프로그램에 출연했다. 이 프로그램은 1946년 1월 3일 토요일, 〈워싱턴 포스트〉가 소유하고 있던 워싱턴의 지역 라디오 방송인 WTOP를 통해서 방송되었다. 그날 아침 워런은 방송국으로 갔고, 거기에서 다른 네 명의 학생들과 마이크를 가운데 놓고 둘러앉아서 마치 '의원들이 의회 개회 중에 논쟁을 하듯이' 논쟁을 했다.

진행자는 워런에게 토론의 열기를 띄우는 역할을 맡겼다. 워런은 말도 안 되는 주장, 예를 들면 소득세를 폐지해야 한다거나 일본을 미국에 합병해야 한다거나 하는 주장을 매우 조리 있게 펼쳤다.

방송국 사람들은 누군가가 미친놈 역할을 하기를 바랐는데, 그 짓을 내가 한 겁니다.

그는 그저 논쟁을 위한 논쟁을 했을 뿐이었지만, 이 논쟁의 결과는 그가 원하던 것이 아니었다. 어쨌거나 그의 재치 넘치는 반박과 번개처럼 빠른 반론, 전체적으로 부정적인 태도 때문에 아이들은 그에게서 더 멀어지고 말았다. 다른 아이들이 자기를 좋아했으면 하는 그의 바람은 찬물만 뒤집어쓰고 말았던 것이다.

워런은 다른 사람들과 원만하게 지내려고 노력했지만 그때까지의 결과는 한편으로는 긍정적이면서도 다른 한편으로는 부정적이었다. 그는 교사를 제외한 어른들과는 잘 지냈다. 하지만 또래 아이들과 있을 때는 불편했다. 그래도 친한 친구들은 비록 많지는 않았지만 늘 있었다. 그는 사람들이 자기를 좋아해 주면 좋겠다고, 특히 자기를 공격하지 않으면 좋겠다고 간절히 바랐다. 그는 이런 바람을 실현할 수 있는 어떤 기본적인 체계를 원했다. 사실 그는 이미 그런 체계 하나를 오래전에 찾아서 가지고 있긴 했다. 다만 그 체계에 담긴 원칙들을 전면적으로 실행하지는 않았다. 하지만 다른 방책이 없었기 때문에 여기에 더욱 강하게 매달리기 시작했다.

워런은 이 체계를 할아버지 집에서 발견했다. 할아버지 집에서 그는 손에 잡히는 대로 뭐든 엄청난 속도로 읽었다. 뒷방의 책장에 있는 책들을 다 읽은 뒤에는 잡지 〈프로그레시브 그로서〉의 모든 호를 읽었으며, 또 아버지가 대학교에 다닐 때 편집했던 〈데일리 네브래스컨〉의 모든 호를 읽었다. 또 할아버지가 15년 동안 모아온 〈리더스 다이제스트Reader's Digest〉도 빼놓지 않고 모두 읽었다. 할아버지의 책장에는 연속 기획물로 출판된 짧은 위인전들이 있었는데, 주인공은 대부분 기업계 사람들이었다. 워런은 어릴 적부터 제이 쿡 (1821년에 태어난 은행가 – 옮긴이), 대니얼 드루(1797년에 태어났으며 '월가의 무법자'라는 별명을 가지고 월가를 누볐다 – 옮긴이), 짐 피스크(1834년에 태어났으며 이리 철도회사 사장. 재생 양모로 만든 담요를 연방 정부에 팔아서 수백만 달러를 벌기도 했다 – 옮긴이), 코넬리어스 밴더빌트(1794년에 태어났으며 거부인 밴더빌트 가문의 재산을 처음으로 일구었다 – 옮긴이), 제이 굴드(1836년에 태어났으며 주가 조작과 금융 사기 수법으로 월가를 누볐던 '월가의 악마' – 옮긴이), 존 D. 록펠러, 앤드루 카네기 등의 일대기를 공부했었다. 몇몇 책들은 몇 번이나 다시 읽었다. 그 가운데 한 권은 매우 특별했는데, 그 책은 전기가 아니었다. 전직 영업사원이었던 데일 카네기[8]가 쓴 매력적인 제목의 책 《데일 카네기 인간관계론 How to Win Friends and Influence People》의 문고본이었다. 워런이 이 책을 처음 찾아낸 건 여덟 살이나 아홉 살 무렵이었다.

워런은 친구를 사귈 필요가 있다고 생각했다. 그리고 사람들에게 영향력을 행사하고 싶기도 했다. 그는 책을 펼쳤다. 책은 첫 장부터 그를 사로잡았다. 첫 장은 이렇게 시작했다.

"꿀을 모으고 싶으면 벌집을 걷어차지 마라."[9]

"비판은 아무 소용이 없다"라고 카네기는 말했다.

원칙 1 비판하지 말고, 욕하지 말고, 불평하지 마라.

그 말은 워런의 가슴에 깊이 박혔다. 비판에 대해서만큼은 그는 모든 걸 알았다.

계속해서 카네기는 이렇게 말했다. 비판은 사람들을 방어적으로 만들고 변명하게 만든다. 비판은 매우 위험하다. 사람들이 가지고 있는 소중한 자부심에 상처를 주며, 자존감을 해치고, 적개심을 불러일으키기 때문이다. 카네기는 날카로운 대립을 피하라고 충고했다.

"사람들은 비판받기를 바라지 않는다. 자기가 이룩한 성과를 정직하고 진실하게 알아주길 바란다."

"아첨을 하라는 말이 아니다"라고 카네기는 말했다. 아첨은 진실하지 못하고 이기적이다. 하지만 어떤 사람이나 그 사람의 성과를 알아주는 것은 진실한 마음에서 비롯된다. 인간의 본성 가운데 가장 심오한 충동은 '중요하게 인식되고 싶은 소망'이다.[10]

'비판하지 마라'가 가장 중요한 원칙이었지만, 모두 합해서 원칙은 서른 가지가 있었다.

- 모든 사람은 관심과 칭찬을 바란다. 비판받기를 바라는 사람은 아무도 없다.

- 영어에서 가장 듣기 좋은 말은 자기 이름이다.
- 논쟁에서 이기는 방법은 논쟁을 피하는 것이다.
- 만일 당신이 잘못했으면 신속하고도 분명하게 그 잘못을 인정하라.
- 직접적으로 명령을 하기보다는 질문을 해라.
- 다른 사람을 좋게 평가해서 그 사람이 그 평가에 부응하도록 하라.
- 다른 사람이 저지른 실수를 직접적으로 지적하지 마라. 체면을 세워줘라.

"나는 지금 새로운 생활 방식을 이야기하고 있다"라고 카네기는 말했다.

나는 지금 새로운 생활 방식을 이야기하고 있다.

워런의 마음은 설렜다. 진리를 찾아낸 것 같았다. 이것은 하나의 완벽한 체계였다. 그는 자기의 사회성이 너무도 떨어지기 때문에 자기를 사람들 앞에 내보일 수 있는 원칙의 체계가 필요하다고 생각했다. 이 체계만 익히면 상황이 바뀔 때마다 새로운 방식으로 반응할 필요도 없을 터였다.

하지만 이게 정말 제대로 작동하는 효과적인 체계인지 증명하려면 구체적인 숫자로 증명되어야 했다. 그래서 데일 카네기가 제시한 원칙을 따를 때 어떻게 되며 또 그렇게 하지 않았을 때는 어떻게 되는지 통계적으로 분석하기로 결심했다. 그는 주변 사람들에게 관심을 보이고 그들이 거둔 성과를 알아봐 주려고 노력하는 한편, 다른 사람에게는 아무것도 하지 않고 비판만 하려고 노력했다. 주변 사람들은 워런이 자기들을 상대로 머릿속으로 실험하는 줄은 전혀 몰랐다. 하지만 워런은 사람들의 반응을 주시하면서 나타나는 결과들을 꾸준히 수집했다. 그리고 마침내 숫자가 최종적으로 증명하는 사실을 보고 기뻐서 펄쩍 뛰었다. 카네기의 원칙은 훌륭하게 작동했다.

이제 그는 체계를 가졌다. 여러 원칙들의 집합체인 체계를 가졌다.

하지만 원칙을 글로 읽고 머릿속으로 암기하는 것만으로는 아무 소용이 없었다. 그걸 현실 속에서 실천해야 했다.

"나는 지금 새로운 생활 방식을 이야기하고 있다"라고 카네기는 말했다.

워런은 실천에 나섰다. 우선 초보적인 수준에서부터 시작했다. 원칙 가운데 몇몇은 자연스럽게 나왔지만 이 체계가 자동적이고 쉽게 적용되지 않는다는 사실을 워런은 알았다. 비판하지 말라는 원칙만 해도 그랬다. 쉬워 보이긴 해도 자기도 모르는 사이에 남을 비판하는 수가 있었다. 자랑하거나 짜증내지 않는다는 건 쉽지 않았다. 인내하는 것도 마찬가지였다. 그리고 잘못했으면 그 잘못을 인정하라는 원칙도 때에 따라서는 도저히 지키기 어려웠다. 다른 사람들에게 관심을 보이고 그들이 거둔 성과를 알아봐 주기란 여간 힘든 게 아니었다. 워런은 자기처럼 많은 시간을 정신적인 고통에 잠겨 있는 사람들은 자기가 아닌 다른 사람에게 초점을 맞추기 쉽지 않다는 사실을 깨달았다.

그럼에도 불구하고 그는 혼자 힘으로, 데일 카네기가 제시한 여러 원칙들을 무시할 때 아무것도 이루어지지 않는다는 사실을 입증하는 살아 있는 증거가 바로 중학교 시절의 그 암담하던 시기였음을 점차 조금씩 깨달았다. 고등학교 생활에 적응하며 아이들과 제법 잘 어울리기 시작하면서 그는 이 원칙들을 계속해서 실천했다.

많은 사람들은 카네기의 책을 읽고 좋은 내용이라고 생각하지만 책을 덮는 순간 모든 것을 까맣게 잊어버린다. 하지만 워런은 그렇지 않았다. 놀라운 집중력을 발휘해 그 원칙들을 실천하려고 노력했다. 끊임없이 이것을 활용하고 또 이것에 의지했다. 오랫동안 잊어버린 채 엉뚱한 곳을 헤매기도 했지만 결국에는 다시 그 원칙으로 돌아왔다. 고등학교에 다닐 즈음에는 제법 많은 친구들이 있었다. 학교의 골프 팀에도 들어갔다. 그리고 비록 인기 많은 아이는 아니더라도 배척받는 아이는 되지 않으려고 애썼다. 데일 카네기의 시스템은 워런의 타고난 재치를 두드러지게 만들었을 뿐만 아니라, 무엇보다도 그의 설득력과 영업 감각을 높여주었다.

워런은 진지해 보였지만, 어딘지 모르게 장난기가 비쳤다. 원만하고 온화한 성격이었지만 어딘지 외로워 보였다. 남는 시간은 모두 돈을 버는 데 쏟았는데, 돈을 벌고자 하는 그의 열정 덕분에 그는 우드로 윌슨 고등학교에서도 매우 독특한 인물이었다.

고등학교에 다니는 학생이 사업가인 경우는 그 어디에도 없었다. 단 두 시간 동안 신문을 배달하는 것만으로도 그는 한 달에 175달러를 벌었다. 이는 그를 가르치던 교사들이 버는 액수보다 많은 금액이었다. 1946년 당시에는 성인 노동자도 일 년을 꼬박 열심히 일해서 3천 달러를 벌면 만족했다.[11] 워런은 자기가 번 돈은 자기 방의 시퍼로브(정리장과 옷장이 하나로 붙어 있는 가구-옮긴이)에 보관했다. 이 돈에는 누구든 손도 대지 못하게 했다. 다음은 루 바티스톤이 인터뷰에서 한 말이다.

"하루는 워런의 집에 놀러 갔는데, 워런이 서랍을 하나 빼서 보여주더니 이렇게 말하더군요. '이게 내가 여태까지 모은 돈이야.' 소액 지폐로 모두 700달러였습니다. 그 정도 돈이면 솔직히 엄청난 액수였습니다."[12]

워런은 이미 여러 개의 신규 사업들을 벌이고 있었다. '버핏 골프공Buffett's Golf Balls'이라는 이름으로 중고 골프공을 깨끗하게 닦아서 열두 개를 6달러에 팔았다.**13** 그는 이 골프공을 시카고의 위테크라는 사람에게 주문했는데, 이 사람에게는 '해프 위테크half Witek'라는 별명을 붙였다. 그럴 이유가 있었다.

고급 골프공이었습니다. 타이틀리스트, 스팰딩 돗츠, 맥스플리스 등 진짜 좋은 거였지요. 이걸 나는 열두 개에 3달러 50센트를 주고 샀습니다. 마치 신품 같았죠. 아마도 그는 이 공들을 우리가 처음에 시도했던 방식으로 구하지 않았나 싶습니다. 골프장의 연못에 빠진 공들을 건져내는 방식 말입니다. 단지 그가 우리보다 더 수완이 좋았죠.

학교에서는 아무도 해프 위테크에 대해서 몰랐다. 심지어 그의 가족도 워런과 워런의 친구 돈 댄리가 중고 골프공을 사다가 파는 줄 모르는 눈치였다. 학교 골프 팀의 친구들은 워런이 물에 빠진 공들을 건져내서 파는 줄로만 알았다.**14**

'버핏 어프루벌 서비스Buffett's Approval Service'는 수집 대상이 될 만한 우표를 다른 주(州)에 사는 수집가들에게 팔았다. 그리고 '버핏 쇼룸 샤인Buffett's Showroom Shine'은 워런과 루 바티스톤이 루의 아버지가 운영하는 중고차 부지에서 자동차를 닦고 광택을 내주는 일을 했는데, 몸으로 때워야 하는 노동이 너무 많이 필요해 결국 포기했다.**15**

그러다가 워런이 열일곱 살이고 고등학교 2학년이던 해의 어느 날, 그는 상기된 얼굴로 돈 댄리에게 달려가서 새로운 사업 아이디어 하나를 냈다. 《천 달러를 버는 천 가지 방법》이 한 대의 체중계가 계속해서 여러 대의 체중계를 낳는 방법을 설명했는데, 바로 이것과 똑같은 원리로 하는 사업이었다. 워런은 댄리에게 이렇게 설명했다.

"내가 25달러에 낡은 핀볼 기계를 한 대 샀어. 이걸 가지고 우리가 동업을 하는 거야. 너는 이 기계를 수리하고 유지하는 일을 맡으면 돼.[16] 그리고 내 말 잘 들어봐. 프랭크 에리코 씨에게 가서 이렇게 말하는 거야, 이발사 아저씨 말이야. '우리는 윌슨 자판기 회사를 대표해서 윌슨 씨 대신 사업 제안을 드리려고 합니다. 아저씨는 손해를 볼 걱정은 전혀 안 하셔도 됩니다. 그냥 핀볼 기계를 이발소 안에 놓아두게만 해주시면 됩니다. 손님들이 자기 차례를 기다리는 동안 즐길 수 있게 말입니다. 그리고 이 기계에서 나오는 돈은 반으로 나누자고요.' 이렇게 제안하는 거야."[17]

댄리는 기꺼이 찬성했다. 그 이전에는 이발소에 핀볼 기계를 설치할 생각을 했던 사람이 아무도 없었지만, 두 아이는 에리코를 찾아가서 그런 제안을 했다. 에리코는 제안을 받아들였다. 두 아이는 핀볼 기계의 다리를 떼어내고 댄리의 아버지 차에 실어서 이발소까지 날랐다. 그리고 예상은 적중했다. 첫날 저녁에 워런과 돈이 장사가 잘되나 보려고 갔을 때, 모두 합하면 4달러 가까이 되는 동전들이 기계 속으로 들어갈 순서를 기다리고 있었다. 에리코는 좋아했고, 그때부터 핀볼 기계는 줄곧 그 자리를 지켰다.[18]

한 주가 지난 뒤, 워런은 기계에서 동전들을 꺼내 두 무더기로 나누었다. 그러고는 이발소 주인에게 이렇게 말했다.

"아저씨, 이 동전을 일일이 하나씩 나누지는 맙시다. 내가 나누었으니까 아저씨가 먼저 아무 무더기나 하나 가지세요."[19]

한 아이가 케이크를 자르면 다른 아이가 먼저 골라 갖는 방식의 고전적인 방법이었다. 에리코가 먼저 한 무더기 동전을 자기 쪽으로 끌어갔고, 워런은 남은 돈을 세었다. 모두 25달러였다. 핀볼 기계를 한 대 더 살 수 있는 돈이었다. 얼마 지나지 않아 '윌슨 씨'의 핀볼 기계는 일고여덟 개로 늘어나서 오마하의 이발소마다 한구석에 자리를 잡았다. 여기에서 워런은 자본의 기적을 목격했다. 돈이 마치 직업을 가지고 일하는 사람처럼 자기 주인을 위해서 돈을 벌어다 주었던 것이다.

이발사들과 잘 지내고 또 잘 관리해야 했습니다. 그게 결정적인 조건이었습니다. 무슨 말이냐 하면, 이 사람들이 직접 25달러에 핀볼 기계를 사서 자기 이발소에 설치할 수도 있었으니까요. 그래서 우리는 기회 있을 때마다 그 사람들에게 IQ가 400쯤 되는 사람이라야 핀볼 기계를 수리할 수 있다고 허풍을 쳤고, 그런 내용을 주입시켰죠.

그런데 핀볼 사업 주변에는 껄렁한 인물들이 있었습니다. 이 사람들은 '사일런트 세일즈'라고 불리던 장소에서 죽을 쳤죠. 그곳은 우리의 사냥터였습니다. 시내에서 뒷골목이라고 할 수 있는 D가의 900구역에 있었는데, 야한 술집 극장인 '게이어티'에서 바로 가까웠습니다. 사일런트 세일즈에서 죽치던 사람들은 우리를 보고 즐거워했습니다. 자기들이 보기에는 우리가 재미있었던가 봅니다. 댄리와 나는 기계들을 둘러보고 25달러에 살 수 있으면 뭐든 샀습니다. 새 기계는 대략 300달러였습니다. 그리고 나는 잡지 〈빌보드Billboard〉를 정기구독하며 새로 나오는 핀볼 기계가 어떤 특징이 있는지 또 가격이 어떤지 살펴보았습니다.

우리는 사일런트 세일즈에서 여러 가지 것들을 배웠습니다. 그곳에는 불법 슬롯머신들도 있었는데, 거기에서 죽치던 사람들이 슬롯머신에 맥주를 부어서 50센트 동전이 기계에 걸리게 한 다음 핸들을 계속 잡아당기면 그 동전이 튀어나온다는 것도 가르쳐 줬지요. 극장에 있는 소다수 동전 자판기의 전기 배선을 망가뜨리는 방법도 가르쳐 줬습니다. 5센트짜리 동전을 넣은 다음에 곧바로 플러그를 뽑아버리면, 그 기계의 소다수는 모두 공짜였죠.

이 사람들은 이 모든 기술들을 우리한테 설명했고, 우리는 홀린듯이 들었습니다.

아버지는 우리가 바깥에서 어울리는 이런 부류의 사람들을 의심하셨던 것 같습니다만, 늘 내가 아무 일 없이 집으로 돌아올 거라고 생각하셨습니다.

워런과 댄리는 이미 이발소에 깔아놓은 핀볼 기계만으로도 상당한 돈을 벌었다. 하지만 그때 둘은 금광 하나를 발견했다.

오래된 야구장인 '그리피스 스타디움' 근처에서 홈런이 터졌습니다.

워싱턴에서 가장 악명 높은 슬럼가에서 그들은 이발소 하나를 발견했다.

의자가 일곱 개 있는 이발소였습니다. 건들거리며 멋부리기를 좋아하는 녀석들이 많이 들락거렸죠. 거기에 핀볼 기계를 설치하고, 나중에 수금하려고 갔는데 글쎄, 녀석들이 기계의 바닥 부분에 드릴로 구멍을 여러 개 뚫어서 틸트 장치(기계를 너무 세게 흔들 때 게임이 끝나버리도록 하는 장치 – 옮긴이)를 조작해 놓았습디다. 의지의 승리였죠. 하지만 우리는 그곳을 포기할 수 없었습니다. 목이 좋은 곳이었거든요. 이발소에서 핀볼 기계를 가지고 놀았던 사람들은 자기들이 기계를 마음껏 흔들어도 틸트가 나지 않게 제발 틸트 메커니즘을 조정해달라고 애원했었는데, 어쨌거나 그 사람들이 성공했던 셈입니다. 그리고 한 가지 덧붙이자면, 우리는 우리 고객을 놓고 좋다 나쁘다 평가하지 않았습니다.

아무튼 워런과 댄리는 사일런트 세일즈에 죽치던 껄렁패가 자기들에게 가르쳐 줬던 기술과 같은 것들을 더 많이 알아내려고 노력하고 또 개발했다.

한번은 댄리의 집 지하실에서 내가 수집한 동전들을 가지고 놀았습니다. 신문 배달을 하면서 이 일을 좀 더 재미있게 하려고 시작한 게 동전 수집이었거든요. 온갖 종류의 동전을 모았습니다. 동전 투입구가 달린 휘트먼 코인보드도 있었습니다. 그런데 갑자기 어떤 아이디어 하나가 퍼뜩 떠오르더군요. 그래서 댄리에게 이렇게 말했습니다.
'이 코인보드를 이용해서 자판기용 동전을 찍어낼 수 있는 틀을 만들 수 있지 않을까?'
댄리는 기계를 다루는 데 천재였습니다. 그가 가짜 동전을 찍어내는 틀을 만드는 법을 배우고, 나는 코인보드를 제공했지요. 이렇게 해서 만든 가짜 동전을 가지고 소다수나 기타 자판기에서 파는 걸 꺼내 먹었습니다. 우리 손에 들어오는 건 현금으로 확보하고 우리 손에서 나가는 건 가짜로 쓴다는 게 우리의 원칙이었습니다.
한번은 댄리의 지하실에서 가짜 동전을 만들고 있는데 댄리의 아버지가 지하실로 들어오시더니 물었습니다. '너희들 뭐 하고 있니?' 뭐라고 대답했겠습니까? 학교에서 내준 실험 숙제를 한다고 했습니다.

워런은 지하실에서는 '실험'을 했지만 학교에서는 자기가 하는 사업 이야기를 즐겨 떠들어 댔다(물론 구린내가 나는 이야기는 뺐다). 그래서 고등학교가 거의 끝나갈 무렵이던 봄 학기에는 워런과 댄리가 돈을 많이 번다는 소문이 널리 퍼졌다.

다들 우리가 핀볼 기계 사업을 해서 돈을 갈퀴로 긁어모은다고 알았습니다. 아무래도 허풍을 좀 많이 쳤나 봅니다. 그래서 다들 우리 사업에 함께하고 싶어서 안달이었죠. 주식과 똑같았습니다.

그렇게 안달하던 친구들 가운데 밥 커린이라는 아이가 있었다. 워런과는 골프 팀에도 함께 있었던 열정이 많은 아이였다.[20] 워런과 돈은 다른 친구를 핀볼 사업에 끌어들일 생각은 전혀 없었다. 하지만 새로 계획하던 사업에 커린을 써먹을 생각을 했다.

시어스에서 골프공을 훔치는 건 일찌감치 그만뒀을 때죠. 하지만 워싱턴 주변에 있는 골프장의 연못에 빠진 골프공들을 건져낼 수 있지 않겠느냐는 생각을 했습니다. 우리는 연못에 직접 들어가서 골프공을 건져내는 일은 하고 싶지 않았는데, 이 일에 가장 적합한 인물을 찾아냈습니다. 바로 커린이었죠.

그들은 시나리오를 정교하게 짰다. 어떻게 보면 불법이라고도 할 수 있는 행위였지만, 앞으로 두 달만 더 있으면 졸업인데 설마 큰 문제가 되겠느냐는 게 이들의 생각이었다.

우리는 D가에 있던 잉여 군수품을 파는 가게에 갔습니다. 사일런트 세일즈 바로 옆에 있던 가게였습니다. 거기에서 방독면을 하나 샀습니다. 그리고 정원에서 쓰는 호스를 구해다가 방독면에 연결하고, 욕조에 물을 채운 뒤 얼굴을 10센티미터 깊이로 처박고 우리가 제조한 장비의 성능을 시험했습니다.

워런은 '톰 소여의 모험'이라고 불렀던 이 사업을 커린에게 이렇게 설명했다.

　이렇게 말했습니다. '이건 너한테 기회야. 우리가 하는 사업에 널 끼워주는 거라고.' 우리는 새벽 4시에 버지니아의 어떤 골프장으로 갈 것이고, 네가 그 방독면을 쓰고 연못으로 잠수해서 골프공을 건져오면 우리가 그걸 팔아 이익을 셋이서 똑같이 나눈다고 말했습니다.

　그러자 커린이 이럽디다. '내 몸이 자꾸 위로 뜰 텐데, 어떻게 내가 바닥에서 계속 버텨?' 그래서 이랬습니다. '모든 계획은 완벽하게 짜뒀어. 우리가 할 일은 이래. 네가 옷을 벗는 거야, 발가벗어야 돼, 그리고 내 〈워싱턴 포스트〉 신문 가방을 메, 그러면 우리가 그 가방에 바벨 원판 몇 개를 넣을 거야. 그러면 네가 저절로 위로 뜰 일은 없을 거야.'

　우리는 새벽같이 골프장으로 나갔죠. 커린은 내내 못 미더운 눈치였습니다. 그러자 돈 댄리가 이렇게 말했습니다.

　'우리가 실수한 적이 여태 한 번이라도 있었니? 진짜 믿어도 될 사람이 바로 우리 둘이란 말이야. 뭐, 그만두고 싶다면 그렇게 해. 하지만, 알지? 앞으로 너하고 거래할 일은 없을 거야.'

　이렇게 해서 우리는 동이 트려면 아직 먼 시각에 골프장의 연못 앞에 섰습니다. 커린이 옷을 벗었습니다. 완전히 발가벗었죠. 〈워싱턴 포스트〉 신문 가방을 메게 했습니다. 가방 안에 바벨 원판 몇 개를 넣었죠. 그리고 커린은 연못으로 들어가서 천천히 수면 아래로 내려갔습니다. 물론 커린은 자기가 뱀을 밟는지 골프공을 밟는지 혹은 또 무엇을 밟는지 전혀 몰랐습니다. 아무튼 바닥까지 내려갔는데 커린이 줄을 잡아챘습니다. 그래서 줄을 당겨서 커린을 끌어올렸습니다. 그런데 이러더군요. '아무것도 안 보여.' 그래서 이랬습니다. '보려고 하지 마, 그냥 더듬어.' 커린은 다시 내려갔습니다.

그런데 커린의 머리가 수면 아래로 내려가기 직전에 트럭 한 대가 나타났고 트럭의 남자가 우리를 봤습니다. 모래 벙커에 모래를 보충하는 작업을 하려고 온 사람이었습니다. '야, 너희 거기서 뭐 해?' 댄 리와 나는 머리를 빠르게 굴렸습니다. 그래서 이렇게 대답했죠. '예, 우리는 고등학생인데 물리 시간에 숙제로 내준 실험을 하고 있습니다!' 커린은 계속 고개만 끄덕였습니다. 얼마 뒤에 우리는 커린을 연못 밖으로 꺼냈고, 결국 모든 계획은 수포로 돌아가고 말았습니다.[21]

가여운 커린에게 무슨 일이 일어났는지, 커린이 정말 발가벗었는지는 알 수 없다. 하지만 이 일은 워런이 고등학교 시절에 했던 마지막 '톰 소여의 모험'이었다.

졸업 직전에 워런은 이미 제법 많은 재산을 모았다. 5천 달러였다 (인플레이션을 감안해서 2007년 기준으로 환산하면 약 5만 3천 달러다 – 저자). 신문을 50만 부 이상 배달하면서 힘들게 모은, 신문의 잉크 냄새가 나는 눈덩이, 그러나 번쩍거리는 5천 달러의 눈덩이였다. 이 눈덩이에 신문 배달의 눈송이가 반 이상은 들어가 있었다. 워런은 충분히 부자였지만 이 눈덩이를 더 크게 굴릴 생각이었다.

13

경마장의 법칙들

워런이 했던 데일 카네기 원칙의 행동 실험은 기본적으로 확률 게임이었다. 인간의 본성을 대상으로 한 수학적 실험이었던 것이다. 그리고 워런이 수집한 데이터는 카네기가 옳다는 가능성을 뒷받침했다.

확률 혹은 가능성을 따지는 이런 식의 사고방식은 어린 시절 찬송가 작곡가의 예상 수명을 점치던 취미의 연장이었다. 하지만 수명에 대한 그의 관심은 단순히 추상적인 의미가 아니었다. 워런이 무척이나 친밀한 애정을 느꼈던 할아버지 어니스트 버핏이 1946년 9월 예순아홉의 나이로 세상을 떠났다. 당시 워런의 가족은 오마하에서 하워드의 3선을 위해 선거 유세를 하고 있었다. 워런은 열여섯 살이었다. 친가와 외가의 할머니, 할아버지 가운데 이제 남은 사람은 노퍽 주립 병원에 있는 일흔세 살의 스텔라뿐이었다. 어니스트가 세상을 떠나기 오래전부터 워런은 자기 자신이 얼마나 오래 살지 무척 많이 생각했었다. 친가 쪽과 외가 쪽을 볼 때 멀쩡한 정신을 가지고 장수하기란 쉽지 않다는 불편한 예측이 머릿속에 자리 잡고 있었다. 하지만 확률을 따지는 일에 대한 워런의 열정은 다른 여러 분야로 확장되었다. 사실 그의 이 열정은 이미 맹아적인 형태로, 확률을 따진다는 의미 자체를 제대로 알지 못하던 먼 옛날의 어린 시절, 즉 욕조에서 공깃돌을 가지고 놀고 지나가는 자동차의 번호판을 적고 병뚜껑을 모으고 수녀들의 지문을 채취하던 어린 시절에 이미 시작되었다.

확률을 따져서 승패의 결과를 예측하는 것은 정보를 바탕으로 한다. 핵심은 다른 사람보다 더 많은 정보를 가지는 것이었다. 그다음에 이 정보를 제대로 분석하고 제대로 활용해야 한다. 워런은 이런 일을 어릴 때 '아크사벤 경마장'에서 했다. 당시 워런의 친구 밥 러셀의 어머니가 두 아이를 패리뮤추얼(주최자를 상대로 돈을 거는 게 아니라 내기에 참가하는 사람들을 상대로 돈을 거는 제도─옮긴이)의 세계로 안내했다.

워런과 러스는 아직 어려서 경마에 돈을 걸 수 없었지만, 둘 다 곧바로 경마장에서 돈을 버는 방법을 터득했다. 아크사벤의 바닥에는 톱밥이 깔려 있었는데 그 위로 담배꽁초와 버려진 맥주, 지나간 경마 일정표, 먹다 버린 핫도그 등이 널려 있었다. 그리고 이 가운데 수천 장의 마권이 버려져 있었다. 마권은 마치 깊은 산속에 낙엽 더미 위로 삐죽 솟아나온 버섯과도 같았다. 워런과 러스는 송로버섯을 찾는 사냥개처럼 이런 것들을 찾으러 다녔다.

사람들은 이 일을, 몸을 구부려서 수확물을 경작한다는 뜻으로 '구부려 일하기'라고 불렀습니다. 경마 시즌이 시작되면 영화에서 말고는 경마를 한 번도 본 적 없는 사람들이 몰려들었죠. 모든 관심이 1등에게만 모아지니까, 이 사람들은 자기가 찍은 말이 2등이나 3등으로 들어오면 배당금을 받지 못한다고 생각합니다. 그래서 마권을 휙 집어던져 버리죠. 우리는 이런 마권을 찾아다녔습니다. 또 하나 크게 대박을 터뜨릴 수 있는 기회는 우승마 결정이 번복되는 경우입니다. 이때 '이의 제기'를 뜻하는 불이 들어오죠. 하지만 자기 말이 우승을 놓쳤다는 발표를 듣고 이미 마권을 던져버린 사람들이 늘 있게 마련이거든요. 우리는 이런 대박을 찾아다녔습니다. 일을 할 때면 심지어 경주도 보지 않고 밤까지 그 일을 했습니다. 더러웠죠. 사람들이 바닥에 침을 마구 뱉었으니까요. 하지만 무척 재미있었습니다. 운 좋게 우승 마권을 찾아내면 앨리스 고모가 우리 대신 현금으로 바꿔왔습니다. 어른이 아니면 마권을 살 수 없게 되어 있었으니까요. 하지만 앨리스 고모는 경마에는 조금도 관심이 없으셨죠.

워런은 늘 경마장에 가고 싶었다. 러스의 어머니가 데려다 주지 않을 때는 아버지에게 부탁했다.

아버지는 경마장에는 절대로 가지 않으려고 하셨습니다. 경마를 믿지 않으셨거든요.

하지만 그의 부모는 집안의 괴짜이던 워런의 작은할아버지 프랭크가 워런을 경마장에 데려가는 데는 반대하지 않았다. 프랭크는 이미 오래전에 어니스트와 화해했으며 어떤 여자와 결혼한 상태였다. 버핏 가문의 사람들은 이 여자가 돈을 우려내려고 프랭크와 결혼했다며 '노다지꾼'이라고 불렀다.[1] 프랭크는 말이나 경마에 관심이 전혀 없었지만 종손자가 원하기 때문에 기꺼이 워런의 손을 잡고 나섰다.

아크사벤에서 워런은 우승마 예상지 읽는 방법을 배웠다. 이것은 워런에게 완전히 새로운 세상을 열어주었다. 우승마를 예상하는 일은 워런이 좋아하고 또 탁월하게 잘하는 두 가지 요소가 결합되어 있었다. 그것은 바로 정보를 수집하는 것과 계산하는 것이었다. 블랙잭을 할 때 이미 나온 카드를 계산해서 다음 카드를 예상하는 거나 마찬가지였다. 다른 게 있다면 우승자의 다리가 네 개고 트랙을 돈다는 것이었다. 곧 워런과 러스는 직접 우승마 예상지를 냈다. 이들은 예상지의 이름도 신중하게 지었는데, 이렇게 탄생한 이름은 '마부 소년의 선택Stable-Boy Selections'이었다.

우리는 한동안 그 예상지를 발행했죠. 베스트셀러는 못 되었습니다. 그럴 수밖에 없었죠. 어른도 아니고 소년 두 명이 지하실에서 구형 '로열' 타자기로 작업한 거니까요. 그리고 제일 문제는 먹지였습니다. 당시에는 대여섯 장 정도밖에 구할 수 없었기 때문이죠. 하지만 우리는 경마 결과를 나름대로 치밀하게 예상하고 이것을 타이프로 쳐서 예상지를 만들었습니다.

경마장에서는 고래고래 고함을 지르고 다녔죠. '여러분의 〈마부 소년의 선택〉이 왔습니다!' 하고요. 하지만 예상지 가운데서는 〈블루 시트Blue Sheet〉가 제일 인기 좋았습니다. 경마장 측에 수수료까지 내고 있던 〈블루 시트〉의 가격은 다른 예상지들보다 조금 비쌌는데, 여기에 비하면 우리 예상지는 완전히 헐값이었습니다. 그러니 〈블루 시트〉뿐만 아니라 모든 예상지들이 영향을 받았고, 이들이 압력을 넣는 바람에 〈마부 소년의 선택〉은 더 이상 발행되지 못했습니다.

가족이 워싱턴 디시로 이사했을 때 워런에게 유일하게 위안이 되었던 점은 확률을 예측하는 기술을 향상시킬 기회가 주어졌다는 사실이었다.

의회에 대해서 내가 깨달은 것 가운데 하나는, 의원이면 의회도서관을 마음대로 이용할 수 있다는 사실이었습니다. 의회도서관은 출판된 모든 것들을 구비하고 있는 데니까, 나로서는 놀라운 발견이었습니다. 그래서 워싱턴에 갔을 때 아버지에게 이렇게 말했습니다. '아빠, 부탁드릴 게 딱 하나 있어요. 의회도서관에 가서서 우승마 예상과 관련된 책을 모두 빌려주시면 안 되나요?'

그러자 아버지가 말씀하셨습니다. '이제 의원으로 당선된 사람이 맨 처음 빌려가겠다는 책이 우승마 예상 관련 서적이라면, 사람들이 이상하게 생각하지 않겠니?'

그래서 난 이렇게 말했죠. '아빠, 장터에서 아빠에게 투표해 달라고 유세하던 사람이 누구였죠? 통조림 공장 앞에서, 아빠한테 혹시 무슨 일이 생기면 경찰관에게 알릴 준비를 하고서 지켜보던 사람이 누구였죠? 얼마 뒤에 아빠는 또 재선에 나서시겠죠? 그때 내 도움이 필요하실 거 아니에요? 그러니 아빠도 나한테 도움을 주셔야죠.'

그 뒤부터 아버지는 우승마 예상에 관한 책 수백 권을 나르셨습니다.[2] 그때는 그 책을 모두 읽을 생각이었습니다. 그리고 시카고의 노스클라크가에 가서 오래된 경마 전문지 몇 달 치를 사기도 했습니다. 가격은 얼마 하지 않았습니다. 지나간 경마지를 누가 사려고 하겠습니까? 이 신문들을 읽으면서 나의 우승마 예상 능력을 날마다 시험했습니다. 전날의 자료를 파악해서 예상한 다음에, 이 예상을 다음 날 실제 있었던 결과와 비교하는 방식으로 말이죠. 이렇게 해서 습득한 모든 지식과 체계를 머릿속에 차곡차곡 쌓았습니다.

우승마를 예상하는 방식은 기본적으로 두 부류로 나눌 수 있습니다. 말의 속도를 중시하는 부류와 경주의 급을 중시하는 부류입니다. 전자는 과거에 가장 빨리 달렸던 말을 찾아냅니다. 제일 빨리 달리는 말이 우승마가 되니까요. 그런데 후자는 어떤 말이 어떤 급의 경주에서 어떤 성적을 냈느냐를 봅니다. 예를 들어서 만 달러짜리 말들과 경주해서 이긴 말은 5천 달러짜리 말들과 경주하면 반드시 이긴다고 봅니다. 말들은 딱 이길 만큼만 달린다고 하니까요.

경마에서는 이 두 가지 유형의 예상을 제대로 이해하면 돈을 땁니다. 하지만 당시에 나는 기본적으로 속도를 보고 예상하는 편이었습니다. 무엇보다 나는 숫자를 중시하는 계량주의자 소년이었으니까요.

워런은 시험을 하고 생각을 하고 또 관찰을 한 끝에 마침내 '경마장의 법칙'을 발견했다.

1. 첫 번째 경주에 돈을 걸고 나면 아무도 집으로 돌아가지 않는다.
2. 돈을 잃었을 때는 다른 방식으로 잃은 돈을 벌충할 수도 있다.

경마장은 사람들이 가진 돈을 잃을 때까지 계속 돈을 걸기를 기대한다. 우승마 예상을 훌륭하게 해내는 사람이라면 이런 법칙을 뒤집어서 돈을 따지 않을까?

시장도 경마장과 마찬가지입니다. 하지만 나는 당시 내가 생각하는 걸 정교한 이론으로 만들지 못했습니다. 아직 어렸으니까요.

워싱턴에는 돈을 걸고 내기하는 데가 널려 있었다.

아버지의 의원 사무실에 꽤 자주 가곤 했는데, '구 의사당 건물'이라 불리던 곳에서도 마권을 팔았습니다. 엘리베이터 타는 데로 가서 '새미!'라고 고함을 지르면 누가 튀어나와서 마권을 팔았으니까요.

나도 마권 판매를 좀 했습니다. 프리크니스 스테이크스(미국 경마

대회의 하나-옮긴이)나 뭐 그런 데다 돈을 걸고 싶은 사람들을 상대로 말입니다. 거기에서 떨어지는 수수료가 나는 좋았습니다. 아무런 위험을 부담하지 않고도 15퍼센트나 되었으니까요. 아버지는 어떻게든 이걸 통제하려고 애쓰셨습니다. 아버지 역시 어느 정도는 그걸 즐기셨습니다만, 그게 잘못된 방향으로 어떻게 이탈할 수 있을지는 아버지도 잘 아셨습니다.

여름 방학이 되면 워런은 오마하로 돌아가 아크사벤 경마장에 가서 마권을 주우러 다녔다. 이번에는 스튜 에릭슨과 함께 했다.[3] 워싱턴에 돌아가서는 경마장에 함께 갈 친구를 새로 찾았다. 우승마를 예상하는 기술이 자기보다 뛰어난 사람이어야 했다. 그런데 고등학교 골프 팀의 감독이었고 배가 볼록 튀어나왔으며 사업가적인 기질이 왕성했던 밥 드와이어라는 사람이 있었다. 이 사람은 방학 기간 동안 보험과 냉장고를 팔아 교사로 받는 봉급보다 더 많은 돈을 벌었다.[4] 골프 팀에 속해 있던 다른 아이들도 드와이어가 매우 거칠고 무뚝뚝했지만, 나름대로 철학과 방식을 가지고 있고 또 안경에 늘 김이 서렸음에도 불구하고 골프에 열성을 보였던 워런에게는 왠지 끌려서 무척 다정하게 대했다고 기억한다.

어느 날 워런은 드와이어에게 자기를 경마장에 데려가 달라고 부탁했다. 그러자 드와이어는 부모의 허락을 받아야 된다고 말했다.

"다음 날 아침 일찍 워런이 의기양양한 모습으로 찾아왔습니다. 손에는 어머니가 써준 메모지를 들고 말입니다. 경마장에 데려가도 된다는 내용이었죠."

그래서 드와이어는 워런이 수업에 빠질 수 있도록 그럴듯한 가짜 사유서를 만들어 줬고,[5] 두 사람은 메릴랜드의 실버 스프링에서 오는 '체사피크 앤드 오하이오 철도' 회사의 기차를 타고 웨스트버지니아의 찰스턴에 있는 경마장으로 갔다. 드와이어와 함께 경마장에 드나들면서 워런의 우승마 예상 능력은 한층 세련되게 향상되었다. 드와이어는 워런에게 가장 중요한 우승마 예상지 〈데일리 레이싱 폼Daily Racing Form〉(일간경마전적지)을 읽고 정보를 파악하는 고급 기술들을 가르쳤다.

〈데일리 레이싱 폼〉을 될 수 있으면 일찍 받은 다음 경주에 참가하는 각각의 말이 우승할 확률을 나름대로 계산했습니다. 그런 뒤에 그 예상지가 전망하는 구체적인 우승 가능성의 확률 수치를 봤습니다. 내 계산에 선입견을 배제하기 위해서 나는 이 예상지가 제시하는 각 말의 우승 확률을 절대로 먼저 보지 않았습니다. 그런데 가끔씩 내가 예상한 확률과 실제 확률이 전혀 다를 때가 있었습니다. 어떤 말이 우승할 확률을 나는 10퍼센트라고 보았지만, 이런 예상은 15퍼센트가 될 수도 있었고 1퍼센트가 될 수도 있었습니다(즉, 이 말에 따르는 배당금은 우승 확률이 6.7퍼센트밖에 되지 않는 것처럼 지불된다. 그러므로 만일 이 말이 우승하면 배당금은 이 말의 기록이 제시하는 배당금보다 50퍼센트 더 많을 수 있다. 따라서 경주에 나선 말 가운데 기록이 가장 나쁜 경주마에도 얼마든지 돈을 걸 수 있다. 확률을 놓고 비교할 때 예상 배당금이 훨씬 더 크기 때문이다-저자).

사람들이 하는 예상이 덜 정교할수록 더 낫습니다. 사람들은 기수가 쓴 모자의 색깔을 보고, 자기 생일의 숫자에 따라, 말의 이름을 보고 돈을 겁니다. 전혀 분석적인 근거를 바탕으로 하지 않는 이런 사람들을 상대로 엄청난 자료에 입각해서 돈을 건다는 점이 핵심입니다. 그래서 나는 어릴 때 경주마들이 과거에 기록한 성적을 미친 듯이 파고들어 공부했던 겁니다.

또 한 명의 친구 빌 그레이가 워런을 따라서 경마장에 몇 차례 갔다. 그는 워런보다 한 학년 아래였지만 생일은 워런보다 몇 달 빨랐다.

"워런은 숫자에 강했습니다. 말이 많았고요.[6] 무척 외향적이었습니다. 우리는 야구나 타율, 스포츠 등을 화제로 이야기를 나누었습니다.[7] 그리고 기차에서 내리는 순간, 자기가 어느 말에 돈을 걸어야 할지 알았습니다. 경마장으로 들어가서는 이 말은 너무 무거워, 혹은 이 말은 지난 몇 차례 경주에서 성적이 좋지 않았어, 또 이 말은 시간 기록이 좋지 않아 따위의 말을 했습니다. 한마디로 말하면, 경주마를 어떻게 평가해야 하는지 알고 있었던 겁니다."

워런은 6달러에서 10달러까지 걸었다. 그리고 때로는 우승마를 맞히기도 했다. 그는 자기가 예상한 가능성이 매우 높을 때만 크게 걸었다. 이거다 싶은 말이 나타나면 신문 배달을 해서 어렵게 모은 돈을 크게 왕창 거는 위험 부담도 마다하지 않았다. 다시 그레이의 말이다.

"새로운 경주들이 시작될 때마다 그는 늘 새로운 판단을 내렸습니다. 열여섯 살짜리 소년이 이렇게 행동하는 건 결코 흔히 볼 수 있는 일이 아니었죠."

한번은 워런이 혼자서 찰스턴에 갔다. 그리고 첫 번째 경주에서 돈을 잃었다. 하지만 털고 일어나서 집으로 돌아가지 않았다. 계속 돈을 걸었고 계속 잃었다. 결국 175달러나 잃었다. 주머니에는 돈이 얼마 남지 않았다.

워싱턴으로 돌아왔습니다. '핫 쇼프Hot Shoppe'에 갔죠. 그리고 제일 비싼 걸 시켰습니다. 퍼지 선대(아이스크림의 일종 – 옮긴이) 같은 것들이었는데, 남아 있던 돈을 탈탈 털어서 값을 지불했죠. 그걸 먹으면서, 경마장에서 잃은 돈을 벌충하려면 얼마나 많은 신문을 배달해야 하는지 계산했습니다. 그 돈을 모두 메우려면 한 주도 넘게 일해야 했습니다. 말도 안 되는 이유로 그런 실수를 저지르고 말았던 겁니다.

애초에 모든 경주에 돈을 걸어서는 안 되었습니다. 최악의 실수를 저질렀습니다. 돈을 잃고 나서 바로 그날 어떻게 하면 벌충할 수 있을까 생각하고 있었으니까요. 첫 번째 원칙은 첫 경주에 돈을 걸고 나면 아무도 집으로 돌아가지 않는다는 겁니다. 그리고 두 번째 원칙은 돈을 잃었을 때는 다른 방식으로 잃은 돈을 벌충할 수도 있다는 것입니다. 정말 중요한 기본 원칙입니다.

워런은 자기가 감정적으로 판단했음을 깨달았을까?

물론입니다, 뼈저리게 깨달았습니다. 그렇게 실수한 건 그게 마지막이었으니까요.

14

코끼리

필라델피아, 1947~1949년

워런은 350명 가운데 16등이라는 성적으로 고등학교를 졸업했다.[1] 그리고 졸업 앨범의 자기 사진 아래 장래 희망란에는 '주식 중개인'이라고 썼다. 워런과 댄리가 자유를 얻은 뒤에 맨 처음 한 일은 둘이 함께 가서 중고 영구차를 산 일이었다. 워런은 이 중고차를 집 앞에 주차했다. 그리고 여자와 데이트하러 나갈 때 이 차를 썼다.[2] 하워드가 집에 늦게 돌아와 영구차를 보고는 누가 주차했느냐고 묻자, 레일라는 이웃 사람 가운데 한 명이 매우 위독한데 자기 집 앞에 영구차 두는 걸 끔찍하게 싫어해서 어쩔 수 없이 거기다 주차했다고 말했다. 집 앞에 영구차 두는 문제를 둘러싼 논쟁은 그걸로 끝이었다.

댄리와 함께 영구차 사업을 하는 동안 워런은 신문 배달을 그만두고 여름 한 철 동안 임시로 〈타임스-헤럴드〉의 보급소 책임자로 일했다. 지위가 한층 높아진 셈이었다. 그리고 빠진 사람을 대신할 때는 새벽 4시에 일어나서 작은 포드 쿠페를 타고 신문을 돌렸다. 이 차는 데이비드 브라운에게서 빌린 것이었다. 브라운은 도리스에게 반한 프레더릭스버그 출신의 청년으로, 해군에 입대했다.[3] 워런은 자동차 문을 열고 일정한 속도로 달리면서 신문을 던졌다. 한 손으로 핸들을 잡고 시속 약 24킬로미터로 차를 몰면서 다른 한 손으로는 신문을 구독자의 마당에 정확하게 던졌다. 워런은 이른 시각이었기 때문에 그런 식으로 차를 몬다고 해서 심각한 사고가 일어날 위험은 거의 없었다는 말로 자신의 위험한 운전 행태를 합리화했다.[4]

배달 업무가 끝난 뒤 그는 4시 45분에 '토들 하우스(1932년 창립된, 미국의 전국적인 아침 식사점 체인 – 옮긴이)'에 가서 파프리카를 곁들인 해시브라운 2인분을 주문했다. 이게 그의 아침 식사였다. 그러고는 곧바로 두 번째 일자리로 달려갔다. 조지타운대학교 병원에 신문을 돌리는 일이었다.

나는 신부님들과 수녀님들에게 대여섯 부의 신문을 공짜로 줘야 했습니다. 그게 늘 짜증스러웠습니다. 성직에 몸담고 있는 사람들은 세속적인 일에 관심을 가져서는 안 된다고 생각했거든요. 하지만 그것도 거래의 한 부분이었죠. 아무튼 그런 다음에 방마다 돌아다니며 신문을 배달했습니다.

출산한 임산부들은 내가 병실로 들어가면 이랬습니다. '오, 워런! 돈보다 더 중요한 거 가르쳐 줄게요. 우리 아기가 몇 시에 태어났고 몸무게가 얼마였는지 가르쳐 줄 테니까 잘 들으세요. 아셨죠? 오전 8시 31분, 2.9킬로그램이에요.'

당시 워싱턴에는 '폴리시 라켓policy racket'이라는 숫자 맞히기 도박

게임이 유행했는데, 자기 아기의 탄생 시각과 몸무게의 숫자를 가지고 이 게임에 참가하라는 것이었다.[5]

워런은 현금 대신 아무짝에도 쓸모없는 정보를 받을 때마다 이를 갈았다. 성공과 실패의 확률과 기대치를 계산하고 예측하는 사람으로서 그는 단 한 번도 폴리시 라켓에 돈을 걸지 않았다. 기댓값이 터무니없이 낮았기 때문이다.

폴리시 라켓은 맞힌 사람에게 600배를 줬습니다. 단, 여기에서 수수료로 10퍼센트를 뗐습니다. 그러니까 기본적으로 1,000분의 1 확률을 맞혔을 때 1,000을 받아야 하는데 실제로는 540밖에 주지 않는다는 것이었습니다. 사람들은 1센트짜리도 걸고 10센트짜리도 걸었습니다. 만일 1센트짜리를 걸어서 맞히면 5달러 40센트를 받을 수 있었죠. 그런데 이걸 시내의 모든 사람들이 했습니다. 내가 돌리는 신문을 받아 보는 구독자들 가운데서는 나더러 '자네도 숫자 맞히기 게임 참여하나?' 하고 묻는 사람들이 많았지만, 나는 단 한 번도 그런 건 하지 않았습니다. 아마 내가 하려고 해도 아버지가 못 하게 하셨을 겁니다.

워런은 이미 라스베이거스에서도 통할 정도로 승률 측정을 정확하게 할 수 있는 수준이었다. 하지만 자기 아버지가 시도했던 것에는 절대로 돈을 걸지 않았을 것이다. 하워드는 트루먼 대통령의 거부권까지 물리친 태프트-하틀리법(정식 명칭은 노사관계법. 1935년 미국의 노동헌장이라고 일컬어지는 와그너법의 제정으로 급격하게 발전한 노동조합의 교섭권을 억제하기 위한 법-옮긴이) 의결에 찬성하는 330명의 다른 의원들 편에 섰던 것이다. 그때까지 미국에서 제정된 법안 가운데 가장 많은 논란을 일으켰던 1947년의 태프트-하틀리법은 노동조합이 구사하던 여러 가지 전술들을 엄격하게 제한했다. 이 법은 동조 파업을 불법으로 규정했으며 비상사태를 선포해서 노동자를 강제로 일터에 복귀하게 할 수 있는 권한을 대통령이 갖도록 했다. 그래서 이 법안은 의회에 상정되었을 때 '노예노동법'이라고 불리기도 했다.[6] 물론 오마하는 노동조합의 도시였다. 하지만 하워드는 자기 지역구 사람들이 원하는 대로 의결권을 행사해야 한다는 생각은 조금도 하지 않았다. 그는 오로지 자기 신념에 따라서만 투표했다.

그해 여름 버핏 가족은 오마하에 갔다. 워런은 하워드와 함께 야구 경기장을 찾았는데, 이때 그는 자기 아버지가 블루칼라 노동자들 사이에서 얼마나 인기가 없는지 실감했다.

두 경기가 연속으로 진행되었는데, 한 경기가 끝나고 다음 경기를 시작하기 전에 명사들을 소개하는 순서가 있었습니다. 이때 아버지가 소개를 받고 자리에서 일어섰는데, 모든 사람들이 아버지에게 야유를 퍼부었습니다. 아버지는 그냥 그 자리에 가만히 서 계신 채 아무 말도 하지 않으셨습니다. 아버지는 그런 식으로 당신에게 닥친 일을 처리하셨지만, 그 장면을 목격한 아들이 받은 충격이 얼마나 컸는지는 아마 상상하기 어려울 겁니다.

아주 사소한 반감조차 워런을 두려움에 떨게 만들었다. 하지만 그는 곧 아버지의 그늘에서 벗어나 제 발로 서야 했다. 열일곱 살이 다 되었지만 워런은 어린아이나 다름없었다. 한 살이 더 많았고 또 몇 년 전이었다면 그는 군인이 되어 전쟁터에 나갔어야 할 터였다.

그는 가을부터 대학교에 다닐 예정이었다. 그의 부모는 이미 오래 전부터 워런이 펜실베이니아대학교의 와튼 비즈니스 스쿨에 입학하는 걸 당연하게 여겼다.[7] 와튼 스쿨은 경영학 분야에서는 미국 최고의 학부 과정이었고, 펜실베이니아대학교는 '빚은 슬픔의 근원이다', '시간은 돈이다', '1센트를 절약하면 1센트를 번다' 따위의 수많은 금언을 만들어 낸 벤저민 프랭클린의 결과물이었다(펜실베이니아대학교의 전신인 필라델피아 아카데미를 벤저민 프랭클린이 창설했다 ─ 옮긴이). 내용적으로 보자면 두 사람 몫의 열정을 가지고 있었고 또 부두 노동자만큼 부지런했던 워런에게 펜실베이니아대학교는 더할 나위 없이 딱 들어맞는 선택이었다. 그러나 워런은 다른 생각을 하고 있었다. 군이 대학교에 갈 필요가 있느냐는 생각이었다.

나는 내가 무얼 하고 싶은지 이미 알고 있었습니다. 먹고살 수 있을 정도로 충분히 돈도 벌고 있었죠. 대학교에 간다는 것은 스스로 자기 발에 무거운 족쇄를 채우는 것이었습니다.

하지만 그는 중요한 사항을 결정할 때는 아버지의 의견을 한 번도 거역하지 않았다. 그래서 아버지의 뜻을 받아들였다.

아들이 아직 성인 행세를 할 수 있을 만큼 성숙하지 못했음을 잘 알고 있었던 그의 부모는 기숙사에서 아들과 함께 지낼 룸메이트를 고심해서 골랐다. 오마하에서부터 알고 지내던 사람의 아들이었다. 이름은 척 피터슨이었고 나이는 워런보다 다섯 살 많았으며, 18개월 동안 군 복무를 마치고 막 제대한 청년이었다. 척은 미남이고 한량이었다. 밤마다 여자를 바꾸어 가면서 만났고 술을 마셨다. 그의 부모는 순진하게도 자기 아들이 워런과 함께 있으면 행실이 나아질 거라고 믿었고, 워런의 부모는 워런이 나이가 좀 있는 척과 함께 있으면 대학 생활에 보다 잘 적응할 거라고 믿었던 것이다.

1947년 가을, 온 가족이 자동차에 타고 워런을 필라델피아로 데려갔다. 그리고 기숙사 방에 워런과 그의 너구리털 코트를 두고 나왔다.

척은 이미 기숙사에 와 있었지만 그새 데이트하러 나가고 없었다.

가족이 워싱턴으로 돌아갈 때, 워런은 척과 비슷한 학생들로 우글 거리는 교정에 서 있었다. 2차 대전에 참전했던 예비역들이 교정 곳 곳에 있었다. 이들의 현실적인 모습은, 오마하에서 워싱턴으로 이사 한 뒤로 급우들 사이에서 그가 줄곧 느껴왔던 소외감보다 한층 더 큰 소외감을 느끼게 했다. 절도 있고 바쁘고 또 사교적인 분위기의 교정에서 그의 헐렁한 티셔츠와 낡은 테니스화는 단연 눈에 띄었다. 다른 학생들은 대부분 스포츠 재킷을 입었고 반짝반짝 윤이 나는 구 두를 신었기 때문이다. 펜실베이니아대학교에는 미식축구 최강의 팀 이 있었다. 그래서 가을의 대학 생활은 미식축구 경기가 벌어지는 경 기장을 순례하면서 데이트하고 또 남학생은 남학생대로 여학생은 여학생대로 교내 클럽의 파티를 즐기는 걸로 채워졌다. 워런은 스포 츠를 좋아했다. 그러나 사회성은 한참 떨어졌다. 그래서 그는 자기 시간 대부분을 어떤 구상을 하거나 돈을 세거나 수집품을 정리하거 나 자기 방에서 음악을 연주하면서 보냈다. 펜실베이니아대학교에서 그는 1,951명이나 되는 1학년 남녀 학생들이 시시덕거리며 키스를 하고 애무를 하며 노래에 맞추어 함께 춤을 추고 맥주잔을 두드리고 럭비공을 던지고 받는 소란스러움 속에서 더욱 큰 외로움을 느껴야 했다.[8] 그는 마치 벌통 속에 들어간 나비와 같았다.

벌들은 자기들의 세계로 들어온 나비에게 어떻게 반응했을까? 누 구나 당연히 예상하는 그런 반응을 보였다. 척은 군 생활에 길들여진 깔끔함을 그대로 유지했다. 그리고 틈만 나면 구두를 닦아서 광을 냈 다. 척은 룸메이트인 워런을 처음 만났을 때 그의 칠칠치 못한 차림 새에 충격을 받았다. 그리고 곧 워런의 그런 차림새가 자기에게 범상 치 않은 어떤 결과를 초래할 것임을 깨달았다. 레일라가 하워드의 시 중을 발끝에서 머리끝까지 들었고 또 온 집안 청소를 혼자 다 했었기 때문에, 워런은 일상생활 속에서 자기 뒤치다꺼리조차 제대로 할 줄 몰랐다.

척은 워런을 처음 만난 뒤 평소처럼 사교 활동을 하고 늦게 기숙사에 들어왔다. 다음 날 아침, 일어나서 보니 룸메이트는 수업을 들으러 가고 없고 욕실이 엉망으로 어질러져 있었다. 저녁때 척은 워런에게 주의를 줬다.

"씻은 뒤에는 욕실을 깨끗하게 치워줘. 알겠지?"

"오케이, 차소(척의 애칭 – 옮긴이)."

"아침에 일어나서 보니까 전기면도기가 세면대에 그대로 있더라. 비누 거품은 사방에 붙어 있고, 수건들은 바닥 여기저기 던져져 있고…… 지옥도 그거보단 깨끗할 거야. 난 깨끗하고 깔끔한 게 좋아. 알겠어?"

워런은 그렇게 하겠다고 했다.

"오케이 차소, 오케이 차소."

다음 날 아침, 척이 일어났을 때 워런은 역시 나가고 없었다. 척은 젖은 수건들을 밟으면서 욕실로 들어가야 했다. 욕조 바닥에는 머리카락들이 달라붙어 있었다. 그리고 전기면도기가 물에 젖은 채 세면대에 담겨 있었다. 코드는 플러그에 꽂혀 있는 상태였다. 그날 저녁 척은 다시 워런에게 말했다.

"워런, 잘 들어. 저 빌어먹을 코드를 뽑으란 말이야. 누구 감전되는 거 보고 싶어? 내가 날마다 욕조 청소를 하면서 네 뒤치다꺼리를 해야겠니? 제발 지저분하게 굴지 마, 미치겠다 정말!"

"오케이 차소, 알았어."

하지만 다음 날도 욕실은 여전히 엉망이었다. 척은 자기가 한 말이 워런의 머릿속으로 하나도 들어가지 않았다는 사실을 깨달았다. 화가 머리끝까지 난 척은 행동으로 보여줘야겠다고 마음먹고, 전기면

도기의 플러그를 뽑아서 욕조에 물을 받은 다음 던져버렸다.

하지만 다음 날 아침에도 똑같은 일이 반복되었다. 워런이 새로 산 전기면도기가 플러그에 꽂힌 채 세면대에 있었다.

차소는 포기했다. 끊임없이 방 안을 돌아다니며 주변에 있는 것들은 뭐든 박자에 맞춰 두들겨 대는 천방지축과 함께 돼지우리에서 살아야 했다. 당시 워런은 앨 졸슨에게 빠져 있었고, 밤낮을 가리지 않고 그의 음반을 틀었다.[9] 그리고 끊임없이 반복해서 앨 졸슨 흉내를 냈다.

"매미, 마이 리틀 매미, 수백만 킬로미터라도 기꺼이 달려가서 당신의 미소 하나만 보면 좋아요, 마이 매미!"[10]

척은 공부를 해야 했다. 하지만 워런과 함께 쓰는 방에서는 도저히 불가능한 일이었다. 워런은 노래를 부를 시간이 남아돌았다. 그는 교과서를 많이 사지도 않았다. 게다가 산 책들도 개강하기 전에 이미 다 읽어버렸다. 잡지책을 보듯 책장을 획획 넘기면서 다 읽어치웠다. 그러고는 그 책들을 구석에 팽개쳐 두고 다시는 펴보지 않았다. 그랬기 때문에 밤늦게까지 얼마든지 〈마이 매미〉를 불러도 되었다. 척은 워런이 미쳤다고 생각했다. 워런은 자기가 아직 성숙한 어른처럼 행동하지 못한다는 걸 알고 있었다. 하지만 워런으로서도 어쩔 수 없는 것이었다.

아마 나는 그때 대학교가 아니라 어디를 가든 제대로 적응하지 못했을 겁니다. 여전히 세상과 조화를 이루지 못했습니다. 나는 다른 학생들보다 나이가 어렸고, 또 내 나이에 비해서도 많은 점에서 어렸습니다. 정말 사회성이 부족했죠.

이에 비해 척의 사회성은 활짝 피어나고 있었다. 그는 학교 안의 동아리 모임인 '알파 타우 오메가'에 가입해 있었다. 워런은 이런 데 전혀 관심이 없었지만 아버지가 대학교에 다닐 때 가입했던 단체인 '알파 시그마 파이'에 가입했다. 이 단체는 특별하다고 할 정도로 유난하지 않았지만, 워런은 신입 회원 환영식의 통과의례를 겪고는 완전히 질려버렸다. 이 단체의 비밀 좌우명은 '열정, 겸손, 용기'였다.[11] 열정과 겸손이라면 워런도 자신 있었다. 하지만 용기는 그에게 아킬레스건이었다. 신입 회원들은 '워너메이커' 백화점으로 가서 여성용 특대형 팬티와 브래지어를 사야 했는데, 워런은 속옷 매장 주변을 아주 오래 서성거린 뒤에야 키득거리는 여성 판매원 앞에 설 수 있었다.[12]

그해 가을에 레일라와 도리스는 〈커피 위드 콩그레스Coffee with Congress〉라는 워싱턴 라디오 방송국 프로그램에 출연해 워런의 상고머리와 뻐드렁니가 약간 나온 외모에 대해 앞다투어 있는 그대로 묘사했다.

진행자 말이 나온 김에, 워런은 잘생기지 않았습니까?
레일라 어릴 때는 참 잘생겼었죠. 그냥 남자다웠습니다. 잘생겼다고
       는 말할 수 없어요. 그렇다고 못생긴 건 아닙니다.
진행자 미남형인데요?
레일라 아뇨, 미남 아닙니다. 그냥 봐줄만 하죠.
진행자 젊은 여성의 눈으로 한번 보죠. 매력적인 남자 아닌가요?
도리스 (외교적으로) 좀 다부지게 생긴 면이 있죠.[13]

비록 워런의 두 손이 온갖 것들을 쉬지 않고 두들겨 대고 그의 입이 끊임없이 〈마이 매미〉를 불러댔지만, 척은 조금 얼빠진 동생으로 생각하며 워런을 좋아하게 되었다. 하지만 그래도 여전히 겨울 내내

낡아빠진 '케즈'(브랜드 이름-옮긴이) 운동화를 신고 다니는 걸 이해할수 없었다. 게다가 차려 입었을 때조차 어떤 때는 한 쪽은 갈색 신발이고 다른 한 쪽은 검은색 신발이었는데 워런은 이런 사실조차 의식하지 못하는 눈치였다. 이런 모습을 보면서 척은, 워런을 만났던 많은 사람들과 마찬가지로 워런을 돌봐줘야겠다는 충동을 느끼기 시작했다. 두 사람은 한 주에 두 번은 학생회관에서 함께 점심을 먹었다. 워런은 늘 같은 것을 주문했다. 얇게 썬 스테이크, 해시브라운, 펩시콜라 한 잔이었다. 그러다가 맥아 분유를 얹은 아이스크림 선디를 발견하고는 날마다 그걸 먹었다. 어느 날 척은 점심을 먹은 뒤에 워런을 학생회관에 이제 막 설치된 탁구대로 데리고 갔다. 워싱턴에 4년 동안 살면서 워런은 탁구를 쳐본 적이 없어서 실력이 무뎌졌던 터라, 처음에 척은 워런이 한 번도 탁구를 쳐본 적 없는 줄 알았다. 처음 두 판에서 워런은 척의 서브를 간신히 넘기기만 했다. 척은 아주 쉽게 워런을 이겼다.

하지만 워런은 그로부터 하루이틀 만에 탁구 귀신이라도 된 것처럼 탁구에 매달렸다. 아침마다 눈을 뜨자마자 학생회관으로 달려가 만만한 상대를 찾아서 때려눕히기 시작했다. 그리고 얼마 지나지 않아 날마다 오후에는 서너 시간씩 탁구를 쳤다. 척은 이제 워런의 상대가 되지 않았다. 다음은 척의 회상이다.

"펜실베이니아대학교에서 내가 워런의 첫 희생자였습니다."

탁구에 매달리면서 워런은 기숙사 방에 붙어 있을 일이 없어졌다. 음반을 틀어놓고 노래를 부를 일도 없었다. 딕분에 척은 조용한 분위기에서 공부할 수 있었다.[14]

하지만 탁구만으로는 펜실베이니아대학교의 체육 과정을 모두 통과할 수 없었다. 슈일킬강에서 하는 로잉(한 사람이 두 손으로 노 한 자루를 젓는 조정 경기-옮긴이)과 스컬(한 사람이 양손에 노를 한 자루씩 가지고 젓는 조정 경기 – 옮긴이)이 펜실베이니아대학교에서 가장 인기 있었는데, 이 두 과목을 이수해야 했다. 클럽별로 따로 마련되어 있는 화려한 색상의 보트 보관소들이 강변을 따라 줄지어 늘어서 있었다. 워런은 '베스퍼 보트 클럽'에 가입해 몸무게 68킬로그램 급의 신입생반에 들어갔다. 키잡이 한 명에 노 젓는 사람 여덟 명이 타는 종목이었다. 로잉은 워런이 좋아했던 역도, 농구, 골프, 탁구, 어린 시절 즐겼던 볼로볼과 마찬가지로 리듬에 맞추어서 반복적인 동작을 필요로 했다. 하지만 로잉은 단체 경기였다. 워런은 코트가 아니라 주차장에서 농구를 했다. 혼자서 할 수 있었기 때문이다. 그는 단체 경기에서 제대로 잘 한 적이 한 번도 없었다. 심지어 파트너와 짝을 이루어서 춤을 추는 것도 배우지 못했다. 그는 자기가 관여했던 모든 사업 혹은 위험한 행동에서 언제나 지휘만 했다. 다른 사람과 동일한 자격으로 전체의 한 부분을 맡아서 무언가를 해본 적이 한 번도 없었다.

끔찍했죠. 조정 경기에서는 절대로 농땡이를 부릴 수 없습니다. 다른 사람들과 정확하게 박자를 맞추어서 노를 물에 넣고 저어야 합니다. 아무리 지쳐도 다른 사람들과 보조를 맞추어야 합니다. 모든 동작이 딱딱 맞아야 하니까요. 정말이지 사람을 녹초로 만들어 놓는 운동입니다.

워런은 다른 종류의 팀을 찾았다. 한편 그는 척이 자기와 함께 중고 골프공 파는 사업을 하면 좋겠다고 생각했다. 하지만 척은 공부를 하고 또 사람들과 어울려야 했기 때문에 시간을 낼 수 없었다. 워런은 척에게 핀볼 사업을 함께하자는 제안도 했다. 척의 돈이나 노동이 필요한 게 아니었다. 워런의 제안에서 척이 해야 할 역할은 분명하지 않았다. 퍼레이드 행렬의 선두 악대차와 같았던 워런에게는 자기가 하는 사업 이야기를 늘 그리고 끊임없이 들어줄 누군가가 필요했다. 만일 척이 그의 동업자가 되어준다면, 척이 워런의 세상의 한 부분이 된다는 뜻이었다.

그는 늘 톰 소여의 모험을 톰 소여처럼 주도적으로 해왔었지만 척에게는 통하지 않았다. 하지만 그는 여전히 척이 친구가 되어주길, 사업을 함께하는 동업자가 되어주길 바랐다. 워런은 척을 워싱턴으로 초대했다. 레일라는 척이 자기가 권하는 음식을 뭐든 가리지 않고 먹는 모습을 보고는 깜짝 놀랐다. 척은 심지어 오트밀까지 먹었다. 이런 척에게 레일라는 하소연했다.

"워런은 이건 안 먹으려고 해, 저것도 그렇고. 늘 좋아하는 것만 먹으려 하고 그것만 해달라고 하지."

척은 워런이 자기 어머니를 그렇게 잘 길들였다는 사실이 무척 재미있었다.

척이 보기에 워런은 미성숙한 소년과 뛰어난 천재를 합쳐 놓은 존재 같았다. 워런은 대부분의 수업에서 교수가 하는 말을 그 즉시 암기해 버렸다.[15] 수업 시간에 교수가 교과서를 인용하여 말한 대목에서 실수한 부분은 무엇인지, 교과서 몇 쪽, 몇째 줄 내용을 그 즉시 인용하여 자기 기억력을 과시하기도 했다.[16] 한번은 이런 지적을 하기도 했다.

"교수님, 쉼표를 빼먹으셨네요."[17]

회계학 시험을 칠 때는 시험 감독관이 2백 명 넘는 학생들에게 문제지를 다 나눠주기도 전에 워런은 자리에서 일어나 시험지를 제출하고 나갔다. 벌써 문제를 다 풀었던 것이다. 조금 떨어진 자리에서 이 모습을 본 척은 경악했다. 와튼은 만만한 데가 아니었다. 전체에서 4분의 1이 낙제하는 곳이었다. 하지만 워런은 전혀 힘들이지 않고 이 경쟁을 통과했던 것이다. 두 손으로 주변의 물건들을 두드리면서 밤늦게까지 마이 리틀 매미 어쩌고 노래를 불러대면서 말이다.

척은 워런을 좋아했다. 하지만 워런을 감당할 수 없었다.

가버렸습니다. 어느 날 아침에 일어나 보니 척이 가고 없더라고요.[18]

그해 여름에 학기가 끝난 뒤 워런은, 워싱턴으로 돌아가는 게 즐거울 거라는 생각은 단 한 번도 하지 않았지만 워싱턴으로 돌아갔다. 레일라는 하워드의 재선 운동을 하러 오마하에 가 있었다. 부모의 간섭에서 온전하게 벗어난 적이 거의 없었던 세 아이들은 부모가 없는 여름 동안 마음껏 자유를 누렸다. 버티는 어린이 캠프의 보조 교사를 했다. 도리스는 '가핑클' 백화점에서 아르바이트를 했는데, 그녀는 이 백화점이 구직란에 종교를 적도록 요구하며 흑인은 1층에서만 쇼핑하도록 제한한다는 사실을 알고는 충격을 받았다. 1층에는 옷 매장도 없었다.[19]

당시 워싱턴은 미국에서 인종 차별이 가장 심한 도시였다. 흑인은 전차 운전사나 차장으로 일할 수도 없었다. 오로지 사람들이 가장 기피하는 일들만 허락되었다. YMCA 건물에도 들어갈 수 없었고, 시내 대부분의 식당에서 음식을 사먹을 수도 없었으며, 호텔에서 방을 빌릴 수도 없었고 영화관에서 영화를 볼 수도 없었다. 검은색 피부를 가진 외국의 외교관들은 반드시 백인 수행원을 대동해야 했고, 전 세계 어느 곳에서도 찾아볼 수 없는 지역주의에 당황해야 했다. 한 외국인 방문객은 심지어 이런 말까지 했다.

"나더러 워싱턴에서 흑인으로 살라고 하면, 차라리 힌두교 카스트 제도의 불가촉천민이 되겠다."[20]

〈워싱턴 포스트〉를 두고 일부 우익 인사들은 '시 외곽의 부유층 지역의 공산주의 선전지'라고 했는데, 이 신문이 한동안 인종 차별주의를 상대로 성전을 수행하고 있었기 때문이다.[21] 한편 트루먼 대통령은 군대 내에서의 인종 차별 철폐를 선언하고 인권 개혁 조치들을 추진하고 있었다. 하지만 변화의 속도는 느렸다.

자유주의 성향의 〈워싱턴 포스트〉를 읽지 않았던 워런은 워싱턴에서 벌어지던 인종 차별에 대해서는 거의 관심이 없었다. 그는 아직 잘 알지 못했고 또 아직 덜 성숙했다. 그저 자기의 증권과 사업과 모험에만 빠져 있을 뿐이었다. 그는 그해 여름 다시 보수적인 신문 〈타임스-헤럴드〉의 임시 보급 책임자가 되어 신문 배달 일을 했다. 그는 여전히 빌린 포드 자동차를 가지고 있었으며, 신문 배달 담당자 가운데 결원이 생기면 예전에 그랬듯이 일정한 속도로 달리면서 한 손으로는 자동차 핸들을 잡고 다른 한 손으로는 신문을 구독자의 마당에 던져 넣는 달인의 솜씨를 다시 한번 과시했다. 돈 댄리와도 다시 만났다. 두 사람은 사람들의 이목을 끌 새로운 방법으로 소방차를 사려고 했다. 하지만 이 생각을 버리고 1928년식 스프링필드 롤스로이스 팬텀 I 브루스터 쿠페를 350달러에 샀다. 볼티모어의 한 고물 수집장에서 찾아낸 자동차였다. 회색이었고 링컨 콘티넨털보다 더 무거웠으며, 작은 꽃병들로 장식되어 있었다. 시트는 앞쪽과 뒤쪽 2열이어서, 뒷자리의 숙녀 혹은 사장은 운전사가 자동차를 얼마나 빨리 모는지 살필 수 있었다. 그런데 한 가지 문제는 시동 장치가 고장 났다는 점이었다. 그래서 돈과 워런은 번갈아 가면서 시동이 걸릴 때까지 자동차를 밀어야 했다. 일단 시동이 걸리면 차를 밀던 사람은 잽싸게 뛰어서 올라탔고, 두 사람은 시속 90킬로미터 속도로 달려서 워싱턴으로 돌아왔다. 연기가 심하게 났고 기름이 샜으며 꼬리등도 깨졌고 번호판도 없었다. 그래서 도중에 경찰관에게 붙잡혔다. 하지만 워런이 경찰관이 질려서 나가떨어질 때까지 '끊임없이 말하고 말하고 또 말한 덕분에' 마침내 딱지도 떼이지 않고 무사히 벗어났다.[22]

두 사람은 이 자동차를 워런의 집 아래에 있는 차고에 주차해 두고 고치기 시작했다. 그러자 온 집에 역한 냄새가 나는 연기가 들어찼다. 그 바람에 어쩔 수 없이, 차를 고칠 때는 집의 주차장길이 도로로 이어지는 부분에 세워 두고 작업했다. 두 사람은 토요일마다 이 작업을 했다. 도리스의 증언에 따르면 '댄리가 거의 다 맡아서 했다.' 파이프를 손보고 용접하는 일은 거의 다 댄리가 했고, '워런은 이 모습을 감탄하며 지켜보았고 열심히 하라고 격려만 했다'.

마지막으로 이 자동차에 색칠할 일이 남았다. 댄리와 그의 여자 친구 노마 서스턴은 '패드오페인트'(브랜드 이름 – 옮긴이)를 사다가 스펀지에 묻혀서 차에 바르기 시작했다. 자동차의 색깔은 감청색이었다. 다들 멋지다고 생각했다.[23] 이런 소문이 주변에 자연스럽게 퍼졌고, 두 사람은 이 자동차를 한 번에 35달러씩 받고 빌려줬다.

그때 워런에게 또 하나의 아이디어가 떠올랐다. 자동차를 가지고 쇼를 한 번 하고 싶었던 것이다. 댄리는 운전기사처럼 차려입고 워런은 예의 그 너구리털 코트를 입었다. 이런 차림으로 두 사람은 백금색 머리카락을 휘날리는 노마를 태운 자동차를 밀어서 시동을 건 다음 시내로 갔다. 댄리가 보닛을 열고 자동차를 수리하는 척하는 동안 워런은 지팡이로 이것저것 지시하고 노마는 마치 영화배우처럼 자동차에 기대서 포즈를 취했다. 다음은 노마의 말이다.

"그건 워런의 아이디어였지요. 워런은 상당히 연극적이었습니다. 얼마나 많은 사람이 우리를 구경하나 궁금했던 겁니다."

노마는 워런이 고등학교 시절에 단 한 번도 여자아이와 제대로 데이트한 적이 없다는 걸 알고는 여자아이를 소개시켜 주기로 했다. 그래서 자기 사촌이던 보비 월리를 만나게 했다. 워런과 보비는 그해 여름 함께 영화를 보고 브리지 게임을 하며 보냈다. 하지만 이 와중에도 워런은 수없이 이어지던 골치 아픈 수수께끼들로 보비의 머리

를 복잡하게 만들었다.[24]

가을이 오자 워런은 보비를 뒤로하고 펜실베이니아대학교로 돌아갔다. 이제 열여덟 살의 2학년 학생이었다. 이제 그의 룸메이트는 두 명이었다. 워런과 마찬가지로 알파 시그마 파이 회원이던 클라이드 레이하드와 두 사람에게 할당된 신입생 조지 오에스만이었다. 한 해 전에 워런은 클라이드를 꼬드겨서 그를 앞세우고 또 한 차례 톰 소여의 모험인 새로운 사업을 시도한 적이 있었는데, 비록 사업은 유야무야되고 말았지만 그 일로 두 사람은 친해졌다.

워런은 1학년 때와 달라진 게 별로 없었다. 하지만 워런은 척 피터슨과 공유했던 것보다 훨씬 더 많은 것을 클라이드와 공유했다. 클라이드는 워런의 테니스화와 티셔츠, 더러운 카키색 바지를 보면서 즐거워했다. 그리고 워런이 성적을 가지고 놀려댈 때도 동요되지 않고 잘 받아들였다. 클라이드는 이렇게 말한다.

"비록 그는 나를 더 똑똑하게 만들지는 않았지만, 내가 가지고 있는 것을 보다 효율적으로 활용하는 법을 가르쳐 주었죠."

사실 워런은 자기가 가지고 있는 것을 효율적으로 활용하는 데는 도사였다. 그는 아침에 일찍 일어나 기숙사에서 아침으로 치킨 샐러드를 먹었다. 그리고 곧바로 수업을 들으러 갔다.[25] 1학년 때는 학교 수업이 재미없어서 지겨워했었는데, 2학년 때 마침내 마음에 드는 과목 하나를 발견했다. 호켄베리 교수의 〈산업 기초〉였다. 그건 다양한 산업에 대해 알아보고 경영의 기초를 공부하는 강좌였다.

직물 산업, 철강 산업, 석유 산업 등 나는 지금도 그 책을 기억합니다. 거기에서 많은 걸 배웠습니다. 석유 산업에서의 포집 법칙, 철강 산업에서의 베세머 제강법 등을 놓고 이야기하던 게 생생합니다. 나는 그 책을 읽고 또 읽었습니다. 정말 흥미진진했습니다.

하지만 워런과 호켄베리 교수의 강의를 함께 들었던 공부벌레 스위트메이트(기숙사에서 방 두 개가 하나로 붙어 있는 단위를 스위트라고 한다-옮긴이) 해리 베자는 자신이 땀흘려 노력하는 데 비해 워런이 별로 힘들이지 않고 강의를 따라가는 걸 보고 억울해했다.[26]

커텔도 교수가 강의했던 상법 과목에서도 그랬다.

이 교수님은 매우 정밀한 분이셨습니다. 판례 하나를 매우 길게 설명하셨습니다. 나는 지금도 해들리 대 백센데일 사건, 켐블 대 파렌 사건을 기억할 수 있습니다. 그래서 나도 시험 때 교수님이 말씀하셨던 것과 똑같이 썼고, 교수님은 무척 좋아하셨죠. 답안지에 강의 시간에 했던 말들을 적용이 가능하거나 말거나 상관하지 않고 그대로 인용해서 썼습니다. 교수님은 모두 다 좋다고 하셨죠.

비범한 암기력이 있었기에 워런은 학과 수업을 따라가면서도 자기가 하고 싶은 걸 자유롭게 할 수 있었다. 점심시간에는 알파 시그마 파이 회관에 들렀다. 이 회관은 나선형 계단이 있는 3층짜리 건물이었는데, 여기에서 잡일을 하던 흑인 켈슨은 흰색 재킷을 입고 요리도 하고 청소도 하면서 이 회관에 품위를 더했다. 회관 한쪽에서는 브리지 게임이 스물네 시간 계속되었는데, 워런도 거기에 끼여서 몇 차례 게임을 하기도 했다.[27] 하지만 워런의 짓궂은 장난은 여기에서도 여전히 계속되었다. 그는 때로 알파 시그마 파이 회원 가운데 한 명이던 레니 파리나를 길거리로 데리고 나가서 그의 지갑을 훔치는 시늉을 하거나 그의 신발을 닦아주는 시늉을 해서 사람들의 주목을 받는 장면을 사진으로 찍기도 했다.[28]

한편, 고등학교 때 불쌍한 커린을 발가벗기고 방독면을 씌워서 연못 속으로 들어가게 했던 것과 비슷한 장난도 이어졌다. 워런과 클라이드는 신입생이던 룸메이트 조지에게 "지쳐 보이고 작고 연약해서 근육을 빵빵하게 키우지 않으면 여학생들한테 인기를 얻기는 글렀다"고 했다. 그래서 결국 조지가 바벨을 사서 자기들도 쓸 수 있게 만들었다.

그리고 우리는 아래층에서 해리 베자가 공부할 때 이 바벨을 일부러 콰당탕 소리가 나게 떨어뜨리곤 했습니다. 바벨을 바닥에 내리치고 놀래키면서 즐거워했었죠.[29]

하지만 워런은 대학교에 들어가서부터 강한 남자가 되겠다는 생각을 포기하기 시작했다.

얼마 뒤 나는 내 근골로는 안 되겠다고 판단했습니다. 내 쇄골은 그다지 길지 않았습니다. 어깨가 얼마나 딱 벌어질 수 있느냐는 두 쇄골의 길이에 달려 있는 거 아닙니까. 그런데 쇄골이 그렇게 짧으니 뭐 별수없죠. 근육을 키우려는 생각을 포기한 것도 바로 그 때문입니다. 그래서 설령 여자 같은 근육이라 하더라도 어쩔 수 없이 지옥까지 그걸 가지고 갈 수밖에 없다고 판단했습니다.

근육이 여자 같은 남자는 여학생들에게 인기가 없었다. 워런은 펜실베이니아대학교에 복귀한 뒤로 단 한 번도 여학생과 데이트한 적이 없었다. 토요일이면 미식축구 경기를 앞둔 오찬 파티가 열렸고, 경기가 끝난 뒤에는 또 칵테일파티가 벌어졌으며, 댄스파티도 있었다. 워런은 보비 월리에게 편지를 보냈다. 주말에 와달라는 말과 함께 그녀를 사랑한다고 썼다. 보비는 워런을 좋아했다. 그래서 워런의 편지를 받고 감동했다. 하지만 자기감정을 있는 그대로 답장에 실어서 보내지 않았다. 보비는 주말을 워런과 함께 즐길 수도 있었지만 그렇게 하지 않았다. 그를 꾀어내는 게 어쩐지 잘못된 일이라고 여겼기 때문이다.[30]

워런은 브린마워대학에 다니던 앤 벡이라는 여학생과 한 차례 데이트를 했다. 그녀는 워싱턴으로 이주한 직후에 자기 아버지의 빵 가게에서 일했었는데, 그때 워런은 8학년이었고 앤은 '긴 금발머리의 그저 작은 소녀'였었다. 앤은 고등학교에 다닐 때부터 부끄러움이 많기로 소문이 자자하던 인물이었다. 그런데 워런 역시 이성 앞에서의 부끄러움이 둘째가라면 서러워할 정도였으니, 두 사람의 데이트는 그야말로 부끄러움의 경연장이었다. 두 사람은 어색한 침묵 속에서 필라델피아 시내를 터벅터벅 걸었다.[31]

아마 우리는 미국에서 가장 부끄러움이 많았던 사람이었을 겁니다.

워런은 이야기를 어디서 어떻게 시작하고 풀어나가야 할지 전혀 몰랐다. 이런 상황에서 스트레스를 받으면 그는 이야기를 풀어나가기는커녕 오히려 툴툴거렸다.[32]

때로 워런과 클라이드는 빌려서 타던 워런의 포드 쿠페를 타고 멀리 외곽까지 영화를 보러 다니기도 했다. 미라나 프랑켄슈타인, 뱀파이어 등 무서운 영화면 뭐든 다 좋았다.[33] 당시에는 자동차를 몰고 다니는 대학생이 거의 없었으므로 워런의 이런 모습에 알파 시그마 파이의 친구들은 강렬한 인상을 받았다.[34] 그런데 역설적이게도, 여학생을 태우고 데이트할 수 있는 자동차가 있었지만, 그 차에 태울 여학생이 워런에게는 한 명도 없었다. 그는 'IVY 무도회' 따위에는 아예 얼씬도 하지 않았다. 알파 시그마 파이는 일요일마다 차를 곁들인 무도회를 열었지만 여기에도 언제나 빠졌다.[35] 누가 음담패설을 할라치면 얼굴이 빨개져서 고개를 숙이곤 했다.³⁶ 이런 이야기가 흥건하게 오가고 대학교 응원가인 〈하이볼을 마셔라Drink a Highball〉를 부르는 그런 파티에서 그는 안절부절못했다(하이볼은 위스키에 소다수를 넣고 얼음덩이를 넣은 음료다 - 옮긴이).

나도 술을 마시려고 노력했죠. 내가 내는 회비의 반이 이런 파티에서 쓰는 술값으로 지불되었으니까요. 사기당하고 있다는 느낌도 들었고요. 하지만 그냥 술맛이 싫었습니다. 나는 맥주도 좋아하지 않습니다. 그리고 술을 마시지 않고도 얼마든지 실없는 행동을 할 수 있어요. 내가 거기 다른 친구들과 함께 있었다는 게 중요합니다. 나도 실없이 행동했지만, 거기에 술은 아무런 영향도 끼치지 않았다는 말입니다.

팔짱을 껴줄 여학생 한 명 없이, 손에 술잔을 들지도 않은 채 워런은 종종 남학생 클럽의 토요일 밤 파티에 나타났다. 그는 구석 자리에 앉아서 주식시장 강의로 제법 많은 사람들의 관심을 끌어모을 수 있었다. 그는 위트 있고 사람들의 이목을 끄는 말재주가 있었다. 알파 시그마 파이 회원들은 돈이나 사업과 관련된 이야기면 무조건 그의 의견을 따랐다. 그들은 정치와 관련해서 그가 가지고 있는 심오한 지식을, 비록 한쪽으로 치우친 지식이긴 했지만, 존경했다. 그들은 워런에게 정치적인 성향이 있다고 판단해 '상원의원'이라는 별명을 붙였다.³⁷

워런은 공화당 청년회의 회원이 되었다. 신입생 때 우연하게도 어떤 여학생에게 반했는데, 그 여학생이 그 단체 회원이라 엉겁결에 가입했었다. 워런은 그 여학생의 남자친구가 되길 바랐지만 목적을 이루지 못하고, 2학년 때 그 단체의 회장이 되었다. 마침 정치적으로 짜릿한 흥분이 교차하던 때였다. 가을에 대통령 선거가 있었던 것이다. 1948년에 공화당은, 프랭클린 D. 루스벨트가 사망한 뒤 대통령직을 물려받았던 허약한 현직 대통령 해리 트루먼 대신 토머스 E. 듀이를 대통령 후보로 밀었다.

버핏 집안 사람들은 트루먼을 점점 더 미워했다. 비록 트루먼이 소위 '트루먼 독트린'으로 공산주의의 확장을 막으려고 했지만, 하워드와 같은 수많은 보수주의자들은 트루먼이 국방부 장관이던 조지 C. 마셜과 함께 소련의 지배자 스탈린과 '한통속으로 놀아난다'고 보았던 것이다.[38] 게다가 트루먼은 마셜 플랜을 이행했다. 2차 대전 뒤 식량 1,800만 톤을 유럽으로 보냈던 것이다. 이 결정이 의회에서 내려질 당시 하워드는 반대표를 던졌다. 당시 반대표를 던진 사람은 모두 일흔네 명이었다. 마셜 플랜이라는 것이 또 하나의 '쥐구멍 작전'이며 민주당이 미국의 경제를 망치고 있다고 확신했던 하워드는 딸들에게 줄 금팔찌들을 사기 시작했다. 분명히 달러가 휴지 조각이 될 날이 온다고 보았고, 그날이 올 때 딸들의 금팔찌들은 중요한 재산이 될 거라고 생각했던 것이다.

하워드는 그해에 네 번째 임기에 도전했다. 비록 워런은 '노예노동법'인 태프트-하틀리법에 찬성표를 던진 뒤 지역구 사람들에게 야유를 받던 모습을 직접 목격하긴 했지만, 그럼에도 불구하고 다른 가족들과 마찬가지로 하워드가 무난하게 다시 당선될 것이라고 생각했다. 하지만 하워드는 처음으로, 자기의 당선 여부는 선거본부장 손에 달려 있다고 보았다. 선거본부장은 가족끼리도 서로 잘 알고 지내던 윌리엄 톰슨이었다. 오마하에서 유명하고 또 존경받던 톰슨은 그 도시의 성향을 잘 알았고 또 그 성향을 자극할 줄 아는 유능한 심리학자였다. 선거 유세가 진행되면서 점점 오마하 사람들은 하워드에게 다가와서 이렇게 말하기 시작했다.

"축하해요, 하워드. 다시 당선되셨군요. 당신을 지지했어요."

마치 선거가 끝나고 개표까지 끝난 것 같았다.

듀이 역시 낙승할 것처럼 보였다. 여론 조사 결과는 트루먼이 한참 뒤처진 걸로 나왔다. 차이가 너무 많이 나서 여론 조사 기관인 '로퍼'는 여론 조사를 더 하지도 않았다. 하지만 트루먼은 이런 결과를 무시했다. 그리고 여러 달 동안 기차를 타고 전국을 누비며 유세하면서 일반건강보험, 폭넓은 인권 법안, 태프트-하틀리법 철폐 등을 내용으로 하는 소위 '페어 딜Fair Deal' 정책을 선전했다. 트루먼은 오마하에서도 기차를 세우고 가두 행진을 벌이며, 자기가 질 것이라고 보도한 신문 기사를 마치 읽은 적도 없는 사람처럼 기념공원의 제막식을 했다.[39]

선거일이 다가오자 워런은 자기 아버지와 듀이의 승리를 들뜬 마음으로 고대하며, 11월 3일에 우드랜드가를 따라서 코끼리를 타고 행진하기로 필라델피아 동물원 측과 계약을 했다(코끼리는 공화당의 상징 동물이다-옮긴이). 워런은 자기가 벌일 이 행동이 마치 한니발이 사르데냐에 입성했던 승리의 행진이 될 것이라고 상상했다.

하지만 선거 다음 날, 워런은 코끼리 행진 행사를 취소해야 했다. 공화당 후보이던 듀이가 트루먼에게 무릎을 꿇었을 뿐만 아니라 자기 아버지도 졌던 것이다. 유권자들은 하워드 버핏을 의회 바깥으로 끌어냈다.

나는 한 번도 코끼리를 타본 적이 없었습니다. 그날 처음 타보려고 했지요. 하지만 트루먼이 듀이를 이기던 날 코끼리는 아무 쓸모가 없어져 버렸습니다. 그리고 아버지도 네 번 만에 처음으로 낙선의 쓴잔을 마셨습니다. 정말 더러운 날이었지요.

두 달 뒤, 하워드의 임기가 끝나고 버핏 가족이 워싱턴을 떠나기 며칠 전 워런의 작은할아버지 프랭크가 사망했다. 프랭크는 워런이 아직 어린 소년일 때 주식 거래 중개회사 '해리스 업햄 앤드 컴퍼니' 객장에서 주가가 내려가고 있는 주식은 뭐든 "그거 0달러 간다"라고 외쳤었다. 그리고 프랭크의 유언장이 공개되면서 드러난 사실이지만, 그는 정부가 발행한 채권 외에는 아무것도 가지고 있지 않았다.[40] '노다지꾼'이라 불렸던 아내보다 더 오래 산 프랭크는, 만일 자기가 맡긴 국채가 만기가 되더라도 다시 전액을 국채에 재투자하도록 유언장을 통해 엄격하게 규정했다. 마치 조카이자 수탁인인 하워드를 설득하려는 듯, 오로지 국채만이 유일하게 최후의 심판 앞에 안전한 투자 대상임을 설교하는 〈백스터의 편지Baxter's Letter〉 정기 구독 신청을 여러 가족들 앞으로 해놓았다. 프랭크는 내세에 평화를 얻으려고 했다. 그때까지 살았던 버핏 가문 사람들 가운데 유일하게, 무덤에 묻힌 뒤에 자기 의견과 영향력이 가족들에게 파급되도록 미리 조치를 취했던 사람이다.

하지만 물론 하워드는 인플레이션을 두려워했고 정부가 발행한 채권은 휴지 조각이 되고 말 것이라고 믿었다. 그랬기 때문에 프랭크가 남긴 유언장의 단서 조항을 파기하려고 노력했다. 결국 그의 청원이 판사의 승낙을 얻었고, 그는 프랭크가 남긴 돈을 주식에 투자했다.[41]

이런 일들은 레일라가 '몇 년간의 최악의 겨울'이라고 불렀던 기간 동안에 일어났다. 눈보라가 중서부 지역을 뒤덮었고, 가축들을 살리기 위해서 여러 주 동안 주변 여러 주에서 네브래스카로 건초를 공수해야 했다.[42] 그리고 이 건초 공수 작전은 트루먼이 거둔 승리의 상징이 되었다. 하워드는 하원의원으로 재직할 당시 재산을 모으지도 못한 데다 도리스와 워런이 대학교에 다니고 이제 버티까지 대학교 입학을 앞두고 있어서 돈 버는 일이 절실했다. 하워드는 이제 예전에 두 명의 동업자 칼 포크와 조지 스클레니카와 함께 세웠던 주식 중개 회사로 돌아갔다. '버핏, 스클레니카 앤드 컴퍼니'였던 이 회사의 이름은 '버핏-포크Buffett-Falk'로 바뀌어 있었다. 그런데 하워드가 워싱턴에 머무는 동안 동업자이던 칼 포크가 고객들을 모두 관리했기 때문에 이제 와서 이 고객들을 하워드에게 나누어 주려고 하지 않았다. 하워드는 새로운 고객을 확보해야 했다. 그랬기에 얼굴을 쓰라리게 때리는 눈보라를 맞으며 오마하 거리를 돌아다녔다. 하지만 오랜 세월 오마하를 떠나 있어서 사람들은 그를 주식 중개인보다는 그가 쓴 글들로 더 많이 기억했고, 특히 그가 쓴 〈인간의 자유는 금으로 상환해 줄 수 있는 돈에 달려 있다Human Freedom Rests on Gold Redeemable Money〉와 같은 글은 그에게 극단론자라는 딱지를 붙여주었다.[43] 1949년 봄, 그는 시골로 들어가서 농가의 문을 두드리며 새로운 고객들을 찾았다.[44]

워런도 아버지의 패배로 크게 상심했다. 그래서 아버지에게 핑계를 대며 동부 연안에서 떠나겠다고 했다. 학교 생활이 지겨웠고 필라델피아가 싫었다. 필라델피아를 '더러운델피아'라고 부를 정도로 끔찍하게 싫어했다.[45]

봄 학기가 끝나자 그는 고향으로 영원히 돌아왔다. 그리고 이런 결정이 주는 안도감으로, 편지를 쓸 때는 '전(前) 와튼 스쿨의 버핏'이라고 서명했다. 그는 링컨에 있는 네브래스카대학교에서 나머지 대학 생활을 하는 게 펜실베이니아대학교에 다니는 것보다 경제적으로도 훨씬 유리하다는 말로 이런 자기 판단을 합리화했다.[46] 워런은 타고 다니던 포드 쿠페를 원래 주인이던 데이비드 브라운에게 돌려주었다. 타이어는 모두 누더기가 되어 있었다. 하지만 타이어 교체는 브라운의 몫이었다. 아직도 타이어는 배급제 대상이었기 때문이다.[47] 워런은 펜실베이니아대학교의 기념품으로 단 한 가지만을 원했다.

그런데 그 기념품은 워런과 클라이드의 공동 소유물이던 S. J. 시몬의 《당신이 브리지 게임에서 지는 이유Why You Lose at Bridge》였다. 기숙사 문을 나서면서 두 사람은 누가 이 책을 가질지를 놓고 동전을 던졌고, 워런이 이겼다.

15

면접 시험

1949년 여름 네브래스카로 돌아간 뒤 워런이 맨 처음 한 일은 신문사에 일자리를 구하는 것이었다. 〈링컨 저널Lincoln Journal〉의 시골 지역 보급 관리 책임자 자리였다. 워런은 도리스의 남자친구 트루먼 우드와 비용을 절반씩 부담해서 자동차를 한 대 샀다. 링컨에서 워런은 마음이 편했다. 오전에는 학교에 가서 수업을 듣고 오후에는 자동차를 타고 자기가 책임지고 있던 지역의 신문 배달 업무를 관리했다. 그리고 남는 시간에는 이 지방 신문 편집자들을 찾아가 사업과 정치와 언론을 화제로 대화를 나누었다. 시골의 신문 배달 소년들 관리는 만만한 일이 아니었다. 이제 상사로서 역할을 해야 했기 때문이다. 여섯 개 시골 카운티에서 쉰 명의 아이들이 '버핏 씨'에게 보고를 했다. 그런데 이들을 관리해야 하는 과제의 어려움이 무엇인지는 금방 드러났다. 비어트리스라는 작은 도시에 살던 목사의 딸이 일을 잘 해낼 것이라 판단하고 배달부로 고용했는데, 신문을 배달하는 일을 여자아이도 하는 시시한 일거리로 만들어 버린 데 대한 불만으로 비어트리스에서 세 명이나 되는 배달부가 일을 그만두었던 것이다.

워런은 그해 여름에 한동안 오마하에서 지내면서 'JC 페니' 백화점에서 남성복과 남성용 액세서리를 팔았다. 그는 다시 사기가 충천했다. 그는 우쿨렐레를 샀다. 그가 좋아하던 여자가 우쿨렐레를 연주하는 남자와 사귀었는데, 이 남자와 경쟁하기 위해서였다. 하지만 결국 그에게 남은 건 여자가 아니라 우쿨렐레뿐이었다.

하지만 JC 페니 백화점은 일하기 좋은 곳이었다. 직원들은 아침마다 지하실에서 비공식적인 단합 대회를 가졌다. 물론 근무 시간 전이었다. 싸구려 양복을 입은 워런은 우쿨렐레를 연주했고, 다른 사람들은 여기에 맞추어서 노래를 불렀다. 그런 다음에 시급 75센트의 일을 하러 매장으로 올라갔다. 그런데 크리스마스 휴가 때 백화점 측에서 워런을 불러, 신사복과 타운크래프트(JC 페니 백화점의 자체 브랜드 이름–옮긴이) 셔츠 매장에서 일하라고 했다. 좀처럼 예상하기 힘들었던 파격적인 배치였다. 프랑스 요리 전문 식당의 차림표처럼 도무지 뭐가 뭔지 알 수 없는 상품들을 보고 워런은 그 옷들을 고객에게 어떻게 설명하면 되느냐고 지배인 랜퍼드에게 물었다. 그러자 이런 대답이 돌아왔다.

"그냥 우스티드의 일종이라고만 하면 됩니다. 아무도 우스티드가 뭔지 모릅니다."

워런은 우스티드가 무엇인지 전혀 알지 못했다. 하지만 우스티드를 팔았다[우스티드(소모사〈梳毛絲〉)는 긴 양털을 줄 모양으로 늘여 꼬아서 짠 모직물이며, 주로 남자 양복감으로 쓴다–저자].

가을에 워런은 링컨의 페퍼가에 있는 가구 딸린 집으로 이사했다.

이 집을 트루먼 우드와 함께 쓰면서 네브래스카대학교에 다니기 시작했다. 여기 교수들이 펜실베이니아 교수들보다 더 마음에 들었다. 그는 여태까지 만난 교수 가운데 최고였던 레이 데인 교수가 강의하는 힘든 회계학 과목을 수강 신청했다.

그리고 그해에 워런은 골프공 사업을 재개했다. 이번에는 펜실베이니아대학교에서 사귄 친구 제리 오랜스와 동업을 했다. 워런은 오마하 기차역으로 자동차를 몰고 가서 옛날에도 골프공을 공급해 줬던 '해프 위테크'가 부친 골프공을 가져왔다.[1] 오랜스는 마치 동부 연안 지역의 독점 판매 업자처럼 행세했지만, 사실은 그게 아니었다. 워런은 예전부터 언제나 동업자로서의 권리만 인정해 주는 동업 관계를 원했다. 모험적인 사업을 할 때마다 그는 동업할 친구를 찾았다. 그리고 늘 자기가 보다 많은 지분 혹은 결정권을 가졌음은 말할 것도 없다. 그는 또한 투자도 하고 있었는데, 자동차 회사인 '카이저-프레이저Kaiser-Frazer Co.'의 주식을 공매도해야겠다는 생각을 했다. 이 회사는 1947년에 첫 번째 모델을 생산했는데, 자동차 시장에서 이 회사의 점유율은 한 해 만에 20분의 1일에서 100분의 1 이하로 줄어들었다. 워런은 아버지에게 편지를 썼다.

"만일 이런 감소 추세가 명백한 경향성이 아니라면, 저를 통계학의 깡통이라고 하셔도 됩니다."

카이저-프레이저는 처음 여섯 달 동안 800만 달러 적자를 기록했다.

"그러니 아무리 회사에서 분식 회계를 한다 하더라도 손실 규모는 더 커질 거라고 봐야 합니다."[2]

결국 워런과 하워드는 이 회사의 주식을 공매도했다.

워런은 카이저-프레이저 주식을 거래하던 크루텐든-포데스타Cruttenden-Podesta 영업장으로 가서 주식 중개인 밥 쇠너를 만났다. 쇠너는 시세판을 보더니 말했다.

"5달러네요."

워런은 자기가 그 주식을 공매도했다고 설명하고 팔 주식을 빌려 달라고 했다. 만일 예상한 대로 주식 가격이 떨어지면 떨어진 만큼 차익을 얻을 수 있었다. 워런은 카이저-프레이저가 파산할 것이라고 생각했기 때문에, 만일 5달러에 공매도했다면 나중에 주식 가격은 몇 센트밖에 되지 않을 것이므로 한 주당 거의 5달러 가까운 이득을 얻을 수 있었다. 쉬너는 새파란 애송이가 와서 시답잖은 소리를 한다고 생각했다.

"그런데 당신은 법적으로 주식을 공매도할 수 있는 나이가 안 되는 것 같은데요?"

"예, 맞습니다. 그래서 누나 이름으로 했습니다."

워런은 어째서 그 주식이 0달러가 될 것인지 설명하며 증거 자료까지 제시했다.[3] 당시의 상황을 쉬너는 다음과 같이 말한다.

"그는 나를 꼼짝 못하게 만들었습니다. 뭐라고 반박할 말이 하나도 없었으니까요."

워런은 카이저-프레이저의 주가가 자기 예상대로 떨어지길 기다렸다. 계속 기다렸다. 기다리면서 크루텐든-포데스타를 뻔질나게 드나들었다. 워런은 자기 생각대로 될 거라고 확신했다. 카이저-프레이저가 결국에는 파산하고 말 것임은 너무도 명백했다. 한편 이렇게 크루텐든-포데스타를 들락거리면서 쉬너와 친구 사이가 되었다.

1950년 봄, 대학교 생활도 3년이 지나 거의 끝나가고 있었다. 이제 여름 학기에 몇 과목만 더 들으면 졸업이었다. 그런데 그때, 여태까지 걸어왔던 길과 전혀 다른 길을 택하겠다는 결정을 내렸다. 고등학교를 졸업하면서 그는 이제 공부는 더 하지 않아도 서른다섯 살까지 백만장자가 되겠다는 목표를 달성할 수 있는 자질을 충분히 갖추었다고 생각했었다. 하지만 대학교 졸업을 앞둔 시점, 대부분의 학생이 학업을 마치고 일하려고 하던 바로 그 시점에, 워런은 일을 잠시 제쳐두려고 했다. 하버드 경영대학원에 들어가기로 마음을 굳힌 것이다. 워런은 그때까지 줄곧 학교 교육에는 별로 관심이 없었다. 자기가 아는 모든 지식은 독학으로 습득했다고 생각했다. 하지만 하버드는 그에게 두 가지 중요한 걸 제시했다. 특권과 인맥이었다. 워런은 아버지가 의회에서 내쫓기고 주식 중개인으로서의 경력도 무참하게 짓밟히는 것을 목격하면서, 이것은 모두 아버지가 이상만 생각하며 인간관계를 무시함으로써 스스로 고립되었기 때문이라고 판단했다. 이런 점에서 보자면 워런이 하버드를 선택한 것은 그다지 놀라운 일이 아니었다.

워런은 하버드가 자기를 뽑아줄 것이라고 확신했기 때문에 친구이던 '빅 제리' 오랜스에게 이런 말까지 했다.

"나를 따라서 하버드로 와."[4]

게다가 장학금까지 받을 수 있었다.

어느 날이었습니다. 〈데일리 네브래스컨〉을 읽는데, 이런 기사가 눈에 들어오더군요. '존 E. 밀러 장학금이 오늘 수여될 예정이다.[5] 지원자는 경영행정 건물 300호로 갈 것.' 장학금은 무려 500달러였습니다(적은 돈이 아니었다. 2007년 기준으로 할 때 약 4,300달러다 – 저자). 지원자가 선택한 학교가 적정한 조건을 갖춘 학교이기만 하면 되었습니다.

당장 300호로 달려갔죠. 가시 보니까 지원자는 나 혼자밖에 없었습니다. 교수 세 분이 다른 신청자가 더 오기를 기다리려고 했습니다. 그래서 나는 이렇게 말했죠. '안 됩니다! 지금이 약속했던 3시잖아요!' 그래서 내가 그 장학금을 받게 되었습니다. 별다른 힘도 들이지 않고 말입니다.

학보사로부터 뜻하지 않은 장학금을 받게 되어 마음이 든든해진 워런은 한밤중에 일어나서 시카고로 가는 기차를 탔다. 시카고에서는 하버드 경영대학원의 입학 면접시험이 기다리고 있었다. 그는 열아홉 살이었다. 평균적인 대학교 졸업생보다 두 살이 어렸다. 그리고 경영대학원생에 비하면 더 어렸다. 성적은 좋은 편이었지만 빼어난 수준은 아니었다. 3선 하원의원의 아들이었지만 하버드 입학에 도움이 될 만한 연줄은 없었다. 하워드 버핏은 누구에게 보답을 기대하며 가려운 등을 긁어준 적이 없었기 때문에, 아무리 가려워도 자기 등은 자기가 긁어야 했다. 덕분에 그의 아들도 마찬가지였다.

면접에서 좋은 인상을 주려면 오로지 주식에 대해서 자기가 가지고 있는 지식밖에 의지할 게 없었다. 여태까지의 경험으로 보자면 자기가 주식 이야기를 하기 시작하면 모든 사람들이 귀를 쫑긋 세우고 들었다. 친척들도 그랬고 교사나 교수들도 그랬고 동료 학생들도 물론 그랬다. 모든 사람들이 그가 주식에 대해서 강의하는 걸 듣고 싶어 했다.

하지만 워런은 하버드의 선발 원칙을 잘못 알았다. 하버드에서는 지도자를 뽑으려 했지 구체적인 지식으로 무장한 실무자를 뽑으려 하지 않았다. 워런이 면접 담당 교수 앞에서 자기소개를 하자 이 교수는, 단일한 주제에 대한 자신감 너머에 도사리고 있는 워런의 불안한 자의식을 포착했다.

나는 대략 열여섯 살쯤으로 보였습니다. 정서적으로는 대략 아홉 살쯤으로 보였겠죠. 하버드 졸업생이 한 10분쯤 면접을 진행하고 내 능력을 평가하더니 나를 떨어뜨렸습니다.

워런은 주식에 대한 자기 지식을 드러낼 기회조차 갖지 못했다. 면접관은 부드러운 말로 그에게 몇 년 더 지난 뒤에 더 좋은 기회가 있을 것이라고 했다. 워런은 순진하게도 그 말의 속뜻을 제대로 이해하지 못했다. 그래서 하버드에서 입학 허가를 내줄 수 없다는 내용의 통지가 집으로 날아오자 맨 먼저 머리에 떠오른 생각은 '아버지에게 뭐라고 말씀드리지?'였다.

아마 워런은 당혹스러워서 어쩔 줄 몰랐을 것이다. 하지만 하워드는 자기 아들을 나무라지 않았다. 사실 하버드라는 꿈은 워런이 꾼 것이지 하워드가 꾼 게 아니었다. 하워드는 실패에 익숙했고 패배 속에서도 끄떡없었다. 진짜 문제는 '어머니에게 뭐라고 말씀드리지?'였다.

많은 대화들이 오갔지만 사람들의 기억 속에는 그 대화 내용이 남아 있지 않았다. 하지만 나중에, 워런은 하버드에서 퇴짜맞은 게 자기 인생에서 매우 중요한 계기로 작용했다고 말했다.

낙방 소식을 접한 직후에 워런은 다른 대학원을 부지런히 알아보았다. 그런데 어느 날, 컬럼비아대학교의 소개 책자를 넘기던 중에 우연히 눈에 익은 두 사람의 이름을 보았다. 벤저민 그레이엄과 데이비드 도드였다.

나에게는 엄청난 이름들이었죠. 불과 얼마 전에도 그레이엄의 책을 통독했었지만 그 사람이 컬럼비아대학교에서 강의한다고는 생각도 하지 못했습니다.

그가 말하는 그레이엄의 책은 1949년에 출간된《현명한 투자자The Intelligent Investor》였다.[6] 조심스러운(혹은 '방어적인') 투자자와 투기적인(혹은 '모험적인') 투자자 모두에게 '실천적인 도움'을 주었던 이 책은 월스트리트의 기존 관념들을 단번에 날려버렸다. 주식시장은 '흑마술'에 의해 움직이는 게 아니라는 사실을 처음으로 일반 사람들이 이해할 수 있는 방식으로 설명했다. 노던퍼시픽 레일웨이 Northern Pacific Railway 나 아메리칸-하와이언 스팀십 컴퍼니 American-Hawaiian Steamship Company 등과 같은 실제 주식 종목들을 예로 들어서 주식의 가치를 합리적이고 수학적으로 평가하는 방법을 알기 쉽게 설명했다. 투자는 '체계적'이어야 한다고 그레이엄은 말했다.

워런은 이 책을 읽고 황홀함을 느꼈다. 워런은 여러 해 동안 시내 도서관으로 가서 주식이나 투자에 관한 책은 무엇이든 읽었었다. 많은 것들이 특정 모델들이나 모형들을 근거로 한 주식 종목 선택의 체계를 다룬 책이었다. 워런은 믿고 응용할 수 있는 '체계'를 원했었다. 그는 수학적인 모형, 즉 기술적 분석(주가와 거래량의 과거 흐름을 분석하여 미래의 주가를 예측하는 방법 – 옮긴이)에 매료되었었다.

나는 그 책들을 읽고 또 읽었습니다. 내가 가장 많이 영향을 받은 책인 가필드 드루의 책이 아니었나 싶네요. 드루는 단주(端株: 통상적인 거래 단위 미만의 주식 또는 1주 미만의 주식 – 옮긴이) 거래에 대한 중요한 책을 썼습니다.[7] 이 책을 세 번쯤 읽었습니다. 에드워즈와 맥기가 함께 쓴 책도 읽었습니다. 이 책은 기술적 분석의 성경입니다.[8] 나는 도서관에 가서 이 책들을 깡그리 읽었습니다.

하지만 《현명한 투자자》를 읽은 뒤에는 이 책을 몇 번이고 다시 읽었다. 다음은 당시에 워런과 함께 지냈던 트루먼 우드가 한 말이다. "워런은 마치 신을 찾아낸 것 같았습니다."[9]

이 책을 꼼꼼하게 읽고 또 생각하면서 워런은 직접 '가치 투자'에 나섰다. 그는 아버지와 아는 사람들을 통해서 '파커스버그 리그 앤드 릴 Parkersburg Rig & Reel'이라는 회사를 알게 되었고, 그레이엄이 제시한 여러 원칙에 입각해서 이 회사를 조사했다. 그리고 이 회사의 주식

200주를 샀다.[10]

워런이 집어 든 컬럼비아대학교 소개 책자에 따르면. 워런이 숭앙해 마지않던 저자인 벤 그레이엄이 그곳에서 강의를 하고 있었다. 그리고 데이비드 도드 역시 거기에 있었다. 도드는 경영대학원 부학장이자 재무학과 학과장이었다. 1934년에 그레이엄과 도드는 투자에 관한 독창적인 교재인《증권 분석 Security Analysis》을 출간했는데,《현명한 투자자》는《증권 분석》의 초보자용 버전인 셈이었다. 컬럼비아 경영대학원에 입학한다는 것은 그레이엄과 도드 아래에서 배운다는 뜻이었다. 게다가 컬럼비아대학교에서 공부할 때 좋은 점은 또 있었다. 다음은 워런이 들고 있던 소개 책자에 적혀 있던 내용이다.

"전 세계의 다른 어떤 대학교도 실제 사업 현장에서 벌어지는 내용들을 직접적으로 접할 수 있는 기회를 우리 대학교보다 많이 제공하지는 못할 것이다. 학생들은 미국 기업계의 뛰어난 지도자들과 개인적으로 만날 수 있다. 이 교수님들은 세미나와 회의와 학회 활동에 많은 시간을 할애한다. (……) 그리고 뉴욕의 많은 기업들도 학생들의 견학을 즐거운 마음으로 환영한다."[11]

하버드도 제공하지 못하는 매력적인 내용이었다.

워런은 컬럼비아 경영대학원에 가기로 마음먹었다. 하지만 시간이 없었다. 어쩌면 너무 늦었을지도 몰랐다.

8월에 입학 지원서를 썼습니다. 학기가 시작하려면 한 달밖에 남지 않았을 때였죠. 어쩌면 원서 접수 기한을 넘겼을지도 모릅니다. 뭐라고 썼는지는 나도 잘 모르겠습니다. 아마 이랬을 겁니다. 오마하에서 방금 소개 책자를 보았다, 데이비드 도드 교수님과 벤 그레이엄 교수님이 가르친다고 되어 있더라, 나는 두 분이 올림포스산 같은 데서 세상을 내려다보고 있는 줄 알았는데 그게 아니었더라, 만일 내가 입학하게 된다면 정말 좋겠다, 뭐 이런 내용으로요. 전통적인 방식의 판에 박힌 그런 지원서는 아니었던 것 같습니다. 아마 개인적인 내용이 굉장히 많이 들어가 있었을 겁니다.

하지만 비록 전형적인 내용에서 벗어난 것이긴 했지만 워런은 면접이라는 형식에서보다 서면 지원서를 통해서 자기를 더 잘 부각시킬 수 있었다. 이 지원서는 부학장으로서 입학 허가 결정권을 가지고 있었던 데이비드 도드의 책상 위로 올라갔다. 그는 컬럼비아대학교에서 27년 동안 강의한 뒤 1950년에 그 유명한 벤저민 그레이엄의 주니어가 되어 있었다.

환자인 아내를 돌보며 살았던, 마르고 연약해 보이고 대머리였던 도드는 장로교회 목사의 아들이었으며, 워런의 아버지 하워드보다 여덟 살 많았다. 도드가 워런이 쓴 지원서의 개인적인 특성에 어느 정도 감동받았을 것이라는 점은 분명하다. 하지만 컬럼비아대학교에서 그와 그레이엄은 자기 학생들이 얼마나 성숙한 모습을 보이는가 하는 문제보다 사업에 얼마나 큰 열정을 가지고 있느냐 하는 문제에 더 관심을 가지고 있었다는 사실이 워런의 합격 여부에 영향을 미쳤을 것이라는 점은 부정할 수 없다. 그레이엄과 도드는 지도자를 양성할 생각이 아니었다. 그들은 전문가를 양성하고 있었다.

이유야 어쨌든 간에 입학 지원서 시한을 넘겼으며 또 면접도 보지 않았지만 워런은 컬럼비아대학교로부터 합격 통지서를 받았다.

16

스트라이크 아웃!

뉴욕시티, 1950년 가을

워런은 뉴욕에 혼자 갔다. 그가 뉴욕에서 아는 사람은 외숙모 도로 시뿐이었다. 외삼촌 매리언 스탈은 사망한 지 오래였다. 어머니 같은 따뜻한 사랑을 베풀어 줄 사람은 아무도 없었다. 교수들이나 경영대 학원 학생들은 거의 모두 남자일 터였다. 펜실베이니아대학교에서는 집까지 두 시간 거리밖에 되지 않았지만 뉴욕은 너무 멀었다. 그리고 오로지 자기 혼자뿐이었다. 그리고 그의 아버지도 다시 한번 정치에 뛰어들어서 하원 입성을 노리고 있었다. 이번에는 자기가 직접 선거 운동을 지휘했다. 하지만 설령 아버지가 이긴다 하더라도 뉴욕에서 워싱턴까지는 역시 너무 멀었다.

워런은 입학 지원을 너무 늦게 한 바람에 대학교 기숙사에도 들어 갈 수 없었다. 그래서 제일 싼 방을 찾아서 YMCA에 들어갔다. 펜 역에서 멀지 않은 웨스트 34번가에 있는 YMCA의 슬론 하우스였다. 입장료가 하루에 10센트였고 방 하나를 빌리는 데는 하루에 1달러였다.[1] 워런은 돈이 없는 게 아니었다. 밀러 장학금으로 받은 500달러가 있었고, 졸업 선물 겸 담배를 피우지 않겠다는 약속에 대한 보상으로 하워드에게서 받은 2천 달러가 있었다.[2] 게다가 9,803달러 70센트를 저축하고 있었는데, 이 가운데 일부는 주식에 투자되어 있었다.[3] 또 현금 순자산이 44달러였고, 자동차에 대한 권리도 반 가지고 있었으며, '해프 위테크' 골프공 사업에도 334달러를 투자해 놓고 있었다. 하지만 워런은 자기 손 안의 1달러를 미래의 10달러로 여겼기 때문에 아무리 적은 돈이라도 낭비할 생각은 조금도 없었다. 1센트라도 그의 눈덩이를 보다 크게 불려줄 눈송이였던 것이다.

데이비드 도드의 수업 〈재무 111-112: 투자 관리와 증권 분석〉을 듣던 첫날, 관례적으로 보자면 별말이 없었어야 함에도 불구하고 도드는 자기를 매우 개인적으로 따뜻하게 맞아주었다고 워런은 회상한다. 교재는 그레이엄과 도드가 함께 저술한《증권 분석》이었고, 투자에 관한 독창적인 저서이던 이 책을 워런은 이미 거의 외우다시피 하고 있었다.[4]《증권 분석》의 공저자인 도드는 물론 그 책의 내용을 훤히 알고 있었다. 하지만 책의 구체적인 내용이나 표현에 대해서는 도드가 워런보다 더 많이 안다고 할 수 없었다.

사실 그 책에 대해서는 내가 도드보다 더 많이 알았습니다. 그 책의 어떤 부분에 있는 내용이라도 나는 인용할 수 있었거든요. 그때 나는 700~800쪽 분량의 그 책에 수록되어 있던 모든 사례를 알고 있었습니다. 완전히 달달 외울 정도였으니까요. 자기가 쓴 책을 그처럼 잘 알고 있는 독자를 앞에 둔 저자의 기분이 어땠을지는 쉽게 상상할 수 있을 겁니다.

1934년에 출간된《증권 분석》은 주식시장을 깊이 공부하려는 학생을 위한 방대한 책이었다. 이 책은 혁신적인 개념들을 상세하게 풀어 놓았는데, 이 내용은 나중에 일반 독자를 위한 축약본《현명한 투자자》로 재탄생되었다. 도드는 4년 동안 벤 그레이엄의 강의 내용과 세미나 내용을 꼼꼼하게 챙기고, 이것을 체계적으로 조직하고 자신의 기업 재무회계 지식을 가지고 각각의 사례들에 풍성한 살을 붙였다.[5] 그는 이 책의 기본 뼈대를 세웠으며, 메인 주(州)의 캐스코 만(灣)에 있는 한적한 시골 체비제 섬에 있는 자신의 여름 별장에서 골프를 하고 고등어 낚시 대회에 참가하는 틈틈이 이 원고의 교정쇄를 놓고 교정을 보았다. 그는 자기의 역할을 매우 겸손하게 다음과 같이 밝혔다.

　"천재성은 그레이엄 선생님에게서 나온 것이라네. 비범한 인물이 오랜 세월 경험한 내용이 녹아들어 있지. 그리고 선생님의 필력도 타고난 거라고 봐야 하네. 이 책에서 내가 한 역할이라고 해봐야, 선생님이 실수하셨다고 생각하는 부분에서 되지도 않게 시비를 걸고 반대편에 서서 논박을 해보는 정도였다네."[6]

　도드의 강의는 채무 불이행 철도 채권을 평가하는 것에 초점을 맞추고 있었다. 워런은 어릴 때부터 기차에 무척 집착했었다. 그리고 물론 철도 회사 '유니언 퍼시픽 레일로드'의 길고 화려한 역사 덕분에 이 회사가 파산할 당시 오마하는 실질적으로 우주의 중심이었다.[7] 워런은 산타클로스 할아버지에게 윌리엄 타운센드의《채권 판매Bond Salesmanship》[8]라는 두꺼운 책을 선물로 달라고 졸라 얻은 뒤에 이 책을 처음 읽었다. 일곱 살 때였다. 그랬기 때문에 워런은 파산한 철도 회사가 발행한 채권에 대해서는 물 만난 물고기처럼 신나게 휘젓고 다닐 수 있었다. 그러니 도드가 워런에게 비상한 관심을 기울이고, 그를 집으로 불러서 가족을 소개하고 함께 저녁을 먹었다는 사실은 전혀 놀랍지 않다. 워런은 도드로부터 아버지에게서 받는 것과 같은 애정을 받았으며, 또한 도드에게 연민을 느꼈다. 도드는 정신병을 앓는 아내를 돌보며 살고 있었기 때문이다.

강의할 때 도드는 학생들에게 자주 질문했다. 그때마다 워런은 누구보다 먼저 손을 번쩍 치켜들고 흔들었다. 매번 그는 정답을 알고 있었고, 자기 입으로 정답을 말하고 싶었으며, 관심 받는 걸 전혀 두려워하지 않았고, 또 그런 자기 모습이 우스꽝스러워 보여도 전혀 상관하지 않았다. 그렇다고 해서, 다른 학생들 앞에서 과시하려는 것은 아니었다는 게 당시 함께 강의를 들었던 사람들의 증언이다. 그는 어렸고, 열심이었으며, 아직 채 성숙하지 못했을 뿐이었다.[9]

워런과 달리 컬럼비아 경영대학원의 학생들은 대부분 주식이나 채권에는 거의 관심이 없었다. 전공 필수 과목이라 들어야 했겠지만 무척 지루했을 것이다. 남학생들의 성향은 놀라울 정도로 비슷했다.[10] 대부분 졸업한 뒤 제너럴 모터스나 IBM 혹은 U.S. 스틸 같은 곳에 취직했다.

이들 가운데 한 명이었던 밥 던은 1951학년도 입학생 가운데 가장 우수했다. 워런은 그의 인품과 지성에 감탄했으며, 그를 만나러 자주 기숙사로 찾아가곤 했다. 어느 날 오후, 던의 방 두 개짜리 스위트룸의 한 방에서 프레드 스탠백이 낮잠을 자고 있었다. 그런데 커다란 목소리가 들리는 바람에 프레드는 잠에서 깼다. 옆방에서 누가 열심히 이야기하는 소리였다. 비몽사몽간에 이 이야기를 듣던 그는, 누가 말하는지는 모르지만 무척 흥미로운 이야기라 생각하며 슬그머니 침대에서 일어나서 옆방으로 갔다. 거기에는 상고머리를 하고 옷은 지독하게 못 입은 남학생이 무지하게 빠른 속도로 지껄이고 있었다. 이 남학생은 마치 누군가가 권총으로 자기 뒤통수를 겨누고 있기라도 한 듯 머리를 앞으로 숙인 채 열변을 토하고 있었다. 스탠백은

2부 • 내면의 점수판 | 253

의자에 철푸덕 앉아서 워런의 말을 본격적으로 듣기 시작했다. 워런은 그때 자기가 발견한 저평가 주식 종목들에 대해 설명했는데, 그의 말은 상당히 권위가 있었다.

워런은 이미 주식시장에 상당히 깊이 몸을 담그고 있었음이 분명했다. 그는 '타이어 러버 컴퍼니Tyer Rubber Company'와 '사전트 앤드 컴퍼니Sargent & Co.' 같은 회사들을 포함한 작은 회사들과 어느 정도 규모가 있는 철물 도매 기업이던 '마셜-웰스Marshall-Wells' 등을 줄줄 꿰었다.[11] 스탠백은 곧바로 그의 사도가 되었다. 그는 당장 주식시장에 가서 생애 처음으로 주식을 샀다.

스탠백은 정력적인 세일즈맨의 아들이었다. 그의 아버지는 두통약 가루와 (카페인이 듬뿍 들어 있던) '즉방 흥분제SnapBack Stimulant Powders' 가루약을 T 모델 포드의 뒷자리에 싣고 다니면서 팔아 부자가 된 사람이었다.[12] 그의 아들 프레드 스탠백 주니어는 노스캐롤라이나 솔즈베리의 컨피더레이트가에서 분석적이고 내성적인 성격으로 성장했다. 그는 타고났다고 할 정도로 워런의 말에 귀를 잘 기울였다. 한 명은 말을 무지하게 빠르게 하는 갈비씨였고 또 한 명은 모래빛 금발 머리에 달콤한 목소리의 미남인 이 2인조가 함께 보내는 시간은 점점 많아졌다. 어느 날, 워런은 아이디어 하나를 생각해 냈다. 도드 교수에게 수업에 빠지고 대신 마셜-웰스의 연례 주주 총회에 참석할 수 있게 해달라고 부탁했다. 컬럼비아 입학이 결정되기 전에 그는 아버지 하워드와 함께 마셜-웰스 주식 25주를 샀던 것이다.

마셜-웰스는 미네소타의 덜루스에 있는 철물 도매 기업이었습니다. 나로서는 처음으로 참가하는 연례 주주 총회였지요. 장소는 뉴저지의 저지 시티였습니다. 주주들이 그다지 많이 참석할 것 같지는 않았습니다.

주주 총회를 바라보는 워런의 시각은 사업의 속성에 대한 그의 인식 내용에서 비롯되었다. 워런은 자기가 소유하던 소작 농장을 최근에 팔았다. 팔 때 받은 돈은 5년 전 살 때 지불했던 돈의 두 배였다. 그리고 농장을 가지고 있는 동안에도 농장에서 나온 수익 가운데 절반은 자기에게 돌아왔다. 그런데 농장을 팔아도 소작하던 사람은 농장 매각으로 발생한 현금에 대해서 아무런 권리를 주장할 수 없었다. 자본가로서 워런은 위험 부담을 안고 자본을 투자했으며, 그 결과 수익이 발생할 경우 그 수익을 모두 자기 것으로 취할 수 있었다.

　　워런은 모든 사업을 이런 방식으로 생각했다. 피고용자가 되어 어떤 사업을 함께하는 사람은 그 사업에서 발생하는 수익을 일정 부분 나누어 가지기는 하지만, 자기가 하기로 되어 있는 일에 대해서는 사업의 소유주에게 책임을 져야 했다. 그리고 사업이 번창해서 수익이 발생할 때 그 수익의 열매를 거두어 가는 사람은 그 사업의 소유주였다. 물론 피고용자가 주식을 사면 소유주가 될 수 있고 또 다른 자본가들과 함께 동업자가 될 수 있다. 그러나 아무리 주식을 많이 가진다 하더라도 고용되어 일하는 사람은 자기가 일을 얼마나 잘했는지 소유주에게 보고해야 했다. 바로 이런 보고 자리, 즉 회사의 관리자들이 조직 경영에 대한 설명을 하는 자리가 바로 주주 총회라는 게 워런의 생각이었다.

　　하지만 회사의 관리자들은 이런 생각을 거의 하지 않았다.

　　워런과 스탠백은 저지 시티로 가는 기차를 탔다. 주주 총회 장소는 '코퍼레이션 트러스트 컴퍼니Corporation Trust Company'의 2층에 있었다. 우중충한 색깔의 회의장에 두 사람이 들어섰을 때 총회를 기다리고 있던 사람은 여섯 명뿐이었다. 회사에서는 법률적인 의무를 형식적으로 대충 후다닥 해치워 버릴 생각이었다. 하지만 역설적이게도 관리자의 무관심과 주주의 태만은 오히려 워런에게 유리했다. 주주가

적게 참여하면 할수록 회사로부터 보다 더 가치 있는 정보를 얻어낼 수 있기 때문이었다.[13]

이런 정보 가운데 하나가 바로 월터 슐로스라는 사람이었다. 벤 그레이엄의 회사인 '그레이엄-뉴먼 코퍼레이션Graham-Newman Corporation'이 고용하고 있던 네 명의 직원 가운데 한 사람으로서 주급 50달러라는 적은 수입을 받고 있던 서른네 살의 남자였다.[14] 총회가 시작되자 슐로스는 경영에 관해 예리한 질문들을 퍼붓기 시작했다. 밴텀급의 자그마한 체구에 온화한 태도, 짙은색 머리카락을 가진 그는 뉴욕에 사는 유대인 이민자 집안 출신이었다. 하지만 마셜-웰스 사람들 기준으로 볼 때 슐로스의 질문은 무척 도발적이었다. 다음은 스탠백이 당시를 회상하면서 하는 말이다.

"그 사람들은 화가 좀 났습니다. 외부 사람들이 자기들의 회의에 불쑥 끼어들었다고 생각한 겁니다. 그 사람들은 자기들 회의에 다른 사람과 함께하게 한 적이 한 번도 없었습니다. 그렇게 하는 걸 좋아하지 않았던 겁니다."[15]

워런은 슐로스의 접근 방법이 마음에 쏙 들었다. 그리고 그가 그레이엄-뉴먼에서 일한다고 밝히자 워런은 마치 가족을 상봉한 듯한 반응을 보였다. 주주 총회가 끝나자마자 워런은 슐로스에게 다가가 말을 걸었다. 워런은 자기 마음에 딱 맞는 사람을 찾았다. 모으기는 어렵지만 잃기는 쉬운 게 바로 재산이라고 믿는 것도 자기와 똑같았다. 슐로스의 할아버지는 뉴욕시티의 '하모니 클럽'(1852년에 설립된 독일계 유대인 후손을 위한 클럽. 처음에는 오로지 유대인, 그것도 독일계 유대인만 출입이 가능했다-옮긴이)에서 많은 시간을 빈둥거리고 보내면서, 자기가 가지고 있던 의류 공장의 관리 특히 돈과 기록의 관리를 회계원에게 맡겨두고 있었는데, 이 회계원이 기록을 조작해서 회사의 돈을 횡령했다. 그 뒤에 그의 아버지는 동업자와 함께 라디오 공장을 세웠다. 하지만 원인이 의심스러운 화재로 공장은 라디오가 한 대 팔리기도 전에 불타버렸다. 그리고 그가 열세 살이던 때 그의 어머니는 1929년의 공황으로 모든 유산을 날려버렸다.

슐로스의 가족은 땀과 투지로 집안을 다시 일으켜 세웠다. 그의 아버지는 공장 관리자 일자리를 잡았고, 우표를 팔았다. 그는 1934년에 고등학교를 졸업한 뒤 곧바로 '포니 익스프레스Pony Express'에 취직했다. 월스트리트에서 심부름을 해주는 회사였다. 그는 월스트리트에서 여기저기 바쁘게 뛰어다니며 온갖 서신들을 전했다. 그 뒤 그는 한 증권회사의 '새장(출납 창구를 가리키는 은어 – 옮긴이)' 안에서 증권 다루는 일을 했다. 그러다가 상사에게 자기도 주식을 분석할 수 있을지 물었다. 그러자 이런 대답이 돌아왔다.

"없어."

하지만 다행히 그게 다가 아니었다.

"벤 그레이엄이라는 친구가 있어. 그 친구가 최근에 《증권 분석》이라는 책을 썼는데, 그걸 읽어봐. 그러면 다른 건 필요도 없을 거야."[16]

슐로스는 그 책을 구해서 처음부터 끝까지 한 글자도 빼지 않고 읽었다. 하지만 더 알고 싶었다. 그래서 일주일에 두 번씩 오후 5시부터 7시까지, 뉴욕 인스티튜트 오브 파이낸스NYIF에서 그레이엄이 하는 투자 관련 강의를 들었다. 그레이엄은 이 강의를 1927년부터 했었는데, 컬럼비아대학교에서 강의할 것을 염두에 두고 이 강의를 시험적으로 했던 것이다. 당시 일반 사람들은 주식에 대한 지식을 충분히 얻을 기회가 많지 않아서 강의실은 수강생들로 꽉꽉 들어찼다. 당시를 회상하면서 그레이엄은 회고록에서 다음과 같이 썼다.

"비록 나는 수강생들에게 내가 강의에서 언급하는 주식 종목은 단지 하나의 예를 든 것뿐이며 절대로 그 종목을 사라고 추천하는 것은 아니라고 경고했지만, 실제로 내가 저평가된 사례로 분석했던 종목들의 주가는 강의한 뒤에 상당히 올랐다."[17]

　그레이엄이 강의 예시로서 자기가 매입하는 주식들의 이름을 언급할 때 골드만 삭스의 수석 트레이더인 구스타프 레비와 같은 사람들은 곧바로 이 주식들을 사들임으로써 자기 회사와 자신을 부자로 만들었다. 슐로스는 그레이엄에게 워낙 깊이 매료된 나머지 우상인 벤 그레이엄과 그의 동업자인 제리 뉴먼의 직원으로 들어갔다. 이런 이야기를 들으면서 워런은 월터 슐로스에게 본능적으로 이끌렸다. 그가 하는 일이 부럽기도 했지만 그가 살아온 삶의 이력이 험난했는데도 이 어려움을 그가 끝내 이겨냈기 때문이다. 마셜-웰스 주주 총회장에서 워런은 또 다른 주주 한 사람을 보았다. 어깨까지의 몸통이 드럼통 같고 시거를 입에 물고 다니는 특징적인 외모로 금방 알아볼 수 있었던 이 사람은 바로 루이스 그린이었다. 그는 작지만 존경받는 증권 회사이던 '스트라이커 앤드 브라운Stryker & Brown'의 동업자였으며 벤 그레이엄의 여러 협력자들 가운데 한 사람이었다.[18] 그린과 그레이엄 그리고 제리 뉴먼은 만든 지 오래된 개 사료로 가득찬 창고보다 주식 가격이 더 싼 회사들을 찾아다녔다. 그리고 주식을 충분히 많이 사서 이사회에 이사진으로 이름을 올린 뒤 경영에 영향력을 행사하려 했다.

　워런은 루이스 그린을 보고 엄청나게 감동받았다. 워런은 그에게 좋은 인상을 남기고 싶어서 그와 대화를 하기 시작했다. 그리고 워런과 스탠백 그리고 그린은 뉴저지에서 함께 기차를 타고 뉴욕으로 돌아왔다. 그린은 두 대학원생에게 점심을 사주겠다고 했다.

　그것은 마치 잭팟을 터뜨리는 거나 마찬가지의 행운이었다. 워런은 그린이 자기처럼 굉장한 짠돌이라는 걸 그가 데리고 간 식당을 보고 알 수 있었다.

이 사람은 엄청나게 돈이 많았습니다만, 우리는 카페테리아나 뭐 그와 비슷한 데로 들어갔습니다.

점심을 먹으면서 그린은 여자들이 돈을 보고 애정 공세를 퍼붓는 게 어떤 것인지 설명하기 시작했다. 그는 중년이 지난 나이였는데, 이런 여자들을 제대로 다루려면 여자들의 동기에 직접적으로 맞서야 한다고 했다.

"이 틀니가 좋아? 내 대머리는 어때? 볼록 튀어나온 올챙이배는 마음에 들어?"

그린은 이런 이야기들을 재미있게 해줬다. 그러다가 갑자기 화제를 바꾸더니 불쑥 이런 질문을 던졌다.

나한테 이렇게 묻더군요. '자네는 왜 마셜-웰스를 사나?'라고요. 그래서 나는 '벤 그레이엄 교수님이 사셨으니까요'라고 대답했습니다.

그건 사실이었다. 비록 워런과 그레이엄이 만난 적은 없었지만, 그레이엄은 이미 그의 영웅이었다. 그리고 마셜-웰스를 사야겠다는 생각도 사실은 《증권 분석》에서 비롯되었기 때문에 워런은 자기가 배운 것에 대해서 신중해야 한다고 느꼈을지도 모른다.[19] 하지만 사실 그가 마셜-웰스를 산 데는 《증권 분석》에 언급되었다는 사실 외에 다른 이유가 있었다.

북아메리카에서 가장 크다고 알려진 마셜-웰스는 워낙 많은 돈을 벌어들이고 있어서 만일 이익을 주주들에게 배당한다면 배당금은 한 주에 62달러나 될 수 있었다. 이 주식은 시장에서 대략 한 주에 200달러에 거래되고 있었다. 마셜-웰스 주식을 소유한다는 것은, 200달러에서 62달러가 나오니까 31퍼센트의 이자를 보장하는 일종의 채권을 소유하는 것과 마찬가지였다. 이런 비율이라면 마셜-웰스에 1달러를 투자하면 3년 만에 거의 2달러가 된다는 말이었다. 그리고 설령 회사가 배당금을 지급하지 않는다 하더라도 주식 가격은 그만큼 또 오를 터였다.

하지만 워런은 이런 설명을 루 그린에게 전혀 하지 않았다.

'벤 그레이엄 교수님이 사셨으니까요'라고 말하자 루 그린은 나를 바라보며 이렇게 말했습니다. '원 스트라이크!' 이 말을 하면서 그가 지었던 표정은 앞으로도 영원히 못 잊을 겁니다.

문득 그의 뇌리를 스치는 생각이 있었다. '워런, 너 스스로 생각해'라는 말이 들리는 것 같았다. 워런은 바보처럼 굴었다는 생각에 부끄러웠다.

우리는 작은 카페테리아에 앉아 있었고, 나는 매우 인상적인 인물과 함께 있었습니다. 그런데 갑자기 삼진 아웃을 당한 겁니다.

워런은 이런 실수를 다시는 하고 싶지 않았고 한편 마셜-웰스와 같은 주식을 더 많이 찾아내고 싶었다. 그래서 그레이엄의 강의를 들을 날이 다가오자 워런은 벤 그레이엄의 방법, 그의 저서, 그가 특별히 투자하는 대상 그리고 그레이엄이라는 인간 자체에 대해서 찾아낼 수 있는 것은 모두 찾아내서 암기하기 시작했다. 그는 그레이엄이 가이코GEICO 이사회의 의장이라는 사실을 알고 있었다.[20] 이 회사의 주식은 《증권 분석》에 언급되어 있지 않았다. 워런은 《무디스 투자 매뉴얼 Moody's Manual of Investment》을 꼼꼼하게 살펴본 끝에 그레이엄-뉴먼 코퍼레이션이 가이코의 지분을 51퍼센트 소유하고 있었으며, 최

근에야 주주들에게 그 주식을 내쳤다는 사실을 알아냈다.[21]

가이코가 어떤 회사지? 워런은 궁금했다. 그래서 어느 추운 겨울 토요일 아침 워싱턴 디시로 가는 첫 기차를 타고 가이코 본사를 찾아갔다. 아무도 없었다. 문을 두드리자 경비원이 나왔다. 워런은 가이코가 하는 사업에 대해서 자기에게 설명해 줄 사람이 없느냐고 최대한 공손하게 물었다. 자기가 벤 그레이엄에게서 배우는 학생이라는 말도 잊지 않고 했다.

경비원은 재무 담당 부사장이던 로리머 데이비드슨의 사무실로 갔다. 그는 일하고 있었다. 경비원이 낯선 방문자의 면담 요청을 전하자 데이비드슨은 마음속으로 이런 생각을 했다.

'벤의 학생이라…… 5분만 이야기를 나누고 돌려보내야지. 근데 뭐라고 말해야 무례하게 비치지 않을까?'[22]

그러고는 경비원에게 방문객을 들여보내라고 했다.

워런은 데이비드슨에게 자기가 누구인지 소개했다. 약간의 아부를 첨가해서 정확하면서도 성실하게 소개했다.

'저는 워런 버핏입니다. 컬럼비아에 다니는 학생이고요. 조금 있으면 벤 그레이엄 교수님에게서 강의를 들을 예정입니다. 그분의 책을 읽었습니다. 정말 훌륭한 분이라고 생각합니다. 그런데 그분이 가이코의 회장이라는 사실을 알았습니다. 저는 이 회사에 대해서 아무것도 모릅니다. 이 회사에 관한 지식을 얻으려고 여기까지 찾아왔습니다'라고 말했죠.

데이비드슨은 그레이엄이 가르치는 학생이니까 소중한 자기 시간을 몇 분 정도 기꺼이 낭비할 수도 있다는 생각을 하면서, 결코 쉽게 이해할 수 없는 자동차 보험 사업에 대해서 이야기하기 시작했다. 하지만 그의 예상은 빗나갔다. 다음은 데이비드슨이 하는 말이다.

"10분 정도 그 학생이 묻는 질문들을 듣고 또 대답하니까, 내가 지금 매우 비범한 청년과 이야기를 나누고 있구나 하는 생각이 들었습니다. 그 학생이 하는 질문들은 보험 및 증권 분야에서 경험이 많은 전문 분석가들이나 할 수 있는 내용이었습니다. 내 답변에 따른 추가 질문들 역시 전문적이었습니다. 그는 어렸고 또 어리게 보였습니다. 그는 자기를 학생이라고 했습니다만, 아주 오랜 세월 그 분야에서 실제로 일해온 사람처럼 이야기했습니다. 아는 것도 무척 많았습니다. 워런에게 처음 가졌던 생각이 바뀐 뒤에 이번에는 내가 질문하기 시작했습니다. 그리고 그가 이미 열여섯 살 때부터 사업가의 수완을 발휘해 왔다는 사실을 알았습니다. 그리고 열네 살에 처음 소득세를 냈으며 그때부터 해마다 소득세를 내오고 있다는 사실도 알았습니다. 그리고 작은 사업들을 여러 개 진행하고 있다는 것도요."

사람들이 보통 '데이비'라고 불렀던 로리머 데이비드슨은 자기 자신이 워낙 입지전적인 성공을 거두었기 때문에 어떤 사람이 아무리 사업적으로 뛰어난 성과를 거두었다고 해도 좀처럼 감동받지 않았다. 그는 학창 시절엔 그저 평범한 학생이었지만 남다른 데가 있었다.

"거의 열 살이나 열한 살 때부터 나는 내 인생의 길을 찾았습니다. 아버지와 같은 사람이 되고 싶었습니다. 채권 판매자 말고 다른 일을 하겠다는 생각은 단 한 번도 하지 않았습니다."

데이비드슨은 월스트리트를 메카, 즉 '궁극적인 장소'로 보았던 것이다.

그는 1924년에 채권 파는 일을 처음 시작했고, 첫 주에 수수료로 1,800달러를 벌었다. 그리고 시간이 흐르면서 대출금으로 'RCA_{Radio Corporation of America}'를 거래하면서 주식시장에서 투자 사업을 하기 시작했다. 그는 1929년 7월 RCA를 공매도했다. RCA는 당시에 터무니없이 높은 가격에 거래되었는데, 이 가격이 내려갈 것이라고 예상하고 투자한 것이었다. 하지만 터무니없는 가격은 더 터무니없이 올라갔다. 그리고 150포인트까지 올라갔을 때 그는 모든 걸 잃었다. 10월 29일의 '검은 화요일'이 주식시장을 덮쳤을 때 그는 자기 고객들이 맞닥뜨린 공포 앞에서 임신한 아내도 잊어버려야 했고 자기가 그때까지 모았던 마지막 1센트까지 날아가는 손실까지 잊어야 했다. 그와 그의 동료들은 새벽 5시까지 사무실에 남아서 어떻게든 손해를 막아보려고 애썼다. 그들은 모두 예외 없이 대출금을 동원해 거래했었다.

처음에 고객들은 현금을 가지고 와서 대출금을 갚았다. 시장 전문가와 정부 관리는 주가가 빠르게 반등할 것이라는 말만 했다. 이들은 주가 흐름의 속도는 맞혔지만 방향은 맞히지 못했다. 잇따르는 마진콜(선물 계약 기간 중 선물 가격 변화에 따른 추가 증거금 납부 요구 ─ 옮긴이)의 파도 속에서 그나마 남아 있던 그의 고객 가운데 절반이 빚도 갚지 못하고 계좌를 몰수당한 채 나가떨어졌다. 주가 대폭락 사태 전에는 채권을 팔아서 버는 수수료가 한 해에 10만 달러나 되었지만,[23] 이 수수료는 곧 한 주에 100달러 수준으로 줄어들었다. 그래도 그는 이걸 다행이라고 여겼다. 그는 불황 시기를 회상하며 이렇게 말했다.

"함께 일하던 친구가 있었습니다. 잘나가던 친구였지요. 결혼해서 아이들도 있었는데, 이 친구가 사과 하나에 5센트를 벌려고 거리에 과일 좌판을 벌였습니다. 그 모습을 보자니 정말 마음이 아팠습니다."

그런데 데이비드슨은 채권을 팔려고 가이코를 우연히 방문했다가 이 회사의 운영 방식을 알고서 가이코에 매료되었다.

가이코는 판매원 없이 우편으로만 보험 상품을 팖으로써 비용을 줄이는 전략을 채택하고 있었다.[24] 당시로서는 혁명적인 발상이었다.

이 전략이 먹혀들려면 새벽 3시에 데킬라 반 병을 마신 뒤 과속하는 사람을 걸러낼 장치가 필요했다.[25] 그런데 오로지 군인들을 상대로 해서만 보험 상품을 팔던 'USAA United Services Automobile Association'라는 회사가 있었다. 가이코의 두 창업자 리오 굿윈과 클레베스 리아는 USAA의 전략에서 아이디어를 얻어 공무원에게만 보험 상품을 팔기로 결정했다. 공무원은 군인과 마찬가지로 법규를 준수하는 데 익숙한 책임감 있는 사람들이었기 때문이다. 게다가 공무원은 얼마든지 많았다. 이렇게 해서 가이코가 탄생했다.

그런데 나중에 리아 가족은 데이비드슨을 고용해 자기들이 가지고 있던 가이코 주식을 팔게 했다. 이들의 주된 거주지는 텍사스였는데 더는 먼 거리를 오가고 싶지 않았던 것이다. 데이비드슨은 주식을 살 개인이나 회사를 접촉하러 나섰다. 그리고 이 대상에 그레이엄-뉴먼 코퍼레이션도 포함되어 있었다. 데이비드슨으로부터 제안을 받은 벤 그레이엄은 관심이 있었다. 하지만 흥정은 거친 기질의 동업자 제리 뉴먼에게 넘겼다. 당시를 회상하면서 데이비드슨은 이렇게 말한다.

"제리는 어떤 것을 처음 제시된 가격에 사는 것은 불법이라고 생각하는 사람이었습니다. 이러더군요. '나는 여태까지 어떤 것이든 처음 제시된 가격에는 사본 적이 없습니다. 지금은 아닌 것 같네요'라고요."

그들은 계속 가격을 흥정했다. 그리고 결국 데이비드슨은, 회사 지분 55퍼센트를 여러 가지 양보 조건을 포함한 100만 달러에 매매한다는 수준으로까지 제리 뉴먼을 끌고 갔다. 벤 그레이엄은 가이코의 회장이 되었다. 그리고 뉴먼은 이사진에 들어갔다. 예닐곱 달 뒤에 로리머 데이비드슨은 가이코의 CEO 리오 굿윈에게 비록 처음에는 급료를 적게 받는다 하더라도 기꺼이 감수하고 가이코에 입사해서 투자 관련 업무를 하고 싶다고 했다. 굿윈은 이에 대해 벤 그레이엄과 의논했고 그레이엄도 동의했다.

이런 이야기를 모두 들은 워런은 데이비드슨의 매력에 빠졌다.

나는 계속해서 보험과 가이코에 대해서 여러 가지 질문을 했습니다. 그날 그는 점심을 먹으러 밖으로 나가지도 않았습니다. 계속 그 자리에 앉아서 나와 이야기를 나누었습니다. 무려 네 시간 동안이나요. 마치 내가 세상에서 가장 중요한 사람이라도 되는 것처럼 말입니다. 그가 자기 사무실 문을 열어 나를 맞았을 때, 내 앞에는 보험이라는 세상으로 통하는 문이 열렸던 셈입니다.

보험이라는 세상 안으로 들어가 있던 사람들은 이 세상으로 통하는 문에 못질을 해서 아무도 새로 진입하지 못하게 하고 싶었다. 그 정도로 보험 사업은 매력적이었다. 경영대학원에서는 보험을 가르치고 있었다. 워런은 펜실베이니아대학교에서도 이 분야를 배웠다. 그런데 보험 사업은 어쩐지 도박과 비슷한 데가 있어서, 확률과 가능성을 따지길 좋아하는 워런으로서는 무척 끌렸다. 그는 톤틴 연금에 예전부터 줄곧 관심을 가지고 있었다. 가입자들이 내는 돈을 마지막까지 살아남는 사람이 독식하는 제도였다. 하지만 당시 이것은 불법으로 금지되어 있었다.[26]

워런은 심지어 보험통계학을 일생을 두고 연구할 생각까지 했다. 온갖 수명 통계 자료들을 앞에 두고 사람들의 예상 수명을 예측하면서 수십 년을 보낼 수도 있었다. 이런 일은 그의 기질에도 딱 맞았다. 바로 특정 주제 하나를 깊이 파고드는 일이었고, 수치들을 기억하고 모으고 분석하는 일이었고, 다른 사람의 방해를 받지 않고 혼자서 하는 일이었기 때문이다. 그리고 또 그를 그토록 사로잡았던 주제 가운데 하나이던 예상 수명에 깊이 몰두할 수도 있었다.

그러나 그가 사로잡혀 있던 다른 하나의 주제인 돈을 버는 문제가 남아 있었다.

워런은 사업의 본질적인 개념을 붙잡고 씨름하기 시작했다. 기업은 어떻게 돈을 버는가? 기업은 사람과 매우 닮았다. 바깥으로 나가서 피고용자와 주주의 머리를 눈과 비로부터 막아줄 지붕을 찾아야 하고 또 계속 그런 상태가 유지되도록 해야 했다.

워런은, 가장 싼 가격으로 보험 상품을 파는 가이코가 돈을 벌 수 있는 유일한 길은 비용을 최소화하는 것이라고 생각했다. 그는 또한 보험 회사들은 가입자들이 낸 납입금을 보험료로 지불하기 이전에 얼마든지 굴릴 수 있다는 사실도 알았다. 이건 다른 사람의 돈을 공짜로 쓴다는 뜻이었다. 이런 점이 무엇보다 마음에 들었다.

워런이 보기에 가이코 주식을 산다면 절대로 밑질 일이 없었다.

워싱턴 디시에서 뉴욕으로 돌아온 워런은 월요일에 곧바로 자기 자산 가운데 4분의 3에 해당되는 주식들을 팔아서 가이코 주식 350주를 샀다. 신중한 그의 성격으로 볼 때 매우 이례적인 선택이었다.

당시 그 가격으로는, 비록 그레이엄-뉴먼이 최근에 최대 주주가 되긴 했지만, 벤 그레이엄이 가이코의 주식을 사지 않았을 수도 있었다는 점에서 특히나 더 그랬다. 그레이엄의 생각은 자산 가치보다 낮게 거래되는 주식을 사는 것이었다. 그리고 그는 소수 종목에 집중적으로 투자해서는 안 된다고 믿었다. 하지만 워런은 로리머 데이비드슨에게서 아주 놀라운 사실을 깨우쳤다. 가이코의 성장 속도가 워낙 빨라서, 몇 년 뒤에 가이코의 주식이 어느 정도의 가치가 있을지 워런은 확신했다. 이 추정치에 비하면 현재의 주식 가격은 충분히 낮았다. 그는 이런 내용을 담은 보고서를 아버지의 주식 중개 회사에 보냈다. 여기에서 그는 가이코가 현재 한 주에 42달러에 거래되는데 이것은 주당순이익EPS(순이익을 발행된 주식의 수로 나눈 비율-옮긴이)의 8배라고 썼다. 그리고 다른 보험사들의 주식은 주당순이익의 8배보다 훨씬 높은 가격에 거래된다는 내용도 썼다. 게다가 가이코의 강점은 또 있었다. 비록 작은 회사지만 무궁하게 뻗어나갈 밭을 가지고 있다는 점이었다. 이에 비해서 다른 경쟁사들은 '성장 가능성이 상당 부분 고갈된 상태'였다. 워런은 당시 5년 뒤 가이코의 가치를 보수적으로 잡아서 한 주에 80달러에서 90달러 사이로 예측했다.[27]

이보다 더 그레이엄 같은 분석은 상상할 수 없었다. 그레이엄은 1920년대에 자기가 겪었던 버블 및 불황 경험으로 인해 자신이 내리는 수익 예상치들을 무척 의심했다. 그랬기 때문에 비록 강의할 때는 이런 평가 방법론을 주장하면서도 실제로 자기 회사가 살 주식을 평가할 때는 결코 이 방법에 의존하지 않았다. 하지만 워런은 자기가 그토록 힘들게 그리고 꾸준하게 모은 돈의 4분의 3을 자기가 계산한 수익 예상치에 걸었다.

4월에, 워런은 보험 회사 주식을 전문적으로 중개하던 가장 유명한 두 회사 '가이어 앤드 컴퍼니Geyer & Co.'와 '블라이드 앤드 컴퍼니Blythe and Company'에 편지를 써서 두 회사가 발행한 조사자료를 보내달라고 요청했다. 이어서 그는 이 두 회사의 전문가들을 만나 가이코를 놓고 대화를 나누었다. 이들의 의견을 들은 뒤 그는 자기 견해를 설명했다.

그들은 워런더러 미쳤다고 했다.

보험 판매원을 내세운 보다 크고, 보다 잘 정비된 경쟁사들을 가이코가 결코 누르지 못할 것이라는 게 그들의 의견이었다. 가이코는 작은 회사이며, 가이코의 시장 점유율은 1퍼센트도 되지 않는다고 했다. 수천 명의 판매원을 둔 거대한 보험사들이 전체 보험 산업을 지배하고 있으며 이런 상황은 앞으로도 변하지 않을 것이라고 했다. 하지만 워런의 생각은 달랐다. 가이코는 6월의 민들레처럼 빠르게 성장하고 또 미국 조폐국처럼 돈을 찍어내고 있었다.

위런은 사람들이 어째서 자기 눈앞에 뻔히 보이는 사실을 보지 못하는지 도무지 이해할 수 없었다.

17

에베레스트산

컬럼비아 경영대학원에서 맞는 두 번째 학기가 시작될 무렵 워런 버핏은 흥분으로 들떴다. 아버지가 여지껏 선거 중에 가장 큰 득표수 차이로 하원의원에 당선되었기 때문이다. 4선 의원이 된 자신의 영웅 아버지를 만나러 갈 생각을 하니 가슴이 설렜다.

벤 그레이엄은 회고록에서 자기 자신을 묘사하면서 고등학교를 졸업한 뒤로 마음을 터놓을 친구가 단 한 명도 없었던 외로운 사람이라고 했다.

"나는 모든 사람들의 친구였다. 하지만 마음을 터놓을 친구는 한 명도 없었다."[1]

워런은 그레이엄을 다음과 같이 말한다.

아무도 그를 욕하지 않았습니다. 남자들은 그를 존경했고 모두 그를 좋아했습니다. 사람들은 모두 그가 원하는 것보다 더 많이 그와 친구가 되고 싶어 했습니다. 사람들은 그에게서 좋은 인상을 받았지만, 그의 단짝 친구가 된 사람은 아무도 없었습니다.

워런은 나중에 그레이엄의 모습을 '보호막'이라고 불렀다. 심지어 동업자이던 데이비드 도드조차 그레이엄과 친밀한 사이가 되지 못했다. 그레이엄은 다른 사람들을 쉽게 이해하지 못했고, 그들이 가지는 감정에 쉽게 공감하지 못했다. 그는 그토록 지적이고 박식하고 명석했지만, 남들과 이야기 나누는 것을 고통스럽게 여겼다. 이게 바로 사람들에게 비친 그의 일반적인 모습이었다. 그는 긴장의 끈을 풀고 느긋하게 있을 줄 몰랐다. 사람들은 그와 함께 있을 때면 늘 온갖 재치와 유머를 동원해야 했다. 그는 늘 친절했지만 다른 사람과 대화를 하면 곧 피곤해했다. 그의 생애에서 '진정으로 친밀함을 느꼈던 친구들'은 에드워드 기번(1737~1794년.《로마 제국 쇠망사》를 쓴 영국의 역사가 – 옮긴이), 베르길리우스(장편서사시《아이네이스》를 쓴 고대 로마의 시인 – 옮긴이), 존 밀턴(1608~1674년.《실락원》을 쓴 영국의 시인 – 옮긴이), 고트홀트 레싱 등의 작가들이었다. 그래서 그는 이렇게 말했다.

"(그들의 작품 속에 등장하는 인물들이) 내 주변에 살아서 숨을 쉬던 실제 사람들보다 나에게 훨씬 더 의미가 있었고 또 내 기억 속에 더 많은 인상을 남겼다."

태어날 때 그의 이름은 벤저민 그로스바움이었다.[2] 그는 생애의 처음 25년 동안 네 차례의 금융 공황과 세 차례의 불황을 경험했다.[3] 그가 아홉 살 때 아버지가 죽었고, 그 뒤 집안은 급격하게 몰락했다. 열한 살이던 1907년에, 현실적인 야망이 컸던 어머니는 그나마 남아 있던 적은 재산마저 주식 폭락으로 날려버리고 보석을 전당포에 맡겨야 했다. 그레이엄에게 남아 있던 유년의 기억 가운데 하나는 은행 창구 앞에 서 있는 모습이었다. 그는 어머니의 수표를 현금으로 바꾸려고 했고, 은행 직원은 사람들이 다 들을 수 있을 만큼 큰 소리로 그로스바움 부인이 발행한 5달러 수표가 부도나지 않겠느냐고 옆자리 직원에게 물었다. 당시 그레이엄의 가족은 친척들의 도움으로 위기를 넘길 수 있었다. "굴욕은 어쩔 수 없었지만 빈곤에서는 벗어났다"고 그레이엄은 회상했다.[4]

그럼에도 불구하고 뉴욕시티 공립 학교에 다닐 때 그의 성적은 탁월했다. 빅토르 위고의 소설을 프랑스어로 읽었고, 괴테의 소설을 독일어로 읽었으며, 호메로스의 소설을 그리스어로 읽었고, 베르길리우스의 장편 서사시를 라틴어로 읽었다. 그는 고등학교를 졸업한 뒤 컬럼비아대학교에 진학하고 싶었지만 재정적인 도움이 필요해 장학금을 신청해야 했다. 장학금 사정관이 집을 방문했으나 결과는 장학금을 줄 수 없다는 것이었다. 그의 어머니는 형편이 그렇게 어려운데도 가족들이 여전히 루이 16세 시대의 의자들을 포함한 고급 가구들을 고수하고 있어서 아들이 장학금을 받지 못한 것이라고 말했다. 하지만 그의 생각은 달랐다. 장학금 사정관이 자기의 영혼 속에 내재된 '은밀한 기형'을 발견했기 때문이라고 확신했다.

"여러 해 동안 나는 프랑스 사람들이 '모베시즈 아비튀드(나쁜 버릇)'(수음의 완곡한 표현-저자)라고 일컬었던 것에 사로잡혀 그것과 싸웠다. 내적인 청교도주의와 당시 널리 퍼져 있던 충격적인 건강 관련 책자가 결합해서 나타난 이것은 도덕적이고 육체적인 심각한 문제로까지 발전해 있었다."[5]

그의 나쁜 버릇은 무료로 다니던 시티 칼리지까지 따라다녔다. 빈털털이 신세와 상실감에 빠진 그는 이 학교의 학위로는 자기가 원하는 속물적이고 세련된 세상에 진입할 수 없다고 확신했다. 그러던 차에 인내심의 한계가 될 상황에 맞닥뜨렸다. 사물함에 넣어두었던 책 두 권을 도둑맞았던 것이다. 빌린 책이어서, 책을 보려면 변상부터 해야 했다. 하지만 돈이 없었다. 그는 결국 자퇴한 뒤 초인종 달아주는 일을 했다. 일하면서는 《아이네이스Aeneis》와 《루바이야트Rubáiyát》(페르시아 천문학자이자 시인인 오마르 하이얌의 4행 시집─옮긴이)를 암송했다. 그러다가 결국 컬럼비아대학교에 다시 장학금을 신청했는데, 이번에는 다행히 받을 수 있었다. 나중에 밝혀진 사실이지만 이전의 탈락은 서류 착오로 빚어진 일이었다. 학교에 다니는 동안 그는 생활비를 마련하느라 온갖 허드렛일을 했지만, 학업과 관련해서는 그야말로 스타였다. 그는 화물송장을 확인하는 아르바이트를 하면서도 기분 전환용으로 마음속으로는 소네트를 지었다. 졸업하자마자 그는 로스쿨 장학금과 세 군데의 학과(철학, 수학, 영어)에서 강의 제안을 받았지만, 학생처장의 조언을 좇아 광고 업계에 뛰어들었다.[6]

그레이엄의 유머 감각은 늘 역설 쪽으로 향했다. 불이 잘 붙지 않는 청소 용액 제품인 '카보나' 광고에 들어갈 노래 가사를 짓는 일을 처음 맡았다. 하지만 그가 만든 가사는 고객에게 너무 섬뜩한 느낌을 준다는 이유로 폐기되었다. 당시에 그가 썼던 광고용 노래 가사는 다음과 같다.

> 젊은 여자의 고향은 위노나라네
> 이 여자가 듣지 못한 말 카보나였다네
> 여자는 청소를 하기 시작했다네
> 벤젠 한 통을 다 쏟았더라네
> 그리고 이제 가여운 부모가 그녀를 애도하네

이런 일이 있은 뒤 컬럼비아대학교 학장이던 케펠이 주식 중개 회사인 '뉴버거, 헨더슨 앤드 로엡Newburger, Henderson & Loeb'에 그레이엄을 추천해 주었다. 그레이엄은 월스트리트에 대해서 이렇게 말했다.

"나는 월스트리트를 풍문으로만 들었고, 극적인 긴장을 조장하기 위한 소설 속의 공간으로만 보았다. 나는 거기에서 벌어지는 신비한 제의들과 중요한 사건들 속에 뛰어들고 싶은 충동을 느꼈다."

그는 1914년에 월스트리트의 사다리 맨 아래에서부터 출발했다.

처음에는 심부름꾼으로 주급 12달러를 받으며 일하다가 그다음에는 한 단계 올라가서 시세판의 가격을 고쳐 쓰는 일을 했다. 그레이엄은 당시 월스트리트에서 전통적인 방식을 통해 차근차근 한 단계씩 위로 올라갔다. 부수적으로 조사 업무를 맡았고, 그러다가 마침내 객장의 주식 중개인이 그가 쓴 보고서를 '바치 앤드 컴퍼니Bache & Company'의 동업자에게 주었는데, 이 회사는 그를 통계 전문가로 고용했다.[7] 그가 쓴 보고서는 '미주리 퍼시픽 레일로드Missouri Pacific Railroad'가 발행한 채권을 부정적으로 평가한 것이었다. 그 뒤 다시 '뉴버거, 헨더슨 앤드 로엡'에 파트너로 돌아가, 1923년까지 머물렀다. 그러다가 로젠월드 가문 사람들('시어스'의 초기 동업자들이었다)을 포함한 한 무리의 사람들이 25만 달러의 자본을 제공할 테니 독립하라는 제안을 해 기꺼이 받아들였다.

그레이엄은 이 사업을 1925년에 접었다. 그가 받을 보상을 놓고 자본 제공자들과의 사이에서 벌어진 이견이 원인이었다. 이어서 그는 1926년 1월 1일 고객의 돈에다 자기 돈을 합쳐서 45만 달러의 자본으로 '벤저민 그레이엄 조인트 어카운트Benjamin Graham Joint Account'를 설립했다. 그리고 얼마 뒤에 한 고객의 형제인 제롬 뉴먼이 이 회사에 투자하는 동시에 동업자가 되겠다고 제안했다. 일을 모두 배우고 수익을 창출할 수 있을 때까지는 급료를 받지 않겠다는 조건이었다. 하지만 그레이엄은 처음에는 적당히 급료를 주겠다는 조건으로 뉴먼을 받아들였다. 그레이엄과 동업자가 된 뉴먼은 경영 기법뿐만 아니라 기업 경영과 관련된 포괄적인 지식을 이 회사에 불어넣었다.

1932년 그레이엄은 〈포브스〉에 '미국 기업은 살아 있을 때가 아니라 죽었을 때 더 가치 있는가?'라는 제목으로 일련의 기사를 게재했다. 여기에서 그는 가만히 앉아서 굴러 들어오는 돈과 투자금만 바라본다며 회사 경영진을 질책했고, 주식 가격에 반영되지 않는 이것의 가치를 간과한다고 투자자를 질책했다. 그레이엄은 가치를 어떻게 이동시켜야 할지 알았다. 하지만 문제는 자본이었다. 주식시장 손실을 통해서 회사의 자산은 250만 달러에서 37만 5천 달러로 떨어졌다(이것은 손실 외에도 분배와 자본 철수 등이 모두 반영된 금액이다 - 저자). 그레이엄은 동업자들이 잃은 손실액을 되찾아야 한다는 책임감을 무겁게 느꼈다. 그러나 그렇게 하려면 현재의 자산을 세 배 이상 불려야 했다. 게다가 회사 자체를 유지하는 데도 돈이 필요했다. 다행히 제리 뉴먼의 장인이 5만 달러를 제공한 덕분에 회사는 목숨을 이어갈 수 있었다. 그리고 1953년 12월까지 애초에 목적한 대로 잃었던 돈을 모두 되찾았다.

세금과 관련된 이유로 그레이엄과 뉴먼은 1936년 '벤저민 그레이엄 조인트 어카운트'를 '그레이엄-뉴먼 코퍼레이션'과 '뉴먼 앤드 그레이엄'이라는 두 개의 회사로 나누었다.[8] 그레이엄-뉴먼은 그레이엄과 뉴먼에게 정액 보수를 지불했으며 주식시장에 상장되어 있던 주식을 발행했다. 뉴먼 앤드 그레이엄은 헤지펀드 혹은 소수 정예 동업자들로 구성된 사모(私募) 회사였고, 그레이엄과 뉴먼에게 관리자로서 거둔 성과에 따라서 급여를 지불했다.

그레이엄과 뉴먼은 30년 동안 동업자 관계를 지속했다. 하지만 그레이엄은 회고록에서 제리 뉴먼을 '붙임성이 없으며' 참을성이 없고 남의 잘못을 잘 들추고 압박하는 경향이 있으며 협상할 때 '너무 거칠다'고 표현했다.

"뉴먼은 사람들에게 전혀 인기가 없었다. 심지어 친구가 많았음에도 불구하고 이 친구들 사이에서도 인기가 없었다. (……) 가까운 사람들과 수도 없이 싸웠다."

그 바람에 언제나 가까운 사이가 멀어지고 말았다고 한다. 뉴먼과 그레이엄은 그레이엄이 두르고 있던 '보호막' 덕분에 탈 없이 그럭저럭 잘 지낼 수 있었다. 그 보호막 덕분에 다른 사람이 어떻게 행동하든 그레이엄은 평정심을 잃지 않았다.

딱 하나 예외가 있었는데, 그것은 일단 그레이엄이 사업가로서 싸움에 돌입하면 물러서지 않는 전투력을 발휘한다는 점이었다. 한번은 이런 적이 있었다. 주간(州間) 통상위원회 ICC: Interstate Commerce Commission 가 발행한 한 보고서를 부지런하고도 꼼꼼하게 살핀 끝에, 주식이 65달러에 거래되던 석유 수송 회사 '노던 파이프라인 Northern Pipeline'이 송유관 자산 외에도 한 주당 95달러에 이르는 철도 채권을 소유하고 있다는 사실을 알아냈다. 하지만 이 회사의 주식을 통제하던 록펠러 재단은 철도 채권의 가치를 주주들에게 나누어 줄 생각을 전혀 하지 않았다. 낮은 가격에 거래되던 이 회사의 주식 가격에는 그 채권의 가치가 전혀 반영되지 않았다. 그래서 그레이엄은 은밀하게 이 주식을 매집했고 마침내 록펠러 재단 다음으로 가장 많은 주식을 확보했다. 그런 뒤 채권을 주주들에게 배당하라고 경영진을 압박했다. 스탠더드 오일 Standard Oil 이 1911년에 파산하면서 노던 파이프라인으로 자리를 옮겨 앉은 경영진은 장래에 노후 송유관을 교체해야 하기 때문에 회사로서는 그 채권을 가지고 있어야 한다는 핑계를 대며 발뺌만 했다. 하지만 그레이엄은 이들보다 더 많은 것을 알고 있었다. 결국 경영진은 이런 식으로까지 말했다.

송유관 회사를 운영하는 일은 매우 복잡하고 전문성이 요구된다며, 자신들은 평생 동안 이 일만 하고 살아온 데 반해 그는 이 일에 대해 터무니없이 조금밖에 알지 못한다고 했다. 그리고 회사의 이런 방침이 정 마음에 들지 않으면 그냥 주식을 팔아버리는 게 낫지 않느냐고 했다.

하지만 그레이엄은 자기 역할이 단지 자기 자신만을 위한 게 아니라 그 회사에 투자한 모든 주주들에게 복무하는 것임을 인식했고, 노던 파이프라인의 주식을 파는 대신 주주 총회장에 참석했다. 총회는 멀리 펜실베이니아의 오일 시티에서 열렸다. 총회장에 가서 보니 회사에 소속된 직원이 아닌 사람은 자기 혼자뿐이었다. 그레이엄은 철도 채권에 관한 안건을 제기했다. 하지만 경영진은 찬성하는 의견이 없으므로 안건으로 채택할 수 없다고 했다. 이렇게 그레이엄을 제지하는 과정에서 경영진은 유대인을 비하하는 발언들을 했다. 그레이엄으로서는 더욱 이 싸움을 포기할 수 없었다. 다음 해 그는 주식을 추가로 더 사들이고 다른 투자자들과 손잡고 경영진과 법적으로 (주주끼리 투표권을 위임하는) 위임장 쟁탈전을 벌일 준비를 했다. 이 싸움의 성과로 다음 연례 주주 총회 때 이사진에 자기편 이사 두 명을 밀어넣어 채권 분배를 둘러싼 싸움을 유리하게 전개할 수 있었다. 결국 회사는 굴복하고 한 주당 110달러를 현금과 주식으로 주주들에게 나누어 주었다.

이 싸움은 월스트리트에서 유명한 사건으로 회자되었다. 덕분에 그레이엄-뉴먼 코퍼레이션은 월스트리트에서 가장 유명한 회사가 되었다. 물론 가장 큰 투자 회사가 되려면 아직 한참 멀었지만 말이다.

그레이엄은 자기 회사의 수익률을 해치면서까지 이 싸움에 매달렸다. 강의할 때는 늘 그레이엄-뉴먼에서 일어나는 일들을 직접적인 사례로 삼았는데, 그가 강의실에서 어떤 주식을 언급하기만 하면 학생들은 곧바로 주식시장으로 달려가서 그 주식을 사서 주가를 끌어

올렸다. 그 바람에 그레이엄-뉴먼은, 그레이엄이 발설하지 않았더라면 보다 싸게 살 수 있었던 주식을 비싸게 사야 했다. 이런 일이 자주 일어나자 제리 뉴먼은 결국 분통을 터뜨렸다. 왜 자기들 회사가 하는 일에 다른 사람들이 끼어들도록 해서 일을 어렵고 힘들게 만드냐는 것이었다.

월스트리트에서 돈을 번다는 것은 좋은 투자 종목이 있으면 자기 혼자만 알고 있어야 한다는 뜻이었다. 하지만 그레이엄은 그러지 않았다. 워런 버핏은 그에 대해 이렇게 이야기한다.

그분은 자기가 돈을 많이 가지는 것에 대해서는 전혀 관심이 없었습니다. 충분히 가지고 있기만 하면 된다고 보았습니다. 1929년부터 1933년까지의 그 힘들었던 시기를 거친 사람이었으니까요. 자기가 필요하다고 느끼는 만큼만 돈을 가지고 있으면, 나머지는 아무런 의미가 없었습니다.

그레이엄-뉴먼 코퍼레이션의 20년 역사 속에서 이 회사의 수익률은 주식시장의 주가 상승률보다 연평균 2.5퍼센트 높았다. 월스트리트 역사에서 이보다 더 나은 수익률을 낸 사람은 손에 꼽을 정도의 놀라운 기록이다. 연평균 2.5퍼센트가 얼마 되지 않아 보일지 모르지만, 20년간 복리로 계산하면 같은 기간 시장 주가 상승률 평균만큼 번 액수보다 거의 65퍼센트나 더 많은 액수가 된다. 그리고 이런 높은 수익률보다 훨씬 더 중요한 사실은, 전반적으로 주식시장에 단순하게 투자하는 사람들보다 훨씬 적은 위험 부담을 지면서도 이런 놀라운 수익률을 거두었다는 점이다.

그리고 그레이엄은 주로 수치를 분석하는 자기만의 기법으로 이 기록을 달성했다. 그가 나타나기 이전에는 증권 가치의 분석이 주로 주먹구구식으로 이루어졌다. 그레이엄은 주식의 가치를 분석하는 최초의 철저하면서도 체계적인 방법을 개발했다. 그는 공개적으로 얻을 수 있는 정보, 즉 기업이 발표하는 재무제표 등만을 가지고 연구했다. 회사의 경영진이 모이는 공개적인 자리에도 거의 참석하지 않았다.[9] 그의 직원인 월터 슐로스가 마셜-웰스의 주주 총회 자리에 나타나긴 했지만 이것도 그레이엄의 지시를 받은 게 아니라 순전히 슐로스 개인의 판단에서였다.

그레이엄의 세 번째 아내 에스티는 목요일마다 주식시장이 마감하는 시각에 맞추어 그레이엄-뉴먼이 있는 월스트리트 55번지로 차를 몰고 가서 그를 태운 다음 컬럼비아대학교로 갔다. '보통주 평가 세미나' 강의를 해야 했기 때문이다. 이 과목은 컬럼비아 경영대학원의 재무 커리큘럼 가운데서도 꽃이었다. 그래서 이미 현장에서 일하는 사람들조차 이 강의를 들으려고 등록을 했다. 어떤 사람들은 두 번 이상 듣기도 했다.

워런은 그레이엄을 경외심을 가지고 바라보았다. 열 살 때 그는 노던 파이프라인 이야기를 몇 번이나 읽었다. 벤저민 그레이엄이라는 사람이 투자 세계에서 어떤 인물인지 전혀 알지 못할 때였다. 이제 워런은 이 위대한 스승과 개인적인 유대감을 맺고 싶었다. 하지만 강의실 바깥에서 함께할 수 있는 공통된 취미가 없었다. 그레이엄은 예술과 과학 분야에 지식을 얻으려고 여기저기 손을 댔었다. 시를 쓰기도 하고 브로드웨이의 극작가로 활동하다 실패한 경험도 있다. 서투른 발명품들을 만들려고 온갖 생각들로 공책을 가득 메우기도 했다. 또한 몇 년 동안 사교춤에 빠져 아서 머레이(미국의 무용가. 사망할 때까지 자기 이름을 딴 무용학교를 무려 500개나 세워서 운영했다-옮긴이) 무용 강습소에서 스텝을 밟았다. 하지만 그는 늘 나무를 깎아서 만든 병정처럼 발소리만 크게 낼 뿐이었다. 디너파티에 참석해서도 그는 슬그머니 자리를 빠져나가서 수학적인 공식과 해법을 풀거나 마르셀 프루스트의 책을 (프랑스어로) 읽거나 혼자 오페라를 감상했다. 주변 사람들과 재미없게 어울려 있는 것보다 그게 나았던 것이다.[10] 그는 회고록에서 다음과 같이 썼다.

"나는 내가 살아온 것보다 배운 것을 더 많이 기억합니다."

예외적으로 단 하나 삶이 지식을 앞섰던 영역은 여자 관계였다.

그레이엄의 관심을 고전 작품의 저자와 등장인물들로부터 빼앗을 수 있는 거의 유일한 방법은 여자가 되어서 그를 잠자리로 유혹하는 것이었다. 그는 키가 작았고 육체적으로 그다지 매력적이지 않았다. 하지만 사람들은 그의 감각적인 두툼한 입술과 사람의 마음을 꿰뚫어 보는 듯한 푸른 눈동자를 보면 배우 에드워드 G. 로빈슨(1893~1973년. 대표작으로 〈키 라고Key Largo〉와 〈이중 배상Double Indemnity〉이 있다-옮긴이)이 떠오른다는 말을 했다.[11] 그에게는 어쩐지 장난꾸러기 같은 느낌이 있었다. 그는 미남이 아니었지만 도전을 좋아하는 여성들에게는 에베레스트산처럼 보였다. 이들은 그를 정복하고 싶어 했다.

세 명의 아내를 보면 그의 취향이 매우 다양했음을 알 수 있다. 교사였으며 열성적이고 의지가 강했던 헤이젤 마주르에서 열여덟 살 연하이던 브로드웨이의 쇼걸 캐럴 웨이드 그리고 세 번째 부인이 되기 전에 비서였던 지적이고 쾌활한, '에스티'라 불리던 에스텔 메싱까지……. 그의 이런 결혼 생활을 더욱 복잡하게 한 것은 일부일처제에 대해서 완전히 무심했다는 점이다. 그레이엄은 나중에 회고록[12]을 쓰면서 다음과 같이 이야기를 시작했다.

"지금부터 내가 경험한 첫 번째 혼외 정사 이야기를 맑은 정신으로 묘사하고자 한다."

하지만 여섯 줄 뒤에 이를 구체적으로 묘사하기 시작하면서 곧바로 이 '맑은 정신'을 내팽개치고 만다. 그는 자신이 혼외 정사하는 수

순을 독설가처럼 쏟아냈다. "제니는 전혀 아름답지 않았다. (……) 그녀의 매력은 20퍼센트만 보았고 성공 가능성은 80퍼센트로 보았다." 하지만 만일 여자가 보다 더 매력적이면 가능성이 적어도 좋았다. 자기가 매력적이라고 생각한 여자에게 성적인 시도를 하다 망신을 당해도 좋았다. 지식과 여자관계라는 두 취미의 조합 속에서 그레이엄은 지하철에서 우연히 본 여자에게도 유혹의 시를 썼다. 그는 애인들에게까지 매우 지적이었다. 그의 관심을 잡아두는 것은 그의 애인들에게 일종의 도전 과제였을 것임이 분명했다. 정사에서 곧바로 사업 이야기로 넘어가는 다음 부분은 그야말로 그레이엄답다고 할 수 있다.

> 그녀의 '워드 라인Ward Line'(뉴욕에서 아바나와 멕시코만의 여러 항구들을 연결하던 증기 여객선 혹은 그 회사-옮긴이) 여객선의 선실에서 우리가 함께 보냈던 마지막 시간을 나는 감상적으로 기억한다(당시에는, 내 회사가 나중에 그 오래된 증기선 회사를 지배할 줄은 꿈에도 몰랐다).[13]

그는 끊임없이 바람을 피워서 아내들을 미치게 만들었다. 하지만 당시 워런은 그레이엄의 사생활에 대해서는 전혀 알지 못했고, 오로지 자기가 그 위대한 스승에게서 배울 수 있는 것에만 집중했다. 1951년 1월 그레이엄의 강의가 처음 시작되었다. 강의실은 작았고 가운데 긴 직사각형 탁자가 하나 놓여 있었다. 그레이엄이 한가운데 앉았고 그 둘레로 열여덟 명에서 스무 명 정도의 학생들이 자리를 잡았다. 학생들 대부분은 워런보다 나이가 많았고, 몇몇은 참전하고 돌아온 학생들이었다. 개중에는 실제 주식시장에서 일하는 사람들도 있었다. 그들 가운데 반은 컬럼비아 학생이 아니고 청강하는 사업가들이었다. 여기에서도 워런은 가장 어렸다. 하지만 아는 건 가장 많았다. 그레이엄이 질문을 던지면 워런은 어김없이 '맨 먼저 손을 들고 곧바로 말하기 시작했다'고 함께 강의를 들었던 잭 알렉산더가 회상한다.[14] 그레이엄과 워런을 제외한 나머지 사람들은 그저 두 사람이 떠들어 대는 이야기를 가만히 듣기만 할 뿐이었다.

1951년에 미국의 수많은 기업들은 여전히 실제 자산 가치에 비해 저평가되고 있었다. 그레이엄은 주식시장에서 일어나는 실제 사례를 들어 이런 사실을 설명했다. 그가 동원한 사례는 '그리프 브로스 코퍼리지Greif Bros. Cooperage'와 같은 형편없는 기업들이었다. 워런도 주식을 소유하고 있던 그리프 브로스는 배럴통을 생산하던 회사였다. 그런데 이 회사의 주력 사업의 판매가 서서히 감소해 주가는 떨어졌다. 하지만 그렇게 떨어져서 거래되는 가격이, 이 회사가 가지고 있던 자산과 재고를 처분해서 부채를 갚고 났을 때 이 회사의 가치보다 훨씬 낮았다. 이것을 두고 그레이엄은 궁극적으로 '내재적인' 가치는, 강에 던져 넣은 통이 겨울 동안 얼음 아래에 갇혀 있다가 봄이 되어 얼음이 녹으면 수면 밖으로 모습을 드러내듯이 그렇게 드러날 것이라고 추론했다. 그러니 재무상태표를 해석하고 여러 수치들 속에 담긴 암호를 해독해서 얼음 아래에 돈이라는 통이 잠겨 있다는 사실을 증명하기만 하면 될 터였다.

그레이엄은 기업도 사람과 다르지 않다고 했다. 어떤 사람이 대출금 4만 5천 달러가 낀 5만 달러짜리 집을 가지고 있으며 따로 저축액을 2천 달러 가지고 있을 때, 이 사람은 자기 순자산을 7천 달러라고 생각한다. 이와 마찬가지로 기업도 자기가 만들거나 파는 제품 따위의 자산이 있고 갚아야 할 빚이 있다. 자산을 모두 팔아서 마련한 돈으로 빚을 모두 갚을 때 남는 돈이 순자산이다. 만일 어떤 사람이 순자산보다 낮은 가격에 주식을 산다면, 궁극적으로(이 '궁극적으로'라는 말이 얼마나 교묘하고 까다로운지 모른다) 그 주식의 가격은 '내재적 가

치'를 반영하기 위해서 올라간다.[15]

별로 어려운 말 같지 않았다. 하지만 증권 분석 기술의 핵심은 세세한 부분에 대한 작업에 있었다. 밝혀지지 않은 사실들을 추적해서 밝혀내고, 자산들의 실제 가치가 얼마인지 면밀하게 조사하고, 숨은 자산이나 부채가 있는지 파헤치고, 앞으로 그 회사가 얼마나 벌어들일지 계산하고, 회사가 발표하는 회계 보고서를 토대로 주주가 누릴 수 있는 권리를 밝혀내는 것 등이 바로 그런 작업이었다. 그레이엄은, 주식은 그저 추상적인 종잇조각이 아니며 주식의 가치는 기업의 전체 가치를 수치로 계량화해서 분석하고 그런 다음에 이 전체를 개별적인 조각으로 나눔으로써 파악할 수 있다고 학생들에게 가르쳤다.

하지만 '궁극적으로'라는 단서가 문제를 복잡하게 만든다. 상당히 오랜 기간 동안 주식은 흔히 내재적인 가치와 일치하는 가격에 거래되지 않았다. 전문 분석가들이 모든 것을 올바르게 파악한다 하더라도, 이들이 파악한 내용은 전 생애에 걸친 시장의 눈으로 보면 잘못된 것처럼 보일 수 있었다. 주식에 투자하겠다는 사람은 밝혀지지 않은 사실들을 추적해서 밝혀내야 할 뿐만 아니라, 그레이엄과 도드가 '안전 마진margin of safety'이라고 불렀던 것 속에다 실수를 넉넉하게 허용할 수 있는 여유 공간을 마련해야 하는 이유도 바로 여기에 있었다.

그레이엄의 방법론을 공부하는 사람들은 대체로 두 가지 반응을 보인다. 어떤 사람들은 이것을 곧바로 환상적인 보물찾기 놀이로 파악했고, 다른 사람들은 끔찍한 과제물로 파악하고 뒷걸음질을 쳤다. 한편 워런은, 평생 동굴 안에서만 있다가 동굴 밖으로 나와서 생애 처음으로 밝은 햇살 아래 눈을 가늘게 뜨고 현실을 지각하는 느낌으로 그레이엄의 방법론을 받아들였다.[16] 워런이 그 이전까지 가지고 있었던 주식 개념은, 종잇조각들이 거래되는 가격에 의해 형성된 여러 양상의 다양한 모형들에서 출발했다. 하지만 이제 '주식 stock'이라는 그 종잇조각들이 거래되며 만들어지는 모형은 단순한 종잇조각의 '더미 stock'가 아니라 보이지 않는 어떤 진실을 상징하는 것임을 알았다. 어린 시절에 모았던 병뚜껑 더미도 그냥 병뚜껑이 아니라, 거품이 이는, 사람들이 열광하는 새콤달콤하고 알싸한 소다수의 맛을 상징하는 것이었듯이 말이다. 워런은 그레이엄의 관념에 정복당했다. 기존의 낡은 관념들은 모두 흩어지고 그 자리에 그레이엄의 가르침만이 남았다.

그레이엄은 강의에 재치 넘치고 효과적인 방식들을 동원했다. 그는 쌍둥이 질문을 한 번에 하나씩 했다. 학생들은 첫 번째 질문을 받고는 자기들이 문제의 핵심을 짚었다고 생각했다. 하지만 두 번째 질문을 받는 순간 첫 번째 질문에 대한 자기들의 답변이 틀렸을지도 모른다는 사실을 깨달았다. 그는 두 회사를 묘사하는 자료를 내놓곤 했다. 하나는 파산 직전의 형편없는 모습이었고 또 하나는 견실한 모습이었다. 그는 학생들에게 이 자료들을 분석하라고 한 다음 나중에 이 두 자료는 자료 작성 시점만 다를 뿐 동일한 회사에서 나온 것이라는 사실을 알려주었다. 학생들은 모두 깜짝 놀랐다. 편견에 사로잡히지 않고 자료에 입각해서 독립적으로 생각한다는 게 얼마나 중요한지 가르쳐 준 인상적인 강의였다.

그레이엄은 이런 'A 회사와 B 회사 교수법'을 구사했을 뿐만 아니라 '1등급 진실과 2등급 진실'에 대해서도 이야기하곤 했다. '1등급 진실'은 절대적인 진실이었다. '2등급 진실'은 확신에 의해서만 진실이 되는 진실이었다. 만일 충분히 많은 사람들이 어떤 회사의 주식이 X의 가치를 가지고 있다고 생각한다면, 충분히 많은 사람들이 다르게 생각하기 전까지 그 주식의 가치는 X다. 하지만 이것은 그 주식의 내재적 가치에 영향을 미치지 못한다. 이 내재적 가치는 '1등급 진실'이다. 이렇게 볼 때, 그레이엄의 투자법은 단지 주식을 싸게 사는 것이 아니었다. 이 투자법은 다른 어떤 것보다 사람들의 심리를 이해하는 데 뿌리를 두고 있었으며, 추종자들로 하여금 감정에 휘둘려서 투자 판단을 하지 않도록 했다.

그레이엄의 강의에서 워런은 정신적 독립의 엄격한 규율을 필요로 하는 세 가지 주요 원칙을 정리했다.

- 주식은 한 기업의 작은 조각을 소유할 수 있는 권리다. 주식 한 주는 기업을 통째로 사려고 할 때 기꺼이 지불하고자 하는 금액의 특정한 작은 한 부분이다.
- 안전 마진을 활용해라. 투자는 추정치와 불확실성 위에 세우는 건물과 같다. 안전 마진을 폭넓게 설정하면, 현명한 판단과 결정의 효과가 몇 개의 실수 때문에 모두 지워지는 것을 막을 수 있다. 앞으로 나아가려면 무엇보다 뒤로 물러서지 말아야 한다.
- '미스터 마켓 Mr. Market'은 당신의 하인이지 당신의 주인이 아니다. 그레이엄은 '미스터 마켓'이라는 변덕스러운 인물을 설정했다. 이 사람은 날마다 주식을 사라고 또 팔라고 제안하는데, 그가 제시하는 가격은 터무니없을 때가 많다. 미스터 마켓의 그날 기분이 가격을 바라보는 당신의 판단에 영향을 미치게 해서는 안 된다. 하지만 때로 이 사람은 주식을 싸게 살 기회와 비싸게 팔 기회를 제공하기도 한다.

이 가운데서 안전 마진이 가장 중요했다. 한 주의 주식은 한 기업의 작은 조각 하나를 소유할 수 있는 권리다. 그리고 이 주식의 내재적 가치는 누구든 추정할 수 있다. 그런데 안전 마진만 있으면 밤에도 다리를 뻗고 깊이 잠들 수 있다. 그레이엄은 다양한 방식으로 안전 마진을 설정했다. 그는 자기가 산정하는 가치보다 상당히 낮은 수준에서 형성된 가격대의 주식을 샀을 뿐 아니라 부채를 쓸 때의 위험을 절대로 잊지 않았다. 비록 1950년대가 미국 역사상 경제적으로 가장 번성했던 시기 중 하나임이 나중에 드러나지만, 젊은 시절에 겪었던 경험 때문에 두려워서 그는 습관적으로 늘 최악의 사태를 고려했다. 그는 1932년 〈포브스〉에 기고했던 글들의 관점에서 기업들을 바라보았다. 즉, 만일 어떤 기업이 당장 문 닫고 청산한다면 이 기업의 주식 가치는 얼마나 될 것인가를 생각했던 것이다. 그레이엄은 은연중에 늘, 수많은 기업들이 도산으로 줄줄이 무너지던 1930년대를 돌아보았다. 그가 자기 회사를 작은 규모로 유지한 것도 부분적으로는 위험 부담을 조금이나마 줄이고자 하는 강박적인 두려움 때문이었다. 그는 어떤 주식이 아무리 견실하다고 해도 한꺼번에 많이 사지 않았다. 그래서 수많은 회사의 주식을 조금씩 가지고 있었고 그만큼 관리를 해야 했다.[17] 워런은 비록 주식이 청산 가치 이하의 가격에 거래될 때 사야 한다는 원칙에는 그레이엄에 열렬히 동의했고 또 그런 주식들이 널려 있었지만, 투자금을 여러 종목의 그런 주식들에 쪼개서 투자해야 한다는 스승의 견해에는 동의하지 않았다. 그래서 한 종목의 주식에 몽땅 집중했다.

> 벤은 늘 가이코가 너무 비싸다고 했습니다. 그분의 기준으로 보자면 적절한 선택이 아니었습니다. 하지만 1951년 말까지 나는 내 순자산의 4분의 3에 가까운 금액을 가이코에 투자했습니다.

워런은 이처럼 한 가지 대목에서 그레이엄과 생각이 달랐지만 스승을 '숭배'하는 마음은 변함이 없었다.

봄 학기가 끝나가면서 워런의 반 학생들은 점차 강의실에서 그레이엄과 워런 두 사람만이 떠들어 대는 상황을 당연한 것으로 받아들였다. 다음은 그때 그레이엄의 강의를 함께 들었던 잭 알렉산더가 하는 말이다.

"워런은 집중력이 아주 강한 학생이었습니다. 마치 스포트라이트처럼 집중할 수 있었지요. 하루 스물네 시간 종일, 한 주 칠 일 내내 말입니다. 잠은 언제 잤는지 모르겠습니다."[18]

워런은 그레이엄이 들었던 사례들을 인용할 수 있었고 또한 자기자신의 사례들도 인용했다. 컬럼비아대학교 도서관을 뻔질나게 드나들었고, 몇 시간 동안 꼼짝 않고 앉아서 옛날 신문을 보기도 했다.

1929년을 기준으로 해서 그 이후에 발간된 신문을 읽었습니다. 아무리 읽어도 늘 부족한 느낌이었죠. 기업계나 주식시장 관련 기사뿐만 아니라 뭐든 다 읽었습니다. 역사는 흥미롭습니다. 어떤 장소나 사건 심지어 광고들까지 모두, 신문 속에 들어 있는 역사에는 뭔가 있게 마련이죠. 그것들은 우리를 다른 세상으로 데려다 줍니다. 그리고 그 시대를 살았던 사람들이 생생하게 증언해 주죠. 과거 세상 속으로 온전하게 돌아가 있는 것처럼 느끼게 말입니다.

워런은 정보를 모으고 다른 사람들의 사고방식에서 영향을 받은 편견을 제거했다. 몇 시간씩 들여서 무디스나 스탠더드 앤드 푸어스Standard & Poor's가 발행한 자료들을 들여다보면서 저평가된 주식을 찾았다. 하지만 그가 무엇보다 기다리던 것은 일주일에 한 번 있었던 그레이엄의 강의였다. 그래서 심지어 자기의 사도이던 프레드 스탠백까지 설득해서 이 강의를 한두 차례 청강하도록 했다.

워런과 스승 사이의 관계가 특별하다는 건 그 강의를 들었던 모든 사람들이 다 아는 사실이었지만 특히 한 사람이 이런 사실에 주목했다. 빌 루안이었다. '키더, 피보디 앤드 컴퍼니Kidder, Peabody & Co.'의 주식 중개인이던 그는 하버드 경영대학원 출신이었고 두 권의 기념비적인 저서《고객들의 요트는 어디에 있는가? Where Are the Customers' Yachts?》와《증권 분석》을 읽고 그레이엄을 찾아온 사람이었다. 루안은 자기가 하던 주식 거래 이야기를 즐겨 화제로 삼았다. 그가 처음에 선택했던 일자리는 플라자 호텔에서 엘리베이터 보이로 일하는 것이었지만 제복을 입으려면 너무 오래 기다려야 했기 때문에 거기에서 나왔고, 결국 인생 행로가 바뀌고 말았다는 이야기도 했다.[19] 그와 워런은 가깝게 지냈다. 루안이나 다른 학생들은 말할 것도 없고 워런조차 강의실 바깥에서 그레이엄을 만나겠다는 무모한 생각은 하지 않았다. 다만 워런은 이런저런 핑계로 '그레이엄-뉴먼 코퍼레이션'으로 월터 슐로스를 만나러 자주 갔다.[20] 워런은 슐로스에 대해서 보다 많은 것을 알았고, 그가 결혼한 직후부터 우울증을 앓아 온 아내를 돌보고 있다는 사실도 알았다.[21] 슐로스는 데이비드 도드와 마찬가지로 놀라울 만큼 성실하고 끈기가 있었다. 이것은 워런이 사람들에게서 찾고자 했던 바로 그 덕목이었기에 더욱 슐로스에게 끌렸다. 워런은 또 슐로스가 하는 일이 부러웠다. 그레이엄-뉴먼 직원들은 실험복 같은 면 소재의 얇은 회색 재킷을 입었다. 그레이엄은 자기가 추정하는 주식의 가치를 확인하려고 주식과 관련된 특정한 양식을 만들어놓고 직원들에게 그 공란을 채우라는 지시를 하곤 했는데, 이 작업을 할 때 셔츠 소매를 더럽히지 않으려고 직원들은 그 재킷을 입었다.[22] 이 재킷 하나만 준다면 워런은 보수도 받지 않고 그 사무실에서 화장실 청소든 뭐든 다 할 수 있었다. 그레이엄과 함께 일하고 싶었던 것이다.

학기가 끝나갈 무렵 함께 강의를 들었던 학생들은 진로를 찾느라 다들 바빴다. 밥 던은 미국에서 가장 선망의 대상이던 'U.S. 스틸'로 갈 예정이었다. 학교를 졸업하는 대부분의 젊은 사업가들은 사회의 사다리를 타고 높은 곳으로 올라가기 위한 경로를 제조업 분야의 회사에서 찾았다. 2차 세계 대전 후 아이젠하워의 시기 그리고 불황 이후 미국에서는 안정된 일자리가 무엇보다 중요했다. 그리고 미국 사람들은 정부나 대기업과 같은 조직에 들어가 그곳에서 적응할 길을 찾는 것이 가장 보편적인 바람이었다.

　　함께 공부했던 사람들 가운데 U.S. 스틸이 좋은 기업인지 어떤지 생각해 본 사람은 한 명도 없었던 것 같습니다. 무슨 말이냐 하면, 대기업이기만 하면 되었다는 말입니다. 자기들이 타려는 기차가 어떤 종류의 기차인지 전혀 생각하지 않았습니다.

　　워런은 한 가지 목표를 가슴에 품었다. 만일 그레이엄이 자기를 채용하면 잘해낼 수 있을 것이라 생각했다. 많은 점에서 자신감이 부족했지만 주식이라는 특별한 분야에서만큼은 누구에게도 뒤지지 않는다고 생각했다. 그래서 그는 그레이엄에게 그레이엄-뉴먼에 취직하고 싶다고 말했다. 그레이엄이라는 위대한 인물과 함께 일하겠다는 꿈을 꾸는 것만도 대담한 용기가 필요했다. 워런에게는 그런 용기가 있었다. 어쨌거나 벤 그레이엄의 스타 학생이었고, 그의 강의에서 유일하게 A+ 성적을 받았으니까 그럴 용기가 있을 만도 했다. 월터 슐로스도 하는데 자기라고 못 할 게 뭐 있겠느냐는 생각도 했다. 허락받을 가능성을 조금이라도 높이려고 보수는 받지 않겠다는 말도 덧붙였다. 그는 하버드 경영대학원에 면접을 받으러 갈 때보다 더 자신감에 충만했다.
　　하지만 그레이엄은 안 된다고 했다.

　　정말 심했습니다. 이러시더군요. '근데 말이야 워런, 월스트리트에서는 아직도 아이비리그 풍의 회사들, 대형 투자은행들이 유대인을 채용하려고 하지 않아. 우리 회사는 겨우 몇 명을 채용할 여력밖에 없지만, 아무튼 그래도 유대인만 채용해.' 그건 맞는 말이었습니다. 사무실 여직원 두 명도 유대인이었고 모든 사람이 유대인이었습니다. 그건 일종의 인종 차별 철폐를 위한 조치였던 셈입니다. 사실 1950년대에는 유대인에 대한 편견이 엄청나게 많이 남아 있었으니까요. 나도 충분히 이해할 수 있었습니다.

그는 그레이엄을 비판하는 것으로 해석될 수 있는 말을 할 수 없었다. 수십 년 뒤에까지도 그랬다. 하지만 그로서는 보통 실망스러운 게 아니었다. 자기 수업의 스타 학생 한 명쯤은 예외로 할 수도 있지 않았을까? 보수도 받지 않고 일하겠다고 했는데?

스승을 우상으로 여겼던 워런은 그레이엄이 자기를 개인적인 감정 없이 바라볼 뿐이라는 사실을 받아들여야 했다. 설령 자기가 가르친 수많은 학생들 가운데 가장 뛰어난 학생일지라도 자기가 정한 원칙에 입각해서 공정하게 판단하고 내리는 결정을 인정해야 했다. 매달린다고 해도 통할 길이 없었다. 적어도 당시로서는 그랬다. 마음에 상처를 입은 워런은 졸업할 때까지 뉴욕에 머물렀다가, 마음을 추스르고 고향으로 가는 기차를 탔다.

위안으로 삼을 게 두 가지 있었다. 우선 오마하로 돌아간다는 사실이었다. 오마하에서는 언제나 편안했다. 그리고 오마하 출신의 어떤 여자를 만나 그녀에게 반했는데 오마하에서는 이 여자와의 연애 사업도 훨씬 쉬울 터였다. 언제나 그랬듯이 그가 원하던 여자는 그에게 반하지 않았다. 하지만 이번에는 어떻게든 그 여자의 마음을 돌려놓아야겠다고 결심했다. 그렇게 할 수 있을 것 같았다.

미스 네브래스카

워런은 여자 사귀는 일에서만큼은 늘 젬병이었다. 여자친구 한 명 사귀어 보는 게 소원이었지만, 이런 간절한 소망을 가로막는 게 있었으니 그건 바로 부끄러움이었다.

여자 앞에서 나보다 더 부끄러움을 타는 사람은 없었습니다. 이 부끄러움에 대한 반응으로 내가 수다쟁이가 되지 않았나 싶습니다.

워런은 주식이나 정치 이야기가 다 떨어지면 그다음에는 툴툴거리기 시작했다. 그는 여자에게 데이트 신청하는 것을 끔찍하게 두려워했다. 어쩌다, 데이트를 해도 퇴짜 놓지 않겠다고 확신할 만한 행동을 여자가 해야만 그제야 용기를 내곤 했다. 이럴 때조차, '도대체 왜 저 여자가 나하고 데이트를 하려고 하겠어?' 하는 엉뚱한 의심부터 했다. 그래서 고등학교 때나 대학교 다닐 때는 데이트를 많이 해보지 못했다. 데이트를 해도 언제나 이상한 방향으로 흐르고 말았다.

한번은 재키 질리언이라는 여자아이와 야구장에 함께 간 적이 있었는데, 돌아오던 길에 그는 자동차로 소를 치고 말았다. 다른 여자아이를 데리고 골프 연습장에 공을 치러 간 적이 있었다.[1] 하지만 이때도 데이트는 제대로 되지 않았다. 영구차에 바버라 위건드를 태우고 데이트를 한 것은 이목을 끌기 위한 게 아니라 일종의 필사적인 시도였다고 워런은 말한다. 영구차라는 매개가 서먹서먹함을 푸는 도구는 될 수 있었을지 모르지만, 과연 영구차를 타고 무슨 데이트가 제대로 되었겠는가. 앤 벡처럼 지독하게 부끄러움이 많은 여자아이와 데이트할 때 그는 완전히 꿀 먹은 벙어리가 되었다. 그는 너무 불안한 나머지 뭘 어떻게 해야 할지 아무 생각도 떠오르지 않았다. 여자들은 벤 그레이엄이나 안전 마진 이야기를 듣고 싶어 하지 않았다. 만일 워런에게 딱 한 차례 여름철 내내 데이트했던 보비 윌리가 없었다면, 그래서 1루 진출도 하지 못했더라면, 워런은 도대체 무슨 희망을 가지고 살 수 있었을까? 아무런 희망도 없었을 것이라고 그는 생각했다. 여자아이들도 이런 사실을 알고 있었을 것이다.

그러다가 마침내 컬럼비아대학교에 가기 전인 1950년 여름, 동생 버티가 워런에게 북서부 지역 출신의 자기 룸메이트를 소개했다. 짙은 갈색 머리에 뺨이 동그스름하고 마치 큐피(브랜드 이름 – 옮긴이) 인형 같은 수전 톰슨이었다.[2] 버티는 그녀를 만나자마자 그녀가 다른 사람을 이해하고 포용하는 남다른 기술을 가지고 있다고 보았다. 수지는 버티보다 한 살 반쯤 많았고 버티에게 처음부터 좋은 인상을 주었다.[3] 워런은 수지를 만나자마자 반해버렸다. 하지만 그녀가 보여주는 친절함과 상냥함이 진심에서 우러나온 것인지 의심했다.

자신 있게 말하지만, 진심은 아니었습니다. 하지만 나는 그녀 생각만 했죠. 그리고 어떻게든 무너뜨리고 말겠다고 결심했습니다. 어떤 여자도 그녀와 비교할 수 없다고 생각했습니다.

하지만 수지는 워런에게 관심이 없었다. 다른 남자와 사랑에 빠져 있었다.

컬럼비아대학교에 다니느라 뉴욕으로 간 뒤에 워런은 〈뉴욕 포스트New York Post〉에서 얼 윌슨의 가십 칼럼[4]을 읽다가 배니타 메이 브라운이라는 1949년 미스 네브래스카가 여성 전용 주거 시설인 '웹스터'[5]에 살면서 가수이자 십대의 우상이던 에디 피셔와 함께 TV 프로그램에 출연해 공연한다는 사실을 알게 되었다.

배니타는 워런과 같은 시기에 네브래스카대학교에 다녔었다. 하지만 그때는 워런이 그녀의 존재를 알지 못했었다. 그런데 이제 그녀의 존재를 알았고 또 부끄러움도 어느 정도 극복할 수 있었다. 네브래스카가 고향인 매력적인 미스 네브래스카가 뉴욕 하늘 아래 함께 있다는 상황이 크게 작용했다. 워런은 웹스터로 전화를 해서 배니타를 찾았다.

배니타가 미끼를 물었다. 그리고 얼마 지나지 않아 그녀와 미스터 오마하는 데이트를 했다. 이야기를 나누면서 안 사실이지만, 그녀의 성장 환경은 워런의 경험과 그다지 다르지 않았다. 그녀는 사우스오마하에서 성장했다. 도축장이 가까이 있었고, 학교가 끝난 뒤에는 '오마하 콜드 스토리지Omaha Cold Storage'에서 닭 씻는 일을 했다. 잘 빠진 몸매와 친근한 얼굴은 그 동네를 벗어날 수 있는 승차권이었다. 그녀는 오마하의 파라마운트 극장에서 안내원으로 일했다. 그러다가, 워낙 자기를 사람들 앞에 드러내는 걸 좋아하던 터라 결국 지역 미인 대회에 나갔고 우승까지 했다.

내 생각에 그녀가 가지고 있던 재능은 심사위원들을 현혹시키는 기술이 아니었나 싶습니다.

네브래스카 미인 대회에 나가 미스 네브래스카 타이틀을 딴 이후로는, 네브래스카를 대표하는 미인으로 워싱턴 디시에서 열린 '벚꽃 축제Cherry Blossom Festival'에 참가했다. 그 뒤 뉴욕으로 이사했고, 연예 산업에 성공적으로 안착하려고 필사적으로 노력하던 참이었다.

비록 워런이 여자친구를 스토크 클럽Stork Club(각계의 유력 인사들이 드나드는 뉴욕 최고의 고급 클럽—옮긴이)에 데려가서 저녁식사를 함께하거나 코파카바나Copacabana에 가서 함께 쇼를 보는 스타일은 아니었지만, 그래도 그녀가 고향 출신을 반갑게 맞았던 건 분명하다. 곧 두 사람은 함께 뉴욕 거리를 돌아다녔다. 고상한 티를 내면서 마블 칼리지엣 교회에 가서 자기 계발 분야의 전문 강연자이자 저술가인 노먼 빈센트 필의 강연을 듣기도 했다. 워런은 허드슨 강둑에서 배니타와 치즈 샌드위치를 함께 나누어 먹고 또 우쿨렐레로 〈달콤한 조지아 브라운Sweet Georgia Brown〉을 연주해 주기도 했다.

비록 배니타는 그 치즈샌드위치가 싫었지만[6] 어쨌든 그를 계속 만날 의향이 있어 보였다. 그녀는 유쾌하고 재치가 넘쳐흘렀다. 그래서 워런은 그녀와 대화를 나눌 때면 마치 언어를 공 삼아서 탁구를 치고 있다는 느낌이 들었다.[7] 그녀 주변으로 총천연색의 화려한 아우라가 솟아 나와 그녀를 매혹적으로 보이게 만들었다. 하지만 워런의 사교적인 기술은 터무니없을 만큼 서툴렀다. 오랜 세월 필사적으로 고치려고 해보았지만 잘 되지 않았던 고질병이었다. 한번은 데일 카네기 방법론으로 웅변과 화술을 교정해 준다는 광고를 보고 찾아가기도 했다. 워런은 데일 카네기를 믿었다. 그는 이미 워런이 사람들과 잘 어울릴 수 있도록 많은 도움을 준 인물이었으니까. 주머니에

100달러짜리 수표 한 장을 넣고서 뉴욕에 있는 카네기 화술 교정 학원을 찾아갔다.

> 데일 카네기를 찾아간 것은 내가 사회적인 기술이 너무도 형편없이 뒤처졌다는 사실을 뼈아프게 잘 알고 있었기 때문입니다. 하지만 접수하는 사람에게 수표를 내밀고 나서 곧 취소하고 말았습니다. 겁을 먹었던 겁니다.

워런의 이런 사회성 부족은 수전 톰슨과의 앞날도 순탄하지 않을 것임을 예고했다. 워런은 가을 내내 그녀에게 편지를 보냈다. 그녀는 좋다는 반응을 보이지 않았다. 그렇다고 편지질로 자꾸 귀찮게 하지 말라는 말도 하지 않았다. 워런은 새로운 전략을 짰다. 수지의 부모님과 우선 친해져서 자연스럽게 수지와 가까워져야겠다는 작전이었다. 추수감사절 때 그는 수지의 부모와 함께 북서부 지역 연고의 미식축구 팀이 벌이는 경기를 보러 에번스턴으로 갔다. 경기를 본 뒤에 수지와 수지의 부모, 워런은 함께 저녁을 먹었다. 그런데 그녀는 금방 세 사람만 남기고 다른 남자와 데이트를 하러 갔다.[8]

추수감사절 휴가가 끝난 뒤 워런은 낙담한 마음을 안고 뉴욕으로 돌아왔다. 하지만 낙담에만 파묻혀 있지 않았다. 그는 그 뒤로 배니타를 계속해서 만났다.

> 그녀는 그때까지 내가 만난 사람들 가운데 가장 상상력이 풍부한 사람으로 몇 손가락 안에 꼽을 수 있을 정도였습니다.

사실 그녀와의 데이트는 불확실성과 위험이라는 아슬아슬한 요소를 띠기 시작했다. 그녀는 툭하면 워런의 아버지 하워드가 의회에서 연설할 때 그 앞으로 달려가서 "당신 아들이 내 뱃속에 있는 아기의 아빠예요!"라고 말하겠다고 위협했다. 워런은 배니타가 정말 그렇게 할지 모른다고 생각했다. 둘이서 영화를 보고 나오던 길에 배니타가 또 그와 비슷한 말을 했다. 더 이상 듣고만 있을 수 없었던 워런은 그녀를 번쩍 들어서 철사를 그물처럼 엮어서 만든 거리의 쓰레기 바구니에 쑤셔 박았다. 배니타는 그 바구니 속에서 비명을 질렀고, 워런은 들은 척도 하지 않고 가버렸다.[9]

배니타는 아름다웠다. 똑똑했고, 사람을 즐겁게 했다. 동시에 위험했다. 워런은 그녀와 더 깊이 진행되면 위험하다는 것을 알았다. 하지만 그녀와의 만남에는 짜릿한 긴장이 있었다. 마치 표범의 목에 목줄을 매고 함께 산책을 하며 과연 반려견으로 기를 수 있을지 살펴보는 것과 마찬가지였다.

배니타는 자기 자신을 잘 조절할 줄 알았습니다. 거기에 관해서는 아무런 문제도 없었습니다. 유일한 의문은 그녀가 과연 그렇게 하길 원할까 하는 것이었습니다. 그녀가 원하지 않는 한, 그녀가 사람을 당혹하게 만들지 모른다고 걱정할 필요는 없었다는 말입니다.

한번은 뛰어난 변호사이자 해군부 장관이던 프랭크 매슈스를 위한 만찬이 '뉴욕 애슬레틱 클럽'에서 열렸는데 워런은 이 자리에 배니타를 데리고 나갔다. 미스 네브래스카와 팔짱을 끼고 그런 자리에 참석하는 게 자기에게 어쩐지 도움이 될 것 같아서였다. 매슈스는 네브래스카 출신이었고, 그 자리에는 알아 두면 좋을 저명인사들이 많았다. 워런도 사람들에게 알려지고 싶은 마음이 있었던 것이다. 칵테일을 마시는 시간이었다. 배니타는 워런이 소문의 주인공이 되도록 확실히 해두었다. 워런이 자기를 데이트 상대라고 소개하자 데이트 상대가 아니라 아내라고 워런의 말을 수정했다.

"이 사람이 왜 자꾸 이러는지 모르겠어요. 나를 부끄럽다고 생각하나 봐요. 제가 그렇게 부끄럽게 보이나요? 함께 외출할 때마다 내가 데이트 상대인 척 행동하거든요. 우린 결혼한 사이예요."

마침내 워런은, 설령 배니타가 자기가 원할 때 자기 자신을 잘 통제할 수 있다 하더라도, 중요한 문제는 다른 데 있다는 사실을 깨달았다.

그녀는 늘 나를 당황스럽게 만들려고 했습니다. 그런 행동을 재미있어했습니다.

그녀의 이런 모습은 주기적으로 나타났다. 하지만 그녀는 사람을 끄는 마법적인 매력을 가지고 있었다. 그랬기 때문에 대안이 없었다면 어떤 일이 진행되었을지는 뻔했다.[10]

워런은 네브래스카의 집으로 갈 때마다, 비록 횟수가 많지는 않지만 수전 톰슨이 허락하면 그녀를 만났다. 워런의 눈에 비친 그녀는 범접할 수 없는 권위가 느껴질 정도로 무척 세련되고 관대했다.

그녀는 나보다 훨씬, 훨씬, 훨씬 더 성숙했죠.

그는 수지에게 적극적으로 다가서기 시작하면서 점점 배니타에게서 발을 뺐다. 물론 문제가 없지는 않았다.

내가 수지에게 1순위가 아니라는 건 분명했습니다.[11] 내 의도는 분명했습니다. 이런 의도가 그녀에게 전혀 영향력을 발휘하지 못한다는 게 문제였죠.

수전 톰슨의 가족은 버핏 가족과 잘 알고 지내던 사이였다. 수지의 아버지 윌리엄 톰슨 박사는 하워드가 딱 한 번 낙선한 선거에서 선거본부장을 맡았던 사람이기도 했다. 하지만 두 집은 무척이나 많이 달랐다. 수지의 어머니 도로시 톰슨은 아담하고 상냥하고 정이 많고 신실하고 세상을 잘 아는 여성이었다. 그녀는 언제나 오후 6시 정각에 저녁을 먹을 수 있도록 상을 차렸고, 남편인 톰슨 박사가 이끈 생명들을 알뜰하게 거두었다. 체구가 작고 은발인 윌리엄 톰슨은 나비넥타이를 매고 옅은 자주색이나 솜사탕 분홍색 혹은 연두색 스리피스 모직 정장을 입었다. 이런 허세 덕분에 그는 사람들 사이에서 단연 돋보였으며, 자기가 사람들의 존경을 받고 있음을 확신하는 것처럼 거동했다. 그는 자기 입으로 "수많은 교사와 목사 선조들의 피를 물려받았다"고 했는데, 그 조상들의 모든 수완을 한꺼번에 자기 안에 복제하고 싶어 하는 것처럼 보였다.[12]

그는 오마하대학교 문리대학의 학장이었고 심리학을 강의했다. 그리고 학교 운동경기 프로그램 부책임자로서 이 활동 전반을 감독했으며 전직 미식축구 선수이자 열렬한 스포츠팬의 열정으로 이 활동을 지휘까지 했다. 이런 역할 때문에 그는 매우 유명해졌다.

도시의 모든 경찰관들이 그를 알아보았습니다. 그가 운전하는 방식을 고려하면 좋은 일이었지요.

그는 또한 IQ 검사와 심리 검사를 설계하고, 도시의 모든 학생들이 치렀던 이 시험을 감독했다.[13] 그리고 일요일이면, 주변 사람들을 쥐고 흔들고 또 자기 아이들에게 문제를 내서 시험을 보게 하는 것에도 만족하지 않고, 목사들이 입는 옷으로 갈아입고 어빙턴 크리스천 교회에 가서(아주 작은 교회였다) 저음의 아주 깊고 또 울림이 많은 목소리로 아-주-아-주 느-리-게 설교를 했다. 이 교회에서 그의 두 딸은 두 명뿐인 합창단의 단원이었다.[14] 그는 나머지 시간에 자기 목소리의 사정권 안에 들어오는 모든 사람에게 자기의 정치적인 신념을 강요하면서 보냈다. 이런 모습은 하워드와 비슷했다.

그는 자기가 바라는 것을 말하며 당장 그 일이 이루어져야 한다고 할 때 쾌활한 미소를 지었다. 그는 여성이 중요하다고 말했지만 그건 이 여성이 자기 시중을 들어줄 것을 기대할 때였다. 그의 일은 내면을 중시하는 것이었지만, 그는 눈에 띄게 허영심이 강한 편이었다. 그는 자기가 사랑하는 사람들에게 집착했다. 그러다가 그들이 보이지 않으면 짜증을 냈다. 만성적으로 불안해하는 심기증 환자였던 그는 툭하면 어떤 무서운 재앙이 자기가 사랑하는 사람에게 떨어질 것이라고 예상했다. 그리고 자기의 까다로운 요구를 충족시켜 주는 사람들에게는 아낌없는 애정을 쏟았다.

큰딸 도로시(보통 '도티'라고 불렀다)는 아낌없이 애정을 받는 축에 끼이지 못했다. 가족들 말에 따르면, 도티는 생애의 처음 몇 년 동안 아버지의 심기를 불편하게 할 때마다 작은 방에 갇혀 있어야 했다.[15] 좋게 해석하면, 박사학위를 마쳐야 한다는 압박감에 짓눌려 있던 시기에 아장아장 걸어 다니는 아이가 발에 거치적거리는 게 그의 마음을 어지럽게 흔들어 놓았기 때문이다.

도티가 태어나고 7년 뒤에 둘째 딸 수지가 태어났다. 남편의 가혹한 자녀 훈육 방식에 넌더리가 났던 도로시 톰슨은 남편에게 이렇게 말했다.

"큰아이는 당신 방식대로 키웠으니까 둘째는 내 방식대로 키울게요."

수지는 태어날 때부터 병약했다. 여러 종류의 알레르기를 달고 있었다. 귀에도 만성적인 염증이 떠나지 않아 태어나서 18개월 동안

고름을 빼내기 위한 절개 수술을 열두 번이나 받았다. 그리고 류머티스열로 고생을 많이 했는데, 유치원에서부터 초등학교 2학년 때까지 네다섯 달가량을 밖에 나가지 못하고 집 안에서만 지낸 적도 있었다. 나중에 그녀는 이 기간 동안 창문 밖으로 아이들이 노는 모습을 바라보면서 자기도 그 아이들 틈에 끼여 함께 놀고 싶다는 생각을 했다고 회상했다.[16]

이런 온갖 병치레를 하는 동안 톰슨 부부는 수지를 언제나 바싹 붙어 보살피며 귀여워했다. 특히 아버지는 그녀를 맹목적으로 사랑했다. 다음은 워런이 하는 말이다.

아버지는 언제나 수지를 끼고 살았습니다. 수지는 나쁜 짓을 할 수 없었습니다. 하지만 도티가 하는 일은 모두 나쁜 짓이었죠. 부모는 언제나 도티를 들들 볶고 나무랐습니다.

당시의 가족 일상을 담은 필름을 보면, 네 살쯤 되던 수지가 열한 살이던 언니 도티와 함께 장난감을 가지고 차를 마시는 놀이를 하다가 언니에게 "안 돼!"라고 고함을 지르며 자기가 하고 싶은 대로 명령하는 장면이 나온다.[17]

수지는 마침내 건강을 되찾아 침대에만 갇혀 지내지 않아도 되는 상태가 되었다. 그래도 운동이나 야외에서 하는 게임은 절대로 하려들지 않았다. 대신, 마치 친구에 굶주린 사람처럼 늘 친구를 사귀는 데 열중했다.[18] 그 긴 병치레 기간 동안 그녀가 그리워했던 것은 사람이었다. 나중에 수지는 이렇게 회상했다.

"병이 들어 아플 때는 거기에서 벗어나는 게 무엇보다 소중한 자유가 될 수 있습니다. 정말 놀라운 축복이죠. 질병의 고통에서 벗어나는 것은 굉장한 겁니다. 나는 아주 어린 나이에 이걸 깨달았어요.

이걸 알면 인생에 대한 생각이 아주 단순해질 수 있습니다. 사람을 만나면, 남자들 그리고 사람들이 정말 황홀하게 보이지요."[19]

수지는 성장해서도 볼살이 통통하게 남아 있었고, 숨소리가 섞인 어린아이 목소리도 그대로 남았다. 십대 때는 오마하에 있던 센트럴고등학교에 다녔다. 이 학교는 종교와 피부색이 다른 아이들이 한데 섞인 1940년대에 흔치 않던 통합 학교였다. 비록 그녀는 몇몇 아이들이 속물적이라고 보았던 집단에 속해 있었지만, 급우들은 그녀가 여러 집단의 아이들과도 두루 친하게 지냈다고 회상한다.[20] 넘쳐나는 친절과 가볍고 톡톡 튀는 말투 때문에 그녀는 '꼬마 사기꾼'이라는 말을 듣기도 했다.[21] 하지만 그녀에게서 사기성은 전혀 찾아볼 수 없었다고 친구들은 말한다. 그녀가 관심을 기울인 분야는 공부보다는 웅변과 공연 예술 쪽이었다. 그녀는 교내 토론반에서 열정과 설득력이 가득 찬 말로 열변을 토했다. 그녀의 웅변을 듣고 사람들은 그녀의 정치적인 성향이 자기 아버지와는 다르다는 것을 알았다. 그녀는 또한 교내 여러 연극에 참여해 배우로 매력적인 연기를 펼쳤으며, 합창단 주역으로 교내 오페라에 참가해서는 콘트랄토(가장 낮은 여성음－옮긴이)를 멋들어지게 소화했다. 〈우리의 마음은 젊고 쾌활했다Our Hearts Were Young and Gay〉(여배우 코넬리아 오티스 스키너가 기자이던 에밀리 킴브로와 함께 1942년에 출간한 두 사람의 1920년대 유럽 여행기－옮긴이)에서 그녀는 사랑스럽고 무모한 주인공 연기를 워낙 멋지게 잘해서 교사들은 오랜 세월이 지난 뒤까지도 이 사실을 기억했다.[22] 그녀는 매력과 특별한 개성의 힘 덕분에 '최고 인기인'과 미스 센트럴고등학교가 되는 영광을 누렸다. 그리고 이런 장점들을 높이 산 친구들은 그녀를 학년 회장으로 선출했다.

수지의 첫 번째 남자친구는 조용하고 온화한 존 길모어였다. 수지는 그를 좋아한다고 공개적으로 선언했다. 수지의 남자친구가 되었을 무렵 길모어의 키는 수지보다 30센티미터가량 더 컸다. 수지는 길모어에게 아양을 떨었지만 그를 완전히 지배했다.[23]

그 당시 수지는 다른 아이와 데이트하기 시작했다. 1학년 때 참가했던 토론 대회에서 만난 지적이고 친절한 아이였다. 그는 오마하에서 미주리강 건너편에 있는 아이오와의 카운슬 블러프에 있는 토머스 제퍼슨 고등학교에 다니는 밀턴 브라운이었다. 그는 짙은색 머리에 키가 크고, 따뜻하고 커다란 미소가 특징이었다. 둘은 고등학교에 다니는 동안 내내 한 주에 몇 차례씩이나 만났다.[24] 수지와 친하게 지내던 친구들은 밀트를 알고 있었지만, 그래도 이런저런 파티나 학교 행사에서 수지와 춤을 춘 상대는 계속 길모어였다.

수지의 아버지는 밀턴 브라운을 인정하지 않았다. 학교도 제대로 다니지 못한 러시아계 유대인 이민자이며 유니언 퍼시픽 레일로드에서 일하는 노동자의 아들이었기 때문이다. 수지는 과감하게 서너 번 이 남자친구를 집으로 데려왔지만, 톰슨 박사는 냉랭하게 대했다. 뿐만 아니라 프랭클린 루스벨트와 트루먼에 대해서 강연까지 했다. 그는 자기 딸이 유대인과 데이트하도록 놔두지 않겠다는 말을 드러내 놓고 했다.[25] 워런의 부모처럼 수지의 아버지도 오마하 사람의 전형적인 모든 편견들을 가지고 있었다. 오마하에서는 종교가 제각기 다른 집단들이 집단별로 묶여서 살아갔다. 종교가 다른 사람끼리 만나서 결혼할라치면 세금을 매기려고까지 들었던 도시가 바로 오마하였다. 그러나 수지는 이런 사회적인 분위기에 감히 반기를 들고 나섰다. 그러면서도 한편으로는 전통과 관습에 충실하고 인기 있는 여고생으로서의 여유 넘치는 또 다른 삶을 계속 유지하려고 노력했다.

수지는 그 거친 날들을 헤치고 대학교에 입학했다. 이때 그녀와 밀트는 함께 자유를 찾아서 떠났다. 그곳은 바로 일리노이의 에번스턴에 있는 노스웨스턴대학교였다. 수지는 기숙사에서 버티 버핏과 한 방을 썼고, 두 사람은 여학생 클럽에 가입했다. 버티는 수업에서 무난히 좋은 성적을 거두었고 얼마 뒤에는 파이 델트 '파자마 여왕'으로 뽑혔다.[26] 언론을 전공하던 수지는 거의 날마다 밀트를 만날 수 있도록 강의 시간을 조정했다.

두 사람은 함께 '와일드캣 카운슬Wildcat Council'에 가입했고,[27] 밀트가 학비를 벌기 위해서 하던 여러 개의 아르바이트 가운데 하나가 끝나면 둘은 곧바로 도서실에서 만났다. 수지는 유대인 청년과 공개적으로 데이트하는 용감한 선택을 했지만, 이 선택은 전형적인 남녀공학이던 노스웨스턴대학교에서 생활하는 데 결코 유리하게 작용하지 않았다. 수지가 가입한 클럽에서는 클럽이 주최한 행사에 밀트를 댄스 파트너로 데려올 수 없다고 했다. 밀트가 유대인 클럽에 가입해 있다는 게 이유였다. 수지는 비록 상처를 받긴 했지만 그 클럽에서 탈퇴하지는 않았다.[28] 둘은 자기들의 공통된 정신적인 믿음을 반영해줄 수 있는 신앙을 찾아서 선(禪)불교를 공부하기 시작했다.[29]

한편 워런은 이런 사실을 전혀 모른 채 추수감사절 때 에번스턴으로 헛걸음을 했다. 겨울 방학 때는 오마하에서 수지의 집을 부지런히 찾았다. 그때 워런은 이미 수지에게 완전히 빠져서 반드시 그녀의 마음을 사로잡고야 말겠다고 마음을 군힌 상태였다. 수지는 자기가 늘 찾던 여성의 특성을 모두 갖추고 있었다. 그녀는 자기 자신이 무조건적인 사랑을 받는다고 생각하면서 자란 몇 안 되는 행운아 가운데 한 명으로 묘사했다. 그녀가 보기에 '이런 사랑은 누구에게나 다시 베풀 수 있는 가장 놀라운 선물'이었다.[30] 그녀가 무조건적인 사랑을 베풀고 싶었던 사람은 워런이 아니라 밀트 브라운이었다.

1951년 봄, 밀트는 2학년 학생회장으로 선출되었고 버티는 부회장으로 선출되었다. 수지는 밀트 브라운과의 관계를 끊으라는 내용이 담긴 편지가 집에서 날아올 때면 늘 울음을 터뜨렸다. 버티는 수지 주변에서 일이 어떻게 돌아가는지, 그리고 무엇이 문제인지 알았다. 하지만 수지는 내밀한 자기 이야기를 단 한 번도 버티에게 털어놓지 않았다. 이런 모습은 두 사람이 친한 사이가 된 뒤까지도 변하지 않았다.[31] 수지는 다른 사람이 자기 내면을 들여다보지 못하게 하는 경향이 있었다. 학기가 끝나가던 어느 날, 버티와 수지가 함께 기숙사 방에 있는데 전화벨이 울렸다. 수지의 아버지 톰슨 박사였다.

"당장 집으로 오너라."

그는 딸을 밀트와 떼어놓으려 했다. 그리고 가을에는 노스웨스턴대학교에 돌려보내지 않겠다고 못을 박았다. 수지는 주저앉아서 흐느꼈다. 그게 다였다. 수지는 자기 아버지의 결정에 저항하는 모습을 한 번도 보이지 않았다.

워런도 그해 봄에 컬럼비아 경영대학원을 졸업하고 오마하로 돌아갔다. 부모가 워싱턴에 가서 살았기 때문에 그 집에서 지낼 생각이었다. 그는 여름에 일정 기간 동안 주(州) 방위군에 입대해서 복무해야 했다. 비록 군 복무가 그에게 적합한 일은 아니었지만, 한국전에 참전해야 하는 다른 대안보다는 나았다. 그는 해마다 위스콘신의 라크로스 훈련소에서 몇 주씩 훈련을 받아야 했다. 하지만 훈련소 경험이 그가 성숙하는 데는 도움이 되지 않았다.

처음 주 방위군에 들어갔을 때 사람들은 나를 의심스러운 눈초리로 바라보았습니다. 아버지가 하원의원이었으니까요. 그 사람들은 내가 버릇없는 귀공자처럼 굴 줄 알았던 거죠. 이런 시선은 그리 오래가지 않았습니다.

주 방위군은 매우 민주적인 조직입니다. 이 조직 안에서는 사회에서 무슨 일을 하느냐가 그다지 중요하지 않다는 말입니다. 이 생활에 적응하려면 열심히 만화책을 봐야 했습니다. 나도 거기에 도착한

지 한 시간 만에 만화책을 보게 되었습니다. 모든 사람들이 다 그랬습니다. 나라고 별수 있었겠습니까? 그러다 보니 내가 구사하는 단어는 네댓 개로 줄어들었습니다. 이 단어들이 뭔지는 굳이 말 안 해도 잘 아실 겁니다.

자기보다 나은 사람들과 어울리는 게 도움이 된다는 걸 깨달았습니다. 그 사람들 수준에 맞게 조금이라도 나아지니까요. 자기보다 행동거지가 못한 사람들과 어울리면 금방 그 수준으로 떨어지고 맙니다. 그게 사람들 사이에서 일어나는 수준 변화의 원리입니다.

주 방위군 입대 경험을 통해 워런은, 훈련소에서 나오자마자 예전에 했던 맹세를 다시 한번 했다.

사람들 앞에 나서서 연설하는 게 끔찍했습니다. 그런 상황에 처했을 때 내가 어떤 꼴이었는지 도저히 믿지 못할 겁니다. 너무도 겁에 질려서 얼어붙었습니다. 토할 지경이었지요. 사실 나는 내가 사람들 앞에 나서서 연설할 일이 없도록 인생을 설계하기도 했습니다. 그런데 졸업한 뒤에 오마하에 와서 웅변 및 화술 교정 광고를 또 보았습니다. 언젠가 사람들 앞에 나서서 연설해야만 할 때가 분명히 생길 거라고 믿은 나는 어떻게 해야 하나 머리를 싸매고 생각하다가 고민의 고통을 없애려고 다시 그 강습을 등록해 버렸습니다.

사람들 앞에 나서서 연설을 잘하겠다는 게 웅변 및 화술 교정 강습 등록의 유일한 목표는 아니었다. 수전 톰슨의 마음을 사로잡으려면 그녀와 자연스럽게 대화할 수 있어야 했다. 수지와 일이 잘 풀릴 가능성은 많지 않았지만 상황을 조금이라도 개선하려면 뭐든 해야 했다. 어쩌면 그 여름이 워런에게는 마지막 기회일지도 몰랐다.

데일 카네기 강습은 로마 호텔에서 진행되었다. 축산업에 종사하는 사람들이 자주 가던 호텔이었다.

나는 현금 백 달러를 가지고 가서 강사인 윌리 키넌에게 주며 '내 마음이 변할지 모르니까 빨리 받아 넣어요'라고 말했습니다.

강습을 받으러 모인 사람은 스물다섯 명에서 서른 명 정도 되었습니다. 모인 사람들은 다들 바짝 긴장해 있었습니다. 서로 인사도 나누지 못할 정도로 말입니다. 다들 서로에게 말도 붙이지 못하고 꿔다 놓은 보릿자루처럼 멀뚱하게 서 있었죠. 그런데 그때 매우 인상적이었던 점은, 윌리는 그 사람들을 모두 딱 한 번씩밖에 보지 않았음에도 불구하고 모든 사람의 이름을 기억하고 불렀다는 겁니다. 윌리는 좋은 강사였습니다. 우리에게 연상 기억법을 가르치려고 애썼습니다. 나는 결국 제대로 배우지 못하긴 했지만 말입니다.

강습생들은 책을 한 권씩 받았습니다. 기조 연설, 유세 연설, 부지사 연설 등 온갖 종류의 연설 원고를 수록한 책이었습니다. 우리더러 그 연설들을 강습 때마다 하라고 했습니다. 자기 자신이 스스로 그어놓은 한계를 넘어서기 위한 훈련 방식이었습니다. 한두 사람을 상대로 해서는 5분 이상 혼자서 말할 수 있는데 왜 다수의 사람들 앞에만 서면 꿀 먹은 벙어리가 되고 마느냐 하는 문제, 그 한계 말입니다. 강사는 이런 한계를 극복할 수 있도록 심리적인 기법들을 가르쳐 주었습니다. 그 방법 가운데 하나는 무조건 연습하는 거였죠. 그냥 계속 연습하는 겁니다. 강습생들끼리는 서로 열심히 도왔습니다. 효과가 있더군요. 내가 여태까지 받았던 그 어떤 학위보다 중요한 학습 과정이었습니다.

하지만 워런은 새로 익힌 기술들을 수지에게 써먹을 수 없었다. 우선 그녀를 만나기가 어려웠다. 워런은 수지에게 막강한 영향력을 행사하는 그녀의 아버지를 의식해 우쿨렐레를 들고 밤마다 그 집을 찾아갔다. 그리고 수지 대신 그녀의 아버지를 상대로 사랑을 호소했다.

수지는 다른 녀석들을 만나러 나가곤 했습니다. 수지도 없는데 내가 뭘 하겠습니까? 아버지를 상대하는 수밖에요. 우리 두 사람은 이런저런 이야기를 많이 나누었습니다.

여름의 열기를 사랑했던 톰슨 박사는 7월의 뜨거운 여름밤에 파스텔 색조의 스리피스 정장을 입고 현관 앞 포치에 자리 잡고 앉았다. 그사이에 수지는 아버지 몰래 밀트를 만나러 빠져나갔다. 톰슨 박사는 만돌린을 연주했고, 워런은 땀을 뻘뻘 흘리며 거기에 맞춰 우쿨렐레를 연주하고 노래를 불렀다.

워런은 톰슨 박사와 함께 있으면 편안했다. 민주당원들 때문에 세상이 지옥으로 변해간다는 장광설을 늘어놓는 그의 모습에서 아버지 하워드가 연상되었기 때문이다. 소련의 스파이로 활동하다가 냉전을 옹호하는 열렬한 반공주의자가 된 과정을 묘사한 휘태커 챔버스의 자서전《증언Witness》이 막 출간된 때였다. 워런은 굉장한 관심을 가지고 이 책을 읽었다. 챔버스가 앨저 히스 사건을 어떻게 묘사하는지 궁금했던 것도 이유 가운데 하나였다. 챔버스는 히스가 공산주의자 스파이라고 지목했었는데, 버핏 집안 사람들이 정치적인 적이라고 여겼던 트루먼 쪽 사람들은 이런 지목에 코웃음을 쳤다. 그런데 젊은 상원의원이던 리처드 닉슨이 비미활동위원회Un-American Activities Committee에서 앨저 히스를 끈질기게 추적해 마침내 1950년 1월 히스가 위증죄로 유죄 판결을 받게 만들었다. 이것은 톰슨 박사가 당시 끊임없이 씹어대던 이야깃거리였다. 그는 하워드와 달리 스포츠 이야기도 많이 했다. 아들이 없었던 그로서는 워런이 사윗감으로는 여러모로 최선이었다.[32] 똑똑하고, 개신교도이고, 공화당 지지자이고 또 무엇보다 밀트 브라운이 아니었기 때문이다.

하지만 수지의 아버지는 처음 생각했던 것보다 그리 큰 도움이 되지 않았다. 수지의 마음을 얻기는 요원했다. 수지는 워런의 헐렁한 양말과 싸구려 양복은 봐줄 수 있었지만 그 밖의 것들이 문제였다. 그는 하원의원의 아들이었다. 얼마든지 '특별하다'고 볼 수 있었다. 석사학위와 상당한 재산 등 유리한 것은 모두 가지고 있었다. 누가 보더라도 출세 길이 훤히 열려 있었다. 그러나 그는, 수지는 전혀 관심도 없는 주식 이야기만 늘 했다. 데이트할 때 그가 하는 이야기라고는 미리 준비한 농담이나 수수께끼, 머리를 지끈거리게 만드는 복잡한 문제들뿐이었다. 또 아버지가 워런을 매우 높이 평가한다는 사실 자체가 수지에게는 오히려 감점 요인이었다. 워런이 아버지의 구속의 연장선상처럼 느껴졌던 것이다. 톰슨 박사는 수지를 워런에게 떠밀다시피 했다.[33]

나에게는 오히려 불리하게 작용했습니다.

수지를 간절하게 바랐던 밀트는 빈민 지역에 사는 유대인의 아들이라는 이유로 겪어야 했던 모든 부당함을 다 겪었다. 수지에게는 자기 아버지가 참을 수 없어 한다는 이유만으로도 밀트가 더 매력적이었다.

그해 여름에 밀트 브라운은 카운슬 블러프에서 일했다. 그런데 노스웨스턴대학교에서 그에게 다음 학기 학비가 인상되었다는 내용의 편지를 보냈고, 그는 학교에 계속 다닐 여유가 도저히 안 된다는 사실을 깨닫고 워런의 집으로 가서 버티에게 편지 한 장을 건넸다.[34] 아이오와대학교에 다니기로 했다는 내용이었다. 그해 가을 수지는 오마하대학교에 등록했고, 수지와 밀트는 수지의 아버지로 인해 가끔씩밖에 만날 수 없다는 사실을 받아들여야 했다. 수지는 그해 여름을 눈물로 보냈다.

수지는 처음엔 워런에게 관심이 없었지만 어떤 사람을 만나면 그 사람에 대해서 제대로 알아야만 직성이 풀리는 성격 때문에, 워런에 대해서 여태까지 몰랐던 새로운 면을 알게 되었다. 그리고 곧 자기가 가졌던 첫인상이 잘못되었다는 사실을 깨달았다. 워런은 특권을 가지고 있지도 않았고, 잘났다고 우쭐대는 오만한 사람도 아니었다.

나는 난파선처럼 비참한 처지였습니다.

그는 신경 쇠약 직전이었다.

겉돈다는 느낌이 들었습니다. 사회적으로 서툴렀습니다. 뿐만 아니라, 내 인생의 항로에서 내 배는 전혀 속력을 내지 못하고 있었습니다.

심지어 수지의 친구들조차 워런이 자기 확신이라는 껍데기 아래에 상처받기 쉬운 연약함을 숨기고 있음을 알 수 있을 정도였다. 수지는 워런이 내면적으로 자기 자신을 얼마나 하찮게 여기는지 점차 깨달았다.[35] 주식에 관한 거침없는 달변과 자신감, 비범한 천재의 분위기, 그가 연주하는 우쿨렐레의 음색은 모두 부서지기 쉽고 누군가의 도움을 필요로 하는 내면을 감싼 것일 뿐이었다. 그는 절망의 수의(壽衣)를 입고 힘겹게 비틀거리고 있었다.

혼란스러웠습니다. 수지가 그걸 꿰뚫어봤다는 사실을 믿을 수가 없었습니다.

수지는 스스로 난파선이라 생각하고 혼란스러워하는 사람에게 이끌리는 경향이 있었다. 워런은 수지가 자기에게 관심을 가진 것을 다음과 같이 설명한다.

나는 수지에게 충분히 유대인이었지만, 장인어른에게는 지나치지 않을 정도로만 유대인이었습니다.

이렇게 해서 수지는 워런에게 마음을 주기 시작했다.

남자든 여자든 다른 사람들이 무슨 옷을 입는지 전혀 신경 쓰지 않았고 전혀 몰랐던 워런이 수지를 얼마나 깊이 사랑하게 되었던지 수지가 입는 옷을 알아보았다. 그는 데이트할 때 수지가 입었던 파란색 드레스나 그가 '신문지 드레스'라고 불렀던 흰색과 검은색이 섞인 드레스를 영원히 기억했다.³⁶ 피오니 파크(오마하에 있던 놀이공원 – 옮긴이)의 커다란 천막 아래에서 수많은 개똥벌레들이 날아다니는 가운데 두 사람은 글렌 밀러(1904~1944년. 미국의 재즈 트럼본 연주가 – 옮긴이)의 음악에 맞추어 춤을 추었다. 워런은 춤을 배운 적이 없었지만 최선을 다해서 스텝을 밟았다. 워런은 마치 여학생 클럽에 초대받아 간 6학년 학생처럼 신중했다.

하지만 수지가 원한다면 뭐든지 다 했을 겁니다. 그녀가 원한다면 내 목덜미 뒤 셔츠 안으로 벌레라도 넣으라고 했을 겁니다.

노동절에는 워런이 수지를 주(州) 박람회에 데려가기도 했다. 그즈음에 두 사람은 이미 연인이 되어 있었다. 수지는 언론 전공 학과

2학년으로 등록했고 토론반에 가입했다.[37] 그리고 심리학 연구 모임인 '집단 역학 연구회'에 가입했다.[38]

1951년 10월 워런은 외숙모 도로시 스탈에게 편지를 보내 한껏 자랑하면서 이렇게 썼다.

> 연애 사업은 지금 절정에 도달했습니다. (……) 이 도시에 사는 어떤 여자한테 완전히 반했습니다. 프레드 삼촌과 도로시 외숙모의 계속 밀고 나가라는 신호가 떨어지는 대로 조금 더 밀고 나갈까 합니다. 이 여자가 가지고 있는 단점은 하나밖에 없습니다. 주식에 대해서 아무것도 모른다는 겁니다. 그렇지 않다면 그녀는 도저히 넘어뜨릴 수 없는 상대겠죠. 그녀의 아킬레스건을 무시해도 좋지 않을까 생각합니다.[39]

워런은 승리의 기쁨으로 들떠서 데일 카네기 강습장으로 갔다.

> 바로 그 주에 나는 연필을 받았습니다. 훈련받은 대로 어려운 과제를 잘 해냈을 때는 상으로 연필을 주었거든요. 연필을 받은 그 주에 나는 청혼을 했습니다.

조심스럽게 더 밀고 나가는 것, 이게 바로 그의 태도였다. 그는 용기를 냈다. 결혼하자고 청혼하는 대신에 그는 '그저 그것을 가정한 채 계속 이야기를 해댔다'. 한편 수지는 '비록 어떻게 해야 할지 아직 확실하게 마음을 정하지는 않았지만 (……) 워런에게 선택받은 것은 분명하다고 생각했다.'[40]

그 뒤 수지는 밀턴 브라운에게 편지를 썼다. 길고 슬픈 편지였다. 밀트는 충격을 받았다. 워런과 데이트하는 줄은 알고 있었지만 두 사

람 사이가 그렇게까지 발전한 줄은 전혀 몰랐던 것이다.[41]

워런은 수지의 아버지에게 승낙과 축복을 받으러 갔다. 수지의 아버지 윌리엄 톰슨은 이미 그 사실을 알고 있었기에 기꺼이 축복해 줄 터였다. 하지만 그는 워런이 듣고자 하는 말을 하기 전에 시간을 끌었다. 아주 오래 시간을 끌었다. 우선 해리 트루먼과 민주당원들이 미국을 지옥에 떨어뜨리려 한다는 설명부터 했다. 이어서 길고 긴 강의를 했다. 2차 대전 뒤에 마셜 플랜과 서베를린 공수 작전[42]으로 유럽에 돈을 퍼붓는 것은, 악마 루스벨트의 여러 정책들이 여전히 진행되고 있으며 트루먼이 미국을 파산으로 몰고 간다는 명백한 증거다. 트루먼이 미국 국방 조직의 일부를 제거한 직후에 소련이 원자폭탄을 어떻게 입수했는지 봐라. 조 매카시 의원의 비미활동위원회는 공산주의자들이 정부에 들끓는다는 사실을 입증한다. 이 사실은 나도 진작부터 알고 있었던 내용이다. 비미활동위원회는 도처에 숨어 있는 공산주의자들을 색출하고 있다. 공산주의와 관련된 문제를 처리할 때 정부는 너무나 비효율적으로 움직인다. 트루먼은 민주주의를 얻는 대가로 중국을 잃었다. 영웅적인 더글러스 맥아더 장군이 트루먼으로부터 만주에 있는 중국 공산주의자들을 공격해도 좋다는 허락을 받으려고 무지하게 애를 쓰자, 불복종을 사유로 그를 해임해 버린 트루먼의 행위는 영원히 용서받지 못할 것이다. 하지만 이제는 맥아더조차 미국을 구하기에 너무 늦어버렸는지 모른다. 공산주의자들은 전 세계에서 날뛰며, 주식은 이제 곧 아무짝에도 쓸모없는 휴지조각이 될 것이다. 그러니 주식시장에서 일하겠다는 자네의 계획은 물거품이 되고 말 것이다. 하지만 자네가 내 딸을 굶긴다 해도 자네를 비난하지는 않겠다. 자네는 젊고 똑똑하니까. 미국을 망치는 민주당이 물러나기만 하면 아마 워런은 무척 잘 해낼 것이다. 수지를 기다리는 참혹한 미래는 워런의 잘못이 아니었다.

무척 긴 이야기였지만, 워런은 자기 아버지 하워드나 수지의 아버지에게서 늘 듣던 말이라 끈질기게 참으며 자기가 듣고 싶었던 말을 기다렸다. 마침내 세 시간 뒤, 톰슨 박사는 이야기의 결말을 맺고 워런이 기다리던 말을 해줬다.[43]

"그렇게 하게."

추수감사절 무렵에 수지와 워런은 다가오는 4월에 예정된 결혼식 계획을 짰다.

19

무대공포증

워런은 톰슨 박사가 자신이 가족을 어떻게 부양할지 걱정하는 걸 충분히 이해했다. 하지만 워런은 그런 걱정을 조금도 하지 않았다. '그레이엄-뉴먼'에서 일자리를 얻지 못하자 주식 중개인이 되려고 이미 마음먹은 뒤였다. 그는 월스트리트에서 아주 멀리 떨어진 오마하에서 이 일을 하기로 결정했다. 상식적으로 생각할 때 주식시장에서 돈을 벌기로 작정했으면 뉴욕에서 터를 잡아야 했다. 그러나 그는 월스트리트의 관습에서 벗어나 있는 게 오히려 자유로웠다. 아버지와 함께 일하고 싶었고 수지가 오마하에 있었으니, 고향에서 멀리 떨어져 있으면 절대로 행복할 수 없다고 생각했던 것이다.

스물한 살이 다 되어 갈 무렵, 워런은 자기의 투자 능력을 자신했다. 1951년 말, 그는 이미 자기 자본을 9,804달러에서 1만 9,738달러로 불렀다. 단 1년 만에 전체 재산의 75퍼센트를 벌어들였던 것이다.[1] 하지만 물론 아버지와 벤 그레이엄에게 투자 계획을 이야기하고 조언을 구했다. 그런데 놀랍게도 두 사람 모두 몇 년 기다리는 게 좋겠다고 했다. 언제나 그랬듯이 그레이엄은 시장 가격이 너무 높다고 생각했다. 시장을 비관적으로 바라보던 하워드는 광산이나 금 관련 주식 등 인플레이션에 대비할 수 있는 투자를 선호했다. 그 밖의 다른 종목에 투자하는 것은 좋은 판단이 아니라고 생각했고, 이런 맥락에서 아들의 미래를 걱정했다.

하지만 두 사람의 견해는 워런에게 통하지 않았다. 1929년부터 미국 기업의 가치는 엄청나게 성장해 왔기 때문이다.

두 분의 판단은 과거, 즉 시장이 어마어마하게 과대평가되었던 시기의 역효과에 근거를 두고 있었습니다. 나는 기업들을 줄곧 관찰했습니다. 그래서 내린 결론은, 주식을 사지 않을 이유가 없다는 것이었습니다. 그것은 미시적인 차원이었지 경제 성장이나 뭐 그런 내용들을 평가한 게 아니었습니다. 나는 적은 돈으로 움직이고 있었습니다. 그때 나는 그 주식들을 사지 않는 것은 미친 짓이라고 생각했습니다. 그런데 IQ가 200이나 되며 산전수전 다 겪은 노련한 투자자 벤은 나더러 투자에 나서지 말고 기다리라고 했습니다. 또한 내가 절대적으로 믿고 따르던 아버지 역시 나와는 시장을 다르게 보았습니다.

아버지와 벤 그레이엄이라는 위대한 두 권위자의 조언을 뿌리치면서까지 주식 매입에 나서는 결정은 워런에게 엄청난 일이었다. 그러기 위해서는 깊이 존경하는 두 사람의 판단에 비해 자기 판단이 우월할 수 있는 가능성을 전제해야 했다. 그래도 워런은 자기 생각이 옳다고 확신했다. 아버지가 창문 밖으로 걸어보라고 하면 기꺼이 그렇게 했겠지만, 값이 싼 주식들로 가득한 《무디스 매뉴얼》을 버리고 가라는 말은 따를 수 없었다.

사실, 워런은 자기가 포착한 성공 가능성이 워낙 높다고 보고 대출을 받아 투자 원금을 더 불리기로 결정했다. 워런은 순자산의 4분의 1에 해당하는 금액을 대출하기로 했다.

이미 투자할 돈이 바닥나기 시작했습니다. 정말 사고 싶은 주식을 사려면 다른 주식을 팔아서 그 돈을 마련해야 했으니까요. 나는 남에게 돈을 빌리는 걸 끔찍하게 싫어했습니다만 5천 달러 정도 되는 돈을 오마하 내셔널 뱅크Omaha National Bank에서 빌렸습니다. 나는 채 스물한 살이 되지 않았기 때문에 아버지가 대출 서류에 연대 서명을 해야 했죠. 은행가 데이비스 씨는 이 대출 절차를 마치 통과의례처럼 진행했습니다. '당신은 이제 성인의 세계로 들어갑니다'라는 식으로 말했고, 대출해 주는 5천 달러에 대해서는 '이건 매우 엄숙한 의무입니다. 그리고 우리 은행은 당신이 이 돈을 반드시 갚을 인격의 소유자로 믿고 있습니다'라고 말하더군요. 이런 의식이 장장 30분에 걸쳐서 진행되었습니다. 커다란 책상 앞에 나를 앉혀 놓고 말입니다.

아마 하워드는 적게 잡아도 12년 동안이나 성인이 하는 사업을 훌륭하게 해온 아들의 대출 서류에 연대 서명을 하면서 자부심을 느꼈을 것이다. 동시에, 분별없는 행동은 아니었나 하는 생각도 약간 들었을 것이다. 그러나 아들이 이미 결심을 굳혔으니 하워드도 기꺼이 아들을 자기 회사 버핏-포크에 고용하기로 했다. 그러기 전에 워런더러 '커크패트릭 페티스 컴퍼니Kirkpatrick Pettis Co.'에 면접을 보라고 했다. 오마하에서 가장 큰 주식 중개 회사에서는 워런에게 무엇을 제공할 것인지 알아보기 위해서였다.

스튜어트 커크패트릭을 만나러 갔습니다. 면접을 보면서 나는 지적인 고객을 원한다고 말했습니다. 진행되는 사항을 제대로 이해하는 투자자들을 찾을 생각이었으니까요. 그런데 그 사람은 고객들이 지적인지 아닌지 걱정할 게 아니라 그들이 돈을 충분히 가지고 있는지를 걱정하라고 하더군요. 그러라고 해야죠 뭐. 그렇다고 그걸 가지고 토론을 하거나 싸울 일은 없었으니까요. 하지만 나는 아버지 회사가 아니면 일하고 싶은 마음이 없었습니다.

버핏-포크에서 워런은 에어컨 설비가 없는 네 개의 방 가운데 하나를 차지했다. '새장', 즉 유리로 칸막이가 된 공간으로 직원이 돈과 증권을 다루는 곳 바로 옆이었다. 워런은 자기가 좋아하는 종목의 주식을 자기가 아는 가장 안전한 사람들에게 팔기 시작했다. 고모와 숙모 등의 친척, 대학교 친구들이 그런 사람이었다. 여기에는 와튼 스쿨에서 첫 번째 룸메이트였던 척 피터슨도 포함되어 있었다. 그는 현재 오마하에서 부동산 산업에 종사하고 있었으며, 그를 통해서 다른 고객들도 소개를 받았다.

앨리스 고모에게 맨 먼저 전화해 가이코 주식 100주를 팔았습니다. 고모가 나를 아주 기분 좋게 만들어 줬습니다. 고모는 나한테 애정과 관심이 무척 많았죠. 그 뒤로 프레드 스탠백, 척 피터슨 그리고 누구든 할 수 있는 대로 연락해서 가이코를 권하고 팔았습니다. 하지만 대부분은 내가 샀습니다. 다른 사람이 사지 않겠다고 할 때마다 다섯 주씩 샀으니까요. 그때 나는 큰 야망을 가지고 있었습니다. 그 회사 주식 1퍼센트의 10분의 1을 소유할 생각이었으니까요. 그 회사의 총 발행 주식 수는 17만 5천 주였습니다. 만일 그 회사가 언젠가 10억 달러의 자산 가치를 가지게 되는 날, 내 목표대로라면 내가 가지고 있는 주식의 가치는 100만 달러가 될 터였습니다. 그래서 나에게는 가이코의 주식 175주가 필요했습니다.[2]

하지만 어쨌거나 그는 주식을 팔아서 수수료를 벌어야 했고, 좁은 바닥에서 이 일을 해나가는 게 지극히 어렵다는 사실을 깨달았다. 자기 아버지가 주식 중개 사업에 뛰어들어 맞닥뜨린 온갖 난관을 맛보았던 것이다. 오마하의 내로라하는 가문들, 예를 들면 은행, 도축장, 양조장, 백화점 등을 소유하고 있던 가문들에 속한 사람들은 식료품점의 손자를 얕잡아 보았다. 부모는 워싱턴에 있고 오마하에 혼자 있던 워런은 자기를 존경의 눈빛으로 바라보는 사람이 없다는 사실을 뼈저리게 느꼈다.

당시에는 주식 거래에서 주식 중개인이 모든 서비스를 맡아서 했다. 사람들은 대부분 뮤추얼펀드보다는 개별 주식을 샀고 한 주에 6센트의 수수료를 중개인에게 주었다. 거래는 고객과의 관계에 따라서 직접 만나거나 전화로 이루어졌다. 거래할 때마다 주식 중개인은 보통 주식 판매인이자 조언자이자 친구로서 고객과 가벼운 잡담을 했다. 주식 중개인은 이웃에 사는 사람일 수도 있고, 파티에서 만나는 사람일 수도 있고, 골프를 같이 치는 사람일 수도 있고, 딸이나 아들의 결혼식에 오는 사람일 수도 있었다. 제너럴 모터스는 해마다 새로운 모델을 출시했는데, 사업하는 사람이면 누구나 자기가 산 주식보다 자기 자동차를 더 자주 거래했다. 만약 주식을 갖고 있다면 말이다.

중요한 고객들은 워런의 말을 진지하게 듣지 않았다. 워런의 아버지 고객이던 '네브래스카 컨솔리데이티드 밀스Nebraska Consolidated Mills'

가 한번은 새벽 5시에 만나자며 워런을 불렀다.[3]

나는 스물한 살이었고, 이런 사람들에게 주식을 팔려고 돌아다녀야 했습니다. 그런데 이 사람들은 나를 보면 대뜸 '자네 아버님은 이 주식에 대해서 어떻게 생각하시나?' 하고 물었습니다. 언제나 그런 질문을 받았죠.

'얼뜨기dork'처럼 보이던 워런은 영업을 하느라 고군분투했다.[4] 그는 사람을 읽을 줄 몰랐고, 편안하고 자잘한 이야기를 할 줄 몰랐다. 그는 사람을 만나서 대화할 때 듣기보다는 주로 일방적으로 말을 쏟아내는 편이었다. 긴장할 때는 자기가 추천하는 주식에 대한 정보를 마치 소방 호스처럼 쏟아냈다. 몇몇 잠재 고객은 그의 말을 듣고는 다른 곳을 알아보았다. 그리고 그가 말한 정보를 이용해 다른 중개인에게서 주식을 샀다. 이렇게 되면 수수료는 한 푼도 받을 수 없었다. 일대일로 앉아서 많은 대화를 나눴고 시내에서 언제든 다시 만날 사람들이 이렇게 자기를 배신하자 워런은 충격을 받았다. 사기를 당하는 느낌이었다. 또 한번은 이런 일이 있었다. 어떤 사람과 만나기로 약속하고 그 사람 사무실에 들어갔다. 70줄에 들어선 그 남자는 책상에 돈다발을 쌓아놓고 앉아 있었다. 그리고 무릎에 여비서를 앉혀놓고 키스를 한 번씩 해줄 때마다 1달러씩 그녀에게 주었다.

그런 종류의 상황에서 어떻게 대처해야 하는지는 아버지가 가르쳐 주시지 않았습니다. 일반적인 표현으로 말하자면, 나는 아직 단련이 덜 되었던 거죠. 내가 처음에 가이코 주식을 팔기 시작할 때 버핏-포크는 시내에 작은 사무실을 두고 있었고 이곳으로 가이코 주식 증권이 들어왔습니다. 그 증권에는 파는 사람 이름이 적혀 있었습니다. 그런데 나에게 그 증권을 판 사람이 제롬 뉴먼이었던 겁니다. 버핏-포크 사람들은 이렇게 수군거렸습니다. '뭐야 이건, 자기가 제리 뉴먼보다 더 똑똑하다는 거야?'라고요.

실제로, 그레이엄-뉴먼은 새로운 파트너십을 결성하고 있었다. 일부 투자자들은 이 파트너십에 자금을 지원하기 위해 가이코 주식을 내놓기도 했다. 그레이엄-뉴먼이 아니라 그들이 판 것이다.

워런은 사람들이 이렇게 수군대는 걸 알지 못했다.[5] 가이코에 한해서는 파는 사람이 누구든 상관하지 않았다. 그 회사에 연락해서 왜 그 주식을 파는지 물어볼 생각조차 떠오르지 않았다. 자기 판단을 굳게 믿었기 때문이다. 그리고 이런 사실을 숨기려 하지도 않았다.

나는 꽤 똑똑한 축에 속했습니다. 경영대학원 졸업장도 가지고 있었으니까요. 대학 문턱에도 가보지 못한 사람들이 수두룩한 데서 말입니다. 한번은 보험 판매원이던 랄프 캠벨이 포크 씨를 만나러 와서는 이렇게 말했습니다. '이 젊은 친구는 왜 그 보험 회사 주식을 팔려고 하는지 모르겠네요. 대체 뭘 하려는 겁니까?' 가이코는 보험 판매원 없이 영업을 하던 회사였습니다. 그래서 나는 잘난 체하면서 이렇게 말했죠. '캠벨 씨, 당신은 실업 보험에 드는 대신 이 주식을 사시는 게 좋겠습니다'라고요.

남을 비판하지 말라는 데일 카네기의 첫 번째 원칙이 아직 몸에 완전히 배어 있지 않았던 것이다. 워런은 자기가 다른 누구보다도 많이 안다는 사실을 과시하려 재치 있는 말들을 구사했는데, 이것은 나중에 그의 전매특허로 자리 잡는다. 하지만 어째서 사람들은 이제 겨우 스물한 살밖에 되지 않았던 청년의 말을 기꺼이 믿으려 들었을까? 아침부터 밤까지 줄곧 온갖 자료들을 뒤적이며 지식의 목록을 불려가는 워런의 모습이 버핏-포크 사람들을 깜짝 놀라게 했던 게 틀림없다.

나는 《무디스 매뉴얼》을 한 쪽씩 꼼꼼하게 읽었습니다. 《무디스 인더스트리얼 Moody's Industrial》, 《트랜스포테이션 Transportation》, 《뱅크스 앤드 파이낸스 매뉴얼 Banks and Finance Manuals》의 1만 쪽을 그렇게 읽었습니다. 두 번씩 읽었죠. 그야말로 모든 기업을 살펴보았습니다. 비록 몇몇 기업들은 대충 넘어갔지만 말입니다.

새로운 종목의 주식을 찾아내는 게임에 끝없이 매료되면서 워런은 주식 중개인보다는 투자가가 되고 싶었다. 또한 다른 사람을 가르치고 싶었고 벤 그레이엄과 어깨를 나란히 하고 싶었다. 그래서 오마하대학교에서 야간 강좌를 맡아서 강의하기로 계약했다.

처음에 그는 〈주식에서 수익을 내는 투자〉라는 강좌를 주식 중개인 친구인 밥 쇠너와 함께 맡았다. 처음 네 주는 쇠너가 맡아서 학생들에게 〈월스트리트 저널〉 읽는 법 따위의 기본적인 사항들을 가르쳤고, 그동안 워런은 복도에서 어디 좋은 투자 아이디어가 없나 하고 그의 강의에 귀를 기울였다. 쇠너의 강의가 끝난 뒤 나머지 여섯 주는 워런이 맡았다.[6] 그러다가 나중에는 워런이 강좌 전체를 맡아서 강의했고, 강좌명도 보다 신중하게 〈건전한 주식 투자〉로 바꾸었다. 그는 마치 학생들에게 자기 말을 충분히 빠르게 전달하지 못할까 걱정되는 듯 강의실을 서성거리면서 한껏 쾌활하게 강의했다. 하지만 학생들은 그가 쏟아내는 정보의 홍수 속에서 허우적거려야 했다. 그는 무척 많은 지식을 가지고 있었지만 자기 강의가 학생들을 부자로 만들어 줄 것이라는 약속을 하지 않았다. 또 자기 강의가 어떤 특별한 결과를 가져다줄 것이라는 약속도 하지 않았다. 그리고 자기가 성공한 투자를 자랑하지도 않았다.

그의 강의를 듣는 학생의 범위는 주식시장의 전문가들부터 사업에 전혀 재능이 없는 주부와 의사, 퇴직자까지 다양했다. 이는 과거의 양상과 다른 어떤 미묘한 변화를 상징하는 것이었다. 1920년대 이후 오랜 기간 자취를 감추었던 투자자 집단이 돌아오고 있었던 것이다. 사실 이런 현상은 그레이엄이 시장이 과대평가되었다고 생각한 이유이기도 했다. 워런은 이들의 지식과 숙련도 수준에 강의 내용을 맞추었다. 그레이엄에게 배운 대로 'A 회사와 B 회사 교수법'을 동원했다. 이것뿐만 아니라 자기 스승의 다른 강의 기술들도 두루 동원했다.[7] 그리고 그는 학생들의 점수를 공정하게 매겼다. 앨리스 고모가 그의 강의를 들었는데, 그녀는 강의실에서 늘 흐뭇한 시선으로 조카가 강의하는 모습을 지켜보았지만 C 학점밖에 받지 못했다.

사람들은 툭하면 온갖 주식 종목을 언급하면서 사야 할지 팔아야 할지 물었다. 워런은 사람들이 말하는 모든 주식에 대해서 재무제표, 주가수익비율PER: Price Earning Ratio, 거래되는 주식의 총량 등 자기가 기억하고 있는 내용을 가지고 5분, 아니 심지어 10분 동안 설명할 수 있었다. 수백 개의 주식 종목들에 대해서 마치 농구 경기장에서 해설자가 다양한 통계 수치를 인용하듯이 그렇게 할 수 있었다.[8] 때로 맨 앞줄에 앉은 여자가 이런 질문을 하기도 했다.

"돌아가신 어머니가 ABC 방송국 주식을 물려주셨거든요. 근데 이게 조금 올랐어요. 어떻게 하면 되나요?"

그러면 그는 이렇게 대답했다.

"글쎄요, 저라면 팔겠습니다. 그걸 팔고 뭘 사느냐 하면……."

이어서 가이코와 같은 종목 서너 가지를 추천하거나 혹은 주가 상승을 확신하는 (그리고 자기가 이미 소유하고 있던) 종목 중 하나를 추천했다.[9] 당시 그에게 강의를 들었던 학생들은, 어떻게 투자하면 좋을지 모르겠다고 물을 때마다 돌아오던 특이하리만치 보수적인 조언들에 대해 언급했다.

한편 워런은 자기 자신의 돈을 모으는 데도 4월의 딱따구리처럼 부지런했다. 이제 곧 가장이 될 것이고, 그렇게 되면 자기가 버는 돈을 두 부분으로 쪼개야 했다. 하나는 다시 투자 자금으로 투입되어 눈덩이를 불려 갈 것이고, 또 하나는 자기와 수지의 생활비로 들어가야 했다. 워런으로서는 엄청난 변화였다. 지금까지 그는 컬럼비아대학교의 작은 방에서 지내며 치즈샌드위치를 먹고, 여자와 데이트할 때도 21 클럽(뉴욕 52번가의 고급 클럽 – 옮긴이)과 같은 으리으리한 곳에서 만나는 대신 함께 강연을 듣거나 우쿨렐레를 연주하며 노래를 부르는 것으로 비용 지출을 아끼며 살아왔다. 그리고 네브래스카로 돌아온 뒤로는 부모 집에 살면서 비용을 더욱 줄였다. 비록 가끔 부모가 워싱턴에서 돌아올 때 레일라와 맞닥뜨려야 한다는 부담이 있긴 했지만 말이다.

그에게는 열심히 일해서 돈을 모아야 한다는 동기 부여가 따로 필요하지 않았다. 워런은 버핏-포크의 사무실 책상 위에 두 다리를 올려놓고, 그레이엄과 도드가 함께 저술한 책을 다시 한번 꼼꼼하게 들여다보며 더 많은 투자 아이디어를 찾아내려고 애썼다.[10] 그런 그의 눈에 무연탄 광산 회사인 '필라델피아 앤드 리딩 코얼 앤드 아이언 컴퍼니Philadelphia and Reading Coal & Iron Company'의 주식이 들어왔다. 어쩐지 주식 가격이 낮아 보였다. 19달러 조금 넘는 선에서 거래되었기 때문이다. 하지만 이 회사는 한 주당 약 8달러 가치의 쿨름(질이 나쁜 찌꺼기 무연탄. 예전에는 가치가 있다고 여겨졌지만 오늘날에는 폐기된다 – 저자)을 가지고 있었다. 워런은 이 회사 주식의 합리적인 가격을 결정하기 위해서 탄광과 쿨름이 어느 정도의 가치가 있는지 몇 시간씩 행복한 마음으로 계산하곤 했다. 그리고 이 주식을 자기 돈으로 산 다음 앨리스 고모와 척 피터슨에게 팔았다. 얼마 뒤에 이 주식은 9달러로 떨어졌다. 그러나 그는 이 주식을 더 많이 사들여야 할 때라고 보았다.

또 '클리블랜드 워스티드 밀스Cleveland Worsted Mills'라는 직물 회사 주식을 샀다. 이 회사는 한 주당 146달러의 유동자산(유동자산은 회사가 얼마나 빠르게 현금을 동원할 수 있는가 하는 유동성의 척도다. 유동자산에는 현금과 쉽게 현금화할 수 있는 투자금 및 재고, 다른 데서 받기로 되어 있는 돈 등이 포함된다. 여기에는 부동산, 설비, 부채, 연금 등과 같이 쉽게 현금화할 수 없는 자산은 포함되지 않는다–저자)을 가지고 있었고, 주식은 그보다 낮은 가격에 거래되고 있었다. 그는 주식 가격이 이 회사의 '잘 정비된 몇몇 공장들'의 가치를 반영하지 않고 있다고 보았다.

워런은 이 주식에 관한 짧은 보고서를 썼다. 그는 이 회사가 수익의 상당 부분을 주주에게 돌려준다는 사실, 즉 주주의 '손 안에 새를 쥐여준다'는 사실이 특히 마음에 들었다. 워런의 그 보고서는 이렇게 적고 있다.

"8달러의 배당금은 대략 115달러의 현재 가격에 대한 잘 보호된 7퍼센트 수익률에 해당된다."[11]

그가 '잘 보호된'이라고 쓴 것은 이 회사가 배당금을 충분히 보호할 수 있는 수익을 낸다고 판단했기 때문이다. 하지만 그의 예측은 빗나갔다.

이 회사가 배당금 지급을 중단하자, 나는 이 회사를 '클리블랜드 워스트worst(최악의) 밀'이라고 불렀습니다.

워런은 너무 황당하고 당황해서 비록 얼마간의 비용이 지출된다고 하더라도 도대체 뭐가 잘못되었는지 알아내기로 결심했다.

나는 비행기를 타고 클리블랜드 워스트 밀의 연례 주주 총회가 열리는 곳으로 갔습니다. 클리블랜드까지 말입니다. 5분 정도 늦었는데 회의가 휴회되었더군요. 황당했습니다. 오마하에서 거기까지 갔는데, 스물두 살인 내가, 내 돈을 그 회사에 투자했는데……. 회장이 이러더군요. '미안합니다만 너무 늦으셨네요.'

그런데 이사회에 이름을 올려 두고 있던 이 회사의 판매중개업자가 나를 가엾게 여기고는 구석으로 데려가서 내가 궁금해하는 것들에 대답을 해주었습니다.

하지만 그 친절한 남자가 해준 답변들은 아무것도 바꾸지 못했다. 워런은 끔찍한 기분이었다. 다른 사람들에게도 이 회사의 주식을 사도록 했기 때문이다.

워런은 자기가 사준 주식으로 사람들이 손해보는 걸 가장 싫어했다. 사람들을 실망시키는 건 참을 수 없는 일이었다. 먼 옛날, 6학년 때 도리스의 돈과 자기 돈을 합쳐서 시티즈 서비스 주식을 샀지만 주가가 곤두박질쳤을 때와 똑같은 상황이었다. 도리스는 망설이지 않고 끊임없이 주가가 내려간다고 그에게 말했고, 그는 무거운 책임감에 짓눌렸었다. 다시 한번 그 무서운 감정에 압박당하고 싶지 않았다. 어떻게든 그런 상황을 피하고 싶었다.

워런은 자기가 싫어하는 상황에서 책임을 덜 질 수 있는 방안을 찾기 시작했다. 그는 예전부터 늘 어떤 사업체든 자기가 직접 소유하는 걸 좋아했다. 그래서 주 방위군에서 알게 된 친구 짐 셰퍼와 함께 주유소를 하나 샀다. 싱클레어 주유소였는데, 길 건너편에 텍사코 주유소가 있었다('싱클레어'와 '텍사코' 모두 당시 메이저 석유 회사였다-옮긴이).

그런데 이 텍사코 주유소의 매출액이 늘 우리보다 많았습니다. 우리는 아주 미칠 지경이었습니다.

워런은 누이 도리스와 결혼한 트루먼 우드와 함께 심지어 주말마다 그 주유소에 나가 직접 일하기도 했다. 육체노동이라면 끔찍하게 싫어했지만, '미소를 지으며' 고객 자동차의 유리창을 닦는 등 신규 고객을 끌어들이기 위해 할 수 있는 것은 뭐든 다 했다. 하지만 사람들은 길 건너편의 텍사코 주유소로 갔다.

주유소 사장은 기반을 잘 잡았고 사람들은 그를 아주 좋아했지요. 한 달에 한 번씩 결산을 해보았지만 늘 우리가 뒤처졌습니다. 그때 나는 고객의 충성도가 얼마나 막강한 힘을 발휘하는지 깨달았습니다. 그 사람은 그 일을 아주 오래전부터 성실하게 해왔고 단골 고객을 많이 확보하고 있었습니다. 그런 상황을 우리가 도저히 바꿀 수 없었던 겁니다.

우리 주유소는 최악이었습니다. 거기에서 나는 2천 달러를 까먹었습니다. 당시 나로서는 엄청나게 큰 금액이었지요. 그때까지는 사업을 해서 손해를 본 적이 거의 없었는데 말입니다. 아주 고통스러웠습니다.

워런이 오마하에서 했던 거의 모든 것이 그의 젊은 혈기와 경험 부족을 통감하게 만들었다. 적어도 그가 보기에는 그랬다. 그는 이제 더는 어른처럼 행동하는 조숙한 어린아이가 아니었다. 그는 이제 결혼을 앞둔 청년이었는데 어린아이처럼 보였고 또 때로는 그렇게 행동했다. 2년 전 밥 쇠너의 사무실에서 공매도했던 카이저-프레이저 주식은 기대했던 대로 0으로 떨어지지 않고 꾸준하게 5달러 선을 유지하면서 거래되고 있었다. 칼 포크는 워런을 볼 때마다 재미있다는 표정을 지었고 워런의 판단에 의문을 표시했다. 워런은 자기가 하는 일이 점점 역겹게 느껴지기 시작했다. 자기가 '처방전을 써주는 의사'라고 생각하기 시작했다.

자기가 아스피린을 먹어야 할지 아니면 애너신(진통제, 브랜드 이름—옮긴이)을 먹어야 할지도 제대로 알지 못하는 사람들에게 모든 걸 설명해야 했습니다.

사람들은 '흰 옷을 입은 사람', 즉 중개인이 하는 말이라면 무엇이든 듣고 실행하려고 했다. 주식 중개인은 거래 총액에 따라 보수를 받았다. 워런은 이를 두고 다음과 같이 말했다.

주식 중개인은 조언이 아니라 매출액에 따라서 보수를 받습니다. 비유하자면, 얼마나 약을 많이 파느냐에 따라 보수를 받죠, 특정 약 판매에 대해서는 더 많은 보수를 받고요. 이렇듯 환자에게 파는 약의 수량만을 기준으로 돈을 받는 의사가 있다면, 사람들은 이 의사에게 가려고 하지 않을 겁니다.

하지만 당시 주식 중개인이 돈을 버는 구조는 그랬다.
워런은 주식 중개인이 하는 일에서 주식 중개인과 고객 사이의 이해관계가 상충되는 부분이 존재한다는 걸 깨달았다. 그는 가족과 친구에게 가이코와 같은 주식을 추천했었다. 그리고 한 20년 동안 그 주식을 그냥 가지고 있으라고 했다. 하지만 이 경우, 추가로 거래가 이루어지지 않기 때문에 더는 수수료를 받을 수 없었다.

그렇게 해서는 먹고살 수가 없잖아요. 그런 시스템은 주식 중개인의 이익과 고객의 이익이 상충되게 만듭니다.

그럼에도 불구하고 그는 이미 대학원 친구들의 인맥을 통해 자기만의 소규모 고객 집단을 만들고 있었다. 1952년 봄, 그는 부활절 휴가를 프레드 스탠백과 함께 보내려고 노스캐롤라이나의 솔즈베리에 갔다. 그는 거기에서 주식 이야기를 하고 벤 그레이엄이 했던 말을 들려주고 또 아침으로 펩시콜라와 햄 샌드위치를 달라고 하여 프레드의 부모를 비롯한 가족 모두를 즐겁게 해주고 이들로부터 신망을 얻었다.[12] 이런 일이 있은 지 얼마 뒤에 프레드의 아버지가 워런에게 세탁기 회사인 '소어 코퍼레이션Thor Corporation' 주식을 팔아달라고 주문했다. 또 이 주식을 사려고 했던 해리스 업햄이라는 주식 중개인을 통해서도 새로운 고객을 만났다. 그때 워런은 스탠백의 은행으로부터 그 거래에 대한 또 다른 주문을 받았는데, 그는 이 두 주문을 별개의 것이라 생각하고, 소어 코퍼레이션 주식을 두 번 팔았다. 결국 두 번째의 판매는 주식을 가지고 있지도 않으면서 이루어졌고, 이 부족분을 메우기 위해서 시장 가격보다 높은 가격으로 그 주식을 사야 했다.

프레드의 아버지는 비록 워런이 실수했음에도 불구하고 워런을 나무라지 않고 손해를 모두 자기가 떠안았다. 워런은 이 은혜를 평생 잊지 않았다. 그런데 소어 코퍼레이션 주식을 두 번째 팔 때 이 주식을 산 사람이 특히 마음에 걸렸다. '미친 개'라는 별명으로 불리던 백스터라는 사람이었다. 그는 과거 오마하가 거대한 도박의 해고 센터로 이름을 날리던 시절에 활동하던 사람이었으며(그 '해고 센터' 안에서는 마권업자들이 돈을 걸어 장부를 결산하고 심지어 배당률을 결산했다 – 저자), 오마하에 있던 수많은 불법 경마장과도 관련 있던 인물이었다. 범죄 냄새가 물씬 풍기던 이 백스터가 버핏-포크에 직접 찾아왔었다. 그리고 창구 앞에서 100달러 지폐 뭉치를 꺼내 여봐란듯이 흔들어 댔다.

칼 포크가 또다시 나를 의심스러운 눈으로 바라보았죠.

칼 포크는 불법 도박 자금을 세탁하는 데 버핏-포크가 이용되는 게 아닌가 의심했다. 이런 상황들 때문에 워런은 자기가 하는 일이 점점 더 싫어졌다. 주식 매매 중개를 하지 않을 때조차 갈등은 해소되지 않았다. 그는 버핏-포크를 딜러로서 주식을 매매하는 마켓 메이커(특정 주식을 소유한 상태에서 매도 및 매수 호가를 항상 유지하면서 호가 차익을 추구하는 주체 – 옮긴이)로 변모시켰다.[13] 마켓 메이커로서 버핏-포크는 자기가 지불해야 하는 것보다 조금 높은 가격에 주식을 고객에게 팔고 또 자기가 팔 가격보다는 조금 낮은 가격에 주식을 고객에게 사서 수익을 창출했다. 이 가격 차이는 워낙 적어서 고객들에게는 거의 보이지도 않을 정도였다. 워런이 주식 중개 회사이던 버핏-포크를 마켓 메이커로 격상시킨 덕분에, 이제 버핏-포크는 단순히 고객의 주문을 대행하기만 하는 게 아니라 월스트리트의 게임에 '선수'로 참가하게 되었다. 워런은 이런 일을 해냈다는 사실에 자부심을 느끼면서도 다른 한편으로는 여전히 자기를 괴롭히던 갈등에서 헤어나지 못하고 있었다.

나는 고객과 다른 편에 서기를 원치 않습니다. 나는 내가 가지고 있지 않거나 확신하지 않은 종목은 절대로 팔지 않았습니다. 원가에 붙이는 회사의 마진은 비밀에 부치고 있었지만, 누가 그게 얼마나 되는지 물으면 가르쳐 줬습니다. 하지만 나는 이런 것 자체가 싫습니다. 상황이 어떻게 돌아가는지 모두가 알길 원하고 나와 거래하는 사람 편에 서고 싶으니까요. 그런데 수익을 내야 하는 입장에서 보면 그렇지 않은 게 문제입니다.

　주식 중개인으로서의 자기 직업을 아무리 생각해 봐도 이해관계
의 잠재적인 갈등은 언제나 있었다. 고객에게 손해를 끼치고 실망을
안겨줄 가능성은 항상 존재했다. 그는 고객의 주식 거래를 대행하기
보다 그들이 가지고 있는 돈을 관리하고 싶어 했다. 이 경우 그와 고
객의 이해관계는 일치할 수 있었다. 하지만 오마하에서는 그렇게 할
기회가 없다는 게 문제였다. 그런데 1952년 봄, 워런이 가이코에 대
해 쓴 글이 어떤 유력자의 관심을 끌었다. 덕분에 그의 행로가 바뀔
지도 모르는 상황이었다. 행운이 바로 코앞까지 다가왔던 것이다.
〈커머셜 앤드 파이낸셜 크로니클Commercial and Financial Chronicle〉에 실렸던
'내가 가장 좋아하는 증권'이라는 제목의 글에서 워런은 자기가 좋아
하는 주식을 단지 광고한 게 아니라 투자에 대한 자신의 철학을 설
명했다. 이 글이 빌 로젠월드의 눈에 띄었다. 빌 로젠월드는, 자선가
이자 '시어스 로벅 앤드 컴퍼니Sears, Roebuck & Co.(미국의 거대 통신판매 회
사—옮긴이)' 회장으로 오래 재직했던 줄리어스 로젠월드의 아들이었
다. 그는 가족이 소유한 '시어스 로벅'의 주식으로 세운 투자운용 회
사 '아메리칸 시큐러티즈American Securities'를 경영하고 있었고, 이 회사
는 위험을 최소화해서 자본금을 유지하면서 최대 수익을 얻으려 했
다.[14] 그는 벤 그레이엄과 접촉했다가 그레이엄이 워런을 강력하게
추천하자 워런에게 일을 주겠다고 제안했다. 투자 자본 관리를 하는
일자리는 귀했기 때문에 워런은 꼭 그 일을 하고 싶었다. 다시 뉴욕
시티로 돌아가야 했지만 그래도 괜찮았다. 그러려면 우선 주 방위군
사령관으로부터 오마하를 떠나도 좋다는 허락을 받아야 했다.

　주 방위군 사령부로 연락해서 장교에게 사정을 설명하고 뉴욕으

로 거주지를 옮겨도 되는지 물었습니다. 그러자 그 장교가 이럽디다. '사령관을 직접 만나서 허락을 받아야 합니다.' 링컨으로 가서 의사당에서 한참을 기다린 뒤에 헤닝어 사령관을 만났습니다. '버핏 상병, 보고드립니다!' 사실은 미리 편지를 써서 내 사정을 설명해 뒀었는데, 그 사람은 내 보고를 받더니 곧바로 이랬습니다. '허락할 수 없네.' 그걸로 끝이었습니다. 그 사람이 나를 잡아두고자 하는 한 나는 오마하에서 벗어날 수 없었습니다.

이렇게 해서 워런은 계속 버핏-포크에 남았다. 그리고 먹고살기 위해 '처방전'을 썼다. 오마하에 돌아와 있던 처음 1년 동안 어려움에 직면해 있을 때 그에게 가장 큰 위안이 되었던 사람은 약혼녀 수지였다. 그는 이미 수지에게 기대고 있었다. 한편 그녀는 그를 파악하려고 노력했고, 마침내 레일라 버핏의 분노가 아들의 자존감에 주었던 상처가 어떤 것이었는지 이해하기 시작했다. 그리고 그 상처를 치유해 주려고 애썼다. 그녀는 워런에게는 다른 사람이 자기를 사랑하고 있으며 결코 혹독한 비판을 하지 않을 거라는 느낌이 필요하다는 것을 알았다. 워런에게는 자기가 사회적으로 유연하게 바뀌어서 사람들과 잘 어울릴 수 있을 것이라는 느낌도 필요했다. 그는 이런 말을 했다.

수지와 함께 있을 때 사람들은 나를 더 쉽게 받아들였습니다.

비록 수지가 아직 오마하대학교에 다니던 학생이었고 워런은 직장에서 사회생활을 하고 있었지만 워런은 수지 앞에서는 마치 엄마를 바라보는 세 살짜리 아이 같았다. 두 사람은 각자 부모의 집에서 살았다. 시간이 흐르면서 워런은 어머니와 단둘이 있을 때의 불편함을 처리할 수 있는 방법을 개발했다. 아들이 필요로 하는 걸 다 해주고 싶어 하는 어머니 레일라의 천성을 이용해 그녀에게 끊임없이 어떤 것을 요구하는 것이었다. 하지만 유학 생활로 오랜 시간을 어머니와 떨어져 있었기 때문에 워런은 어머니와 함께 있는 상황을 예전보다 더 참지 못했다. 레일라와 하워드가 수지와 워런의 결혼식 때문에 워싱턴에서 오마하로 와 있을 때, 수지는 워런이 될 수 있으면 자기 어머니를 피하려 한다는 사실을 알았다. 어쩔 수 없이 한자리에 있어야 할 때는 눈을 마주치지 않으려고 어금니를 깨문 채 고개를 돌리기까지 했다.

워런이 어머니 곁을 떠나야 할 시기가 되었다. 워런은 척 피터슨에게 말했다.

"차소, 나는 아직 우리가 살 집을 못 구했어."

차소는 시내에서 조금 떨어진 곳에 있는 작은 아파트를 찾아주었다. 워런은 수지에게 자기들의 첫 번째 집을 꾸밀 돈을 주었다. 1,500달러였다. 표현력이 뛰어났던 수지는 곧 시누이가 될 도리스와 함께 시카고로 가서 자기가 좋아하는 화려한 색상의 현대적인 가구를 샀다.[15]

결혼일인 1952년 4월 19일이 가까웠지만 과연 결혼식을 제대로 올릴 수 있을지 의문이었다. 결혼일을 한 주 앞두고 미주리강이 범람해서 오마하 상류 쪽을 덮쳤던 것이다. 범람한 물이 남쪽으로 향하는 상황에서 당국에서는 도시 전체가 물에 잠길 수도 있다고 예측했다. 이런 상황이라면 주 방위군이 소집될 수도 있었다.

온 도시가 모래주머니를 만들고 나르고 쌓느라고 정신없었습니다. 이런 와중에도 프레드 스탠백은 신랑 들러리를 서기로 되어 있었습니다. 안내를 맡을 사람들도 정해졌고 결혼식에 초대한 사람들도 많았습니다. 이들은 모두 나를 붙잡고 짓궂게 놀렸습니다. 나는 주 방위군 소속이었으니까요. '그래, 신부 걱정은 하지 마. 신혼여행은 우리가 대신 잘 갔다 올 테니까 말이야.' 뭐 이런 농담들을 했습니다. 이런 상황이 한 주 내내 계속되었습니다.

결혼을 며칠 앞두고 하워드는 워런과 프레드를 데리고 자동차를 몰아 강으로 갔다. 자원봉사자 수천 명이 모래주머니로 높이 1.8미터 폭 1.2미터의 이중벽을 쌓고 있었다. 흙과 모래를 운반하는 대형 트럭의 바퀴 아래로는 땅이 푹푹 꺼졌다. 마치 고무로 된 땅위를 운전하는 것 같았다.[16] 워런은 호흡을 멈추었다. 그러고는 주 방위군에 소집되어 모래주머니로 임시 제방을 쌓는 일이 절대로 없기를 그리고 이 작업이 중단되기를 바랐다.

토요일이 왔습니다. 결혼식 예정 시각은 오후 3시였습니다. 그런데 정오쯤에 전화벨이 울렸습니다. 전화를 받은 어머니가 이러시더군요. '네 전화다.' 수화기를 건네받았습니다. 상대방이 이러더군요. '버, 버, 버핏 상병인가?' 말을 지독하게 더듬는 걸로 봐서 누군지 금방 알 수 있었죠. 주 방위군 지휘관이었습니다. '나는 머피 대, 대, 대위다.'

만일 그 사람이 말을 더듬지 않았더라면, 친구 녀석들이 나한테 장난을 치는 거라고 생각했을 테고, 아마 나는 군사 재판에 회부되었을 겁니다. 하지만 그건 장난이 아니었습니다. '소집 명령이 떨어졌다. 자네는 며, 며, 몇 시까지 본부에 출동 대기할 수 있나?' 이러더군요.

워런은 너무 놀라서 심장이 멎는 줄 알았다.[17]

그래서 이랬습니다. '저는 3시에 결혼식을 해야 합니다. 아마 5시까지는 갈 수 있을 것 같습니다.' 그러자 대위가 이럽디다. '추, 추, 출근하라. 우리는 이, 이, 이스트오마하를 강이 있는 곳까지 수, 수, 순찰할 것이다.' 그래서 이렇게 대답했습니다. '잘 알겠습니다!'

수화기를 내려놓는데 가슴이 정말 답답하더군요. 그런데 한 시간쯤 뒤에 다시 전화벨이 울렸습니다. 그런데 이번에는 더듬는 말투가 아니었습니다. 이러더군요. '버핏 상병인가?' 그래서 대답했죠. '예, 그렇습니다!' 그러자 이러더군요. '나는 우드 장군이네.'[18] 제34사단의 사령관이었습니다. 이 사람은 네브래스카 서부 지역에 살던 사람이었죠. 우드 장군이 이럽디다. '머피 대위가 내린 지시를 수정하려고 전화했네. 즐거운 시간 보내게.'

인생에서 가장 중요한 이벤트를 두 시간 남겨두고 있었던 워런은 다행히 3시가 되기 전에 던디 장로교회 앞에 나타났다. 하원의원의 아들과 톰슨 박사의 딸 결혼식은 오마하에서 대단한 행사였다. 하객 수백 명이 운집했다. 그 가운데는 오마하의 상류층 인사들도 아마 많았을 것이다.[19]

장인어른인 톰슨 박사는 무척 자랑스러워했습니다. 여기저기 사람들에게 인사하느라고 정신이 없었습니다. 나는 그때 아주 긴장한 상태였습니다. 그래서 그냥 이렇게 하기로 했습니다. 그러니까, 그곳에 온 사람들을 볼 수 없도록 안경을 쓰지 않았던 것이다.

워런은 스탠백에게 상황이 어떻게 돌아가는지 집중할 필요가 없도록 자기에게 계속 수다를 떨어달라고 부탁했다.[20]

버티가 신부의 미혼 대표 들러리로 섰고, 수지의 언니 도티는 신부의 기혼 대표 들러리 역할을 맡았다. 손님들은 사진을 찍은 뒤에 리놀륨이 깔린 교회 지하실에서 무알코올 음료를 마시고 결혼 케이크를 먹었다. 그건 특별할 것도 없는 일상적인 모습이었다. 톰슨 부부나 버핏 부부 모두 클럽을 주요 사교 무대로 삼는 사람들이 아니었기 때문이다. 수지는 상아로 만든 부채를 펼친 듯이 치아를 활짝 드러내놓고 웃었다. 워런은 한껏 흥분했다. 그는 수지의 허리에 팔을 둘러서 꼭 잡았다. 마치 자기들 두 사람이 갑자기 하늘로 솟구쳐 날아갈지도 모른다는 생각을 하는 것 같았다. 많은 사진을 찍은 뒤에 두 사람은 외출복으로 갈아입었다. 그리고 축하 인사를 하느라 떠들썩한 하객들 사이를 뚫고 자동차에 탔다. 앨리스 고모가 신혼부부에게 빌려준 자동차였다. 뒷좌석에는《무디스 매뉴얼》과 장부 원장이 놓여 있었다. 워런이 미리 가져다 둔 것이었다. 그걸 본 순간 수지는 재앙을 예감했다.[21] 그리고 신혼부부의 신혼여행은 시작되었다. 오마하에서 출발해 대륙을 횡단하는 자동차 여행이었다.

그날 밤, 나는 네브래스카의 와후에 있는 '위그웜 카페'에서 치킨 프라이드 스테이크를 먹었습니다.[22]

위그웜 카페는 오마하에서 채 한 시간도 걸리지 않는 곳에 있는 작고 변변찮은 식당이었고 칸막이 좌석 몇 개에 장식용 카우보이 물품들 몇 개가 다였다. 워런과 수지는 거기에서 약 50킬로미터를 더 운전해 가서 링컨에 있는 콘허스커 호텔에 짐을 풀었다. 첫날밤은 거기에서 보낼 예정이었다.

결혼식 이야기는 여기에서 끝입니다. 다음 날 〈오마하 월드-헤럴드〉를 한 부 샀습니다. 그런데 거기에 '사랑만이 주 방위군을 막을

수 있다'라는 제목으로 우리 이야기가 실렸더군요.[23]

1952년의 홍수는 오마하가 경험했던 현대 역사에서 최악의 사건이었다. 이 재앙을 극복하는 데는 엄청난 땀과 시련이 필요했다.

다른 남자들은 뱀과 쥐가 나돌아 다니는 진창에서 일대를 순찰하고, 모래주머니와 씨름했습니다. 나만 유일하게 호출에서 제외되었던 거죠.

신혼부부는 미국의 서부 지역 및 남서부 지역을 누볐다. 워런은 한 번도 가본 적이 없었지만 수지는 서부 연안 지역을 잘 알고 있었다. 두 사람은 그곳에 사는 수지의 친척을 방문하고 관광을 했다. 그랜드 캐니언에도 가고 멋진 시간을 함께 보냈다. 이때의 일정에 대해서 워런은 특히 이런 주장을 한다.

신혼여행을 가서도 내가 투자할 곳을 찾으려고 여러 회사를 방문했다는 이야기가 있지만 사실이 아닙니다. 그런 일은 없었습니다.

돌아오는 길에 두 사람은 라스베이거스에 들렀다. 여기에는 오마하에 살던 사람들이 무척 많이 자리를 잡고 있었다. '해고 센터의 마권 영업자'이던 에디 배릭과 샘 지그먼은 얼마 전에 그리로 이주해서 플라밍고 호텔의 주식을 사두고 있었다.[24] 두 사람에 이어 재키 고헌도 만났다. 그는 플라밍고 호텔에서 바버리 코스트 호텔에 이르기까지 각 호텔의 카지노에 투자를 하고 있었다. 이 사람들은 모두 버핏 식료품점에서 장을 봤던 동네 사람들이었다. 워런의 삼촌인 프레드 버핏은 비록 노름꾼은 아니었지만 이들과 잘 어울렸었다. 워런에게 라스베이거스는 아는 사람들도 많고 경마장의 떠들썩한 소음이 들리는 것 같아 마치 고향 동네처럼 편안했다. 워런은 도박장이 전혀 무섭지 않았다.

수지가 슬롯머신을 하다가 잭팟을 터뜨렸습니다. 수지는 열아홉 살이고 미성년자라서 돈을 줄 수 없다고 하더군요. 그래서 내가 이랬습니다. '이보시오, 슬롯머신에 넣은 5센트짜리 동전들은 줘야 하는 거 아닙니까?' 그러니까 그건 주더군요, 수지에게요.

라스베이거스에서 버핏 부부는 오마하로 향했다. 워런은 신혼여행 내내 불운한 주 방위군 동료들이 불쌍하다면서도 기분 좋은 웃음을 참지 못했다.

굉장한 여행이었습니다. 정말 굉장했죠. 3주 동안의 여행이었으니까요. 이 기간 동안 주 방위군에 있던 친구들은 내내 흙탕물 속에서 모래주머니를 붙잡고 씨름했습니다.

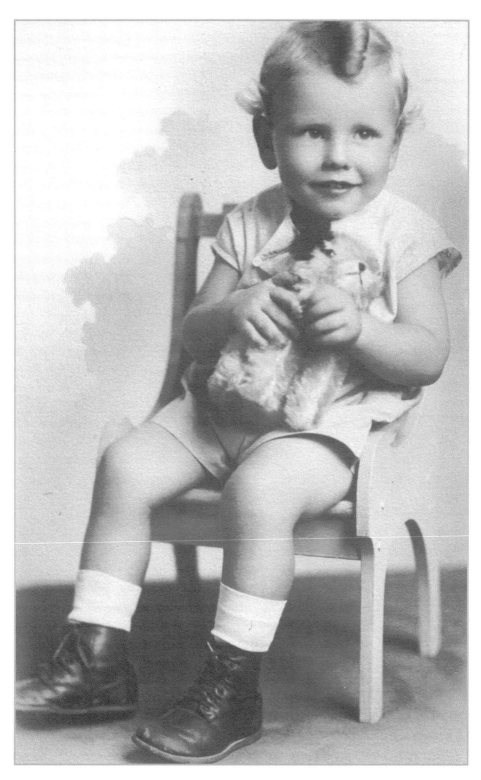

1

워런, 두 살 무렵.

아버지가 뉴욕시티에 출장 갔다가 선물로 사온
카우보이 복장을 입은 워런.

가족의 첫 번째 자동차인 중고 시보레 발판에
걸터앉은 워런. 1933년.

어니스트 버핏이 손자들에게 둘러싸여 있다. 왼쪽이 워런과 도리스, 버티는 어니스트의 무릎에 안겨 있다.

시드니 버핏. 그는 1869년에
가족 식료품점을 열었다.
이 사진은 시드니가 손녀인 앨리스와 함께
1930년에 찍은 것이다.

워런의 아버지 하워드(오른쪽 뒤)가 형제인 조지,
클래런스, 앨리스와 함께 가족 소유의 마차에서
놀고 있다. 하워드의 어머니 헨리에타(아기인
프레드를 안고 있는 여자)는 뒷자리에 앉아 있다.

네브래스카 웨스트포인트의 스탈 자매들.
1913년경. 위 오른쪽이 워런의 어머니인
레일라이고, 왼쪽이 에디, 아래는 버니스다.

하워드와 레일라.
1925년 결혼 직후의 모습이다.

3

가족 소유의 뷰익 자동차 앞에 선 워런과 버티.
1938년경.

가족사진. 1937년경.

워런(6세)이 가장 좋아하던 장난감인
주석 도금 동전 보관기를 들고
누이들과 함께 찍은 사진.
1936년에서 1937년으로 이어지던 겨울.
워런과 도리스는 나중에
이 사진 속 자기들의 표정에
불행한 그늘이 서려 있다고 말했다.

바이런 워런 스튜 마지 리 클로-앤 조앤

도로시

로즈힐 학교의 8학년 학생들. 1943년 5월. 이 사진 속에는 안타깝기 짝이 없었던 데이트의 주인공들인
남녀 학생 세 쌍, 워런이 반했던 또 다른 여학생 클로-앤 카울이 있다.

'버핏 앤드 선' 식료품점 앞에 선 워런의 삼촌
프레드와 할아버지 어니스트.

버티, 레일라, 워런이 도리스의
피아노 반주에 맞추어 노래를 부르고 있다.
워싱턴. 1945년경.

5

Congressman Howard Buffett

and His
Fight for the People

To My Friends and Neighbors:

Six years ago you elected me to Congress. To that post I have devoted my best efforts—working to deserve the high trust you placed in me.

On every issue I have used a simple American yardstick . . . I have asked myself, "Does this proposal move us TOWARD OR AWAY FROM HUMAN LIBERTY?"

★ ★

This pamphlet shows how I have voted to promote and to protect our liberty.

To you I have reported the TRUTH about your government —regardless of political consideration.

Your task and mine is to preserve the American heritage for our children. First of all that means that we must remain at peace — with the world and among ourselves. I pledge my continued devotion to that paramount objective.

Faithfully,

HOWARD BUFFETT

THE BUFFETT FAMILY
Warren, Howard and Roberta, standing.
Doris and Mrs. Buffett, seated.

하원의원 하워드 버핏.

하워드가 유일하게 낙선했던 1948년 선거 때의 유세 전단.

워런(왼쪽에서 두 번째)과
그의 아버지(왼쪽에서 네 번째)가
네브래스카 의회 대표단 사람들과
함께 낚시 여행을 갔을 때.
1945년경. 버핏 부자는 전혀 다른
세상에 가 있는 듯한 표정이다.

사춘기 직전에 워런의 첫사랑
이었던 데이지 메이 스크래그.
릴 애브너가 자기를 어떻게
대하든 상관없이 그녀는 늘
애브너를 사랑할 뿐이다.

1946년 1월에
워런은 의회가 안고 있는
여러 문제들을 다루는
토론회에 참석해서
나머지 학생들과 반대되는
입장을 피력한다.
이 토론회는 워싱턴의
지역 라디오 방송인 WTOP의
〈미국의 방송통신학교〉라는
프로그램으로 방송되었다.

자신의 트레이드마크라 할 수 있는
낡은 테니스화와 늘어진 양말을 신고
우쿨렐레를 연주하는 1940년대 후반
워런의 모습.

1950년 여름의 버핏 가족.
"도리스와 버티는 끝내주는 미인이었다"고
워런은 말한다. 한편 워런은 자신이
사회성이 부족해서 사람들과
잘 어울리지 못한다고 느꼈다.

워런이 펜실베이니아대학교에서
사교 클럽인 '알파 시그마 파이'에
들어갈 때 썼던 사진, 1948년 1월.
하워드 버핏 역시 이 클럽에 가입했었다.

자동차 앞에서 포즈를 취하고 있는 워런, 노마 서스턴, 돈 댄리. 이들 뒤의 자동차 스프링필드 롤스로이스
브루스터 쿠페는 워런과 돈이 1948년에 사람들의 이목을 끌기 위해서 산 것이다.

PART 3

경마장

그레이엄-뉴먼

결혼식 몇 달 뒤인 1952년 7월, 수지는 친정 부모, 시부모와 함께 공화당 전당대회에 참석하려고 시카고에 갔다. 톰슨 부부와 버핏 부부는 네브래스카의 대표단이 아니라 군대의 한 부분으로 참석했다. 정치적으로 보자면 이들은 이제 하나로 통합된 가족이었다. 그리고 이번 선거야말로 20년 동안의 쓰라렸던 민주당 지배를 끝장내고 백악관을 다시 공화당이 접수할 기회였다.[1] 도리스는 자기 아버지와 함께 막후에서 일했지만, 도리스보다 훨씬 어린 버티와 수지는 그런 대규모 행사를 본 적이 없었던 터라 존 웨인과 같은 명사들을 넋 놓고 바라보면서 시간을 보냈다.[2] 존 웨인은 공화당을 위해 참석했었다.

워런은 물론 오마하에 남아서 열심히 자기 일을 했다. 정치는 워런을 매혹적으로 사로잡았다. 하지만 정치보다 돈의 매혹이 더 강렬했다. 그는 여전히 '약을 파는 일'을 하고 있었고, 거기에서 빠져나갈 길을 찾으면서도 그 일에 힘을 쏟았다. 그의 스승 데이비드 도드는 그를 '밸류 라인 인베트스먼트 서베이Value Line Investment Survey'에 소개시켜 주려 했다. 투자 자문 및 연구 조사를 하는 기관으로 새 인물을 찾고 있다고 했다. 연봉이 '최소 7천 달러'인 일자리였다.[3] 하지만 워런은 익명의 연구 조사원이 되고 싶은 마음은 없었다. 그래서 그는 무관심한 고객들에게 계속해서 가이코 주식을 팔려고 애쓰면서 신문 정치면에 가장 크게 보도되는 전당대회 소식을 읽었다. 전당대회는 역사상 처음 TV로 중계되었다. 워런은 행사를 최대한 부풀리며 또이 행사에 영향을 강력하게 미치는 미디어의 힘에 압도당한 채 시선을 TV 화면에서 떼지 못했다.

전당대회에서 대통령 후보 지명전에 나섰던 가장 강력한 인물은 오하이오의 상원의원 로버트 태프트였다.[4] '미스터 성실'이라 불리던 태프트는 중서부 지역의 고립주의자들(미국 외교 정책에서 고립주의를 표방하는 사람들 – 옮긴이)을 중심으로 한 공화당의 소수파를 이끌었다. 이들은 작은 정부를 지향했고, 정부는 모든 사람들의 사업에 관여하지 않고 특히 트루먼이 그랬던 것보다 더 확실하게 공산주의자들을 색출하고 제거해야 한다고 주장했다.[5] 태프트는 친구이던 하워드 버핏을 네브래스카의 대통령 선거본부장이자 수석 대변인으로 임명했다. 하워드가 그토록 경멸했던 집단, 즉 소위 '동부 지역의 자유주의적인 주류파'로 불리던 집단[6]에서는 퇴임한 드와이트 D. 아이젠하워 장군을 후보로 내세웠다. 온건파에 속하던 그는 2차 대전 때 연합군 최고사령관을 역임했으며 북대서양 조약기구NATO의 초대 최고사령관이기도 했다. 뛰어난 리더십을 갖추고 있으며 정치적으로 빈틈이 없는 외교관이었던 아이젠하워는 인기 있는 인물이었고, 많은 사람들은 그를 전쟁 영웅으로 생각하고 있었다. 전당대회일이 다가오면서 아이크(아이젠하워의 애칭-옮긴이)는 여론 조사에서 점차 태프트를 따라 잡기 시작했다.

그런데 공화당 전당대회 역사에서 가장 논의의 여지가 많은 사건 으로 기록되는 일이 벌어졌다. 아이젠하워 지지자들이 전당대회 규 정을 바꾸어 이론의 여지가 있는 투표 방식을 의결했던 것이다. 그리 고 이 투표 방식 덕분에 아이젠하워는 1차 투표에서 태프트를 누르 고 공화당의 대통령 후보로 선출되었다. 태프트 지지자들은 승리를 강도질당했다면서 분통을 터뜨렸다. 하지만 아이젠하워는 '사회 곳 곳에서 암약하는 사회주의자들'과 전쟁을 벌이겠다고 약속함으로써 이들을 달래고 나섰고 태프트도 백악관을 되찾기 위해서는 패배의 아픔을 삼키고 아이젠하워의 당선을 위해 뛰자고 지지자들에게 호 소했다. 공화당은 아이젠하워와 그의 러닝메이트 리처드 닉슨을 중 심으로 뭉쳤다. '사랑해요 아이크'라는 글귀가 적힌 배지가 어디에서 나 불티나게 팔리며 사랑받았다.[7] 하지만 단 한 곳 그렇지 않은 데가 있었다. 바로 하워드 버핏의 마음이었다. 그는 아이젠하워 지지를 거 부하며 공화당과 관계를 끊어버렸다.[8]

그건 정치적인 자살 행위였다. 당내에 있던 그의 지지 기반이 하룻 밤 만에 사라져 버렸다. 그는 오로지 원칙만 생각했다. 그런데 자기 혼자뿐이었다. 워런은 자기 아버지가 '스스로를 궁지로 몰아넣은 것'[9]임을 깨달았다. 아주 어린 시절부터 워런은 지킬 수 없는 약속 혹 은 돌이킬 수 없는 선택이나 첨예한 대립을 늘 회피해 왔었다. 워런 은 하워드의 외로운 투쟁을 바라보면서 다음 세 가지 원칙을 더욱 가슴 깊이 새겼다. 첫째, 동맹을 맺는 것은 기본적이다. 둘째, 결단은 워낙 성스러운 것이므로 자주 해서는 안 된다. 셋째, 박수를 노리는 화려한 행동에는 남는 게 별로 없다.

아이젠하워는 11월 선거에서 민주당의 애들라이 스티븐슨을 이겼다. 그리고 다음 해 1월에 워런의 부모는 하워드의 레임덕 기간을 마저 채우려고 워싱턴으로 돌아갔다. 아버지와 어머니에게는 비정상적일 정도로 강박적인 여러 특성이 있으며 이런 것들 때문에 두 사람이 늘 손해를 보았다는 걸 잘 알고 있던 워런은, 장인과 장모에게서 좋은 점들을 흡수하려는 노력을 하고 있었다. 도로시 톰슨은 느긋하고 편안한 성격이었고, 톰슨 박사 역시 비록 독재자의 기질이 있긴하지만 엄격한 이상주의자 하워드 버핏과 비교하면 인간관계에 있어 한층 유연하고 기민했다. 수지 및 그녀의 가족과 함께 있는 시간이 많아질수록 워런은 그들에게서 더 많은 영향을 받았다. 한번은 톰슨 박사가 산상수훈(예수가 선교 활동 초기에 갈릴리의 작은 산 위에서 행한 연설-옮긴이)만큼이나 심오한 권위를 담아서 워런에게 충고했다.

"주변을 언제나 여자들로 둘러 세워야 해. 여자들은 충성심이 훨씬 강하고 일도 더 열심히 하거든."**10**

하지만 톰슨 박사의 사위에게는 굳이 그런 충고가 필요 없었다. 워런은 이래라 저래라 간섭을 받지 않는 선에서 여자들에게 보살핌받기를 늘 간절히 원했다. 수지는 워런이 자기에게 어머니 역할을 해주길 바란다는 사실을 알 수 있었다. 그래서 남편을 모성애로 감쌌다. 엉망진창 난파선인 그를 '고치는 일'을 회상하면서 수지는 다음과 같이 말했다.

"세상에나…… 그 사람은 정말 문제아였죠."**11**

수지는 워런을 만나기 전까지는 "그렇게 큰 고통에 싸여 있는 사람을 본 적이 없었다"고 했다.

워런은 자기 고통의 너비와 폭이 얼마나 되는지 의식하지 못했을지도 모른다. 하지만 수지가 자기 인생에서 해준 강력한 역할만큼은 분명하게 말한다.

수지는 아버지만큼이나, 아니 그보다 더 큰 영향을 나에게 주었습니다. 물론 아버지 방식과는 달랐지만요. 나한테는 온갖 방어기제들이 촘촘하게 작동하고 있었습니다. 그런데 수지는 이 모든 걸 이해하고 설명할 수 있었습니다. 나 자신도 하지 못한 걸 말이죠. 수지는 다른 사람들이 내게서 보지 못하는 걸 보았을 겁니다. 하지만 이걸 끄집어내는 데는 많은 시간이 걸리고 또 엄청나게 많은 정성이 필요하다는 것을 수지는 알고 있었습니다. 수지는 작은 분무기를 든 누군가가 내 곁에 함께 있어서 그 분무기로 틀림없이 꽃을 피워줄 수 있을 거라고 느끼게 해줬습니다.

수지는 워런이 얼마나 많은 상처를 받았으며 또 얼마나 쉽게 상처를 받는지 그리고 그에게 위안과 확신이 얼마나 많이 필요한지 깨달았다. 또한 레일라가 자식들에게 끼친 부정적인 영향이 얼마나 큰지 알았다. 그 가운데서도 가장 큰 상처를 입은 사람은 도리스였다. 레일라는 도리스와 워런의 마음 깊은 곳에 자기들은 아무런 쓸모가 없는 인간이라는 인식을 깊이 심어두었다. 사업 분야를 제외한 인생의 다른 모든 영역에서 자기 남편은 끊임없이 자신감 상실 속에서 허우적거린다는 걸 수지는 깨달았다. 워런은 한 번도 사랑받는다는 느낌을 가져본 적이 없었다. 그리고 사랑받을 가치가 있다고 느끼지도 않았다. 이런 사실들을 수지는 깨달았던 것이다.[12]

나는 정말 미칠 것처럼 수지가 필요했지요. 일할 때는 행복했습니다. 하지만 나 자신을 생각하면 행복하지 않았습니다. 수지는 문자 그대로 내 목숨을 살렸습니다. 나를 새로 태어나게 했습니다.[13] 망가진 나를 고쳐놓았죠. 수지가 나에게 베푼 사랑은 부모가 자식에게 베푸는 그런 무조건적인 사랑이었습니다.

워런은 부모에게서 일상적으로 기대할 수 있는 것을 아내에게서 원했다. 워런이 성장할 때 그의 어머니는 하나에서 열까지 모든 것을 해주어 워런이 혼자 할 수 있는 게 거의 없었다. 이제 그 일을 수지가 맡았다. 비록 남자는 밖에서 일하고 여자는 집 안에서 일어나는 모든 일을 맡는 게 당시의 사회적인 분위기였지만, 워런과 수지의 역할은 특히나 극단적이었다. 가정의 모든 것이 워런과 그의 일을 중심으로 돌아갔다. 수지는 남편이 특별하다는 걸 이해하고 있었고, 그의 야망이 날개를 달고 하늘을 훨훨 날 수 있기를 기대하며 기꺼이 그를 감싸주는 고치의 껍데기가 되고자 했다. 워런은 낮에는 일을 했고 밤에도 《무디스 매뉴얼》에 파묻혔다. 그리고 여가 시간을 가지고 골프나 탁구를 쳤다. 심지어 오마하 컨트리클럽Omaha Country Club에 회원으로 등록하기도 했다.

이제 겨우 스무 살이던 수지는 베티 크로커(가족과 요리에 신경을 쓰는 전통적인 미국인 어머니의 상징, 식품 회사 '제너럴 밀스'의 브랜드 이름 - 옮긴이)가 아니었다. 하지만 1950년대 모든 주부가 그랬듯이 기본적인 요리와 가사를 도맡아서 했다. 당시는 오마하의 주부들이 KTMV 방송국의 〈전형적인 주부Typical Housewife〉라는 프로그램에 서로 출연하려고 안달하던 시기였다. 수지는 남편이 하는 요구들을 충족시키려고 온 힘을 다했다. 많지는 않았지만 특별한 요구사항들이었다. 펩시콜라를 냉장고에 채워둘 것, 스탠드의 전구를 갈아 끼울 것, 저녁식사로 감자를 곁들인 고기를 준비할 것(특별히 맛있어야 하는 것은 아니었다), 소금통에 소금을 가득 채울 것, 팝콘을 찬장에 둘 것, 냉장고에 아이스크림을 채워둘 것 등이 그런 요구사항이었다. 워런은 또한 옷을 입을 때도 도움을 받아야 했고 사람을 대할 때도 도움을 받아야 했다. 부드러움을 원했고 머리를 어루만져 달라고 했고 안아달라고 했다. 심지어 수지는 워런의 이발까지 해줬다. 이발소에 가기가 무섭다고 했

기 때문이다.[14]

수지에게 완전히 빠졌습니다. 수지도 내 안에 무엇이 들어 있는지 느꼈습니다.

워런은 수지가 아낌없이 주는 사람이고 자기는 남김없이 받는 사람이라고 말한다.

수지는 나의 모든 것을 점점 더 많이 받아들였고 점점 더 많이 나를 알았죠. 내가 수지에 대해 아는 것보다 더 많이 말입니다.

두 사람은 늘 키스를 하고 포옹을 했다. 수지는 때로 워런의 무릎 위에 앉기도 했다. 그리고 수지는 이런 자세를 하고 있으면 어릴 때 아버지 무릎에 앉았던 생각이 난다고 말했다.

결혼하고 여섯 달 후에 임신을 한 수지는 오마하대학교에서 자퇴했다. 수지의 언니 도티도 두 번째 아이를 가졌다. 도티와 수지는 특별히 가깝게 지냈다. 흑발의 미인이었던 도티의 지능은 아버지를 닮았다. 가족 사이에서 전해지는 말에 따르면 센트럴고등학교에 입학할 때 전교생 가운데서 그녀의 IQ가 가장 높았다고 한다.[15] 하지만 외모나 가사에 대한 애정을 보면 그녀는 어머니와 더 닮았다. 도티는 호머 로저스라는 비행기 조종사이자 전쟁 영웅과 결혼했다. 호머는 굵은 바리톤 목소리를 가졌는데, 전쟁터에서 세운 공로에 대해서 그다지 떠벌리지 않고 겸손했음에도 불구하고 모든 사람들은 그를 벅 로저스(1928년대부터 책, 만화, TV 시리즈, 영화 등에서 사랑받아 온 우주 전사 캐릭터-옮긴이)라고 불렀다. 그는 유쾌하고 정력이 넘치는 목장주였고 그가 사고팔던 수소만큼이나 건장했다. 로저스 부부는 늘 사람들을 자기 집으로 불러서 함께 어울렸다. 도티는 피아노를 치고 호머는 '케이티, 케이티, 탁자에서 내려와요, 그 돈은 맥주를 살 돈이에요'와 같은 가사가 들어가는 노래를 불렀다. 수지와 워런은 로저스 부부의 왕성한 사회 활동에 함께하지 않았다. 두 사람은 보다 진지한 경향이 있었고 술도 마시지 않았기 때문이다. 하지만 도티와 수지 자매는 많은 시간을 자기들끼리 보냈다. 도티는 어떤 결정을 내려야 할 때 늘 쉽게 결단을 내리지 못했고, 또 첫아들 빌리를 낳은 뒤로 아이 돌보는 일로 정신이 없었는데, 수지는 이런 언니 곁에 있으면서 그녀를 도왔다.

수지는 또한 손윗시누이인 도리스와도 친한 사이였다. 도리스는 오마하에서 교사로 일하고 있었으며 이미 결혼한 상태였다. 그녀의 남편 트루먼 우드는 오마하의 명문 가문 출신으로 유쾌한 성격의 미남이었다. 하지만 도리스는 자기가 클라이즈데일(말의 한 품종. 힘이 세서 짐마차용으로 쓰였다-옮긴이)에 올라탄 경마 기수가 아닌가 하는 생각을 하기 시작했다. 말보다 행동이 강했던 도리스는 트루먼에게 "이랴!"라고 고함을 질렀고, 트루먼은 좀 더 빨리 걷기 시작했다. 하지만 많이 빠른 걸음은 아니었다.

1953년 1월, 아이젠하워가 취임 선서를 한 이후 하워드의 하원의원 임기는 끝이 났고 하워드와 레일라는 영원히 네브래스카로 돌아왔다. 그러자 워런과 도리스에 대한 수지의 보호 본능은 한층 더 강하게 작동했다. 워런과 도리스는 레일라와 한 도시에 살아야 한다는 사실에 긴장했다. 워런은 어머니와 한방에 있는 것도 참지 못할 정도였다. 그리고 레일라는 여전히 도리스를 주기적으로 몰아세웠다.

하워드는 오마하로 돌아온 뒤로 하는 일이 별로 없었다. 이런 아버지를 위해서 워런은 '버핏 앤드 버핏Buffett & Buffett'을 설립했다. 예전부터 주식을 공동으로 매입하면서 유지해 왔던 동업자 관계를 정식으로 공식화한 것이었다. 하워드는 이 회사에 상당한 자금을 댔고 워런은 약간의 돈과 대부분의 아이디어 및 노동력을 댔다. 하지만 하워드는 이제 세 번째로 다시 주식 사업에 들어가야 한다는 사실에 낙담하고 있었다. 하워드가 의원으로 활동하는 동안 워런은 그의 계좌를 관리해 왔었다. 하지만 하워드는 워런이 그 일을 죽어라 싫어하고, 벤 그레이엄의 회사에 취직하려고 끊임없이 시도해 왔으며, 뉴욕으로 갈 기회가 생기면 언제든 떠날 거라는 사실을 알고 있었다. 하워드로서도 마음속 진정한 사랑이었던 정치를 그리워했다. 그는 상원에 들어갈 꿈을 꾸었다. 게다가 백악관을 공화당이 차지하고 있지 않은가. 하지만 그의 야망을 가로막는 걸림돌은 다름 아닌 본인의 극단적인 정치적 견해였다.

1953년 7월 30일, 앨리스 버핏의 생일날 수지와 워런의 첫아이가 태어났다. 딸이었다. 워런 부부는 아이의 이름을 수전 앨리스라고 짓고 '리틀 수지'라고 불렀다. 때로 '리틀 수즈'라고 부르기도 했다. 수지는 이제 열정적이고 장난기 넘치고 헌신적인 어머니가 되었다.

리틀 수지는 하워드와 레일라의 첫손주였다. 한 주 뒤에는 수지의 언니 도티가 두 번째 아들 토미를 낳았다. 그리고 몇 달 지나지 않아서 도리스가 첫아이를 가졌고, 이 아이는 딸이었다. 이름은 로빈 우드라고 지었다. 1954년 봄에는 수지가 둘째 아기를 가졌다. 이제 버핏 부부와 톰슨 부부는 조부모가 되어서 손자와 손녀라는 새로운 관심거리에 흠뻑 빠졌다.

몇 달 뒤, 다시 하워드의 시대가 올 것 같은 일이 벌어졌다. 1954년 7월 1일, 네브래스카의 상원의원 휴 버틀러가 뇌졸중으로 쓰러져 병원으로 긴급 이송되었으나 살아날 가망이 없다는 소식이 워싱턴에서 날아든 것이다. 이 공석에 대한 예비 선거 입후보 기한은 그날 밤이었다. 하워드는 원칙주의자답게 버틀러가 실제로 사망하기 전까지는 지원 서류를 접수할 수 없다고 고집을 부렸다. 하워드 버핏과 레일라 버핏은 버틀러의 사망 소식이 오기만을 하루 종일 초조하게 기다렸다. 더글러스 카운티에서는 하워드의 인지도가 워낙 높기 때문에 설령 공화당의 거물들이 그에게 아무리 환멸을 느낀다 하더라도, 다시 말해서 공화당의 지명을 받지 않고 선거에 나서더라도, 이길 것이 거의 확실하다는 사실을 두 사람은 잘 알고 있었다.

버틀러의 사망 소식은 네브래스카주 정부의 국무부 장관이던 프랭크 마시의 사무실이 문을 닫던 오후 5시 이후에 도착했다. 하워드는 입후보 관련 서류를 자동차 안에 던져 넣고 차를 몰아 레일라와 함께 링컨으로 달려갔다. 마감 시한이 그날 자정이었으므로 시간은 충분하다고 생각했다. 두 사람은 마시의 집으로 가서 서류를 전달하려고 했다. 하지만 마시는, 하워드가 낮에 이미 후보 접수 수수료를 지급했음에도 불구하고 그 서류를 받지 않겠다고 했다. 두 사람은 화가 나서 오마하로 돌아왔다.

그 시각에 네브래스카 공화당 지부의 전당대회가 열리고 있었고, 대표단은 버틀러의 소식을 접하고 그의 임기를 채울 임시 후임자를 선출하는 절차를 밟고 있었다.[16] 여기에서 선출되는 사람은 누구든 자동적으로 11월에 버틀러의 후임이 될 게 뻔했다. 네브래스카에서 공화당원의 서열로 따지면 당연히 하워드였다. 하지만 그는 풍차와 싸우려 드는 극단적인 인물, 사소한 윤리적인 문제도 그냥 넘어가려 하지 않으며 당론을 어기면서까지 아이젠하워 지지를 거부한 열성분자로 비쳤다. 따라서 전당대회에서는 하워드의 후임으로 하원 의석을 차지한 로먼 흐루스카를 선택했다. 하워드는 레일라와 함께 즉각 링컨으로 달려가서 당이 자기를 지명해야 한다는 주장으로 주 대법원에 상고했다. 그러다 스물네 시간 뒤에 무모한 싸움을 포기하고 소송을 취하했다.

워런은 흐루스카가 상원 후보로 선출되었다는 소식을 듣고 분노했다.

"그 인간들이 아버지의 입을 귀에서 귀까지 찢었어요!"

수십 년간 당에 충성을 바쳤던 하워드를 당이 어떻게 그런 식으로 대할 수 있단 말인가?

쉰한 살의 하워드는 자기의 미래가 사라지는 걸 목격했다. 분노가 삭자 이번에는 절망이 점점 커졌다. 여태까지 은퇴한 정치가에게는 거기에 걸맞은 다른 일이 주어졌다. 하지만 하워드는 그동안 몸담았던 세계에서 추방당했다. 자기가 세상에 보탬이 된다는 생각을 하게 해준 세계에서 완전히 쫓겨난 것이었다. 그는 오마하대학교에 교수직을 얻으려고 노력했다. 사업가로서 그리고 하원의원으로서 살아온 그의 경력으로 볼 때 충분히 합당한 일이라고 가족들은 생각했다. 하지만 아들이 이 대학교에서 강의하고 또 사돈인 톰슨 박사가 이 대학교의 문리대학 학장임에도 불구하고 대학교 측에서는 하워드를 별종이라 생각해서 채용하려 들지 않았다. 하워드는 결국 '버핏-포크'에 돌아갈 수밖에 없었다. 나중에 오마하에서 50킬로미터쯤 떨어진 곳에 있던 미들랜드 루서런대학에서 시간 강사 자리를 얻은 것이 그나마 위안이었다.[17] 가족은 오마하의 모든 것에 정나미가 떨어졌다. 오마하의 모든 조직과 체계가 하워드를 오마하 밖으로 밀어냈다고 생각했다.

레일라는 참담함의 호수에 침잠했다. 과거에 누렸던 영광을 생각할 때 하워드의 현재 위치는 하워드보다 레일라에게 더 큰 고통이었다. 레일라의 언니 에디는 브라질에서 살고 있었고, 버티는 시카고에 살았다. 큰딸 도리스와 워런과의 관계는 회복 불가능한 상태였으니 그녀가 기댈 사람이라고는 스물두 살의 수지밖에 없었다. 하지만 수지도 한 아이의 어머니이고 또 임신한 상태였기 때문에 워런을 보살 피는 것만으로도 벅찼고 또 바빴다.

얼마 뒤 수지가 오마하를 떠날지도 모르는 일이 전개되었다. 워런 은 2년 동안 벤 그레이엄과 줄곧 연락을 하며 지냈었다. 아버지와 함 께 산 '그리프 브로스 코퍼리지'와 같은 회사의 주식이 좋다는 아이 디어를 제공했으며, 뉴욕에 정기적으로 여행을 가서 그레이엄-뉴먼 에 들르곤 했다.

　　나는 늘 그레이엄 선생님을 보려고 했습니다.

　단지 제자가 스승을 찾아서 인사를 하기 위한 게 아니었음은 분명 하다.

　　그렇죠. 예, 나는 아주 끈질기게 매달렸습니다.

　네브래스카 공화당 지부가 상원의원 후보 지명 건으로 하워드에 게 물을 먹였을 즈음, 워런은 이미 뉴욕으로 향하고 있었다.

　　벤이 편지를 보내셨습니다. 돌아오라고 쓰셨더군요. 그분의 동업 자이던 제리 뉴먼은 그걸 이렇게 설명했습니다. '우린 자네를 꽤 오 래 점검한 셈이지.' 아마 금맥을 발견했을 때의 느낌이 그런 기분이 었을 겁니다.

　그 제안을 받아들일지 말지는 두말할 필요도 없었다. 이번에는 주 방위군도 허락했다.

　워런은 그레이엄-뉴먼에 취직했다는 사실에 흥분되어, 뉴욕에

1954년 8월 1일 도착해 그다음 날인 8월 2일부터 출근했다. 그가 통보받았던 정식 첫 출근일은 한 달이나 뒤였지만 그때까지 참을 수가 없었던 것이다. 그런데 워런은 한 주 전에 벤 그레이엄이 비극적인 소식을 접했다는 사실을 깨달았다. 스물네 번째 맞는 생일을 넉 주 앞두고 워런은 자기 아버지에게 다음 내용이 담긴 편지를 썼다.

"벤 그레이엄의 아들 뉴턴(26세)이 프랑스에서 군 복무를 하고 있었는데 지난주에 자살했다고 합니다. 줄곧 불안정한 상태이긴 했었습니다. 그레이엄 선생님은 아들이 자살했다는 소식을 〈뉴욕 타임스〉에 보도된 군 당국의 발표를 보고 알았습니다. 물론 엄청나게 참혹한 소식입니다."[18]

그레이엄은 아들의 유품을 정리하러 프랑스에 가서 아들의 여자친구 마리 루이즈 아맹그를 만났다. '말루'라 불리던 이 여자는 뉴턴보다 나이가 몇 살 더 많았다. 그레이엄은 몇 주 뒤에 뉴욕으로 돌아왔지만 예전의 모습은 되찾지 못했다. 또한 말루와 연락을 주고받기 시작했고 주기적으로 프랑스로 여행을 떠났다. 하지만 당시 워런은 자기 스승의 개인적인 삶에 대해서는 아무것도 알지 못했다.

워런은 자기 앞가림부터 해야 했다. 우선 급하게 해야 할 일은 가족이 함께 살 집을 구하는 일이었다. 수지와 리틀 수지는 워런이 뉴욕시티에 먼저 가 있는 한 달 동안 오마하에 머물렀다.

처음에 나는 '피터 쿠퍼 빌리지'에 살려고 했습니다. '메트로폴리탄 라이프Metropolitan Life'가 2차 대전 직후에 지은 두 개의 대형 사업 가운데 하나였거든요. 컬럼비아대학교 시절부터 친구이던 프레드 쿨켄이 피터 쿠퍼에 살았고, 월터 슐로스도 그곳에 살았습니다. 모든 사람이 그 주택 단지에 들어가서 살고 싶어 했습니다. 어떤 특별 조항 때문에 한 달에 70~80달러만 내면 됐으니까 가격도 좋았습니다.

나는 뉴욕시티에 가기 전에 일단 입주 신청부터 했는데, 2년쯤 뒤에나 입주가 가능하다는 연락을 받았습니다. 만일 입주 가능 연락을 빨리 받았더라면 나는 줄곧 뉴욕시티에서 살았을 겁니다.

워런은 싼 아파트를 찾아서 먼 곳까지 뒤졌다. 그리고 결국 출퇴근 시간이 제법 많이 걸린다는 조건을 감수하고 흰색 벽돌로 지은 침실 세 개짜리 아파트를 찾아냈다. 위치는 뉴욕 웨스트체스터 카운티에서 50킬로미터쯤 떨어진 화이트 플레인스의 중산층 거주 외곽 지역이었다. 그리고 몇 주 뒤에 수지와 리틀 수지가 도착했을 때도 아파트는 여전히 들어갈 준비가 되지 않았던 터라 가족은 웨스트체스터 카운티의 어떤 집의 방 한 칸을 빌렸다. 하지만 방이 너무 좁아서 서랍장 하나를 빼서 아기 침대 대용으로 썼다. 거기에서 버핏 부부는 하루나 이틀밖에 머물지 않았다.

그런데 이 일이 나중에 점차 부풀려져서, 워런이 얼마나 인색하게 굴었던지 화이트 플레인스에서 사는 동안 첫아기인 리틀 수지에게 침대 하나 사주는 게 아까워 서랍장을 빼서 침대 대용으로 사용한 것으로 와전되었다. 이 이야기는 그의 신화로 자리를 잡았다.[19]

가족이 흰색 벽돌 아파트로 이사해 짐을 정리하고 수지가 이웃 사람들을 사귀기 시작할 때 워런은 날마다 아침에 일어나서 뉴욕 센트럴 기차를 타고 그랜드 센트럴 역까지 갔다. 처음 한 달 동안 워런은 그레이엄-뉴먼이 어떻게 일하는지 알고 싶은 마음에 회사의 자료 보관실에서 살다시피 했다. 그러면서 거대한 목재 서류 보관 케이스들로 가득한 그 방의 모든 서류들을 하나도 빼놓지 않고 다 읽었다.

그레이엄-뉴먼의 전체 직원은 벤 그레이엄, 제리 뉴먼과 그의 아들 미키 뉴먼, 회계원 버니 워너, 월터 슐로스, 여자 비서 두 명, 그리고 워런, 이렇게 여덟 명밖에 되지 않았다. 워런은 실험복 같은 얇은 회색 면 재킷을 드디어 입었다. 그토록 입어보고 싶던 옷이었다.

  내가 입을 재킷을 받을 때, 정말 굉장했습니다. 우리는 모두 그 옷
  을 입었습니다. 벤도 입고, 제리 뉴먼도 입었죠. 그 옷을 입으면 우리
  는 모두 다 평등했습니다.

하지만 꼭 그렇지만은 않았다. 워런과 월터는 창문이 없는 방을 썼
다. 이 방에는 티커기와 주식 중개 회사와 직통으로 연결된 전화기,
책이며 자료 파일이 있었다. 월터는 그 직통 전화 옆에 있었고 그가
주로 중개소로 전화를 걸었다. 벤, 미키 뉴먼 혹은 제리 뉴먼이 각자
개인적으로 쓰던 방에서 주기적으로 나와 티커기가 찍어내는 시세
정보를 확인했다(제리 뉴먼이 제일 잦았다). 다음은 슐로스가 당시를 회
상하면서 한 말이다.
  "우리는 자료를 뒤지고 또 읽었습니다.《스탠더드 앤드 푸어스》나
《무디스 매뉴얼》을 꼼꼼하게 읽었지요. 그리고 운영 자본보다 낮은
가격에 거래되는 회사들을 찾았습니다. 당시에는 그런 회사가 무척
많았습니다."
  그레이엄은 이 회사들을 '꽁초'라고 불렀다. 침이 축축하게 묻은
채 길거리에 버려진 소위 '장초'처럼 값싸고 또 아무에게도 사랑받지
않는 주식이었다. 그레이엄은 모든 사람들이 그냥 흘려버리고 마는
이런 주식들을 찾아내는 데 귀신이었다. 그는 이 장초를 주워서 먼지
를 털어내고는 불을 붙이고 마지막 한 모금의 연기를 맛있게 빨아들
였던 것이다.
  그레이엄은 이렇게 줍는 꽁초들 가운데 일정 비율은 더러워서 입
을 대지도 못한다는 것을 알고 있었다. 또한 개별 꽁초의 품질을 일
일이 검사하느라 시간을 들이는 것은 낭비라고 생각했다. 평균적으

로 볼 때 이런 꽁초를 주웠을 경우 딱 한 모금 연기를 빨아들일 수 있었다. 그는 늘, 어떤 사업체를 당장 청산한다고 할 때 그 회사의 자산 가치가 얼마나 될지 생각했다. 이런 계산을 통해서 나온 가격보다 낮은 가격에 사는 것이 바로 그가 말하는 '안전 마진', 즉 회사가 파산할 경우에 대비한 안전 장치였다. 그레이엄은 여기에다 또 하나의 안전 장치를 추가했다. 한 종목에 많은 투자를 하지 않는 것, 다시 말해 분산 투자였다. 분산 투자에 대한 그의 생각은 매우 극단적이어서, 몇몇 포지션(주식이나 통화 또는 선물이나 옵션 등에 대해 가격의 상승이나 하락을 기대하고 매입이나 매도의 잔고를 보유하고 있는 상태―옮긴이)들은 1천 달러밖에 되지 않았다.

워런은 자기 판단을 워낙 자신했던 터라 이런 식으로 위험에 대비하는 게 의미 없다고 생각하고 그레이엄의 분산 투자에 대해서 속으로 고개를 저었다. 워런과 월터는 《무디스 매뉴얼》에서 여러 수치들을 수집해 그레이엄-뉴먼이 어떤 결정을 내릴 때 쓰는 수백 가지 단순한 양식서의 빈칸을 채웠다. 워런은 모든 회사에 대한 기본적인 정보가 알고 싶었다. 그는 일단 전체를 둘러본 뒤에 보다 자세하게 검토할 가치가 있는 소수의 종목들을 추린 다음, 정밀하게 분석하고 이 과정을 거쳐서 최종적으로 남은 종목에 집중해서 투자했다. 그는 자기가 가지고 있는 달걀 대부분을 기꺼이 한 바구니에 담고자 했다. 가이코 주식에 그랬듯이. 하지만 당시 그는 가이코 주식을 다 팔아치운 뒤였다. 다른 데 투자해야 하는데 그럴 돈이 남아 있지 않았던 것이다. 모든 판단의 결과에는 기회비용이 따르게 마련이었다. 그랬기 때문에 그는 각각의 투자 기회를 다음에 있을 최고의 투자 기회와 비교해야 했다. 가이코를 워낙 아꼈던 까닭에 그는 가이코보다 더 탐나는 '웨스턴 인슈어런스Western Insurance'를 발견하고는 눈물을 머금고 가이코 주식을 팔았다. 이 회사의 주당 수익은 29달러였는데 주가는 겨우 3달러 선에서 거래되고 있었던 것이다.

이것은 한 번씩 당길 때마다 체리가 나란히 줄을 서는 슬롯머신을 찾아낸 거나 다름없었다. 25센트를 넣고 핸들을 잡아당기면 웨스턴 인슈어런스 머신은 최고 2달러씩 현금을 내놓는 거나 마찬가지였다.[20] 정신이 멀쩡한 사람이라면 지쳐서 나가떨어질 때까지 이 슬롯머신에서 떠나려 하지 않을 게 분명했다. 여태까지 봤던 어떤 주식보다 가격은 싸고 안전 마진은 높았다. 워런은 자기가 살 수 있는 최대한의 주식을 샀다. 그리고 자기가 아는 사람들도 그 주식을 사게 했다.[21]

워런은 저렴하거나 공짜인 것은 뭐든 그 냄새를 귀신처럼 맡았다. 수치를 인식하고 분석하고 계산하는 데 탁월한 능력을 가진 덕분에 워런은 그레이엄-뉴먼에 들어간 지 얼마 지나지 않아서 회사의 총아로 자리를 잡았다. 어쩌면 당연한 일인지 몰랐다. 벤 그레이엄이 주식시장에서 꽁초를 줍는 것은 워런의 어린 시절 취미였던 경마장에서 버려진 유효 마권을 찾아내는 것과 별반 다르지 않았다.

워런은 파트너들, 즉 벤과 제리와 미키의 등 뒤에서 진행되는 사항들을 주의 깊게 살폈다. 벤 그레이엄은 '필라델피아 앤드 리딩 코얼 앤드 아이언 컴퍼니'의 이사였고, 그레이엄-뉴먼은 이 회사를 통제했다. 워런은 이 회사의 주식을 자기 힘으로만 발견했었다. 그리고 1954년 말까지 총 3만 5천 달러를 이 회사에 넣었다. 상사들은 깜짝 놀랐을 테지만 워런은 자신 있었다.[22] 무연탄을 팔았으며 가치 있는 쿨름 층을 소유한 것으로 알려진 '필라델피아 앤드 리딩'은 실제로 그다지 좋은 회사가 아니었다. 시간이 흐르면서 이런 사실이 드러났고 주가는 올라가지 않았다. 회사는 다른 회사를 인수하는 데 투입함으로써 변신을 꾀할 수도 있었던 현금을 자꾸만 허망하게 날리고 있었다.

나는 그저 사무실 바깥에 놓인 책상에 앉아 있는 허드레꾼이었죠. 잭 골드파브라는 사람이 그레이엄과 뉴먼을 만나러 오는 걸 봤습니다. 그는 두 사람과 협상을 했고, 두 사람은 '필라델피아 앤드 리딩 코얼 앤드 아이언'을 팔고 대신 '유니언 언더웨어 컴퍼니 Union Underwear Company'를 샀습니다.[23] 그건 나중에 '필라델피아 앤드 리딩 코퍼레이션'이 될 모태를 만드는 과정이었습니다. 또한 바로 그 회사가 시도하던 다각화를 위한 변신의 시작이었습니다. 나는 핵심 의결 집단에 속하지는 못했지만 무언가 진행되고 있다는 사실을 알고는 굉장히 큰 관심을 가지게 되었습니다.

워런이 귀를 활짝 열고 배우고 있었던 것은 자본 배분의 기술, 즉 최고의 수익률이 예상되는 곳에 자본을 옮겨두는 기술이었다. 그레이엄-뉴먼은 한 곳에서 돈을 빼내 보다 수익성이 높은 곳으로 옮기고 있었던 것이다. 이런 것이 쌓이고 쌓여서 파산과 성공을 가르는 요인이 될 수 있었다.

이런 거래들을 바라보면서 워런은 자기가 창턱에 걸터앉아서 대형 금융 거래가 이루어지는 현장을 느긋하게 지켜본다는 생각을 했다. 하지만 워런이 곧 깨달은 사실이지만, 그레이엄은 월스트리트의 다른 사람들과 똑같이 행동하지 않았다. 그는 언제나 속으로 시를 암송하고 베르길리우스의 서사시를 인용했으며 또 지하철에서 짐을 잃어버리기 일쑤였다. 워런과 마찬가지로 그는 사람들 눈에 자기가 어떻게 비칠지 전혀 신경 쓰지 않았다. 누군가 한 사람이 그레이엄의 신발을 가리키며 이렇게 말했다.

"그거 참 재미있는 신발 한 켤레네요."

그레이엄은 자기 신발을 내려다보았다. 한 짝은 갈색이고 또 한 짝은 검은색이었다. 그러자 그레이엄은 눈 한 번 깜빡이지 않고 이렇게 말했다.

"예, 맞아요. 사실 이거와 똑같은 거 한 켤레가 집에 더 있어요."[24]

하지만 워런과 달리 그는 돈 그 자체를 좋아하지 않았다. 또한 승부를 가르는 게임으로서 거래 행위에 흥미를 두지도 않았다. 그에게 주식을 선택하는 것은 하나의 지적인 훈련일 뿐이었다.

언젠가 우리는 엘리베이터를 기다리고 있었습니다. 42번가 렉싱턴 애비뉴에 있는 채닌 빌딩 지하의 카페테리아로 점심을 먹으러 갈 참이었지요. 그런데 벤이 이러더군요. '워런, 이거 하나는 알아둬야 해. 돈은 자네나 내가 사는 방식에 그다지 큰 차이를 만들어 내지 못한다는 거 말이야. 우리는 지금 함께 밥을 먹으러 가잖아. 날마다 함께 일하고 즐거운 시간도 보내고 말이야. 그러니 돈에 대해서 너무 걱정하지 말게. 돈 때문에 자네가 세상을 사는 방식이 크게 달라지는 않을 테니까.'

워런은 벤 그레이엄을 경외했다. 그럼에도 불구하고 워런은 돈에 사로잡혀 있었다. 그는 많은 돈을 모으고 싶었고, 또 이 과정을 승패를 다투는 게임이라고 보았다. 누군가가 워런에게 일정 부분 돈을 포기하라고 요구하기라도 하면, 워런은 자기 뼈다귀를 지키려는 개처럼 혹은 공격을 당한 개처럼 사납게 짖어댔다. 그는 아주 적은 돈도 허투루 쓰지 않으려고 그야말로 분투했다. 마치 그가 돈을 가지고 있는 게 아니라 돈이 그를 붙잡고 있는 것처럼 말이다.

수지는 이런 사실을 진작부터 잘 알고 있었다. 아파트 주민들 사이에서도 워런은 인색하고 괴짜스러운 사람으로 금방 소문이 났다. 그가 입고 다니던 와이셔츠 상태에 자기도 깜짝 놀란 뒤였다. 수지는 칼라와 앞단추 부분, 소매만 다림질했기 때문이다. 그래서 그는 수지더러 와이셔츠 손질을 세탁소에 맡겨도 된다고 허락했다.[25] 그는 마을의 신문 가판대와 흥정해서, 한 주가 지나 막 폐기처분될 잡지들을 할인된 가격에 사기로 계약을 맺었다. 자동차도 없었고, 이웃집에서 자동차를 빌려서 쓴 뒤에는 기름을 가득 채워 돌려주지도 않았다. 나중에 자동차를 사고 난 뒤에도 그는 비가 올 때만 세차를 했다. 비누칠을 한 뒤에 씻어내야 하는 육체노동을 덜 수 있었기 때문이다.[26]

이처럼 한 푼이라도 아끼는 습관은, 맨 처음 할아버지 가게에서 껌을 떼다가 팔러 다닌 이후로 스물다섯이라는 나이에 그처럼 많은 돈을 모을 수 있었던 두 가지 배경 가운데 하나였다. 또 다른 배경은 보다 많은 현금을 모으는 습관이었다. 컬럼비아대학교 경영대학원 이후로 그의 저축액은 가속도가 붙었다. 이제 워런은 자기에게 주어진 시간 가운데 많은 부분을 공상하면서 보냈다. 기업체들과 관련된 온갖 통계 수치들과 주식 가격이 그의 머릿속에서 빙글빙글 돌며 소용돌이쳤다. 그는 무언가를 공부하지 않을 때는 사람들에게 무언가를 가르쳤다. 데일 카네기 강습소에게서 배운 기술들을 유연하게 유지해서 청중들 앞에서 얼어붙는 일이 없도록 하려고 인근 고등학교에서 열리는 스카스데일 어덜트스쿨(평생 교육원 개념의 무료 학교-옮긴이)에서 짬짬이 강의를 하기도 했다. 하지만 버핏 부부가 어울리던 사람들은 대개 주식과 관련된 직업을 가지고 있었다.

워런과 수지는 이따금씩 월스트리트의 다른 젊은 부부들과 함께 골프장이나 디너파티에 초대를 받았다. 빌 루안은 그를 여러 사람들에게 소개했다. 이 가운데는 헨리 브랜트와 록산 브랜트 부부가 있었는데, 머리와 복장을 흐트러뜨린 제리 루이스(미국의 유명한 가수-옮긴이)와 비슷해 보이던 헨리는 주식 중개인이었으며 하버드 경영대학원을 수석으로 졸업했다. 월스트리트 사람들에게 워런은 어떤 사람의 표현을 빌리자면 '촌뜨기 중의 촌뜨기' 같았다. 하지만 워런이 주식에 대한 이야기를 시작하면 모든 사람들이 꼼짝도 하지 않고 서서 그가 하는 말에 귀를 기울였는데, 마치 '예수와 열두 제자들'의 모습 같았다고 록산 브랜트는 말했다.**27**

여자들은 여자들끼리 모여서 대화를 나누었다. 남자들 사이에서 워런이 돋보였던 것만큼이나 수지도 여자들 사이에서 돋보였다. 워런이 금융의 마법으로 남자들을 사로잡았다면 수지는 단순함으로 여자들을 사로잡았다. 매력적인 단순함이었다. 수지는 다른 여자들의 아이들에 대해서 혹은 아이를 가질 계획에 대해서 모든 걸 알고 싶어 했다. 그녀는 어떻게 하면 여자들이 자기에게 마음을 열지 알았다. 그녀는 가정사의 중대한 결정들과 관련된 질문을 한 다음에는, 진심이 담긴 표정을 지으며 "후회는 안 하세요?"라고 묻곤 했다. 그러면 상대방은 속이야기를 진솔하게 털어놓곤 했다. 누구든 수지와 만나 30분만 이야기하고 나면 좋은 친구 한 사람을 얻었다고 생각할 정도였다. 비록 수지가 마음속에 담고 있는 이야기를 결코 자신들에게 털어놓지 않았음에도 불구하고 말이다. 사람들은 자기들에게 그토록 깊은 관심을 가져주는 수지를 사랑했다.

하지만 수지는 대부분의 시간을 홀로, 곧 태어날 둘째아이를 기다리면서 빨래를 하고 장을 보고 청소를 하고 요리를 했으며 리틀 수지에게 음식을 먹이고 기저귀를 갈아주고 함께 놀아주었다. 이 모든 것들을 워런이나 수지는 당연하고 또 합당한 것이라 여겼다.

"나는 그냥 아내인 그런 아내를 원해."**28**

3년 전 방송되었던 〈왈가닥 루시 I Love Lucy〉의 시즌 1에서 루시의 남편 리키 리카르도가 한 말이었다. 이건 워런과 수지 부부 사이에서도 마찬가지였다. 루시가 야망을 품고 노력하지만 결과는 허망하게 끝나버리고 만다는 이야기 전개가 이 시트콤이 코미디가 될 수 있는 기반이었다. 수지는 워런에게 저녁을 차려주는 것처럼 워런이 하는 일을 곁에서 도왔다. 그 일은 수지에게 날마다 하는 의식이나 마찬가지였다. 그녀는 남편이 그레이엄을 얼마나 존경하는지 알 수 있었다. 하지만 멀리서 관찰만 했다. 워런은 일과 관련된 세세한 이야기를 수지에게 많이 하지 않았다. 수지도 그런 이야기는 별로 재미없어했다. 수지는 남편에게 애정을 듬뿍 쏟고 또 사람들에 대한 여러 가지 것들을 가르침으로써 남편에게 자신감을 불어넣으며 '그를 고치는' 일을 끈기를 가지고 계속했다. 한 가지, 그녀가 집에서 남편이 반드시 지키도록 한 것은 부녀 사이의 애정과 연대감을 강화하는 것이었다. 워런은 알아서 아이를 데리고 숨바꼭질을 하거나 기저귀를 갈아주는 타입의 아버지는 아니었다. 하지만 워런은 리틀 수지에게 밤마다 노래를 불러주곤 했다.

늘 〈오버더레인보Over the Rainbow〉를 불렀습니다. 그 노래는 최면성이 있었습니다. 파블로프의 개처럼 조건반사적으로 최면에 걸리게 했습니다. 노래가 너무 지루해서 그랬는지 모르겠습니다만, 내가 노래를 부르기 시작하면 아이는 금방 잠이 들었습니다. 그러면 내가 아이를 어깨에다 안았습니다. 아이는 그저 내 두 팔 안에서 스르르 녹는 것 같았습니다.

〈오버더레인보〉라는 믿을 만한 체계를 마련한 뒤로 워런은 절대로 실수를 하지 않았다. 노래를 부르면서도 머릿속에 갈무리해 둔 온갖 통계 수치들과 주식 가격들 사이를 헤집고 돌아다닐 수 있었다. 그랬기 때문에 더욱 〈오버더레인보〉였다, 밤이면 밤마다.

수지는 뉴욕이라는 낯선 곳에서 집안일을 혼자 맡아서 하며 아기를 키우고 남편을 돌보았다. 그러다 보니 현관문을 두드리는 사람은 누구나 반가웠다. 1954년이 저물어 갈 무렵의 어느 날, 잡지 〈페어런츠Parents〉의 판매원이 버핏 가족의 집에 들렀다. 그 사람이 수지에게 무슨 말을 했든지 간에, 워런이 집에 돌아와서 확인해 본 결과 수지가 서명한 구독 계약서 내용은 그녀가 처음 생각했던 것보다 훨씬 불리한 조건이었다. 워런은 잡지 판매원이 자기 아내를 속였다는 사실에 격분했다. 잡지사에 여러 번 전화해서 돈을 돌려달라고 했지만 그때마다 돌아오는 대답은 '그건 안 됩니다'였다.

워런은 곧바로 성전에 돌입했다. 자기 돈 17달러를 돌려받는 것만이 목표가 아니었다. 부당함을 바로잡고 그 사악한 〈패어런츠〉를 무릎 꿇리고 싶었다. 그는 아파트 단지를 돌아다니면서 비슷한 피해 사례가 있는지 알아보았다. 아니나 다를까, 꽤 많은 집이 그런 피해를 입은 것을 확인했다. 그는 맨해튼에서 잡지사를 상대로 소액 청구 소송을 제기했다. 그런 다음에 〈패어런츠〉의 사기 영업 행위 피해자들을 대표해서 법정에서 선서하는 날이 오기를 손꼽아 기다렸다. 그 잡지사 변호사들의 코를 납작하게 만들어 줄 일을 상상하면서 기쁨에 들떴다. 이런 점으로 보자면 워런은 아버지 하워드와 분명 닮은 구석이 있었다. 하지만 돈이 걸린 문제고 또 이길 확률이 매우 높다는 점에서는 하워드와 달랐다. 레일라가 하워드의 시도를 인정하지 않으려 했던 것도 바로 이런 점 때문이었다.

그러나 분하게도 워런이 재판정에서 열변을 토할 일은 없었다. 잡지사가 조정 단계에서 워런의 요구를 받아들이고 우편으로 수표를 보내왔기 때문이다. 이렇게 해서 그의 성전은 좌절되고 말았다.

1954년 12월 15일, 워런은 집으로 돌아와 있었다. 수지의 진통이 시작되었기 때문이다. 그때 누군가가 현관의 벨을 눌렀다. 집집마다 돌아다니던 전도사였다. 수지는 그 사람을 정중하게 거실로 불러들였다. 그리고 그 사람이 하는 말에 귀를 기울였다.

워런도 그랬다. 워런은 그런 상황에서 전도사를 집 안으로 들여놓을 수 있는 사람은 수지뿐일 것이라고 혼자서 생각했다. 워런은 그 전도사가 그만 말을 마치고 나가게 유도하려고 슬며시 대화에 끼어들었다. 솔직히 그는 개종에 전혀 관심이 없었다. 그리고 아내는 현재 진통 중이었고 당장 병원에 가야 했다. 하지만 수지는 계속해서 전도사의 말에 귀를 기울였다. 귀를 기울이는 것뿐만이 아니었다.

"그래서요? 더 이야기해 주세요."

전도사가 이야기하는 동안 수지는 가끔씩 움찔거리거나 신음 소리를 냈다.[29] 워런이 눈치를 줬지만 수지는 무시했다. 방문객을 정중하게 대하고 자기들이 그의 말을 잘 알아듣고 있음을 인식시키는 게 병원에 가는 것보다 더 중요하다고 생각하는 모양이었다. 방문객은 수지가 분만을 앞두고 진통 중이라는 사실을 모르는 듯했다. 워런은 그냥 그 자리에 무기력하게 앉아 있기만 했다. 워런은 점점 초조해졌다. 전도사가 지쳐서 나가떨어질 때까지 그런 상황은 계속 이어졌다.

"그 사람을 죽이고 싶었습니다."

이제 와서 워런이 하는 말이다. 하지만 두 사람은 결국 시간이 넉넉하게 병원에 도착했고, 하워드 그레이엄 버핏은 다음 날 아침 일찍 태어났다.

21

칼자루

뉴욕시티, 1954~1956년

호위(하워드의 애칭─옮긴이)는 '까다로운' 아이였다. 리틀 수지는 조용하고 순했는데 호위는 자명종 시계, 그것도 도저히 소리를 끌 수 없는 자명종 시계 같았다. 워런과 수지는 시간이 지나면 나아지겠거니 하고 기다리는 수밖에 없었다. 하지만 전혀 나아지지 않았다. 아파트 안이 갑자기 온종일 훨씬 많은 사람들로 북적거리고 시끌벅적해지는 것 같았다.

아이가 소화기 계통에 문제가 있었습니다. 우리는 여러 종류의 우유를 사다가 어느 우유가 가장 잘 맞는지 실험을 했습니다. 글쎄요, 우유를 마실 때 공기를 함께 마신 건지 늘 토했습니다. 리틀 수지와 비교하자면 호위는 우리에게 혹독한 시련인 셈이었지요.

자명종 시계 소리에 놀라서 벌떡 일어난 사람은 언제나 수지였다. 장광설의 대가인 아버지와, 귀를 긁는 날카로운 수다를 동반한 분노의 폭포수인 어머니 사이에서 성장한 워런이 주변에서 일어나는 일들에 귀를 막아버리는 교묘한 기술을 어릴 적에 습득했을 것이라는 사실은 그다지 놀라운 일도 아니다. 호위가 밤에 잠에서 깨어 아무리 시끄럽게 울어도 워런에게는 큰 문제가 되지 않았다. 아무리 호위가 악을 쓰며 울어도 침실 세 개짜리 작은 아파트의 서재에서 그는 몇 시간씩 생각에 잠겨 있을 수 있었다.

　　직장에서도 워런은 장차 자기 인생에서 장래성이 풍부한 생산적인 사건이 될 새롭고 복잡한 사업에 푹 빠져 있었다. 워런이 그레이엄-뉴먼에 들어간 직후에 코코아 가격이 갑자기 치솟았다. 1파운드에 5센트이던 가격이 50센트 이상 뛰었던 것이다. '수익성이 제한적이던'[1] 브루클린의 초콜릿 제조업체 '록우드 앤드 컴퍼니Rockwood & Co.'는 딜레마에 빠졌다. 주력 상품인 '록우드 초콜릿 비즈'는 초코칩 과자에 사용되는 초콜릿 덩어리였는데, 원료인 코코아 가격이 오른 만큼 가격을 올릴 수 없어서 손실이 점점 늘어나고 있었다. 하지만 카카오콩의 가격이 오르면서 록우드는 기존에 확보하고 있던 카카오콩을 팔아서 엄청난 이익을 챙길 수 있었다. 그런데 불행하게도 문제가 하나 있었다. 카카오콩을 팔아서 생기는 이익의 절반 이상을 세금으로 내야 한다는 사실이었다.[2]

　　록우드의 소유주들은 그레이엄-뉴먼에게 자기 회사를 인수하지 않겠느냐고 물었다. 하지만 그레이엄-뉴먼은 그들이 제시한 가격으로는 거래할 생각이 없었다. 그래서 록우드 소유주들은 투자자인 제이 프리츠커를 찾아갔다. 그런데 프리츠커가 막대한 규모의 세금 문제를 해결할 수 있는 방안을 찾아냈다.[3] 그가 알아낸 바로는, 1954년의 세금법은 어떤 회사가 기존의 사업 범위를 축소할 경우 회사가 가지고 있던 재고품의 '부분적인 청산'에 대해서는 세금을 부과하지 않았다. 그래서 프리츠커는 록우드를 지배하기에 충분한 주식을 매입하고, 회사를 계속 초콜릿 제조업체로 유지하되 코코아-버터 사업 부문은 청산하기로 했다. 그는 590만 킬로그램의 카카오콩을 코코아-버터 사업부에 소속된 재고품으로 돌렸다. 이것이 바로 납세 의무가 면제된 상태로 청산될 물량이었다.

그런데 프리츠커는 이 카카오콩을 현금을 받고 판 게 아니라 록우드의 주식을 받고 팔기로 했다. 록우드의 소유 비율을 더 높이고 싶었던 것이다. 그리고 이 거래에 약간의 인센티브를 얹었다. 36달러어치의 카카오콩[4]을 34달러에 거래되던 주식 한 주를 받고 넘기겠다고 한 것이다.[5]

그레이엄은 이 제안에서 돈을 벌 수 있는 방법을 찾아냈다. 그레이엄-뉴먼은 록우드의 주식을 산 뒤 이것을 프리츠커에게 카카오콩와 바꾼 다음 카카오콩을 팔면, 한 주당 2달러의 수익을 올릴 수 있었던 것이다. 이것은 차익거래(아비트리지)였다. 동일한(혹은 거의 동일한) 두 가지 물품이 다른 공간에서 다른 가격으로 거래될 때, 기민한 장사꾼이라면 이 둘을 동시에 사고 팖으로써 차액을 수익으로 거둘 수 있었다. 그것도 실질적으로 위험을 거의 부담하지 않고서. 워런은 나중에 한 편지에서 다음과 같이 썼다.

"월스트리트에서 통하는 격언이 하나 있습니다. 어떤 사람에게 물고기 한 마리를 주면 그 사람을 하루밖에 먹여 살리지 못하지만, 이 사람에게 차익거래 기법을 가르쳐 주면 평생을 먹여 살릴 수 있다는 격언입니다."[6]

프리츠커는 그레이엄-뉴먼에게 창고증권을 줄 것이었다. 창고증권은 창고 업자가 창고에 있는 물건에 관해서 발행하는 유가증권으로, 이것을 가지고 창고 업자에게 청구권을 주장할 수 있었다. 그렇기 때문에 주식처럼 거래될 수 있었다. 창고증권을 매도함으로써 그레이엄-뉴먼은 돈을 벌 수 있었던 것이다.

그러나 실질적으로 위험이 거의 없다는 것은 최소한 어느 정도의 위험이 있다는 뜻이다. 카카오콩의 가격이 떨어져서 창고증권의 가치가 30달러밖에 되지 않을 때는 어쩔 것인가? 이 경우 그레이엄-뉴먼은 한 주당 2달러씩 버는 게 아니라 오히려 4달러씩 손해를 본다. 수익을 확정하고 위험을 제거하기 위해서 그레이엄-뉴먼은 카카오콩 '선물(先物)'을 팔았다. 이것은 괜찮은 방법이었다. 카카오콩의 가격이 떨어지려 했기 때문이다.

선물시장에서는 카카오콩이 되었든 금이나 바나나가 되었든 간에, 해당 교환 물품이 미래의 어떤 시점에서 거래될 때의 가격을 구매자와 판매자가 미리 합의해서 특정하게 정해둔다. 이런 상황에서 그레이엄-뉴먼은 적은 교환 수수료를 받고 카카오콩을 특정 기간 안에 특정 가격으로 팔 수 있어서 카카오콩의 시장 가격이 떨어질 때 발생하는 위험을 제거할 수 있다. 한편 가격 하락의 위험을 떠안는 상대방은 투기적인 기회를 노린다.[7] 만일 카카오콩의 가격이 더 싸진다 하더라도 그레이엄-뉴먼은 손해를 보지 않는다. 모험적인 투기자가 그레이엄-뉴먼이 가지고 있는 카카오콩을 원래 약속했던 가격으로, 즉 시장 가격보다 높게 사야 하기 때문이다.[8] 그레이엄-뉴먼의 관점에서 볼 때 투기자의 역할은 가격 하락의 위험에 대비하는 일종의 보험을 파는 것이었다. 물론 당시로서는 카카오콩의 가격이 내려갈지 올라갈지 아무도 알지 못했다.

그러므로 차익거래의 과제는 가능한 한 록우드의 주식을 많이 사들이는 한편 동시에 그에 해당하는 양의 선물을 파는 것이 된다.

그레이엄-뉴먼은 워런에게 록우드 거래를 맡겼다. 워런이야말로 그 일의 적임자였다. 전환 우선주(보통주로 전환이 가능한 우선주. 우선주는 이익 배당에 있어 보통주에 비해 우선권을 가지고 있지만, 보통주처럼 의결권은 제한된다-옮긴이)를 매입하면서 같은 회사에서 발행한 보통주를 공매도하는 방식으로 벌써 여러 해째 주식의 차익거래를 해왔기 때문이었다.[9] 워런은 지난 30년 동안의 차익거래 수익률을 꼼꼼하게 공부한 뒤 이 '위험이 제거된' 거래들은 전형적으로 1달러 투자에 20센트의 수익을 기록했다는 점을 알아냈다. 이 수익률은 평균적인 주식의 7센트에서 8센트 수준의 수익률보다 높았다. 워런은 여러 주 동안 지하철로 브루클린을 오가면서 '슈로더 트러스트Schroder Trust'에서 록우드의 주식을 내주고 카카오콩 창고증권으로 교환했다. 그리고 저녁마다, 리틀 수지에게 〈오버더레인보〉를 불러주고 수지가 호위에게 젖병을 물릴 때 호위가 질러대는 고함 소리에 귀를 닫은 채 그 상황을 연구했다.

표면적으로만 보자면 록우드는 그레이엄-뉴먼에게 단순한 거래였다. 비용은 지하철 차비와 생각과 시간뿐이었다. 하지만 워런은 그레이엄-뉴먼이 가지는 것보다 훨씬 더 큰 '금융의 불꽃놀이'[10]가 있을 수 있다는 가능성을 포착했다. 그래서 벤 그레이엄과 달리 차익거래를 하지 않았다. 그러니 카카오 선물을 팔 필요도 없었다. 대신 그는 록우드 주식 222주를 직접 사서 가지고 있기만 했던 것이다.

사실 워런은 프리츠커의 제안을 놓고 깊이 생각했었다. 카카오-버터 사업 부문에 귀속시킨 카카오콩뿐만 아니라 록우드가 가지고 있던 전체 카카오콩을 록우드가 발행한 전체 주식의 수로 나누자, 한 주당 36킬로그램이 조금 넘었다. 그랬기 때문에 주식을 내놓지 않은 사람들은, 프리츠커가 제안했던 한 주당 돌아가는 카카오콩보다 더 많은 가치를 가진 주식을 보유하게 되었다. 그뿐만이 아니었다. 주식을 내놓은 사람들에 의해 테이블에 남는 추가 카카오콩은 한 주당 카카오콩의 양을 더욱 불려주었다.

주식을 보유한 사람들은 또한 공장 설비 부문, 미수금, 청산하지 않은 나머지 사업 부문에 대한 몫도 따로 챙길 수 있었으므로, 이들의 수익은 더 늘어난다는 계산이었다.

또 워런은 프리츠커의 관점에서도 생각해 보았다. 제이 프리츠커가 록우드 주식을 사들이고 있는데 그 주식을 파는 게 도대체 어떻게 남는 장사가 될까 생각했다. 그리고 수학적인 계산을 한 뒤에, 워런은 주식을 파는 게 결코 남는 장사가 아니라는 걸 알아냈다. 칼자루를 쥐고 흔드는 쪽은 제이 프리츠커였다. 워런이 주식을 바라보는 관점은, 주식은 전체 회사의 작은 한 조각이라는 것이었다.

발행된 주식의 수가 적으면 적을수록 그 한 조각은 더 큰 가치를 지닌다. 프리츠커는 단순하게 차익거래를 하는 것보다 더 큰 위험을 부담했다. 하지만 그는 철저한 수학적 계산을 통해 그것이 자기에게 매우 유리하다는 걸 알고 있었다. 차익거래를 통한 2달러의 수익은 벌기 쉽지만 위험도 적었다. 카카오콩의 가격이 떨어진다 하더라도 선물 거래는 그레이엄-뉴먼을 보호해 줬기 때문이다. 그래서 그레이엄-뉴먼뿐만 아니라 많은 주주들이 프리츠커의 제안을 받아들여 엄청난 카카오콩을 두고 떠났다.

나중에야 밝혀지는 사실이지만 주식을 보유하는 선택은 그야말로 대박이었다. 그레이엄-뉴먼처럼 차익거래를 한 사람들은 한 주당 2달러의 수익을 올렸지만, 프리츠커가 제안하기 이전에 15달러에 거래되던 록우드 주식은 나중에 85달러까지 올라갔다. 그래서 222주를 사두었던 워런은 이 주식을 팔아서 차익거래로 444달러를 버는 대신 약 1만 3천 달러라는 놀라운 돈을 벌었다.[11]

이 과정에서 워런은 또한 제이 프리츠커를 눈여겨보고 그와 친해졌다. 그리고 또 그 거래가 '지금보다 훗날 더 큰 수익을 올릴 것'이라는 사실을 알아본 모든 약삭빠른 사람들을 눈여겨보았다. 그는 주주 총회에 나가서 몇 가지 질문을 했는데, 이 질문 자체가 프리츠커에게 자기를 소개하는 것이나 다름없었다.[12] 그때 워런은 스물다섯 살이었고 제이 프리츠커는 서른두 살이었다.

워런은 이런 식의 생각을 바탕으로 상대적으로 적은 규모인 10만 달러도 되지 않는 돈으로도 얼마든지 스스로 무한한 가능성의 세상을 열어나갈 수 있다는 사실을 깨달았다. 워런의 발을 묶은 유일한 제약은 그가 가지고 있는 돈과 시간과 정력이었다. 이런 일을 하는 데는 엄청난 노동이 필요했다. 하지만 워런은 이 일을 사랑했다. 이것은 대부분의 사람들이 투자하는 방식, 즉 사무실에 앉아서 다른 사람들이 한 연구 및 조사 내용을 정리한 보고서를 읽는 방식이 아니었다. 워런은 꼼꼼한 형사나 마찬가지였다. 그는 물론 조사도 직접 했다. 마치 어린 시절 거리를 돌아다니며 직접 병뚜껑을 모으고 수녀들의 지문을 채취할 궁리를 했던 것처럼 말이다.

수치 자료를 확보하기 위해서 워런은 《무디스 매뉴얼: 공업, 은행 및 금융, 공익 사업》을 이용했다. 그리고 '무디스'나 '스탠더드 앤드 푸어' 본사에 자주 직접 찾아가기도 했다.

직접 찾아가서 자료 열람을 한 사람은 내가 처음이었습니다. 그 사람들은 내가 고객인지 물어보지도 않았습니다. 40년이나 50년 전의 자료를 보곤 했습니다. 거기에는 복사기가 없어서 필요한 내용이나 수치는 일일이 손으로 옮겨 적었지요. 도서관이 있긴 했습니다만 자료가 워낙 방대해서 직접 찾기란 불가능했습니다. 직원의 도움을 받아야 했죠. '저지 모기지 Jersey Mortgage', '뱅커스 커머셜 Bankers Commercial' 등의 회사 자료를 달라고 했는데, 직원들은 그런 자료를 보자고 한 사람은 여태 한 명도 없었다고 하더군요. 직원이 자료를 찾아다 주면 나는 앉아서 그 자료들에서 필요한 부분을 옮겨 적고 메모를 했습니다. 증권거래위원회의 자료를 보고 싶으면 직접 증권거래위원회로 갔습니다. 자주 갔죠. 그 자료를 얻으려면 그 방법밖에 없었어요. 그리고 어떤 회사가 궁금한데 마침 그 회사가 멀지 않은 곳에 있으면 직접 경영진을 찾아갔습니다. 약속을 미리 하지도 않았습니다만, 많은 사람을 만났고 또 많은 정보를 얻었습니다.

워런이 애용하던 자료 가운데 하나는 〈핑크 시트Pink Sheets〉였다. 말 그대로 분홍색 종이로 된 주간 정보지였다. 규모가 작아서 주식시장에서 거래되지도 않던 회사들만의 정보를 따로 모은 것이었다. 그리고 또 〈내셔널 쿼테이션National Quotation〉도 있었다. 이것은 〈핑크 시트〉에도 실리지 못할 정도로 규모가 작은 회사의 정보를 담아서 여섯 달에 한 번씩 발행되던 정보지였다. 그러니 아무리 규모가 작은 회사라 하더라도, 아무리 사소한 정보라 하더라도 워런의 눈을 피할 수는 없었다.

  수많은 회사들을 뒤지고 또 뒤졌습니다. 그래서 정말 말도 안 될
  정도로 싼 주식 가격에 1만 달러나 1만 5천 달러를 투자할 수 있는
  한두 회사를 찾아냈습니다.

워런은 자만하지 않았다. 그리고 그레이엄이나 프리츠커 혹은 다른 사람들로부터 유용한 투자 아이디어들을 얻어다 쓴다고 생각했다. 그는 이것을 남의 옷자락을 잡고 묻어가는 것이라고 표현했으며 그 아이디어들이 매력적이든 세속적이든 상관하지 않았다. 어느 날 그는 그레이엄의 투자 아이디어 하나를 붙잡았다. 매사추세츠의 뉴베드퍼드에 있던 '유니언 스트리트 레일웨이Union Street Railway'라는 버스 회사였다.[13] 이 회사의 주식은 순자산 가치에 이르는 낮은 가격에

거래되고 있었다.

　이 회사는 116대의 버스와 작은 놀이공원 하나를 가지고 있었습니다. 나는 이 주식을 사들이기 시작했습니다. 왜냐하면 이 회사는 재무부 채권 80만 달러, 현금 20만 달러, 9만 6천 달러 규모의 미결제 버스표를 가지고 있었기 때문입니다. 100만 달러라고 쳐도 한 주에 약 60달러였습니다. 그런데 내가 이 회사 주식을 사기 시작할 때 주식 가격은 30달러에서 35달러 사이였습니다.

　그러니까 이 회사는 은행에 있는 현금의 절반 가격에 팔리고 있었던 셈이다. 이 주식을 산다는 것은 50센트짜리 동전을 넣으면 무조건 최소한 1달러는 나오는 슬롯머신을 가지고 게임을 하는 셈이었다.
　사정이 이렇다 보니 당연히 회사 측에서는 자기 주식을 매집하려 했고 뉴베드퍼드 지방 신문에 주주들에게 주식을 팔라는 광고까지 냈다. 워런도 경쟁심을 느끼며 '주식을 팔고 싶으신 분은 이러이러한 주소로 워런 버핏에게 연락을 주십시오'라는 내용의 광고를 독자적으로 냈다.

　그때 버스 운송 사업은 규제 대상이던 공익사업이어서 최대 주주의 목록을 매사추세츠 공공시설위원회에서 구할 수 있었습니다. 그러고도 더 많은 주식을 찾으려고 했습니다. 그래서 그 회사를 운영하던 마크 더프라는 사람을 만나고 싶었던 겁니다.

　경영진 방문은 워런의 업무 방식 중 하나였다. 그는 이런 만남을 통해서 해당 회사 정보를 최대한 많이 알아냈다. 경영진과 개인적인 접촉을 할 때 그의 지식과 재치는 사람들에게 강한 인상과 매력을 주는 도구가 되었다. 그는 또한 경영진과 친해짐으로써 회사가 옳은 일을 할 수 있도록 영향력을 행사할 수도 있다는 사실을 깨달았다.

하지만 그레이엄은 경영진을 방문하지 않았다. 뿐만 아니라 그들에게 어떤 영향력을 행사하려 하지도 않았다. 그는 이런 태도를 '자립'이라고 불렀으며, 비록 합법적이라 하더라도 회사의 내부 정보를 취득하는 것을 '속임수'라고 생각했다. 투자자라는 존재는 본질적으로 '외부자'이며 경영진과 손잡아야 하는 존재가 아니라 대결하는 존재라고 생각했다. 그랬기 때문에 그는 오로지 모든 사람들이 공평하게 접할 수 있는 정보만을 사용해서 공평하게 경쟁하기를 바랐다.[14]

하지만 워런은 자기 자신의 본능에 따라서, 어느 주말에 유니언 스트리트 레일웨이를 방문했다.

새벽 4시쯤 일어나서 자동차를 몰아 뉴베드퍼드로 갔습니다. 마크 더프는 아주 점잖고 멋진 사람이었습니다. 그런데 이야기를 끝내고 막 일어서는데, 이 사람이 이런 말을 했습니다. '근데 말입니다, 우리는 지금 주주들에게 자본 환급(이익 잉여금을 지급하는 게 아니라 불입 자본금의 일부를 돌려주는 것 - 옮긴이)을 할까 줄곧 생각하고 있습니다'라고요.

자본 환급을 한다는 말은 잉여금을 주주에게 돌려준다는 뜻이었다.

내가 그랬죠. '아, 그것 참 멋지네요.' 그러자 그 사람은 또 이랬습니다. '자본 환급은 주식 액면가의 배수로 해야 한다는, 공익사업에 관한 매사추세츠의 법을 잘 모를 수도 있는데, 아십니까?'

그 주식의 액면가는 25달러였다. 그러니 최소한 한 주에 25달러의 지불은 보증한다는 의미였다(현재의 주식시장에서는 이런 규정이 아무런 의미가 없다─저자).

그래서 내가 말했습니다. '예, 출발이 아주 좋군요.' 그러자 이럽디다. '명심하십시오. 우리는 두 단위를 생각하고 있습니다.' 그건 당시 35달러나 40달러에 거래되던 주식 한 주당 50달러의 배당금을 지불하겠다는 뜻이었습니다.

그러니 주식 한 주를 사는 순간 곧바로 그 돈을 돌려받고 거기에다 10달러 이상 얹어주는 거나 마찬가지였다. 게다가 그 회사의 작은 한 조각인 주식은 그냥 가지고 있을 수 있었다.

나는 주당 50달러에 산 그 회사 주식을 여전히 가지고 있었습니다. 그리고 그 주식은 다른 자산 가치를 품고 있었죠. 버스 회사들은 자산을 소위 특별준비금에, 그리고 토지와 건물, 또 낡은 전차들을 보관하던 차고 등지에 숨겼습니다. 내가 그 버스 회사로 찾아간 게 이런 조치를 촉진시켰는지 어쨌는지는 모르겠습니다.

갈등을 경계하는 워런은 이미 큰 소리로 떠들지 않고 자기 갈 길을 치고 나가는 예리한 수완을 가지고 있었다. 그는 자기가 더프에게 영향력을 행사했을지도 모른다고 생각하면서도, 무엇이 더프의 결정을 촉진시켰는지는 확신할 수 없었다. 하지만 그에게 중요한 사실은 싸우지 않고도 원하던 결과를 얻었다는 점이었다. 그는 이 거래로 약 2만 달러를 벌었다. 버스 회사에서 그처럼 많은 돈이 나올 줄 누가 알았겠는가?[15]

버핏 가문에서 그 누구도 단 한 건의 아이디어로 2만 달러를 번 사람은 없었다. 1955년에 그 정도 돈이면, 평균적인 사람이 몇 년 동안 일해서 번 돈을 모두 합쳐야 할 정도로 큰 금액이었다. 불과 몇 주일 일해서 돈을 두 배 이상 불린다는 건 놀라운 일이었다. 하지만 워런에게 보다 중요한 것은 특별한 위험을 부담하지 않고서 그렇게 해냈다는 점이었다.

수지와 워런은 카카오콩 차익거래나 버스 회사 주식에 대해서 자세한 이야기를 나누지 않았다. 수지는 돈에 관심이 없었다. 생활비로 쓸 돈만 있으면 되었다. 그리고 화이트 플레인스에 있던 작은 아파트의 자기 집으로 아무리 엄청난 돈이 들어온다 하더라도, 워런은 생활비로 적은 돈밖에 주지 않는다는 사실을 수지는 알고 있었다. 그녀는 소소한 지출까지 빈틈없이 관리하는 생활과는 거리가 먼 환경에서 자랐다. 돈을 아끼느라고 한 주가 지난 잡지만 구독하는 남자와 결혼해서 그녀는 이전과는 전혀 다른 삶을 살게 된 것이다. 그래도 최선을 다해서 집안 살림을 꾸려나갔다. 그녀는 모든 일을 직접 했다. 하지만 워런이 벌어들이는 돈과 그가 아내에게 주는 돈 사이의 불균형은 이미 엄청나게 커져 있었다. 한번은 이런 일이 있었다. 어느 날 그녀는 이웃집에 살던 매들린 오설리번에게 전화를 걸었다. 그녀의 목소리는 매우 다급했다.

"매들린! 큰일 났어요! 빨리 좀 와주세요!"

매들린은 부리나케 수지의 집으로 달려갔다. 수지는 넋이 나간 얼굴을 하고 있었다. 워런의 책상 위에 있던 배당금 수표 뭉치를 아무 생각 없이 아파트 쓰레기 소각장 투입구에다 버렸다는 것이었다. 소각장의 쓰레기는 곧바로 소각로로 들어가게 되어 있었다.[16]

"어쩌면 소각로가 아직 가동하지 않았을지도 모르잖아요."

두 여자는 관리실에 전화를 했고, 관리실 사람은 이들을 쓰레기가 모여 있는 지하실로 안내했다. 소각로가 차가웠다. 그렇다면 아직 소각하지 않은 게 분명했다. 그길로 이들은 쓰레기를 뒤지기 시작했다. 수지는 쓰레기를 뒤지면서도 연신 두 손을 쥐어 짜며 "무슨 낯으로 남편 얼굴을 보나" 하며 괴로워했다. 다행히 수표들을 찾았다. 그런데 이 수표를 본 매들린의 두 눈이 휘둥그레졌다. 25달러나 10달러짜리들로만 생각했었는데, 자그마치 수천 달러짜리들이었던 것이다.[17] 화이트 플레인스의 작은 아파트에 살았지만 버핏 부부는 이미 엄청난 부자였던 것이다.

호위가 목청껏 울어대고 돈이 점점 불어나면서 워런은 보다 많은 수표책을 쓸 수 있었다. 워런은 비록 아끼고 또 아꼈지만 수지에게 워낙 빠져 있었던 터라 수지가 원하는 것은 결국 무엇이든 해주었다. 그해 6월에 두 사람은 버티의 결혼식에 참가하려고 오마하에 갔다 (버티의 신랑은 찰리 스노프였다). 오마하에 오기 전에 워런은 이미 수지에게 가정부를 한 명 붙여주겠다고 약속했던 터라, 오마하에 있는 동안 두 사람은 화이트 플레인스로 데려갈 가정부를 찾았다. 신문에 광고를 내서 마침내 시골 출신의 아가씨를 한 명 고용했다.

아주 딱 맞다 싶은 아가씨였습니다.

하지만 전혀 딱 맞지 않았다. 워런은 이 여자를 오마하행 버스에 태워 보냈다. 수지는 다른 사람을 찾았다. 호위는 두 사람 이상의 일거리였고, 또 자기들에게는 가정부를 둘 만큼 충분히 여유가 있다는 걸 알았기 때문이다.

그레이엄-뉴먼에서 워런의 활약은 눈부실 정도였다. 벤 그레이엄은 워런과 인정 넘치고 사교적이며 언제나 사람들에게 둘러싸여 있는 그의 아내 수지에게 개인적인 관심을 보였다. 그레이엄은 호위가 태어났을 때 아기 앞으로 영화 카메라와 영사기를 기념 선물로 줬다. 그리고 커다란 테디 베어 인형을 들고 직접 버핏 부부의 아파트로 찾아가기도 했다.[18] 그레이엄과 그의 아내 에스티는 한두 차례 버핏 부부를 집으로 초대해서 함께 저녁을 먹었는데, 이때 그레이엄은 워런이 수지에게서 시선을 떼지 않는 모습을 그리고 두 사람이 손을 꼭 잡고 있는 걸 여러 차례 보았다. 하지만 그레이엄은 워런이 그녀에게 사랑을 호소하는 게 아니라는 것을 알아보았다. 수지는 워런이 가끔씩 보이는 그런 낭만적인 행동을 좋아했을 것이라고 생각했다.[19] 수지가 워런이 춤을 추지 않는다며 내심 갈망을 담아 말한 걸 새겨들은 그레이엄은 워런의 책상 위에 상품권을 한 장 올려놓았다. 화이트 플레인스에 있던 '아서 머레이 춤 강습소' 무료 이용권이었다. 여기에서 그레이엄은 쿵쾅거리면서 춤을 배우고 있었는데, 나중에 확인해 보고선 워런이 그 상품권을 전혀 이용하지 않았다는 사실을 알았다. 그리고 워런에게 이 사실을 지적하면서 춤을 배워보라고 등을 떠밀었다. 코가 꿰인 워런은 수지와 함께 세 차례 강습을 받고는 도저히 못 하겠다면서 나가떨어졌다. 그 뒤로도 그는 결코 춤을 배우지 않았다.[20]

하지만 그렇다고 해서 이것이 워런이 그레이엄-뉴먼에서 빠르게 성장하는 데 방해가 되지는 않았다. 입사한 지 18개월이 지난 뒤 벤 그레이엄과 제리 뉴먼은 워런을 잠재적인 동업자로 대하는 눈치가 확연했다. 동업자로 대한다는 것은 가족끼리 함께 어울린다는 뜻이었다. 1955년 중반에 늘 우울한 얼굴의 제리 뉴먼까지도 뉴욕의 루이스보로에 있던 그의 저택 메도폰드Meadowpond에 버핏 부부를 초대했다. 그들은 그 행사를 '소풍'이라고 생각했다. 수지는 정말 건초를 깐 마차를 타고 가는 것과 같은 소풍인 줄 알고 거기에 걸맞은 차림으로 갔는데 다른 여자들이 드레스를 입고 진주 목걸이를 걸고 나타난 걸 보고 깜짝 놀랐다. 수지나 워런은 스스로를 촌뜨기 같다고 느꼈다. 하지만 이런 실수는 워런이 누리던 황태자로서의 지위를 조금도 손상시키지 못했다.

월터 슐로스는 이런 행사에 초대받지 못했다. 뒷방으로 밀려난 신세였던 슐로스는 그저 성실한 직원일 뿐이었고 동업자 지위에 오를 가망은 없었다. 제리 뉴먼은 누구에게든 좀처럼 살가운 태도를 보이지 않았지만, 유독 슐로스에게 더 큰 경멸감을 가지고 대했다. 두 아이의 아버지였던 슐로스는 마침내 독립하기로 결심했다. 결심을 실행에 옮기는 데는 상당한 시간이 걸렸지만,[21] 그는 결국 1955년 말 독자적인 투자 회사를 설립했다. 함께 손잡은 동업자들이 모은 10만 달러가 밑천이었다. 훗날 워런이 언급한 바에 따르면, 이 동업자들의 면면은 '엘리스 섬의 호출 명단에서 곧바로 튀어나온' 사람들이었다 (엘리스 섬은 미국의 이민국이 있던 곳이다-옮긴이).[22]

워런은 슐로스가 그레이엄의 투자 방법론을 적용해서 성공할 것이라고 확신했다. 그리고 독립을 결행한 슐로스의 배짱을 존경했다. 비록 '빅 월터'가 자본금을 너무 적게 가지고 출발해서 어쩌면 가족을 부양하지 못할지도 모른다고 걱정했지만,[23] 워런은 슐로스의 회사에 한 푼도 투자하지 않았다. 그레이엄-뉴먼에 투자하지 않은 것과 마찬가지 이유였다. 워런으로서는 자기 아닌 다른 사람이 자기 돈을 가지고 투자한다는 사실을 도저히 있을 수 없는 일이라고 생각했다.

워런은 슐로스를 대신할 적임자를 찾아냈다. 톰 냅이었다. 워런은 그를 월스트리트의 '블라이드 앤드 컴퍼니Blythe and Company'에서 점심을 먹다가 우연히 만났다.[24] 워런보다 열 살 많은 데다 키가 크고 흑발이며 미남에 장난기 넘치는 유머의 소유자이던 그는, 데이비드 도드의 야간 강좌 가운데 하나를 들었는데, 도드의 강의를 한 차례 들은 뒤 곧바로 화학을 때려치우고 전공을 경영학으로 바꾸었다. 그레이엄은 냅을 유대인 회사에 두 번째 이방인으로 받아들였다.

제리 뉴먼에게 내가 그랬습니다. '흔히 있는 일 아닙니까? 이방인 한 사람을 고용하면 이방인들이 그곳을 다 접수해 버리는 일이.'

냅이 월터 슐로스의 자리에 앉을 무렵 워런은 이미 그레이엄의 사생활을 조금씩 알아가고 있었다. 그레이엄의 사생활과 관련해서 냅은 당시에 놀라운 사실을 깨달았다고 했다. 그레이엄이 뉴스쿨 사회과학대학원New School for Social Research에서 강연할 때, 이 자리에 냅을 초대했다. 그런데 냅의 자리에 함께 앉은 여섯 명이 모두 여자였다.

"벤이 말할 때, 바라보던 그 여섯 명의 여자가 모두 벤을 사랑한다는 사실을 금방 알 수 있겠더라고요. 그 여자들은 서로 질투하는 것 같지도 않았습니다. 그리고 그들 모두 그레이엄을 아주 잘 아는 것 같았습니다."[25]

사실 1956년 초에 이미 그레이엄은 투자에 시들해졌다. 투자 이외의 다른 관심사들, 즉 여자와 고전과 미술이 그의 소매를 세게 잡아당겼고, 그의 발 하나는 문밖으로 나갔다. 어느 날, 냅이 외출했을 때 안내 직원이 큰 키에 호리호리한 청년을 워런의 방으로 들여보냈다. 워런이 양식서의 빈 칸을 숫자로 채우는 작업을 하고 있을 때였다. 워런에게 다가온 사람은 에드 앤더슨이었다. 그는 자기를 전문 투자자는 아니고 화학자라고 소개했다. 그는 캘리포니아 원자력위원회의 리버모어 연구소에서 일하면서 틈틈이 주식시장을 기웃거렸다. 그러다가 '이지 워싱 머신Easy Washing Machine'과 같은 싼 주식들의 사례를 풍성하게 담고 있던 《현명한 투자자》를 읽고 깊은 감명을 받았다. '세상에 이럴 수도 있구나!'라며 무릎을 쳤다. 회사가 은행에 현금으로 넣어두고 있는 돈보다 싼 가격에 회사를 살 수 있다니![26]

《현명한 투자자》에 감동을 받은 앤더슨은 그레이엄의 옷자락을 잡고 묻어 갔다. 그레이엄-뉴먼의 주식을 한 주 산 뒤에, 그는 분기마다 날아오는 보고서를 보고 그레이엄이 무엇을 하는지 알아내고 그 종목들을 샀다. 그레이엄의 옷자락을 잡은 일은 그를 실망시키지 않았다. 그레이엄은 다른 사람들이 자신에게서 배우고 모방하는 것을 좋아했다.

앤더슨은 그레이엄-뉴먼이 투자하는 또 다른 주식을 사려고 생각하고 있었다. 'AT&T' 주식이었다. 하지만 이 선택이 어쩐지 이상해서 이걸 물어보려고 그레이엄-뉴먼을 찾았다. 전혀 그레이엄답지 않았기 때문이다. 모든 사람이 소유하고, 공부하고 또 따라가던 주식이었다. 가격도 회사의 가치를 제대로 반영하고 있었다. 위험이 적긴 했지만 그만큼 잠재적인 가치도 적었다. 앤더슨은 워런에게 이렇게 물었다.

"다른 이유가 또 있습니까?"

워런은 잠시 생각했다. 경영과 재무 쪽으로는 전혀 배경이 없는 화학자가 AT&T가 정상적인 유형을 벗어난 선택이라는 것을 파악했다는 사실이 인상적이었다. '사업'은 특별한 훈련을 받은 사람들만이 할 수 있는 성직과 같은 것이라는 관념이 당시의 일반적인 분위기였다. 워런은 앤더슨에게 이렇게 말했다.

"이번에는 매수하기에 적절한 때가 아닌 것 같네요."[27]

두 사람은 좀 더 이야기를 나누었고, 앤더슨이 자리에서 일어날 때 두 사람은 이미 서로 연락을 주고받고 싶은 마음을 가질 정도로 친한 사이가 되었다. 워런은 슐로스가 독립했다는 사실이 기뻤다. 워런은 눈과 귀를 활짝 열어둔 채 그레이엄이 하는 거래의 유형과 양상을 보고는 그레이엄이 은퇴하려 한다는 사실을 진작부터 눈치챘다.

벤 그레이엄의 투자 경력은 끝나가고 있었다. 그는 예순두 살이었고, 시장은 이미 1929년의 최고점을 넘어섰다.[28] 이 높은 가격 때문에 그레이엄의 신경은 바짝 곤두섰다. 그는 20년 이상 주식시장의 지수 상승률보다 2.5퍼센트 높은 수익률을 줄곧 기록해 왔었다.[29] 그레이엄은 은퇴를 바랐다. 캘리포니아로 이사 가서 인생을 즐기고 싶었다. 제리 뉴먼도 은퇴 준비를 하고 있었고, 그의 아들 미키는 일을 계속할 생각이었다. 1956년 봄, 그레이엄은 파트너들에게 은퇴 결심을 알렸다. 하지만 먼저 그는 워런에게 그레이엄-뉴먼의 무한책임사원, 즉 동업자가 되겠느냐고 물었다. 그레이엄이 어리고 경험도 많지 않은 워런에게 그런 제안을 했다는 사실은, 그가 그 짧은 시기에 자기의 가치를 얼마나 탁월하게 보여주었는지 입증한다. 그럼에도 워런의 생각은 달랐다.

만일 내가 그 회사에 계속 머물렀다면 아마 나는 벤 그레이엄과 같은 사람이 되었을 겁니다. 미키는 제리 뉴먼과 같은 사람이 되었을 테고요. 차이가 있다면 예전에는 그레이엄이 뉴먼보다 직위가 높았지만, 이번에는 미키가 나보다 직위가 높았을 겁니다. 회사 이름도 아마 '뉴먼-버핏'이 되었겠죠.

비록 기분은 좋았지만, 애초에 그레이엄-뉴먼에 입사한 것은 벤 그레이엄 아래에서 일하고 싶었기 때문이었다. 그레이엄이 은퇴한다면 거기에 더 있을 이유가 없었다. 그레이엄의 지적인 후계자라는 말을 듣는 것도 아무런 의미가 없었다. 사실 버스 회사 건과 카카오콩 건으로 한창 바쁠 때 그는 이런 생각을 했었다.

'뉴욕에 살고 싶지 않다. 하루 종일 기차를 타고 왔다 갔다 하기만 하고……'

하지만 무엇보다 큰 이유는 동업자와 함께, 특히 자기보다 높은 지위의 동업자와 함께 일하는 게 맞지 않았다. 그래서 그레이엄의 제안을 거절했다.

22

히든 스플렌더*

오마하, 1956~1958년

나는 은퇴를 했습니다. 나한테는 약 17만 4천 달러가 있었죠. 오마하의 언더우드 5202번지에 집을 한 채 빌렸습니다. 임대료는 한 달에 175달러였습니다. 1만 2천 달러면 우리 가족이 일 년을 살 수 있을 거라고 예상했습니다. 그리고 내 자산이 점점 늘어날 거라는 예상도 했죠.

이제 겨우 스물여섯 살에 '은퇴'라는 단어를 생각하고 또 입에 올렸다는 사실이 특이하다. 어쩌면 기대치를 낮추려는 포석이었을 수도 있다. 아니면, 일은 자본이 하인처럼 다 알아서 하며 돈을 벌어주

---

* '숨어 있는 광채'라는 뜻이지만, 워런 버핏이 산 주식의 회사 이름이기도 하다. —옮긴이

고 주인인 자기는 그저 감독만 하면 된다는, 돈에 대한 자기의 기본적인 관념을 그런 식으로 표현했을 수도 있다.

수치만으로 말하자면 워런은 이미 은퇴해도 될 정도로 많은 돈을 모았다. 그리고 서른다섯 살까지 백만장자가 되겠다는 목표도 얼마든지 가능했다(당시의 100만 달러는 2007년 기준으로 800만 달러쯤 된다 – 저자). 컬럼비아 경영대학원에 입학할 당시 9,800달러를 가지고 있었는데, 그때 이후로 따진다면 워런은 자기 돈을 연평균 61퍼센트씩 불렸던 셈이다. 하지만 그는 서둘렀다. 목표를 달성하려면 매우 높은 복리 이율을 적용해야 했다.[1] 그런 까닭에 그는 그레이엄-뉴먼의 자매 헤지펀드 회사인 '뉴먼 앤드 그레이엄'과 같은 회사를 설립하기로 이미 마음을 먹었다.[2] 워런이 이 일을 하는 걸 '직업'을 가진다고 생각하지 않았을 수도 있다. 사실 그것은 직업을 가지지 않는 거의 완벽에 가까운 선택이었다. 자기에게 지시를 내리는 상사도 없고, 자기 집에서 투자 활동을 할 수 있고, 또 자기가 투자하는 종목에 친구들이나 친척들이 함께 투자하게 할 수 있을 테니 말이다. 만일 동업자인 친구들과 친척들에게서 자기가 벌어다 주는 금액의 4분의 1을 수수료로 떼고, 그 돈을 재투자한다면 훨씬 더 빠르게 백만장자가 될 수 있었다. 벤 그레이엄의 투자 방법론 및 그의 헤지펀드와 같은 것으로 무장할 경우, 부자가 되지 못할 이유가 없었다.

그런데 여기에는 딱 한 가지 문제가 있었다. 투자한 주식의 가격이 내려갈 때 동업자들이 자기를 비판하거나 비난할지도 모르는데, 이런 상황을 도저히 견딜 수 있을 것 같지 않았다. 하지만 워런은 해결책을 생각해 냈다. 자기를 전적으로 신뢰하는 가족들, 절친한 친구들만 동업자로 받기로 한 것이다. 1956년 5월 1일, 그는 '버핏 어소시에이츠Buffett Associates, Ltd.'를 설립했다. '뉴먼 앤드 그레이엄'을 모델로 한[3] 동업자 일곱 명으로 구성된 회사였다.

톰슨 박사가 2만 5천 달러를 투자했다.

　장인이 어떤 분이시냐 하면, 당신이 가지고 있는 돈을 마지막 1센트까지 몽땅 다 내놓으신 분이었죠. 내 대장이셨습니다.

워런의 누나 도리스와 그녀의 남편 트루먼 우드가 1만 달러를 내놓았다. 워런의 고모 앨리스 버핏은 3만 5천 달러를 내놓았다.

　예전에 나는 사람들에게 증권을 팔았습니다. 하지만 이제 수탁자가 되어 돈을 맡게 된 겁니다. 게다가 돈을 맡기는 사람들은 모두 나에게 무척 소중한 사람들이었습니다. 나를 진심으로 믿어주는 사람들이었죠. 만일 내가 투자를 제대로 하지 못해서 돈을 잃어버릴 거라고 생각했더라면, 어떻게 앨리스 고모나 누나나 장인의 돈을 맡을 수 있었겠습니까? 당시 나는, 장기적으로 볼 때 결코 돈을 잃지 않을 것이라고 생각했습니다.

하워드와는 이미 따로 다른 투자 회사를 운영하고 있었고, 여동생 버티 부부는 내놓을 돈이 없었다. 그래서 와튼스쿨 시절부터 친구였던 척 피터슨이 5천 달러를 투자하고 네 번째 동업자가 되었다. 척은 워런이 대학교에 입학했을 때 처음 한 방을 썼던 터라, 워런이 얼마나 머리가 비상한지, 또 금융 방면으로 얼마나 성숙한지 훤히 알고 있었다. 척은 워런이 뉴욕시티로 가기 전에 오마하에서 증권을 팔 때 워런의 '처방전'을 처음으로 받은 인물이기도 했다. 다음은 척의 말이다.
"워런이 얼마나 똑똑하고 얼마나 정직하며 또 얼마나 유능한지 진작부터 알았습니다. 나는 워런을 믿었습니다. 증명될 때까지요."[4]

워런의 다섯 번째 동업자는 척 피터슨의 어머니 엘리자베스였다. 그녀는 한 해 전에 남편이 사망하고 상속받은 유산 가운데 2만 5천 달러를 투자했다.

여섯 번째 동업자는 변호사인 댄 모넨이었다. 짙은색 머리에 체격이 작고 다부지며 성품이 조용하던 그는 어린 시절에 워런과 함께 워런의 할아버지 집 뒷마당에서 민들레를 뽑아내면서 놀곤 했던 친구였다. 워런 버핏의 법률 상담을 전담하기로 한 그는 비록 많은 돈을 가지고 있지는 않았지만 자기가 낼 수 있는 한도였던 5천 달러를 투자했다.

그리고 워런이 일곱 번째 동업자였다. 그는 단돈 100달러만 투자했다. 이제 자산을 운용해서 수익을 내면 워런 앞으로 수수료가 쌓일 것이다.

사실상 동업자들을 불러들임으로써 차입 자본을 마련한 셈입니다. 나는 아이디어는 넘쳐났지만 돈은 넘쳐나지 못했거든요.

그러나 당시 미국인의 재산 수준으로 보자면 그에게는 돈이 넘쳐났다. 그는 그 동업 회사를 복리 기계로 바라보았다. 수익이 생겨도 그 수익을 빼내지 않고 다시 투자할 생각이었다. 그래서 한 해 생활비로 쓸 1만 2천 달러는 따로 벌어야 했다. 이 돈을 마련하기 위해서 그는 따로 투자했다.

그는 새로운 동업자들에게 받을 수수료 구조 방안을 마련했다.

4퍼센트 수익률을 기준으로 이를 넘어서는 수익은 반을 가졌고 4퍼센트까지는 4분의 1을 가졌습니다. 그러니 수익률이 0이면 나는 손해를 봤습니다. 그리고 수익률이 마이너스라서 손실이 생기면 나

는 그 손실을 갚아야 했습니다. 이 의무 한도는 무제한이었습니다.[5]

당시에 워런은 이미 앤 고트챌트와 캐서린 엘버펠드의 돈을 맡아서 운용하고 있었다. 두 사람은 컬럼비아 경영대학원 시절부터 친구였던 프레드 쿨켄의 어머니와 이모였다. 한 해 전에 프레드가 유럽으로 떠나면서 워런에게 어머니와 이모의 돈을 관리해 달라고 부탁했던 것이다.[6] 그때 이후로 워런은 두 사람의 돈을 주로 정부 채권에 넣어서 최대한 신중하게 관리했다. 여기에서 발생하는 수익에 대한 수수료는 일반보다 싸게 책정해서 뗐다.

고트챌트와 엘버펠드를 버핏 어소시에이츠의 동업자로 끌어들일 수도 있었지만, 워런은 두 사람에게 여태까지 매겼던 수수료보다 더 많은 수수료를 받는 건 옳지 않다고 생각해 그렇게 하지 않았다. 물론 그가 생각하듯이 버핏 어소시에이츠가 성공할 게 확실하다면, 두 사람을 제외하는 것은 두 사람에게 다시 없을 좋은 기회를 박탈하는 것이었다. 그러나 만에 하나 잘못될 수도 있었다. 만일 이런 일이 일어난다고 하더라도 고모나 동생, 장인인 톰슨 박사는 결코 그를 저주하지 않을 게 분명하지만 그 밖의 다른 사람들은 어떨지 알 수 없었다.

수탁자가 되어 다른 사람의 돈을 맡아서 관리한다는 것은 워런에게 있어 무한 책임을 지는 것을 의미했다. 워런은 버핏 어소시에이츠를 설립한 바로 그날 회사의 첫 번째 공식 회의를 열었다. 회사의 기본적인 규약을 정하기 위해서였다. 장소는 척이 맡아서 저녁 식사를 곁들인 자리를 예약했다. 오마하에서 사적인 모임을 가지기에는 최상의 공간이던 '오마하 클럽'이었다. 워런은 자기에게 주어지는 의무를 정교하게 규정하고 또 이 의무의 한도를 정할 생각이었다. 그리고 맨 먼저, 그 식사 자리의 비용은 자기의 의무 한도에서 벗어나는 것임을 척에게 분명히 밝히며 사람들에게 더치페이가 될 것이라고 알리라고 했다.[7] 그러고는 그 식사 자리를 단순히 동업 규정을 논의하는 자리뿐만 아니라 주식시장 전반에 대해서 이야기하는 자리로 활용했다. 이미 그는 동업자들을 강의 대상으로 본 것이다.

음식이 나오자 동업자들은 금방 금주주의자와 그렇지 않은 부류로 나뉘었다. 탁자 맨 끝에 앉아 있던 톰슨 박사는 술을 마시는 사람은 지옥에 갈 것이라는 내용으로 짤막한 설교를 했다. 이날의 주인공은 워런이었고 그가 모든 주도권을 잡았다. 나머지 사람들은 워런의 말을 들으러 모인 것이지 다른 이유는 없었다.

우선 계약서부터 시작했습니다. 초안을 준비했지만 바꿀 건 없었습니다. 좋은 이야기는 다 적혀 있었으니까요. 내가 상상할 수 있는 한 최대한 단순한 것이었습니다.

나는 기본적인 원칙들을 요약해서 제시했습니다. 이건 내가 할 수 있다, 저건 내가 할 수 없다, 내가 할 수 있는지 없는지 잘 모르는 건 이거다, 이러저러하게 나 스스로를 평가할 것이다. 뭐 그런 내용이었습니다. 상당히 짧았죠. 이어서, 여기에 동의하지 않으면 빠져달라, 왜냐하면 내가 행복한데 여러분이 불행하거나 혹은 그 반대 상황이 발생하는 걸 원하지 않기 때문이다, 라고 말했습니다.[8]

그는 버핏 어소시에이츠를 출범시킨 뒤에 가족을 데리고 뉴욕으로 갔다. 뉴욕에서의 마지막 여름을 보내기 위해서였다. 워런은 벤 그레이엄과 제리 뉴먼이 회사를 정리하고 은퇴하는 과정의 여러 가지 일들을 도울 생각이었다. 워런도 워런이었지만 미키 뉴먼이 '필라델피아 앤드 리딩'의 CEO가 되어 전적으로 그 일에 매달림에 따라, 다시 말해서 미키 뉴먼과 워런 버핏이 무한 책임 동업자로 합류할 수 없게 되자 그레이엄은 회사 문을 닫기로 결정했었다.[9] 워런은 뉴욕에 있는 동안 가족과 함께 지낼 집으로 한적한 시골 정취가 물씬 나는 롱아일랜드의 바닷가 오두막집을 톰 냅에게서 빌렸다. 이 집은, 여러 해 전에 세상을 공포로 몰아넣었던 인플루엔자의 재앙을 피하려던 사람들이 롱아일랜드에 들어와서 지은 집들 가운데 하나였는데, 롱아일랜드의 북쪽 연안인 스토니 브룩 가까이 있는 웨스트메도 비치에 있었고, 롱아일랜드 해협 너머로 코네티컷을 바라보았다.

그 주 동안에 워런은 친구이던 주식 중개인 헨리 브랜트와 함께 시내의 변변찮은 숙박 시설에 머물면서 돈을 아꼈다(브랜트의 아내와 아이들 역시 롱아일랜드에서 여름을 보내고 있었다). 그러다가 주말이 되면 롱아일랜드의 오두막집으로 가서 가족들과 합류한 다음, 작은 침실에서 다시 일했다. 나중에 이웃들은 냅에게 워런을 본 적이 없다고 말했다.[10] 워런이 침실에서 일하는 동안, 물을 무서워해서 수영을 한 적이 없었던 수지는 아이들을 데리고 해안가를 어슬렁거렸다. 그 오두막의 배관 설비는 최소한으로밖에 갖추어져 있지 않아서 버핏 부부는 큰길 건너편으로 가 마실 물을 길어 와야 했다. 그리고 수지는 이제 거의 세 살이 다 된 리틀 수지와 18개월 된 호위를 목욕시킨 뒤 자신은 온수가 나오지 않는 옥외 샤워장에서 샤워를 했다.

그해 여름, 충격적인 두 가지 소식이 롱아일랜드의 버핏 부부에게 날아들었다. 워런의 어린 시절 친구였던 밥 러셀의 아버지가 자살했던 것이다. 그리고 프레드 쿨켄의 어머니와 이모가 전화해서 프레드가 포르투갈에서 자동차 사고로 사망했다고 알려줬다. 그가 탄 자동차는 24미터나 미끄러진 뒤에 황벽나무를 들이받았다고 했다.[11]

여름이 끝나가면서 버핏 부부는 오마하로 돌아갈 계획을 세웠다. 자기에게 돈을 맡긴 사람을 실망시키지 않겠다는 강박적인 생각과 조심스러움은 뉴욕시티를 떠나 오마하에서 자기 혼자 투자 활동을 하겠다는 위험한 결정과 극단적일 정도로 대조적인 것이었다. 주식 시장은 수많은 인간관계들로 형성되어 있었다. 이 사람들은 다들 증권거래소 건물에서 함께 점심을 먹거나 한 주에 한 번씩 서로 어울려 포커게임을 즐겼다. 이 자리에서 투자자들끼리의 오찬 모임, 술집, 스쿼시 연습장, 대학교 클럽의 외투 보관소 등에서 오갔던 온갖 소문과 정보가 교환되었다. 비록 작은 도시들마다 버핏-포크와 같은 작은 주식 중개 회사가 한두 개 있긴 했지만, 이들은 전혀 중요한 선수들이 아니었다. 시골에는 맨해튼의 일류 금융 의사들이 써준 처방전을 그대로 베끼는 수준의 주식 중개인들만 있을 뿐이었다. 당시 금융계에서 이름깨나 나고 영향력을 행사하는 사람치고 뉴욕시티를 기반으로 삼지 않은 사람이 없었다. 뉴욕시티를 떠난다는 것, 즉 월스트리트나 브로드웨이에서 리무진으로 갈 수 있는 곳보다 더 먼 데로 나가서 혼자 일한다는 것은 대담하다 못해 무모하다고까지 말할 수 있는 시도였다.

사실 번듯한 대학교 학위를 가지고 있는 사람이 혼자 집에서 일한다는 것은 1950년대 기준으로 보자면 지극히 이례적이었다. '회색 양복을 입은 사나이The Man in the Gray Flannel Suit'야말로 출세한 남자였다[12] (《회색 양복을 입은 사나이》는 1956년에 그레고리 펙 주연의 영화로도 만들어졌다-옮긴이). 사업가는 협회든 연맹이든 조직에 가입했다. 조직은 크면 클수록 좋았다. 그리고 최고 대우를 해주는 일자리를 좇아서 치열하게 경쟁하면서 성공의 사다리를 꾸준하게 올라갔다. 가능하면 땀을 흘려야 하는 힘든 일을 하려 하지 않았다. 이들은 돈이 아니라 권력을 잡으려고 경쟁했다. 좋은 이웃들이 있는 교외에 적당한 집을 장만할 수 있고 해마다 새로운 모델의 자동차를 사며 안정된 삶의 포장도로를 까는 데 필요한 돈만 있으면 되었다.

그랬기 때문에 직업 선택이라는 점에서 볼 때 워런은 민주당에 표를 던진 버핏 가문 사람들만큼이나 희귀한 존재였다. 수지는 남편이 가는 길이 매우 위험한 길임을 몰랐을 수도 있다. 하지만 그의 유별난 성격은 잘 알고 있었다. 그건 거스를 수 없는 선택이었다. 그랬기에 새로 이사 들어올 사람들을 위해서 필요한 정리를 해두고, 이웃사람들과 작별 인사와 주소를 나누고, 전화 회사에 연락해서 서비스를 해지하고, 짐을 챙겼다. 수지는 리틀 수지와 호위를 데리고 비행기를 타고 오마하로 날아가서, 워런이 척 피터슨에게서 빌린 집으로 들어갔다. 언더우드가에 있던 튜더 양식의 회색 2층집이었다. 반 폭 들보는 그림처럼 아름다웠다. 돌로 만든 커다란 굴뚝이 있었고, 천장은 마치 대성당처럼 높았다. 그런데 집을 사지 않고 빌린다는 것도 당시 사람들이 보통 가지고 있던 생각과 달랐다. 1950년대 중반에 미국 청년 대부분은 자기 집을 사길 열망했다. 대공황 시기의 암울함과 전시(戰時)의 구차함들은 이제 기억 속에서 희미해지고 있었다. 세탁기나 냉장고, 식기세척기, 전기 믹서기 따위를 갑자기 어렵지 않게 구입할 수 있게 되었고, 사람들은 다들 이런 흥미로운 생활용품들로 자기 집을 채웠다. 버핏 부부는 집뿐만 아니라 이 모든 것들을 사고도 남을 정도로 돈이 많았다. 하지만 워런은 자기가 가지고 있는 돈의 용도를 따로 계획하고 있었기에 집을 사지 않았다. 그리고 임대한 집은 비록 매력적이긴 했지만, 네 식구가 간신히 쓸 수 있을 만한 크기였다. 두 살이 다 되어가는 호위가 하마터면 커다란 벽장에서 자야 할 뻔했던 정도였다.

수지가 오마하의 새 집에서 짐을 풀고 정리하는 동안 워런은 뉴욕 생활을 정리했다. 자기 책상과 서류들을 정리해서 챙기고, 주식을 소유하고 있는 회사에 일일이 전화해서 배당금 및 우편물을 오마하로 보내달라고 알렸다. 그러고는 자동차를 타고 네브래스카로 향했다.

하지만 곧바로 네브래스카로 향한 게 아니라 가는 길 주변에 있던 여러 회사들을 들렀다.

네브래스카로 향하면서도 지그재그로 왔다 갔다 했습니다. 회사들을 직접 방문하는 게 무척 유익할 거라고 생각했거든요. 펜실베이니아의 헤이즐턴으로 가서 '제도-하이랜드 콜 컴퍼니 Jeddo-Highland Coal Company'를 방문했습니다. 칼라마주로 가서 '칼라마주 스토브 앤드 퍼니스 컴퍼니 Kalamazoo Stove and Furnace Company'를 방문했습니다. 이 모험의 여행길은 오하이오의 델라웨어로도 이어져서 '그리프 브로스 코퍼리지 Greif Bros. Cooperage'도 방문했습니다. 이 회사의 주식은 터무니없이 싼 가격에 팔리고 있었죠.

워런은 1951년에 《무디스 매뉴얼》을 뒤적이다가 이 회사를 찾아냈다. 그는 아버지와 함께 이 회사의 주식을 각자 200주씩 사서 '버핏 앤드 버핏'에 묻어두고 있었다.

워런은 여름이 끝나갈 무렵 오마하에 도착했다. 집에서는 남편이자 아버지인 그를 무척 필요로 했다. 조용하고 겁이 많던 리틀 수지는 지치지 않는 요구로 어머니의 모든 힘을 진공청소기처럼 빨아들이는 동생의 모습을 가만히 앉아서 지켜보고 있었다.[13] 하지만 리틀 수지는 저녁만 되면 아버지를 찾았다. 밤에 잠을 자러 침대에 가는 걸 무서워했던 것이다. 세 식구가 처음 그 집에 도착했을 때 이삿짐 운송 회사의 어떤 안경 낀 남자가 리틀 수지에게 말을 걸었었는데, 그 남자가 어떤 사나운 말을 했는지는 전혀 기억하지 못하지만 아무튼 공포에 질려서 와들와들 떨었다. 그리고 그 뒤로 그 '안경 남자'가 자기 방 베란다에 숨어 있다고 철석같이 믿었다. 워런은 밤마다 리틀 수지가 보는 가운데서 발코니를 검사하고 '안경 남자'가 없으니 안심하고 자도 된다고 말해줘야 했다.

그러고는 부부 침실 곁에 딸린 작은 일광욕실에 들어가서 회사 일을 보거나 강의 준비를 했다. 그가 오마하로 돌아와서 투자 회사를 만든 것 말고 맨 처음 한 것은 오마하대학교에서 가을 학기에 두 강좌를 맡은 일이었다. 〈남자들을 위한 투자 분석〉과 〈현명한 투자〉였다. 얼마 지나지 않아서 〈여자들을 위한 투자〉라는 강좌도 개설했다. 데일 카네기의 화술 교정 강좌에서 제대로 이야기를 꺼내지도 못하던 청년의 모습은 찾아보기 어려웠다. 아직 조금은 서툰 청년의 모습이 남아 있었지만 강의실에서 그는 침착하지 못하게 여기저기 걸어다니면서 온갖 수치와 사실들을 끊임없이 쏟아내는 모습으로 학생들에게 강렬한 인상을 심어주었다. 그리고 늘 그랬듯이 그는 한두 치수는 더 커 보이는 싸구려 양복을 입어서인지, 대학교에서 강의하는 사람이라기보다는 선교단의 초짜 설교자처럼 보였다.

워런은 누구보다 뛰어나긴 했지만 여전히 미성숙 상태에서 벗어나지 못했다. 집에서도 뭐든 도움을 받아야 했기에 수지에게 워런은 돌봐줘야 하는 또 한 명의 아이나 마찬가지였다. 워런의 이런 개성과 관심 때문에 버핏 부부가 어울리는 사람들도 자연히 특정한 부류로 한정될 수밖에 없었다. 영향력이 있고 중요한 문화 시설이 상대적으로 적은 중서부 지역의 크지 않은 도시 오마하에서는 주말이면 결혼식, 파티, 차 마시는 모임, 자선 행사 등의 행사가 이어졌다. 버핏 부부는 그 시대 자기들과 비슷한 계층에 속하던 다른 젊은 부부들에 비해 상대적으로 훨씬 조용하게 살았다. 비록 수지는 여자청년연맹 (상류 여성으로 조직된 사회봉사 단체－옮긴이)에서 조금 더 높은 지위로 올라갔고 수지와 워런이 함께 미식가 모임에 가입하긴 했어도(이 모임에 나갈 때면 워런은 언제나 그 달의 모임을 주관하는 안주인에게 햄버거를 만들어 달라고 정중하게 요청했다) 전체적으로 한데 어울리기보다는 한두 부부와

만 어울렸다. 버핏 부부의 사회적인 교제는 주로 소규모 인원으로 다른 부부들과 함께 저녁을 먹는 자리에서 이루어졌다. 또, 비록 이따금씩 있었던 일이지만 워런이 주식 이야기를 할 수 있는 디너파티가, 버핏 부부가 사회적인 교제를 하는 장이 되기도 했다. 진행 방식은 늘 같았다. 워런은 주식에 관한 이야기로 열변을 토하거나 우쿨렐레를 연주했다. 수지의 후견 아래에서 이제 워런은 주식 이외의 다른 화제들에 대해서도 예전보다 더 쉽게 자기 의견을 말할 수 있었다. 하지만 그의 생각은 언제나 돈을 버는 데 집중해 있었다. 집으로 손님들을 불러다가 식사를 하거나 파티를 할 때 그는 자주 위층으로 살그머니 빠져나가곤 했다. 하지만 벤 그레이엄처럼 프루스트 책을 읽으러 간 게 아니었다. 일을 하러 간 것이었다. 수지는 워런이 하는 일에 대해서 거의 알지도 못했고 그다지 신경을 쓰지도 않았다. 다음은 당시를 회상하면서 수지가 한 말이다.

"나는 그의 직업을 '증권 분석가security analyst'라고 쓰곤 했는데, 사람들은 워런이 보안시설을 점검하는 사람인 줄 알더라고요."**14**

워런의 여가 활동은 여전히 반복적인 것 혹은 경쟁적인 것에 머물렀다. 반복적이면서도 경쟁적이면 더욱 좋았다. 워런은 수지와 브리지 게임 하는 걸 정말 재미없어했다. 왜냐하면 수지는 상대방을 이기는 것보다 상대방이 자기를 이기는 걸 더 좋아했기 때문이다. 워런은 곧 다른 상대를 찾았다.**15** 그는 마음이 불안해서 안절부절못하는 원숭이와 같았다. 이완을 하려면 집중할 수 있는 어떤 역동적인 방식의 활동이 필요했다. 탁구, 브리지 게임, 포커 게임, 골프 등이 그를 사로잡았고, 이때만큼은 비록 일시적이긴 해도 그의 마음이 돈 버는 일에서 놓여났다. 하지만 바비큐 파티에 얼씬거리거나 수영장 주변에서 빈둥거리거나 별을 바라보거나 숲으로 산책을 가는 일 따위는 전혀 하지 않았다. 만일 워런이 별을 바라보았다면, 아마도 북두칠성을 바라보고서 달러화 표시 부호를 생각했을 것이다.

그는 그런 사람이었다. 또 체제 순응적인 인물이 아니었다. 발을 넓힐 생각이 전혀 없었으므로 위원회니 이사회니 하는 자리에 앉으려 하지 않았다. 하지만 가족에 대한 충성심 때문에 버핏 식료품점의 경영자이던 프레드 삼촌이 집으로 찾아와서 로터리 클럽에 가입하라고 하자 두말하지 않고 그러겠다고 했다. 워런은 프레드를 좋아했다. 두 사람은 함께 로터리 클럽에서 볼링을 즐겼다(볼링이야말로 반복적이고 경쟁적인 활동이었다). 워런이 로터리 클럽에 가입한 건 할아버지가 회장을 역임했던 점도 작용했다.

하지만 '아크사벤의 기사들Knights of Ak-Sar-Ben'에 가입하라는 요청을 받았을 때는 거절했다. 이 단체는 자선사업과 비즈니스, 지역 홍보 및 기타 여러 사회 활동을 하는 중요한 시민 리더 그룹을 망라했기 때문에 오마하에서 로터리 클럽보다 비중이 더 컸고, 또 자기가 하는 투자 사업을 위해서는 이 단체에 가입하는 게 사람들로부터 투자금을 모으는 데 훨씬 유리했기 때문에, 이런 단체에 굳이 들어가지 않겠다고 한 워런의 반응에 사람들은 고개를 갸웃했다. 그의 이런 선택은 오마하 경제를 잡고 있던 사람들을 무시하는 것이나 마찬가지였다. 자기 자신을 지나치게 믿는 오만한 모습으로 비쳤다. 이런 모습 탓에 워런의 사회적인 교제 범위는 제한될 수밖에 없었다. 워런의 누나 도리스도 '아크사벤의 공주'로 사회에 데뷔했었다. 도리스의 남편이자 한때 워런과 한방을 쓰기도 했던 트루먼 우드의 여동생도 '아크사벤의 여왕'이었다. 척 피터슨과 같은 워런의 친구는 정기적으로 이 모임에 참가했다. 하원의원으로서 하워드도 이 단체에 가입해야 했었다. 하지만 워런은 사회적인 위계질서의 틀이 마음에 들지 않았다. 담배 연기가 자욱한 클럽 뒷방의 배타성과 획일성도 경멸했다. 더구나 이 클럽 회원 가운데는 자기 아버지를 '식료품점이나 하는 사람의 아들'이라며 멸시했던 사람들도 있었다. 그는 아크사벤의 기사들에게 퇴짜를 놓고 아울러 지독한 몇 가지 말들로 그들을 멸시하는 즐거움을 마음껏 누렸다.

수지는 또 수지 나름의 방식으로 획일적이지 않은 성정을 드러냈다. 그녀는 특이할 정도로 다양한 친구들로 구성된 인맥 속으로 워런을 데리고 들어가기 시작했다. 대부분이 종교와 문화와 인종, 경제적인 계층에 따라서 비슷한 부류끼리 친구를 사귀던 고등학교 때도 그녀는 개방적이고 포용적으로 사람을 대했고 또 이런 자기 모습을 자랑스럽게 여겼다. 가족들과 달리 수지는 유대인 친구들을 많이 사귀었다(워런도 나중에는 그랬다). 버핏 가문이나 톰슨 가문은 말할 것도 없었고 오마하 전 지역에서 인종 차별이 심했다. 그런 환경에서 수지가 그처럼 사회적인 경계선들을 훌쩍 뛰어넘는다는 건 매우 대담한 일이었으며, 주류 사회에 대한 도전적인 행위이기도 했다. 수지는 이런 사실을 잘 알았다. 고등학교 때와 대학교 때 자기가 유대인 남자와 데이트한다는 사실에 누구보다도 가족들이 충격을 받았던 것을 잊었을 리 없다. 훌륭한 가문 출신이라는 사회적인 지위를, 수지는 그저 친구의 범위를 보다 다양하고 폭넓게 확장하는 데 활용했다. 엘리트주의를 싫어했던 워런에게는 수지의 이런 모습이 상당히 매력적이었다. 그리고 컬럼비아 경영대학원에 다닐 때, 그레이엄-뉴먼에서 일할 때 워런이 사귄 유대인 친구들은 반유대주의에 대한 그의 눈을 열어주었다.

수지와 달리 워런의 어머니는 늘 어딘가에 소속되려고 애썼었다. 그녀는 자기 가문의 족보를 연구해서 미국애국여성회Daughters of the American Revolution(독립 전쟁 때 영국에 맞서 싸운 사람들의 자손만 가입할 수 있다. 설립 연도는 1890년까지 거슬러 올라간다. 로라 부시도 이 단체의 회원이다 - 옮긴이)와 위그노회Huguenot Society에 가입했다. 현재 자기가 처한 상황에서 그리고 가까운 가족에게서 찾을 수 없었던 어떤 안정을 과거에서 찾고자 하던, 나름대로의 안타까운 시도였다. 그녀는 최근에 노픽 주립 병원으로부터 동생 버니스가 자살을 시도하며 강에 뛰어들었다는 소식을 들었다. 이제 버니스와 어머니 스텔라를 돌봐야 했던 레일라는 두 사람 문제를 마치 사업가가 사업 문제를 처리하듯이 사무적으로 처리했다. 가족의 도리는 다하면서도 이들과 어느 정도 거리를 두려고 했던 것이다. 레일라와 그녀의 언니 에디는 정기적으로 버니스와 스텔라를 만나러 갔다. 하지만 이때도 레일라는 덜 적극적이었다. 당시 사회 전반적인 인식이 그랬던 것처럼, 스탈 가문의 정신 병력은 버핏 가문에서 부끄럽기도 하고 무섭기도 했던 화제였다. 당시에 TV에서는 영국계 개신교 미국인의 상징이라고 할 수 있는 오지 넬슨과 해리엇 넬슨 부부나 워드 클리버와 준 클리버 부부 같은 캐릭터들을 내세운 시트콤이나 드라마가 워낙 주름을 잡았기 때문에, 이들 가족이 바로 이상적인 가족이라는 등식이 서 있었다. 이 가족들 속에서는 정신적으로 불안정하거나 자살을 시도하는 사람이 없었다. 하워드와 레일라 그리고 두 사람 사이에 난 자식들은 스텔라와 버니스의 증상을 바라보면서 불확실한 어떤 가능성 아래 남몰래 떨었다. 의사들은 정말 심각한 문제가 무엇인지 모호하게 얼버무릴 뿐이었다. 하지만 그 정신병이 유전이고 성인이 되어서 나타난다는 점은 분명했다. 에디 이모와 가까웠던 워런과 도리스는 에디가 보다 충동적이고 우울하게 변하자 자기 어머니가 이런 에디에게서 점점 거리를 두고 멀어진다는 사실을 알았다. 두 사람은 레일라 특유의 행동과 개성도 부분적으로는 가족에 유전되는 정신병과 관련 있지 않을까 의심했다. 시간이 흐름에 따라 그들은 혹시 자기에게 어떤 이상 증세의 징후가 나타나지 않나 조심스럽게 살폈다.

필사적일 정도로 '정상'을 원했지만 단 한 번도 자기가 정상이라고 느껴본 적이 없었던 워런은 그 수수께끼 같은 질병이 오로지 여자들에게서만 나타났다는 통계적인 분석을 위안으로 삼았다. 그는 유쾌하지 않은 생각에 결코 오래 잠겨 있지 않았다. 그는 나중에 자기의 기억은 마치 욕조에 담긴 물과 같다고 생각하게 되는데, 그 욕조에는 온갖 생각과 경험, 관심거리들이 가득 차 있었다. 그러다가 이것들이 더는 정보 가치가 없어지면, 욕조의 마개를 뽑았다. 그러면 쏴아아아 소리를 내면서 하나도 남김없이 배수구 속으로 사라졌다. 특정 주제에 대한 새로운 정보가 있다면 그것이 낡은 정보를 대체했다. 또 어떤 것에 대해서 생각하고 싶지 않으면 마개를 뽑아서 비워 버리면 되었다. 특정한 사건이나 사실, 기억, 심지어 사람까지도 그의 기억 속에서 사라졌다. 고통스러운 기억들은 언제나 가장 먼저 사라졌다. 욕조의 물은 어디론가 빠져나갔다. 이것과 함께 어떤 정황들, 어떤 미묘한 차이들, 전망들까지도 함께 가버렸다. 하지만 중요한 것은 그렇게 가버려서 욕조에는 아무것도 남아 있지 않다는 것이었다. 이건 무척 효율적인 과정이었다. 욕조에서 물을 비우듯 기억을 비워냄으로써 새롭고 생산적인 것들이 들어갈 여지가 그만큼 많아졌던 것이다. 때로, 예를 들어서 정신적으로 건강하지 않은 아내를 돌봐야 하던 여러 친구들과 같은 사람들을 걱정해 줄 때, 산만한 생각들이 어디에선가 거품이 일듯 부글부글 끓었다. 워런은 욕조식 기억의 도움을 받아서, 자기 어머니처럼 언제나 '뒤를 돌아보는' 게 아니라 '앞을 바라볼' 수 있었다. 그리고 또한, 스물여섯이라는 나이에도 불구하고 다른 것에는 눈을 돌리지 않고 오로지 백만장자가 되겠다는 목표 아래 사업에 대해서 깊이 생각할 수 있었다.

이 목표를 달성하는 가장 빠른 길은 보다 많은 투자금을 조성해서 관리하는 것이었다. 8월에 그는 뉴욕으로 돌아가서 그레이엄-뉴먼 코퍼레이션의 마지막 주주 총회에 참석했다. 이 마지막 행사에는 월스트리트의 주요 인물들이 다 참석한 것 같았다. 190센티미터가 넘는 큰 키의 투자자 루 그린은 커다란 시가에서 뿜어내는 연기를 머리에 잔뜩 뒤집어쓴 채 사람들 사이에 우뚝 서 있었다.[16] 그는 그레이엄이 커다란 실수를 한다고 비난했다. "왜 그레이엄과 뉴먼은 재능 있는 후계자를 키우지 않았느냐 이 말입니다!"라면서 그는 주변에 있는 사람들에게 핏대를 올렸다.

"두 사람은 40년 동안이나 이 회사를 운영해 왔잖아요. 그런데 두 사람이 남긴 건 워런 버핏이라는 청년뿐입니다. 이 애송이가 두 사람이 만난 최고의 인물이라고 합니다. 그런데 이 친구와 함께 가겠다는 사람이 누가 있습니까?"[17]

워런은 오래전에 왜 마셜-웰스 주식을 샀느냐는 그린의 질문에 벤 그레이엄이 샀기 때문이라고 대답하는 실수를 저질렀었다. 이 실수가 중요한 인사들 앞에서 워런을 보증하는 그레이엄의 신뢰성을 떨어뜨렸고, 그 이후의 결과도 어찌될지 알 수 없었다. 하지만 그레이엄의 신뢰는 이미 워런에게 중요한 배당금을 남겨주었다. 호머 도지라는 사람이 바로 그 배당금이었다. 하버드 출신의 물리학 교수로서 버몬트의 노스필드에 있던 노리치대학교에서 1951년까지 총장으로 재임했으며 오랜 세월 동안 그레이엄-뉴먼의 투자자로 있었던 그는 그레이엄에게 가서, 이제 그레이엄-뉴먼이 문 닫으면 자기 돈을 누구에게 맡기면 좋을지 물었다.

그러자 벤은 이렇게 대답했습니다. '이 친구를 데리고 함께 일했는데, 믿어도 되지 않을까 싶습니다'라고요.

그래서 7월의 어느 더운 날, 도지는 왜건 지붕에 파란색 카누를 싣고 서부 지역으로 휴가를 가던 중에 오마하에 들렀다.

이런저런 이야기를 하다가 불쑥 이럽디다. '내 돈을 관리해 주겠소?' 그래서 나는 도지와 함께 별도의 동업 투자 회사를 만들었습니다.

도지는 1956년 9월 1일에 '버핏 펀드Buffett Fund Ltd.'에서 관리해 달라고 워런에게 12만 달러를 주었다.[18] 이 돈은 버핏 어소시에이츠가 처음 출발할 때 마련했던 투자금보다 훨씬 많은 금액이었고, 그가 전문적인 자산운용가, 즉 투자가로 자리 잡는 데 커다란 발판이 되었다 (워런이 버핏 어소시에이츠에서 15퍼센트 수익률을 낸다고 치자. 그러면 그가 받는 수수료는, 모든 동업자들에게서 약 4퍼센트의 이익금을 뗀 5,781달러가 된다. 그런데 호머 도지의 투자금에서는 총 9,081달러의 수수료를 받는다. 워런은 이 수수료를 그대로 동업자 지분으로 재투자한다. 다음 해에 그는 이 9,081달러에 대한 수익금을 100퍼센트 챙기고 또 다른 사람이 맡긴 돈이 만들어 내는 수익금에 대한 수수료까지 챙긴다. 그리고 이것들을 모두 다시 투자한다. 이 과정이 계속 반복된다-저자). 자산운용가가 된다는 것은, 주식 중개인으로 일하던 사람이 친구나 가족이 맡긴 작은 돈을 관리하는 것과 질적으로 달랐다. 이제 벤 그레이엄으로부터 추천받고 자기를 찾아온 누군가를 위해서 투자하게 된 것이었다.[19]

아버지가 의원 활동을 하시던 시기에 비서로 일했던 사람이 있었습니다. 나와도 친했고, 이름은 존 클리어리였죠. 그해 가을에 이 사람이 내가 도지와 동업자 자격으로 투자 회사를 만들었다는 법적 공지를 보고는 연락을 해왔습니다. 그게 뭐냐고 묻길래 설명해 주었죠. 그랬더니 이렇게 말하더군요. '그거 나하고도 하나 하면 안 되겠소?' 그래서 둘이서 '비-시B-C, Ltd'라는 회사를 만들었습니다. 세 번째 투자 회사였습니다. 그 사람은 5만 5천 달러를 투자했습니다.[20]

1956년 10월 1일 B-C 설립을 마치고 나자, 투자 회사에 넣지 않고 따로 운용하던 자기 돈까지 모두 합치면 이제 워런 버핏이 운용하는 전체 투자금은 50만 달러가 넘었다. 워런은 침실을 거쳐야만 들어갈 수 있던 작은 서재에서 일했다. 일하는 시간도 따로 정해놓지 않았다. 수지처럼 주로 밤에 일했다. 잠옷 바람으로 펩시콜라를 마시고 '키티 클로버'(브랜드 이름 - 옮긴이) 감자칩을 먹고 자유와 고독을 마음껏 즐기면서 기업의 연례 보고서를 읽었다. 그리고 《무디스 매뉴얼》을 세세히 살펴보며 아이디어를 얻고 수많은 회사들에 딸린 수치들을 흡수했다. 낮에는 도서관에 가서 신문과 산업 무역 잡지를 읽었다. 어린 시절 신문을 배달할 때와 마찬가지로 그런 모든 행위들 하나하나에 즐거움을 부여하고 추구했다.

그는 모든 편지를 IBM 타자기로 썼다. 편지를 쓸 때는 레터헤더를 정확하게 맞추었다. 사본을 만들 때는 파란색 카본지와 반투명지를 겉장 뒤에 끼웠다. 그는 모든 서류 정리를 혼자서 직접 했다. 회계 작업도 직접 하고 소득세 신고서도 직접 작성했다. 숫자를 다루고 정확성이 필요하며 또한 결과를 측정한다는 일의 속성상 그 작업들은 그에게 즐거움이었다.

동업자들 명의로 된 주식 증권은 중개인이 맡아서 관리하는 게 보편적이었지만, 그는 직접 받았다. 그러고는 철도와 대머리독수리 그리고 바다짐승과 제복을 입은 여자 등을 에칭 기법으로 섬세하게 그려넣은 부드러운 크림색 투자 증서를 직접 오마하 내셔널 뱅크에 가지고 가서 안전 보관함에 넣었다. 주식을 팔 때는 은행으로 가서 해당 증권을 골라내 38번가에 있는 우체국으로 가서 발송했다. 예치될 배당 수표가 은행에 도착하면 은행은 워런에게 전화를 했고, 워런이 은행에 가서 수표를 확인한 다음 직접 배서했다.

전화도 집에서 쓰던 회선을 그대로 썼다. 따로 한 회선 더 신청해서 쓰지 않고 그 회선에다 전화기만 연결해서 자기가 거래하던 소수의 주식 중개인과 날마다 통화했다. 사무실 유지 및 관리 비용은 거의 들지 않았다. 워런은 이런 비용까지도 줄이 그어진 노란색 종이에 손으로 직접 썼다. 예를 들면 이런 식이었다. 우표 31센트,《무디스 매뉴얼》15.32달러,《오일 앤드 가스 저널Oil & Gas Journal》4.00달러, 전화요금 3.08달러……[21] 정교한 회계 작업을 할 때나 아주 깊이 있게 생각해야 할 때를 제외하고는 주식 중개인을 통해서 개인적으로 투자하는 사람처럼 그렇게 동업 회사들을 운영했다.

1956년 말, 워런은 한 해의 투자 활동을 결산하는 내용의 편지를 동업자[투자자]들에게 보냈다. 시장의 주가 상승률보다 약 4퍼센트포인트 높은 수익률을 기록하면서 총 4,500달러 조금 넘는 수익을 냈다고 보고했다.[22] 이때 변호사인 댄 모넨이 버핏 어소시에이츠에서 자기 투자금을 빼냈고, 그의 지분을 톰슨 박사가 샀다. 모넨은 당시 자기가 진행하던 어떤 개인적인 사업의 한 축으로 워런의 버핏 어소시에이츠에 참가했었다.

그가 진행하던 사업이란 오마하에 본부를 둔 보험 회사 '내셔널 아메리칸 화재 보험 National American Fire Insurance'의 주식을 사는 것이었다. 이 회사의 주식 가격은 무척 낮았다. 이 가치 없는 주식은 1919년 네브래스카 전역의 농부들이 파렴치한 주식 중개인들의 감언이설에 속아서 샀던 것인데, 이 주식을 사면서 농부들은 1차 대전 때 발행된 '자유 공채Liberty Bonds'를 대신 내주었다.[23] 그때 이후로 그 주식 증권들은 서랍 속에서 잠을 잤고, 소유주들이 자기 돈을 돌려받을 희망은 점점 희미해졌다.

워런은 버핏-포크에서 일할 때《무디스 매뉴얼》을 뒤적거리다가 내셔널 아메리칸을 처음 발견했었다.[24] 이 회사의 본부는 아버지 하워드의 사무실에서 불과 한 구역 떨어진 곳에 있었다. 애초에 사기 행위로 시작되었던 사업이지만, 오마하에서 유명한 보험 판매원이었던 윌리엄 애먼슨은 아무것도 모른 채 지역 총책임자 직책으로 이 사업에 뛰어들었고, 애먼슨 가족은 이 회사를 점차 합법적인 회사로 바꾸기 시작했다. 이제 윌리엄의 아들 하워드 애먼슨은 자기가 캘리포니아에서 세운 미국에서 가장 크고 또 가장 성공적인 저축대부조합[상호 은행] 집단 가운데 하나로 성장하고 있던 '홈 세이빙스 오브 아메리카Home Savings of America'를 통해서 내셔널 아메리칸 주식을 사들이고 있었다.[25]

농부들은 자기들이 가지고 있던 썩은 종잇조각이 이제 상당한 가치를 지니게 되었다는 사실을 전혀 몰랐다. 하워드는 내셔널 아메리칸을 운영하던 동생 헤이든을 통해 이 주식들을 여러 해에 걸쳐 농부들에게서 싼값으로 사들였다. 이렇게 해서 애먼슨 형제는 회사의 전체 주식 가운데 약 70퍼센트를 소유하게 되었다.

워런은 하워드 애먼슨에게 감탄했다.

하워드 애먼슨만큼 대담하게 자본을 운용한 사람은 아무도 없었습니다. 그 사람은 여러 가지 점에서 빈틈이 없었습니다. 예전에는 많은 사람들이 홈 세이빙스에 직접 찾아가서 대출금을 갚았습니다. 그런데 하워드는 어떤 고객이든 그 고객의 거주지에서 가장 멀리 떨어진 지점에서 이 고객의 대출금을 관리하게 함으로써, 다시 말해서 고객이 직접 영업점으로 찾아오지 않고 우편으로 일을 처리하게 함으로써, 대출금 융자 및 변제 과정에서 자기 직원들이 고객들과 쓸데없는 대화를 나누며 시간을 낭비하는 일이 없도록 했습니다. 거의 모든 사람들이 〈멋진 인생It's a Wonderful Life〉(프랭크 카프라 감독의 1946년 영화. 어느 작은 마을에서 평생 이웃을 위해 봉사하며 살아온 한 사나이가 곤경에 처해 자신의 인생이 실패했다고 생각하지만, 수호천사를 통해 자신의 삶이 멋진 인생이었음을 깨닫는다─옮긴이)을 보았고 또 이 영화의 주인공 역을 연기한 제임스 스튜어트처럼 행동해야 한다고 생각했습니다. 하지만 하워드는 자기 고객을 보는 걸 원하지 않았습니다. 그랬으니 운영 경비가 다른 누구보다 적게 들 수밖에 없었습니다.

내셔널 아메리칸은 한 해에 29달러의 주당 순이익을 냈고, 하워드의 동생 헤이든은 이 주식을 한 주에 약 30달러에 사들였다. 그랬기 때문에 워런이 가지고 있던 가장 희귀하며 가장 매력적이던 여러 주식들 가운데서도 특히 이 주식은 단 한 해의 수익만으로도 비용을 회수할 수 있었다. 내셔널 아메리칸은 워런이 보았던 주식 가운데 '웨스턴 인슈어런스Western Insurance'를 제외하고는 가장 쌌다. 이 회사는 단순히 한 번 연기를 빨아들이고 버릴 꽁초 정도가 아니라 상당히 괜찮은 작은 회사였다.

나는 오랜 기간 동안 그 주식을 사려고 노력했습니다만 좀처럼 구할 수 없었습니다. 오마하에 있던 증권업자 한 명에게만, 헤이든이 주주 명단을 줬기 때문입니다. 이 사람은 나를 애송이로 봤습니다. 하지만 어쨌거나 이 사람은 명단을 가지고 있었고, 나한테는 그게 없었죠. 그랬기 때문에 이 사람은 헤이든의 돈으로 주식을 30달러에 계속 사들였습니다.

아무짝에도 쓸모없다고 생각하던 주식을 헤이든 애먼슨이 현금으로 산다는 소문에 농부들은 귀가 솔깃했다. 비록 오래전에 한 주에 약 100달러씩 주고 사서 겨우 30달러밖에 받지 못하고 파는 것이긴 해도, 차라리 그 돈이라도 받고 파는 게 낫다는 쪽으로 농부들의 생각은 점차 기울기 시작했다.

그러자 워런은 결연하게 나섰다.

옛날 자료를 찾아 나섰습니다. 1920년대의 자료들을 보면 당시 내셔널 아메리칸의 이사들이 누구였는지 알 수 있었습니다. 그런데 각 도시나 마을에서 주식을 많이 가지고 있는 사람들이 주로 이사로 임명되었습니다. 네브래스카에 어윙이라는 작은 도시가 있었습니다. 인구도 얼마 되지 않는 곳이었죠. 그런데 누군가가 거기에서 엄청나게 많은 주식을 팔았더군요. 35년 전에 지방의 일개 은행원을 이사로 선임한 이유도 바로 거기에 있었던 겁니다.

그래서 워런 버핏의 동업자이자 대리인이었던 댄 모넨이 워런의 돈 그리고 많지는 않았지만 자기 개인 돈을 가지고 그곳으로 갔다. 그는 그곳에서 흰색과 붉은색이 섞인 쉐보레를 타고 돌아다니면서 지방 법원이나 은행에 들러 내셔널 아메리칸의 주식을 가지고 있는 사람들이 누구인지 무심한 척 물었다.[26] 그는 농부들의 집 앞에서 농부들과 그들의 아내들과 함께 아이스티와 파이를 먹으면서 현금을 내주고 내셔널 아메리칸 주식을 샀다.[27]

하워드가 이런 사실을 눈치채지 못하게 했습니다. 왜냐하면 나는 값을 더 비싸게 쳐줬거든요. 그는 30달러에 사들이고 있었는데 나는 그보다 가격을 좀 더 올려야 했습니다. 주주들은 거의 10년 동안 30달러 이야기만 들었었는데, 내가 가격을 올리면서 처음으로 가격이 오른 것이었습니다.

첫해에 그는 다섯 주를 사면서 한 주에 35달러를 지불했다. 농부들은 귀가 솔깃해졌다. 이제 자기 주식을 사려는 사람들이 경쟁하고 있다는 사실을 알았다. 그래서 어쩌면 주식을 팔지 않고 그냥 가지고 있는 게 더 나을지도 모른다는 생각을 하기 시작했다. 그 결과 가격은 점점 올라갈 수밖에 없었다.

나중에는 가격을 100달러까지 올렸습니다. 100달러는 마법의 수치였습니다. 농부들이 그 주식을 샀을 때 가격이 100달러였으니까요. 나는 100달러면 모든 주식을 끌어낼 수 있다고 보았죠. 확실히 그랬습니다. 농부 한 사람이 댄 모넨에게 와서 이런 말을 했으니까요. '우리는 이 주식을 남들이 하는 대로 따라서 샀는데, 이제 다시 남들이 하는 대로 따라서 팔고 있구먼'이라고요.[28]

정말 그랬다. 많은 사람들은 그 주식이 한 해에 벌어들이는 29달러의 세 배가 채 되지 않는 가격에 주식을 팔았다. 마침내 모넨은 2천 주, 즉 내셔널 아메리칸의 총 주식 가운데 10퍼센트를 확보했다. 워런은 이 주식이 가지고 있는 의결권만 자기 통제 하에 두는 법적 장치를 확보하고, 그 주식의 명의를 원래 소유주 앞으로 그대로 두었다.

명의를 내 앞으로 했다면 아마 하워드는 내가 자기와 경쟁한다는 사실을 알았을 겁니다. 하지만 그는 끝까지 몰랐습니다. 설령 눈치챘다 하더라도, 어떤 결정적인 판단을 내릴 수 있을 정도로 그 정보는 충분하지 않았습니다. 나는 계속 주식을 모았죠. 마침내 어느 날, 나는 헤이든의 사무실에 찾아가서 그 주식의 명의를 모두 내 이름으로 바꾸겠다고 했습니다. 그러자 헤이든이 '형이 나를 죽이려고 들 겁니다'라고 하더군요. 하지만 결국 모두 바꿔주었지요.[29]

내셔널 아메리칸 주식 거래에는 단순히 가격만이 중요한 요소가 아니었다. 희귀한 것일수록 많이 모으면 모을수록 그만큼 가치가 올라간다는 사실을 워런은 진작부터 알고 있었다. 자동차 번호판에서 수녀의 지문, 동전과 우표, 또 유니언 스트리트 레일웨이와 내셔널 아메리칸에 이르기까지 워런은 늘 이런 방식으로 접근했었다. 그는 타고난 전문 수집가였던 것이다.[30]

하지만 워런의 이런 탐욕적인 본능은 때로 헛다리를 짚기도 했다. 이 일은 처음 톰 냅에게서 시작되었다. 제리 뉴먼이 '그레이엄-뉴먼'의 마지막 유산을 정리하는 일을 도운 뒤에 '트위디, 브라운 앤드 라일리Tweedy, Browne and Reilly'라는 작은 중개 회사에 들어가서 일하던 냅이 워런을 방문했고, 둘은 위스콘신의 벨로이트에서 벤 그레이엄이 하기로 되어 있는 연설을 들으려고 함께 자동차를 타고 여행길에 나섰다. 그런데 아이오와의 옥수수 밭을 지나갈 때 냅이 미국 정부가 4센트짜리 '블루 이글Blue Eagle' 우표의 발행을 중단할 것이라는 말을 했다. 그 순간 워런의 머릿속에서 현금 등록기가 '땡!' 하고 소리를 냈다. 그는 냅에게 이렇게 말했다.

"우체국 몇 군데 들러서 그 우표를 얼마나 가지고 있는지 확인해 봅시다."

냅이 처음 들른 우체국에서는 28장 가지고 있었다. 그러자 워런이 말했다.

"그거 사시오."

두 사람은 이 우표를 놓고 좀 더 논의한 끝에, 우체국들에 편지를 써서 우체국이 확보하고 있던 그 우표의 재고 물량을 사겠다는 제안을 했다. 우표가 한 번에 수천 장씩 들어오기 시작했다. 덴버 우체국에서는 우표철 스무 권을 가지고 있다는 답신을 했다. 우표철 한 권은 100개짜리 전지 100장을 묶은 것이었다. 그러니 20만 장을 가지고 있다는 말이었다. 그러자 워런은 냅에게 이렇게 말했다.

"어쩌면 우리가 이 우표의 발행과 유통까지 통제할 수 있을지 모르겠군요."

두 사람은 8천 달러를 내고 덴버 우체국의 우표철을 모두 샀다. 다음은 냅이 당시를 회상하면서 하는 말이다.

"그건 실수였습니다. 우리는 그 우표의 공급량이 줄도록 덴버 우체국이 그것들을 워싱턴으로 돌려보내도록 했어야 옳았습니다."

우표를 독점해서 자기들이 실질적인 우체국이 되기 위해 두 사람은 엄청난 노력을 기울였다(이 일은 대부분 냅이 맡아서 했다). 무려 60만 장이 넘는 4센트짜리 우표 블루 이글을 매집했던 것이다. 여기에 들어간 돈은 2만 5천 달러에 달했다. 돈과 순자산에 대한 워런의 태도로 판단할 때 워런에게 그 돈은 엄청나게 큰 금액이었다. 두 사람은 이 우표들을 여러 군데 지하실에다 쌓았다. 그러고 나서야 자기들이 무슨 일을 저질렀는지 깨달았다. 아무리 해봐야 4센트보다 더 나가지 않을 우표들로 애써 지하실을 가득 채우고 있었던 것이다. 다음은 훗날 냅이 하는 말이다.

"우표가 그렇게 많은 경우에는 그 우표를 수집하는 사람들이 많을 리가 없죠."

결국 그 우표들을 어떻게든 처분해야 했다. 워런은 능숙하게 이 일을 톰 냅에게 맡기고는 자기 머리에서 이 문제를 지워버렸다. 그리고 그에게 남은 기억은 정말 재미있는 일화였다는 것뿐이다. 아무튼 우표 처분을 냅에게 맡긴 뒤 그는 실질적으로 중요한 문제로 되돌아갔다. 투자자들을 규합해서 투자 자금을 모으는 일이었다. 1957년 6월, 척 피터슨의 어머니이자 최초의 동업자이던 엘리자베스 피터슨이 워런에게 네 번째 투자 회사를 만들자고 제안했다. 이 회사의 이름은 '언더우드 파트너십 Underwood Partnership Ltd.'이었고, 그녀는 8만 5천 달러를 투자했다.[31]

그리고 몇 달 뒤인 1957년 여름에 그는 전화 한 통을 받았다.

데이비스 부인이 건 전화였습니다. 데이비스 부부는 버핏 식료품 점의 단골 고객으로, 남편인 데이비스 박사는 오마하에서도 유명한 비뇨기과 의사였습니다. 두 사람은 여기에서 몇 구역밖에 떨어지지 않은 곳에 살았죠. 부인이 이렇게 말하더군요. '돈을 맡아서 관리한다고 들었는데, 한번 찾아와서 우리에게 설명 좀 해주실래요?'라고요.

에드윈 데이비스 박사는 전국적으로 유명한 의사였다. 그의 환자 가운데 뉴욕시티의 아서 와이슨버거라는 사람이 있었는데, 이 사람은 당시에 가장 유명한 자산운용가 중 한 사람이었다. 전립선에 문제가 생겨 데이비스 박사에게 진료를 받았고, 그 뒤로 데이비스는 와이슨버거의 고객이 되어 그에게 돈을 맡겼다.

와이슨버거는 폐쇄형 투자 펀드에 대한 성경이나 다름없는 《투자 회사들Investment companies》을 해마다 출간했기 때문에 워런에게 친숙한 인물이었다.[32] 폐쇄형 투자 펀드는, 새로운 투자자를 받아들이지 않는다는 점만 빼고는 공개적으로 거래되던 뮤추얼펀드와 다르지 않았다. 이것들은 거의 언제나 자산 가치보다 할인된 가격에 팔렸는데, 와이슨버거는 이것을 제안하고 지지했다. 간단하게 말해서, 폐쇄형 투자 펀드는 뮤추얼펀드의 꽁초였던 셈이다. 경영대학원에 입학하기 전 여름 워런은 버핏-포크 사무실에 있을 때 하워드가 일하는 동안 와이슨버거의 성경을 탐독했었다.

컬럼비아 경영대학원에 가기 전에 나는 마치 광신도가 성경을 붙잡고 놓지 않는 것처럼 그 책을 읽고 또 읽었습니다. 몇 시간이 걸리든 간에 앞표지에서 뒤표지까지 철저하게 말입니다.

워런은 와이슨버거의 꽁초 두 개를 샀다. '유나이티드 스테이츠 앤드 인터내셔널 시큐러티즈 코퍼레이션 US&IS: United States & International Securities Corp.'과 '셀렉티드 인더스트리즈 Selected Industries'였다. 이것은 1950년대에 그의 전체 자산 가운데 3분의 2가 넘는 액수다.[33] 또한 그는 그레이엄-뉴먼에 있을 때 와이슨버거를 만났고 그에게 강한 인상을 심어주었다.

비록 당시에 나는 그다지 인상적이지 않았음에도 불구하고 말입니다.

1957년에 와이슨버거는 데이비스 박사에게 예고도 없이 전화를 걸어, 비록 그렇게 하는 게 자기에게 이득이 되는 건 아니지만 젊은 사람을 한 명 소개해 주겠다고 했다.

"이 젊은이를 내가 직접 고용하려고 했습니다만, 이미 독자적으로 투자 회사를 운영하고 있어서 그렇게 하지는 못했습니다."[34]

와이슨버거는 데이비스 박사에게 워런에게 돈을 맡기는 걸 신중하게 고려해 보라고 했다.

이런 일이 있은 직후 워런은 어느 일요일 오후에 데이비스 부부의 집을 찾아갔다.

거실에 앉아 약 한 시간에 걸쳐서 내가 어떻게 투자 자금을 운용하고 또 수수료 규정은 어떻게 설정하고 있는지 설명했습니다. 내가 스물여섯 살이었을 땐데, 두 사람 눈에는 아마 스무 살로 비쳤을 겁니다.

사실 워런은 에디 데이비스의 말에 따르면 열여덟 살처럼 보였다. "칼라의 깃은 활짝 젖혀져 있었고, 코트는 너무 커서 헐렁하더군요. 말은 또 왜 그렇게 빠르던지……."

당시에 그는 누추한 스웨터에 낡은 바지 차림이었다. 게다가 밑창이 다 닳은 신발을 신고 다녔다. 워런은 당시를 이렇게 회상했다.

내 나이에 어울리지 않게 어리게 굴었습니다. 내가 하던 이야기들은 그때 내 나이보다 한참 어린 나이에 함 직한 그런 말들이었으니까요.

사실 손으로 물건을 두드리면서 〈마이 매미〉를 부르던 펜실베이니아대학교 시절의 흔적이 완전히 가시지 않고 남아 있었다.

나를 만나는 사람들은 나의 많은 것들을 그저 너그럽게 눈감아 줘야 했습니다.

하지만 그가 투자 회사에 관한 이야기를 할 때는 완전히 달랐다. 사실 그는 데이비스 부부에게서 투자 자금을 끌어내려고 간 게 아니었다. 그는 자기가 설정한 규칙들을 설명했다. 투자 자금 운용에 대해서는 자기가 전권을 행사하며 어떻게 투자할 것인지 투자자들에게 아무 말도 해주지 않을 것이라는 게 핵심이었다. 이렇게 하면 벤 그레이엄의 경우처럼 많은 사람들이 자기 옷자락을 붙잡고 묻어 들어올 일은 없었다. 투자자들이 실망과 희망을 쉬지 않고 오가는 것을 방지하려고 그가 마련한 해결책은, 한 홀을 마칠 때마다 점수를 불러주는 게 아니라 18홀을 모두 돈 뒤에, 즉 연말 결산 때 딱 한 번만 점수를 불러주는 것이었다. 투자자는 오로지 12월 31일에만 투자한 돈을 빼내 가거나 다시 투자하거나 선택할 수 있었다.

그런데 에디는 내 말에 귀를 기울이지 않았고 또 나한테 눈길 한 번 주지 않았습니다. 도로시 데이비스만 귀를 기울였습니다. 몇 가지 훌륭한 질문도 했고요. 에디는 구석에서 아무것도 하지 않고 그저 가만히 있기만 했습니다. 에디는 일흔 살도 채 되지 않았습니다만, 내 입장에서는 나이가 너무 들어 보였습니다. 모든 설명이 끝나고 질문도 끝나자 도로시는 남편을 돌아보면서 이러더군요. '어떻게 하면 좋겠어요?' 그러자 에디가 이렇게 말합니다. '10만 달러를 맡깁시다.' 나는 한층 더 정중하게 물었습니다. '데이비스 박사님, 투자 자금을 맡겨주신다니 더할 나위 없이 기쁩니다만 박사님은 제가 드린 말씀을 귀담아듣지도 않으신 것 같았는데 왜 이런 결정을 내리십니까?' 그러자 에디는 이렇게 말했습니다. '자네를 보니까 찰리 멍거가 생각나서 말이오.'라고요.[35] 나는 이렇게 대답했습니다. '찰리 멍거가 누군지는 모릅니다만, 그 사람이 정말 마음에 듭니다.'

하지만 데이비스 부부가 투자 자금을 워런에게 맡기고자 했던 또 다른 이유가 있었다. 두 사람이 깜짝 놀랄 정도로 워런은 '자기들보다 아서 와이슨버거에 대해서 더 많이 알고 있었기 때문'이다.[36] 또한 워런이 제시한 선명하고 투명한 조건이 마음에 들었으며, 그가 이익이든 손해든 투자자와 운명을 함께한다는 사실이 마음에 들었다. 이런 내용을 도로시 데이비스는 다음과 같이 표현했다.

"그 사람은 명석하고 빈틈이 없습니다. 정직하다는 것도 알 수 있습니다. 이 젊은이의 모든 게 마음에 듭니다."

1957년 8월 5일, 데이비스 부부와 이들의 세 자녀에게서 나온 돈 10만 달러가 다섯 번째 투자 동업 회사 '다체Dacee'의 종잣돈이 되

었다.[37]

다체 덕분에 워런의 사업은 한 발 크게 위로 뛰어올랐다. 이제 그는 보다 큰 종목에 보다 큰 포지션을 취할 수 있었다. 개인적인 자산 구성에서도 워런은 여전히, 정부가 우라늄을 사들이기 시작하던 수년 전부터 줄곧 시들한 가격에서 헤어나지 못하던 '싸구려' 우라늄 주식과 같은 것들을 다루었다. 이 주식들은 환상적일 정도로 가격이 쌌다.[38] 워런은 '히든 스플렌더Hidden Splendor', '스탠록Stanrock', '노스스팬Northspan' 등과 같은 회사의 주식을 샀다.

대야 안에 든 물고기를 잡는 거나 마찬가지였습니다. 물론 큰 물고기는 아니었죠. 하지만 상당한 돈을 번다는 건 확실히 알 수 있었습니다. 그 종목들은 소소한 것이었습니다. 나는 투자 회사의 돈은 더 큰 종목들에 실었습니다.

새로운 동업자들이 생긴다는 것은 투자할 돈이 그만큼 더 많아진다는 뜻이었다. 이것은 또한 주식 증권의 수와 다섯 개 투자 동업 회사 및 '버핏 앤드 버핏'에 드는 서류 작업의 양도 그만큼 늘어난다는 뜻이었다. 워런은 부지런히 움직여야 했다. 하지만 워런은 이렇게 일하는 게 좋았다. 언제나 그랬듯이 부족한 건 다른 게 아니라 돈이었다. 워런은 단 한 번도 충분히 많다 싶을 정도로 돈을 가져본 적이 없었다. 그가 조사하던 회사들의 시장 가치는 100만 달러에서 1천만 달러까지 되었다. 워런은 이들 종목에서 의미 있는 포지션을 취하고 싶었고, 그러려면 10만 달러가 더 필요했다. 보다 많은 돈을 끌어들이는 게 관건이었다.

그즈음에 댄 모넨이 투자자로 복귀할 준비를 마쳤다. 1958년 5월 5일 그와 그의 아내 메리 엘렌은 워런의 여섯 번째 투자 동업 회사

'모-버프Mo-Buff'의 설립 토대를 닦았다. 모넨 부부는 2년 전에는 겨우 5천 달러밖에 가지고 있지 않았지만 주로 내셔널 아메리칸 덕분에 이제 7만 달러를 투자 자금으로 내놓을 수 있었다.[39]

그때 워런 버핏은 아마도 보다 많은 돈을 낳을 수 있는 자본 운용의 잠재적인 가능성을 월스트리트의 다른 누구보다 잘 이해하고 있었던 것 같다. 1달러의 돈이라 하더라도 투자 자금으로 들어오기만 하면, 그 돈으로 동업자에게 벌어주는 수익금의 일정 몫이 자기 것이 되고,[40] 또 이렇게 자기 몫으로 들어온 수수료는 다시 투자되어 새로운 수익을 창출할 것이며,[41] 이 수익금이 또다시 투자되어 더 많은 수익으로 돌아올 것이기 때문이었다. 수익률이 높을수록 더 많은 돈을 벌 수 있었고, 아울러 투자 회사 내의 자기 지분 비율도 그만큼 더 커짐으로써 더욱더 많은 돈을 벌 수 있었다. 그의 투자 재능은 자산 관리의 수익 가능성을 최대한으로 부풀릴 수 있었다. 그리고 비록 겉으로는 서툴고 어색하게 보여도, 그가 자기 자신을 성공적으로 상품화했다는 데는 이견의 여지가 없었다. 비록 투자 세계에서 아직 그의 존재감은 거의 눈에 띄지 않을 만큼 미미했지만 그의 눈덩이는 이제 막 저절로 굴러가기 시작했다.

워런 버핏의 눈덩이는 탄력을 받았다. 그러자 그의 작업 공간이 너무 좁게 느껴졌다. 주체할 수 없을 정도의 활력을 지닌 세 살 반의 호위와 그 위의 리틀 수지, 수지의 뱃속에 있던 또 한 명의 아이를 모두 수용하기에는 살고 있는 집이 너무 작았다. 이렇게 해서 버핏 부부는 처음으로 자기 집을 샀다. 파남가의 상록수들로 둘러싸여 있는 커다란 모퉁이 땅에 있는 집으로, 오마하에서 가장 사람들의 왕래가 많은 곳에서 아주 가까운 위치였다. 새로 산 집은 그 구역에서 가장 큰 집이었지만 어딘지 모르게 수수하면서도 매력적이었다. 경사진 지붕에는 창문이 여러 개 달려 있었고 눈썹 모양의 지붕창도 하나 달려 있었다.[42] 워런은 그 지역의 사업가이던 샘 레이놀즈에게 3만 1,500달러를 지불하고 이 집을 산 직후에 자기가 그 집을 산 것을 '버핏의 어리석음'이라고 불렀다.[43] 그의 마음속에서 3만 1,500달러는 12년쯤 복리로 굴린다고 생각할 때 100만 달러나 마찬가지였다. 워런이 보기에 그 정도의 수익이 나오게 굴리는 일은 얼마든지 가능했다. 그래서 워런은 그 집을 사는 데 100만 달러나 되는 엄청난 돈을 들였다고 느꼈다.

이삿짐 차가 언더우드가의 옛집을 떠나기 전에 워런은 다섯 살짜리 리틀 수지를 데리고 2층 베란다로 갔다.

"자, 안경 남자가 여기 있어. 이 사람한테 이제 작별 인사를 하렴."

리틀 수지는 작별 인사를 했고, 진짜 안경 남자는 그 집에 남았던지 두 번 다시 나타나지 않았다.[44]

이사를 감독하고 새 집에서 짐을 정리하며 야생마처럼 날뛰는 호위를 붙들어 두는 일은 임신 8개월이 넘은 수지의 몫이었다. 오랫동안 지켜본 친구들의 말에 따르면 호위는 그야말로 폭탄 같은 저지레꾼이었다. 호위에게서는 버핏 가문의 지칠 줄 모르는 활력이 끝없이 넘쳐흘렀다. 오죽했으면 '토네이도'라는 별명을 얻었을까. 그런데 이 별명은 워런의 어릴 적 별명이던 '파이어볼트'와 크게 다르지 않았다. 하지만 내포하는 의미는 달랐다. 호위는 걷기 시작하자마자 온 데를 돌아다니면서 저지레를 했다고 워런은 말한다. 호위는 통카(브랜드 이름 - 옮긴이)의 중장비 차 장난감으로 마당을 팠고, 수지가 이 장난감들을 몰래 치우기라도 하면 이걸 찾는다고 온 집 안을 들쑤셨다. 그리고 마당을 한 번 파기 시작하면 계속 팠다. 수지가 장난감 불도저를 빼앗아서 숨겨버리면 다시 전쟁이 시작되었다.[45]

파남가로 온 지 일주일 뒤 '모-버프'가 출범하기 하루 전에 워런의 둘째아들 피터가 태어났다. 피터는 태어나면서부터 조용하고 얌전했다. 하지만 피터를 낳은 직후 수지는 신장염에 걸렸다.[46] 어릴 때 류머티스열과 귓병을 앓았다가 나은 뒤로 수지는 줄곧 자기가 건강하다고 여겼다. 수지는 자기가 신장염에 걸린 것보다 이 병이 남편에게 영향을 줄까 봐 더 걱정했다. 워런이 워낙 질병을 불편하고 힘들게 여겼기 때문에, 수지는 가족 가운데 누가 앓기라도 하면 마치 워런도 함께 병에 걸려 간호받아야 하는 것처럼 모든 가족이 워런에게 신경 쓰도록 가족을 훈련시켰다.

당시 수지의 관심을 가장 사로잡았던 것은 마침내 자기 집을 가지게 되었다는 사실이었다. 그렇기 때문에 몸이 아프고 두 아이를 챙기고 갓 태어난 아기를 돌봐야 했지만, 처음 가지게 된 자기 집을 장식하고 싶은 강한 충동은 그 어떤 것으로도 막지 못했다. 수지는 불타오르는 충동으로 집을 새로 가꾸기 시작했다. 집을 활기찬 현대식으로 바꾸었다. 크롬과 가죽으로 된 가구를 들였고, 밝고 현대적인 그림들을 흰 벽에다 걸었다. 집을 수리하고 가꾸는 데만 1만 5천 달러가 들었다. 집값의 절반 가까이 되는 돈이었다. 워런의 골프 친구였던 밥 빌리그에 따르면, 워런은 이것 때문에 '죽을 지경이었다.'[47] 워런은 집의 외벽 색깔이나 벽지가 바뀌었다는 사실은 잘 깨닫지도 못했다. 시각적인 미학은 그의 관심사가 아니었다. 그의 눈에 보인 건 오로지 엄청난 금액의 청구서들뿐이었다.

"내가 정말 이렇게 머리 한 번 깎는 데 30만 달러를 들여야 하나?"

이게 워런의 기본적인 태도였다. 수지가 얼마 되지도 않는 돈을 소비하려고 하면 그는 이렇게 말하곤 했다.

"글쎄, 50만 달러를 그렇게 날려버리고 싶지 않은데."[48]

하지만 수지는 워런이 계속 가지고 있었으면 하는 돈을 소비하길 바랐기 때문에 그리고 워런은 수지가 행복하길 바랐고 또 수지는 워런을 즐겁게 해주고 싶었기 때문에, 두 사람의 개성은 점차 흥정과

거래라는 체계 속으로 얽혀 들어갔다.

워런이 놀란 눈으로 바라보았던 청구서 내역에는 친구들이나 이웃 사람들이 놀라움과 부러움이 잔뜩 담긴 시선으로 바라보았던 물건도 들어 있었다. 그건 바로 컬러 TV였다. 당시 오마하에서 컬러 TV를 가지고 있던 집은 얼마 되지 않았다.[49] 수지는 자기 집이, 이웃이 자주 또 즐겨 모이는 마을의 중심지가 되는 게 좋았다. 그래서 얼마 지나지 않아 토요일 아침이면 TV를 놓은 작은 방의 검은색 가죽 소파에 그 구역의 조무래기들이 모두 둘러앉아서 만화영화를 보았다.[50]

덩치가 크고 일을 잘하는 흑인 가정부 윌라 존슨이 집에 들어왔고, 그녀는 곧 수지의 또 다른 손발이 되고 눈이 되고 귀가 되었다. 덕분에 수지는 창조적인 활동 대상을 바깥에서 찾을 수 있었다. 수지와 그녀의 친구 타마 프리드먼은 현대적인 감각의 화랑을 세우기로 결심했다. 모든 게 돈이 들어가야 했기 때문에 이 계획은 우선 워런에게서 허락을 받아야 했다. 워런은 수지가 부담해야 할 몫의 돈을 내주기 전에 자기 집 거실에서 두 사람을 앞에 두고 '면접'을 했다.

"돈을 벌 것으로 예상합니까?"

"아뇨."

프리드먼이 대답했다. 그러자 워런이 말했다.

"좋습니다. 수지는 '투자자'로 참가할 수 있겠습니다."[51]

워런은 수지가 자기와 상관없이 독자적으로 무언가를 한다는 것 자체가 마음에 들었다. 프리드먼의 말에 따르면, 워런은 수지와 프리드먼이 서두르지 말고 한 걸음 물러서서, 비록 취미 활동의 연장선이긴 하지만 사업이라는 측면에서 화랑을 곰곰이 다시 한번 생각해 보길 바랐다. 워런은 언제나 돈을 투자 수익의 관점에서 바라보았다. 이런 관점에서 볼 때 화랑에서는 수익 창출을 기대하기 어려웠다. 따라서 워런은 수지와 타마 프리드먼이 화랑에 투자 한도를 정하길 바랐다. 수지가 화랑 사업에 참가한 건 순전히 취미 차원이었다고, 당시 날마다 출근하면서 화랑을 보았던 프리드먼은 회상한다.

사람들은 수지를 느긋하고 태평하다고 여겼다. 하지만 그녀의 친구나 친척들의 이야기를 들어보면 그녀는 자상한 어머니였다. 새로 이사 간 집에서는 양쪽 부모가 사는 집이 가까워서 아이들이 외가나 친가 할아버지 할머니 집에 가서 보내는 시간이 많아졌다. 한 구역 반 떨어져 있던 톰슨 부부의 집 분위기는 언제나 느긋하고 편안하고 즐거웠다. 외할아버지와 외할머니는 호위가 유리창을 깨뜨리거나 아이들이 집 안을 난장판으로 만들어도 꾸짖지 않았다. 외할머니 도로시 톰슨은 오히려 아이들과 어울려서 함께 놀거나, 부활절 보물찾기 놀이를 꾸민다거나 정교한 솜씨로 아이스크림 덩어리를 여러 개 쌓아 올린 아이스크림콘을 만들곤 했다. 비록 엄숙하고 자기 중심적이며 거들먹거리며 말하는 태도가 몸에 배어 있긴 했지만, 아이들은 외할아버지를 무척 좋아했다. 한번은 톰슨 박사가 호위를 무릎에 앉히고 이렇게 말했다.

"술은 절대로 마시지 마라. 술은 네 머리의 뇌세포들을 죽여버릴 거야. 하나도 남지 않을 때까지 말이다."[52]

일요일이면 톰슨 박사는 때로 화려한 색상의 양복을 입고 잔뜩 멋을 부린 채 워런과 수지의 집에 나타나서 거실에서 설교를 하곤 했다. 이런 일이 없을 때면 호위와 리틀 수지는 친할아버지 할머니 집으로 갔다. 그러면 레일라가 두 아이를 데리고 교회에 갔다. 톰슨 부부에 비하면 레일라와 하워드는 엄격하고 딱딱했다. 하워드는 마치 빅토리아 시대를 사는 사람 같았다. 하워드가 얼마나 고풍스러운 인물이었는지 보여주는 일화가 있다. 한번은 워런과 도리스에게 전화를 걸어서 버티와 관련된 소식을 알렸는데, 그저 '엄청나게 안 좋은 일이 생겼다'라고만 말했었다. 워런과 도리스는 도대체 무슨 일인지 몰랐는데, 결국 수소문해서 알아낸 진상은 버티가 임신 중에 아이를 잃었다는 내용이었다. 하워드는 '유산했다'는 말을 직접 할 수 없었던 것이다.

큰 집에 살게 되자 워런과 수지는 크고 작은 가족 행사를 도맡아 하기 시작했다. 첫 번째 맞이하는 추수감사절 저녁 식탁에 내놓을 칠면조 요리를 수지가 준비하기로 했다. 수지는 온도를 100도에 맞춰 밤새 요리하면 잘될 것이라고 생각했지만 생각대로 되지 않았다. 수지는 곧바로 헤그먼 부인에게 전화를 걸어서 빨리 좀 와서 도와달라고 했다. 헤그먼은 레일라가 고용했다가 수지에게 소개해 준 요리사였다. 워런은 칠면조를 쓰는 데는 전혀 도움이 되지 않았기 때문에 다른 누군가가 그 일을 해야 했다. 워런은 가족이 모두 모이는 자리에 그의 어머니 레일라도 함께하자 슬그머니 빠져나가서는 위층으로 올라가 일했다.

수지는 침실 옆에 달린 워런의 작은 사무실 벽을 미국 지폐의 초록색 문양 벽지로 도배했다. 투자할 자본을 넉넉하게 확보한 워런은 《무디스 매뉴얼》을 가능한 한 빠르게 넘기면서 싼 주식들을 사들이기 시작했다. 주로 쉽게 가치를 평가할 수 있는 '데번포트 호지어리Davenport Hosiery'(양말 및 러닝셔츠 제조업체－옮긴이), '메도 리버 코얼 앤드 랜드Meadow River Coal & Land', '웨스트팬 하이드로카본Westpan Hydrocarbon', '마라카이보 오일 익스플로레이션Maracaibo Oil Exploration' 등의 기초 산업 및 생필품 종목들이었다. 동업자들을 위해서, 자기 자신을 위해서, 수지를 위해서 혹은 이 모든 사람들을 위해서 그는 돈이 생기면 곧바로 가능한 한 빠르게 투자했다.

워런은 자기가 발견한 투자 아이디어를 실행할 때는 흔히 남들이 알지 못하게 했다. 그래서 지적이고 자발적인 사람을 대리인으로 내세우곤 했다. 댄 모넨과 같은 인물이 바로 그런 사람이었다. 이런 대리인 가운데 대니얼 코윈도 있었다. 그는 뉴욕에 있던 작은 주식 중개 회사 '헤틀먼 앤드 컴퍼니Hettleman & Co.'에서 일하던 소위 '가치 사냥꾼'이었다. 워런은 댄을 컬럼비아 대학원에 다니던 시절에 프레드 쿨켄을 통해서 처음 만났습니다.[53] 헤틀먼은 수백만 달러의 자금을 가지고 작은 종목들에 투자했고, 이 종목들은 흔히 워런이 좋아하던 숨어 있는 보물들이었다.

프레드는 편지에서 댄[대니얼]이 월스트리트의 젊은 스타라고 했습니다. 그리고는 댄과 내가 잘 어울리는 친구가 될 것 같다고 적었습니다. 댄을 만나고 난 뒤에 나는 프레드가 했던 두 개의 판단이 백 퍼센트 맞다는 결론을 내렸습니다. 그 뒤 몇 년 동안 내가 뉴욕에 갈 때마다 우리 두 사람은 언제나 함께 어울렸습니다.[54]

코윈은 워런보다 아홉 살 많았으며, 움푹 꺼진 깊은 눈과 상대방을 꿰뚫어보는 듯한 시선을 가지고 있었다. 두 사람이 함께 있으면 마치 어른이 아직 철이 덜 든 대학생을 데리고 친하게 지내는 것처럼 보였다. 하지만 두 사람에게는 공통점이 많았다. 아버지가 가족의 재산을 모두 날려버린 바람에 코윈은 대공황 시기에 가난하게 자랐고, 십대 때에는 가족을 부양했다. 그리고 열세 살 때 생일 선물로 받은 돈을 주식에 넣었다.[55] 해군 복무를 마친 뒤에 투자 세계에 이끌렸고, 투자 회사에서조차 독립적으로 일했으며, 철저하게 자기 식대로만 투자했다. 하지만 워런과 달리 코윈은 최신 예술에 감탄했고, 집을 꾸미는 데 창조적이었으며(그는 크리스마스 저녁 식탁을 장식하려고 스프레이를 이용해서 솔방울을 은색으로 칠하기도 했다), 사진과 골동품을 수집했다. 워런은 거래를 아주 성공적으로 잘하며 또 자기 자신의 판단에 따라서 거래하는 코윈에게서 매력을 느꼈다.[56] 코윈 역시 워런이 그레이엄-뉴먼에 있을 때, 워런이 어떤 뮤추얼펀드를 사서 세금으로 나갈 1천 달러를 절약할 수 있도록 5만 달러를 빌려줄 정도로 애초부터 워런에게 큰 관심과 애정을 가지고 있었다.[57] 시간이 흐르면서 두 사람은 손을 잡고 협력했다. 대머리 수석 동업자 댄 코윈은 워런보다 경험이 풍부하고 또 투자할 자금도 많이 가지고 있었을 뿐만 아니라 정보와 아이디어도 기꺼이 워런과 나누었다.

워런과 코윈은 작은 종목들의 정보를 담는 정보지인 〈핑크 시트〉가 나올 때마다 한 주에 한 번씩 전화를 해서 서로의 판단을 비교하곤 했다.

"당신도 그걸 샀어?"

"예, 당연히 샀죠! 그건 내 겁니다!"

동일한 종목을 선택했을 때 두 사람은 마치 우승자가 된 듯한 기분을 느꼈다. 이와 관련해서 댄의 아내 조이스는 다음과 같이 말한다.

"마치 경마장에서 말을 고르는 사람들 같았죠."[58]

두 사람은 '내셔널 캐스킷 컴퍼니 National Casket Company'를 인수할 생각을 했고 이 회사를 '컨테이너 컴퍼니'라는 암호명으로 불렀다.

> 댄은 부지런하게 구멍을 팠습니다. 내가 볼 때 그럴 만도 했습니다.

한번은 두 사람이 메릴랜드의 어떤 '마을' 하나를 통째로 살 생각까지 한 적이 있다고 워런은 말한다. 대공황 시기에 건축된 곳으로 연방주택관리국이 가난한 사람들을 대상으로 싼값에 경매하던 주택 단지였다. 이 단지 안에는 우체국과 마을회관 그리고 시장 가격보다 낮게 임대료를 부과하는 다수의 임대 주택들이 있었다. 이 주택 단지 광고를 본 두 사람은 분양을 받자마자 임대료를 시장 가격으로 올릴 수 있다면서 스니들리 위플래시(애니메이션 〈마운티즈의 두들리 두-라이트 Dudley Do-Right Of The Mounties〉에 등장하는 악당 사기꾼의 이름 – 옮긴이)처럼 군침을 흘렸다고 워런은 회상한다. 하지만 가난한 사람들에게 그 주택 단지는 너무 비쌌다. 게다가 두 사람은 충분히 많은 현금을 확보하지도 못했다.[59]

워런이 충분히 많은 현금을 확보한 적은 한 번도 없었다. 그래서 늘 투자금을 모으려고 애썼다. 벤 그레이엄과의 인연이 다시금 워런에게 도움을 주었다. 성형 및 정형 외과 분야의 개척자인 버니 사나트가 어느 날 처사촌이던 벤 그레이엄을 만나서 이런저런 이야기를 나누었다. 그레이엄은 아내 에스티와 함께 캘리포니아에 가서 은퇴 생활을 했는데, 두 사람은 사나트 부부가 살던 집과 길 하나를 사이에 두고 마주보는 집으로 이사 가서 서로 친하게 지내고 있었다. 사나트는 그레이엄에게 자기가 동업자 지분으로 가지고 있던 얼마 되지 않는 돈을 어떻게 하면 좋을지 물었다. 다음은 사나트가 당시를 회상하면서 하는 말이다.

"그랬더니 이러더군요. '아, 그걸로 AT&T를 사시죠.' 그러고는 세 개의 폐쇄형 뮤추얼펀드와 주식에 있는 몫을 내게 건넸습니다. 그러고는 무심하게 이런 말을 했습니다. '내가 예전에 가르쳤던 학생 가운데 한 명이 전문 투자가로 자산 운용을 하고 있어요. 워런 버핏이라고.' 무심하게 그저 지나가는 말로 툭 던지듯이 했습니다. 이름을 제대로 듣지도 못할 정도였으니까요."

워런 버핏을 아는 사람은 거의 없었다. 오마하의 어떤 바위 아래에 낀 이끼 한 조각에 불과했다고 해도 과언이 아니다. 사나트의 아내이자 사회사업가인 로다는 사촌의 아내인 에스티와 함께 날마다 산책을 했다. 다음은 로다가 당시를 회상하면서 하는 말이다.

"그리고 며칠 지나지 않았을 때, 에스티가 나한테 이러더군요. '로다, 사람들이 자꾸 찾아와서 자기들 투자 회사에 동업자로 참가해 달라고 해서 성가셔 죽겠어요. 벤 그레이엄이 자기 동업자가 되면, 이런 사실을 선전해서 투자 자금을 조성하는 데 유리하니까요. 하지만 우리는 그때마다 싫다고 하죠. 하지만 워런 버핏은 달라요. 잠재력이 있는 사람이니까요. 우리는 그 사람한테 투자해요. 자기네도 그렇게 하면 좋을 텐데.' 그래서 내가 이렇게 물었어요. '에스티, 그 사람이 똑똑하다고 생각하는 건 알겠는데, 나는 그 사람이 정직한지 그게 더 궁금하네요.' 그러자 에스티가 그러더군요, '물론이죠. 백 퍼센트 믿어요'라고요."

사나트 부부와 에스티 그레이엄은 각각 1만 달러와 1만 5천 달러를 모-버프에 투자했다. 당시 모녠 부부의 투자금은 10만 달러로 불어나 있었다.

워런의 투자 강좌들을 듣던 학생들 가운데 일부도 워런에게 투자했다. 예전에 데일 카네기 화술 강습소 강사이던 월리 키넌도 그 가운데 한 사람이었다. 사실 1959년에는 워런이 오마하에서 어느 정도 이름을 얻었다. 부분적으로는 강의 덕분이었다. 그의 특성과 자질을 (좋은 것이든 나쁜 것이든 간에) 오마하 사람들이 인정하기 시작했다. 십대 시절에 CBS 방송국의 〈미국의 방송통신 학교〉라는 논쟁 프로그램에 출연해서 일부러 다른 학생들과 반대 입장에 서서 그 학생들을 뭉개놨던 반골 기질이 나오기 시작했고, 사람들은 이런 그를 혼자 저 잘났다고 뻐기는 인물로 보았던 것이다.

나는 어떤 논쟁에서든 반대편에 서곤 했습니다. 그리고 단번에 뒤집을 수가 있었지요.

사람들은 자기가 어디에 투자할 것인지 가르쳐 주지도 않고 투자

하라는 그의 태도가 너무 자신만만한 것 아니냐며 의심의 눈으로 바라보았다. 워런은 당시를 이렇게 회상했다.

오마하에서는 내가 하는 게 피라미드 사기일지도 모른다고 생각하는 사람들도 있었습니다.

워런을 배척하는 움직임도 나타났다. 워런이 오마하 컨트리클럽의 정회원 신청을 다시 했는데 거부당했던 것이다. 거기에서 퇴짜를 맞는다는 것은 상당히 심각한 문제였다. 누군가가 그를 지독하게 싫어한다는 사실을 그런 명백하고도 당황스러운 방식으로 드러냈던 것이다. 아웃사이더로 통하는 것과는 별개로 워런은 내부자로 소속되기를 바랐다. 게다가 그는 골프를 좋아했고, 오마하 컨트리클럽은 좋은 코스를 가지고 있었다. 그는 온갖 연줄을 동원해서 노력했고, 마침내 블랙리스트에서 그의 이름을 지울 수 있었다.

그가 가지고 있던 재능을 보다 더 많은 사람들이 알아보게 되었고 보다 저명한 사람들이 그의 투자자가 되었다. 1959년 2월에 오마하 최고의 명문으로 꼽히는 캐스퍼 가문의 캐스퍼 오펏과 그의 아들 캐스퍼 주니어가 워런에게 투자 의향을 내비쳤다. 이들을 만난 워런은 자기가 무엇을 살 것인지 동업자들에게 설명하지 않을 것이라고 하자 아버지 캐스퍼가 이렇게 말했다.

"내 돈을 가지고 어디에 투자할지 가르쳐 주지 않는다면, 당신이 투자의 전권을 쥐고 흔들고 내 목소리는 조금도 반영하지 않는다면, 내 돈을 당신 회사에 맡기지 않겠소."[60]

하지만 아들 주니어는 동생인 존 그리고 척 피터슨이 부동산 관리를 맡아서 해주고 있던 사업가인 윌리엄 글렌과 함께 워런에게 투자했다. 이들은 5만 달러를 워런 버핏의 일곱 번째 투자 회사인 '글레노프_{Glenoff}'에 맡겼다.

워런은 이 초기 투자 시기에 벤 그레이엄의 여러 원칙들에서 결코 벗어나지 않았다. 그가 산 주식들은 놀라울 정도로 싼, 겨우 한 모금 만 연기를 빨아들이면 더 빨아들일 것도 남지 않는 꽁초들이었다. 하 지만 찰리 멍거를 만나면서 상황은 달라졌다.

23

오마하 클럽

오마하, 1959년

　오마하 클럽의 아치형 문은, 흑인 도어맨 조지가 은행과 보험 회사, 철도 회사의 간부 직원들을 맞아들인 뒤 마치 강철로 된 은행의 지하 금고실 문처럼 굳게 닫혔다. 지하의 스쿼시 연습장에서 왔거나 시내에 있는 자기네 사무실에서 온 남자들은 현관 로비의 벽난로 곁에서 서성이며 자기들끼리 잡담을 나누었고, 마침내 여자들이 이탈리아 르네상스 풍의 건물 옆으로 난 다른 문으로 들어와서 남자들과 합류했다. 이들은 곡선으로 된 마호가니 계단을 따라서 2층으로 올라간 뒤, 스코틀랜드 사람이 여울물에서 연어를 잡는 실물대 크기의 그림을 지나쳐 갔다. 사람들은 오마하 클럽에 춤을 추러 갔고, 각종 기금을 조성하러 갔고, 결혼식을 올리러 갔고, 또 기념일을 축하하러 갔다. 하지만 그 무엇보다도 사업과 관련된 이야기를 나누러 오마하 클럽을 찾았다. 여기에서는 남에게 방해받거나 남을 의식하지 않아도 될 정도로 탁자와 탁자 사이의 공간이 충분히 넓었기 때문이다.

1959년 여름의 어느 금요일, 워런은 오마하 클럽에서 처남 매부 사이이던 두 동업자 닐 데이비스와 리 시먼과 함께 점심을 먹었다. 두 사람은 워런이 닐의 아버지 에디 데이비스 박사를 만나게 해주었다. 데이비스 박사는 아들과 함께 워런 버핏의 투자 회사에 동업자로 참여하면서 워런을 만나 그에게 다음과 같이 말했었다.

"당신을 보니 찰리 멍거가 생각나는군요."

그 당시 멍거는 자기 아버지의 재산을 정리하러 오마하에 와 있었다.[1]

멍거가 자기보다 여섯 살 어린 버핏 가문의 상고머리 워런에 대해서 알고 있던 사실은 겨우 몇 가지뿐이었다. 인생에 대해서 그다지 큰 기대를 하지 않고 살던 멍거는 워런과 정식으로 만나면서도 큰 기대를 하지 않았다.[2] 멍거는 크게 기대하지 않으면 실망도 크지 않다는 것을 알고 있었고, 이런 태도는 습관으로 굳어 있었다. 게다가 찰스 T. 멍거는 귀를 기울여서 이야기를 듣고 싶은 사람을 거의 만나보지 못했다.

원래 멍거 가문은 가난했었다. 하지만 19세기 말에 연방 판사이던 찰리의 할아버지 T. C. 멍거가 집안을 일으켜 세웠다. 오마하에서 멍거 가문 사람은 어디에 가든 환영을 받았다. 식품을 배달하며 뒷문에서나 환영받았던 버핏 가문과는 달랐다. 무쇠가 단련되는 과정을 신봉했던 멍거 판사는 모든 가족이 《로빈슨 크루소Robinson Crusoe》를 의무적으로 읽도록 했다. 단련을 통해서 자연을 정복하는 내용을 온전하게 배우라는 뜻이었다. 그는 중서부 지역의 다른 어떤 판사보다도 배심원 교육을 길게 했던 것으로 유명했다.[3] 또 저축의 미덕과 도박 및 음주의 악덕을 주제로 가족들에게 길게 설교하는 걸 좋아했다. 예의범절에 엄격한 찰리의 고모 우피는 찰리의 말을 들어주었고, '여든 살이 넘어서까지 두 개의 일자리를 계속 지켰으며, 교회를 지배하고, 돈을 저축하고, 사랑하던 남편의 부검 현장에 당연히 참석했다.'[4]

멍거 판사의 아들이자 찰리의 아버지였던 앨은 자기 아버지를 따라서 법조인이 되어 존경을 받았지만 부자는 되지 못했다. 〈오마하 월드-헤럴드〉를 포함해서 여러 지역 기관들이 변호사였던 그의 고객이었다. 자기 아버지와 다르게 쾌활한 성격이었던 앨은 파이프 담배와 사냥, 낚시를 즐겼다. 그의 아들은 나중에 앨에 대해서 이렇게 말했다.

"아버지는 당신이 원하시던 만큼 얻으셨습니다. 많지도 않고 모자라지도 않고 딱 그만큼만. (……) 자기 아버지나 또 자기 아들처럼 야단법석하지 않았고, 실제로 일어나지도 않을 일을 걱정하느라 많은 시간을 허비하지도 않았습니다."[5]

재치 있고 미인이던 앨의 아내 일명 플로렌스 '투디' 러셀은 의무와 도덕적 청렴을 가훈으로 삼고 살던 뉴잉글랜드의 기업가 가문 출신이었다. 찰리는 외가의 분위기를 '사는 건 평범하기 그지없었지만 생각하는 건 고상했다'고 묘사했다. 투디가 앨 멍거와 결혼하겠다고 밝히자 그녀의 할머니는 키 165센티미터에 두꺼운 안경을 쓴 앨을 보고 소스라치게 놀랐다. 그러고는 이렇게 말했다고 한다.

"쟤를 제정신이라고 할 사람이 세상에 있을까?"

앨과 투디 사이에서는 세 명의 아이가 태어났다. 찰스, 캐럴, 메리였다. 찰리의 아기 때 사진을 보면, 그때 이미 어린 찰리는 인생 후반에 전형적인 특징으로 자리 잡는 뾰로통한 표정을 가지고 있었다. 던디 초등학교에 다닐 때 찰리의 가장 큰 특징은 요정의 귀처럼 커다란 귀와 자기가 원할 때면 드러내 보이던 커다란 미소였다. 초등학생 찰리는 똑똑했고, '활기가 넘쳤으며 (……) 어떤 선생님들의 기대를 무시해 버릴 정도로 독립적이었다'고 여동생 캐럴 에스타브룩은 회상한다.[6] 또 멍거 부부의 이웃이던 도로시 데이비스는 어린 시절의 찰리를 떠올리면서 '똑똑했고 아는 척을 잘했다'고 회상했다.[7] 데이비스 부인은 찰리가 자기 아들 닐에게 영향을 미치지 못하도록 애썼지만 찰리의 입을 길들일 수 있는 방법은 어디에도 없었다. 회초리를 들고 종아리를 때리겠다고 두 아이를 쫓아보아도 불가능했다.

워런은 어린 시절에 겪은 모욕을 대부분 참았다. 몇 차례 아주 짧게 반항했을 뿐이다. 어린 워런은 저항하기보다는 자신의 비참함을 숨기고 그것을 극복할 수 있는 정교한 전략들을 채택했었다. 하지만 어린 찰리는 그런 상황을 감내하기에는 자존심이 너무 셌다. 그래서 특유의 재능을 발휘해서 상대방을 비꼬았고, 그 바람에 더욱 힘든 청소년기 고뇌를 겪어야 했다. 금요일 애디 포그의 사교춤 강습 시간에는 항상 학교에서 자기보다 유일하게 키가 작았던 여자아이 메리 맥아더와 함께 짝이 되었는데, 그럴 때마다 찰리는 자기 학년에서 두 번째로 키가 작다는 사실을 강조하는 그 상황에서 비롯되는 분노를 애써 숨기려 하지 않았다.[8] 센트럴고등학교에서 그는 '브레인스(두뇌)'라는 별명을 얻었고, 학생들 사이에서 과잉 행동과 냉담함으로 유명했다.[9]

배움을 중시하던 분위기의 집안에서 자란 덕분에 찰리 멍거는 성장하면서 지적인 야망을 가지게 되었고, 열일곱 살에 미시건대학교에 입학했다. 전공은 수학이었다. 그리고 진주만 사건이 일어난 지 일 년 뒤에 육군에 입대했다. 2학년 1학기를 마친 뒤였다. 군에 복무하는 동안 그는 뉴멕시코대학교와 캘리포니아공과대학에 다녔다. 기상학 분야의 학점을 따려고 했지만, 결국 졸업하지 못했다. 그 뒤에 더 수업을 받은 뒤 알래스카의 놈에서 육군 기상병으로 근무했다. 나중에 멍거는 자기는 군인이었지만 전지 근무를 하지 않았고 안전한 곳에서만 근무했다는 말을 강조하곤 했다. 멍거가 직면했던 주된 위험은 돈과 관련된 것이었다. 멍거는 군대에서 받은 봉급을 포커로 크게 불리고는 자신이 포커에 소질이 있다는 사실을 알았다. 패가 나쁘면 빨리 덮어버리고 패가 좋으면 돈을 많이 걸어야 한다는 걸 이때 깨우쳤다고 그는 말했다. 이 교훈의 덕을 나중에 누리게 된다.

전쟁이 끝난 뒤, 비록 대학교를 졸업하지도 않았지만 명문 가문의 연줄이 도움이 되어 멍거는 하버드대학교 로스쿨에 입학했다.[10] 그때 그는 이미 낸시 허긴스와 결혼한 상태였는데, 두 사람의 나이가 각각 스물한 살과 열아홉 살이던 때 충동적으로 한 결혼이었다. 멍거는 중키 정도로 자랐다(나중에 다 자란 멍거의 키는 평균보다 크다-옮긴이). 짧게 자른 짙은색 머리와 강한 눈빛에 잘 차려입은 그는 세련된 청년이었다. 하지만 귀를 제외하고 그에게서 가장 두드러졌던 특징은 전매 특허라고 할 수 있었던 회의적인 표정이었다. 멍거는 아무것도 배우지 못하고 하버드대학교를 졸업할 때까지 계속 이 표정을 달고 다녔다고 자기 입으로 말했다.[11] 로스쿨에 다니던 당시에 멍거는 지도를 바라보며 다음과 같이 자기 자신에게 물었다고 나중에 친구들에게 밝혔다.

"내가 많은 돈을 벌 수 있으려면 점차 성장하며 많은 기회를 제공하는 도시로 진출해야 할 텐데, 과연 어떤 도시가 이런 조건을 충족할까? 너무 크거나 이미 발전해 지역의 저명한 인물로 발돋움하기 어려운 도시는 빼고……."

그는 로스앤젤레스를 선택했다.[12] 패서디나가 무척 끌렸다. 그 지방 저명한 가문의 딸인 아내를 만난 곳이 바로 여기였다. 낸시는 "고집 세고 막무가내였다"고 그의 딸 몰리가 말한다. 하지만 이런 성격은 남편의 기질을 고려할 때 이상적이지 않았다.[13] 결국 몇 해 가지 않아서 두 사람의 결혼 생활은 삐거덕거렸다. 그럼에도 불구하고 멍거가 하버드를 졸업한 뒤에 두 사람은 아들 테디를 데리고 낸시의 고향으로 돌아가서 패서디나에 정착했다. 이곳에서 멍거는 변호사로 성공했다.

그들 부부는 아이를 셋 낳았다. 하지만 멍거는 1953년까지 8년이라는 세월을 성격 차이와 부부 싸움 속에서 참담하게 보낸 끝에 마침내 낸시와 이혼했다. 그때는 이혼을 명예롭지 못하게 여기던 시대였다. 많은 문제가 있었지만 두 사람은 세 아이(아들 하나와 딸 둘)를 생각하면서 관계를 원만하게 정리했다. 멍거는 대학교 클럽에서 방을 하나 얻어 이사했다. 그리고 도색이 엉망이고 군데군데 움푹 찌그러진 노란색 폰티액을 샀다. 굳이 그런 차를 산 건 '돈을 보고 달려드는 여자들'을 차단하기 위해서였다. 그러고는 토요일마다 헌신적인 아빠 노릇을 했다.[14] 그런데 두 사람이 이혼한 지 채 1년도 지나지 않아 여덟 살이던 테디가 백혈병 진단을 받았다. 멍거와 낸시는 테디를 데리고 여기저기 병원을 다녀 보았지만 결국 테디의 병을 치료할 방법이 없다는 사실을 알았다. 두 사람은 백혈병 병동에서 테디의 곁을 지켰다. 이 병동에서 멍거와 낸시뿐만 아니라 어린 환자의 부모들 혹은 조부모들은 각자 사랑하는 자기 자식들이 마지막 남은 생의 시간을 소진하며 죽어가는 모습을 지켜보았다.[15]

테디는 입원과 퇴원을 반복했다. 멍거는 테디를 찾아가서 두 팔로 안아주고 패서디나 거리를 걷기도 했다. 실패한 결혼과 아들의 불치병은 참을 수 없는 고통이었다. 이혼한 남자로 혼자, 그것도 가끔씩만 아빠 노릇을 하고 살면서 느끼는 고독에도 마음이 쓰라렸다. 친밀하게 지낼 가족이 없는 삶은 멍거에게 실패의 아픈 현실이었다. 멍거는 자식들에게 둘러싸여 살고 싶었다.

일이 제대로 돌아가지 않으면 멍거는 부정적인 상황에 침잠하기보다는 다른 목표를 새로 세우고 그쪽으로 달려가곤 했다.[16] 실용적이라고 할 수도 있고, 때로는 무정하다고 할 수도 있었다. 하지만 멍거는 그걸, 수평선을 자기 시야 안에 확보해 두는 것이라고 여겼다. 멍거는 나중에 이런 말을 하기도 했다.

"도저히 믿을 수 없이 큰 비극에 맞닥뜨렸을 때, 절대로 의지를 약하게 함으로써 그 비극 하나가 두 개 혹은 세 개로 불어나게 내버려 두지 마라."[17]

이런 생각을 갖고 있었기에 멍거는 죽어가는 아들을 돌보는 와중에 재혼을 해야겠다는 생각을 했다. 하지만 원하는 여자를 만나서 결혼까지 갈 가능성을 분석하는 과정에서, 그는 더욱 비관적으로 변했다.

찰리는 자기가 과연 다른 누군가를 만날 수 있을지 의심했습니다. 찰리의 생각은 회의적이었죠. '내가 어떻게 다른 여자를 만날 수 있겠어? 캘리포니아 인구 2천만 명 가운데 절반이 여자고, 이 1천만 명 가운데 겨우 200만 명만이 나하고 맞는 나이지. 그런데 이 가운데 150만 명은 결혼한 여자니까 남은 인원은 50만 명이지만, 30만 명은 너무 띨띨하고 5만 명은 너무 똑똑해. 남은 15만 명이 내가 결혼하고 싶은 여자인데, 이 여자들은 농구장 안에 다 들어갈 수 있을 정도의 숫자란 말이지. 아무튼 난 이들 가운데서 한 명을 찾아야 하고, 그렇다면 나는 그 여자가 있는 농구장에 가 있어야 한단 말이지.'

너무 큰 기대를 하지 않는 멍거의 버릇은 이미 확고하게 굳어 있었다. 그는 기대 수준을 낮출 때에야 비로소 행복에 이를 수 있다고 여겼다. 기대가 크면 결점을 찾아내려고 하기 때문이라는 게 그의 생각이었다. 기대 수준을 낮추면 실망할 일도 없었다. 하지만 역설적이게도, 기대 수준을 낮추면 성공 역시 달아나 버릴 수 있었다.

절망 속에서 멍거는 이혼과 아들의 죽음이 다른 여자를 찾아 나서라는 신호라고 생각하기 시작했다. 친구들은 멍거의 이런 모습을 애처롭게 생각해서 이 문제에 개입했다. 법률 회사의 어떤 동료 변호사가 남자아이 둘을 키우는 이혼녀를 멍거에게 소개시켰다. 이 여자의 이름도 낸시였다. 낸시 배리 보스위크. 몸집이 작고 갈색 머리인 낸시는 테니스광이었고 스키와 골프를 즐겼다. 그녀는 스탠퍼드대학교 경세학과의 '파이 베타 카파'(미국 명문대 최우수 졸업생 모임 – 옮긴이) 장학생이었다.

처음 만난 자리에서 멍거는 그녀에게 이렇게 경고했다.

"나는 남을 가르치려 드는 버릇이 있습니다."

남에게 설교하려는 충동에 온통 사로잡혀 사는 남자라도 낸시는 개의치 않았다. 두 사람 사이의 관계가 잘 풀릴지 모른다는 좋은 신호였다. 이렇게 해서 두 사람은 각자 자기 아이들을 데리고 나와서 함께 나들이를 하기 시작했다. 처음에 테디는 아버지가 만나는 여자와 그 여자의 두 아들과 잘 어울렸다. 하지만 이내 건강이 급격하게 악화되면서 더 이상 함께 다니지 못했다. 그리고 서른한 살의 찰리 멍거는 아들이 이 세상에서 마지막으로 보낸 몇 주 동안 줄곧 그의 병상을 지켰다. 결국 테디는 1955년에 아홉 살의 나이로 사망했고, 멍거는 불과 몇 주 만에 몸무게가 7킬로그램이나 줄어들었다. 나중에 당시 상황을 그는 이렇게 말했다.

"내 인생에서, 그 아이의 남은 생명이 조금씩 줄어드는 걸 지켜보았던 것보다 더 힘든 고통은 아마 없을 것이다. 그 이상은 상상도 할 수 없다."[18]

찰리는 낸시 보스위크와 1956년 1월에 결혼했다. 그녀는 곧 찰리의 밸러스트(선박의 복원력을 유지하기 위해 선체 밑바닥에 싣는 중량물 – 옮긴이)가 되었다. 멍거에게는 그의 인생을 잘 조정해 줄 누군가가 절박하게 필요했다. 낸시는 수완과 용기를 겸비한 여자였다. 찰리를 태운 기구의 풍선이 너무 크게 부풀어 올라 조금이라도 위험하다 싶으면 낸시는 망설이지 않고 풍선의 바람을 뺐다. 그녀는 세심하고 차분하고 합리적이며 노련하고 탁월한 관리자였다. 낸시는 찰리가 때로 격렬한 충동에 휩싸일 때면 그의 변덕을 솜씨 좋게 제어했다. 그리고 세월이 흐르는 동안 아들 셋과 딸 하나를 낳았다. 이렇게 해서 두 사람이 키우는 아이는 원래 있던 멍거의 두 딸과 낸시의 두 아들을 합쳐서 모두 여덟 명이 되었다. 낸시는 찰리를 돌보고 집안일을 하면서 여덟 명의 아이를 키웠다.[19] 아이들은 아버지를 '다리 달린 책'이라고 불렀다. 과학과 위대한 인물들이 이룩한 업적을 끊임없이 공부했기 때문이다. 한편 멍거는 법률 회사 '뮤직, 필러 앤드 개릿Musick, Peeler & Garrett'에서 꾸준하게 일했지만, 그 분야에 계속 눌러앉아 있다가는 부자가 되지 못할 것이라는 판단을 내리고는 괜찮은 수익을 올릴 수 있는 부업거리들을 찾기 시작했다.

아주 젊은 변호사였던 찰리는 아마 한 시간에 20달러를 벌었을 겁니다. 찰리는 속으로 이런 생각을 했습니다. '누가 나에게 가장 소중한 고객일까?' 그 고객은 바로 자기 자신이라고 결론을 내렸습니다. 그래서 그는 하루에 한 시간을 자기 자신에게 할애하기로 했습니다. 그는 이것을 이른 아침 시간에 했습니다. 건설 사업이나 부동산 관련 거래였습니다. 모든 사람이 자기 자신의 고객이 되어야 합니다. 다른 사람을 위해서 일하면서, 또한 동시에 자기에게 하루 한 시간씩 팔아야 합니다.

다음은 찰리 멍거가 많은 세월이 지난 뒤에 당시를 회상하면서 한 말이다.

"부자가 되고 싶은 욕망은 결코 작지 않았다. 페라리를 사고 싶어서가 아니었다. 나는 독립을 원했다. 필사적으로 원했다. 사람들에게 송장(送狀)을 작성해서 보내는 일은 위엄 있는 일이 아니라고 생각했다. 무엇을 통해서 그런 생각을 하게 되었는지는 모르겠지만, 아무튼 나는 그런 생각을 했다."[20]

멍거는 자기를 신사 변호사라고 여겼다. 돈은 그에게 경쟁 목표가 아니었다. 그는 제대로 된 클럽에 가입하고 싶었다. 그 클럽의 회원들이 자기보다 부자라는 사실에 조금도 신경을 쓰지 않았다. 겉으로는 오만함을 드러내고 있었지만, 찰리는 위대한 업적이나 그런 업적을 이룬 사람을 깊이 존경했다. 이런 겸손함은 장차 그가 만나게 될 사람과 인간관계를 형성하는 데 관건이 되었던 덕목이었다.

오마하 클럽의 별실에서 멍거 앞에 앉은 워런은 멍거가 보기에 보험 상품을 팔러 온 젊은 보험 판매원 같은 옷차림이었다. 그때까지 살면서 세상 물정을 어느 정도 터득한 멍거는 로스앤젤레스에서의 사업과 상류층 사회에 안착해 있었다. 데이비스 부부와 시먼 부부가 멍거와 워런을 소개하자마자, 두 사람은 곧바로 이야기를 나누기 시작했다. 찰리는 어니스트 버핏의 식료품점에서 짧은 기간 동안 '노예처럼' 일한 적이 있다는 말을 했다.

"거기에서 빌어먹을 꼭두새벽부터 밤까지 일했어요."[21]

하지만 당시에 어니스트는 투디 멍거처럼 괜찮은 고객들의 아들들은 많이 봐준 편이었다. 적어도 시도 때도 없이 닦달당했던 직원들에 비하면 훨씬 너그러운 대접을 받았다.[22] 의례적인 말들이 오간 뒤에 이야기는 본격적으로 그리고 빠르게 진행되었다. 멍거와 워런을 제외한 나머지 사람들은 두 사람이 하는 얘기를 듣기만 했다. 특히 워런이 투자와 벤 그레이엄에 대해서 이야기할 때는 완전히 몰입해 있었다. 멍거는 워런이 하는 이야기의 핵심을 곧바로 포착했다.

당시에 찰리는 투자나 사업과 관련해서 많은 생각을 하고 있던 참
이었습니다.

워런은 멍거에게 내셔널 아메리칸이라는 보험 회사 이야기를 했
다. 멍거는 하워드 애먼슨, 헤이든 애먼슨 형제와 함께 센트럴고등학
교에 다녔었다. 그는 캘리포니아 출신도 아닌 워런과 같은 인물이 애
먼슨 형제, 그들의 저축액과 부채에 대해서 그토록 많은 것을 알고
있다는 사실에 감탄했다. 곧 두 사람은 동시에 이야기를 하기 시작했
지만 이들은 서로를 완벽하게 이해하는 것처럼 보였다.[23] 그리고 얼
마 뒤, 멍거가 워런에게 물었다.

"워런, 당신이 전문적으로 하는 게 뭡니까?"

워런은 자기가 하는 일을 설명했다. 여태까지 설립한 투자 동업 회
사를 포함해서 이런 것도 하고 저런 것도 한다고 설명했다. 그리고
1957년에 시장이 8퍼센트나 내려갔음에도 불구하고 자기 투자 회사
는 10퍼센트의 수익을 냈다고 했다. 다음 해에 자기 투자 회사의 투자
자산 가치는 40퍼센트 넘게 증가했다고 말했다.[24] 자기가 받은 수수
료는 운영 경비에 쓰는 게 아니라, 모두 재투자했는데 8만 3,085달
러로 불어났다고 했다. 일곱 개 투자 회사에 각각 100달러씩 해서 모
두 700달러를 자기의 최초 투자 자금으로 넣었는데,[25] 지금 이 돈은
전체 투자 회사 지분 가운데 9.5퍼센트까지 늘어났다고 했다. 수익률
이 꾸준히 좋아서 1959년에도 다우지수의 상승률을 상회해, 자기의
투자 자금 및 지분 비율은 점점 더 커질 것이라고 했다. 투자자들은
신이 났고, 동업자가 되겠다는 투자자가 줄을 섰다고 했다. 워런의
이야기를 잠자코 듣기만 하던 멍거가 마침내 이렇게 물었다.

"그런 걸 내가 캘리포니아에서도 할 수 있을까요?"

워런은 잠시 생각했다. 그리고 멍거를 바라보았다. 이런 질문은 로

스앤젤레스에서 변호사로 성공한 사람의 입에서 나올 법한 이야기가 아니었다.

"예. 자신 있게 말하지만, 할 수 있습니다."[26]

식사가 끝나자 시먼 부부와 데이비스 부부는 자리에서 일어났다. 이들이 나가면서 엘리베이터 앞에서 마지막으로 돌아보았을 때도 워런 버핏과 찰리 멍거는 여전히 식탁에 앉아서 대화에 몰두하고 있었다.[27]

며칠 뒤 두 사람은 각자 아내를 데리고 조니스 카페Johnny's Café에서 만났다. 이 스테이크하우스에서 찰리는 자기가 한 농담에 스스로 도취한 나머지 배를 잡고 웃다가 식탁 칸막이 밖으로 뛰쳐나왔고 결국 바닥에 뒹굴기까지 했다. 멍거 부부는 로스앤젤레스로 돌아갔지만, 멍거와 워런 사이의 대화는 전화로 계속 이어졌다. 한번 통화를 시작하면 보통 한두 시간은 기본이었고, 이런 통화 주기는 점점 짧아졌다. 한때 탁구에 푹 빠진 적이 있었던 워런은 멍거에게서 훨씬 재미있는 걸 발견했다.

"당신은 왜 그 사람에게 그토록 신경을 많이 쓰세요?"

낸시의 질문에 멍거는 이렇게 대답했다.

"당신은 이해를 못 해. 그 친구 보통내기가 아니야."[28]

기관차

워런과 수지는 평범하게 보였다. 두 사람은 평범한 생활을 고수했다. 집은 비록 컸지만 여봐란듯이 화려하지는 않았다. 집 뒷마당에는 아이들을 위해서 지은 작은 통나무집이 있었고 뒷문은 언제나 열려 있었다. 그 문으로 이웃집 아이들이 늘 들락거렸다. 버핏 부부는 각자 다른 트랙에서 점점 속도를 높이며 자기가 탄 기차를 운전하고 있었다. 수지의 기차는 일정에 따라서 가다 서다를 반복했지만, 워런은 '달러'라는 이름의 산 정상을 향해서 쉬지 않고 빠르게 달려갔다.

1958년까지 워런 버핏은 꽁초 주식을 산 다음 거기에 불이 붙을 때까지 기다리는 전략을 일관되게 고수했다. 그러고는 주식을 팔고 (때로는 애석해했다) 자기가 더 원하는 다른 주식을 샀다. 하지만 사고 싶은 주식은 자기가 운용할 수 있는 자본보다 늘 많아서, 그의 야망은 언제나 제한을 받을 수밖에 없었다.

하지만 이제 워런은 일곱 개의 투자 회사와 '버핏 앤드 버핏' 그리고 개인적으로 운용하던 돈을 합쳐서 모두 100만 달러가 넘는 돈을 관리하고 있었다.[1] 그래서 여태까지와는 다른 규모로 운용할 수 있었다. 스탠백, 냅, 브랜트, 코윈, 멍거, 슐로스, 루안 등으로 이루어진 인적 자산은 멍거의 합세로 더욱 커졌다. 멍거와 워런이 한 달에 한 번씩 내던 전화 요금은 그들의 기준으로 볼 때 터무니없을 정도로 엄청난 금액이었다. 그만큼 통화를 많이 했던 것이다. 멍거는 워런에게 자기 친구인 로이 톨스를 소개했다. 전직 해군 전투기 조종사였으며 호리호리한 몸매를 가지고 있었던 톨스는 늘 잔잔한 미소를 머금으면서도 머릿속으로 수많은 생각들을 하고 있었다. 하지만 그는 때로 촌철살인의 발언을 하기도 했는데, 그의 친구는 톨스의 이런 모습에 사람들이 '상처 입을 때를 대비해서 반창고를 가지고 다니고 싶어 했다'는 말까지 했다. 워런은 멍거와 마찬가지로 톨스의 공격을 슬쩍 피하면서 그에 못지않게 반격할 수 있었다. 아무튼 워런은 톨스를 모임의 일원으로 받아들였다. 이렇게 해서 워런의 투자 철학에 동조하는 자발적인 집단들이 형성되어 비록 느슨한 조직이긴 하지만 강력한 지지 기반이 마련되었다. 워런은 어릴 적에 친구들과 그랬던 것처럼 이 집단을 통솔해 '톰 소여의 모험'을 추구했으며, 전체 집단을 자기의 여러 관심사에 맞춰서 여러 개의 조직으로 나누어 독립적인 논의가 진행되도록 했다. 그런데 이 집단의 규모가 점차 빠르게 커지면서 이제 워런이 직접 나서서 세세한 것들을 모두 챙길 수 없게 되었다.

워런이 자기 집 서재에 앉아서 《증권 분석》이나 《무디스 매뉴얼》을 뒤적거리면서 원하는 주식을 찾아내던 날들은 가고 없었다. 실제로 집행하려면 시간과 계획을 필요로 하는, 돈이 많이 들고 거대한 규모의 사업들, 내셔널 아메리칸 주식을 사들이는 것보다 더 큰 사업들을 다루는 일이 점점 많아졌다. 이런 사업들을 추진하다 보면 아주 복잡하고 극적인 일들이 일어났으며, 워런은 몇 달 혹은 길게 갈 경우 몇 년씩 매달리기도 했다. 때로는 이 거대한 투자 사업들을 동시에 진행하기도 했다. 그러잖아도 가족들과 함께할 시간이 별로 없었는데, 일의 규모가 커지면서 이런 경향은 더욱 심해졌다. 워런의 눈은 가족보다는 친구들에게 더 많이 가 있었다.

　이런 복잡한 사업들 가운데 맨 처음 진행된 사업이 '샌본 맵Sanborn Map'이라는 회사와 관련된 것이었다. 이 회사는 미국 전체 도시의 전선, 수도관, 자동차길, 건물 설계와 시공 특성, 지붕 구조, 비상통로 등에 관한 상세한 정보를 담은 지도를 발간했다. 이 지도의 고객은 주로 보험 회사들이었다.[2] 그런데 이 회사는 보험사들이 합병함에 따라 고객층이 점차 줄어들고 있었다. 하지만 한 주에 45달러이던 주식 가격은 싼 편이었다. 샌본의 투자 포트폴리오의 자산 가치만 해도 한 주에 65달러였기 때문이다. 워런이 이 설비 자산을 장악하려면 현재 자기가 확보하고 있는 투자자들만으로는 부족했다. 다른 사람들의 도움이 필요했다.

　1958년 11월부터 워런은 자기가 운용하는 투자 회사의 전체 자산 가운데 3분의 1을 샌본에 넣었다. 그리고 자기 개인 자금과 수지가 가지고 있던 돈으로도 그 주식을 샀다. 앨리스 고모, 아버지, 어머니, 누나와 동생 모두 그 주식을 사게 했다. 또한 이 아이디어를 코윈, 스탠백, 냅, 슐로스에게 알려주었다. 몇몇 사람들에게는 호의를 베풀어서 수수료를 떼지 않기로 했지만, 그 밖의 사람들에게는 차입 자본 효과를 최대한 거두기 위해서 수익의 일부를 수수료로 책정했다. 아울러, 자기가 통제할 수 있는 주식의 수를 늘리려고 고등학교 시절 핀볼 및 좀도둑질 사업 동업자였던 돈 댄리까지 끌어들였다. 아버지의 절친한 친구 빅 스피틀러, 도티의 남편 호머 로저스도 끌어들였다. 심지어 톰 냅이 일하던 주식 중개 회사 '트위디, 브라운 앤드 라일리'의 사장 하워드 브라운도 끌어들였다. 또한 불의의 사고로 세상을 떠난 친구 프레드 쿨켄의 어머니와 이모인 앤 고트챌트와 캐서린 엘버펠드도 끌어들였다. 그는 만에 하나를 걱정하며 이 두 사람은 아직 자기 투자 회사에 동업자로 참가시키지 않고 있었는데, 이 두 사람에게 샌본 주식을 사게 한 걸 보면 이 사업에 워런이 얼마나 확신을 가지고 있었는지 쉽게 알 수 있다. 이런 노력 끝에 마침내 워런은 샌본의 이사회 이사로 선출될 수 있을 정도의 주식을 확보했다.

1959년 3월, 그는 뉴욕에 갔다. 정기적인 여행이었다. 그는 롱아일랜드에 있는 앤 고트챌트가 소유한 식민지 시대 풍의 작은 흰색 집에 머물렀다. 그즈음 두 여자에게 그는 양자나 다름없었다. 두 여자는 그를 오래전에 죽은 프레드 대신 아들 혹은 조카로 생각하고 있었다. 그래서 워런은 여분의 잠옷과 속옷을 그 집에 두고 있었고, 고트챌트는 그에게 아침마다 햄버거를 만들어 주었다. 뉴욕으로 여행할 때마다 워런은 늘 자기가 이번 여행에서 달성하고자 하는 목표를 열 개에서 서른 개 사이로 일목요연하게 정리해서 가지고 있었다. 그는 스탠더드 앤드 푸어스 도서관에 가서 이러저러한 정보를 얻었고, 몇몇 회사들을 방문했으며 또 몇몇 주식 중개인을 만났다. 그리고 늘 브랜트, 코윈, 슐로스, 냅, 루안을 만나서 함께 시간을 보냈다. 이들이 그의 뉴욕 인맥이었다.

그런데 이번 여행은 특별히 길어 열흘이나 걸렸다. 그는 투자 동업회사의 전망을 예측하는 모임을 여러 차례 가졌고, 중요한 자리에도 참석했는데, 그중 하나가 바로 샌본의 이사회 회의에 이사 자격으로 참가하는 것이었다. 처음 참가하는 자리였다.

샌본의 이사회는 거의 대부분 주요 고객인 보험 회사 대표들로 구성되어 있었다. 그래서 이 회사의 이사회는 독립된 사업체라기보다는 보험 회사들의 클럽처럼 운영되었다. 마지막에 골프를 치지 않는다는 것만 빼고는 클럽과 흡사했다. 이사회 구성원들 가운데 이 회사의 주식을 상당한 수준으로 가지고 있는 사람은 아무도 없었다.[3] 회의장에서 워런은 회사가 투자액을 주주들에게 돌려줘야 한다고 주장했다. 하지만 대공황과 2차 대전 이후 미국의 기업은 돈을 비축하고 절약해야 하는 희귀한 물품으로 취급했다. 이제 더 이상 그럴 만한 경제적 사유가 없음에도 불구하고 이런 식의 사고방식은 관행으로 굳어져 있었다. 이사회는 투자 포트폴리오를 지도 제작 사업과 분리시켜야 한다는 생각을 말도 안 되는 터무니없는 발상으로 치부했다. 그런데 회의가 끝나갈 무렵 이사회는 적당한 습도를 유지하며 담배를 저장해 두는 상자를 개봉해서 시가를 돌렸다. 이사들이 연기를 뿜었다. 그 모습을 바라보던 워런은 자기 돈이 바로 저 시가에 들어가 있다는 생각에 화가 나서 콧김만 씩씩 뿜어댔다. 공항으로 돌아가던 길에 그는 지갑에서 아이들 사진을 꺼내 보며 솟구치는 분노의 감정을 다스렸다.

워런은 다른 주주들의 이익을 위해서, 이사회 구성원으로서 제 역할을 하지 못하는 이사들을 모두 쫓아내고 샌본을 완전히 장악해야겠다고 결심했다. 주주들은 그런 보상을 받을 자격이 있었다. 그래서 버핏 사람들, 즉 프레드 스탠백, 월터 슐로스, 앨리스 버핏, 댄 코윈, 헨리 브랜트, 캐서린 엘버펠드, 앤 고트챌트 및 다른 사람들이 계속해서 샌본 주식을 사들였다. 워런은 또한 새로 들어오는 투자 자금을 여기에다 쏟았다. 그리고 아버지에게도 주식 중개 고객들을 샌본에 끌어들이게 했다. 이 과정에서 워런은 아버지에게 재정적인 도움을 주면서도 샌본에 대한 지배력을 더욱 튼튼하게 했다.

오래 지나지 않아 워런을 통해 '그리프 브로스'와 '클리브랜드 워스트 밀'의 주식 이야기를 듣고 이 회사를 샀던 유명한 투자가 필 캐릿을 포함해서, 워런에게 샌본 주식 이야기를 들었고 또 워런에게 우호적이던 사람들이 사들인 샌본 주식은 2만 4천 주 가까이 되었다. 샌본에 대한 지배력이 한층 강화되자 그는 행동에 나서기로 결정했다. 주식시장은 강세였고, 워런은 샌본이 적절한 시점에 투자 자산 부문을 매각하기를 바랐다. 샌본의 전략 컨설턴트이던 부즈 앨런 해밀턴도 이미 그렇게 해야 한다는 보고서를 회사에 제출해 놓은 상태였다.[4] 문제는 세금이었다. 만일 샌본이 투자 자산 부문을 매각한다면, 200만 달러나 되는 세금을 부담해야 했다. 워런은 '록우드 앤드 컴퍼니'의 경우와 비슷한 해결책, 즉 투자 자산 부문을 주식과 교환함으로써 세금 부과를 피하는 해결책을 제시했다.

이사회가 열렸다. 하지만 이번에도 투자자들의 돈을 시가 연기로 날려보내는 것 말고는 아무런 일도 일어나지 않았다. 워런은 공항으로 가면서 다시 한번 아이들의 사진을 꺼내 보며 분노를 삭였다. 사흘 뒤, 그는 만일 이사들이 10월 31일까지 행동하지 않으면 특별위원회를 소집해서 회사 지배에 나서겠다고 위협했다.[5] 그로서도 이제는 인내심이 바닥났던 것이다.

이사회는 달리 선택할 방법이 없었다. 그래서 두 부문을 분리하기로 했다. 하지만 그렇게 한다 하더라도 세금을 어떻게 처리할 것인가 하는 문제는 여전히 남아 있었다. 보험 회사에 적을 둔 이사 한 사람이 이렇게 말했다.

"우리 그냥 세금을 감수합시다."

그래서 내가 그랬습니다. '잠깐만요. '우리'라니, 여기서 우리가 누굽니까? 만일 전체 세금을 관련된 사람의 머릿수로 나눠서 내자면 나는 좋습니다. 하지만 소유 주식에 비례해서 세금을 내자고 하면,

다시 말해서 당신은 10주에 해당하는 세금만 내고 내가 2만 4천 주에 해당하는 세금을 내자고 한다면, 반대합니다. 꿈도 꾸지 않는 게 좋을 겁니다'라고요. 그 사람은, 단지 자사주 매입이라는 번거로운 일을 하기 싫다는 이유만으로 200만 달러의 세금을 내자는 이야기를 하고 있었습니다.[6] 나는 지금도 그 사람들이 시가를 돌리던 일을 기억합니다. 나는 그 시가 하나하나에 30퍼센트의 비용을 물고 있었습니다. 그리고 이사회 회의장에서 담배를 피우지 않은 사람은 나밖에 없었습니다. 그 사람들도 내가 씹던 풍선껌 값의 3분의 1을 당연히 부담했어야 합니다.

결국 이사회는 항복했다. 이렇게 해서 1960년 초, 워런은 그 싸움에서 이겼다. 정력과 조직과 의지의 힘이었다. 샌본은 록우드와 같은 방식으로 투자 자산 포트폴리오를 주주들이 가지고 있던 주식과 교환했다.[7]

이 일은 새로운 이정표가 되었다. 워런은 자기의 두뇌와 자기 투자 회사들의 돈을 가지고 고집 센 막무가내 기업의 방침까지도 바꿀 수 있다는 사실을 보여주었던 것이다.

이 일을 하는 동안 그는 뉴욕을 수도 없이 오가면서 자기가 필요로 하는 샌본 주식을 어디에서 확보할 것인지, 이사회를 어떻게 무릎 꿇릴 것인지, 어떻게 하면 세금 부과를 피할 것인지 고민했다. 이런 고민을 하는 와중에도 그는 다른 투자 종목들을 부지런히 찾고 있었다. 그는 머릿속에서 딸깍거리며 돌아가는 수천 개의 수치들로 마음이 소용돌이치고 있었다. 집에 돌아오면 보통 곧바로 2층으로 가서 자료를 읽고 생각에 잠겼다.

수지는 남편이 하는 일이 중요한 것임을 잘 알았다. 하지만 그럼에도 남편을 서재 밖으로 끌어내어 가족이라는 울타리 안으로 들어오게 하려고 애썼다. 일정을 잡아서 외출하고 휴가를 가고 또 식당에서 저녁을 먹었다. 수지가 늘 하던 말이 있었다. "누구나 다 아버지는 될 수 있어요. 하지만 당신은 아빠도 되어야 해요"[8]였다. 하지만 수지의 이 말이 향하는 대상은, 수지가 생각하는 '아빠'의 모습에 부합하는 사람이 전혀 아니었다는 게 문제였다.

"자, 브롱코스Bronco's로 가자!"

수지가 자주 하던 말이었다. 수지는 남편과 함께 이웃 아이들까지 잔뜩 차에 태워서 햄버거를 먹으러 이 식당으로 달려갔다. 식당에서 워런은 재미있는 상황이 벌어지면 큰 소리로 웃었고 화제에 열심히 참여하는 것처럼 보이기도 했다. 하지만 말은 거의 하지 않았다. 마음은 딴 데 가 있었던 것이다.[9] 한번은 캘리포니아로 휴가를 갔는데, 어느 날 밤에 그가 한 무리의 아이들을 디즈니랜드로 데려갔다. 그러나 아이들이 놀이기구를 탄다 뭐를 한다 하면서 신나는 시간을 보낼 때 그는 벤치에 앉아서 투자 관련 자료를 읽었다.[10]

피터는 이제 두 살이 거의 다 되었고 호위는 다섯 살이었다. 그리고 따로 자기만의 계단이 달려 있는 분홍색 체크 무늬의 2층 방 캐노피 침대 왕국의 여왕 리틀 수지는 여섯 살 반이었다. 호위는 저지레를 하면서 부모가 이 저지레에 반응하는 데 얼마나 시간이 걸리는지 시험했다. 호위는 말이 늦게 트였던 피터를 못살게 굴었다. 녀석은 마치 과학 실험을 하듯이 동생을 쿡쿡 찔러서 반응을 관찰하곤 했다.[11] 리틀 수지는 말썽이 생기지 않도록 누나답게 두 아이를 잘 단속했다. 그리고 호위에게 복수하는 방법도 터득했다. 호위에게 포크로 우유갑 아랫부분에 구멍을 몇 개 내라고 하면 호위는 누나가 시키는 대로 했다. 그리고 우유갑에 난 구멍에서 우유가 뿜어져 나와 식탁을 엉망으로 만들어 놓는 장면을 호위가 흐뭇한 마음으로 바라보면, 리틀 수지는 곧바로 2층으로 달려 올라가서 엄마에게 일렀다.

"엄마아아아! 호위가 또 말썽 부렸어요!"[12]

워런은 호위의 파괴적인 에너지를 다스리는 일을 늘 수지에게 넘겼는데, 호위의 기억으로 볼 때 이런 상황을 대하는 수지의 태도는 늘 한결같았다.

"어머니는 한 번도 화를 내지 않으셨습니다. 늘 내 편을 들어주셨죠."[13]

수지는 이 모든 것들을 감당하면서도 1960년경의 미국 중상류층 주부가 당연히 해야 할 일들을 마치 저글링을 하듯이 능숙하게 해냈다. 우선 날마다 그녀의 상징이 되어버린 차림새를 유지했다. 맞춤 드레스를 입거나 바지 정장을 입었는데, 햇살 같은 노란색을 자주 입었다. 그리고 한껏 부풀려 올린 가발로 멋을 내기도 했다. 또 남편을 비롯해서 모든 가족을 완벽하게 돌보았다. 지역사회의 지도자가 되었으며, 남편이 사업차 만나는 사람들을 우아한 방식으로 즐겁게 해줬다. 그것도 마치 이런 일은 자기에게 스완슨 TV 디너(데우기만 하면 먹을 수 있게 미리 조리해서 알루미늄 접시에 포장한 냉동식품명 - 옮긴이)를 오븐에 넣는 것보다 쉬운 일인 것처럼 행동하면서. 워런은 수지에게 가정부를 고용해도 된다고 했다. 얼마 뒤 아이들을 돌보는 보모가 들어와서 바람이 잘 통하고 밝고 또 욕실까지 딸린 2층의 방을 썼다. 수지는 레타 클라크라는 젊은 가정부 덕분에 짐을 많이 덜 수 있었다. 수지는 흔히 자선 오찬 모임을 마련하는 일로 하루를 시작했다. 그리고 리틀 수지가 학교 수업을 마치고 나오면 '블루 버즈'로 태워주곤 했다. 수지는 늘 자기를 평범하고 단순한 사람이라고 말했다. 하지만 그녀는 자기 인생을 단순하지 않은 여러 가지 것들로 채우는 일을 꾸준하게 했다. 당시 그녀는 '볼런티어 뷰로Volunteer Bureau(의용국)'라는 단체를 만들고 있었다.[14] 오마하대학교에서 수영을 가르치고 사무 관련 작업을 하는 봉사 단체였다. '당신도 폴 리비어가 될 수 있다'가 이 단체의 좌우명이었는데, 한 개인의 과감하고도 헌신적인 노력이 국가 전체를 구한다는 생각을 환기하기 위한 것이었다(폴 리비어는 1773년의 '보스턴 차 사건'에 참가하는 등 영국에 맞선 독립 전쟁에서 활동했다. 특히 영국군이 미국의 지도자 존 행콕과 새뮤얼 애덤스를 잡으려고 진격했다는 사실을 알리기 위해서 말을 타고 달린 사실이 유명하다 – 옮긴이).

수지도 폴 리비어와 마찬가지로 말을 타고 달리고 싶어 했다.[15] 그녀는 가정주부로서 해야 하는 의무와 자기의 관심을 필요로 하는 점점 더 많아지는 사람들에게 베풀어야 하는 의무 사이를 쉬지 않고 부지런히 왕복했다. 수지의 관심을 필요로 했던 사람들 가운데 다수는 경제적으로나 정신적으로 불우한 사람들이었다.

수지와 가깝게 지내던 벨라 아이젠버그라는 여자가 있었다. 아우슈비츠에서 살아남아 오마하로 이주한 사람이었다. 이 여자에게 수지는 수용소 생활의 끔찍한 악몽에 시달리다가 깨어 일어나 새벽 4시에 전화를 걸어도 되는 사람이었다.[16] 어린 시절 아버지가 스스로 목을 매어 숨진 모습을 목격한 유니스 드넨버그라는 여성도 마찬가지였다. 부유한 백인 사이에서는 드물게 버핏 부부에게는 흑인 친구들이 많았다. 이 가운데는 메이저리그의 위협적인 투수 밥 깁슨과 그의 아내 샤를렌 깁슨도 포함되어 있었다. 1960년에는 아무리 스타 선수라 하더라도 흑인이면 대우를 받지 못하던 시절이었다. 당시의 이런 상황과 관련해서 워런의 어릴 적 친구이던 바이런 스완슨은 다음과 같이 증언한다.

"오마하에서 백인은 흑인과 함께 있는 모습을 남에게 보이지 않으려고 했습니다. 그런 시절이었습니다."[17]

수지는 모든 사람에게 도움의 손길을 뻗었다. 고통이 큰 사람일수록, 보다 더 곤란한 상황에 놓인 사람일수록 수지는 더 기꺼이 손을 내밀었다. 수지는 자기가 잘 알지 못하는 사람들의 개인적인 삶에 깊은 관심을 가졌다. 워런은 수지와 함께 미식축구장에 갔던 일을 기억하고 있다. 그때 워런은 수지와 함께 매점 앞에 줄을 서 있다가 수지를 혼자 두고 잠깐 화장실에 다녀왔는데, 수지 곁에 줄을 서 있던 어떤 여자가 수지에게 이렇게 말하고 있었다.

"이 말은 내가 여태까지 살면서 단 한 번도 다른 사람에게 한 적이 없는 이야기거든요. 그게 뭐냐 하면……."

수지는 그 여자가 하는 말을 진지한 표정으로 귀 기울여 듣고 있었다. 수지는 누구를 만나든 그 사람이 하는 말에 진지하게 귀를 기울였고, 사람들은 이런 태도에 감동해서 마음을 열었다. 하지만 수지는 아무리 가까운 친구라 하더라도 자기가 겪는 힘든 문제를 털어놓지 않았다.

수지는 자기 가족에게 특히 언니 도티에게도 마찬가지로 구원의 천사 역할을 했다. 수지처럼 음악을 좋아했고 또 재능을 보였던 도티는 '오페라 길드Opera Guild'를 설립했으며 가족의 사랑을 충분히 받고 있었다. 하지만 어딘지 모르게 공허해 보였다. 어떤 사람이 했던 표현을 빌리자면 '씩씩하게 불행했다'. 도티는 겉으로는 여전히 즐거워 보였지만 속으로는 그렇지 않았다. 자기는 절대로 울지 않는데, 한번 울음을 터뜨리면 울음을 그칠 수 없을 것 같아서 울음을 참는다는 말을 수지에게 하기도 했다. 도티의 남편 호머는 아내의 마음 깊은 곳까지 다가가지 못한다는 사실에 절망하고 있는 눈치였다. 하지만 그럼에도 불구하고 이들 부부는 사람들과 왕성하게 어울렸다. 밤이면 자주 펼쳐지던 술자리의 떠들썩한 흥겨움 속에서 이들 부부의 어린 두 아들은 사람들의 발밑을 배회했다. 때로 호머는 두 아들을 호되게 벌주었고, 도티 역시 큰아들인 빌리를 지독하게 괴롭히기도 했다. 수지는 부모에게 제대로 사랑받지 못한 그 조카들을 마치 친자식처럼 거두었다.

또한 시부모에게도 정성을 다했다. 늙은 버핏 부부에게는 하워드의 건강과 또 그의 이념이 문제였다. 미국인은 대부분 하워드와 마찬가지로 공산주의에 망상증적인 공포를 느끼고 있었다. 하지만 하워드는 여기에서 한 걸음 더 나아갔다. 아이젠하워의 임기가 끝나갈 무렵 미국인은 번영 속에서 물러 터져 버린 자기 조국이 군비 경쟁에서 소련에 뒤지고 있다고 느꼈으며, 소련 공산당 서기장 니키타 흐루시초프가 유엔 회의장에서 신발을 벗어 연단을 내리치면서 "우리가 너희를 묻어버릴 거야!"라고 고함을 지르던 무시무시한 모습에 떨고 있었다. 1억 8천만 명의 미국인은 모두 공습에 대비하는 훈련을 받았다. 심지어 초등학생들도 책상 아래로 머리를 숨기고 몸을 웅크려야 했다. 세계적으로 보면 20개국 가까운 나라에서 10억 명도 넘는 사람들이 공산주의 체제 아래에 살고 있었다. 공산주의의 급격한 확장은 수많은 미국인을 경악하게 만들었다. 하워드는 새로 창설된 존 버치 소사이어티John Birch Society에 가입했다. 이 단체의 주된 관심사는 공산주의에 대한 공포심뿐만 아니었다. 미국의 도덕적이고 정신적인 문제에 대한 근심도 포함되었다. 하워드는 "설령 공산주의의 확장이 내일 당장 멈춘다 하더라도, 미국의 도덕적이고 정신적인 문제는 여전히 남는다"[18]고 했을 정도로 후자의 문제를 심각하게 바라보았고, 이 단체는 이 둘을 하나로 묶어서 활동 기반으로 삼았다. 하워드는 자기 사무실 벽을 공산주의의 위협적인 전개와 확산을 보여주는 지도들로 도배했다. 하워드와 도리스는 기독교반공십자군CACC: The Christian Anti-Communist Crusade[19]이 오마하에 뿌리를 내리도록 도왔으며, 애리조나 주의 상원의원 배리 골드워터를 중심으로 결집하던 이념적인 보수주의 운동에 헌신했다. 하워드는 공화당 내의 자유론자 집단에서 철학적인 순수파로 존경을 받았다. 하지만 존 버치 소사이어티라고 하면 누구나 경계와 조롱의 시선으로 바라보았다. 하워드가 이 단체의 입장을 방어하려고 지방의 한 신문에 자기 목소리를 낸 뒤로, 사람들은 점차 하워드를 괴짜로 취급하기 시작했다. 자기가 존경하는 아버지를 오마하가 비웃는다는 사실이 워런에게는 참을 수 없는 고통이었다.

아버지에 대한 걱정은 그것 때문만이 아니었다. 그보다 더 큰 문제가 있었다. 건강 문제였다. 하워드는 18개월 동안 원인을 알 수 없는 증상에 시달렸는데, 미네소타의 로체스터에 있던 메이요클리닉까지 찾아갔지만 의사들은 원인을 알아내지 못했다.[20] 그러다가 1958년 5월, 결장암이라 당장 수술을 받아야 한다는 말을 들었다.[21] 의사의 그 진단에 워런은 미칠 것만 같았다. 결장암이라는 진단 내용보다도 최종 진단에 이르기까지 의사들이 보여주었던 꾸물거림에 더 화가 났다. 그때 이후로 수지는 하워드의 자세한 병세를 워런이 알지 못하도록 차단했다.[22] 수지는 그저 워런의 머리를 쓰다듬으며 위로했고, 집안의 모든 일이 예전과 다르지 않게 진행되도록 했다. 또한 하워드가 수술을 받고 회복하는 긴 기간 동안 시어머니인 레일라를 위로하고 기운을 차리도록 했다. 수지는 이 모든 일들을 쾌활하게 해냈다. 그뿐만이 아니었다. 이런 위기 속에서 누구라도 의지할 수 있는 평온하고 듬직한 존재가 되었다. 아이들이 할아버지의 질병을 이해하도록 하고, 피터를 포함해서 모든 아이들이 정기적으로 할아버지를 찾아가서 뵙도록 했다. 호위는 환자용 안락의자에 앉은 하워드와 함께 미식축구 경기를 TV로 보곤 했다. 하워드는 경기가 끝날 때까지 응원하는 편을 계속 바꾸어 가면서 지는 쪽을 응원했다. 호위가 왜 그러느냐고 묻자 하워드는 이렇게 대답했다.

"쟤들이 약자잖아."[23]

아버지가 병으로 시련을 겪는 동안 워런은 일에 몰두함으로써 그런 사실을 잊으려고 했다. 가끔씩 잠깐 부엌으로 내려가서 수지가 손을 대도 괜찮다고 그에게 유일하게 허락한 목제 상자 안에서 팝콘이나 펩시콜라를 가져올 때를 제외하고는 줄곧 〈아메리칸 뱅커American Banker〉나 〈오일 앤드 가스 저널〉에 머리를 묻었다.

비록 하워드가 병으로 쓰러져 누워 있었고, 가족들 눈에는 여전히 조용하고 수줍은 워런이었지만, 그는 이제 가정에 어떤 일이 있든 공적으로 존재감을 드러내는 사람이 돼 있었다. 강력한 전기 에너지에 가까운 것이 사람들에게 전달되었다. 당시의 이 모습을 척 피터슨은 이렇게 회상한다.

"워런은 어디를 가든 그런 것들을 발산했습니다."[24]

찰리 멍거에게 그토록 깊은 인상을 심어주었던 워런 버핏은 투자 및 투자 회사에 대해서 끊임없이 설득력 있는 이야기를 했다. 그의 말은 무척 빨랐지만 그 속도만큼이나 빠르게 투자 자금을 모았다. 그래도 투자할 자금은 여전히 모자랐다.

멍거와 워런은 거의 날마다 통화했고, 멍거는 투자와 투자금 조달에 대해서 워런이 하는 이야기를 들으면서, 자기 자신을 강하게 밀어붙이는 그의 영업사원 기질에 감탄했다. 워런의 뉴욕 출장도 예전보다 더 잦아졌다. 헨리 브랜트가 그를 위해 조사 활동을 해주었기 때문이다. 현금이 투자 회사의 금고 안으로 마구 들어왔다. 1960년이 분수령이었다. 워런의 숙모와 숙부이던 케이티와 프레드는 1960년 초에 8천 달러 가까운 돈을 '버핏 어소시에이츠'에 넣었다. 그리고 척 피터슨의 연줄이 부분적으로 작용해서 5만 1천 달러가 '언더우드 파트너십'으로 들어왔다.

"척이 이럽디다. '자네하고 수지가 와서 앵글 부부와 저녁을 같이 먹으면 좋겠어.' 그때까지는 그 사람들을 몰랐습니다. 척이 하는 말로는 부부가 다 의사이고 정말 똑똑한 사람들이라고 했습니다."

캐럴 앵글과 빌 앵글 부부는 피터슨과는 길을 사이에 두고 마주보며 살고 있었다. 심장병 전문의이던 빌은 별난 사람이었다. 겨울에 밤을 새워가며 자기 집 앞마당에 물을 뿌리고 흠 하나 없이 반짝거리는 자기와 똑같이 통통하게 생긴 눈사람들을 만들어서 꽁꽁 얼어붙은 '연못들' 옆에 세워두곤 했다. 그의 아내 캐럴은 소아과 전문의였다.

우리는 두 사람을 차에 태웠습니다. 차에는 모두 여섯 명이 탔죠. 오마하 컨트리클럽으로 향했습니다. 캐럴 앵글은 정말 미인이었습니다. 똑똑하기도 했고요. 저녁을 먹는 동안 캐럴은 줄곧 내 얼굴에서 눈을 떼지 않았습니다. 무슨 말이냐 하면, 나한테 완전히 빠졌다 이거죠. 그럴수록 점점 더 신이 났습니다. 세상 온갖 이야기들을 하면서 캐럴에게 깊은 인상을 심어주려고 노력했습니다. 그리고 캐럴은 내가 하는 말을 한 마디도 놓치지 않았습니다.

워런이 했던 사업 설명은 늘 그랬듯이 무척 설득력 있었다고 피터슨은 회상한다.

오마하 컨트리클럽에서 나와 집으로 돌아오는 길에도 캐럴은 내게서 눈을 떼지 않았습니다. 이들 부부를 집 앞까지 태워다 준 다음, 척에게 내가 그랬죠. '오늘 밤 내가 아주 멋지게 잘한 것 같아!' 그러자 척이 이럽디다. '아냐, 바보야. 그 여자 귀가 안 들려. 네가 무슨 말을 하는지 들으려고 네 입술을 봤던 거야'라고요. 내가 쉬지 않고 계속 말하니까 내 얼굴에서 시선을 떼지 못했던 거죠.[25]

하지만 강력한 인상을 준 것만은 분명했다. 얼마 뒤에 앵글 부부는 자기들이 알고 있던 의사 열두 명을 '힐탑 하우스'에 불러서 저녁을 대접했다. 이 자리에서 빌 앵글은 각자 1만 달러씩 내서 투자 회사를 설립하자고 제안했다. 이 가운데 한 사람이 물었다.

"그 돈을 다 잃어버리면 어떻게 합니까?"

이때의 일을 워런은 다음과 같이 회상한다.

> 빌 앵글은 혐오감 섞인 표정으로 그 사람을 바라보며 이렇게 말했답니다. '그럼 다시 또 돈을 내서 다른 회사를 만들어야겠지요.'

워런의 여덟 번째 투자 회사인 '엠디Emdee'는 이렇게 해서 1960년 8월 15일 탄생했다. 투자 자금은 11만 달러였다. 그날 밤 힐탑 하우스에 모인 의사들 가운데서, 돈을 다 까먹을지도 모른다고 걱정했던 그 한 사람을 빼고 모두 1만 달러씩 투자했던 것이다.

회의적인 시선은 다른 곳에서도 있었다. 오마하의 모든 사람들이 워런 버핏에 관한 이야기를 반기지는 않았다. 우선 비밀주의 때문에 사람들은 그에게 투자하기를 꺼렸다. 어떤 사람들은 젊은 거물이 결국은 아무것도 이뤄내지 못할 것이라고 생각했다. 그가 발산하는 권위도 과분한 거만함일 뿐이라고 믿었다. 오마하의 한 저명한 가문 출신의 어떤 사람은 블랙스톤 호텔에서 예닐곱 명의 일행과 점심을 먹다가 워런 버핏이라는 이름이 나오자 이렇게 말했다.

"그 친구 일 년 안에 망할 거요. 딱 일 년만 주면 손 털고 사라질 테니까 두고 봅시다."[26]

1957년에 하워드의 회사를 합병했던 '커크패트릭 페티스Kirkpatrick Pettis'의 한 동업자는 여러 차례에 걸쳐서 "그에 대한 판단은 아직 이르다"[27]라고 말했다.

그해 가을, 이미 거품이 잔뜩 끼어 있던 시장이 후퇴 조짐을 보였다. 완만한 경기침체 상황에서 경제가 고전하고 있었다. 미국 전체 분위기도 좋지 않았다. 소련이 군비 경쟁과 우주 개발 경쟁에서 미국을 앞서는 것처럼 보였기 때문이다. 하지만 존 F. 케네디가 접전 끝에 간신히 대통령으로 당선되자, 정력적인 젊은 대통령 덕분에 이제 근본적인 변화가 진행될 것이라는 기대감으로 전국이 들떴다. 케네디는 초기에 했던 몇몇 연설들 속에서 자기가 설정하고 있던 목표 하나를 분명하게 제시했다. 인간을 달에 보냈다가 귀환시키겠다는 계획이었다. 시장은 다시 활기를 띠었고, 이런 상황을 1929년의 상황과 비교하는 말들도 많이 나왔다. 워런은 그때까지 단 한 차례도 투기적인 국면을 넘어서 본 적이 없었다. 하지만 냉정함을 유지했다. 마치 그 순간이 오기를 기다리기라도 한 것 같았다. 그레이엄이라면 몸을 뒤로 뺐을 바로 그 상황에 워런은 놀랍게도 더 많은 투자 자금을 모으려고 달리는 말에 더욱 채찍을 날렸다.

그는 버티와 버티의 남편, 또 버티 남편의 삼촌인 앨버커키 출신의 조지 그리고 그의 사촌 빌을 최초의 투자 회사이던 버핏 어소시에이츠로 끌어들였다. 친구인 존 클리어리의 동업자인 웨인 입스도 끌어들였다. 또한 프레드 쿨켄의 어머니와 이모인 앤 고트챌트와 캐서린 엘버펠드도 마침내 투자 회사로 끌어들였다. 이들까지 합류시킨 걸 보면, 수익률 전망이 매우 좋을 뿐만 아니라 안전하다고 워런이 예측했다는 사실을 알 수 있다.

추가로 세 사람이 언더우드에 동업자로 참가했다. 뉴욕에서 있었던 벤 그레이엄의 강의에 참석했다가 비를 맞으면서 택시를 기다리던 중에 워런은 프랭크 매튜스 주니어를 만났다. 이 사람은, 예전에 배니타 메이 브라운이 자기와 워런은 결혼한 부부 사이라고 말한 적 있었던 해군부 장관 프랭크 매튜스의 아들이었다. 그 우연한 만남을 계기로 아들 매튜스 역시 동업자가 되었다.[28] 워런은 또 오마하의 또 다른 명문 가문에 속한 엘리자베스 스토츠를 투자자로 하는 아홉 번째 투자 회사 '앤 인베스트먼트Ann Investments'를 설립했다. 그리고 오마하에서 가장 고급 의류점을 소유하고 있던 매티 톱이 그녀의 두 딸, 두 사위와 함께 25만 달러를 투자한 열 번째 회사 '버핏-TDBuffett-TD'도 설립했다.

증권거래위원회에 투자 자문가로 등록하지 않고 모을 수 있는 투자자의 수는 백 명을 넘지 못한다는 법률 규정이 있었다. 그래서 버핏은 투자 회사들이 성장함에 따라서 투자하겠다고 나서는 사람들에게 여러 명이 팀을 짜서 단일 투자자 명의로 들어오라고 권고하기 시작했다. 나중에는, 투자할 의향이 있는 사람들을 투자자 풀pool 속으로 넣고 이 사람들의 돈을 자기가 직접 결합했다.[29] 그는 나중에 이런 전술의 효용성이 의심스럽다고 했지만, 사실 이 전술은 제대로 먹혔다. 더 많은 돈을 모아서 더 많은 돈을 벌겠다는 그의 충동은 그를 더욱 세차게 몰아붙였다. 그는 그야말로 활활 타올랐다. 뉴욕과 오마하를 미친 듯한 속도로 뻔질나게 오갔다. 그 무렵 스트레스성 요통을 앓기 시작했다. 특히 비행기를 탈 때는 통증이 심했다. 그는 이 통증을 누그러뜨리려고 딱 한 가지만 빼고 온갖 수단을 썼다. 그 한 가지는 오마하의 집에 가만히 있는 것이었다.

이제 그의 이름은 사람들 사이에서 은밀하게 돌기 시작했다. '부자가 되고 싶으면 워런 버핏에게 맡겨라'라는 말이 돌았다. 하지만 이제 투자자를 모집하는 방식이 예전과 바뀌었다. 그가 투자금을 운용하는 투자 회사에 동업자로 가입하기 위한 최소의 투자금이 8천 달러였다. 그는 이제 사람들에게 자기에게 투자금을 맡겨달라고 부탁하지 않았다. 투자자들이 그를 찾아와서 부탁해야 했고 투자자들이 자발적으로 투자하겠다고 해야 했다. 투자자들은 워런이 자금을 어떻게 운용하는지 알 수도 없었을 뿐만 아니라 자기들끼리 일정 자금을 모아 그를 찾아가서 맡겨야 했다(댄 모넨이나 워런 버핏에게 도움을 주었던 다른 대리인들이 이런 투자자들에게 필요한 자금 규모가 어느 정도인지 넌지시 알려주기는 했다 - 저자). 이로써 워런의 열렬한 신봉자들만 모일 수밖에 없었다. 투자자들이 그의 선택들을 놓고 불만을 제기할 가능성도 그만큼 줄어들었다. 이제 그는 사람들에게 부탁할 필요가 없었다. 오히려 사람들이 그에게 부탁했다. 그가 자기들 돈을 맡아주면 오히려 신세를 졌다고 생각했다. 사람들이 자기에게 부탁하게 함으로써 그는 심리적인 충전 효과를 얻었다. 그는 나중에 인생의 여러 가지 상황 속에서 이런 기법을 자주 사용하게 된다. 아무튼 이제 그는 원하는 것을 손에 넣었고 또한 동시에 끊임없이 자신을 괴롭히던 두려움, 즉 다른 사람의 운명을 책임져야 한다는 두려움을 훨씬 누그러뜨릴 수 있었다.

비록 여전히 불안하긴 했지만, 투자가로서 어느 정도 성공을 거두었고 또 수지가 아내로서 가정교사로서 돌봐주고 깨우쳐 줬기 때문에 워런은 이제 예리함에 세련미까지 갖추었다. 쉽게 상처받는 허약한 존재가 아니라 강력한 존재로서 그의 면모가 드러나기 시작했다. 많은 사람들이 그에게 자기들을 위해 투자해 달라고 기꺼이 요청했다. 그는 열한 번째이자 마지막 투자 회사인 '버핏-홀랜드Buffett-Holland'를 1961년 5월 16일에 설립했다. 고문 변호사이자 동업자인 댄 모넨을 통해 알게 된 딕 홀랜드와 메리 홀랜드 부부를 위한 것이었다. 딕 홀랜드가 워런에게 돈을 맡기려고 결심하자 그의 가족 가운데 일부는 말리고 나섰다. 비록 오마하에서는 사람들이 여전히 워런 버핏의 야망을 '그의 등 뒤에 숨어서 비웃긴 했어도' 자기가 보기에 그가 가지고 있는 능력은 너무도 확실했다고 홀랜드는 말한다.[30] 그러나 1959년에 워런의 투자 회사들이 거둔 수익률은 시장 수익률을 6퍼센트포인트나 앞질렀다. 1960년에는 시장 수익률을 29퍼센트나 앞섬으로써 자산 규모는 190만 달러로 급증했다. 한 해 수익률보다 더 인상적이었던 사실은 계속되는 성장의 복리 효과가 가져다주는 힘이었다. 예를 들어서 두 번째 투자 회사인 '버핏 펀드'에 투자했던 1천 달러는 4년 뒤에 2,407달러가 되었다. 이에 비해서 같은 기간에 다우 존스 산업평균 지수에 투자했다면 1,426달러밖에 될 수 없었다.[31] 더 중요한 것은, 이런 놀라운 수익률을 시장 전반보다 더 적은 위험을 안고 달성했다는 사실이었다.

재투자된 그의 수수료는 1960년 말까지 24만 3,494달러를 벌어다 주었다. 이제 투자 회사들의 전체 자산 가운데 13퍼센트 이상이 그의 소유가 되었다. 이처럼 그의 몫이 점차 늘어났음에도 불구하고 투자한 동업자들에게 워낙 많은 돈을 벌어다줬기 때문에 이들은 단순히 행복해하기만 한 게 아니라 경외심을 가지고 그를 바라보았다.

'엠디'에 동업자로 투자한 빌 앵글은 특히 더 그랬다. 그는 워런과 함께 '톰 소여의 모험'에 나섰다. 워런의 집 3층에 HO형(1/87 크기를 나타낸다-옮긴이)의 거대한 모형 기차 세트를 만드는 일에 그의 '동업자'가 된 것이다. 그 방은 예전에는 무도회장으로 쓰였지만 버핏 가족이 이사 온 뒤로는 가족의 창고용 방으로 쓰이던 공간이었다. 크리스마스 때마다 브랜다이스 백화점에서 거대하고 마법과도 같은 대형 모형 기차를 가지고 싶지만 도저히 가질 수 없어서 그냥 그 앞에서 서성이기만 했던 어린 소년 워런이 성인이 된 워런 안에서 깨어났다. 앵글이 그의 어린 시절 환상을 되살려 내는 작업을 했고, 이 작업이 진행되는 동안 내내 워런은 감독을 했다.

워런은 또한 척 피터슨도 이 톰 소여의 모험에 투자하도록 끌어들이려고 했다.

"워런, 자네 정말 미쳤구먼. 자네 집에서 자네가 소유하는 기차에 내가 50 대 50으로 투자할 이유가 뭐가 있다고?"

하지만 워런은 막무가내였다. 기관차를 포함해서 온갖 세부적인 액세서리들까지 모두 철저하게 갖추고 싶었던 워런은 홍수 같은 열정에 휩쓸려 있었다.

"자네도 우리 집에 와서 쓰면 되잖아."[32]

기차 모형은 과거 무도장이었던 공간을 거의 다 채웠다. 철로는 말뚝을 박아서 세운 높은 곳을 달리기도 했다. 아래로 통로를 만들어서 사람들이 지나다니거나 철로 아래에서 달리는 기차를 바라볼 수 있도록 하기 위해서였다. 세 대의 기관차가 길게 이어진 객차들을 끌고 거대한 나선형 철로를 달렸다. 여러 개의 마을을 지났고 숲을 관통해서 터널 안으로 사라졌다가 높은 산으로 올라간 다음에는 계곡을 건넜다. 신호에 따라서 섰다가 다시 출발하기도 했다. 그리고 워런이 엔진을 제어하는 스위치를 조작할 때, 긴장을 즐기기에 충분할 정도로 탈선 사고도 자주 일어났다.[33]

어린 시절 이루지 못했던 꿈이 영롱하게 투영돼 있고, 오마하 철도 역사의 고색창연함을 자랑하기도 하는 이 기차는 그의 토템이었다. 워런은 아이들조차 이 기차에 절대로 가까이 다가가지 못하게 했다. 그즈음에 그가 돈에 집착하고 가족들은 염두에 두지 않는다는 점은 친구들 사이에서 농담 소재로 흔히 쓰였다.

"워런, 걔들은 자네 아이들이잖아. 걔들이 누군지 알고는 있지?"[34]

여행을 하지 않을 때 워런은 기업의 연례 보고서에 시선을 고정시킨 채 집 안에서 어슬렁거렸다. 가족이 그와 그가 하는 성스러운 일 주변에서 아무리 큰 소용돌이를 일으켜도 그는 전혀 신경 쓰지 않았다. 아침을 먹는 식탁에서도 그는 실내 가운을 걸치고 테이블에 발을 걸친 채 말없이 〈월스트리트 저널〉에서 시선을 떼지 않았다.

관리해야 할 자본이 400만 달러가 넘었고, 투자 회사가 열한 개였으며 또 투자자의 수만 하더라도 백 명이 족히 넘는 거대한 제국을 관리하는 일은 만만치 않았다. 은행에 가서 계좌를 관리해야 했고 은행 금고에 귀중한 서류를 맡겨야 했고 우편물을 발송해야 했으며 회계 작업도 해야 했다. 그런데 놀랍게도 그는 자금을 관리하는 일과 사무 관련 업무를 모두 혼자서 했다. 예를 들면 소득세 신고, 편지 쓰기, 배당금 예치와 자본금 관리, '스패어 타임 카페'에 들러 한 끼 식사를 해결하기, 주식 증권을 은행 안전 금고에 챙겨 넣기 등이 그런 일이었다.

1962년 1월 1일, 워런 버핏은 열한 개의 투자 동업 회사를 하나로 통합했다. 이렇게 해서 '버핏 파트너십Buffett Partnership Ltd.'이 등장했다. 그 투자 회사들은 1961년에 46퍼센트라는 눈부신 수익률을 기록했다. 다우지수의 상승률이 22퍼센트였던 점을 고려하면 엄청난 기록이었다. 1962년 1월에 동업자들이 돈을 더 투자해 버핏 파트너십은 순자산 720만 달러로 출발했다. 그의 투자 회사들은 불과 여섯 해 만에 그레이엄-뉴먼보다 더 커졌던 것이다. 하지만 회계 컨설팅 회사인 '피트, 마윅, 미첼Peat, Marwick, Mitchell'로부터 컨설팅을 받을 때 이 회사의 감사관인 번 매켄지는 버핏 파트너십의 자료를 월스트리트의 어떤 건물 회의장에서가 아니라 워런의 침실 위쪽에 있는 작은 방에서 뒤적거렸다. 이 방에서 그는 워런과 나란히 앉아 작업했다.

온갖 자료들이 점차 방대하게 쌓이고 전화 요금 고지서를 처리하며 주식 거래를 매듭짓는 따위의 일들이 점차 늘어났다. 자기 혼자 집에서 할 수 있는 범위를 넘어서고 있다는 사실을 그도 이제는 깨달았다. 간접비를 떠안는 게 싫었지만, 이제는 그래도 될 여유가 생겼다.

버핏 파트너십 외에 투자한 것만 해도 50만 달러는 넘었는데, 이것까지 모두 합할 경우 워런은 이미 서른 살에 백만장자가 되겠다는 목표를 달성했다.[35] 그는 파남가에 새로 지은 흰색 화강암 건물인 키위트 플라자 건물에 사무실을 하나 빌렸다. 키위트 플라자는 그의 집에서 약 스무 구역 정도 그리고 시내 중심가에서는 3킬로미터쯤 떨어진 지점에 있었다. 이 사무실에서 워런은 비서 외에 그의 아버지 하워드와도 함께 일했다. 아버지와 한 공간에서 일하는 건 그에게 오랜 세월에 걸친 목표였다. 하워드는 몸이 무척 쇠약한 상태였지만 애써 경직된 걸음으로, 복무하는 군인처럼 투지 있게 사무실에 나왔다. 아버지의 건강과 관련해서 좋지 않은 이야기라도 들을 때면 워런의 얼굴에는 금방 어두운 그림자가 서리곤 했다. 하지만 보통 워런은 하워드의 건강에 대해서는 자세한 내용을 알려고 하지 않았다.

새로 온 비서가 워런이 해야 할 일을 알려주려고 노력했다.

그 여자는 어머니 노릇을 하려고 했습니다. 나를 조종하려 한다는 점에서 말입니다.

워런 버핏을 조종할 수 있는 사람은 없었다. 그는 그 비서를 곧바로 해고했다.

하지만 그에게는 도움이 필요했다. 키위트 플라자에 사무실을 내기 직전에 그는 빌 스콧이라는 사람도 함께 고용했다. 스콧은 원래 미국 내셔널뱅크에서 신탁 업무를 맡아서 하고 있었다. 그러다가 〈커머셜 앤드 파이낸셜 크로니클〉에서 워런이 잘 알려져 있지 않은 어떤 보험 회사에 대해서 쓴 글을 읽은 뒤 그가 강의하는 투자 강좌에 등록했다. 그리고 워런은 일요일 아침이면 아이들을 교회에 내려준 뒤 스콧의 집으로 찾아가기 시작했다. 거기에서 두 사람은 주식 이야기를 나누었고, 그러다가 워런이 스콧에게 자기와 함께 일해보는 게 어떻겠느냐고 제안했다. 이런 과정을 스콧은 다음과 같이 한마디로 정리했다.

"일자리를 얻을 때까지 아첨하기로 작정했었죠."[36]

이렇게 해서 스콧은 워런을 돕기 시작했다. 투자 자금을 모아서 투자 회사로 끌어들이는 일이었지만, 사실 투자 자금 모집은 워런 버핏 앞으로 온 우편물을 개봉하는 속도와 거의 비례할 정도로 빠르게 진행되었다. 워런은 스콧, 돈 댄리, 브리지 게임 친구였던 러스 로링과 사별한 마지 로링과 함께 처음으로 어머니도 동업자로 받아들였다.[37] 심지어, 가족과 하는 사업이 따로 있어서 여태까지는 특별한 사업에 관해서만 자기와 손잡고 투자했던 프레드 스탠백까지 합류시켰다. 그리고 또 처음으로 자기 돈, 그것도 자기 돈의 대부분이라고 할 수 있는 45만 달러를 투자했다.[38] 이로써 버핏 파트너십에서 워런의 지분과 수지의 지분을 합치면 14퍼센트였고 금액으로 치면 100만 달러가 넘었다. 6년 동안 일한 결과였다.

굉장한 시기였다. 1962년 3월 중순에 시장이 마침내 꺼지기 시작했다. 하향 곡선은 6월 말까지 계속되었다. 주식은 몇 년 전의 가격 아래로 갑자기 떨어졌다. 워런은 당시 엄청난 자금을 확보하고 있는 단 하나의 투자 회사만 운용하던 상태였고, 자산 배분은 하향 국면 속에서도 상대적으로 덜 피해를 보는 종목들에 집중되어 있었다. 이런 상태에 대해 그는 투자자들에게 보낸 편지에서 다음과 같이 썼다.

"보다 전통적인(이 표현은 흔히 '보수적인'이라고 쓰이지만 같은 의미는 아니다) 주식 투자 방식들과 비교할 때, 우리의 투자 방식은 상당한 수준으로 덜 위험해 보입니다."[39]

계속해서 그는 주식 시세표들을 설명했다. 그리고 "다른 사람들이 욕심을 낼 때 조심하라. 그리고 다른 사람들이 두려워할 때 욕심을 내라"라는 말로 그레이엄의 경구를 조금 바꾸어서 설명했다.[40] 이번에는 욕심을 낼 때였다.

25

풍차 전쟁

1950년대 말과 1960년대 초에 지도 제작사 샌본 맵과 씨름하고 열한 개의 투자 회사를 하나로 통합하고, 키위트 플라자에 사무실을 낸 아버지와 함께 일하는 와중에 워런은 새로운 사업에 손을 댔다. 다시 한번, 오마하에서 상당히 먼 곳에 있던 회사였다. 그를 지지하는 집단들이 조직적으로 움직였던 두 번째 사업이었고, 그가 회사의 지배력을 실질적으로 행사했던 첫 번째 사례였다. 그리고 이 사업은 샌본 맵의 경우보다 그의 시간과 정력을 훨씬 소모했다.

그 회사는 '뎀스터 밀 매뉴팩처링Dempster Mill Manufacturing'이었다. 네브래스카의 비어트리스에 있던 이 회사는 가족 경영 체제였고, 제분소나 양수기 따위에 쓰이는 풍차와 관개 시설을 생산했다. 워런은 이 사업이 고등학교 시절에 했던 25센트짜리 동전을 넣어서 1달러짜리 동전을 뽑아내는 슬롯머신 사업과 비슷한 데가 있다고 보고 손을 댔다. 이 회사의 주식은 한 주에 18달러에 거래되었다. 하지만 꾸준히 증가해 가는 장부 가격은 한 주에 72달러였다('장부 가격'이라는 것은 실제로 어떤 회사가 소유하고 있는 것보다 적은, 회계 장부에 표시되는 가격이다. 예를 들면 주택을 담보로 빌린 대출금보다 가격이 낮은 주택, 신용카드 지출액보다 적은 예금 잔액 등이 그런 것이다). 뎀스터 밀의 경우 자산은 풍차와 관개 설비, 제조 공장이었다.

1958년에 워런은 비어트리스로 자동차를 타고 간 적이 있었다. 비어트리스는 세찬 바람에 그대로 노출되어 있는 초원 도시였고, 뎀스터 밀은 이 도시 사람들에게 일자리를 제공해 주는 유일하게 중요한 기업이었다. 워런은 당시 '이 회사의 판매처는 몇 군데나 되는가?' 그리고 '대공황 시기 동안에 악성 부채 경험이 얼마나 나쁘게 작용했는가?' 등과 같은 열아홉 개의 질문[1]을 준비해서 뎀스터 밀을 찾아갔다. 그리고 이 회사를 방문한 뒤에는 '재정적으로 넉넉하면서도 돈을 벌지 못한다'고 결론을 내렸다.[2] 이 회사의 사장이던 클라이드 뎀스터는 회사를 엉망으로 만들고 있었다.[3]

뎀스터 밀은 또 하나의 꽁초일 뿐이었기 때문에 워런은 꽁초 기법을 이 회사에도 적용했다. 그 기법이란, 회사의 주식 가격이 장부 가격 아래에서 형성되는 동안 계속해서 주식을 매입하는 것이었다. 나중에 어떤 이유로 주가가 오르면 팔아서 매매 차익을 남길 수 있었다. 만일 주가가 오르지 않으면 주식을 계속 더 사들여 회사를 장악한 다음 회사의 자산을 팔아 치워 차익을 남길 수 있었다.[4]

샌본에 얽매여 있었기 때문에 그는 뎀스터 밀에 생각처럼 많은 시간과 노력을 들일 수 없었다. 그래서 월터 슐로스와 톰 냅에게 전화를 해서 셋이 함께 추진하자고 했다.[5] 수년에 걸쳐서 세 사람은 주식을 사들였고, 이렇게 확보한 주식은 전체 주식의 11퍼센트였다. 이것은 뎀스터 일가를 제외하고는 두 번째로 많은 양이었다. 워런은 이사회에 합류했다. 1960년 초에 이사회는 '미니애폴리스 몰딩 컴퍼니 Minneapolis Molding Co.'에서 구매 책임자로 일한 경력이 있는 리 다이먼을 뎀스터 밀의 관리 총책임자로 임명했다. 워런은 이 결정에 반대했지만, 그의 의견은 묵살되었다.[6] 워런은 클라이드 뎀스터를 그저 얼굴 마담 역할만 하는 쪽으로 유도하면서 계속해서 주식을 사들였다.[7] 워런은 자기 손에 넣을 수 있는 주식이라면 모조리 가지고 싶었다. 그래서 뉴욕에 있던 슐로스에게 전화했다.

"월터, 주식을 나한테 파십시오."

"깜짝이야…… 팔기 싫은데? 알잖나, 그거 괜찮은 회사인데……."

"난 지금 여기에 완전히 매달렸습니다. 가지고 있는 주식을 나한테 다 넘기십시오."

"이봐 워런, 자넨 내 친구잖아. 정 원한다면 가져."[8]

어릴 적 도리스의 자전거를 팔아먹었을 때와 마찬가지로 워런은 막무가내로 슐로스의 주식을 손에 넣은 것이다. 그에게는 약점이 하나 있었다. 만일 어떤 것이 자기에게 필요하다고 느끼면, 그것이 정말 자기에게 필요했고, 이 욕구는 반드시 해결되어야 했다. 하지만 악의나 거만함 따위는 없었다. 오히려 반대였다. 그저 너무도 절실하게 원했던 것이다. 슐로스와 같은 사람들은 워런이 원하는 게 있으면 주었다. 워런을 좋아하기 때문이었다. 게다가 그가 원하는 게 무엇이든 간에, 그가 어떤 것을 원하는 강도는 그들이 그것을 원하는 강도보다 더 강렬해 보였기 때문이다.

주식을 더 많이 확보하면서 워런은 이제 뎀스터 가문이 가지고 있는 주식까지도 사들였다. 이렇게 해서 그는 뎀스터 밀에 대한 지배력을 확보하고 클라이드 뎀스터를 밀어낸 다음, 모든 주주들에게 동일한 조건을 내걸고 주식을 매입하겠다고 제안했다.[9]

하지만 쉽지 않은 상황이었다. 회장으로서 그는, 자기는 주식을 사면서 다른 주식 보유자들에게는 주식을 팔라고 말하는 게 과연 얼마나 설득력 있을지 의심스러웠다. 심지어 그는 이전의 입장과는 다르게 뎀스터 밀의 주식 가격이 오를 것 같다며 주주들에게 애써 경고하기도 했다. 그럼에도 불구하고 돈과 인간의 본성은 자기의 길을 충실하게 갔다. 사람들은 드문드문 거래되는 주식의 불확실한 미래 가치보다는 현금이 더 낫다고 스스로를 설득했던 것이다. 곧 뎀스터 밀 주식은 버핏 파트너십의 투자 자산 가운데 21퍼센트를 차지하게 되었다.

1961년 7월, 그는 투자자들에게 편지를 써서 버핏 파트너십이 이름을 밝힐 수 없는 어떤 회사에 투자했다고 알렸다.

어쩌면 이 회사 주식이, 우리 투자 조합의 단기 수익률의 발목을 붙잡을 수도 있습니다. 하지만 몇 해 지나고 나면 훨씬 나은 결과를 가져다줄 것입니다.[10]

1962년 1월 투자자들에게 보낸 편지에서 그는 벤 그레이엄의 꽁초 철학을 설명하면서, 이제 버핏 파트너십의 지배하에 있는 뎀스터 밀에 대해서 약간의 설교를 했다.[11] 뎀스터 밀이 단기 수익률의 발목을 붙잡을지도 모른다는 예측은 예상했던 것보다 더 정확하게 현실 속에서 펼쳐질 것이라고 했다.

1962년 한 해 동안 워런은 리 다이먼을 가르쳐서 재고 관리를 어떻게 하는지 설명하려고 노력했다. 하지만 다이먼은 회사가 풍차를 얼마나 많이 팔든 간에 풍차 부품을 계속 매입해도 된다고 생각하는 것 같았다. 예전에 구매 책임자로 일한 적이 있어서 구매에 관한 한 자신 있었고, 또 실제로 그렇게 했다. 회사에 현금이 들어오는 대로 창고에 풍차 부품은 점점 쌓여갔다.**¹²** 1962년 초에 뎀스터 밀의 주거래 은행이 이 창고 물품을 대출금에 대한 담보물로 잡으려고 했으며, 이런 움직임은 뎀스터 밀이 파산할지도 모른다는 흉흉한 소문들을 만들어 냈다.

몇 달 지나지 않아서 뎀스터 밀이 파산할 수도 있었다. 그러면 워런은 자신이 100만 달러를 쏟아 넣은 회사가 파산하고 말았다는 사실을 투자자들에게 보고해야 했다. 그는 컬럼비아 대학원 시절의 옛 친구 밥 던에게 현재 있는 'U.S. 스틸'에서 퇴사하고 비어트리스로 이사해서 뎀스터 밀을 맡아달라고 부탁했다. 던은 비어트리스에 와서 둘러보긴 했지만 자리를 옮길 정도로 큰 관심은 가지지 않았다. 이렇게 되자 남에게 좀처럼 도움을 청하지 않았던 워런은 4월에 수지와 함께 로스앤젤레스에 갔던 길에 이런 상황을 멍거에게 털어놓고 도움을 청했다.

그레이엄 부부와 멍거 부부, 수지와 나, 이렇게 여섯 명이 저녁을 먹기로 했습니다. 로스앤젤레스의 엘 세군도에 있는 '캡틴스 테이블'에서 만났습니다. 저녁을 먹으면서 찰리에게 푸념을 늘어놓았습니다. '이 회사 때문에 미칠 지경입니다. 이 얼간이한테 경영을 맡겼더니, 재고만 계속 쌓여갑니다.'

법률 자문 고객 회사들을 자세하게 알고 있었으며 마치 경영자처럼 생각하던 멍거는 곧바로 이렇게 말했다.

"해결사 역할을 잘하는 사람을 한 명 알고 있는데, 해리 보틀이라고."

그는 부실 기업 회생 분야의 전문가이던 지인을 통해서 보틀이 어떤 인물인지 알고 있었다.

엿새 뒤, 5만 달러라는 적지 않은 돈을 신입 상여금으로 준다는 조건에 혹해서 보틀이 비어트리스에 왔다. 워런은, 어머니처럼 굴던 비서를 해고한 것까지 친다면 두 번째로 누군가를 해고해야 했다. 그는 비서를 해고했던 경험을 통해서, 누군가를 해고한다는 게 자기에게는 무척 힘들고 싫은 일이라는 사실을 잘 알았다. 그뿐만 아니었다. 뎀스터 밀은 비어트리스에서 유일한 대규모 기업이었다. 그리고 리 다이먼이 회사의 총책임자로 임명받는 순간 그의 아내는 비어트리스의 왕비로 등극했었다는 사실도 이사진을 통해 워런은 알고 있었다.

그는 누군가와 정면으로 맞서서 싸우는 것을 끔찍이 싫어했다. 그런 상황이 생기지 않도록 회피하는 게 그의 본능이 제시하는 최상의 해결책이었다. 마치 그의 어머니 레일라가 그랬던 것처럼 누군가가 자기에게 위협을 가한다면 워런은 꼬리를 내리고 도망쳤다. 하지만 어떤 폭발이 임박했다고 예견된 상황에서 감정적으로 스스로를 추스르는 방법도 이미 터득하고 있었다. 핵심은 자기를 보호하는 껍질을 만드는 것이라고 그는 말한다.

그 점과 관련해서 자기 주변을 단단한 껍질로 감싸는 거죠. 그 상황 너머까지 확장되는 껍질을 만드는 게 아니란 말입니다.

그 상황 너머까지 확장되는 순간 비정한 인간이 되어야 할 텐데, 그러고 싶지는 않았던 것이다.

그가 리 다이먼을 해고했을 때 어떤 일이 있었든 상관없이, 나중에 리의 아내 해리엇 다이먼은 워런에게 편지를 써서 '인정 없고 파렴치한' 인간이며 냉담하기 짝이 없게도 자기 남편의 신뢰를 무참하게 짓밟았다고 비난했다. 서른두 살을 얼마 남겨두지 않고 있던 워런은, 해고되는 사람의 심정을 헤아리며 그 사람을 해고하는 법을 아직 배우지 못한 상태였다.

리 다이먼을 해고하고 며칠 뒤 그는 자기 사무실에 새로 채용한 빌 스콧을 비어트리스로 보내, 해리 보틀이 회사의 각 부문을 샅샅이 조사해서 어떤 부문을 버릴 것인지, 어떤 부문의 자산 가치를 새로 평가할 것인지 판단하는 일을 돕게 했다.[13] 두 사람은 회사 곳곳을 쓸고 다니며, 재고를 털어내고 설비를 팔았으며, 다섯 개 부서를 없애고 수리 부품의 가격을 올렸다. 수익성이 없는 생산 라인들도 없애버렸다. 이 과정에서 직원 백 명을 해고했다. 외부에서 투입된 새로운 경영진이 직원을 대량 해고하고 회사의 규모를 줄이자 비어트리스 사람들은 워런을 불신의 눈으로 바라보기 시작했다. 회사를 조각조각 나눈 다음 모두 다른 회사에 매각한 뒤 손을 털고 떠나려는 게 아니냐고 의심했다.

1962년 말 보틀의 경영 쇄신 노력이 결실을 거두어 뎀스터 밀은 흑자로 돌아섰다. 1963년 1월 투자자들에게 보낸 편지[14]에서 워런은 뎀스터 밀과 해리 보틀을 각각 '올해의 최고 종목'과 '올해의 인물'이라고 불렀다. 그는 회사의 자산을 한 주에 51달러로 평가했다. 한 해 전만 하더라도 한 주에 35달러였었다. 주거래 은행은 악성 부채를 해소할 수 있어서 싱글벙글했다. 자산이 매각되고 재고 물품이 줄어들면서 뎀스터 밀에는 현금이 200만 달러 가까이 쌓였다. 이것만 해도 한 주당 15달러였다. 한편 워런은 이것 말고도 투자 자금을 조성하기 위해 한 주당 20달러를 빌렸었다. 이로써 버핏 파트너십의 자산 구성에서 뎀스터 밀이 차지하는 비중은 절반 가까이 되었다.

그런데 이제 워런은 샌본과 동일한 유형의 문제에 부닥쳤다. 역설적이게도, 그가 이번에는 엄청난 현금을 확보하고 있는 중역 가운데 한 명이 되어 있었다. 주식시장도 1962년 6월 저점을 찍고 반등했다. 뎀스터 밀에서 넘쳐나는 추가 자금을 쓸 데를 찾아보려고 워런은 보틀과 스콧을 뉴욕의 북부 지역으로 보내 '오벌 우드 디시 컴퍼니 Oval Wood Dish Company'를 알아보게 했다. 팝시클(가는 막대기에 얼린 아이스캔디, 브랜드 이름 - 옮긴이)의 나무 막대기와 나무 숟가락 따위를 만드는 업체였다. 하지만 이 업체를 인수하지는 않았다.[15] 또 한편 워런은 뎀스터 밀을 비공개적으로 매각하려고 했지만 그가 제시한 가격을 받아들이려는 인수자는 아무도 없었다. 그래서 8월에 그는 주주들에게 공장을 매각하려 한다는 사실을 공지하고 〈월스트리트 저널〉에 다음과 같은 광고를 냈다.

> 수익성 좋은 제조 공장 팝니다
> (……) 이 회사는 농업 시설, 비료 살포 장비, 관개 설비를 제조하는 선도적인 업체입니다. 이 회사는 계속기업으로서 1963년 9월 13일까지는 가격 협상을 통해서 매각하고, 협상이 이루어지지 않을 경우 1963년 9월 30일 공매 절차를 통해서 매각합니다. (……) 연락은 해리 T. 보틀(사장)에게.

워런은 인수 희망자들에게 한 달 기한을 주었다. 한 달 뒤에는 공매로 회사를 팔겠다고 했다. 이미 유력한 인수 희망자들과 접촉을 하고 있었다.

새로운 주인이 나타나서 직원을 대량으로 해고하거나 회사를 쪼개서 팔고 공장을 닫아버리는 일이 일어날지 모른다는 두려움에 비어트리스는 발칵 뒤집혔다. 비어트리스에서 뎀스터 밀은 가장 크고 또 실질적으로 유일한 고용주였기 때문이다. 2차 대전 이후의 호황기에 공장들이 문을 열었지만 그 뒤로 이 공장들은 문을 닫지 않았다. 그런데 비어트리스에서는 상황이 바뀔 수도 있었다. 대공황이 끝난 지 불과 4반세기도 지나지 않은 시점이었던 터라, 곧 대량 실직 사태가 벌어질지도 모르는 상황에서 사람들은 과거의 악몽을 떠올렸다. 무료급식소 앞에서 길게 늘어선 희망 잃은 표정의 얼굴들, 누더기를 걸친 부랑자들, 전 국민의 4분의 1인 실업자, 기아와 영양실조, 정부가 지원하는 구차한 공공근로 사업……. 이런 악몽에 주민들은 몸서리를 쳤다.

비어트리스 사람들은 쇠스랑을 들고 시위했다.[16] 워런은 충격을 받았다. 죽어가던 회사를 자기가 살려냈다는 사실을 모른단 말인가? 그가 아니었으면 뎀스터 밀은 도산하고 말았을 터였다.[17] 그는 이런 격렬한 분노와 비난은 전혀 예상하지 못했다. 그 사람들이 자기를 미워하게 될 줄은 전혀 몰랐다.

주민들은 워런을 저지하고 회사의 소유권을 비어트리스에 붙잡아두려고 300만 달러 가까운 돈을 모았다.[18] 그리고 온 도시가 자신들의 유일한 공장을 지키자고 나서면서 〈비어트리스 데일리 선Beatrice Daily Sun〉도 카운트다운에 돌입했다. 하루가 지날 때마다 남은 날을 숨가쁘게 셌다. 그리고 마침내 그날이 다가왔다. 마이크를 잡은 시장이 워런을 물리쳤다고 발표하자 소방서의 사이렌이 울리고 도시의 종이란 종은 다 울렸다. 그리고 뎀스터 밀 창업자의 손자인 찰스 B. 뎀스터가 공장을 계속 가동하겠다고 서약한 투자자 집단을 이끌었다.[19] 워런은 현금을 받아 200만 달러가 넘는 돈을 버핏 파트너십의 투자자들에게 건넸다.[20] 하지만 뎀스터 밀은 그에게 잊을 수 없는 악몽이 되었다. 그는 적대감에 맞서 싸움으로써 더욱 거칠게 단련되지 못했다. 오히려, 그런 일이 두 번 다시 일어나지 않도록 하겠다고 맹세했다. 도시 전체가 자기를 미워하는 상황을 도저히 감당할 수 없었던 것이다.

그 뒤 얼마 지나지 않아서 워런은 월터 슐로스에게 전화를 했다.

"내가 다섯 개 회사에 크지 않은 포지션을 유지하고 있는 거 아시죠? 이 주식들을 다 팔 생각인데 사시겠습니까?"

그 다섯 개 회사란 '제도-하이랜드 콜얼', '머천트 내셔널 프로퍼티', '버몬트 마블', '제니시 앤드 와이오밍 레일로드' 그리고 오랜 세월 기억 속에 이름이 지워져 버린 회사 하나였다.

"얼마를 원하는데?"

슐로스가 물었다.

"지금 내가 가지고 있는 가격으로 팔게요."

"좋아요, 그럽시다."

슐로스는 두말하지 않고 워런이 하자는 대로 했다. 여기에 대해서 슐로스는 오랜 세월이 지난 뒤에 이렇게 말한다.

"각 주식별로 현재 가격이 얼마인지 따져보고 다시 이야기하자, 라는 식으로 말하지 않았습니다. 워런을 믿었으니까요. 만일 내가 '좋아, 그럼 당신이 현재 가지고 있는 가격의 90퍼센트 수준에서 매매합시다'라고 말했다면, 워런은 '관둡시다'라고 했을 겁니다. 내가 뎀스터 밀 주식을 자기한테 넘기면서 편의를 한 번 베풀었잖아요. 그래서 자기도 나한테 편의를 한 번 베풀어 주고 싶었던 겁니다. 만일 그 과정에서 워런도 이익을 얻었다면, 그건 좋은 일이죠. 결국 다 잘되었고요. 나는 워런의 그런 제안이, 내가 뎀스터 밀 주식을 자기한테 판 것에 대해서 자기 나름대로 고마움을 표시한 거라고 생각합니다. 그게 이유였다는 말을 굳이 하려는 게 아니라, 정직한 사람이었기 때문에 그런 행동이 나왔다는 말을 하려는 겁니다."

26

황금 건초 더미

오마하 그리고 캘리포니아, 1963~1964년

워런은 백만장자가 되고 싶다는 말을 했을지는 몰라도 거기에 만족하고 멈추겠다는 말은 한 적이 없었다. 나중에 그는 이때의 자기를 '내가 하고 싶지 않았던 어떤 것을 하는 데 지독하게 미쳐 있던 인간'이라고 묘사했다. 그가 하고 싶었던 것은 투자였다. 막내가 다섯 살이었고 리틀 수지는 열 살일 정도로 아이들은 많이 컸다. 그리고 그의 친구 한 사람은 수지를 '싱글맘이나 마찬가지'라고 말하기도 했다. 워런은 부탁을 받으면 아이들 학교 행사에도 참석하고 아이들과 축구공을 가지고 놀아주기도 했다. 하지만 자기가 먼저 그런 일을 하겠다고 나선 적이 없었다. 일에 너무 빠진 나머지 아이들이 아버지로부터 관심을 받고 싶어 한다는 사실도 알아차리지 못했다. 수지는 아이들에게, 아버지가 하는 일은 특별하며 또한 존경받아 마땅한 일이라고 가르쳤다.

"아빠에게도 한계가 있어. 그러니까 아빠한테는 더 많은 걸 기대하면 안 돼."

수지는 이런 가르침을 자기에게도 적용시켰다. 확실히 워런은 아내에게 헌신적이었다. 사람들 앞에서도 수지를 '수전-오'라고 부르며 애정 어린 시선과 손길로 바라보고 어루만짐으로써 이런 모습을 보였다. 뿐만 아니라, 수지가 숫자와 주식에만 비범함을 보일 뿐 우쿨렐레나 불고 다니던 형편없는 자기와 결혼해 준 천사라는 이야기를 입에 달고 다녔다. 동시에 그는 수지의 보살핌에 워낙 익숙해 있어서, 남을 보살피는 데는 젬병이었다. 그렇게 해야 한다는 생각도 부족했고 그렇게 할 기술도 없었다. 한번은 수지가 갑자기 구역질이 나고 토할 것 같다며 워런에게 대야를 가져다 달라고 했다. 그러자 워런은 음식물의 물기를 뺄 수 있도록 바닥에 구멍이 뚫려 있는 채반을 가지고 왔다. 수지가 그건 구멍이 나 있지 않느냐고 지적하자 워런은 얼른 부엌으로 달려가더니 과자를 구울 때 쓰는 팬에다 그 채반을 받쳐서 들고는 의기양양한 표정으로 돌아왔다. 그 일 이후로 수지는 남편에게 더 이상 기대하지 말아야겠다며 포기했다.

워런의 하루 일과와 거기에 따른 습관은 언제나 시간별로 예측 가능했다. 이런 점은 버핏 가족의 생활에 어떤 듬직한 안정감을 주었다. 워런의 일과와 습관에 따라서 수지는 어서 와라, 이걸 먹어라, 저걸 벗어라 따위의 말을 늘 반복했다. 저녁이 되면 워런은 어린 시절 자기가 보았던 아버지의 모습을 그대로 반복했다. 언제나 같은 시각에 집에 돌아왔다. 그리고 차고에서 거실로 이어지는 문을 쾅 닫고 들어오며 "나 왔어요!" 하고 고함을 질렀다. 그런 다음에는 거실 소파에 앉아서 신문을 읽었다. 무신경한 편도 아니었고, 자주 시간을 내어주기도 했다. 대화를 하다 보면 그가 하는 말들은 어딘지 모르게 미리 준비된 듯한 느낌을 주었다. 심지어 리허설까지 하면서 꼼꼼하게 챙긴 게 아닐까 하는 의문이 들 때도 있었다. 워런은 늘 한발 앞서 갔다. 그의 마음속에서 일어나는 것들이 분명하게 표명된 적이 없었고 그가 하는 말의 앞뒤 맥락 속에서만 파악할 수 있었다. 그의 본심은 침묵 속에서 흘러나왔고, 재치 있는 어떤 말들 속에서 비쳤고, 또 어떤 주제를 놓고 폭포수처럼 쏟아지는 말속에 담겨 있었다. 그의 감정은 여러 겹의 장막 뒤에서 춤을 추었다. 심지어 워런 자신도 자기 감정을 대부분 모르고 그냥 지나치는 것 같았다.

그즈음 수지는 바빴다. 자기 아버지 톰슨 박사가 그랬던 것처럼 사람들 사이에 둘러싸여 있었다. 그녀는 혼자서 아무 일도 없이 멍하게 있어야 하는 상황을 피했다. 오페라단 조합의 부사장이었고 사회 봉사 단체인 유나이티드 커뮤니티 서비스즈United Community Services에도 관여했다. 그녀는 수많은 여자 친구들과 함께 쇼핑을 하고 식사를 했다. 그리고 사교계의 백인 명사들과 어울리는 시간보다 유대인 공동체 사람들 및 흑인 공동체 사람들과 어울리는 시간이 더 많았다.

수지는 인권 운동에 열의를 보이던 오마하의 여성들 사이에서 점차 저명인사로 부각되었다. 고용 및 공공시설 이용에서 존재하던 인종 차별을 철폐하기 위한 싸움, 투표권을 얻기 위한 싸움은 전국적으로 점차 거세지고 있었다. 수지는 패널 오브 아메리칸Panel of Americans 오마하 지부를 결성하는 데도 힘을 썼다. 이 단체는 유대인, 가톨릭교도, 백인 신교도, 흑인 신교도를 각각 한 명씩 파견해서 시민 운동 단체 앞에서 혹은 교회나 기타 조직체 앞에서 각자의 경험을 놓고 참석자들과 토론을 하게 하는 조직이었다. 이 패널 방식은 사람들을 결속하게 만드는 하나의 전술적인 방안이었다. 이 단체의 활동과 관련해서 수지의 친구 한 사람은, 농담 삼아 '앵글로색슨계 백인 신교도라서 미안하다고 사죄하는 것'이 바로 자기 역할이라고 말하기도 했다. 네 명의 패널은 청중이 묻는 다음과 같은 질문들에 답변해야 했다. 왜 흑인은 여태까지 살던 곳에서 살지 다른 곳으로 이사하려고 합니까? 당신들 가운데 혹시 함께 나온 다른 사람들에 대해서 편견을 가지고 있는 사람 있습니까? 유대인은 그리스도가 존재하며 그분이 여전히 우리 앞에 올 거라고 믿습니까? 흑인 출입을 금지하는 식당이라고 해서 그 식당의 자리를 차지한 채 비켜주지 않는 식으로 투쟁하는데, 이 바람에 사태가 더 복잡하게 커진다고 보지 않습니까? 대부분의 남부 지역에서 '검둥이'는 백인 전용 공중 화장실을 사용하지 못하던 시기에, 패널 오브 아메리칸이 마련한 행사장 무대에서 흑인 여성 한 명이 백인 여성들과 나란히 앉아 있는 모습만으로도 보는 사람들을 술렁거리게 만들었다.[1]

수지는 오후에는 종종 딸을 데리고, 다 허물어져 가는 흑인 빈민가의 주거 상황과 열악한 생활 환경을 개선하기 위해 오마하 북쪽 지역으로 가서 온갖 회의와 위원회에 바쁘게 참석했다.[2] 수지가 여기로 갈 때면 경찰이 길을 가로막으면서 백인이면서 왜 거기에 가려고 하느냐며 물었다. 이런 상황에 조바심이 난 톰슨 박사는 손녀인 리틀 수지에게 이런 말을 했다.

"아가야, 네 엄마는 아마 살해될 거야."

그는 리틀 수지가 어머니를 따라 흑인 빈민가로 들어갈 때면 호루라기를 들고 다니게 했다.

"아가야, 네가 유괴될 텐데 어떡하지?"[3]

수지는 흑인 빈민가에서 문제를 해결해 주는 해결사이기도 했고 나쁜 감정을 진공청소기처럼 빨아들이는 상담가이기도 했다. 그래서 사람들은 어떤 종류든 문제가 생기면 마치 환자가 의사를 찾듯이 언제든 수지에게 전화했다. 수지는 워런을 자기의 '첫 번째 환자'라고 불렀다.[4] 워런 뒤로 환자들이 줄을 이었다. 친언니 도티가 삶의 활력을 잃고 술을 점점 더 많이 마시게 되자 수지는 그녀에게 더 자주 찾아갔다. 시누이인 도리스가 트루먼과의 이혼 문제로 고민하자 그녀의 상담자가 되어 빅터 프랭클의 《죽음의 수용소에서 Man's Search for Meaning》(정신과의사인 저자가 유대인 집단 수용소에 수감되었던 경험을 담아 극한적인 상황에서의 삶의 희망을 이야기한 책-옮긴이)를 사다줬다. 도리스는 이 책을 몇 번이나 읽으면서 참담함 속에서 희망을 구했다.[5] 수지는 에티오피아 학생 한 명을 며칠 동안 집에 데리고 있기도 했다. 친구인 수 브라운리가 집에 데리고 있으면서 후원하던 학생이었는데, 그녀의 아버지가 딸네 집에 와 있었고 만일 아버지가 '흑인 여자가 자기 침대에 누워 잠을 잔다는 사실'을 알면 기겁할 게 뻔했기 때문에 그 학생을 임시로 피신시킨 것이었다.[6] 수지는 또 가족이 문화적인 경험을 해야 한다면서 오마하대학교에 다니던 이집트의 교환학생 한 명을 한 학기 동안 집에 데리고 있기도 했다.[7] 워런의 서재를 제외한 버핏 부부의 집은 결코 세상으로부터 완벽하게 차단된 피난처가 아니었다. 고독을 느낄 기회는 거의 없었다. 이런 자유로운 분위기에도 불구하고 아이들은 자유와 엄격한 규율이 조화롭게 균형을 이루는 가운데, 아울러 부모의 엄격한 윤리적인 원칙, 훌륭한 교육, 많은 경험이 강조되는 환경에서 성장했다. 워런과 수지는 부유한 가정에서 아이들을 어떻게 길러야 특권 의식을 느끼지 않고 자립적인 인간으로 성장할 수 있을지 많은 대화를 나누었다.

아이들에게 부족한 것은 관심이었다. 아버지는 일밖에 몰랐고 일에만 매달렸다. 어머니는 돌봐야 할 토마토 나무가 너무도 많은 정원사 같았다. 간절히 물을 필요로 하는 상황이라면 누구에게나 언제든 물을 날랐다. 부모의 이런 모습에 아이들은 저마다 다른 방식으로 대응했다. 리틀 수지는 나이를 먹을수록 점차 어머니의 관심을 끌려는 행동을 줄였고, 대신 동생들에게는 점점 더 권위적으로 바뀌었다. 리틀 수지는 또한 자기 집 바깥의 번잡한 길에서 건널목 안전 당번 일을 했으며, 친구들과 어울리는 시간을 많이 보냈다.[8]

토네이도였던 호위는 뒷마당에 굴을 파고, 계단 난간에서 뛰어내리고, 커튼에 매달리고, 집 안을 엉망으로 뒤집어 놓았다. 하루하루가 만우절이었다. 물을 채운 양동이를 들고 지붕에 올라가서 베이비시터인 필리스의 머리에 쏟았다. 녀석에게 한두 번 당해본 사람들은 녀석이 컵에 담아서 내미는 액체는 절대로 안전하지 않다는 사실을 알았다. 하지만 호위는 쉽게 다치고 상처를 입었으며 자기 어머니처럼 마음이 여렸다. 어머니가 주는 관심이 늘 부족하다고 느꼈고, 이 부족한 관심을 채우려고 나름대로 열심히 노력했다. 그러나 수지가 도저히 감당할 수 없을 정도로 한계 상황이 되면, 수지는 호위를 방에 가두기도 했다.[9]

조용한 성품을 타고난 피터는, 호위가 개구쟁이 짓을 꾸미고 리틀 수지가 누나 노릇을 한다며 이것을 막고 나서고[10] 이어서 두 아이가 말다툼을 할 때, 나서지 않고 조용히 있는 것만으로 어머니와 아버지의 무관심을 충분히 보상받는다고 생각했다. 침착한 성격이던 피터는 자기 안에 어떤 에너지가 점차 강해지면, 이 에너지를 행동으로 표현하지 않고 자기 머리로 끌고 들어갔다. 기분이 우울할 때는 이런 자기감정을 말로 표현하는 대신 피아노에 앉아서 〈양키 두들Yankee Doodle〉 (미국의 준국가로 일컬어지는 노래 – 옮긴이)을 단조(短調)로 연주했다.[11]

워런은 아내가 관심을 기울일 대상을 집 바깥에서 점점 더 많이 찾는 걸 나쁘지 않다고 생각했다. 아내의 관대함과 오마하에서의 지도자적인 역할을 자랑스럽게 여겼다. 그리고 아이들에게 세심한 모습을 높이 평가하며 고마워했다. 덕분에 자기는 일에 집중할 수 있었기 때문이다. 워런도 수지와 마찬가지로 늘 새로운 것을 자기의 관심사 목록에 추가하고 있었다. 하지만 수지와 달리 그는, 새로운 어떤 것이 자기 삶 안으로 들어오면 기존의 어떤 것 하나를 밖으로 밀어냈다. 여기에서 딱 두 가지가 예외였는데, 그것은 바로 돈과 친구였다.

돈과 친구 덕분에 1963년이 되면서 수많은 전문 투자가들이 멀리 오마하에 있는 워런 버핏이라는 사람이 상당한 솜씨를 발휘하고 있다는 사실을 알았다. 심지어 워런 버핏이라는 이름을 들어볼 리가 없었을 사람들조차 어쩐 일인지 그의 이름을 알고 그를 찾았다. 그는 이제 투자자를 찾아 나서지 않아도 되었다. 사람들은 그를 존경했고, 그는 단지 자기가 취할 투자 자금에 대한 조건을 정리하기만 하면 되었다.

오마하 바깥에 살며 워런을 아는 사람들이 그의 이웃에 사는 사람들보다 그에 대해서 더 많이 아는 경우도 종종 있었다. 리틀 수지의 친구네 가족이 '1964년 뉴욕 세계박람회' 구경을 하려고 자동차를 타고 가던 중에 주유소에 들렀는데, 리틀 수지 친구의 어머니가 옆 주유기에서 기름을 넣던 여성과 이야기하다가 그 사람이 바로 자기 고등학교 때 교사임을 알아보았다. 그녀는 워런 버핏에게 투자할 1만 달러를 들고 뉴욕의 엘미라에서 오마하로 가던 중이라고 했다.

"그 사람 아니? 그 사람 믿고 투자해도 될까?"

"그럼요, 우리 이웃에 사는데, 믿어도 되죠."

주유소에서 나온 친구네 차는 박람회장을 향해 달렸고, 그 뒤 친구네 가족은 그 일을 잊어버렸다. 아이가 다섯 명이고 새 집을 가지고 있던 그들이 이웃에 살던 투자의 고수에게 돈을 맡겨 투자할 생각은 전혀 하지 않았던 것이다.[12]

또 다른 투자 희망자로, 뉴욕에서 거대한 호텔을 짓던 두 형제 가운데 한 명이던 로런스 티시가 3만 달러짜리 수표를 찰리 멍거 앞으로 보냈다. 워런은 티시에게 전화를 걸어 투자해 줘서 고맙다고 했다. 그러고는 "다음부터 수표는 내 앞으로 보내 주시오"라고 말했다.

멍거는 그 돈을 자기에게 맡겨진 투자금으로 쓸 수도 있었다. 로런스 티시가 어떤 생각을 했든 간에 1963년에는 멍거와 워런이 아직 동업자 관계가 아니었기 때문이다. 당시 멍거는 부동산에 투자해서 약 30만 달러라는 상당한 돈을 마련할 때까지 기다렸다가 이제 막 독자적인 투자 회사를 설립했을 때였다. 하지만 멍거의 30만 달러는 워런의 기준으로 보자면 적은 돈이었다. 워런과 수지가 가지고 있던 재산에 비하면 하찮은 금액이었다.

찰리는 결혼을 일찍 했고 아이가 많았습니다. 이것 때문에 독립해서 사업을 하기가 쉽지 않았죠. 부양 가족 없이 일찍 출발하는 게 매우 유리합니다. 그레이엄-뉴먼에서 나올 때 나는 17만 4천 달러를 가지고 있었는데, 이걸로 내가 원하는 건 뭐든 다 할 수 있다고 생각했습니다. 심리학자인 장인어른의 강의를 들을 수도 있었고, 그 대학교 도서관에 가서 하루 종일 책을 읽을 수도 있었습니다.

사실 워런은 멍거를 처음 만난 뒤로 줄곧 투자 분야에 진출하라고 권고했었다. 변호사로 살면서 부동산 사업을 부업으로 하는 것도 괜찮지만 정말 돈을 많이 벌고 싶으면 자기처럼 투자 회사를 만들어서 투자 사업을 해야 한다고 말했다.[13] 1962년에 멍거는 포커 친구 잭 휠러와 함께 투자 회사를 설립했다. 휠러는 퍼시픽코스트증권거래소의 트레이더였는데, 이 회사는 동부 거래소의 서부 미니어처 버전이었다. 객장은 트레이더들과 가능한 한 빠르게 큰돈을 벌려는 기대에 찬 공격적인 사람들로 가득했다. 휠러는 투자 회사 '휠러, 크루텐든 앤드 컴퍼니Wheeler, Cruttenden & Company'를 소유하고 있었다. 이 회사는 퍼시픽코스트증권거래소에서 두 군데의 '전문가 거래장'을 확보하고 있었으며, 여기에서 트레이더들은 중개인들로부터 주문을 받아 객장에서 주식을 거래했다. 멍거와 휠러는 회사 이름을 '휠러, 멍거 앤드 컴퍼니Wheeler, Munger & Co.'로 바꾸고 증권 거래 영업을 했다.

멍거는 변호사 일을 계속했다. 하지만 예전에 다니던 회사에서 로이 톨스와 로드 힐스를 비롯한 몇몇의 변호사들과 함께 나와서 '멍거, 톨스, 힐스 앤드 우드Munger, Tolles, Hills & Wood'라는 새로운 법률 회사를 차리고, 자기들이 생각하기에 이상적인 방식으로 이 회사를 운영했다.[14] 멍거는 애초부터 자기 아닌 다른 사람이 경영하는 법률 회사에는 마음이 없었다.

멍거가 투자 회사를 설립한 해가 새로운 법률 회사를 설립한 해와 같다는 건 전혀 우연의 일치가 아닙니다. 예전 법률 회사의 동업자들은 자기 회사 소속의 젊은 변호사가 퍼시픽코스트증권거래소와 같은 도박굴에 몸담고자 한다는 사실에 기겁했으니까요. 찰리와 로이는 그 회사를 떠나면서 간부급 변호사들에게, 일류 법률 회사면 어떤 곳이든 퍼시픽코스트증권거래소에 몸담고 있는 사람이 있게 될 날이 장차 반드시 올 것임을 이해하면 좋겠다고 말했답니다. 출처가 불분명한 말이지만, 찰리가 이런 말을 고별사로 던지는 모습을 쉽게 상상할 수 있지 않습니까?

새로운 법률 회사에서 멍거와 힐스는 가장 똑똑하고 야망 있는 사람들을 끌어들이기 위해 다윈주의 정신인 엘리트주의를 표방했다. 동업자들은 모두 서로의 급료를 투표로 결정했다. 이 급료 내용은 모든 사람이 알 수 있게 공표되었다. 하지만 이 법률 회사가 설립될 당시 멍거는 이미 상당한 시간을 퍼시픽코스트증권거래소에 할애하고 있었다. 3년 뒤, 마흔한 살이 되자 그는 법률 관련 업무를 모두 내려

놓고 투자에만 몰입했다. 그 법률 회사와의 논의 테이블은 여전히 유지했고, 그 회사에서 멍거는 정신적으로 중요한 존재로 계속 남았다. 톨스 역시 관심의 대부분을 투자에 쏟았다. 세 사람 가운데 가장 야망이 크고 법률 쪽에 헌신적이었던 힐스가 '멍거, 톨스, 힐스 앤드 우드'를 책임지고 맡아서 운영했다.

자산운용가라는 새로운 직업을 수행하려면 우선 투자 자금을 끌어 모아야 했다. 워런은 언제나 나름의 절제된 방식으로 부지런하게 투자자들을 찾아다녔다. 빌 앵글이나 헨리 브랜트처럼 바람을 잡아주는 사람들도 자주 이용했다. 이들은 잠재적인 투자자를 발견하고 또 이들이 워런에게 투자할 수 있도록 준비 작업까지 했다. 그랬기 때문에 워런은 자기가 기록한 인상적인 수익률을 한편으로는 겸손하게 다른 한편으로는 분명하게 자랑할 수 있었다. 비록 품위를 잃지 않긴 하지만 어쨌든 워런은 그렇게 했다. 멍거는 이런 행동이 품위를 떨어뜨리는 것이라고 보았다. 다음은 멍거가 하는 말이다.

"정말 돈을 끌어 모으는 게 싫었습니다. 신사는 언제나 자기 돈을 가지고 있어야 한다고 생각했으니까요."

그래도 멍거는 변호사 활동을 통해 다져진 기반을 투자 회사를 운영하는 데 이용했다. 로스앤젤레스의 사업가들 사이에 나름대로 강력한 인맥을 구축하고 있었던지라, 이 인맥을 이용해서 자금을 모았던 것이다. 그의 투자 회사는 워런의 투자 회사에 비하면 물론 훨씬 작았다. 그래도 투자 자금은 충분했다.

잭 휠러는 멍거에게, 거래소의 한 일원으로서 거래소 규정에 따라 1달러를 가지고 있으면 95센트를 빌릴 수 있다는 사실을 설명했다.[15] 만일 500달러가 있으면 추가로 475달러를 빌려서 총 975달러를 투자 자금으로 활용할 수 있었던 것이다. 만일 이렇게 해서 25퍼센트의 수익을 올린다면 500달러에 대한 수익은 거의 두 배가 될 수 있었다.[16] 이렇게 차입금을 쓸 경우 수익이 두 배가 되는 만큼 위험도 두 배로 커졌다. 예를 들어서 수익이 마이너스 25퍼센트면 자본금의 거의 절반을 날릴 수 있었다. 하지만 멍거는 잃을 가능성보다 벌 가능성이 높으면 기꺼이 그런 위험을 감수하려 했다. 이런 점에 대해서는 워런보다 훨씬, 아주 훨씬 더 과감했다.

멍거와 휠러는 중개소에 있는 난방 파이프가 노출되어 있는 '싸구려' 사무실을 얻어 사업을 시작했다. 그리고 복도가 내려다보이는 작은 뒷방에 비서 비비언을 들였다.[17] 씀씀이가 컸던 휠러는 당시 고관절 치환 수술을 받은 지 얼마 되지 않은 시점이었는데, 얼마 뒤부터 거의 매일 아침 골프장에서 하루 일을 시작했다.[18] 워런의 하루 일과는 곧 일정한 틀로 자리를 잡았다. 뉴욕증권거래소가 문 열기 전인 아침 5시에 사무실에 도착해 주식 시세를 점검했다.[19] 워런은 멍거에게 에드 앤더슨을 소개시켜 주었다. 이 사람은 원자력위원회에서 일했으며 무척 영리해 보이던 그레이엄-뉴먼의 투자자였다. 멍거는 앤더슨을 조수로 고용했다.

증권거래소에서 대부분의 트레이더는 멍거의 등장을 대수롭지 않게 여기며 무시했다. 딱 한 사람, J. 패트릭 게린은 멍거를 눈여겨보았다. 휠러가 멍거와 동업하면서 팔아 치웠던 그의 이전 투자 회사의 거래소 부문을 인수한 사람이 바로 게린이었다. 출세하기 위해 악착같이 분투하며 거칠게 살아왔던 게린은, 멍거가 하는 말에 따르면 이혼한 아버지 슬하에서 성장했다.

"그의 어머니는 술주정뱅이였습니다. 길거리에서 혼자 자랐죠. 머리가 비상하게 좋았고, 반항적이었으며, 주변 환경에 적응을 잘 못했습니다."[20]

게린은 공군에 복무한 뒤 IBM에서 영업사원으로 일했다. 그러다가 '높은 수익이나 높은 호가 차이를 가져오는' 삼류 주식들을 주로 다루는 주식 중개 회사 두세 곳에서 주식 중개인으로 일했다. 하지만 그는 워런과 마찬가지로 주식 중개업을 끔찍하게 싫어했다. 처방전 이나 쓰는 그런 생활에서 벗어나길 간절히 원했다.

멍거가 게린을 만났을 당시, 바싹 마르고 미남이던 게린은 셔츠의 빳빳한 소매를 손목까지 내려서 팔의 문신을 감추고 살던 때였다. 그 에게는 무척 많은 친구들이 있었다. 또 할리우드와도 통하는 데가 있 었다. 한번은 영화배우 친구인 찰턴 헤스턴을 거래소에 데리고 와서 내부를 구경시켜 주기도 했다.[21] 그는 '휠러, 멍거 앤드 컴퍼니'의 주 문을 받아서 거래했는데, 멍거가 돈에 대한 감각이 있음을 깨닫고는 멍거와 친분을 돈독하게 하려 했다고 자기 입으로 말한다. 그는, 자 기는 여태까지 휠러와의 거래에서 불리한 편에 있었다는 사실을 깨 달았으며, 자기도 투자 회사를 세우겠다는 목표를 가지고 멍거와 워 런을 본보기로 삼아 이들과 어깨를 나란히 하려고 애쓰기 시작했다.

똑같은 거래를 하더라도 어떤 사람에게는 40센트가 들고, 어떤 사 람에게는 그렇게 들지 않습니다. 이런 능력은 마치 접붙이기를 하는 거나 마찬가지입니다. 나로서는 정말 놀라울 따름입니다. 그 발상과 기술을 금방 이해하지 못하는 사람은 아무리 오랜 세월 붙잡고 씨름 하며 가르쳐도 소용이 없습니다. 설령 10년 동안 가르친다고 해도 바뀌지 않습니다. 언제나 즉각적으로 이해해야 했고, 그렇게 못 하는 사람은 영원히 불가능합니다. 어쨌든 간에 나는 그걸 이해하지 못했 습니다. 하지만 릭 게린과 같은 사람도 있었습니다. 학교에서 그런 것들을 공부한 적이 없었지만 그게 무엇인지 금방 파악하고는 5분 도 지나지 않아서 시장에 실제로 응용했습니다. 릭은 훌륭한 스승이 필요하다는 것을 알 만큼 영리했습니다. 마치 내가 운 좋게 벤 그레 이엄과 그랬던 것처럼요.

퍼시픽코스트증권거래소에서의 시간이 흐를수록 멍거는 주식 관련 자료를 읽느라 몰두해 있을 때가 많았다. 에드 앤더슨이 옆자리에서 "찰리! 찰리! 찰리!"라고 고함을 질러도 멍거는 아무런 대꾸를 하지 않거나 혼잣말로 뭐라고 중얼거릴 때가 많았다.[22] 이런 일이 반복되다 보니 앤더슨은 자기가 어떤 질문을 했을 때 멍거가 단순히 중얼거리지 않고 분명한 답을 하게 만드는 방식까지 터득했다. 그냥 중얼거리기만 하는 그의 반응은 어떤 판단을 내리기에 충분하지 않았다. 멍거가 하는 생각과 그의 입에서 나오는 말이 때로는 전혀 반대 방향으로 향한다는 사실을 알아차리는 데는 많은 시간과 경험이 필요했다.

게린은 이런 사실을 미처 알지 못했다. 어느 날 게린이 객장의 부스에서 빠져나와 멍거의 사무실로 들어갔다.

"찰리, ○○○ 주식 5만 주를 한 주당 15달러에 사라는 제안을 받았습니다. 이거 꽤 괜찮아 보이는데요."

"흠, 어……."

"찰리, 이거 관심이 있으면 내가 사고요."

"네, 네."

게린이 나갔다가 잠시 뒤에 다시 멍거의 사무실로 돌아왔다.

"찰리, 그거 샀습니다."

"사다니, 뭘요?"

"○○○ 주식 5만 주를 한 주에 15달러씩 주고 샀다고요."

큰돈이었다.

"뭐라고요!"

멍거가 비명을 질렀다.

"지금 무슨 소리 하는 거요? 내가 그걸 언제 산다고 했어요? 팔아요! 당장 가서 팔아요, 빨리!"

게린은 해명을 하려고 앤더슨에게 가서 도움을 청했다.

"에드, 당신도 아까 내가 말할 때 옆에서 들었죠? 그렇죠?"

"찰리, 릭이 아까 그 말을 할 때 나도 옆에서 들었습니다."

앤더슨이 끼어들었지만 소용없었다.

"무슨 상관이야, 상관없어! 팔아요, 팔아! 팔아! 팔아!"

멍거는 계속해서 고함을 질렀다. 게린은 서둘러 객장으로 돌아가서 그 주식을 다시 팔았다. 이 일화를 소개한 앤더슨은 다음과 같이 말한다.

"게린에게 그건 그야말로 실물 교육이었던 셈이죠."[23]

멍거는 꽁초를 사고, 차익거래를 하고, 심지어 작은 회사들을 인수하기까지 했다. 이런 것들은 모두 버핏 스타일이었다. 그러나 멍거는 워런과 조금 다른 방향을 향했다. 적어도 확실히 그렇게 보였다. 멍거는 툭하면 에드 앤더슨에게 이런 말을 했다.

"그저 훌륭한 기업들을 좋아할 뿐이요."

멍거는 앤더슨에게 콘택트렌즈 용액 제조업체인 '앨러건Allergan'과 같은 회사에 대해서 자세한 보고서를 작성하라고 했다. 앤더슨은 멍거의 말을 잘못 이해하고 재무상태표에 초점을 맞춘 그레이엄식 보고서를 작성했다. 그러자 멍거는 그게 뭐냐며 앤더슨을 나무랐다. 그가 바랐던 건 앨러건의 구체적인 특성들이었다. 앨러건의 경영진이 가지고 있는 힘, 브랜드의 내구성, 경쟁 업체가 앨러건과 경쟁할 때 갖추어야 할 요소들 등을 바랐던 것이다.

멍거는 캐터필러 사의 트랙터 대리점 한 곳에 투자했었는데, 이 대리점이 어떻게 순식간에 돈을 잡아먹는지 알게 되었다. 그 방식은 바로, 잘 팔리지 않는 트랙터를 사서 쌓아두는 것이었다. 그러니까 매출이 성장하려면 트랙터를 더 많이 사들여야 했고, 그만큼 돈은 더 많이 잡아먹었던 것이다. 멍거는 지속적인 투자를 필요로 하지 않으면서도 소비하는 돈보다 더 많은 돈을 뱉어내는 회사를 소유하고자 했다. 그런데 이런 회사가 갖추어야 할 덕목들은 무엇일까? 이런 회사가 지속적으로 경쟁 우위를 차지할 수 있도록 해주는 요소들은 무엇일까? 멍거는 이런 점들이 궁금했다. 그래서 그는 늘 사람들에게 이렇게 물었다.

"여태까지 당신이 들어봤던 회사 가운데 어느 회사가 최고의 회사입니까?"

하지만 그는 참을성이 많은 사람이 아니었다. 많은 이야기를 하지 않더라도 사람들이 자기가 무슨 생각을 하는지 당연히 알 것이라고 생각하는 경향이 있었다.[24]

그런 조급한 성미는 그의 머릿속에서 도출되는 어떤 이론보다 두드러졌다. 멍거는 빠른 시간 안에 엄청난 부자가 되고 싶었다. 멍거와 로이 톨스는 1년 안에 누가 투자 자산을 두 배 이상으로 불릴지 내기를 했다. 멍거는 많은 돈을 벌기 위해서라면 기꺼이 돈을 빌려다 썼다. 평생 동안 상당한 금액의 돈을 빌린 적이 단 한 번도 없었던 워런과는 확실히 다른 모습이었다. 멍거는 자주 가던 '캘리포니아 유니언 뱅크Union Bank of California'에 가서 "300만 달러가 필요합니다"라고 말하곤 했다. 그러면 은행은 멍거에게 다음과 같이 말했다.

"여기다 서명하십시오."[25]

이 어마어마한 돈으로 멍거는 '브리티시 컬럼비아 파워British Columbia Power'에 투자했다. 한 주당 약 19달러에 거래되던 이 회사를 나중에 캐나다 정부가 한 주당 22달러가 넘은 금액으로 인수했고, 멍거는 큰 이익을 냈다. 당시에 멍거는 자기 투자 회사의 자본뿐만 아니라, 자기가 가지고 있던 돈 전부와 빌릴 수 있는 한도까지 최대한 빌려서 이 단일 종목에 투자해서 차익을 남겼다.[26] 그가 이런 거래를 한 유일한 이유는, 이 거래에서 손해를 볼 가능성이 '거의 없었기 때문'

이다. 거래가 마무리되고 나면 언제나 멍거는 상당한 이익을 챙겼다.

두 사람의 접근 방법이 달랐음에도 불구하고 멍거는 워런을 투자의 제왕으로 여기며 자기는 그저 그 왕위를 노리는 우호적인 사람 정도로밖에 여기지 않았다.[27]

"비비언, 워런에게 전화해 줘!"

비비언 이후로 비서는 여러 명이 바뀌었지만 멍거는 늘 비서를 비비언이라고 부르며 하루에도 몇 차례씩 워런과 전화를 연결해 달라고 비서에게 고함을 질렀다.[28] 멍거는 마치 자기가 가꾸는 정원처럼 워런을 소중하게 여기고 또 자주 찾았다. 워런은 자기 철학을 이렇게 설명하곤 했다.

"옷자락을 붙잡고 묻어가야 합니다."[29]

하지만 워런은 자기 친구들이 자기 옷자락을 잡고 묻어가기를 바라지 않았다. 다른 사람들이 그렇게 할 때는 비윤리적이라고 여겼다. 그래서 멍거는 자기가 하는 거래를 사람들에게 개방했지만(예를 들어서 실제로 멍거는 워런이 '브리티시 컬럼비아 파워'에 들어오도록 했다), 워런은 동업자와 공유하는 사업이 아닌 한 자기가 하는 거래들을 다른 사람들에게 공개하지 않았다.

1960년대 초부터, 버핏 가족은 캘리포니아로 휴가를 다니기 시작했다. 그래서 워런 버핏은 그레이엄, 멍거와 더 많은 시간을 보낼 수 있었다. 워런과 수지는 아이들을 데리고 태평양 연안을 따라서 위로 또 아래로 길게 여행을 했지만, 보통은 산타 모니카 대로에 있는 모텔에서 숙박했으며, 이 와중에도 워런과 멍거는 주식을 화제로 삼아 몇 시간씩 토론하곤 했다. 이런 오랜 대화 속에서 두 사람의 투자 철학이 어떤 차이가 있는지 드러났다. 워런은 동일한 투자를 많이 했지만 너무 높은 위험을 피하기 위해서라면 언제든 눈앞에 보이는 투자 수익의 기회를 포기하곤 했으며, 원래 확보하고 있던 투자금을 지키는 것을 성스러운 임무로 여겼다. 그러나 멍거는 부자가 아니라면 부자가 되기 위해서 높은 위험을 무릅써야 한다고 생각했다(물론 이 경우에도 성공 확률이 높아야 한다는 사실이 전제됨은 말할 필요도 없다). 그가 보인 이런 대담함 때문에 그는 워런과 어울리던 다른 사람들과 차원이 달랐다. 자기 자신을 높이 평가했던 멍거는 워런에 대한 존경심이 그만큼 제한될 수밖에 없었다. 워런의 친구이자 투자자로 캘리포니아에서 워런과 함께 어울리던 사람들 가운데 하나였던 딕 홀랜드 역시 다음과 같이 말한다.

"찰리는 자기가 한 말에 스스로 도취해서 숨 가빠하는 모습을 보이곤 했습니다."[30]

멍거는 훌륭한 기업을 추구했다. 그 바람에 워런이 벤 그레이엄에게 매료되었던 내용을 이해하지 못했다. 이와 관련해서 멍거는 나중에 한 편지에서 다음과 같이 썼다.

"워런은 벤 그레이엄을 설명하며 마치 독립 전쟁 참전 용사처럼 행동했습니다. 몇 분 동안은 일상적인 대화를 이어가다가 언제나 '갑자기 광광 하는 소리('boom'은 대포 소리라는 뜻도 있지만 가격 폭등 혹은 활황이라는 뜻도 동시에 가지고 있다 – 옮긴이)를 들으면 게티즈버그 전투가 생각납니다'라고 말하는 사람 말입니다."[31]

그레이엄의 약점은 '미래에는 기회보다 위험이 더 많다'고 바라보는 태도에 있다고 멍거는 느꼈다. 멍거는 그레이엄을 다음과 같이 평가했다.

"그레이엄은 페르시아 원정에 대해서 지나치게 낙관해 자기 인생과 제국까지 망쳐버린 크리서스(기원전 6세기의 리디아 최후의 왕, 큰 부자로 유명하다 – 옮긴이) 이야기를 가장 좋아하며, '어떤 사람의 인생이 끝나기 전까지는 그 사람이 행복하게 살았다고는 말할 수 없다'는 솔론(그리스 7대 현인 가운데 한 사람 – 옮긴이)의 말을 상기하곤 했습니다."[32]

멍거는 워런을 그레이엄의 비관주의에서 끌어내려고 애썼다. 꽁초를 주우러 다니고 그렇게 주운 꽁초의 마지막 한 모금을 빠는 단조롭고 고된 일은 이제 그만하라는 게 멍거의 주장이었다.

워런은 미국 기업의 장기적인 전망을 낙관적으로 보았다. 따라서 자기 아버지 하워드와 그레이엄의 충고에도 불구하고 계속해서 시장에 투자할 수 있었다. 그의 투자 방식은 여전히, 살아 있는 모습이 아니라 죽은 모습의 기업, 즉 당장 청산한다고 할 때 그 기업의 자산이 얼마나 되는지 파악하는 그레이엄의 투자 방식을 반영하고 있었다. 멍거는 워런이 순수하게 통계적인 범주에서 벗어난 지점에서 안전 마진을 규정하길 바랐다. 워런이 이론적인 문제들을 해결할 때면 어떤 재앙이 임박한 게 아닐까 근심하는 듯한 태도가 미묘하게 종종 비치곤 했는데, 멍거는 안전 마진을 새롭게 규정함으로써 워런의 그런 문제가 해결될 수 있다고 보았다. 워런의 아버지 하워드는 미국 통화인 달러가 휴지 조각이 될 날이 임박한 것처럼 늘 거기에 대비했었다. 물론 아들은 아버지에 비해서 한층 현실적이었다. 그럼에도 불구하고 오랜 시간을 들여 수학적으로 추정한 끝에, 만일 잘못된 일이 일어날 가능성이 존재한다면 결국에는 그런 일이 일어날 수밖에 없다는 피할 수 없는(때로는 정확한) 결론을 내리는 경향이 있었다. 이런 사고방식은 그야말로 양날의 칼이었다. 워런 버핏은 종말의 날을 지향하는 어두운 전망을 담고 있는 이 칼을 이용해서 때로 (종종 매우 공개적인 방식으로) 난감한 문제들을 처리하곤 했다.

워런의 또 다른 친구로 허브 울프라는 사람이 있었다. 장외 주식 거래소이던 '뉴욕 핸시틱New York Hanseatic'에 있던 울프는 몇 년 전에, 금융 관련 탐색 작업에 방해가 되는 또 다른 성격 특성을 제어하도록 워런을 도운 적이 있었다. 수도 회사 '아메리칸 워터 워크스American Water Works'의 투자자이던 울프는 1950년대 초, 워런이 'IDS 코퍼레이

션'에 대해서 〈커머셜 앤드 파이낸셜 크로니클〉에 쓴 글을 읽은 뒤에
워런이 어떤 사람인지 찾아 나섰었다.[33]

허브 울프는 여태까지 내가 만난 사람들 가운데 가장 똑똑한 사람
중 한 명입니다. 어떤 사람이 뉴저지의 해컨색에서 목욕하면, 이 행
위가 '아메리칸 워터 워크스'의 수익률에 어떤 영향을 미치는지 알
아낼 수 있는 사람이었습니다. 믿을 수 없을 정도로 놀라운 사람이
었죠. 어느 날 허브가 나한테 이러더군요. '워런, 만일 당신이 황금
건초 더미에서 금바늘을 찾고 있다면, 그냥 아무 데서나 금바늘을
찾아내는 것보다 더 나을 게 하나도 없습니다.' 나는 잘 알려지지 않
은 것일수록 더 좋다는 식이었지요. 그걸 보물찾기로 생각했습니다.
허브는 보물찾기라는 사고방식에서 나를 꺼내준 사람입니다. 난 그
를 무척 좋아했습니다.

1962년까지 워런은 보물찾기식 사고방식을 완전히 털어냈다. 하
지만 상세한 것을 추구하던 울프의 열정은 여전히 가지고 있었다. 그
리고 빌 스콧의 가세로 워런이 손대는 부분은 더욱 확장되어 스콧
외 자신을 보조할 또 다른 직원이 필요했다. 하지만 워런은 용의주도
하게도 이 새로운 조력자에 대한 비용을 자기 투자 회사의 돈으로
지불하지 않았다. 워런은 경비 지출을 가능하면 극단적으로 줄이는
경향이 있었다. 그런 방법의 하나로, (이 경우처럼) 자기에게 필요한 인
력을 공짜로 활용하기도 했다.

헨리 브랜트는 워런의 주문을 처리해 주던 주식 중개 친구였고
'우드, 스트루서스 앤드 윈스롭Wood, Struthers & Winthrop'에서 일했다. 그는
타고난 탐정이었으며, 버핏 파트너십을 위해 파트 타임으로 조사 활
동을 했다. 하지만 워런은 브랜트의 이런 활동에 대한 보수를 따로

주지 않고 '우드, 스트루서스'에 주식 거래 수수료 명목으로 제공하는 비용으로 대신했다. 이런 방식으로 워런은 브랜트의 노동을 무료로 제공받았던 것이다.[34] 만일 워런이 브랜트의 조사 활동이 더 이상 필요없다고 판단했었다면, 아마도 '우드, 스트루서스' 이외의 다른 중개 회사를 파트너로 삼았을 것이다.

그런데 이제 브랜트는 자기의 시간을 거의 백 퍼센트 워런에게 쏟았다. 워런은 자기가 받을 수수료를 포기하는 방식으로 브랜트에게 대가를 지불했다. 그리고 외부 거래에 대해서는 수수료를 떼지 않고 그에게 몫을 나누어 주기 시작했다. 두 사람 다 어떤 회사에 대한 아주 세밀한 사항을 알아내는 데 관심이 많았다. 브랜트는 자기에게 필요한 정보를 얻기 위해서라면 어떤 질문도 아무런 두려움 없이 했다. 워런과 달리 자기가 바라는 것을 얻기 위해서라면 바보처럼 보여도 상관하지 않았다. 때로는 사람들 몰래 조사하기도 하고 때로는 사람들을 들볶고 졸라대기도 했다. 그렇게 해서 기꺼이 엄청난 정보들을 모았다. 하지만 브랜트는 금바늘을 찾기 전까지는 멈출 줄을 몰랐다. 그래서 워런은 안건을 정하고 절차를 제시해서 쓸데없는 보물찾기 놀음이 되지 않도록 브랜트를 제어했다. 아무튼 브랜트는 엄청난 양의 보고서를 제공했다.[35]

브랜트가 워런을 위해서 했던 일 가운데 하나는 '식수통'(소문, 가십을 뜻하는 말이기도 하다-옮긴이)을 찾는 것이었다. 이 표현은 투자 관련 저술가인 필 피셔 Phil Fisher가 썼던 용어다. 피셔는 성장주를 열렬하게 주창하던 사람으로서, 매출액 증대를 계속 유지할 수 있는 능력, 훌륭한 경영, 연구 개발 등과 같은 질적인 수많은 요인들에 따라서 어떤 회사가 좋은 투자 대상인지 아닌지 갈린다고 말했던 사람이다.[36] 그런데 이런 요인들은 멍거가 훌륭한 기업을 추구하면서 탐색하려고 했던 바로 그 요인들이었다. 어떤 주식의 장기적인 가능성을 평가

하는 데 이런 요소들을 사용할 수 있다는 피셔의 발상이 워런의 머릿속에 서서히 자리 잡기 시작했다. 그리고 이것은 장차 워런의 투자 방식에 영향을 미치게 된다.

워런은 이제 멍거가 알았다면 무척 좋아했을 그런 발상을 브랜트더러 깊이 파고들라고 했다. 그리고 그 결과 이루어진 어떤 일은 워런의 전체 경력에서 중요한 사건으로 자리 잡는다. 이 일은 일명 '티노'라 불리던 상품 선물(先物) 거래자 앤서니 드 앤절리스의 고요한 책략에 그 기원을 두고 있다. 그는 1950년대 말에 콩기름에 큰 돈을 벌 수 있는 지름길이 있다고 확신했다. 상한 고기를 정부 운영 학교 급식 프로그램에 납품한 어두운 전력을 가지고 있던 드 앤절리스는, 비록 논쟁의 여지가 있긴 했지만, 당시 세계에서 가장 중요하고 합법적이던 콩기름 거래자로 인정받고 있었다.

어느 날 그는 자신의 창고에 얼마나 많은 콩기름이 확보되어 있는지 실질적으로 파악하는 사람이 아무도 없다는 사실을 깨닫고는 이 기름을 담보로 여러 은행으로부터 돈을 빌렸다.[37] 기름 저장 탱크에 콩기름이 얼마나 많이 있는지 아무도 모르는 판국에 은행에서 돈을 좀 더 많이 빌릴 목적으로 저장 콩기름의 양을 약간 부풀리지 못할 이유가 어디 있나, 하는 게 그의 생각이었다.

콩기름 탱크는 뉴저지주 베이언의 창고에 있었다. 그리고 이 창고는 아메리칸 익스프레스의 자회사가 관리하고 있었다. 아메리칸 익스프레스라는 거대한 제국 같은 모기업 규모에 비하면 터무니없을 정도로 작은 회사였다. 이 자회사는 창고증권을 발행했다. 이 증권은 창고에 콩기름이 얼마나 많이 남아 있는지 보증해 주는 문서로, 사람들 사이에서 매매될 수 있었다. 요컨대 그레이엄-뉴먼이 제이 프리츠커로부터 록우드 주식을 내주고 샀던 카카오콩에 대한 권리증과 동일한 것이었다.

아메리칸 익스프레스가 탱크에 들어 있는 기름을 확인한 뒤에 드 앤절리스와 그의 회사 '얼라이드 크루드 베지터블 오일 리파이닝 코퍼레이션Allied Crude Vegetable Oil Refining Corporation'은 이 창고증권을 팔거나 51개 은행에 담보로 맡기고 돈을 빌렸다. 더 나아가 아메리칸 익스프레스는 그 창고증권에 명시된 기름의 양을 보증했다.

그런데 기름을 보관하는 탱크들은 모두 파이프로 연결되어 있어서 콩기름을 이 탱크에서 저 탱크로 마음대로 옮겨 담을 수 있다는 사실을 드 앤절리스는 깨달았다. 이런 꼼수로 드 앤절리스는 실제로 보관하던 양보다 두 배 혹은 서너 배까지 부풀려서 은행에 담보를 제시하고 돈을 빌렸다. 이런 과정이 반복되면서 창고증권이 실제로 보장할 수 있는 콩기름의 양은 점차 줄어들었다.

나중에 드 앤절리스는 사실 콩기름은 거의 없어도 된다는 생각을 했다. 검사관의 눈을 속일 수 있을 정도만 있으면 되었다. 그래서 콩기름을 넣어야 할 탱크에 바닷물을 넣고 검사관이 측정용 자로 콩기름을 확인하는 튜브에만 콩기름을 넣었다. 검사관은 이 튜브 바깥에 있는 물질을 표본으로 채취해서 검사할 생각은 전혀 하지 않았다.[38]

이 시점에서 드 앤절리스는 콩기름을 팔거나 담보로 이용하는 것만으로는 자기 욕심을 채우는 데 부족하다고 생각해 콩기름을 선물 시장으로까지 가지고 갔다. 선물 거래는 해당 상품을 미래의 어떤 시점에서 현재 정한 가격으로 매매할 수 있는 권리를 주는 거래다. 이는 그레이엄 뉴먼이 고정된 가격에 카카오콩을 팔았던 선물 거래와 같다. 콩기름 1톤을 사는 데 우선 들어가는 비용은 1달러나 2달러밖에 되지 않았고, 드 앤절리스는 아홉 달 뒤에 특정한 가격을 받고 팔 아넘길 콩기름을 대량으로 사들였다. 이 거래의 계약서는 지불 약정일이 돌아오기 전에 매매될 수 있었다. 이렇게 함으로써 거래 즉시 맞돈 20달러를 주고 콩기름을 사서 나중에 파는 것보다 훨씬 적은 비용으로 콩기름 투기를 할 수 있었던 것이다. 대출금은 점점 더 늘어났고, 드 앤절리스는 선물시장을 통해서 엄청난 양의 콩기름을 통제할 수 있었다.

아메리칸 익스프레스 사람들이 완전히 장님은 아니었다. 1960년 뉴저지에서 무언가 잘못 돌아가고 있다는 익명의 투서를 받은 뒤 조사관들이 드 앤절리스와 그의 직원들을 조사했다. 하지만 조사관들의 눈앞에 놓인 바닷물로 가득 찬 탱크들만큼이나 뚱뚱하던 드 앤절리스는 교묘한 거짓말로 조사관들을 속였고, 조사관들은 만족한 얼굴로 돌아갔다.

1963년 9월, 드 앤절리스는 또 한 번 큰돈을 벌 기회를 포착했다. 소련에서 해바라기 농사가 흉작이라 소련 사람들이 해바라기기름의 대체품으로 콩기름을 대량 구매할 것이라는 소문이 돌았다. 드 앤절리스는 콩기름 시장을 독점해서 소련 사람들에게 콩기름을 비싼 값에 팔아야겠다고 생각했다. 그가 살 수 있는 콩기름 선물 양에 대한 제한 따위는 없었다. 사실상 그는 지구상에 실제로 존재하는 콩기름보다 더 많은 양을 통제할 수 있었고,[39] 또 실제로 자기의 주식 중개회사인 '아이라 하우프트 앤드 컴퍼니Ira Haupt & Co.'로부터 엄청난 돈을 차입하고 선물시장에서 54만 톤의 콩기름을 사들임으로써 그렇게 했다. 이렇게 대량으로 투자했지만, 그가 이득을 올릴 수 있으려면 콩기름 가격이 올라가야만 했다.

그런데 갑자기 미국 정부가 소련과의 무역을 금지할 것 같은 분위기가 감지되었고, 콩기름 가격은 폭락했다. 무려 1억 2천만 달러나 빠졌다. 그러자 하우프트는 드 앤절리스에게 전화를 걸어 빚을 갚으라고 했고, 드 앤절리스가 할 수 있는 말은 미안하다는 소리밖에 없었다. 하우프트가 자금 결제를 하지 못하자 뉴욕증권거래소는 이 회사를 퇴출시키기로 결정했고 결국 하우프트는 파산했다.[40] 드 앤절리스에게 돈을 빌려주고 이제 휴지조각으로 전락한 창고증권을 담보물로 갖고 있던 은행들은, 창고증권을 발행한 아메리칸 익스프레스에게 1억 5천만 달러에서 1억 7천만 달러에 이르는 손실을 보상해달라고 나섰다. 문제의 탱크들에는 콩기름이 아니라 바닷물만 가득 들어 있다는 사실을 깨달은 아메리칸 익스프레스의 주가는 곤두박질쳤고, 이 이야기는 언론에 대서특필되었다.

이틀 뒤인 1963년 11월 22일, 존 F. 케네디 대통령이 댈러스에서 자동차 퍼레이드를 벌이다가 암살되었다.

워런은 키위트 플라자 건물에 있던 한 식당에서 지인이던 앨 소렌슨과 함께 점심을 먹고 있다가 케네디 암살 소식을 들었다. 그는 위층의 자기 사무실로 돌아갔다. 뉴욕증권거래소 객장은 주주들의 투매로 인한 주가 폭락으로 완전히 혼수상태나 다름없었다. 불과 30분 만에 다우지수가 21포인트나 떨어졌고, 주식시장에서 증발한 돈은 110억 달러나 되었다.[41] 뉴욕증권거래소는 대공황 이후 처음으로 긴급 폐장했다.[42] 이런 일이 있은 직후 연방준비제도이사회는 전 세계 중앙은행들과 긴밀하게 협조해서 달러에 대한 투기를 막겠다는 자신감 넘치는 성명을 발표했다.[43]

전국이 슬픔과 분노와 애석함에 잠겼다. 학교도 학생들을 일찍 집으로 돌려보냈고, 회사들도 일찍 문을 닫았다. 모든 미국인이 그랬던 것처럼 워런은 집으로 돌아가서 주말 내내 이어졌던 TV 보도에 시선을 고정했다. 성격상 워런은 감정을 겉으로 격렬하게 드러내지 않았다. 감정이 격렬할수록 안으로 침잠했다. 역사상 처음으로 미국 대통령 암살 사건 소식이 전 세계로 보도되고 있었다. 처음으로 충격과 슬픔이 TV라는 미디어를 매개로 세계를 하나로 통합시켰다. 그리고 아주 짧은 기간 동안이긴 했지만 미국은 다른 모든 생각은 접고 오로지 암살에 대해서만 생각했다.

물론 신문사들은 아메리칸 익스프레스 스캔들을 며칠간 다루었지만 대통령 암살이라는 충격적인 사건을 1면에 다루느라, 이 스캔들을 신문 내부 지면으로 격하해 보도했다.[44] 워런은 이와 관련된 보도를 주시했다. 주식시장은 금요일의 충격에서 벗어나지 못하고, 주가는 계속 하향세로 기울었다. 투자자들은 미국에서 가장 잘나가던 금융 회사에서 주식을 계속 빼기만 했다. 아메리칸 익스프레스의 주식은 반 토막 났다.[45] 아메리칸 익스프레스가 살아남을 수 있을지조차 불투명했다.

아메리칸 익스프레스는 금융계의 떠오르는 강자였다. 평균적인 미국 국민은 언제든 해외 여행을 할 수 있었고, 이 회사가 발행한 5억 달러 규모의 '여행자수표'는 전 세계에 떠돌고 있었다. 5년 전에 도입된 이 회사의 신용카드는 엄청난 성공을 거두고 있었다. 이 회사의 가치는 바로 브랜드에 있었다. 아메리칸 익스프레스는 '신뢰'를 팔았다. 과연, 이 회사의 명성에 난 흠집이 소비자의 의식에 각인되어 사람들이 이제 더는 이 회사를 신뢰하지 않게 될까? 워런은 아메리칸 익스프레스의 신용카드와 여행자수표를 취급하는 오마하의 여러 음식점 및 가게를 돌아다니면서 사람들의 태도를 관찰했다.[46] 그리고 헨리 브랜트에게 이 일을 맡겼다.

브랜트는 여행자수표 사용자, 은행 창구 직원 및 간부 직원, 음식점, 호텔, 신용카드 소지자 등을 개별적으로 만나고 확인해서 아메리칸 익스프레스의 카드가 경쟁사들의 카드에 비해 어떤 성적을 내고 있는지, 아메리칸 익스프레스의 신용카드와 여행자수표 사용률이 줄어들지는 않는지 살폈다.[47] 그리고 늘 그랬듯이 엄청난 양의 보고서를 제출했다. 이 보고서를 읽은 뒤에 워런은 사람들이 여전히 아메리칸 익스프레스를 애용한다고 결론 내렸다. 월스트리트의 불명예가 아직은 전체 국민들에게로 확산되지 않은 상태였다.[48]

워런이 아메리칸 익스프레스에 대해 몇 달에 걸쳐 조사하는 동안 아버지 하워드의 건강이 급격하게 악화되었다. 수술을 여러 차례 받았지만 암은 이미 온몸으로 전이되어 별 도움이 되지 않았다. 1964년 초 워런은 사실상 집안의 최고 어른 노릇을 해야 했다. 아직 하워드에게 시간이 남아 있는 동안 워런은, 하워드가 유언장에서 자기 이름을 빼고 그만큼을 도리스와 버티에게 주도록 했다. 하워드가 워런에게 유산으로 주려고 했던 18만 달러는 워런과 수지가 가지고 있던 순자산 규모에 비하면 적은 돈이었다. 자기는 그 정도의 돈은 어렵지 않게 벌 수 있었기 때문에 그 돈을 유산으로 받는다는 게 말이 안 된다고 보았던 것이다. 그리고 달러화 가치가 폭락했을 때를 대비해서 하워드가 버핏 가족들을 위해 마련해 놓았던 농장에 대해서도 따로 조치를 취했다. 리틀 수지와 호위, 피터가 일정 시점이 지나면 하워드의 상속자로서 재산권을 행사할 수 있도록 신탁을 설정하고, 신탁 관리자를 자기로 한 것이다. 하워드가 1953년에 작성해 두었던 예전 유언장[49]은 시신을 담을 관을 나무로 만든 수수한 것으로 쓰고 장례식을 조촐하게 하라는 내용을 담고 있었다. 가족들은 이 부분만큼은 삭제해 달라고 하워드를 설득했다. 그런데 워런이 하워드에게 정말 하기 힘들었던 말은 자기가 이제 더는 진심에서 우러나오는 공화당원이 아니라는 고백이었다.[50] 그 이유는 인권 문제에 있었다.[51] 그러나 놀랍게도 워런은 하워드가 살아 있는 동안에는 선거인 등록 내용을 바꾸지 않았다.[52]

아버지 면전에서 그런 행동을 할 수는 없었습니다. 사실 아버지가 더 오래 사셨더라면 내 인생은 많은 제약을 받았을 겁니다. 아마도 아버지와 다른 정치적인 입장을 공식적으로 표명하지는 않았을 테죠. 사실 지금도 아버지의 친구분들이, 워런이 도대체 왜 저렇게 행동하나 하며 나를 바라보고 있다는 거 잘 알고 있습니다. 그때는 도저히 그렇게 할 수가 없었습니다.

비록 식구들은 집에서 하워드의 임박한 죽음에 대한 이야기를 나누지 않았지만,[53] 수지는 하워드를 돌보는 일 가운데 많은 부분을 레일라에게서 넘겨받아 직접 했다. 또한 아이들도 각자 방식대로 할아버지와 함께하는 마지막 시간을 잘 보낼 수 있도록 이끌었다. 아이들이 '사랑해요 할아버지'라고 쓴 종이를 들고 하워드가 볼 수 있도록 그의 병실 창문 밖에 서 있게 했던 것이다. 열 살, 아홉 살이던 리틀 수지와 호위는 상황을 잘 파악하고 있었지만, 다섯 살의 피터는 무슨 영문인지 정확하게 알지 못했다. 워런은 어떤 상황에서든 질병 혹은 환자와 마주하는 것을 몹시 힘들어했지만, 수지에게 약속한 대로 날마다 아버지를 뵈러 병실에 들렀다.

하워드의 병세가 악화하자 워런은 모든 관심을 아메리칸 익스프레스에 쏟았다. 당시 그는 버핏 파트너십에 엄청난 규모의 현금을 확보하고 있었다. 1963년에 엄청난 수익을 기록하면서 1964년 1월 1일 새로운 투자금 500만 달러가 들어왔다. 전년도 수익금이 300만 달러였다. 워런의 돈도 폭발적으로 늘어나서 180만 달러가 되었다. 이 모든 것을 합쳐서 1964년에 버핏 파트너십이 확보하고 있던 돈은 거의 1,750만 달러에 달했다. 하워드가 생애의 마지막 몇 주일을 보내는 동안 워런은 아메리칸 익스프레스에 전력질주하듯 투자하기 시작했다. 그는 쉼 없이 그러나 체계적으로 일하면서 최대한 빠른 속도로, 또 가능하면 많이 이 회사 주식을 사들였다. 물론 이 과정에서 주가가 오르지 않도록 했음은 말할 것도 없다. 5년 전만 하더라도 그는 내셔널 아메리칸 주식을 사기 위해서 몇만 달러를 모으려고 온갖 고생을 했지만, 이제 그건 옛날 이야기일 뿐이었다. 그가 과거에 이런 식으로 투자한 적은 없었다. 이렇게 많은 돈을 이렇게 빠르게 한 꺼번에 움직인 적이 없었다.

하워드가 세상을 떠나기 며칠 전부터 수지는 혼자 하워드의 곁을 지켰다. 때로는 한 번에 몇 시간씩 길게 병상을 지킨 적도 있었다. 수지는 고통을 두려워하면서도 또한 이해했다. 죽음이 두렵지는 않았다. 수지는 다른 식구들이 모두 나가떨어질 때조차 하워드 곁을 지킬 힘을 가지고 있었다. 한없는 슬픔과 절망에 빠진 사람들을 위로해 줄 수 있었던 그녀의 남다른 기질이 온전하게 발휘되었고, 지칠 대로 지친 레일라도 남편의 간병을 며느리에게 맡겼다. 죽음과 그토록 가깝게 있었던 수지는 자기와 하워드 사이의 경계선이 녹아서 없어지는 경험을 했다. 당시를 회상하면서 수지는 어떤 인터뷰에서 이렇게 말했다.

"많은 사람들이 피하고 도망쳤지만 나에게는 자연스러운 일이었습니다. 내가 사랑하던 어떤 사람과 육체적으로 정서적으로 친밀하게 된다는 것은 아름다운 경험이었어요. 그 사람이 원하는 것이 무엇인지 정확하게 알았거든요. 언제 고개를 돌리고 싶어 하는지 혹은 언제 작은 얼음 한 조각을 필요로 하는지 알 수 있습니다. 그냥 압니다. 느낌으로요. 그분을 정말 사랑했습니다. 그분은 나에게 선물을 주셨어요. 그런 경험을 하게 해준 선물 말입니다. 그런 경험에서 내가 어떤 감정을 느끼는지 깨우칠 수 있도록 해주셨던 겁니다."[54]

어느 날 저녁, 리틀 수지, 호위, 피터가 식탁에 앉아 있는데 워런이 들어왔다. 그 어느 때보다 표정이 우울해 보였다.

"나 지금 할머니 집에 간다."

그러자 아이들이 물었다.

"왜요, 아빠?"

"병원에는 안 가세요?"

"할아버지께서 오늘 돌아가셨다."

워런은 이렇게만 말하고 뒷문을 통해서 바깥으로 나갔다. 다음은 당시를 회상하면서 리틀 수지가 하는 말이다.

"우리는 아무도 거기에 대해서 말하려고 하지 않았던 것 같습니다. 너무도 커다란 일이라서, 거기에 대해서 어떤 말을 하는 것 자체가 너무도 고통스러웠습니다."

수지가 가족을 대표해서 장례식 준비를 책임졌다. 그동안 워런은 집에서 침묵을 지켰다. 레일라는 미칠 듯이 괴로웠지만, 천국에서 남편을 다시 만날 것이라는 기대를 가슴에 품었다. 수지는 워런이 아버지의 죽음을 받아들이고 또 거기에 대해서 느끼는 감정을 드러내게 하려고 애썼다. 하지만 워런은 아버지의 죽음에 대해서 도저히 생각할 수 없었고, 그 생각을 피하려고 가능한 한 모든 수단을 동원해서 버텼다. 예컨대, 절약이라는 자신의 핵심 원칙에 기대서 하워드의 관을 너무 비싼 걸로 쓰는 것 아니냐며 수지와 말싸움을 하기도 했다.

조문객이 500명 참석한 장례식에서도 워런은 내내 침묵을 지켰다. 하워드 버핏이 평생 동안 지켰던 정치적인 관점이 비록 극단적이긴 했지만, 사람들은 그가 마지막 가는 길을 배웅하며 경의를 표했다. 장례식이 끝난 뒤 워런은 며칠 동안 집에 틀어박혀서 밖으로 나오지 않았다.[55] TV로 의원들이 벌이는 인권 법안 논쟁을 지켜보면서 언짢은 생각들을 머릿속에서 지우려고 했다. 그리고 사무실에 다시 출근해서는 무서운 속도로 아메리칸 익스프레스의 주식을 사들였다. 하워드가 세상을 떠난 지 두 달 뒤인 1964년 6월 말 이 주식에 그가 쏟아 넣은 돈은 300만 달러에 육박했다. 아메리칸 익스프레스는 버핏 파트너십의 가장 큰 포지션이 되었다. 비록 그는 슬픔을 겉으로 전혀 드러내지 않았지만,[56] 자기 아버지의 대형 사진을 책상 맞은편 벽에다 걸었다.

장례식이 끝나고 여러 주가 지난 어느 날, 그의 머리 양쪽 두 군데에서 머리카락이 동그랗게 빠진 모습이 드러났다. 아버지의 죽음이 남긴 흔적이었다.

27

어리석음

하워드가 세상을 떠난 지 여섯 주 뒤, 워런은 누구도 예상치 않았던 행보를 했다. 돈 문제와 관련된 행보가 아니었다. 아메리칸 익스프레스는 확실히 잘못을 저질렀고, 따라서 이 회사가 그 사실을 인정하고 피해를 본 개인이나 조직에 배상하는 게 마땅하다고 그는 생각했다. 아메리칸 익스프레스의 회장 하워드 클라크는 은행들이 배상을 요구하고 나서자 도덕적 책임을 통감한다면서 6천만 달러를 배상금으로 지불하겠다고 제안했다. 그러자 회사의 주주 가운데 한 무리가 배상금을 줘서는 안 된다며 소송을 제기했다. 회사의 이익을 지켜야 한다는 주장이었다. 이때 워런은 사비를 들여 스스로 이 재판에 증인으로 나섰고, 경영진의 분쟁 조정 노력을 지지했다.

지금부터 3~4년 뒤에 이런 노력은, 일반적인 영리 기업의 기준을 훨씬 넘어서는 재정 건전성 및 의무 기준을 설정하는 데 있어서 아메리칸 익스프레스의 위상을 드높일 것입니다.

하지만 아메리칸 익스프레스는 모범적인 본보기가 되고자 그 돈을 내놓은 게 아니었다. 은행들과 소송을 벌여서 졌을 때 주가가 받을 타격을 회피하려는 책략이었을 뿐이었다. 고객들은 그런 점에는 신경도 쓰지 않았다. 콩기름 스캔들은 처음에 고객들에게 깊은 인상으로 각인되지 않았다.

워런은 회사가 선택할 길은 두 개라고 썼다. 그리고 사태의 책임을 지고 은행들에 6천만 달러를 지급한 아메리칸 익스프레스를 두고 이렇게 썼다.

"(이 회사는) 자회사의 행위에 대한 책임이 없다고 할 때보다 자산 가치는 훨씬 더 커질 것이다."[1]

워런은 은행에 지급하는 6천만 달러라는 돈은 길게 보면 마치 '우편물 배달 사고로 사라진' 배당금 수표처럼 대수롭지 않은 것이라고 묘사했다.

남편이 받았던 배당금 수표들을 소각로에 버렸다가 우여곡절 끝에 되찾았으며 이 일을 끝내 남편에게 비밀로 부쳤던 수지가, 6천만 달러의 배당금 수표가 배달 사고로 사라져 버려도 깨끗이 잊어버리라고 워런이 호탕하게 말하는 걸 들었더라면 아마 놀라서 뒤로 자빠졌을지도 모를 일이다.[2] 그런데 도대체 어째서 워런이 아메리칸 익스프레스가 '일반적인 영리 기업의 기준을 훨씬 넘어서는 재정 건전성 및 의무 기준'을 마련하는 데 관심을 가지게 되었을까? 기업이 정직하다는 명성으로 그 기업의 '자산 가치가 훨씬 더 커진다'는 발상은 도대체 어디에서 비롯된 것일까? 그가 자청해서 증언대에 올라간 이유는 무엇이었을까? 워런은 자기 아버지가 견지했던 정직이라는 원칙을 늘 고수했다. 이런 점에서 보자면, 원칙에 입각해서 일을 처리하던 아버지의 모습을 워런이 그대로 물려받은 것 같았다.

워런은 자기가 투자한 기업의 경영진에 늘 영향력을 행사하고 싶어 했다. 하지만 예전에는 자기가 투자한 회사를, 헌금접시('상자'가 아니라 '접시'를 돌리기 때문에 '헌금함'이라 하지 않았다─옮긴이)를 돌리면서 설교할 수 있는 교회로 만들려는 시도는 하지 않았었다. 그런데 이제 그는 그런 시도를 하기 시작했다. 아무런 예고도 없이 불쑥 하워드 클라크 앞에 나타나서 주주들의 소송에 굴하지 말고 꿋꿋하게 밀고 나가라고 힘을 실어주었던 것이다.

나는 예고도 없이 불쑥 찾아가서 엉뚱한 사람에게 이런저런 얘기를 하곤 하던 버릇이 있었습니다. 한번은 하워드 클라크가 이런 말을 했습니다. 내가 회사의 조직구성도에 조금만 더 관심을 기울이면 좋을 것이라고요. (……) 하워드는 아주 친절했습니다.[3]

도덕적인 청렴함이 재정적인 가치를 창출한다는 워런의 생각을 입증하는 듯이 아메리칸 익스프레스는 배상금을 지불하고 어려움을 헤쳐 나갔다. 주당 35달러 아래로 떨어졌던 주가는 49달러로 껑충 뛰었다. 1964년 11월까지 버핏 파트너십은 아메리칸 익스프레스 주식을 430만 달러 넘게 가지고 있었다. 한편 이 회사는 또한 꽁초이던 두 기업 '텍사스 걸프 프로듀싱Texas Gulf Producing'과 '퓨어 오일Pure Oil'에도 각각 460만 달러와 350만 달러를 투자하고 있었다. 이 세 개의 포지션을 합하면 전체 자산 배분의 절반이 넘었다.[4] 1965년에는 아메리칸 익스프레스에 투자한 자금만 전체의 3분의 1이었다.

버핏 파트너십은 1962년 초에 720만 달러로 출범했다. 집중 투자를 두려워하지 않았던 워런은 1966년까지 계속 아메리칸 익스프레스에 투자했는데, 나중에는 이 투자금이 1,300만 달러로까지 늘어났다. 그는 투자자들이 새로운 '기본 원칙'을 알아야 한다고 느꼈다.

우리는 다른 대부분의 투자 회사들에 비해서 다각화를 상당한 수준으로 덜 합니다. 우리는 순자산 가운데 40퍼센트를 단일 증권에 투자할 수도 있습니다. 우리가 확보한 사실들과 우리가 추론하는 내용이 옳을 가능성이 매우 높을 때, 어떤 요인으로 우리가 투자한 금액의 가치가 엄청나게 바뀔 가능성이 매우 낮을 때, 이 두 경우가 하나로 만나는 조건 아래에서라면 말입니다.[5]

워런 버핏은 스승이던 벤 그레이엄의 세계관에서 한층 더 과감히 나아갔다. 그레이엄이 신봉했던 철저한 '계량적인' 접근법은 우승마를 예상하는 사람의 세계, 순수하게 통계학에 입각해서 꽁초를 줍던 사람의 세계에 속한 방식이었다. 아침에 사무실로 출근해서, 《무디스 매뉴얼》이나 스탠더드 앤드 푸어스 주간 보고서를 뒤적이고, 몇 개의 싼 주식들을 찾아내고, '트위디, 브라운 앤드 냅'의 톰 냅에게 전화해서 이 주식들을 사게 하고, 시장이 문 닫으면 집으로 돌아가고, 밤에는 잠을 자고, 아침이면 다시 사무실로 출근하는 그런 세계에서 벗어나 있었다. 워런은 자기가 좋아하던 이 접근법에 대해서 다음과 같이 말했다.

"명백하고 계량적인 판단에 입각할 때, 보다 많은 돈이 확실하게 들어오는 경향이 있습니다."

하지만 그 방법은 두 가지 결점을 가지고 있었다. 통계적인 이익의 폭이 매우 좁게 줄어든다는 사실과 꽁초는 주로 작은 기업에 국한되는 경향이 있어서 많은 돈을 투자해야 할 경우에는 꽁초가 적합하지 않다는 사실이었다.

　워런은 여전히 이 접근법을 활용하면서도 벤 그레이엄의 핵심적인 투자 철학을 반박하는 훗날 자신이 아메리칸 익스프레스에 대해서 '높은 가능성에 대한 통찰력'이라고 불렀던 것을 동시에 가지고 있었다. 현금과 설비, 부동산 그리고 수치로 계산할 수 있고 또 필요하다면 청산할 수 있는 기타 여러 자산들에서 가치가 발현되는 회사들과 달리, 아메리칸 익스프레스가 가지고 있는 것이라고는 고객의 호감이 거의 전부였다. 워런은 자기 투자자들의 돈, 즉 앨리스 고모의 유산, 장인인 톰슨 박사의 저축액, 앤 고트챌트와 캐서린 엘버펠드의 돈, 앵글 부부가 평생 모은 돈, 벤 그레이엄의 아내 에스티 그레이엄의 돈을 고객이 느끼는 그 호감에 투자했다. 찰리 멍거가 '훌륭한 기업'을 이야기할 때 말하던 바로 그 경쟁 우위 요소였다. 이것은 우승마를 예상하는 우수한 예상자의 방법론이자 필 피셔의 방법론이기도 했다. 그리고 이것은 계량적인 평가와 대립되는 질적인 평가를 포함하는 방법론이었다.

　워런은 나중에 투자자들에게 보낸 편지에 이렇게 썼다.

　(제대로 된 전망과 장래성 있는 산업 조건 그리고 유능한 경영진 등을 갖춘) 올바른 회사를 살 때 (……) 이 회사의 주식 가격은 자기가 알아서 올라갑니다. (……) 이럴 때 금전 등록기는 노래를 부릅니다. 하지만 통찰력이라는 것이 보통 그렇듯이 이런 일은 자주 일어나지 않습니다. 물론 계량적으로 접근할 때는 통찰력이라는 것이 필요치 않습니다. 오로지 수치들이 문제지요. 이 수치들이 야구방망이로 머리를 가격하듯이 투입되어야 합니다. 이런 이유로, 질적인 판단을 정확하게 잘하는 투자자들이 진짜 큰돈을 버는 경향이 있습니다.[6]

질적인 접근을 강조하는 이 접근법 덕분에 워런은 1965년 말에 투자자들에게 엄청난 수익을 거두었다고 보고할 수 있었다. 이 연례 보고를 하면서 그는 이 거대한 이득을, 자기가 기록할 수익률이 다우 지수 상승률을 10퍼센트 앞지를 것이라고 했던 예전의 예측과 비교했다. 그리고 그 눈부신 수익률과 관련해 다음과 같이 말했다.

> 당연히 그 어떤 사람도 그런 실수를 저질러서 공개적으로 망신을 당하길 바라지는 않을 겁니다. 아마도 이런 일을 되풀이하지는 않을 겁니다.[7]

예상했던 것보다 더 나은 결과를 거둔 것을 실수며 망신당한다고 표현하는 것은 일종의 아이러니다. 이런 아이러니에도 불구하고 자기 투자자들이 가질 수 있는 높은 기대치에 대해서 미리 방어막을 치는 워런의 전통은 이때 시작되었다. 놀라운 성과를 거두는 기록이 계속 이어지자 그의 편지 역시 성공과 실패를 평가하는 일에 집착하기 시작했다. 그는 자기가 저질렀다는 소위 '그런 실수'를 묘사하면서 '죄의식', '당황', '실망' 혹은 '비난'과 같은 단어들을 이례적으로 빈번하게 사용했다. 어느 누구도 실망시키지 않는 데 여전히 집착했기 때문이다.[8] 그의 편지를 읽는 사람들이 이런 양상을 인식하기 시작하면서, 몇몇 사람들은 워런이 자기들을 조종한다고 여기기도 했고 또 어떤 사람들은 워런이 위선적으로 겸손한 척한다고 비난하기도 했다. 하지만 그의 내면에 불안감이 얼마나 깊게 자리하는지 깨달은 사람은 거의 없었다.

하워드가 죽은 다음 해, 워런은 하워드를 기념할 방법을 생각하기 시작했다. 예를 들면 아버지의 이름으로 대학교 교수직 한 자리를 마련하는 것이었다. 하지만 아무리 찾아도 완벽하다 싶은 대상이 없었다. 워런과 수지는 버핏 재단Buffett Foundation을 설립했다. 이 재단은 교육 관련 목적에 소규모 보조금을 지원했다. 하지만 이것은 아버지를 생각하면서 마음에 담아두었던 게 아니었다. 그는 자선 사업가가 될 의도는 전혀 없었다. 돈을 나누어 주길 좋아했던 사람은 수지였다. 그래서 그 재단을 운영하는 사람도 수지였다. 워런은 대신 그야말로 고삐를 바짝 잡아당기며 열심히 일했다. 아메리칸 익스프레스 투자를 통해 대박을 터뜨린 후 그는 1965년 4월 오마하 내셔널 뱅크 신탁부에 있던 존 하딩을 고용했다. 회사 운영과 관련된 업무 일부분을 맡기기 위해서였다. 워런은 하딩이 일을 시작할 때 그에게 이렇게 경고했다.

"내가 이 일을 반드시 계속할지 어떨지는 나도 모릅니다. 만일 내가 그만둔다면 당신도 일자리를 잃을 거예요……."**9**

하지만 워런이 일을 그만둘 것 같은 징후는 어디에도 없었다. 하딩은 투자에 대해서 배우겠다는 기대에 부풀었지만, 이 기대는 얼마 지나지 않아 산산이 부서졌다. 다음은 하딩이 인터뷰에서 한 말이다.

"워런이 얼마나 대단한지 알게 된 순간, 투자 자금을 내가 직접 다뤄보고 싶다는 생각은 흔적도 없이 사라지더군요."

그래서 하딩은 자기가 가지고 있던 돈 대부분을 버핏 파트너십에 넣는 것에 만족했다.

워런은 수백만 달러어치의 아메리칸 익스프레스를 매입한 것 외에 이제는 장거리 여행과 복잡한 조정 작업이 뒤따르는 보다 큰 두 가지 거래에 손을 댔다. 둘 다 거대한 꽁초였으며, 목욕 가운을 입고 《무디스 매뉴얼》을 뒤적거려서 찾아낼 수 있는 것과는 한참 거리가 먼 소위 '질적인 접근'을 필요로 하는 회사였다. 그의 다음 타깃이자 또 다른 꽁초는 오마하에서 멀리 떨어진 곳에 있었다.

워런의 인맥에 포함되어 있는 그레이엄 신봉자들은 각자 늘 좋은 투자 종목을 찾고 있었는데, 어느 날 댄 코윈이 워런에게 매사추세츠의 뉴베드퍼드에 있는 한 의류 공장을 소개했다. 자산 가치보다 낮은 가격에 주식이 거래되던 회사였다.[10] 코윈의 생각은 이 회사를 인수한 다음 회사를 조각조각 내서 팔아 치우자는 것이었다. 이 회사의 이름은 '버크셔 해서웨이Berkshire Hathaway'였다. 아버지의 죽음이 몰고 온 충격으로 탈모가 왔던 부분에 예전처럼 머리카락이 다시 자랐을 무렵 워런은 이 새로운 사업에 푹 빠져 있었다.

워런은 이 회사를 관찰하기 시작했다. 그리고 이 회사의 주식을 천천히 사들였다. 그런데 행인지 불행인지 이번에 선택한 투자 대상인 버크셔 해서웨이를 경영하는 사람은 철저하게 매사추세츠적인 개성의 소유자였다.

버크셔 해서웨이 사장인 시베리 스탠턴Seabury Stanton은 지난 10년 동안 마지못해 열 개가 넘는 공장을 차례로 하나씩 폐쇄해야 했었다. 남아 있는 공장들은 바다를 낀 뉴잉글랜드가 서서히 쇠락해 가는 마을들 사이를 흐르는 강들을 끼고 여기저기 흩어져 있었다. 이 공장들은 모두 신앙심이 오래전에 말라버린 붉은 벽돌의 텅 빈 사원들처럼 황량했다.

시베리 스탠턴은 아버지의 뒤를 이어서 그 회사를 맡고 있는, 숙명주의자였다. 뉴베드퍼드의 바위 해변에 선 그는 스스로를 크누트 왕이라 여기며, 뉴베드퍼드에 황폐함을 몰고 오는 파도를 향해 물러가라고 외쳐댔다(11세기에 영국을 지배한 덴마크의 왕이었던 그는 아첨하는 간신들에게 교훈을 줄 마음으로 파도를 향해서 물러가라고 몇 번이나 고함을 질렀다─옮긴이). 하지만 그는 크누트 왕과 다르게 진짜로 그 파도가 물러날 것이라고 믿었다. 시골 풍경을 즐겨 그렸던 그랜트 우드의 그림 〈아메리칸 고딕American Gothic〉의 뉴잉글랜드 버전이라고 할 수 있는 시베리는 190센티미터에 가까운 큰 키로 우뚝 서서 방문자들을 냉담하게 굽어보았다. 물론 방문자들이 그와 마주설 기회도 쉽지 않았다. 직기의 소음이 들리지 않을 정도로 멀리 떨어진 그의 사무실은 건물 꼭대기 층에 있었다. 그를 만나려면 그의 비서의 비서부터 만나야 했고 마지막에는 길고 좁은 계단을 올라가야 했다.

뉴베드퍼드는 한때 뉴잉글랜드라는 왕관에 박힌 다이아몬드처럼 밝게 빛나던 도시였다. 향유고래를 잡던 포경선 덕분에 뉴베드퍼드는 북아메리카에서 가장 부유한 도시로 등극했었다.[11] 포경선 선장이던 시베리 스탠턴의 할아버지는 세계에서 가장 모험과 스릴이 넘치는 산업의 수도라고 할 수 있었던 이 도시를 지배하던 몇몇 가문 가운데 한 가문의 우두머리였다. 하지만 19세기 중반부터 향유고래의 개체수가 줄어듦에 따라서 포경선은 멀리 북극해까지 가서 북극고래를 잡아야 했다. 그런데 1871년 가을, 뉴베드퍼드 사람들이 아무리 기다려도 포경선들이 돌아오지 않았다. 한파가 일찍 들이닥치는 바람에 스물두 척의 포경선이 얼어붙은 바다에 갇혀서 돌아오지 못했던 것이다.[12] 그때 이후로 뉴베드퍼드는 달라졌다. 포경 산업도 예전과 같지 않았다. 고래 공급이 줄어들면서 고래 수요도 덩달아 줄어들었다. 펜실베이니아에서 석유가 나왔던 1859년 이후로 등불용 석유는 점점 귀해져 가던 고래기름을 대체하기 시작했다. 여성의 코르셋, 후프 스커트, 고급 양산, 마부가 휘두르던 채찍 및 빅토리아 시대 온갖 버팀줄로 쓰였던 유연한 빗살 모양의 고래의 수염[13]도 진열대에서 점차 사라지면서 시장에서 자리를 찾지 못하고 뒤로 밀려나기 시작했다.

1888년, 중국과의 차 무역에 뿌리를 내리고 있던 가문 출신의[14] 호레이쇼 해서웨이와 그의 회계 담당자 조지프 놀스가 한 무리의 동업자들을 모아서 차세대 유망 산업으로 보이는 직물 산업에 뛰어들었다. 그들은 '아쿠쉬넷 밀 코퍼레이션Acushnet Mill Corporation'과 '해서웨이 매뉴팩처링 컴퍼니Hathaway Manufacturing Company'라는 공장 두 개를 지었다.[15] 거기에 함께했던 동업자 가운데 한 사람이 '월스트리트의 마녀'라는 별명으로 악명 높던 헤티 그린이었다. 그녀는 뉴베드퍼드에서 자란 선박업 상속자였지만, 뉴욕으로 가서 호보켄의 다세대 아파트를 빌려 살면서 연락선을 타고 뉴욕시티로 나가 대출금으로 투자를 했다. 그녀는 알파카 털로 만든 구식의 검은 외투를 입고, 망토를 두르고, 늙은 박쥐 한 마리를 연상케 하는 베일이 달린 낡아빠진 모자를 쓰고 로어 맨해튼을 활보했다. 그녀의 이런 모습이 워낙 기괴하고 또 그녀가 극도로 절약하는 것으로 악명 높았던 까닭에, 그녀가 신문으로 속옷을 만들어서 입고 다닌다는 소문이 돌기도 했다. 1916년에 사망할 당시 그녀는 세계에서 가장 돈이 많은 여자였다.[16]

이런 부유한 투자자들의 투자에 힘입어 직물 산업 관련 공장들이 하나씩 들어서서 솜을 빗질하고 실을 잣고 직물을 짰으며, 또 남쪽에서 온 배들이 뉴베드퍼드의 항구에 수북이 쌓아놓은 면 뭉치들을 염색했다. 새로 생긴 공장들에 세례를 주려고 이따금씩 뉴베드퍼드를 찾았던 하원 세입위원회 위원장 윌리엄 매킨리 의원은 관세 정책을 동원해서 수입품으로부터 이 지역의 섬유 공장을 지키려고 애썼다. 뉴베드퍼드는 이미 원가 경쟁력에서 다른 곳에 뒤졌기 때문이다.[17] 이 지역 섬유 공장들이 살아남으려면 처음부터 정치적인 도움이 필수적이었다. 20세기 초에 개발된 에어컨과 관련된 신기술은 습도를 정확하게 조절하고 공기 중의 부유 물질을 걸러 냄으로써 공장의 생산력 수준을 혁명적으로 바꾸어 놓았다. 게다가 인건비도 더 저렴한 남부에서 추운 뉴잉글랜드 해변까지 원료가 되는 면을 배로 실어 오는 것은 더 이상 경제적으로 수지타산이 맞지 않았다. 놀스의 후계자 제임스 E. 스탠턴 주니어는 경쟁자들의 공장이 차츰 남쪽으로 이전하는 모습을 지켜보았다.[18] 임금이 계속 깎이자 남아 있던 공장들에 속한 노동자들은 파업을 했고, 이 파업은 다섯 달 동안 이어졌다. 고용주는 등골이 빠지는 상황이었다. 당시 상황을 제임스 스탠턴의 아들 시베리 스탠턴은 다음과 같이 회상한다.

"회사 사정이 어렵고 전망이 지극히 불투명한 상태에서, 아버지는 주주들의 돈을 새로운 설비에 투자해야 할지 망설이셨습니다."[19]

결국 제임스 스탠턴은 회사의 자본금을 빼내 주주들에게 배당금으로 지불했다.

하버드대학교를 졸업한 시베리 스탠턴이 1934년에 회사를 물려받았을 때 낡아빠진 해서웨이 공장은 여전히 덜거덕거리며 날마다 면 소재 원단을 몇 롤씩 생산하고 있었다. 시베리는 자기가 직물 공장을 구해내는 영웅이 되어야 한다는 생각에 사로잡혔다. 그는 당시에 했던 한 연설에서 이렇게 말했다.

"뉴잉글랜드는 최신 기계와 유능한 경영진을 갖춘 직물 공장이 자리하던 곳입니다." 시베리와 그의 동생 오티스는 공장을 현대화하기 위한 5개년 계획을 세웠다.[20] 두 사람은 1천만 달러를 들여 고색창연한 붉은 벽돌 건물들 안에 에어컨 설비, 전기 거중기, 지상에서 높이 세운 컨베이어, 개선된 조명 시설, 초현대적인 라커룸 등을 설치했다. 그리고 생산 제품을 면제품에서 가난한 사람의 비단이라 일컬어지던 레이온으로 바꾸었다. 전쟁 기간 동안에는 낙하산용 레이온 원단으로 반짝 특수의 호황도 누렸다. 하지만 시간이 흐르면서 값싼 외국의 노동력 때문에 제품의 가격은 점차 떨어졌다. 시베리는 가격 경쟁력을 높이려고 노동자들의 임금을 쥐어짰다. 해가 갈수록, 물러가라는 파도는 물러가지 않고 물은 점점 더 높이 차올랐다. 값싼 외국 제품, 자동화 경쟁, 남부 지역의 값싼 노동력 등이 그의 공장에 점차 큰 위협으로 작용하기 시작했다.

급기야 1954년에는 허리케인 캐럴이 왔다. 높이가 4미터도 넘는 거대한 폭풍해일이 코브가에 있던 해서웨이의 본부를 덮쳤다. 비록 이 회사의 상징과도 같았던 시계탑 윗부분은 해일을 견뎌냈지만, 온갖 잔해와 진창이 공장 내부의 직기와 방적사를 망쳐놓았다. 이런 상황에서 내려야 할 명백한 결론은 뉴베드퍼드의 공장들을 버리고 남쪽으로 이전하는 것이었다. 하지만 시베리 스탠턴은 다음에 또 있을지도 모르는 거대한 파도의 습격에 대비하는 제방을 건설하는 심정으로, 해서웨이와 또 다른 공장이던 '버크셔 파인 스피닝Berkshire Fine Spinning'을 합병했다.[21]

버크셔 파인 스피닝은 뻣뻣한 능직에서부터 마퀴젯(커튼이나 여성용 옷감 등에 사용되는 망사 천 – 옮긴이), 뻣뻣한 돈을무늬 면포, 고급 와이셔츠용 포플린 원단까지 모든 걸 생산했다. 이 회사 사장이던 말콤 체이스는 요지부동으로 현대화에는 단 한 푼도 쓰지 않으려고 했다. 그의 조카인 니컬러스 브래디는 1954년 하버드 경영대학원에서 이 회사에 대한 논문을 썼다. 이 논문에서 그는 비관적인 결론에 도달했고, 나중에는 자기가 가지고 있던 이 회사 주식을 모두 팔았다.

체이스는 시베리 스탠턴의 현대화 요구에 반대했다. 하지만 새로운 버크셔 해서웨이를 지배하는 것은 스탠턴의 숙명주의였다. 스탠턴은 제품 라인을 단순화해서 레이온에 초점을 맞추고 미국의 남성용 정장 안감 수요의 반 이상을 생산했다.[22] 시베리 스탠턴이 지휘하는 버크셔 해서웨이는 연간 23만 킬로미터에 가까운 직물을 생산하였고, 이 와중에도 그는 현대화 작업을 '가차없이' 진행하면서 여러 공장들을 현대화하는 데 추가로 100만 달러를 쏟았다.

그 무렵, 그의 동생 오티스는 뉴베드퍼드 공장을 더 고집할 이유가 없다고 생각하기 시작했다. 하지만 시베리는 직물 공장을 남쪽으로 이전할 적절한 시기는 이미 지나갔다고 판단했다.[23] 그리고 뉴베드퍼드의 공장들을 되살리겠다는 꿈을 포기하지 않았다.[24]

댄 코윈이 1962년에 버크셔 해서웨이와 관련해서 워런에게 다가 갔을 때, 워런도 이미 이 회사에 대해서 알고 있었다. 사실 그는 미국에 있던 일정 규모 이상의 회사는 거의 다 알고 있었다. 투입된 자금 규모로 볼 때 버크셔의 가치는 회사의 회계 자료를 근거로 2,200만 달러였고, 한 주당 가치는 19.46달러였다.[25] 그런데 이 회사는 9년 동안 손실을 기록해 왔기 때문에 누구든 7달러 50센트에 그 주식을 살수 있었다. 워런은 이 주식을 사기 시작했다.[26]

시베리 역시 버크셔의 주식을 사들이고 있었다. 공장의 현대화 작업에 재투자되지 않는 현금으로 2년에 한 번씩 공개매수 방식으로 주식을 사들였다. 워런은 시베리가 앞으로도 계속 주식을 사들일 것이며 주가가 쌀 때 주식을 사서 주가가 오르면 회사에 되파는 방식으로 매매 타이밍을 맞출 것이라고 판단했다.

워런과 코윈은 이 주식을 본격적으로 사기 시작했다. 워런이 이 주식을 산다는 사실을 누가 알아차린다면 주가가 뛰어오를 게 분명했다. 그래서 그는 '트위디, 브라운'의 하워드 브라운을 통해서 샀다. 버핏은 이 중개 회사를 즐겨 이용했다. 이 회사 사람들 모두, 특히 브라운이 입이 무거웠기 때문이다. 자기가 거래하는 내용을 비밀로 부치는 워런에게 중개인의 입이 무거워야 한다는 조건은 매우 중요했다. '트위디, 브라운'은 버핏 파트너십 계좌에 'BWX'라는 암호명을 붙였다.[27]

'트위디, 브라운'은 여전히 월스트리트 52번지의 작은 사무실에 있었다. 이 사무실이 입주한 건물은 한때 벤 그레이엄의 사무실이 있었던 바로 그 아르데코풍 건물이었다. 이 사무실로 들어설 때마다 워런은 마치 오래된 이발소에 들어가는 느낌을 받았다. 바닥에 흰색과 검은색 도자기 타일이 깔려 있었기 때문이다. 작은 사무실 왼쪽에는 이 회사의 비서와 사무실 관리 책임자가 앉아 있었다. 그리고 오른쪽에는 증권 거래실이 있었고 그곳을 지나면 작은 골방 같은 공간이 있었다. '트위디, 브라운'이 다른 사람에게 임대해 준 공간이었다. 냉수기와 외투걸이가 면적의 반을 차지하는 그 방의 주인은 바로 월터 슐로스였다. 슐로스는 낡아빠진 책상 앞에 앉아서 자기의 투자 회사를 운영했다. 그는 그레이엄의 투자 방식을 한 치의 오차도 없이 그대로 적용해서, 그레이엄-뉴먼을 떠난 후 20퍼센트가 넘는 연평균 수익률을 기록해 오고 있었다. 사무실 임대료는 현금으로 주지 않았다. '트위디, 브라운'을 통해서 주식을 거래하고 이때 발생하는 수수료를 임대료로 대신해서 지급했다. 그런데 그는 거래도 많이 하지 않았다. 이런 점에서 그는 사무실 임대료를 고정적으로 지불하는 것보다 많은 이득을 보는 셈이었다. 이것 외에 지출하는 비용이라고 해봐야 〈밸류 라인 인베스트먼트 서베이Value Line Investment Survey〉 구독료, 종이값, 연필값, 지하철 차비 등이 전부였다.

증권 거래실 안에는 길이 6미터 정도 되는 나무 탁자가 놓여 있었다. 이 회사가 쓰레기 더미에서 건져낸 물건이었다. 탁자 표면에는 오랜 세월 동안 거쳐 간 초등학생들이 낸 칼자국이 여기저기 나 있었다. 이 탁자에 종이를 놓고 무언가를 쓰려면 반드시 무언가를 종이 아래에 받쳐야 했다. 그렇게 하지 않았다가는 '토드가 매리를 사랑한대요' 따위의 문구들이 종이에 부조(浮彫)되기 때문이었다.

이 탁자 한 쪽에서는 하워드 브라운이 온화한 권위로 사람들을 다스렸다. 그와 그의 동업자들은 회사의 트레이더를 마주하고 있었는데, 이 트레이더는 모든 트레이더들이 다 그렇듯이 자기에게 일감을 맡겨줄 전화를 기다리느라 초조한 마음에 잠시도 가만히 있지 못하고 몸을 움직였다. 이 사람 옆자리는 '손님용 책상'으로 비어 있었다. 그리고 벽마다 싸구려 목제 서류함들이 늘어서 있었다.

'트위디, 브라운'의 이 '손님용 책상'보다 워런에게 더 편안하고 아늑한 자리는 뉴욕에 없었다. 이 회사는 차익거래, 워크아웃, 파산 회사 청산 등의 영역으로까지 사업의 손길을 뻗었다. 모두 워런이 좋아하던 영역이었다. 이 회사는 '자메이카 퀸스 워터Jamaica Queen's Water'의 증권을 거래할 수 있는 15년짜리 신주인수증권을 거래했다. 이 증권은 뉴욕시티가 언젠가 이 수도 회사를 인수한다는 말이 나올 때마다 가격이 올랐다가, 그런 추측이 잠잠해지면 다시 가격이 내렸다. 이런 양상에 따라, '트위디, 브라운'은 가격이 내릴 때마다 이것을 사서 가격이 오를 때마다 파는 것을 계속 반복했다.

'트위디, 브라운'은 또한 '샌본 맵'의 경우에서처럼, 잘 알려져 있지 않고 저평가된 회사들의 경영진을 바꾸어 숨어 있는 자산 가치를 현실화시키려고 애썼다. 이 회사의 동업자 한 사람은 이런 말까지 했다. "우리는 늘 소송을 진행 중입니다."**28**

그 모든 것들에서 예전 그레이엄-뉴먼 시절의 느낌이 묻어 있었다. 아메리칸 익스프레스와 같은 거대한 거래와는 닮은 점이 거의 없었다. 하지만 워런은 이런 분위기가 좋았다. 톰 냅은 거래를 진행하지 않을 때는 주식을 조사하거나 짓궂은 장난을 꾸미면서 낮 시간을 보냈다. 그는 워런과 함께 실수로 엄청난 양을 사들였던 4센트짜리 우표 '블루 이글'과 메인의 해안지형도들로 가득 들어차 있는 커다란 창고 벽장을 차지해서 쓰고 있었다. 이 창고의 지도 더미는 점점 많아졌다. 냅이 주식으로 돈을 버는 족족 이 지도를 사들였기 때문이다.**29** 그런데 '트위디, 브라운'이 한 주에 한 번씩 워런에게 〈핑크 시트〉를 보낼 때 블루 이글 우표를 40개씩 쓰는 바람에 우표의 양은 점점 줄어들었다.

뉴욕증권거래소에 이름을 올리지 못한 주식들에 대한 시세는 〈핑크 시트〉에 실리는 순간부터 쓸모가 없었다. 워런은 이 정보지를 그저 주식중개인과 전화로 흥정하면서 최초 가격을 제시하는 자료로만 썼다. 워런은 이런 체계를 바탕으로 중개인과 흥정하는 데 달인이었다. 공시 가격이 존재하지 않는다는 점에서 경쟁은 워런에게 한층 유리했다. 모든 마켓 메이커에게 기꺼이 전화를 해서 이들을 사정없이 짜낼 수 있는 사람이 바로 워런이었기 때문에, 그는 정력이 떨어지거나 겁이 많은 사람을 상대로 할 때 더욱 유리할 수밖에 없었다. 예를 들면 이랬다.

브라운은 워런에게 전화해서 한 주에 5달러에 나온 이러저러한 주식이 있다고 말한다. 그러면 워런은 망설이지 않고 이렇게 말한다.

"흠…… 4.75달러로 하죠."

팔려는 사람이 얼마나 목이 타는지 알아보기 위한 낚싯줄 던지기 수법이다.

브라운은 매도하려는 자기 고객에게 다시 전화를 걸어서 이 가격을 제시한 다음에 곧바로 워런에게 전화를 한다.

"미안합니다. 5달러 아래로는 안 되겠다네요."

"도저히 못 하겠네요."

며칠 지난 뒤에 브라운이 다시 워런에게 전화를 한다.

"그 주식 4.75달러로 확보했습니다. 그 가격으로 진행하죠."

하지만 워런은 곧바로 이렇게 말한다.

"미안합니다. 4.5달러로 하죠."

한 주 동안 브라운은 팔 사람과 워런 사이를 전화로 분주하게 오가고, 마침내 워런에게 이렇게 말한다.

"4.5달러 좋답니다. 그렇게 합시다."

하지만 워런은 "미안합니다."라고 말하고는 0.125달러 깎은 가격을 제시한다.

"4.375달러로 하죠."

이런 식으로 워런은 가격을 계속 깎아갔다. 워런이 가격을 올려가면서까지 주식을 산 적은 드물다. 거의 없다고 해도 과언이 아니다.[30]

워런은 1962년 12월 12일 처음 '트위디, 브라운'을 통해서 버크셔 해서웨이 주식을 주문했다. 한 주에 7.50달러로 2천 주였고 중개인에게 지불하는 수수료는 20달러였다.[31] 그는 주식이 나오는 대로 계속 사라는 주문을 했다.

코윈은 버크셔에 관한 정보를 버크셔의 영업 책임자이며 이사회 구성원이던 스탠리 루빈에게서 얻었다. 그런데 루빈은 역시 이사회 구성원이던 오티스 스탠턴과 친구 사이였다. 오티스는 형이 감을 잃었다고 느끼고 있었다. 상아탑 안에서 비서들의 보호를 받고 있던 시베리는 자기의 고상한 이상과 현실 사이의 괴리가 깊어질수록 점점 더 술독에 깊이 빠져들고 있었다.[32] 이제 오티스와 시베리의 관계도 첨예하게 대립하고 있었다.[33] 오티스는 자기 형이 임금 인상을 요구하는 노동자의 주장에 굴복하지 말았어야 한다고 느꼈다.[34] 그는 또한 시베리가 후계자로 자기 아들 잭을 지목한 것도 인정할 수 없었다. 잭은 쾌활한 청년이긴 했지만 그 일을 할 수 있는 재목은 아니라고 보았던 것이다. 오티스는 시베리의 후계자로는 생산 담당 부사장인 켄 체이스가 옳다고 생각했다.

시베리 스탠턴은 워런이 주식을 사들이자 적대적인 인수 시도가 임박했다고 판단해 여러 차례 주식을 공개 매입했다. 워런은 바로 이것을 노렸다. 자기가 주식을 내놓으면 시베리는 이 주식을 높은 가격에라도 사들일 것이었다. 워런이 버크셔 해서웨이 주식을 원한 건 가지고 있기 위해서가 아니라 팔기 위해서였다. 그럼에도 불구하고 모든 거래에는 사는 사람과 파는 사람이 함께 있게 마련이다. 시베리 스탠턴은 그동안 값싼 외국 직물과 허리케인 캐럴을 꿋꿋이 버텨냈다. 그러니 시베리가 워런에게 당할 가능성뿐만 아니라 워런이 시베리에게 당할 가능성도 있었다.

워런은 버크셔의 공장들을 직접 보려고 뉴베드퍼드로 자동차를 몰고 갔다. 이번에는 그냥 들르는 게 아니었다. 시베리에게 철두철미하게 충성을 다하던 비서 미스 태버는 어떤 사람을 안내해서 유리문을 지나고 좁은 계단을 올라가서 스탠턴의 꼭대기 층 사무실로 데려가야 할지 스스로 판단했다. 그녀는 딱딱한 얼굴을 펴지도 않은 채 워런을 호화로운 가구가 비치되어 있고 무도회장 크기에 목재 패널로 된 스탠턴의 사무실로 안내했다. 스탠턴의 책상 가까운 데는 앉을 자리가 없었다. 스탠턴은 책상 앞에 사람을 세워놓고 자기는 책상 뒤 의자에 앉아서 설교를 하거나 이런저런 지시를 내리는 스타일임이 분명했다.

두 사람은 사무실 구석에 있는 직사각형의 회의용 유리 탁자의 불편한 자리에 마주보고 앉았다. 워런이 다음번 주식 공개매수 때 가격을 얼마로 매길지 묻자 스탠턴은 코끝에 걸친 금속테 안경 너머로 워런을 바라보았다.

그 사람은 상당히 친절했습니다. 하지만 이렇게 말하더군요. '우리는 아마 조만간 공개매수에 나설 텐데…… 얼마면 파시겠습니까, 버핏 씨?'

정확한 표현은 기억나지 않습니다만, 분명히 그런 내용이었습니다. 당시 그 주식은 한 주에 9달러나 10달러에 거래되고 있었습니다. 그래서 나는 한 주에 11.50달러면 팔겠다고 했죠. 그러니까 그 사람이 이렇게 물었습니다.

'만일 우리가 그 가격에 공개매수하면 분명히 판다고 약속하실 수 있습니까?'

그래서 그랬죠. '상당히 가까운 시일 안이라면 좋습니다. 하지만 20년 뒤면 안 됩니다.' 그러나 어쨌든 '좋다'고 했습니다.

솔직히 난 좀 얼었습니다. 더는 주식을 살 수 없다는 느낌이 들었습니다. 그 사람이 어떻게 나올지 충분히 예상할 수 있었죠. 집으로 돌아갔는데, 며칠 지나지 않아서 '올드 콜로니 트러스트 컴퍼니Old Colony Trust Company'라는 데서 편지가 한 통 왔습니다. 이 회사는 '퍼스트 내셔널 뱅크 오브 보스턴First National Bank of Boston'의 자회사였습니다. 그 편지에 버크셔 주식을 한 주에 11.375달러에 공개매수한다는 내용이 적혀 있더군요."

그것은 두 사람이 합의했던 가격보다 12.5센트 싼 가격이었다. 워런은 화가 머리끝까지 났다.

"정말 화가 많이 났습니다. 이 사람은 나하고 악수하며 잘해보자고 해놓고선 0.125달러를 더 깎으려고 했던 겁니다."

값을 깎는 데는 워런이 전문이었다. 그런데 스탠턴이 그에게 값을 깎으려 했던 것이다. 워런은 댄 코윈을 뉴베드퍼드에 보내 스탠턴을 만나 왜 약속을 어겼느냐며 따지라고 했다. 이 자리에서 코윈과 스탠턴은 말다툼을 벌였고, 스탠턴은 워런과 그런 약속을 한 적이 없다고 했다. 그러고는 버크셔 해서웨이는 자기 회사니까 주식의 공개매수 가격은 자기가 마음대로 결정하겠다고 했다. 하지만 이건 그의 실수였다. 워런에게 조금이라도 가격을 깎으려면 사과를 하고 또 해야 했다. 이때 워런은 버크셔 해서웨이 주식을 팔지 않고 사기로 마음먹었다.

그는 반드시 버크셔 해서웨이를 가지고 말겠다고 맹세했다. 모든 걸 사서 자물쇠, 주식, 직기, 부품 하나까지 모두 소유하겠다고 결심했다. 버크셔 해서웨이가 쇠락해 가는 별 쓸모없는 회사임을 알고 있었지만 그런 사실도 그의 결심을 막지 못했다. 그 회사는 쌌다. 그리고 워런은 그 회사를 강렬하게 원했다. 무엇보다도 그는 시베리 스탠턴이 그 회사를 소유하지 못하게 하고 싶었다. 워런과 다른 주주들이 그 회사의 주인이 되어야 했다. 이렇게 결심하고 나자 뎀스터 밀의 주식을 사는 과정에서 얻었던 교훈들도 모두 무시하게 됐다.

워런은 누군가가 꽉 움켜쥐고 있을 버크셔 주식을 찾으려고 정찰대를 보냈다. 코윈은 충분히 많은 주식을 가지고 있어서 버크셔 해서웨이의 이사회 구성원으로 들어갈 수 있었다. 그런데 다른 사람들도 이 주식에 관심을 기울이기 시작했다. 컬럼비아대학교의 경영대학원 시절부터 워런의 오랜 친구이던 잭 알렉산더는 함께 학교를 다녔던 버디 폭스와 함께 투자 회사를 운영하고 있었다.

"어느 날인가 보니 워런이 버크셔 주식을 사고 있더군요. 그래서 우리도 그 주식을 사기 시작했습니다."

두 사람이 운영하던 회사의 사무실은 코네티컷에 있었는데 한번은 뉴욕에 간 길에 워런을 만나 자기들이 그를 따라서 버크셔 주식을 산다는 이야기를 했다.

"그랬더니 워런이 펄쩍 뛰었습니다. 그러면서 이렇게 말했습니다. '자네들은 내 옷자락을 잡고 묻어가고 있잖아! 그건 옳지 않아! 당장 관둬!'라고요."

폭스와 알렉산더는 그의 반응에 깜짝 놀랐다. 우리가 뭘 잘못했지? 워런은 두 사람에게 자기가 버크셔 해서웨이를 장악할 생각이라고 설명했다. 그러나 아무리 그런 상황이라 하더라도 묻어 가는 건 그레이엄 쪽 사람들에게는 심심풀이 소일거리였고 별 문제 없는 정정당당한 행위로 여겨졌다.

"나는 자네들보다 그 주식을 더 절실하게 필요로 한단 말이야."

결국 두 사람은 가지고 있던 주식을 당시의 시장 가격으로 워런에게 넘겨주었다. 두 사람이 보기에 워런은 이상하리만치 버크셔 해서웨이에 집착했다. 이런 정황에 대해서 알렉산더는 다음과 같이 말한다.

"그 주식이 우리에게는 그다지 중요하지 않았습니다. 하지만 확실히 워런에게는 아주 중요한 것 같았습니다."

폭스나 알렉산더와 마찬가지로 적지 않은 사람들이 워런이 무슨 주식을 사는지 예의주시하면서 그가 사는 주식을 따라서 사고 있었다. 옷자락을 잡고 묻어가고 있었던 것이다. 상황이 이렇다 보니 당연히 경쟁이 뒤따를 수밖에 없었다. 워런은 그레이엄을 추종하던 사람들에게 버크셔 해서웨이로부터 손을 떼라는 메시지를 분명하게 전달했고, 사람들은 모두 그의 뜻을 따랐다. 하지만 딱 한 명 예외가 있었다. 헨리 브랜트였다. 워런은 자기 밑에서 일하는 데 대한 보상으로 버크셔 주식을 한 주에 8달러 미만 가격으로 사게 했다. 워런은 그때 이미 어느 정도 으스대는 듯한 모습을 보이고 있었다. 몇몇 사람들은 그런 워런의 모습에 눈살을 찌푸렸다. 하지만 언제나 틀림없이, 정확하게 제대로 해내는 모습에 다들 입을 다물 수밖에 없었다. 심지어 그의 구두쇠 기질도 그의 개성이 뿜어내는 아우라의 한 부분이 되어 있었다. 벌써 여러 해째 그는 뉴욕에 정기적으로 머물면서도, 프레드 쿨켄의 어머니인 앤 고트챌트의 롱아일랜드 집에 공짜로 묵을 뿐만 아니라 '트위디, 브라운'의 사무실에서 공짜로 책상을 사용함으로써 별로 비용을 들이지 않고 사업을 하고 있었다.

그런데 워런의 이런 모습에 변화가 생겼다. 수지가 워런의 뉴욕 여행에 종종 함께하게 되었는데, 수지의 요청으로 워런은 죽은 친구의 어머니 집에서 신세 지는 대신 플라자 호텔에 방을 잡았다. 플라자 호텔을 선택한 이유는 워런이 사업차 사람들을 만나는 데 편리한 측면도 있었지만, 수지 입장에서 보면 '버그도프 굿맨', '베스 앤드 컴퍼니', '헨리 벤델'과 같은 백화점들이 가까웠기 때문이다. 어린 딸에게 아기 침대를 사주는 게 아까워서 서랍장의 서랍을 아기 침대 대신 썼다는 등의 구두쇠 루머를 달고 다니는 워런이 플라자 호텔에 방을 잡자, 친구들 사이에서는 워런이 플라자 호텔에서 창문도 없는 쪽방 같은 방을 찾아냈다거나 호텔 측과 담판을 지어서 그가 혼자 뉴욕에 올 때마다 턱도 없이 싼 가격에 숙박할 수 있도록 계약을 맺었다는 등의 소문이 나돌았다.[35] 그런 소문들의 진실 여부와 상관없이, 플라자 호텔의 숙박계에 서명할 때마다 워런은 이제 뉴욕에서도 숙박비를 내고 잠을 자야 한다는 사실에 속이 쓰렸다.

버그도프 백화점에 출입하는 것만 해도 워런의 뉴욕 생활이 얼마나 많이 바뀌었는지 단적으로 보여준다. 수지는 그곳에서 점심을 먹으면서 낮 시간을 보냈다. 저녁에는 수지와 워런이 함께 그 백화점에 가서 저녁을 먹었고, 그다음에는 브로드웨이에서 연극을 보거나 카바레에서 쇼를 보았다. 수지가 즐거워하는 걸 보면서 워런도 기분이 좋았다. 수지는 점점 더 고급스러운 백화점에서 쇼핑을 하는 데 익숙해졌다. 비록 수지가 이제 자기 지갑을 열 힘을 가지고 있었지만, 그 지갑에서 돈을 얼마나 쓸지를 두고 두 사람 사이에 줄다리기는 여전히 계속되었다. 수지는 자기가 돈 쓰는 걸 정당화하려고 자기 것을 사는 대신 다른 사람의 것을 샀다. 그 바람에 리틀 수지가 덕을 제일 많이 보았다. 리틀 수지의 옷장은 버그도프에서 산 옷들로 꽉 들어찼다. 덕을 본 사람은 가족뿐만이 아니었다. 한번은 수지가 뉴욕에서 돌아오면서 담비 가죽으로 된 재킷을 사들고 왔는데, 수지가 이 옷을 산 데는 이유가 있었다. 워런의 친구가 이 두 사람을 만나서 모피상에게 데려갔고, 수지는 모피 가게 사람들을 위해서 그 재킷을 샀던 것이다.

"뭐든 꼭 하나는 사야 한다는 생각이 들었어요. 그 사람들이 나한테 정말 잘해줬거든요."

그런데 비록 워런이 버크셔 해서웨이를 소유한다 하더라도 수지가 계속해서 그런 모피옷을 입을 수 있도록 그 회사를 제대로 잘 경영할 방법을 찾지 못한다면 아무 소용이 없었다. 워런은 다시 한번 뉴베드퍼드를 찾았다. 시베리의 확고부동한 후계자로 알려져 있는 잭 스탠턴을 만나 볼 참이었다. 만일 버크셔가 시베리의 손에서 놓여 난다면 누군가가 시베리 대신 버크셔를 경영해야 했고, 워런은 이 일의 적임자를 미리 알아둘 필요가 있었다.

그런데 잭 스탠턴은 바쁘다면서 켄 체이스(이 사람은, 버크셔 파인 스피닝이 해서웨이 매뉴팩처링과 합병했을 때 이사회 의장이 되었던 말콤 체이스와 아무런 관련이 없다—저자)를 보내 공장을 안내하게 했다. 잭은 자기 삼촌 오티스가 이미 체이스를 버크셔 해서웨이의 차기 경영자로 점찍어 두었다는 사실을 전혀 알지 못했다.

켄 체이스는 화학을 전공한 기술자로, 조용하고 조심스럽고 성실하고 진지했다. 나이는 마흔일곱 살이었다. 그는 자기가 차기 경영자 후보임을 알지 못했다. 그럼에도 불구하고 이틀 동안 워런의 끊임없는 질문에 답변하며 직물 산업 전반에 대해서 성실하게 설명을 해주었다. 또한 체이스는 산하 공장들이 안고 있는 여러 문제점들에 대해서도 설명했다. 워런은 그의 솔직함에 깊은 감명을 받았다. 또한 그의 태도도 워런에게 깊은 인상을 심어주었다. 체이스는 스탠턴 가문 사람들이 되지도 않을 곳에 쓸데없이 돈을 쏟아 넣는 건 어리석은 짓이라고 분명하게 말했다.[36] 체이스와 함께하는 모든 일정이 끝난 뒤 워런은 '나중에 꼭 한 번 연락하겠다'고 말했다.[37]

한 달쯤 뒤, 체이스가 경쟁 회사로 자리를 옮길 일이 있었는데 이때 스탠리 루빈이 동원되어서 그에게 가지 말라고 말렸다. 한편 워런은 부지런히 버크셔의 주식을 모으고 있었다. 이 가운데는 체이스 가문의 여러 사람들이 가지고 있던 주식도 포함되어 있었다.

워런의 최종 타깃은 오티스 스탠턴이었다. 그는 자기 형이 물러나길 바랐다. 또한 조카인 잭도 차기 경영자로 신뢰하지 않았다. 그리고 시베리가 물러나려 하지 않을지도 모른다는 생각도 했다.

오티스와 그의 아내 메리는 워런을 만나기로 했다. 장소는 뉴베드퍼드의 웜수타 클럽Wamsutta Club이었다.[38] 한때 잘나갔던 뉴베드퍼드의 과거 영광의 유물이기도 한 우아한 이탈리아식 건물에서 점심을 먹으면서 오티스는, 만약 워런이 시베리에게도 동일한 조건을 제시한다는 점만 분명하게 한다면 주식을 팔겠다고 약속했다. 워런은 그렇게 하겠다고 약속했다. 그런데 메리 스탠턴은 자기들이 파는 2천 주 가운데서 두 주만 기념으로 보유하면 안 되겠느냐고 물었다. 그러자 워런은 안 된다고 했다. 전부가 아니면 안 된다고 못을 박았다.[39]

오티스 스탠턴이 가지고 있던 주식 2천 주가 워런의 손에 들어오자, 그의 지분은 49퍼센트가 되었다. 버크셔 해서웨이를 효율적으로 지배하기에 충분한 지분이었다. 4월의 어느 날 오후, 워런은 뉴욕에서 켄 체이스를 만났다. 워런은 체이스를 데리고 5번가와 센트럴 파크 사우스에 있는 광장을 함께 걸었다. 그리고 막대기가 꽂힌 아이스크림 바 두 개를 사서 하나씩 나누어 먹었다. 워런은 한두 입 먹은 뒤에 곧바로 용건을 얘기했다.

"켄, 나는 당신이 버크셔 해서웨이의 사장이 되어주셨으면 합니다. 어떻게 생각하십니까?"

이제 회사를 지배하게 된 자기가 차기 이사회에서 경영진을 교체할 계획이라는 설명도 덧붙였다.[40] 체이스는 루빈이 자기더러 다른 회사로 자리를 옮기지 말라고 했을 때 어렴풋이 예감했었지만, 그래도 여전히 놀라운 소식이었다. 이사회에서 최종적인 결정이 날 때까지 모든 사실을 비밀로 해야 한다고 워런이 당부했고, 체이스는 그렇게 하겠다고 했다.

잭 스탠턴은 자기 운명이 어떻게 결정되었는지 전혀 알지 못한 채 아내 키티를 데리고 뉴베드퍼드에서 뉴욕으로 가 플라자 호텔에서 워런과 수지를 만나 아침을 먹었다. 남편보다 더 적극적인 성격이던 키티 스탠턴은 열심히 남편을 변호했다. 키티는 버핏 부부의 마음을 사로잡으려고 마지막 결정적인 카드를 꺼내 들었다. 그녀가 한 말은 이랬다. 켄 체이스처럼 생쥐 같은 계층 출신에게 회사를 맡김으로써, 뉴잉글랜드에 있는 직물 공장을 여러 세대에 걸쳐서 지배해 왔던 전통적인 위계질서를 망가뜨려서는 안 된다, 자기와 잭 같은 사람들이야말로 웜수타 클럽에 어울리는 사람이다, 자기도 수지와 마찬가지로 주니어 리그The Junior League 회원이다[41] 등등.

　　그 여자는 정말 괜찮은 사람이었습니다. 하지만 나는 그녀가 자기 아버지 때문에라도 잭이 사장이 되어야 한다고 생각한다는 느낌을 받았습니다. 그녀는 또, 켄 체이스는 잭 스탠턴이나 자기 그리고 수지나 나와 같은 계층이 아니라고 주장하더군요.

키티는 가련하게도, 위계질서를 그토록 싫어했으며 바로 그런 이유 때문에 '아크사벤의 기사들'이라는 단체에 가입하기를 거부했고 거기에 가입해 있던 오마하의 소위 거물들을 경멸했던 워런에게 그런 말을 해버렸다.

　　잭으로서는 이미 너무 늦었다. 독재로 일관했으며 이사회에 자기를 지지해 줄 사람을 한 명도 확보하지 못했던 시베리로서도 너무 늦었다. 심지어 이사회 의장이던 말콤 체이스도 시베리를 좋아하지 않았다. 이렇게 해서 1965년 4월 14일, 워런을 지지하는 사람들이 워런을 특별위원회에 불렀고, 이 자리에서 그는 다시 이사들의 지지를 받아 이사회 구성원으로 선출되었다.[42]

　　몇 주 뒤, 워런은 뉴베드퍼드로 날아갔다. 그리고 〈뉴베드퍼드 스탠더드-타임스New Bedford Standard-Times〉는 회사를 인수한 '외부 인사'를

1면 머릿기사로 다루었다.[43] 이 기사를 본 워런은 분노했다. 뎀스터 밀의 경험을 통해서 그가 배운 교훈은 절대로 (회사를 인수한 다음에 조각조각 내서 팔아 치우는) 청산자로 인식되지 않도록 하라는 것, 도시 전체의 미움을 받지 않도록 하라는 것이었다. 워런은 버크셔 해서웨이를 예전과 다름없이 운영할 것이라고 언론 앞에서 맹세했다. 또한 인수로 인해 공장이 문 닫을 일은 절대로 없을 것이라고 공언했다.

1965년 5월 10일, 뉴베드퍼드의 버크셔 해서웨이 본부에서 이사회가 열렸다. 퇴임하는 영업 담당 부사장에게 은으로 만든 접시를 기념품으로 주자는 안건을 제출했고, 지난번 회의 회의록을 승인하고, 임금을 5퍼센트 인상하는 데 동의했다. 그러다가 갑자기 회의가 이상한 방향으로 흘렀다.

시베리는 일흔 살 노인이었고, 거의 민둥산이나 다름없는 그의 머리에는 검버섯들이 피어 있었다. 시베리는 원래 자기는 그해 12월에 물러나고 그 자리를 잭에게 물려줄 생각이었다고 발언했다. 하지만 '전권을 행사할 수도 없는 조직'[44]에서 사장으로 계속 눌러앉아 있을 수 없다고 했다. 그는 비록 반란 집단에 배를 빼앗기기는 했지만 특유의 거만한 태도는 잃지 않았다. 그는 꽤나 거만한 태도로 짧은 연설을 했다. 우선 자기가 이룩한 성과를 나열하며 자화자찬의 수사를 늘어놓았다. 그러고는 사직서를 제출했다. 이사회는 그의 사임 제안을 수락했다. 잭 스탠턴도 자리에서 일어나 드라마의 대미를 장식했다. 그는, 만일 자기가 12월에 사장이 된다면 회사로서는 '지속적인 발전과 눈부신 수익성'의 열매를 맺을 수 있을 게 분명한데, 자기에게 그런 기회가 주어지지 않아서 유감이라고 했다. 이사진들은 그가 하는 말을 끈기 있게 들었다. 연설의 말미에 잭은 사임하겠다고 했다.

이사회가 그의 사임을 수락하는 순간, 잭 스탠턴은 이사회 회의록 작성을 중단하고 펜을 놓았다. 자기들 부자(父子)의 연설 내용이 담긴 회의록이었다. 이들 스탠턴 부자는 회의장 밖으로 나갔다. 남은 사람들은 잠시 아무 말이 없다가 안도의 한숨을 내쉬었다.

이사회는 워런을 회장으로 선출하고 켄 체이스를 사장으로 임명했다. 이로써 워런 버핏은 버크셔 해서웨이를 가졌다. 단 한 순간의 어리석은 판단과 그 판단 뒤에 이어졌던 지난한 노력의 결과였다. 며칠 뒤에 그는 한 신문사와 인터뷰하면서 직물 산업에 대한 자신의 생각을 설명했다.

우리는 선수도 사기꾼도 아닙니다. 어디까지나 사업적인 차원에서 이루어진 결정입니다. 우리는 어떤 기업이든 제대로 평가하려고 노력합니다. 투자에서는 가격이 가장 큰 요소입니다. 가격이 모든 것을 결정합니다. 우리는 버크셔 해서웨이를 괜찮은 가격에 인수했습니다.[45]

나중에 그는 이 의견을 약간 수정해서 다음과 같이 말했다.

그러니까 나는 꽁초 하나를 샀던 겁니다. 이 꽁초에 불을 붙여서 피우려고 했죠. 길거리를 가다 보면 꽁초가 보일 겁니다. 축축하기도 하고 역겹기도 해서 꽁초를 줍기가 꺼림칙합니다. 하지만 공짜잖아요. (…) 어쩌면 연기를 한 모금 빨아들일 수도 있고요. 그런데 버크셔는 그 한 모금 빨아들일 것도 남아 있지 않았습니다. 그냥 축축한 꽁초일 뿐이었습니다. 그 꽁초를 나는 입에 물었습니다. 그게 1965년의 버크셔 해서웨이였습니다. 그 꽁초에 엄청난 돈을 묶어버렸던 겁니다.[46]

필자와 이야기할 때는 이렇게 말했다.

　버크셔 해서웨이라는 이름이 애초에 내 귀에 들리지 않았더라면
더 좋았을 텐데 말입니다.

28

바짝 마른 불쏘시개

"아버지가 돌아가신 뒤에 우리 가족 사이의 역학은 완전히 달라져 버렸습니다. 모든 게 뿔뿔이 흩어져서 허공에 둥둥 떠다녔지요. 가족을 하나로 묶어주던 끈, 우리 가족의 핵심이던 아버지라는 존재가 사라지고 없었으니까요."

도리스가 하는 말이다.

레일라는 지난 몇 년 동안 차례로 가족을 잃었다. 어머니 스텔라는 1960년에 노퍽 주립 병원에서 사망했고, 동생 버니스도 한 해 뒤에 골암으로 사망했다. 이제 하워드도 가고 없었다. 이 상황에서 레일라는 새로운 삶의 목적을 찾아야 했다. 그녀는 워런과 수지 그리고 이들 가족에 의지했다. 아이들은 일요일이면 할머니 집으로 갔다. 그러면 그녀는 아이들에게 교회에 가 있는 동안 먹을 사탕 봉지를 하나씩 쥐여줬고, 예배가 끝난 뒤에는 점심을 먹이고, 또 아이들에게 청구서들을 가지고 셈을 시켜 잘하면 돈을 주었다. 오후에는 대형 마트인 울워스로 함께 가서 아이들이 가지고 놀 인형을 산 뒤 다시 집으로 데리고 와서 그 장난감을 가지고 놀게 했다. 한때 아이들이 교회에 갔다 오면 돈을 줬던 하워드와 마찬가지로, 레일라도 자신의 외로움을 해결하는 방법을 버핏 집안의 전통적인 방식에서 찾았다. 손자손녀들이 가능하면 자기 곁에 오래 머물도록 이 아이들과 거래를 했던 것이다.

도리스나 워런으로서는 하워드가 있었기에 레일라와 함께 있는 자리나 시간을 견뎌낼 수 있었다. 하지만 하워드가 없는 상황에서 두 사람은 자기 어머니와 함께 있는 걸 도저히 참아내지 못했다. 워런은 심지어 레일라와 가까이 있어야 할 때면 덜덜 떨기까지 했다. 그래서 추수감사절에는 접시에 음식을 담아 들고 위층으로 올라가 혼자서 식사를 했다. 레일라는 여전히 시시때때로 발작적 분노를 터뜨렸다. 수십 년 동안 그녀의 이 기괴한 행동의 대상은 언제나 가족 구성원이었다(딱 한 번 예외가 있긴 했다. 언젠가 공원의 주차장에서 사소한 일로 어떤 지인에게 무려 한 시간 동안이나 마구 퍼부어 댄 적이 있었다. 이때 수지와 호위는 너무 놀라서 아무것도 하지 못한 채 그냥 바라보기만 했었다). 그 가운데서도 특히, 워런보다 더 아버지를 우상으로 생각했던 도리스가 레일라의 타깃이 되었다. 도리스는 자기가 트루먼과 이혼함으로써 가족 전체의 명예와 체면에 먹칠을 했다는 생각에 늘 사로잡혀 있었다. 워런과 수지 부부는 행복하게 잘 사는데 자기는 이혼하고 혼자서 두 아이를 거두어야 한다는 생각에 더욱 비참했다. 도리스의 자존감은 바닥에 떨어져 있었다. 그때만 하더라도 이혼을 바라보는 세상의 시선이 부정적이었다. 하워드는 죽기 직전에, 아이들에게는 꼭 아버지가 있어야 하니 재혼하라고 도리스에게 당부했었다. 그래서 도리스는 아버지 말대로 재혼했다. 조지 리어라는 남자였고, 그녀에게 처음으로 재혼 의향을 물었던 남자였다.[1] 그는 사랑스러웠다. 하지만 도리스는 꾐에 빠져서 그와 재혼했다고 생각했다. 두 사람의 결혼 생활이 그다지 밝지 않을 것임을 암시하는 것이었다.

버티는 어머니의 행동에 가장 적게 피해를 봤으며 아버지에게도 가장 적게 의존했었다. 따라서 하워드의 죽음이 그녀의 생활에 미친 영향은 다른 가족들에 비해서 가장 적었다. 하지만 워런과 마찬가지로 돈에 대해서 가지고 있던 관념 때문에 버티는 불안하기도 했고, 또한 반대로 스스로를 잘 통제할 수 있기도 했다. 버티는 자기가 쓰는 돈의 내역을 1달러까지 기록했지만, 스트레스를 받는다 싶으면 그 스트레스를 해소하려고 돈을 뭉텅이로 썼다.

버핏 집안 사람들은 누구나 돈과 관련해서는 나름대로 깊은 생각을 가지고 있어서 자기들이 다른 사람들과 얼마나 다른지 아무도 알지 못했다. 하워드가 세상을 떠난 뒤 워런과 수지는 자연스럽게 전체 가족의 구심점이 되었다. 이들 부부가 가장 부자라는 점도 작용했지만, 두 사람의 개성도 이런 상황에 기여했다. 레일라와 도리스, 버티는 워런과 수지에게 기대려고 했다. 그리고 사실상 그렇게 했다. 이제 어니스트가 운영하던 식료품점의 주인이 되었고 가족 구두쇠 경연 대회가 열린다면 워런에게 결코 밀리지 않았을 워런의 숙부 프레드와 숙모 케이티는 특히 워런과 수지에게 애착이 있었다. 조카의 사회적인 위상이 높아지고 재산이 늘어날수록 더욱 그랬다. 아주 오래전에 로터리 클럽에서 열렸던 한 무도회에서 어니스트는 명랑하던 둘째며느리 케이티하고만 춤을 추고 무뚝뚝하던 첫째며느리 레일라와는 춤을 추지 않았다. 이 일을 가슴에 깊이 담아 두었던 레일라는 늘 케이티를 질투했다. 이런 감정은 하워드가 죽은 뒤 더욱 커졌다. 그래서 모든 사람들에게 신뢰를 받고 있던 수지는 케이티와 레일라를 따로 만나며 두 사람 사이에서 양다리를 걸쳐야 했다. 레일라가 워런과 함께 있지 않도록 해야 했고 또 레일라와 케이티가 한자리에 있지 않도록 해야 했으므로 수지는 하워드의 마지막 병상을 지키는 와중에도 서커스단에서 저글링을 하듯이 아슬아슬한 곡예를 해야 했다. 이처럼 수지가 워낙 인정 많고 현명하게 처신을 잘하자, 워런이 어릴 적부터 가장 많이 따랐던 앨리스 고모도 가족 구성원들 가운데 워런을 제외하고는 누구보다 수지를 신뢰했다.

1965년 말의 어느 월요일, 앨리스가 레일라가 아니라 수지부터 찾은 것도 그 때문이었다. 그때 수지는 도리스와 함께 미용실에서 파마를 하고 있었다. 수지는 자기를 찾는 전화를 받으려고 드라이어에서 빠져나와 프런트로 갔다. 앨리스였다. 앨리스는 레일라의 언니 에디 때문에 전화했다고 말했다. 어제 자기에게 전화해서 기분이 몹시 우울하다는 이야기를 하더라고 했다. 공업고등학교에서 에디와 동료 교사 사이였던 앨리스는 에디를 데리고 드라이브하러 나가 아이스크림도 함께 사먹었다고 했다. 에디는 워런과 수지, 앨리스를 우상으로 생각했다. 사실 버핏 집안 사람들을 모두 훌륭하게 생각한다고 말했다. 그러고는 자기의 불완전한 인생이 버핏 집안의 완벽함을 더럽힌다는 느낌이 든다는 속마음까지 앨리스에게 털어놓았다.[2] 충동적으로 했던 결혼의 뒤끝은 좋지 않았다. 남편을 따라서 브라질까지 갔지만, 남편은 다른 여자를 쫓아서 아내를 내팽개친 바람둥이 횡령꾼이었다. 브라질에서 돌아와 오마하에서 이혼녀로 두 딸을 키우며 살았지만, 그런 생활에 적응하기가 쉽지 않았다.

그런데 그날 에디가 학교에 출근하지 않았던 것이다. 걱정스러웠던 앨리스는 에디의 아파트로 달려갔다. 초인종을 누르고 문을 두드렸지만 아무 대답도 없었다. 여기까지 이야기를 마친 앨리스는 에디에게 무슨 일이 생긴 게 아닌지 두렵다고 했다.

수지는 급히 밖으로 나가서 황금색 캐딜락 컨버터블에 올라탔다. 머리에 파마용 롤러를 그대로 단 채 수지는 에디의 아파트로 달려갔다. 그리고 초인종을 누르고 문을 두드렸다. 아무 대답이 없자 어찌어찌해서 집 안으로 들어갔다. 하지만 안에는 아무도 없었다. 그리고 실내는 깨끗하게 정돈되어 있었다. 에디가 남겼음 직한 메모나 편지도 없었다. 에디의 자동차도 그대로 있었다. 수지는 계속 주변을 살피다가 지하실로 가보았다. 거기에 에디가 있었다. 그녀는 손목을 칼로 그은 채 숨져 있었다.[3]

수지는 구급차를 불렀다. 가족들에게도 이 충격적인 소식을 전해야 했다. 에디가 그처럼 우울한 상태에 있었는지 아는 사람은 아무도 없었다. 에디가 스탈 가문의 불안정한 정신 병력의 희생자가 될 수도 있다는 사실을 아무도 진지하게 생각하지 않았던 것이다.

에디가 뒤에 남기고 간 사람들은 여러 가지 복잡한 감정에 휩싸여 있었다. 그녀가 그토록 힘들어했는데도 자기는 그런 사실을 알지 못했다는 죄의식, 버핏 집안 사람들과 자기를 비교하면서 가졌을 열등감에 대한 연민, 그녀를 잃었다는 슬픔 등이 뒤얽힌 감정의 거미줄에서 빠져나와야 했다. 워런, 도리스, 버티는 어릴 적부터 에디 이모를 무척이나 좋아하고 따랐다. 이들 셋은 친절하고 사랑스러운 이모의 갑작스러운 죽음에 충격을 받고 슬픔에 잠겼다.

예순두 살의 레일라가 자기 언니의 죽음을 바라보며 어떤 생각을 했을지는 알 수 없다. 하지만 언제나 자기가 혹사당한다고 느꼈던 레일라 역시, 자살 사건을 바라보아야 하는 살아남은 사람들의 감정과 동일한 감정을 느꼈음은 분명하다. 여러 다른 감정들과 함께 분노를 느꼈을 것이고 또 버림받았다고 느꼈을 것이다. 어쨌거나 에디가 죽음으로써 레일라에게는 이제 자손 외에 직계가족은 아무도 없었다. 에디가 그렇게 갑작스럽게 가버림으로써 관계를 회복할 기회도 앗아갔다고 레일라는 생각했을 것이다. 아울러, 또 한 명의 스탈 집안 식구가 자기가 뿌리내리고 사는 버핏 집안 사람들을 당혹하게 만들었다. 그것도 자살이라는 충격적인 방식으로, 라는 생각도 했을 것이다. 레일라가 무엇을 느끼고 어떤 생각을 했는지는 알 수 없지만, 이 사건이 있은 지 채 한 달도 되지 않아서 그녀는 갑작스럽게 한 남자와 결혼했다. 레일라보다 스무 살이나 많았으며, 하워드가 죽은 뒤로 줄곧 레일라에게 청혼했지만 번번이 퇴짜맞았던 로이 랠프라는 사람이었다. 그때까지 레일라가 다른 남자와 재혼하리라고는 그 누구도 상상하지 못했다. 그녀는 하워드와 함께했던 38년 반 동안의 멋진 결혼 생활을 가족들에게 질리도록 이야기해 왔기 때문이다. 레일라가 재혼하고 이름까지 레일라 랠프로 바꾸자 가족들은 놀란 입을 다물지 못했다. 어떤 사람들은 레일라가 정신이 나가서 그런 것이라고 생각했다. 최소한 일시적으로 제정신이 아니었을 가능성은 충분히 있었다. 2년 전에 사망한 이후로 하워드는 눈에 보이지 않긴 했지만 가족들 사이에서 여전히 존재감을 가지고 있었다. 하지만 레일라가 재혼하고 난 뒤로, 가족 모임에서 하워드를 언급하는 일은 없었다. 예의를 지키기 위해서였다. 물론 하워드의 자식들은 팔십대의 새 아버지에게 적응하는 게 쉽지 않았다.

한편 수지에게 지워진 임무는 점점 늘어났다. 가족 사이에서뿐만 아니라 지역 사회 모임에서도 그랬다. 수지는 워런에게 이제 돈 버는 일에 그만 집착하라고 압력을 넣기 시작했다. 버핏 파트너십은 아메리칸 익스프레스 덕분에 엄청난 수익을 올렸다. 1965년은 3,700만 달러의 자산으로 마감했다. 이 가운데는 한 주에 50달러에서 60달러, 70달러까지 올라간 아메리칸 익스프레스 주식 한 종목만으로 거둔 350만 달러 이상의 수익도 포함되어 있었다. 워런은 수수료로 250만 달러 넘게 벌었었다. 그래서 버핏 파트너십에서 워런과 수지가 확보한 지분은 680만 달러가 넘었다. 워런은 이제 서른다섯 살이었다. 버핏 부부는 1966년 기준으로 보자면 미국 내에서도 상당한 부자였다. 수지는 이런 생각을 했다. 우리에게 얼마나 많은 돈이 필요할까? 그는 이런 속도로 얼마나 더 돈을 계속 벌어야 할까? 수지는 이제 자기들이 충분히 많은 돈을 가지고 있으니 오마하를 위해서 더 많은 일을 해야 한다고 생각했다.

1966년에 수지는 삶의 대의를 찾은 여자로서 이 대의를 실천하기 위해 활활 타올랐다. 수지는 이미 흑인 공동체 지도자들과 친밀한 관계를 맺고 있었으며 오마하 전역에서 회의하고, 협력하고, 회유하고, 공론화하고, 배후에서 관계를 개선시키는 활동을 벌였다. 당시 오마하에서는 인종적인 긴장이 팽팽해서 폭력적인 상황으로 치닫기 일보 직전이었다. 주요 도시들에서는 해마다 여름이 되면 경찰과 관련된 사소한 일이 발단이 되어 폭동이 일어났다. 마틴 루터 킹 목사는 한 해 전에, 작업장과 공공시설의 인종 차별 철폐 수준이 미흡하며 주거지와 관련한 인종 차별도 철폐되어야 한다고 촉구했었다. 이런 발상에 많은 백인들이 놀랐다. 특히 로스앤젤레스 인근에 있던 왓츠에서 폭동이 일어나 방화, 총격, 약탈이 횡행하고 서른네 명이 살해된 뒤로는 더욱 그랬다. 이와 비슷한 폭동이 클리블랜드, 시카고, 브루클린, 플로리다의 잭슨빌과 기타 작은 도시들에서 일어났다.[4] 1966년 7월, 오마하에서도 보름 동안 이어진 열파 속에 폭동이 일어났다. 주지사는 주 방위군을 소집하고 '인간이 사는 곳에서는 전혀 어울리지 않는 상황'[5]이라며 폭동을 비난했다. 수지는 오마하에 있는 인종 분리 주거지의 철폐를 자신의 가장 중요한 목표이자 대의로 삼았다. 수지는 자기가 참여하는 지역 공동체나 인권 운동과 관련해 워런도 함께하도록 노력했다. 워런도 그러겠다고 했다. 하지만 워런은 이런 데 맞지 않았다. 1960년대에 그는 이 방면에 관한 한 변변히 말 한마디도 제대로 하지 못하는 얼간이나 다름없었다.

　이런 모임 대여섯 개에 나갔습니다. 모든 일이 다 그렇습니다만, 사람이 모든 생활을 어떤 하나에 집중하면 이내 거기에 사로잡히게 됩니다. 수지는 나에게 그런 일이 일어나길 기다렸죠. 나는 그 친구들과 자리를 함께하고 앉아 있었습니다. 그 친구들이 한창 열을 올리며 이야기할 때 수지는 내 얼굴의 표정이 어떤지 살필 수 있었죠.

　멍거의 증언에 따르면, 워런은 이런 모임에 나가기만 하면 '머리가 쪼개지듯이 아팠다'. 어쩔 수 없이 그는, 모임에 참가하는 일은 다른 사람들에게 맡기고 자기는 뒤로 물러나 있으면서 아이디어만 제공했다. 그렇다고 정치적·사회적 대의에 완전히 무관심했던 것은 전혀 아니다. 그는 핵전쟁의 위험에 깊은 관심을 가지게 되었다. 1960년대 초 핵전쟁은 매우 생생하며 또한 임박해 보이던 위협이었다. 케네디 대통령은 미국 국민들에게 소련의 핵 공격으로 인한 방사성 낙진에 대비해 가정마다 지하 대피소를 마련하라고 권고했다. 또한 쿠바에서 소련의 미사일을 제거하는 문제를 놓고 케네디와 흐루시초프 사이에 대립과 교착이 있던 이후 미국은 가까스로 핵전쟁을 피했다. 워런은 1962년에 철학자 버트런드 러셀이 쓴 반전 논문 〈인류에게 미래는 있는가?Has Man a Future?〉를 접했는데, 이 글은 그에게 엄청난 영향을 미쳤다.[6] 그는 러셀의 견해에 전적으로 동의했으며 그의 철학적인 엄격함을 찬양했고 그의 의견과 잠언을 자주 인용했다. 심지어 그는 러셀이 알베르트 아인슈타인과 협력해서 작성한 반핵 '선언서'에서 뽑아낸 문구를 넣은 작은 명판 하나를 책상 위에 올려두었다. 그 명판에 씌어 있던 구절은 다음과 같았다.

　"당신의 인간애를 기억하라. 그리고 나머지는 잊어라."[7]

하지만 의회가 1964년 북베트남이 미군 구축함을 공격했다는 확실하지 않은 사실을 빌미로 해서, 공식적인 전쟁 선언 없이도 존슨 대통령이 동남아시아에서 무력을 사용할 수 있도록 하는 소위 '통킹만 결의안'을 의결한 뒤, 워런의 머릿속에서 보다 급박한 문제로 자리 잡은 것은 반전 운동이었다. 젊은 사람들은 징병 고지서를 불태우고 제 발로 감옥으로 걸어가거나 징집을 피해 캐나다 등지로 도망쳤다. 전 세계에서 수십만 명의 군중이 거리로 나와 점차 본격적으로 확대되는 전쟁 상황을 우려하며 반전 시위를 했다. 시위대는 뉴욕시티의 5번가를 비롯해 타임스퀘어와 뉴욕증권거래소를 행진했다. 도쿄, 런던, 로마, 필라델피아, 샌프란시스코, 로스앤젤레스 등 반전 시위대는 어디에서나 볼 수 있었다.

워런은, 당시 거리를 행진했던 사람들 가운데 다수이던 이념적인 평화주의자가 아니었다. 그렇다고 아버지처럼 극단적인 고립주의자도 아니었다. 하지만 전쟁이 옳지 못하다는 사실만은 강하게 인식했다. 그리고 미국이 전쟁에 개입하는 것은 기만적인 술수라고 믿었다. 특히나 정직을 높은 가치로 여기던 그였기에 이런 기만적인 술수는 더욱 받아들이기 힘들었다.

워런은 반전 운동 연사들을 집으로 불러서 자기 친구들과 이야기를 나누게 하기 시작했다. 한번은 멀리 펜실베이니아에 있는 반전 운동가를 집으로 부르기도 했다.[8] 하지만 자신이 직접 시위에 참여한 적은 한 번도 없었다.

워런은 전문화에 대해서 확고한 견해를 가지고 있었다. 그는 자기가 가지고 있는 전문적인 기술은 생각하는 것과 돈을 버는 것이라고 규정했다. 그는 자선 사업 혹은 공공의 이익을 위한 사업에 기부해 달라는 부탁을 받으면 언제나 자신의 생각부터 기부했다. 이 생각에는 자기 이외의 다른 사람들이 돈을 내놓게 만드는 방안도 포함되어 있었다. 그렇다고 해서 돈을 내놓지 않은 것은 아니었다. 비록 많지는 않더라도 정치인들과 수지가 추구하는 대의를 위해 그는 스스로 돈을 내놓았다. 다만 직접 발로 뛰면서 대의를 위해서 봉사하는 일은 하지 않았다. 그 일이 아무리 중요하고 긴급하다 하더라도 예외는 아니었다. 더 많은 좋은 생각을 하고 또 더 큰 금액의 수표를 쓸 수 있게 돈을 벌 수 있는 시간을 소모해 버린다고 생각했기 때문이다.

1960년대 많은 사람들은 전쟁을 일으키고 '군산복합체'를 가동하는 권력 기구를 부숴버려야 한다는 강렬한 열망을 가지고 있었다. 이것은 백인 중심의 주류 체제에 자신을 팔아먹기를 거부하겠다는 열망이었다. 그래서 일부 사람들에게 사회적인 문제의식은 사회 체제 속에서 먹고살아야 하는 필요성과 충돌했다. 하지만 워런은, 자기는 자기 투자자를 위해서 일하지 권력자들을 위해서 일하는 게 아니라고 규정했다. 그리고 자기의 전문성과 자기가 버는 돈이 인권 수준을 높이고 반전이라는 대의를 확산하는 데 도움이 된다고 보았다. 그랬기에 워런은 이 이중적인 목적의식을 가지고 자기가 하는 일에 집중할 수 있었으며, 이 과정에서 자기가 보내는 시간과 자기가 하는 일에 대해서 내적으로 전혀 갈등을 겪지 않았다.

워런이 느끼기 시작한 갈등은 투자자들에게 최대 이득이 돌아가도록 하는 최상의 투자처를 찾는 일과 관련된 것이었다. 과거에 그는 안전하긴 하지만 점점 더 희귀해지던 꽁초들에 투자했었다. 무연탄 광산 회사 '필라델피아 앤드 리딩 코얼 앤드 아이언 컴퍼니'와 '컨솔리데이션 코얼'이 그런 예였다. 그는 스탠더드 앤드 푸어스의 주간 보고서를 통해서 아직도 남아 있던 얼마 되지 않은 저평가 주식들을 찾으려고 애썼다. '임플로이어스 리인슈런스Employers Reinsurance', 'F. W. 울워스Woolworth', '퍼스트 링컨 파이낸셜First Lincoln Financial' 등이 그런 것들이었다. 그는 또한 월트 디즈니를 만나서 엔터테인먼트 산업에 집중하는 그의 전략, 자기 일에 쏟는 그의 애정 그리고 이런 것들이 가격을 매길 수 없는 엔터테인먼트 콘텐츠로 전환되는 방식을 본 뒤에는 디즈니 주식을 사기도 했다. 하지만 '훌륭한 기업'이라는 개념이 완전히 사라진 건 아니었다. 물론 버크셔 해서웨이 주식을 점점 더 많이 사들이고 있긴 했다. 하지만 또 '알코아Alcoa', '몽고메리 워드Montgomerry Ward', '트래블러스 인슈런스Travelers Insurance(여행자 보험)', '캐터필러 트랙터' 등과 같은 종목에 700만 달러의 매도 포지션[숏 포지션]을 가지고 있었다. 시장이 급락할 것에 대비해서 이 주식들을 공매도한 것이다.[9] 투자자들이 마음을 바꿀 때, 주식은 마치 떼를 지어 날아가다가 산탄총 몇 발에 우수수 떨어지는 새들처럼 수직으로 떨어지곤 했다. 워런은 투자자들의 포트폴리오를 보호하고 싶었다.

1966년 1월, 투자자들이 추가로 680만 달러를 더 맡겼다. 이제 4,400만 달러라는 투자 자금을 가지고 있었지만 이 현금으로 불을 붙일 꽁초는 너무 적었다. 그래서 그는 처음으로 투자금의 일부를 아무 데도 투자하지 않고 가만히 뒀다. 컬럼비아 경영대학원을 졸업한 뒤 그때까지 그가 해결해야 했던 문제는 늘 투자금을 모으는 것이었다. 수없이 많은 좋은 투자 대상이 끝없이 떠올랐고, 여기에 투자할 돈은 늘 부족했다. 그런데 투자금을 가만히 놀리다니, 그로서는 지극히 이례적인 판단이었다.[10]

그런데 1966년 2월 9일, 다우지수는 1,000포인트라는 마의 선에 불과 몇 포인트 차로 근접했다. 영광을 찬양하는 노래가 울려 퍼지기 시작했다. 다우지수 1,000! 다우지수 1,000! 그해에 1,000포인트라는 그 마의 선을 넘어서는 일은 일어나지 않을 터였다. 하지만 행복한 감정은 도처에서 흘러넘쳤다.

워런은 자기 투자자들을 실망시킬까 봐 일 년 내내 걱정했다. 그는 당시 가장 최근에 투자자들에게 보낸 편지의 서두를 아메리칸 익스프레스가 가져다준 막대한 수익에 관한 유쾌한 소식으로 시작했다.

"빈곤을 상대로 벌인 우리의 전쟁은 1965년에 성공을 거두었습니다."

그의 이런 표현은, 새로운 사회복지 사업들을 장대하게 늘어놓음으로써 존슨이 구현하려고 했던 '위대한 사회Great Society'에 빗댄 것이었다(존슨 정부가 '빈곤과의 전쟁' 차원에서 제정한 사회복지의 목표이자 사업의 명칭이 바로 '위대한 사회'였다 – 옮긴이). 하지만 곧이어 그의 편지는, 장차 나타날 수많은 비슷한 경고 가운데서 첫 번째가 될 경고와 관련된 소식을 전했다.

"나는 지금, 한층 커진 시장 규모가 투자에 불리하다는 사실이 증명될지도 모르는 바로 그 지점에 바짝 다가서 있는 게 아닌가 하는 생각을 합니다."

그리고 문을 닫아 걸고 열쇠를 치워버리겠다는 표현을 써서 더 이상 버핏 파트너십에 새로운 투자자를 받아들이지 않을 것이라고 했다. 이런 선언을 하면서 워런은 농담을 곁들였다. 이제 버핏 파트너십이 새로운 투자자를 받아들이지 않을 것이기 때문에 수지가 아이를 더 낳을 수도 없게 되었다고 한 것이다. 정확하게 말하면 이 농담은 사실과 다른 부분이 있어서 적절하지 않았다. 실제로 버핏 부부의 아이들 가운데 버핏 파트너십에 동업자 자격으로 투자한 사람은 없었고 앞으로도 그럴 것이기 때문이었다. 아이들에게 자기 인생은 스스로 찾아야 한다는 인식을 확실하게 심어주어야 한다고 버핏 부부는 생각했고, 그러려면 돈에 대해서 아이들이 섣부른 기대를 하지 않도록 단속할 필요가 있었다. 버핏 부부의 세 아이는 어릴 때부터 교육비 이외에는 부모에게 경제적으로 기댈 생각을 못 하도록 교육받았다. 워런은 아이들에게 교육적인 차원에서라도 동업자 자격을 부여해 줄 수 있었다. 돈과 투자에 대해서 배울 수 있는 기회, 아울러 아버지가 자기에게 주어진 시간을 어떻게 보내는지 알 수 있는 기회를 제공할 수 있었다. 자기 투자자들에게는 확실히 그랬다. 워런은 이런 교육을 자기 투자자들에게 시켰던 것이다. 하지만 자기가 날마다 보는 사람들에게는 이런 내용을 전혀 혹은 거의 가르치지 않았다. 그에게 가르친다는 것은 하나의 공연 행위, 관객 앞에서 펼쳐지는 의식적인 행동이었다. 그의 세 아이는 어떤 교훈도 얻지 않았다.

대신 그는 아이들에게 변변찮던 버크셔 해서웨이 주식을 사주었다. 여기에 들어간 돈도 자기 지갑에서 꺼내지 않았다. 달러 지폐가 휴지 조각이 될 날에 대비해서 하워드가 가족들을 위해 사서 아이들 앞으로 남긴 농장의 수탁자였던 워런은 이 농장을 판 돈으로 아이들에게 그 주식을 사줬던 것이다. 그는 땀을 흘려서 번 돈이 아니면 인정하지 않았다. 이건 유산을 바라보는 그의 시각이었다. 그런 점에서 보자면 그는 그 농장을 그대로 내버려 둘 수도 있었다. 하지만 네브래스카의 작은 농장은 결코 큰 재산이 되지 못할 터였다. 아이들은 할아버지의 유산으로는 결코 부자가 될 수 없었다.

그것을 팔아서 진창에서 버둥거리던 직물 회사에 투자함으로써 그는 버크셔 해서웨이 주식 2천 주를 더 확보할 수 있었다. 왜 이 주식을 그토록 소중하게 여겼는지는 그를 바라보는 사람들에게 수수께끼다. 하지만 그가 자기 특유의 방식으로 버크셔 해서웨이를 장악한 이후로 이 회사에 완전히 사로잡힌 것처럼 보였던 것만은 분명하다.

버핏 부부의 아이들은 자기들이 부자가 되리라고 기대하지 않았다. 심지어 자기 부모가 부자라는 사실조차 제대로 알지 못했다.[11] 버핏 부부는 아이들이 올바르게 자라주길 바랐다. 그리고 아이들은 그렇게 자랐다. 다른 가정의 아이들과 마찬가지로 용돈을 받으려면 온갖 자질구레한 일들을 해야 했다. 하지만 돈 문제만 관련되면 이들 가족은 이상하리만치 일체감이 사라졌다. 수지가 받을 용돈의 액수를 두고 두 사람은 마치 무일푼으로 파산한 집안 사람처럼 팽팽하게 맞서 싸웠다. 이런 투쟁을 통해서 마련한 돈으로 수지는 가족이 중상류층의 여유로운 생활을 누리는 데 썼다. 아이들은 멋진 휴가 여행을 즐겼고, 컨트리클럽에서 신나는 시간을 보냈으며, 좋은 옷을 입었고, 또 자기 어머니가 캐딜락 승용차를 타고 다니며 모피 코트들을 입는 모습을 보았다. 하지만 아이들은 단 한 번도 아버지에게서 당연한 듯이 돈을 받지 못했다. 아버지는 늘 작은 돈에도 신경을 썼으며, 아이들이 아버지에게 할 수 있는 작은 부탁까지도 거절해서 아이들을 놀래켰다. 아이들을 극장에 데리고 가서도 자기 돈으로 팝콘을 사주지 않았다. 아이들 중 한 명이 아버지에게 무언가를 사달라고 할 때 보통 들었던 대답은 안 된다는 것이었다.

"내가 너한테 그걸 사주면, 여기 있는 다른 사람들에게도 다 사줘야 한단다."

워런과 수지가 아이들에게 돈에 대해서 어떤 가르침을 주려고 했든 간에, 단 하나 확실하게 가르치려고 했던 것은 돈은 중요하다는 점이었다. 아이들은 돈을 일상적인 통제 수단으로 활용하던 가정에서 자랐다. 워런은 아내의 생일에 아내를 가게로 데려가, 90분을 줄 테니 그사이 마음에 드는 것이 있으면 무엇이든 집으라고 말했다. 버핏 가문 쪽 전통은 늘 계약을 하고 거래를 하는 것이었다. 비록 수지는 워런이 돈을 버는 데 집착하는 게 무가치하다고 느꼈지만, 워런에게서 돈을 더 많이 받아내려고 갖은 수를 썼다. 그리고 당시 수지는 몸무게를 줄이려고 애썼는데, 이것 역시 돈이 오가는 거래의 대상이 되었다. 워런은 어린 시절 하루에 쉰 번씩이나 몸무게를 쟀을 만큼 몸무게에 집착했었는데, 이런 집착은 결혼해서도 여전히 계속되었다. 그는 식구들의 몸무게에 집착했고, 마른 체형을 계속 유지해야 한다는 강박적인 생각에 사로잡혀 있었다.

가족의 식습관은 워런의 명분이나 가족의 건강에 전혀 도움이 되지 않았다. 수지는 2년 전부터 원인을 알 수 없는 매우 고통스러운 복부 유착으로 고생하고 있었는데, 이 바람에 요리하는 일이 전혀 즐겁지 않았다. 그래서 워런이나 수지 모두 날마다 똑같은 음식을 질리지도 않고 계속 먹었다. 식사 메뉴는 보통 고기와 감자였다. 수지는 워런과 달리 채소를 먹으려고 했지만, 과일은 모두 밀어내고 수박만 먹었다. 그녀는 건강 식품을 조금씩 먹으면서 초콜릿, 라이스 크리스피 트리츠(쌀 시리얼 과자의 브랜드 이름—옮긴이), 케이크에 입히는 설탕 크림, 쿠키, 투시 롤 사탕 그리고 우유, 또 우유를 달고 살았다. 워런은 프리토스 사의 칩과 펩시콜라를 아침으로 먹었고, 초콜릿과 팝콘을 수북하게 먹었으며, 주된 식사로는 스테이크와 햄버거 그리고 색다른 샌드위치를 선택했다.

마침내 수지는 워런에게 자기가 몸무게를 53.5킬로그램으로 유지할 테니 여기에 대한 보상으로 돈을 달라고 요구했다. 하지만 돈에 대한 그녀의 애착은 워런에 비하면 적어서 동기부여 자체가 문제였다. 그녀는 한 달 내내 몸무게에 신경도 쓰지 않고 이것저것 주전부리를 달고 지내다가 워런과 함께 몸무게를 확인하기로 한 날이 다가오면 부지런히 몸무게를 쟀다. 그러다가 몇 킬로그램씩이나 빼야 할 경우에는 리틀 수지의 친구를 붙잡고 이런 말을 하곤 했다.

"켈시, 너네 엄마한테 전화해서 이뇨제 좀 달라고 해야겠다."[12]

워런은 아이들과 돈을 걸고 내기를 해서 자기 몸무게를 유지하려고 했다. 아이들이 아직 어릴 때 그는 서명을 하지 않은 1만 달러짜리 수표를 아이들에게 한 장씩 발행해 주고는, 만일 특정하게 정해놓은 날에 잰 자기 몸무게가 약 78.5킬로그램을 넘으면 나눠준 수표에 서명하겠노라고 약속했다. 리틀 수지와 호위는 아이스크림과 초콜릿으로 워런을 유혹해서 먹이려고 난리를 쳤다. 하지만 그는 아이들에게 거금을 지불해야 하는 쓰라림을 생각하면서 유혹에 넘어가지 않았다. 그는 아이들과 몸무게 늘지 않기 내기를 여러 차례 하면서 그때마다 수표를 발행했지만 단 한 번도 그 수표에 서명한 적은 없었다.[13]

워런이 자기 아이들 대신에 버핏 파트너십의 마지막 투자자로 받아들인 사람은 마셜 와인버그라는 주식 중개인이었다. 그는 그레이엄의 강의를 두 차례 들은 적이 있는 월터 슐로스의 친구였다. 미술과 철학에 소질이 있었고 세련된 교양의 소유자였던 와인버그는, 벤그레이엄이 뉴욕의 뉴스쿨에서 강의할 때 언젠가 워런과 함께 이 강의를 들으면서 처음 만났다. 몇 차례 함께 점심을 먹고 주식 이야기를 한 뒤에 두 사람은 친구가 되었다. 와인버그는 워런이 음악, 미술, 철학, 여행 등에 관심을 가지도록 이끌려고 시도했지만 곧 포기했다. 하지만 워런은 와인버그를 통해서 가끔씩 거래를 했고, 와인버그는 워런이 운영하는 투자 회사의 투자자가 되고 싶었다. 이런 요청을 들은 워런은 뉴욕에 출장 갈 때 그 문제를 놓고 함께 이야기해 보기로 약속했다.

플라자 호텔에 머물던 워런은 로비로 내려가 와인버그를 만났다. 그때 수지가 나타났고, 워런의 얼굴은 환하게 밝아졌다. 수지는 워런에게 다가가서 포옹한 다음, 마치 아이를 다루듯 한 팔로 워런의 등을 감싸고 커다란 갈색 눈으로 와인버그를 바라보았다. 그리고 활짝 웃으면서 인사했다.

"안녕하세요?"

수지는 와인버그에 대해서 모든 것을 알고 싶었다. 와인버그는 가족적인 분위기 속에서 따뜻한 환대를 받는다고 느꼈고, 돌아갈 때는 자기에게 수지라는 좋은 친구가 한 명 생겼다고 생각했다. 그는 또한

자기가 워런 버핏이 가지고 있는 가장 강력한 자산을 만났다는 사실도 직관적으로 깨달았다.[14]

와인버그는 아주 적절한 시기에 워런의 투자자가 되었다. 1966년에는 일 년 내내 폭동이 이어졌고, 베트남 전쟁은 점차 크게 확대되었으며, 반전 운동 시위대는 뉴욕, 보스턴, 필라델피아, 시카고, 워싱턴, 샌프란시스코 등지에서 이어졌다. 주식시장은 가라앉기 시작했다. 지수는 연초에 비해서 10퍼센트나 내려갔다. 워런은 시장이 아무리 어려운 상황이라 하더라도 투자할 곳을 모색하는 일을 멈춘 적이 그때까지 단 한 번도 없었다. 하지만 시장에 힘이 빠진 시기였음에도 불구하고 꽁초는 잘 보이지 않았다. 한 모금 연기를 빨아들일 수 있는 꽁초들이 널려 있던 시절은 이미 가고 없었다. 워런은 어떻게 하면 수익률을 계속 유지할 수 있을지 심각하게 고민하기 시작했다. 기업 전체를 인수해야겠다는 생각을 예전보다 더 자주 했다. 사실 그는 이미 완전히 새로운 사업에 착수한 상태였다. 그가 확보하고 있는 시간의 상당한 부분을 잡아먹는 사업이었다.

(29)

—

최악

오마하, 1966~1967년

워런은 직물 공장을 소유한, 투자 자산 5천만 달러 규모의 투자 회사를 운영했다. 하지만 여전히 '누더기 옷을 입은 남자'[1]처럼 보였다. 다른 남자들은 보통 구레나룻을 기르고 머리를 길게 길렀다. 워런이 이런 유행을 유일하게 따른 부분은 상고머리를 하고 다니다가 이따금씩 가는 갈색 머리카락이 둥그스름한 이마 위로 어린 잔디뗏장처럼 자라도록 내버려두는 것이었다.

그를 제외한 나머지 세상에서는 유행이 바뀌고 있었다. 남자들은 네루 재킷(컬러를 높이 세운 긴 상의. 인도의 초대 수상 네루가 즐겨 입었던 데서 이름이 유래했다 옮긴이), 터틀넥, 기하학적인 무늬와 꽃무늬의 폭이 넓은 넥타이를 애용했지만 워런은 폭이 좁은 줄무늬 넥타이와 흰색 셔츠만 입었다. 그나마 셔츠의 칼라는 점점 더 목을 빡빡하게 죄었고,

하루도 빼놓지 않고 늘 입었던 낡은 회색 양복의 상의는 어깨 부분에 저절로 주름이 잡혔으며 목 부분은 자꾸만 벌어졌다. 즐겨 입던 낙타색 브이넥 스웨터는 팔꿈치 부분이 낡아서 해질 정도였지만 도무지 버리려 하지 않았다. 신발은 밑창에 구멍이 여러 개 나 있었다. 한번은 어떤 파티에 참석했는데, 척 피터슨이 투자 여력이 있는 어떤 사람에게 그를 소개하려고 했다. 그런데 이 잠재적인 투자자는 피터슨에게 '이 사람이 나를 놀리나?' 하는 식의 반응을 보였다. 심지어 워런과 대화를 나누기조차 싫어했다. 순전히 워런의 옷차림새를 보고 그런 판단을 했던 것이다.[2] 수지가 아무리 영향력을 행사하려고 해도 이 부분에서만큼은 아무런 소용이 없었다. 그녀 남편의 취향은 이미 JC 페니 백화점 매장에서 일하던 1949년에 형성된 이후로 고정되었기 때문이다. 당시 매장의 매니저였던 랜퍼드는 워런에게 이런 말을 했다.

"최악이 어떤 것인지는 아무도 모를 거야."

워런은 이제 키위트 플라자 로비의 아래층에 있는 '파소'에서 옷을 샀다. 이 가게의 주인인 솔 파소는 늘 그의 취향을 업그레이드시키려고 애썼다. 워런은 파소를 '매우 과감한 의상 담당자'라고 보았으며, 그가 충고하는 말은 귓등으로 흘렸다. 워런이 생각하는 좋은 옷은 '네브래스카 서부 지역에 있는 작은 마을 출신의 90세 금융인을 덮어줄 수 있는 것'이었다.[3] 하지만 파소는 워런에게 주식에 대해서 좋은 충고를 한다는 사실에 자부심을 가지고 있었다. 그는 모자가 곧 유행에 뒤떨어질 상품이라고 경고하면서 모자 제조업체인 '바이어-롤닉 Byer-Rolnick'을 멀리하도록 워런을 이끌었다. 그는 또한 1960년대에 양복은 성장 산업이 되지 못한다는 소식을 전하면서 의류업체인 '옥스퍼드 클로즈 Oxxford Clothes'도 멀리하라고 조언했다.[4] 하지만 워런은 양복 안감 제조업체인 버크셔 해서웨이를 인수함으로써 파소의

경고를 무시했다.[5]

옷에 대해서 아무것도 몰랐던 워런이 도대체 무슨 까닭으로 백화점을 인수했는지는 지금까지도 수수께끼로 남아 있다. 엄청난 투자 아이디어가 아닌 이상 당시 그에게 금고를 열어서 투자한다는 것은 터무니없는 일이었다. 하지만 1966년에 그는 투자자들이 맡긴 돈을 투자할 만한 곳을 찾지 못해 애를 먹고 있었다.

백화점 인수라는 이 새로운 아이디어를 워런에게 제공한 사람은 '샌디'라 불리던 데이비드 고츠먼이었다. 그는 워런이 새로 사귄 사람들 가운데 한 사람이었다. 고츠먼은 프레드 스탠백, 빌 루안, 댄 코원, 톰 냅, 헨리 브랜트, 에드 앤더슨, 찰리 멍거처럼 자기 나름대로 유망한 투자 종목들을 개발했으며 이렇게 개발한 것들을 워런에게 제공했다. 언제나 쉽게 연락이 되었고 또 도움을 주었던 루안이 뉴욕 시티에서 점심을 함께하는 자리를 마련해 두 사람을 소개시켰다. 입학 연도는 달랐지만 역시 하버드 졸업생이었던 고츠먼은 작은 투자 은행에서 일했고, 때로는 괜찮은 꽁초를 한두 개씩 줍곤 했다.[6] 워런은 고츠먼이 상황 판단이 빠르고, 규율이 잘 갖추어져 있으며, 단호하고, 자기 고집이 강하며, 부끄러움을 모르는 투자가라고 생각했다. 당연히도 그들은 죽이 잘 맞았다. 다음은 고츠먼이 하는 말이다.

"그때부터 나는 좋은 아이디어가 떠오를 때마다 늘 워런에게 전화를 걸곤 했습니다. 그때 기분은 마치 도박판에서 돈을 걸고 결과가 나오기를 기다릴 때와 같았습니다. 워런이 관심을 보이면, 내가 제대로 짚은 것이었습니다."

전형적인 뉴요커인 고츠먼은 워런과 함께 있는 시간을 무척 소중하게 여기며 자주 워런을 만나려고 오마하까지 기꺼이 달려가곤 했다.

"우리는 밤늦은 시각까지 주식 이야기를 했습니다. 그리고 나는 다음 날 아침 일찍 일어나 다시 뉴욕으로 출근하곤 했습니다. 우리는 또한 일요일이면 대략 밤 10시쯤 전화로 한 시간 반 정도 주식 이야기를 나누었습니다. 나는 한 주 내내 이때가 오기만을 기다렸습니다. 이번에는 워런에게 어떤 주식 이야기를 할까 고민하면서 말이죠. 그런데 내가 어떤 주식을 이야기하더라도 워런은 내가 아는 것만큼이나 그 주식에 대해서 잘 알고 있었습니다. 대부분 그랬습니다. 나는 주로 자정이나 그 후에 잠자리에 들었는데, 두세 시간은 잠자리에 들지 못했습니다. 워런과 나눴던 대화에 워낙 고무되어서요."

1966년 1월, 고츠먼은 워런에게 '호슈차일드-콘Hochschild-Kohn' 이야기를 했다. 볼티모어 시내에 본점이 있는 역사가 오래된 백화점이었다. 이 백화점은 교차로를 가운데 두고 '허츨러스Hutzler's', '헥트Hecht Co.', '스튜어츠Stewart's'라는 세 백화점과 경쟁했지만, 여자들이 모자와 장갑으로 치장하고 전차를 타고 시내로 나와서 쇼핑하고 점심을 먹으면서 하루를 보내기 시작한 뒤부터 이 네 백화점은 모두 번영을 누려왔다. 평판이 좋던 호슈차일드-콘은 의류, 가정용 가구 및 가정용품을 팔았다. 이 백화점의 소유주는 콘 가문이었는데, 이 사람들은 낡은 차를 몰고 검소하게 살았다. 워런이 좋아할 만한 그런 부류의 사람들이었다.

호슈차일드-콘의 CEO 마틴 콘은 고츠먼에게 전화해서 자기 가문 사람들이 소유하고 있는 몇몇 지사를 매각할 생각이며 가격 할인 제안을 받아들일 의사가 있다는 사실을 알렸다. 고츠먼은 당시를 회상하면서 이렇게 말한다.

"(콘 가문 사람들은) 그 백화점에 대해서 상당한 자부심을 가지고 있었습니다. 그들이 좋은 의류 백화점을 가지고 있긴 했습니다만, 그들은 자기 백화점에서 옷을 사지 않았습니다. 자기들이 사기에는 옷이 너무 비쌌거든요."

찰리 멍거가 오마하에 있을 때는 멍거와 워런, 고츠먼이 함께 골프를 치는 일이 잦았다. 그러고는 오마하 컨트리클럽의 식당에 앉아서 아이스티를 몇 주전자씩 마시면서 주식 이야기를 하고 또 이런저런 농담을 했다. 세 사람이 똑같은 종류의 주식을 좋아하긴 했지만, 세 사람이 동업자 관계를 맺고 함께 투자한 적은 한 번도 없었다. 하지만 이번에는 달랐다. 고츠먼이 워런에게 전화해서 호슈차일드-콘을 싼 가격에 살 수 있다고 이야기하고 콘 가문이 얼마나 절약 정신이 강한지 설명했다. 그러자 워런은 혹했다. 워런은 작은 마트인 'F. W. 울워스' 외에는 소매 유통점 주식은 전혀 가지고 있지 않았다. 마트는 유행과 고객의 다양한 취향에 따라서 금방 일어서기도 하고 또 금방 스러지기도 하기 때문이었다. 마트에 대해서 워런은 수플레(달걀의 흰자위를 거품이 일게 하여 구운 것 – 옮긴이) 만드는 법에 대해 아는 것만큼이나 무지했다.

워런은 멍거가 특유의 날카로운 통찰력으로 그 회사를 평가해 주면 좋겠다고 생각했다. 두 사람은 볼티모어로 날아갔고, 금방 콘 가문 사람들을 좋아하게 되었다. 그 사람들은 성실함 그 자체였고, 볼티모어 전체에 인맥을 갖춘 믿을 만한 사람들이었다.[7] 뎀스터 밀에서의 리 다이먼과 버크셔 해서웨이에서의 시베리 스탠턴을 겪어본 워런은, 만일 어떤 회사를 인수할 생각을 가지고 있다면 자기 대신 그 회사를 경영해 줄 믿을 만한 경영자를 미리 생각하고 있어야 한다는 사실을 잘 알고 있었다. 그리고 루이스 콘이 그 일에 적임자라고 생각했다. 이 사람은 재무 분야에서 성장했으며 여러 가지 재무 수치에 밝았고 이윤에 대한 이해도도 깊었다. 그즈음 워런은 300명 가까운 투자자들을 겪었고 또 수없이 많은 기업의 중역들을 만났는데 이런 경험을 통해서 어떤 사람을 만나든 그 사람을 빠르게 평가할 수 있다고 자부했다. 워런과 멍거는 그 회사의 재무상태표를 검토하고는 그 자리에서 1,200만 달러의 가격을 제시했다.

멍거가 루이스 콘의 친척이자 곧 퇴임할 CEO 마틴 콘과 협상을 했다. 멍거는 마틴 콘을 '그곳을 지휘했던 멋진 노인'이라고 생각했다. 멍거는 그에게 이렇게 말했다.

"나는 여기에 와서 나이 든 많은 여자들이, 연금이 바닥나 나중에 연금을 받을 수 있을지 없을지도 모르는 상태에서, 발목이 부어오른 채 향수 매장 뒤에 서 있는 모습을 보았습니다. 회장님은 정말로 회장님 일생의 작품인 이 백화점을, 그 여자들이 받을 연금 문제로 회장님에게 심려를 끼쳐드릴 수도 있는 어떤 사람에게 파시길 바랍니까? 우리는 그런 사람이 아닙니다. 이제 편안한 마음으로 인생을 즐기며 살고 싶지 않으십니까?"[8]

마틴 콘은 금방 수건을 던지고 항복했다. 얼마나 일찍 던졌는지 멍거는 하마터면 그가 던진 수건을 놓칠 뻔했다.[9]

1966년 1월 30일, 워런과 멍거, 고츠먼은 '특히 소매 유통 분야에서 다각화된 사업체들을 인수'[10]할 목적으로 지주 회사인 '다이버시파이드 리테일링 컴퍼니DRC: Diversified Retailing Company, Inc.'를 설립했다. DRC의 지분은 워런이 80퍼센트, 멍거와 고츠먼이 각각 10퍼센트씩 소유했다. 워런과 멍거는 '메릴랜드 내셔널 뱅크'로 가서 백화점 인수에 필요한 자금을 빌려달라고 신청했다. 대출 담당 직원은 화들짝 놀라서 휘둥그레진 눈으로 두 사람을 바라보며 외쳤다.

"그 작고 낡은 호슈차일드-콘을 사는 데 600만 달러를요?"[11]

이 말을 듣고도 워런과 멍거는 자기들이 내린 판단을 조금도 의심하지 않았다. 이 거래에 대한 워런의 생각은 다음과 같았다.

우리는 2류 백화점을 3류 가격에 산다고 생각했습니다.

워런이 큰돈을 빌려가면서까지 어떤 회사를 인수한 적은 없었다.

하지만 그들은 안전 마진이 위험을 확실하게 낮춰주었다고 보았다. 마침 금리도 무척 낮았다. 백화점에서 나오는 수익은 많지 않았지만, 이 수익은 해가 갈수록 늘어날 것인 데 비해서 부채에 대한 이자는 일정하게 유지될 테니까, 이자보다 많은 영업이익은 고스란히 수익으로 남길 수 있었다. 물론 여기에는 해가 갈수록 수익이 늘어나야 한다는 전제 조건이 있었다. 이 거래에 대해서 찰리 멍거는 다음과 같이 언급했다.

"호슈차일드-콘을 인수하는 것은 요트를 사는 것과 같은 것이었습니다. 행복한 날은 딱 이틀뿐이었습니다. 살 때 하루, 팔 때 하루."[12]

루이스 콘과 샌디 고츠먼은 캘리포니아의 라구나 비치로 날아갔다. 거기에서 버핏 부부는 집을 하나 빌려서 휴가를 즐기며 인근 모텔에도 방을 하나 잡아놓고 있었다. 워런은 콘, 고츠먼과 함께 빈틈없이 작전을 짰다. 그는 루이스 콘을 무척 마음에 들어 했다.

그 사람은 상상에서나 볼 법한 훌륭한 사람이었습니다. IQ도 무척 높았고, 품위가 있었습니다. 그리고 우리가 호슈차일드-콘을 인수할 때 투자자로 참여했습니다. 나는 그 사람이 정말 마음에 들었습니다.

남자들끼리는 사업 이야기를 하는 한편 수지는 루이스 콘의 아내를 즐겁게 해주었다는 점에서 루이스 콘 부부와 버핏 부부는 잘 어울리는 두 쌍이었다. 그즈음 버핏 부부는 엄청나게 많은 사람들과 어울려 지냈는데, 그중에는 오마하는 물론 타 지역 사람들도 많았다. 버핏 부부는 여행하는 동안 이들을 만났고, 또 지금과 같이 이들이 캘리포니아로 가서 버핏 부부를 만났다.

하지만 워런은 다음번 볼티모어 방문이 점점 걱정되었다. 회사가 마련해 놓고 있던 계획을 콘으로부터 들었기 때문이다. 펜실베이니아의 요크와 메릴랜드에 각각 지점을 하나씩 더 짓는다는 계획이었다. 이 계획의 핵심은 도시에서 외곽으로 빠져나가는 사람들을 중심 고객으로 설정한다는 것이었다.

그 계획은 벌써 2~3년 전부터 진행되어 왔더군요. 남성용 의류 및 액세서리 부문 책임자는 이미 공간 구획 계획까지 다 짜두고 있었습니다. 심지어 실내 장식을 어떻게 해야 할지도 구상해 놓고 있었습니다. 고가의 의류 부문을 책임지고 있던 여자도 모든 계획을 짜놓은 상태였고요.

워런은 상대와 맞붙어서 싸우는 걸 좋아하지 않았고 다른 사람을 실망시키는 걸 끔찍하게 싫어했다. 하지만 워런과 멍거는 이 두 지점을 새로 개설하려는 계획이 말도 안 된다는 데 의견이 일치했다. 워런은 요크 지점은 안 된다고 발표했고, 호슈차일드-콘의 직원들과 경영진은 저항했다. 이들과 맞서 싸울 배짱이 부족했던 워런은 굴복했다. 그러나 메릴랜드의 컬럼비아 백화점은 확실하게 선을 그었다.

결국 그 계획을 죽였죠. 그리고 모든 사람이 다 죽었습니다. 다 죽었죠.

그런데 볼티모어 본점에서 좋지 않은 조짐들이 나타나기 시작했다. 교차로를 가운데 두고 있던 네 개 백화점 가운데 어느 한 곳이 엘리베이터를 설치하면 나머지 세 개 백화점 역시 엘리베이터를 설치해야 했다. 어떤 백화점 한 곳이 쇼윈도 상품 진열을 더 멋지게 개선하거나 새로운 현금 등록기를 살 때마다 다른 백화점들도 똑같이 따라야 했다. 한 곳이 어떤 것을 하면 나머지도 모두 그것을 그대로 따

라가야 했다. 워런과 멍거는 이것을 '까치발로 서서 펼치는 퍼레이드'라고 불렀다.[13]

하지만 어쨌거나 호슈차일드-콘 백화점 건으로 워런과 멍거는 처음으로 어떤 일을 공동으로 추진하는 경험을 했다. DRC를 통해서 두 사람과 고츠먼은 사실상 소매 유통점들을 전문적으로 소유하는 별도 회사를 만든 셈이었다. 하지만 호슈차일드-콘은 거품이 끼어 있는 시장에서 두 번 이상 반복되는, 다시 말해서 필연적일 수밖에 없는 어떤 양상의 첫 경험일 뿐이었다. 워런은 이런 투자 행위 자체를 합리화하기 위해서 자기가 설정하고 있던 투자 기준을 낮추었다. 주식시장에서 좋은 투자 대상을 찾아내기가 점점 어려워지던 시기에 워런이 이런 투자를 했다는 사실은 전혀 우연이 아니다. 이와 관련해서 멍거는 다음과 같이 말한다.

"우리는 그레이엄의 윤리로부터 충분히 많은 영향을 받았던 터라, 우리가 지불하는 현금에 비해서 충분히 괜찮은 자산을 얻을 수만 있다면 어떻게든 일이 잘 진행될 거라고 생각했습니다. 그리고 백화점 사업이 더는 땅 짚고 헤엄치는 장사가 아닌 시기인지라, 교차로를 사이에 두고 몰려 있는 네 개의 백화점이 벌이는 격렬한 경쟁을 우리는 심각하게 생각하지 않았습니다."

호슈차일드-콘을 인수하고 채 2년도 지나지 않아 워런은 소매 유통업의 핵심은 돈이 아니라 판매라는 걸 깨달았다. 워런과 그의 동업자들은 또한 소매 유통업이 식당 사업과 비슷하다는 사실을 알아차릴 만큼 그 분야에 대해서 충분히 많은 것을 배웠다. 마라톤처럼 넌덜머리가 날 정도로 쉬지 않고 달려야 하고, 또한 1킬로미터씩 달릴 때마다 늘 새로운 경쟁 과제를 맞아서 경쟁자들과 싸워야 하며, 이 싸움에 이겨야만 앞설 수 있다는 사실을 배웠다. 그리고 세 사람은 DRC를 통해서 다른 소매 유통점을 인수할 기회를 맞았다. 이 유통점은 호슈차일드-콘과 전혀 달랐으며, 운영자도 진정한 의미의 상품 판매자였다. 결국 그들은 앞서 나갔다. 이 유통점의 인수는 호슈차일드-콘 인수 때 참여했던 변호사 윌 펠스티너를 통해서 처음 시작되었다. 펠스티너가 전화를 해서 이렇게 말했던 것이다.

"만일 소매 유통업에 관심이 있으시면, '어소시에이티드 코튼 숍스Associated Cotton Shops'의 재무 자료를 보내 드리겠습니다."

코튼 숍스는 여성 의류를 팔았다. 그런데 여기에서 워런은 자기가 가지고 있던 기본적인 '능력의 동심원'을 한층 넘어서는 곳을 향해 나아갔다. 장차 인생 행로에서 그가 만날 수많은 위대한 경영자 및 특출한 인물들 가운데 한 사람을 만난 소중한 경험이 그 과정 속에 놓여 있긴 했지만.

찰리 멍거는 코튼 숍스의 모회사인 '어소시에이티드 리테일 스토어즈Associated Retail Stores'를 인수한 행위를 '싸구려의 작은 한탕'이라고 묘사한다.**14** 3류 백화점이 4류 가격에 매물로 나오자 멍거와 워런은 곧바로 관심을 가졌다. 이 백화점의 80개 매장은 한 해에 4,400만 달러 매출을 올리고 200만 달러의 수익을 창출했다.

이 회사의 소유주이던 예순세 살의 벤저민 로스너는 시카고, 버펄로, 뉴욕, 인디애나의 게리 같은 도시들의 거친 동네에서 '패션 아울렛Fashion Outlet', '게이타임Gaytime', '요크York' 등의 이름으로 할인 의류 매장을 운영했다. 때로 그는 같은 구역 안에서 같은 제품을 다른 이름으로 파는 소규모 매장을 여러 개 동시에 운영하기도 했다. 운영하는 매장들의 크기는 뉴욕시티의 검소한 아파트 주민들에서부터 근교 지역의 좋은 집에 사는 주민들에 이르기까지 주요 고객 대상에 따라서 다양했다. 로스너는 간접비를 세세하게 관리했고 상품 대금은 현금으로만 받았다. 이런 할인 매장을 운영하려면 비범한 기술과 수완이 필요했다. 시카고 밀워키가에 있던 한 매점의 덩치가 크고 억

세던 여성 지배인에 대해서 워런은 다음과 같이 회상한다.

그 여자는 매장의 물건을 도둑질할 것 같은 느낌이 드는 사람이 들어올 때마다 휘파람을 불었습니다. 그러면 매장 안에 있던 모든 직원들은 그때부터 문제의 그 인물을 감시했죠. 그 여자는 그런 사람들을 잘 알았습니다. 그리고 그 매장은 가장 거친 동네에 있던 그 어떤 가게에서보다 재고감모 비율이 낮았습니다(재고감모는 보관하던 재고가 파손되거나 분실되는 것인데, 분실은 주로 손님이나 직원이 훔쳐 가며 별생한다-저자).

1904년 오스트리아헝가리(1867~1918년까지 지속되었던 연합 왕국-옮긴이) 출신 이민자 가정에서 태어난 벤 로스너는 초등학교 4학년 때 학교를 그만두었다. 1931년 대공황의 경기 후퇴 속에서 그는 3,200달러의 자본을 가지고 시카고의 노스사이드에서 동업자 레오 사이먼과 작은 옷가게를 열고, 옷 하나를 2달러 88센트에 팔았다.[15] 30년이 지난 1960년대 중반 사이먼이 죽었다. 그의 아내 에이 사이먼은 거대 통신 회사의 설립자인 모지스 애넌버그의 딸이었는데, 로스너는 에이 사이먼에게 레오의 급료를 지불했다. 레오의 급료는 여든 개 매장의 임대료를 지불할 때 그 수표에 서명하는 명목상의 작업에 대한 대가였다.

이런 일이 약 여섯 달 동안 계속되었습니다. 그 여자는 불평을 하고 온갖 추측을 하며 벤을 비난했습니다. 벤으로서는 죽을 지경이었죠. 정말 제멋대로인 아주 막돼먹은 여자였습니다. 벤은, 나중에 직접 나한테 털어놓은 말입니다만, 모든 사람을 최대한 쥐어짜는 게 자기 사업 원칙이지만 동업자는 예외로 치는 사람이었습니다. 그런데 벤의 마음속에서 그 여자는 더 이상 동업자가 아니었고 벤은 모든 관계를 청산해야겠다고 결정했답니다.

이렇게 마음을 정하고 난 뒤, 벤은 그 여자를 압박하러 나섰습니다. 그리고 회사를 아주 싼값에 나에게 팔기로 한 겁니다. 비록 자기가 그 회사의 반을 소유하고 있는데도 말입니다. 그 여자에게 본때를 보여 주기 위해서였습니다. 처음 만났을 때, 벤이 하는 말을 들어보니 우리 머릿속에 금방 그림이 그려지더군요.

워런은 이전에도 집단 내부의 문제로 갈등하는 사람들을 많이 보았었다. 하지만 외부 사람인 자기로서는 그런 문제에 끼어들지 않는게 상책이라고 생각하고 있었다.

그 사람은 자기가 평생 일군 회사를 파는 것에 대해서 이야기했습니다. 그러면서 이 회사를 계속 끌고 갈 수 없어서, 그 여자를 더는 참을 수 없어서 미쳐버릴 것 같다고 했습니다. 완전히 혼란스러운 상태였습니다. 찰리가 대화하던 곳에서 잠시 나와 나를 데리고 다시 들어갔습니다. 한 30분쯤 지난 뒤에 벤이 길길이 뛰며 그러더군요. '사람들이 말하길 당신네들이 서부에서 제일 총을 빠르게 뽑는 총잡이라던데 아닙니까? 어서 총을 뽑아요!' 그래서 내가 그랬습니다. '오늘 오후 여기에서 나가기 전에 총을 뽑을 겁니다'라고요.

워런에게는 훌륭한 경영자가 필요했다. 그런데 로스너는 그해 말까지만 회사에서 일하고 그 뒤에는 모든 걸 새로운 소유주에게 넘기고 깔끔하게 물러날 것이라고 말했다. 워런은 로스너 없이는 그 회사를 제대로 운영할 수 없다는 사실을 잘 알았다. 다행히 로스너 역시그 회사 없이는 제대로 살아갈 수 없었다.

그 사람은 자기 회사 일을 너무 좋아해 그만둘 수가 없었습니다. 화장실에 매출액 보고서 복사본을 놓아둘 정도였으니까요. 볼일을 보면서도 그 보고서를 보려고 말입니다. 벤에게는 경쟁자가 있었습니다. '페트리 스토어즈Petrie Stores'의 사장 밀턴 페트리였습니다. 하루는 벤이 월도프 호텔에서 열린 자선 파티에 참석했는데 밀턴도 와 있었답니다. 두 사람은 곧바로 사업 이야기를 하기 시작했고, 벤이 계속해서 물어댔습니다. '조명용 전구에 지출하는 비용은 얼마나 됩니까?', '제품 가격은 얼마나 올릴 겁니까?' 벤이 하고 싶은 이야기는 이런 것들뿐이었죠. 벤은 이런 질문도 했습니다. '화장실 휴지에 지출하는 비용은 얼마나 됩니까?' 그러자 밀턴이 얼마라고 대답했습니다. 밀턴의 말대로라면 벤은 화장실 휴지를 상당히 싸게 구입하고 있었습니다. 벤은 갑자기, 자기들이 얼마나 더 싸게 구입하는지가 아니라 제대로 구입하고 있는 것인지 알고 싶었습니다. 밀턴이, 자기가 지불하는 가격이 자기로서는 최대한 깎은 가격이라고 하자 더 그랬습니다. 벤은 다음에 보자는 말을 하고 밀턴과 헤어져서는 곧바로 자선 파티장을 나왔습니다. 그러고는 자동차를 몰고 롱아일랜드에 있는 자기 회사의 비품 보관 창고로 달려가서 화장실 휴지가 담긴 상자 여러 개를 뜯어서 휴지를 한 장씩 세기 시작했습니다. 납품 업자가 말한 대로 과연 한 상자에 500장이 들었는지 확인하려고 말입니다. 밀턴이 납품 업자에게 그처럼 많은 이문을 보장해 줄 턱이 없으니, 벤은 휴지와 관련해 뭔가 속고 있는 게 분명하다고 의심했던 것입니다. 아닌 게 아니라 500장이 들어 있지 않았습니다. 납품 업자에게 속아서 화장실 휴지 대금을 더 많이 주고 있었던 것입니다.

워런은 이런 사람과 함께 일하고 싶었다. 화장실 휴지가 한 상자에 몇 개 들었는지 세어보려고 파티장을 박차고 나갈 사람, 탁자 맞은

편에 앉은 사람은 후려칠지언정 동업자에게는 절대로 그런 짓을 하지 않을 사람. 워런은 로스너와 600만 달러의 계약을 체결했다. 그리고 인수가 이루어진 뒤에도 로스너가 계속 경영자로 남아서 일하게 하려고 로스너에게 최대한 많은 것을 보장해 주겠다고 약속하되, 달성해야 할 성과가 있으며, 지키지 못할 경우 그때 가서는 더 붙잡지 않겠다고 했다.[16]

워런은 벤 로스너 같은 사람들에게서 편안한 일체감을 느꼈다. 그들의 가차 없는 집중력과 추진력에서 성공의 기운을 보았다. 호슈차일드-콘과 같은 회사들의 문제점들에 대해서는 넌덜머리가 났다. 그래서 벤 로스너 같은 사람들, 즉 자기가 살 수 있는 뛰어난 회사를 일군 그런 사람들을 더 많이 찾았다. 워런과 로스너에게는 공통적인 특성이 하나 있었다. 집착하는 성격이었다. 워런은 "탁월함의 대가는 강렬함이다"라는 말을 즐겨 했다.

제트 잭

1967년 말이 되면서 수지는 만일 워런이 일을 그만두면 자기와 가족들에게 관심을 더 많이 쏟을 것이라고 생각했던 것 같다. 그녀는 속으로, 워런이 일단 800만 달러나 1천만 달러를 벌고 나면 사회적인 활동을 줄일 것이라고 워런과 합의했다고 생각하고 있었다. 워런이 1966년에 받은 수수료 150만 달러와 그의 자본 투자 수익을 모두 합하면, 가족의 순자산은 900만 달러가 넘었다.[1] 수지는 워런에게 이제 일을 그만두라고 졸랐다. 하지만 워런의 발걸음은 조금도 늦춰지지 않았다. 한 가지 일을 끝내고 나면 곧바로 다른 일에 시간과 관심을 쏟았던 것이다. 투자 회사에서 운용할 투자 자금을 모집했고 내셔널 아메리칸, 샌본 맵, 뎀스터 밀, 버크셔 해서웨이, 호슈차일드-콘, 아메리칸 익스프레스 같은 기업을 전부 혹은 일부 샀을 뿐만 아니라 사이사이에 그밖의 다른 투자도 수없이 많이 진행했다. 때로는 워런이 비행기 착석 이후로 허리 통증을 호소하면서 침대에 꼼짝 없이 몸져누워, 수지가 그 곁에서 여러 날 간호를 하기도 했다. 주치의는 통증의 구체적인 원인을 몰랐다. 일을 너무 많이 하거나 스트레스를 너무 많이 받아서 그렇지 않을까 추측만 할 뿐이었다. 하지만 결국 허리 통증 때문에 일을 그만둬야 할 수도 있는 지경까지 갔다. 건강을 생각해서라도 워런은 브로콜리를 한 접시씩 먹어야 했다.

그는 무언가를 할 때면 언제나 허리를 구부정하게 구부리고 앉았다. 책을 읽거나, 전화 통화를 하거나, 브리지나 포커 같은 카드 게임을 할 때 늘 그랬다. 카드 게임은 주로 딕 홀랜드와 닉 뉴먼 같은 저명한 사업가 친구들과 했다. 특히 닉 뉴먼은 '힝키 딩키'라는 식품 체인점을 소유했는데, 워런이 어릴 때 할아버지의 심부름으로 빵을 사러 갔었고 또 놀림을 당했던 바로 그 유대인 식료품점이었다. 뉴먼과 그의 아내는 지역사회와 인권 운동 단체에서 활발하게 활동했다. 이들은 요란하지 않고 묵묵한 홀랜드 부부와 마찬가지로, 워런이 사귀던 전형적인 친구들이었다. 워런과 수지는 오마하의 주류 사회와는 거리를 두고 살았다. 두 사람의 사회 생활은 점차 워런이 하는 일의 리듬을 타게 되었다. 일련의 여행과 행사 일정이 반복되는 경향을 띠기 시작했던 것이다. 워런의 출장에 수지가 동행했고, 두 사람은 먼 곳에 있는 워런의 친구들을 돌아가면서 만났다. 하지만 오마하에 있을 때 수지는 주로 집에 있으면서 다른 사람들의 방문을 맞았다. 자기 친구나 가족, 자기의 도움이 꼭 필요한 곳이나 지역사회 운동의 모임에만 나갔다. 버핏 부부의 집 뒷문은 예전과 다름없이 열려 있었지만, 이 문에는 '의사 진료 가능'이라는 팻말이 붙었다. 수지를 찾아오는 온갖 '환자'가 집 주변을 어슬렁거리는 모습도 흔히 볼 수 있었다. 그녀를 찾아오는 사람들의 연령과 계층의 범위는 광범위했다. 이 사람들은 수지에게 무언가를 요구했고, 수지는 그것을 주었다. 더 많은 것을 달라고 요구하면 더 많이 주었다.

수지가 워런에게 무언가를 요구할 때 워런은 그것을 주었다. 더 많은 것을 달라고 요구하면, 순순히 그렇게 했다. 워런은 자기에게 주어진 시간을 어떻게 보낼 것인가 하는 점에 대해서는 굽히지 않고 단호했지만, 그 밖의 다른 거의 모든 점에 대해서는 수지의 말을 따랐다. 그 해에 두 사람은 집을 대대적으로 수리했다. 그 집은 이미 그 구역에서 가장 큰 집이었지만, 수지는 낡은 차고를 없애고 그 자리에 별채를 하나 지어서 이웃에 사는 어린이들이 모여서 놀 수 있도록 했다. 워런은 워런대로 신이 났다. 이 별채의 지하실에 라켓볼 연습장이 생겼기 때문이다. 워런은 이곳으로 친구들이나 사업을 함께하는 사람들을 불러다가 놀았다.

워런이 여러 가지 점에서 어린아이 같은 면이 있었고 또 수지가 워런이 좀 더 자상하고 세심한 아버지가 되어주면 좋겠다고 바라긴 했지만, 따지고 보면 워런은 성실하고 헌신적인 아버지였다. 아이들의 학교 행사에는 빠짐없이 참석했으며 휴가 때는 아이들을 데리고 여행을 갔다. 제퍼슨 에어플레인의 사이키델릭 록 〈화이트 래빗White Rabbit〉과 비틀스의 〈서전트 페퍼스 론리 하츠 클럽 밴드Sgt. Pepper's Lonely Hearts Club Band〉(비틀스의 공식 8집 앨범, 세계 팝 역사상 최고의 걸작으로 평가된다−옮긴이)가 로큰롤의 소위 '약물 문화'의 정점을 이끌던 1967년에 리틀 수지는 8학년, 호위는 6학년, 피터는 3학년이었는데, 버핏 부부로서는 다행스럽게도 아이들의 로큰롤과 약물 문화로 속을 썩이지 않았다.

일명 '리틀 수지'인 수지 주니어는 어딘가 소심해 보이던 어린아이 모습을 벗어던지고 어느새 혼자 자기 일을 다 알아서 하는 어엿한 십대 소녀가 되어, 호위와 피터를 완벽하게 장악하고 명실상부하게 대장 노릇을 했다. 자기 어머니가 온 집안을 발라드나 솔 음악으로 채웠지만 리틀 수지는 로큰롤 소녀로 성장했다. 두 동생에게는 록 그룹 버즈와 킹크스를 소개했다. 하지만 반듯한 아이였던 리틀 수지는 학교에 가서도 약물과 관련된 부분에는 전혀 섞여 들지 않았다. 이제 열두 살이 된 호위는 여전히 힘이 펄펄 남아돌아 장난꾸러기 짓을 계속했다. 누나 방의 창문 바깥에 있는 꽃사과나무 뒤에서 고릴라 복장을 하고 불쑥 튀어나와 누나와 친구들을 놀래키려 하기도 했다. 그런데 호위의 장난은 점점 더 정교해지고 점점 더 위험해졌다. 집에서 키우던 개 스카우트를 지붕에 올려놓고 자기만 내려온 다음에, 과연 그 개가 두려움을 이기고 지붕에서 뛰어내릴지 본다면서 스카우트에게 내려오라고 불렀다. 스카우트는 호위가 기대한 대로 뛰어내렸다. 하지만 다리가 부러져서 동물병원 신세를 져야 했다. 이때 호위는 다음과 같이 변명했다.

"난 그냥 스카우트가 내려올런지 보려고 했을 뿐이에요."[2]

호위는 이런 식으로 저항했다. 호위의 못된 장난질에 화가 나서 수지는 가끔 호위를 자기 방에 가두고 나오지 못하게 하곤 했는데, 호위는 이를 막으려고 철물점에서 자물쇠를 사서 현관문을 잠가 수지가 집에 들어오지 못하게 했다. 한편 피터는 자기 혼자 혹은 친구인 라스 에릭슨과 함께 몇 시간씩 피아노를 쳤다. 탤런트 쇼(아마추어들이 연예계 진출을 위해서 하는 공연, 장기 자랑 대회─옮긴이)에 나가서 상을 타기도 했다. 아버지가 돈 버는 데 흠뻑 빠져 있던 것처럼, 피터는 음악에 흠뻑 빠져서 살았다.

가족 가운데 유일하게 1960년대의 환각적인 어두운 문화에 젖어 들었던 사람은 당시 열일곱 살이던 빌리 로저스였다. 빌리는 수지의 언니 도티의 아들이었다. 그는 이제 막 꽃을 피우기 시작한 기타리스트였고, 호기심으로 약물을 복용하고 있었다. 도티는 자원봉사 활동을 했고 또한 직업으로 재봉 일을 했는데, 정오까지 내리 잠을 잤다. 그녀는 어떤 판단을 내려야 할 때 제대로 판단을 내리지 못했고, 가끔은 그녀와 시종일관 이치에 닿는 대화를 나누기가 사실상 불가능할 때가 있었다. 그녀는 술을 점점 더 많이 마셨고, 아이들에게는 관심을 기울이지 않았다. 수지는 가끔씩 빌리를 재즈 기타리스트인 캘빈 키즈의 공연장에 데리고 갔다. 빌리가 기타 연주 기술을 배울 수 있도록 하기 위해서였다. 수지는 빌리를 바르게 키우려는 노력도 아끼지 않았다.[3]

마리화나와 LSD의 약물 문화가 보편적인 현상이 되고 티모시 리어리가 미국에 '흥분하라, 함께하라, 이탈하라'라는 가르침을 전파하고 있던 시대에 수지는 힘겨운 과제에 맞닥뜨렸다(하버드대학교 심리학 교수이던 티모시 리어리는 LSD의 효능에 흠뻑 빠져서 이 신비의 약물이 정신 영역을 확장시키고 사물의 진리를 깨닫게 하고 이타심을 불러일으켜서 평화를 가져다줄 것이라고 주장했다−옮긴이). 청년 중심의 반문화 흐름은 지난 수십 년 동안 존재해 왔던 모든 형태의 권위에 반기를 들고 행진하고 있었다. 그해 여름에 샌프란시스코의 헤이트애시베리(미국 샌프란시스코의 한 지구 이름, 1960년대 히피와 마약 문화의 중심지였다−옮긴이)에 몰려왔던 수십만 명의 히피 가운데 한 명은 이런 말을 했다.

"이제 아이젠하워의 시대는 갔습니다."[4]

마치 그 말 한마디만으로 모든 걸 설명할 수 있다는 것 같았다.

하지만 워런 버핏은 여전히 아이젠하워의 미국에 살고 있었다. 그는 단 한 번도 비틀스 열풍으로 고통당한 적이 없었다. 〈쿰바야Kumbaya〉(대표적인 흑인 영가 가운데 하나−옮긴이)를 부른 적도 없었고, 전쟁은 어린이를 비롯한 모든 생명체에 이롭지 않다고 주장하는 포스터를 붙인 적도 없었다. 그의 의식은 여전히 조금도 변하지 않은 상태였다. 그의 정신은 엄격한 철학적 문제에 깊이 빠져 있었고, 벤 그레이엄의 꽁초 철학과 필 피셔와 찰리 멍거의 '훌륭한 기업' 사이에서 고민하고 있었다.

나는 찰리 멍거에게 영향을 받는 이행기에 놓여 있었습니다. 이리 저리 왔다 갔다 했죠. 마치 청교도 개혁 운동 시기에 사는 것과 비슷했습니다. 하루는 마틴 루터 킹 목사의 연설을 듣고 그다음 날에는 교황의 연설을 듣는 식이었지요. 물론 찰리 멍거가 킹 목사였고 벤 그레이엄이 교황이었습니다.

멍거가 자신의 논리로 꽁초 대성당의 문에 대못을 박고 있을 때 주식시장은 과거와 현재의 모든 권위들을 내팽개쳤다. 1960년대라는 시기가 전개되면서 주식에 대한 수다가 칵테일파티에 활기를 불어넣었고, 주부들은 미용실에서 자기가 거래하는 주식 중개인에게 전화를 했다. 거래량도 3분의 1이나 늘어났다.[5] 워런 버핏은 자기로서는 도저히 이해할 수 없는 기술로 무장한 '트랜지트론Transitron', '폴라로이드Polaroid', '제록스Xerox', '일렉트로닉 데이터 시스템즈Electronic Data Systems'와 같은 기업들을 간절하게 열망하는 세계 속에서 현기증을 느꼈다. 서른여섯 살밖에 되지 않았지만 마치 반백의 노인이 되어버린 것 같았다. 그래서 투자자들에게 속도를 좀 늦추겠다고 말했다. 투자자들에게 보낸 편지에서는 "우리는 좋은 투자 아이디어를 많이 가지고 있지 않습니다"라고 언급했다.[6]

그렇더라도 워런은 자기가 맡아서 운용하던 돈을 불리기 위한 탐색의 원칙을 결코 느슨하게 하지 않았다. 오히려 새로운 원칙을 두 개 더 추가해서 투자 행위를 보다 더 까다롭게 만들었다. 그가 개인적으로 좋아했던 이 두 가지 방침은 이제 공식적인 원칙으로 자리를 잡았다.

1. 내가 이해하기에 벅찬 기술이 투자 결정에 결정적인 요소로 작용하는 회사에는 투자하지 않는다. 반도체니 집적회로니 하는 것에 대해서 나는 풍뎅이의 짝짓기에 대해서 만큼이나 아는 게 없다.

2. 아무리 예상 수익률이 눈부시다고 하더라도 인간 삶의 주요한 문제들이 심각하게 발생할 수 있을 것 같은 행위나 활동에는 투자하지 않는다.

'인간 삶의 주요한 문제들'이라는 표현을 쓰면서 그가 의미한 내용은 정리해고나 공장 폐쇄 그리고 파업이 불가능한 노조업무 같은 것들이었다. 이런 원칙들이 추가됨에 따라 꽁초에 투자하기 전에 그는 두 번 세 번 반복해서 생각하게 되었다.

그가 소유하고 있던 꽁초들도 문제가 많았다. 버크셔 해서웨이는 생명 유지 장치에 의존한 상태였다. 워런은 최근에 회계 및 컨설팅 업체인 '피트, 마윅'의 번 매켄지를 고용해서 뉴베드퍼드로 보내 형편없는 직물 공장을 살펴보게 했다. 그는 얼마 전에 버크셔 해서웨이 이사회에서 했던 실수를 후회하고 있었다. 그는 잠깐 동안의 경영 수지 호조에 고무되었다.

"우리는 몇 달 동안 레이온 안감을 팔아서 상당한 돈을 벌어들였습니다."[7]

그래서 한 주에 10센트의 배당에 손을 들어주고 말았던 것이다. 회사가 고용한 변호사들은 회사의 수익이 너무 좋아서 잘못하다간 유보 이익을 부당하게 보유하고 있다고 제소당할지 모른다고 주장했다. 잠시 졸았던지 아니면 잠깐 마음이 흔들렸던지, 어쨌거나 워런은 그 주장을 받아들여 한 주에 10센트의 배당 안건에 동의하고 말았다. 그 정도면 하찮은 규모 같았다. 딱 하루 만에 자기가 잘못 판단했다는 사실을 깨달았지만 때는 이미 늦었다. 전혀 그답지 않게 언젠가는 수백만 달러가 될 수도 있을 10만 1,733달러를 투자자들과 주주들에게 그냥 퍼주고 말았던 것이다.[8] 그 뒤로 그는 다시는 이런 실수를 저지르지 않았다.

8개월 뒤에 워런은 버크셔 해서웨이 주주들에게 스와프를 제안했다. 수익성 증권을 원하는 사람이면 누구나 주식을 금리 7.5퍼센트의 회사채와 바꿀 수 있도록 한 것이다. 이렇게 해서 총 3만 2천 주가 들어왔다. 이로써 워런은 수익 실현을 바라는 주주들을 털어내고, 배당금보다는 회사의 성장을 중시하는 쪽으로 방향을 잡을 수 있었다. 이런 조치를 두고서 번 매켄지는 "매우 훌륭했다"[9]고 말한다. 그리고 이 과정을 통해서 워런은 버크셔 해서웨이를 보다 강력하게 장악할 수 있었다. 그런데 이 회사를 인수한 행위 자체가 실수였다는 사실이 점차 분명해지는 상황에서 이런 선택을 한 점은 특이했다. 켄 체이스는 워런의 지시를 냉철하게 좇아서 회사의 규모를 줄였다. 워런은, 뎀스터 밀에서 경험했던 것과 같은 증오에 찬 반발을 촉진하기보다는 노동조합의 요구를 잘 들어줘야 한다는 체이스의 제안을 받아들여, 뉴베드퍼드의 안녕을 유지하는 차원에서 몇몇 잔여 부문의 적자를 감수하고 계속 운영하기로 결정했다.

1967년이 되면서 체이스와 매켄지는 이 불운한 남성 양복 안감 제조업체를 적자 상태에서 구해냈다. 하지만 아직은 본전 수준이었다. 그런데 '인플레이션'이라는 단어, 2차 대전 이후 거의 자취를 감췄던 그 단어가 다시 모든 사람들의 입에 오르내리기 시작했다. 임금과 원재료 비용이 올라갔고 값싼 노동력으로 무장한 외국 및 남부 지역의 직물 공장들이 버크셔 해서웨이의 매출을 갉아먹었다.

워런은 이런 소식을 투자자들에게 전했다.

버크셔 해서웨이는 직물 사업에서 정말 어려운 상황을 겪고 있습니다. 내재 가치의 손실 규모를 현재로서는 가늠할 수 없습니다. 아울러, 이 직물 회사가 가지고 있는 자산에 좋은 수익을 가져다줄 것이라는 예상도 할 수 없습니다. 만일 다우지수가 계속 올라갈 경우에 (……) 우리 포트폴리오에서 이 부분이 우리의 상대적인 수익률을 상당한 수준으로 떨어뜨릴 것입니다.[10]

그는 이 회사에서 가능하면 빨리 돈을 빼내려고 노력했다. 날마다 체이스 및 매켄지와 전화로 통화하면서 버크셔 해서웨이의 경영과 관련된 대부분의 일상적인 판단에까지 관여했다.[11] 체이스는 이미 1966년 10월 '박스 룸' 공장의 문을 닫았었다. 수입 제품과의 경쟁에서 도저히 버틸 수 없었기 때문이다. 그리고 채 여섯 달도 지나지 않아서 워런은 체이스에게 로드아일랜드에 있던 '킹 필립 D' 공장도 완전히 문 닫으라고 지시했다. 이 공장에서는 얇은 면포를 생산했는데, 이 공장의 생산량은 버크셔 전체 생산량의 10퍼센트를 차지했다. 450명이 일자리를 잃었다. 이것은 로드아일랜드의 면직산업이 끝장났다는 것을 의미했다.[12] 이 결과에 대해서 워런은 투자자들에게 다음과 같이 말했다.

계속되는 조류(潮流)가 수영하는 사람들보다 훨씬 더 중요합니다.[13]

그게 다가 아니었다. 경영 결과가 수치로 나왔을 때 워런은 '어패럴 패브릭스'와 '박스 룸' 공장의 적자가 워낙 커서 이 공장들을 구할 수 있는 유일한 길은 장비를 현대화하는 것이라는 사실을 깨달았다. 그러나 경영 성적이 좋지 않은 공장에 돈을 퍼붓는 것은 시베리 스탠턴이 저질렀던 바로 그 오류였다. 워런은 여기에 투자하지 않겠다고 했다. 마치 정원에서 쓰는 호스로 사막에 물을 대는 것이나 마찬가지일 거라는 이유에서였다. 그러나 공장이 문을 닫으면 수백 명이 일자리를 잃고 나앉아야 했다. 워런은 키위트 플라자의 자기 사무실 책상 뒤의 회전의자에 앉아 의자를 돌리면서 이 문제를 어떻게 풀지 곰곰이 생각했다.

그런데 역설적이던 사실은, 투자자들은 돈의 바다에서 헤엄치고 있었다는 점이다.[14] 월스트리트에서 가는 세로줄무늬 양복을 입고 일하는 중개인들은 점점 더 부자가 되어 가고 있었다. 대공황의 교훈을 전혀 알지 못한 채 2차 대전 뒤에 성인이 되었던 새로운 유형의 종족이 월스트리트에서 새로운 실력자로 이미 떠올라 있었다. 이들이 사상 유례 없는 가격으로 주식을 몰고갈 때, 워런은 아메리칸 익스프레스 포지션을 팔기 시작했다. 1,300만 달러를 들였지만 현재 가치는 1,500만 달러였으며, 버핏 파트너십 전체 수익 가운데 3분의 2가 여기에서 나온 것이었다. 하지만 워런은 이 돈을 버크셔 해서웨이에 투입하고 싶지 않았다.

그해 워런에게 가장 중요한 일은 망가진 버크셔 때문에 버핏 파트너십의 수익률이 엄청나게 떨어지는 참을 수 없는 일이 벌어지기 전에 새로운 투자 대상을 찾는 것이었다. 오마하에서 그는 오랫동안 '내셔널 인뎀너티 컴퍼니 National Indemnity Company'라는 보험 회사를 눈여겨보고 있었다. 이 회사의 본사 건물은 키위트 플라자에서 불과 몇 구역 떨어진 곳에 있었다. 워런은 이 회사의 창업자인 잭 링월트를 1950년대에 주식 중개 회사인 '크루텐든 앤드 컴퍼니' 이사회에서 처음 만났었다. 링월트는 오마하에서 가장 똑똑하고 기업가정신이 강한 사람 중 한 명이었다. 그때 워런의 고모인 앨리스는 링월트를 버핏 파트너십의 투자자로 끌어들이려고 했었다.[15] 링월트는 나중에 워런이 최소 5만 달러 투자를 요구하더라고 주장했다(하지만 워런은 당시에 거의 모든 사람들에게 그보다 훨씬 적은 돈을 투자받았다). 당시에 그는 다음과 같이 대답하면서 워런의 제안을 거절했다고 전해진다.

"만일 내가 당신 같은 펑크 키드에게 5만 달러를 내놓는다고 생각한다면, 당신은 내가 생각하는 것보다 훨씬 더 '돌아이'가 틀림없을 거요."[16] 링월트는 자신을 투자 전문가로 생각했지만, 워런을 따르지는 않았다. 비밀주의를 선호하는 워런의 태도에 많은 사람들이 그를 불신했던 것이다.

워런은 그럼에도 불구하고 내셔널 인뎀너티를 주시했다. 멈추지 않는 학습 기계였던 그는 우선 이 보험 회사에 관해서 알아야 할 것은 모두 알고 싶었다. 도서관에서 책을 한 아름 빌려다가 링월트의 전략을 파악했다. 물론 이것은 가장 까다로운 고객들에게 확신을 심어주기 위한 노력이었다. 워런이 파악한 바로, 링월트는 양날의 칼을 쓰는 혼란스러운 사람이었다. 한편으로는 조심스럽지만 위험을 무릅쓰는 사람이었고, 또 다른 한편으로는 밤마다 자기 회사 사무실을 돌아다니면서 혹시라도 불이 켜져 있으면 손수 불을 끄고 퇴근하던 구두쇠였다.[17] 그는 서커스 단원이나 사자 조련사 혹은 쇼 무대에 오르는 스타 무희 같은 사람들을 대상으로 특정 신체 부위 등을 엄청나게 높은 보험료를 내고 보험에 가입하게 만들었다.[18] 링월트는 "나쁜 위험 같은 건 존재하지 않는다. 오로지 나쁜 금리만 있을 뿐이다"라는 말을 자주 했다.

한번은 이런 일이 있었다. 실종 상태에서 살해된 것으로 추정되는 밀주업자가 오마하로 돌아오지 않을 것이라는 보증을 해달라고 은행이 그에게 요구한 것이다. 죽었다고 추정되는 밀주업자의 아내가, 법에 규정된 대로 7년 동안 기다리지 않고 남편의 계좌에 있는 돈을 인출하고자 했기 때문이다. 링월트는 살해 용의자가 고용한 변호사는 실종자가 사망했는지 여부를 잘 알고 있을 것이라는 점을 간파했다. 변호사는 자기 고객이 처벌을 면하도록 도왔다. 하지만 죽은 사람의 아내(그리고 은행)는 용의자가 무죄 판결을 받은 것은 실제로 결백하기 때문이 아니라 변호사의 수완 때문이라고 의심했다. 그러나 변호사는 자기 고객이 자기가 범인이라고 털어놓았는지 발설할 수 없었다. 링월트는 변호사에게 돈의 일부를 걸게 하고 은행이 요구한 보증을 했다. 그 밀주업자가 죽은 게 아니라면, 다시 말해서 그 밀주업자가 나타나서 자기 고객은 물론이고 자기를 당혹하게 만들 일이 없을 것이라 확신하지 않았다면, 변호사가 그런 위험을 무릅쓰려 하지 않았을 것이라고 판단했던 것이다. 보증금이 모든 걸 말해주었다. 그 밀주업자는 나타나지 않았고, 은행도 말이 없었다. 잭 링월트는 진취적이었고 타고난 예측가였다.

그때부터 그는 택시를 고객으로 하는 보험 상품을 팔기 시작했고, 라디오 방송국의 보물찾기 프로그램에도 투자해서 보물의 단서를 립스틱 통에 숨긴 다음 직접 땅에 묻기도 했다. 단서가 얼마나 모호했던지 보물을 찾은 사람은 단 한 사람뿐이었다. 그는 곧 오마하에서 가장 빠르게 움직이고 또 가장 모험적이며 활동적인 사업가가 되었다. 그의 딸은 자기 아버지에게 '제트 잭'이라는 생동감 넘치는 별명을 붙이고 그렇게 불렀다. 잭은 내셔널 인뎀너티의 투자를 직접 관장하며 수백 종류의 주식을 조금씩 사들이면서, 장부 원장에 '내셔널 디스틸러스 50주', '세이버 푸드 마트 2,500주' 등의 글자를 알아볼 수도 없을 정도로 휘갈겨 써넣었다. 그리고 낡은 운동 가방에다 수백 장의 주식 증권을 직접 넣어 가지고 다녔다.

1960년대 초 워런은 친구이자 내셔널 인뎀너티의 이사회에 이름을 올리고 있던 찰리 하이더에게 전화해서 혹시 링월트가 회사 매각에 관심이 있는지 물었다. 하이더의 대답은 무척 흥미로웠다.

해마다 딱 15분 동안만 잭은 내셔널 인뎀너티를 팔고 싶어 한다고 하더군요. 도대체 원인이 뭔지는 모르지만 기분이 우울해져서 갑자기 그런 생각을 한다는 거였습니다. 그래서 찰리 하이더와 나는 잭이 일 년에 한 차례씩 엄청나게 우울해하고 열받는 그 15분의 현상에 대해서 토론했습니다. 만일 잭이 그런 모습을 보이면 곧바로 나에게 알려달라고 했죠.

1967년 2월의 어느 날이었다. 잔뜩 찌푸린 흐린 날이었다. 하이더와 링월트가 함께 점심을 먹고 있었는데, 링월트가 이런 말을 했다.

"난 이런 날씨가 정말 싫소."

화제는 돌고 돌았다. 그런데 갑자기 링월트의 입에서 내셔널 인뎀너티를 팔고 싶다는 말이 나왔다. 링월트는 그 회사를 팔아 버리는 편이 더 나을 것이라고 확신하고 있었다. 마침내 15분의 창문이 열리는 순간이었다.

"오마하에 이 회사를 사고 싶어 하는 사람이 있는 걸로 알고 있습니다만……."

"그게 누구요?"

"워런 버핏입니다."

링월트가 관심을 보이자, 하이더는 워런에게 전화를 걸어 링월트가 회사를 팔 의향이 있다고 했다. 그러면서 마지막으로 이렇게 물었다.

"조만간 한번 만나보시겠습니까?"

워런이 그 즉시 대답했다.

"오늘 오후는 어떻습니까?"

링월트는 다음 날 아침 플로리다에 갈 예정이었지만, 하이더의 설득으로 우선 키위트 플라자에 가서 워런을 만나게 되었다.[19]

워런은 왜 여태 그 회사를 아무에게도 팔지 않았는지 물었다. 링월트는 인수 제안을 한 사람들이 모두 사기꾼이었다고 했다. 그러면서 조건을 하나하나 나열하기 시작했다. 우선, 그 회사가 오마하에 계속 있어야 한다고 했다. 15분의 창문이 이내 닫힐 것을 감지한 워런은 회사를 이전하지 않을 것이라고 약속했다.

링월트는 또 워런이 회사를 인수한 다음에 현재 직원 그 누구도 해고해서는 안 된다고 했다. 워런은 그렇게 하겠다고 약속했다. 그리고 링월트는 여태까지 인수 의사를 타진한 사람들이 제시한 인수 가격이 너무 낮았다고 했다. 워런이 물었다.

"그렇다면 얼마를 원하십니까?"

"한 주에 50달러."

워런이 평가하던 가치보다 15달러 더 높은 가격이었다.

"좋습니다. 그 가격에 사지요."

우리는 마법의 15분 창문이 닫히기 전에 거래를 끝냈습니다. 잭은 곧바로 후회했지만 정직한 사람이었기 때문에 거래를 물리려 하지는 않았습니다. 악수하면서 묻더군요. '근데, 회계 감사를 받은 재무제표를 원하시겠죠?' 만일 내가 그렇다고 했다면 잭은 아마도 이렇게 말했을 겁니다. '이런, 안타깝군요. 없던 일로 하지요'라고요. 나는 이렇게 대답했습니다. '회계 감사 받은 재무재표라뇨. 그런 건 생각도 하지 않고 있습니다.' 그러자 잭이 이렇게 말했습니다. '보험 대리점들도 함께 인수하고 싶으시겠죠?'

당연했다. 그 대리점들은 내셔널 인뎀너티와 계약을 맺고 있던 고객들의 상당한 부분을 관리하는 주체였다.

이렇게 말했죠. '잭, 당신이 어떤 조건을 제시하든 상관없이 나는 그 대리점들은 인수할 생각이 없습니다.' 만일 내가 내 본심대로 그

대리점들을 인수하고 싶다고 대답했다면, 아마도 잭은 '그래요? 그렇게 할 수는 없는데요, 워런. 아무래도 우리는 서로 오해를 했나 봅니다'라고 말했을 겁니다. 우리는 이런 식으로 서너 차례 더 공방전을 펼쳤습니다. 결국 잭이 포기하고 회사를 넘겼습니다. 분명히 그러고 싶지 않았음에도 불구하고 말입니다.

워런은 내셔널 인뎀너티를 꼭 인수하고 싶었다. 버크셔 해서웨이는 부분적으로 청산해 남아 있는 알짜배기라고는 없는 회사였고, 이번 거래야말로 버크셔 해서웨이에서 나온 자금으로 실행할 수 있었던 큰 사업이었기 때문이다. 링월트가 플로리다에 가서 딴마음을 먹을 수도 있었으므로 워런은 그가 다른 생각을 하기 전에 가능하면 서둘러서 거래를 매듭지으려고 노력했다. 두 사람 다 한 쪽짜리 짧은 계약서를 원했고,[20] 워런은 최종 계약서 문안을 마련한 다음 U.S. 내셔널 뱅크에 자금을 맡겼다.[21]

일주일 뒤 링월트가 플로리다에서 돌아왔을 때 워런은 계약서에 서명할 일만 남았다고 알렸다. 하지만 링월트는 이 마지막 만남에 10분 늦게 나타났다. 워런과 하이더는 여기에 대해서 나중에, 링월트는 시간이 남아 있는 주차 미터기를 찾느라 늦었다고 설명했다.[22] 링월트는 어쩌다 보니 늦었다고 말했다. 그 뒤로도 줄곧 그렇게만 대답했다. 하지만 아마도 내셔널 인뎀너티를 파는 게 잘못하는 짓임을 깨닫고 약속 장소로 쉽게 갈 수 없었기 때문이었을 것이다. 그 회사를 파는 게 낫다고 생각했던 것을 자책하면서 말이다.

물론 워런은, 버핏 파트너십 입장에서는 그 회사를 인수하는 게 좋다는 사실을 잘 알고 있었다. 내셔널 인뎀너티는 자산을 한껏 불릴 수 있는 기회였다. 이 거래가 마무리된 직후에 그는 이 문제와 관련해서 '보험 회사 인수에 필요한 자본과 관련된 고찰'이라는 따분한 제목의 글을 썼다.

'자본', 즉 돈이라는 단어는 워런이 내셔널 인뎀너티를 인수했을 때 무슨 생각을 하고 있었는지 추측할 수 있는 중요한 단서다. 자본이야말로 자기 투자 회사의 생명소였다. 그는 버크셔 해서웨이에서 자본을 빼내고 있었고, 이 자본을 어딘가에 투자할 필요가 있었다. 내셔널 인뎀너티는 많은 위험을 안고 있었고 많은 자본을 필요로 했다. 여기에 대해서 그는 다음과 같이 썼다.

"대부분의 기준으로 비추어 볼 때, 내셔널 인뎀너티는 자기 자본을 상당히 강하게 밀고 있습니다. 내셔널 인뎀너티 내에서 장기적인 관점에서 최대의 수익성을 올리도록 우리 자본을 공격적으로 운용하는 기조를 유지하는 것은, 버크셔 해서웨이에 추가적인 가용 자원이 있기에 가능합니다. (……) 원활하게 진행되지 않을 경우에는 버크셔 해서웨이에서 내셔널 인뎀너티로 자본을 추가로 투입할 수 있다는 말입니다."[23]

워런은 완전히 새로운 유형의 사업을 이미 꿰뚫고 있었다. 만일 내셔널 인뎀너티가 돈을 벌면, 여기에서 나오는 수익금을 그냥 이 회사의 금고에 넣어두는 게 아니라 다른 회사나 주식을 사는 데로 돌릴 수 있다. 하지만 만일 사자가 사자 조련사를 잡아먹으면, 내셔널 인뎀너티는 사자 조련사의 유족에게 돈을 지불해야 할 수도 있었다. 그럴 때 그 돈은 다시 다른 회사에서 내셔널 인뎀너티로 돌아오면 되었다.

보험 회사를 불량 직물 회사에 접붙임으로써 직물 회사의 자본은 항상성을 유지할 수 있었다. 워런의 지시에 따라서 내부적으로 환경에 대응할 수 있었던 것이다. 즉, 도마뱀처럼 날씨가 추워지면 동면을 하거나, 기진맥진할 때 일광욕을 하며 원기를 회복할 바위를 찾아 헤맬 필요가 없었다.

하지만 핵심적인 문제는 위험의 가치를 정확하게 평가하는 것이었다. 따라서 그에게는 잭 링월트가 필요했고 링월트를 자기 주변에 둘 필요가 있었다. 워런은 링월트가 섭섭하지 않도록 두둑하게 돈을 지불했고, 또 열심히 개인적인 친분을 쌓았다. 이렇게 함으로써, 벤 로스너와 어소시에이티드 코튼 숍스의 경우와 마찬가지로 워런은 유능한 기업인과 그가 운영하는 훌륭한 기업을 또 하나의 패키지로 인수한 셈이 되었다.

두 사람은 캘리포니아에서 자주 테니스를 즐겼다. 링월트와 워런 은 옷 입는 취향이 비슷했다. 잭은 딸이 손수 짰다는 낡고 때묻은 스 웨트셔츠를 즐겨 입고 나타났다. 스웨터에 새겨진 그의 별명 글자 '제트 잭Jet Jack'은 그의 볼록한 올챙이 배 위로 한껏 늘어나 있었다. 한번은 워런과 링월트가 졸리 로저(체인 브랜드 이름 - 옮긴이) 식당에 서 점심을 먹는데, 꼬마 아이 한 명이 링월트 앞에 오더니 이렇게 말 했다.

"제트 잭 아저씨, 사인 한 장 해주세요."

링월트는 의기양양해졌다. 그 아이는 링월트가 우주 비행사나 영 화배우와 같은 인기 스타라고 생각했던 것이다. 링월트는 어쩌면 그 어린아이 외에는 아무에게서도 그런 인기 스타 대접을 받지 못했을 수도 있다. 그럼에도 불구하고 그는 여전히 자기가 인기 스타 제트 잭이라고 진심으로 느꼈다.

사실 그건 틀린 게 아니었다. 허세라는 것은 내면에서 비롯되지 겉 으로 보이는 모습에서 비롯되는 게 아니다. 링월트는 자기 회사를 통 째로 팔았다고 볼 수도 있지만, 사실 그 회사의 일부분을 되산 거나 마찬가지였다. 내셔널 인뎀너티를 판 돈 가운데 일부로 버크셔 해서 웨이 주식을 샀던 것이다.[24]

미래는 처형대 위에서
불안하게 흔들리고

오마하, 1967~1968년

1967년 여름, 독립 전쟁 이후 최악의 폭동과 약탈과 방화가 전국을 휩쓸었다. 그 이후 마틴 루터 킹은 한 인터뷰에서 당시 상황을 다음과 같이 말했다.

"지난해 여름에 우리는 수많은 폭동들을 목격했습니다. 우리는 이제 우익의 파쇼적인 폭동을 맞이해야 할 위험에 처해 있습니다!"[1]

킹은 그 운동에 진보적인 성향이 부족하다는 사실이 개인적으로 불만이었지만, 여전히 폭력적인 저항 운동은 거부했다. 이런 태도에 대해서 몇몇 활동가들은 그해 여름 자기들이 맞닥뜨렸던 KKK단의 십자가 화형과 야경봉의 추악한 폭력에 맞서서 학생비폭력조정위원회 SNCC와 킹의 남부기독교지도자회의 SCLC가 보다 더 적극적이고 강력하게 대응했어야 옳다고 생각했다.

오마하의 비폭력 활동가들은 이미 오마하에서 상당히 영향력 있는 인물이 되어 있던 버핏 부부를 자기들의 비공식적인 조직원이라고 여겼다. 오마하에서 워런과 가장 친한 친구이던 닉 뉴먼의 아내 래키 뉴먼은 수지와 함께, YMCA를 비롯한 여러 단체들에게 가난한 지역에 있는 지부 조직에 보다 공정하게, 즉 보다 많이 예산을 책정하라고 압력을 넣는 작업을 하고 있었다. 아프리카계 미국인(흑인을 인종적인 차별 의식 없이 부르는 호칭─옮긴이) 친구인 로드니 위드[2]가 운영하던 연합감리교지역센터를 통해서 수지와 래키는 흑인 어린이들을 여름학교에 보내고, 지역의 고등학교 학생들을 대상으로 하는 '인종 혼합대화모임'을 조직했다.[3] 위드는 이제 버핏 부부 집에 자주 드나드는 인물이 되었다. 워런이 관리직으로 고용하고 있던 존 하딩은 주거 개방 제도(주택을 매매할 때 인종이나 종교에 의한 차별을 금지하는 제도─옮긴이) 도입을 청원하는 서명을 수천 명에게서 받았다. 닉 뉴먼은 지역에 있는 여러 인권 단체들에 워런이 참가할 수 있도록 등을 떠밀고 도움으로써 워런을 직접 투쟁 속으로 끌어들이는 데 기여했다. 워런의 역할은 땀을 흘려서 일하는 게 아니라 사람들 앞에서 연설하는 것이었다. 워런과 뉴먼, 하딩은 링컨에 있는 주 의회 건물 앞에서 주거 개방 제도의 도입을 주장하는 연설을 했다. 한편 수지는 직접 현장으로 뛰어들어 최소한 몇 차례에 걸쳐 몇 채의 집을 사서, 백인 이웃들이 사는 곳으로 주거지를 옮기고자 하는 흑인들의 대리인 역할을 했다.[4]

최근에 워런은 조 로젠필드를 소개받았었다. 로젠필드는 디모인(아이오와주의 주도─옮긴이)에 본사가 있는 영커스 백화점 체인점을 운영하고 있었고,[5] 지방 및 중앙 정치와 끈이 잘 닿아 있었으며 버핏 부부와는 정치적인 의견을 함께했다. 그는 또한 그리넬대학교의 이사이기도 했다. 그리넬대학교는 아이오와의 그리넬이라는 농업 도시

안에 급진적인 작은 섬처럼 존재했다.[6] 이 대학의 학생들은 자유주의적인 성향이 강했으며, 이들은 졸업한 뒤에 주로 사회복지 사업 분야에서 일하는 경향이 있었다. 학교도 아프리카계 미국인을 보다 많이 입학시키려고 노력했다.

그리넬대학교는 1846년에 설립되어 80여 년의 역사를 가지고 있었다. 한때는 파산 위기에 몰리기도 했지만, 약 25년 전에 로젠필드가 재단의 기금 운영을 맡으면서 위기에서 벗어나 재단의 기금을 1천만 달러 가깝게 불렸다.[7] 로젠필드는 위트가 넘치는 인물이었지만 어딘지 모르게 슬픔이 묻어났다. 교통사고로 외아들을 잃은 아픈 경험 때문일 수도 있었다. 수지 버핏은 그와 금방 친해졌다. 두 사람의 관심사에 공통점이 많다는 점을 놓고 볼 때, 로젠필드가 자기에게 가장 중요한 사회활동의 장인 그리넬대학교에 버핏 부부를 끌어들이고 싶어 하는 게 당연했다.

1967년 10월, 그리넬대학교는 '변화하는 세상 속의 인문과학대학을 위한 사흘간의 기금 마련 집회'를 개최하면서, 1960년대 문화계의 뛰어난 인물들을 연사의 명단에 올렸다. 이 명단에 오른 사람들로는, 《투명 인간Invisible man》으로 내셔널북상을 받은 랠프 앨리슨, 생물학적인 개념으로서의 인종이라는 분류에 타당성이 있는지 의문을 제기한 생물학자 애슐리 몬터규, 사회학자이자 커뮤니케이션 이론가로 '지구촌'이라는 말을 대중화시킨 장본인인 마셜 매클루언, 팝아트의 거장인 미술가 로버트 라우셴버그, CBS 뉴스 방송국의 전 사장 프레드 프렌들리 등이 있었다. 하지만 사람들이 그 어떤 연사보다 간절하게 기다린 사람은 마틴 루터 킹 주니어였다.[8] 노벨 평화상을 받은 사람이 아이오와를 방문하는 것은 흔치 않은 일이었다. 로젠필드는 버핏 부부도 이 행사에 초청했는데, 버핏 부부를 포함한 5천 명의 청중은 일요일 아침 행사가 진행된 장소인 다비 체육관을 가득 채웠다.

킹은 연설에서 자신을 소개할 모어하우스대학교 총장과 함께 비행기편으로 아이오와에 도착했다. 그런데 킹은 몇 시간째 늦었다. 주방위군과 경찰, 보안위원, 사설 경호업체 인력까지 오전 10시부터 만일의 사태에 대비해 바짝 경계를 하고 있었다. 시간이 흘러도 기다리던 킹이 나타나지 않자 사람들은 점차 배도 고프고 지치기도 했다.

마침내 킹이 연단으로 올랐다. 그는 목사 예배복을 입고 있었다. 그가 정한 연설 주제는 '혁명이 진행되는 동안 깨어 있기'였다. 그의 목소리는 울림이 풍부했다. 그는 인권 운동의 성가로 일컬어지던 제임스 러셀 로웰의 시 〈현재의 위기The Present Crisis〉(1844년)를 인용하는 것으로 연설을 시작했다.

> 진리는 언제나 처형대에 있고
> 거짓은 언제나 옥좌에 있나니
> 하지만 처형대가 장차 미래를 다스릴 터
> 알 수 없는 희미함 너머에
> 신께서 서 계시네, 그 그림자
> 자기 백성을 지켜보시네[9]

킹은 고통의 의미를 이야기했다. 간디의 비폭력 저항 운동에 고무된 킹은 산상수훈의 교훈을 상기시켰다. 박해받는 자는 복이 있나니 천국이 그들의 것임이라. 온순한 자, 축복을 받으리라, 그들이 대지를 물려받으리라.

킹의 강력한 연설에 감동을 받은 수지는 킹이 자기 남편을 꼼짝 못 하게 사로잡은 방식에도 깊은 감동을 받았다.[10] 워런은 예전부터 카리스마 넘치는 강력한 웅변가들 앞에서는 언제나 감동을 받았고 마음이 움직였다. 이런 그의 앞에 킹 목사가 서 있었던 것이다. 도덕적인 용기의 화신, 끊임없이 구타를 당하고 투옥되었던 사람, 수갑이 채워지고 강제 노역을 선고받았던 사람, 신념 때문에 칼에 찔리고 몽둥이로 맞아야 했던 사람, 반대와 폭력에 부딪히고 제한적인 성공뿐이었음에도, 10년 가까운 세월 동안 자기 소신을 지키며 이를 사회운동으로 이끌어 간 사람. 킹은 그리넬대학교에 마련된 연단에 서기 전에 비폭력의 힘을 다음과 같이 묘사한 적이 있었다.

"여기에는 상대방을 무장해제시키는 방법이 담겨 있습니다. 상대방의 방어력을 도덕적으로 허물어뜨립니다. 상대방의 사기를 떨어뜨리며 상대방의 양심에 호소합니다. (……) 설령 상대방이 당신을 죽이려 들지라도, 너무도 귀한 것들이 존재한다는 확신, 너무도 사랑하는 것들이 존재한다는 확신, 영원한 가치로 빛나는 것들이 존재한다는 확신, 이런 것들을 위해서 죽어도 좋다는 확신, 이런 확신이 우리 마음속에 자리를 잡습니다. 만일 자기 목숨을 버릴 수도 있는 소중한 그 무엇을 가지고 있지 않은 사람이라면, 이런 사람이 사는 삶은 과연 무슨 가치가 있겠습니까? 이러한 점을 깨달을 때, 비폭력 저항이라는 이 방법 속에서 힘이 나옵니다."[11]

킹은 선지자였다. 장차 다가올 미래 속에서 영광을 보았고, 고통 속에 노출된 악을 보았고, 또한 끔찍한 모습을 보고 잠에서 깨어 일어난 성난 사람들을 보았다. 그는 자기를 따르는 사람들에게 자기가 본 이 미래의 모습을 믿으라고 했고, 이 믿음의 십자가를 뒤에 지고 거리로 나서라고 했다. 그는 십자가를 져야만 비로소 그 뒤에 영광이 따른다는 사실은 기독교가 늘 주장해 왔던 바라고 말했다. 그리고 킹이 수많은 연설을 하면서 자주 반복했던 말 하나가 워런 버핏의 심장을 강타하며 그의 이성을 꿰뚫었다.[12]

"법으로 심성을 바꿀 수는 없습니다. 그러나 무자비한 자를 구속할 수는 있습니다."

킹의 이 말에 대해 워런은 다음과 같이 말한다.

그 우렁찬 목소리로 킹은 계속 외치고 주장하며 자기 이야기를 펼쳐 나갔지요.

수지는 방에 틀어박혀서 돈 버는 것보다 더 소중한 게 인생에 있다는 말을 워런에게 자주 했다. 인권 운동이 산고를 겪던 1967년 10월, 워런은 투자자들에게 특별한 편지 한 통을 보냈는데, 이 편지를 보면 그의 생각에 어떤 변화가 일어났음을 알 수 있었다. 이 편지는 그가 해마다 투자자들에게 보내던 연례 보고서보다 조금 일찍 나왔는데, 워런은 이 편지에서 그해의 수익률에 대해서는 언급도 하지 않은 채 다음 해부터 새로 채택하기로 한 전략을 설명했다. 우선 그는 '내가 쓰는 분석적인 기법들을 가지고 분석하기에는 한계가 있는 시장 행동의 과민한 양상들'을 언급한 뒤, 다음과 같이 이어 갔다.

개인적으로는, 뛰어난 투자 성과에 관해 내가 아직 어리고 초심자일 때 채택했던 것보다 덜 강박적인 접근 방법을 택하고자 합니다. (……) 나는 현재 상황과 보조를 맞추지 못하고 있습니다. 하지만 한 가지 사실에서만큼은 분명합니다. 그것은 바로 이전의 접근 방법을 포기하지 않을 것이라는 사실입니다. 이 접근 방법의 논리는 (비록 바뀐 현실에 쉽게 적용하지 못한다 하더라도) 내가 제대로 이해하고 있기 때문입니다. 내가 충분하게 이해하지 못하며 충분히 성공적이지 못하였으며 또 어쩌면 투자 자금을 상당히 까먹을 수도 있는 접근 방법을 채택할 때 보다 많은 수익을, 적어도 겉으로 보기에는 쉽게 거둘 수 있을 것 같지만 말입니다.

그는 또한 이 '덜 강박적인 접근 방법'을 채택하는 또 하나의 이유를 제시했다. 개인적인 여러 목표들이 끼어들기 시작했다는 것이었다.

상당한 수준의 비경제적인 활동을 허용하는 경제적인 목표를 설정하고 싶습니다. (……) 쉽고, 안전하고, 수익성이 있고 또한 즐거운 것들에만 한정하고 싶습니다.

워런은 이어서 시장의 연간 상승률보다 10퍼센트포인트 높은 수익률을 올리겠다는 기존의 목표를 시장의 연간 상승률보다 5퍼센트포인트 더 높은 수익률을 올리는 것으로, 혹은 9퍼센트의 수익률을 올리는 것으로 하향 조정하겠다고 밝힘으로써 투자자들을 깜짝 놀라게 했다. 그리고 만일 보다 좋은 수익률을 실현해 주는 곳이 있다면 투자 자금을 빼내 거기로 가더라도 투자자들을 비난하지 않겠다고 했다.

이런 제안이 모험이라는 것을 워런은 알고 있었다. 잘나가는 몇몇 새로운 뮤추얼펀드들은 한 해 100퍼센트의 수익률을 기록하면서 버핏 파트너십보다 훨씬 좋은 성적을 거두고 있었던 것이다. 해마다 1월이면 투자자들은 워런의 투자 회사, 즉 버핏 파트너십에 투자 자금을 새로 넣을 수도 있었고 또 기존의 투자 자금을 뺄 수도 있었다. 게다가 다른 많은 투자가들은 투자 수익 전망을 밝게 예측하고 있던 상황이었다.

그러나 워런이 이런 내용을 발표한 시기는 그에게 유리하게 작용했다. 다우지수는 1966년에 특이할 정도로 낮았다.[13] 시장의 미친 듯한 변동성에 놀란 몇몇 투자자들은 워런에게 주식을 팔라고 충고했었다. 하지만 워런은 이런 충고나 시장의 움직임에 조금도 신경을 쓰지 않았다. 그러고도 버핏 파트너십의 수익률은 다우지수 상승률을

36포인트나 앞질렀다. 10년 동안의 역사에서 가장 좋은 기록이었다.

거기에 끼일 수 없으면 그걸 이겨야 합니다.[14]

상황이 이러니, 투자자들에게 투자한 돈을 빼내서 다른 곳으로 가도 좋다고 제안한 것은 시기적으로 나쁜 선택이 아니었다.

이런 제안이 가져다주는 또 하나의 부수적인 효과는 투자자들의 신뢰를 시험하는 것이었다. 투자자들로서는 그해에 워런이 기록한 수익률 그리고 연이어 눈부신 성적을 올리게 될 1967년의 수익률이 얼마나 될지 전혀 모르는 상황에서 떠날지 말지 판단해야 했다. 만일 버핏 파트너십의 투자자들이 떠나지 않고 계속 머문다면, 아마도 워런을 신뢰하며 그가 제안한 보다 수수한 목표를 기꺼이 받아들일 준비가 되어 있기 때문일 터였다. 시장의 상승률을 연평균 5포인트씩 앞설 경우, 복리로 계산하면 나중에 수익의 차이는 엄청나게 벌어진다(버핏 파트너십에 투자한 1천 달러는 연평균 수익률 9퍼센트로 계산할 때 20년 뒤에 5,604달러가 되지만, 다우지수가 연평균 4퍼센트씩 성장하는 시장 수익률 아래에서는 2,191달러밖에 되지 않는다. 무려 3,413달러나 차이가 나는 것이다 - 저자). 심지어 벤 그레이엄조차 시장 상승률을 연평균 2.5퍼센트밖에 초과하지 못했었다. 워런이 낮추어 잡은 9퍼센트 수익률도 채권의 평균 수익률보다 2퍼센트포인트 이상 높았다. 해마다 꾸준하게 목표 수익률을 거두면서 한 번도 손해를 보지 않는다면 엄청난 결과를 낳을 수 있었다. 워런에게 돈을 맡긴 투자자는 적은 위험으로도 이렇듯 놀라운 수익을 거둘 수 있었다. 그것도 안전하게! 그럼에도 불구하고 워런은 목표 수준을 낮춤으로써 투자자들의 기대 심리를 꺾었다. 결과는 그런 심리적 효과를 반영했다.

버핏 파트너십 역사상 처음으로 새로 들어오는 투자금보다 빠져

나가는 투자금이 많아졌다. 1968년 1월에 160만 달러가 빠져나갔다. 그러나 전체에 비하면 아주 적은 금액이었다. 30분의 1도 되지 않았던 것이다. 하지만 몇 주 뒤에 워런이 1967년의 결과를 발표하자, 버핏 파트너십에서 철수한 투자자들의 눈은 휘둥그레졌다. 다우지수의 상승률은 19퍼센트였지만 버핏 파트너십의 수익률은 무려 36퍼센트나 되었기 때문이다. 2년 전에 워런에게 맡긴 1달러는 2년 만에 60센트 넘게 벌어다 준 것이었다. 반면 다우지수 성장률 내에서 1달러는 쥐꼬리만 한 이익이 붙은 1달러였다.

워런은 떠나간 투자자들에게 성공을 빌어줬다. 하지만 그의 이런 기원 속에서는 미묘한 역설의 흔적을 찾아볼 수 있다.

> 그 사람들로서도 상당히 일리가 있는 선택입니다. 왜냐하면 그 사람들은 대부분 우리가 설정한 목표를 초과 달성할 능력과 동기를 가지고 있기 때문이지요. 그리고 나로서는, 현재 조건에서 도저히 달성할 수 없을지도 모르는 수익률 목표를 향해서 힘들게 나 자신을 몰아붙이지 않아도 되어서 무척 다행입니다.[15]

케네스 갤브레이스(1908~2006. 미국의 경제학자.《불확실성의 시대》의 저자-옮긴이)는 나중에 이렇게 말했다.

"금융의 천재는 새로이 떠오르는 시장입니다."[16]

이제 워런에게는 그가 말했던 개인적인 관심사를 좇을 수 있는 보다 많은 시간이 생겼다. 그것도 압박감을 덜 받으면서. 적어도 이론상으로는 그랬다. 킹의 연설이 있은 뒤에 로젠필드는 어렵지 않게 워런을 그리넬대학교의 이사로 영입했다. 워런이 위원회니 회의니 하는 것들을 무척 싫어했다는 사실을 염두에 둔다면, 그가 킹의 연설을 듣고 얼마나 큰 감동을 받았는지 알 수 있다. 아울러 이것은 워런과 로젠필드 사이가 얼마나 가까워졌는지 보여주는 증거이기도 했다. 당연한 일이지만 워런은 곧바로 재무위원회에 소속되었고, 이 위원회에 있는 이사들이 모두 같은 생각을 가지고 있다는 사실을 깨달았다. 재무위원회 위원장은 밥 노이스였다. 그는 반도체를 생산하는 '페어차일드 반도체Fairchild Semiconductor'를 경영하고 있었다(당시 워런은 반도체에 대해서 거의 알지 못했고 또 관심도 없었다). 그는 그리넬대학교에 다닐 때 하와이식 파티에 구이용으로 쓰려고 남의 돼지를 훔친 적이 있었다. 돼지 축산업 도시에서 이는 심각한 범죄 행위였던 까닭에 노이스는 학교에서 쫓겨나기도 했지만, 우여곡절 끝에 다행히 그리넬을 졸업했다.[17] 하지만 노이스에 대한 워런의 첫인상은 다음과 같았다.

정말 평범하기 그지없는 사람이었습니다. 전혀 과학자처럼 보이지도 않았고요.

무엇보다 노이스는 신분적인 위계질서를 끔찍하게 증오했으며 사회적인 약자를 사랑했다. 이런 모습은 그리넬대학교가 지향하는 정신과 동일했다.

워런은 자기도 인권 운동에 무언가 보탬이 되어야 한다고 긴박하게 느꼈다. 그는 자신의 두뇌와 금융적인 수완을 이용해 막후에서 대의에 기여할 수 있을 것이라고 생각했다. 로젠필드는 워런을 민주당 주요 인사들에게 소개하기 시작했다. 이렇게 해서 워런은 아이오와의 민주당 상원의원 해럴드 휴즈, 상원의원에 도전하고 있던 진 글렌과도 만나기 시작했다.

그런데 1968년 3월 미국에서 가장 물의를 일으키던 사람이며 앨라배마 주지사를 역임했던 조지 월리스가 대통령 선거 유세를 하러

오마하의 시청 강당을 찾았다.[18]

주지사로 7년 동안 일했던 월리스를 보려고 1,400명이 앉도록 되어 있던 강당에 5천 명도 넘는 사람들이 들어찼다. 연단에는 '오늘도 인종 분리, 내일도 인종 분리, 영원히 인종 분리'라는 구호가 붙어 있었다.[19] 지지자들로부터 네브래스카 후보 추천 서명을 받는 데 채 8분도 걸리지 않았다. 악취탄의 고약한 냄새가 실내를 가득 채웠다. 월리스가 연설을 시작하자 시위대들이 연단으로 막대기와 플래카드 조각, 종이컵, 돌을 던졌다.[20] 의자가 날고, 몽둥이가 날고, 피가 튀었다. 경찰은 최루탄을 쏘아서 군중을 해산시켰다. 16번가를 따라서 시위대와 경찰 사이에 혼전이 벌어졌고, 마침내 폭력적으로 변한 시위대는 길 가던 자동차를 세우고는 운전자들을 끌어내려 구타했다. 사람들은 화염병을 던지기 시작했다. 불길이 사방으로 번졌고, 인도에는 부서진 유리 조각이 어지럽게 널렸다. 그리고 사람들은 가게를 약탈했다. 몇 시간 뒤, 폭력 사태가 진정되고 거리는 평온을 되찾았다. 그런데 비번이던 경찰관 한 명이 전당포 안에 있던 열여섯 살의 흑인 소년을 약탈자로 오인하고 총을 쏴 살해했다.[21]

그 뒤 며칠 동안 고등학교 학생들은 수업을 거부하고 거리로 나와서 가게의 유리창을 부수고 건물에 불을 질렀다.[22] 다시 며칠 뒤 자동 소총으로 무장한 경찰과 저격수가 발포를 하며 시위 진압에 나섰으며 시위에 가담한 사람들을 다수 체포했다. 이 가운데는 오마하 흑표당Omaha Black Panther Party(1965년 결성된 급진적인 흑인 단체. 처음에는 흑인의 무장을 주장했지만 나중에는 온건 노선으로 전환했다—옮긴이) 당원들도 포함되어 있었다.[23]

인종 갈등으로 비롯된 폭력 사태는 그해 여름 내내 끊이지 않고 이어졌다. 그러나 수지는 노스사이드로 향하는 걸음을 멈추지 않았다. 수지는 그 지역 사람들과 자기가 맺고 있던 좋은 관계를 믿었고 혹시 모를 위험에 대해서는 신경 쓰지 않았다. 워런은 수지가 어떤 일을 하고 다니는지 상세한 사항까지 언제나 다 알지는 못했다. 그러나 수지가 자기 안전은 돌보지 않고 다른 사람들을 위하는 마음에 너무 멀리까지 앞서가는 게 아닐까 걱정할 수밖에 없었다. 워런이 가지고 있던 폭력과 군중 심리에 대한 공포는 한 세대 전에 형성된 것이었다.

아버지 하워드 버핏은 자기가 열여섯 살 때 목격했던 일을 자기 아이들에게 몇 번이나 반복해서 들려줬었다. 어느 날, 수천 명의 군중이 더글러스 카운티의 의사당 건물로 난입해 오마하 시장에게 린치를 가하려 들었다. 그리고 강간 혐의로 기소된 40대 흑인 남자를 구타하고 거세했다. 이 흑인이 죽자 폭도들은 사체를 거리에 질질 끌고 다니며 마구 총질을 했다. 그러고는 사체에 불을 질러서 태웠다. 의사당 폭동 사건은 오마하 역사에서 가장 부끄러운 일로 남았다. 하워드는 이 폭력 사태 가운데 많은 부분을 보지는 못했지만, 사람들이 가로등을 임시 교수대로 만들어서 오마하 시장의 목에 밧줄을 걸고 교수형을 집행하려던 모습을 목격했다. 오마하 시장은 아슬아슬하게 구조되어 목숨을 건졌다.[24] 이 기억은 평생 하워드를 따라다니면서 괴롭혔다.[25] 평범하기만 한 사람들이 순식간에 폭도로 변해서 인간이라면 도저히 할 수 없을 것 같은 잔악한 행위를 저질렀다는 사실을 자기 두 눈으로 목격했기 때문이다.

킹은 사회 불안이 대규모로 진행될 때 파시즘이 나타날 수도 있다고 경고했는데, 아버지로부터 여러 차례 군중 심리와 끔찍한 폭동 이야기를 들었던 워런으로서는 킹의 경고를 충분히 이해했다. 사회적인 약자 편에 서는 워런의 행동은 본능을 넘어선 것으로 부분적으로는 이러한 논리적인 추론에 입각한 것이었다. 많은 사람들은 킹이 경고한 것과 같은 일은 미국에서 상상조차 할 수 없는 일이라고 했지만, 도저히 일어날 수 없을 것처럼 보이는 일도 종종 일어나는 게 역사의 경험이었다. 법으로 심성을 바꿀 수는 없지만 무자비한 자를 구속할 수는 있다고 킹이 말했다. 그렇다면 무자비한 마음을 가진 사람은 누구일까? 킹은 그에 대해서는 말하지 않았다.

몇 주 뒤에 킹은 프리메이슨 회관에서 연설하려고 테네시의 멤피스로 갔다. 그는 뉴욕시티에서 자기를 칼로 찔렀던 한 여자에 대해서 그리고 암살 위기에 처해 있다는 끈질긴 소문에 대해서 생각했다. 그러고는 청중에게 이렇게 말했다.

"지금 무슨 일이 일어날지 나는 알지 못합니다. 우리 앞에는 험난한 날들이 놓여 있습니다. 하지만 지금 나에게 그런 건 아무 문제도 되지 않습니다. 왜냐하면 나는 산 정상에 올라가 보았기 때문입니다."

그리고 다음 날인 4월 4일, 킹은 로레인 모텔의 발코니에 서서 환경미화원들의 가두시위를 이끌기 위한 준비를 하던 중에 목에 총상을 입고 사망했다.[26]

슬픔과 분노와 좌절이 미국 전역의 흑인 사회에서 터져 나왔고, 도심 지역은 치열한 전투 현장으로 바뀌었다.

그 시각에 수십만 명의 학생들은 여러 대학교의 교정에서 베트남전 반대 시위를 벌이고 있었다. 베트콩은 구정 대공세에 들어가 백여 개의 남베트남 도시들을 공격했다. 남베트남의 경찰 간부가 베트콩 게릴라의 관자놀이에 권총을 발사하는 사진 한 장이 미국 사람들을 공포에 몰아넣었다. 공산주의자를 추상적인 존재에서 현실 속의 한 인간으로 바꾸어 놓은 최초의 사진이었다. 이런 일이 있기 직전에 미국 정부는 대부분의 징병 유예 조치들을 해제했고 그 바람에 중상류층 가정의 남자 청년들이 전쟁터로 가야 할 상황이었다. 여론은 급격하게 전쟁 반대로 기울었다. 킹이 암살당한 시점에 미국은 금방이라도 혁명이 일어날 것 같은 분위기였다.

많은 사람들이 다양한 방식으로 우익적인 사회 분위기에 분노를 표출하기 시작했다. 워런의 친구이자 유대인이던 닉 뉴먼은 유대인을 회원으로 받아들이지 않는 클럽에서 진행되는 모임에는 일절 참가하지 않겠다고 선언했다.[27] 갑작스러운 모습이었다. 워런도 행동에 나섰다. 그레이엄-뉴먼 시절 이후 그는 1950년대의 인종 차별 문화와 결별했다. 가문의 오랜 전통에 따른 반유대주의와도 손을 끊었다. 유대인 친구들과 우정을 돈독하게 쌓고 유대인들과 폭넓은 사업 관계를 형성하기 위해서였다. 심지어 주류와 잘 어울리지 못하고 겉도는 자기의 사회적인 모습이나 사회적인 약자에게서 느끼는 친근함 때문에 워런은 스스로를 유대인처럼 느꼈다고 혹자는 말한다. 사실 워런은 이미 얼마 전에 로터리클럽에서 조용하게 탈퇴한 상태였다. 로터리 클럽이 보여주던 편협성에 넌더리가 났던 것이다. 하지만 이런 탈퇴 이유를 그는 아무에게도 이야기하지 않았다. 그리고 이제 그는 유대인 친구인 허먼 골드스타인이 오마하 클럽 회원으로 가입할 수 있도록 후원하는 일을 자기의 개인적인 목표로 설정하고 있었다.

오마하 클럽과 같은 단체들이 배타적인 정책을 옹호하면서 드는 이유 가운데 하나가 '저들도 우리를 회원으로 받아주지 않는 클럽들을 운영하고 있으니까'였기 때문에, 워런은 닉 뉴먼에게 자기를 유대인 전용 클럽인 하이랜드 컨트리클럽[28] 회원으로 받아달라고 요청했다. 그런데 이 클럽의 일부 회원들은 워런을 받아들이는 데 반대했다. 이들의 논리 역시 오마하 클럽의 논리와 똑같았다. 저들은 저들끼리 클럽을 만들어서 우리를 받아주지 않는데 왜 우리가 저들을 받아주느냐는 것이었다.[29] 하지만 랍비 두 명이 중재에 나섰고 '반명예훼손연맹Anti-Defamation League'(1913년에 결성된 유대인 단체-옮긴이)이 워런 편을 들고 나섰다.[30] 그 뒤에 워런은 자기가 유대인 컨트리클럽에 회원으로 가입했다는 사실을 들어 오마하 클럽을 조용하게 공격했다.

허먼 골드스타인의 입회가 투표에 부쳐졌고, 마침내 오랜 세월 유대인의 가입을 금지했던 종교적인 장벽이 허물어졌다.

워런이 현명한 해결책을 제시했던 셈이다. 클럽이 누구를 배척하거나 공격하지 않고 옳은 일을 하도록 이끄는 방안이었다. 이런 해결책 덕분에 워런은 자기가 두려워하던 일을 피할 수 있었다. 아울러 이런 성공 사례는 행진과 시위는 부자 기업인들의 마음을 돌려놓지 못한다는 그의 추론, 아마도 정확하다고 할 수 있는 그의 추론 내용을 반영하는 것이었다.

또한 워런이 이제 오마하에서 유명인사라는 점도 유리하게 작용했다. 그는 더 이상 갑자기 출세한 벼락부자가 아니라 사회적으로 영향력을 행사하는 인물이었다. 예전에 오마하 최고 상류층의 모임 장소이던 오마하 컨트리클럽이 가지고 있던 블랙리스트에서 자기 이름을 지우려고 온갖 노력을 했던 워런이 이제는 오마하 최고의 엘리트 단체 중 한 곳에서 설립 이후 가장 의미 있는 변화라고 할 수 있는 개혁을 어렵지 않게 이뤄냈던 것이다.

하지만 워런은 지역에서 하는 역할보다 더 큰 역할, 즉 전국적인 차원에서 어떤 영향력을 행사하고 싶었다. 그는 자신의 돈으로 이런 영향력을 행사할 수 있다는 사실을 알았다. 1968년 말에 대통령 선거가 예정되어 있었던 것이다. 베트남 전쟁을 반대하는 후보를 당선시키기 위해서 현직 대통령인 린든 존슨을 낙마시키려면 상당히 많은 돈이 들 터였다.

선거 운동에서 베트남 전쟁은 가장 핵심적인 주제였다. 그리고 미네소타주의 자유주의적인 성향의 상원의원 유진 매카시는 처음에, 당내 후보 경선에 기꺼이 나서서 존슨에 대항하려던 유일한 민주당 당원이었다.

선거 운동은 뉴햄프셔에서 시작되었다. 이곳에서 매카시의 전쟁

반대 '어린이 십자군'은 만 명 가까운 청년 활동가 및 대학생을 보내 폭설이 쏟아지는 가운데서도 집집마다 돌면서 선거 운동을 하게 했다. 그는 뉴햄프셔 유권자의 42퍼센트에게서 지지를 받음으로써 현직 대통령과 맞설 저력이 있다는 점을 강력하게 보여주었다. 대학생, 생산직 노동자, 반전 활동가 들은 매카시를 영웅이라고 여겼다. 워런은 매카시의 네브래스카 선거 운동 본부의 재무 책임자가 되었다. 그는 수지와 함께 선거 행사에 참석했다. 수지는 사람의 눈을 확 잡아끄는 드레스를 입고 매카시의 이름을 새겨넣은 모브캡(여성용 실내 모자의 일종─옮긴이)을 쓰고 사람들 앞에서 활짝 웃었다.

그런데 존슨이 출마 포기를 선언하고 존 F. 케네디의 동생인 로버트 케네디가 경선에 뛰어들었다. 케네디와 매카시는 박빙의 싸움을 벌였다. 누가 민주당 후보로 나설지 아무도 예측할 수 없었다. 결국 케네디가 캘리포니아에서 승리함으로써 절대적인 우위를 차지했다. 그런데 케네디는 승리의 축배를 들던 바로 그날 총격을 받아, 스물네 시간 뒤에 사망했다. 대신 존슨 정부의 부통령이던 허버트 험프리가 입후보를 선언했다. 진압봉과 최루탄으로 무장한 경찰과 반전 시위대 사이에 치열한 공방이 벌어지던 시카고에서 진행된 민주당 전당 대회에서 험프리가 후보 지명을 받았다. 워런은 당시 공화당 후보인 닉슨과 싸우던 험프리를 지지했다. 하지만 선거에서 이긴 사람은 닉슨이었다. 나중에 매카시는 여러 차례 당적을 바꾸었고, 또 여러 차례 무소속으로 대통령 선거에 출마함으로써 진중한 정치가로서의 신용을 낭비해 버렸다.

워런은 가까운 친구들에게는 의리를 잘 지키기로 유명했다. 하지만 얕게만 알고 지내는 사람들, 특히 사회적인 저명인사들에 대한 열정은, 이 사람들이 다른 사람들의 눈에 어떻게 비치느냐에 따라서 쉽게 변덕을 부리며 차갑게 식어버리곤 했다. 예전에는 믿고 또 친하게 지냈지만 이제 더이상 믿지 않게 된 사람들을 어떻게 대해야 할지 그는 늘 걱정하고 불안해했다. 마침내 워런은 매카시와 어울렸던 일도 후회했다. 하지만 정치적인 흐름 속에 발을 담가본 경험과 정치 자금을 기부했던 경험은 그의 삶을 완전히 새롭게 바꾸어 놓는 계기가 되었다. 난생처음으로 그는 투자 외에 어떤 것을 가슴에 품게 되었다. 이것은 가족의 과거에 여러 갈래 뿌리를 내리고 있던 '비경제 분야 활동'이었으며 또한 알 수 없는 미래로 뻗어 있던 어떤 것이었다.

32

쉽고, 안전하고,
수익성 있고 또한 즐거운

1968년 1월 주식시장이 미쳐서 돌아갈 때, 워런은 그레이엄을 신봉하는 동료들에게 편지를 써서 이들을 처음으로 한자리에 모았다. 그는 다음과 같은 내용으로 그레이엄의 예전 학생들인 빌 루안, 월터 슐로스, 마셜 와인버그, 잭 알렉산더, 톰 냅에게 편지를 보냈다.

> 지난 몇 년 동안 사람들의 태도에 엄청난 변화가 있었습니다. '라호야'에 모일 사람들이 옛날 친위대 병력의 전부가 아닐까 생각합니다.[1]

그리고 이 사람들 외에 찰리 멍거와 그의 동업자 로이 톨스, 잭 알렉산더의 동업자 버디 폭스를 초대했다(워런은 이런 일이 있기 이전에 이미 멍거를 벤 그레이엄에게 소개했었다). 멍거의 투자 회사를 떠나 '트위디, 브라운'의 동업자가 되어 있던 에드 앤더슨에게도 초대장을 보냈다. 워런이 그레이엄에게 '나의 좋은 친구이자 선생님을 위대한 스승으로 존경하는 사람'이라고 소개했던 샌디 고츠먼에게도 초대장을 보냈다. 그리고 마지막으로 편지에 이렇게 적었다.

아마 선생님은 헨리 브랜트를 기억하실 겁니다. 우리와 아주 긴밀하게 일하고 있는 사람입니다.[2]

샌본 맵 등의 거래에서 워런의 동업자였으며 또한 워런이 결혼할 때도 가장 가까운 친구로서 도움을 주었던 프레드 스탠백은 너무 바빠서 모임에 참석하지 못했다. 그럴 일이 있었다. 이야기가 제법 길지만, 설명하면 다음과 같다.

컬럼비아대학교 경영대학원을 졸업하고 몇 년 지난 뒤 워런과 1949년 미스 네브래스카였던 배니타 메이 브라운은 뉴욕에서 재회하고 저녁식사를 함께했다. 이 자리에는 수지와 프레드도 함께했다. 일종의 더블데이트인 셈이었다. 프레드와 배니타는 워런을 통해서 최소한 두 번 이상 만난 사이였다. 배니타의 당시 이름은 배니타 메이 브라운 네덜랜더였는데, 미국의 엔터테인먼트 산업의 한 축이었던 네덜랜더 가문의 청년과 짧은 결혼 생활을 끝낸 상태였다. 저녁식사 이후로, 워런의 친구 가운데 가장 내성적인 프레드는 자신과 완전히 반대되는 성향의 배니타에게 완전히 빠져서 그녀가 하자는 대로 했다. 처음에 두 사람의 결혼 생활은 괜찮아 보였다. 워런에게는 컬럼비아대학교 시절의 아름다운 뒷이야기처럼 비쳤다. 적어도 그 시절 버핏 부부에게는 그랬다. 자신과 완전히 반대되는 성향의 워런은 두 사람의 생활에 어떤 식으로든 개입해서 도움을 주고 싶었다.

그래서 자기가 운영하는 투자 회사에 투자하라고 권했고, 또 두 사람을 자기 회사들의 이사로 이름을 올리게 했다. 요컨대 다양한 종류의 결속을 통해 두 사람을 자기 생활 속에 묶어두고 싶어 했다. 친구 두 사람이 결혼해서 부부가 되었다는 사실이 워런에게는 영광스러운 일이었던 것이다. 하지만 배니타와 결혼한 것은 프레드가 평생 동안 했던 결정 가운데 가장 나쁜 선택이었다.

그와 배니타는 노스캐롤라이나의 솔즈베리에서 살았다. 이곳은 프레드가 성장하고 또 그의 아버지가 두통약인 '즉방 회복' 가루약으로 집안을 일으켜 세운 곳이기도 했다. 하지만 이제 그 약이 한 트럭 분량으로 필요한 사람은 바로 프레드였다. 그는 배니타와의 숨막히는 결혼 생활에서 탈출해야만 했다. 솔즈베리라는 작은 도시에서 완전히 자리 잡은 배니타는 프레드와 법정 다툼을 하는 동안 자기가 상상할 수 있는 모든 창조적인 방법을 동원해서 프레드를 괴롭혔다. 그 바람에 그레이엄을 신봉하던 다른 사람들과 달리 프레드는 한동안 주식시장에 관심을 두지 못했다.

당시 주식시장은 점차 짜증스러운 곳으로 변해 가고 있었다. 그저 2~3년 주식시장에서 돈을 벌어본 경력이 전부인, 소위 전문가라는 사람들의 옷자락을 잡고 묻어 가는 사람들이 수억 달러의 돈을 주식시장으로 쏟아 넣고 있었다. 쉰 개가 넘는 새로운 투자 회사들이 나타났고, 이것 외에도 예순다섯 개 가까운 투자 회사들이 설립 준비를 하고 있었다.[3] 미국 역사상 처음으로, 광범위한 집단의 개인 투자자들이 주식을 소유하는 일이 나타났던 것이다. 그야말로 주식을 사는 일은 유행이 되었다.[4] 워런은 이런 현상을 두고, 편지를 받은 사람이 다른 여러 사람에게 똑같은 내용을 보내는 소위 '행운의 편지'가 확산되는 것과 비슷하다고 했으며, 주로 '희망에 찬, 경솔하게 남의 말을 믿는, 탐욕스러운, 어떤 믿을 거리에 매달리려는 사람들'이 한껏

부풀린 '조짐'이라는 말로 표현했다.[5]

　당시에 주식 거래는 종이로 만든 거래표와 주식 증권의 물리적인 배달을 통해서 이루어졌다. 이런 조건이었음에도 불구하고 거래가 폭발적으로 늘어나자 시장이 엄청난 작업량을 감당해 내지 못해 무너지기 직전이었다. 엄청난 양의 주문서가 복제되거나 집행되지 못했고, 거래표는 실수로 혹은 의도적으로 쓰레기통 속으로 들어갔다. 주식 증권이 대량으로 사라지는 일도 일어났다. 마피아가 주식시장에 침투했다는 흉흉한 소문이 돌았다. 1967년과 1968년에 이루어진 모든 종류의 개혁 조치들은 거래 시스템의 자동화 및 컴퓨터 전산화를 가능하게 했으며, 이는 주식시장의 규모가 폭발적으로 커지면서 발생한 변화들을 필사적으로 따라잡은 노력의 일환이었다. 이 가운데 가장 중요한 것은 암거래 시장의 철폐였다. 전미증권협회The National Association of Securities Dealers 는 규모가 작은 회사들의 주식 가격을 공시하는 나스닥NASDAQ이라는 새로운 온라인 체계를 도입할 예정이라고 발표했다.[6] 이렇게 될 경우, 활자화되는 순간 이미 낡은 자료가 되어버리고 마는 〈핑크 시트〉는 이제 필요가 없었다. 증권거래소의 시세판에 게재되지 않던 대부분 회사들의 주식 가격이 게시되며, 거래 가격이 바뀌는 순간 게시되는 가격도 전산으로 수정될 것이라고 했다. 마켓 메이커들은 수신호를 썼고 자신들이 게시한 견적 앞에 서 있었다. 하지만 아무리 많은 것을 알고 있고, 아무리 값을 잘 깎는 트레이더라 하더라도 새로운 체계를 따라갈 수는 없었다. 그렇잖아도 힘든 시장 상황에서 워런의 일은 더 어려워질 전망이었다.

　'라 호야'에 모이기로 한 그레이엄 신봉자들에게 워런은 한 가지 당부 사항을 전했다.

　"1934년판《증권 분석》이외에는 어떤 자료도 가지고 오지 마십시오."[7]

나이를 불문하고 부부 동반도 허용되지 않는다고 했다.

편지에서 그는 한자리에 모이는 이유가 위대한 스승인 벤 그레이엄의 말을 듣고자 함이지 그레이엄 외 다른 사람과 의견을 나누고자 함이 아니라고 못을 박았다. 멍거와 앤더슨, 루안 등 몇몇은 말을 많이 하는 경향이 있었다. 투자와 관련된 주제라면 누구나 입이 근질거릴 게 분명했지만, 이런 증상은 누구보다도 워런이 가장 심했다. 이제 서른일곱 살이던 워런은 마침내 그레이엄과 동등한 자리에 서서 예전의 스승을 '벤'이라고 부를 수 있게 되었지만 때로 여전히 '그레이엄 선생님'이라고 깍듯한 호칭을 사용했다. 워런은 강의실에서 자기와 그레이엄만이 떠들어 댔던 예전의 최고 우수 학생 티는 내지 않겠다고 마음먹었을 것이 분명하다.

소집 통고를 받은 열두 명의 그레이엄 신봉자들은 샌디에이고에서 만 건너편에 있는 '호텔 델 코로나도'에 모였다. 사실 워런은 '홀리데이 인'과 같은 좀 더 싼 곳을 잡고 싶었다. 그래서 그는 모인 사람들에게 이 분홍색과 흰색의 빅토리아식 휴양 시설을 선택한 건 그레이엄의 생각이라는 사실을 분명하게 알렸다.

열두 사람이 샌디에이고에 도착했을 때 거대한 폭풍우가 몰아치고 바다에서는 파도가 거셌지만 아무도 상관하지 않았다. 놀려고 모인 게 아니라 주식 이야기를 하려 했기 때문이다. 워런은 스승에게 어떤 존경의 뜻을 보일 수 있고 그 일을 자기가 주도적으로 조직했다는 점에서 그리고 벤 그레이엄의 지혜를 새로운 친구들에게 보여 줄 기회를 만들었다는 점에서 무척 들뜨고 자랑스러워했다. 그레이엄은 코로나도에 늦게 도착했다. 그런데 이 스승은 호텔에 도착하자마자 학생들에게 시험부터 먼저 냈다.

어떤 상황에서건 그레이엄이 하는 말을 듣는다는 건 고통스러운 일이었다. 모든 문장은 복잡하게 꼬여 있었고 고전에 나오는 비유로 범벅이 되어 있었기 때문이다. 그가 사람들에게 제시한 시험도 이와 마찬가지였다. 당시를 회상하면서 워런은 이렇게 말한다.

끔찍할 정도로 복잡한 질문들은 아니었습니다. 조금 그랬을 뿐이 죠. 프랑스 역사나 뭐 그런 거와 같은 것들이요. 사람들은 다 자기들 이 어느 정도 해답을 알고 있다고 생각했습니다.

하지만 사람들의 예상은 모두 빗나갔다. 오로지 로이 톨스만이 전 체 문제 가운데서 반 조금 넘게 맞혔다. 그는 자기가 확실하게 아니 라고 알고 있던 것 두어 개만 제외하고 모두 '맞다'를 선택했는데 20점 만점에 11점을 받았던 것이다. 이 쪽지 시험은 아무리 쉽고 명 백해 보이는 것이라 하더라도 얼마든지 조작과 장난의 결과일 수 있 다는 사실을 보여주기 위한 그레이엄의 강의 기법 가운데 하나였다. 이런 교훈 때문인지 워런은 '약삭빠른 사람이 속임수를 쓴다는 사실 을 아는 것만으로는 충분히 보호를 받지 못한다'는 격언을 자주 입에 올리게 된다.

그레이엄은 문제를 낸 것 외에 회의의 나머지 시간 동안에는 주식 판매, 수익률 올리기, 회계 조작, 기관투자자의 투기, '행운의 편지식 인수 신드롬'에 대해서 사람들이 자유롭게 토론하도록 내버려 뒀다.[8] 그러면서 논의에는 더 이상 개입하지 않았다. 대신 수수께끼를 내고 싶어 했고 복잡한 문제 혹은 낱말 게임이나 숫자 게임에 열심히 참 가했다.

하지만 워런은 그 어떤 때보다 논의에 열심히 참가했다. 비록 그는 1967년 10월 투자자들에게 보낸 편지에서 자기는 이제부터 '쉽고, 안전하고, 수익성 있고 또한 즐거운' 활동들만 하겠다고 방침을 밝혔 음에도 불구하고 그랬다. 그리고 오마하로 다시 돌아와서는 버핏 파트너십에만 집중했다. 자기들이 소유한 기업 몇몇이 잘 돌아가지 않는다는 사실을 투자자들에게 알려줄 필요가 있다고 생각했고, 그 뒤두 차례 편지를 써서 그런 사실을 미묘하게 흘렸다. 1967년에는 직물 산업에 닥친 어려움들을 묘사했지만, 1968년에는 비록 버크셔 해서웨이의 결과와 전망이 개선되지 않았음에도 불구하고 그런 사항을 언급하지 않았다. 호슈차일드-콘 때문에 DRC의 수익률도 떨어지고 있었다.[9] 그럼에도 불구하고 워런은 논리적으로 볼 때 당연한 수순, 즉 버크셔 해서웨이와 호슈차일드-콘의 매각에 나서지 않았다.

여기에서 그의 사업가적인 본능이 그의 다른 특성들, 즉 수집 충동, 다른 사람들로부터 호감을 받고 싶은 욕구, 뎀스터의 풍차 전쟁 이후로 특히 두드러졌던 대결을 회피하고 싶은 절실함 등과 세차게 부딪히며 갈등을 빚었다. 그는 복잡한 합리화 과정 속에서 1968년 1월 투자자들에게 보낸 편지에 자기 생각을 다음과 같이 설명했다.

나를 자극하는 여러 사업을(솔직히 어떤 사업인들 나를 자극하지 않겠습니까만) 하는 과정에서 내가 좋아하는 사람들을 다룰 때 그리고 투자한 자본에 대해서 적절한(예컨대 10~12퍼센트) 수익률을 올리려고 할 때, 몇 퍼센트포인트를 더 올려보려고 상황이 변할 때마다 이리 뛰고 저리 뛰는 게 나로서는 어리석어 보입니다. 또한 보다 괜찮은 수익률을 혹은 (나는 이게 훨씬 더 나쁘다고 봅니다만) 훨씬 더 높은 수익률을 노리려고, 기존의 친숙한 관계를 포기하면서 보다 높은 계층과 관계를 맺는 것, 특히 어떤 대가를 노리고 그렇게 하는 행위도 도리에 맞지 않아 보입니다.[10]

워런을 눈여겨보던 사람들은 점점 더 많아지고 있었는데, 이들은 아마 이런 내용을 읽고 깜짝 놀랐을 것이다. 마지막 남은 치약을 조금이라도 더 짜내려 드는 구두쇠처럼 마지막 0.1퍼센트포인트까지 쥐어짜는 인물인 워런이 '몇 퍼센트포인트를' 우습게 알면서 손을 홰홰 저어 물리치다니, 정말 놀라운 일이었다.

그러나 그가 기록한 수익률 때문에 투자자들은 그의 이런 태도와 방침에 불만을 표시할 기회도 없었다. 예상 수익률을 낮추었음에도 불구하고 워런은 계속해서 자기 기록을 경신하고 있었다. 워런의 투자 회사는 지난 12년 동안 평균 31퍼센트가 넘는 수익률을 기록해 오고 있었던 것이다. 이에 비해서 같은 기간 다우지수의 연평균 상승률은 9퍼센트였다. 워런이 늘 주장했던 안전 마진은 아니나 다를까 그에게 유리하게 작용했다.[11] 그의 투자 재능과 더불어 그가 달성한 평균 수익률이 누적되어 나타나는 효과가 얼마나 놀라운 것인지 예를 통해서 보면 쉽게 알 수 있다. 12년 전에 1천 달러를 다우지수에 맡겼을 경우 2,857달러가 되었겠지만, 워런에게 맡겼을 경우 열 배 가까이 되는 27,106달러가 되었다는 뜻이다. 워런에게 투자한 사람들은 이제 그가 언제나 자기가 약속한 것보다 더 많은 수익을 올려 준다고 믿었다. 그는 1968년에 예측 가능성과 확실성을 분명하게 천명했다. 1968년은 격랑이 몰아치던 한 해였다. 학생 시위대가 컬럼비아대학교를 장악하고, 히피들의 시위대가 호전적으로 바뀌고 또 반전 운동 활동가들이 돼지를 대통령 후보로 지명한 바로 그해였다.[12]

하지만 1968년 중반에 워런은 도저히 어떻게 할 수 없었던 버크셔 해서웨이를 버리기로 결심했다. 사실 이 회사는 운영하기 쉽지도 않았고 안전하지도 않았고 수익성이 있지도 않았고 즐겁지도 않았다. 불운한 섬유 공장 노동자들도 버리기로 결심했다. 그는 멍거와 고츠먼에게 이 회사를 매입하라고 제안했다. 두 사람은 워런을 만나러 오마하에 왔다. 하지만 사흘 동안 토론한 뒤에 두 사람 가운데 어느 누구도 인수자로 나서지 않았다. 워런이 털어내고 싶었던 것을 살 마음이 없었던 것이다. 워런은 버크셔 해서웨이에 완전히 발목이 잡혀버린 상태였다.

'어패럴 패브릭스' 공장과 '박스 룸' 공장은 자체적으로 수지를 맞추지 못했다. 그래서 외부에서 계속 자금을 넣어줘야 했다. 이제 워런은 어쩔 수 없이 행동에 나서야 했다. 수익을 전혀 기대할 수 없는 곳에다 자본을 투입하는 것은 워런에게 죄악이나 마찬가지였다. 워런은 켄 체이스에게 지시를 내렸다. 체이스는 당황했다. 하지만 전형적으로 냉정한 합리주의자였던 체이스는 워런의 지시를 받아들여 두 공장의 문을 닫았다.[13] 하지만 워런은 여전히 버크셔 해서웨이 전체를 어떻게 하지는 못했다.

이제 버핏 파트너십에 남은 것은 두 개의 사업체, 즉 잘나가는 사업체 내셔널 인뎀너티와 몰락해 가는 사업체 버크셔 해서웨이에다 소매 유통 지주회사인 DRC의 80퍼센트 지분 그리고 수많은 기업에 투자한 주식들이었다. 1968년이 끝나갈 무렵 주식시장의 변두리에 있던 주식들이 미끄러지기 시작했다. 투자자들은 크고 안전한 종목에만 집중했던 것이다. 사실 워런도 적정 가격 내에 머물러 있으면서 변동성이 가장 적고 대중적인 주식들을 사기 시작했다. 워런이 사들인 종목과 규모를 예로 들자면, AT&T 1,800만 달러, 'BF 굿리치'(타이어 업체─옮긴이) 960만 달러, 'AMK 코퍼레이션'(나중에 '유나이티드 브랜즈 United Brands'가 된다─저자) 840만 달러, '존스 앤드 로플린 스틸 Jones & Laughlin Steel' 870만 달러였다. 하지만 무엇보다 특이한 것은 버크셔 해서웨이 주식을 계속 사들였다는 점이다. 이는 성적이 좋지 않은 회사의 주식은 사들이지 않는다는 자기 원칙에도 어긋나는 것이었고, 게다가 직물 산업은 수렁 속으로 빠져 들던 상황에서 더욱 특이한 선택이었다. 얼마 전에 멍거와 고츠먼에게 매각하려다가 실패하고, 이제 도저히 누구에게도 팔 수 없게 되자 오히려 이 회사의 주식을 가능한 한 많이 사들이려 했던 것이다.

그와 멍거는 이미 다른 유망한 회사를 발견해 이 회사의 주식을 가능한 한 많이 사들이고 있었다. '블루칩 스탬프Blue Chip Stamps'라는 쿠폰 회사였다. 두 사람은 이 회사의 주식을 공동으로 사기도 하고 각자 사기도 했는데, 시간이 지남에 따라 블루칩 스탬프는 두 사람의 커리어가 완전히 새롭게 정립되는 계기로 작용한다.

쿠폰은 손님을 끌기 위한 미끼였다. 소매 유통업자들은 물건을 사는 소비자들에게 쿠폰을 주었다. 소비자들은 이것을 차곡차곡 모아서 팸플릿에 붙였고, 일정량을 채우면 매장으로 가지고 가서 현금처럼 활용했다. 이 쿠폰으로 토스터에서부터 낚싯대나 테더볼(기둥에 매단 공을 라켓으로 치는 2인용 게임 – 옮긴이) 세트에 이르는 온갖 상품들을 살 수 있었다. 쿠폰을 모으면서 작은 행복을 느끼는 행위는, 바야흐로 사라져 가고 있던 절약의 세상에 딱 들어맞는 것이었다. 빚지는 것을 두려워하던 세상, 이 '공짜 선물'을 낭비하지 않는 행위와 모으는 수고에 대한 보상으로 바라보았던 세상에 딱 들어맞았던 것이다.[14]

하지만 이 쿠폰은 결코 공짜가 아니었다.[15] 상품을 판매하는 사람들이 쿠폰으로 제공되는 가격을 부담했지만, 또 그만큼의 가격을 상품 가격에 얹었던 것이다. 캘리포니아를 제외하고 쿠폰 시장을 전국적으로 지배하고 있던 회사는 '스페리 앤드 허친슨Sperry & Hutchinson'이었다. 캘리포니아에서는 소매 유통점들이 스페리 앤드 허친슨 그린스탬프와 거래를 끊고 독자적으로 쿠폰 업체인 블루칩 스탬프를 띄워서 자기들에게 할인된 가격으로 팔도록 했다.[16] 블루칩 스탬프는 고전적인 독점을 형성하고 있었던 것이다.

모든 주요 식료품점과 주유 업체가 단일한 쿠폰을 발행했으니, 이 쿠폰은 현금이나 마찬가지였죠. 사람들은 거스름돈 대신 쿠폰을 받았습니다. 장의사도 쿠폰을 발행했고 매춘부들도 쿠폰을 발행했습니다. 그래서 나는 포주가 자기가 데리고 있는 매춘부 중 한 명에게 '지금부터는 쿠폰을 두 배로 발행하는 게 좋을 거야'라는 말을 할지도 모른다는 재미있는 상상을 했습니다. 어디를 가든 쿠폰을 발행했고 또 쓸 수 있었습니다. 누구나 쿠폰을 가지고 있었습니다. 심지어 이 쿠폰을 위조하는 사람들까지 나타났지요.

1963년 법무부는 캘리포니아에 있는 블루칩 스탬프가 쿠폰 사업과 관련해서 독점 거래법을 위반했다는 내용으로 소송을 제기했다.[17] 스페리 앤드 허친슨 역시 같은 내용으로 소송을 제기했다. '퍼시픽 파트너스Pacific Partners'라는 투자 회사를 설립하고 운영하던 릭 게린은 블루칩 스탬프의 주식이 슬럼프에 빠지자 이런 사실을 멍거에게 알렸다. 워런 역시 이런 사실을 알고 있었다. 블루칩 스탬프의 전략에 결점이 있다는 사실을 찰리 멍거도 인정했지만, 멍거와 워런은 이 회사가 현재의 어려움을 이겨내고 다시 일어설 것이라는 판단을 내렸다. 하지만 일단 가장 위협적인 문제는 스페리 앤드 허친슨이 제기한 소송이었다.

두 사람이 블루칩 스탬프를 원한 이유는 이 회사가 소위 '플로트(현금으로 들어오는, 아직 보험금 지급이 결정되지 않은 보험 납입금)'를 가지고 있었기 때문이다. 쿠폰에 대한 대금은 미리 결제되었고 쿠폰을 가지고 있는 사람은 나중에 경품으로 교환받을 수 있었다. 이 두 행위가 이루어지는 시점 사이의 기간은 때로 몇 년씩 걸리기도 했다. 이 기간 동안 블루칩 스탬프는 그 돈을 활용할 수 있었다. 워런이 처음 이런 발상에 매력을 느끼고 거래에 나섰던 게 바로 가이코였다. 사실

내셔널 인뎀너티를 인수한 이유 가운데도 이런 요소가 일부 있었다. 보험 사업에서도 돈을 미리 받은 다음 한참 뒤에 그 돈을 지불했던 것이다. 이는 곧 돈을 받는 시점과 그 돈을 지불해야 하는 시점 사이에서 플로트를 얼마든지 활용할 수 있다는 의미였다. 자신의 투자 능력을 확신하고 있던 워런과 같은 사람에게 이런 사업은 그야말로 고양이에게 생선이나 마찬가지였다.

모든 종류의 기업은 다 플로트를 가지고 있다. 은행에 예치된 돈도 플로트다. 사람들은 흔히 은행이 자기들 돈을 안전하게 맡아주면서 이자까지 계산해 주는 친절을 베푼다고 생각한다. 하지만 은행은 이자로 지급하는 것보다 더 높은 이자를 받고 그 돈을 다른 곳에 빌려줌으로써 이득을 취한다. 이런 것이 바로 플로트의 매력이다.

워런과 멍거와 게린은 모든 금융 상황을 어떻게 거꾸로 뒤집어서 파악할지 잘 알고 있었다. 누군가가 그들에게 쿠폰을 제공한다면, 그들은 이 상황을 뒤집어서 이렇게 생각했다.

"흠, 쿠폰보다는 쿠폰 회사를 통째로 사는 게 더 낫겠군."

그러고는 왜 그런지 이유를 찾아냈다. 그들은 숯불 화로나 크로케 장비를 살 수 있는 쿠폰을 모으는 데 시간을 낭비할 생각이 없었다. 심지어, 어린 시절 집요하게 우표를 모았으며 또한 지하실에 엄청나게 많은 4센트짜리 우표 '블루 이글'을 쌓아두고 있던 워런조차 블루칩 스탬프의 쿠폰을 모으기보다는 이 회사의 주식을 사들이고자 했다.

1968년에 블루칩 스탬프는 경쟁자들이 제기한 소송들과 관련해서 조정 작업에 들어갔다.[18] 이렇게 해서 나온 법무부의 동의 판결에 따르면, 블루칩 스탬프를 소유한 식품 체인점들은 이 회사의 지분 45퍼센트를 쿠폰을 제공하는 소매업자들에게 팔아야 했다.[19] 그리고 또한 법무부는, 식료품점 업체가 담합할 가능성을 배제할 목적으로

이 회사의 전체 주식 가운데 3분의 1은 다른 인수 희망자에게 팔도록 했다. 하지만 그럼에도 불구하고 블루칩 스탬프는 이런 법률적인 분쟁 속에서 살아남은 것처럼 보였다.[20]

멍거의 투자 회사는 블루칩 스탬프의 주식 2만 주를 샀고, 게린도 비슷한 양을 샀다. 이 과정에서 멍거는 워런이 버크셔 해서웨이를 인수할 때처럼 다른 사람들이 접근하지 못하도록 했다. 다른 사람들에게 이렇게 경고했던 것이다.

"우리는 어느 누구든 블루칩을 사는 걸 원치 않습니다."[21]

주가가 오르자 워런은, 비록 여전히 주식을 대량으로 사들이고 있었지만, 버핏 파트너십의 일시적인 현금 포지션을 수천만 달러 수준으로 올렸다. 버핏 파트너십은 또한 '럭키 스토어즈Lucky Stores'와 '마켓 바스켓Market Basket'이 가지고 있던 블루칩 스탬프 주식을 대량으로 인수했으며 '알렉산더스 마케츠Alexander's Markets'가 가지고 있던 지분을 사들였다. 이런 매입 활동은 몇 달 동안 계속되었고, 마침내 버핏 파트너십은 블루칩 스탬프 주식을 7만 주 이상 소유하게 되었다. 내셔널 인뎀너티와 DRC 앞으로도 블루칩 스탬프의 최대 주주 가운데 하나인 '스리프티마트 스토어즈Thriftimart Stores'의 주식 5퍼센트를 샀다. 워런은 자기가 가지고 있던 블루칩 스탬프 주식을 주고 스리프티마트를 차지할 수도 있을 것이라고 계산했다. 다행히도 워런과 멍거, 게린은 스페리 앤드 허친슨이 제기한 소송에 대한 조정에 주로 초점을 맞추고 있었다. 그렇지 않았더라면 그들이 선택한 시기는 끔찍할 뻔했다.

세 사람이 대량으로 블루칩 스탬프 주식을 사들이고 있을 때, 꾸준하게 성장하던 이 회사의 매출은 정점에 도달했다. 여자들은 집에 가만히 앉아서 팸플릿에 쿠폰을 붙이는 데 흥미를 잃었다. 막 싹을 틔우던 여성 해방 운동은 여성이 보다 더 많은 시간과 돈을 가지고 보다 더 좋은 일을 하자는 주장을 펼치고 있었다. 이는 곧 믹서기든 뭐든 가전제품을 사고 싶은 마음이 있으면 집에서 쿠폰을 세고 있을 게 아니라 바로 매장으로 달려가서 사라는 의미이기도 했다. 기성세대 문화는 극심하게 매도당한 나머지 청년들은 단호하게 '서른 살이 넘은 사람이 하는 말은 절대로 믿지 말라'라는 말을 하고 다녔다. 당시 서른여덟 살이던 워런은 자기가 늙었다는 생각은 전혀 하지 않았다(사실 그는 그 뒤로도 자기가 늙었다는 생각은 절대로 하지 않았다). 하지만 그럼에도 불구하고 투자자들에게 "철학적으로 나는 노인병실에 있습니다"[22]라고 써야 했다. 그는 현대의 문화 및 금융에 발맞추지 못했던 것이다.

1968년 파리에서 열린 베트남 휴전 회담의 전망이 또 한 차례 주식시장을 한껏 달구었다. 처음 일곱 명의 투자자가 투자한 10만 5천 달러로 시작해서 300명이 넘는 투자자에 1억 500만 달러로 불렸다는 사실을 자랑스럽게 여기고 있었지만, 워런은 이미 주식시장에서 나이가 든 축에 끼였다. 겉으로 보기에는 젊은 사람들에게 점차 잠식당하는 것처럼 보였다. 이 젊은 투자가들은 2년 정도에 걸친 눈부신 수익률로 새로운 투자자들로부터 거의 하룻밤 만에 5억 달러를 끌어낼 수 있었다.

워런은 새롭게 형성되고 있던 신기술 회사들과 관련해서는 특히 구식이었다. 그는 그리넬대학교의 이사회에 참석했다가 동료 이사이던 밥 노이스가 페어차일드 반도체를 떠나고 싶어서 안달하는 모습을 보았다. 노이스, 페어차일드의 연구소장 고든 무어, 연구개발 부소장 앤디 그로브는 결국 캘리포니아의 마운틴 뷰에서 무명의 새로운 회사를 시작하기로 결정했다. 구체적인 계획은 없고 그저 회로 기술을 '보다 높은 수준의 통합으로 이끈다'는 모호한 계획뿐이었다.[23] 조 로젠필드와 그리넬대학교 재단은 각각 10만 달러씩 내기로 했다고 발표했다. 그리고 열두 명이 이 새로운 회사를 위해서 250만 달러의 자금을 모으기로 했다. 그 새로운 회사의 이름은 곧 '통합된Integrated 전자기술Electronics'이라는 의미의 '인텔Intel'로 정해졌다.

워런은 기술 투자에 대해 오래된 편견이 있었다. 기술 투자는 안전마진이 없다고 봤기 때문이다. 벌써 오래전인 1957년의 어느 날, 숙모인 케이티 버핏이 워런의 집 뒷문으로 와서 질문을 했다. 동생 빌이 새로 만든 회사에 자기 부부가 투자해도 되겠느냐는 것이었다. 빌 노리스는 '레밍턴 랜드Remington Rand'의 유니백UNIVAC 컴퓨터 부문에 다니고 있었는데, 여기에서 나와 IBM과 경쟁할 '컨트롤 데이터 코퍼레이션Control Data Corporation'이라는 회사를 시작할 것이라고 했다(레밍턴 랜드는 나중에 스페리 앤드 허친슨과 합병해 '스페리 랜드Sperry Rand'가 되고, 다시 1986년에 '버로스Burroughs'와 합병해 '유니시스Unisys'가 되었다 – 저자). 이 말을 듣고 워런은 깜짝 놀랐다.

빌은 레밍턴 랜드가 IBM에 뒤처진다고 생각했습니다. 나는 빌이 제정신이 아니라고 생각했죠. 빌이 레밍턴 랜드를 떠날 때 그에게는 자식이 여섯 명 있었고, 재산은 이렇다 할 게 없었습니다. 나는 빌이 부자가 되고 싶어서 그런 선택을 했다고 생각하지는 않습니다. 레밍턴 랜드에서 좌절했기 때문에 그랬지 않았나 싶습니다. 무엇이 됐든 승인을 받으려면 뉴욕으로 가야 했습니다. 프레드 숙부와 케이티 숙모는 컨트롤 데이터가 시작할 때부터 얼마간의 돈을 투자하고 싶어 했습니다. 빌은 돈을 가지고 있지 않았으니까요. 사실 어떤 의미에서 보자면 아무도 돈을 가지고 있지 않았습니다만 말입니다.

물론 워런과 수지는 예외였다.

내가 원하기만 했다면 거기에 반 정도는 내가 자금을 댈 수도 있었지만 나는 매우 부정적으로 보았습니다. 그래서 이렇게 말했습니다. '글쎄요, 제가 보기에는 잘될 것 같지 않습니다. 컴퓨터 회사가 하나 더 생기는 걸 누가 필요로 하겠습니까?'라고요.[24]

하지만 빌은 케이티의 동생이었기 때문에 프레드와 케이티는 이번만큼은 워런의 충고를 듣지 않고 400달러를 투자해서 컨트롤 데이터의 주식을 샀다. 그때의 주식 가격은 한 주에 16센트였다.[25]

컨트롤 데이터가 투자자들에게 엄청나게 많은 돈을 벌어다 줬음에도 워런은 신기술 관련 주식에 대한 생각을 바꾸지 않았다. 같은 시기에 출범한 신기술 관련 회사들 가운데 많은 수가 실패했기 때문이다. 그래도 다른 무엇보다 로젠필드의 입장을 고려해서 그리넬의 기술 투자를 승인했다.[26]

우리는 말을 보고 투자한 게 아니라 기수를 보고 투자한 겁니다.[27]

하지만 보다 중요한 것은, 로젠필드는 그리넬대학교의 투자를 보장함으로써 안전 마진을 제공했다는 점이다. 비록 워런이 노이스를 존경하긴 했지만 버핏 파트너십 이름으로는 인텔에 투자하지 않았다. 이로써 그는 생애 최대의 투자 기회가 될 수도 있었던 절호의 기회를 놓치고 말았다. 어려운 환경 속에서 워런이 투자 기준을 낮추면서도 단 한 가지 절대로 타협하지 않은 것은 안전 마진이었다. 어떤 상황에서도 안전 마진은 포기하지 않았다. 위험 범위를 제한할 수 없다면 아무리 많은 돈을 벌 가능성이 있더라도 포기한다는 원칙, 이 특별한 원칙이 바로 워런 버핏을 있게 한 기본적인 힘이었다.

하지만 이제 시장에 있는 거의 모든 주식이 워런 눈에는 인텔처럼 보이기 시작했다. 1968년 투자자들에게 보낸 편지에서도 그는, 그어느 때보다도 투자할 만한 곳이 적다고 언급했다.[28] 그리고 이런 말로 결론을 내렸다.

"과거를 그리워하는 향수(鄉愁)도 이제 예전 같지 않습니다."

여기에 대해서는 나중에 다음과 같이 설명했다.

"수조 달러 시장이었습니다만, 나는 1억 500만 달러를 총명하게 투자할 곳을 찾지 못하고 있었습니다. 내가 잘 해나갈 수 없다는 것을 알고 있음에도 불구하고 잘해야 한다는 의무감을 안아야 하는 상황에서는 다른 사람의 돈을 더 이상 운용하고 싶지 않았습니다."

워런의 이런 태도는 1962년과 뚜렷하게 달랐다. 그때도 주식시장은 비슷하게 뜨겁게 달아올라 있었다. 그때나 지금이나 그는 똑같이 시장 상황을 한탄했다. 그러나 그때는 에너지가 넘쳐나서 투자 자금을 조성해 투자하지 않고는 배길 수 없었다.

투자자들은 그의 우울한 예측과 그가 거둬들이는 놀라운 수익 사이의 뚜렷한 대비에, 놀란 입을 다물지 못했다. 몇몇 사람들은 이제 거의 초자연적인 믿음에 가까운 수준으로 워런을 신뢰하기 시작했다. 그가 우울하게 예측할수록 그가 거둔 수익률은 더 좋았다. 하지만 이런 상황이 언제까지나 계속되지는 않을 것임을 워런 자신은 잘 알고 있었다.

33

풀림

오마하, 1969년

워런 버핏의 사무실은 키위트 플라자 8층에 있었다. 이 사무실 공간에 들어서서 워런 버핏이 있는 방으로 들어가려면 글래디스 카이저의 허락을 받아 그녀가 앉아 있는 곳을 지나쳐야 했다. 백금색 머리카락에 마르고 완벽하게 화장하고서 줄담배를 피워대던 글래디스는 서류 작업이며 전화 응대며 청구서 처리며 온갖 잡다한 일들을 놀라울 정도로 신속하게 해치웠다.[1] 그녀는 사람들이 감히 워런에게 접근하지 못하게 통제했다. 때로는 가족조차 막아서 수지가 화가 나 펄펄 뛰기도 했다. 하지만 글래디스가 막고 있는 한 수지도 달리 도리가 없었다.

수지는 글래디스를 비난했다. 물론 워런은 단 한 번도 글래디스에게 수지를 자기 방으로 들여보내지 말라는 지시를 한 적이 없었다.

다만 그의 사무실에 있는 사람들은 누구라고 할 것 없이 모두 다, 간접적으로 돌려 이야기하는 워런의 애매한 화법에서 그가 진정으로 바라는 게 무엇인지 해석하는 방식을 터득하고 있었다. 만일 워런이 금지하는 일이라고 스스로 판단한다면, 재채기조차 마음대로 하지 않았다. 버핏 파트너십에서 일하려면 어떤 암시나 신호 따위가 마치 구체적인 구두 지시인 것처럼 철저하게 따라야 했다. 미간을 찌푸리거나 '흠……'이라는 발성은 '그런 건 아예 생각도 하지 마시오'라는 뜻이었다. 그리고 '정말?'이라는 말은 '그 말에 동의하지 않지만, 이런 뜻을 직설적으로 표현하고 싶지 않소'라는 뜻이었다. 고개를 돌리거나, 눈가에 주름을 잡거나, 자기 의견을 철회하는 것은 '난 못하겠으니까, 도와줘'라는 뜻이었다. 사장의 이런 지시와 요구를 글래디스는 재깍 수행했고, 그 바람에 때로는 사람들의 마음에 상처를 주기도 했다. 하지만 그녀가 하는 일은 자기 사장을 보호하는 것이었다. 여기에는 사장이 직접 하지 못하는 것을 대신하는 일도 포함되었다. 그러니 비난을 감수하면서까지 다른 사람을 거칠게 대할 수밖에 없었다.

글래디스의 머리 위로 거무스름한 벽에는 신문에서 오려낸 기사를 담은 액자가 몇 개 걸려 있었다. 1929년의 주식 대폭락을 상기시키는 기사들이었다. 사무실에는 여기저기 찌그러진 부분이 있는 금속제 가구들이 낡은 티커기와 함께 놓여 있었다. 글래디스가 앉은 자리에서 리놀륨이 깔린 좁은 복도를 지나 조금 더 들어가면 워런의 암시와 신호를 정확하게 해석할 줄 아는 사람들이 있었다. 왼쪽으로는 빌 스콧의 작은 방이 있었는데, 이 방에서 스콧은 워런이 지시한 거래를 집행하라고 "빨리요! 바쁘단 말입니다!"라며 주식 중개인을 다그쳤다. 오른쪽 작업실에는 온갖 서류들이 들어차 있고 작은 냉장고 하나가 있었다. 글래디스는 이 냉장고에 펩시콜라 병을 채워 넣었다. 이 방에서는 시간제로 일하던 회계원 도나 월터스가 회사 기록을 세밀하게 분류하고 정리하는 일도 했다. 세금 관련 사항들을 정리하고 준비하는 일도 그녀의 몫이었다.[2] 월터스 바로 옆에 존 하딩의 자리가 있었는데, 그는 투자자들을 관리하고 회사 관련 업무를 처리했다. 글래디스 바로 뒤에는 워런의 방이 있었다. 등받이와 발판이 조절되는 안락의자 두 개가 있었고, 책상 하나와 신문 및 잡지가 어지럽게 널려 있었다. 이 방에서 가장 인상적인 것은 그의 책상 맞은편 벽에 걸려 있는 하워드 버핏의 대형 사진이었다.

워런은 아침이면 사무실로 출근해서 모자를 걸어두고는 자기만의 공간으로 사라져서 신문을 읽었다. 그리고 잠시 후에 다시 나와서는 글래디스에게 이렇게 말했다.

"찰리에게 전화를 걸어줘요."

그러고는 다시 자기 방으로 들어가서 문을 닫고 멍거와 전화 통화를 했고, 그 외의 나머지 시간 동안에는 전화를 받거나 신문이며 잡지를 보았고, 사야 할 회사와 주식을 탐색했다. 가끔씩 문을 열고 나와서 빌 스콧에게 주식 거래와 관련된 지시를 내리기도 했다.

주식시장이 뜨거워지면서 스콧은 예전보다 덜 바빠졌다. 내셔널 인뎀너티가 벌어다 주는 돈으로 주머니가 두둑했던 워런은 투자자들의 변덕에 가격이 크게 좌우되지 않는 회사들 중 통째로 인수할 대상들을 찾고 있었다. 최근에 그가 발견한 회사는 '일리노이 내셔널 뱅크 앤드 트러스트Illinois National Bank & Trust'였다. 워런이 여태까지 봤던 은행들 가운데 가장 수익성이 좋았으며, 소유주는 일리노이의 록퍼드에 사는 일흔한 살의 유진 아베그였다. 워런은 거래의 한 부분으로 까다롭기 짝이 없던 아베그를 원했다. 아베그는 화장실에 납품되던 휴지 상자의 휴지가 몇 장인지 세었던 벤 로스너와 비슷했다. 워런은 그를 만나 자기가 그 회사에 도모하고 싶은 변화와 관련해서 몇 가지 사항을 이야기한 다음 이렇게 말했다.

"제가 해드릴 이야기는 다 했습니다. 저로서는 그저 대답을 기다릴 뿐입니다. 계획하신 게 있다면 그냥 그렇게 하십시오. 거래가 잘 되든 그렇지 않든 간에 저는 앞으로도 사장님의 친구로 남고 싶습니다."

그때를 회상하면서 워런은 이렇게 말한다.

유진은 이미 그 은행을 다른 사람에게 팔겠다고 약속한 상태였습니다. 그런데 인수하는 쪽에서 문제를 제기하고 나왔습니다. 회계 장부를 꼼꼼하게 실사하겠다는 것이었습니다. 그러자 여태까지 외부로부터 회계 감사를 받아본 적이 없었다면서, 정 그렇게 나온다면 거래를 취소하겠다고 했습니다. 보스 기질이 무척 강한 사람이었거든요. 그가 하는 모든 것은 믿을 수 없을 정도로 보수적이었습니다.

그는 주머니에 현금 수천 달러를 넣고 다녔습니다. 주말에는 수표책을 가지고 다니면서 사람들에게 썼습니다. 그리고 대여가 되지 않고 비어 있던 안전 금고 번호의 목록을 적은 종이를 들고 다니면서, 칵테일파티장이든 어디든 이 안전 금고를 쓰라고 사람들에게 권했습니다. '알잖아요, 우리 은행은 일리노이주에서 두 번째로 큰 도시에서 가장 큰 은행이라는 거요'라고 말하면서 말입니다. 그는 또 모든 직원들의 봉급을 정하고 현금으로 지급했습니다. 그래서 예컨대 대출 담당 부서 책임자라 하더라도 자기 밑에 있는 직원들이 봉급으로 얼마를 받는지 몰랐습니다. 아무튼 내가 이 은행으로 찾아가서 거래 금액을 제시했습니다. 그 은행을 사려고 하던 다른 사람이 제시한 금액보다 100만 달러가량 적은 금액이었죠. 그러자 은행 전체 주식의 4분의 1을 가지고 있던 유진은 최대 주주에게 전화를 걸었습니다. 전체 주식 가운데 반 이상을 가지고 있던 사람이었습니다. 그러고는 이러더군요. '오마하 출신의 젊은 사람이 와서 은행을 사겠다고 하네요. 나는 ○○○ 회사에서 나온 친구들 때문에 질렸으니까, 그 사람들한테 은행을 팔고 싶으면 당신이 직접 와서 은행을 운영하시오. 난 그 사람들한테 팔 생각이 없으니까 말이오'라고요.

아베그의 이런 태도는 분명히 워런의 제안을 받아들이겠다는 것이었다. 아베그와 거래와 관련된 이야기를 하면서 워런은, 의지와 윤리적 신념이 강한 사람은 자기 회사를 팔 때 보통 마지막 한 푼이라도 더 받으려고 애를 쓰는 게 아니라, 자신을 비롯한 임직원들이 일해 온 회사와 임직원들을 새로운 소유주가 어떻게 다루고 대할지 더 관심을 많이 가진다는 사실을 새삼스럽게 깨달았다.

일리노이 내셔널 뱅크는(워런은 얼마 뒤부터 이 은행을 속칭인 '록퍼드 은행'으로 불렀다) 미국 연방 정부의 재무부가 화폐 발행의 독점적인 권리를 가지기 이전 시대에 등록했던 터라서, 독자적으로 통화를 발행할 권한을 가지고 있었다. 워런은 이 은행이 여전히 독자적으로 통화를 발행한다는 신기한 사실에 한껏 매료되었다. 록퍼드 은행이 발행하는 10달러 지폐는 아베그의 초상을 담고 있었다. 순자산만 해도 2,600만 달러가 넘었던 워런은 원하는 것은 무엇이든 다 살 수 있었다. 하지만 그것만은 안 되었다. 아베그와 연방 정부의 재무부만이 자기들의 통화를 발행할 독점적인 권리를 가지고 있었던 것이다. 버핏 파트너십이나 버크셔 해서웨이에게는 그런 특권이 없었다.[3] 워런은 자기 초상을 새겨넣은 법정통화라는 개념에 사로잡혔다. 그리고 그때부터 록퍼드 지폐를 지갑에 넣고 다녔다.

그때까지 워런은 자기 사진을 지폐나 다른 어디에 넣고 싶다는 생각을 해본 적이 없었다. 투자 회사를 운영해 오면서 언론의 집중조명을 오히려 피한 편이었다. 가족과 관련된 이야기 몇 개와 사진 몇 장이 지역 신문에 보도되었을 뿐이었다. 사생활을 보호하길 원하는 사람보다는 좀 더 노출되었지만 말이다.[4] 하지만 워런은 투자자들에게 보내는 편지 말고는 일체 입을 다문 채 1960년대를 보냈다. 워런은 누가 자기의 옷자락을 붙잡고 묻어 가는 걸 싫어했다. 자기가 어떻게 투자하는지 말하지 않았고, 자기가 세운 수익률 기록이 얼마인지 떠벌리지도 않았다. 그의 이런 모습은, 언론의 화려한 집중조명을 받으려 애쓰고, 또 그래서 순식간에 유명해졌던 그 시대의 다른 자산 운용가들이 보였던 모습과는 완전히 달랐다.

자기를 홍보할 수 있는 절호의 기회가 왔을 때조차 워런은 이런 기회를 이용하지 않았다. 몇 년 전에 있었던 일이다. 증권 판매업자인 존 루미스가 키위트 플라자로 워런을 방문했다. 루미스의 아내 캐럴은 〈포천〉에 투자 관련 칼럼을 연재하고 있었다. 그녀는 자산운용가 빌 루안과 인터뷰를 한 적이 있었는데, 루안이 미국에서 가장 똑똑한 투자가가 오마하에 살고 있다면서 워런을 소개했었다. 이런 일이 계기가 되어 루미스가 워런의 사무실을 찾은 것이었다. 하지만 루미스가 보기에 약 69제곱미터 넓이의 수수한 사무실은 오마하 최고의 부자가 쓰는 사무실로 보이지 않았다.

워런은 루미스를 길 건너편에 있던 블랙스톤 호텔의 식당으로 데려갔다. 식당에서 워런은 딸기 음료수를 단숨에 한 잔 마신 다음에 루미스에게 자기가 하는 일을 말했다. 루미스는 자기 아내가 기자로서 어떤 일을 하는지 설명했고 워런은 그 일이 무척 흥미롭게 느껴졌다. 그리고 만일 자기가 투자가가 되지 않았더라면 기자가 되었을 것이라고 말했다.[5]

워런은 얼마 뒤에 수지와 함께 뉴욕에 갔다가 루미스 부부를 만났다.

그 사람들이 특별하게 마련된 어떤 작은 방으로 우리를 데려갔고,

우리는 거기에서 함께 점심을 먹었지요.

눈부신 투자 성과 기록을 가지고 있는 오마하 출신의 인맥 넓은 젊은 투자가와 야망 있는 〈포천〉의 기자는 자기들에게 공통점이 많다는 사실을 깨달았다. 배부른 자본가들이 뒤집어쓰고 있는 엉터리 속임수의 가면을 벗겨내고자 하는 열망, 작은 것에 집착하고 수집하는 버릇, 누구에게도 지고 싶어 하지 않는 경쟁심 등이 그런 공통점이었다. 짧은 갈색 머리의 캐럴 루미스는 키가 크고 운동을 잘할 것처럼 보였다. 그리고 현실적이었으며, 워런이 돈을 잃는 것에 대해서 관대하지 못하듯이 싸구려 저널리즘에 관대하지 않았다. 그녀는 또한 꼼꼼한 편집자이기도 했다. 두 사람은 교류를 시작했고, 그녀는 워런을 언론계의 빅 리그로 안내했다. 그리고 워런은 그녀가 쓸 기사의 이야깃거리를 정하고 살을 붙이는 데 도움을 줬다. 워런은 루미스에 대해서 이렇게 말했다.

"캐럴은 곧 찰리 다음으로 나의 가장 좋은 친구가 되었습니다."[6]

처음에 그녀는 워런에 대해 아무런 기사도 쓰지 않았다.

1960년대 말에 주식시장이 한껏 달아오르면서, 워런의 투자 회사 입장에서 볼 때 주식 투자는 이제 덜 매력적으로 바뀌었다. 주식을 사들일 때의 은밀함보다는, 회사를 통째로 사들일 때 득이 되는 세간의 이목을 받는 데 더 무게를 두게 되었다. 워런이 새로 설정한 투자 목표들과 개인적인 바람을 앞세우고 신문 및 출판 분야에 장기적인 관심을 가지기 시작한 것도 이 무렵이었다. 어떤 면에서는 사람들의 관심을 받고 싶어 하는 이런 욕망은 장차 워런의 세계를 근본적으로 바꾸어 놓을 터였다.

오래지 않아서 워런은 신문 잡지업의 세상에 깊이 빠져 들었다. 신문과 잡지의 출판업자가 낸 금융 관련 보고서들이 그의 책상에 수북하게 쌓여 있었고, 워런은 여기에 온통 사로잡혀 있었다. 잠이 들어도 깨어 있을 때보다 더 많은 신문들이 그의 꿈 안으로 날아들었다. 그에게 날아오던 신문들은, 예전에 그가 신문을 배달할 때 멀리 날려보내기 위해서 접었던 그 모양 그대로 몇 차례 접힌 채 휙휙 날아들었다. 심하게 잠을 설치던 어느 날 밤에는 어린 시절의 신문 배달부로 돌아갔다가 늦잠을 자는 바람에 신문 배달에 늦어서 낭패를 당하는 꿈도 꾸었다.[7]

워런의 재산은 더욱 불어나서 신문사나 잡지사 혹은 둘 다 살 수 있을 정도로 많아졌다. 그의 소망은 언론사에 단지 투자만 하는 게 아니라 발행인이 되는 것이었다. 대중에게 뉴스를 전하는 언론 매체를 가지고 있을 때의 영향력을 행사하고 싶었다. 1968년경에 워런과 몇몇 친구들은 연예오락 신문이던 〈배너티〉를 사려고 시도했지만 무산되고 말았다.[8] 그런데 또 다른 인맥 관계가 결실을 맺어주었다. 수지의 친구이던 스탠퍼드 립시는 수지와 함께 클럽에 가서 재즈를 듣곤 했는데, 어느 날 워런의 사무실에 불쑥 나타나서 자기가 소유하고 있던 신문사 〈오마하 선Omaha Sun〉을 팔고 싶다고 했다. 워런은 이내 관심을 보였다. 사실 이미 예전에 한 번 그런 시도를 했다가 그는 뜻을 이루지 못한 적이 있었다.

〈오마하 선〉은 스탠과 그의 아내 지니 블랙커 립시가 지니의 아버지로부터 물려받은 지역 주간지였고, 오마하 인근에서 일곱 개 판을 발행하고 있었다. 이 신문이 주로 다루었던 핵심 내용은 경찰 사건 기록부, 지역사회 소식, 지역 회사의 동향, 고등학교 운동 경기, 마지막으로 가십이었다. 특히 누가 누구와 사귄다는 내용 등의 가십 기사는 학생이나 학부모 모두 반드시 읽어야 하는 기사였다. 비록 〈오마하 선〉은 오마하의 언론 세계에서 약자였지만 이 신문사의 편집자 폴 윌리엄스는 탐사 보도에 정통했으며, 오마하의 유력 신문이던

〈오마하 월드-헤럴드〉가 놓치는 이야기들을 보도함으로써 독자들에게 환영을 받았다. 이런 기사들은 보통 지역의 거물들이 저지른 어리석은 행동들을 폭로하는 것이거나, 〈오마하 월드-헤럴드〉의 주요 광고주들을 화나게 하는 것이었다. 당연한 결과이긴 하지만, 이 광고주들은 〈오마하 선〉을 기피했다.

신문사를 인수함으로써 지역사회에서의 위상이 높아진다는 측면도 있었지만 워런이 특히 관심을 가졌던 것은, 뒷조사를 하면서 캐고 다니는 이 신문의 특성이었다. 미래에 나타날 은행 강도를 체포하기 위한 증거 자료를 확보하려고 오가는 자동차들의 번호를 기록하던 때 이후로 워런은 경찰이 하는 일을 하고 싶어 했다. 다음은 립시가 하는 말이다.

"그 사람은 그런 점에서 신문을 엄청나게 동경했습니다. 나는 직관적으로 알아봤습니다. 우리 사회에서 신문이 하는 역할이 무엇인지 워런이 제대로 알고 있다고 말입니다. 그리고 인쇄기도 새로 들여야 하고 많은 돈이 필요했지만, 나한테는 그럴 돈이 없었습니다. 빌려서 메워 넣어야 했습니다. 이런저런 사정 때문에 나는 〈오마하 선〉의 사업 전망을 그다지 밝게 보지 않았습니다. 하지만 워런은 돈을 충분히 많이 가지고 있어서 그 신문사가 재정난을 겪지는 않을 거라고 생각했습니다. 흥정과 거래는 20분 만에 끝났습니다."

다음은 당시를 회상하면서 워런이 하는 말이다.

125만 달러를 지불하면 일 년에 10만 달러씩 건져낼 수 있을 것이라고 봤습니다.

8퍼센트의 수익률이었다. 이 정도 수익률이면 채권 수준이었다. 워런이 다른 주식이나 인수 기업에서 기대하는 수익률에 비하면 낮아도 한참 낮은 수준이었다. 게다가 장기적으로 볼 때 이 수익률은 떨어지면 떨어지지 올라갈 전망은 없었다. 하지만 버핏 파트너십의 투자 자금은 놀고 있었고, 게다가 그는 정말 신문 발행인이 되고 싶었다. 다음은 립시가 하는 말이다.

"우리가 맺은 계약 내용 가운데는, 설령 그의 투자 회사가 문을 닫는다 하더라도 이 거래는 성사시킨다는 부분이 들어 있었습니다."

버핏 파트너십의 문을 닫을 것을 고려하기 시작하던 워런이 이런 내용에까지 동의한 것을 보면 〈오마하 선〉을 얼마나 강렬하게 원했는지 알 수 있다.

1969년 1월 1일, 버크셔 해서웨이는 〈오마하 선〉의 소유주가 되었다. 하지만 이 작은 지역신문은 단지 시작에 불과했다. 워런은 전국 신문의 발행인이 되고 싶었다. 조 로젠필드는 워런을 웨스트버지니아주 정부의 국무부 장관인 제이 록펠러에게 소개시켰다. 로젠필드가 떠오르는 정치 스타로 여기던 인물이었다. 얼마 뒤 버핏 부부는 록펠러 부부를 오마하에 초대해서 저녁을 대접했다. 그러자 록펠러가 이번에는 워런을 찰스 피터스에게 소개시켰다. 피터스는 이상주의자였다. 그가 처음 시작했던 잡지 〈워싱턴 먼슬리Washington Monthly〉는 중요한 사안들에 대해서 올바른 목소리를 전국적으로 내고 있었다. 적어도 그렇게 보였다. 워런은 잡지 〈인스티튜셔널 인베스터Institutional Investor〉를 내던 길버트 캐플런에게 이야기해서 잡지 출판을 맡아달라고 했다.[9] 그러고는 록펠러에게 편지를 썼다.

"이미 제 아킬레스건이 무엇인지 아시리라 생각합니다. 나는 언론출판 분야의 거래에서는 호구입니다. 내가 좋아하는 잡지나 신문이라면 말이죠. (……) 언론출판 분야의 사업에 대한 내 열정이, 이 사업의 경제적 수익 가능성과 정확하게 반대로 향하고 있다는 점을 말씀드리고 싶습니다."[10]

워런은 프레드 스탠백과 로젠필드에게 〈워싱턴 먼슬리〉에 투자할 생각이 있음을 알리고, 여기에서 그다지 많은 돈을 벌 것 같지 않다고 미리 경고했다. 하지만 이 신문이 들춰낼 추악한 사실들, 이 신문이 널리 확산시킬 견해들, 이 신문이 일깨울 수 있는 정신이 중요하다고 말했다. 그들은 약간의 돈을 투자했다.[11]

얼마 지나지 않아서 〈워싱턴 먼슬리〉는 초기의 자본을 소진했다. 워런은 추가로 5만 달러를 제공할 수 있다고 약속했다. 그러고는 피터스와 50분 동안 전화 통화를 했다. 다음은 피터스가 인터뷰에서 한 말이다.

"말도 마십시오. 투자라는 관점에서 볼 때 완전히 실패라는 냄새가 강하게 났습니다. 워런에게는 결코 손해를 보지 않으려는 사업가의 본능이 한편에 있었고 또 다른 한편에는 박애적인 선한 시민의 본능이 있었습니다. 이 두 본능이 전쟁을 벌이고 있었지요. 하지만 결국 영광의 결과를 얻었습니다. 워런은 사업가로서의 명성에 흠이 날까 두려운 마음에 그 사업을 접기 일보 직전까지 갔습니다. 나는 워런을 천천히, 끌어당겼습니다. 워런은 언론출판업에서 그럴듯한 새로운 출구를 계속 찾았고, 나는 그 출구를 차단하려고 노력했죠. 하지만 결국 영광의 결과를 얻었습니다. 워런은 밖으로 나가지 않았습니다."[12]

워런은 편집자들도 어느 정도 몫을 투자해야 하고 피터스도 외부에서 어느 정도 자금을 모아와야 한다는 조건을 달았다. 그리고 자기는 이렇게 모은 자금의 80퍼센트를 추가로 투자하겠다고 했다.[13]

피터스는 회계원이라기보다는 확실히 기자였다. 사람들은 돈을 모았고 수표가 발행되었다. 그런데 여러 달째 아무도 〈워싱턴 먼슬리〉로부터 소식을 듣지 못했다. 다음은 워런이 하는 말이다.

사람들은 다들 사라지고 없었습니다. 프레드 스탠백은 국세청의 세금 신고서 양식을 늦게 받을 것이라며 불평했고, 납세 신고서를 수정해야 했습니다.[14]

비록 〈워싱턴 먼슬리〉는 실제로 (워런이 원했던 대로) 강력한 이야기들을 싣고 있었지만, 그건 충분하지 않았다. 워런은 여기에서 돈을 벌 수 있으리라고는 처음부터 생각하지 않았다. 하지만 적어도 현재 투입된 자금에 대해서만큼은 이 신문이 책임을 지고 수익을 내줘야 한다고 생각했다. 멋모르는 스탠백과 로젠필드를 곰 사냥에 끌어들인 셈이 되고 말았다는 사실에 워런은 당황스러웠다. 또 투자자들은 워런이 자기들을 은행 창구에서 돈을 내주는 사람처럼 여긴다고 느꼈다. 하지만 워런은 언론 분야 종사자가 되고 싶었다. 단지 이상주의에 돈을 퍼붓는 사람이 아니라 동료 신문쟁이가 되고 싶었던 것이다.

바라던 결과가 나오지 않았지만 워런은 1967년 10월 투자자들에게 보낸 편지에서 말했던 개인적인 관심사를 추구했다. 한편 시장은 계속해서 말라가고 있었으며, 그 바람에 그가 운신할 수 있는 폭은 좁아졌다. 신문사의 큰손이라는 자격으로 자기 시간의 일부를 쓰는 것은 그런 팍팍한 현실을 개선하는 데 아무런 도움이 되지 않았다. 어떤 일에 몰두해 있다 하더라도 그에게는 여전히 버핏 파트너십의 수익률을 올리는 일이 가장 우선이었다. 또한 '덜 강박적인 투자 방식'이라는 것은 애초부터 그에게 맞지 않았던 것임이 분명해졌다. 그래서 우선 그는 버핏 파트너십을 단계적으로 축소할 수 있는 가장 좋은 방법이 무엇인지 탐색하기 시작했다. 그는 두세 사람으로부터 버핏 파트너십의 경영권을 사겠다는 제안을 받았었다고 말한다. 만일 그 제안을 받아들일 경우 엄청난 수익을 얻을 수 있었다. 하지만 워런은 그렇게 하는 건 옳지 않다고 생각했다. 자산운용가가 저절로 굴러 들어오는 막대한 수익을 마다하는 것은 그 당시에도 특이한 일이었다. 게다가 그때까지 워런은 부자가 되는 길을 일부러 피한 적이 한 번도 없었으니 더욱 이례적인 선택이었다. 하지만 그는 늘 투자자들과 같은 편에 서서, 투자자들과 자기의 지나친 탐욕을 제어하는 고삐를 바짝 잡아당기며 살아왔었다. 1969년 전몰장병기념일(5월의 마지막 월요일—옮긴이) 무렵에 워런은 투자자들에게 편지를 썼다. 이 편지에서 그는 자기가 목표를 낮추었다고 해서 집중력까지 떨어진 건 아니라고 했다.

> 만일 내가 공식적으로 경주에 참가한다면 나도 경쟁적으로 나설 수밖에 없습니다. 하지만 평생 동안 투자 세계에서 토끼를 앞지르려고 애쓰는 일에 완전히 매달리고 싶지는 않습니다. 이 정신없는 경주에서 속도를 늦출 수 있는 유일한 길은 그만 달리고 멈춰 서는 것입니다.[15]

그리고 이어서 폭탄선언을 했다. 연말에 공식적으로 은퇴할 것이고, 다음 해 초에는 버핏 파트너십의 문을 닫겠다고 한 것이다.

> 나는 이런 시장 환경에는 맞지 않습니다. 그리고 영웅으로 남겠다는 생각에서 내가 제대로 알지도 못하는 게임을 잘해보려고 노력하다가 그동안의 수익률을 망쳐놓는 어리석은 짓을 저지르고 싶지 않습니다.[16]

그렇다면 그다음에는 무엇을 하려는 걸까?

> 이 질문에 대한 대답은 아직 가지고 있지 않습니다. 내가 예순 살

이 되면, 스무 살 때 우선순위에 뒀던 목표들과는 다른 목표들을 추구해야 한다는 게 당연하다는 사실을 나는 잘 알고 있습니다.[17]

투자자들은 실망감에 아우성을 쳤다. 몇몇 사람들은 공포까지 느꼈다. 많은 사람들은 앨리스 고모처럼 순박했다. 그들은 목사였고, 랍비였고, 교사들이었고, 할머니였고, 장모였다. 워런의 이야기는 주식에 대한 시장의 요구와 다르지 않았다. 하지만 그는 한동안 이 게임을 계속해서 할 가치가 있다고 생각하지 않았다. 그는 심지어 아무런 경험이 없는 사람에게도 과열된 시장을 조심하라고 가르치지 않았던가. 몇몇 사람들은 오로지 워런만 믿고 매달렸다. 하지만 워런으로서는 어쩔 수 없는 노릇이었다. 이런 사정에 대해서 존 하딩은 다음과 같이 말한다.

"그는 단지 자기가 승산을 전혀 낙관할 수 없는 분위기에서 투자하고 싶지 않았을 뿐입니다. 특히나 그 일이라는 게, 자신의 모든 시간을 투여해야 하는 일이었으니 말입니다."

수지는 워런이 투자 회사의 문을 닫는다고 하자 기뻐했다. 그리고 행복했다. 적어도 아이들을 위해서는 좋은 일이었다. 아이들은 아버지의 사랑과 관심을 간절하게 원했다. 리틀 수지는 아버지가 주었던 많지 않은 관심의 대부분을 이미 차지했었다. 피터는 뒷마당에서 조용히 지내는 것만으로 자기가 받을 보상은 받았다고 느꼈다. 하지만 늘 아버지로부터 정서적인 유대감을 찾으려 애썼지만 번번이 좌절만 했던 열네 살 소년 호위는 자라면서 점차 거칠게 변했다. 리틀 수지는 자기 방 옷장을 열었다가 가짜 피로 범벅이 되어 있는 마네킹 다리 두 짝을 보고 기겁하곤 했다. 호위는 또 누나가 데이트하고 집에 돌아올 때면 고릴라 복장을 하고 지붕으로 올라가서 누나를 감시했으며, 무도회에 가려고 한껏 차려입고 나서는 누나에게 부엌 싱크대 호스 분무기로 물을 마구 뿌려 물에 빠진 생쥐 꼴을 만들기도 했다. 부모가 뉴욕시티에 가고 없을 때는 무정부주의를 실험하기도 했다.[18] 여전히 모든 것을 수지에게 의존하고 있던 워런은 호위와 다른 두 아이들이 필요로 하는 것은 수지가 뭐든 다 챙겨줄 거라고 생각했다. 하지만 이제 수지는 아이들을 통제하는 일을 더 이상 하지 않았다. 자기의 결혼 생활에 대해서도 이상주의적인 기대를 이미 오래전에 포기했다. 그녀의 관심을 점점 더 많이 사로잡은 건, 점점 더 많이 늘어났던 (한 친구의 표현을 빌리자면) '부랑자들'이었다. 이들은 수시로 그 집에 어슬렁거렸고, 그녀에게 도움을 청했으며, 또 그녀의 시간을 잡아먹었다.[19]

수지는 자기 집을 찾는 사람을 거의 아무런 조건 없이 맞아들였기 때문에 손님들 가운데는 전과자도 있었고 사기꾼도 있었고 마약 중독자도 있었다. 심지어 사창가의 포주도 있었다고 한다. 때로 이 사람들은 수지에게서 돈을 우려내기도 했다. 하지만 수지는 전혀 개의치 않았다. 물론 워런은 자기가 사기당했다는 생각이 들어서 분통을 터뜨렸다. 그래도 나중에는 이런 것까지도 사람들에게 관대하게 퍼주는 수지의 씀씀이의 한 부분이라고 받아들였다. 심지어 이런 모습이 바로 수지가 가지고 있는 매력이라고 생각하기도 했다.

수지가 교류하는 여자친구들의 수는 점점 더 불어났다. 벨라 아이젠버그, 유니스 드넨버그, 지니 립시, 래키 뉴먼 등. 워런은 이들을 대부분 알았지만, 이 사람들의 모임은 수지의 것이지 자기의 것이 아니라고 생각했다. 이들 외에도 지역 운동을 하는 활동가들인 로드니 위드와 앤지 위드 부부와 같은 사람들과도 교류했다. '듀이 파크'의 테니스장에서 함께 어울리는 친구들도 따로 있었다. 아울러 수지 주변에는 늘 가족들이 있었다. 특히 레일라가 그랬다. 그녀는 로이 랠프가 죽은 뒤 레일라 랠프에서 레일라 버핏으로 돌아와 있었다. 프레드와 케이티 그리고 두 사람 사이에 태어난 프리츠도 수지와 가깝게 지냈다. 프리츠는 워런과 수지가 고용했던 베이비시터 팸과 결혼했다. 수지의 언니 도로시의 두 아들인 토미와 빌리도 자주 수지를 찾았다. 빌리를 통해서 만난 또 한 명의 기타 연주자인 데이브 스트라이커 역시 빌리만큼이나 자주 수지를 찾았다. 수지가 허물없는 친구처럼 지내던 사람들 가운데는 토미와 빌리, 데이브 스트라이커처럼 나이가 어린 사람들이 많았다. 수지는 야구 선수 밥 깁슨과 그의 아내 샤를렌 사이에 태어난 두 딸 로네와 아네트와도 가깝게 지냈다. 또 수지에게서 장학금을 받았던 몇몇 흑인 학생들도 그녀의 날개 아래로 들어왔으며, 때때로 그녀의 집을 찾았다. 러셀 맥그리거, 팻 터너 그리고 재즈의 거인 빌리 테일러의 아들 듀안 테일러가 그런 사람들이었다. 이들 외에도 수지의 손님은 많았다.

비록 수지는 이 모든 사람들에게 아낌없이 베풀고 있었지만 그녀 역시 조금의 관심을 필요로 하기 시작했다. 수지의 친구들이 하는 말에 따르면, 많은 관심도 필요 없었다. 워런이 조금만 관심을 기울여 주는 것으로도 충분했다. 수지는 돈을 버는 게 인생의 목표라는 데 동의하지 않았다. 워런은 여행, 박물관, 극장, 미술, 그 밖의 모든 예술 분야에 관심이 없었고, 수지는 이런 것들을 부정하면서 살아야 하는 자기 삶이 황폐하다고 느꼈다. 워런은 다른 사람들 앞에서는 아내를 과장될 정도로 치켜세웠지만 집에 돌아오거나 일할 때는 늘 그랬던 것처럼 자기만의 세상에 빠져 들었다. 만일 워런이 가끔씩이라도 수지와 함께 미술관에 가거나 아내가 바란다는 단 한 가지 이유만으로 함께 여행을 가는 노력을 보여줬다면 두 사람의 인생은 달라졌을 것이라고 수지는 말했다. 하지만 가끔 수지는 꼭 필요해서 워런에게 그런 요청을 했고, 워런은 이런 요청을 받고서야 나타났다. 그것은 아내에게 주는 선물이 아니라, 그저 친절일 뿐이었다.

워런이 결코 몇 주 내내 자기와 이탈리아로 여행을 가지 않을 것임을 깨달은 다음부터 수지는 혼자서 혹은 여자친구들과 함께 여행을 다니기 시작했다. 가끔은 가족을 만나러 여행을 했다. 예를 들면 캘리포니아에 살고 있던 버티를 만나러 가곤 했다. 자기 계발 강좌에 참석하기도 했다.

하루는 시카고 공항에서 수지가 벤치에 앉아 있는데 한 남자가 그녀 앞으로 다가왔다.

"혹시, 수지 톰슨?"

수지는 고개를 들어 그 남자를 바라보았다. 그러고는 입에 가득 핫도그를 문 채 깜짝 놀라서 어쩔 줄 몰랐다. 고등학교 시절 애인이었던 밀트 브라운이었다. 오랜 세월 만나지 못했다가 우연히 다시 만난 것이었다. 두 사람은 나란히 벤치에 앉았고, 이후 다시 교류를 시작했다.[20]

정서적인 교류를 찾아서 늘 바깥으로 손을 뻗고 있던 수지는 훗날 자기 남편이 결코 정서적으로 부족한 사람이 아니었다는 말을 했다. 단지 자기감정을 바깥으로 드러내지 않았을 뿐이라는 것이다. 그런데 워런이 강력한 정서적 유대감을 느꼈던 대상이 친구들과 투자자들이었던 것은 분명해 보였다. 이들에 대해서 워런은 강한 의무감을 느꼈으며, 이들을 사실상 가족으로 여겼다. 워런의 가족들은 워런의 이런 모습을 특히 뚜렷하게 인식할 수밖에 없었다. 워런은 가족 행사에 참가할 때 다른 무언가에 정신이 팔린 채 의례적인 태도로 행동했는데, 이런 모습은 친구나 투자자를 대할 때의 모습과 확연히 달랐다.

워런은 지난 13년 동안 깨어 있던 시간의 대부분을 잡아먹었던 투자 회사의 문을 닫을 준비를 하면서도, 여전히 투자자들과의 끈을 놓으려 하지 않았다. 오히려 더 극단적으로 나아갔다. 예를 들면, 투자자들에게 편지를 써서 각자 자산을 어떻게 관리해야 할지에 대한 대안을 세밀한 부분까지 일러주었다.

투자자들에 대한 이런 헌신적인 모습에 대해서 워런은 다음과 같이 설명했다.

다른 투자 자문자들을 찾아낸다는 것은 매우 어려운 문제입니다. 내가 투자 회사를 정리할 때, 나에게만 의지하던 투자자들이 많이 있었고 이들에게 상당한 돈을 돌려줘야 했지요. 나는 적어도 이들에게 어떤 대안은 마련해 줘야 한다는 의무감을 느꼈습니다.

아무리 넓은 눈으로 바라본다 하더라도 이건 자산운용가가 취할 행동으로는 매우 이례적이었다. 벤 그레이엄조차 누가 투자 자문을 구하면 "어, AT&T를 사시오"라고만 이야기하고, 몇몇 사람들에게는 그저 아무렇게나 워런 버핏의 이름을 슬쩍 언급할 뿐이었다. 하지만 워런은 자기 투자자들이 미래의 투자 상황에서 다치지 않도록 온갖 정교한 노력을 기울였다. 투자자들 가운데 일부는 이미 멍거에게 가 있었다. 하지만 멍거는 시장을 불안한 눈으로 바라보고 있었다. 다음은 멍거가 하는 말이다.

"사람들을 계속 실망시키는 상황에서 자기 주변에 사람들이 모이길 바라는 사람이 어디 있겠습니까?"

멍거는 또한 워런과 같은 홍보 능력이 부족했다.

나는 동업자들에게 예외적일 정도로 선하고 또한 정직한 두 사람을 추천했습니다. 샌디 고츠먼과 빌 루안이었습니다. 그때까지 나도 투자 세계에 상당히 오래 몸담아 왔기 때문에 두 사람에 대해서는 오랜 기간 지켜보면서 잘 알고 있었죠. 이 두 사람이 그간 기록한 놀라운 수익률뿐만 아니라, 이 수익률을 달성한 방법까지 속속들이 알았습니다. 그 방법과 과정이 무척이나 중요한 것이었지요.[21]

그래서 보다 돈이 많은 투자자들은 고츠먼이 설립한 회사 '퍼스트 맨해튼 컴퍼니'를 찾아갔다. 하지만 샌디 고츠먼이 소규모 투자자들은 원하지 않자, 워런은 나머지 투자자들을 루안에게 보냈다. 루안은 당시 '키더, 피보디'에서 나와 릭 커니프, 시드니 스타이어스와 함께 투자 자문 회사인 '루안, 커니프 앤드 스타이어스Ruane, Cunniff & Stires' 설립을 준비하고 있었으며, 특히 투자 규모가 작은 투자자들을 위해서 '세쿼이아 펀드Sequoia Fund'를 만들고 있었다. 이들은 버핏 파트너십이 문을 닫으면 일자리가 없어질 존 하딩을 고용해서 새로운 회사의 오마하 사무실을 운영하게 했다. 증권 판매를 하고 있던 존 루미스와 워런이 조사 담당 인력으로 고용하고 있던 헨리 브랜트 역시 '루안, 커니프'에 갔다. 이런 관계로 하딩과 루미스, 브랜트는 여전히 워런의 확장한 '패밀리' 안에 남게 되었다.

워런은 루안을 오마하로 데리고 와서 세쿼이아 펀드에 가입할 투자자들을 모으게 했다. 그는 전형적으로 수학적인 용어들을 동원해서 루안을 보증했다. 워런은 오랜 세월 동안 루안을 보아왔다. 하지만 만에 하나 일이 잘못되어 혹시 자기에게 비난이 날아들지도 몰랐기 때문에 투자자들에게 다음과 같이 썼다.

사람을 판단할 때 모든 오류를 완벽하게 제거하기란 불가능합니다. (……) 그러나 나는 빌이 인간성이라는 측면에서나 투자 수익률이라는 측면에서 모두 예외적일 정도로 높은 가능성을 보이는 인물이라고 생각합니다.[22]

하지만 워런이 버핏 파트너십을 문 닫을 준비를 하는 동안 과열된 시장이 꺼질 것이라는 첫 번째 징후가 나타났다. 미군 부대가 베트남에서 철수하기 시작하던 1969년 7월 다우지수가 19퍼센트나 떨어졌다. 비록 승전 분위기가 그해 여름 전국을 흔들었지만, 월스트리트는 이것을 느끼지 못했던 것이다. '내셔널 스튜던트 마케팅National Student Marketing'과 '미니 펄스 치킨 시스템Minnie Pearl's Chicken System Inc.' 같은 이국적인 주식들이 붕괴하기 시작했다.[23]

그런데 워런과 멍거, 게린이 끈질기게 주식을 사들였던 쿠폰 회사 블루칩 스탬프는 특이하게도 이런 흐름에서 제외되었다. 이 세 사람은 이 회사가 스페리 앤드 허친슨과의 반독점 소송에서 조정을 이뤄낼 것을 예상하고 투자했었다. 그리고 마침내 이 조정이 이루어졌을 때, 이 주식은 불과 한 해 만에 200만 달러 투자에 대해서 700만 달러 가까운 수익을 세 사람에게 안겨주었다.[24] 블루칩 스탬프는 주식 공매를 결정했고 워런은 버핏 파트너십이 보유하고 있던 주식을 팔기로 했다.[25] 1969년 마지막 해에 버핏 파트너십의 투자자들은 눈부신 수익률의 혜택을 누릴 게 예상되었다. 이 투자자들은 버핏 파트너십이 블루칩 스탬프에 투자한 줄도 모르고 있었다.

10월에 워런은 또 한 차례 그레이엄 신봉자 모임을 소집했다. 한 해 전에 샌디에이고의 라 호야에 모였던 열두 사람은 초청 대상에 당연히 포함되었다. 이번에는 벤 그레이엄이 참석하지 않았다. 하지만 부부 동반으로 참석자들의 아내도 초대했다. 비록 아내들은 남자들이 하는 주식 토론회에는 참석하지 않았지만, 이들이 있다는 것 자체만으로 이번 모임은 휴가 분위기가 물씬 풍겼다. 워런은 뉴욕시티에 살았고 또 여행을 좋아하던 마셜 와인버그에게 행사 준비를 일임했다. 그런데 와인버그는 워런과 마찬가지로 10센트짜리 동전 하나도 아끼는 습관이 몸에 배어 있었고 자가용 제트 비행기를 타고 여행하는 경험을 해본 적이 없었던지라, 이리저리 알아본 후 안타깝게도 모임 장소를 플로리다의 팜 비치에 있는 리조트 호텔 콜로니 클럽Colony Club으로 정했다. 여기에서 그레이엄 신봉자들은 모두 시골뜨기 대접을 받았다. 심지어 벨보이들조차 이들에게 콧방귀를 뀌었다.

루안은 첫날 만찬 자리에서 벨보이가 자기가 팁으로 준 5달러를 "나보다 당신에게 더 필요한 것 같네요"라면서 되돌려주더라고 말했다. 빌 스콧은 워런에게 전화하려고 늘 주머니에 가득 넣고 다니던 10센트짜리 동전을 한 움큼 쥐어서 벨보이에게 줬는데, 이 벨보이는 돌아서서 가면서 그 동전을 복도에 홱 뿌려버리더라고 했다.

그 뒤 닷새 동안 사람들은 좋지 않은 음식과 좁은 방, 세찬 비바람에 시달려야 했다. 남자들은 마치 강의실에서 강의를 듣는 교수와 학생들처럼 좌석을 배치해서 앉았다. 맨 앞의 교수 자리에는 주로 워런이 앉았다. 이들은 수많은 세월 동안 함께 대화와 토론을 나누어 왔기 때문에 암호화된 약어를 동원해서 마치 속기를 하듯이 빠르게 토론했다.[26] 이때의 토론 내용을 워런은 나중에 한 편지에서 이렇게 썼다.

> 찰리가 섬뜩한 이야기 몇 가지를 했습니다. 나도 비슷하게 우울한 결론 몇 가지를 내렸습니다. 한편 월터[월터 슐로스]는 낡은 공장들을 가지고 있는 두 개의 철강 회사 주식이 여전히 장부 가격보다 낮다는 이야기를 했습니다.[27]

워런은 '무인도 게임'을 제시했다. 만일 무인도에 10년 동안 꼼짝없이 갇혀 있어야 한다면 어떤 주식에 투자하겠느냐는 것이었다. 요컨대, 경쟁과 시간이라는 부식성 요소의 영향을 가장 덜 받는 가장 강력한 독점 판매권을 가지고 있는 회사, 즉 멍거가 말하던 '훌륭한 기업'을 찾는 게임이었다. 사람들이 저마다 제시하는 대답을 헨리 브랜트가 부지런히 받아 적었고, 워런은 〈월스트리트 저널〉를 소유하고 있는 '다우 존스'(미국의 금융 및 언론 서비스업체. 다우지수 서비스를 제공한다–옮긴이)를 제시했다. 신문사에 대한 그의 관심은 점차 커지고 있었고 또 점차 집중되고 있었지만, 신기하게도 그는 실제로 이 주식을 소유하고 있지는 않았다.

모든 일정을 마치고 돌아갈 때도 사람들은 처음 도착할 때와 비슷하게 호텔 직원들로부터 푸대접을 받았다. 호텔에서는 그들이 주식시장이 죽을 쑤고 있는 상황에서 어떻게든 살길을 찾아보려고 애쓰는 3류 주식 중개인 집단이라고 여겼던 것이다.[28] 직원들은 이들이 호텔의 중이층에 진열되어 있던 보석 진열장 가까이 다가가지 못하게 막기도 했다. 마지막 날에 사람들이 떠날 때 에드 앤더슨은 프런트로 가서 어떻게 하면 공항으로 가장 빨리 갈 수 있는지 물었다. 그러자 데스크의 직원은 이렇게 대답했다.

"우리 손님들은 대부분 리무진을 타고 이동하시지만, 당신들에게는 택시를 불러드리죠."[29]

워런은 이 콜로니 클럽을 "친근하고 가족적인 호텔, 단 케네디 가문에 한해서"라고 표현했다.[30] 앤더슨도 "고급한 장소에 저급한 수행"이라고 말했다. 나중에, 콜로니 클럽에 대한 저당권을 가지고 있던 포트 로더데일(플로리다 남동부의 도시–옮긴이)의 한 사업가가 워런에게 금융 거래와 관련된 자문을 구했다. 그러자 워런은 수수료를 한 푼도 받지 않고 자문해 주겠다면서 조건 하나를 달았다.

"만일 당신이 저당물을 찾아갈 권리를 박탈할 기회를 가지고 있다면, 그렇게 해버리세요."[31]

워런이 콜로니 클럽에 초대한 사람들 가운데는 호슈차일드–콘의 루이스 콘도 포함되어 있었다. 워런은 루이스와 그의 아내와 점점 친해져서 부부 동반으로 함께 코주멜(캐리비언 해안의 보석이라 불리는 멕시코의 섬-옮긴이)에 휴가를 가기도 했었다. 하지만 루이스 부부를 콜로니 클럽에 초대한 일이 곧 어색하게 되고 말았다. 그 일정이 잡히자마자 워런과 멍거는 호슈차일드-콘 백화점이 자기들에게 전혀 도움이 되지 못할 것이라는 사실을 깨달았기 때문이다. 이와 관련해서 멍거는 이렇게 말한다.

"소매 유통업은 매우 힘든 사업입니다. 우리는 우리가 잘못했다는 사실을 깨달았죠. 실제로 충분히 오래 영업을 해온 모든 대형 소매 유통점들은 극복하기 어려운 문제에 봉착하게 마련입니다. 20년 동안 시장을 지배해 온 소매 유통점이 다음 20년 동안 반드시 그 자리를 지킬 수 있는 게 아닙니다."

경험적으로 두 사람은 소매 유통점에 회의적이었다. 시간이 흐르면서 이런 경계심은 점점 더 커져만 갔다.

그들은 돈을 잘 벌어다 줄 회사들, 지속적인 경쟁 우위 요소를 가지고 있으며 자본의 생성과 소멸의 자연적인 주기를 가능한 한 오래 버텨낼 회사들을 원했다. 플로리다의 콜로니 클럽에서 모임을 가진 지 얼마 지나지 않아 멍거와 워런은 호슈차일드-콘을 '슈퍼마케츠 제너럴Supermarkets General'에 팔았다. 가격은 들어간 비용만큼 쳐서 받았다.[32] 워런은 버핏 파트너십을 정리하기 전에 거래를 매듭지어 투자자들에게 자산을 돌려주려고 가능한 한 서둘렀고, 이와 함께 루이스 콘과 그의 아내도 버핏 부부의 삶에서 완전히 사라졌다.[33]

DRC는 호슈차일드-콘을 인수할 때 무담보 채권을 발행했었고, 워런은 여기에 특별히 신경을 썼었다. 처음으로 은행을 통해 공적인 대출을 받는 경우였기 때문이다. 워런은 채권 발행과 관련해서 몇 가지 특이한 사항들을 채권 조항에 넣어야 한다고 요구했다. 하지만 당시 은행 직원들은 특이한 조건을 달면 채권을 팔기 어렵다고 반대했다.

내가 그랬죠. '안 됩니다. 채권에는 반드시 이런 조항들이 들어가야 합니다'라고요. 그 채권은 내가 처음 발행한 채권이었고 결국 나는 몇 개 조항을 집어넣었습니다. 채권 인수업자들이 전혀 관심을 가지지 않을 조항들이었죠. 당시 나는 몇 년에 걸쳐서 채권 발행에 대해서 많은 생각을 했었습니다. 그리고 채권을 가지고 있는 사람들이 어떻게 손해를 보는지에 대해서도 많은 생각을 했었습니다.

채권 소유자들은 역사적으로 주식 소유자들보다 수익이 적었다. 상대적으로 낮은 위험을 부담하는 대가로 잠재적인 무한 기회를 포기했기 때문이다. 하지만 실제 현실에서는 꼭 그렇지만은 않다는 사실을 워런은 알고 있었다.

내가 넣은 조건 가운데 하나는, 어떤 이유로든 우리가 채권에 이자를 지급하지 않았을 경우에 채권을 가지고 있는 사람들은 투표권을 행사해서 회사를 지배할 수 있다는 조항이었습니다. 즉, 파산이나 기타 모든 종류의 상황에서 불이익을 당하지 않아도 된다는 것이었지요.

벤 그레이엄도《증권 분석》에서 이와 관련된 내용을 서술하면서 다른 어떤 주제를 다룰 때 못지않게 힘을 주었었다. 법정이, 채권을 뒷받침하는 자산이 거의 무가치한 수준이 아닌 한, 채권 소유자가 그 자산을 압류할 수 있도록 허용하는 경우가 거의 없다는 현실을 비판적으로 서술했던 것이다. 무담보 채권에 대한 이자 지급은 도무지 말이 안 되는 기간까지 지연되면서 채권 소유자에게 불이익을 주었던 것이다. 이런 내용을 잘 알았기 때문에 워런은 DRC의 채권에, 채권이 미지불된 상태에서 회사는 배당금을 지불할 수 없다는 조항을 담았던 것이다. 채권에 대한 이자가 지불되지 않은 상태에서는 지분 투자자들이 회사 수익을 마음대로 가져갈 수 없다는 뜻이었다.

두 번째 특이한 조항은, 채권에 대한 이자는 8퍼센트로 하며 해당 회사의 수익에 따라서 추가로 1퍼센트를 더 지급할 수 있다는 내용이었다.

그리고 워런은 세 번째 조항을 추가했다. 그 채권이 분명 주로 자기나 자기 명성을 아는 사람들에게 팔릴 게 분명하다고 여긴 그는 자기가 더는 최대 주주로 존재하지 않을 DRC 주식을 충분히 팔기만 하면, 얼마든지 그 채권을 되살 수 있기를 원했다.[34]

예전에 계약 조항에 이런 내용을 넣은 사람은 아무도 없었습니다. 내가 그랬죠. '그 사람들에게 이런 권한을 주자는 겁니다. 그 사람들이 이것을 되파는 것을 바라지 않을 수도 있습니다. 하지만 원하면 그렇게 할 수 있도록 하자는 말입니다. 그 사람들은 기본적으로 나한테 돈을 빌려줬으니까요'라고요.

워런을 상대했던 은행원 넬슨 와일더가 그런 조항들은 전례가 없으며 불필요하다고 했지만 워런은 끝까지 고집을 꺾지 않고 자기가 원하는 대로 했다.[35]

그런데 금리가 오르고 은행들이 대출을 꺼리자, 무담보 채권은 싸게 자금을 동원할 수 있는 소중한 방식으로 급부상했다. 그럼에도 불구하고, 오늘의 1달러가 미래의 50달러나 100달러가 될 수도 있다고 생각했던 워런으로서는 그 돈을 보다 효과적으로 사용할 기회가 날아갔다는 사실이 호슈차일드-콘에서 수백만 달러를 손해본 경험과 마찬가지로 느껴졌다. 이런 사실과 관련해서 워런은 오랜 시간이 지난 뒤에 다음과 같이 결론을 내렸다.

시간은, 훌륭한 기업에게는 친구이고 평범한 회사에게는 적이라고 합니다. 당신은 이 원칙이 당연하다고 생각할 수도 있습니다. 하지만 나는 이 교훈을 무척 어렵게 배웠습니다. (……) '아내가 바람이 나서 도망을 갔다네, 나의 가장 친한 친구와 함께, 나는 지금도 그 친구를 그리워하네'라는 노래 가사가 있습니다. 호슈차일드-콘과의 기업적 결혼 생활을 청산한 뒤에 나는 바람맞은 이 남편의 심정과 똑같은 회한을 느꼈습니다. (……) 좋은 회사를 엄청난 가격에 사는 것보다 엄청난 회사를 좋은 가격에 사는 게 훨씬 더 낫습니다. 찰리는 이런 사실을 진작부터 알고 있었습니다. 나는 뭐든 늦게 배우는 편이었지요. 하지만 지금, 회사나 보통주를 살 때, 우리는 일류 경영진이 운영하는 일류 회사를 찾습니다. 여기에서 곧바로 비슷한 교훈이 나옵니다. 좋은 기수는 좋은 말을 타면 좋은 성적을 내지만 쇠약한 말을 타고는 좋은 성적을 낼 수 없습니다.[36]

1969년 가을에 워런과 멍거가 호슈차일드-콘을 매각하려 하고 있을 때 〈포브스〉는 워런에 관한 기사를 썼다. '오마하가 어떻게 월스트리트를 꺾었나?'라는 제목의 이 기사가 실린 〈포브스〉는 불티나게 팔렸다. 이 기사는 워낙 인상적이었던 터라, 워런을 다루는 기자들은 그 뒤로 수십 년 동안 이 기사 내용을 인용했다.[37]

〈포브스〉의 기사는 "1957년 버핏 파트너십에 투자한 1만 달러는 지금 26만 달러가 되었다"고 했다. 이제 1억 달러 규모로 성장한 이 투자 회사는 그간 연평균 31퍼센트의 복리 수익률을 기록했다. 지난 12년 동안 "단 한 번도 돈을 잃어본 적이 없었다. (……) 워런은 일관되게 근본적인 투자 원칙들을 따름으로써 이런 성과를 기록했다." 이 기사를 쓴 익명의 저자는, 그때까지 있었던 워런에 대한 모든 평가를 압도하는 놀라운 통찰력을 다음 한 문장에서 보여주었다.

"버핏은 단순한 사람이 아니다. 하지만 그의 취향들은 단순하다."

단순한 취향을 가진 단순하지 않은 이 인물은 투자 회사를 운영하면서 자기의 주식 거래 내용을 언제나 철저하게 숨겼다. 그리고 인터뷰 기사로 인물평이 난 적도 없었다. 하지만 이제 비밀주의가 더는 중요하지 않은 시기가 되자, 워런은 세간의 이목을 끄는 자신에 관한 기사에 협조적인 태도를 보였던 것이다.

그 기사는 워런의 순자산을 밝히지 않았다. 심지어 언급조차 하지 않았다. 그 기사를 쓴 사람은, 워런이 1966년에 더는 새로운 투자자를 받지 않기로 천명한 뒤로 불과 3년 만에, 재투자된 그의 수수료는 그의 순자산을 네 배로 불려서 이 순자산이 2,650만 달러가 되었다는 사실을 알지 못했다. 그리고 새로운 투자자가 투자 자금을 가지고 들어올 일이 없는 상태에서, 버핏 파트너십 자산에서의 그의 지분은 19퍼센트에서 26퍼센트로 올라갔다는 사실도 알지 못했다. 그 기사는 오마하에 있는 그의 집이 두서없이 증축된 낡은 집이라고 했으며,[38] 그의 평범한 사무실에는 컴퓨터와 직원이 부족하다고 했다. 사실이었다. 취향이 단순한 이 남자는 여전히 하루에 펩시콜라 너덧 병을 마셨고, 디너파티에서도 와인 대신 펩시콜라를 주문했으며, 스테이크나 햄버거보다 더 복잡한 어떤 음식이 나올 경우 디너롤만 먹었다. 패션에 관해서는 집에서 빨래하는 사람에게 의지하는 것 외에는 아무것도 알지 못했던 그는 공개적인 자리에서 부랑자보다 조금 나은 차림으로 나타날 때도 종종 있었다. 하지만 이런 상황에서도 그는 자기의 옷차림이 왜 문제가 되는지 거의 인식하지 못했다. 아마도 그는 방 두 개짜리 허름한 아파트에 살았다 하더라도 행복했을 것이다. 돈을 얼마나 벌었는지 기록한 점수판만 있으면 아무것도 문제가 되지 않을 터였다. 제대로 사는 것에 신경을 쓴 사람은 수지였다. 돈이란 어떤 특별한 목적에 쓰이지 않는 한 아무런 의미가 없다고 생각한 사람도 수지였다.

그럼에도 이 두 사람은 한동안 부자의 생활을 하기도 했다. 자기들의 경제력이 허용하는 만큼 그렇게 사치스럽게 살았다는 뜻은 물론 아니다. 수지는 심지어, 워런에게 자기 차와 같은 캐딜락을 골라주었다. 별도의 부가 기능 없이 기본 사양만 갖춘 것이었다. 이것도 수지는 인근 수킬로미터 안에 있는 모든 자동차 판매점에 전화를 걸어서 가장 싼 가격을 확인한 뒤에야 구매 결정을 했다. 사람들은 워런이 입는 수수한 옷과 계속 늘어나기만 하는 그의 재산 사이에 뚜렷한 격차가 점점 더 선명해지는 것을 느꼈다. 그의 부드러운 태도와 자기를 웃음의 희생자로 삼는 유머, 평온한 분위기는 사람들을 편안하게 했다. 그는 예전에 보였던 품위 없는 모습을 여전히 조금씩은 비쳤고 불편함을 느낄 때 유독 예전의 거만함이 두드러졌다. 남의 비판을 너그럽게 받아들이는 능력은 크게 더 늘어나지 않았다. 그는 초조함을 숨기는 방법을 배우고 있었다. 그리고 오래 사귄 친구들에게는 깊은 의리를 보이고 충성을 다했다. 사람들은 특히나 그가 근본적으로 정직하다는 사실에 크게 놀랐다.

그러나 그와 오랜 기간 함께 보낸 사람들은 "만족할 줄 모른다"고 언급할 정도로 사정없이 휘몰아치던 그의 에너지가 이제는 힘을 잃은 듯 예전만 못하다는 사실을 알았다. 이런 모습에 사람들은 한편으로는 안도하면서도 한편으로는 그런 자기들의 모습에 죄의식을 느끼기도 했다. 그는 엄청나게 많은 정보를 빨아들였으며, 이런 정보에 친구들이 관심을 가질 것이라 생각하고 신문 및 잡지의 온갖 자료들을 퍼붓다시피 했다. 그런데 결국 나중에는 친구들이 자기보다 몇 달이나 뒤처져 있다는 사실을 알고 깜짝 놀라곤 했다. 그가 대화를 하면서 하는 말은 우연히 불쑥 튀어나오는 게 아니었다. 겉으로 보이는 것보다 훨씬 더 계산된 것이었다. 비록 상대방 쪽에서 받아들일 때 모호하다 할지라도, 그가 하는 말에는 언제나 의도가 담겨 있었다. 그래서 사람들은 때로 불쑥, 그가 자기를 시험하고 있다는 사실을 깨닫곤 했다. 워런의 말과 행동은, 바깥으로 드러나는 일상적이고 태평한 모습과는 전혀 다른 팽팽한 내적인 긴장감을 숨기고 있었다.

버핏 파트너십을 청산하고 나면 그 모든 에너지와 집중력으로 그가 무엇을 할 것인지 상상하기란 쉽지 않았다. 투자자들 가운데 많은 사람은 워런 없이 투자해야 한다는 사실을 쉽게 받아들이지 못했다. 너무도 아쉬워서 워런의 옷자락을 잡은 손을 차마 놓지 못하는 사람들이 수두룩했다. 이런 아쉬움은 다른 버핏 가족이 꾸려왔던 또 다른 사업체인 버핏 식료품점의 운명과 대조적이었다. 워런의 삼촌 프레드 버핏은 아들들 가운데 그 누구도 가업을 이어받겠다는 사람이 없자, 세운 지 딱 백 년 된 그 가게를 포기하겠다고 선언했다. 가게를 팔려고 내놓았지만, 한 해 매출액이 50만 달러나 되었음에도 사겠다고 나서는 사람이 없었다. 자본주의의 수레바퀴가 오마하의 식료품점에서도 작동하고 있었던 것이다.

버핏 부부를 포함해서 버핏 집안 사람들은 사교계와 거리가 멀었으며 진짜로 큰 파티는 한 번도 연 적이 없었다. 하지만 수지는 버핏 파트너십과 버핏 식료품점의 문을 닫은 뒤, 1969년 9월의 마지막 주말 저녁에 한바탕 즐거운 잔치판을 마련했다. 모든 인종에 속한 모든 연령대의 사람 200여 명이 워런의 집에 몰려들었다. 사업가들, 사교계의 부인들, 수지의 가난한 '고객들', 십대 청소년들, 버핏 파트너십 덕분에 부자가 된 친구들, 수지의 여자친구들, 목사들과 신부들 그리고 랍비들, 지역의 정치인들이 여기저기서 터지는 카메라 플래시 속에서 90센티미터 높이로 쌓인 펩시콜라 상자 곁을 유쾌하게 지나다녔다. 수지는 이날 파티의 주제를 뉴욕의 '스테이지 도어 델리Stage

Door Deli'(베시가에 있는 식당–옮긴이)로 잡고, 사람들에게 수수하게 입고 오라고 일렀다. 손님들이 입고 온 옷은 퀼로트(여성의 치마바지–옮긴이)에서부터 드레스까지 다양했다. 반으로 자른 맥주통에는 그녀가 가장 좋아하는 색인 햇빛 노란색 국화가 가득했다. 탁자는 마치 간이 뷔페 식당의 탁자처럼 훈제 쇠고기를 넣은 샌드위치와 치즈 등으로 장식했고, 이날 분위기에 맞게 식탁 위로 온갖 소시지와 털 뽑은 닭들을 주렁주렁 매달았다. 일광욕실의 맥주통 옆에 자리 잡은 피아노 연주자는 손님들에게 노래를 따라 부르라고 권했다. 팝콘 기계가 풍기는 팝콘 냄새는 사람들의 발길을 붙잡아서 임시 극장으로 개조한 지하실로 끌어들였다. 천장에는 헬륨 가스를 넣은 커다란 풍선들이 둥둥 떠다녔고, W. C. 필즈, 메이 웨스트 그리고 로렐과 하디가 등장하는 영화들이 밤늦게까지 손님들을 맞았다. 일광욕실에서는 이제 노인이 된 프레드 버핏, 손님들이 비키니를 입은 두 명의 모델에게 보디 페인팅을 할 때 이 두 사람을 '보호'하느라 정신이 없었다. 며칠 뒤 수지는 그날의 파티를 돌아보면서 다음과 같이 말했다.

"정말 즐거웠습니다. 그게 끝나버렸다는 생각을 하는 것조차 싫을 정도로요."[39]

1945년에 워런과 루 바티스톤은
여성 보디빌더의 개척자인 애비 스톡턴
(일명 '퍼지')을 열렬히 사모했다.

워런은 1949년에 JC 페니 백화점의 남성복 및
남성 액세서리 매장에서 일했다. 아침마다 일하러
가기 전에 직원들은 지하층에서 단합대회를 했고,
이 자리에서 워런은 우쿨렐레를 연주하면서 노래를 불렀다.

워런이 '알파 시그마 파이'의 형제이던 레니 파리나와
함께 소매치기 상황을 연출하고 있다. 1948년.

1951년에 워런은 배니타 메이 브라운과 데이트했다.
그녀는 1949년에 전국벚꽃축제에서 '네브래스카의
공주'로 뽑혔다. 또한 '1949년 미스 네브래스카'로도
선정되었다.

수전 톰슨과 워런 버핏이 결혼식장에서 활짝 웃고 있다, 1952년 4월 19일.

초등학교에 입학하기 전의 수전 톰슨.

워런이 죄수 흉내를 내고 있다. 1952년 4월, 신혼여행을 하던 중.

그레이엄-뉴먼의 두 동업자 제롬 뉴먼과
벤저민 그레이엄. 날짜 미상.

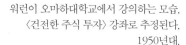
워런이 오마하대학교에서 강의하는 모습,
〈건전한 주식 투자〉 강좌로 추정된다,
1950년대.

뉴욕시티에서 벤 그레이엄과
에스티 그레이엄 부부의 집을 방문한 수지.
수지는 수지 주니어를 안고 있고,
에스티는 버핏 부부 사이에서 갓 태어난
아들 하워드 그레이엄 버핏을 안고 있다.

가족사진. (오른쪽에서부터 시계 방향으로)
수지, 피터, 호위, 수지 주니어, 1960년대 중반.

아버지 앨 멍거의 품에 안긴 어린 찰리 멍거.
멍거는 이미 이때부터 트레이드마크인
냉소적인 표정을 하고 있다.

워런 버핏과 그의 동업자 찰리 멍거의 1980년대 모습.
워런은 자기들을 '사실상 샴쌍둥이'라고 불렀다.

'그레이엄 그룹'의 첫 모임, 1968년 샌디에이고의 호텔 델 코로나도에서. 왼쪽에서 오른쪽으로 버핏, 로버트 부어스틴(그레이엄의 친구), 벤 그레이엄, 데이비드 '샌디' 고츠먼, 톰 냅, 찰리 멍거, 잭 알렉산더, 헨리 브랜트, 월터 슐로스, 마셜 와인버그, 버디 폭스(옆모습), 빌 루안. 로이 톨스가 이 사진을 찍었고, 프레드 스탠백은 참석하지 않았다.

1970년대 중반의 버핏 가족. 왼쪽에서 오른쪽으로 호위(반려견 해밀턴을 안고 있다), 수지, 피터(수지 뒤), 워런, 수지 주니어.

시퀸으로 장식된 빛나는 옷을 입고
오마하의 '프렌치 카페'에서
노래 공연을 하기 전의 수지 버핏,
워런과 떨어져 샌프란시스코로 떠나기 직전.

버핏 부부가 〈오마하 선〉이 보이스 타운 취재
기사로 퓰리처상을 받은 것을 축하하고 있다.

신부 수지 버핏 주니어와
신랑 앨런 그린버그의 1983년 11월
결혼식 모습. 그린버그는 나중에
버핏 재단의 대표이사가 된다.

워런과 〈워싱턴 포스트〉의 발행인 케서린 그레이엄 사이의
평생 동안 이어지는 친밀한 우정은 1973년에 시작되었다.

28세의 애스트리드 멩크스, 1974년. 4년 뒤에
수지 버핏은 애스트리드에게 워런을 돌봐달라고
부탁하고, 애스트리드는 워런과 함께 살기 시작했다.

러시아 출신 이민자인 로즈 블럼킨은
시련을 극복하고 북아메리카 최대의
가구점을 일구어 냈다. 그녀는 103세까지
현업에서 일했는데, 워런은 블럼킨을
닮고 싶다는 말을 자주 했다.

자기 집 부엌에 있는 워런.
자기가 제일 좋아하는 낡은
스웨터를 입고 있다.

워런이 조지 번스의 95세
생일 모임에서 그와 브리지 게임을
하고 있다. 로스앤젤레스의
힐크레스트 컨트리클럽에서, 1991년.
찰리 멍거와 '95세 이하는 금연'이라고
쓴 알림판은 보이지 않는다.

오마하 로열스의 개막 경기에서 시구를 하는 워런, 2003년 4월 11일.

PART 4

수지, 노래를
부르다

34

캔디 해리

오마하, 1970~1972년 봄

스테이지 도어 델리 파티가 끝난 지 두 달 뒤, 워런이 버핏 파트너십을 정리하는 형식적인 절차를 밟고 있을 때 다우지수는 추락해서 800선이 무너졌다. 한 달 뒤인 1970년 1월에는 워런의 친구 캐럴 루미스가 〈포천〉에 실은 헤지펀드 관련 기사에서,[1] 워런이 버핏 파트너십의 역사 속에서 이룩한 놀라운 성과와 주식시장에 대한 그의 비관적인 전망을 집중 조명했다. 이 기사가 나오기 직전, 즉 주식시장이 내리막길을 막 달리기 시작할 때 워런은 투자자들에게 편지를 써서 버핏 파트너십이 보유하고 있는 자산 내용을 설명했다.

- 버크셔 해서웨이. 그는 이 회사의 가치를 한 주당 45달러라고 했다.[2] 이 가운데 약 16달러는 직물 공장에 물려 있었는데, 이 부문

의 관련 사업은 만족스럽지 않으며 앞으로 전망은 더욱 좋지 않다고 그는 말했다. 그러나 비록 이것이 전체 가치 가운데 3분의 1이나 차지하고 있지만, 이 부문을 청산해서 현금화하지는 않을 것이라고 했다. "나는 직물 공장에서 일하는 사람들을 좋아합니다. 이들은 어려운 조건 속에서도 회사의 사정을 개선하려고 열심히 일해왔습니다. 비록 수익률이 낮긴 하지만, 현재 수준을 유지하는 한 이 부문을 계속 안고 갈 것이라 기대합니다." 버크셔 해서웨이는 또한 자기보다 훨씬 수익성이 좋은 보험 회사 내셔널 인뎀너티를 소유하고 있었다.

- DRC. 그는 이 회사의 가치를 한 주당 11.5달러에서 12달러 사이로 평가했다. 이 회사는 변변찮은 어소시에이티드 코튼 숍스와 호슈차일드-콘을 매각해서 나온 현금과 어음만으로 구성되어 있었으며, 워런은 이것을 '다른 사업체들에 재투자할 용도'로 활용할 계획을 가지고 있었다. 그는 그 대상 사업체들이 어떤 것인지 구체적으로 밝히지 않았는데, 이것은 버핏 파트너십에 가입할 때 그랬던 것과 마찬가지로 자기가 내리는 판단을 신뢰해 달라고 투자자들에게 암묵적으로 요구하는 것이었다.

- 블루칩 스탬프. 워런이 투자자들에게 처음으로 공개한 자산이었다. 워런은 이 회사가 연말경에 주식을 팔아서 이 자산을 현금화할 것이라고 했다.

- 일리노이 내셔널 뱅크 앤드 트러스트. 일리노이의 록퍼드에 있는 이 은행 역시 버크셔 해서웨이가 소유하고 있었다.

- 신문사 〈오마하 선〉. 워런은 이것을 두고 '재정적으로는 의미가 없다'고 표현했다.[3]

투자자들은 버크셔 해서웨이를 소유함으로써 자기들이 쿠폰 사업체 하나와 은행 하나 그리고 대단치 않은 신문사까지 소유한다는 사실을 알고는 깜짝 놀랐다.[4] 이제 투자자들은 이것들을 보유할지 아니면 팔아 치울지 결정해야 했다. 그들은 이제 그 자산들을 모두 현금화할 수 있었기 때문이다.

"그가 파이를 자르면, 투자자는 이 파이 조각들 중에서 자기 것을 먼저 고를 수 있는 기회를 가질 수 있었던 거죠."

존 하딩이 하는 말이다. 워런이 재기 넘치는 제안을 한 것이다. 물론 워런은 투자자들이 현금을 선택해서 버크셔 해서웨이와 DRC 리테일링 주식을 자기에게 넘기고 떠나기를 바랐다. 마음속으로 이렇게 바라면서도 그는 투자자들에게 정직하게 모든 걸 이야기했다. 1969년 10월 9일 투자자들에게 보낸 편지에서 그는 시장 예측을 했다. 예전에는 보이지 않았던 이례적인 모습이었다.

전문 투자가로 나선 뒤 처음으로, 전문 자산운용가의 주식 투자에 맡기는 것과 방어적으로 채권에 투자하는 것 사이에서 평균적인 투자자들에게 뭐라고 권할 만한 선택의 여지가 없다고 생각하게 됐습니다.[5]

물론 워런은, 매우 유능한 투자가라면 채권 수익률보다 조금 더 높은 수익률을 간신히 만들어 낼 수 있을 것이라는 여지는 남겨뒀다. 그럼에도 버핏 파트너십을 떠나야 하는 투자자들은 그 현금으로 어떤 것을 시도했을 때 얻을 수 있는 기대치를 높이 잡아서는 안 된다는 게 워런의 메시지였다.

두 달 뒤인 12월 5일, 워런은 DRC와 버크셔의 주식 가격이 어떻게 될 것인지 예측하는 한편, 자기는 무엇을 할 것인지 투자자들에게 말했다.

내 의견을 말하자면, 앞으로 몇 년 동안 DRC와 버크셔의 내재 가치는 엄청나게 상승할 것입니다. (……) 이 상승률이 연평균 대략 10퍼센트가 되지 못한다면 나로서는 무척 실망할 것입니다.

이건 매우 중요한 발언이었다. DRC와 버크셔에 투자할 때의 수익률이 채권 투자 수익률보다 나을 뿐 아니라, 앞서 10월에 투자자들에게 보낸 편지에서 이야기했던 최고 수준 전문 자산운용가의 수익률보다 나을 것이라고 예측했기 때문이다.

나는 이 두 주식이 장기적으로 좋은 수익을 낼 거라고 생각합니다. 그리고 내 순자산 가운데 많은 양을 이 두 주식에 묻어두고 있어서 무척 행복합니다. (……) 내가 앞으로 상당히 긴 기간 동안 DRC와 버크셔 투자를 계속 유지할 가능성은 매우 높습니다.[6]

이 편지와는 별도로 또 다른 편지를 투자자들에게 보내 채권에는 어떻게 투자해야 할지 자세하게 설명했다. 다른 자산운용가들에게서는 찾아보기 어려운 모습이었다.

버핏 파트너십의 문을 닫으면서 투자자 네 명에게 공황과 같은 충격을 주었습니다. 네 명 모두 이혼한 부인이셨습니다. 이분들은 다른 사람은 누구도 믿지 않고 오로지 나만 믿었습니다. 남자들에게서 좋지 않은 경험을 했고, 만일 자기들이 가지고 있는 돈을 잃어버릴 경우 그 돈을 다시 모을 수 있으리라고 생각하지 않았는데, 한밤에 전화해서 나한테 이런 말을 하곤 했죠. '내가 돈을 계속 벌 수 있도록 당신이 관리해 줘야 해요.' 뭐 대충 이런 내용이었습니다.[7]

그런 부탁을 받고서도 그는, 열한 살 때 '시티즈 서비스 프리퍼드'가 누나인 도리스를 실망시켜 참담했던 기분을 상기하면서, 신탁 관계에 있는 자산운용가처럼 행동하지 않았다. 자기가 설정한 기준 아래에서 제대로 수익률을 낼 수 없다고 보았기 때문이다. 그래서 그는 다음과 같이 말한다.

기본적으로, 설령 내가 보증인이라 하더라도 그 일은 할 수 없었습니다. 얼마나 어려운지 한 번 제대로 경험했으니까요.

워런은 라구나 비치에서 크리스마스를 보내면서 버핏 파트너십 청산 작업을 계속했다. 모든 일에서 그랬듯이, 그는 크리스마스 선물을 살 때도 어떤 체계에 따라서 효율적으로 했다. 우선 오마하 최고의 의류점인 '톱스Tops'에 갔다. 그리고 자기와 관련 있는 모든 여자들의 각기 다양한 옷 치수를 적은 목록을 매장 직원에게 주었다.

그러면 직원들이 그 옷을 카트에 한데 싣고 나타났습니다. 나는 최종적으로 여러 가지 결정들을 내리면서 누이들, 수지, 글래디스 등에게 줄 옷을 샀죠. 나는 그런 과정을 좀 즐겼습니다. 버티는 다른 사람들보다 보수적이었습니다. 그래서 스타일 면에서 한 단계 튀는 걸로 골랐지요. 버티는 나한테서는 그런 옷을 받았지만, 다른 사람들에게서는 그런 옷을 받지 않았습니다.

12월 26일, 크리스마스 선물을 교환한 뒤에 워런은 투자자들에게 다시 장문의 편지를 보냈다. 투자자들이 했던 수많은 질문들에 대한 답변 편지였다.[8] 적지 않은 투자자들이 그의 견해에 이의를 제기했었기 때문이다. 우선 그들은 버크셔 해서웨이 주식을 계속 보유할지 아니면 처분할지 판단을 앞두고 있었다. 버크셔 해서웨이의 공장들이 변변찮은 수익밖에 내지 못한다면 팔아서 현금화하지 왜 계속 보유하느냐는 게 이들이 제기한 의문이었다. 여기에 대해서 워런은 다음과 같이 썼다.

"연평균 수익률에 추가로 몇 퍼센트포인트 더 얻고자 수많은 사람들을 실업자로 만드는 거래를 하고 싶지 않습니다."

아울러 1969년 1월에 썼던 편지 내용을 상기시켰다. 그러나 사실 그가 늘 관심의 초점을 기울였던 일이 추가로 몇 퍼센트포인트의 수익률을 더 높이는 것이었기에, 이런 식의 발상과 합리화는 그의 초기 경력에서는 찾아볼 수 없었다.

투자자들의 질문은 또 있었다.

"도대체 〈오마하 선〉 신문은 뭡니까?"

여기에 대해서 워런은 이 신문사는 거의 무시하고 버려둬도 될 규모인 한 주당 1달러의 가치를 가지고 있다고 대답했다. 그러고는 마지막에 매우 유명한 말을 덧붙였다.

"우리는 커뮤니케이션 분야에서 더 확장할 계획은 가지고 있지 않습니다."[9]

투자자들의 질문은 또 있었다.

"그렇다면 어째서 버크셔 해서웨이와 DRC를 주식시장에 상장해서 자유롭게 거래되도록 하지 않습니까?"

버크셔 주식은 주주들이 단단하게 움켜쥐고 있어서 '합의' 없이는 거래될 수 없었다. 그렇기 때문에 이 주식 가격이 실제로 어느 정도 가치를 가지고 있는지 알기 어렵게 만들었다. DRC의 주식은 전혀 거래되지 않았다.

길고 복잡한 설명들이 이어졌다. 이 설명을 하면서 워런은, 이 두 주식에 대해서 자유롭게 거래가 이루어지는 유동성 높은 공개 시장은 덜 효율적이며 또 덜 공정할 것이라고 주장했다. 그리고 또 "보다 세련되고 정교한 투자자들은 그렇지 않은 투자자들보다 중요한 이점을 가질 것"이라고 했다. 그리고 그의 투자자들 가운데 보다 많은 순진한 사람들이, 조울증이 심한 존재이자 때로 그 주식에 엄청나게 낮은 가격을 매겨왔던 '미스터 마켓'(시장을 의인화한 표현 – 옮긴이)의 우악스러운 손아귀에 사로잡히지 않을 것임은 틀림없었다. 워런의 설명 덕분에, 투자자들이 주식 중개인이 하는 그럴듯한 말에 넘어가서 그 주식을 팔고 IBM이나 AT&T 주식을 살 가능성은 줄어들었다. 하지만 이 설명은 그의 투자자들이 선택할 수 있는 가짓수를 제한했고 (그들이 그것을 사기도 어렵게 만들었고 또 팔기도 어렵게 만들었다), 또 만일 그들이 그 주식을 판다면 워런에게 팔 가능성을 높여주었다.

버핏 파트너십의 자산운용가이자 무한 책임 동업자로서 워런은 이 두 회사를 전체적으로 지배하고 통제하는 데 익숙해진 상태였다. 손을 털고 익명의 '미스터 마켓'에게 모든 것을 맡겨버릴 수는 없었다. 게다가, 그가 이 주식을 이제 결별하는 자기 투자자들에게 나누어 주는 순간, 그들과 워런의 이해관계는 처음으로 상충할 수도 있었다. 그 주식들을 비상장 상태로 유지하는 것을 정당화하기 위한 이 미묘하고 복잡한 근거는, 버핏 파트너십의 전체 투자자들 가운데 자산운용가로서 워런이 가장 정교한 투자자라는 사실을 가운데 놓고 주위를 빙빙 도는 도시도(파트너와 등을 맞대고 추는 춤 – 옮긴이)나 마찬가지였다. 버핏 파트너십이라는 한 배를 탔던 다른 사람들보다 유리한 입장에 있는 사람이 바로 워런이었다. 그의 의도가 아무리 정직하다 하더라도, 그 결정은 워런의 이해와 다른 사람들의 이해 사이 잠재적 갈등의 폭을 더욱 넓혔다. 워런이 보낸 편지의 극도로 정직한 논조에서는, 자기가 옳은 일을 하려 한다고 스스로 생각하게끔 자기 자신을 설득해야만 하는 어떤 사람의 아이러니가 엿보였다. 하지만 그 갈등은 결국 힘든 감정을 야기할 게 분명했다. 그에게 주식을 팔고 나중에 후회하는 사람은 결국, 워런이 자기를 이용했다고 생각할 수밖에 없었던 것이다.

그럼에도 불구하고, 워런 속에 존재하는 하워드는 투자자들이 선택할 수 있는 여러 가지 방안들을 솔직하고 정직하게 투자자들에게 제시하라고 요구했다.

"그렇다면 나는 이 주식을 계속 가지고 있어야 할까요?"

이 질문에 대해서 워런이 대답하는 방식은, 워런의 투자자들이 정확하게 무엇을 기대해야 할지 일러주었다. 워런의 대답은 여태까지 주식과 관련해서 그가 공식적으로 했던 그 어떤 충고보다 선명하고 직접적이었다.

"내가 말할 수 있는 것은, 나는 앞으로도 계속 이렇게 나갈 것이라는 사실입니다. '앞으로 주식을 더 많이 살 계획입니다.'"[10]

떠나가는 투자자들 역시 처리할 제3의 주식을 가지게 될 터였다. 12월 26일의 같은 편지에서 워런은 투자자들에게, 블루칩 스탬프 주식의 가격은 충분히 떨어졌다고 말했다.[11] 주가는 짧은 기간 안에 한 주당 25달러에서 13달러로 뚝 떨어졌다. '세이프웨이 스토어즈Safeway Stores'가 고객을 잠식했고, 또 법무부가 명령한 대로 지분 3분의 1을 팔아야 했지만 인수할 주체가 나타나지 않았던 것이다. 게다가 블루칩 스탬프를 상대로 두 개의 소송이 로스앤젤레스 지구 법원에서 새로 제기되었다. 하나는 '더글러스 오일 컴퍼니Douglas Oil Company'가 제기한 것이고, 또 하나는 주유소들이 집단적으로 제기한 것이었다. 이들은 모두 블루칩 스탬프가 반독점법을 위반했다고 주장하며 피해액의 세 배와 변호사 비용을 청구했다.[12]

이런 일련의 변화된 조건들 때문에 블루칩 스탬프의 문제가 더욱 늘어나면서 이 회사의 주식이 떨어질 때조차, 워런은 여전히 이 주식을 팔기보다는 꾸준히 샀다. 그는 이 주식을 DRC와 내셔널 인뎀너티 이름으로 샀고, 버크셔가 인수한 두 개의 작은 보험 회사 '콘허스커 캐주얼티Cornhusker Casualty'와 '내셔널 파이어 앤드 마린National Fire & Marine' 이름으로 샀다. 또한 자기와 수지 이름으로도 샀다.

이제 투자자들은 워런이 주식을 팔지 않으리라는 것을 알았다. 그리고 실제로 워런은 이 주식을 보다 더 많이 모을 계획을 세웠다. 그들은 주식이나 현금 가운데서 자기들이 원하는 것을 선택할 수 있었다. 만일 현금을 선택한다면 워런이 그 주식을 가질 터였고, 주식을 선택한다면 여전히 어떤 의미에서 워런의 투자자로 남을 터였다.

사람들이 자기를 받아들이고 좋아할지 어떨지 걱정하는 와중에 워런은 다른 어떤 것보다 충성심을 높이 쳤다. 그는 자기가 맺은 모든 관계에 있던 사람들에게서 충성심을 추구했다. 버핏 파트너십의 청산도 어떻게 보면 충성 서약 시험과 같은 요소를 가지고 있었다. 이런 점은 뒤에 이어지는 그의 행동을 보면 보다 선명하게 드러난다.

버핏 파트너십이 청산되면서 워런은 보다 더 많은 주식을 살 수 있는 보다 더 많은 돈을 확보했다. 자기 몫의 주식을 그대로 보유하면서도(워런은 버크셔 해서웨이의 18퍼센트, DRC의 20퍼센트, 블루칩 스탬프의 2퍼센트를 각각 가지고 있었다)[13], 그와 수지는 1969년 말을 기준으로 해서 대략 1,600만 달러나 되는 현금을 확보하고 있었다. 그리고 1970년 한 해 동안 버크셔와 DRC의 주식은 빠르게 주인이 바뀌기 시작했다. 마치 거인이 카드를 섞는 것 같았다. 워런은 약속한 대로 버핏 파트너십에 있던 현금으로 버크셔와 DRC의 주식을 계속 자기 이름으로 사들였다. 파트너들이 알았더라면 깜짝 놀랄 만한 규모였다. 버크셔에 있는 현금으로도 버크셔 주식을 샀다. 그리고 DRC에 대해서는 9퍼센트 이자의 DRC 채권을 발행해서 이것을 주고 몇몇 사람들로부터 주식을 얻어냈다.[14] 워런은 또한 누나 도리스의 전 남편인 트루먼 우드에서부터 자신의 첫 투자자 호머 도지와 그의 아들 노턴에 이르기까지 온갖 사람들로부터 주식을 사들였다.[15] DRC의 주식을 팔지 않은 사람들은 수익 가운데 단 10센트도 현금화하지 않고, 기꺼이 워런과 행동을 함께하며 워런에게 자기들의 원금과 수익을 그대로 재투자하게 했다. 이런 행위는 신뢰의 표현이었고, 이것은 워런에게 매우 중요한 요소였다.[16]

그 이후 줄곧 워런은 그 주식을 보유한 사람들에게서 충성심을 느꼈다. 오늘날의 표준적인 CEO라면 도저히 이해할 수 없는 그런 강력하고 깊은 충성심이었다. 나중에 회고하듯이 버크셔는 여전히 그에게 버핏 파트너십과 같은 투자 회사나 마찬가지였다.

> 이 회사는 기본적으로 나와 자기들을 동일시하며 또한 오마하에 오고 싶어 하는 주주들이 있는 개인 기업과 같은 것입니다.

그는 동업자 관계인 투자자들을 공통된 가치와 이해관계를 함께 공유하는 복잡한 일련의 조합에서 비롯된 사람들로 바라보았지 단기적인 경제적 목적에서 비롯된 사람들로 바라보지 않았다. 그는 자기에게 돈을 맡긴 투자자들을 가족처럼 대하려고 노력한다는 말을 자주 했다. 그의 투자자들은 그를 신뢰한 사람들이었고 또 그가 특별한 의무를 지고 있던 사람들이었다. 이런 의무에 대한 대가로 그는 그 사람들에게 충성심을 기대했다.

하지만 사람들은 모든 종류의 근거와 이유에 따라서 각자 자기들 나름대로 결정했다. 어떤 사람들은 돈을 필요로 했고, 또 어떤 사람들은 단지 빌 루안의 말만 듣고 세쿼이아 펀드에 투자했다. 주식 중개인들은 사람들에게 돈만 삼키는 직물 공장 주식을 팔라고 했다. 어떤 사람들은 이들이 하는 말을 좇았고, 어떤 사람들은 고개를 저었다. 몇몇 전문 투자가들은 다른 선택 사항들을 가지고 있어서 차라리 따분하기 짝이 없는 그 주식을 팔아버리는 게 낫다고 판단했다. 워런 이 직접 웨스트코스트에 가서 DRC 채권을 제안했을 때 에스티 그레 이엄의 동생 베티는 자기가 가지고 있던 DRC 주식을 팔았지만 에스티는 팔지 않았다. 벤 그레이엄의 사촌 로다 사나트와 그녀의 남편 버니는, 워런이 주식을 사고 있고 그게 워런에게 좋은 거라면 자기들에게도 좋을 거라고 믿고 DRC 주식을 팔지 않기로 결심했다.[17] 워런이 누나 도리스에게 채권을 내밀었지만 도리스 역시 워런이 가는 길을 따라가는 게 낫다고 판단하고 DRC의 주식을 팔지 않았다.

제법 많은 투자자들이 워런에게 그 주식이 앞으로 어떻게 될 것인지 보다 더 사적으로 질문을 했다. 그러자 그는 조심스럽게, 잘 될 것이라고, 하지만 시간은 아주 많이 걸릴 것이라고 대답했다. 잭 알렉산더와 마셜 와인버그와 같은 사람들은 그 말을 이해하고, 자기들이 좋은 투자자라 여기며, 자기들이 가지고 있던 주식 가운데 일부를 워런에게 팔았다.

멍거는 나중에 워런을 존 D. 록펠러와 같은 '무자비한 인수자'라고 부르게 되는데, 록펠러는 자기의 제국을 건설하던 초기에 그 어떤 것도, 그 누구도 자기 앞길에 방해되지 못하도록 했다.[18] 나중에야 몇몇 사람들은 자기들이 잘못된 방향으로 이끌렸다는 사실을 깨달았다. 어떤 사람들은, 결과를 놓고 볼 때 그런 모습이 바로 워런 버핏의 참모습이라는 사실을 진작 알았어야 했는데 그러지 못한 게 잘못이라고 자책했다.

1970년 말을 기준으로 할 때 과거 워런의 투자자였던 사람들 가운데 많은 사람들이 주식을 팔아서 현금화했지만 그는 계속해서 주식을 더 많이 샀다. 워런과 수지가 가지고 있던 버크셔 주식은 처음에 18퍼센트밖에 되지 않았지만 나중에는 36퍼센트 가까이 되었다.

이들이 소유한 DRC 주식도 두 배로 늘어나서 39퍼센트가 되었다. 이제 워런은 두 회사를 명실공히 지배했다.[19] 그는 또한 블루칩 스탬프의 주식도 계속 샀으며, 그 결과 처음 2퍼센트밖에 되지 않던 소유권이 13퍼센트까지 늘어났다.

남편이 DRC와 버크셔를 장악하는 것으로 선회한 것을 보고 수지 버핏은, 남편의 두 번째 '은퇴'는 첫 번째 은퇴와 다르지 않을 것이라고 받아들였다. 우선 맨 먼저 들 수 있는 이유는, 블루칩 스탬프는 버크셔 해서웨이만큼이나 골칫거리들을 안고 있다는 점이었다.[20] 이 회사는 그냥 쪼그라드는 게 아니라 죽어가고 있었다. 따라서 워런과 멍거는 이 회사에 자산을 불어넣어 줄 새로운 회사를 인수해야만 했다.

1971년 말, 닉슨 대통령이 금본위제를 포기한 뒤에(2차 대전 이후 달러화가 기축 통화로서 자리를 잡았지만, 베트남 전쟁을 계기로 달러 가치가 폭락함에 따라 각국이 고정 환율 제도를 포기하게 되고, 닉슨은 달러화 폭락에 따른 금과의 교환 비율 증가 및 금 부족 현상 때문에 금태환 중지 선언을 했다-옮긴이), 유가는 천정부지로 치솟았고 전국의 주유소 가운데 절반이 쿠폰 발행을 중단했다. 인플레이션으로 물가가 치솟자, 소매 유통 부문에서는 쿠폰을 모으면 경품을 주는 따위의 고전적인 고객 유치 방식이 먹히지 않게 되었다. 사람들은 보다 낮은 가격을 원했고, 소매업자들은 할인 경쟁 체제로 돌입했다.[21] 주부들이 치밀하게 쇼핑 계획을 짜서 알뜰하게 쿠폰을 모아 전기 프라이팬 따위의 제품을 공짜로 받아 가는 식의 구매 행태는 사라져 버린 것이다.

그러던 어느 날, 워런은 블루칩 스탬프의 사장이던 빌 램지로부터 전화 한 통을 받았다. 로스앤젤레스에 본사가 있는 '씨즈캔디 See's Candies'가 매물로 나왔다는 것이었다. 워런은 당시 캔디 회사들을 조사하는 작업을 진행하고 있었으며, 이런 작업의 일환으로 '패니 파머 Fanny Farmer'와 관련된 자료를 수집하고[22] '네코 웨하스'를 만들던 회사를 조사했다. 하지만 캔디 회사들은 비쌌다. 그래서 여태까지 감히 엄두를 못 냈었다. 이러던 차에 반가운 소식을 들은 워런은 곧바로 찰리와 전화를 연결하라고 비서에게 다그쳤다.[23] 멍거는 태평양 연안 지역의 회사이던 블루칩 스탬프를 책임지고 있었다.

캐나다 출신의 캔디 영업사원이 1921년에 세운 씨즈캔디는 버터, 크림, 초콜릿, 과일, 견과 등 재료를 최고 품질로 씀으로써 '일류 품질'보다 더 높은 소위 '씨즈 품질'이라는 수준을 열었다. 2차 대전 때도 씨즈캔디는 배급제로 할당되던 재료들을 희석시켜서 전체 생산량을 늘리는 따위의 편법을 쓰지 않았다. 오히려, 흑백의 색깔 대비로 눈에 확 띄던 자기들 가게에 '다 팔리고 없습니다. 크리스마스를 위해서 전쟁 채권을 삽시다'라는 표어를 붙이는 쪽을 선택했다.[24] 이렇게 해서 씨즈캔디는 품질로 소비자의 신뢰를 얻고 캘리포니아의 명물 회사가 되었다. 멍거는 워런에게 다음과 같이 말했다.

"씨즈캔디는 캘리포니아 인근에서 아무도 범접할 수 없는 명성을 가지고 있는데…… 우리가 이 회사를 적당한 가격에 인수할 수 있어요. 이 회사의 브랜드와 경쟁하려면 가지고 있는 돈을 몽땅 털어 넣어야 할 정도입니다. 그 정도로 브랜드 가치가 높다는 말이죠."

에드 앤더슨은 너무 비싸다고 생각했다. 하지만 멍거에게는 확신과 열정이 넘쳤다. 멍거와 워런은 이 회사를 자세하게 조사했고, 마침내 멍거는 이렇게 말했다.

"정말 죽이는 회사군! 그리고 경영자인 척 허긴스, 이 사람도 똑똑해요. 이 사람을 계속 데리고 가면 되잖아요!"[25]

씨즈캔디는 이미 다른 쪽과 인수 협상을 시도하고 있었으며, 자산은 500만 달러밖에 되지 않았음에도 불구하고 3천만 달러를 요구했다.[26] 씨즈캔디라는 브랜드와 명성의 값, 다시 말해서 소비자의 호의가 나머지 2,500만 달러라는 것이었다. 예를 들어서 수지 버핏도 캘리포니아에 갔다가 처음 씨즈캔디의 맛을 보고는 이 회사의 열렬한 팬이 되었다.

워런과 멍거는 씨즈캔디라는 회사가 2,500만 달러의 가치가 있는 채권과 같다고 결론을 내렸다. 만일 이 회사가 자기 수익을 '이자'로 지불해 왔다면 그 이자율은 약 9퍼센트인 셈이었다. 하지만 이것만으로는 충분하지 않았다. 회사 하나를 운영한다는 것은 채권을 가지고 있는 것보다 위험이 더 크기 때문이었다. 금리도 확실하게 보장되지 않았다. 하지만 수익률은 증가하고 있었다. 평균적으로 연 12퍼센트였다. 이렇게 본다면 씨즈캔디는 지급 이자가 점차 커지는 채권이라고 할 수 있었다.[27] 게다가 이 회사의 매력은 또 있었다.

우리는 이 회사가 무한한 가격 결정력(가격 책정의 주도권을 행사하는 힘 – 옮긴이)을 가지고 있다고 생각했습니다. 씨즈캔디는 당시 '러셀 스토버 Russell Stover'(당시 초콜릿 캔디 부문의 강자 – 옮긴이)의 가격으로 캔디를 팔았습니다. 당시에 내가 가장 궁금하게 여겼던 사항은 450그램에 15센트만 더 받아도 400만 달러의 수익에다 250만 달러의 수익을 더 낼 수 있지 않을까 하는 것이었습니다. 가격을 조금 더 공격적으로 책정함으로써 650만 달러나 700만 달러를 어렵지 않게 벌 수 있는 회사를 사는 셈이라고 생각했던 겁니다.

이 회사를 인수하려면 두 사람을 상대로 협상을 벌여야 했다. 우선 찰스 B. 시라는 사람이었다. 워런과 멍거, 게린은 이 사람을 '캔디 해리'라고 불렀는데, 이 사람은 얼마 전에 세상을 떠난 자기 형 래리 시의 재산도 함께 관리하고 있었다. 찰스 시와 래리 시 형제는 동업자였고, 래리가 회사를 줄곧 경영해 왔다.

캔디 해리는 씨즈캔디를 경영하고 싶은 마음이 확실히 없었습니다. 이 사람은 와인과 여자에게 관심이 많았죠. 여자 뒤꽁무니를 열심히 쫓았고 그걸 좋아했습니다. 그렇다고 해서 헐값에 회사를 넘겨버릴 위인은 아니었죠. 마지막 순간에 매각을 취소해 버렸어요. 릭과 찰리가 이 사람을 만나러 갔고, 찰리는 여자와 와인에 대한 최고의 강의를 캔디 해리에게 했습니다.

또 다른 한 사람은 그 회사의 재무 담당 책임자이던 일명 '넘버스 해리'라 불리던 해리 W. 무어였다. 블루칩 스탬프는 변호사들을 통해서 넘버스 해리에게 씨즈캔디 인수의 재정적인 이점을 어필하는 한편, 캔디 해리에게 죽은 형의 재산 집행자 일을 함으로써 발생할 수 있는 골치 아픈 이해상충 문제들을, 이 회사를 매각함으로써 털어낼 수 있다고 설득했다.[28]

블루칩 스탬프가 제시한 가격 2,500만 달러에서, 세금 납부 이전 기준으로 400만 달러의 수익은, 워런과 멍거에게 세금 납부 이후 기준으로 9퍼센트 수준의 투자금이 회수된다는 뜻이었다. 이건 씨즈캔디가 미래에 얼마나 성장할 것인가 하는 변수를 고려하지 않은 수치였다. 제품의 가격을 올려서 추가로 200만 달러나 300만 달러를 더 벌어들이면 투자 자본 대비 수익률을 14퍼센트까지 올릴 수 있을 것이라고 두 사람은 보았다. 비록 확실하게 보장된 것은 아니었지만, 이 정도면 괜찮은 투자 대비 수익 수준이었다. 문제는 수익이 앞으로 계속 늘어날 것인가 하는 점이었다. 워런과 멍거는 그럴 것이라는 데 의견을 모았다. 여기까지는 아무런 어려움이 없었다. 하지만 두 사람은 값을 깎는 데 타고난 선수였다. 두 사람에게 제시된 가격을 깎지 않고 그냥 받아들이는 일은 있을 수 없었다. 그러자 멍거의 직원인 아이라 마셜이 나서서 비판했다.

"당신들 정말 정신 나갔습니까? 당신들이 대가로 지불해야 할 것들이 있잖아요. 인력의 질, 회사의 질 등 말입니다. 당신들은 이런 품질에 대해서 너무 낮게 평가하고 있어요."

여기에 대해서 멍거는 다음과 같이 말한다.

"워런과 나는 그 비판을 묵묵히 들었습니다. 그리고 마음을 바꿨습니다. 결국 인수 가격은 우리가 기꺼이 지불할 수 있는 최고 한도에 접근했죠."[29]

인수 협상이 체결되는 와중에 워런은 '트위디, 브라운'이 이미 씨즈캔디의 주식 1천 주를 가지고 있다는 사실을 알았다. 워런은 그 회사에 주식을 자기들에게 팔라고 했다. '트위디, 브라운'의 투자가들은 이 회사가 어느 정도 가치를 가지고 있는지 알았으며, 거기에 비해서 워런이 제시한 가격이 너무 낮다고 생각했다. 그래서 저항했고, 이들과 워런 사이에 잠깐 동안 논쟁이 벌어졌다. 그들은 워런에게 씨즈캔디의 주식을 내줘야 할 이유가 없었다. 그러자 워런은 '당신들보다 내가 그 주식을 더 절실하게 원하기 때문'이라는 말로 맞섰다. 이 싸움에서 결국 워런이 이겼고, 워런은 그들의 주식을 샀다.[30]

인수 계약이 체결되고 워런과 멍거, 게린이 씨즈캔디 이사회에 이름을 올리자마자 워런은 이 회사의 사업에 열정적으로 몸을 던졌다. 대리인을 내세웠던 뎀스터 밀이나 버크셔 해서웨이 경우에서는 전혀 찾아볼 수 없던 모습이었다. 워런은 이 회사의 제품이 들어 있는 상자를 그레이엄 추종자 친구들에게 보냈다. 그리고 얼마 지나지 않아서 부사장 척 허긴스에게 편지를 보내, 콜로라도 스프링스와 페이엇빌, 갤버스턴 등지의 전국에 걸친 지역에 씨즈캔디 매장을 새로 여는 일을 전국의 쇼핑센터 소유주들과 논의해 오고 있다는 사실을 설명했다. 그러면서 허긴스에게 아이오와는 대상 지역에서 제외하면 좋겠다는 의견을 제시했다. 여러 쇼핑센터 관계자들이 워런에게 "아

이오와 사람들은 캔디를 그다지 좋아하지 않는다"라고 말했던 점이 작용했다.[31]

워런은 캔디 해리가 특별한 친구들로 칭했던 수많은 여자들에게 한 달에 한 번씩 캔디 상자를 보내던 관행을 폐지해도 좋다고 허긴스에게 허락했다. 그리고 설탕 선물(先物)과 코코아 선물을 쫓기 시작했다. 특히 450그램에 58센트이던 코코아 가격은 록우드의 투기 이후 최고로 높은 수준을 기록하고 있었다.[32]

워런은 캔디 제품을 놓고 다양한 실험을 하자고 제안했다. 이런 실험의 결과, 예산 그리고 수많은 재무 관련 정보를 보고 싶어 했다. 그는 또 허긴스에게 라스베이거스에 있는 한 매장에 대한 이야기도 썼다.

"위치를 제대로 잡기만 하면 얼마든지 돈을 더 벌 수 있습니다. 정말 흥미로운 일이 아닐 수 없습니다. 당신은 지금 우리의 경쟁 우위를 확장하는 최고의 일을 하고 있습니다."

뿐만 아니라 워런은 허긴스에게 광고 문안에 대해서 중점적으로 신경을 써서 코카콜라의 '상쾌한 이 순간'이나 쿠어스 맥주[33]의 '로키산의 지하수로 빚었다'와 같은 탁월한 광고 문안을 만들어 내라고 지시했다. 마치 허긴스가 아침 식탁에서 콘플레이크를 먹으면서 코카콜라의 광고 문안과 같은 멋진 문구를 어렵지 않게 뽑아낼 수 있기라도 한 듯 태연하게 그런 지시를 내렸다.[34] 그야말로 데일 카네기식 몰아붙이기였다. 오랜 세월 워런 아래에서 이런 몰아붙이기를 당했던 한 직원은 워런의 이런 모습에 대해 다음과 같이 말했다.

"늘 칭찬을 하지요. 그러면서 늘 해야 할 일을 더 많이 내밀었습니다."[35]

새로운 성취가 이루어질 때마다 장애물 경주의 허들 높이는 조금씩 높아졌다. 그리고 그럴 때마다 워런은 이 허들을 넘는 사람에게 더 높이 도약할 수 있을 것이라고 안심시켰다. 그 효과는 작은 물줄기 같았다. 부드러우면서도 끊임없이 이어지는 압력은 실무자가 나가떨어지기 전까지는 기분 좋게 느껴진다. 나중에 경영과 관련된 워런의 관심이 시들해지자, 직원들은 커다란 짐을 하나 벗은 것처럼 자유롭다고 느꼈다. 그 정도로 워런이 가한 압력은 컸다. 허긴스는 처음에 워런이 캔디 사업에 관심과 열정을 보이던 모습에 속아서, 워런 앞으로 캔디 산업 관련 잡지 여러 개를 신청했다. 하지만 워런은 다른 새로운 사업으로 관심과 열정을 돌렸고, 이 잡지들의 구독을 모두 손수 끊었다.

"찰리라면 아마도 언젠가는 캔디 제조업자로서의 비전을 가질 수 있을 겁니다. 하지만 나는 그냥 재무상태표만 보겠습니다."[36]

자기는 캔디 회사를 소유하는 것을 좋아하지 이 회사를 경영하는 것은 좋아하지 않는다는 사실을 워런은 깨달았다.

집에서도 마찬가지였다. 워런은 어떤 사람에게 매우 진지하게, 정말 얼굴을 보고 싶으니 꼭 와주길 바란다고 말하고선 정작 이 사람이 오면 그저 그 사람이 거기에 와 있다는 사실에만 만족한 채 신문에 얼굴을 파묻었다. 하지만 때로는 워런이 방문자와 끝없이 이야기를 나누는 바람에 방문자가 그의 집을 나설 때는 녹초가 되기도 했다. 수지는 자기 남편의 열정이 왔다가 사라지고 다시 또 왔다가 사라지는 모습을 줄곧 지켜보았다.

워런은 여전히 수지에게 빠져서 공개석상에서 그녀를 끊임없이 칭찬했으며 자기 무릎 위에 수지를 앉혔다. 하지만 언제나 그랬듯이 집에서는 자기 일에만 매달렸고 보살핌을 받기만 하려고 했다. 수지는 이런 워런을 냉담하기 그지없다는 뜻으로 '빙산iceberg'이라는 단어로 한 친구에게 묘사했다. 하지만 두 사람 사이는 처음과 비교해서 바뀐 게 아무것도 없었다, 딱 하나를 제외하고. 그건 수지의 감정이었다. 워런은 만족했다. 그는 수지가 남에게 베푸는 것을 좋아하기 때문에 자기는 베풂을 받음으로써 수지에게 봉사한다고 생각했다. 자기들의 과거 모습이나 수지가 일반적으로 사람들에게 하는 행동, 특히 자기에게 하는 행동을 놓고 볼 때 워런으로서는 다른 가능성이 존재한다고 생각할 까닭이 없었다. 하지만 수지의 욕망은 바뀌고 있었다. 따뜻한 마음의 자동판매기였던 수지는 워런 한 사람이 아니라 훨씬 많은 사람들을 돌보고 있었다. 최근 앨리스 버핏이 암과의 고통스러운 싸움에서 결국 무릎을 꿇는 모습을 지켜본 뒤로 수지의 태도는 예전과 달랐다. 수지는 자기도 보살핌을 받고 싶다는 열망을 키워가고 있었다.

남편이 사업들 때문에 오마하를 떠나 있거나 자기 사무실에서 깊은 생각에 빠져 있을 때, 수지가 집에 머물러 있는 시간은 점점 줄어들었다. 친구들과 함께 점심을 먹으러 가고, 저녁을 먹으러 가고, 또 재즈 클럽에 다녔으며, 멀리 여행을 가기도 했다. 수지는 이제 자기보다 나이가 훨씬 적은 사람들을 꽤 많이 친구로 사귀고 있었다. 이 사람들은 수지를 존경했으며, 그녀의 관대하고 따뜻한 마음씨에 솔직한 자기감정을 공개적으로 표현했다. 이들이 표현하는 감정은 따뜻한 애정에서부터 노골적인 동경까지 다양했다. 하지만 이 사람들은 수지에게 양아들 같은 존재라기보다는 진정한 친구라는 게 더 정확한 표현이었다. 비록 어린 친구들 역시 그녀의 다른 친구들과 마찬가지로 그녀를 필요로 했다는 점은 다르지 않았지만 말이다.

집에서 수지는 말이 없이 조용하기만 하던 아들 피터에게 예전과 다른 방식으로 관심을 기울이기 시작했다. 피터를 마치 친구에게 하듯이 솔직하게 대하고 또 정서적으로 지지해 주었던 것이다. 이제 피터는 성인으로 성장하는 길목에 있었고, 고등학교 입학을 앞두고 있었기 때문이다.

수지 주니어는 네브래스카대학교에 입학해서 링컨에서 살고 있었다. 집안의 외출 금지 기록을 깼던 호위는 고등학교 2학년이었고, 수지는 호위를 어떻게 해서든 대학에 보내려고 온갖 노력을 기울였다. 토론회에 데려가기도 했고, 넘쳐나는 에너지를 붙잡아매고 학교 성적을 올리는 데 전념하도록 돕기도 했다. 워런은 늘 그랬던 것처럼 아이들과 관련된 모든 책임을 아내에게 떠넘겼고, 행복했다.

사업과 관련된 일과 대의적으로 베풀어야 할 일이 겹칠 때도 물론 있었다. 이럴 때마다 수지는 워런을 꾀어서 그저 수표에 서명만 하는 게 아니라 정말로 자신의 전문성을 살려서 대의에 동참할 수 있도록 했다. 수지의 친구 로드니 위드를 비롯해서 흑인 공동체의 지도자들은 노스사이드의 경제적인 발전을 도모하고 지역 차원의 자부심을 드높일 목적으로 '마이너리티 은행 minority bank'이라는 '공동체 은행 Community Bank'을 만들자는 계획을 가지고 있었다. 이런 은행들을 바탕으로 '흑인 자본주의'를 일으키자는 것이었다. 이런 생각을 하면서 이 사람들은 워런과 그의 친구인 닉 뉴먼을 찾아가 도움을 청했다. 뉴먼은 지역의 인권 활동에서 워런을 후원해 왔던 사람이다.[37]

위드는 오마하에서 존경을 받던 사람이었다. 그리고 워런은 은행을 좋아했다. 바로 얼마 전에는 오마하에서 가장 큰 은행인 '오마하 내셔널 코퍼레이션'의 이사진에 이름을 올렸는데, 이는 오래도록 깊이 간직했던 꿈을 이룬 것이었다.[38] 워런은, 사람들에게 돈을 지출하는 속도보다 더 빠른 속도로 사람들에게서 돈을 받는 회사가 있다면, 이런 회사에 자동적으로(그리고 합리적으로) 쏠렸다. 그랬기 때문에 그는 위드가 하는 말에 기꺼이 귀를 기울였다. 다만 마이너리티 은행이 과연 존속 가능할지 알고 싶었다.

공동체 은행은 다양한 고객 집단을 흡인할 수 있다는 게 전제되어야 했기 때문에, 그는 아들인 피터와 피터의 친구 한 명을 고용해서 다른 마이너리티 은행 앞에 지키고 앉아 이 은행을 이용하는 사람들의 수를 세고 이들을 인종별로 분류하는 일을 시켰다.[39] 그리고 피터가 기록한 숫자를 확인하고는 낙관적인 희망을 가진 채 '네브래스카 공동체은행 Community Bank of Nebraska' 자문위원회에 자기 이름을 올렸다. '루안, 커니프'의 존 하딩의 이름도 이 자문위원회에 함께 올렸다.[40] 워런은 이 은행의 창립자들에게 만일 흑인 공동체로부터 25만 달러의 기금을 모을 수 있다면 자문위원회에서도 그 정도 기금을 모으겠다고 말했다.[41] 이 은행은 자동차가 끌고 다니는 트레일러에 사무실 공간을 마련했다. 이때 존 로젠필드는 워런에게 다음과 같이 말했다.

"당신은 정말 최악의 선택을 한 겁니다. 한밤중에라도 은행을 통째로 끌고 고객의 집 앞으로 가서 우리 은행에 돈을 예치해 주십시오, 라고 말해야 할 테니까요."

이 은행의 관리자들과 이사진들은 대부분 흑인이었고 금융 분야에서는 신출내기였다. 이사진 가운데는 프로 야구 선수이며 워런의 친구인 밥 깁슨도 포함되어 있었다. 이 은행이 파산하는 최악의 상황을 막을 목적으로 워런은 설립자들을 대상으로 우선 강의부터 했다. 확고한 대출 기준이 마련되어 있어야 한다는 내용이었다. 은행은 자선 사업이나 사회복지 사업을 하는 단체가 아니라는 점을 무엇보다 강조했다. 한 달에 한 번씩 열리던 위원회 회의에도 참석했다. 이 회의는 밤늦게까지 이어졌지만, 그가 소유하고 있던 다른 회사들의 경우와 마찬가지로 경영에는 일절 관여하지 않았다.[42] 하지만 하딩은 날마다 은행에 출근해서 하루를 보내면서 재무상태표의 좌변과 우변이 제대로 맞아떨어지도록 했다.

"공동체에서 나온 경영진은 선한 의도를 가지고 있었습니다만, 금융적인 측면으로는 기민하지 못했습니다."

이 은행은 불량 대출을 메우려고 워런에게 손을 내밀었지만 워런은 거절했다. 위드는 이런 워런을 두고 다음과 같이 말했다.

"워런은 빈곤의 악순환을 이해하지 못했고 (……) 사면초가의 가난한 지역사회에서 부자인 자기가 해줘야 할 역할이 무엇인지 제대로 이해한 적이 없었다."[43]

하지만 워런은 숫자를 잘 이해했다. 은행은 대출 기준을 완화하거나 회수 불가능한 대출을 할 경우 금융에 대한 잘못된 교훈만 줄 뿐 그 누구에게도 도움이 되지 않는다는 사실을 알았다. 사실 이 은행은 그렇게 운영되었기 때문에 수년간 지지부진함에서 벗어나지 못했다.

수지의 친구 할리 스미스가 학비가 없어서 대학에 진학하지 못하는 흑인 학생들의 명단을 수지에게 가지고 오면서, 워런은 다른 방식으로 흑인 사회에 도움을 줄 수 있는 길을 찾았다. 수지는 수천 달러씩 여기저기에 주기 시작했다. 그런데 수지는 늘 이런 말을 했다.

"워런에게 물어봐야 해요."

한번은 스미스가 도저히 이해할 수 없어서 수지에게 물었다.

"수지, 당신이 돈을 가지고 있잖아요. 그럼 그냥 주면 되지 왜 워런에게 물어보나요?"

"그럴 순 없어요. 워런을 통해서 나가야 하니까요."

스미스는 수지처럼 돈을 많이 가지고 있는 사람이 돈을 지출하는 모든 사항을 남편에게 허락받아야 한다는 사실을 도저히 믿을 수 없었다.[44]

수지가 가족 재단인 버핏 재단을 책임지고 있었지만, 기부와 기금 모음과 관련해서는 워런과 수지가 함께 진행했다. 워런이 지출의 고삐를 쥐고 있지 않았더라면 아마도 수지는 엄청난 금액을 초기에 지출해 버렸을 것이다. 이 재단은 교육 부문에 소규모 금액을 장학금으로 내놓았는데 이 재단에는 전문적인 관리자가 없었다. 재단 관리를 제대로 하려면 미래를 생각해야했다. 어느 날 재단의 밑천이 바닥나고 나면 어떻게 할 것인가 하는 질문에 대한 대비책이 있어야 했다. 워런은 그 어느 날이 매우 먼 미래여야 한다고 생각했다. 이에 비해서 수지는 지금 당장 도움을 필요로 하는 사람들을 간절하게 도와주고 싶어 했다. 하지만 누군가는 미래를 준비하고 대비해야 했다.

한 해 전에 워런은 사십대에 접어든 사람이면 누구라도 한밤중에 고통을 이기지 못하고 잠에서 깰 수도 있는 고약한 병을 경험했다. 캘리포니아에 있는 사나트 부부의 집에서 저녁을 먹던 중에 갑자기 손가락 하나가 부어오르기 시작했던 것이다. 그는 사소한 감염으로 그날 낮에 지효성(遲效性) 페니실린 두 알을 먹었었는데, 그것 때문일 수도 있었다. 외과의사였던 버니 사나트는 알레르기 반응이 아닌지 의심하며 워런에게 항히스타민제를 주고 병원에 가보라고 충고했다.[45]

하지만 워런은 병원에 가고 싶지 않았다. 이미 한 해 전인 1971년에 살모넬라균에 감염되어 충분히 앓았던 그였다.[46] 게다가 수지가 하는 말에 따르면, 그는 엄살이 심한 환자였고 의사와 병원, 질병과 약을 끔찍하게 싫어했다.[47] 그래서 끝내 병원에는 가지 않고 수지더러 운전하라고 해서 여름 한 철 빌린 집으로 갔다. 하지만 워런의 손가락은 계속해서 부풀어 올랐다. 워런은 몹시 아팠고 현기증을 느끼기 시작했다. 다급해진 수지는 급하게 왕진 와줄 의사를 찾았다. 마침내 의사 한 사람을 찾았는데, 이 의사는 자기가 왕진을 갈 게 아니라 워런이 당장 병원 응급실로 가야 한다고 했다. 응급실에 도착했을 때 워런은 거의 의식을 잃은 상태였고, 응급실 의사들은 그의 목숨을 살리려고 필사적으로 노력했다.

사흘 뒤, 그는 여전히 병원 신세를 지고 있었다. 의사들은 운이 좋았다고 입을 모았다. 페니실린 알레르기가 워낙 심해서, 만일 다시 한번 이런 일이 일어나면 죽을 수도 있다는 게 의사들의 의견이었다. 워런이 회복하기 시작하면서 로이 톨스와 마르타 톨스 부부가 병문안을 와서 기운을 내라고 잡지 〈플레이보이〉를 한 권 주고 갔다. 하지만 워런은 기력이 없어서 책을 들고 있을 수가 없었다. 그래서 수지가 대신 페이지를 넘겨주었다. 워런은 수지가 책장을 너무 빨리 넘긴다고 투덜거렸다.

한 차례 죽을 고비를 넘기고 살아났음에도 불구하고 워런은 오마하에 돌아오자마자 예전처럼 일에 매달렸다. 그에게 은퇴라는 개념은 수탁자의 자격으로 일하지 않는다는 의미일 뿐이었다. 숨을 쉬는 한 투자 일을 멈출 생각이 없었다. 경쟁심과 승부욕은 버릴 수가 없었다. 한번은 이런 일이 있었다. 친구 사이로 지내던 헨리 브랜트와 록산 브랜트 부부의 아들인 여섯 살짜리 조너선 브랜트가 있었다. 워런이 조니와 체스를 두었는데, 형세를 보건대 워런이 불리했고 아무래도 질 것 같았다. 하지만 막판으로 가면서 워런은 특유의 '워런 버핏의 방식'을 써서 끝내 조니에게 이겼다.[48]

남편이 어린 조니에게 승리를 거두고 쾌재를 부를 즈음에 수지는 워런의 완고함에 정나미가 떨어져서 서서히 뒷걸음질치고 있었다. 언제나 자기가 하고 싶은 대로 했던 워런을 수지는 '자기가 원하는 것은 무엇이든 손에 넣는 사람'이라는 말로 표현했다.[49] 이것은 워런의 여동생 버티가 바라보았던 모습과도 같았다. 수지는 친구 한 명과 함께, 저술가이자 홀로코스트 생존자인 엘리 위즐이 어떤 유대교 교회에서 하는 연설을 들으려고 디모인에 갔다. 그리고 그곳에서 밀트 브라운을 만나 몇 시간 동안 이야기를 나누었다. 당시 밀트는 디모인에 살고 있었고, 두 사람이 만난 자리는 누군가의 집에서 열린 디저트 파티였다.[50] 한동안 수지는 이루어지지 못했던 두 사람의 관계를 후회하는 감정으로 가득 차 있었다. 그리고 전혀 다른 길을 찾아가는 게 이제 너무 늦어버린 게 아닐까, 혹시 그럴 수 있지 않을까 하는 질문을 가까운 친구들에게 공개적으로 하곤 했다. 비록 자기가 안고 있는 문제를 사람들에게 드러내 놓고 말하거나 자기 연민을 보이는 행동은 절대로 하지 않았지만, 자기 결혼 생활이 우울하게 느껴진다는 사실은 수지도 인정했다. 이처럼 자기가 불행하다고 생각하면서도 수지는 자기 문제를 직접적으로 드러내려 하지 않았으며 또한 그 문제를 회피하려 하지도 않았다. 오히려 그녀는 밀트와의 사이에서 오래전에 꺼졌던 촛불에 다시 불을 붙였다. 캘리포니아로 가는 여행이 부쩍 잦아졌다. 수지는 휴가 때면 빌리곤 했던 에메랄드만 라구나 비치의 호화로운 여름 별장 마을에 위치한 집, 바다에서 15미터 위에 횃대처럼 자리 잡은 그 집을 '이미 오래전부터 사랑하고 있었다.'[51]

워런은 특히나 집을 사는 걸 싫어했다. 눈덩이를 굴리듯 굴려야 하는데, 집이 깔고 앉은 돈은 굴릴 수가 없었기 때문이다. 수지는 돈 문제를 놓고 워런에게 가시 돋친 말을 던졌다.

"만일 당신이 부자라면, 그 집주인을 찾아가서 얼마를 주면 팔 수 있느냐고 묻고, 그 사람이 얼마를 달라고 하든 그 돈을 지불하는 게 마땅해요. 하지만 우리는 부자가 아니죠, 그건 나도 잘 알아요."

처음에는 워런이 끄떡도 하지 않았지만, 이런 식으로 여러 차례 끈질기게 싸움을 벌인 끝에 마침내 수지는 워런에게서 현금을 받아냈다. 워런은 로이 톨스의 아내이자 교활한 협상가인 마르타를 보내서 집값을 흥정하게 했다. 마르타는 집주인과 흥정해서 15만 달러[52]를 깎았다. 로이는 이 소식을 워런에게 전하려고 전화를 했다. 그리고 이렇게 말했다.

"나쁜 소식이오, 워런. 당신이 그 집의 주인이 되었소."

35

〈오마하 선〉

오마하, 1971~1973년

수지는 에메랄드만에 있는 그 집을 등나무 가구로 치장하는 작업을 시작했다. 그리고 워런이 쓸 전화선을 따로 하나 놨다. 워런은 캘리포니아에 있을 때 대부분 TV로 경제 뉴스를 보거나 전화 통화를 했다.

'개인적인 관심사'와 조 로젠필드는 수지의 남편을 계속 캘리포니아의 반대쪽, 즉 워싱턴과 선거판으로 향하게 했다. 버핏 부부는 오마하에서 1972년 민주당 대통령 후보이던 조지 맥거번 상원의원을 위해서 만찬 자리를 열었다. 또 자유주의자의 '피리 부는 사나이'로 일컬어졌으며, 젊은 사람들을 일깨워서 활발한 인권운동 관련 활동을 하게 했던 전직 하원의원 진 매카시와 닮은 구석이 있던 전직 하원의원 앨러드 로웬스타인에게도 정치 자금을 줬었다. 헤비급 권투 선수 진 터니의 '케네디를 닮은' 아들 존 터니도 후원했는데, 터니는 캘리포니아에서 상원의원에 도전해서 성공했다.[1] 그의 선거 승리는 영화 〈후보자The Candidate〉(마이클 리치 감독, 로버트 레드퍼드 주연의 1972년 영화-옮긴이)에 영감을 주는 소재가 되었다. 이 영화는 선거에 이기기에는 '너무 어리고, 너무 잘생기고, 너무 자유주의적이고, 너무 완벽한' 카리스마 넘치는 한 정치가가 결국에는 미디어 조작과 쇼맨십으로 좌우되는 선거에 회의를 느끼면서도 그것을 수용할 수밖에 없는 과정을 그렸다. 이 영화에 등장하는 '후보자'는 워런이 끊임없이 매료되었던 정치가의 유형, 즉 할리우드 스타들이 가지고 있는 형언할 수 없는 강력한 매력을 지닌 인물이며 또한 존재만으로도 유권자의 감정을 뒤흔들어 놓는 그런 인물이었다. 워런은 이런 인물들이 선거에서 이기기를 바랐다.

워런에겐 정치가에게 도움이 되리라고 판단했던 한 가지 발상이 있었다. 인플레이션율과 실업률을 합쳐서 그가 '불편 지수discomfort index'라고 불렀던 것[2]과 관련된 것이었는데, 워런은 이것을 로젠필드를 통해서 소개받은 아이오와의 해럴드 휴즈에게 전했다.

휴즈는 한때 트럭 운전사였고 술주정꾼이었죠. 덩치가 아주 컸고 목소리도 아주 대단했습니다. 수십 년 만에 한 명 나올까 말까 한 굉장한 웅변가이기도 했죠. 어떻게 보면 여러모로 조니 캐시(2003년 사망한 미국의 가수-옮긴이)처럼 보이기도 했고, 목소리도 좀 비슷했습니다. 트럭 운전사라는 직업에서 출발해 아이오와 주지사가 되었으며, 민주당의 저명인사였습니다. 휴즈는 조와 친한 친구 사이였으며 상원에서 상당한 힘을 행사했습니다. 우리는 그를 도왔고 대통령 후보로 세우려고 많은 돈을 들였습니다. 당시에는 전쟁이 그의 가장 큰 쟁점이었습니다. 그는 대단한 베트남전 반대 운동가였고, 그의 연설은 굉장했죠.

대학 중퇴자, 예수를 메시아로 여기는 기독교인, 때로 '아이오와의 포퓰리스트'라고 일컬어지는 알코올의존증 경험자였던 휴즈는 음주 문제로 고통받는 사람을 돕기 위해서라면 예정되어 있던 면담 일정 까지도 취소하곤 했다. 그는 자살을 시도하던 알코올의존증 환자들을 여러 차례 구하기도 했다. 하지만 한 번은 결국 실패하고 말았고, 이 일을 그는 두고두고 마음 아파했다. 흡인력 있는 개성의 소유자였던 그는 다크호스이자 떠오르는 샛별이었다. 청년층과 블루칼라, 매카시에게 표를 던졌던 반정부 자유주의자들의 지지를 받을 수 있는 그런 후보였다. 다른 말로 하면, 고만고만한 매력 없는 민주당 경선 주자들 가운데서 가장 돋보이던 포퓰리스트의 위대한 부활이요 희망이었다. 다른 민주당 경선 주자들은 별다른 지지를 얻지 못했다. 가장 앞선 주자였던 맥거번조차 전국 여론 조사에서 겨우 5퍼센트밖에 얻지 못했다.[3]

1971년 봄, 휴즈는 소위 '6인의 최측근 자문위원 및 보좌진'을 소집했다. 여기에는 워런과 조 로젠필드도 포함되어 있었다. 이 자리에서 휴즈는 자기가 민주당 후보자로 지명받아야 하는 혹은 받아서는 안된다고 제기될 만한 주장을 하나도 빼놓지 말고 모두 말해보라고 했다.[4]

1971년 5월 말, 우리는 워싱턴에 있는 한 호텔에서 이 모임을 가졌습니다. 사람들은 다들 대규모로 전진할 준비가 되어 있었습니다. 물론, 언제나 그랬듯이 그날 회의 역시 어떻게 결론이 날지는 미리 정해져 있었습니다. 하지만 조직과 분위기를 확실하게 다잡을 필요가 있었습니다. 그런 필요성 때문에 열린 회의였습니다.

이날 모임이 있기 한 달 전에 휴즈는 〈언론을 만나다Meet the Press〉
(NBC의 주간 뉴스 프로그램-옮긴이)라는 TV 프로그램에 참석했습니
다. 프로그램 말미에 진행자인 래리 스피바크가 이렇게 말했습니다.

'의원님이 초감각적인 지각extrasensory perception과 초자연적인 힘the
occult에 관심을 가지고 있다는 말들이 많은데, 여기에 대한 입장을 정
리해 주시죠.'

휴즈가 질문을 받고 막 대답하려는데, 갑자기 프로그램이 끝나버
렸습니다.[5] 이런 일이 있었던 걸 생각하면서 나는 그 워싱턴 모임이
끝나기 직전에 이렇게 발언했습니다.

'의원님, 나는 그 프로그램을 한 주 전에 봤습니다. 만일 다시 비슷
한 질문을 받으면, 이렇게 하시라고 제안하고 싶습니다. 우선 대답하
기 전에, 초자연적인 힘과 초감각적인 지각 사이에는 아주 중요한
차이가 있다는 점을 질문자에게 분명히 밝히셔야 합니다. 질문자가
그 질문으로 두 가지를 하나로 연결해서 의원님을 묶어버리게 놔두
지 마시라는 겁니다. 그래야만 앞으로 여섯 달 뒤에 의원님이 진짜
로 초감각적인 지각에 대해서 이야기할 때 초자연적인 힘을 이야기
한다고 하지 못할 겁니다'라고요.

그러자 휴즈의 장광설이 폭발하듯이 쏟아졌습니다. 이러더군요.

'10년 전에 나는 어느 멋진 호텔의 욕조에서 잠이 깼습니다. 잠에
서 깬 순간 나는 내가 어디에 있는지도 몰랐습니다. 내 가족이 어디
에 있는지도 몰랐지요. 내가 어떻게 거기에 가 있는지도 몰랐습니다.
정말 나는 아무짝에도 쓸모없는 인간이었습니다. 바로 그 순간, 나는
깨달았습니다. 그렇게 깨닫자, 내 배고픔을 달래고 싶다는 생각이 들
었습니다.'

그러고는 이러더군요.

'그때 그 경험은 지금 내가 가지고 있는 비전에서 나온 겁니다. 나

는 예지 능력이란 게 존재한다고 믿습니다. 내 딸은 새끼를 밴 어미의 뱃속에 있는 고양이들이 점박이라는 사실을 녀석들이 태어나기도 전에 알았습니다. 이런저런 무늬의 새끼 고양이들을 선명하게 봤다고 했습니다. 나중에 고양이들이 태어나고 보니까, 실제로 그랬습니다. 그리고 또 멀리 떨어진 곳에서 일어나는 화재를 보는 사람들도 있었지 않습니까'라고요.

그래서 나는 이렇게 말했습니다.

'의원님, 만일 내가 래리 스피바크라면 의원님 말씀을 듣고 이렇게 묻겠습니다. 의원님의 딸이, 소련이 미국을 향해 대륙간탄도미사일ICBM 발사 준비를 하는 장면을 예지 능력을 동원해서 선명하게 봤다고 한다면, 소련을 선제 공격하라는 명령을 내리실 겁니까?'라고요. 그러자 이렇게 말했습니다.

'아마 심각하게 고려해야 할 겁니다.'

그래서 나는 다시 또 이렇게 말했습니다.

'의원님, 이제 나는 래리 스피바크입니다. 의원님은 거기 앉아 계십니다. 탁자에 물 잔을 하나 올려놓고 말입니다. 내가 이렇게 말합니다. 〈어떤 사람들은 의원님 앞에 놓인 물 잔을 손 대지 않고 염력으로 움직일 수 있다고 말하는데, 이런 사람의 말을 믿습니까?〉 이 질문에 어떻게 대답하실 겁니까?'

그러니까 이럽디다.

'네, 그럴 수 있다고 믿습니다.'

그 방에 있던 사람들 가운데 몇몇은 휴즈에게 모든 걸 걸고 있었습니다. 예를 들면, 휴즈의 비서실장 같은 사람입니다. 이 사람들 머리에는 백악관에서 한 자리를 차지하겠다는 생각밖에 없었습니다. 이 사람들은 자기 귀에 들리는 걸 부정하기 시작했습니다. 손을 저으면서 휴즈가 한 말의 뜻은 원래 그런 의미가 아니라고 하더군요.

내가 계속 밀어붙이니 이 사람들은 죽을 지경이었죠. 그들이 불쑥 끼어들어서는 이러더군요. 그가 말한 건 그런 의미가 아니라고, 걱정할 문제가 아니라고, 다 잘 처리할 수 있다고, 에이브러햄 링컨도 그런 걸 믿었다고 했습니다. 그 사람들도 그 문제를 이미 예전부터 알고 있었던 게 분명했습니다. 모든 게 엉망으로 흐트러지고 있었던 겁니다. 하지만 나는 그런 걸 처음 보았습니다. 휴즈를 비롯한 그 사람들이 그 오랜 세월 준비해 왔다는 사실이나 그 사람들이 미국을 위해서 일하겠다는 꿈을 꾸고 있다는 사실이 모두 놀라울 뿐이었죠.

마침내 어느 시점에선가 조가 나서서 말했습니다.

'의원님, 만일 워런이 그런 질문을 또 하면 이 방에서 사라지게 만들어 버린다고 말씀하세요'라고요.

그래서 내가 이랬습니다.

'의원님, 보십시오. 미국이라는 나라의 정치판에는 온갖 종류의 가짜들이 있습니다. 이 사람들은 신을 믿는다고 말하고, 일요일마다 교회에 가서 예배를 본다고 말하고, 또 뭐든 다 말합니다. 아시다시피 이 인간들은 진짜로 믿는 게 아닙니다. 하나도 믿지 않지만, 그래도 이게 먹힙니다. 그런데 의원님은 무언가를 아주 절실하게 믿습니다. 거기에는 나름의 여러 가지 근거들도 있습니다. 그러나 분명하게 말씀드리지만, 평범한 민주당원들 가운데 10퍼센트 혹은 투표권을 가지고 있는 사람들 가운데 상당한 수를 놓치고 말 것입니다. 의원님이 정직하게 믿고 있는 것 때문에 말입니다. 하지만 경쟁자들은 의원님과 다르게, 자기들이 믿지도 않는 어떤 것 때문에 표를 얻을 겁니다. 이게 현실입니다'라고요.

그러니까 그 사람들은 '신경 쓰지 마세요. 그가 뭘 압니까?'라고 하더군요. 휴즈는 잠깐 밖에 나갔다 오겠다면서 나갔다가 다시 들어와서는 자기의 경선 참가 문제를 정리할 어떤 걸 하겠다고 했습니다.[6]

그리고 열흘 뒤에 휴즈는 〈디모인 레지스터Des Moines Register〉와 인터
뷰하면서, 최근에 영매(靈媒)를 통해서 죽은 형제와 한 시간 동안 대
화했다는 이야기를 했다.[7] 이로써 해럴드 휴즈 상원의원이 품었던 대
통령의 꿈은 날아가고 말았다.[8]

해럴드 휴즈와의 이 일화는 워런에게 최악의 순간이었다. 그리고
(부분적으로는 리처드 닉슨이 재선에 성공했기 때문이기도 했지만) 워런의 대통
령 만들기 노력은 끝났다. 이 노력의 휴지기는 오랜 기간 계속될 터
였다. 하지만 이 과정을 통해서 워런은 정치에서 언론 매체가 행사하
는 압도적인 영향력을 눈여겨보았다. 그런 매체를 가지고 싶었다. 어
린 시절에 했던 신문 배달, 〈포천〉의 기자 캐럴 루미스를 만나서 우
정을 쌓은 일, 〈오마하 선〉을 인수한 일, 다른 인수 대상 신문사들을
물색한 일, 〈워싱턴 먼슬리〉에 투자한 일 등을 보자면, 언론과 출판
에 대한 워런의 관심이 점차 커지고 있었음을 알 수 있다. 존 F. 케네
디 대통령의 암살에서부터 베트남 전쟁과 인권 운동에 이르는 격동
의 1960년대에 대중의 관심을 사로잡는 TV의 압도적인 힘을 그는
충분히 목격했다. 이제 방송 사업도 짭짤한 수익을 낼 것이라는 전망
은 확실했다. 워런은 이 부문에도 투자하고 싶었다.

빌 루안이 뉴욕에서 있었던 한 만찬 자리에서 톰 머피를 워런에게
소개했다. 이 사람은 '캐피털 시티즈 커뮤니케이션스Capital Cities Communi-
cations'를 경영하고 있었다. 여러 개의 방송사를 거느린 회사였다.

브루클린의 판사 아들이었던 머피는 뉴욕 정치의 매운 잡탕 속에
서 성장했고, 1949년에 하버드 경영대학원에 입학했다. 턱이 두 개
고 머리는 벗겨졌으며 서글서글한 인상의 머피는 처음 앨버니에 있
던 한 파산한 TV 방송국을 경영하는 것으로 경영자의 길을 걷기 시
작했다.

그런데 그가 당시에 얼마나 짜게 경영했던지, 건물에 도색할 때도 전체를 다 한 게 아니라 도로에 접한 쪽만 했다. 그러고는 방송사며 케이블 회사며 출판사를 사들여서 거대한 미디어 제국을 만들었다. 얼마 뒤에는 뉴욕으로 이주해서 하버드 경영대학원의 동기생 친구인 댄 버크를 끌어들였다. 댄은 '존슨 앤드 존슨_{Johnson & Johnson}'의 CEO 짐 버크의 동생이었다.

저녁을 먹은 뒤에 머피는 워런을 자기 회사 이사진으로 영입하려면 어떻게 하는 게 좋을지 루안과 머리를 맞대고 계획을 짰다. 루안은 워런의 마음을 얻으려면 오마하로 직접 찾아가는 게 좋을 것이라고 했다. 머피는 곧바로 채비를 하고 오마하로 갔다. 워런은 머피를 맞아서 식당에서 스테이크로 저녁을 대접하고, 자동차에 태워 집으로 데려가서 수지를 만나게 했다. 이제 수지는 자기 남편이 무엇을 바라는지 잘 알고 있었다. 새로 심취할 대상을 찾았고, 이 새로운 인물에게 자기의 토템들을 보여주고 싶었던 것이다. 자기 서재, 수지, 때로는 기차 모형까지.

이 순례를 마친 뒤에 두 사람은 지하실에서 라켓볼을 두 게임 했다. 머피는 옥스퍼드 정장 구두를 신고 뛰어다녔다. 워런은 머피가 무슨 일로 자기를 찾아왔는지 잘 알고 있었다. 그래서 톰이 용건을 말하기 전에 먼저 이렇게 말했다.

"톰, 나는 이사가 되고 싶어도 될 수가 없습니다. 당신네 회사의 주식을 대량으로 매입해야 하는데, 그 주식이 너무 비싸잖아요."⁹

비록 주식시장에서 다른 부문은 힘없이 추락하고 있었지만, 투자자들은 TV 관련 주식들에 열광했다. 케이블 TV는 새로운 산업이었고, 지역의 총판권자들은 새롭게 부상하는 공공 기업들로 합쳐지고 있었는데, 이런 현상은 대중 매체를 바라보는 투자자들을 더욱 흥분시켰다.

"돈은 한 푼도 주지 않고 나를 가지셔도 됩니다. 이사회에 내 이름을 올리지 않아도 됩니다."[10]

워런은 이렇게 말했고, 그 뒤로 머피는 인수 관련 거래를 할 때마다 워런에게 전화해서 상담했다. 사십대 중반에서 후반으로 넘어가던 머피는 이제 갓 마흔을 넘긴 워런을 한껏 치켜세웠고, 워런은 머피에게 자기 시간을 무한정 베풀었다. 워런은 머피가 자기보다 그렇게 나이가 많지 않았음에도 불구하고, 그를 늙었다고 했다.

비록 늙었음에도 불구하고 그 사람은 전체적인 것을 이해했습니다. 나는 완전히 머피에게 빠졌습니다. 경외심을 가지고 바라보았죠. 머피야말로 궁극의 사업가라고 생각했습니다.

어느 날 저녁, 머피가 워런의 집으로 전화해서, '포트 워스Fort Worth' TV 방송국 하나가 매물로 나왔다면서 처음으로 사고 싶으면 사라는 제안을 했다.[11] 무슨 이유였는지 기억하지는 못하지만, 아무튼 워런은 머피의 제안을 거절했다. 나중에 워런은, 자기가 살면서 뼈아픈 사업상의 실수를 몇 가지 했는데, 머피가 제안한 이 인수 사업을 거절한 것이 그 가운데 하나라고 말했다.[12]

워런이 진짜 되고 싶었던 것은 신문 발행인이었다. 사실 그는 기삿거리를 하나 가지고 있었다. 그는 이게 틀림없이 특종이 될 거라고 생각했다. 이 이야기를 〈워싱턴 먼슬리〉 편집자들에게 했지만 이들은 콧방귀를 뀌었다. 당시 〈워싱턴 먼슬리〉 발행인이었던 찰스 피터스는 이렇게 말한다.

"확실합니다만, 당시 편집자들은 투자가라는 사람이 자기들을 불러서 특종이랍시고 어떤 기삿거리를 준다는 사실 자체에 화가 났습니다."

편집자들은 피터스에게 "우리 신문에 실을 만한 제대로 된 이야기가 아니다"라고 말했고, 피터스는 더 밀어붙이지 않았다. 그러자 워런은 오마하의 〈오마하 선〉으로 고개를 돌렸다. 비록 전국을 대상으로 하는 신문은 아니었지만, 그래도 워런 입장에서는 없는 것보다 나았다. 그리고 워런이 제공하려고 했던 기삿거리와 관련된 모든 일들이 정리되고 난 다음에 피터스는 다음과 같이 말했다.

"워런을 믿지 않았던 부하직원들을 모두 쏴버리고 싶을 만큼 화가 났죠."

워런이 들은 이야기는, 오마하에서 신성불가침 존재들 중 하나인 '보이스 타운Boys Town'(지금은 '걸스 앤드 보이스 타운Girls and Boys Town'으로 바뀌었다-저자)이 썩을 대로 썩었다는 내용이었다. 보이스 타운은 1917년에 아일랜드 태생의 신부 에드워드 플래너건이, 고아나 집에서 쫓겨난 아이들이 부랑자나 범죄자나 약물 중독자가 되어서 인생을 망치지 않도록 선도할 목적으로, 도심 가까이에 있던 한 낡은 저택에 만든 청소년 보호 기관이었다.

플래너건 신부는 한 번에 5달러씩 얻는 걸로 오마하에서는 유명했습니다. 그는 이 돈이 생기면 곧바로 한 명의 아이에게 썼습니다. 그리고 90달러를 얻으면 다시 스물다섯 명의 아이에게 썼죠.[13]

초기에 이미 보이스 타운은 재정적으로 힘겨운 투쟁을 벌여야 했다. 하지만 그럼에도 불구하고 이 단체는 점점 커졌다. 1934년에는 오마하에서 16킬로미터쯤 떨어진 곳에 64만 7,500제곱미터 넓이의 부지에 학교, 기숙사, 예배당, 식당 그리고 여러 가지 체육 시설을 갖출 만큼 성장했다. 또 1934년에는 하워드 버핏의 도움을 받아서 기금 조성을 목적으로 자체 우체국을 설립했다.[14] 1936년에는 법인이 되었다. 1938년에는 스펜서 트레이시와 미키 루니가 출연해서 아카데미상을 받은 영화 〈보이스 타운〉 덕분에 전국적으로 유명세를 탔다.

전문 자산운용가인 테드 밀러가 이 영화를 보고 보이스 타운의 기금 조성 노력을 전국적인 차원의 운동으로 바꿀 수 있는 방법 하나를 생각해 냈다. 후원자 혹은 잠재적인 후원자에게 편지를 보내는 방법이었다. 스스로를 '어린 어른의 도시'라고 부르던 보이스 타운은 수백만 통의 편지를 보내기 시작했다. 이 편지는 "수없이 많은 집 없는 아이들 그리고 잊힌 아이들이 올해 크리스마스에는 아무런 기쁨도 누리지 못할 것 같습니다"라는 문장으로 시작했으며, 거리의 부랑아가 이제 겨우 걸음마를 뗀 아기를 업고 가면서 "무겁지 않아요 신부님, 얘는 내 동생인걸요"라고 말하는 영화 〈보이스 타운〉의 한 장면을 담은 사진을 첨부했다.

편지를 받은 사람들은 기부금을 보냈다. 비록 1달러 정도의 작은 돈이었지만 수천만 통의 편지에 담긴 작은 돈들이 모이자 엄청난 금액이 되었다.[15] 이 기부금으로 보이스 타운은 보다 넓은 곳으로 이주했다. 부지는 526만 1천 제곱미터였고, 여기에는 운동장과 기념품 가게, 소년들이 일해서 돈을 버는 농장, 직업 훈련 시설이 갖추어져 있었다. 플래너건 신부는 1948년 세상을 떠났고, 그의 후계자인 니컬러스 웨그너 신부가 보이스 타운을 관리하고 있었다. 이곳은 이제 성지나 다름없는 곳으로 네브래스카주에서도 가장 큰 관광 명소가 되어 있었다.

미국 내셔널 뱅크는 해마다 크리스마스 수주 전부터 보이스 타운 앞으로 들어가는 기부금을 처리할 추가 인력을 따로 배치한다는 이야기를 듣곤 했습니다. 당연한 이야깁니다만, 아이들이 독지가들의 성금을 세는 일은 볼 수 없게 된 거죠.

초기에 플래너건 신부는 법원 기록을 뒤져서 중죄를 지은 비행청소년 몇 명을 보이스 타운으로 데려왔다. 이 가운데는 심지어 살인을 저지른 아이들도 있었다. 그러나 1971년에는 정서적으로 장애가 있거나 정신적으로 발달이 더디거나 또 심각한 범죄를 저지른 소년들은 걸러 내고 받지 않았다. 다른 심각한 문제는 없이 그저 '집만 없는' 소년들로 한정해서 수용하고 있었던 것이다.[16] 게다가 애초에 1천 명을 수용하도록 지어졌지만 665명만 수용하고 있었고, 이들을 돌보기 위해서 600명이 일하고 있었다.[17] 남자아이들만, 그것도 주변의 다른 이웃과 어울리지 못하게 고립시킨 상태에서 마치 감옥처럼 감시인까지 붙여 수용한다는 것이 어쩐지 시대착오적이라는 느낌을 주기 시작했다.[18] 아이들은 종소리 신호에 따라서 움직였다. 거대한 '급식 강당'에서 첫 번째 종소리에 기도를 했고, 두 번째 종소리에 자리에 앉았으며, 세 번째 종소리에 밥을 먹었고, 네 번째 종소리에 밥을 다 먹었든 덜 먹었든 무조건 포크를 내려놓았고, 다섯 번째 종소리에 일어서서 기도를 했으며, 여섯 번째 종소리에 급식 강당 밖으로 몰려 나왔다. 아이들 앞으로 온 우편물은 검열당했고, 면회는 한 달에 한 번으로 한정되었다. 누구를 면회할 것인지도 아이들이 직접 선택하는 게 아니라 관리 직원이 선택했다. 아이들은 하찮은 일들을 했고, 여유를 즐길 시간도 제대로 제공받지 못했다. 여자아이들을 만날 기회도 원천적으로 봉쇄되었다. 보이스 타운은 아주 낮은 수준의 직업 훈련, 즉 콩을 따거나 새집을 만드는 따위의 훈련만 중점적으로 실시했다.

1971년 7월의 어느 날 저녁, 워런은 자기 집에서 〈오마하 선〉의 편집자 폴 윌리엄스와 함께 보이스 타운과 관련된 소문들을 놓고 논의한 끝에 이 기관이 기금을 어떻게 모으고 또 쓰는지 조사하는 기획 기사를 쓰기로 결정했다. 〈오마하 선〉은 이미 이것과 관련해서 두 차례 보이스 타운과 접촉을 시도했지만 '우리는 재정에 대해서 언급하지 않는다'[19]는 대답만 들었을 뿐이다. 윌리엄스는 웨스 아이버슨, 더그 스미스, 믹 루드라는 세 명의 사회부 기자로 비밀 취재 팀을 구성했다. 이 정밀 탐사 보도 작전명은 'B 계획 Project B'이었다.[20] 보이스 타운 측 마케팅 자료에 따르면, 연방 정부나 주 정부 그리고 그 어떤 교회로부터도 돈을 받지 않는다고 주장했지만, 믹 루드가 링컨에 있는 네브래스카주 의회 기록을 조사한 결과 이 주장은 사실이 아니었다.[21] 이걸 놓고 볼 때 보이스 타운이 말하는 다른 주장들도 의심스러울 수밖에 없었다.

취재 팀은 또 이 단체의 기본적인 보고서 문건을 통해 재산세 기록, 교육 기록, 법인설립정관 등을 확보했다. 이런 자료들을 분석한 결과 보이스 타운은 주 정부의 복지 담당 부서와 적절하지 못한 관계를 맺어왔음을 알아냈다. 보이스 타운 경영 책임자인 웨그너 신부는 자기 직원들의 조언을 무시하면서, 원생 대상 프로그램들을 외부 기관들이 검토하는 자리에 계속해서 참가하지 않았다.[22] 윌리엄스는 의회 자료를 이용해서 보이스 타운 우체국에 대한 보고서를 손에 넣었으며, 한 해에 3,400만 통에서 5천만 통에 이르는 기금 모금 편지를 보낸다는 사실을 알아냈다. 엄청난 숫자였다. 다른 단체에서 기금 모금을 담당하는 사람들의 의견을 바탕으로 할 때, 이 정도로 모금 편지를 많이 보내면 한 해에 적어도 1천만 달러는 모금하는 게 틀림없었다. 워런은 자기가 가지고 있는 금융 지식을 이용해서 보이스 타운을 운영하는 데 들어가는 비용을 계산했는데, 채 500만 달러도 되지 않았다.[23] 보이스 타운은 실제로 돈을 쓰는 것보다 더 빠른 속도로 돈을 모으고 있었다. 모금액은 1948년에 갑자기 크게 늘어났다. 그때 이후로 한 해에 500만 달러씩 모았다면 최소한 1억 달러의 기금이 모여 있을 것이라고 생각했다. 하지만 그런 증거는 어디에도 없었다.

워런은 지역 도시 연맹의 이사회에 참석해 오고 있었는데, 이 일이 계기가 되어 클로드 오건이라는 외과의사를 알게 되었다. 이 사람은 보이스 타운의 이사 가운데 유일하게 흑인이었다. 워런은 이 의사가 꽤 괜찮은 사람이라고 생각했다.

우리는 키위트 플라자의 길 건너편에 있는 블랙스톤 호텔에서 함께 아침을 먹었습니다. 나는 계속 이야기를 하고 또 했습니다. 제발 아는 걸 털어놓아 달라고 말이죠. 하지만 자세한 이야기를 해주려 하지 않았고 내가 틀리지 않았다는 말을 했습니다. 한 걸음 더 나아가, 부패한 일들이 벌어지고 있음을 확인해 주었습니다. 거기까지였습니다. 구체적인 수치는 듣지 못했지요.

오건 박사는 은밀하게 취재 방향을 잡아주기 시작했다. 은밀한 정보를 누설하지 않으면서도 취재 팀이 엇길로 벗어나지 않도록 해주었다.[24] 기자들은 보이스 타운 주변을 탐문하는 작업을 시작했지만 소득은 없었다. 보이스 타운에서 일하는 사람들은 혹시 불이익이나 보복을 당할까 두려워 입을 열지 않았던 것이다. 워런은 낡은 테니스 신발에 좀 먹은 스웨터와 분필 자국이 있는 바지를 입고 오마하를 돌아다니면서 마치 기자처럼 사람을 만나며 정보를 캤다.[25]

"정말 끝내줬습니다. 여성 기자 브렌다 스타(시카고 트리뷴 연합에서 1940년대부터 연재한 모험심 넘치는 기자 만화의 주인공 – 옮긴이)의 남자 버전이 있었다면, 그게 바로 나였을 겁니다."

이 일에 워런은 수지의 친구이자 〈오마하 선〉의 원주인이던 스탠 립시도 끌어들였다. 립시는 여전히 신문사의 발행인으로 남아 있으며, 워런이 함께 어울리는 사람들 가운데 한 명이 되어 함께 조깅을 하거나 그의 지하실에서 라켓볼을 쳤다.

그런데 워런이 기막히게 멋진 생각을 떠올렸다. 의회가 비영리 단체가 국세청에 소득 신고를 해야 한다는 법률을 통과시킨 일이 생각났던 것이다.

거실에서 버핏 재단의 소득세 신고를 하다가 문득 그 생각이 든 겁니다. 우리가 소득 신고를 하면, 보이스 타운도 당연히 소득 신고를 할 것 아닌가 하는 생각 말입니다.[26]

기자들은 필라델피아에 있는 국세청의 소득세 관련 부서와 접촉해 문제의 그 자료들을 파헤쳤고, 그 뒤 결과가 나올 때까지 무려 20일 동안이나 끈질기게 기다렸다.[27]

이틀 뒤 자료가 오마하에 도착했다. 폴 윌리엄스는 랜디 브라운을 보조 편집장으로 고용해서 보이스 타운 일을 돕도록 했다. 이제 탐사보도 팀은 모두 네 명으로 늘어났다. 다음은 브라운이 하는 말이다.

"일을 맡은 첫날, 책상에 소득 신고 문건이 수북하게 쌓여 있더군요."[28]

씨즈캔디를 인수한 직후여서 여전히 북아메리카 전역에 있는 친구들에게 캔디를 가득 담은 상자를 발송해야 했지만 워런은 보이스 타운 일에 너무 매료된 나머지 브라운을 도와 보이스 타운의 범죄 사실을 증명할 증거를 찾는 일에 온몸을 던지다시피 했다. 보이스 타운의 순자산은 2억 900만 달러였다. 이 자산은 한 해에 1,800만 달러씩 늘어나고 있었다. 이 금액은 보이스 타운의 운영 경비의 네 배나 되는 돈이었다. 워런은 의기양양했다. 사실 워런은 수녀들의 지문을 확보해 두고서 수녀 범인을 잡으려고 평생 동안 수녀가 범죄를 저지르기만 기다려 왔으니 그럴 만도 했다. 이제 마침내 워런은 소득 신고를 단서로 삼아서 신부를 현행범으로 체포한 것이었다.

그들은 책상 여러 개와 파일을 담는 캐비닛을 윌리엄스의 집 지하실에 있는 레크리에이션 룸으로 옮겼다. 전화도 석 대나 설치했다.

"(결국) 우리는 모든 것을 추적했습니다. 하지만 스위스에 있던 두 개의 계좌는 예외였습니다. 그건 우리 힘으로 도저히 어떻게 할 수가 없었습니다."

립시가 하는 말이다. 〈오마하 선〉 기자들은 보이스 타운의 기금이 노트르담대학교 기금의 세 배나 된다는 사실에 충격을 받았다. 어림잡더라도 최소한 입소한 소년 한 명당 20만 달러는 되었다. 믹 루드는 보이스 타운을 '대형 포트폴리오를 가지고 있는, 어린 어른의 도시'라고 부르기 시작했다.[29] 돈은 한 해에 2,500만 달러씩 꼬박꼬박 들어왔으며, 설령 단 한 푼의 성금을 받지 않더라도 투자 수익에서 비용을 충당할 수 있을 정도였다.[30] 이런 내용들이 밝혀지면서 취재팀은, 워런의 사무실이 있는 건물의 맞은편에 있던 블랙스톤 호텔에 방을 하나 잡아놓고 회의를 했다. 그런데 우연히도 같은 시각에 보이스 타운 이사회가 그 호텔의 아래층 홀에서 열리고 있었다. 기자들은 이 이사진들의 눈에 띄지 않으려고 살금살금 숨을 죽여가면서 드나들어야 했다.[31] 도대체 보이스 타운은 이 돈으로 무엇을 하려고 했을까? 돈을 더 모금하지 않아도 되었는데 왜 모금 활동을 계속했을까? 이런 당연한 의문을 다루는 과정에서 흥미진진함이 고조되었다. 조사의 마지막 국면은 그 의문을 명백히 밝히는 것이었다.

일흔네 살이던 니컬러스 H. 웨그너 신부는 보이스 타운의 최고 책임자로서 기금 모금을 책임지고 있었다. 웨그너 신부는 그즈음에 이미 〈오마하 선〉이 비리를 추적한다는 사실을 알고 서둘러서 개혁 작업들을 추진하고 있었다. 하지만 기자들은 웨그너 신부가, 자기들이 보이스 타운의 소득 신고 관련 내용을 확보했다는 사실은 알지 못할 것이라고 생각했다. 기자들이 가장 우려했던 점은 이런 특종을 〈오마하 월드-헤럴드〉에 빼앗기는 상황이었다. 〈오마하 선〉이 특종에 가까운 내용을 취재하고 있다는 사실을 조금이라도 눈치챘다면 〈오마하 월드-헤럴드〉는 막강한 정보력을 총동원해서 〈오마하 선〉을 압도할 것이었다. 이보다 더 나쁜 상황이 일어날 수도 있었다. 〈오마하 월드-헤럴드〉와 보이스 타운이 손잡는 상황이었다. 〈오마하 월드-헤럴드〉가 보이스 타운에 우호적인 기사를 씀으로써 〈오마하 선〉에 선제공격을 가할 가능성도 완전히 배제할 수 없었다.[32]

기자들은 웨그너 신부와 가톨릭 조직의 서열상 웨그너의 상급자인 시한 대주교에게 접근할 방법을 짜냈다. 어깨까지 내려오는 곱슬머리에 팔자수염을 기른 서른 살쯤의 못 말리는 청년 루드가 웨그너를 만나러 갔다. 그가 웨그너에게서 느낀 첫인상은 연민이었다. 머리카락이 없고 쭈글쭈글한 머리가 성직자 옷 바깥으로 길게 쑥 나온 모습은 마치 고대 거북이 등껍질에서 머리를 내민 모습과 비슷했다. 심각한 수술까지 포함해서 모두 열다섯 번이나 수술을 받았다는 웨그너는 아니나 다를까 확실히 허약해 보였다. 인터뷰하는 동안 그는 조심성 없이 장황하게 말했다. 하지만 주 정부의 예산을 받은 적이 없다고 부인했다. 엄청나게 많은 성금 모금 편지를 보내서 기금을 모으는 활동을 어떻게 정당화할 수 있겠느냐는 질문을 받고는 이렇게 말했다.

"우리는 빚을 너무 많이 지고 있습니다. 오래전부터 계속 말입니다."

그가 하는 말이 전혀 사실이 아님을 아는 루드는 곧장 윌리엄스의 지하실로 돌아갔다. 그의 가방에는 웨그너 신부와의 인터뷰 내용을 녹음한 테이프가 들어 있었다. 윌리엄스는 이 녹음 내용을 녹취한 다음, 이것을 은행의 대여 금고에 보관했다.

루드가 웨그너를 인터뷰하는 동안 윌리엄스는 시한 대주교를 꼼짝 못하게 잡아채려고 노력했다. 원래 웨그너와 시한의 인터뷰를 장소만 다르게 하여 같은 시각에 동시에 진행하려고 했지만, 이 계획은 틀어져서 시한은 이미 웨그너로부터 어떤 식으로 대답해야 하는지 듣고 인터뷰 자리에 나왔다. 그는 웨그너가 했던 말을 반복하기만 할 뿐 다른 이야기는 하지 않았다. 하지만 이미 확인한 내용이 있었기 때문에 기자들은 사진기자들을 대동하고 보이스 타운이 기금 모금 작업을 하는 사무실로 사전 연락도 없이 들이닥쳐서 사진을 찍었다. 이 사무실은 보이스 타운의 부지 안에 있는 게 아니라 '웰스 파고Wells Fargo'라는 이름이 붙은 오마하의 한 빌딩에 자리 잡고 있었다. 사무실 안에서 여자들이 길게 줄지어 늘어앉아서 성금을 보내달라는 편지며 기부금을 낸 사람들에게 고맙다고 인사하는 편지를 타이프로 치는 모습들이 고스란히 사진으로 남았다. 기자들은 또 이 사무실에 있던 성금 모금 관련 인물 몇몇과 이야기를 나누는 데도 간신히 성공했다. 그 사람들은 다음과 같이 말했다.

"제발, 사람들을 고용해서 기금 모집 활동을 조직적으로 한다는 이야기는 기사로 쓰지 말아주십시오. 일반 사람들이 잘못 생각하기 쉽지 않습니까? 사람들이 우리가 부자라고 생각할 겁니다. 우리 아이들이 직접 편지를 써서 보낸다고 사람들이 생각했으면 합니다."[33]

한편 다른 기자들은 블랙스톤 호텔에서 열리던 이사회 회의장으로 갔다. 이사진은 보이스 타운이라는 '성스러운 소sacred cow'의 비리를 들춰서 이득을 볼 게 없는 사람들로 거의 대부분 구성되어 있었다. 보이스 타운의 투자 자산을 운용하는 은행가, 보이스 타운 건물을 지었으며 보이스 타운이 하는 모든 건축 공사를 도맡아 하려고 기다리는 건설업자의 아들, 보이스 타운에 의복을 공급하는 유통업자, 보이스 타운과 관련된 법률적인 문제를 다루는 변호사 등이 이사진의 면면이었다. 이들은 대부분 보이스 타운으로부터 금전적인 혜택을 누렸으며, 또한 네브래스카에서 가장 존경받는 공공 단체의 이사라는 명예를 별로 하는 일도 없이 누렸다. 웨그너는 이 사람들을 성가신 존재로 여겼다. 그래서 루드에게 이런 말을 하기도 했다.

"그 사람들은 단 한 번도 크게 도움이 된 적이 없었지요. (······) 사회 복지에 대해서 아무것도 몰라요. (······) 교육에 대해서도 그렇고요."[34]

윌리엄스의 주장에 따르면, 그 사람들이 실제로 알고 있었던 게 무엇이었든 간에, 기자들의 질문에 대한 이사들의 반응은 '당황하는 모습에서부터 결백을 주장하거나 노골적으로 무시하는 모습까지' 다양했다.[35] 보이스 타운의 한 직원은 나중에 이와 관련해 다음과 같이 말했다.

"이사회는 그동안 웨그너 신부님을 그다지 잘 보좌하지 못했습니다. (······) 기금 모금 활동을 좀 늦추라고 조언할 수도 있었는데 말입니다."[36]

그런데 바로 그 점이 아이러니였다. 랜디 브라운이 표현했듯이 마치 '늑대가 문 앞에 서 있기라도 하는 것처럼'[37] 웨그너가 혈안이 되어 돈을 모은 것은 보이스 타운의 탄생 배경이었던 대공황 시기의 가난 때문이었다. 또한 이런 배경으로 인해 이사들은 웨그너가 하는 여러 일들이 합당한지 따져볼 생각도 하지 않았을 것이다. 하지만 대공황 시기라는 똑같은 환경에서 성장했으며 또한 똑같은 동기를 가지고 있었던 워런 버핏은 웨그너에게 제동을 걸고 나섰다. 워런의 눈에 단지 돈을 모은다는 것 자체가 범죄는 아니었다. 어떻게 써야겠다는 계획도 없이 돈을 모으는 게 문제였다. 보이스 타운은 심지어 예산안도 가지고 있지 않았다.[38] 워런이 보기에 보이스 타운과 웨그너가 저지른 죄는 신탁 재산 관리 의무를 저버린 것이었다. 다른 사람들을 대신한 재산 관리 의무를 저버린 것이 바로 범죄였던 것이다.

　기자들은 주말까지 기사 작성에 여념이 없었고, 워런과 립시는 예비 기사가 나올 때마다 읽고 검토했다.

　솔직히 우리는 별 볼일 없는 주간지였습니다.

　하지만 그들은 전국을 대상으로 하는 일류 일간지의 기준을 충족하는 것을 목표로 삼았다. 마침내 모든 사람들이 폴 윌리엄스의 거실에 모여 모든 것을 바닥에 늘어놓았다. 표제를 어떻게 달 것이며 사진 설명을 어떻게 할 것인지 논의했다. 맨 위의 표제는 '보이스 타운이 미국에서 가장 부자 마을?'이었고, 여러 개의 관련 기사를 덧붙인 총 8면의 특집 섹션으로 만들었다. 첫 번째 기사는 누가복음 16장 2절에 나오는 구절을 따서 제목을 붙였다. 그 제목은 '청지기로서 네가 하던 일을 셈해보라'였다.

　발행을 앞둔 수요일 오후, 윌리엄스는 이 기사를 〈연합 통신Associate Press〉, 〈유피아이 UPI: United Press International〉, 〈오마하 월드-헤럴드〉 그리고 여러 TV 방송국으로 보냈다. 다음 날인 1972년 3월 30일을 워런은 나중에 자기 생애 최고의 날들 가운데 하나로 꼽는다. 〈오마하 선〉의 보이스 타운 특별 섹션은 사업체를 마치 교회처럼 운영하고자 하는 그의 바람을 충족시켰을 뿐만 아니라, 그가 좋아하던 개념인 '청지기'에 관한 성서 구절을 제목으로 뽑아 첫머리를 장식하는 기쁨을 그에게 안겼다. 청지기라는 표현이야말로 다른 사람의 돈을 맡아서 관리하면서 그가 가졌던 본분, 도덕적 의무, 책임감을 가장 잘 나타내 주는 개념이었다. 주말에 보이스 타운 이야기는 전국에 퍼졌고, 온 나라가 이 추문으로 들썩거렸다.[39] 토요일에 보이스 타운 이사회는 긴급 회의를 열어 모든 기금 모금 활동을 취소하기로 결정했다.

이미 편지를 봉투에 넣는 작업까지 마친 춘계 우편 발송 계획도 취소되었다.[40] 후속 기사들이 연이어 나오면서 보이스 타운과 관련된 사회적인 파장은 더욱 확대되어, 미국 전역의 비영리 단체를 대상으로 하는 광범위한 개혁이 시급하다는 여론이 전국에 물결쳤다. 〈타임〉, 〈뉴스위크〉, 〈에디터 앤드 퍼블리셔Editor & Publisher〉, 〈LA 타임스〉 등이 이 이야기를 다루었다.[41] 보이스 타운의 추문이 보도된 직후에 스물여섯 개의 아동 보호 시설을 상대로 비공식적인 조사를 벌인 결과, 조사 대상의 3분의 1에서 하고 있던 기금 모금 활동이 순수하지 않은 것으로 드러났다.[42]

웨그너 신부의 대리인이며 이미 그가 하던 일 가운데 일부를 넘겨받은 상태이던 프랜시스 슈미트 신부는 보이스 타운 후원자들에게 신속하게 편지를 보내, 〈오마하 선〉은 '저급한 상품 안내지 수준의 신문'일 뿐이라고 깎아내렸다.

"이 신문에는 황색 저널리즘, 편견, 질투만 있을 뿐입니다. 내가 아는 한 내용에 아주 심각한 편견이 개입되어 있습니다."

반(反)가톨릭의 편견이 작용했다는 암시였다. 사실 기자들은 이런 편견을 배제하려고 줄곧 노력했었다. 슈미트는 또 그 기사가 급소를 찌르는 '악의에 찬 풍자'로 가득 차 있다고 했다.

"이 모든 건 싸구려 신문의 싸구려 편집자가 지어낸 겁니다. 게다가 이 신문사의 소유주는 어마어마한 재산을 가지고 있는 사람입니다."[43]

웨그너 역시 참회하는 모습은 전혀 보이지 않았다.

"보이스 타운은 〈더 선〉이라 불리는 그 황색 누더기가 세상 사람들에게 잊힌 뒤에도 여전히 여기 이 자리에 남아 있을 겁니다."[44]

웨그너는 보이스 타운 이야기에 대해서 편지로 질문을 해오는 사람들에게 동일한 내용의 편지를 발송했다. 이 편지에서, 〈오마하 선〉은 '지역 문제에 대한 선정적인 견해'를 퍼뜨린다고 했으며, 현재 시점에서 보이스 타운은 기금 모금 활동을 하고 있지 않은데 그 이유는 '우리의 재산과 시설의 자산 가치가 몇 배로 뛰었고 (……) 그래서 우리가 쓰는 비용을 스스로 감당할 수 있기 때문'이라고 했다.[45]

이 편지는 일반 편지지에 씌었으며, 편지 맨 아랫부분에는 "당신이 보내는 성금은 세금 공제 혜택을 받을 수 있습니다"와 "우리는 성금 모금 과정에서 전문 조직이나 인력을 고용하지 않으며, 수수료를 주는 일도 없습니다"라는 글이 적혀 있었다.

〈오마하 선〉이 보이스 타운 기사를 내놓은 지 두 달이 지난 뒤, '오마하 프레스클럽Omaha Press Club'의 연례 총회가 열렸다. 이 자리에서 한 무리의 가수가 나와 오마하의 유명인사들(그리고 상당한 수의 오마하 외부 인사들)을 즐겁게 했는데, 이들이 부른 노래는 웨그너와 보이스 타운을 풍자한 내용이었다.

우리는 소년들을 위하는 집을 열었네
대략 50년 전쯤에
우리는 기부금을 보내 달라고 요청했지
그리고 돈이 들어오기 시작했네
우리는 모든 자선을 베풀어 달라고 요청했지
교통이 허락하는 모든 자선을
집 없이 떠도는 우리의 부랑아들 마침내
아낌없는 성금을 받았다네
하지만 이를 어쩌나, 비극이야
돈다발이 들통 나고 말았네
워런 버핏이라는 사람 때문에
돈지갑이 모두 닫히고 말았네

(합창)

누가 망쳐놓았나?

웨그너 신부님의 헌금함을

이제 우리는 유명해졌네

마치 우리 얼굴에 마마 자국이 있는 것처럼

그건 더러운 음모야, 잘 알잖아

워런 버핏은 왜, 어째서

웨그너 신부님의 헌금함을 망쳐놓았나?

어떤 사람들은 할리우드에서 와서 말했지

영화로 만들어 보라고

미키 루니가 사람들에게 보여주었다네

사람들의 돈이 어디로 가야 하는지

스펜서 트레이시(영화 〈보이스 타운〉에서 플래너건 신부 역을 연기했

다-옮긴이)가 연기를 했지

경건함이 넘쳐흘렀어

우리는 팝콘도 충분히 팔았지

AT&T 주식을 사려고

우리는 온 세상에 깡통을 돌렸어

근심걱정 없는 세상에 살고 싶어서

그런데 워런 버핏이 나타나서

우리의 장부를 큰 소리로 읽은 거야

우리는 으리으리한 집을 지었지

우리의 아이들을 가르치려고

금요일에는 생선 대신

꿩을 먹었지, 온실 안에서
굶주리는 입을 얼마나 많이 떠벌였는지 몰라
하지만 우리는 한 번도 적자가 난 적이 없어
얼마나 부자인지 계산을 해봤지
한 명당 20만 달러!
그런데 아뿔싸 버핏이 일러바쳤네
심술이 나서 질투가 나서
아마도 그 사람이 눈치를 챘나 봐
우리가 자기만큼 부자라는 걸!⁴⁶

워런은 보이스 타운의 소득 신고 내용을 읽을 때 그렇게 기쁠 수가 없었다. 하지만 그는 거기에서 멈추지 않았다. 보이스 타운의 신부는 〈오마하 선〉이 잊히고 말 것이라고 했지만, 워런은 그렇게 하고 싶지 않았다. 그래서 퓰리처상을 생각했다. 언론계 최고의 상인 퓰리처상을 생각하자 워런은 '아드레날린이 마구 분출되는' 걸 느꼈다.⁴⁷ 그는 폴 윌리엄스에게 퓰리처상 심사위원회에 제출할 서류 준비 작업을 맡겼다. 윌리엄스는 워런을 위한 상세한 설명을 준비했다. 워런은 신문 업계에 오래 몸담았던 경험이 있었기에 자기 나름대로 전략을 가지고 있었다. 여기에 대해서 워런은 윌리엄스에게 보낸 편지에서 다음과 같이 썼다.

경제가 불가피하게 도시를 이끄는 나라이니만큼, 심사위원회에 제출하는 서류는, 또 다른 신문사의 필요성을 강조해야 합니다.

워런은 또, 이런 신문사는 비록 세련되지 않은 주간지라 하더라도 '골리앗을 두려워하게 만드는 가치'를 보낼 수 있는데, 지배적인 신

문은 사람들에게 '우습게 보이는 게' 두려워서 그렇게 하지 못한다고 썼다.[48]

믹 루드는 보이스 타운에 대한 후속 기사를 썼다. 웨그너 신부가 인터뷰하면서 했던 몇몇 고집불통의 인종 차별적인 발언들과 보이스 타운에서 아이들이 호숫가에 마리화나를 재배했다고 자인했던 내용들을 담은 것으로, 골리앗을 계속해서 난처하게 만들 목적으로 작성한 좋은 내용이었다. 그런데 폴 윌리엄스는 이 원고를 채택하지 않았다. 〈오마하 선〉은 정도를 걸어야 하며, 보이스 타운의 미래를 위험하게 만들어서는 안 되며 또한 반(反)기독교적으로 비쳐서도 안 된다는 게 이유였다. 당시 퓰리처상은 아직 수상자가 정해지지 않은 상태였다. 루드는 자기 원고가 기사로 채택되지 않자, 개인 기록에 '너무나도 안타깝다'고 썼다.[49]

〈오마하 선〉의 기자들은 강력한 퓰리처상 경쟁자가 있다는 사실을 알았다. 경쟁자는 바로 〈워싱턴 포스트〉가 연재한 탐사 보도 기사였다. 기사를 쓴 사람은 칼 번스타인과 밥 우드워드였는데, 이들은 닉슨과 맥거번의 선거 유세가 한창이던 1972년 민주당 전국위원회가 있던 워터게이트 사무실에서 발생한 절도 사건을 추적했다. 처음에 이 사건은 단순 절도 사건으로 보였지만 결국에는 거대한 정치적인 스파이 활동과 방해공작의 한 단편이었음이 드러났다. 하지만 〈오마하 선〉은 1972년 저널리즘 상을 받는 데는 더 적격이었다.

1973년 3월, 전국언론인협회인 '시그마 델타 카이'는 〈오마하 선〉에게 공공 부문 최고상을 수여했다. 〈워싱턴 포스트〉는 탐사 보도 부문 최고상을 받았다. 수상식 직전에 있었던 칵테일파티에서 스탠 립시와 제니 립시 부부는 번스타인과 우드워드를 먼발치에서나마 한 번 보려고 몰려든 사람들 사이에 끼여 두 사람이 나타나길 기다리고 있었다. 이때 제니는 남편의 옆구리를 찌르며 이렇게 말했다.

"우리 내기할까요? 당신이 퓰리처상을 받는다는 데 100달러 걸게요."

몇 주 뒤에 전화가 왔다. 〈오마하 선〉이 지역 문제 탐사 특별 보도 부문에서 퓰리처상을 받았다는 전갈이었다. 그 순간 신문사에는 승리감의 환호와 박수가 터져 나왔다.[50] 이번에는 〈워싱턴 포스트〉가 공공 부문에서 퓰리처상을 받았다. 수지 버핏은 수상을 기념하기 위해 파티를 열었다. 커다랗게 만든 프레첼들을 '선 퓰리처'라는 글자 모양으로 고정시켜 놓은 다음 거실 벽에 장식해 놓았다. 이 파티는 또한 보이스 타운 기사가 거둔 몇몇 성과를 축하하는 자리이기도 했다. 보이스 타운이 여러 가지 사업에 돈을 쓰기 시작했으며, 청각 장애와 언어 장애를 가지고 있는 아이들이 치료받고 공부하는 공간을 만들겠다고 발표했기 때문이다. 그건 충분히 축하할 일이었다. 보이스 타운은 그때 이후로 예산안을 만들었으며 재정 상태를 일반에 공개했다.

그해 크리스마스에 보이스 타운은 여느 해처럼 성금을 보내달라는 편지를 보내지 않았다. 고맙다는 내용을 적은 편지만 보냈다. 시한 대주교도 보이스 타운의 후원자들에게 편지를 보내, 웨그너 신부는 '건강이 점점 더 나빠져서' 일선에서 물러날 것이라며 '깊은 유감'을 밝혔다. 웨그너가 실제로 허약한 상태에다 병에 걸려 있었지만, 〈오마하 선〉의 냉소주의자들은 그 편지를 철해놓기 전에 그 문구에 동그라미를 치고 '아울러 그가 읽은 어떤 기사 때문에'라는 구절을 넣었다.[51]

1974년 부활절에 '제트 잭' 링월트는 웨그너 신부가 보낸 편지 사본을 워런에게 보냈다. 이 편지는, 집도 없고 버려진 아이들에게 이제 즐거운 크리스마스는 없을 것이라고 푸념하는 대신, 보이스 타운이 최근에 세웠거나 혹은 세우려고 하는 많은 비용이 들어가는 여러 가지 사업들 그리고 '우리를 도와서 미래를 계획할' 목적으로 새로 고용한 전문가들에 대해서 장황하게 설명했다.[52] 이 편지가 발송된 이후로 기부금 360만 달러가 보이스 타운에 들어왔는데, 비록 전년도만큼은 아니었지만 여전히 많은 액수였다. 성금을 내는 사람들은 추문에 그다지 신경을 쓰지 않는다는 의미였다.

보이스 타운 이야기는 이런 사건들이 으레 그렇듯이 마무리되었다. 진정한 조직 개혁이 일어났다기보다는 대중의 낭패감이 불러일으킨 개혁과 면피성 사후처리가 뒤섞인 반쪽자리 승리였다. 결국 운영진과 자산 관리진을 모두 새로 구성하긴 했지만, 결코 하룻밤 사이에 할 수 있는 쉬운 일은 아니었다. 관련자들 사이의 이해 갈등은 사라지지 않았다. 적어도 곧바로 사라지지는 않았다.

〈오마하 선〉의 영광도 오래가지 못했다. 재정적으로 계속 압박을 받았으며, 추문 추적 전문이던 폴 윌리엄스도 퓰리처상 수상 직후 회사를 떠났다. 탐사 보도 기자들도 차례로 사직서를 내고 다른 신문사나 통신사로 갔다. 워런이 돈을 잃는 취미의 하나로 기꺼이 받아들이고 운영하지 않았더라면, 〈오마하 선〉은 미래를 제대로 버텨내지 못했을 것이다. 그리고 〈워싱턴 먼슬리〉는 이미 워런이 그렇게 하지 않을 것임을 증명했다. 어떤 의미에서 보면 〈오마하 선〉은 수많았던 워런의 꿈초 가운데 하나였을 수도 있다. 그는 이 꿈초를 가지고 개인적으로 크게 한 모금 담배연기를 빨았다가 뿜어냈다.

당시 그가 〈오마하 선〉에서 얻었던 일시적인 반짝 유명세보다 더 강력하게 사람들, 특히 투자자들의 마음을 사로잡은 계기가 있었다. 조지 굿먼이 애덤 스미스라는 필명으로 출간한 책 《슈퍼머니Supermoney》였다. 백만 부 이상 팔린 이 책은 1960년대 주식시장 거품을 적나라하게 비판했으며[53] 자산운용가들을 악마의 화신으로 묘사했다. 이 책에서 자산운용가들은 거의 하룻밤 사이에 성층권까지 올라갔다가 마치 비행 도중에 갑자기 연료가 떨어져서 포물선을 그리며 떨어지는 비행기처럼 추락한 존재이자 평범한 일반 투자자들을 유혹하는 악마처럼 묘사되었다. 하지만 벤 그레이엄과 그의 제자 워런에 대해서는 전혀 달랐다. 굿먼은 이들 두 사람을 다른 사람들과 전혀 다른 특별한 존재라고 생각했다. 그는 한 장 전체를 할애해서 이 두 사람을 다루며 둘을 매우 뛰어난 사람으로 묘사했다.

굿먼은 라틴어와 불어를 자유자재로 구사하는 그레이엄을 존경했으며 또 그레이엄 덕분에 줄곧 즐거웠다. 그런데 그레이엄을 《슈퍼머니》에 담았을 때, 그레이엄은 어쩐지 부자연스럽게 비쳤고 자기 풍자의 지점에 서 있는 것 같았다. 하지만 워런은 온전하게 미국적이며 펩시콜라를 벌컥벌컥 들이켜는 최상급 인물로 묘사되었다. '월스트리트의 악마들'과 멀리 떨어진 채, 영광의 고독 속에서 투자 근본주의자로서 홀로 멋지게 거래를 이어나가는 인물이었다. 이런 식으로 그레이엄과 나란히 놓이자, 워런은 거위 간 요리 옆에 놓인 두께 5센티미터의 티본스테이크와 같았다. 그리고 모든 사람들은 거위 간 대신 스테이크를 먹으러 몰려갔다.

이 책의 리뷰어들은 한결같이 워런을 언급했다. 월스트리트의 저술가 가운데 독보적인 위치를 차지하고 있던 존 브룩스는 그를, "구레나룻이 있는 탐욕스러운 젊은 자산운용의 마법사들" 사이에 있는 "바빌론의 청교도"라고 묘사했다.[54] 《슈퍼머니》 덕분에 워런은 그야말로 자고 일어나 보니 하룻밤 사이에 스타가 되어 있었다.

심지어 오마하에서도 《슈퍼머니》는 적잖은 파장을 일으켰다. 최고의 베스트셀러가 워런을 투자자의 왕좌 자리에 앉혔기 때문이다. 15년 만에 그는 이제 '그 유명한 사람 워런 버핏'이 되어 있었다.

36

물에 빠진 생쥐 두 마리

워런은 꽤 오랫동안 거대 신문사들 사이에서 작은 틈새를 확보하려고 노력했었다. 대부분 가족 소유 기업이던 신문사들이 한 차례 매각 열풍에 휩싸이면서 가격이 싸졌다 싶어지자 워런과 찰리 멍거는 이 신문사들 가운데 하나를 사려고 안간힘을 썼었다. '스크립스 하워드Scripps Howard'로부터 〈신시내티 인콰이어러Cincinnati Inquirer〉를 인수하려고 했지만 실패했다.[1] 워런은 블루칩 스탬프 주식을 내주고 스크립스 하워드의 또 다른 회사인 '뉴멕시코 스테이트 트리뷴 컴퍼니New Mexico State Tribune Company'를 사려고 시도했었다. 〈앨버커키 트리뷴Albuquerque Tribune〉을 발행하던 회사였다.[2] 하지만 이 시도도 실패로 돌아갔다.

1971년, 〈워싱턴 먼슬리〉의 발행인이던 찰스 피터스는 워런에게

서 온 전화를 받았다. 워런은 자기와 멍거를 〈워싱턴 포스트〉의 발행
인인 캐서린 그레이엄에게 소개해 달라고 부탁했다. 워런은 자기와
멍거가 〈뉴요커New Yorker〉 주식을 일부 샀었는데, 이 잡지를 통째로
사고 싶다고 말했다. 그들은 〈뉴요커〉의 회장이자 대주주이던 피터
플라이슈만과 이야기해서 기꺼이 팔겠다는 대답을 받았지만, 이 거
래에 동반자가 한 명 있으면 좋겠다고 생각했다. 이 동반자로 〈워싱
턴 포스트〉가 적격이라고 판단했던 것이다.

피터스는 워런의 이 전화를 받고 놀라지 않았다. 〈워싱턴 포스트〉
의 그레이엄 가족이 자기 신문사를 공개하고 주식시장에 상장할 것
이기 때문에 워런이 이 주식에 관심을 가지는 게 틀림없다고 생각했
다. 어쩌면 워런이 〈워싱턴 먼슬리〉를 계속 가지고 있는 이유도 최근
에 이루어지는 신문사들의 기업공개 때문일 터였다. 만일 〈워싱턴
먼슬리〉가 〈워싱턴 포스트〉에서 크게 돈을 버는 디딤돌이 된다면,
〈워싱턴 먼슬리〉의 투자 실패에 따른 재정적인 손실도 벌충할 길이
열릴 터였다.

1971년 〈워싱턴 포스트〉의 첫 번째 기업공개 직전에[3] 피터스는
〈뉴요커〉를 공동으로 인수할 동반자 관계를 만들 수 있을지 탐색하
는 자리를 마련했다. 워런은 기업공개를 통해서 나오는 주식은 한 번
도 산 적이 없었다. 그는 이런 것이 과장되게 선전된 주식이라고 늘
생각했다. 기업공개 주식들은 워런이나 멍거가 추구하는 것들과는
정반대편에 있었다. 두 사람은 다른 사람들에게서 사랑받지 못하는
꽁초들 혹은 아메리칸 익스프레스나 씨즈캔디처럼 적절한 가격에
나온 큰 훌륭한 기업을 좋아했다. 그래서 워런은 〈워싱턴 포스트〉 주
식을 사겠다는 계획은 전혀 가지고 있지 않았다. 하지만 두 사람은
비행기를 타고 케이 그레이엄을 만나러 워싱턴으로 갔다. 만나기로
한 곳은 〈워싱턴 포스트〉 본사 건물로 1950년대식 8층짜리 흰색 건

물의 현관 위에는 신문사 이름이 고딕체로 뚜렷하게 박혀 있었다.

케이 그레이엄은 비록 〈워싱턴 포스트〉의 발행인이었지만 늦은 나이에 신문사 경영에 뛰어들었다. 8년 전에 이 신문사의 경영을 맡을 때 마흔여섯 살이던 그녀는 남편과 사별하고 네 아이를 데리고 있었으며, 사업을 해본 적이 한 번도 없었다. 그랬던 그녀가 이제 투자자나 언론이 끈질기게 따지고 드는 조건 아래에서 주식시장에 상장된 기업을 경영하겠다고 나섰던 것이다.

찰리와 나는 아주 짧게 그녀를 만났습니다. 딱 20분 동안이었죠. 나는 그녀가 어떤 사람인지 전혀 알지 못했습니다. 자기가 하려는 일에 겁을 먹었을지 모른다는 생각도 해봤습니다만, 거기에 대해서도 나는 아는 게 없었습니다. 그런데 그날따라 비가 지독하게 왔습니다. 찰리와 나는 마치 물에 빠진 생쥐 꼴이었죠. 게다가 우리가 옷을 어떻게 입고 다니는지 잘 알죠? 그랬으니 꼴이 어땠겠습니까?

두 사람은 케이 그레이엄의 사무실에 앉았다.

그녀는 우리한테 무척 잘해줬습니다. 그보다 더 잘해 줄 수는 없었죠. 우리더러 프리츠 비브[비비]를 만나 보지 않겠느냐고 했습니다. 이사회 의장이었고, 그 회사가 제대로 돌아가게 만든 사람이었습니다. 가서 만났습니다. 하지만 거기에서 특별하게 진전된 이야기는 전혀 없었습니다.

당시에 케이는 그 만남이 마련된 계기였던 〈뉴요커〉 인수에 전혀 관심이 없었다. 그리고 그날 만남에서는 그녀와 워런이 나중에 좋은 친구가 될 것이라는 계기가 될 만한 일은 전혀 일어나지 않았다. 워런은 케이에게 특별한 인상을 주지 못했다. 워런 역시, 비록 케이가 잘생긴 여성이었음에도 불구하고, 특별하게 매력적이라고 생각하지 않았다. 그의 이상이던 여성 데이지 메이가 가지고 있었던 부드러운 여성성과 자상한 성정을 그녀에게서는 찾아볼 수 없었던 것이다. 게다가 두 사람은 살아온 배경이 너무나 많이 달랐다.

캐서린 그레이엄은 1920년대가 시작되기 직전에 태어났다. 아버지는 투자자이자 〈워싱턴 포스트〉의 창업자인 유진 메이어였고, 어머니는 자아도취적인 성격의 아그네스 메이어였다. 가족들은 아그네스 등 뒤에서 그녀를 '빅 액'라고 불렀다. 덩치가 거대했기 때문이다. 해가 갈수록 빅 액의 배 둘레는 더욱 커졌다. 어느 정도는 유대인 남편의 재산을 보고 결혼했다고 할 수 있는 아그네스는 중국의 미술과 음악, 문학, 그 밖에 여러 문화들을 무척 좋아했지만 남편과 다섯 명의 자녀들에게는 관심이 없었다. 이들은 연분홍색을 띤 회색 화강암으로 지은 저택에서 살았다. 마운트 키스코에 있는 이 집에서는 웨스트체스터 카운티의 바이램 호수가 내려다보였다. 이 집 외에도 뉴욕 시티 5번가에 한 층을 통째로 쓰는 아파트가 있었고, 워싱턴 디시에는 붉은 벽돌로 지은 크고 어두운 빅토리아식 집이 있었다.

케이(캐서린의 애칭-옮긴이)는 어린 시절을 마운트 키스코의 저택에서 아그네스가 정한 규칙 아래 보냈다. 마운트 키스코의 이 집을 가족들은 '농장'이라고 불렀다. 이 저택 안에는 커다란 과수원, 정원, 목장 그리고 농사일을 하던 사람들이 사는 낡은 농가가 있었다. 식탁에 올라오는 모든 채소와 과일은 그곳 과수원과 농지에서 재배한 것이었다. 케이가 먹었던 고기는 저택의 농장에서 키운 돼지와 닭에서 나왔고, 그녀가 먹은 우유 역시 농장에서 기르던 저지 종의 젖소에서 나왔다.

가족이 소유한 모든 집에서는 날마다 식탁에 풍성한 꽃다발이 새로 놓았다. 심지어 워싱턴 집의 식탁도 마운트 키스코의 정원에서 가꾼 꽃으로 장식했다. 웨스트체스터 저택에는 벽마다 장엄한 중국 그림들이 걸려 있었고, 실내 수영장, 볼링장, 테니스 코트, 거대한 파이프오르간 등 당대 상류 사회의 신분을 상징하는 모든 것들이 갖추어져 있었다.

케이는 신데렐라의 마차를 끌 수 있을 정도로 잘생긴 말들이 있는 마구간에서 자신이 탈 말을 직접 골랐다. 그녀가 갔던 여행은 보통 사람들은 상상할 수도 없는 것이었다. 한번은 알베르트 아인슈타인의 집을 방문하러 직접 독일에 가기도 했다. 아그네스가 아이들에게 독립심을 길러주려고 야영을 시키러 갈 때도, 목장에서 일하던 사람 다섯 명과 승용마 열한 마리, 짐말 열일곱 마리가 따라갔다.

하지만 아이들은 자기 어머니의 얼굴을 한 번 보려면 미리 약속을 잡아야 했다. 식탁에서 아이들은 자기들 몫의 식사를 게걸스럽게 먹어치웠다. 긴 식탁에서 맨 먼저 음식을 받는 아그네스는 하인이 아이들에게 음식을 놓을 때 벌써 먹기 시작했고 자기 것을 다 먹으면 아이들 것까지 빼앗아 먹었기 때문이다. 본인도 인정했지만 아그네스는 아이들을 사랑하지 않았다. 아이들을 유모와 가정교사, 승마 선생에게 맡겼다. 여름 캠프에 보내고, 기숙사가 있는 학교에 보내고, 무용 강습소에 보냈다. 아이들이 함께 놀았던 상대는 형제자매들과 하인들의 자식들이었다. 아그네스는 술을 많이 마셨고 남자들과 추파를 주고받는 걸 좋아했으며 수많은 유명한 남자들과 (비록 확실히 정신적인 차원이긴 했지만) 집착스러울 정도로 친밀한 관계를 가졌다. 그리고 자기 이외의 모든 여자들을 열등한 존재로 여겼다. 자기가 낳은 딸들에 대해서도 마찬가지였다. 그녀는 케이를 금발 곱슬머리를 하고서 노래하고 춤추고 미소 짓던 사랑스러운 미국의 국민 연인 셜리 템플과 비교하면서 어쩌면 그렇게 형편없느냐며 타박했다.[4]

"내가 영화 〈삼총사The Three Musketeers〉가 좋다고 하면 어머니는 자기처럼 원작 소설을 프랑스어로 읽지 않고는 결코 제대로 감상할 수 없다고 했다."[5]

케이는 교배 난초처럼 가꾸어졌다. 하고 싶은 것은 무엇이든 하는 응석받이로 자란 한편, 잠재적인 능력에 대해서는 완전히 무시되거나 철저하게 경멸당했다. 그러나 케이는 워싱턴 디시에 있는 마데이라 스쿨에 입학해서는 인기를 끄는 기술을 터득해서 학년 회장으로 선출되기도 했다. 당시로서는 매우 놀라운 일이었다. 그녀의 몸에 흐르는 피 가운데 반은 유대인이었기 때문이다.

마운트 키스코는 신교도 분위기가 지배했다. 이런 분위기 속에서 가족은 사회적으로 철저하게 소외되었다. 아그네스의 주장대로 아이들은 신교도로 성장했고(하지만 아이들은 대부분 신앙심이 돈독하지 않았다), 또 심지어 자기들의 아버지가 유대인이라는 사실조차 인식하지 못했기 때문에, 케이 같은 경우는 자기들이 왜 이웃과 함께 어울리지 못하는지 이해하지 못했다. 한번은 이런 적도 있었다. 배서대학교에 다닐 때였는데, 어떤 사람이 케이의 면전에서 유대인 욕을 했다. 그러자 케이의 친구가 케이에게 대신 사과하며 위로했고, 케이는 깜짝 놀랐다. 그녀는 자기 혈통과 관련된 이런 충돌에 대해서 다음과 같이 언급했다.

"이것은 훌륭한 생존 능력을 가져다주거나, 혹은 사람을 엉망으로 만들어 버립니다."[6]

아니, 어쩌면 둘 다일 수도 있었다.

케이는 자기 어머니로부터 사소한 것들에 대해서 인색하게 구는 것, 다른 사람들에게 속는 걸 두려워하는 것, 무언가를 남에게 내주지 못하는 것, 사람들이 자기를 이용하려 든다고 확신하는 것을 배웠다. 케이는 또 자기는 성장하면서 남을 지배하는 경향을 띠었다고 했다.[7] 그러나 다른 사람들은 그녀에게서 순진함, 솔직함, 관대함, 허물 없음 등의 요소를 보았다. 본인은 좀처럼 인정할 수 없었던, 적어도 그렇게 보이던 덕목이었다.

케이는 어딘지 어색하고 멀게 느껴지지만 그럼에도 불구하고 언제나 자기편이 되어주었던 아버지에게서는 어머니에 비해 훨씬 더 가까운 정을 느꼈다. 케이는 사소한 데서 절약하려는 자기 버릇이 아버지 유진 메이어에게서 배운 습관이라고 했다. 필요 없는 전등이 켜져 있는 걸 강박적일 정도로 참지 못하는 모습이나 낭비하지 않는 습관 등이 그랬다. 이런 절약 정신에 엄청난 시간과 돈과 정력을 한데 결합했던 메이어는 케이가 성장하던 시기에 비록 비실거리긴 했지만 〈워싱턴 포스트〉를 끝까지 끌고 갔다. 그 시기에 신문 사업은 다섯 개 사업 분야에서 꼴찌를 차지할 정도로 수익성이 없었고, 또 〈워싱턴 포스트〉는 당시 업계 1위이던 〈워싱턴 이브닝 스타Washington Evening Star〉에 한참 뒤처져 있었다.[8]

메이어가 1942년에 은퇴를 생각하기 시작할 때, 케이의 오빠이던 빌(이때 빌은 의사였다)은 수익성이 없는 신문사를 경영하는 데는 아무런 관심이 없었다. 그래서 신문사를 경영하는 일은 케이와 그녀의 남편 필립 그레이엄에게 떨어졌다(두 사람은 1940년에 결혼했다-옮긴이). 케이는 남편에게 완전히 빠져 있었고 또 자기에게는 그럴 만한 능력이 없다고 확신하던 터라서, 필(필립의 애칭-옮긴이)에게 〈워싱턴 포스트〉의 의결권 주식의 거의 3분의 2를 팔기로 한 아버지의 결정을 당연하게 받아들였다. 이렇게 해서 필은 〈워싱턴 포스트〉의 최대 주주가 되었다. 이렇게 한 이유를 메이어는, 남자라면 자기 아내 밑에서 일해서는 안 되기 때문이라고 말했다. 나머지 의결권 주식은 케이가 받았다.[9]

신문사를 어떻게든 살리려고 메이어가 무척 애썼지만, 필 그레이엄이 경영권을 넘겨받았을 때 신문사의 상태는 걷잡을 수 없는 상태였다. 편집부나 보급부에 있는 사람들 가운데 몇몇은 종일 경마와 음주로 시간을 보냈다. 메이어가 도시 바깥으로 출장을 가고 없을 때, 사환이 아침마다 맨 먼저 한 일은 바로 술과 경마 예상지 〈데일리 레이싱 폼〉을 사다 나르는 것이었다.[10]

필 그레이엄은 신문사의 이런 모습을 말끔하게 정리했다. 정치적 견해를 정력적으로 강화함으로써 신문사의 정체성을 부여했다. 그리고 강력한 자유주의적인 목소리로 논설을 채웠다. 그는 주간지인 〈뉴스위크〉를 사들이고 TV 방송국도 여러 개 인수했다. 이런 매체들을 통해서 자기가 유능한 언론인임을 증명했다. 하지만 시간이 흐르면서 폭음과 폭력적인 기질, 불안정한 정서와 잔인한 유머감각이 드러나기 시작했다. 이런 것들은 그의 아내인 케이에게 특히 나쁜 영향을 미쳤다. 그녀가 뚱뚱해지자 그는 아내를 '돼지'라고 불렀고 도자기로 만든 돼지를 사다주었다. 자기가 변변찮은 여자라고 생각했던 그녀는 남편의 그런 농담을 재미있다고만 여겼다. 그래서 그 도자기 돼지를 현관 앞에다 전시했다.

"나는 부끄러움을 많이 탔다. 나 혼자 다른 사람들과 함께 있는 걸 두려워했다. 그 사람들을 지루하게 만들 것이라고 믿었다. 남편과 함께 외출할 때는 말을 하지 않고 남편 혼자 말하게 했다. (……) 남편은 정말로 똑똑하고 재미있는 사람이었다. 지성과 유머가 놀라울 정도로 멋지게 결합된 사람이었다."[11]

그녀의 남편은 그녀가 느끼는 두려움을 자극하고 이용했다. 친구들과 함께 있는 자리에서 그녀가 말하고 있으면 남편은 그녀를 지그시 바라보았다. 말을 너무 많이 해서 사람들을 지루하게 만들고 있으니 당장 그만두라는 무언의 압박이었다. 그녀는 자기가 차지하고 있는 공간은 작으며 기대치를 만족시킬 능력이 자기에게 없다고 확신했다. 셜리 템플을 기준으로 했을 때 터무니없이 모자란다고 생각했다. 시간이 흐르면서 그녀가 사람들 앞에서 말하지 않고 남편을 무대 가운데에 서도록 한 것은 당연한 결과였다.[12] 그녀는 점점 자신감을 잃고 위험할 정도로 불안해했다. 파티에 참석하기 전에는 화장실에서 구토를 할 정도였다. 몇몇 자료들을 보면, 필이 케이를 대하는 태도는 더욱 심각해졌다.[13] 그녀가 낳은 네 아이들은 아버지가 어머니를 망가뜨려 놓는 모습을 바라보면서 자랐다. 필은 술을 마시고 격렬한 폭력을 휘둘렀고, 케이는 그 폭력 앞에서 꼼짝도 하지 못했다.

케이는 단 한 번도 남편에게 저항하지 않았다. 심지어 다른 여자들과 연이어 바람을 피울 때도 그랬다. 필은 잭 케네디(존 F. 케네디. '잭'은 그의 애칭이었다. 필립 그레이엄과 그는 친한 친구 사이였다-옮긴이)와 서로 정부(情婦)를 바꿔가면서 즐기기까지 했다.[14] 그녀는 오히려 남편의 개성, 재치, 두뇌에 압도되어 남편을 지켜주려고 나섰다. 남편의 행동이 잔인해질수록 더 남편의 비위를 맞추려고 했다.[15] 수십 년이 지난 뒤 어떤 인터뷰에서 그녀는 이렇게 말했다.

"남편은 나를 창조한 사람이라고 생각했습니다. 관심사도 더 폭넓어졌고 나 자신에 대한 확신도 강해졌습니다."[16]

필은 아내가 자기를 만난 건 아내에게 크나큰 행운이라고 생각했다. 그녀도 그렇게 생각했다. 그리고 필이 마침내 자기를 버리고 〈뉴스위크〉 직원이던 로빈 웹에게 가버렸을 때, 친구가 자기에게 하는 말을 듣고는 뒤통수를 크게 한 대 맞은 것 같은 충격에 빠졌다. 그 친구가 이렇게 말했다.

"잘됐네!"

그녀는 남편 없이 산다는 생각, 남편 없이 혼자서 잘 살 수 있다는 생각을 해본 적이 없었다. 그런데 그때부터 필은 신문사를 그녀에게서 떼어놓으려고 했다. 그가 신문사 주식의 3분의 2를 지배하고 있었기에 가능한 일이었다. 자기 가족의 신문사를 잃어버릴지도 모른다는 생각에 케이는 눈앞이 캄캄해졌다.

1963년, 케이가 신문사를 지키려고 싸움을 벌이던 와중에 필 그레이엄은 공개적인 자리에서 낭패를 겪는 경험을 하고 조울증 진단을 받은 뒤 정신병원에 입원했다. 여섯 주 뒤에 그는 주말을 집에서 보내겠다고 하고는 글렌 웰비의 집으로 돌아갔다. 농장이 딸린 그 집은 그레이엄 부부의 버지니아 별장이었다. 토요일에 필은 케이와 함께 점심을 먹은 뒤, 케이가 위층에서 낮잠을 잘 때 아래층 욕실에서 권총 자살을 했다. 그의 나이 마흔여덟 살이었다.

남편의 자살로 신문사의 경영권을 위협받을 일이 사라져, 케이는 신문사를 온전하게 지배할 수 있었다. 그녀는 신문사를 책임져야 한다는 사실이 두려웠다. 몇몇 사람들이 그녀에게 신문사를 팔라고 제안하기도 했지만 그녀는 모두 거절했다. 신문사를 자기가 지키고 가져가겠다고 단단히 마음먹었다. 다음 세대에 물려줄 때까지 청지기로서의 역할을 해야 한다고 생각했던 것이다.

"경영에 대해서 아는 게 아무것도 없었죠. 편집과 관련된 복잡한 문제들에 대해서도 아는 게 없었습니다. 비서를 어떻게 활용해야 하는지도 몰랐고요. 큰 문제들도 몰랐고 작은 문제들도 몰랐습니다. 게다가 더 심각했던 건, 문제가 큰 것인지 작은 것인지 구별조차 하지 못했다는 사실이었습니다."[17]

케이 그레이엄은 때로 확고한 자신감을 가지고 사업을 추진할 수도 있었지만, 자기가 내린 판단을 끊임없이 다시 생각하고 의심을 품고 다른 사람들에게 의지하기 시작했다. 당시 상황을 그녀는 다음과 같이 썼다.

"나는 실제로 일을 진행하는 남자들에게서 쟁점들이 무엇인지 배우려고 노력했다."

그런데 그녀는 이 사람들을 믿지 않았다. 어느 누구도 믿지 않았다. 당연한 이야기이긴 하지만, 그녀와 가까운 사람들 가운데서 믿음을 주는 행동을 보인 사람은 아무도 없었다. 그녀는 잠정적으로 어떤 사람에 대한 신뢰의 범위를 조금씩 키웠다가 그 결과를 평가한 뒤에 그 신뢰를 거두곤 했다. 그녀는 신문사에서 중요한 직책에 있는 사람들에게 열광하는 모습을 보였다가 얼마 뒤에는 언제 그랬느냐는 듯이 태도를 싹 바꾸어 버렸다. 자연히, 회사에서 그녀에 대한 평판은 무시무시했다. 이런 와중에도 그녀는 조언을 구하는 일을 멈추지 않았다. 다음은 그녀의 아들 돈 그레이엄의 말이다.

"의사결정을 해야 할 사안들이 날마다 올라왔지만, 어머니는 일을 어떻게 처리해야 할지 몰랐습니다. 어머니는 알고 있는 것들까지 새삼스럽게 생각하고 또 생각했습니다. 단 한 번도 하위직 관리자 경험을 해본 적이 없는 상황에서 최고 관리자가 되라는 요구를 받곤 했습니다. CEO라고는 남편과 아버지밖에 본 적이 없었는데 말입니다.

그래서 어머니는 어려운 판단을 내려야 하는 순간이라고 생각할 때면, 사실 보통 다 어려운 판단이긴 했습니다만, 이사들에게 전화를 하거나 비슷한 경험을 가지고 있다고 여겨지는 친구들에게 전화를 하곤 했습니다. 이런 게 습관으로 굳어졌습니다. 한편으로는 문제를 해결하는 데 조언을 얻고자 하는 것이었고, 또 한편으로는 누가 제대로 된 조언을 주는지 친구들을 시험하고자 하는 것이었고, 동시에 다음에는 누구에게 전화를 해야 할지 판단하고자 하는 것이었습니다."[18]

케이는 초기부터 변호사이자 '워싱턴 포스트 컴퍼니'의 이사회 의장이었던 프리츠 비브에게 의존했다. CEO라는 새로운 직무를 수행하는 데 그가 강력한 지원자임을 알아보았던 것이다.[19]

당시 워싱턴에 있던 세 개의 신문사 가운데서 가장 규모가 작았던 〈워싱턴 포스트〉의 연 매출액은 8,500만 달러였고 수익은 400만 달러였다. 케이는 점차 자기 직무를 익히며 CEO로서의 역할을 제대로 수행하기 시작했다. 그녀와 편집장이던 벤 브래들리는 〈워싱턴 포스트〉를 〈뉴욕 타임스〉와 어깨를 나란히 하는 전국지로 키우겠다는 원대한 포부를 함께 품었다. 보스턴의 앵글로색슨계 백인 신교도 가운데서도 상류층 출신이었던 브래들리는 하버드대학교를 졸업했고 그의 첫 번째 아내 역시 연방 상원의원의 딸로 최상류층 출신이었다. 그는 언론계에 발을 디디기 전에는 국가 정보 관련 업무를 다루는 쪽에서 일했었다. 그는 재미있고 똑똑한 사람이었고 자기 성장 배경과 전혀 다른 신랄한 면을 지니고 있었으며, 케이가 가지고 있던 최고의 덕목들을 끄집어냈고, 기자들이 야망과 경쟁에 얽매이지 않는 분위기에서 자기 뜻을 펼치며 성장할 수 있도록 격려했다. 결국, 오래지 않아서 〈워싱턴 포스트〉는 탄탄한 신문사라는 평판을 듣게 되었다. 케이가 신문사를 떠맡은 지 3년 만에 브래들리를 주필에 임명했다.

1970년 케이는 어머니 아그네스의 독재에서 해방되었다. 아그네스가 사망한 것이다. 케이가 노동절 주말에 마운트 키스코를 방문했을 때였다. 아그네스가 아침을 내오라는 벨을 울리지 않는다는 하녀의 말을 듣고 케이는 어머니의 방으로 올라갔다. 하지만 이미 아그네스는 "섬뜩할 정도로 늘어져 있었고 몸은 이미 차가웠다"고 회고록에 썼다. 케이는 울지 않았다. 몇몇 피상적인 내용의 책들이나 영화들이 그녀를 '우는 여자'로 묘사하고 또 화가 나거나 상처를 받았을 때 큰 소리로 울기도 했다고 스스로 적고 있긴 하지만, 그녀는 누가 죽었을 때 단 한 번도 울지 않았다.[20] 아그네스 메이어의 죽음은 그녀에게서 짐 하나를 덜어주었다. 하지만 그 죽음이 그녀가 가지고 있던 불안감을 치료하지는 못했다.

1971년 3월, 베트남 전쟁 반대 시위가 계속되는 가운데 〈뉴욕 타임스〉는 소위 '펜타곤 문서 Pentagon Papers' 사본을 손에 넣었다. 국방부의 일급 기밀 문건이던 이것은 미국을 베트남 전쟁으로 몰아넣었고, 또 이 전쟁을 수행하는 과정에 있었던 의사결정 내용을 가감 없이 솔직하게 기록한 것으로, 전직 국방부 장관이던 로버트 맥나마라의 지시로 작성된 것이었다.²¹ 47권으로 구성되었으며 모두 7천 쪽인 이 문서는 정부가 미국 국민을 끊임없이 속여왔다는 사실을 고스란히 담고 있었다. 〈뉴욕 타임스〉는 이 내용을 6월 13일 일요일자 신문에 첫 연재 기사로 실으며 폭로에 나섰다.

워런과 멍거가 케이 그레이엄을 만나러 워싱턴에 간 지 약 두 주일 뒤인 6월 15일 연방 지방 법원은 법무부의 신청을 받아들여 〈뉴욕 타임스〉가 이 문서 내용의 대부분을 신문에 싣지 못한다는 판결을 내렸다. 미국 역사상 처음으로 미국 법원이 신문사의 출판권을 구속한 사건이었다. 이로써 헌법 정신에 대한 심각한 의문이 제기되었다.

특종을 놓쳤다는 사실에 놀란 〈워싱턴 포스트〉는 어떻게 하든 이 기밀 문서를 손에 넣기로 결정했다. 편집자 한 명이 문서를 구할 수 있는 곳을 추적해 들어갔고, 마침내 베트남 전쟁 전문가이던 대니얼 엘스버그라는 사람을 포착했다. 그 편집자는 빈 서류 가방을 들고 보스턴으로 날아갔다. 그가 돌아올 때 가방에는 펜타곤 문서가 들어 있었다.

그즈음 케이 그레이엄은 이미, 비록 여전히 남보다 자기를 낮추고 불안해하는 경향이 있긴 했지만, 신문 발행인으로서의 기본적인 소양을 터득한 상태였다. 그녀는 당시를 다음과 같이 회상했다.

"게다가 우리는 기업공개를 하던 와중이었고 아직 주식은 모두 팔지 못했다. 회사로서는 엄청나게 민감한 순간이었다. 만일 법원에 제소되고 유죄 판결을 받을 경우 치명적인 타격을 입을 수도 있었다.

(……) 기업을 하는 사람들은 모두 아예 생각도 말라거나 아니면 때를 기다리라고 했다. 변호사들도 말렸다. 그런데 편집자들은 기사로 실어야 한다고 목소리를 높였다."

다음은 벤 브래들리가 당시를 회상하면서 하는 말이다.

"만일 그때 그걸 신문에 내지 않았다면, 나는 아마도 사표를 냈을 겁니다. 아마 나뿐만 아니라 많은 사람들이 그만뒀을 겁니다."

케이는 나중에 다음과 같이 썼다.

"모든 사람들이 우리가 그 문서를 가지고 있다는 걸 알았다. 〈뉴욕 타임스〉의 연재가 중단된 뒤에 그 여세를 유지하는 것은 매우 중요했다. 정부가 신문에 대해서 사전에 발행을 저지할 권한과 관련된 문제였기 때문이다. 편집자들과 기자들의 사기가 떨어질 것이었다. 우리가 그 문제를 어떻게 처리할지에 많은 것이 달려 있다는 벤의 말이 무엇을 의미하는지 나는 알았다."

아름다운 6월의 오후 그녀는 조지타운의 저택 베란다에서 전화가 왔다는 말을 듣고 서재로 돌아가서, 작은 소파에 앉아 수화기를 들었다. 〈워싱턴 포스트〉의 이사회 의장 프리츠 비브였다. 그는 이렇게 말했다.

"당신이 어떤 식으로든 결정을 해야 하니 걱정이 되네요."

케이는 비브에게 만일 본인이 결정을 해야 한다면 어떻게 하겠느냐고 물었다. 그는 만일 자기라면 하지 않겠다고 대답했다.

"하루만 더 기다릴 수 없나요? 〈뉴욕 타임스〉는 이걸 놓고 석 달을 토론했잖아요."

이어 브래들리와 다른 편집자들이 전화를 했다. 우리가 그 문서를 가지고 있다는 소문이 이미 파다하게 퍼졌다, 회사 안팎의 기자들이 우리를 바라보고 있다, 해야 한다, 당장 오늘 밤에 결행해야 한다, 라고 목소리를 높였다.

서재에서는 케이 옆에 〈워싱턴 포스트〉의 사장 폴 이그네이셔스가 서서 "하루만, 딱 하루만 더 기다려 줘요. 이제 내가 결정할 시간은 약 1분밖에 남지 않았어요"라며 끈질기게 요구했다.

그녀는, 자기라면 하지 않겠지만 그녀가 다른 길을 선택한다 하더라도 뒤를 밀어주겠다고 하던 프리츠 비브의 말과 미적지근하던 어조를 곰곰이 생각해 보았다.

"그리고 이렇게 말했다. '좋아요, 자 갑시다, 가요! 해봅시다, 신문에 내자고요!' 나는 그렇게 말한 뒤에 전화를 끊었다."[22]

바로 그 순간, 어떤 결정이든 결정을 내릴 때마다 다른 사람들에게 도움을 청했던 여자 케이 그레이엄은 오로지 자기만이 최종 선택을 할 수 있다는 사실을 깨달았다. 자기 자신의 견해를 정하기 위해서 다른 사람의 의견을 구할 수밖에 없었던 바로 그때, 자기가 무엇을 해야 하는지 깨달았던 것이다.

오후가 다 가기 전에 정부는 〈워싱턴 포스트〉를 상대로 소송을 제기했다. 그리고 다음 날인 6월 21일 거하드 게셀 판사는 신문사의 손을 들어 주었다. 펜타곤 문건 관련 기사의 출판 정지 가처분 신청을 이유 없다며 기각한 것이다. 그리고 채 두 주가 되지 않아서 대법원은, 신문사의 출판권을 제한할 만큼 국가 안보의 위협을 받는 위기 상황이 아니라면서 게셀 판사의 판결을 확정했다.

펜타곤 문서로 신문업계에서 지위를 한 차원 높인 〈워싱턴 포스트〉는 전국적인 차원의 주요 신문사로 탈바꿈하기 시작했다. 이런 점을 놓고 밥 우드워드 기자는 다음과 같이 썼다.

"그녀가 가지고 있던 교묘한 기술은 기대치를 올려야 할 때 부드럽게 그러나 가차없이 올리는 것이었다."[23]

37

신문쟁이

그로부터 2년 가까운 세월이 흐른 뒤, 〈워싱턴 포스트〉는 워터게이트 사건을 파헤치고 있었고, 오마하에서는 〈오마하 선〉의 기자들이 보이스 타운의 비리를 파헤친 보도로 관심과 호평을 누리고 있었다. 사건이 처음 일어난 시점인 1972년 6월에 시작된 워터게이트 사건 보도는, 현장에서 잡힌 범인들 중 한 명의 수표의 출처가 닉슨의 재선 선거운동본부라는 사실을 우드워드와 번스타인이 발견한 뒤로 점차 속도를 내기 시작했다. 그리고 수 개월 후에 마침내 FBI에 소속되어 있던 익명의 내부 고발자의 증언으로 사건의 전말이 세상에 알려졌다(이 익명의 고발자[암호명은 딥 쓰로트이다] 신원은 정보를 제공받았던 밥 우드워드만 알고 있었는데, 30년이 지난 뒤에 당시 FBI 부국장이었던 마크 펠트가 스스로 자기가 그 고발자였다고 말했다). 민주당 전국위원회 본부 사무실에

침입해서 도청 장치를 설치하려 했던 음모를 꾸민 닉슨 재선 선거운동본부에 관한 정보를 비롯해 CIA 직원과 FBI 직원도 여기에 자금과 작전을 지원했음이 드러났다. 하지만 다른 신문들은 대중이 그랬던 것처럼 이런 추문을 무시했다. 닉슨은 이런 음모에 대해서 아는 것도 개입한 바도 전혀 없다고 강력하게 부인했고, 결국 그해 가을 압도적인 표 차이로 재선에 성공했다. 이미 펜타곤 문서 사건으로 〈워싱턴 포스트〉를 곱게 바라보지 않고 있던 닉슨의 백악관은 워터게이트 사건을 '3류 절도 미수 사건'으로 규정하면서 신문사를 협박하고 압박했다. 닉슨의 선거 운동을 지휘했던 법무부 장관 존 미첼은 우드워드와 번스타인에게, 만일 〈워싱턴 포스트〉가 계속해서 그 이야기를 보도하면 "케이 그레이엄의 젖통이 심하게 찌부러지는 고통을 당하게 될 것"이라고 말했다. 그리고 행정부 쪽에 아는 사람이 있었던 월스트리트의 한 친구도 케이에게 '혼자 다니지 말라'고 충고했다.

1973년 초, 리처드 닉슨의 친구였던 공화당 기금 모금자는 〈워싱턴 포스트〉가 플로리다에 가지고 있던 두 개의 TV 방송국 면허 갱신에 제동을 걸고 나섰다. 십중팔구 정치적인 동기에서 비롯된 이런 시도는 '워싱턴 포스트 컴퍼니'의 수익 가운데 절반을 위협하는 것으로, 이 회사의 숨통을 노리는 공격이었다.[1] 이에 대한 반응으로 이 회사의 주가는 38달러에서 금세 16달러로 추락했다.

워터게이트 사건 보도로 퓰리처상을 받았고, 이 사건의 범인들은 유죄 판결을 받아 감옥에 갔혔으며, 닉슨 정부의 최고위층과 절도 사건 사이의 연결고리를 입증하는 증거들이 속속 드러나고 있었음에도 불구하고, 케이는 혹시나 신문사가 함정에 빠지거나 호도되는 건 아닌지 거듭 추측했다.[2] 그녀는 자기에게 주어진 시간과 관심을 대부분 이 싸움에 쏟았다. 이사회 의장이던 프리츠 비브는 암에 걸려 급격하게 영향력을 상실하고 있었다.[3] 의지할 수 있는 권위가 필요했던 케이는 이사회에 소속된 다른 위원에게 눈을 돌렸다. 투자 은행이던 '라자르 프레르Lazard Frères'의 수석 동업자이던 앙드레 마이어였다.

당한 일이 있으면 꼭 갚아야 직성이 풀리고 인정사정 보지 않으며 숨기는 게 많고 속물적이고 가학적이던 마이어는 '다른 사람의 인격은 깡그리 뭉갰다.' '은행권의 피카소'로 알려져 있던 그는 '돈에 대해서는 관능에 가까운 집착'을 보였다. 그의 동료들은 그를 20세기 최고의 투자 은행가이며 '기업 인수의 귀재'라고 불렀다.[4] 그는 또한 워터게이트 사건과 관련해서 케이에게 혼자서 돌아다니지 말라고 조언했던 마당발이기도 했다. 라자르 프레르에 몸담았던 어떤 사람은 그를 다음과 같이 평가했다.

"그는 어려움에 처한 사람과 쉽게 친해지고 충성심을 이끌어 내며 미래에 자신에게 커다란 도움이 될 기회를 만들어 내는 능력을 가지고 있다."[5]

그는 곧 케이를 여러 사람들에게 소개시켰고, 두 사람이 음식점이나 파티 그리고 극장에서 함께 있는 모습이 자주 사람들 눈에 띄었다.

비브는 1973년 5월 1일 사망했다. 한 주 뒤에 그의 변호사이자 케이의 개인 변호사로, 그녀에게 자문을 해주던 조지 길레스피가 그의 재산을 정리하기 시작했다. 오마하에 사는 거물 투자가가 〈워싱턴 포스트〉의 주식을 계속 사들이고 있다는 사실을 알고 있던 길레스피는 메인에 있는 여름 별장에서 워런에게 전화를 걸었다. 그리고 매각해야 할 비브의 주식 5만 주를 사라고 제안했다. 워런은 이 제안을 얼른 받아들였다.

당시에 워런은 적절한 가격에 나왔고 또 자기가 살 수만 있으면 신문사 주식은 무엇이든 버크셔 해서웨이 명의로 살 준비가 되어 있었다. 〈보스턴 글로브Boston Globe〉의 발행인인 '어필리에이티드 퍼블리케이션스Affiliated Publications'에서 나온 은행가들이 주식을 팔려고 할 때 워런은 기업공개 때 나오는 주식은 사지 않는다는 자기 원칙을 깨면서까지 이 회사의 주식 4퍼센트를 할인 가격에 사들였다. 이렇게 해서 버크셔는 어필리에이티드의 최대 주주가 되었다. 워런은 또 '부스 뉴스페이퍼스Booth Newspapers', '스크립스 하워드Scripps Howard', '샌 안토니오San Antonio' 그룹의 자회사인 '하트-행크스 커뮤니케이션Hatre-Hanks Communication' 주식도 샀다. 퓰리처상 수상으로 위상이 높아진 〈오마하 선〉 덕분에 그는 신문업계에서 여러 발행인들과 동료로서 인맥을 넓혀 나갈 수 있었다. 그는 〈윌밍턴 뉴스 저널Wilmington News Journal〉을 인수할 방법이 없을까 하는 기대를 가지고 이 매체의 소유주들과도 이야기를 나누었다. 비록 투자자들이 그 가치를 이해하지 못했기 때문에 신문사의 주가는 낮았지만, 신문사 소유주들은 바보가 아니었다. 이들과의 경쟁 속에서 신문사를 통째로 인수하려는 워런과 멍거의 노력은 수포로 돌아갔다.

　1973년 늦은 봄을 기준으로 할 때 워런은 〈워싱턴 포스트〉의 주식 가운데 5퍼센트 조금 넘는 양을 가지고 있었다.[6] 그는 케이에게 편지를 한 통 보냈다. 한편 케이는 비록 적대적인 인수자가 나타나서 신문사를 송두리째 빼앗아 가지 못하도록 비브와 길레스피가 〈워싱턴 포스트〉의 주식을 두 종류로 나누어 놓긴 했지만, 그럼에도 불구하고 누군가 자기 회사를 빼앗아 가지 않을까 하는 두려움에서 한 번도 놓여난 적이 없었다.[7] 워런의 편지는 자기가 〈워싱턴 포스트〉의 주식 23만 주를 가지고 있는데 주식을 더 사고 싶다는 내용이었다. 법적이거나 형식적이라기보다 상대를 추켜세우는 말이 가득한 사적인 내용에 가까운 편지였다. 특히 자기와 케이 모두 언론 사업에 관심을 가지고 있다는 점과 또 〈오마하 선〉이 퓰리처상을 받았다는 사실을 강조했다. 이 편지는 다음과 같이 시작한다.

이 주식을 산다는 것은 우리에게 상당한 의미가 있습니다. 건실한 사업체인 〈워싱턴 포스트〉에 대한 그리고 이 회사 CEO인 당신에 대한 명쾌하면서도 수량화된 찬사이기도 하지요. 수표를 끊는 일은 대화에서 신념을 분리시켜 줍니다. 〈워싱턴 포스트〉는 그레이엄이 지배하며 그레이엄이 경영한다는 사실을 알고 있습니다. 이 점이 나는 마음에 듭니다.[8]

케이는 깜짝 놀라 주변에 조언을 청했다.

〈워싱턴 포스트〉의 기자였던 짐 호글랜드는 케이를 두고 "그녀는 때로 유명세 있는 사기꾼을 만나면 홀랑 넘어갈 수 있었다. 특히 그 사기꾼이 듣기 좋은 아첨을 능숙하게 잘 하면 더욱 그랬다"[9]라고 썼다. 게다가 또 다른 어떤 기자의 판단에 따르면, '상당한 속물 근성'을 가지고 있어서 '지위가 높고 그럴듯한 직함을 가지고 있는 거물에게는 쉽게 넘어가는' 유형이었다.[10] 남자와 여자가 기본적으로 평등하다는 생각을 가지고 있던 케이는 글로리아 스타이넘(미국의 세계적인 여성 인권운동가-옮긴이)에게 여성 잡지 〈미즈Ms.〉 창간을 위해 종잣돈을 주기도 했으며, 한번은 여자아이들에게는 신문 배달 일을 맡기지 않겠다던 신문사의 한 임원에게 서진(書鎭)을 집어 던지기도 했다. 하지만 여전히 마음 깊은 곳에서는 오로지 남자만이 사업을 제대로 할 수 있다고 생각했고 앙드레 마이어가 '화를 내며' 그녀에게 워런은 전혀 도움이 되지 않는 인물이라고 말했을 때, 그의 말을 진지하게 받아들였다.[11] 그녀의 시카고대학교 재단에서 함께 이사로 있던 또 다른 지인 밥 애버드가 조심하라고 경고한 것도 중요하게 작용했다.

앙드레 마이어는 자기가 모든 것을 지배한다고 생각했습니다. 그렇게 생각하는 걸 좋아했죠. 케이와 같은 여자를 상대하는 것은 특히 쉬웠습니다. 그는 케이가 자기와 함께 확인하기 전에는 화장실에 들어가는 것도 마음이 놓이지 않도록 만들곤 했습니다. 앙드레는 그런 스타일이었습니다. 내가 그 주식을 샀다는 사실을 알고 앙드레는 계속해서 나를 케이의 새로운 보스라고 불렀습니다. 누가 권력의 핵심부로 들어가기만 하면 이런 사람들의 힘은 희석되고 말죠. 이런 부류의 사람들은 대개가 그렇습니다.

케이는 누군가 자기를 조종할 수도 있다는 사실에 매우 민감했습니다. 정치적으로나 신문사 경영과 관련해서 말입니다. 충분히 그럴 수 있는 일이었죠. 사람들이 자기를 이용하려는 상황이 그녀에게는 낯설지 않았습니다. 하지만 케이가 가지고 있는 두려움을 잘만 이용하면 얼마든지 케이를 이용할 수 있었습니다. 만약 케이를 어떻게 하고 싶으면 불안함을 느끼도록 만들면 되었습니다. 케이는 자기가 당하고 있다는 걸 알면서도 저항하지 못했으니까요.

〈워싱턴 포스트〉의 이사이던 아제이 밀러는 다음과 같이 말한다.
"그녀는 뒤늦게 자책하곤 했습니다. 늘 사람들과 사랑에 빠졌다가 다시 거기에서 빠져나오곤 했죠. 사람들에게 들볶이기도 했습니다. 회사의 특정한 어떤 사람들에게 압도당해서 꼼짝 못하기도 했죠. 그녀는 어떤 사람을 만나면, 한동안 이 사람에게 완전히 매혹됩니다. 이 사람이 세상의 모든 해답을 안다고 생각하죠. 남자는 사업에 대해서 모든 걸 알고 여자는 아무것도 모른다고 생각했습니다. 근본적으로 그녀에게는 이게 진짜 문제였습니다. 어머니가 그녀에게 그런 이야기를 했고, 또 남편도 그런 이야기를 했죠. 하고 또 하고 하고 또 하고 계속해서 말입니다."[12]
케이는 워런과 관련해서 자기가 할 수 있는 일이 무엇인지 찾아내려고 노력했다. 그녀는 2년 전에 자기들이 아주 잠깐 동안 만났다는 사실을 거의 기억하지 못했다.**13** 그녀와 그녀의 동료들은《슈퍼머니》를 사서 워런을 다룬 부분을 읽고 또 읽으면서, 네브래스카 출신의 이 남자가 무슨 꿍꿍이로 〈워싱턴 포스트〉주식을 사는지 알아내려고 애썼다. 워런에게 우호적이지 않았던 사람들은 케이에게 9월 1일자 〈포브스〉에 게재된 기사를 보여주며 꼭 읽으라고 했다. 워런이 '새너제이 워터 웍스San Jose Water Works' 주식을 산 내용을 다룬 것으로 작성자의 서명이 없는 기사인 동시에,《슈퍼머니》가 워런 버핏이라는 신비스러운 남자를 묘사했던 햇살 화사한 초상화에 어두운 그림자를 던지는 기사이기도 했다.

〈포브스〉의 이 새로운 기사는 2년 전에 그 잡지가 냈던 워런에 대한 열렬한 찬사의 기사와 어조가 상당히 달랐다. 이 기사는 새너제이 주식을 가지고 있던 어떤 사람에서부터 시작했다. 이 사람은 자기가 보유하는 주식을 처분하고 싶었다. 그래서 회사의 이사를 찾아갔고, 이사는 그를 워런에게 보냈다. 주식으로 사는 가격보다 더 높은 가격으로 시 당국이 이 회사를 인수하려는 움직임이 진행된다는 사실을 워런이 알고 있었을 것이라고 이 기사는 넌지시 비췄다. 이 기사가 제시한 근거는, 문제의 그 이사가 그 주주를 워런에게 연결시켜 줬다는 것뿐이었다. 그러므로 워런이 그 회사의 이사를 알고 있었고, 그러므로 회사에서 진행하던 중요한 무언가를 알고 있었던 게 틀림없다는 논리였다. 이 기사의 마지막 부분은 다음과 같았다.

"(……) 아메리칸증권거래소와 증권거래위원회 샌프란시스코 지부는 현재 사실을 파악 중이다."**14**

하지만 이사 직함을 가지고 있는 사람이 주식을 팔겠다는 사람을 주식을 사겠다는 사람에게 연결해 주는 데는 법률적으로 아무런 문제가 없었다.**15** 그리고 실제로 거래가 이루어지지도 않았다. 하지만 워런에 대해 검증하고자 하는 사람들에게 이 기사는《슈퍼머니》만큼이나 눈에 확 띄면서도 공적으로 그를 언급한 가장 최근의 글로서 가치가 있었다.**16** 워런으로서는 황당한 노릇이었다. 만일 이 이야기가 점점 불어난다면, 실제로 아무런 문제가 없음에도 불구하고 그가 최근에 쌓은 명성이 흙탕물을 뒤집어쓸 수도 있었다. 이런 일이 있을 경우, 워런은 앞으로 나서서 고함을 지르는 그런 유형이 아니었다. 상황을 곰곰이 되씹고 계획을 마련하는 유형이었다. 비록 화가 나긴 했지만 참았다. 〈포브스〉에 정면으로 맞서고 또 무기명의 기자를 맹렬히 비난할 만큼 어리석지 않았던 것이다. 그는 이 사태에 대한 응징과 해명을 원했다. 그래서 오히려 〈포브스〉의 발행인 말콤 포브스의 관심을 끄는 기회로 활용했다. 어휘와 표현을 정교하게 선택하고 배열한 편지를 보낸 것이다. 이 편지에서 워런은 저널리즘이 빠질 수 있는 온갖 함정을 이야기하고, 〈포브스〉가 오랜 세월에 걸쳐 탐사 보도 부문에서 기록해 온 높은 '타율'을 치하했다. 그러면서 새너제이 관련 기사는 불행하게도 높은 타율을 깎아먹는 예외라는 말도 잊지 않고 했다. 그리고 〈오마하 선〉이 퓰리처상을 받은 사실도 언급했다.**17** 같은 날 편집장에게도 편지를 보냈다. 아부성의 듣기 좋은 말은 완전히 배제한 건조하고 사무적인 어조의 이 편지에서 그는 자기의 결백을 입증할 만한 사실들을 열거했다.

아니나 다를까, 〈포브스〉는 수정 기사를 내보냈다. 하지만 워런은 사람들이 이 수정 기사를 거의 읽지 않으며, 설령 읽는다 치더라도 이 기사의 영향력은 원래 기사의 영향력에 비하면 미미하다는 것을 알고 있었다. 그래서 충실한 대리인 빌 루안을 보내 〈포브스〉의 편집자들을 만나게 했다. 불평을 쏟아놓는 게 목적이 아니었다. 워런을 투자 관련 기사 작성의 전문가로서 〈포브스〉에 확고하게 위치시키려는 게 목적이었다.**18** 이 시도는 실패로 돌아갔다. 최소한 처음에는 그랬다.

언론 사업에 본격적으로 뛰어들려던 워런에게 이제 새로운 명분이 하나 더 늘었다. 편견에 사로잡힌 보도에 관한 격분이었다. 이것은 그가 가지고 있던 정의감, 언론 일반에 대한 관심과 직결된 문제였다. 기자 한 사람이 아무런 책임도 없이 의도적으로 어떤 사실을 추측해서 언급하거나 생략해서 언급함으로써 거짓말을 할 수 있다는 사실에 그는 화가 났다. 심지어 선한 의도에서 비롯된 보도조차 사람들로 하여금 분통을 터뜨리게 만들며, 신문사는 기자들의 사기를 높이고 언론의 독립을 지킨다는 명목에서 기자들의 의심스러운 행동을 감싼다는 사실을 알았다. 이런 자세를 〈워싱턴 포스트〉에서는 '방어적인 웅크림'이라고 표현한다는 것을 워런은 나중에야 알게 된다.[19]

워런은 결국, 언론 보도 때문에 부당하게 피해를 본 사람들이 제기하는 불만을 중재하는 비영리 단체 '전국뉴스평의회 National News Council'의 기금 마련에 도움의 손길을 보탰다. 이 위원회의 입장은 다음과 같았다. 여태까지 언론은 소수가 독점해 왔고, 이렇게 해서 발생한 경쟁 부재의 상황 아래에서 독점 언론사의 발행인들은 언론 자유에 대한 수정 헌법 제1조(1789년에 채택. 언론 자유의 권리를 박탈하는 어떤 법률도 의회는 제정할 수 없다는 내용 – 옮긴이) 덕분에 '의무 없는 권력'을 누리게 되었다. 이런 기본적인 인식을 바탕으로 이 위원회는 '중상 비방을 당하거나, 실제 사실과 다르게 인용되었거나, 명예가 훼손되었거나, 부당하게 조롱받았거나, 합법적인 견해임에도 불구하고 편향적인 보도 아래에서 무시당한' 피해자가 보상받을 수 있도록 했다. 하지만 불행하게도 언론을 지배하고 있던 소수의 독점 언론사 발행인들은 전국뉴스평의회의 판결 내용을 기사로 게재하는 데는 전혀 관심을 가지지 않았다. 자기 기자들이 편견에 사로잡혀 있고 부주의하고 무능하다는 사실을 드러내는 행위였기 때문이다. 전국뉴스평의회는 자기들이 밝혀낸 부당한 사례들을 일반에 알려야 할 자유롭고 독립적인 언론이 오히려 이를 숨기고 또 평의회의 노력을 번번이 유린하는 상황을 지켜보다가 결국 두 손을 들고 말았다.[20]

전국뉴스평의회는 가치 있는 성전(聖戰)이었다. 어쩌면, 워런이 정력을 쏟았던 다른 많은 명분들과 마찬가지로 시대를 너무 앞섰던 것인지도 몰랐다. 그러나 1973년에 수지 버핏은, 그간 워런이 끊임없이 새로운 성전 혹은 집착을 찾아서 자기가 가지고 있는 정력을 쏟아왔으며 때로는 그의 이런 노력이 해당 분야의 지형을 완전히 바꾸어 놓는다는 사실을 선명하게 확인했다. 많은 사람들의 경우 시간이 흐르면 원래 가지고 있었던 여러 관심사들이 다른 것들로 바뀌지만, 수지가 결혼한 이 불안정하고 부끄러움을 많이 타던 남자는 오로지 한 가지에만 집착했고, 그게 끝나면 다음 집착 대상으로 옮겨갔다. 어린 시절 자동차 번호판의 번호를 수집하던 것에서부터 언론의 부도덕함을 개혁하는 데 이르기까지 그의 숱한 집착 속에서 세 가지의 역할 모델이 언제나 변함없이 그를 사로잡았다. 첫 번째는 끈질긴 수집가 역할이었다. 이 역할은 돈과 사람과 영향력이라는 그의 제국을 끊임없이 넓혀왔다. 두 번째는 설교가 역할이었다. 그는 끊임없이 이상주의를 설파해 왔다. 그리고 마지막으로는 악당을 때려잡는 경찰 역할이었다.

완벽한 사업을 할 경우 설교하고 악당을 때려잡고 돈까지 버는 이세 가지 역할을 동시에 수행할 수 있었다. 그 완벽한 사업은 바로 신문사를 경영하는 일이었다. 그가 〈오마하 선〉 주식을 가능하면 많이, 또 가능하면 통째로 소유하고자 했던 이유도 바로 여기에 있었다.

그러나 워런과 멍거는 주요 도시의 신문사들을 인수하려는 시도에서는 실패를 맛봤다. 이제는 캐서린 그레이엄이 곁에 있었다. 사업과 관련해서는 늘 불안해했으며, 자기 주변 사람들에게 쉽게 휘둘리고, 쉽게 동요하고, 자기에게 구명 튜브를 던져줄 사람을 끊임없이 찾던 케이였다. 이처럼 불안정하고 상처받기 쉬운 그녀였지만 〈워싱턴 포스트〉라는 성 안에서 차지하는 위치 덕분에 그녀는 적어도 서반구에서만큼은 가장 강력한 권력을 가진 여성들의 대열에 끼어 있었다. 그리고 워런은 언제나 강력한 영향력을 가진 사람들에게 강하게 이끌렸다.

캐서린 그레이엄은 워런을 두려워했다. 그녀는 조지 길레스피에게 워런이 사기꾼이 아닌지 물었다. 그녀에게는 단 한 번이라도 실수를 할 여유가 없었다. 이미 여러 해 동안 닉슨 정부는 〈워싱턴 포스트〉의 평판에 먹칠을 하려고 전면전을 펼치고 있었다. 상원에서는 워터게이트위원회 청문회가 진행되었고, 우드워드와 번스타인은 닉슨이 가지고 있던 살생부를 찾아내서 폭로한 상태였다. 또 새로 발견된 몇 개의 녹음테이프는 닉슨 대통령이 그 음모에 직접 가담했을지도 모른다는 사실을 암시했다. 하지만 닉슨은 이 사건과 관련된 정보, 즉 실제로 어떤 일이 벌어졌고 또 누가 그 일에 관여했는지 밝혀줄 수도 있는 정보를 제공하지 않는 것은 대통령의 특권이라고 버텼다. 케이는 날마다 이 워터게이트 싸움에 매달렸다. 어떤 의미에서 보자면 그녀는 〈워싱턴 포스트〉의 운명을 이 싸움에 걸었다고도 할 수 있었다.

케이는 독실한 신자이며 매우 존경받는 인물이던 길레스피에게 깊이 의존했다. 길레스피는 '크래바스, 스웨인 앤드 무어 Cravath, Swaine & Moore'의 신탁 관련 변호사로서 유진 메이어가 남긴 최종 유언장의 초고를 쓰고 스러져 가는 노인의 서명을 공증한 뒤로 28세 때부터 그레이엄 가문의 일을 맡아왔다.

"그 사람이 〈워싱턴 포스트〉를 인수하려고 해요."

케이의 말에 길레스피는 이렇게 대답했다.

"그건 잊어버리셔도 됩니다. 불가능한 일이니까요. 그 사람이 B 주식을 아무리 많이 가지고 있어 봐야 소용 없습니다. 그 주식 가지고는 아무런 권리도 행사할 수 없으니까요. 그 사람이 할 수 있는 거라고는 이사회에 참석하는 것뿐입니다. 그것도 B 주식을 아주 많이 가지고 있을 때 말입니다."

길레스피는 새너제이 워터 워크스의 이사에게 전화를 걸어서 워런이 그 회사의 주식을 사는 과정에서 내부 정보를 가지고 있지 않았다는 사실을 이미 확인한 상태였기 때문에 앙드레 마이어처럼 워런을 나쁘게만 보지 않았다. 그리고 강력한 영향력을 행사하는 메이어의 위치와 인맥들을 볼 때 자칫하다간 난처한 상황에 빠질 수 있었음에도 불구하고, 자기는 메이어와 의견을 달리한다는 사실을 길레스피는 분명히 밝혔다. 심지어 한 발 더 나아가 어쩌면 워런을 알아 두는 게 도움이 될지 모른다면서 케이에게 워런을 만나 이야기를 나눠보라고 권하기까지 했다.[21]

케이는 워런에게 편지를 썼다. 편지 내용을 구술하는 그녀의 음성은 떨렸다. 편지에서 그녀는 캘리포니아에서 만나자고 제안했다. 캘리포니아는 그해 늦여름에 사업차 가기로 되어 있던 곳이었다. 워런은 당연히 이 제안을 받아들였다. 케이가 〈워싱턴 포스트〉의 서부 연안 지역 동반자이던 〈로스앤젤레스 타임스〉가 제공한 사무실에 도착했을 때, 흠 하나 없이 완벽하게 재봉된 셔츠 드레스, 안으로 말아 넣은 단발머리, 잔잔한 미소는 2년 전과 조금도 변하지 않은 모습이었다. 그런데 그녀는 워런의 외모를 보고 깜짝 놀랐다고 나중에 밝혔다. 다음은 그녀의 아들 돈이 하는 말이다.

"어머니의 생애에서 가장 큰 축복이자 저주는, 어머니의 취향 수준이 매우 높다는 것이었습니다. 어머니는 허세를 부리는 사람들 사이에서 성장했고 또 거기에 익숙했습니다. 옷을 입거나 음식을 먹는 올바른 방식은 하나밖에 없다고 생각하셨고, 또 관심을 기울여야 할 사람의 부류는 단 하나밖에 없다고 생각하셨습니다. 그런데 워런이 이런 어머니의 기준을 아주 박살내 버린 겁니다. 물론 워런은 거기에 대해서는 신경도 쓰지 않았죠."[22]

다른 사람에게서 빌린 것 같은 양복을 입고 있던 워런은 상고머리가 웃자라 끝이 치솟아 있었다. 이런 워런의 모습에 대해서 케이는 회고록에서 다음과 같이 적었다.

"내가 만났던 월스트리트 사람이나 기업계 인사들과는 전혀 달랐다. 옥수수만 먹고 자란 중서부 지역 사람 같았다. 하지만 내 인생 내내 나를 강렬하게 끌어당겼던 특성이 그에게 있었다. 두뇌와 유머였다. 처음 본 그 순간부터 나는 그 사람을 좋아했다."[23]

물론 당시에는 그렇게 보이지 않았다. 그녀는 워런과 자기 자신에게 모두 확신을 가지지 못한 상태로 잔뜩 겁을 먹었다.

처음 만났을 때 케이는 겁을 먹었고 경계를 했습니다. 내가 무서웠던 겁니다. 또 곤혹스럽기도 했겠죠. 그런데 케이에게 분명한 사실하나는, 그녀가 무슨 생각을 하는지 상대방이 금방 알아차릴 수 있다는 것이었습니다. 포커페이스를 유지하는 타입이 아니었죠.

워런은 케이가 사업과 금융에 대해서 아무것도 모르며 또 이미 10년 동안 경험했음에도 불구하고 여전히 회사를 경영하는 데는 이사진과 경영진이 자기보다 낫다고 생각한다는 사실을 간파했다. 워런은 그레이엄에게 월스트리트가 〈워싱턴 포스트〉의 가치를 알아보지 못한다고 말했다. 케이는 경계심을 조금 느슨하게 풀었다. 그리고 상류층의 독특한 어투로 몇 주 뒤에 워싱턴에서 다시 만나자고 했다.

약속한 날 하루 전 11월 4일 저녁에 워런과 수지는 택시를 타고

〈워싱턴 포스트〉 본사 건물 맞은편인 매디슨 호텔 앞에 내렸다. 두 사람은 프런트에서 숙박계에 서명하면서 신문사 인쇄공 노동조합이 파업을 벌이고 있는 것을 보았다. 권총을 가진 조합원이 있다는 소문이 나도는 가운데 법원 집행관이 인쇄공들을 몰아내고 있었다. 시끄러운 소동과 번쩍거리는 불빛, TV 카메라의 촬영 등이 새벽까지 이어졌다. 워터게이트 사건이 여전히 진행되고 있음을 고려한다면 까딱하다가 신문사가 문을 닫을 수도 있었다. 물론 이것은 노동조합이 노렸던 신문사의 약점이었다. 스피로 애그뉴 부통령은 피의자 신분으로 조사받다가 탈세 혐의에 대해서 한 달 전에 불항쟁답변(기소 사실에 대해서 유죄를 인정하지는 않지만 검사의 주장에 반대는 하지 않는 태도 – 옮긴이)을 하겠다고 선언하면서 부통령 직책에서 사임한 상태였다. 이제 워터게이트 사건은 폭발 직전의 위기로 치닫고 있었다. 애그뉴가 사임한 두 주 뒤, 법무부 장관이던 엘리엇 리처드슨과 법무부 부장관이던 윌리엄 러클스하우스는(부장관Deputy Secretary은 직급상 차관Under Secretary보다 한 단계 높다. 차관 아래 차관보Assistant Secretary가 있다 – 옮긴이), 워터게이트 사건 수사 책임자로 임명되었던 특별 검사 아치볼드 콕스를 해고하고 그의 사무실을 폐쇄하라는 닉슨의 명령을 거부하고 닉슨에게 저항하는 의미로 사임했다. 하지만 닉슨은 끝내 자기 명령을 관철시켜 콕스 검사를 해고했다. 후에 이 일은 '토요일 밤의 학살'이라고 불리게 된다.[24] 철저한 독립성이 지켜져야 할 국가 기관에 대통령이 개입하면서 워터게이트 사건은 새로운 국면으로 넘어갔다. 지난 두 주일간에 대통령을 바라보는 여론의 시각이 부정적으로 기울기 시작한 것이다. 의회에서는 대통령 탄핵의 압력이 점차 거세졌다.

워런과 만나기로 한 날 아침, 신문을 내려고 경영진 대부분과 함께 오전 6시까지 일했던 터라 케이는 무척 지친 상태였다. 그리고 그날 만남을 잘 치를지 염려되었지만 예정대로 워런을 만나기로 점심 약속을 잡았다. 벤 브래들리, 메그 그린필드, 하워드 사이먼스도 함께 참석하기로 했다.

케이는 메그 그린필드를 가장 친한 친구로 여기면서도 "외로운 요새. (……) 그 누구도 메그를 진정으로 알지 못했다"라는 말로 그녀를 표현했다. 〈워싱턴 포스트〉의 논설위원이었던 그린필드는 땅딸막한 여자로 짧게 깎은 짙은색 머리에 고지식한 얼굴이었다. 그녀는 유머, 정직, 강인함, 예의 그리고 겸손함의 상징이었다.[25]

편집장이던 하워드 사이먼스는 예리한 기지로 케이를 몰아세우던 걸로 유명한 사람이었다.

하워드 사이먼스는 사망 기사를 쓰기 위해서 꼭 죽어야 할 필요는 없지 않느냐는 말을 자주 했습니다. 굉장한 사람이었습니다만, 사악한 구석이 있었습니다. 케이를 무척 괴롭혔죠.[26]

우리는 함께 점심을 먹으면서 기업 인수에 대한 이야기며 언론 매체의 특성에 대한 이야기를 나누었습니다. 비록 'A 주식'을 모두 가지고 있지만 그녀가 여전히 나를 두려워한다는 사실을 알겠더군요. 그러니까 평생 동안 그 주식을 생각하면서, 그 주식을 지키면서 살아왔다는 얘기였습니다. 그래서 나는 무형 자산의 감가상각이 언론사들을 어렵게 하는 상황에 대해서 이야기했습니다(만일 한 회사의 장부 가격이 100만 달러인데 이 회사를 인수한 사람이 300만 달러를 지불했다면, 차액인 200만 달러는 무형 자산에 대한 평가 금액이다. 무형 자산이란 등록 상표나 특허와 같이 특수하게 규정할 수 없는 것 그리고 고객의 '호의'를 말한다. 기업을 인수한 측이 여기에 들어간 비용을 장기간에 걸쳐서 상각하는 회계상의 규칙을 무형 자산 감가상각이라고 한다 – 저자). 왜냐하면 그 선의에 대해서 언론사들은 많은 비용을 지불했고, 이것이 자산 가치의 평가를 생각할 때 문제를 일으키기 때문이었습니다.

워런은 케이에게, 언론사를 인수하려는 사람에게는 회계 문제가 상당한 부담이어서 언론사를 인수하는 일은 어렵다는 사실을 확인시켜 주려고 애썼다.

그러자 케이는 '무형 자산의 감가상각이 우리에게 문제를 일으킵니다'라는 식으로 말하면서 으스댔습니다. 하워드는 케이의 얼굴을 똑바로 바라보더니 이렇게 말했습니다.
'케이, 무형 자산의 감가상각이라는 게 무슨 뜻입니까?'
바로 그 순간, 아 정말 대단했습니다. 케이는 그대로 얼어붙었죠. 완전히 마비 상태나 다름없었습니다. 하워드는 그런 모습을 즐기더군요. 내가 끼어들어서 그게 무슨 뜻인지 하워드에게 설명했습니다. 내가 설명을 모두 마치자 케이가 이렇게 말했습니다. '바로 그거예요.'

워런은 사이먼스보다 한 수 앞지르는 것을 즐기며 게임을 짧게 끝냈고, 우회적으로 교묘하게 케이를 방어하고 나섰다. 케이의 딱딱하던 미소가 느슨하게 풀어지기 시작했다.

바로 그 순간부터 우리는 서로에게 가장 좋은 친구가 되었죠. 전 원탁의 기사 랜슬럿이 되었습니다. 내 인생에서 가장 위대하게 빛나던 장면 중 하나라고 할 수 있습니다. 그녀에게 패배를 승리로 바꾸어 주었던 순간이었습니다.[27]

점심을 먹은 뒤에 워런은 케이와 약 한 시간 동안 만났다. 그리고 그녀에게 다시 한번 서면으로 확신을 주었다.

내가 이렇게 말했습니다. '케이, 조지 길레스피는 당신이 회사를 확실하게 장악할 수 있도록 'A 주식'을 만들었습니다. 하지만 아무리 그 주식을 많이 가지고 있어도 당신이 걱정할 수밖에 없다는 사실을 잘 이해합니다. 당신이 짊어지고 가야 할 삶의 짐이 아닐까 싶네요.' 그렇게 말한 뒤에 또 이렇게 말했습니다. '분명히 말씀드리지만, 나의 이 이빨은, 동화《빨간 망토Little Red Riding Hood》에 나오는 나쁜 늑대의 이빨처럼 보일지 모르지만 그저 갓난아기의 이빨처럼 여릴 뿐입니다. 그래도 그냥 이 이빨을 뽑아버리겠습니다. 오늘 오후에 지시사항을 보내주시면 해당 건을 화이트 아웃으로 수정할 것이며, 당신이 동의한다고 서명하지 않는 한 당신 회사의 주식은 단 한 주도 사지 않겠습니다'라고요. 그게 그녀가 유일하게 마음 편히 받아들일 수 있는 제안이라는 걸 알았으니까요('화이트 아웃'은 브랜드명으로, 오타를 지울 때 썼던 흰색의 불투명 수정액이다. 타자기가 있는 책상에는 대개 이 수정액이 하나씩 놓여 있었다 – 저자).

그날 오후 워런은, 비록 그때까지 그 회사의 주식 12퍼센트를 사려고 1,062만 7,605달러를 썼었음에도 불구하고, 케이의 승낙없이는 〈워싱턴 포스트〉 주식을 더는 사지 않겠다는 합의서에 서명했다.

저녁때 버핏 부부는 케이가 자기 집에서 주최하는 유명한 만찬 자리에 주빈으로 참석하기로 되어 있었다. 무려 마흔 명이나 되는 손님이 워런과 수지에게 경의를 표하는 자리였다. 케이는 비록 정서가 불안정하긴 했지만 워싱턴 최고의 만찬 주최자로 인정받던 사람이었다. 무엇보다도 그녀는 손님들이 마음 편히 즐길 수 있도록 하는 방법을 알고 있었다. 그날 저녁, 비록 육체적으로 무척 힘들고 행사를 취소하고 싶다는 유혹에 많이 시달렸지만, 케이는 워런을 위해서 최선을 다했다.

케이는 나를 위해서 작은 파티를 열었습니다. 감사의 뜻을 전하는 그녀 나름의 방식이었죠. 그녀가 파티를 열면, 그녀가 원하는 사람은 누구든 그 자리에 참석시킬 수 있었습니다. 누구든 말입니다. 미국의 대통령까지도요.

이와 관련해서 돈 그레이엄은 다음과 같이 말한다.

"어머니는 세상을 널리 돌아다니며 여행을 많이 하셨습니다. 그래서 만찬 자리를 마련해야 할 일을 많이 만들었습니다. 말레이시아에 갔을 때도, 말레이시아 수상이 마을에 오자 어머니가 그분에게 저녁을 대접했습니다. 이런 모습을 보고 대사는 자기들의 무사안일을 되돌아보며 반성하곤 했습니다. 그레이엄 부인의 집에는 늘 식사가 준비되었습니다. 다른 행사도 물론 있었습니다. 어떤 사람은 출판 기념회를 했고 어떤 사람은 생일 잔치를 벌였습니다. 어머니는 손님들에게 만찬을 제공했죠. 그 일을 무척 좋아하셨거든요."

케이는 새로운 친구를 사귀는 공간 및 사람들이 서로를 알고 교제하는 공간으로 만찬 자리를 활용했다. 다시 돈이 하는 말이다.

"어머니는 여러 행정부 인사들과 다양하게 사귀었습니다."[28]

하지만 닉슨 행정부의 인사들과는 좀 달랐다. 거기에 몸담았던 사람들과 친구 사이가 된 사람은 별로 없었다. 국무부 장관을 역임했던 헨리 키신저만이 예외였다. 하지만 키신저 역시 케이와 어울리는 것과 관련해서 나름대로 변명거리를 가지고 있어야 했다.

그래서 수지와 나는 매디슨 호텔에서 기다렸습니다. 그런데 5시쯤 되었을 때 누군가가 문 아래로 뭔가를 슬쩍 밀어 넣었습니다. 이미 몇 주 전에 초대받았던 파티를 설명하는 안내문이었습니다. 안내문 맨 아래에 '검정 나비넥타이 예장 요망'이라는 문구가 보였습니

다. 나한테 그런 게 있을 리가 없었죠. 졸지에 나는 직장에서 입는 신
사복을 입고, 검정 나비넥타이 예장을 해야 하는 만찬의 주인공이면
서 유일하게 예장을 하지 않은 사람으로 어정쩡하게 참석할 처지였
습니다. 네브래스카에서 온 우스꽝스러운 멍청이가 될 게 뻔했습니
다. 당황해서 허둥지둥 그레이엄의 비서에게 전화를 했습니다.

　비서는 아주 훌륭한 여성이었습니다. 그 여자가 이렇게 말하더군
요. '자, 우리 다함께 곰곰히 생각해 보죠'라고요. 나는 호텔 밖으로
나가서 길을 건너갔습니다. 검은 넥타이를 사거나 빌릴 만한 데가
없는지 찾아보려고요. 한 군데도 없었습니다.

　다행히 케이를 보좌하던 리즈 힐튼은 다른 가게에 전화를 해서 적
당한 것 하나를 구했다.[29]

　버핏 부부는 매디슨 호텔을 나와 택시를 타고 저택들이 줄지어 늘
어선 엠버시 로(세계 각국의 대사관들이 모여 있는 워싱턴 디시의 '매사추세츠
애비뉴'를 가리키는 말-옮긴이)를 따라서 달렸다. 그리고 필 그레이엄이
잠들어 있는 역사적인 오크 힐 묘지를 지나서 큐가로 갔다. 네거리
부근에서 생나무 울타리를 짧고 가지런하게 깎은 정원을 하나씩 거
느리고 있는 19세기풍 집들이 줄지어 서 있는 곳도 지났다. 11월 초
여서 나뭇잎들은 적갈색과 호박색, 황금색으로 타오르고 있었다. 택
시를 타고 조지타운으로 들어가는 길은 마치 식민지 시대로 되돌아
가는 시간 여행의 초입 같았다. 이 묘지의 모퉁이 쪽에서 뻗어나가는
나무가 울창한 언덕, UN 창설의 요람이 되었던[30] 연방 정부 소유인
4만 제곱미터 규모의 덤바턴 오크스가 서 있었다.

　네거리에서 택시는 다시 왼쪽으로 돌아 돌로 만든 대문 기둥 사이
로 들어갔다. 전방에 보이는 전망은 놀라웠다. 택시가 흰색 자갈이
깔린 넓은 길을 따라서 올라가자, 멀리 초록색 망사르 지붕(프랑스 건

축가 망사르가 고안한 지붕으로, 경사가 완만하다가 급하게 꺾이는 이중 지붕 구조
인데, 아래 지붕에 채광창을 낸다—옮긴이)을 인 크림색의 장엄한 조지 왕조
시대식 3층 저택이 보였다.

건물을 둘러싸고 있는 드넓은 잔디밭은 조지타운의 덤바턴 록 꼭
대기까지 이어져 있었다. 그래서 저택에서는 그 묘지가 굽어보였다.
오른쪽 언덕 아래로는 가로수들이 길게 줄지어 서 있었고 그 뒤로
이웃집들이 있었는데, 거기에서 버핏 가족이 옛날에 살았던 스프링
밸리의 집으로 향하는 길이 이어져 있었다. 바로 그 너머에는 워런이
웨스트체스터로 신문을 배달했으며 시어스 백화점에서 골프공을 훔
쳤던 텐리타운이 있었다.

버핏 부부는 안내를 받아 저택의 정문으로 들어가서 다른 손님들
과 합류했다. 손님들은 거실에서 칵테일을 즐기고 있었다. 케이 그레
이엄의 어머니가 수집했던 동양화가 파란색 벨벳 커튼이 드리워진
달걀색 벽마다 걸려 있었다. 르누아르의 그림 한 점과 알브레히트 뒤
러의 판화들도 보였다. 케이는 버핏 부부에게 다른 손님들을 소개하
기 시작했다.

케이는 손님들에게 나를 소개하면서 멋지고 좋은 이야기들만 했
습니다. 그녀는 그때 나를 편안하게 해주려고 뭐든 다 했습니다. 하
지만 나는 너무 불편했습니다.

워런은 여태까지 그런 식의 형식적이고 장엄한 파티에는 참석해
본 적이 없었다. 칵테일 시간이 끝나자 사람들은 거대한 홀을 가로질
러서 식당으로 이동했다. 케이의 그 유명한 파티가 준비되어 있는 곳
이었다. 벽에는 청동으로 만든 촛대들이 달려 있었고, 여기에는 끝으
로 갈수록 점점 가늘어지는 양초들이 박혀서 조명을 밝혔다. 하지만

이런 것들이 워런을 더욱 불편하게 만들었다. 이런 장식들은 거실의 장식들보다 워런에게 한층 더 위협적이었다. 호두나무로 만든 원형 식탁들 위에는 수정으로 만든 촛대들과 문장이 박힌 자기 그릇들이 놓여 저마다 빛을 뿜고 있었다. 그러나 케이가 초대한 손님들은 주변의 이런 소품들보다 더 눈부신 빛을 뿜었다. 전직 미국 대통령, 외국의 지도자, 외교관, 행정부의 고위직 인사, 민주당과 공화당의 거물 의원, 워싱턴의 최고 변호사 그리고 연중 끊이지 않는 그녀의 친구들(예를 들면, 에드 윌리엄스, 스코티 레스턴, 폴리 와이즈너,[31] 로이 에번스, 에반젤린 브루스, 조지프 앨솝 그리고 어떤 이유에서든 그 모임에 어울리거나 그녀의 관심을 끄는 버핏 부부와 같은 사람들)이 언제든 이 방을 가득 채울 수 있었다.

워런의 옆자리에는 에드먼드 머스키의 아내 제인이 앉았는데, 저녁식사 파트너로서 적격이었다. 버핏 부부는 오마하에서 그녀의 남편을 대접한 적이 있었기 때문이다. 또 다른 옆자리에는 바버라 부시가 앉아 있었다. 그녀의 남편은 UN의 미국 대사였으며 곧 베이징 연락사무소 책임자로 발령을 받아서 중국과의 외교 관계를 새로이 정립하는 미묘한 과정들을 진두 지휘할 중요한 업무를 수행할 사람이었다(이 사람은 나중에 41대 미국 대통령이 된다 – 옮긴이). 케이가 버튼을 눌러서 주방에 연락을 보내자, 웨이터들이 조지 왕조 시대의 오래된 식탁 주변을 돌면서 음식을 나르기 시작했다. 워런은 그런 의전에 놀라 입을 벌리고 멍하니 보는 일이 없도록 노력했다.

수지는 조금 떨어진 곳에 앉았습니다. 옆에는 어떤 상원의원이 앉아 있었고요. 근데 이 사람이 수지의 다리에 자기 손을 올려놓고 수작을 부렸습니다. 정말 죽겠더군요. 그들에게 무슨 이야기를 어떻게 해야 할지 몰랐거든요. 그런데 바버라 부시는 더할 나위 없이 잘 대해줬습니다. 아마 그녀는 내가 얼마나 불편해하는지 알았을 겁니다.

웨이터들이 아 라 뤼스$_{\text{à la russe}}$(이미 썰어져 있는 요리를 웨이터가 코스대로 손님 개개인의 접시에 나누어주는 방식−옮긴이) 서비스의 미국식 변주 서비스를 하기 시작했다. 첫 번째 요리에 이어서 생선 요리가 나온 뒤 주요리가 나왔다. 모두 큰 접시에 담겨 나왔고, 사람들이 직접 덜어다 먹게 되어 있었다. 요리가 차례대로 나오면서 와인도 나오고 사람들의 수다 소리도 점점 커졌다. 웨이터들은 생선 나이프와 같은 은으로 만든 낯선 도구들을 식탁에 올려놓았다가 가져가기를 반복했다. 웨이터들이 내오는 음식은 워런이 절대로 먹지 않는 것들이었다. 와인도 마찬가지였다. 워런은 이런 음식들이 점점 복잡하고 위협적으로 보이기 시작했다. 다른 손님들은 느긋하고 편안해 보였다. 하지만 마지막으로 디저트가 나왔을 무렵 워런은 완전히 겁에 질려 있었다. 그러고 나서 그가 마시지 않는 커피가 나왔다. 워런은 도저히 더 참을 수 없을 것 같았다. 모든 순서가 끝나 가려던 그때 케이가 자리에서 일어나더니 인사말을 읽었다. 논리 정연하고 재치 넘치며 세련되고 개인적인 감정이 녹아들어 있는 독창적인 인사말이었다. 이 인사말에서 케이는 특별하게 어떤 영예의 손님을 염두에 두고 있는 게 분명했다. 하지만 그 사람이 구체적으로 누구인지 사람들이 모두 알아들을 수 있을 정도로 분명하게 밝히는 자신감은 부족했다. 아무튼 이제 그 영예의 손님이 자리에서 일어나 안주인의 친절한 대접에 감사하며 축배의 인사말을 하게 되어 있었다.

일어나서 인사말을 할 용기, 아울러서 축배를 들자고 제안할 용기가 없었습니다. 당연히 하도록 되어 있는데 말입니다. 내가 망쳐놓았습니다. 속이 울렁거릴 정도로 마음이 편치 않았습니다. 아닌 게 아니라 정말 토할 것 같더군요. 내각의 거의 반이 참석해 있던 자리에서 일어나 인사말을 할 엄두를 내지 못했습니다. 도저히 감당할 수 없었네요.

워런은 오로지 그 자리에서 도망치고 싶을 뿐이었다. 나중에 수지와 함께 케이에게 작별 인사를 하고 나올 때, 자기들이 나오고 나면남아 있던 조지타운 사람들이 네브래스카에서 온 촌뜨기 부부를 놓고 뒷이야기를 무척이나 많이 할 것이라는 생각이 들었다.

우리가 떠날 때까지도 그 상원의원은 여전히 수지에게 수작을 늘어놓았습니다. 수지가 꼭 상원의원 회관으로 와서 자기 사무실을 봐야 한다는 이야기를 몇 번이나 강조하더군요. 얼마나 강조하던지, 설명을 하다가 문을 착각해서 옷을 보관하는 방 문을 열고 들어가기까지 했으니까요. 이게 내가 워싱턴에 입문했던 때의 이야기입니다.

하지만 비록 막강한 권력을 가지고 있는 그레이엄 부인을 둘러싸고 있는 형식적이고 번쩍거리는 상류 사회의 모임이 워런을 불안하고 불편하게 만들긴 했어도, 그는 그때까지 자신의 열정을 한 번도 숨긴 적이 없었다. 그리고 머지않아서 워런은 그 세상을 더 많이 원하게 되었다. 수지 버핏이 보기에도 확실히 그랬다.

스파게티 웨스턴

오마하, 1973~1974년

1973년 캐서린 그레이엄의 만찬에 초대받았을 무렵, 워런은 이제 더는 신문사 주식을 매입하는 단순한 투자자가 아니었다. 소규모이지만 기업계의 거물로 성장하고 있었다. 버크셔 해서웨이와 DRC는 그가 확보한 관할 영역이었다. 그리고 찰리 멍거는 블루칩 스탬프의 황제였다.

이들 세 회사를 서로 맞물리는 관계 속에 지배적으로 소유하면서 워런과 멍거 사이의 사업적인 관계는 더욱 단단해졌다. 이런 형태의 기업 소유는, 워런이 특히 존경하던 투자가의 한 사람이던 거든 W. 워틀스[1]가 세웠던 제국의 초기 형태와 비슷했다. 워틀스의 '아메리칸 매뉴팩처링American Manufacturing'은 러시아 인형 마트료시카 같았다. 하나를 열면 그 안에 또 다른 회사가 있었고, 그 회사를 열면 또 다른 회사가 있는 식이었다. '머젠탈러 라이노타이프Mergenthaler Linotype'와 '크레인 컴퍼니Crane Co.', '일렉트릭 오토-라이트Electric Auto-Lite'와 같은 회사들이 그런 것들이었다. 이 주식들은 모두 공개된 시장에서 자유롭게 거래되었다. 비록 워틀스가 이 회사들을 지배하긴 해도 이 회사들 가운데 어느 것도 백 퍼센트 소유하진 않았기 때문이다. 워런은 투자가로서의 경력을 밟기 시작하던 초기부터 워틀스의 이런 투자 모델을 선망했다. 그는 워틀스가 사던 주식에서 어떻게 하면 최대 수익을 거둘 수 있을지 고민했다. 그는 친구들에게 워틀스 이야기만 내내 했다.

"유일한 방법은 그 사람의 옷자락을 붙들고 묻어가는 거야."

당시 그가 자주 하던 말이었다.[2]

워틀스는 '센추리 인베스터스Century Investors'라는 작은 폐쇄형 투자 회사를 가지고 있었고, 이 회사는 증권거래위원회에 보고해야 했습니다. 그는 이 회사를 통해서 꼬리에 꼬리를 무는 식의 기업 인수 작업을 했습니다. 우선 값싸게 평가된 회사의 주식을 삽니다. 나중에는 이 회사 명의로 또 값싸게 평가된 다른 회사의 주식을 삽니다. 그리고 또 이 회사 명의로 또 값싸게 평가된 다른 회사 주식을 삽니다. 이렇게 해서 '머젠탈러 라이노타이프'라는 거대한 회사가 생겼고, 이 회사의 주식 3분의 2를 '아메리칸 매뉴팩처링'이 소유하는 일이 있을 수 있었던 겁니다. 당시에는 주식을 사들이는 행위에 대해서 증권위원회에 알리고 공시하지 않아도 되었습니다. 그래서 아무도 그가 무엇을 하는지 몰랐고, 그는 계속 주식을 샀습니다, 그 회사를 지배할 수 있을 때까지 말입니다. 그는 '일렉트릭 오토-라이트'의 지배권을 사들였습니다. 부분적으로는 머젠탈러를 통해서 말입니다. '크레인 컴퍼니'에 대해서도 똑같이 했습니다. 이렇게 물고 물리는 관계속에 '웹스터 토바코Webster Tobacco'도 있었습니다. 통계적으로 볼 때 이런 회사의 주식들은 모두 쌌습니다. 모두 할인된 가격에 샀으니까요. 그저 이런 것들을 계속 사기만 하면 그때마다 돈을 버는 셈이었습니다. 나도 이런 회사들을 모두 조금씩 사곤 했어요. 머젠탈러, 일렉트릭 오토-라이트, 아메리칸 매뉴팩처링과 같은 주식들을 가지고 있었죠.[3] 과연 이런 주식들이 나중에 얼마로 평가받을까, 그건 늘 의문점이었습니다. 하지만 무지무지하게 똑똑한 사람이 하는 대로 따라 하니까 결국 나중에는 다 잘될 거야, 하고 생각하면 되었습니다.

워런은 보스턴의 '화이트, 웰드 앤드 컴퍼니White, Weld & Co'에 있던 위틀스의 사무실로 그를 찾아간 적도 있었다.[4]

나는 약간 불안해했고 이런 식으로 말했습니다. '위틀스 선생님, 몇 가지 여쭈어 보고 싶은 게 있습니다.' 그랬더니 대뜸 '해요' 이러더군요. 나는 질문들을 생각해 내야 했죠. 아무튼 그는 나한테 무척 잘해줬습니다. 10년 혹은 15년 동안 나는 그 사람 뒤를 쫓았습니다. 그는 그레이엄과 비슷했습니다. 아주 비슷했죠. 그 사람을 주의 깊게 본 사람은 나 말고 아무도 없었습니다. 그는 한동안 내가 모범으로 삼았던 롤모델이기도 했습니다. 그의 방식은 너무도 알기 쉽고 명백하고 또 확실하게 돈을 버는 길이었습니다. 엄청나게 많은 돈을 벌지는 못했지만, 돈을 벌 거라는 사실은 확실히 알 수 있었습니다.[5]

워런이 위틀스의 방식에서 관심을 가졌던 것은 한 회사가 다른 회사의 주식을 합법적으로 싸게 살 수 있다는 점이었다.

자기가 아는 모든 걸 다 생각해야 할 필요는 없잖아요. '내가 다른 사람들보다 세상을 조금 더 많이 볼 수 있었던 것은 거인들의 어깨 위에 서 있기 때문이다'라고 말한 사람은 아이작 뉴턴이었습니다.[6] 다른 사람들의 어깨 위에 올라서는 일은 절대로 나쁜 게 아닙니다.

마침내 워틀스는 자기 제국을 단 하나의 회사로 몰았다. 그 회사는 바로 머젠탈러 라이노타이프와 일렉트릭 오토-라이트를 합병해서 만든 '엘트라 코퍼레이션Eltra Corporation'이었다. 이 회사의 주식은 현재 빌 루안이 가장 좋아하는 것이었다. 이 회사의 수익이 연평균 15퍼센트씩 발생하고 있었기 때문이다.[7]

워런과 멍거가 소유하는 회사들은 비록 하나로 합쳐지진 않았지만 어쩐지 엘트라와 비슷하게 보이기 시작했다. 버크셔 해서웨이는 DRC의 최대 주주였고 또한 블루칩 스탬프의 주식도 소유하고 있었기 때문이다. 이 회사들은 또한, 아직 주식시장에 상장되지 않은 여러 회사들의 지주 회사 역할을 하고 있었다. 특히 블루칩 스탬프는 씨즈캔디를 소유했는데, 씨즈캔디의 수익률이 워낙 좋아서 급격하게 축소되던 쿠폰 사업 부분의 손실을 보전하고도 남았다. 멍거는 이어서 거의 죽은 것이나 다름없던 투자 회사 '소스 캐피털Source Capital'의 주식 20퍼센트를 블루칩 스탬프 명의로 샀다. 이와 관련해서 멍거는 다음과 같이 말한다.

"우리는 그 주식을 실제 자산 가치보다 싼값에 샀습니다. 그 주식을 우리에게 팔았던 바보가 둘 있었죠. 우리는 초기부터 '바보 사절'이라는 원칙을 가지고 있었습니다. 우리의 기본적인 원칙은 바보들과는 거래하지 않는다는 것이었죠. 그런데 워런은 소스 캐피털에 대해서 듣고는 '근데 그 두 바보는 바보 사절 원칙에서 예외로 해야겠네요'라더군요."[8]

20퍼센트의 지분으로는 이 투자 회사를 지배할 수 없었고 단지 영향력만 행사할 수 있을 뿐이었다. 멍거는 바보가 아닌 유능한 경영진, 즉 짐 깁슨과 조지 마이클리스를 데리고 이사진에 이름을 올리고, 이 투자 회사의 자산 구성을 개선하는 작업에 착수했다.

하지만 소스 캐피털은 작은 변화였다. 워런과 멍거는 둘 다 언제나, 자기들이 손에 넣을 수 있는 새로운 어떤 것, 특히 블루칩 스탬프에게 씨즈캔디처럼 엄청난 수익을 안겨줄 보다 큰 회사를 찾고 있었다. 두 사람은 태평양 연안 지역에 거점을 둔 저축대부조합인 '웨스코 파이낸셜Wesco Financial'이라는 무기력한 회사를 포착했다. 주식 중개인 한 명이 워런에게 전화해서 값이 싼 웨스코 주식을 사라고 했고, 워런과 멍거는 이 문제를 놓고 짧게 논의한 뒤에 이 회사의 주식을 블루칩 스탬프 명의로 샀다.[9] 그런데 웨스코가 '산타 바버라 파이낸셜 코퍼레이션Financial Corporation of Santa Barbara'과 합병할 것이라고 발표했다. 산타 바버라는 공격적인 전략을 구사했고, 그런 점에서 월스트리트가 좋아하던 인기 주식이었다. 월스트리트의 애널리스트들은 산타 바버라가 웨스코의 자산 가치를 지나치게 높게 평가한다고 생각했다.[10] 그러나 워런과 멍거는 정반대로 보았다. 산타 바버라의 주식 가격이 지나치게 높게 평가되었으며, 웨스코가 자기 주식을 너무 싼 값에 내놓는다고 보았던 것이다.[11] 그러니 화가 날 수밖에 없었다. 워런은 신문에 난 합병 기사를 도저히 믿을 수 없었다.

"이 사람들 완전히 돌아버린 거 아냐?"[12]

웨스코는 캐스퍼 가문이 세운 회사였는데, 본사는 멍거의 고향인 패서디나에 있었다. 웨스코는 '뮤추얼 세이빙스Mutual Savings'라는 저축대부조합을 소유하고 있었다. 이것은 2차 대전 뒤 아시아에 있던 미군 병사들이 속속 귀국하던 때의 건설 붐 속에서 성장하며 성공한 회사였다. 그렇다 하더라도 웨스코는 성공의 기회를 잡지 못했었다. 그래도 수익성은 이례적일 정도로 높았는데, 비용을 매우 낮게 유지

했기 때문이다.¹³

캐스퍼 가문 사람들 가운데서 이 회사에 관심을 가졌고 또한 동시에 이사회에 이름을 올리고 활동했던 유일한 사람이 있었다. 베티 캐스퍼 피터스였다. 그런데 그녀는 웨스코의 경영진이 자기에게 짐짓 겸손하게 굴면서도 회사를 성장시켜야 한다는 자기의 주장을 깔아 뭉갠다고 느꼈다. 경영진은 또한 캐스퍼 가문의 유산을 로즈 볼 퍼레이드 맨 앞에 설 수 있는 티켓을 따는 데만 사용했다¹⁴(미국 최고 전통의 대학 미식축구 대회인 '로즈 볼'의 정식 명칭은 '패서디나 로즈 토너먼트'이며, 경기 전에 벌이는 화려한 퍼레이드의 길이는 장장 9킬로미터나 된다—옮긴이). 피터스는 학창 시절 역사학도였다. 광대뼈가 튀어나온 그녀는 학교에 다니는 아이들을 둔, 우아하게 옷을 차려입는 부인이었다. 사업을 해본 경험은 전혀 없었고, 자기 시간의 상당 부분을 나파에 있던 가족 소유의 포도밭을 가꾸는 데 쏟았던 그녀가 이제는 수요일마다 패서디나를 오가며 이사회에 참석했다. 그녀는 저축대부조합을 경영한다는 게 마술처럼 어려운 게 아니라는 사실을 깨달았다. 그녀는 찾을 수 있는 모든 적절한 자료들을 구독하고 그것들을 읽고 또 파악했다.

웨스코 경영진에 대한 피터스의 불만이 점점 쌓여갔고, 피터스는 강력하게 합병을 요구했다. 그녀는 산타 바버라의 제안이 대단치 않다는 것을 알았다. 그러나 산타 바버라의 경영진은 사십대였고 모두 명석했고 또 빠르고 공격적이었다. 비록 그들은 그녀의 취미를 만족시키려고 골프장에 지나치게 많이 어슬렁거리긴 했지만, 지사들을 인수하는 일이라든가 그녀가 마땅히 해야 한다고 생각하는 일들을 추진하는 데는 다들 정력적으로 움직였다.

합병 발표가 있을 당시 블루칩 스탬프는 이미 웨스코의 주식을 8퍼센트 가지고 있었다. 멍거는 웨스코의 주식을 계속 사모으면 산타 바버라와의 합병을 저지할 수도 있다는 생각을 했다. 하지만 50퍼센트까지 확보해야 한다는 사실을 뒤늦게 깨달았다. 결코 쉬운 일이 아니었다. 이 일과 관련해서는 멍거가 워런보다 더 적극적이었다. 그럴 만한 이유가 있었다. 블루칩 스탬프는 그의 투자 회사가 운용하고 있던 자산 구성 가운데 가장 중요했다. 멍거는 밀어붙이자고 주장했고, 워런은 50퍼센트씩이나 확보해야 한다면 성공하기에는 너무 무리이지 않느냐면서 뒤로 뺐다.[15]

이런 일이 있은 직후에 멍거는 웨스코의 CEO 루이스 빈센티를 만나서 산타 바버라와의 합병을 포기하라고 설득했다.[16] 하지만 빈센티는 마치 비듬을 털어내기라도 하듯이 가볍게 멍거의 충고를 거절했다. 사실 그렇게 하기도 쉬운 일이 아니었다.

멍거와 워런은 적대적인 입찰로 경쟁에 나설 생각은 없었다. 게다가 멍거는 굳이 그렇게 할 필요가 있다고는 조금도 생각하지 않았다. 멍거는 빈센티에게 편지를 써서 그의 고결한 덕성에 호소했다.[17] 또 합리적인 논리를 동원해서, 웨스코를 헐값에 파는 어리석은 짓을 저질러서는 안 되며 이런 사실을 똑바로 인식해야 한다는 말로 그를 설득할 수 있었다. 멍거는 빈센티에게 자기는 웨스코의 경영진을 좋아한다고 말하고, 또 빈센티는 워런과 자기가 좋아하는 유형의 인물이라고 말했다. 그는 이런 식으로 말했다.

"비유를 하자면, 당신은 다른 여자와 약혼한 몸이어서 우리가 뭐라고 말할 수 없지만 당신이 자유로운 몸이라면, 당신은 분명히 우리가 좋아하는 스타일이라고 말할 수 있을 겁니다."[18]

멍거는 벤저민 프랭클린과 같은 윤리 의식을 가지고 있었다. 기업계에 몸담고 있는 사람이라면 마땅히 자기 신분에 맞게 옳은 일을 해야 하는 책임을 져야 한다고 믿는 사람이었다. 하지만 이런 멍거의 말이 빈센티에게는 딴 세상의 소리처럼 들렸을 게 틀림없었다. 그래도 최소한 빈센티는 베티 피터스가 합병을 추진하는 주주라는 사실을 알렸다.

멍거는 블루칩 스탬프의 CEO 돈 코에펠을 보내 피터스를 만나게 했다. 그녀는 코에펠이 심부름꾼에 불과하다고 보고 빈손으로 돌려보냈다.[19] 이제 비장의 카드를 쓸 때가 되었다. 코에펠이 돌아오자마자 워런은 피터스에게 전화를 했다. 마침 그때는 피터스가 제리 굿먼의《슈퍼머니》에서 워런에 관한 부분을 막 다 읽었을 때였다.《슈퍼머니》는 남편에게서 크리스마스 선물로 받은 책이었다.

"당신이《슈퍼머니》에 나오는 그 워런 버핏이란 말씀이신가요?"

그러자 워런은 자기가 바로 그 사람이며, 제리 굿먼이 했던 평가에 따르면 허튼소리나 속임수를 모르고 곧은 생각과 높은 기준을 가진 사람이라고 했다. 그리고 계속 이어진 통화에서 피터스는 스물네 시간 뒤에 샌프란시스코 공항에 있는 TWA 앰배서더 라운지에서 워런과 만나기로 했다. 자기의 세 아이도 함께 데리고 나오겠다고 했다.

이 만남에서 한 손에 펩시콜라를 든 워런은 자신의 역량과 그때까지의 눈부신 투자 기록을 다 드러내지 않은 채 우호적이고 따뜻한 태도로 피터스에게 질문을 했다. 두 사람은 세 시간 동안 대화를 나누었다. 화제의 대부분은 피터스의 어머니가 성장했던 오마하였다. 두 사람은 정치 이야기도 했다. 평생 민주당 당원이었던 피터스는 워런의 정치적인 입장을 듣고는 무척 좋아했다. 그리고 마지막에 워런은 조심스럽게 말을 꺼냈다.

"베티, 내 생각에는 말입니다, 이 합병보다 내가 웨스코를 더 잘 건사할 수 있을 것 같습니다. 기업을 포기하시는 거라면 한번 우리와 손을 잡고 함께 웨스코를 일으키는 게 어떻겠습니까?"

피터스는 워런에게 매료되었다. 그리고 워런이 산타 바버라의 젊고 빠른 사람들보다 웨스코에 더 적격이라고 생각했다. 사실 그녀는 거기에서 한 걸음 더 나아가 워런이라는 개인과 보다 긴밀한 사업적인 관계를 맺을 수도 있을 것이라 생각하고 그런 가능성을 타진하기도 했다. 하지만 워런은 자기에게는 동업자가 있다고 했다. 만일 불의의 사고가 일어나서 자기가 갑자기 죽는다면 버크셔 해서웨이와 자기 가족이 가지고 있는 주식을 맡아서 관리할 사람이라고 했다.

피터스가 그 뒤 다시 패서디나로 갔을 때 그녀는 웅장하면서도 오래된 헌팅턴 호텔에서 워런으로부터 그가 말했던 그 신비로운 동업자를 소개받고 아침을 함께 먹었다. 이 자리에서 워런과 멍거는 웨스코 이사회와의 만남을 주선해 달라고 했다. 피터스는 이 요청을 받아들였다. 회사가 심각한 실수를 저지르지 않는 게 중요했으므로 비록 자기가 이사진의 눈에 변덕스러워 보인다 하더라도 개의치 않았다. 그녀는 차기 이사회에 참석해서는 기존의 결정 사항을 보류하고 이사회가 우선 워런과 멍거를 만나 볼 것을 제안했다. 하지만 이사들은 그녀의 제안을 받아들이지 않았고 특별 회의에서 '산타 바버라와의 합병을 매듭짓기 위한 모든 노력을 기울일 것'을 결의했다.[20]

회사를 실제로 소유하는 사람이 누구인지를 망각한 이런 행위는 그들로서는 명백한 실수였다. 피터스는 멍거와 워런이 자기 남자 형제들을 만나도록 주선하고 그들이 가지고 있는 의결권을 확보했다. 한 주 뒤에 이사회가 다시 열리고 이사들이 기존 입장을 재확인하고자 할 때, 이미 막후에서 가족이 가지고 있는 모든 의결권을 동원해 놓고 있던 피터스는 산타 바버라와의 합병 건을 결국 무산시켰다. 당시를 회상하면서 피터스는 다음과 같이 말한다.

"그때 내가 할 일은, 패서디나의 이사회 회의실에 돌아가서, 경영진을 포함해서 앞뒤가 꽉 막힌 신사분들에게 웨스코는 산타 바버라와의 합병을 추진하지 않을 것이라고 말하는 것이었습니다."

스페인풍의 건물로 다시 돌아오면서 그녀는 이사회 회의실 창문 바깥에 있는 광장을 생각했다. 분수대가 있는 광장이었다.

"만일 이사회 회의실 창문이 열려 있었다면, 그 사람들은 아마도 나를 창문 밖으로 던졌을 겁니다. 그 사람들이 속으로 무슨 생각을 하는지 훤히 다 보이더군요. 아마 이랬을 겁니다. '오오 빌어먹을! 호르몬에 좌지우지되는 여자 한 명을 괜히 이사진에 들였다가 이게 도대체 무슨 말도 안 되는 꼴이란 말인가!'"[21]

월스트리트도 그렇게 생각했다. 18달러가 넘던 웨스코의 주식은 11달러 수준으로 곤두박질쳤다. 한 애널리스트는 웨스코의 경영진이 "늙었고 저돌적이지 않다"고 말했다. 또 다른 사람은 웨스코가 "늙은 경영진이 자리를 꿰차고 앉아 있는 잠자는 회사"라고 혹평하면서 산타 바버라가 웨스코를 너무 비싸게 인수하려 했다고 분석했다. 또 어떤 애널리스트는 웨스코를 '쓰레기'라고 언급했다.[22]

피터스가 보여준 용기 있는 행동에 워런과 멍거는 빚을 진 심정이었다.[23] 두 사람은 이미 웨스코를 인수하기로 마음먹은 상태였다. 그리고 빈센티를 설득해서 그의 협조를 받는 일도 충분히 가능하다고 판단했다. 하지만 그즈음 루 빈센티는, 어미 뒤만 쫄랑쫄랑 따라가는 새끼 양처럼 그들 뒤를 따라가는 위험한 도박을 하지 않으려고 했던 게 분명했다. 워런과 멍거는 지갑 끈을 느슨하게 푼 다음 피터스의 남자 형제들에게 가격을 넉넉하게 쳐줄 테니까 주식을 팔라고 했다. 그렇게 블루칩 스탬프는 웨스코의 주식을, 곤두박질치기 전의 가격인 한 주당 17달러에 사들였다. 당시를 회상하면서 멍거는 다음과 같이 말한다.

"맞습니다. 우린 좀 괴짜였습니다. 일부러 훨씬 비싼 가격에 그 주식을 샀죠. 우리 때문에 합병 건이 무산되었고 그 바람에 주가가 떨어졌는데, 그런 상황을 이용하고 싶지 않았던 겁니다. 올바른 행동이 아니라고 보았으니까요. 예, 아무도 우리의 이런 심정을 곧이곧대로 헤아리지 못했습니다. 뭔가 꿍꿍이가 있다고 보았죠. 만일 합병 건을 무산시키지 않고 그 주식을 싸게 샀다면, 루 빈센티에게 보다 더 좋은 인상을 줄 것이라는 생각은 우리도 했습니다. 하지만 그걸 누가 알겠습니까. 아무튼 우리는 빈센티가 우리 편이 되어주기를 바랐습니다. 우리는 옳게 행동하려고 노력했던 겁니다."[24]

1973년 3월 블루칩 스탬프는 웨스코 주식의 4분의 1을 확보했다. 블루칩 스탬프의 주식을 사모으던 워런의 노력도 쉬지 않고 계속 이어졌다. 한 해 전에 워런은 DRC가 가지고 있던 스리프티마트 주식과 블루칩 스탬프의 주식을 교환했었다. 워런은 블루칩 스탬프의 주식을 13퍼센트 가지고 있었고 또 이 회사의 주식 35퍼센트를 가지고 있는 버크셔와 DRC의 지분까지도 상당히 확보하고 있었기 때문에, 사실상 그는 블루칩 스탬프의 최대 주주인 셈이었다. 블루칩 스탬프는 공식적으로 웨스코의 주식을 공개 매입하기 시작했다. 이번에는 한 주에 현금 15달러였다. 블루칩 스탬프의 이런 노력은 웨스코의 주식 절반 이상을 확보할 때까지 계속되었다.[25] 그리고 몇 주 지나지 않아서 멍거는 빈센티에게 웨스코의 전망에 대해서 설명했다.[26] 그런데 웨스코의 이 전망은, 사실 놀랄 일도 아니지만, 워런이 버크셔 해서웨이나 DRC에 대해서 생각했던 것과 매우 비슷했다. 멍거가 회장으로 자리 잡은 웨스코는, 블루칩 스탬프 안에 있는, 또 하나의 새로운 러시아 인형이 될 터였다.[27]

블루칩 스탬프가 웨스코의 최대 주주가 되자마자 전체 주식시장은 악화되기 시작했다.[28] 〈워싱턴 포스트〉에 투자한 워런의 자산은 4분의 1가량 손실을 입었다.[29] 평소 같았으면 이럴 경우 워런은 주식을 더 많이 샀을 것이다. 하지만 그는 캐서린 그레이엄에게 〈워싱턴 포스트〉의 주식을 더 사지 않을 것이라고 약속했었다. 그는 대신 친구들에게 이 주식을 사라고 추천했다.[30]

언제나 집중의 힘을 믿었던 워런은 〈워싱턴 포스트〉의 주식을 더 사는 대신 새로운 기회들을 찾아나섰고 소수의 몇몇 종목들을 엄청나게 많이 샀다. 압력솥과 팝콘 제조기를 생산하던 '내셔널 프레스토National Presto', '보네이도 리얼티 트러스트Bornado Realty Trust'[31] 등이 그런 대상이었다. 특히 엄청나게 주식을 사들인 보네이도 리얼티에서는 이사진에 이름을 올렸다.[32]

버크셔 해서웨이에는 이 회사의 주식을 유산으로 물려받았으며 워런의 투자 방식을 신뢰하고 그의 판단에 절대로 의문을 제기하지 않는 주요 주주들이 많이 있었다. 그랬기 때문에 워런은, 자기가 보유하던 주식의 가격을 그야말로 떨이 수준으로 끌어내리는 '미스터 마켓'을 무시할 수 있는 사치를 부릴 수 있었다. 하지만 그 약세 시장에서 다른 사람들은 워런만큼 운이 좋지 않았다. 빌 루안의 세쿼이아 펀드는 끔찍한 한 해를 맞고 있었다. 루안의 주요 출자자였던 밥 맬럿은 죽을상이었다. 맬럿과 루안은 하버드대학교 시절부터 아는 사이였고 루안이 뉴욕의 '키더, 피보디'에서 일할 때 한 아파트에서 살기도 했었지만, 맬럿은 워런의 접근 방식과 그의 수익률 기록에 매료되어, 자기가 이끌던 'FMC 코퍼레이션'의 연금 펀드 운용과 관련해서 워런에게 도움을 청했다. 그래서 워런은 샌디에이고로 가서 여러 날 동안 자산운용가들과 면접을 하고 또 자기가 가지고 있던 생각을 FMC의 투자자들에게 설명했다. 결과는 놀라운 수익률로 나타났고, 덕분에 그 사람들은 그레이엄 신봉자가 되었다. 처음에 워런은 FMC를 직접 관리해 달라는 요청을 거절했지만 결국 일정 부분을 맡기로 했다.[33] 워런은 이렇게 수락하면서도 FMC는 버크셔 해서웨이, DRC 그리고 자기 및 수지의 자산 등을 관리하는 것에서 밀려 후순위가 될 것이라는 경고도 함께 보냈다. 하지만 눈치가 빨랐던 맬럿은 기회를 놓치지 않았다. 워런이 어쨌거나 손을 대는 이상 어떻게든 잘 해낼 것이라는 점을 놓치지 않았던 것이다. [34]

FMC, 보네이도, 블루칩 스탬프, 웨스코에서 해야 할 일들을 하고 또 뉴욕에 정기적으로 다녀오면서도 워런은 예전보다 훨씬 많은 시간을 여행에 할애했다. 케이와 친분을 쌓는 일도 부지런하게 했다. 워런은 이미 케이에게 상당히 좋은 인상을 심어줬던 터라서 케이는 워런에게 전화를 걸어서 조언을 청하기 시작했다. 한편 수지는 여전히 도시연맹의 이사회에 참석했으며, 학생들에게 장학금을 주는 등 오마하에서 바쁜 시간을 보냈다. 그리고 모교인 센트럴고등학교를 대상으로 실시되던 강제 버스 통학(백인 학생과 흑인 학생을 한 학교에 섞기 위해서 시행했던 조치-옮긴이)을 막으려고 했던 '센트럴 미래위원회'를 상대로 하는 싸움을 시작했다.[35] 이 일은 그녀에게 마지막 성전(聖戰)이 될 터였다.

1973년 정신없이 소란스럽던 버핏 부부의 집에 갑자기 정적이 찾아들었다. 심지어 반려견 해밀턴[36] 조차 이런 사실을 깨달았다. 호위는 오마하에서 442킬로미터나 떨어진 오거스태너대학교에 다니고 있었다. 수지 주니어는 링컨대학교가 마음에 들지 않아서 캘리포니아대학교 어바인 캠퍼스에 다니면서 형사사법학을 전공하고 있었다.[37] 가족에게 단 한 번도 특별한 관심을 요구하지 않았던 피터는 고등학교 2학년이었다. 캘리포니아로 이사할 생각으로 수지는 피터를 데리고 오렌지 카운티에 있는 학교들을 둘러보게 한 적도 있었지만, 이런 계획을 접고 계속 오마하에 머물렀다. 피터는 자기 시간의 대부분을 지하실에서 보냈다. 피터가 사진에 관심을 가지게 만들었던 수지는 지하실에 암실도 마련해 주었다.[38]

수지는 밤늦게까지 혼자서 음악을 듣는 일이 잦아졌다. 음악은 그녀를 다른 세상으로 데려다 주었다.[39] 수지는 재즈 기타리스트 웨스 몽고메리의 기타 연주를 좋아했고, 또 연인을 그리워하는 주체가 여자가 아니라 언제나 남자인 세상을 노래했던 템테이션스[40]의 솔 음악을 좋아했다. 그리고 인종 차별과 성적인 학대, 억압 때문에 감옥과도 같은 초년 시절을 보내고 마침내 이를 극복했던 마야 안젤루(1928년생. 작가이자 배우, 나이트클럽 가수, 시민운동가, 극작가 등의 다양한 직업으로 살았으며, 1993년 클린턴 대통령의 취임식에서 최초로 시를 낭송한 흑인 여성이라는 기록을 세우기도 했다 – 옮긴이)의 자전적인 저서 《새장에 갇힌 새가 왜 노래하는지 나는 아네I Know Why the Caged Bird Sings》와 같은 책들을 읽었다. 이런 수지의 모습에 대해서 피터는 다음과 같이 말한다.

"자기가 원하지 않았고 또 선택하지도 않았던 어떤 공간에 갇혀 있다는 생각이 어머니의 의식 깊은 곳에 자리 잡고 있었습니다."

어린 시절 병실에 갇혀서 살다시피 했고, 또 툭하면 좁은 곳에 갇히는 벌을 받았던 언니와 함께 살았다는 사실을 떠올리면 수지의 이런 모습은 그다지 놀랍지도 않다. 그녀는 로맨스를 갈망했지만 밀트와 결혼할 수 없다는 사실을 잘 알고 있었다. 그럼에도 그녀는 밀트와 연결된 끈을 끝까지 포기할 수 없었다.

수지는 또한 듀이 파크에서 젊은 사람들과 함께 테니스를 치는 데 예전보다 더 많은 시간을 들였다. 이 테니스 친구 가운데 한 사람이던 존 매케이브라는 코치에게서 어딘가 모르게 침울한 느낌 혹은 자기가 가지고 있는 슬픔과 꼭 닮은 슬픔이 묻어났다. 매케이브는 쉽게 상처받고 부서질 것 같은 분위기를 풍겼다. 수지는 유독 그에게 마음이 갔다.[41]

이제 수지는 대부분의 시간을 집 바깥에서 보내도 되는 여러 가지 핑곗거리가 있었기 때문에, 집에서는 예전과 같은 왁자지껄한 모습이나 목소리가 점점 줄어들었다. 수지와 함께 어울리던 사람들도 수지의 집이 아니라 다른 곳에서 어울렸다. 그러면서 자연히, 늘 축제가 벌어지는 것 같았던 집안 분위기는 차분하게 가라앉았다. 부모의 삶에 진심으로 정서를 맞춘 적이 없었던 피터는 집에서 점점 더 깊어지는 침묵을 느꼈다. 피터는 학교에서 돌아오면 해밀턴과 잠깐 놀아준 다음 혼자서 음식을 차려 먹고는 곧장 지하의 암실로 들어갔다.[42]

버핏 부부의 결혼 생활은 무정하리만치 예전과 달라졌지만 자기들의 결혼 생활에 대한 워런의 인식은 조금도 변하지 않았다. 자기가 집에 있을 때 수지는 여전히 변함없이 자기에게 헌신적이라고 생각했다. 그는 수지가 얼마나 활동적이고 바쁜지 보았으며, 또 그녀가 자기 삶에서 충족감을 느끼기를 바랐다. 하지만 여기에는 전제가 있었다. 수지가 자기 뒷바라지를 해야 한다는 것이었다. 워런은 수지가 자기를 돌봄으로써 충족감을 느낀다고 생각했고 두 사람에게 유효했던 수지의 균형 잡힌 행동은 변함없이 이어질 것이라고 믿었다.

'은퇴한' 워런은 시장이 기절 직전까지 몰렸던 1973년 말에 자기가 가지고 있는 모든 것을 동원해서 투자에 힘을 쏟았다. '캐피털 시티즈'와 〈워싱턴 포스트〉, 점점 돈독해지는 케이 그레이엄과의 우정 사이를 부지런히 오갔던 워런은, 지난 수년 동안 언론 매체에 쏟았던 관심 덕분에 이 분야에 대해 이해하는 수준이 상당히 깊어졌다. 한번은 라구나 비치의 집에서 저녁을 먹다가 워런과 캐럴 루미스는, 워런의 친구이며 광고업에 몸담고 있던 딕 홀랜드에게 광고 분야에 관한 여러 가지 질문들을 마구 퍼부었다. 홀랜드는 그때를 회상하면서 다음과 같이 말한다.

"이런 모습을 보일 때마다 워런은 뭔가를 진행하고 있었습니다. 난 그걸 알았죠."

수지와 딕의 아내 메리가 자기들끼리 따로 즐겁게 시간을 보내는 동안 남자들은 이렇게 사업 이야기를 했다. 워런은 언론 매체를 다루는 2차적인 수단으로써, 자기 트레이더에게 전화를 해서 '인터퍼블릭 Interpublic', 'J. 월터 톰슨 J. Walter Tompson', '오길비 앤드 매더 Ogilby & Mather

등과 같은 광고 회사들의 주식을 사는 데 거의 300만 달러를 들이기도 했다. 이런 주식들은 싸게 마구 투매된 것이라서 주가 수익률PER은 3배 이하 수준이었다(주가를 1년 수익으로 나눈 주가 수익률의 적정 수준은, 주식을 사는 사람 입장에서 볼 때 여러 변수에 따라서 달라질 수 있다 – 옮긴이).

위런이 주식을 사들이고 있었지만 그가 가지고 있던 대부분의 주식은 가격이 내려가고 있었다. 1974년 초에 그가 5천만 달러를 들여서 샀던 주식의 가치는 4분의 1이 허공으로 날아갔다. 버크셔 해서웨이의 주가도 64달러까지 떨어졌다. 주식을 가지고 있던, 예전부터 함께한 투자자들 가운데 몇몇은 자기들이 지금 잘못 생각하고 있는 게 아닐까 걱정하기 시작했다.

그러나 위런은 반대로 전망했다. 그는 버크셔 해서웨이와 블루칩 스탬프의 주식을 더 많이 사고자 했다. 하지만 문제가 생겼다.

실탄이 떨어진 겁니다. 투자 회사를 청산해서 나온 현금 1,600만 달러를 버크셔와 블루칩 주식을 사는 데 다 써버렸죠. 어느 날 아침에 일어나 보니까 현금이 한 푼도 없더군요. 나는 그때 버크셔 해서웨이로부터 한 해에 5만 달러를 받았고 FMC에서도 약간의 수수료를 받았습니다.[43] 이제 내 개인적인 순자산을 다시 한번 0에서 시작해야 했습니다.

위런은 그야말로 엄청난 부자였지만 현금은 없었다. 하지만 그가 지배하던 회사들, 특히 버크셔 해서웨이는 주식을 살 현금을 가지고 있었다. 버크셔 해서웨이의 현금을 DRC로 옮길 목적으로 위런은 DRC 안에 재보험 회사[44]를 하나 만들었다. '네브래스카 리인슈런스 코퍼레이션Reinsurance Corp. of Nebraska'은 내셔널 인뎀너티의 사업 일부를 떠맡아서 보험 납입금을 받고 손실을 메우는 일을 했다. 내셔널 인뎀너티는 워낙 수익성이 좋았고 엄청나게 많은 플로트를 창출했기 때문에, 이 회사의 사업 한 부분을 DRC에 넘긴다는 것은 그쪽으로 현금 물줄기를 대준다는 뜻이었다. 시간이 흐르면 DRC에는 투자 자금으로 쓸 돈 수백만 달러가 더 생길 터였다.[45]

이제 워런은 DRC 명의로 주식을 사기 시작했다. 기본적으로 그는 위틀스의 모델을 따랐으며, 블루칩 스탬프와 버크셔 해서웨이 주식을 샀다. 머지않아서 DRC는 버크셔의 주식 10퍼센트를 소유했다. 그건 거의 버크셔가 자기 주식을 되사는 것이나 마찬가지였다. 하지만 정확하게 말하면 꼭 그렇지만은 않았다. 버크셔와 DRC의 주주가 똑같지는 않았다. 워런은 여전히 자기 친구들에게 버크셔 주식을 사지 말라고 하고 있었으며, 워런과 멍거, 고츠먼은 DRC의 공동 투자자들이었다.[46]

당시에 이 세 사람은 사업적으로 서로 도우며 주식과 관련된 아이디어를 서로 나누기도 했지만 이들이 가지고 있었던 관심이 똑같지는 않았다. 먼 훗날 멍거는, 맹세코 워런의 '분신'이었다고 할 수 있느냐는 질문을 받고 아니라고 대답했다. 언행의 버릇이나 말하는 방식이 워런과 비슷하다는 점은 인정했다.

"하지만 나는 단 한 번도 2인자로서의 동업자 역할을 선택한 적이 없습니다. 나 자신만의 활동 영역을 가지는 걸 늘 좋아했습니다."[47]

한번은 멍거가 블루칩 스탬프 주식을 대량으로 매입할 기회를 포착했다. 멍거와 고츠먼은 DRC 명의로 사고 싶었고, 워런은 두 사람을 따돌리고 이 주식을 버크셔 해서웨이 명의로 사고 싶었다. 하지만 세 사람은 어느 쪽이 그 주식을 보다 더 많이 필요로 하는지 '따져 본 뒤에' 결국 멍거와 고츠먼의 의견대로 하기로 결론을 내리고, DRC가 그 주식을 샀다.[48] 최소한 그런 식으로 멍거와 고츠먼은 자기만의 영역과 몫을 유지했던 것이다.

그러나 워런은 DRC 주식을 43퍼센트 가지고 있었다. 그랬기 때문에 DRC의 버크셔 해서웨이 주식 매입으로 개인적인 소유 지분이 거의 5퍼센트 더 올라갔다. DRC를 통한 소유는 특히 매력적이었다. 이렇게 할 때, 거기에 관심을 기울이는 사람은 거의 아무도 없었으므로 버크셔의 주가는 자극을 받지 않기 때문이었다.[49]

그런데 워런은 왜 이렇게 하고자 했을까?

버크셔는 한 주당 40달러보다 적은 가치를 가진 회사였습니다. 직조 공장들과 보험 사업 부문을 이보다 더 받고 팔 수는 없었습니다. 그리고 40달러라는 가치의 절반은 정말 수익성이 형편없는 부문에 있었고요. 나는 내가 무엇을 해야 할지 몰랐습니다. 정말 몰랐습니다. 나는 이미 충분히 부자였습니다. 나는 사실상 내가 무언가를 할 수 있다는 데 승부를 걸었습니다. 나 자신에게 베팅했다는 말입니다. 자만하는 듯한 이야기로 들릴 수도 있습니다만, 버크셔 주식이 40달러보다 더 나간다고 믿었던 사람은 순전히 나를 보고 그렇게 판단하고 또 그 주식을 샀던 겁니다. 이 회사의 가치는 40달러가 되지 않았으니까요.

그는 투자 외에 자기가 무엇을 할 것인지 알지 못했다. 뉴베드퍼드에서 돌아와 버크셔 해서웨이를 맡아서 관리하던 번 매켄지는 워런에게 그건 단지 '흥미 있는 게임으로 보였을 뿐이며, 그가 했던 모든 작업은 버크셔 해서웨이에 대한 지배력을 공고히 하는 것'이라고 생각했다. 그리고 워런은 늘 그랬던 것처럼 수집가로서 투자에 임했고, 싼 주식을 좇는 다른 사냥꾼들에게 비밀이 새 나가지 않도록 노력하면서 모든 거래를 은밀하게 했다. 그러나 언제나 은밀하게 할 수는 없었다. 버크셔 해서웨이 및 DRC의 회장으로서 그는 다시 한번 예전의 투자자였던 사람들에게서 이 주식들을 사들이기 시작했던 것이다. 비록 완벽하게 합법적이긴 했어도, 정확하게 말하자면 정정당당한 행위는 아니었다. 하지만 그 사람들은 기꺼이 팔겠다고 나섰고 그 사람들에 대해 자기가 특별하게 져야 하는 책임은 없다고 워런은 자위했다.

블루칩 스탬프는 기본적으로 멍거의 영역이었음에도 불구하고, 워런은 이 회사의 주식도 계속 샀다. 이 회사는 씨즈캔디라는 최고의 회사를 소유하고 있었다. 워런은 통통하게 살이 오른 물개를 사냥하는 백상아리처럼 블루칩 스탬프의 주식을 사냥하기 시작했다. 워런의 재정적인 자원이 월등했기 때문에 블루칩 스탬프에 대한 그의 소유 지분 비율은 이 종목에 대한 동업자였던 멍거와 릭 게린의 지분 비율을 합한 것보다 금방 많아졌다. 퍼시픽코스트증권거래소 시절부터 멍거의 동료였던 게린은 당시 독자적인 투자 회사를 운영하고 있었다.

워런은 블루칩 스탬프의 주식을 가능한 모든 경로를 통해서 사들였다. 물론 이 회사의 경영진이나 이사들에게서도 샀다. 이들 가운데 한 사람이었던 Z. 웨인 그리핀은 워런이 10달러를 요구하자 10달러 25센트를 불렀다. 두 사람이 전화로 가격 흥정을 하다가 교착 상태에 빠지자 그리핀이 동전을 던져서 결정하자고 했다. 전화 통화를 하고 있던 터라서 결과를 눈으로 확인할 수 없는 상황임에도 불구하고 동전을 던져서 결정하자는 그리핀의 제안에 워런은 깜짝 놀랐다. 워런은 그리핀이 자기를 전적으로 신뢰한다는 사실을 깨달았다. 그리핀은 윗면에 걸겠다고 했다. 그가 이런 내기를 할 수 있다는 건 워런의 10달러 제안도 기꺼이 받아들일 수 있다는 뜻이었다.

하지만 워런이 이렇게 주식을 사들이는 것은 싸구려 꽁초 시절에 주식을 사들이던 것과 달랐다. 블루칩 스탬프, 버크셔 해서웨이,

DRC에는 두 개의 커다란 물음표가 걸려 있었다. 워런이 지배력을 강화함에 따라서 보험 사업 부문에서 버크셔 해서웨이나 DRC로 들어가는 모든 돈이 제대로 잘 쓰일까 하는 것이 하나였고, 블루칩 스탬프에 걸린 소송들이 모두 제대로 잘 풀릴까 하는 것이 또 하나였다.

1973년 말까지 블루칩 스탬프는 열한 개의 소송을 해결했다.[50] 이제 사업의 3분의 1을 처분해야 한다는 법무부의 지시 사항을 이행하는 것만 남았다. 하지만 쉽게 해결될 것 같지 않았다. 그 이유를 돈쾨펠은 워런에게 보낸 편지에서 다음과 같이 들었다.

"식품 가격에 대한 대통령의 동결 선언이 문제입니다. 식품업체들은 엄청난 손실을 입을 것이고 또 파산이 속출할 것이라면서 비명을 지르고 있습니다."[51]

인플레이션은 걷잡을 수 없이 진행되었고, 닉슨 대통령은 인플레이션을 잡으려고 생필품 가격을 동결했으며, 산업계에서는 늘어나는 비용을 동결된 소비자 가격에 맞춰야 하는 새로운 환경을 맞았던 것이다.

쿠폰 사업은 이미 죽었다. 하지만 무자비할 정도로 이 주식을 모았던 워런은 이 주식을 많이 가지고 있었다. 그리고 일련의 순환적인 거래를 통해서 블루칩 스탬프는 인형 속에 또 다른 인형이 들어 있는 러시아 인형 세트의 하나가 되었다. 워런은 이를 워틀의 원칙과 "똑같은 원칙"이라고 언급했다. 간접적으로 샀던 것까지 모두 합할 때 워런은 버크셔 해서웨이의 지분을 40퍼센트 이상 가지고 있었으며, 블루칩 스탬프의 지분은 25퍼센트 이상 가지고 있었다. 비록 이 주식들은 낮은 가격에 거래되고 있었지만, 워런은 이 주식들을 더 사들일 수도 있었다. 이 회사들은 자기 충전 배터리, 즉 유동성 혹은 지급 요구 이전에 들어오는 부금 형태의 현금을 가지고 있었기 때문이다. 이런 혁신적인 내용이 워런이 했던 거래의 수익성을 극적으로 개선하고 보장했다.

여러 회사들의 운영 상태는 직물 공장들이 경험했던 우울한 날들 이후로 줄곧 개선되었다. 버크셔 해서웨이는, 씨즈캔디 외에도 엄청 난 플로트를 창출해 내는 플로트 발전소인 내셔널 인뎀너티뿐만 아니라, 비록 아직 꼴은 제대로 잡히지 않아서 워런이 어떻게든 꼴을 잡으려고 노력하던, 그래서 장차 또 다른 플로트 발전소로 자리 잡으리라 기대하던 자잘한 보험 회사들을 소유하고 있었다. 한편 호슈차일드-콘의 무거운 짐은 이미 소멸했고 워런은 직물 공장들을 계속해서 줄여 나가고 있었다.

그러나 보다 큰 그림에서 볼 때 버크셔와 DRC, 블루칩이 진짜로 확보했던 중요한 점은 두 가지였다. 하나는 항상성(恒常性) 모델을 구축했다는 사실, 즉 지주 회사에 플로트를 접목시켜서 변화하는 환경에 내적으로 반응할 수 있는 힘을 확보했다는 점이었고, 또 하나는 시간이 흐르면서 플로트와 초기 투자 자금이 끊임없이 복리의 수익률로 불어난다는 점이었다.

워런의 모델이 가지고 있는 특이한 힘은 매우 높게 평가할 수 있다. 이런 모델은 예전에 존재하지 않았고, 또 앞으로도 가까운 기간 안에는 존재하지 않을 터였다.

그때는 교과서적인 자산 분배의 황금기였습니다.

타이밍이 절묘했다. 보험 회사들에서 나오는 자금은 시장이 붕괴하던 바로 그 시기에 버크셔 해서웨이와 DRC에 쏟아져 들어갔다. 1974년 말까지 워런은 독특한 모델의 집합적인 회사를 완성했다. 하지만 그는 이 회사를 어떻게 해야 할지 아직 정확하게 결정하지 못했다. 그러나 두 가지 사실은 분명했다. 하나는 이 모델의 회사가 가지는 힘이었고, 또 하나는 이 힘을 구사하는 그의 솜씨였다. 무엇보다도 그는 자기 자신을 믿고 있었다.

언제나 그랬습니다. 언제나.

39

거인

하워드 버핏은 1929년 주식시장 붕괴의 여파 속에서도 성공을 일구어 냈던 드문 사람들 가운데 한 명이었다. 이제 그의 아들 워런 버핏은 20세기에 두 번째로 컸던 시장 붕괴 속에서 별이 되어 떠오르고 있었다.[1] 하지만 세상은 변했다. 기업계에서조차 주요 인물은 스타가 되어 유명세를 탔다. 워런은 미국에서 언론 매체가 폭발적으로 증가하던 시기에 투자 회사를 청산했다. 이 시기에는 케이블이 TV를 바꾸어 놓았고, 신문사가 기업공개를 해서 주식시장에서 거래되기 시작했다. 화요일 밤이면 TV 앞에 모여 앉아서 〈해피 데이즈Happy days〉(1974년부터 1984년까지 ABC 방송국에서 방영했던 시트콤 – 옮긴이)를 시청하던 미국의 전체 가정을 상대로 해서 광고 산업이 여전히 황금기를 누리던 때였다.

어린 시절 신문 배달 일을 했던 워런은 언론 매체에 대해서는 자연스럽게 친근함을 느꼈다. 이런 친근함에 이끌려서 그는 투자자로서 처음 이 세계에 발을 들여놓았다. 투자 회사를 정리한 이후 인생의 새로운 국면에 접어들면서 그는 언론을 신중하게 이용해서 얻는 달콤한 열매를 즐기기 시작했다. 1969년의 〈포브스〉 기사, 1972년의 《슈퍼머니》에 소개되면서 얻은 명성 덕분이었다. 워런은 이제 단지 언론 사업에 투자한 투자자가 아니라 언론의 관심을 받는 유명 인사였다. 단순한 유명 인사가 아니었다. 캐서린 그레이엄이 그에게 진지하게 관심을 기울이고 또 그를 중요 인물로 여긴 덕분에 그는 미국에서 손꼽히는 유력 일간지의 궤도 안으로 들어가게 되었다.

그녀는 강한 영향력을 가진 사람들에게 습관적으로 그랬듯이 워런에게도 손을 내밀어 도움을 청했다.

케이는 뉴욕증권분석가협회에서 처음으로 연설할 예정이었고, 나는 어느 일요일 아침에 연설 원고 작성을 도와주기 위해서 뉴욕에 있는 그녀의 아파트로 갔습니다. 그녀는 해야 할 일을 앞두고 신경과민으로 지친 상태였습니다. 월스트리트의 내로라하는 사람들 앞에 서야 한다는 사실에 바짝 얼었던 겁니다. 사람들 앞에 나서서 연설한다는 것은 그녀에게 늘 어렵고 힘든 일이었죠. 재미있는 점은, 그녀는 유머감각이 매우 뛰어났으며 똑똑했지만, 군중 앞에 서면 바짝 얼어버리는 경향이 있었다는 사실입니다. 특히 사람들이 자기에게 숫자에 관한 질문을 할 거라고 생각할 때면 더욱 그랬죠.

워터게이트 사건을 다룬 영화 〈모두가 대통령의 사람들 All the President's Men〉을 놓고 토론하려고 로버트 레드퍼드가 케이를 처음 만났을 때를 두고 한 인터뷰에서 말했던 것처럼, 그녀는 자기의 프라이버시는 조금도 내비칠 수 없는 '어금니를 꽉 문 귀족 혈통'의 면모를 가지고 있었다. 레드퍼드는 자기 자신에게 혼잣말을 했다.

"그런데 어째서 그녀는 두려워하면서도 계속해서 연설을 했고 또 상을 받겠다고 여러 차례 나섰던 것일까?"[2]

워런은 UN 플라자 호텔의 위층에 있으며 뉴욕시티의 이스트강이 내려다보이는 케이의 커다란 아파트 거실에 자리를 잡고 앉았다. 그리고 그녀의 어머니 아그네스 메이어가 수집한 동양 미술품 및 골동품들에 둘러싸인 채 두 사람은 작업을 시작했다.

케이는 사람들이 혹시 신문 1톤에 얼마의 비용이 드는가 따위의 질문들을 할지도 모른다면서 계속 걱정했습니다. 그녀는 청중의 질문을 학교에서 치르는 쪽지 시험과 같은 것이라고 생각했습니다. 그래서 나는 그런 질문은 아무런 문제도 되지 않으며, '다른 신문사가 들이는 만큼 비용을 들이는데 그게 문제가 되나요?'라고 대답하면 그만이라고 말했죠. 하지만 막무가내였습니다. 구체적인 수치를 외우려고 계속해서 초조하게 노력했거든요. 나는 그런 것들을 굳이 암기할 필요 없다고 계속 말렸습니다. 그냥 어떤 굵직한 주제를 잡으라고 했습니다.

케이는 좋은 신문은 수익성도 높다는 말을 하고 싶었다. 하지만 워런은 이런 발상에 대해서 속으로 콧방귀를 뀌고 그녀의 생각의 방향을 바로잡아 주었다.

솔직히 그렇잖아요, 좋은 언론이라고 반드시 수익성이 높지는 않습니다. 뭐 이런 내용을 인식시키려고 애썼습니다. 그녀의 연설을 들으려고 모인 멍청한 남자들보다 그녀가 훨씬 더 똑똑하다는 사실을 납득시키려고 온갖 노력을 했습니다. 이런 일 덕분에 우리는 처음으로 가까워졌습니다.

아이러니였다. 오래전 데일 카네기가 워런에게 화술을 가르쳤던 것처럼 이제 워런이 케이 그레이엄에게 화술을 가르쳤다. 워런은 자기도 사람들 앞에 서면 얼어붙곤 했기 때문에 그녀의 불안한 마음을 충분히 이해했다. 게다가 오랜 세월에 걸친 수지의 친절한 교육과 지도 덕분에 워런은 사람들을 다루는 보다 미묘한 기술들을 터득하고 있었다. 그는 상대방의 반응을 이끌어 내는 방법과 단호하면서도 위협적이지 않은 방식으로 말하는 방법도 알고 있었다. 편지를 쓸 때면 예전에는 언제나 자의식으로 가득 찬 문구들을 남발했지만, 이제는 상대방이 공감할 수 있는 단어와 표현들로 정교하게 문장을 이어갔다. 또 남의 말에 귀를 기울이고 관심을 보일 줄 알았으며, 주식 이외의 다른 주제들을 가지고도 다른 사람들과 이야기할 수 있었다. 이런 모든 사실 이외에, 워런이 케이에게 진정으로 매료되었다는 사실도 도움이 되었다.

두 사람은 원고를 완성했고, 또 연습까지 한 차례 해보았다. 거기까지 마친 뒤에 케이는 자기가 그날 밤에 아그넬리 부부의 집에서 열리는 파티에 참석할 건데 함께 가지 않을 거냐고 워런에게 물었다.

"볼 만한 구경거리가 될 거예요."

워런은 으리으리한 행사에 참석할 때마다 자기는 못 올 데 온 사람처럼 얼마나 불편했는지 모른다면서 그런 자리에는 별로 관심이 없다고 강조해 왔다. 하지만 결국 가겠다고 대답하고 말았다. 그날 저녁 워런은 플라자 호텔의 자기 방에서 나와 케이를 태우고 어퍼이스트사이드로 갔다.

우리는 정말 가능하지 않을 것 같은 조합의 한 쌍이었지요. 그녀는 오십대 중반이었고 나는 사십대 초반이었으니까요. 우리는 파티가 열리는 아파트로 들어갔습니다. 그건 그냥 아파트가 아니더군요. 아래위로 세 층을 하나로 쓰는 아파트였습니다. 어마어마하게 크더군요. 사람들은 모두 케이에게 고개를 숙이거나 오른발을 뒤로 빼며 공손히 인사했습니다. 영화 〈달콤한 인생La Dolce Vita〉(페데리코 펠리니 감독의 1960년 작품 – 옮긴이)에 나오는 파티 장면에 있음 직한 인물들이 다 있었습니다. 나는 아무런 대사도 없이 무대를 그냥 오가기만 하는 단역 배우였고 꿔다놓은 보릿자루였습니다. 당신이 그 자리에 있었다면 아마 그 장면들을 느린 동작으로 보고 싶었을 겁니다. 눈에 비치는 모든 걸 하나도 빼놓지 않고 다 보고 싶었을 테니까요. '피아트Fiat'의 수장 지안니 아그넬리와 그의 아내 마렐라는 그 자리에 없었습니다. 그런데 그날의 파티는, 진짜 코스튬 파티(게임이나 만화에 등장하는 캐릭터나 유명 인사의 분장과 의상으로 참여하는 파티 – 옮긴이)가 아니라는 사실만 빼고는 정말 코스튬 파티와 똑같더군요.

워런은 케이의 새로운 모습을 본 뒤에 오마하로 돌아왔다. 개인적인 차원에서 그녀에 관해서 보다 많은 것을 알고 난 뒤에 그는 케이가 역설로 똘똘 뭉친 인물임을 깨달았다.

두려워하면서도 의지가 강했고, 귀족적이면서도 민주적이었습니다. 그리고 자기가 가장 좋아하던 사람들에게서 상처를 받았고요.

워런은, 케이가 남편이 자살한 지 10년이 지났음에도 불구하고 여전히 그의 이야기를 하는 것을 보고는 깜짝 놀랐다.

케이는 처음 만나는 사람과도 어느 정도 이야기를 하고 난 뒤에는 죽은 남편인 필 이야기로 금세 화제를 옮겨가곤 했습니다. 예를 들어서 찰리가 어떤 주제로 화제를 옮기는 것처럼 빠르게 말입니다. 필이 그녀를 얼마나 심하게 대했는지 생각한다면 도저히 믿을 수 없는 표현들을 동원해서 그녀는 자기 남편 이야기를 했습니다. 하지만 케이를 좀 더 많이 알게 되자, 그녀는 필에 대해서 그리고 자기와 필 사이의 관계에 대해서 모두 이야기해 주었습니다. 그녀는 자기가 남편과 같은 급에 속한다는 사실을 도저히 상상도 할 수 없었다고 했습니다. 두 사람은 케네디 부부와 자주 함께 어울렸는데, 자기는 그 자리에 있지 말아야 하는데 괜히 끼어 있는 것처럼 느꼈다고 했습니다. 남편이 말하는 모든 게 재미있었고, 남편이 한 모든 행동이 옳았다고 했습니다. 남편이 자기가 보는 앞에서 아이들에게 손찌검을 할 때도 남편을 제지하지 못했다고 했습니다. 모든 걸 다 그런 식으로 말했죠.

잔인하고 인정 없는 어머니 아래에서 성장했으며 양극성 장애를 가진 가학적 경향이 있는 남편에게서 오랜 세월 학대를 받았던 여성인 케이와 워런이 서로에게 이끌릴 가능성은, 워런의 어린 시절 경험을 염두에 둔다면 처음부터 거의 백 퍼센트였다. 워런은 어떻게 하면 자기가 그녀에게 위협적으로 비치지 않을지 알았다. 1974년 봄에 그녀는 충성의 대상을 다른 조언자들에게서 워런으로 바꾸었다. 그러자 이번에는 워런이, 마치 평생 동안 피그말리온의 역할을 할 순간을 기다리기라도 한 듯, 자기의 엘리자 둘리틀인 워싱턴 포스트 컴퍼니의 CEO에게 경영에 관해서 자기가 아는 모든 것을 가르쳐 주었다. 워런은 헨리 히긴스보다 더한 끈기를 가지고 케이를 코칭했으며 그녀와 그녀의 아들 돈에게 재미있고도 유용한 기사들을 보내 주었다

(피그말리온은 그리스 신화 속의 젊은 조각가다. 자신만이 사랑할 수 있는 아름다운 여인을 조각하여 그녀와 대화를 나누며 사랑에 빠진다. 영국의 극작가 버나드 쇼는 이 신화를 소재로 〈피그말리온〉이라는 희곡을 썼는데, 여기에서는 젊은 음성학자 헨리 히긴스가 꽃 파는 천박한 소녀 엘리자 둘리틀의 심한 사투리를 고쳐서 그녀가 후작부인의 말투를 완벽하게 구사하도록 만든다―옮긴이).

워런의 영향력이 점차 커지면서 케이는 '워런이 그러던데……'라는 말을 입에 달고 다녔고, 이런 모습에 이사진들 가운데 몇몇은 몸서리를 쳤다.[3] 하지만 워런은 〈워싱턴 포스트〉의 이사회에 이름을 올리고 싶은 마음이 간절했다. 톰 머피가 '캐피털 시티즈 커뮤니케이션스Capital Cities Communications' 이사회에 들어와 달라고 했지만 워런은 거절했다. 거기에 들어가면 〈워싱턴 포스트〉 이사회에 들어갈 수 없었기 때문이다.[4] 머피는 충실하게 이런 이야기를 케이에게 했고, 그녀는 진작 워런의 이런 마음을 헤아리지 못한 자기의 아둔함에 가슴을 쳤다.[5]

수지는 자기 남편이 일거리를 새로 하나 더 맡으면 안 된다고 생각했다. 이제는 자기들 두 사람이 가지고 있는 주식을 팔아서 보다 고귀한 목적에 기여해야 한다고 생각했다. 그녀는 워싱턴 디시에서 워런과 함께 택시를 타고 가면서 박애주의자 스튜어트 모트를 가리켰다. 그는 '스튜어트 R. 모트 자선 신탁'을 운영하고 있었는데, 이 재단은 평화와 군축, 인구 문제 및 가족 계획 등에 자금을 지원했다. 모트는 처음 2,500만 달러를 가지고 시작했었는데, 버핏 부부는 이제 모트보다 훨씬 더 부자였다.

"돈 버는 일은 이제 그만 하는 게 어때요? 스튜어트 모트는 지금 사회사업을 하면서 날마다 일하지 않아도 되잖아요."

하지만 워런은 돈 버는 일을 그만둘 수 없었다. 그는 오늘의 5천만 달러가 언젠가는 5억 달러가 될 것이라는 철학에 크게 의지했다. 그렇다고 해서 가족을 완전히 나 몰라라 하지 않았고 또 아내를 둔감하게 대하지도 않았다. 수지에게 살뜰한 감정을 드러내곤 했다. 하지만 수지는 이런 감정을 자기 삶 속에서 더 많이 느끼고 싶었다.

피터가 고등학교에 진학했을 때 워런은 아내에게 이렇게 말했다.

"여보, 당신은 23년 동안 일했던 일자리를 한순간에 잃어버린 사람 같네요. 이제 뭘 할 생각인가요?"

수지는 노래를 하고 싶다고 대답했다. 조카인 빌리 로저스는 수지에게 기타로 반주 테이프를 만들어 주었다. 이 반주에 맞추어서 노래를 부르고 녹음한 다음에 자기가 부른 노래를 들어볼 수 있었다. 로저스는 미스터 토드스Mr. Toad's나 스파게티 워크스Spaghetti Works 등 오마하에 있는 클럽에서 재즈 기타를 연주하고 있었는데, 수지는 이제 이 조카와 함께 지역 음악계에서 제법 얼굴이 알려져 있었다. 하지만 처음 연습을 시작할 때를 회상하면서 다음과 같이 말했다.

"무척 겁이 났습니다. 정말 겁이 났습니다. 형편없었죠."

대중 앞에서 마지막으로 노래한 게 벌써 10년 전으로, 센트럴고등학교에서 열린 자선 공연에서였다. 그녀는 개인 교습을 받으면서 최근에 나온 사랑 노래와 발라드 곡을 가지고 연습했다. 그리고 그해 7월 에메랄드 베이에서 열린 한 파티에서 잘 아는 사람들을 청중으로 초대해 가수로 데뷔했다. 이때의 공연을 그녀는 스스로 다음과 같이 평가했다.

"사람들은 내 노래가 꽤 마음에 드는 눈치였습니다."[6]

워런도 친구들이 자기 아내의 재능에 박수를 보내는 모습을 보면서 한껏 가슴이 부풀었다.

그해 여름 버핏 부부가 에메랄드 베이에 있는 동안 워런은 케이를 그곳으로 초대했다. 케이는 로스앤젤레스에서 열리는 어떤 애널리스트 모임에서 연설을 하기로 되어 있었는데, 거기 가는 길에 들러서 며칠 머물기로 했다. 워런은 케이가 자기에게 〈워싱턴 포스트〉 이사진에 합류하는 것에 대해 언급할 것임을 짐작하고 있었던 터라 며칠 동안 키위트 플라자의 자기 사무실을 빙빙 돌면서 춤을 추었다. 마치 크리스마스 선물을 받기로 되어 있는 어린아이가 크리스마스이브에 들떠서 어쩔 줄 모르는 모습이었다.[7]

에메랄드 베이에 있던 버핏 부부의 집은 바닷가로 이어지는 가파른 자동차 진출입로 끝에 있었는데, 어딘지 모르게 수수한 임대 별장 같은 느낌이 묻어났다. 가족의 일상적인 모습과 느낌은 별로 묻어나지 않았다. 워런은 그런 공간이 케이에게 어떤 인상을 줄지 전혀 알지 못했다. 케이는 글렌 웰비에 있는 농장과 마르타스 바인야드(매사추세츠 연안의 섬 – 옮긴이)에 있는 지붕널 스타일의 거대한 해안가 영지를 포함해서, 흠 잡을 데 없이 장식되어 있고 또 언제나 완벽하게 손질되어 있는 거대한 저택들을 가지고 있던 사람이었다.

하지만 어쨌거나 워런은 자기들이 케이를 위해서 전례 없이 특별하게 노력해야 한다는 사실을 수지에게 분명히 인식시켰던 것이 틀림없다. 케이가 도착한 다음 날 아침에 수지는 그때까지 단 한 번도 일어나 본 적이 없는 시각에 일어나서 부지런을 떨었다. 자기까지 포함한 세 사람의 풍성한 아침 식탁을 준비한 것이다. 수지와 워런은 평소에 먹지 않았던 아침을 먹었다. 워런은 종일 케이에게 붙어서 신문, 언론, 정치 등을 화제로 이야기를 나누었다. 케이가 자기를 이사로 부르고 싶은 마음이 조금이라도 더 강렬해지도록 온갖 애를 썼다.

그러다 신문을 내려놓고, 그 순간을 위해서 특별히 사두었던 수영복을 입고, 케이를 위해 특별히 사두었던 신상품 비치파라솔을 들고, 케이와 나란히 백 미터 가까운 가파른 길을 걸어 해변으로 가서 가족들과 합류했다. 예전에 그가 보여주던 모습이 아니었다. 예전에 그는 바다를 다음과 같이 바라보았다.

바다를 가까이에 둔다는 건 정말 매력적인 일입니다. 밤에 파도 소리나 그 밖의 바다가 만들어 내는 소리를 듣는 것도 즐겁죠. 하지만 솔직히 바다 속으로 들어가는 건 노년을 위해서 좀 아껴둬야 하지 않을까 싶네요.

이제 그는 케이와 나란히 모래 위에 앉아서 잠시 바다를 바라본 뒤에, 성큼성큼 태평양 바다로 용감하게 들어갔다. 수지와 아이들은 워런이 보여주는 그 놀라운 모습에 '한바탕 웃음을 터뜨렸다'고 한다.

워런이 평소에 하지 않던 행동을 하는 것을 보고 수지가 어떻게 생각했는지는 알 수 없다. 하지만 워런이 자기가 한 이 행동을 설명한 기록은 남아 있다.

"오로지 케이를 위해서였죠. 오로지 케이를 위해서 말입니다."

일요일 아침, 워런과 케이는 대화를 나누기 시작했고 수지는 잠이 덜 깬 채로 케이를 위해서 베이컨과 달걀 요리를 했다. 수지는 이 요리를 먹지 않았다. 워런은 초콜릿 오발틴(브랜드 이름. 설탕과 코코아 유장(乳漿) 등을 섞어서 만든 가루 식품으로 우유에 타서 마신다─옮긴이)을 숟가락으로 용기에서 퍼냈다.[8] 아침을 먹은 뒤에 워런과 케이는 또다시 둘이서만 이야기를 나누었다. 케이는 워런이 이사가 되어주길 바라지만 지금 당장은 때가 아니라서 적절한 때가 올 때까지 기다리는 중이라고 말했다. 앙드레 마이어와 같은 몇몇 인사들은 이런 결정을 반기지 않을 것임을 알고 있었기 때문이다. 워런은 그녀의 말을 그냥 넘길 수 없었다. 그녀를 압박해서 어서 결정을 내리도록 해야 한다고 생각했다.

"적절한 때가 언제입니까?"

그리고 이내 그가 그토록 간절히 원하던 일이 이루어졌다. 워런이 워싱턴 포스트 컴퍼니 이사회에 합류하는 것에 이사진이 동의한 것이다. 워런은 말할 수 없이 기뻤다.

그날 오후에 그는 가족을 에메랄드 비치에 남겨둔 채 케이를 자동차에 태우고 로스앤젤레스 공항까지 배웅했다.

공항으로 가는 길에 케이가 갑자기 고개를 돌려서 나를 빤히 바라보았습니다. 세 살짜리 아이가 바라보는 그런 눈빛이었습니다. 이러더군요. '나한테 부드럽게 대해주세요. 절대로 나를 공격하지 말아요.' 목소리도 바뀌어 있었습니다. 기본적으로 애원하는 말투였습니다. 나는 나중에야 다음과 같은 사실을 알았습니다. 전남편인 필과 이사진 가운데 몇몇 사람들은 자기 목적을 달성하려고 혹은 그저 재미 삼아서, 케이를 여기저기 쿡쿡 찌르고서는 그녀가 어떤 식으로 무너지는지 바라보았다는 것을 말입니다. 필은 남편이었지만 정말 잔인했습니다. 이에 비해서 다른 사람들은 교묘하게 속이고 이용하려 들었던 편입니다. 사실 그렇게 하는 건 그다지 어렵지 않았습니다. 케이에게는 열등한 자의식으로 연결된 단추가 하나 있었고, 그 단추만 누르면 되었으니까.

1974년 여름도 끝나가던 9월 11일, 워런은 공식적으로 이사가 되었다. 이로써 그는 오마하 출신의 스타 자산운용가에서 세계의 유력 일간지 가운데 하나의 공식적인 자문위원이 되었다. 첫 번째 이사회에 참석한 워런은, 케이에게는 이사들에게 도와달라고 애원하는 게 마치 습관처럼 배어 있다는 사실을 알았다. 그 모습을 바라보면서 워런은 이렇게 생각했다. 이건 아니다. CEO이면서 이사들과 그런 식으로 관계를 맺어서는 안 된다. 하지만 그런 말들을 직설적으로 할 수 있을 만큼 케이와 충분히 가깝지는 않았던 워런은 대신 〈워싱턴 포스트〉의 이사진들을 연구했다. 이사진들 가운데는 저명한 혹은 유력한 인사들이 우글우글했다. 어느 정도 이사진들을 파악한 다음에는, 케이를 가지고 놀듯이 지배하고 그녀의 판단을 좌우하는 사람들 사이를 조심스럽게 오가면서 그들에게 접근했다. 그는 조용한 사람이었고, 막후에서 자기가 가진 모든 것을 유감없이 발휘했다.

워런은 당시 케이 그레이엄이나 〈워싱턴 포스트〉보다 더 중요한 일에 몰두해 있었다. 1974년에는 상승할 것이라고 투자자들이 기대했던 시장은 계속 무너지고 있었다. 연금 관리자들은 주식 매입을 80퍼센트까지 줄였다. 버크셔 해서웨이의 자산도 백 년에 겨우 몇 번밖에 일어나지 않을 정도의 두 번째 대폭락에서 거의 3분의 1이 잘려나갔다.

워런이 버핏 파트너십의 문을 닫은 뒤에도 멍거는 자기 투자 회사를 계속 운영해 왔었다. 이 투자 회사가 보유하는 자산도 급락하고 있었다. 그의 수익률은 언제나 시장 수익률보다 수익과 손실 양방향으로 모두 변동성이 높았다. 지난 몇 년간 멍거는 비록 눈부실 정도는 아니었다 하더라도 괜찮은 수익률을 기록했지만 1974년에는 어려움에 맞닥뜨렸다. 투자자들이 입은 손실 규모가 투자금의 절반 가까이 되었던 것이다.[9] 약 50년 전에 벤 그레이엄이 그랬던 것처럼 투자자들의 돈을 자기가 갚아줘야 하는 것 아니냐는 의무감을 멍거는 느꼈다. 다음은 멍거가 하는 말이다.

"만일 당신이 적절하게 위기를 잘 넘긴다면, 당신은 워런이나 나와 같은 수탁자의 자질을 갖추고 있는 겁니다. 사람들에게 '당신에게 놀라운 결과를 가져다줄 수 있다고 자신합니다'라고 말해 놓고선, 실제로 그런 목표를 달성하지 못했을 때 얼마나 참담한 심정인지 모를 겁니다. (……) 확실히 내가 가진 자산의 시기는 줄어들었습니다. 정말 속이 쓰렸죠. 하지만 이렇게 생각할 수도 있습니다. 결국에 가서, 내가 재산을 얼마를 가지고 있건 그게 무슨 차이가 나며 또 뭐가 그리 대단하겠느냐 이거죠. 나를 괴롭혔던 유일한 요소는 투자자들이 겪는 고통이었습니다. 다른 사람의 돈을 맡아서 관리한다는 내 위치가 나를 괴롭게 만들었습니다."[10]

멍거가 운영하던 투자 회사에는 여전히 스물여덟 명의 투자자들이 있었다. 그가 맡은 투자 자금 가운데는 가족 신탁도 몇 개 있었다. 투자 자본의 반을 날려버린 손실을 메우려면 남은 자산이 두 배로 뛰어야 했다. 이 목표의 달성 여부는 블루칩 스탬프의 자산 가치가 어떻게 변하느냐에 따라 좌우되었다.

빌 루안의 세쿼이아 펀드 역시 곤란한 처지였다. 이 투자 펀드는 워런의 예전 투자자들이 낸 5천만 달러로 시작해서, 톰 머피의 캐피털 시티즈 커뮤니케이션스와 같은 저평가된 주식들을 대량으로 사들임으로써 적절하게 투자했다. 캐피털 시티즈는 몇 년 전에 TV나 전자 쪽의 매력적인 종목들을 맹공격했던 투자가들이 이제 와서 사들이는 종목과는 사뭇 달랐다. 그들은 모두 정확하게 반대 방향으로, 즉 가장 크고 또 많이 알려져 있던 50개 회사들의 집단인 소위 '니프티 피프티'가 벌리는 두 팔 안으로 달려 들어갔던 것이다.[11]

"이 동네에는 혁신자가 있고 모방자가 있고 떼거리의 무능력자가 있습니다."

루안이 한 말이다. 모방자와 무능력자가 지배권을 장악하고 있었으며, 루안과 그의 동업자인 릭 커니프가 1970년에 산 주식들은 반토막이 나 있었다. 설상가상으로 두 사람은 시트(증권거래소의 회원권. 플로어에서 주식을 거래할 수 있는 권리 – 옮긴이) 가격이 급격하게 떨어지기 직전에 뉴욕증권거래소의 시트를 샀다.[12] 세쿼이아 펀드의 개시일 시기도 어쩐지 불길했다. 워런이 국면을 비관적으로 예측하며 판을 접은 바로 그 시점에 이 펀드를 시작했기 때문이다. 세쿼이아는 해마다 시장 증가율에 밑도는 수익률을 기록했다.[13] 이렇게 누적된 손실은 엄청난 규모였다. 최악을 기록했던 해는 1973년이었다. 당시 시장의 손실 규모는 15퍼센트였는데 세쿼이아 펀드는 자산의 25퍼센트를 날렸다. 그리고 1974년의 또 다른 재앙을 향해 달려가고 있었다. 루안의 최대 출자자인 밥 맬럿은 몹시 화가 났다. 그는 조금이라도 예상 수익률이 빗나가면 '루안, 커니프'의 사무실로 곧바로 전화해서 불평불만을 터뜨리는 걸로 유명했다. 이런 그가 증권거래소의 시트를 산 일과 형편없는 수익률을 지적하며 루안을 호되게 몰아세웠다. 루안은 맬럿이 투자 자금을 빼버릴까 봐 두려웠다.[14] 하지만 워런은 어떤 시점에서든 '미스터 마켓'이 내놓는 주식 가격에 대한 견해란 그 주식의 내재 가치와는 전혀 상관이 없다는 사실을 잘 알고 있었기 때문에 마음이 평온했다. 그는 또 루안과 그의 투자자들이 어떤 종목들을 샀는지 알고 있었는데, 그들이 사실은 훌륭한 결정을 내렸다고 확신했다.

1969년 10월, 콜로니 클럽에서 가졌던 그레이엄 신봉자들의 모임은 비록 불친절하고 거만한 종업원들 탓에 참가자들의 자존심에 약간의 상처를 입히긴 했지만, 그래도 어려운 시장 환경 속에서 서로를 격려하는 좋은 기회였었다. 그때 이후로 워런은 그 모임에 참석한 사람들을 '그레이엄 그룹'이라는 이름으로 불렀다. 에드 앤더슨이 윌리엄스버그에서 세 번째 모임을 주관했고, 찰리 멍거가 캘리포니아 카멜에서 네 번째 모임을 주관했다. 1971년에 워런은 이 모임을 격년제로 정했으며, 호의로 누군가를 초대하는 것은 금기사항이었지만 루안과의 의리를 생각해서, 루안이 맬럿과 그의 아내 아이비를 릭 게린이 주관한 1973년 모임에 초대하도록 했다.

이에 상당히 감명받은 맬럿은 루안의 세쿼이아 펀드에서 돈을 빼지 않고 그냥 두긴 했지만 그의 불평불만은 점점 더 자주 그리고 강하게 계속되었고, 루안은 그가 자기를 버리고 떠날까 봐 두려워했다. 그래도 1974년 말에 시장은 여전히 25퍼센트 이상 떨어졌지만, 세쿼이아 펀드는 이보다 더 적은 손실을 기록하면서 선방했다.

하지만 이후 세쿼이아 펀드가 계속 힘을 쓰지 못하자 캐럴의 남편이던 존 루미스와 헨리 브랜트는 침몰하는 배에서 탈출하는 심정으로 다른 곳으로 자리를 옮겼다.[15]

〈포브스〉는 그해 11월 여전히 태연하기만 한 워런의 태도를 포착했다. 시장을 어떻게 보느냐는 질문을 받고 그는 다음과 같이 대답했다.

"하렘에서 진탕 즐기다가 나온 남자의 기분이 아마 이럴 겁니다. 이제 투자를 할 때가 되었습니다."[16]

계속해서 워런은 다음과 같이 말했다.

"내가 기억하기에는 지금이 필 피셔(성장주 투자의 개척자로 일컬어진다-옮긴이)의 [성장주] 종목들을 벤 그레이엄의 [꽁초] 가격으로 살 수 있는 최초의 시기입니다."

그는 이 말이 자기가 할 수 있는 가장 의미 있는 표현이라고 생각했다. 하지만 〈포브스〉의 기사에는 이런 이야기가 실리지 않았다. 일반 독자들에게는 피셔와 그레이엄의 비유가 낯선 것이었기 때문이다.[17] 〈포브스〉의 기자는 그가 사거나 혹은 이미 사두고 있는 종목들은 언급하지 않고, 투자자에게 추천할 만한 특별한 주식이 있는지 물었다. 그러자 워런의 장난기가 발동했다. 그 기자가 자기와 인터뷰하러 오기 전에 〈포브스〉의 다른 기사들을 얼마나 꼼꼼하게 조사했는지 알아보려고 작은 함정을 하나 팠다.

"식수 회사 하나가 아직 때를 타지 않았습니다."

그리고 블루칩 스탬프가 '새너제이 워터 워크스'의 주식 5퍼센트를 가지고 있다고 덧붙였다. 기자는 미끼를 물었다. 새너제이를 기사에서 언급한 것이다. 하지만 워런이 내부 정보를 이용해서 이 주식을 샀음을 은근히 내비쳤던 이전 기사에 대해서는 아무런 언급도 하지 않았다.

1974년에 워런이 시장에 대해서 강한 의욕을 가지고 있긴 했지만 실제로 투자한 건 아주 적은 금액이었다. 이 투자 자금도 대부분은 '스튜드베이커-워씽턴Studebaker-Worthington', '핸디 앤드 하먼Handy & Harman', '하트-행크스 뉴스페이퍼스Harte-Hanks Newspapers', '멀티미디어 Multimedia, Inc'로 들어갔다. 워런은 또 '콜드웰 뱅커Coldwell Banker'에 대한 투자 비중을 높였으며, 다른 곳에 대한 투자 비중도 10퍼센트나 20퍼센트 높였고, 릭 게린으로부터 블루칩 스탬프 10만 주도 사들였다.

릭은 나에게 5달러를 받고 팔았습니다. 한창 쪼들리던 때였거든요. 혹독한 시기였습니다.

워런이 '하렘'이라는 단어로 표현했는데, 여기에는 두 가지 의미가 담겨 있었다. 비록 투자를 시작할 시기였지만, 워런은 거의 대부분 그저 바라보기만 할 뿐 행동으로 실천할 수는 없었다. 내셔널 인뎀너티의 여러 동업자들 가운데 한 사람이자 항공 산업 분야의 중개인이었던 어떤 사람은, 적자만 내던 항공 보험 증권을 내다 팔려고 길길이 날뛰었다. 회사는 그 사람의 권한을 박탈하여 저지하려고 했지만 여러 달 동안 속수무책이었다.[18] 회계 기록은 엉망이었고 손실 규모와 내용은 불명확했다. 내셔널 인뎀너티는 소위 '모든 혜택'에 대한 청구 금액이 얼마나 높이 올라갈지 알지 못했다. 하지만 최악의 경우에는 1천만 달러까지 올라갈 수도 있었다. 가능하면 적게 나오기를 바랄 뿐이었다. 내셔널 인뎀너티는 1천만 달러라는 돈을 가지고 있지 않았기 때문에 워런은 진땀을 흘리고 있었다.[19]

두 달 뒤인 1975년 초, 그가 안고 있던 문제들이 엄청나게 폭발했다. 이제 '멍거, 톨스 앤드 리커쇼서'라고 이름을 바꾼 법률 회사 출신으로 멍거의 동업자이던 척 리커쇼서가 워런과 멍거에게 전화를 걸어서 증권거래위원회가 증권법 위반 혐의로 두 사람을 고발할 것을 고려한다고 전했다. 조짐은 있었으나 통제할 수 있다고 여겼던 문제가 두 사람을 최대 비상 사태 속으로 몰아넣고 있었던 것이다.

리커쇼서는 워런과 멍거가 씨즈캔디를 인수할 당시 이들에게 법률 자문을 하는 것으로 처음 두 사람과 관계를 맺었다. 그리고 최근에 증권거래위원회 소속의 한 변호사가 그에게 전화를 걸어서 몇 가지 물어볼 게 있다고 말한 뒤로는 지연 전술을 구사하며, 증권거래위원회가 날리는 공격의 화살이 버크셔 해서웨이의 책임자인 번 매켄지에게 향하도록 방향을 돌렸다.

네브래스카에 있던 매켄지의 사무실에 전화벨이 울렸고 매켄지가 전화를 받았다. 전화를 건 사람은 증권거래위원회 집행부 국장인 스탠리 스포킨이었다. 스포킨은 '기업계의 끈질긴 경찰'로 소문이 자자하던 공포의 대상이었다. 스포킨은 며칠 내내 저녁까지 졸음을 참아가며 거대 기업들을 대상으로 하는 고소 고발 관련 서류 초안 작업을 직접 한 눈치였다. 그는 미국 역사상 처음으로, 수많은 대기업들을 법정으로까지 몰고 가지 않고 증권거래위원회와 조정하도록 했던 사람이었다.[20] 전화상으로 그는 웨스코에서 블루칩 스탬프와 버크셔 해서웨이 및 기타 광범위한 영역에서 매켄지를 심문했다. 그의 말투는 결코 우호적이지 않았다. 매켄지는 그게 그의 일처리 방식이거니 생각했다. 한편 매켄지는 스포킨이 하는 말 속에서 당신들이 부자이니만큼 뭔가 나쁜 짓을 한 게 틀림없다는 식으로 몰아붙인다는 느

낌을 받았다.[21]

스포킨과 같은 거물이 직접 매켄지에게 전화를 걸어서 이것저것 길게 물어봤다는 이야기를 듣고 리커쇼서는 하마터면 심장 발작으로 쓰러질 뻔했을 만큼 깜짝 놀랐다. 스포킨이 한 번 잡은 사건은 기소로까지 이어질 확률이 높았다. 이는 미국 기업계에 이미 파다하게 퍼져 있는 사실이었다. 실질적인 측면에서 볼 때 스포킨이 휘두르는 권력은 증권거래위원회 위원장보다 더 높았다.

워런과 멍거가 2년에 걸쳐서 했던 작업이 증권거래위원회의 눈길을 끈 모양이었다. 두 사람이 소유하고 있던 여러 개의 회사들이 스파게티 면처럼 뒤엉킨 채 연결되어 있던 수많은 가닥들의 매듭을 풀려고 했던 작업이었다. 두 사람이 맨 먼저 한 일은 가장 덜 중요한 회사이던 DRC를 버크셔 해서웨이로 합병하는 것이었다. 1973년에 DRC의 위상은 버크셔 해서웨이나 블루칩 스탬프의 주식을 사들이는 도구로 전락해 있었다. 그러나 증권거래위원회가 이 합병에 대한 승인 작업을 계속 미루었다. 멍거는 워런에게 그다지 큰 문제는 아닐 것이라고 말했다. 그리고 만일 의심을 품는 증권거래위원회 소속 인사가 있다면 누구든 자기에게 직접 전화하게 하라고 리커쇼서에게 지시했다. '그 사람이 자기 일을 빨리 처리하고 합병 관련 서류 작업이 말끔하게 처리될 수 있다면' 얼마든지 전화에 응대해서 설명하겠다고 말했다.[22]

하지만 증권위원회 사람들은 멍거에게 직접 전화하지 않았다. 대신 그 뒤 18개월 동안 증권거래위원회는 블루칩 스탬프 및 다른 회사들 주변을 돌면서 정보를 캐고 다니는 듯했다. 그러고는 이렇게 결론을 내렸다. 첫째, 워런과 멍거는 고의로 웨스코와 산타 바버라의 합병 거래를 무산시켰다. 둘째, 이들이 동원한 방식은 웨스코의 주식 4분의 1에 대해서 보다 높은 가격을 제시하는 것이었다. 셋째, 목적은 웨스코의 나머지 주식을 사들이는 것이었다. 최소한 웨스코와의 합병을 바랐던 산타 바버라의 눈에는 그렇게 비췄던 게 분명하다. 산타 바버라가 블루칩 스탬프를 증권거래위원회에 신고했기 때문이다.[23]

처음으로 워런과 멍거를 포함해서 모든 사람들이 블루칩 스탬프가 곤란한 처지에 놓였음을 인정했다.[24] 워런이 〈워싱턴 포스트〉의 이사가 되는 영광을 누리자마자, 워런과 멍거에게 변호사의 도움이 필요한 상황이 긴박하게 펼쳐졌다. 워런과 일하는 게 어떤 것임을 익히 잘 알던 리커쇼서는 어떤 동료에게 이런 말을 한 적이 있었다.

"태양이 멋지고 또 따뜻하긴 하지만, 태양에 너무 가깝게 다가가길 원하는 사람은 아무도 없을 거야."[25]

그는 다음 두 해 동안 소위 '리커쇼서의 열역학 법칙'을 시험하면서 보냈다.

1975년 2월, 증권거래위원회는 관련자들을 상대로 소환장을 발부했고, 블루칩 스탬프가 웨스코의 주식을 사들인 행위에 대한 전면적인 조사에 나섰다. 증권거래위원회가 워런과 멍거에게 사기 혐의가 있다고 본 것이다.

> 블루칩 스탬프, 버크셔 해서웨이, 워런이 단독으로, 혹은 다른 주체와 협의해서 (……) 사기적인 음모나 술책으로 직접적으로든 간접적으로든 기능했던 행위에 연루되었거나, 실제 사실과 다른 내용을 퍼뜨리거나 실제 사실을 숨겼을 수 있다고 보았던 겁니다.

증권거래위원회 소속 변호사들은 블루칩 스탬프가 처음부터 웨스코 파이낸셜을 인수할 계획을 가지고 있었으면서도 그런 사실을 일부러 공시하지 않았다고 보고 그 부분에 초점을 맞추었다. 산타 바버라와 웨스코의 합병이 무산된 뒤에 블루칩이 웨스코의 주식을 사들일 때는 반드시 공개 매입이라는 절차를 거쳐야 했음에도 불구하고 증권거래위원회에 그런 내용으로 등록하지 않았다는 것이다.[26] 이런 혐의는 매우 심각한 것이었다. 증권거래위원회는 블루칩 스탬프라는 회사뿐만 아니라 워런과 멍거라는 개인도 사기죄 혐의로 고소함으로써 화려한 팡파르를 울릴 수 있었다. 실로 심각한 위협이 아닐 수 없었다.

목표물을 노리는 행동을 고려하는 상황에서 스포킨에게는 유용한 선택 사항 한 가지가 있었다. 상대방을 고소할 수도 있고 상대방과 조정할 수도 있었던 것이다. 조정은 혐의를 받는 당사자가 범죄 사실을 공식적으로 인정하지 않으면서도 유감을 표명하게 하는 방식이다. 이 경우에 당사자는 사기 혐의를 인정하지도 않고 또 부정하지도 않지만 처벌을 받는 것은 동의해야 한다. 조정에 합의하면 증권거래위원회는 관련된 개인들의 이름을 적시하거나 회사 이름으로 전체를 뭉뚱그리는 둘 중 하나의 방식을 선택할 수 있다. 이때 이름이 적시된다고 해서 그 사람의 경력이 끝장나는 건 아니지만, 그 뒤로는 명망 높은 거물 행세를 할 수 없었다. 《슈퍼머니》와 〈포브스〉에 실리고 〈워싱턴 포스트〉의 이사가 됨으로써 유명 인사가 되었고 영향력도 커져서 사회적인 지위가 높아져 가던 워런은 자기의 명성을 지키기 위해 필사적으로 싸워야 했다.

그런데 조정은 물 건너갔고, 증권거래위원회의 조사는 보다 확대되었다. 소환장을 발부받은 상태에서 워런은 자기가 가지고 있던 자료들을 모두 공개해야 했다. 이 자료들은 그가 그때까지 살면서 모았던 다른 것들과 마찬가지로 엄청나게 많은 양이었다. 소중하게 여기던 사생활이 침범당하는 불쾌한 고통에 시달렸음은 말할 것도 없었다. '멍거, 톨스'의 변호사들은 거래명세표, 최근 주식 매입에 대한 정보, 은행 직원들에게 보낸 메모, 씨즈캔디에 보낸 편지, 직물 공장의 번 매켄지에게 보낸 메모 등을 추려서 워싱턴 디시에 있는 증권거래위원회 조사관들에게 보냈다. 워런은 자기가 부당한 박해를 받는다고 느꼈다. 워런과 멍거는 어마어마한 덩치의 거인에게 쫓기는 악몽에 시달렸다. 살아남으려면 어떻게든 거인보다 더 빠른 걸음으로 달아나야 했다.

'멍거, 톨스'와 증권거래위원회 사이에서 편지들이 마치 셔틀콕처럼 오갔다. 워런은 평정을 유지했다. 하지만 허리 통증이 워런을 참을 수 없을 정도로 괴롭혔다. 한편 멍거는 불안을 감추려 하지 않았다.

1975년 3월이 되면서 증권거래위원회는 관련자들을 소환해서 조사하기 시작했다. 베티 피터스가 갔을 때 증권거래위원회의 제재부 사람들은 이렇게 물었다.

"변호사는 대동하지 않습니까?"

"예, 변호사가 있어야 합니까?"

"뭐…… 여기에서 진술할 때 모든 사람들이 변호사를 대동합니다."

"실제로 무슨 일이 있었는지 알고 싶은 거 아닙니까?"

그러니 변호사가 함께 있어야 할 필요가 있느냐는 것이었다. 결국 피터스는 변호사 없이 조사를 받았다.

멍거도 소환되었다. 멍거 역시 변호사를 대동하지 않았다. 사실 본인이 변호사이던 찰스 T. 멍거에게는 따로 법률적인 조언을 해줄 사람이 필요 없었다. 이틀 동안 조사를 받으면서 멍거는, 블루칩 스탬프가 산타 바버라의 합병 시도를 무산시켰다는 혐의가 근거 없다고 주장했으며, 블루칩 스탬프가 왜 당시 시세보다 더 높은 가격으로 웨스코의 주식을 샀는지 설명했다. 블루칩 스탬프가 웨스코에 대한 지배력을 가질 수 있도록 하려는 생각을 한 건 사실이었지만, 이런 계획은 산타 바버라와 웨스코의 합병이 무산되기 전까지는 '그저 요원하고 불확실할' 뿐이었다고 말했다. 빈센티와 이야기하고 또 베티 피터스와 캐스퍼 가문 사람들이 가지고 있는 의결권을 자기들 쪽으로 돌려 놓으려 노력하는 과정에서 워런과 멍거가 했던 역할을 고려할 때, 이 변론은 다소 순환논리가 되어버렸다. 멍거는 또 증권거래위원회 소속 변호사이며 조사관이던 래리 시드먼의 말을 끊고 그에게 설교하는 좋지 않은 모습까지 보였다. 멍거는 시드먼에게 이렇게 말했다.

"우리는 루 빈센티와 베티 피터스가 우리를 매우 공정하고 공평한 사람으로 바라봐 주길 바랐습니다."[27]

하지만 증권거래위원회 변호사들은 그 고집 센 루 빈센티는 단 한 번도 만나보지 않았다. 상식적인 차원에서 그들은 도무지 이해할 수 없었다. 다시 시드먼이 물었다.

"블루칩 스탬프의 주주들 입장에서 보면 명백한 손해이지 않습니까?"

시드먼으로서는 블루칩 스탬프가 웨스코의 주주들에게 그렇게 관대할 이유가 없었다고 보았다. 웨스코의 주식은 당시 주로 차익을 노리는 매매자들이 가지고 있었기 때문이다.

시드먼이 보기에 이 사람들은 산타 바버라와 웨스코의 합병이 성사되고 나면 웨스코의 주식은 산타 바버라가 제시했던 가격으로 오를 것이라고 예상하면서 그 주식을 샀던 차익거래자였다. 이들은 산타 바버라의 주식을 공매도하는 방식으로 자기들이 한 투자에 대한 손실 대비를 부분적으로 했다. 예전에 그레이엄-뉴먼이 나중에 카카오콩 창고증권으로 교환할 록우드 주식을 샀던 것과 비슷한 방식이었다. 하지만 웨스코와 산타 바버라의 합병이 무산되자, 마치 카카오콩의 가격이 폭락했을 때와 비슷한 양상이 전개되었다.[28]

차익거래자가 가격을 올림으로써 호의를 베푸는 이유가 도대체 무엇일까?"

멍거는 마침내 최후의 무기를 꺼냈다. 벤저민 프랭클린이었다.

"주주들의 이익을 위해서 복무해야 하는 의무가 공정하게 하려고 애쓰는 노력과 상충된다고는 생각하지 않았습니다. 우리는 정직이 최상의 정책이라는 벤 프랭클린의 생각을 믿습니다. 떨어진 가격으로 거래한다는 것은 우리가 보기에 비열하기 짝이 없는 선택이었습니다."[29]

시드먼은 멍거의 이런 주장에 상당히 당황했던 것 같다. 그런데 심지어 멍거조차 실제 진행되었던 상황들이 충분히 의심을 살 만하다는 사실을 인정했다. 그래서 시드먼에게 제발 나무를 보지 말고 숲을 봐달라고 애원했다.

"기록을 전체적으로 살펴보면 아시겠지만, 우리는 공정한 거래에 필요한 모든 사항들을 꼼꼼하게 지키려고 법률이 정하는 규정보다 더 철저하게 일을 처리합니다. 우리가 여태까지 해왔던 모든 거래를 놓고 볼 때 지금 우리가 혐의를 받고 있는 행위는 결코 범법 행위에 해당되지 않는다는 결론을 내려주셨으면 하는 바람뿐입니다. (……) 설령 어떤 흠결이 있다 하더라도 그건 절대로 우리가 의도적으로 한 게 아닙니다."

증권거래위원회 사람들은 워런을 소환해서는, 왜 워런과 멍거는 웨스코를 가만히 내버려 두어서 가격이 떨어지게 한 다음에 보다 싸게 사지 않았느냐고 물었다.

만일 그렇게 했다면, 블루칩 스탬프에 대한 일반적인 인식이 나빠졌을 겁니다. 아마 누군가는 그 일로 화가 났었을 수도 있었을 겁니다.

"그런데 왜 그는 그런 점까지 신경 써야 했을까?"

웨스코의 경영진이 우리를 어떻게 바라보느냐가 중요합니다. 우리가 지배권을 가지기만 하면 그런 건 문제가 되지 않는다고 말할 수도 있겠죠. 그러나 루 빈센티는 정말로 우리 아래에서 일할 필요가 없었습니다. (……) 알다시피 행여나 그가 우리를 얼빠진 사람으로 보면 안 될 일이었죠.

워런 역시 멍거와 마찬가지로 변호사 없이 혼자 조사를 받음으로써 증권거래위원회 조사관들을 깜짝 놀라게 했는데, 그는 여러 차례 워싱턴을 오가면서 블루칩 스탬프가 어떻게 운영되는지 침착하게 설명하고, 자신의 투자 철학을 상세하게 설명하고, 워싱턴에서 보냈던 자기 어린 시절 이야기를 했다. 시드먼은 이런 워런에게서 매우 호의적인 인상을 받았다. 하지만 시드먼의 상관으로서 조사를 총괄하며 전체적인 책임을 맡고 있던 사람, '호랑이'라는 별명을 가지고 있으며 '아무도 빠져나가지 못한다'를 좌우명으로 삼고 있던 사람은 워런을 호의적으로 바라보지 않았다. 그에게는 워런이 하는 주장들이 전혀 먹히지 않았다.[30] 그의 태도는 확고했다. 누구든 범죄 근처라도 가면 결코 그의 손아귀에서 벗어날 수 없었다.[31]

증권거래위원회 조사관들의 조사 작업은 계속되었다. 그들은 워런이 구축한 제국의 얽히고설킨 복잡한 구조에 혀를 내둘렀다. 그들은 또 새너제이 워터 워크스의 내부 정보를 이용했는지도 조사했다.[32] 폐쇄식 투자 회사인 '소스 캐피털'도 찔러보았다. 멍거는 이 회사 주식 20퍼센트를 꽁초 가격으로 샀으며 이 회사가 흑자로 돌아서는 데 기여했다. 그즈음에 주식시장은 이제 예전의 활력을 회복한 상태였다. 루안의 세쿼이아 펀드는 1975년에 엄청난 수익을 거두었다. 시장의 상승률이 37퍼센트였지만 세쿼이아 펀드의 수익률은 62퍼센트에 가까웠다. 멍거도 1975년에 73퍼센트의 수익률을 기록하면서 이제 막 투자자들의 돈을 회복했다. 그는 수수료는 한 푼도 챙기지 않았으며 서서히 자기 투자 회사 규모를 축소하고 있었다. 자기들의 복잡한 제국은 낮은 가격으로 매입한 주식을 바탕으로 가능했다는 설명은 시장이 회복되는 와중에 도무지 먹히지 않았다. 증권거래위원회의 조사는 마치 타란툴라(독거미의 일종 – 옮긴이)처럼 털이 무성한 다리를 계속 뻗어나갔다.

리커쇼서는 워런과 벙커의 복잡한 금융 자산 구성을 한꺼번에 모두 보여주는 도표를 만드는 작업을 하고 있었다. 워런은 블루칩 스탬프, DRC, 버크셔 해서웨이를 소유함으로써 이 도표의 한가운데 자리를 잡았으며, 그는 이 회사들이 다른 수많은 회사들과 엮이고 엉키게 해서 리커쇼서를 몸서리치게 만들었다.[33] 위대한 백상아리였던 워런이 이런 주식들을 사들이지 않고는 배길 수 없었음은 모두가 다 아는 사실이었다. 만일 10달러가 그의 주머니에 있고 때마침 블루칩 스탬프나 버크셔 해서웨이 혹은 DRC의 주식이 나타났다면, 워런은 무조건 이 주식을 사서 가장 가까이에 있던 서랍(즉, 회사)에 넣어두고 보관했다. 워런과 멍거가 웨스코의 주식 25퍼센트를 산 뒤에, 리커쇼서는 워런의 투자가 외부에 부적절하게 비칠 수도 있다면서 이런 일을 피하기 위해서라도 공식적인 공개 매입 형식을 통해서만 주식을 사라고 워런에게 조언했었다.[34] 워런이 만든 복잡한 순환 출자 및 상호 소유 구조는 워런이 무언가를 숨기고 있다는 인상을 주었다. 리커쇼서는 그 복잡한 도표를 보고는 조바심이 났다. "거기에 분명히 기소할 거리가 있을 것이다."[35] 그는 증권거래위원회가 워런의 유죄 사실을 입증하기에 충분한 증거를 찾아낼 거라고는 생각하지 않았지만 적어도 기소를 하기에는 충분했다.

보다 큰 시각으로 보자면 멍거는 소형 투자가였다. 그가 운용하던 투자 자금도 워런의 자금과 비교하면 아주 작은 규모였다. 그는 하찮은 공범으로 걸려들었었다. 그러나 블루칩 스탬프가 그의 영토였기 때문에 그는 웨스코 사건에서 가장 중요한 인물이었으며, 따라서 증권거래위원회의 조사 과정에서도 가장 중심적인 인물이었다.[36] 멍거는 시드먼에게 다음 내용을 인정했다.

"우리가 주식을 가지고 있는 회사들은 서로 매우 복잡한 관계를 맺고 있습니다. 유감스럽게도 이런 구조가 현명하지 않을 수도 있다는 사실을 깨달았습니다. 하지만 우리는 이 회사들이 맺고 있는 관계들 가운데서 단 하나도 잘못되지 않도록 하려고 노력했습니다."

두 사람이 강력하게 부인하고 또 새너제이 워터 워크스나 소스 캐피털의 거래에서 아무런 문제를 찾아낼 수 없다는 사실이 드러났음에도, 여전히 증권거래위원회는 조사를 계속했다. 제재부의 '호랑이'는 워런과 멍거를 개인 이름으로 고발하는 방안을 스포킨에게 추천했다. 그는 워런과 멍거의 증언에 조금도 흔들리지 않았으며, 두 사람이 웨스코의 주식을 의도적으로 비싸게 매입함으로써 웨스코와 산타 바버라의 합병을 무산시켰다고 믿었다. 그는 매입 주식의 가격을 높게 책정한 그들의 행동에 의해 '해악을 당한 사람이 누구인가?' 하는 질문에는 전혀 관심이 없었다.[37] 그는 두 사람이 일련의 일들을 극단적으로 세밀하게 설명한다고만 생각했다.

리커쇼서는 스포킨에게 직접 편지를 써서 워런과 멍거를 기소하지 말아달라고 탄원했다.

"이들은 명성과 평판을 그 어떤 것보다 값비싼 재산이라고 생각하는 사람들입니다. (……) 증권거래위원회가 어떤 사람에게 민사 소송을 제기할 때, 많은 사람들 아니 어쩌면 대부분의 사람들은 무조건, 소송을 당한 사람이 무언가 사악한 짓을 했다고 생각하게 마련입니다."

그는 또 설령 워런과 멍거가 혐의 사실을 인정하거나 부인하지 않는 조정 절차에 동의한다 하더라도 두 사람은 '돌이킬 수 없는 끔찍한 피해'를 입을 것이라고 했다.

"증권거래위원회의 높은 평판이 두 사람이 가지고 있는 평판을 자동적으로 가차없이 짓밟아 버릴 것입니다. (……) 모름지기 거인은 자기가 가진 힘을 무척 조심해서 써야 합니다. (……) 사업을 하면서 의도치 않게 실수를 저질렀을 때의 위험성이, 이 사람이 가지고 있는 명성과 평판을 완전히 무너뜨릴 정도로 커서는 안 된다고 생각합니다."[38]

그는 블루칩 스탬프에 대해서만 공시상의 사소하고 기술적인 잘못을 저질렀다는 사실을 적시하고, 개인의 이름은 빼고 회사의 이름을 넣는 것으로 조정 내용에 합의해 줌으로써, 워런과 멍거가 가지고 있는 명성과 평판을 구제해 달라고 빌었다.

워런이 내적으로 얼마나 큰 공황을 경험했는지는 오로지 상상으로써만 짐작할 수 있다. 사무실에서 그는, 언제 증권거래위원회에 소환되어 증언할지도 모를 직원들이 놀라지 않도록, 가능하면 동요하는 모습을 보이지 않으려고 애썼다.

리커쇼서는 자기 고객들을 완벽한 가정 환경에서 성장한 정직한 시민으로 묘사하려고 마치 부두에서 짐을 부리는 노동자처럼 열심히 일했다. 그는 멍거와 워런이 살아온 내력을 정리해서 증권거래위원회에 제출했다. 여기에서 두 사람이 했던 온갖 자선 관련 활동들, 두 사람이 몸담고 있는 수많은 이사회의 목록, 하워드 버핏이 하원의원으로서 활동했던 내용, 워런이 열네 살 때부터 했던 소득세 신고 및 그가 내는 수백만 달러의 세금 등을 강조했다. 이 내용으로 볼 때 워런은 열심히 자기 일을 하면서 살아온 게 분명했다.

멍거는 포기한 듯한 태도를 보였다.

"경찰관이 800킬로미터나 뒤따라오면 결국 한 번은 교통 신호 위

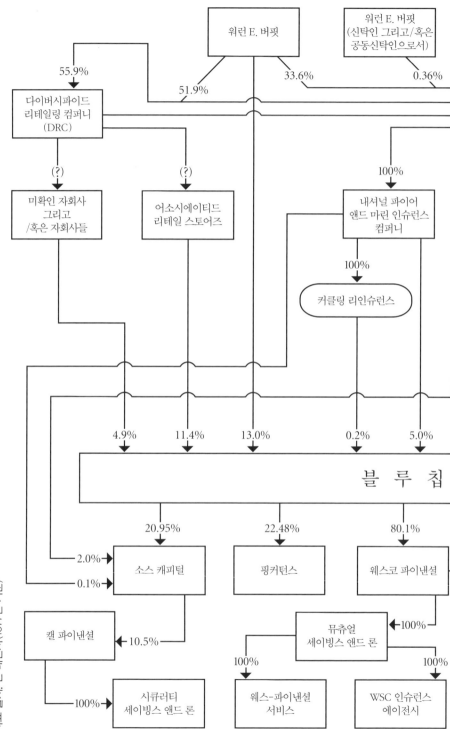

워런 E. 버핏

워런 E. 버핏
(신탁인 그리고/혹은
공동신탁인으로서)

55.9%

51.9%

33.6%

0.36%

다이버시파이드
리테일링 컴퍼니
(DRC)

(?)

(?)

100%

미확인 자회사
그리고
/혹은 자회사들

어소시에이티드
리테일 스토어즈

내셔널 파이어
앤드 마린 인슈런스
컴퍼니

100%

커클링 리인슈런스

4.9%

11.4%

13.0%

0.2%

5.0%

블 루 칩

20.95%

22.48%

80.1%

2.0%

0.1%

소스 캐피털

핑커턴스

웨스코 파이낸셜

캘 파이낸셜

10.5%

뮤추얼
세이빙스 앤드 론

100%

100%

시큐러티
세이빙스 앤드 론

100%

웨스-파이낸셜
서비스

100%

WSC 인슈런스
에이전시

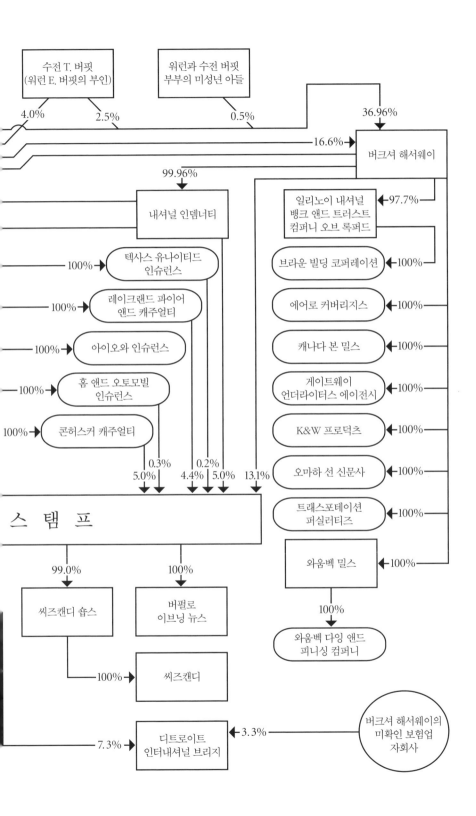

수전 T. 버핏
(워런 E. 버핏의 부인)

워런과 수전 버핏
부부의 미성년 아들

4.0%

2.5%

0.5%

36.96%

16.6%

버크셔 해서웨이

99.96%

일리노이 내셔널
뱅크 앤드 트러스트
컴퍼니 오브 록퍼드

97.7%

내셔널 인뎀너티

텍사스 유나이티드
인슈런스

100%

레이크랜드 파이어
앤드 캐주얼티

100%

아이오와 인슈런스

100%

홈 앤드 오토모빌
인슈런스

100%

콘허스커 캐주얼티

100%

브라운 빌딩 코퍼레이션

100%

에어로 커버리지스

100%

캐나다 본 밀스

100%

게이트웨이
언더라이터스 에이전시

100%

K&W 프로덕츠

100%

오마하 선 신문사

100%

트랜스포테이션
퍼실러티즈

100%

와움벡 밀스

100%

0.3%

5.0%

0.2%

4.4%

5.0%

13.1%

스 탬 프

99.0%

100%

씨즈캔디 숍스

버펄로
이브닝 뉴스

100%

씨즈캔디

100%

와움벡 다잉 앤드
피니싱 컴퍼니

7.3%

디트로이트
인터내셔널 브리지

3.3%

버크셔 해서웨이의
미확인 보험업
자회사

반 딱지를 떼일 수밖에 없는 것 아닌가?"

워런에게 한 말이다. 그런데 리커쇼서는 다시 한번 스포킨에게 청원서를 제출했다.

"버핏 씨와 멍거 씨가 현재 보유하고 있는 복잡한 재무 관련 사항들 때문에 (……) 여러 측면의 다양한 법률적 요구사항을 충족시키기가 점점 더 어려워질 것이라는 인상을 준다는 사실은 분명합니다."

그러면서 두 사람이 법의 정신과 구체적인 조항을 충실하게 따르려고 노력해 왔다는 사실을 적시했다.

"두 사람은 현재 자기들이 보유하고 있는 주식들을 가능하면 빠른 시일 안에 단순하게 정리하고자 합니다."[39]

조사하는 과정에서 증권거래위원회 변호사들은 '단순하게 정리한다'는 말이 의미하는 내용이 무엇인지 이미 알고 있었다. 워런이 그들의 질문에 다음과 같이 대답했었기 때문이다.

미래의 어떤 시점에 우리가 블루칩을 버크셔와 합칠 가능성은 분명 있습니다. 하지만 블루칩은 현재 법률적인 측면에서 많은 어려운 문제들을 안고 있습니다. 이 문제들 가운데 일부가 해소되기 전까지는 합병 비율(기업이 합병하는 경우 합병 회사는 피합병 회사의 자산과 부채를 승계하고 그 대가로 합병 회사의 신주를 교부하는데, 이때 승계된 피합병 회사의 순자산 가액과 그 대가로서 지급하는 합병 회사 주식 가액과의 비율-옮긴이)을 설정하고 관련된 사람들의 동의를 이끌어 낼 수 없습니다. 내가 기대하는 것은 언젠가 이 두 회사가 합병하는 것입니다. 앞으로도 지금과 똑같은 회사들을 가지고 있겠지만, 가능하면 보다 덜 복잡한 회사들을 가지고 싶습니다. 나도 이렇게 복잡한 건 좋아하지 않습니다. 내가 복잡한 걸 좋아하는 것처럼 보일지도 모르겠습니다만, 이 모든 복잡한 것들을 능숙하게 다룰 직원이 없습니다. 그

당시에는 꽤 단순해 보였는데, 지금은 전혀 단순하지 않게 되어버렸습니다.[40]

단순화하기 위한 '비상 대책'을 워런이 가지고 있느냐는 질문을 받고 멍거는 당연히 가지고 있다고 대답했다.

"물론입니다. 그 사람은 이 조사가 시작되었을 때보다 두 배나 큰 비상 계획을 가지고 있습니다."[41]

조정 내용을 생각할 때 리커쇼서의 제안을 많이 고려했다고 스포킨은 그때를 회상한다.

"여태까지 살면서 수많은 변호사들을 만나 봤지만, 그 사람은 정말 보기 드문 변호사였습니다. 그 사람이 하는 말은 무엇이든 신뢰가 갔으니까요."

스포킨은 리커쇼서를 두뇌가 명석한 변호사였을 뿐만 아니라 진실하고 솔직하고 강직하며 부정직함과는 거리가 먼 변호사로 보았다. 리커쇼서는 스포킨에게 워런이 '월스트리트 역사상 가장 위대한 사람'이 될 것이며 '직접 만나보면 여태까지 만났던 그 어떤 사람보다 예의 바르고 존경스러운 사람'임을 알 것이라고 말했다. 다른 사람이 이런 말을 했다면 상투적인 수사로 치부했겠지만, 리커쇼서가 했기 때문에 스포킨은 그 말을 진실되고 제대로 판단한 것으로 보고, 액면 그대로 받아들였다.[42] 스포킨은 유죄 선고를 내리는 것에 못지않게 용서하는 것에도 무거운 책임감을 느꼈다. 악의적인 사기꾼과 본질적으로 선하지만 잠깐 실수를 저지른 사람은 구분해야 한다고 그는 생각했다. 사기꾼일 경우, 스포킨은 가차 없었다. 하지만 워런과 멍거는 잠깐 실수를 했을 뿐, 결코 사기꾼이 아니라고 보았다.[43]

그래서 증권거래위원회라는 거인은 블루칩 스탬프에게 그저 때리는 시늉만 했다.[44]

블루칩 스탬프는 증권거래위원회가 작성한 조정 문건에 기재된 내용을 인정했다. 이 문건에서 블루칩 스탬프는 웨스코의 주식을 매입하려는 산타 바버라의 시도를 무산시키려 한다는 사실을 투자자들에게 공지하지 않았다는 사실과 3주에 걸쳐서 웨스코의 주식 가격을 인위적으로 끌어 올렸다는 사실에 대해서 인정도 하지 않고 부정도 하지 않았다.[45] 다만 블루칩 스탬프는 다시는 금지된 행위를 하지 않겠다고 했다.[46] 조정 내용에는 개인의 이름이 명기되지 않았다. 이 사건에 대한 사람들의 관심은 그다지 크지 않았고, 그나마 곧 잊힐 터였다. 워런과 멍거의 수익률과 명성은 여전히 높고 깨끗했다.

두 주 뒤에 증권거래위원회는 워런을 기업공시 관행을 연구하는 최고자문위원으로 위촉했다.[47] 워런은 용서받았고, 이제 그에게는 새로운 출발이 기다리고 있었다.

40

공공도서관을
운영하자는 게 아니다

워싱턴 디시, 1975~1976년

1975년 초 어느 날, 수지 버핏의 친구인 유니스 드넨버그가 집으로 놀러와서 개털이 잔뜩 묻은 거실 소파에 앉았다. 수지는 친구에게 등을 보이며 돌아앉아서 카세트테이프를 틀었다. 그리고 카세트테이프 반주에 맞추어서 노래를 불렀다. 노래를 들은 드넨버그는 수지의 실력에 엄지손가락을 치켜세웠다. 수지는 전문적인 가수로 나서고 싶다는 꿈을 가지고 있었지만, 혼자 결정하기에는 너무 조심스러웠다. 드넨버그는 집으로 돌아갔다가 다음 날 수지에게 전화를 했다.

"수지, 내가 매니저 할게요."

드넨버그는 미들랜드칼리지의 음악과 부교수인 밥 에드슨을 끌어들여 반주 팀을 구성했다. 그리고 오마하 외곽에 있는 작은 마을 어빙턴에서 수지의 첫 번째 공연을 잡았다. 어빙턴은 어릴 적에 수지가 언니 도티와 함께 아버지의 교회에서 합창단 활동을 했던 곳이기도 했다. 공연 장소는 이곳에 있는 나이트클럽 스팀 셰드Steam Shed였다. 수지는 잔뜩 긴장했지만 다른 가족들은 잔뜩 기대하며 한껏 흥분했다. 딱 한 사람 수지의 아버지 윌리엄 톰슨은 의아해했다.

"난 네가 왜 술집에서 노래하고 싶어 하는지 도무지 알 수가 없다."

수지의 첫 번째 대중 공연을 들으러 모인 사람은 서른다섯 명 정도였고 대부분 수지와 가깝게 지내던 친구였다. 수지는 너무도 걱정된 나머지 워런에게는 공연에 오지 말라고 했다. 수지는 시퀸으로 장식한 긴 드레스를 입고 사람들과 대화하고 인사했다. 그리고 마침내 드넨버그에게 등을 떠밀려 무대 위로 올라갔다. 어리사 프랭클린의 〈나를 불러줘Call Me〉부터 프랭크 시내트라의 〈당신은 내게 젊음을 느끼게 해줘요You Make Me Feel So Young〉, 블러드, 스위트 앤드 티어스의 〈당신은 정말 나를 행복하게 해You've Made Me So Very Happy〉 그리고 자기가 가장 좋아하는 노래 가운데 하나라는 로버타 플랙의 〈당신 얼굴을 처음 본 순간The First Time Ever I Saw Your Face〉 등을 불렀다. 감정이 풍부하며 열정적이고도 낭만적인 선곡이었다. 청중의 반응은 따뜻했다. 수지는 그걸 느낄 수 있었다.[1] 친밀한 공간에 모인 한 무리의 사람들에게 노래를 부르는 순간, 사람들과 개별적으로 교류할 때 느꼈던 것과 동일한 교감이 파도처럼 밀려오는 걸 느꼈다. 이런 교감을 할 수 있다는 것은 특별한 재능이었다. 이 재능은 질적으로 바뀌고 또 한층 증폭되었다. 수지는 카바레 가수가 되고 싶었다.

하지만 몇 주 뒤에 수지는 다음 공연 준비를 하다 말고 시누이 버티를 위로하려고 캘리포니아의 카멜로 달려갔다. 버티의 막내딸 샐리가 뇌종양으로 죽어가고 있었던 것이다. 게다가 버티와 찰리 스노프의 결혼 생활도 심각한 위기를 맞고 있었다.

샐리가 죽자 버티 내면에 갇혀 있던 온갖 감정들이 분출되었다. 딸의 죽음이라는 비극을 회고하면서 버티는 다음과 같이 말했다.

"샐리는 정말 멋진 아이였지요. 굉장한 아이였습니다, 직관력이 뛰어났어요. 일곱 해 동안 살면서 주변 사람들을 놀랍도록 정확하게 파악하는 통찰력을 보여줬습니다. 한번은 그 아이가 나한테 이러더군요. '엄마, 엄마와 아빠는 함께 있으면서도 각자 외로워해.' 나는 자신과 아주 가까운 어떤 사람이 세상을 떠날 때, 그들이 어떤 유언을 남긴다고 생각해요. 실제로 샐리가 세상을 떠날 때 나한테 남긴 유언은 내가 마음에 담고 있는 감정에 이제 그만 솔직해지라는 거였습니다. 심장에 전기 충격을 받는 것 같았습니다. 그때부터는 내 감정을 그냥 덮어둘 수가 없었어요."

버티는 수지와 늘 특별한 사이였지만 샐리가 죽은 뒤에 버티의 마음은 더욱 활짝 열렸고, 갑자기 두 사람은 전혀 다른 차원에서 하나로 이어졌다. 다음은 버티가 하는 말이다.

"수지는 내가 사랑했던 사람이었죠. 나한테는 정말 소중한 사람이었어요. 가족 가운데서 내가 유일하게 속마음을 털어놓을 수 있었던 사람이 바로 수지였거든요."

버티의 오빠는 조카의 죽음에 전혀 다르게 반응했다. 워런은 라구나의 집을 방문한 적이 있는 몇몇 친구들에게 전화해서 샐리가 죽었다는 이야기를 했다. 당시를 회상하면서 메리 홀랜드는 다음과 같이 말한다.

"충격적이었습니다. 정말 깜짝 놀랐습니다. 우리는 한두 주 전만 하더라도 함께 있었거든요. 내가 도대체 어떻게 된 일이냐고 묻자 워런은 '더는 말을 못하겠네요'라고 하면서 전화를 끊었습니다."

당시 워런에게는 신경 써야 할 일들이 많았다. 덕분에 그는 조카의 죽음이 안겨준 충격에서 벗어나는 데 도움을 받았다. 증권거래위원회의 조사가 막바지로 치닫고 있었다. 그리고 캐서린 그레이엄에게 너무도 매료된 터라서 그의 관심은 한순간도 그녀에게서 떨어지지 않았다. 워런은 어떤 대상, 특히 새로 알게 된 사람에 사로잡히면 헤어 나오지 못하고 온종일 그 생각만 했다. 그 대상이 사람일 경우에는 그 사람에게 잘 보이려고 온갖 정성을 다했다. 하지만 그러다가도 사업과 관련된 일이 제기되면, 그의 강철같이 단호한 마음이 발휘할 수 있는 최대한의 집중력이 작동해 순식간에 원래의 냉정한 상태로 돌아갔다. 멍거의 표현을 빌리자면, 워런은 '단 한 번도 사소한 집착이 주요한 집착을 흐트러지게 놔둔 적이 없었다'.² 하지만 케이 그레이엄은 결코 사소한 집착이 아니었다. 한번은 워런이, 자기가 알고 있는 가장 똑똑한 사람인 멍거와 케이가 만날 때 두 사람 사이에 어떤 일이 일어나는지 봐야겠다고 생각했다.

케이가 어떤 사람이었는가 하면, 만일 내가 그녀가 해야 할 것들로 어떤 주제를 주면, 의무감을 가지고 반드시 숙제를 다 하고야 마는 그런 유형이었습니다. 예를 들어 끔찍할 정도로 읽기 복잡한 재무제표들도 내가 읽으라고 하면 읽었습니다. 내가 시키는 대로 했죠. 그게 뭐였든 간에 말입니다. 한번은 내가 이랬습니다. '당신은 찰리를 꼭 만나야 합니다.' 좀 과장해서 말했던 거죠. 케이는 로스앤젤레스로 찰리를 만나러 갔습니다.

케이가 찰리의 초라한 사무실에 자리를 잡고 앉더니 곧바로 노란색 패드 노트를 꺼내들었습니다. 찰리가 하는 말을 받아 적으려고 말입니다. 찰리는 무척 좋아했습니다. 자기가 하는 모든 말이 너무도 중요해서, 세계에서 가장 영향력 있는 여성이 자기가 하는 말을 하나도 빼놓지 않으려고 받아 적는 그런 상황을 말입니다.

멍거는 과시하고 싶은 마음을 떨쳐버릴 수 없었다. 그래서 그 뒤로 케이와 줄곧 편지를 나누었다. 멍거는 케이에게 보낸 한 편지에서 이렇게 썼다.

"당신은 나를 30년 전으로 데리고 가서, 베키 대처(《톰 소여의 모험》에서 톰 소여가 첫눈에 반한 여자아이 – 옮긴이)를 대하는 톰 소여처럼 행동하게 만듭니다. 워런은 정말 우리 두 사람한테 딱 맞게 철없다는 게 내 생각입니다."[3]

케이가 워런을 얼마나 경솔하게 굴게 만들었던 간에, 그는 케이에게 경영 공부를 진지하게 시키기도 했다.

> 케이는 회계에 대한 설명을 해달라고 했습니다. 그래서 나는 연례 보고서들을 들고 워싱턴으로 가곤 했습니다. 그러면 케이는 이렇게 말했죠. '워런? 과외 시작할까요?' 나는 과외 선생이었습니다.

워런은 케이의 아들 돈이 '믿을 수 없을 정도로 똑똑하다'고 여겼다. '내가 여태까지 봤던 그 어떤 사람보다도 정확한 기억력, 마치 사진기와 같은 기억력'의 소유자라고 생각했다. 한편 그는 또 그레이엄 모자의 신임을 확실하게 얻으려고 자기 의결권을 돈에게 위임해 둔 상태였다. 워런은 한 달에 한 번씩 있던 〈워싱턴 포스트〉 이사회에 참석하러 워싱턴에 갈 때는 늘 케이의 집에서 머물렀다. 그녀는 워런의 옷차림을 도저히 용인할 수 없었지만 어쩔 수 없었다.

> 내가 케이에게 그랬습니다. '돈이 입는 대로 나도 입을 겁니다'라고요. 그러니까 돈과 함께 일종의 통일전선 전술을 구사한 셈이죠.

케이 그레이엄을 어떻게 보았는지 워런은 다음과 같이 말한다.

케이는 아주 아주 아주 똑똑했습니다. 그리고 여러모로 현명했지요. 적어도 누가 자기의 상처들을 건드리지 않는 한 말입니다. 어쨌거나 케이는 사람들을 잘 이해하는 편이었습니다.

두 사람이 점점 더 친밀해지면서 워런은, 케이가 이사회에서 보여주는 언행에 대해 이제는 어떤 지적을 해줄 수 있겠다고 생각했다. 케이는 본인이 생각하는 것만큼 많은 도움을 다른 사람들로부터 받을 필요가 없다는 게 워런의 판단이었다. 하루는 워런이 그녀를 데리고 구석으로 가서 이렇게 말했다.

"이사회 자리에서 이사들에게 도와달라고 애원 안 하셔도 됩니다. 애원만 하면서 사는 위치는 당신이 바라는 게 아니지 않습니까?"

그렇게 조언한 뒤로 케이는 이사들에게 애원하는 습관을 버렸다고 워런은 말한다.

그레이엄 모자와 워런 사이의 개인적인 유대감 및 사업적인 유대감은 단단해졌다. 그래서 사우스캐롤라이나의 힐튼 헤드 섬에서 열린 1975년 벤저민 그레이엄 그룹(이 그룹의 명칭은 나중에 '버핏 그룹'으로 바뀐다-옮긴이) 정기 모임에 워런은 캐서린과 돈을 초대했다. 돈은 이 자리에서 겸손한 모습으로 사람들에게 깊은 감명을 주었으며, 또한 이미 충분히 높은 지능지수를 더 높은 수준으로 끌어올렸다. 많은 사람들이 케이의 귀족적인 겉치레 속에 자리 잡고 있는 겸손함과 쉽게 상처받는 여린 마음(워런의 환심을 산 부분이기도 하다)을 금방 알아보았다. 그녀는 모든 사람들과 원만하게 지내려고 성심껏 노력했다. 그 덕에 비록 여왕과 같은 명성과 인맥을 가진 존재였음에도 불구하고 케이는 그레이엄 그룹 사람들과 쉽게 어울릴 수 있었다. 하지만 남자가 여자보다 훨씬 우월하다는 그녀의 뿌리 깊은 믿음은 그 모임에 참석한 여자에게 통하지 않았다. 우아하고 아름다운 의상과 완벽하게 머리손질을 한 아이콘 같은 존재로, 그녀는 한 손에 칵테일을 들고 자연스럽게 남자들 사이에 섞여 들었다. 누군가 정치적인 견해를 말하기라도 하면 그녀는 "헨리도 그런 식으로 생각하더군요"라고 말했다. 그녀가 말하는 헨리란 헨리 키신저였다. 그녀의 이런 모습에 감명받지 않을 사람이 없었다.

수지 버핏은 힐튼 헤드에서 처음으로 그레이엄 그룹을 위해 노래를 불렀다. 빌 루안은 금 가격을 보여주는 도표를 가지고 왔는데, 금 가격의 상승률은 5년 동안 버크셔 해서웨이의 수익률을 넘어서고 있었다. 루안은 금을 사야 하는 게 아닐까 하고 물었고, 다른 사람들은 루안이 농담한다고 생각했다. 하지만 나중에 밝혀지는 사실이지만, 루안은 금화를 사 모으고 있었으며 이를 통해서 상당한 돈을 벌었다.[4]

헨리 브랜트는 워런의 소매를 잡고 빈방으로 데리고 들어갔다. 그리고 버크셔 해서웨이의 주식이 40달러 아래로는 떨어지지 않을 것이라고 약속해 달라고 부탁했다. 1975년 10월 버크셔 해서웨이의 주식은 2년 전에 93달러에 거래되던 가격의 절반으로 떨어졌다. 다음은 그때 있었던 두 사람의 대화를 워런이 회상한 내용이다.

"내가 당신을 얼마나 좋아하는지 알잖소. 하지만 나도 그런 장담은 할 수가 없어요……."

"그럼 어떡합니까, 세상이 끝장난단 말입니다. 내가 가진 모든 돈을 털어서 버크셔 주식을 샀어요."

세상은 끝장을 향해서 달려가고 있었다. 비록 주식시장에서는 회복세가 진행되고 있었지만 버크셔 해서웨이는 예외였다. 브랜트는 공황 상태에서 워런에게 전화했고, 워런은 한 주당 40달러에 이 주식을 사겠다고 제안했다. 그러자 브랜트는 월터 슐로스에게 전화했다.

"워런은 40달러를 주겠다고 하고 나는 50달러를 받고 싶은데, 어떻게 하면 좋습니까?"

슐로스는 꽁초에 관한 한 마지막 남은 챔피언이었다. 그레이엄 그룹이 모일 때마다 다른 사람들은 파산한 철강 회사들이나 형편없는 자동차 부품 회사들에 투자하는 그를 보며 '구닥다리'라고 놀렸다. 그때마다 슐로스는 이런 식으로 대꾸했다.

"그게 뭐 어때서요? 난 스트레스받기 싫습니다. 그리고 밤에 편하게 발을 뻗고 잡니다."

그는 벤 그레이엄의 철학을 가장 단순하게 집약한 간단한 대조표 양식을 만들어서 활용했다. 그리고 날마다 오후 5시만 되면 '트위디, 브라운'에 세 들어 살던 사무실에서 어김없이 퇴근했다. 그럼에도 슐로스가 거둔 수익률은 경이적이었다.

그런데 슐로스는 브랜트가 이 꽁초 투자 철학을 전면적으로 부정하면서 버크셔 해서웨이 주식을 처분하는 게 좋겠다고 말하자 가슴이 답답했다. 그래서 세상에서 가장 똑똑한 사람이 당신 돈을 관리하는데 그걸 왜 모르느냐, 워런은 당신에게 수수료도 안 받지 않느냐, 버크셔 해서웨이 주식을 팔면 정말 큰 실수를 하는 것이다, 라는 말로 두 시간 동안이나 통화하면서 브랜트를 설득하려고 애썼다.

"나는 내 설득이 먹혀들었다고 생각했습니다."

하지만 그게 아니었다. 당시 미국 경제는 엄청난 어려움을 겪고 있었고, 뉴욕시티는 거의 파산 상태였다. 비관주의가 전국을 휩쓸고 있었고, 이것이 브랜트를 비롯한 많은 사람의 판단에 영향을 미쳤다. 슐로스는 당시를 회상하면서 다음과 같이 말한다.

"브랜트는 월요일에 주식 중개인에게 전화했습니다. 그리고 주식을 팔기 시작했죠."

그는 자기 주식을 제외한 아내의 주식을 팔았다. 두 사람이 가지고 있던 주식 가운데 반을 그렇게 팔아치웠다.[5]

그 직후 포드 대통령은 뉴욕시티 경제의 긴급 구제 제안을 거부했다. 〈뉴욕 데일리 뉴스New York Daily News〉는 '포드가 뉴욕시티에게 말했다, 꺼져버려!'라는 제목으로 당시 사람들의 정서를 포착했다.**6**

1970년에 40달러 선에 거래되던 버크셔 해서웨이 주식은 5년이 지났지만 나아진 게 없었다. 이 주식을 안고 있던 투자자들은 발을 굴렀다. 다음은 멍거가 하는 말이다.

"우리 주식을 가지고 있던 사람은 누구나 그렇게 느꼈겠지만, 아무리 오래 이 주식을 가지고 있다 하더라도 좋은 일이 일어날 가능성은 별로 없어 보였습니다. 이런 상황은 우리 투자자들이 과거에 경험했던 양상과는 전혀 달랐죠. 겉으로 드러나는 가치는 형편없었지만, 미래의 가치 즉 내재적인 가치라고 할 수 있는 실제적인 가치는 꾸준히 증가하고 있었습니다."

워런의 순자산도 당시의 주식 거래 가격을 기준으로 놓고 보면 버핏 파너트십을 청산할 때 수준으로 줄어들어 있었다. 다른 사람이었다면 경악하며 놀랐겠지만 이런 참혹한 결과를 앞에 두고도 워런은 전혀 동요하지 않았다. 자기가 장악하고 있는 회사들을 내세워서 계속 다른 주식을 매입했다. 증권거래위원회의 조사가 시작되기 전인 1974년에 버크셔 해서웨이는 블루칩 스탬프의 26퍼센트를 소유했다. 비록 1975년에 '옴니Omni' 항공 문제로 잠시 멈추긴 했지만, 그는 DRC를 통해서 버크셔 해서웨이의 주식을 계속해서 사들였다. 1976년까지 그는 DRC를 통해서 버크셔와 블루칩을 사들였다. 그리고 마침내 버크셔는 블루칩의 41퍼센트 이상을 소유했다. 워런과 수지가 개인적으로 그리고 버크셔 해서웨이를 통해서 블루칩을 소유한 비율도 37퍼센트나 되었다.

버크셔 해서웨이 주식의 가격이 1976년에 떨어지자, 워런은 이런 상황을 활용하기 위한 또 다른 방법을 생각했다. '돈에 전혀 개의치 않던' 그의 어머니더러 이 주식 5,272주를 도리스와 버티에게 팔도

록 한 것이다. 두 사람은 각각 현금 5,440달러와 어음 10만 달러로
이 주식을 2,636주씩 샀다.[7] 현금으로는 한 주에 2달러씩밖에 내지
않은 셈이었다. 빚을 지는 것을 죄악이라고까지 여겼던 워런이었지
만 버크셔 해서웨이 주식이 한 주에 40달러면 너무 싸다고 보았기
때문에, 누이들더러 주식 매입에 필요한 자금의 95퍼센트까지 빚을
내도록 시켰던 것이다. 이렇게 하면 자기 누이들이 부자가 될 것이라
고 워런은 철저하게 믿었다.[8] 또한 막대한 금액의 상속세 부과도 피
할 수 있다고 생각했다.

그건 어머니가 원하시던 것이었고, 시기도 완벽할 정도로 딱 맞았
습니다. 그때가 아마도 움직임이 가장 컸을 때일 겁니다. 앞으로는
이런 일이 일어나지 않을 겁니다. 평생에 딱 한 번 있을까 말까 한 최
고의 기회였습니다.

가치 있는 자산이 어디에서든 헐값에 팔리고 있었다. 비슷한 시기
에 톰 머피가 워런을 찾아가서 TV 방송국을 인수할 기회가 생겼다
고 말했다. 워런은 이 거래가 굉장히 수지맞는 장사가 될 것임을 알
았지만, 그 방송국을 살 수 없었다. 워싱턴 포스트 컴퍼니와 갈등을
일으킬 것이기 때문이었다. 워싱턴 포스트 컴퍼니 역시 TV 방송국을
여러 개 소유하고 있었는데, 〈워싱턴 포스트〉 이사진에 이름을 올리
고 있는 워런이 그 방송국을 인수할 경우 〈워싱턴 포스트〉는 연방통
신위원회FCC가 정한 한도를 초과해서 방송국을 소유하는 셈이 될 터
였다.[9] 워런은 자기 자신에게 이렇게 물었다.
'내가 직접 소유하지 않으면서도 관여할 수 있는 뭐가 없을까?'
실제로 그는 무언가를 찾아내기 위해 그런 생각을 해야 했다. 그러
고는 그리넬대학교를 생각해 냈다. 워런은 그리넬대학교를 소유하지

는 않았지만 이 대학에 영향력을 행사하고 있었다. 워런과 머피가 봤던 첫 번째 방송국은 이미 다른 사람에게 팔렸다. 하지만 워런은 그리넬대학교에 오하이오의 데이턴에 있는 한 방송국을 사라고 추천했고, 대학은 1,300만 달러에 이 방송국을 샀다. 그런데 현금은 200만 달러밖에 내지 않았다. 나머지 대금은 샌디 고츠먼이 나서서 대출금으로 해결했다. 그 방송국을 그리넬대학교에 팔았던 중개인은 이 인수 방식에 눈이 휘둥그레져서, 자기가 지난 20년 동안 일하면서 지켜보았던 거래 가운데 최고의 거래라고 말했다.[10]

주식이 싸고 또 뉴욕과 같은 도시들이 파산 일보 직전까지 가게 된 데는 그럴 만한 여러 가지 이유가 있었다. 높은 인플레이션과 더불어 통제 불능 상태의 노동 비용, 불안정한 노사 관계가 경제의 목을 죄고 있었다. 이런 요인들에 영향을 가장 많이 받은 데가 바로 신문사들이었다. 힐튼 헤드 섬에서 벤저민 그레이엄 그룹의 모임을 가진 직후인 1975년 10월 1일, 새벽 4시에 〈워싱턴 포스트〉의 노사 협약은 만기 종료되었다. 신문사의 인쇄공 가운데 일부가 소화기를 망가뜨리고, 인쇄기에서 기름을 빼내고 부품을 해체하고 또 전기 배선을 끊어버렸다. 이들은 신문 용지를 파기하고 소각했으며, 인쇄실에 있던 한 현장 감독의 머리에 커다란 상처를 내서 피가 철철 흐르게 만들었다.[11] 사건이 일어난 지 한 시간도 지나지 않아서 케이가 달려왔다. 건물 바깥에는 이미 수많은 방송 카메라들이 돌아가고 있었고, 소방차도 여러 대 대기하고 있었다. 시위대 수백 명이 피켓을 들고 시위를 벌이고 있었고 경찰들도 진을 쳤다.

〈워싱턴 포스트〉와 일부 조합원들 사이의 관계는 '그야말로 만취 상태'였다고 돈 그레이엄은 회상한다.[12] 나중에 케이 그레이엄은 다음과 같이 썼다.

"호전적인 노동자들은 경영진이 무능하다고 보았다. 여러 가지 문제들을 당연히 경영진이 책임져야 함에도, 이런 문제들에 대한 책임을 교활하게 노동자들에게 덮어씌운다고 생각했던 것이다."**13**

여러 해 동안 노동조합은 생산 방해 및 태업으로 경영진을 괴롭혀왔다. 그리고 노동조합과 맺었던 아홉 개의 협약 내용이 한꺼번에 만기일을 맞자, 경영진 측의 협상 책임자들은 긴장감과 절망감 속에 노동자들과 협상 테이블에서 씨름을 했다.

인쇄공을 제외한 대부분의 다른 노동조합들은 다들 현장을 지켰다. 특히 가장 중요하다고 할 수 있는 신문기자조합Newspapers Guild이 그랬다. 〈워싱턴 포스트〉는 인쇄 공장을 빌리고, 또 시위대의 차단을 뚫고 핵심 인력을 이동시키기 위한 수단으로 헬리콥터까지 동원하면서, 딱 하루 건너뛴 뒤에 비록 축소된 지면이긴 하지만 신문 발행을 계속했다. 그러나 파업이 계속 이어지자 케이는 자기 신문사가 자살의 나락으로 떨어지지 않을까 두려워 안절부절못했다. 경영진과 파업에 불참한 노동자들이 신문을 만들었지만, 이들이 아무리 열심히 노력해도 지면은 평상시의 4분의 1로 줄어들었고 발행 부수도 반밖에 되지 않았다. 광고주들은 최고 경쟁 신문인 〈이브닝 스타〉로 꾸준히 빠져나갔다. 며칠 지나지 않아 〈이브닝 스타〉는 '광고 지면으로 넘쳐나서 얼마나 무겁던지 제대로 들기조차 힘들 지경'이 됐다.**14**

사람들이 나를 불러들였습니다. 케이가 무너져버릴까 두려웠던 거죠. 우리는 함께 시위대의 대열을 통과했습니다. 케이는 시위대에 전혀 주눅이 들지 않았습니다. 하지만 〈이브닝 스타〉를 집어 들더니 눈물을 쏟더군요. 〈이브닝 스타〉는 〈워싱턴 포스트〉를 밀어내려 하고 있었거든요. 지면의 체제도 그대로 모방하고, 또 사람들까지 빼내가면서 말입니다. 케이는 한밤중에도 자다가 벌떡 일어나서 내게 전화를 하곤 했습니다.

위협을 받는다고 느끼면 케이는 한없이 침울해졌다. 편집자 하워드 사이먼스는 이렇게 변모했을 때의 모습을 두고 그녀를 '나쁜 캐서린'이라고 불렀다.

정확하게 표현하면 '나쁜 케이'가 아니었습니다. '불안정한 케이'였죠. 불안정하다고 느끼면 그녀는 상당히 날카로워졌습니다. 어떤 일이 계기가 되어서 '불안정한 케이'가 나타나면, 그녀는 마치 한 마리의 야생 동물처럼 반응했어요. 주변에 자기편을 들어줄 사람은 아무도 없다고 느끼는 것 같았죠. 고립된 채로 코너에 몰렸다고 느끼는 것 같았습니다. 케이가 이런 모습을 보이면, 주변에 있던 사람들은 어떻게 해야 할지 모르고 쩔쩔매면서 나를 부르곤 했습니다. 살아 있을 때 남편 필은 늘 그녀의 편이 아니었습니다. 어머니도 그랬고요. 회사의 중역들도 늘 케이의 편은 아니었습니다. 그랬기 때문에 자기가 적대적인 사람들에 둘러싸여 있다는 생각을 늘 마음 한구석에 가지고 있었죠. 그랬다가 어떤 일이 계기가 되면 이런 생각이 바깥으로 튀어나왔고요.

하지만 케이는 내가 자기편이라는 걸 언제나 알고 있었습니다. 그렇다고 해서 내가 케이가 하는 말에 무조건 동의하고 또 케이가 권하는 음식을 무조건 먹는다는 뜻은 아니었습니다. 아무튼 나는 늘 케이 편이었어요. 언제나 그럴 생각이었습니다.

'나쁜 캐서린'의 면모는 레일라 버핏과 닮은 구석이 있었다. 그리고 워런은 자기가 캐서린 그레이엄의 신뢰를 받고 또 '나쁜 캐서린'을 제어할 수 있다는 사실에 자부심을 가졌다.

그즈음에 워런은 사람들이 가지고 있는 동기를 정확하게 포착하는 깊은 통찰력이 무르익었다. 그래서 케이 그레이엄 주변에 있는 사람들을 밀어붙이는 동기가 무엇인지 정확하게 파악했고, 이런 인식을 바탕으로 해서 그녀가 미래 전망을 포착하도록 도왔다. 수지가 자기에게 그랬던 것과 마찬가지로 그는 케이가 주변 사람들을 정확하게 파악할 수 있도록 도왔다. 사람들이 보이는 여러 반응들을 포착하는 그의 안테나는 예리했다. 그는 위협을 받는다고 느끼는 어떤 사람이, 실질적으로 위험한 인물과 단순히 두려움 때문에 위험하게 보이는 행동을 하는 인물을 분간할 수 있도록 도움을 줄 수 있었다.

"케이는 워런이 물 위를 걷는다고 생각했습니다. 그리고 워런은 물 위를 걸었습니다. 워런은 개방적이었고, 케이는 워런을 믿었습니다."

이사회 구성원이었던 아제이 밀러가 하는 말이다. 워런은 사물이나 현상을 놓고 한쪽으로 치우치지 않게 판단할 수 있는 능력을 다른 사람에게 불어넣어 줄 수 있었다. 수지가 그에게 불어넣었던 바로 그 능력, 즉 자기 확신과 안정성의 이 놀라운 재능을 자기 것으로 내면화할 수 있도록 해줄 수 있었다. 그런 능력을 부여받은 사람은 워런이 있건 없건 간에 자기 확신 속에서 안정을 유지할 수 있었다. 그러나 케이는 너무도 불안정했다. 이런 점에 대해서 밀러는 다음과 같이 말한다.

"워런이 케이가 불안정한 상태에서 온전하게 벗어나도록 했다고는 생각하지 않습니다. 어떤 사람이 그렇게 할 수 있었다면 그 사람은 당연히 워런이었겠지만 말입니다."

이처럼 케이는 워런이 실제로 곁에 있어야만 했다.

그 뒤 여섯 달 동안 〈워싱턴 포스트〉는 끝없이 이어지던 소득 없는 협상, 위협, 폭력, 소모전의 지리멸렬함을 버텨나갔다. 또한 신문기자 조합이 동조 파업에 들어가지 않도록 견제해야 했다. 사람들은 신문사를 밀어내려는 온갖 터무니없는 일들에 맞서서 싸워야 했다. 한편 돈 그레이엄은 거대한 신문 용지 두루마리를 인쇄기에 밀어넣는 육체노동을 해야 했다.

    케이 주변에 있는 사람들은 케이에게 '일정 부분을 포기해야 합니다. 안 그러면 집니다'라고 말했습니다. 케이가 가장 존경하던 사람들 가운데 몇몇도 이런 말을 했습니다. 이 사람들은 두려웠던 것입니다. 아울러 〈워싱턴 포스트〉가 더는 신문을 발간하지 못하고, 〈이브닝 스타〉가 그 자리를 차지하는 게 끔찍하게 싫었던 겁니다.

    그래서 나는 다른 목소리를 냈습니다. 케이에게 이런 이야기를 했죠. 결정적인 순간이 오기 직전에 내가 그 사실을 말해줄 것이다. 결정적인 순간이란 경쟁자가 지배적인 힘을 발휘하기 시작하는 순간을 의미한다. 이런 순간이 지나간 다음에는 아무리 나서봐야 상황은 바뀌지 않는다. 관련된 변수가 쉰 개는 된다. 당신이 복귀했을 때의 직원들 태도, 당신이 업계에 심어준 인상, 광고주가 다시 돌아올 때의 개선 효과 정도 등……. 당신은 구독자들이 기존 습관을 바꾸어 구독지를 바꿀 가능성이 어느 정도인지 계산하고 있다. 저쪽에서는 우리가 확보하고 있는 칼럼니스트나 만화가를 데려갈 수는 없다. 그렇다면 문제는 과연 어느 시점에 구독자가 더는 우리에게 집착하지 않고 구독지를 바꿀 것인가 하는 것이다, 라는 이야기를 했죠.

    시점의 문제가 케이에게는 가장 중요했을 겁니다. 케이는 나를 믿었습니다. 나를 믿은 건 올바른 선택이기도 했죠. 나는 케이가 진심으로 무엇을 원하는지 알았고, 또 케이는 내가 신문 사업에 대해서 충분히 많이 안다고 믿었습니다.

하지만 "워런이 케이를 격려했지만, 중요한 것은 케이가 당사자이지 워런이 당사자가 아니라는 사실이었다"라고 조지 길레스피는 강조한다.[15]

회사 전체를 지탱할 수 있을 정도로 케이가 충분히 강해야 했다. 비록 인쇄공을 제외한 신문사의 거의 모든 직원이 현업을 지키고 있었지만, 시위대를 지나쳐서 출근해야 하는 모든 사람들은 폭력의 위협에 떨어야 했다. 자동차 타이어는 툭하면 펑크가 났고, 가족들은 집으로 걸려오는 협박 전화에 시달렸다. 시위대가 들고 있는 어떤 플래카드는 '필의 총구는 다른 그레이엄을 향했어야 했다'(자살한 필 그레이엄이 자기 머리를 쏠 게 아니라 케이 그레이엄을 쏘았어야 했다는 뜻 – 옮긴이)라는 문구를 담고 있었다. 케이와 워런, 메그 그린필드는 직원들의 사기를 높일 목적으로 우편물실에서 우송용 신문을 마는 작업을 하기도 했다. 다시 한번 배포 작업을 하는 듯한 느낌의 이 일을 워런은 무척 좋아했다.

파업이 두 달 동안 이어지자 〈워싱턴 포스트〉는 인쇄공 노조에 최종 제안을 했다. 하지만 조합은 그 제안을 거부했다.[16] 파업은 계속 이어졌다. 케이는 파업 노동자를 대체할 인력을 고용하면서 파업을 압박했다. 인쇄공들은 협상의 기회가 아직 남아 있기라도 한 것처럼 계속 시위를 이어갔지만 그 뒤 몇 달 동안 신문사는 점차 다른 노동조합들과 독자 그리고 광고주의 지지를 이끌어 냈다. 비록 시위가 봄까지 이어지고 신문사의 이미지가 그만큼 나빠지긴 했지만 말이다.

케이가 점차 수습하며 신문사를 추스를 무렵에[17] 워런과 멍거는 마침내 증권거래위원회와 최종적인 조정에 합의했다. 워런과 멍거는 자기들이 소유하고 있던 기업들의 복잡한 관계들을 단순하게 정리할 계획을 매듭지을 목적으로, 사육장 인근의 음식점 조니스 카페에서 만나 저녁을 함께 먹었다. 워런은 부업 삼아서 하던 FMC 코퍼레이션 자산 관리 사업을 그만두기로 이미 결심했었다. 블루칩이 가지고 있던 소스 캐피털 주식을 팔기로 했고,[18] 증권거래위원회의 조사가 시작된 1975년 초 중단했던 버크셔 해서웨이와 DRC의 합병 계획을 다시 추진하기로 했다. 그리고 베티 피터스의 요청에 응해서, 블루칩이 지분을 80퍼센트 가지고 있던 웨스코 파이낸셜은 공개 기업으로 유지하고 멍거가 이 회사의 회장 직책을 맡기로 했다. 블루칩을 버크셔 해서웨이에 합병하는 문제는, 이 두 회사의 상대적인 자산 가치에 대해서 보다 쉽게 동의할 수 있을 때까지 연기하기로 멍거와 워런은 합의했다.

버크셔 해서웨이와 〈워싱턴 포스트〉는 격동의 시기를 빠져나왔다. 오랜 기간 이 격동 속에 휘말려 있었던 워런도 예전의 모습을 되찾았으며, 워런의 사업도 예전의 일상으로 돌아갔다. 〈워싱턴 포스트〉 이사회는 비상 체제에서 벗어났으며, 케이 그레이엄은 자기 제국을 확장할 생각을 하기 시작했다.

당시는 신문사들이 마구 뒤흔들리던 때였다. 이런 상황에 있던 케이 그레이엄의 모습을 워런은 다음과 같이 회상한다.

케이는 신문사들을 인수하길 간절히 원했죠. 하지만 케이는 무엇보다도 다른 사람들이 자기를 젖히고 그 신문사들을 인수하는 걸 원하지 않았습니다.

워런은 그녀가 자신에게 이렇게 애원하듯 말하곤 했다고 한다. "내가 무엇을 할지 말해주세요."
워런은 그녀가 이사회 구성원들에게 도와달라고 애원과 간청을 하지 않도록 했지만, 워런에게는 여전히 그런 모습을 보였다.

나는 그저 케이가 의사결정을 하도록 했죠.

워런은, 원하는 어떤 것을 손에 넣으려고 거기에 지나치게 많은 비용을 지불하는 것은 언제나 잘못된 일이라고 가르쳤고, 케이는 이 가르침을 이해했다. 조급함은 언제나 경계해야 할 적이라는 사실도 가르쳤다. 오랜 기간 동안 〈워싱턴 포스트〉는 아주 느리게 성장했다. 워런은 그레이엄 모자에게 그들 회사의 주식 가격이 쌀 때 이 주식을 사들이는 게 얼마나 가치 있는 일인지 가르쳤다. 이렇게 해서 그레이엄 모자의 신문사 지분 비율은 훨씬 더 커졌다. 〈워싱턴 포스트〉는 값비싼 실수를 저지르지 않았고 훨씬 더 수익성 좋은 회사가 되었다.**19**

언제나 받기만 했고 또 받는 것에만 익숙해져 있던 워런이 처음으로 케이를 통해서 남에게 주는 입장이 되었다. 워런은 이런 역할을 하는 게 즐겁다는 걸 깨달았다.

케이는 나에게 사업 정책 이야기를 하곤 했습니다. 그러고는 회사로 돌아가 이 이야기를 다른 사람들에게 했습니다. 그러면 이 사람들은 케이를 두렵게 만들었습니다. 그 방면으로는 도가 튼 사람들이었으니까요. 케이는 이런 사실을 다 알았고 내켜하지 않았습니다. 하지만 그걸 넘어서지는 못했죠.

결국 나는 케이에게, 내가 해줄 수 있는 건 도깨비 집에 있는 도깨비 거울이 아니라 보통 거울에 비친 자기 모습을 바라보도록 하는 것이라고 말했습니다. 나는 케이가 보다 자신감을 가지고 즐겁게 자기 일을 하기를 진심으로 바랐습니다. 솔직히, 나는 케이가 자기 힘으로 우뚝 설 수 있도록 돕는 일 그 자체를 즐겼습니다. 그리고 어느 정도 성공했습니다. 비록 인생의 후반기에 들어선 뒤에 케이와 시작했지만 말입니다.

하지만 멍거는 케이에게 보낸 편지에서 워런에 대해 다음과 같이 썼다.

"기본적으로 누구의 방식과 태도가 교정되었는지 나는 정확하게 알 수 있습니다."[20]

워런이 케이와 함께 있는 모습이 점차 사람들 눈에 자주 띄었다. 케이는 워런이 때깔 나게 보이도록 하려고 애썼다. 마치 자기가 아니면 아무도 할 수 없는 일인 것처럼 이 일에 열심히 매달렸다.

케이는 나를 조금이라도 업그레이드시키려고 노력했습니다. 내가 눈치채지 못하도록 점진적으로 노력했죠. 재미있었어요. 나를 개조해서 새로운 인물로 바꾸려고 아주 열심히 노력했습니다만 별 소용이 없었습니다. 케이는 나하고 비교도 안 될 정도로 세련된 사람이었습니다. 이것 하나는 확실합니다.

워런은 케이가 식당에서 음식을 먹는 것을 천박하고 혐오스럽게 여긴다는 사실을 깨달았다.

워싱턴에서는 전속 요리사가 대단한 자부심의 대상이었습니다. 파티에 참석해서 파티를 마련한 사람에게 해주는 최대의 찬사는 '오늘부터 당신 요리사를 스카우트할 계획을 세워야겠네요'나 '요리사를 프랑스에서 데려왔나 보죠?'였습니다. 워싱턴에 있는 다른 사람들과 마찬가지로 케이 역시 이런 대화에 익숙한 사람이었죠. 그녀가 베푸는 만찬은 무척 환상적이었습니다. 내게는 예외였다는 점을 뺀다면 말입니다.

케이의 요리사로서는 워런을 위한 특별 메뉴가 늘 까다로운 과제였다.

브로콜리, 아스파라거스, 방울양배추는 나에게 접시 위를 기어 다니는 중국 음식이나 마찬가지입니다. 콜리플라워는 그야말로 보기만 해도 머리가 아플 지경입니다. 나는 당근도 마지못해 먹습니다. 고구마도 좋아하지 않습니다. 대황은 가까이 하기도 싫습니다. 보기만 해도 구역질이 나니까요. 내가 생각하는 채소는 깍지콩이나 완두콩, 옥수수 같은 것들입니다. 스파게티나 구운 치즈 샌드위치가 좋습니다. 미트로프도 먹긴 합니다만 식당에 가서 먹고 싶진 않아요.

워런이 생각하는 진수성찬은 초콜릿 칩 아이스크림 한 양동이였다. 그는 여러 가지 음식을 차례대로 하나씩 먹었다. 각각의 음식들이 서로 접촉하는 걸 싫어했다. 만일 브로콜리 한 줄기가 스테이크에 닿기라도 하면 끔찍한 듯 움찔했다.

나는 똑같은 음식을 오랜 기간 반복해서 먹는 걸 좋아합니다. 50일 동안 하루도 거르지 않고 아침마다 햄 샌드위치를 먹을 수 있습니다. 글렌 웰비에 있던 케이의 농장에서 저녁을 먹을 때 케이는 바닷가재 요리를 내놓았습니다. 나는 그 녀석의 등딱지를 공격했습니다. 물론 공격 방향이 잘못되었죠. 내 모습을 본 케이가 뒤집어서 해보라고 하더군요.

워런이 아홉 가지 코스 요리가 나오는 만찬 자리에 앉은 적이 있었다. 매 요리에 딸려 나오는 와인의 종류가 다른 만찬이었고, 저명인사와 유명한 기자들이 참석한 자리였다. 이 자리가 "버핏을 혼란의 구렁텅이에 빠뜨렸다"고 글래디스 카이저는 말한다. 워런은 이런 장엄한 식사를 단 한 번도 익숙하게 마친 적이 없었다.

하지만 워런은 유명한 케이의 만찬 자리에 단골손님이 되었다. 워런은 이 만찬을 케이에게 '케이 파티'라고 불렀다. 그는 바닷가재 요리에 당황하는 촌뜨기로서의 자기 지위와 모습을 즐겼다. 어린아이 같은 그의 취향에는 진정성과 순진함이 묻어 있었다. 그의 이런 소박하고 단순한 사회성은 부러 꾸며낸 게 아니었다. 그는 언제나 자기가 바라보는 시선대로만 살았기 때문이다. 케이와 '만찬장 관광'을 할 때도 워런은 오로지 그 자리에 누가 와 있는지만 신경 썼다. 그의 관심은 레이저 불빛처럼 그 한 가지 사실에만 쏠렸다. 어떤 포크로 어떤 음식을 어떻게 먹어야 하는지는 전혀 그의 관심거리가 아니었다. 이 분야에 대해서는 지식의 범위를 넓히고 싶은 마음이 손톱만큼도 없었다. 케이는 워런의 거물급 인사 모임에서의 능숙함을 점차 업그레이드시켰다. 하지만 언제나 변함없이 햄버거와 아이스크림만 먹는 워런에게 마침내 케이도 두 손을 들었다.[21]

케이는 요리사에게 말할 때 늘 프랑스어로 했습니다. 언제나 그랬습니다. 그런데 그 말을 듣다 보면 '햄버거'라는 말이 들리곤 했습니다. 그러면 나는 이렇게 놀리면서 말했죠. '아뇨 잠깐, 햄버거가 아니고 앙뷔르제hambur-zhay(워런이 만들어 낸 단어 – 옮긴이)라고 해야죠! 앙뷔르제 하나 주문해 주세요.' 그러면 주방에서 햄버거가 아주 고급스럽게 만들어져 나왔습니다. 케이가 고용하고 있던 요리사는 햄버거와 프렌치프라이를 맛있게 만드는 게 소원이었습니다. 그럴 만도 했던 게, 그 사람이 만드는 것들은 아무리 먹어봐도 맥도널드나 웬디스에서 파는 것과 비교할 때 발꿈치도 따라가지 못했으니까요. 프렌치프라이는 늘 무르고 흐늘흐늘했습니다. 잘해보려고 했지만 잘 안 되었죠. 하지만 케이는 커다란 파티를 마련하면서 나를 위해서 그다지 많은 예외를 두지 않았습니다.

'케이 파티'에서 워런의 역할은 먹는 게 아니라 떠드는 것이었다. 그는 스타 투자가였다. 하늘을 나는 새를 구경하기도 어려운 마을에서 그는 흰머리독수리와 같은 존재였다. 조지타운의 편협하기 짝이 없는 소위 '동굴 거주자들'조차[이들은 자기 부류의 사람이 아니면 사귀기를 극도로 꺼리는 명문가 사람들이었는데, 이 사람들 가운데 많은 수가 케이의 친구들이었다. 예를 들면 엘리노어 루스벨트(프랭클린 루스벨트 대통령의 부인이자 사회운동가-옮긴이)의 사촌이자 형제 칼럼니스트이던 조 앨솝과 스튜어트 앨솝 같은 인물들이었다] 매력적인 워런 주변에 모여들어서 그가 하는 이야기에 귀를 기울이며 즐거워했다. 만찬 참석자들은 투자와 관련해서 온갖 질문을 워런에게 퍼부었고, 워런은 늘 하던 대로 교사로서의 역할에 즐겁게 빠져 들었다.

이제 워런은 워싱턴에서 많은 시간을 보냈다. 예전에 어머니와 같은 존재였던 앤 고트챌트의 롱아일랜드 집에서 그랬던 것처럼 케이의 집 손님방에 머물면서 여분의 옷을 두고서, 평소에는 낡아빠진 파란색 스웨이드 재킷과 구겨진 침대 커버처럼 보이는 헐렁한 회색 플란넬 바지를 입었다.[22] 케이는 워런의 이런 둔감한 의상 감각을 고쳐 보려고 애썼다. 이와 관련해서 그녀의 아들 돈 그레이엄은 이렇게 말한다.

"어머니는 워런이 입는 옷을 보고 질겁을 했습니다. 어머니는 내가 옷 입는 스타일도 무척 싫어하셨지요. 한번은 어머니가 신문사 직원들 앞에서 이런 말씀을 하셨습니다. '내 주변에 있는 간부들이라고는 어째서 미국에서 최악으로 옷 입는 걸로 둘째가라면 서러워할 사람들밖에 없는지 모르겠어요'라고요. 어머니가 어떤 사람이 입고 있는 옷을 보고 못마땅하게 여기신 건 워런뿐만이 아니었습니다."[23]

케이 그레이엄은 워런을 데리고 할스턴을 만났다. 할스턴은 토니상을 수상한 경력이 있으며, 케이의 스타일 감각을 완성시켜 준 스타일리시한 디자이너였다. 워런이 이런 굉장한 인물을 필자에게 소개하면서 한 말은 다음과 같이 간단했다.

그 사람은 디모인(미국 아이오와주의 주도 – 옮긴이) 출신이었습니다.

1976년 6월, 워런은 자기가 준비한 행사에 케이를 초대했다. 수지 주니어의 결혼식이었다. 모든 점에 비추어 이 행사는 '케이 파티'와 정반대였다. 결혼식은 캘리포니아의 뉴포트 비치에서 열렸는데 격식과 비격식적인 부문이 한데 섞인 행사였다. 버핏 부부가 보낸 초대장을 받고 축하하려고 모인 사람들은 모두 그 결혼식이 처음부터 잘못되었다는 걸 알고 있었다.

수지 주니어는 캘리포니아대학교 어바인 캠퍼스에 다니다가 4학년 봄학기 때, 부동산 회사인 '센추리 21'이 타자 기술을 필요로 하지 않는 비서직에 높은 임금을 준다는 사실을 룸메이트가 알아오자 자퇴했었다.[24] 비록 워런이나 수지 모두 딸의 선택에 간섭하지 않을 만큼 현명하긴 했지만, 두 사람은 딸이 파도타기를 좋아하는 금발의 잘생긴 청년 데니스 웨스터가드와 결혼해서 행복하게 잘살 것 같지 않다는 생각을 했다. 어떤 측면에서는 수지 주니어도 이렇게 생각했었지만 환상에 사로잡혀 있어서 마냥 기대에 부풀어 진실을 제대로 바라보지 못했다.[25] 부모가 적극적으로 찬성하는 결혼이 아니었어도 어쨌거나 수지 주니어의 결혼식은 중요한 행사였다. 워런은 이 자리에 케이를 초대해야 한다고 얘기했고, 수지는 세인트 존스 루터 교회에 케이를 위해 특별석을 마련했다. 가족 바로 뒷자리였다. 믹 홀랜드와 메리 홀랜드 부부가 케이를 안내했는데, 케이는 이 두 사람과 처음 몇 분 동안은 잠자코 앉아 있었다. 그러다가 홀랜드 부부에게 이렇게 말했다.

"좀 불편한 것 같네요…… 이유는 잘 모르겠지만, 아무래도 뒤에 가서 앉아 있는 게 편할 것 같군요."

케이는 뒷자리로 가서 앉았고, 거기에서 결혼식을 끝까지 지켜보았다.[26]

워런은 결혼식을 올린 바로 그날 자동차로 신혼여행을 떠났었다. 그러나 눈앞에 펼쳐지는 풍경들이 너무 신경 쓰여서 차라리 안경을 벗어야 했다. 신부 입장 순서에 맞추어서 결혼식 제단을 향해 나아가기를 기다리면서 워런은 불안해하는 딸에게 이렇게 말했다.

"지금은 보지 마라. 내 바지 앞섶이 열려 있으니까."

사진사가 제단 앞에서 제단을 향해 걸어오는 부녀의 사진을 찍고 있었다. 수지 주니어는 터져 나오는 웃음을 참느라 그리고 자기 아버지의 앞섶을 보지 않으려고 애쓰느라 바빴다. 긴장감을 잃고 아버지의 사타구니를 바라보며 웃는 모습이 사진으로 찍히길 바라지 않았기 때문이다.[27]

나머지 관례적인 순서들은 별다른 사건 없이 진행되었다. 그런데 뉴포트 비치 매리엇 호텔에서 열린 리셉션 자리에서 드디어 일이 터졌다. 버핏 부부는 열렬한 음악팬인 딸이 마음대로 밴드를 선정하게 맡겼었는데, 수지 주니어는 자기가 좋아하는 그룹인 퀵실버 메신저 서비스Quicksilver Messenger Service를 선택했다. 1960년대 히피의 본거지인 샌프란시스코 필모어 오디토리엄에서 탄생한 그룹들 가운데 하나인 사이키델릭 록밴드였다. 이 밴드 구성원들의 외모 역시 여느 록밴드 구성원들과 다르지 않았다. 아프로 헤어스타일을 하거나 빗질도 하지 않은 머리카락을 가슴까지 치렁치렁 늘어뜨린 밴드 구성원들이 무대에 오르고 각자 악기를 조율할 때, 워런은 내면 깊숙한 곳에서부터 공포감을 느끼며 그 모습을 지켜봤다. 퀵실버 메신저 서비스가 드럼을 치고 전자 기타의 줄을 퉁기자 수지 주니어는 황홀경 속에서 춤을 추었다. 워런은 비록 속으로는 어색해서 어쩔 줄 몰랐지만 애써 평정심을 유지했다. 그는 당시를 회상하면서 다음과 같이 절제된 표현으로 말한다.

난 그 사람들의 음악에 열광하지 않았습니다. 연주가 지독하게 시끄러웠어요.

워런은 수지가 부르는 도리스 데이(1924년생. 미국의 영화배우이자 가수—옮긴이) 스타일의 노래나 플로렌스 헨더슨(가수이자 배우—옮긴이)이나 새미 데이비스 주니어 스타일의 노래를 바랐다. 장장 90분이라는 긴 시간 동안 연주한 밴드는, 연주가 끝난 뒤에 밴드 매니저를 통해 다시 한번 그를 깜짝 놀라게 만들었다. 현금으로 4천 달러를 지불하라고 했던 것이다.[28]

"잘 알지 수전? 결혼식 날 밤에 밴드를 집으로 데리고 갈 순 없다."

수지는 딸에게 이렇게 말했었고, 딸은 다음과 같이 대꾸했었다.

"짜증 나!"

하지만 '자기 친구들 몇몇은 당시에 그렇게 했다'고 수지 주니어는 말한다.

수지 주니어는 결혼한 뒤에 로스앤젤레스에 정착해서 센추리 21에 취직했다. 오거스태너대학교에 다니던 호위는 학교에 적응하지 못하고 룸메이트와 잘 사귀지 못해 이미 오래전에 자퇴했고, 다른 학교 몇 군데에 다니려고 시도해 봤지만 결국 아무데서도 졸업하지 못했다. 다음은 호위가 하는 말이다.

"나는 어머니와 굉장히 친밀했습니다. 그리고 내 생애의 모든 일은 우리 가족과 우리 집 주변에서 일어났습니다. 대학교에 다닐 때는 삶의 동력을 전혀 찾을 수가 없더라고요."[29]

수지 주니어나 호위 모두 아버지가 가지고 있던 야망을 가지고 있지 않았다. 두 사람에게는 워런의 경우와 달리 처음부터 돈이 있었다. 하워드가 손자들에게 남긴 유산으로 아이들은 버크셔 해서웨이 주식을 600주 남짓 가지고 있었다. 워런은 아이들에게 그 주식을 어떻게 하라는 조언을 단 한 번도 해주지 않았다. 워런은 버크셔 해서웨이 주식을 한 주도 팔지 않았다. 그래서 아이들도 자기들이 가지고 있는 주식을 팔 거라고는 꿈에도 생각하지 않았다. 하지만 수지 주니어는 자기 주식 대부분을 팔아서 포르셰 한 대와 콘도 하나를 샀다. 호위도 자기 주식 가운데 일부를 팔아서 '버핏 굴착'이라는 회사를 차리고 사업을 시작했다. 어린 시절 통카 장난감으로 마당을 파며 놀던 놀이의 연장인 셈이었다. 이제는 놀이가 아니라 생계를 위해서 땅을 파기 시작한 것이다.

고등학교 3학년을 막 마친 피터는 스탠퍼드대학교로부터 입학 허가서를 받아두고 있었으며 가을에 캘리포니아로 떠날 예정이었다. 1976년 여름 동안 오마하의 집은 그야말로 텅텅 비었다. 피터는 학교에서 돌아오면 보통 혼자 패스트푸드점 아비스로 가서 저녁을 챙겨 먹은 뒤에 지하의 암실로 들어가 사진 작업을 했다. 피터의 친구들은 피터를 가리키며 세계적인 사진작가가 한 명 났다는 말로 장난을 쳤다.[30] 사람들뿐만 아니라 심지어 반려견조차 바깥으로만 나돌았다.

그즈음 집에 거의 붙어 있지 않았던 수지는 자기 결혼 생활이 우울하다는 사실을 인정하기 시작했다. 그녀는 케이가 자기 남편의 뒤꽁무니를 쫓는 훼방꾼이라고 느꼈던 것 같다.[31] 당연한 일이었다. 케이는 자기 주변의 남자들을 자기의 세력권이라는 개념으로 인식했다. 수지가 그렇게 생각하지 않았다면 그게 오히려 더 놀라운 일이었을 것이다. 하지만 본인이 느꼈던 슬픔에도 불구하고(혹은, 바로 그 슬픔 때문에) 수지는 중년의 낭만을 열렬히 좇아서 (어떤 사람의 표현을 빌리자면) '마치 십대 청소년처럼 쏘다녔다.' 워런에게 화가 났던 수지는 부주의하게도 테니스 코치인 존 매케이브와 함께 있는 모습이 오마하 인근에서 포착되었다. 수지는 또 여전히 이따금씩 밀트 브라운과 통화했으며, 두 사람이 함께 있는 모습도 사람들에게 포착되었다. 수지는 전혀 다른 세상을 동시에 사는 것 같았다. 그러면서도 어느 방향으로 나아갈지 아무런 계획 없이 워런을 버린다는 생각은 전혀 하지 못했다. 수지는 워런을 '비범한 사람'이라고 표현했다.[32] 워런을 존경했음은 분명한 사실이다. 수지가 비록 워런이 고지식하고 돈에 얽매여 산다고 짓궂게 놀리긴 했지만, 워런은 수지가 원하는 것, 즉 안전과 안정과 힘을 그녀에게 주었다. 다음은 워런의 누나 도리스가 하는 말이다.

"워런이 정직하고 선량한 가치관을 가지고 있다는 점이 수지에게 중요했죠."

수지도 이런 말을 했었다.

"만일 내가 나를 필요로 하는 누군가의 기대를 저버린다면, 그건 내가 상상할 수 있는 가장 큰 실수가 될 것입니다."[33]

수지는 생각을 깊이 하는 사람이 아니었다. 그녀는 여러 사람들과 맺고 있는 복잡한 인간관계를, 자기감정을 나침반 삼아서 아무런 문제 없이 관리할 능력이 자기에게 있다고 믿었다. 하지만 결국 누군가는 낙담하게 되어 있었다.

수지는 알려지지 않은 여러 가지 것들을 추구하느라 집을 비웠고, 세 아이들 역시 각자 자기 갈 길을 가고 있었다. 피터는 노란색 컨버터블인 트라이엄프를 타고 팰로앨토(샌프란시스코 남동쪽 44킬로미터 지점의 교외 주택 도시─옮긴이)로 갔고, 호위는 고릴라 의상을 뒤에 매단 굴착기를 운전했으며, 수지 주니어는 파도타기를 좋아하는 잘생긴 청년과 결혼 생활에 나섰다. 이런 상황에서 워런은 혼자서 여행길에 나섰다. 자기 인생을 〈비버는 해결사 Leave It to Beaver〉(엉뚱한 말썽꾸러기 소년 비버의 꿈과 용기를 그린 1997년 영화 - 옮긴이)에 나오는 어떤 것이라고 생각했던 단순한 취향의 소유자인 그가 이번에는 앰버시 로(워싱턴 디시의 외교관 거리를 가리키는 지명 - 옮긴이)에서 열리는 여러 파티에 참석하는 데 시간을 소비하려고 나선 것이다. 캐서린 그레이엄은 워런을 가능한 한 빠르게 거물급 인사들의 영토 안으로 끌어들이려고 노력하고 있었다.

케이는 내가 알고 있고 또 보아온 것들을 바꿀 정도로 내 행동을 많이 바꾸지는 않았습니다. 어디에 있든 그녀는 마치 왕족과 같은 대접을 받았습니다. 케이 곁에 있으면서 나는 전혀 알지 못했던 흥미로운 것들을 수도 없이 보았습니다. 수없이 많은 것들을 새롭게 알았죠. 나는 그녀 주변에서 정말 많은 것들을 보고 배웠어요. 케이는 모든 사람들에 대해서 정말 모르는 게 없을 정도로 많이 알았고, 덕분에 나는 정치권에 있는 사람들을 통찰력 있게 바라볼 수 있었습니다.

케이는 내가 모든 점에서 늘 자기를 가르치는데 자기는 나를 위해서 아무것도 해주지 못한다는 사실이 마음에 걸렸던지 내게 도움이 될 만한 게 없을까 끊임없이 생각했습니다. 그래서 나온 결과가 화려한 만찬에 나를 초대한다거나 뭐 그런 것들이었죠. 이런 행사들은 언제나 굉장하거나 이국적이었습니다. 제 입장에서는 무척 흥미로웠습니다. 말 그대로 그랬다는 거지, 결코 험담을 하는 게 아닙니다. 이런 데 참석하는 걸 나보다 훨씬 더 간절히 원하는 사람들도 아마 있을 겁니다. 특히 케이가 있는 자리라면 말입니다. 하지만 나도 그런 파티나 행사에 참석하는 걸 즐겼습니다.

물론 그런 데 참석하기를 '훨씬 더 간절히 원하는' 사람들도 분명
히 있다. 그럼에도 불구하고 워런은 갔다. 가고 또 갔다. 자기가 보기
에 그런 자리가 아무리 우스꽝스럽고 어색하기 짝이 없다 하더라도
계속 그런 자리를 찾았다.

어느 날 밤, 케이는 이란 대사관에서 개최한 만찬에 워런을 데리고
갔다. 예장을 요하는 국빈 만찬이었다. 케이는 대사관의 실내 장식과
색을 맞추어 황금색 가운을 입었다. 만찬 주최자는 이란 국왕 레자
팔라비였다. 매력적인 그 인물은 미국에 전략적으로 중요한 동맹자
였다. 이란 대사관이 사회적인 정황상 워싱턴의 앰버시 로에서 차지
하는 위치는 꼭대기 부분이었다. 대사관 내 사람들의 처신은 19세기
말의 장엄함과 우아함이 넘쳐났다.

칵테일을 마시며 담소를 나누는 시간이 끝난 뒤 워런은 자기에게
배정된 자리에 앉았다. 그의 오른쪽에는 파라 팔라비 왕비의 비서가
앉았고, 왼쪽에는 일리노이 상원의원인 찰스 퍼시의 아내 로레인 퍼
시가 앉았다. 워런이 의원 부인에게 고개를 돌리고 말을 걸려고 했지
만, 부인은 이미 자기 왼쪽에 앉은 폴 뉴먼(1925~2008년. 미국의 배
우–옮긴이)과 대화하느라 정신이 없었다. 두 사람 사이에 대화가 한동
안 계속 그렇게 이어질 것이라 판단한 워런은 이번에는 오른쪽으로
고개를 돌리고 왕비의 비서에게 뭐라고 말했다. 그녀는 정중하게 미
소를 지었다. 그러자 워런은 다른 말을 했다. 그녀가 다시 미소를 지
었다. 그게 다였다. 그런데 그 여자의 오른쪽에 앉은 테드 케네디(본
명은 에드워드 케네디. 존 F. 케네디의 동생. 1977년부터 30년 넘게 상원의원의 자
리를 지켰다–옮긴이)가 그녀에게 고개를 돌리고 프랑스어로 재치 넘치
는 말을 했다. 그러자 그녀의 얼굴이 환하게 밝아지더니 케네디와 프

랑스어로 활기차게 이야기하기 시작했다. 워런은 두 여자 사이에서 아무 말도 하지 않은 채 가만히 앉아 있었다. 그러다가 다시 로레인 퍼시 쪽으로 고개를 돌렸지만, 그녀는 여전히 폴 뉴먼과 나누는 대화에 푹 빠져 있었다. 폴 뉴먼이 그 자리를 계속 지키고 있는 한 그날 밤은 시간이 무척 더디게 흐를 것 같았다.

케이는 다른 테이블에서 이란 국왕 옆자리에 앉았다. 그날 모임에서 가장 중요한 손님은 케이 그레이엄이었고, 워런 버핏은 가장 별볼일 없는 손님이었으니까 당연했다. 케이는 여왕이었고, 워런은 그저 케이가 함께 데리고 온 네브래스카 출신의 촌뜨기 투자가일 뿐이었다. 《슈퍼머니》는 잊어라, '슈퍼 머니'가 아니라 '올드 머니'다, 그런 생각을 워런은 혼자서 했다.

잠시 뒤에 테드 케네디가 워런이 줄곧 입 다물고 있음을 눈치채고는 프랑스어를 할 줄 모르느냐고 물었다. 입을 거라곤 올인원 방한복 한 벌만 챙겨 보라보라(남태평양 중부 폴리네시아 소이에테 제도의 프랑스령 섬 – 옮긴이)에 간 적이 있긴 했다. 워런은 마치 점잔 빼는 사람이 된 듯한 기분이었다. 식사는 밤 1시까지 계속되었다. 춤을 추는 시간이 이어지자 신사 한 사람이 왕비와 함께 왈츠를 추며 플로어를 누볐다. 워런은 케이의 손을 잡고 마침내 그 자리에서 빠져나왔다.

그러나 만일 케이가 한 번 더 그 자리에 가자고 했더라도 워런은 기꺼이 갔을 것이다. 왜냐하면 지루하긴 했지만 볼거리로 치자면 최고였기 때문이다.

워런도 잘 알고 있었듯이 《슈퍼머니》와 〈포브스〉의 기사가 그의 명성을 드높이긴 했지만 수많은 저명인사들은 그의 이름을 한 번도 들어본 적이 없었다. 1976년 5월, 워런은 워싱턴으로 케이 그레이엄의 집을 방문했다. 이 자리에서 케이는 워런에게 만나게 해줄 사람이 있다고 했다. 잭 번이었다. 하지만 번은 워런과의 만남을 내켜 하지 않았다. 케이가 전화를 걸어서 약속 장소와 시간을 정하려고 하자 번이 이렇게 물었던 것이다.

"근데 버핏이 누굽니까?"

"내 친구예요. 〈워싱턴 포스트〉 주식을 좀 가지고 있고요."

관심도 없던 번은 워런을 만나지 않겠다고 했다. 그러자 워런의 오랜 친구인 일명 '데이비' 로리머 데이비드슨이 번에게 전화를 했다. 데이비는 가이코에 있다가 1970년 은퇴한 경영자였다.

"세상에나. 워런 버핏과 만나게 해주겠다는데 만나지 않겠다고 했다니, 혹시 얼간이 아니세요?"[34]

번은 파산 직전의 가이코를 구하라는 임무를 띠고 1976년에 가이코 CEO가 되었다. 예전에는 공무원만을 고객으로 삼는 보험사였던 가이코는 이제 일반 사람들을 대상으로도 영업을 했다. 가이코가 내세운 선전 문구는 '가입 자격자 수백만 이상'이었다. 이 회사에 오랫동안 임원으로 있었던 어떤 사람은 "성장, 성장, 성장! 언제나 강조는 성장이었습니다"[35]라고 말한다. '성장, 성장, 성장'을 동력으로 한 가이코의 주식은 무려 61달러나 되는 높은 가격에 거래되었다. 워런으로서는 너무 높은 가격이었다. 하지만 그는 예전부터 줄곧 가이코를 주시하고 있었다. 사실상 지난 20년 동안 단 한 번도 가이코를 머릿속에서 지운 적이 없었다.

> (1975년에) 나는 다시 한번 가이코를 봤습니다. 그러고는 지급준비금을 대충 주먹구구로 계산해 보고는 깜짝 놀랐습니다.

자동차 보험사가 성장하고 또 성장하면, 거기에 따라서 보험에 가입한 고객들이 내는 사고 건수는 계속 늘어난다. 그런데 만일 보험사가 고객의 보험 청구 금액을 낮게 평가하면, 그만큼 회사의 수익을 높게 평가하는 셈이 된다.

딱 보니까 답이 나오더군요. 가이코가 고객의 보험금 지급 청구에 대비해서 확보하고 있는 준비금이 턱없이 모자라고, 또 상황은 점점 더 나빠지고 있는 게 분명했습니다. 그래서 〈워싱턴 포스트〉 이사회에 참석하러 가던 길에 당시 가이코의 CEO 놈 기든을 만나러 갔습니다. 놈을 안 지는 20년이나 되었고 허물없이 지냈죠. 내게 무척 살갑게 대해 주었지만 그는 가이코가 처한 상황과 관련해서는 내 의견을 들으려고 하지 않았습니다. 그 문제에 대해서는 내 말에 귀를 닫았죠. 나를 내쫓다시피 하고 그 문제에 대한 대답을 회피하려 할 정도로 말입니다.[36]

가이코 주식을 한 주도 가지고 있지 않았던 워런이 가이코의 경영진을 도우려고 했다는 사실은, 로리머 데이비드슨이 최근에 물러난 적 있는 그 회사, 정확하게 말하면 그가 처음으로 크게 거래했던 회사이자 친구들과 가족들이 많은 돈을 벌게 해주었던 그 회사에 워런이 얼마나 애착을 가지고 있었는지 말해준다.

1976년 초, 가이코는 역사상 최악의 영업 실적을 발표했다. 1975년에 보험 사업으로 1억 9천만 달러의 손실을 보았던 것이다.[37] 결국 가이코는 배당금 지급을 중단했다. 이것은 회사 금고에 돈이 비었다는 사실을 주주들에게 알리는 거나 마찬가지였다. 가이코는 당시 2,500만 달러밖에 가지고 있지 않았고, 놈 기든은 이 준비금을 어떻게 하면 불릴 수 있을지 미친듯이 궁리했다.[38] 그해 4월에 워싱턴의 스태틀러 힐튼 호텔에서 400명의 성난 주주들이 주주 총회에 몰려와 질문과 비난을 퍼부었다. 이 총회 직후에 보험 감독관들이 떼를 지어 가이코 사무실에 나타났다. 이사회는 비록 늦긴 했지만 지금이라도 경영진을 교체해야 한다는 사실을 깨달았다.[39] 이사회도 혼란 그 자체였다. 이사들 가운데 여러 명이 회사의 실패로 인해 개인 자산을 날려버렸기 때문이었다. 유능한 CEO가 없는 상황에서 법률 회사 '크래바스, 스웨인 앤드 무어'의 절도 있는 변호사 샘 버틀러가 이사회 의장 역할을 맡았다. 사실상 임시 CEO인 셈이었다.

버틀러는 잭 번이 CEO 자리에 오르지 못하게 되자 충동적으로 트래블러스를 박차고 나온 상태임을 알고 있었다. 전직 보험 계리사로 신생 보험사를 통해서 스물아홉이라는 어린 나이에 백만장자가 된 번은, 2년 전에 위태롭던 트래블러스의 자동차 보험과 주택 보험 양축을 정상 궤도에 올려놓았었다. 버틀러는 하트퍼드에 있던 번에게 전화를 해서 가이코의 CEO가 되어줄 수 있을지 운을 뗐다. 가이코를 위기에서 구하는 것은, 까딱하다간 미국 경제 전체를 나락으로 몰아넣을 수도 있는 국가적인 비상 상황을 예방하는 길이라는 말도 했다. 실직 상태였던 터라 번은 쉽게 동의했고 이사회에서 심사를 받겠다고 했다.[40] 번은 5월 초에 워싱턴에 왔고, 가이코의 이사들 앞에서 앞뒤좌우로 부지런히 몸을 놀리며, 준비한 차트에 밑줄이나 강조 부호를 그리고, 빠르게 페이지를 넘기며 쉬지 않고 열변을 토했다.

"이사회 회의실로 들어가서 즉흥적으로 다섯 시간 동안 내리 떠들었죠. 자, 여기 다섯 가지 핵심 사항이 있습니다, 이게 바로 우리가 해야 할 과제입니다, 어쩌고 저쩌고 어쩌고 저쩌고 신나게 떠들었죠."[41]

불그스레하고 둥글넓적한 얼굴로 속사포처럼 쏘아대는 이 왕성한 정력가가 위기에 빠진 가이코를 구할 적임자라는 데 이사회는 어렵지 않게 동의했다.

CEO가 된 뒤에 번이 맨 처음 한 일은 차이나타운에 있는 컬럼비아 지구의 먼지 덮인 사무실에서 일하는 맥스 월랙에게 달려가는 일이었다. 월랙은 독일 악센트가 강한 구식 인물이었다. '그는 황소고 집이었으며, 그의 최대 관심사는 공공의 이익에 복무하는 것'이었다고 번은 회상한다. 월랙은 가이코의 예전 경영진에 환멸을 느끼고 있었으며, 이들과는 거래하지 않겠다고 선언한 인물이었다. 번은 월랙이 자기도 그다지 좋아하지 않는다는 걸 느꼈다. 그럼에도 뻔질나게 월랙을 찾아갔고, 두 사람은 날마다 대화를 나누었다. 어떤 때는 몇 시간씩 이야기를 나누기도 했다.[42] 월랙은 가이코가 6월 말까지 더 많은 자금을 모아야 하며, 이와 동시에 다른 보험사들이 가이코의 보험 증권을 인수해야 한다고, 다시 말해서 가이코가 다른 보험사들에 재보험을 들어야 한다고 주장했다.[43] 가이코의 가용 자원을 늘려서 고객의 보험금 지급 요구에 충분히 대응할 수 있도록 해야 한다는 것이었다. 그래서 번은 다른 보험사들에게, 경쟁사 하나를 구하기 위해서 돈을 추렴해야 한다고 열심히 주장하고 또 설득했다.

번이 예전에 경험한 바로는 자기는 무엇이든 할 수 있었다. 그랬기 때문에 처음에는 모든 게 자기 생각대로 될 거라고 확신했다. 다음은 당시를 회상하면서 번이 하는 말이다.

"내 주장의 요지는, 보험 회사들이 자기들 스스로 알아서 돌보고 챙겨야 한다는 것이었습니다. 우리는 정부 기관이 개입하는 걸 원치 않거든요."

만일 가이코가 나가떨어지면 당연히 정부 기관이 개입할 것이고, 가이코가 지급하지 못하는 보험금 청구서는 다른 보험사들에게 넘어갈 것이라는 게 번의 예상이었다. 이런 상황을 피하려면 어떡하든지 경쟁사들이 가이코를 살려놓아야 한다는 것이었다. 하지만 번의 예상은 빗나갔다.

"'스테이트 팜State Farm'의 노땅 에드 러스트는 교활하기 짝이 없고 빈틈없는 사람이었습니다. 이렇게 결론을 내리더군요. 아주 똑똑한 결론이었죠. '만일 가이코가 보험금을 지급하지 못해서 퇴출된다면, 내가 거기에 필요한 돈 1억 달러를 내죠. 차라리 가이코를 없애 버리는 게 장기적으로 우리한테는 훨씬 득이 될 겁니다'라고요."

이렇게 스테이트 팜이 가이코의 재보험을 들어주지 않겠다고 나섰다. 다시 번이 하는 말이다.

"결국 정말 좋은 친구 두 사람이 약속을 어기고 돌아섰습니다. 트래블러스는 '우리는 당신네를 돕지 않기로 했소'라고 하더군요. 트래블러스의 이런 행동에는 특별한 원칙 같은 것도 없었습니다. 그저 겁쟁이처럼 꽁무니를 뺐을 뿐입니다."

잭 번이 가이코의 CEO가 된 지 3주가 지났다.

"돌파구를 찾으려고 이리저리 뛰어다니는데 이런 생각이 들더군요. 이거 내가 생애 최대의 실수를 저질렀구나, 하는 생각요. 아내 도로시는 하트퍼드에 와서 울고 또 울고 또 울었습니다. 그때 우리는 열아홉 번째 이사를 했었습니다."

시장 상황으로 볼 때 가이코는 살아남을 수 있을 것 같지 않았다. 얼마 전까지만 하더라도 61달러에 거래되던 주식은 2달러에 거래되었다. 예를 들어서 2만 5천 주를 가지고 있던 사람의 자산은 150만 달러에서 5만 달러로 줄어들었다. 그야말로 97퍼센트가 날아간 셈이었다. 여생을 편안하게 살 수 있는 돈이 겨우 괜찮은 스포츠카 하나 살 정도의 돈으로 쪼그라들었다.

가이코 때문에 운명이 바뀌어 버린 투자자들과 주주들은 한둘이 아니었다. 오랜 세월 가이코 주식을 보유했던 주주들은 공황 상태에 빠져서 주식을 내놓았다. 처음에 주가가 2달러까지 내려간 것도 바로 이런 투매 현상 때문이었다. 하지만 이렇게 나온 주식을 산다는 것은 가이코의 운명을 놓고 한판 도박을 벌이는 것이나 마찬가지였다.

이제 여든두 살이 된 벤 그레이엄은 자기 주식을 그대로 가지고 있으면서 아무런 움직임도 보이지 않았다. 그레이엄의 사촌인 로다 사나트와 그의 남편 버니 사나트는 시카고대학교의 경영대학원 학장에게 어떻게 하면 좋을지 물었다. 그러자 그는 주식을 팔라고 했다. 그 정도로 가격이 떨어진 주식이 다시 주가를 회복하는 경우는 드물다는 게 이유였다. 두 사람은 이 조언을 반대로 따랐다. 너무 싸게 떨어져 팔 수가 없었던 것이다. 판다고 해봐야 그렇게 마련한 돈으로 달리 새로 시작할 것도 없었다. 가지고 있어도 잃을 게 거의 없다고 판단한 두 사람은 가이코 주식을 그냥 쥐고 있었다.[44] 로리머 데이비드슨 역시 마찬가지 이유로 단 한 주도 팔지 않았다.[45]

가이코의 창립자 아들인 레오 굿윈 주니어는 주식을 팔고 궁핍해졌다. 그 직후에 그의 아들 레오 굿윈 3세는 약물 과다 복용으로 사망했다. 자살로 추정되는 죽음이었다.[46]

워런은 가이코 주식을 가지고 있지 않았다. 하지만 2달러에 거래되는 가이코 주식을 바라보면서 아메리칸 익스프레스 때와 비슷한 어떤 분위기를 감지했다. 하지만 가이코는 아메리칸 익스프레스처럼 강력한 브랜드 파워를 가지고 있지 않았다. 가이코에게는 견인차가 필요했다. 견인차가 끌어줘야 진창에서 빠져나올 수 있었다. 오로지 명석하고 에너지 넘치는 경영자가 이런 견인차 역할을 할 수 있다고 판단한 워런은 가이코 주식을 사기 전에 잭 번을 만나서 경영자로서 그의 그릇을 살펴보고 싶었다. 그래서 캐서린 그레이엄을 통해 번에게 연락했던 것이다. 번은 처음 워런을 만나지 않겠다고 했지만 그녀는 결국 약속을 잡아냈다.

워런은 〈워싱턴 포스트〉 이사들과 저녁을 먹은 뒤에 케이의 조지타운 집에서 번이 오기를 기다렸다. 이때 그는 돈 그레이엄에게 다음과 같이 말했다.

"위험하지…… 완전히 망해버릴 수도 있으니까. 하지만 보험 산업에서 경쟁 우위를 차지하기란 쉽지 않은데, 가이코는 이런 요소를 확보하고 있거든. 가이코를 제대로 이끌 사람이 있기만 하다면, 이 사람이 상황을 역전시킬 수 있을 거야."[47]

얼굴이 붉고 기운이 넘치는 잭 번이 들어왔다. 마흔세 살의 번은 마치 폭죽이 터지듯 분주하고 시끄러웠다. 번과 워런은 천장이 높은 캐서린 그레이엄의 서재 벽난로 주변에 앉았다. 워런은 두 시간 동안 번에게 질문을 퍼부었다. 워런의 생활권 안에 있던 그 어떤 아일랜드계 미국인들보다 번은 훨씬 더 매끄럽게 워런을 사로잡았다. 남의 비위를 맞추는 데 놀라운 재능을 가진 사람이었다. 다음은 당시를 회상하면서 번이 하는 말이다.

"나는 많이 흥분한 상태였고 끊임없이 떠들었습니다. 워런은 끊임없이 질문했습니다. 어떻게 하면 파산을 면할 것인지, 파산을 면한 다음에는 어떻게 할 생각인지 따위를 물었죠."

질문하는 입장이었던 워런은 당시를 다음과 같이 회상한다.

> 번이 정말로 냉정하고 침착하게 사태를 파악하는지, 진행되는 상황이 어떤 의미인지 알고 있나 궁금했습니다.[48]

그리고 마침내 워런은 결심을 굳혔다.

> 번은 보험 산업을 아주 잘 꿰뚫고 있었습니다. 분석적인 능력도 가지고 있었고요. 그 사람은 지도자다운 지도자였고 선동가였습니다. 가이코는 현재 문제를 해결할 방법을 찾아낼 분석적인 지도자를 필요로 했습니다. 그리고 관련된 모든 고객들을 그 해결책으로 설득할 수 있는 선동가를 필요로 했습니다.[49]

다음 날 아침 워런은 자기에게 〈워싱턴 포스트〉 주식을 팔았던 변호사인 조지 길레스피를 우연히 만났다. 두 사람 모두 조사 대행사인 핑커턴스 이사회에 이름을 올리고 있었는데, 이 회사의 이사회가 그날이었다.[50] 이 자리에서 워런이 말했다.

"조지, 내가 오늘 나답지 않은 행동을 했는데 말입니다. 조금 전에 내일 당장 휴지 조각이 될지도 모를 주식을 좀 샀습니다."

워런은 방금 전 빌 스콧에게 전화를 걸어서 가이코 주식 50만 주를 버크셔 해서웨이 명의로 사고, 또 가이코 주식이 나오는 대로 수백만 주를 더 사라고 지시했던 것이다. 이 지시를 받은 스콧은 가이코 주식 400만 달러어치를 샀다.[51]

워런은 가이코 주식이 적절한 가격으로 떨어지기만 하면 사겠다는 생각으로 오랜 세월 기회를 기다려 왔다. 새로운 경영자가 영입되었지만, 가이코는 아직도 여전히 재보험에 들지 않았으며 자본이 부족했고, 이 두 가지 문제를 해결하려면 금융 당국의 담당 책임자인 맥스 윌랙의 호감을 얻어야 했다.[52] 그런데 워런이 투자에 나서면서 새로운 국면이 전개되었다. 이미 성공한 보험사를 가지고 있는 전설적인 투자가 워런이 가이코의 재기를 믿고 가이코 주식에 투자했다는 사실은 번에게 강력한 카드가 되었다. 번은 이 카드를 가지고 금융 당국과 협상을 벌일 수 있었다.[53] 게다가 군 장교만을 대상으로 한 상해 보험 회사이던 또 하나의 대형 보험사 USAA United States Automobile Association의 수장 로버트 맥더모트 장군이 다른 보험사들에 편지를 썼다고 번은 말한다. 맥더모트는 업계 사람들로부터 존경을 받던 인물로 전설처럼 전해진다. 그는 편지에 다음과 같이 썼다고 한다.

"군대에서는 낙오병을 절대로 그냥 내버려 두지 않습니다. 우리는 지금 날개가 꺾인 독수리 한 마리를 바라보고 있습니다."[54]

워런은 윌랙을 만나러 갔다. 고집불통 공무원을 어떻게든 구워삶아서 6월이라는 시한을 연기하기 위해서였다. 하지만 재보험 건을 그에게 설득하는 것은 무서워서 벌벌 떠는 어린아이 스물네 명더러 나란히 손을 잡고 함께 호수에 뛰어들라고 설득하는 것만큼이나 어려운 일이었다.[55] 이 어려운 설득 작업을 성공으로 이끌기 위해서 번이 풀어놓은 근거들은 다음과 같았다. 가이코를 더럽힌 형편없는 예전의 경영진은 물갈이되었다, 흰개미 떼가 훑고 지나간 집은 이제 깨끗해졌다, 트래블러스를 위기에서 구해낸 적 있는 노련한 선장 잭 번이 위기의 현장에 투입되었다, 결코 틀린 적이 없는 투자가 워런 버핏이 잭 번에게 가지는 신뢰는 확고해서 무려 400만 달러를 들여서 가이코의 주식을 샀다.

그러나 번이 월스트리트의 은행 문을 아무리 두드려도 반응은 냉담했다.

"사람들이 점심을 먹던 중에 나가버리더라고요. 어딜 가든지 문전박대당하는 신세였습니다."

그런데 샘 버틀러가 번을 '살로먼 브라더스Salomon Brothers Inc.'로 데리고 갔다. 살로먼은 채권 발행을 전문으로 하던 오래된 그리고 존경받던 투자은행이었는데, 그때까지 한 번도 주식 거래를 해본 적이 없었다. 그래서 수익이 짭짤하게 나는 주식 인수 사업에 뛰어들 기회를 호시탐탐 노리고 있었다. 살로먼에서 영향력 있는 임원이던 존 구트프룬드는 연구 및 분석가인 마이클 프링켈리와 그의 조수인 조 배론을 워싱턴으로 보내 가이코의 재무 상태를 조사하게 했다. 다음은 당시를 회상하면서 번이 하는 말이다.

"나는 이 두 사람을 한 시간 반 동안 기다리게 했습니다. 당연히 이 사람들은 잔뜩 뿔이 났죠. 하지만 나는 동이 틀 무렵까지 그들에게 이야기했습니다. 두 사람이 아주 멍한 표정이더라고요. 두 사람을 공항까지 자동차로 태워다 준 직원이 돌아와서 내게 보고하는데, 두 사람이 아주 아주 많이 고무된 상태더라고 하더군요."[56]

프링켈리는 구트프룬드에게 다음과 같이 말했다.

"보험업계에서는 가이코가 떨어져 나가게 내버려 둘 여유가 없습니다. 그렇게 된다면 이 사건은 업계 차원의 수치가 될 겁니다. 그러니 그냥 내버려 두지는 않을 겁니다."[57]

그러나 번과 버틀러가 가이코를 진창에서 빼내줄 자금을 마련하려는 마지막 시도로 살로먼 사무실을 찾았을 때, 구트프룬드는 우선 두 사람에게 신랄한 말부터 날렸다.

"글쎄요, 나는 당신네들이 팔려고 하는 그 빌어먹을 재보험 증권을 사겠다는 사람이 도대체 어디에 있을지 궁금하네요."

그러자 번이 곧바로 반격했다.

"당신은 당신이 지금 하고 있는 그 빌어먹을 이야기가 무슨 내용인지도 모르잖아요."[58]

살로먼 브라더스가 가이코에 자금을 투자해야 할 수많은 이유 가운데 하나로 '신과 국익'까지 들먹이면서 번은 남성 호르몬을 한껏 발산하며 열정적인 연설을 했다. 워런 버핏이 가이코에 투자하기 시작했다는 말도 잊지 않았다. 번이 가이코의 전망을 장밋빛으로 설명하는 동안 구트프룬드는 비싸고 긴 시가만 만지작거렸다. 마침내 말을 마친 번은 힘이 다 빠졌고 풀이 죽었다. 이어서 버틀러가 몇 가지 설명을 보탰다. 시가만 만지작거리는 구트프룬드의 모습을 보고 번은 다 틀렸구나 생각했다. 그런데 바로 그때 구트프룬드가 번을 가리키면서 버틀러에게 이렇게 말했다.

"우리가 그 증권을 인수하죠. 내가 보기에 당신은 가이코의 새로운 선장으로 적임자를 뽑은 것 같네요. 하지만 저 사람더러 입 좀 다물라고 해주시오."[59]

살로먼 브라더스는 7,600만 달러 규모의 전환주 매입을 하기로 합의했다. 하지만 다른 투자은행들은 과도한 위험을 무릅쓰면서까지 참여하려 하지 않았다. 회사가 입은 손실을 주주들에게 공시하지 않았다는 증권거래위원회의 결론에 대해서 가이코는 인정도 부정도 하지 않았는데, 이런 내용이 단순히 주식 공모 안내서에 기술되는 것만으로도 공모 계획 자체가 망가질 수 있었다.[60] 살로먼 브라더스의 결정이 실제로 효력을 발휘하고 자금이 가이코로 들어오려면, 가이코가 살아남을 것이라는 내용으로 살로먼 브라더스가 투자자들을 설득해야 했다. 그래야만 살로먼의 자금이 가이코로 이동하고 가이코는 살아남을 수 있었다. 이 거래에는 절박함이 묻어 있었고 투자자들도 그런 낌새를 챘다. 가이코의 평판이 워낙 좋지 않다 보니, 번은 설령 자기가 포토맥강을 걸어서 건넜다 하더라도 언론은 '잭 번은 헤엄을 칠 줄 모른다'라는 제목으로 보도할 것이라고 말했다.[61]

비장의 카드였던 워런은 이런 일련의 움직임 속에서도 전혀 평정심을 잃지 않았다. 살로먼 브라더스에 대한 제안이 잘 먹혀들지 않을 것 같자 워런은 뉴욕으로 가서 구트프룬드를 만나, 자기는 공모되는 모든 주식을 어떤 가격으로든 다 살 수도 있으며 그럴 준비가 되어 있다고 말했다. 워런이 예비 매입자 역할을 자처하면서까지 주식 매입에 적극성을 보이자 살로먼 브라더스의 부담은 한결 줄어들었다. 그리고 구트프룬드는 워런이 설령 공모에 참여하는 주체가 적어서 공모되는 주식을 모두 사야 하는 상황에 처하더라도 그다지 신경 쓰지 않는다는 인상을 받았다.[62] 워런에게 이것은 궁극적으로 위험 부담이 전혀 없는 거래였다. 그가 예비 매입자로 나서서 주식을 매입할 때의 매입 가격은 당연히 낮게 책정되었다. 살로먼 브라더스는 번에게, 워런이 제시하는 가격의 상한을 고려할 때 공모되는 전환주의 가격은 (번이 주장하던 10.50달러가 아니라) 9.20달러 미만이 될 것이라고 분명하게 말했다.

워런은 될 수 있으면 주식을 많이 원했다. 그는 살로먼 브라더스에게, 일단 주식이 거래되기 시작하면 확보할 수 있는 모든 주식을 매입해 달라고 요청했다. 워런의 이런 적극적인 자세 덕분에 살로먼 브라더스는 한결 쉽게 시장에서 거래를 성사시킬 수 있었다. 그렇지 않았더라면 살로먼 브라더스는 주식의 가격을 한껏 낮추어야만 했을 것이다.

아니나 다를까, 오마하의 현인이 가이코의 회생을 전망하고 나서자 이 주식에 대한 수요는 공급을 넘어섰다.[63] 워런은 전체 거래 주식의 4분의 1밖에 확보하지 못했다. 몇 주 사이에, 필요한 재보험을 도합 스물일곱 개의 재보험 회사들이 나서서 해결하고 나자 보통주의 가격은 세 배로 뛰어서 한 주에 8달러가량으로 거래되었다. 그리고 가이코의 구세주인 존 구트프룬드는 워런이 진심으로 존경한 몇 안 되는 월스트리트 인물 가운데 한 명으로 자리를 잡았다.

하지만 가이코는 완쾌된 게 아니었다. 번은 뉴욕에서 보험료를 35퍼센트 인상할 필요가 있었다. 그리고 신속하게 이 목표를 달성했다.[64] 과정을 설명하면 다음과 같다. 뉴저지에서 번은 트렌턴에 있는 낡은 주 의회 의사당 건물로 해병대 출신의 미남 감독관이자 자기가 매우 거칠다는 사실에 자부심을 가지고 있던 제임스 시런을 찾아갔다. 가이코를 살려달라고 호소할 목적이었다. 번은 주머니에 회사 허가증 사본을 한 장 넣고 갔다. 시런의 사무실로 성큼성큼 걸어 들어가서는, 시런에게 가이코는 보험료 인상을 필요로 한다고 말했다. 다음은 당시를 회상하면서 번이 하는 말이다.

"감독관 곁에 불쾌한 표정에 작고 주름이 많은 계리사 한 명이 있었습니다. 이 사람은 어떤 보험사에서 해고되었는데 그 일로 따지려 들려 하고 있었습니다."

시런은 자기가 파악한 수치로는 보험료를 인상할 여지가 없다고 말했다.

"나는 내가 할 수 있는 모든 제스처를 취했습니다. 두 팔을 한껏 크게 휘저었죠. 하지만 그 사람한테는 도무지 통하지 않더군요."

그러자 번은 주머니에서 회사 허가증을 꺼내 시런의 책상 위에 내던지면서 말했다.

"그렇다면 이 허가증을 반납하는 것 말고는 내가 할 수 있는 일이 없군요."

욕에 가까운 말들도 몇 마디 덧붙였다.[65] 그러고는 자동차 타이어에 불이 날 정도로 급하게 사무실로 돌아온 다음, 보험을 취소한다는 내용으로 가이코 보험 증권을 가지고 있는 3만 명의 보험 가입자들에게 전보를 쳤으며, 그날 오후에 곧바로 뉴저지의 직원 2천 명을 해고했다.[66] 이런 일이 일어나자 시런은 부리나케 법정으로 달려갔고, 번이 결정 사항을 철회해야 한다는 명령서를 얻어냈다.

"그런 시위를 통해서 나는, 나를 바라보는 모든 사람에게 내가 얼마나 심각하게 그 문제에 접근하는지 보여주고자 한 겁니다. 내가 가이코를 살리기 위해서라면 물불을 가리지 않고 싸운다는 사실을 보여주고 싶었습니다."

번의 시위는 확실히 효과가 있었다. 모든 사람이 그의 진정성을 깨달았다.

잭은 오로지 그 일을 위해서 평생을 훈련한 사람 같았습니다. 바로 그 시기에 그 일을 하도록 유전자적으로 계획되어서 탄생한 사람 같았습니다. 미국을 다 뒤진다 하더라도 잭처럼 유능한 야전사령관은 찾지 못했을 겁니다. 팀원들을 모아야 했고, 수천 명의 목을 날려야 했고, 또 남아 있는 사람들의 사고방식을 바꾸어야 했습니다. 극도로 힘든 일이었지요. 이 일을 잭보다 더 잘할 수 있는 사람은 없었습니다. 그는 거칠고 단련된 사색가로 보험료 책정과 준비금에 대해서 잘 알고 있었습니다. 그는 합리적인 사업의 원칙과 행동을 요구했습니다. 모든 사람이 가이코가 추구하는 것이 무엇인지 정확하게 인식했습니다. 잭은 엄청난 시간을 단 한 가지 과제에 초점을 맞추어서 일했습니다. 그는 과거의 관행이 아니라 현재 어떻게 하는 것이 가장 합리적인지 늘 생각했습니다.

번은 아침마다 가이코의 현관문을 들어서면서 홀에서 모자를 벗어 15미터 가까이 위로 높이 던지고 비서에게 큰 소리로 인사했다.[67] 이런 자기 행동을 두고 그는 다음과 같이 물었다.

"만일 내가 용기를 내지 않으면 누가 내겠습니까? 만일 내가 춤을 추지 않으면 누가 춤을 추겠습니까?"

번은 직원들의 커리어를 좌지우지하는 위치에 있었지만, 사람들로 하여금 각자 자기들이 아침마다 일하러 가는 장소에 대해서 좋은 기분을 느끼게 만들었다. 그는 회사 고객의 40퍼센트를 잘라 냈다. 유동성을 확보할 목적으로 수익성 있는 생명 보험 계열사의 절반을 매각했다. 그리고 영업하는 지역도 일곱 개 주와 컬럼비아 지구만으로 축소했다. 번은 마치 로켓 엔진을 장착하고 달리는 것 같았다. 그는 중역들을 덜레스 공항 인근에 있는 쉐라톤 호텔과 웨스틴 호텔로 불러내서 열다섯 시간 연속으로 질문을 퍼붓는 회의를 했다. 때로는 이런 회의가 며칠씩 이어지기도 했다.[68] 그리고 회의하는 중에 가이코의 인사부 책임자를 '당신 나가시오'라는 한마디 말로 해고했으며, 그 자리에서 후임자를 임명했다. 그의 태도를 한마디로 요약하면 이랬다.

"공공 도서관을 운영하는 게 아니잖아요. 죽어가는 회사를 살려야 하니까요."[69]

열여덟 살 때부터 가이코에서 일했던 토니 나이슬리는 이렇게 말한다.

"잭은 나한테 자비심이라고는 눈곱만큼도 베풀지 않았습니다. 젊고 공격적인 사람들을 선호했죠. 하지만 나는 잭에게 많은 걸 배웠습니다. 많은 걸 빚진 셈입니다. 앞으로도 이런 마음은 변하지 않을 겁니다. 덕분에 나는 회사를 보험 계약이나 투자 등 각 부문으로 따로따로 보는 게 아니라 전체적으로 바라볼 수 있게 되었습니다. 제대로 작성된 재무상태표가 얼마나 중요한지도 배웠습니다."

번은 특정 매출 목표를 달성하지 못하는 직원들은 일 년 동안 몸무게 108킬로그램의 거구인 자기를 마치 로마 황제를 떠받치듯이 어깨에 메고 가마 노릇을 하면서 회의해야 할 것이라고 말했다.[70] 직원들은 할당된 목표를 달성했다. 번은 또 거대한 주방장 모자를 쓰고 앞치마를 두르고 요리를 하기도 했다. 다음은 번이 하는 말이다.

"나는 직원들을 위해서 아일랜드 요리를 하기도 했죠. 콜캐넌이라고, 순무와 감자, 시큼한 우유로 만들죠. 맛은 정말 최곱니다. 커다란 솥도 여러 개 있었어요. 굵직한 무를 두드리면서 이렇게 말하곤 했습니다. '오! 이거 참 맛있는 요리가 되겠군!'이라고요."

워런은 번과 그의 아내 도로시를 꽉 붙들고 자기 친구들 모임에 합류시켰다. 워런은 이제 가이코에 관여했고, 〈워싱턴 포스트〉 일로 회의를 했으며, 핑커턴스 이사회에 참석했고, 블루칩과 웨스코 파이낸셜 일로 서부 연안으로 여행을 했으며, 뉴욕으로 출장을 다녔고, 1974년부터 '먼싱웨어 Munsingwear' 이사회에 참석했으며, 케이 파티에도 참석했다. 그는 상당한 시간을 이동하는 데 할애했다. 워런은 자기 사무실에 일손이 더 필요하다고 보았다. 수지의 테니스 친구 가운데 한 명이 수지에게 등 떠밀려 워런을 찾아가서 수습사원으로 일할 수 있는 일자리를 부탁했다. 스탠퍼드대학교 경영학 학위에 예일대학교를 졸업한 명석한 청년 댄 그로스먼이었다. 그는 심지어 아무 보수도 받지 않고 일하겠다고 했다. 워런은 그를 채용하지 않았지만 그의 집중력을 높이 사면서 그와 친해졌다. 몇몇 사람들은, 워런이 두 아들 모두 기업가가 될 마음이 없었기 때문에 그로스먼을 양자로 삼고 나아가 후계자로 삼고 싶어 한다고 생각했다.

워런은 그로스먼의 방을 자기 옆방에 두려고 사무실을 개조했다. 비서 글래디스가 수시로 들락거리는 가운데 워런은 그로스먼과 몇 시간씩 대화를 나누면서 플로트에 대해서 설명하고, 보험사들의 재무 모델을 요약해서 보여주고, 규제 당국에 제출해야 하는 서류에 대해 가르쳐 주고, 자기가 경험했던 일들을 이야기해 주고, 또 낡은《무디스 매뉴얼》을 뒤적거리며 보여주었다. 워런은 또 그로스먼과 테니스와 핸드볼을 몇 시간씩 하기도 했다. 또 그로스먼을 그레이엄 그룹에 합류시켰는데, 여기에서 그로스먼은 많은 사람과 친구가 되었다.[71] 워런은 몰두할 수 있는 대상을 새로 하나 발굴했던 것이다.

41

그래서요?

오마하, 1977년

수지의 친구들은, 워런이 수지와 가정이 아니라 다른 것에 집착하자 수지가 결혼 생활을 유지하면서도 이런 상황에 적응하려고 독자적인 생활을 해나갔다고 말했다. 한 친구가 표현했듯이 워런은 수지와 결혼한 게 아니라 '버크셔 해서웨이와 결혼했다'. 이건 반론의 여지가 없는 엄연한 사실이었다. 하지만 비록 두 사람이 가정 안에서 했던 일상생활이 서로에게 불편했다 하더라도 두 사람에게 이는 여전히 유효했다. 적어도 워런이 또 다른 대상을 찾아서 새로운 집착을 할 때까지는 그랬다. 즉, 워런이 케이에 집착하기 전까지는 적어도 두 사람에게 일상생활이 유효했다. 하지만 케이가 등장한 이후 사정은 달라졌다. 워런의 이 집착이 수지를 무대 바깥으로 밀어내기 시작했던 것이다. 바로 이 시점에 수지는 마침내 행동을 취했다.

워런은 이제 자기에게 주어진 시간 가운데 많은 부분을 뉴욕이나 워싱턴에서 케이와 함께 거물급 인사들이 참여하는 공식행사들에 참석하는 데 쓰거나, 케이의 집에 머물면서 그녀가 주최하는 파티에 참석하는 데 썼다. 워런은 사람들 앞에서 변함없이 어색하게 깔깔대며 웃었지만, 그래도 케이가 알고 있던 막강한 영향력을 가진 유명 인사들을 만나면서 새로운 세상에 눈을 떴다.

트루먼 카포티를 만났습니다.

트루먼 카포티는 〈티파니에서 아침을Breakfast at Tiffany's〉과 〈콜드 블러드In Cold Blood〉의 작가다. 그는 뉴욕의 플라자 호텔에서 저 유명한 '흑백 무도회Black and White Ball'를 열기도 했는데, 이 무도회는 케이에게 경의를 표한 것이었으며 '세기의 파티'로 일컬어졌다. 카포티는 전 세계의 수많은 부유한 사교계 여성들과 막역한 친구 사이였다.

트루먼은 케이의 집으로 찾아오곤 했습니다. 덩치가 크지 않은 이 사람은 소파에 웅크리고 앉아서 이야기를 했습니다. 도저히 믿기지 않을 만큼 멋진 목소리로 말이죠. 이 사람은 모든 사람이 가지고 있는 온갖 비밀들을 알았습니다. 실제로 모든 사람을 다 잘 알았습니다. 그 사람들이 모두 트루먼에게 자기 속내를 드러냈으니까요. 트루먼은 끔찍할 정도로 빈틈이 없는 사람이었습니다. 이 사람이 유일하게 정말 좋아했던 사람은 케이였죠. 다른 사람들과 달리 그는 케이를 엉터리로 보지 않았습니다. 내가 생각하기에는, 분명 그랬습니다.

워런은 전직 영국 주재 대사였던 월터 애넌버그의 초대를 받았다. 애넌버그는 '트라이앵글 퍼블리케이션스Triangle Publications'를 가지고 있없는데, 이 회사는 수익성이 좋은 여러 회사를 거느리고 있었다. 그 가운데서 두 개를 꼽으라면 〈필라델피아 인콰이어러〉와 워런이 어린 시절 즐겨 읽었던 〈데일리 레이싱 폼〉을 들 수 있다.

월터는 1977년에 〈월스트리트 저널〉이 나를 소재로 해서 쓴 기사를 읽었습니다. 그리고 나한테 '친애하는 버핏 씨'로 시작하는 편지를 보내 서니랜즈에 초대했습니다.

서니랜즈Sunnylands는 애넌버그의 캘리포니아 저택이었다. 성마른 성격의 이 유명한 인물에 대해 워런은 톰 머피에게서도 들었고 케이에게서도 들었다. 케이 같은 경우는 애넌버그가 왜 그렇게 민감하게 화를 잘 내는지 이유를 알 만한 사정이 있었다. 두 사람으로부터 애넌버그에 관한 이야기를 들은 뒤로 워런은 왠지 이 사람에게 끌렸다.

월터 애넌버그의 아버지 모에 애넌버그는 숱한 소문과 이야기 속에 등장했다. 이 아버지는 아들에게 신문사 지분을 물려줬을 뿐만 아니라 추문과 수치심도 함께 유산으로 물려주었다. 모에는 경마 결과를 전국의 마권 영업자에게 전신으로 제공한 불법 사업 및 탈세 혐의에 대해서 유죄 판결을 받고 감옥에 갔다. 이러한 불법 행위는 범죄 조직과 연계되어 있었고, 그에게는 조직폭력배와 연결되어 있다는 악명이 덧붙여졌다. 확인된 사실은 아니지만, 그는 아들이 자기와 함께 기소되지 않도록 하려고 심각하지 않은 가벼운 범죄 사실을 순순히 자백했으며, 홈버그(챙이 좁은 중절모-옮긴이)를 쓴 채 족쇄를 매달고 감옥으로 향했다고 한다. 월터는 나중에, 수척하고 고통에 찌든 자기 아버지가 세인트 메리 병원에서 뇌종양으로 죽어가면서 마지막으로 아들에게 "내 고통은 모두 너를 진정한 한 인간으로 만들기 위한 것이었다"[1]라고 말했다고 밝혔다. 이게 사실이었던지 아니면 상상 속에서 만들어진 것이었던지 간에, 월터는 평생 아버지의 그 말을 진실로 믿었다. 적어도 그렇게 보이도록 살았다.

가족의 명예를 회복하겠다는 욕구에 사로잡혔던 월터는 아버지가 세상을 떠난 뒤로 가장으로서 어머니와 누이들을 책임져야 했다. 그는 매서운 시련을 통해 출판업을 배웠고, 사업가로서 자신에게 재능이 있다는 사실을 입증했다. 잡지 〈세븐틴Seventeen〉을 창간했고, 이어서 소책자 크기의 잡지 〈TV 가이드TV Guide〉를 창간했다. 특히 〈TV 가이드〉는 TV 방송 시간표와 프로그램 및 스타들에 대한 정보에 목말라하는 대중의 욕구를 정확하게 포착한 명석한 결과물이었다. 워런을 만날 즈음에 월터 애넌버그는 사업가로 큰 성공을 거두었을 뿐만 아니라 리처드 닉슨으로부터 영국 주재 대사로 임명받음으로써 사회적인 명예의 정점에 서 있었다. 하지만 비록 가문의 명예를 회복하긴 했지만 그는 자기가 받은 유산의 개인적인 상처는 결코 극복하지 못했다.

서니랜즈에 도착한 워런은 애넌버그라는 인물을 빨리 만나고 싶다는 호기심에 가득 차 있었다. 두 사람 사이에는 이미 어떤 연결고리가 있었다. 벤 로스너의 동업자이던(하지만 지금은 이미 죽고 없는) 레오 사이먼의 아내 '정말 제멋대로인 아주 막돼 먹은 여자' 에이 사이먼의 오빠가 바로 월터 애넌버그였던 것이다. 벤 로스너는 레오 사이먼이 죽은 뒤에 에이 사이먼과 사이가 좋지 않은 와중에 어소시에이티드 리테일링을 워런에게 싼값에 팔았었다. 워런이 한 번 에이 사이먼을 만났을 때 그녀는 뉴욕에 있던 자기 아파트에서 워런을 즐겁게 해준 적이 있었다. 온갖 미술품들로 가득한 아파트였다. 그때 가정부들은 발뒤꿈치를 들고 오이 샌드위치를 담은 은쟁반들을 부지런히 날랐다.

이때 에이는 워런에게, 자기의 아버지 모에 애넌버그가 자기를 대하는 레오 로스너의 태도를 바로잡으려고 '아이들the boys'이라는 이름으로 알려져 있던 폭력배들을 시켜서 '총알을 몇 발 구경하게' 해주었다는 말도 했다. 지금도 그 총알 자국들이 시카고의 미시건가 어느 구석의 건물에 남아 있다고도 했다. 그러고는 자기 아들이 버핏 파트너십에 투자자로 참가할 수 있게 해달라고 부탁했다. 그때 워런은 혹시 수익률이 나빠질 경우에 구경하게 될지도 모르는 총알들을 머리에 그리면서 그 제안을 거절하느라 진땀을 뺐다.

월터는 미시건가의 건물에 남아 있다는 총알 자국과는 전혀 다른, 정중함과 예의바름으로 수십 년 동안 명성을 쌓아왔었다. 서니랜즈는 캘리포니아의 랜초 미라지에 있는 사막 한가운데의 광대하고 풍족한 오아시스였다. 마야의 태양신 조상(彫像)들로 가득한 정원 한가운데는 리플렉팅 풀(주변 풍경을 수면에 거울처럼 비치게 만든 연못-옮긴이)이 있었고, 로댕의 청동 조각품 이브가 이 연못 안에서 수줍은 듯 얼굴을 가리며 서 있었다. 이 청동상 발아래에서는 수백 송이의 브로멜리아드가 수면에 떠서 그녀를 올려다보고 있었다. 서니랜즈에서 애넌버그는 찰스 왕세자를 위해서 파티를 열었고, 프랭크 시내트라의 네 번째 결혼식 자리를 제공했으며, 또 친구인 리처드 닉슨이 마지막 연두교서의 원고를 작성하도록 안식과 평온함을 제공했다.

월터는 기본적으로 정중한 사람이었습니다. 형식과 예절을 중시했죠. 우리는 연못으로 나갔습니다. 월터가 자리를 잡고 앉았습니다. 옷을 아주 멋지게 차려입었더군요. 그 사람이 입은 옷은 뭐든 그날 아침에 새로 산 옷처럼 보였습니다. 당시에 월터는 일흔 살쯤 되었고 나는 마흔일곱 살이었습니다. 월터가 말을 하기 시작했는데, 태도가 아주 멋지고 친절하더군요. 마치 후배 기업가인 젊은 사람을 어떻게든 도와주고 싶다는 듯한 태도였습니다. 이러더군요. '버핏 씨,

당신이 맨 먼저 알아야 하는 건, 비판을 받고 좋아할 사람은 아무도 없다는 사실입니다.' 세상을 현명하게 살아가기 위한 가장 기본적인 원칙이라고 했습니다.

워런으로서는 그보다 더 쉬운 일이 없었다.

　그래서 내가 그랬죠. '예, 대사님. 잘 알겠습니다. 거기에 대해서는 걱정하지 마십시오'라고요. 이번에는 '본질적인 것'에 대해서 이야기하더군요.
　'이 세상에는 본질적인 것이라고 할 수 있는 세 개 기업이 있습니다. 〈데일리 레이싱 폼〉과 〈TV 가이드〉, 〈월스트리트 저널〉입니다. 이 셋 가운데 나는 두 개를 가지고 있죠.'
　월터가 '본질적인 것'이라고 말하는 것의 의미는, 심지어 대공황 때도 〈데일리 레이싱 폼〉은 2달러 50센트에 쿠바에서 팔려나갔다는 뜻이었죠.

〈데일리 레이싱 폼〉은 이런 본질적인 특성을 가지고 있었다. 우승마를 점치는 데 이보다 더 낫고 완전한 정보를 제공하는 정보지는 없었기 때문이다.

　이 정보지는 하루에 15만 부가 팔렸습니다. 무려 15년 동안 말입니다. 비용은 2달러 넘게 들었고, 경마장에서는 없어서는 안 되는 존재였죠. 만일 어떤 사람이 경마장에 가서 진지하게 우승마를 점치려면 〈데일리 레이싱 폼〉이 있어야 했습니다. 이 정보지 가격을 월터는 자기 마음대로 매길 수 있었고, 사람들은 가격과 상관없이 이 정보지를 샀습니다. 기본적으로 마약 중독자에게 마약을 주사할 주사기를 파는 것과 같았습니다. 그래서 월터는 해마다 거울 앞에 서서 이렇게 말했습니다. '거울아 거울아, 이번 가을에는 〈데일리 레이싱 폼〉의 가격을 얼마나 올리면 되겠니?' 그러면 거울은 이렇게 말했습니다. '25센트를 올려라!'

〈뉴욕 타임스〉나 〈워싱턴 포스트〉가 25센트에 팔리던 때 일이었다. 이 두 신문만 해도 대단히 성공적인 사업이라고 워런이 생각했다는 점을 고려하면, 〈데일리 레이싱 폼〉은 그야말로 대박 사업이었던 것이다.

애넌버그는 이 두 개의 '본질적인 것'을 소유한다는 사실을 즐겼다. 하지만 〈월스트리트 저널〉을 포함해서 세 가지 모두를 가지고 싶었다. 워런이 서니랜즈를 방문한 뒤로 두 사람은 가끔씩 만나, 두 사람이 함께 〈월스트리트 저널〉을 인수할 수 있을지, 할 수 있다면 어떻게 할지 토론했다.

하지만 월터가 나를 서니랜즈로 부른 진짜 목적은 따로 있었습니다. 케이에게 어떤 메시지를 보내려는 것이었습니다.

애넌버그 부부와 그레이엄 부부는 한때 친하게 지냈었다.[2] 그런데 1969년에 월터 애넌버그가 영국 주재 대사로 임명받기 직전 인사 청문회가 열렸는데, 〈워싱턴 포스트〉의 추문 폭로 전문 칼럼니스트 드류 피어슨이 애넌버그의 재산은 '마피아의 전쟁을 통해서 형성되었다'고 칼럼에 썼으며, 또 그의 아버지가 한 해에 100만 달러씩 보호비 명목으로 알 카포네에 상납했다는 확인되지 않은 소문을 계속 퍼뜨렸다.[3] 이 일로 격분한 애넌버그는 케이가 닉슨 대통령을 공격하는 정치적인 무기로 신문을 이용한다고 비난했다. 애넌버그 입장에서 볼 때, 닉슨은 자기를 대사로 임명하는 위험을 무릅쓰면서까지 자기 가문의 명예를 회복시켜 주려는 은인이었기 때문이다. 나중에 애넌버그는 다음과 같이 말했다.

"닉슨 대통령에게 물론 결점이 있을 수 있습니다. 하지만 그분은 다른 누구도 베풀지 못했던 영광을 우리 가문에 베풀었던 사람입니다."[4]

인사 청문회가 있던 날 아침에 애넌버그는 피어슨이 쓴 또 다른 칼럼을 읽었다. 자기가 쓴 칼럼에 앙심을 품은 편집 의도가 〈필라델피아 인콰이어러〉에 그대로 반영되어 있다는 내용이었다. 애넌버그는 가슴을 움켜쥐며 비틀거렸고 얼굴빛이 자주색으로 변했다. 그의 아내는 심장마비가 남편을 덮쳤다고 생각했다.[5]

애넌버그는 케이에게 전화를 걸어서 칼럼의 내용을 취소하라고 요구했다. 케이는 애넌버그의 분노를 달래면서도 자기는 〈워싱턴 포스트〉의 사설 내용에 간섭한 적이 여태 한 번도 없었으며 또 그렇게 할 마음이 없다고 대답했다.

그날 애넌버그는 청문회에서, 피어슨이 칼럼에서 썼던 여러 가지 항목들과 관련해서 차례로 하나씩 변호를 해야 했다. 그날 저녁, 지칠 대로 지친 월터 애넌버그와 그의 부인은 내키지 않았지만 케이의 조지타운 집에서 열리는 만찬 파티에 참석했다. 마흔여덟 명의 다른 손님들과 마찬가지로 벌써 여러 주 전에 초대받았기 때문이다. 애넌버그는 케이의 호화로운 거실에 들어서자마자 벌컥 화를 냈다. 의전과 형식을 매우 중시하던 그로서는 충분히 화를 낼 만한 이유가 있었다. 케이가 자기 옆자리에 다른 사람을 앉혔기 때문이다. 애넌버그에게 마련된 자리 좌우로는 케이의 친구 두 명이 앉아 있었다. 한 사람은 퇴임하는 영국 주재 대사 데이비드 브루스의 아내 에반젤린 브루스였고 또 한 사람은 유명한 상원의원의 아내 로레인 쿠퍼였다.

사소한 것에 발끈하는 애넌버그의 성격은 여러 가지 측면에서 그의 친구이자 균형 감각이 부족했던 닉슨과 비슷했다. 두 사람은 또 사람들에게 매력적으로 비치지 못하고 노여움을 쉽게 가라앉히지 못한다는 점도 닮았다.[6] 그래서 애넌버그 부인과 에반젤린 브루스가 대사관저의 장식을 놓고 벌인 설전은 점점 비화되어 식사 분위기를 어색하게 만들었다.[7] 게다가, 비록 확인된 사실은 아니지만, 쿠퍼 부인도 애넌버그가 대사가 될 정도로 충분히 부자가 아니라는 말을 에둘러 말함으로써 애넌버그의 화를 돋우었다.[8] 자신이 골탕 먹었다고 느낀 애넌버그는 일찌감치 케이의 집을 나섰고, 그 뒤로 케이와는 말도 하지 않았다.

케이는 그 일로 심란했습니다. 월터와 다시 사이좋게 지내고 싶은 마음이 간절했습니다. 케이는 누구와도 싸우는 걸 바라지 않았죠. 이런 건 케이의 방식이 아니었습니다. 케이는 맡아서 하는 걸 좋아했지만 과시하는 건 좋아하지 않았습니다. 케이는 거물 인사들을 좋아했는데, 특히 남성 거물 인사를 좋아했습니다. 자연히 월터와 싸워야 하는 상황이 무척 불편했겠죠. 하지만 자기가 벤 브래들리에게 무엇을 어떻게 쓰라고 지시할 생각이 전혀 없다는 사실을 월터가 이해해주길 바랐습니다.

내가 월터를 만나러 서니랜즈에 갔을 무렵에, 월터는 (케이의 사망한 남편) 필 그레이엄에 관한 책을 낼까 생각하고 있었습니다. 필의 치아가 얼마나 특이하고 우스꽝스러웠는지를 다루는 책이었습니다.

필 그레이엄의 치아.

월터는 치아가 벌어진 사람은 정신적으로 불안정하다는 이론을 믿고 또 주장했습니다. 월터가 이런 이론을 주장하는데 여기에 반박할 필요는 없었습니다. 월터는 나를 좋아했는데, 그 이유 가운데 하나는 내가 한 번도 자기에게 반박하지 않아서였습니다. 가령 월터가 나에게 검은색을 흰색이라고 말해도, 나는 잠자코 있었던 거죠. 아무튼 그래서 나는 월터와 케이 사이의 중재자가 되었습니다.

애넌버그는 자기가 필 그레이엄의 치아를 다루는 책을 출간한다 하더라도, 이건 그레이엄을 모독하려는 게 아니라 단순히 하나의 쇼 비즈니스일 뿐이라는 내용의 메시지를 워런이 케이에게 전해주길 바랐다.

월터는 나한테 그렇게 잘해줄 수가 없었습니다. 나한테 준 손님방도 환상적이더군요. 나를 자기 사무실로 데리고 갔는데, 거기에서 프러시아 동전과 주머니칼 그리고 다른 물건 하나가 담긴 유리 상자를 보여주었습니다. 자기 할아버지가 프러시아에서 미국으로 건너왔을 때 가지고 있던 물건 전부라고 하더군요. 그러면서 이렇게 말했습니다. '여기서 당신 눈에 보이는 건 모두 그 시대의 결과물입니다.' 그다지 많은 세월이 지나지 않았지만 그사이에 월터는 자기 가문의 명예를 완전히 되찾았습니다. 자기 아버지를 자랑스러운 인물로 만들었죠. 그 일이 월터의 인생에서 가장 중요한 목적이었습니다.

워런은 애넌버그를 심리적인 차원에서 온전히 이해했지만 자기와 애넌버그 사이에 어떤 공통점들이 있다는 사실은 파악하지 못했던 것 같다. 두 사람이 여러 방면에서 너무도 달랐기 때문에 그랬던 게 아닌가 싶다. 유머의 부족, 부유함과 형식에 대한 선호, 그레이엄 가족을 향한 적개심 등이 애넌버그와 워런을 매우 다른 인물로 비치게 만들었다.

두 사람의 정치적인 성향도 정반대였다. 그러나 예민한 성격의 이 두 사람은 사업적인 측면에서나 사회적인 측면에서 자신의 능력을 드러내 보이려는 강한 충동을 가지고 있다는 점이나 세상으로부터 온전한 평가를 받지 못했던 아버지를 무척 존경한다는 점이 같았다.

두 사람은 서신을 주고받기 시작했다. 애넌버그는 자기가 마치 워런의 삼촌이라도 된 듯한 심정으로 또 그런 태도로, 박애 정신을 발휘해서 워런을 훈련시킨다고 생각했다. 그는, 부자는 모름지기 죽기 전에 모든 걸 내놓아 임명된 관리인이 맡겨진 의무를 저버리지 못하도록 해야 한다고 생각했다.[9]

그는 워런에게 앞으로 언제든 맞닥뜨릴 수 있는 함정들을 경고했다. 선천적으로 의심이 많았으며 또 언제나 사람들을 시험했던 애넌버그는(이런 모습은 워런과 다르지 않다) 재단이 엉망으로 망가지는 사례들이나 재단의 이사들이 재단 설립자를 배신하는 사례들을 숱하게 보며 연구했다. 월터는 또 재단 설립자가 죽은 뒤에 재단이 망가지는 여러 사례들을 정리해서 주식에 관한 잡담과 함께 편지에 실어 워런에게 보냈다. 이제 막 박애주의 자선 사업가로 발돋움하기 시작했으며, 중요한 자선 단체가 관리를 제대로 하지 못한 사례를 폭로해 퓰리처상까지 받은 신문의 발행인인 워런은 월터가 보낸 이런 내용의 편지를 관심 있게 읽었다. 애넌버그는 편지를 통해 워런에게, 재단 운영을 책임진 사람이 자기가 남길 돈으로 황제와 같은 권위를 휘두르며 전횡을 일삼을지도 모른다는 두려움을 전했다. 그는 이런 사람들의 행위를 '재단을 욕보이는 것'이라는 말로 표현했다.

그는 맥 번디에 관한 기사를 보내줘서 고맙다면서[10] 워런에게 다음과 같은 내용이 담긴 편지를 썼다. 맥 번디는 애넌버그가 끔찍하게 여겼던 방식으로 포드 재단을 운영하던 사람이었다.

"친애하는 워런. (······) 헨리(헨리 포드 2세)는 한때 맥조지 번디를 '미국에서 가장 거만한 개새끼이며, 포드 재단의 돈으로 아라비아 왕자처럼 사는 생활 방식을 개발한 인물'이라고 묘사했습니다."[11]

애넌버그는 죽은 뒤에 배신당하지 않도록 하려는 장치 마련에 엄청난 시간을 들였다. 그는 워런에게 도너 재단 이야기를 하면서, 이 재단의 책임자가 재단 이름을 '독립 기금'으로 바꿈으로써 재단 창설자의 이름을 재단에서 지워버렸다고 했다.[12]

"존중하는 마음으로 충고합니다만, 당신이 세상을 떠난 뒤에 당신이 세운 재단의 이름을 아무도 함부로 변경하지 못하도록 조치를 단단히 취해놓아야 합니다."[13]

하지만 워런은 자기와 수지가 설립한 재단에 대해서 다르게 생각했다.

> 그 재단의 이름을 버핏 재단으로 짓지 말았어야 했습니다. 그런 작명은 정말 바보 같은 짓이었습니다. 그렇다고 이제 와서 재단의 이름을 바꾸는 것도 꼴이 우습죠. 왜냐하면 속이 너무 뻔히 들여다보이니까요.[14]

워런과 애넌버그는 똑같이 미디어와 출판에 매료되어 있었다. 〈TV 가이드〉는 애넌버그의 최대 자산이었다. 이 잡지는 〈데일리 레이싱 폼〉과 동일한 것, 소위 '본질적인 것'을 가지고 있었지만 독자층은 훨씬 넓었다. 애넌버그가 〈TV 가이드〉를 매각하려 한다는 사실을 알았을 때 워런은 톰 머피와 함께 그 오만한 전직 대사가 정말 그 잡지 지분의 반을 자기들에게 팔지 확인하려고 로스앤젤레스로 날아갔다.

하지만 애넌버그는 매각 대금을 현금이 아니라 주식으로 받고자 했다. 다음은 머피가 하는 말이다.

"우리는 가지고 있던 주식을 내놓을 마음이 없었습니다. 워런은 자기 주식을 절대로 내놓지 않았습니다. 나 역시 불가피한 경우가 아니면 마찬가지였습니다. 그런 식으로 해서는 돈을 벌지 못하니까요."

자기들이 가지고 있던 주식을 내주고 〈TV 가이드〉를 산다는 것은, 버크셔 해서웨이 주식보다 그게 장차 더 큰 수익을 안겨준다는 뜻이었다. 그러니까 어떤 것을 인수하는 대가로 주식을 내준다는 것은, 이 주식이 특별하게 고평가된 상태로 거래되지 않는 한, 인수 대상이 무엇이든 간에 현재 보유하고 있는 그 주식, 혹은 그 회사에 대한 일종의 모독이라고 할 수 있다.[15] 일반적으로 두 사람이 회사를 운영하고 주주를 대하는 방식으로 볼 때, 이런 일은 쉽게 있을 수 있는 거래가 아니었다. 결국 워런은 〈TV 가이드〉 인수를 포기했다.

그럼에도 불구하고 워런은 계속해서 애넌버그와 케이 사이에서 중재자 역할을 했다. 한편 케이는 이런 종류의 고상한 일들을 떠맡아서 처리할 수 있도록 워런을 예절 학교에 숱하게 데리고 가서 준비시켰다. 케이는 자기 일상생활의 자잘한 것들을 놓고 끊임없이 워런에게 전화를 해서 물었다. 워런은 마르타스 바인야드에서 램버트만을 굽어보던 지붕널 스타일의 거대한 케이의 저택을 방문했다. 두 사람은 자주 기업가들의 모임에 함께 참석했으며, 또 나이아가라 폭포에도 놀러 갔다. 워런은 또 자기가 가지고 있는 여러 토템들 가운데 하나인 버크셔 해서웨이의 직물 공장들을 케이에게 보여주기도 했다. 쉰아홉 살의 케이 그레이엄이 마흔여섯 살의 워런 버핏에게 애교 섞인 몸짓으로 자기 집 열쇠를 건네주는 장면이 한 자선 행사장에서 포착된 뒤로 두 사람이 함께 있는 모습이 사람들 사이에서 더 많이 목격되었다. 1977년 초에는 두 사람 사이가 심상치 않다는 가십 기사들이 나오기 시작했다. 그러자 케이는 '눈썹이 치켜올라간다'고 했다.[16]

친구들은 두 사람 사이에 남녀 사이의 화학반응이 없음을 알고 있었다. 그러나 케이는 자기 친구들과 솔직하게 연애 문제에 대해서 토론했다.[17] 그녀는 성적으로 확실히 불안했지만 정반대의 모습으로 비치려고 노력했다. 이런 사실은 그녀의 회고록에서도 잘 묘사되어 있다.[18] 그녀의 어머니는 권력을 가지고 명석한 남자들을 집요하게 쫓아다니며 추파를 던지는 것으로 유명했다. 하지만 어디까지나 정신적인 영역에서만 그랬을 뿐이다. 워런 자신도 장차 여자들과 낭만적인 우정의 역사를 열어나갈 터였다. 그가 케이 그레이엄과 맺고 있던 관계에서 진정으로 낭만적인 요소들이 어떤 것이었든 간에, 그 요소들의 밑바닥에는 우정이 깔려 있었다.

하지만 이런 말들이 세상에 떠돌아다녔고, 그 바람에 워런과 수지 사이의 미묘한 균형이 깨졌다. 자기 인생에 어떤 일들이 일어나든 간에 수지는 여전히 남편에게 극진하게 마음을 썼다. 게다가 수지에게는 자기를 필요로 하는 사람들, 심지어 자기에게 의존하려는 사람들이 필요했다. 수지는 이제 자신이 무가치하고 사소하게 느껴졌다. 그녀는 자기가 데이지 메이처럼 퇴짜 맞은 여자로 보이게 내버려 둘 생각이 없었다. 수지는 워싱턴으로 여행할 때마다 케이의 집에 머물렀다. 그리고 자기 남편이 아무리 케이와 자주 함께 있어도 관대하게 미소 지었다. 수지의 친구들 가운데 몇몇은 사실 수지가 그들에게 아무런 관심이 없었다고 믿었다. 또 어떤 친구들은 수지에게 어떤 통제가 필요하다고 느낄 정도로 수지를 불안하게 보기도 했고, 또 워런과 케이의 관계가 오히려 수지에게 독립적인 생활을 평화롭게 해나갈 수 있는 빌미가 되었다고 생각하기도 했다. 그럼에도 불구하고 수지는 남편의 행동에 분개하며 모욕감을 느낀다는 사실을 여러 친구들에게 분명하게 밝혔다. 그 미묘한 상황을 처리하는 수지의 방식은 독특했다. 마치 케이가 수지로부터 어떤 허락을 기다리기라도 했던 것처럼, 워런과의 관계를 쌓아가도 좋다고 허락하는 내용으로 케이에게 편지를 보냈던 것이다.[19] 케이는 그 편지 덕분에 자기가 궁지에서 벗어나기라도 하는 것처럼 그 편지를 사람들에게 보여주었다.[20]

수지는 가수 경력을 쌓느라 열심이었다. 1976년에, 조약돌이 깔린 예스러운 느낌의 시내 올드마켓 지구에 있는 철물점을 개조해서 만든 '오마하 프렌치 카페'의 소유주들을 찾아가서, 이 카페의 라운지인 '언더그라운드'에서 노래를 부르겠다고 제안했다. 사람들은 깜짝 놀랐지만 기꺼이 그녀의 제안을 받아들였다. 수지는 예전에 그 자리에서 아프리카 사람들을 돕기 위한 자선 행사를 주최한 적이 있었다. 그때 수지는 맨발로 깅엄(면직물의 일종으로, 굵은 실로 격자무늬를 넣어서 짠다-옮긴이)을 걸치고 반다나를 목에 둘렀었다.[21] 홍보가 본격적으로 진행되면서 수전 버핏이 가수의 길로 나설 것이라는 소문이 사실로 밝혀졌다.

"무척 겁이 나네요. 하지만 나는 늘 인생을 최대한으로 살고 싶었어요."[22]

수지가 첫 공연을 하기 전에 기자에게 했던 말이다. 그녀의 공연을 본 어떤 비평가는, 수지는 '자신감이 부족'하지만 '앤-마거릿과 같은 젊음, 정형화된 재즈, 사람들을 즐겁게 해주고 싶다는 열망이 카페의 지하 카바레에 모인 청중들을 사로잡았다'고 썼다. 그녀의 공연을 보려고 모인 청중은 주로 '우호적인 친구들' 그리고 부자를 남편으로 둔 여자를 구경하려는 호기심 많은 사람들이었다.[23]

몇 주 지나지 않아서 빌 루안은 수지에게 다음과 같은 말로 너스레를 떨었다.

"안녕하십니까, 브로드웨이에서 온 브로드웨이 빌이라고 합니다. 뉴욕에서 당신이 오디션을 받을 수 있도록 일정을 잡아놓았습니다."

수지는 옐로 브릭 로드Yellow Brick Road, 시소See Saw, 트램프스Tramps, 볼

룸The Ballroom에서 3주 동안 개막 공연을 했다. 이 공연이 끝난 뒤에 수지는 이렇게 말했다.

"공연을 계속하라는 요청을 받고 있습니다. 하지만 언제 다시 공연을 할지는 확실하게 말씀드릴 수가 없어요. 어쩌면 내년 1월 1일 이후가 아닐까 싶네요. 지금으로서는 우선 음악 감독을 찾을 계획입니다. 함께 공연 내용을 준비해야겠죠. 이 일이 얼마나 힘들지는 잘 압니다. 하지만 이미 푹 빠져버렸어요. 다시 무대로 돌아가게 되면, 이번에는 여섯 달 동안 쉬지 않고 계속하고 싶네요."[24]

수지는 연예 기획사인 '윌리엄 모리스William Morris'와 전속 계약을 맺었다.

그해 여름에 버핏 부부는 함께 뉴욕으로 갔다. 워런은 케이의 아파트에서 브리지 게임을 했고, 수지는 저녁 시간에 워런이 객석에서 황홀하게 지켜보는 가운데 노래를 불렀다. 수지의 가수 활동이 두 사람을 오랜만에 하나로 묶어주었다. 워런은 수지가 가수로 성공하는 모습을 바라보면서 짜릿한 흥분을 느꼈다. 두 사람은 뉴욕시티의 5번가 가까운 곳에 있던 유명한 건물의 아파트를 살까 생각했다. 이 아파트는 두 사람에게 뉴욕시티의 영원한 베이스캠프가 될 수 있었다. 하지만 그렇게 하지 않기로 했다.[25]

수지는 시간에 대해서는 느긋했다. 그리고 1976년 가을까지도 뉴욕으로 돌아갈 계획은 전혀 세우고 있지 않았다. 그녀는 여전히 라구나의 집에서 워런보다 더 많은 시간을 보냈다. 게다가 오마하 주변에 있던 '그녀의 환자들' 때문에 수지는 마음이 산란했다. 남편 하워드와 함께했던 38년 6개월이라는 멋진 시간들에 대한 온갖 이야기들을 몇 시간씩 늘어놓음으로써 수지를 괴롭히던 레일라가 있었고, 오마하 외곽에서 굴착기를 운전하는 호위가 있었고, 또 일생을 몽유병자처럼 사는 언니 도티가 있었다. 한번은 도티가 수지에게 전화해서 자기 집에 큰불이 났다고 했다. 수지는 전화를 끊자마자, 혹시 도티가 소방서에 전화하지 않았을지도 모른다는 생각을 했다. 그래서 다시 도티에게 전화를 걸었다. 아니나 다를까, 소방서에는 전화를 하지 않았다고 했다. 수지에게 전화할 생각밖에 하지 못했다는 것이다.[26] 이런 가족들만 해도 수지는 머리가 아플 지경이었지만, 가족 이외에도 그녀의 치료를 기다리는 환자들은 많았다. 수지의 곁을 맴돌던 '부랑자들', 외로운 사람들, 지역사회의 활동가들이 있었던 것이다.

수지는 뉴욕시티로 돌아갈 생각을 접고 다시 한번 오마하의 프렌치 카페에서 1977년 봄에 일련의 공연을 하기로 일정을 잡았다. 〈오마하 월드-헤럴드〉가 따로 발간하던 잡지에서, 중년에 가수의 길로 접어든 백만장자의 아내를 표지 인물로 다루기로 했다. 이 잡지의 기자로, 일명 '버드'인 앨 페이절은 일상적인 이야기에서 출발해 수지의 친구들을 찾아서 수지의 삶에 대해 간단한 질문들을 했다. 수전 버핏은 무엇 때문에 노래를 부를까? 그는 이 질문에 대한 대답을 듣고 싶었다. 오마하에 살던 많은 사람들과 마찬가지로 페이절 역시 수지의 특이한 사회 활동 내용을 익히 들어서 알고 있었다. 기자의 질문을 받은 수지의 친구들은 '방어적'이었다. 수지를 '보호'하려고 했다.[27] 심지어 유니스 드넨버그는 '화를 벌컥 내기까지 했다.' 그리고 이렇게 말했다.

"수지는 많은 사람들이 오늘날에는 눈을 씻고 찾아도 볼 수 없는, 예전에만 있었던 선량한 사람입니다. 사람들은 자기들이 저지르는 훨씬 더 비열한 행동을 모두 수지 탓으로 돌리지요. 마음에 찔리는 게 많거든요."[28]

숭배자들이 성인(聖人)을 보호하려고 모여들었다. 페이절은 사람들의 이런 적대적인 반응을 접하자 오기가 생겼다. 그래, 어디 한번 눈부시게 하얀 수지의 파티 드레스에 흙탕물을 튀겨보자 하는 도발적

인 충동이 일었다.²⁹

수지는 페이절과 인터뷰하려고 오마하의 집 거실 벽난로 주변에 있는 소파에 앉았다. 탁구대가 곁에 놓여 있었고, '사랑이 여기 머물 지어다(조지 거슈윈이 작곡한 스탠더드 재즈곡 제목 – 옮긴이)'나 '서커스(영국의 록그룹 – 옮긴이) 이외의 모든 것은 지옥으로!' 따위의 문구가 적힌 포스터들이 벽에 붙어 있었다. 페이절은 수지가 매우 상처받기 쉬운 사람이라는 인상을 받았다.

"어떤 공연이든 공연하는 사람이 된다는 것은 어머니가 된다는 것과 정반대가 아닐까 싶네요. 나는 수전 버핏을 돌보는 일에는 익숙하지 않아요. 어쩌면 '나는 이러이러한 일을 시도하고 싶은데 겁이 나서 감히 할 수가 없어'라고 생각하는 사람에게 용기를 불어넣어 주는 역할을 하는 건지도 모르겠네요. 나는 그저 겁이 나서 어떤 일을 감히 시도하지 못하는 그런 사람, 또 하나의 그런 사람일 뿐이에요."

수지는 잠시 말을 끊었다가 다시 이렇게 덧붙였다.

"내가 해드릴 수 있는 이야기는 그것밖에 없네요."³⁰

페이절은 그 이야기 말고 다른 더 많은 이야기를 찾고 있다는 암시를 주었다. 수지를 지키는 사나운 개들이 으르렁거렸지만 페이절은 주눅들지 않았다. 오히려 호기심이 더욱 커져가기만 했다. 수지는 마음에 담아 두었던 이야기를 꺼냈다. 장장 다섯 시간에 걸쳐서 이야기했다. 하지만 개인적인 인간관계에 대해서는 일절 언급하지 않았는데, 뒤에 가서는 자기가 한 행동에 스스로 놀랐다고 언급했다. 파티장에서 수많은 사람들이 그녀의 입술을 열려고 했지만 그녀는 입술을 굳게 다물고 있기만 했다. 그런데 페이절 앞에서는 아무런 거부감도 없이 열렸던 것이다. 아무튼 이 과정에서 수지는 페이절이라는 또 한 명의 친구를 얻었다.

이 기사가 실린 잡지의 표지에는 '무엇이 수지로 하여금 노래를 부르게 만들었나?'라는 제목이 박혔다. 누가 그걸 알겠느냐는 듯한 표정을 짓고 있는 수지의 사진도 함께 실렸다. 수지는 카메라를 피하려는 듯 두 눈의 시선을 위에 둔 채 모호한 미소를 짓고 있었다. 기사에 포함된 사진들에서 수지는 카메라를 정면으로 응시하지 않고 피했다. 잔잔한 미소를 띠면서 반려견인 해밀턴을 바라보았다. 그리고 피아노 건반 위에 놓인 자기 손을 바라보았다. 수지를 찍은 사진들에서는 거의 언제나 입을 벌리고 씨익 웃는 모습이 있었는데, 내면의 어떤 불확실한 꿈이 그녀의 이런 모습으로 드러났다.

이 기사가 나온 날 아침 수지는 씨즈캔디의 제품을 담은 커다란 상자를 들고 페이절의 현관 앞에 섰다. 그녀는 마치 페이절이 그린 자기 초상화 앞에서 흥분한 마음을 감추지 못하는 어린아이 같았다. 수지는 페이절을 프렌치 카페에서의 개막 공연 초대 손님 목록에 올리고 초대장을 보냈다.[31] 페이절뿐만 아니라 그날 밤의 공연에 초대받은 손님들은 그날따라 수지가 유난히 젊고 빛나 보였다고 기억한다. 수지는 짙은 갈색의 긴 머리 가발을 썼다. 시퀸 드레스는 새로이 날씬해진 그녀의 몸매를 우아하게 감쌌다. 까마귀 깃털처럼 새까만 눈썹 아래 그녀의 두 눈은 광채를 뿜었다. 그날 밤 그녀의 표정은, 자기 자신 즉 수전 버핏이라는 여자를 돌보고 그녀에게 신경을 쓰는 것도 그다지 나쁘지 않다는 사실을 발견해서 기분이 좋다고 말하는 것 같았다. 이제 수지는 무대에서 노래 부르는 가수로서 노련미를 갖추었다. 노래와 노래 사이에 사람들이 환호할 때는 매혹적인 미소를 날리기도 했다.[32] 수지는 이제 아내의 역할, 어머니의 역할에서 벗어나 한 여성으로 자기 자신의 인생 무대에 새롭게 섰다. 사람들은 이런 수지에게서 열정을 보았다. 그녀는 인기 팝송과 감성적인 애창곡들을 부드럽고 매끄럽게 노래했고 이는 청중의 가슴에 달콤하게 그리고 호소력 있게 파고들었다. 그날 밤 레퍼토리는 다음과 같았다.

〈내 마음은 아빠의 것 My Heart Belongs to Daddy〉과 같은 아버지 노래들, 〈여생을 무얼 하며 보낼 건가요? What Are You Doing the Rest of Your Life?〉와 같은 고전적인 카바레 노래들 그리고 수지가 개인적으로 좋아하던 스티븐 손드하임의 〈어릿광대를 보내주오 Send in the Clowns〉 등이었다.[33] 이런 노래들이 사람들의 눈시울을 촉촉하게 적셨다. 수지가 노래를 부르자 그녀 안에 있던 연정의 감정이 생생하게 살아 나왔다. 수지는 이런 감정을 숨기지 않고 활짝 펼쳤다. 수지는 매혹적인 미소와 몸짓으로 청중을 사로잡았다. 객석 뒤편에 서서 팔짱을 끼고 수지를 바라보던 워런은 흐뭇했다. 그리고 이렇게 말했다.

"수지가 저렇게 노래 부를 수 있도록 한 건, 내가 생각해도 정말 잘한 일이야."

그러나 1977년 여름이 될 때까지도 수지는 여전히 뉴욕에서는 가수로 나서지 않았다. 자연스러움을 좋아하고 즐기는 수지로서는 전문 가수에게 필요한 조직적인 시간 할애를 받아들이기 어려워서 그런 것이라고 워런은 생각했다. 버핏 부부의 친구들 가운데 몇몇 사람들은 수지가 아무리 아름다운 가창 실력과 매력적인 무대 매너를 가지고 있다 하더라도 기존 가수들의 예술적인 수준과 과연 겨룰 수 있을지 모르겠다는 말을 하기도 했다. 수지는 무대에 올라가서 공연하는 걸 무척 좋아했다. 워런의 꿈 역시 자기 아내가 음반을 내고 인기 가수가 되는 것이었다. 예전부터 수지에게는 야망이 있었지만 자기가 아닌 주변의 다른 사람들을 돌봐야 했던 상황 때문에 이 야망을 끊임없이 억눌러야 했다. 자기 자신, 즉 수전 버핏을 돌본다는 것은 생뚱맞은 별개의 일이었다. 보다 개인적인 차원의 문제였던 것이다.

그런데 딜레마였다. 돈 많은 남자의 아내로 사는 상황이 수지가 가수로서의 삶을 추구하는 데 도움의 문을 활짝 열긴 했지만 이 상황은 또 다른 문들도 함께 열었다. 다른 사람들이 수지의 사생활을 엿

볼 수 있는 문. 수지로서는 차라리 닫아두고 싶은 그런 문이었다. 워런은 케이 그레이엄의 집에 머물면서 아무런 거리낌 없이 그녀의 데이트 상대처럼 비친 채 사람들 앞에 나설 수 있었다. 그의 이런 행동을 두고 수군거리는 칼럼들이라고 해봐야 그저 시늉뿐이었다. 보고도 못 본 체 눈을 감아주는 거나 마찬가지였다. 하지만 유부녀로서 수지에게는 그런 자유가 없었다. 여성 운동이 많은 것을 바꾸어 놓았지만 아직 그것까지는 바꾸지 못했다. 사생활이 침범당하는 상황이 이어지자 수지는 점점 더 분열되기만 하는 자기감정을 어떻게 다스릴지 고민했다. 이런 고민이 그녀를 피폐하게 만들기 시작했다.

〈오마하 선〉의 발행인이자 친구 사이로 가까이 지내던 스탠 립시 역시 결혼 생활에 문제가 있었다. 그래서 두 사람은 아침이면 공원의 벤치에 앉아서 서로의 속마음을 털어놓으며 동병상련의 아픔을 나누곤 했다. 두 사람 다 동양 사상에 관심이 있었다. 인간이 가지고 있는 잠재적인 힘을 개발하는 운동에도 관심이 있었다. 이 운동은 캘리포니아 빅서에 있는 에설렌 연구소(인본주의 심리학의 요람이라고 일컬어지는 심리 요법 연구소−옮긴이)에서 처음 시작되었다.[34] 두 사람은 워런과 스탠의 아내 지니, 수지의 언니 도티를 설득해서 주말마다 링컨 호텔에서 열리던 심리 치료 강습에 참가했다. 자기 자신, 즉 자아와 대화를 나누자는 게 이 강습의 목적이었다. 맨 먼저 진행된 프로그램은 사람들이 개인적인 판단을 피하고 서로에게 마음을 여는 것이었다. 수지가 잘 했고 또 늘 하던 것이었다. 그런데 이런 속마음의 토로를 바라보는 워런의 반응은 수지의 경우와 전혀 달랐다.

500명이나 되는 사람들이 모였습니다. 심지어 1,500킬로미터 떨어진 곳에서 달려온 사람들도 있었습니다. 이 사람들이 모두 이 미친 짓을 하기 시작했지요. 우선 파트너부터 정해야 했습니다. 파트너를 정한 다음에 한 사람이 이야기하기 시작했죠. 그러면 그 사람이 무슨 이야기를 하든 간에 상대방은 계속해서 '그래서요?'라는 말을 해줘야 했습니다. 내 파트너는 오클라호마에서 온 멋진 여성이었습니다. 이 여자가 이야기를 하기 시작했습니다. 그런데 갑자기 말을 뚝 끊더군요. 내가 그랬죠.

'그래서요?'

10분이 지난 뒤에 여자는 흐느껴 울기 시작하더군요. 걷잡을 수 없을 정도로 말입니다. '그래서요?'라는 말로 내가 그 여자를 완전히 무너뜨리고 파괴해 버린 겁니다. 내가 그 여자의 가슴에 커다란 구멍을 뚫어버린 거나 마찬가지였지요. 정말 참담했습니다. 마치 어떤 잔인한 고문실의 책임자가 된 듯한 기분이었습니다.

워런은 그 프로그램의 의미를 완전히 잘못 해석했다. 앞으로 나아가겠다는 마음만 앞세운 채, 눈물로 범벅이 된 그 파트너를 떠났다. 강습을 진행하던 선생이 모든 강습생들에게 파트너를 바꾸라고 했던 것이다. 당시를 회상하면서 립시는 다음과 같이 말한다.

"선생이 '이성 파트너를 선택하는 게 좋겠습니다'라고 하는 말을 듣고 나는 매력적인 여성을 파트너로 찾았습니다."

워런은 뭘 어떻게 해야 할지 모르는 표정으로 멀뚱하게 서 있었다. 계속해서 립시는 다음과 같이 말했다.

"워런은 아주 뚱뚱한 여자와 파트너가 되었습니다."

그 여자는 무무(하와이 전통 의상으로 화려한 무늬의 헐거운 드레스―옮긴이)를 입었고, 몸무게는 180킬로그램이 넘을 것 같았습니다. 나는 그 여자와 마주보며 마룻바닥에 앉았습니다. 선생이 나한테 이러더군요. '이 여자분이 선생님에게 몸무게의 선물을 줄 것입니다'라고요. 그게 무슨 뜻인지 곧 알았습니다. 그 여자가 나를 깔고 앉았습니다. 으아아! 거대한 고래가 주는 선물은 끝없이 계속 이어졌습니다.

한편 다른 곳에서는 사람들을 개처럼 짖어대게 하고 있었습니다. 도티의 목소리가 들렸어요. 너무도 긴장해서 다른 사람에게 인사도 잘 하지 못하던 도티가 필사적으로 짖어대려고 하더군요.

강습은 눈을 가린 채 다른 사람에게 이끌려 링컨 거리를 걷는 프로그램으로 이어졌다. 감각이 박탈되었을 때를 경험하기 위한 프로그램이었다. 이 프로그램을 끝으로 수지와 스탠은 강습을 계속 듣는 걸 포기했다. 그리고 모두 다 함께 극장으로 달아나서 '신경과민의 연애'를 다룬 〈애니 홀Annie Hall〉(우디 앨런 감독 및 주연의 1977년 영화 – 옮긴이)을 보았다. 당시 상황을 립시는 다음과 같이 회상한다.

"우리는 그 주말의 나머지 시간을 튀긴 음식과 아이스크림선디를 마음껏 먹으면서 보냈죠."

1977년 여름, 워런이 다시 뉴욕에 있는 케이 그레이엄의 아파트에서 장시간 브리지 게임을 하면서 보낼 때 수지는 낮이나 밤이나 집 바깥으로 나돌았다.

호위는 그해 8월에 마르시아 수 던컨과 결혼했다. 신부의 아버지는, 땅 파는 일을 직업으로 가지고 있으며 어디를 가든 픽업트럭에 거대한 털북숭이 개 두 마리를 짐칸에 태우고 다니는 남자와 결혼하면 불행할 것이라면서 딸의 결혼을 반대했다. 케이는 신혼부부에게 선물을 보냈는데, 한참 뒤에 워런에게 전화해서는 호위가 고맙다는 편지에서 무려 세 단어나 철자를 틀리게 썼다면서 분개했다.

노동절 주말에 수지는 오마하에서 마지막 공연을 했다. 장소는 오피엄 극장Orpheum Theater이었고, 싱어송라이터인 폴 윌리엄스의 개막 공연 자리였다. 분홍색 시폰 가운을 입은 수지는 부드러운 콘트랄토

(여성의 가장 낮은 음—옮긴이) 음으로 미소를 지으며 낭만적인 재즈 발라드를 불러 청중을 완전히 매혹시켰다. 따뜻한 꿀처럼 '나른하면서도 감각적'이었다. 수지는 또 관객석으로 다가가서 "자, 우리 다 함께 사랑에 빠진 사람이 되어요"라는 말도 했다.[35] 하지만 오마하처럼 작고 말이 많은 도시에서는 이런 발언이 와전되기 십상이었다.

그해 가을에 수지는 자기 인생이 엉망진창되어 버렸음을 깨닫기 시작했다. 수지는 새벽 4시까지 바깥으로 나돌았다. 포르셰의 라디오를 최대 음량으로 틀고서 워런과 결혼한 뒤 첫날밤을 보냈던 와후까지 자동차를 몰고 갔다가 동이 틀 무렵에야 쓸쓸하고 외로운 집으로 돌아왔던 것이다.[36]

수지는 온 힘을 다해 사람들에게 자기 영혼을 내놓았다. 공황 상태에 빠진 수지는 사람들에게 자기 문제를 들이댔다. 친구들은 수지가 안고 있는 고뇌를 공원 벤치에 앉아서, 산책을 하며, 멀리 자동차를 타고 드라이브를 하며 들었다. 수지는 일부 돈을 한데 모았으며 이 돈을 친구들에게 맡아달라면서 나눠주었다. 마치 탈출을 계획하는 사람 같았다. 또 버크셔 해서웨이 사무실로 찾아가 테니스 친구였던 댄 그로스먼을 만나서는 흐느껴 울면서 조언을 구했다. 그로스먼의 방과 나란히 붙어 있던 워런의 방에 워런이 있었지만 그는 이런 일이 있는지도 몰랐다.

수지는, 미몽에서 깨어난 아내의 은밀한 열망과 워런의 문제 많은 결혼 생활에 대해서 워런이 아는 것보다 더 많은 내용을 사람들에게 알려주면서 그 사람들에게 어떤 다짐을 받았다. 적어도 그렇게 보였다. 수지는 한 친구에게 이렇게 말했다. "워런에게는 이런 말을 하면 안 돼, 한 남자를 사랑한다면 그 사람에게 그런 식으로 상처를 줄 수는 없잖아. 워런은 이 사실을 알면 자살할지도 몰라."[37]

수지는 사람들에게 많은 영향력을 행사했다. 또 그 사람들에게 많

은 사랑을 받았다. 워런이 아내에게 얼마나 헌신적이었는지는 너무
도 분명했다. 수지는 자기가 없으면 워런은 무엇을 어떻게 해야 할지
모르는 무력한 존재가 되고 만다고 생각하게끔 모든 사람들의 생각
을 완벽하게 개조했다. 따라서 사람들은 수지가 자기들에게 지우는
짐을 받아들였다. 어떤 사람들은 자동적으로 그 짐을 받아들였고, 어
떤 사람들은 충성심에서 그 짐을 받아들였으며, 또 어떤 사람들은 수
지의 논리 속에 허점들이 있다는 사실을 어렴풋이 인식하면서 불편
한 심정으로 그 짐을 받아들였다. 이 사람들은 모두 워런이 쉽게 상
처를 받을 수 있다는 명목으로, 수지가 비밀을 잘 간직하도록 자기들
도 책임을 다해야 한다고 느꼈다.

그해 가을, 이제 보통 '버핏 그룹'이라는 명칭으로 불리던 그레이
엄 그룹이 모임을 가졌던 애리조나의 '가디너스 테니스 랜치Gardiner's
Tennis Ranch'에서는 잘못된 일이라고는 아무것도 일어나지 않았다. 이
그룹에 속한 사람들 대부분은 워런과 수지가 각자 다른 삶을 사는
애정 넘치는 부부로 이미 오래전부터 인정하고 있었다. 그해에도 수
지는 여느 때와 다름없이 다른 아내들과 함께 그 모임에 참석했다.
빌 루안은 워런이 〈포천〉에 쓴 기사 '인플레이션이 지분 투자자를 어
떻게 속이는가How Inflation Swindles Equity Investor'[38]를 내놓았다. 워런은 주
식, 특히 비용이 증가하면 거기에 따라서 제품의 가격을 올릴 수 있
는 회사의 주식은 인플레이션을 대비하는 최상의 대비책이라고 설
명했다. 하지만 이 주식의 가치도 심각한 인플레이션 상황에서는 어
쩔 수 없이 잠식되고 마는데, 이런 문제를 워런은 '거대한 기업 촌충'
이라고 표현했다.[39] 회원들끼리 친목을 다지는 시간에 마셜 와인버그
는 버핏 부부에게 아메리칸 인디언 보호구역에서 살고 또 거기에서
일하는 자기 조카 이야기를 했다. 그러자 수지가 감탄하며 말했다.

"맞다! 나도 그런 일 하고 싶어요! 그렇게 소박하게 살면서 보호

구역에서 사는 가난한 사람들을 돕는 건 정말 멋질 것 같아요!"

워런은 수지를 바라보며 무표정한 얼굴로 이렇게 말했다.

"내가 하나 사줄게."⁴⁰

마흔일곱 살의 워런은 자기가 가지고 싶다고 상상했던 모든 것을 이미 손에 넣었다. 그는 재산이 7,200만 달러나 되었고 자산 가치 1억 3,500만 달러의 회사를 운영하고 있었다.⁴¹ 그의 신문사는 언론계 최고의 상을 두 번이나 받았다. 그는 오마하의 유력 인사로 꼽혔으며, 전국적으로도 명성을 쌓아가고 있었다. 유력한 지방 은행 하나와 〈워싱턴 포스트〉 그리고 수많은 기업들의 이사회에 참석했다. 세 개 회사의 CEO를 경험했으며 대부분의 사람들이 평생 동안 입에 올릴 수 있는 것보다 더 많은 주식을 성공적으로 사고 또 팔았다. 맨 처음 그를 믿고 투자금을 맡겨준 사람들은 지금 다들 거부가 되어 있었다.

현재의 삶을 조금도 바꾸지 않은 채 짜릿한 긴장감을 느끼기 위해서 계속해서 돈을 버는 게 그가 원하는 전부였다. 자기가 돈에 사로잡혀 있다고 수지가 생각한다는 것도 알았다. 하지만 수지는 아니 수지와 워런 두 사람은, 서로가 가지고 있는 차이를 존중하면서 함께 하나의 '팀'으로서 사는 각자의 삶을 25년 동안 무리 없이 살아왔었다. 적어도 워런이 보기에는 그랬다.

버핏 그룹의 모임이 끝난 뒤에 수지는 고등학교 때 친구를 만나러 샌프란시스코에 가서 너덧 주 머물렀다. 꼬리에 꼬리를 물고 새로운 사람을 계속 만났던 까닭에 수지는 샌프란시스코에 계속 붙잡혀 있었다. 한편 도티 언니의 아들인 빌리 로저스가 음악 때문에 태평양 연안으로 와서 살고 있었다. 수지는 이 조카에게, 만일 마약을 끊으려고 한다면 자기가 할 수 있는 일은 뭐든 다 해서 돕겠다고 약속했었다. 이런 조카를 캘리포니아에 혼자 두기가 걱정스러웠다. 힐턴 비알렉과 새로 결혼한 버티 버핏도 샌프란시스코와 인근의 카멜에 살았다. 립시 부부도 샌프란시스코로 이사할까 생각하고 있었다. 남편과 사별한 수지의 오랜 친구 래키(라켈의 애칭 - 옮긴이) 뉴먼도 거기에 살았다. 수지 주니어와 그녀의 남편은 로스앤젤레스에 살았다. 점점 더 수지에게 마음의 의지가 되었던 막내 피터는 이제 팰로앨토의 스탠퍼드대학교에서 2학년 생활을 보내고 있었다. 게다가 수지와 워런은 이미 캘리포니아에 기지를 마련해 두고 있었다. 로스앤젤레스 남쪽의 에메랄드 베이에 있던 별장이었다. 그러니 다시 네브래스카로 돌아가고 싶은 마음은 점점 줄어들 수밖에 없었다. 오마하에 있는 집은 유령이라도 나올 듯이 으스스했다. 피터가 대학에 다닌다고 집을 떠나자마자 반려견 해밀턴도 달아나서 피터의 친구 집에서 살았다.[42]

샌프란시스코에 내쳐 머물면서 수지는 이 도시가 매우 아름답고 창조적이며 활력이 넘친다는 사실을 깨달았다. 샌프란시스코의 어떤 구릉지에서 보더라도 바다와 만(灣)과 여러 다리들, 석양과 지그재그로 줄지어 늘어선 빅토리아 시대의 가옥들이 반기며 손을 흔들었다. 한데 뒤섞인 온갖 다양한 인종과 민족과 건축물과 문화와 미술과 음악은, 샌프란시스코에서는 아무리 오래 있어도 지루하지 않을 거라고 속삭였다. 샌프란시스코의 기온은 섭씨 43도를 넘어간 적이 한 번도 없었다. 폐를 타고 들어오는 시원한 공기는 깨끗하고 자유로운 느낌이었다. 자발적이고 열기 넘치며 어떤 사람과도 함께 무엇이든 할 수 있을 것 같은 1970년대 분위기 속에서 샌프란시스코는 의식을 확장시키는 쾌락주의적 정신주의의 수도였으며, 사람들이 서로를 자기 기준으로 판단하고 비판하지 않는 관용의 땅이었다.

수지는 아파트들을 몇 개 둘러보았다. 그리고 오마하로 돌아와서 예전에 노래 불렀던 프렌치 카페에 가서 애스트리드 멩크스와 이야기를 나누었다. 애스트리드는 월요일 밤마다 그 카페에서 지배인 일을 했으며, 또 그곳의 와인 담당 웨이터이기도 했고 주방장이기도 했다. 두 사람 사이는 우호적이었다. 애스트리드는 수지가 거기에서 공연할 때 연주 도중에 차를 내주기도 했다. 또 그해에 미국에 새로 부임한 영국 대사 피터 제이가 오마하를 방문했을 때 버핏 부부의 집에 가서 음식을 만들어 주기도 했었다. 버핏 부부의 식성을 알고 있는 애스트리드는 프라이드치킨과 으깬 감자, 고깃국물, 알을 뜯어내지 않은 상태의 옥수수, 아이스크림선디 등 워런이 좋아하는 탄수화물 가득한 음식으로 영국 대사를 즐겁게 하거나 떨떠름하게 했을 것이다.

수지는 애스트리드에게 워런을 살펴봐 줄 것과 이따금씩 음식을 만들어 주면 좋겠다고 부탁했다. 워런에게는 샌프란시스코에 갈 때마다 쓸 수 있도록 놉 힐에 있는 그래머시 타워에 작은 방 하나를 얻고 싶다고 했다.

워런은 자기가 원하는 내용만 들으려 하고 그렇지 않은 건 들으려하지 않은 경향이 있었다. 수지는 자기가 워런을 버리고 떠날 생각이 없다고 설명했고, 이런 내용을 워런은 자기 편한 대로 받아들였다. 우리는 '갈라서는 것'이 아니다, 우리는 예전과 다름없이 여전히 부부로 남는다, 설령 내가 샌프란시스코에 나 혼자만의 공간을 마련한다 하더라도 바뀌는 건 아무것도 없다, 나는 단지 미술품과 음악과 극장으로 가득한 도시에 살고 싶을 뿐이다, 라는 말로 수지는 워런을 설득했다. 두 사람의 생활은 이미 전혀 다르게 진행되고 있었다. 어쨌든 두 사람 다 여행을 수시로 다녔기 때문에 워런은 이런 상황을 거의 깨닫지 못했다. 아이들도 이제 다 커서 각자 제 갈 길을 가고 있으니 수지도 자기가 하고 싶은 걸 할 때가 되었다. 수지는 워런에게 계속 졸라댔다.

"우리는 둘 다, 우리 둘 다 말이에요, 각자 필요로 하는 게 있잖아요."

적어도 그것만큼은 확실히 틀린 말이 아니었다.

수지는 완전히 떠나려는 게 아니었습니다, 이게 중요합니다. 그저 변화를 바랐던 겁니다.

수지가 여행을 다니면서 워런에게 여기를 사고 싶다 혹은 저기를 사고 싶다는 말을 숱하게 했지만, 워런은 수지가 자기 곁을 떠나려 한다는 생각은 단 한 번도 하지 않았다. 그런 생각이 단 한 번도 머리에 떠오른 적이 없었다. '변화를 바란다'느니 '완전히 떠나는 게 아니다'느니 하는 말들은 두 사람이 어느 누구도 실망시키지 않으려고 썼던 워런 버핏다운 모호한 표현이었다.

이렇게 수지는 떠났다.

수지는 친구인 벨라 아이젠버그와 함께 몇 주 동안 유럽 여행을 했다. 크리스마스 때는 가족과 함께 지내려고 에메랄드 베이로 돌아왔지만 곧 다시 유럽으로 돌아가서, 친구 래키 뉴먼의 아들 톰 뉴먼과 파리에서 만났다. 톰은 곧 샌프란시스코의 새 집에서 자기 어머니와 함께 살 계획이었는데, 수지와 톰은 친구 사이로 가까워졌다.[43] 그런데 시간이 갈수록, 샌프란시스코에 자기만의 공간을 가진다는 의미가 이따금 한 주씩 탈출할 수 있는 임시적인 거처를 임대한다는 게 아니라는 생각이 수지에게 점점 또렷하게 다가섰다. 워런은 수지 없이 혼자 살기가 무척 힘들었다. 결국 보다 못한 수지 주니어가 아버지를 도우려고 두 주 동안 오마하에 왔다. 사이키델릭 록밴드인 퀵실버 메신저 서비스를 동원한 결혼식 이후로 수지 주니어는, 수지에게 전화를 걸어서 눈물로 하소연하는 게 일이었다. 자기 결혼 생활을 옭아매고 있던 관습의 굴레에서 벗어나던 시기에 서 있던 수지는, 딸에게 잘못된 결혼이라면 어서 그 결혼을 끝내라고 따뜻하게 충고하며 격려했다. 한편 수지 주니어는 수지 없는 생활에 답답해하던 워런에게, 워런과 수지가 많은 시간을 각자 따로 보냈다는 사실을 놓고 볼 때 앞으로 달라질 건 그리 많지 않다고 설명했다. 하지만 워런은 자기와 수지가 실질적으로 따로 떨어져서 살 거라고는 상상해 본 적이 없었다. 워런의 마음속에서 수지는 워런을 위해 사는 존재였다. 수지는 예전에 둘이 함께 살 때와 전혀 다르지 않게 행동했다. 그건 분명했다. 그랬기 때문에, 수지가 자기 인생을 살고 싶어 하지 언제까지고 남편인 자기를 위해서 살려고 하지는 않을 것이라는 생각은, 워런으로서는 좀처럼 이해하기 힘들었다.

수지와 워런은 전화로 몇 시간씩 통화했다. 이제 워런도 모든 상황을 파악했기 때문에 수지가 다시 돌아오겠다고 한다면 무슨 부탁을 하든 어떤 요구를 하든 다 들어줄 수 있었다. 어떤 조건도 받아들일 수 있었다. 캘리포니아로 이사할 수도 있었고, 사교춤을 배우러 다닐 수도 있었다. 하지만 이미 늦었다. 부인할 수 없는 사실이었다. 수지가 원하는 걸 워런은 줄 수 없었다. 그게 무엇이 되었든 간에…… 그것을 수지는 자신의 자유, 혼자 있을 수 있고 자기에게 필요한 것들을 충족시키며 자기 자신의 정체성을 찾아야 할 필요성이라는 말로 설명했다. 이런 일을 온종일 워런의 뒤치다꺼리를 하면서는 할 수 없었던 것이다. 그러니 워런은 하릴없이 집 안을 어슬렁거릴 수밖에 없었다. 제대로 챙겨 먹지도 못했고 챙겨서 입지도 못했다. 그럴 능력이 워런에게는 없었다. 사무실에 출근했지만 거의 매일같이 맹렬한 두통에 시달렸다. 직원들 앞에서는 태연하게 아무렇지 않은 척했지만, 밤새 한잠도 자지 못한 티가 역력했다. 워런은 날마다 수지에게 전화해서 우는 소리를 했다. 어떤 사람은 워런의 이런 모습을 회상하면서 다음과 같이 말했다.

"두 사람은 함께 살 수도 없었고 또 떨어져서 살 수도 없는 것 같았습니다."

남편이 무기력하게 망가지는 걸 보고 흔들린 수지는 오마하로 돌아가야 할 것 같다는 말을 친구에게 하기도 했다. 하지만 실제로 그렇게 하지는 않았다. 두 사람 다 각자 필요한 것들이 있었다. 수지가 필요로 했던 것 가운데 하나는 수지의 테니스 코치를 샌프란시스코로 이주시키는 것이었다. 수지는 자기 아파트에서 멀지 않은 곳에 작은 아파트를 마련해서 그를 그곳에 들어가게 했다. 테니스 코치는 이것이 일시적인 조치이며 수지가 이혼하면 자기들은 결혼할 것이라고 생각했다.[44]

하지만 수지는 미적거리면서 이혼할 움직임을 보이지 않았다.

"워런도 그렇고 나도 그렇지만, 아무것도 잃고 싶지 않아요."

앞으로 어떻게 할 것이냐고 물었던 한 친구에게 수지가 대답한 말이었다. 수지가 하는 말은 금전적인 문제가 아니었다. 돈이라면 자기 명의로 된 버크셔 해서웨이 주식으로 충분히 많이 가지고 있었다. 자기 인생에서 어떤 것이든 빼고 싶은 마음은 조금도 없고 언제나 더 많이 채우려는 사람들이 있다. 수지가 바로 이런 부류였다. 이런 관점에서 수지는 조금도 비켜서지 않았다.

그러는 한편, 수지는 프렌치 카페의 애스트리드 멩크스에게 수도 없이 전화를 걸었다.

"아직도 워런에게 전화하지 않았나요?"[45]

수지는 자기가 목표로 삼은 대상에 대해서 잘 알고 있었다. 애스트리드 비아테 멩크스는 '러시아가 라트비아를 점령할 때 그녀의 부모가 걸어서 라트비아를 빠져나온' 이후인 1946년 서독에서 태어났다. 그리고 다섯 살 때, 부모와 다섯 명의 형제자매와 함께 부서진 전함을 개조한 배를 타고 미국으로 이주했다. 미국 땅에서 그녀가 맨 처음 본 것은 배가 항구에 다가갈 때 짙은 안개 속에서 서서히 다가서던 거대한 물체, 자유의 여신상이었다.

멩크스 가족은 후원자의 도움을 받아서 네브래스카의 버델에 정착해 농가에서 살았다. 전기도 없었고 배불뚝이 난로만 하나 있었을 뿐 달리 난방 시설도 없었다. 애스트리드가 여섯 살 때 가족은 오마하로 이사했다. 그 직후 어머니가 유방암 진단을 받았고, 애스트리드와 두 남동생은 오마하에서 루터 교회의 여신도들이 운영하던 다목적 시설인 '임마누엘 여신도 회관'으로 들어갔다. 은퇴자의 집, 고아원, 병원, 교회, 오락시설 등을 모두 아우르는 시설이었다. 영어를 거의 할 줄 몰랐던 그녀의 아버지는 운동장을 보수하는 일을 했고 아이들은 고아원에서 기거했다. 애스트리드의 어머니는 1954년에 사망했다. 그리고 열세 살이 되었을 때 애스트리드는 위탁 가정 세 곳을 전전했다. 당시를 회상하면서 그녀는 다음과 같이 말한다.

"위탁 가정에서 좋은 기억은 별로 없었다고 말씀드릴 수 있네요. 고아원에 있을 때 마음이 더 편안했습니다."

그녀는 고등학교를 졸업하고 네브래스카대학교에 입학했다. 하지만 돈이 떨어지자 더는 대학교에 다닐 수 없었고 보험 및 금융업체인 '뮤추얼 오브 오마하Mutual of Omaha'에서 잠시 일한 뒤 여성 의류점에서 구매 책임자 겸 매니저로 일했다. 정작 본인은 싸구려 옷을 파는 가게에서 옷을 사 입었다. 그러다가 여러 식당에서 차가운 요리 전문 요리사로 일하면서 20킬로그램 가까이 되는 주키니호박을 썰고 차가운 음식을 만들었다. 직장에서 가까운 올드 마켓(네브래스카 시내의 한 지명 이름. 식당과 화랑 및 상가가 많다-옮긴이)의 한 작은 아파트에서 기거했는데, 집에서 직장까지 거리가 가까워서 좋았다. 그녀의 삭아 빠진 시보레 베가 자동차의 바닥에는 구멍이 뚫려서 차 안에서도 길바닥이 훤히 보였다.[46]

애스트리드는 무일푼이었지만 날마다 고급스럽게 바뀌어 가는 그 지역에 드나드는 사람들을 거의 다 알았다. 그녀는 예술가 지망생들, 방황하는 독신자들, 동성애자들이 연말연시 연회나 식사 모임을 열려고 할 때 기꺼이 나서서 도움을 주는 식당 관계자이기도 했다. 골격이 작고 피부가 하얗고 얼음처럼 차가운 빛이 감도는 금발과 세련된 자태를 지닌 그녀는 온갖 역경을 딛고 일어서는 북유럽의 미인을 연상시켰다. 때로는 서른한 살이라는 나이보다 훨씬 어리게 보였다. 늘 자기 인생의 난관들을 무시하고 가볍게 여기며 살았던 그녀였지만 수지 버핏이 그녀를 만났을 즈음에는 무척 우울하고 공허한 상태였다. 누군가 보살핌이 필요한 사람이 자기 앞에 있을 때[47] 수지는 언제라도 더 수지다울 수 있었다.

수지가 워런에게 전화하라며 줄기차게 졸라대는 상황에서도 애스트리드는 수지가 자기에게 무엇을 원하는지 정확하게 알지 못했다. 그래서 막연히 두려웠다. 하지만 결국 그녀는 전화를 했다.[48] 음식을 만들어 주기 위해 찾아간 집은 책과 신문과 온갖 보고서들로 가득 차 있는 동굴 같았다. 여자의 도움을 받지 않고는 일상적인 생활을 할 수 없었던 워런은 애정에 목말라 있었다. 수지의 언니인 도티를 데리고 극장에 가거나 이혼녀인 루시 머치모어나 가족들끼리 친한 사람들과 함께 많은 시간을 보내면서 공허한 마음을 달랬지만, 그것만으로는 부족했다. 그는 여전히 외롭고 가여운 남자였다. 정서적으로는 열한 살짜리 소년으로 퇴행해 있었다. 그에게는 따뜻한 보살핌이 절실하게 필요했다. 그가 입고 있는 옷도 엉망이었다.

애스트리드는 숫기라고는 전혀 없는 여자였다. 하지만 그런 상황에 맞닥뜨리자 수지가 진작 예측했던 대로 행동했다. 워런은 결국 나중에 수지가 왜 그런 방식으로 자기를 떠났는지 설명했다.

막을 수 있는 일이었습니다. 일어나지 말았어야 할 일이 일어났던 겁니다. 내 최대 실수였습니다. 근본적으로, 수지가 내 곁을 떠나버리게 만든 건 내 인생에서 가장 큰 실수로 남을 것입니다.

사실 이해하지 못할 문제는 아닙니다. 95퍼센트가 내 잘못이었습니다. 여기에 대해서는 의심할 여지가 없습니다. 어쩌면 99퍼센트였을지도 모르죠. 나는 수지에게 주파수를 맞추고 있지 않았습니다. 수지는 언제나 나한테 정확하게 주파수를 맞추고 있었는데 말입니다. 수지의 주파수는 언제나 내 쪽에 맞추어져 있었습니다. 거의 언제나 그랬습니다. 알다시피 내가 하는 일은 언제나 점점 더, 점점 더 흥미진진하게 전개되지 않았습니까. 수지가 떠났을 때, 내가 응당 그녀를 원한다는 걸 느끼게 해주지 못한 겁니다. 이러다 보니 인생의 동반자가 뒷전으로 밀리고 만 겁니다. 오랜 세월 수지는 내가 사람 노릇을 하도록 붙잡아 줬습니다. 아이들을 키운 것도 90퍼센트가 수지였습니다. 물론 당연히 이상하게 들리겠지만, 나도 아이들에게 상당한 영향을 미쳤다고 생각합니다. 그 영향이란 아이들에게 내준 시간에 비례한 게 아니지만 말입니다. 아이들이 다 자랐을 때, 수지는 사실상 자기 일을 잃어버리고 말았습니다.

어떤 점에서 보자면, 수지도 자기가 하고 싶은 일을 할 때였습니다. 수지는 그때까지 살면서 봉사활동을 무척 많이 했습니다만, 결국에는 이런 일도 소용이 없었던 겁니다. 내로라하는 사람들의 부인들이 보통 그렇듯이 내가 아무개라는 거물 인사의 부인입네 하고 거들먹거리며 살기를 수지는 바라지 않았습니다. 수지는 사람들과 교제하는 걸 좋아하고, 모든 사람들이 수지와 교제를 합니다.

수지는 나를 사랑했습니다. 지금도 여전히 나를 사랑합니다. 우리 두 사람 사이의 관계는 믿을 수 없을 정도입니다. 하지만 그래도……그 일은 일어나지 말았어야 했습니다. 전적으로 내 잘못이었습니다.

상처가 아무리 크고 또 그 이유가 아무리 심오한 것이라 하더라도 하루하루가 지나면서 워런은 자기가 아직 살아 있음을 깨달았다. 그리고 자기가 가장 잘할 수 있는 한 가지 역할, 즉 교사의 역할 혹은 강연자의 역할을 하는 것으로 돌아갔다. 두뇌가 살아 있고 명성이 꺼지지 않는 한 사람들은 그가 하는 말에 귀를 기울일 것이었다.

1978년 겨울, 그는 다시 힘을 모아 연례 주주 서한 집필에 나섰다. 예전에 썼던 편지들은 회사가 혹은 투자 사업이 어떻게 돌아가는지 간략하게 보고하는 차원으로 정보 전달 위주였다. 하지만 이제 그는 경영의 성과를 어떻게 측정해야 하는지를 주제로 하는 강의, 투자 여부를 결정하는 데 단기 수익률은 좋은 판단 근거가 되지 못한다는 설명, 보험 사업에 대한 길고 긴 분석, 톰 머피가 캐피털 시티즈를 운영하면서 보여주는 수완에 대한 찬가 등을 담은 초안을 만들었다. 당시 그가 느끼던 절박함의 깊이는 헤아릴 수 없을 정도로 깊었다. 그는 캐럴 루미스에게 동행을 부탁했다. 구실은 전문 편집자의 관점에서 편지를 검토해 달라는 것이었다. 그녀는 뉴욕으로 가는 몇 시간 동안 그의 말벗이 되어 그와 함께 토론했다. 토론 주제는, 변함없이 자기 곁을 지키며 여전히 자기를 믿어주는 사람들, 즉 버크셔 해서웨이의 주주들에게 그 가르침을 어떻게 하면 제대로 전달할 것인가였다.[49]

1등상

1978년 초, 애스트리드 멩크스는 수지의 격려에 힘입어 이따금씩 워런이 혼자 있는 집으로 가서 음식을 만들어 주는 등 워런의 뒷바라지를 하게 되었다. 수지는 전화해서 워런을 돌봐줘서 정말 고맙다면서 애스트리드를 격려하고 응원했다. 워런은 수지가 이제 다시는 자기에게 돌아오지 않을 것이라는 사실을 인정하기 시작했다. 그러면서 워런과 애스트리드는 점차 특별한 관계로 발전했다.

처음에 두 사람은 낡은 철물점 지구에 있는 애스트리드의 집에서 시간을 보냈다. 5월에, 애스트리드는 영업이 모두 끝난 시각이면 오마하의 가난한 예술가들이 아지트로 삼아 드나들던 시내의 아파트는 내줘버리고 워런이 살던 집으로 들어갔다. 그해 여름 피터가 방학을 맞아 스탠퍼드대학교에서 집으로 와 있을 무렵에, 애스트리드는 파남가의 집 텃밭에서 토마토를 기르며 1갤런(약 3.785리터 – 옮긴이)에 35센트짜리 펩시콜라를 집으로 사다 나르고 있었다. 당시를 회상하면서 애스트리드는 다음과 같이 말한다.

"여러 달이 지나고 보니 언제부턴가 그렇게 되어 있더라고요. 그런 변화에 대해서 한 번도 진지하게 생각해 보지 않았습니다."[1]

그녀와 알고 지냈던 한 지인도 언제부턴가 애스트리드가 시내에서 '사라지고 없더라'고 말한다.[2] 워런의 친구들은 두 사람 사이를 알고는 깜짝 놀랐다. 애스트리드 맹크스는 워런보다 열여섯 살이나 어렸고 블루칼라 종사자였기 때문이다. 하지만 그녀는 워런이 알지 못했던 고급 프랑스 요리와 고급 와인을 잘 알았다. 바닷가재용 포크를 비롯해 요리사가 쓰는 칼의 종류로 어떤 것들이 있는지 잘 알았다. 수지는 최신식 물건들을 좋아해서 언제나 이런 물건들만 샀지만, 애스트리드는 싸게 파는 오래된 물건을 찾아서 중고품 가게나 고물상을 뒤졌다. 그녀는 무슨 물건이든 될 수 있으면 싼 가격에 알뜰하게 산다는 사실에 자부심을 가졌다. 지나칠 정도로 검소한 바람에 오히려 사람들 눈에는 워런이 게으른 낭비꾼으로 보일 정도였다. 외부 활동이 잦은 수지와 달리 애스트리드는 주로 집에 머무는 스타일이었다. 수지는 끊임없이 소비했고 그녀의 취미도 끊임없이 진화했다. 그러나 이런 수지에 비해 요리를 하고 정원을 가꾸고 싼 물건을 찾아서 돌아다니던 애스트리드의 관심 분야는 매우 좁은 편이었다. 그녀는 겸손했지만 말투가 무뚝뚝했고 직설적이고 도발적인 위트를 가지고 있었다. 장난기와 타인에 대한 온정이 넘치던 수지와는 판이했다. 그녀의 현실적인 태도는 케이 그레이엄의 귀족적인 세련됨과는 극을 달릴 정도로 달랐다.

애스트리드의 출현으로 워런이 주변 사람들과 맺고 있던 인간관계도 크게 바뀌었다. 먼저 레일라의 경우, 비록 자기 아들과 거의 왕래하지 않았고 또 아들에게 전혀 영향을 미치지 않았음에도 불구하고, 종교적인 교의 및 공식적인 예의에 대해서 가지고 있던 생각 때문에 애스트리드와 워런 사이의 관계를 불편하게 받아들였다. 한편 피터는 자기 아버지가 다른 누구와 동반자 관계를 맺기를 간절하게 바란다는 사실을 충분히 인식하고 인정했다. 자기 앞에서 벌어지는 일을 당연한 것으로 받아들이게끔 교육받고 성장했던 그였기에 아버지에게 일어난 변화를 전혀 심각하게 받아들이지 않았다.

그러나 호위는 이 변화에 당혹스러워했다. 또 수지 주니어는 애스트리드의 등장을 계모와 딸 사이의 고전적인 문제로 인식했다. 자기와 아버지 사이에 어떤 장벽 하나가 만들어졌다고 생각했고, 어머니 외의 다른 여자가 자기 아버지에게 충분히 좋은 사람이 될 수도 있다는 것을 인정해야 하는 문제라고 받아들였다. 한편 워런의 사무실을 지키고 그의 전화를 받으며 그의 돈(그리고 이제는 수지의 돈까지)을 관리하던 워런의 친위 대장 글래디스 카이저에게 애스트리드의 출현은 또 하나의 스트레스였다. 글래디스는 이런 일에 무척 분개했다.[3]

수지는 충격을 받았다. 남편에게 자기 두 사람에게는 각자 서로 필요한 것이 있다고 강조했을 때 마음에 두었던 일이 전혀 아니었다. 수지는 워런이 자기에게 의존하는 것은 절대적이라고 생각했다. 워런이 자기 이외의 다른 여자와 어떤 관계를 필요로 할 것이라고는 생각도 하지 않았다. 하지만 예상은 할 수 있는 일이었다. 워런은 일생 동안 완벽한 데이지 메이를 찾아왔었다. 애스트리드는 펩시콜라를 사고 빨래를 하고 집을 돌보고 자기 머리를 쓰다듬어 주고 음식을 만들고 전화를 받고 자기가 필요할 때 동행해 주는 일 등 자기가 원하는 것은 무엇이든 다 했다. 애스트리드는 워런에게 무엇을 하라고 말한 적이 없었다. 함께 있는 것 말고는 보답으로 어떤 것을 요구하지도 않았다. 예전의 데이지 메이였던 수지는 이렇게 끝없이 이어지던 그의 요구에서 벗어날 목적으로(물론 부분적인 목적이긴 했지만) 오마하를 떠났었다. 수지는 워런의 변화에서 받은 충격에 적응하면서 워런과 애스트리드 사이의 관계를 인정했다. 사실 이렇게 함으로써 수지의 새로운 삶은 한결 쉬워졌다. 그러나 수지는 천성적으로 소유욕이 강했다. 비록 수지는 자기가 쏟는 관심은 아무리 여러 가지로 갈리더라도, 워런도 자기처럼 그렇게 관심의 갈래를 나누길 바라지는 않았다. 두 사람의 역할을 새롭게 규정한 것은 워런의 기대가 아니라 수지의 기대에서 비롯된 것이었다.

워런의 일상생활이 균형을 잡아가기 시작했다. 하지만 그 사이에 방에 틀어박혀서 돈을 버는 것이 결코 인생을 제대로 사는 게 아니라는 수지의 주장이 담고 있던 진실을 충격적으로 깨달았다. 그는 이제 자기가 놓쳤던 것을 바라보기 시작했다. 아이들과 사이가 좋았던 시기에 그는 아이들을 충분히 제대로 알지 못했다. "저 사람 누구지? 자네 아들이잖아."[4] 따위의 농담들 뒤에 놓인 현실은 곧, 워런이 이후 수십 년 동안 이런 망가진 인간관계를 회복하려고 노력해야 한다는 사실을 의미했다. 망가진 관계 가운데 많은 것들은 이미 되돌릴 수 없었다. 마흔일곱 살 나이에 그는 이제 자기가 잃어버린 것들을 찬찬히 되짚어 보기 시작한 것이다.[5]

정직을 중요한 덕목으로 여겼던 워런은 애스트리드와 함께 사는 걸 누구에게도 숨기지 않았다. 모든 사람이 이런 사실을 알았다. 딱 한 사람, 수지의 아버지인 톰슨 박사는 예외였다. 수지와 애스트리드는, 단지 서로를 좋아한다고만 말하면서 그 상황에 대해서는 입을 다물었다. 워런은 딱 한 차례 공식적인 해명을 했다. 내용은 이랬다.

만일 관련된 사람들을 당신이 안다면, 이 상황이 우리 모두에게 가장 바람직하다는 사실을 인정할 겁니다.

이건 사실이었다. 적어도 다른 가능한 대안들을 놓고 비교할 때 그랬다. 어떤 점에서 보면 이런 상황은, 워런이 우상으로 삼았던 인물인 벤 그레이엄의 생활과 닮은 점이 있다.

1960년대 중반에 벤저민 그레이엄은 자기 아내 에스티에게 특이한 제안 한 가지를 했었다. 앞으로 인생의 반은 죽은 아들 뉴턴의 여자친구였던 마리 루이즈 아멩그 혹은 말루(그레이엄 가족은 'ML'이라고 불렀다)와 함께 살고 반은 에스티와 살겠다고 했던 것이다. 그레이엄은 에스티와 살면서 늘 그런 식으로 전통적인 개념의 결혼 생활을 무시했다. 하지만 에스티도 더는 참지 못했다. 그녀는 남편의 제안을 거부했고, 그 뒤로 두 사람은 따로 살았으나 이혼은 하지 않았다. 벤과 ML은 캘리포니아의 라 호야에 살면서 일 년 가운데 일정 기간을 프랑스 엑상프로방스에서 보냈다. 에스티는 비벌리힐스에 살았다. 벤은 에스티를 전적으로 우호적으로 생각했다. ML 역시 결혼하지 않고 벤과 사는 데 만족했다.[6]

벤저민 그레이엄은 명목적이긴 하지만 두 사람과 동시에 관계를 유지했었다. 워런은 이런 스승의 모습을 흉내 내려고 노력하지 않았다. 그는 두 사람의 아내를 원하지 않았다. 수지와 애스트리드 두 사람과의 관계를 설명하는 것은 워런에게 상당히 피곤한 일이었다.

많은 세월이 지난 뒤에 그는 이것을 다음과 같이 설명했다.

수지는 나를 제대로 된 사람이 되도록 보살폈고, 애스트리드는 나를 제대로 된 사람으로 유지시켜 줍니다. 두 사람 다 베풀어 주고 싶은 어떤 욕구, 필요성을 가지고 있습니다. 나는 전적으로 이런 베풂을 받는 사람입니다. 두 사람한테는 나와의 이런 주고받는 관계가 통했던 겁니다.[7]

하지만 여러 가지 질문들이 끝도 없이 이어졌다. 그런 상황 및 해결책이 최상이라는 식의 해명은 세 사람 사이 사랑의 삼각관계의 본질적인 문제를 비켜 갔기 때문이다. 사랑의 삼각관계에 놓인 세 사람 사이의 무게중심은 어떤 경우에도 공평할 수 없는 법이다.

이런 특별한 관계의 불공평함은 더욱 증폭되었다. 이들 관계 속에는 두 개의 삼각관계가 존재했다(수지에게 사랑하는 다른 남자가 있었다는 사실을 말한다-옮긴이). 이런 사실을 알고 있던 사람은 세 사람 가운데 한 사람뿐이었다. 진실을 알지 못한 상태에서 워런은 수지가 부당하게 피해를 보는 쪽이라고 생각했다. 그래서 사적으로는 수지를 달래 주었고, 공적인 자리에서도 그녀에게 아낌없이 관심을 쏟았다. 이런 모습을 바라보아야 했던 애스트리드로서는 상처를 받을 수밖에 없었다. 수지를 존경하고 심지어 숭배까지 했던 애스트리드 역시 워런과 마찬가지로 진실을 제대로 알지 못한 상태에서, 워런이 결코 자기와 정식으로 결혼하지 않을 거라 생각하고 또 그 사실을 받아들였다. 그래서 오마하 바깥에서 일어나는 모든 사회적·사업적인 행사들을 수지에게 양보했고, 워런과 수지 사이의 결혼 관계가 가능하면 훼손되지 않도록 자기는 워런의 집을 돌보는 여자 혹은 정부로 불리는 것을 감내해야 했다. 애스트리드로서는 실로 불행한 일이었다. 워런은 나중에 이런 상황을 다음과 같이 합리화했다.

애스트리드는 어느 위치에서 나와 잘 어울리는지 압니다. 자기를 필요로 하는 위치가 어디인지 압니다. 그 위치는 나쁜 자리가 아닙니다.

사실 그녀의 역할이 아무리 협소하게 규정된다 하더라도, 그 역할은 그동안 그녀가 늘 결핍감을 느꼈던 안전함을 완전하게 보장해 주는 것이었다.

이런 변화 속에서 수지는 이타적인 워런 버핏의 부인이라는 후광을 누리면서 동시에 그 역할과 관련 없는 영역에서 자기 삶을 충족시킬 수 있었다. 워런으로서는 두 세상을 통해서 최상의 혜택을 누리는 것처럼 보였다. 하지만 새로 형성된 관계가 워런이 잃은 것을 충분히 보상해 주지는 않았다. 그가 캐서린 그레이엄과 혹은(사람들이 시기를 혼동하는 바람에) 애스트리드와 친밀한 관계를 유지하면서 수지가 바깥으로 내몰릴 수밖에 없었다는 세상 사람들의 따가운 시선을 피할 수 없었던 것이다.

그는 남아 있는 관계들을 유지하려고 필사적으로 노력했다. 수지가 살아 있는 동안, 자기가 예전에 수지를 실망시켰던 것을 보상하기 위해 엄청나게 노력했다. 물론 그렇다고 해서 워런 버핏이라는 인물의 특성이 바뀌지는 않았다. 또한 케이를 그만 만나지도 않았다. 워런은 케이 그레이엄을 오마하로 초대해서 전략공군사령부sac를 방문하게 했다. 이때 아마도 케이를 애스트리드에게 소개한다는 핑계를 댔던 것 같다. 케이는 가장 친한 친구이던 〈워싱턴 포스트〉의 논설위원 메그 그린필드를 대동했다. 이것은 케이가 스스럼없이 인정했던 약점, 즉 남자들이 주변에 있을 때 다른 여자들과 사이가 좋지 않다는 평소의 모습을 자기 스스로 깬 행동이었다.⁸ 워런은, 케이가 모임에서 매력적인 여성을 만나면 "케이의 머리에 맨 먼저 떠오르는 생각은 어떻게 해서 그 여성이 그 자리를 뜨게 할까 하는 것이었습니다"라고 말한다.

워런은 이 사람들을 모두 데리고 스탠 립시와 함께 오마하 클럽에서 저녁을 먹었다. 케이는 워런과 활기찬 대화를 나누었고 메그와 스탠이 이따금씩 두 사람의 대화에 끼어들었다. 애스트리드는 대화에 끼지 않았다. 자기를 내세우는 성격이 아닌 그녀는 그저 홀로 조용히 침묵을 지키고 있었다. 음식을 주문할 때 빼고는 식사 내내 입을 다물었다. 늘 그랬듯이 워런은 케이에게 빠져서 애스트리드에게는 신경도 쓰지 않았다. 식당 안에 있던 한 대형 식탁에서 스물대여섯 명이 시끌벅적하게 생일잔치를 즐기고 있었다. 마침내 이 파티의 참석자들이 둥글게 원을 그리고 일어서서 음악에 맞추어 두 손으로 푸덕푸덕 날갯짓을 하고 꼬리깃을 흔들듯 엉덩이를 흔들며 닭 춤을 추었다. 격식과 예절의 대명사 케이 그레이엄은 '어처구니없다는 표정'으로 이런 모습을 지켜보았다.[9]

그때 이후로 워런은 케이를 언제나 오마하 바깥에서 만났다. 그리고 케이는 워런의 집으로 전화했을 때 애스트리드가 받으면 딱히 뭐라고 할 말이 없었다.[10] 케이는 보통 애스트리드라는 인물이 존재하지 않는 것처럼 행동함으로써 그런 상황을 넘겼다. 딱 한 번 케이는 애스트리드에게 VCR을 어떻게 작동하는지 물었다.[11]

수지와 애스트리드는 기반 자체가 완전히 달랐다. 두 사람은 서로에 대해서 완벽할 정도로 편안했다. 심지어 애스트리드가 샌프란시스코에 가서 수지를 만나기도 했다. 놉 힐에 있던 수지의 작은 방은 십대 소녀의 방 같았다. 온갖 인형들과 베개들, 포스터들, 또 미키마우스 전화기로 장식되어 있었다. 수지는 주방의 수납장을 옷장으로 삼아서 블라우스들을 넣어두고 있었다.[12]

수지는 자기 삶을 그처럼 편안하게 만들어 준 데 대해 애스트리드에게 고마운 마음을 가지고 있었다. 물론 여기에는 조건이 달려 있었다. 애스트리드가 워런 버핏의 아내라는 공식적인 역할을 주장하고 나서지 않아야 한다는 조건이었다. 샌프란시스코로 터전을 옮기는 게 수지에게는 결코 쉬운 일이 아니었다. 소중하게 여기던 수많은 친구들과 대의명분들을 모두 두고 떠나야 했기 때문이다. 그녀는 오마하를 떠나면서 오마하에 커다란 충격파를 던졌다. 센트럴고등학교 미래위원회, 가족계획협회, 도시연맹 및 기타 시민 단체들이 조직을 재구성했으며, 다들 조직의 중심에 커다란 구멍이 뚫린 것 같다는 상실감을 느꼈다. 수지의 친구들과 그녀 주변을 어슬렁거렸던 사람들은 다양한 방식으로 이런 상실감에 대처했다. 어떤 사람들은 버림받았다고 생각했고, 어떤 사람들은 그저 수지를 그리워했다. 어떤 사람들은 샌프란시스코를 두 번째 고향이라고 생각하며 샌프란시스코를 오갔다. 심지어 아예 수지를 따라서 샌프란시스코로 이사한 사람도 둘이나 있었다.[13]

버핏 부부가 친하게 지내던 사람들 가운데 많은 사람들은, 수지가 샌프란시스코에 살아야 하는 이유가 샌프란시스코에 있으면 오마하에서는 누릴 수 없는 보다 풍성한 어떤 예술적인 감성을 누릴 수 있기 때문이라는 설명을 듣고는, 수지가 화랑과 재즈 클럽, 음악회에 다니며 시간을 보내는 모습을 상상했다. 그러나 1970년대 후반의 샌프란시스코는 미국의 파리가 아니었다. 샌프란시스코의 베이 에어리어 해변으로는 베트남 전쟁에서 돌아온 미군 병사들이 득시글거렸다. 이 가운데 많은 장병들이 육체적으로, 정신적으로, 영적으로 상처를 입은 상태였다. 최악의 상흔(傷痕)들이, 헤이트 애슈베리에서 LSD와 마리화나에 취한 히피들이 알몸 수영을 즐기던 시절에서 떨어져 나가 술꾼 및 중독자들과 함께 도시의 길거리에 널부려졌다. 그때까지도 쾌락과 자유로운 성생활과 해방을 찾아서 샌프란시스코로 몰려온 사람들이 있었다. 이 사람들은 길거리의 부랑자들 사이로 섞여들었다. 10년 전에는 자신의 성적 지향을 숨겨오던 동성애자들이 거리로 나섰다. 이들의 자유의 축전은 1976년 금문교 공원에서 있었던 '게이 프라이드 퍼레이드Gay Pride Parade(동성애자 긍지의 행진)'에서 절정을 이루었다. 하지만 애니타 브라이언트라는 플로리다 출신의 가수가 동성애자 추방을 기치로 내걸었고, 이 운동은 곧 전국적으로 확산되었다. 1978년 11월 동성애를 혐오하던 한 공무원이 샌프란시스코의 시장 조지 모스콘과 시정감시관이던 하비 밀크를 살해하는 사건에서 이 운동은 절정을 이루었다.[14] 피고가 심신 상실 상태에서 살해 행위를 했다는 피고 측의 주장을 배심원이 받아들여 일급 살인이 아니라 고의적 과실치사 평결을 내리자, 샌프란시스코 역사상 최악의 폭동 사태가 도시를 뒤덮었다.

수지가 샌프란시스코에서 새로 사귄 친구들 가운데는 동성애자 부부도 있었는데, 이 부부 가운데 한 사람은 오마하에서 마취과 의사로 일하다가 의료 사고를 일으킨 뒤에 오마하를 떠난 인물이었다. 수지가 새로 사귄 친구들로는 이들 외에 음악가들과 미술가들, 가게나 교회에서 만난 사람들, 손톱 손질을 받으면서 알게 된 사람들, 극장이나 빅서에 있던 에설렌 연구소에서 만난 사람들도 있었다. 수지는 곧 많은 사람들과 어울렸다. 이들 가운데 많은 수가 동성애자들이었다. 그녀의 내면에 있던 반골 기질은 샌프란시스코의 들뜬 분위기 속에서 꽃을 피웠다. 새로운 삶을 통해 수지는 해방되었다. 오마하에서 자선 오찬회를 열곤 했던 그녀는 이제 록 콘서트의 무대 뒤편에 있는 듯한 파티를 열었다. 문을 활짝 열고 정열의 축제를 열어 사람들을 초대했다. 하지만 오마하에서 늘 그랬듯이 그녀는 대의명분을 내세워서 다시 한 번 인습 타파에 나섰다. 무료급식소에서 일할 때 그녀는, 동성애자 친구들 가운데 많은 수가 단 한 번도 가져본 적 없는 가슴 따뜻한 어머니가 되어주었다.

수지의 삶 가운데서 워런이 여전히 통제하던 부분은 바로 돈이었다. 그녀는 버크셔 해서웨이 주식을 많이 가지고 있었지만, 워런과 함께 작성했던 조건 탓에 이 주식을 팔 수는 없었다. 수지는 마르크 샤갈의 어떤 그림 한 점에 푹 빠져 있었다. 어떻게든 그 그림을 사서 자신의 작은 집에 걸어놓고 싶어 했다. 하지만 그녀는 그러면 모든 걸 망쳐버릴 거라면서 그럴 수는 없다고 친구에게 말했다. 이 문제에 관한 한 워런 역시 단호하고 명쾌했다.

"나는 당신이 버크셔 해서웨이 주식을 팔지 않으면 좋겠어요."

하지만 워런은 여전히 수지가 지출하는 모든 비용을 부담했다. 비서인 글래디스가 수지가 지출하는 내역을 살피며 수지가 보내는 모든 청구서를 처리했다.

워런은 또한 수지의 부탁을 받아들여서 수지의 친구인 찰스 워싱턴에게 2만 4,900달러를 빌려줬다. 워싱턴은 오마하의 인권 운동 활동가였는데, 수지는 시종일관 무슨 일이 있든 워싱턴을 성원했었다. 워싱턴은 '무엇이 수지로 하여금 노래를 부르게 만들었나?'라는 질문을 던졌던 기자인 일명 '버드' 앨 페이절 앞을 막아서며 수지를 강력하게 옹호하고 또 보호하려고 나섰던 사람들 가운데 한 명이었다. 워런에게, 남에게 돈을 빌려준다는 건 끔찍한 일이었다. 어떻게든 수지를 즐겁게 해주고 싶다는 마음이 없었더라면 절대로 돈을 빌려주지 않았을 것이다. 아니나 다를까, 일곱 달 뒤에 워싱턴은 두 번이나 지불 약속을 어겼다. 워런은 쾌활한 편이었고 화를 내는 적은 거의 없었지만 누군가 돈 문제로 자기를 속이려 한다는 생각이 들 때는 엄청난 고통과 분노를 느껴 눈에 불을 켜고 복수하려 들었다. 사업가적으로 대응한다면 불과 1~2초 안에 그런 감정을 누그러뜨릴 수 있었다. 그러나 이번에는 곧바로 워싱턴을 상대로 소송을 제기해 2만 4,450달러를 돌려받았다.

이 일화는 워런과 수지의 관계가 예전과 달라졌음을 상징한다. 만일 수지가 자기 주식을 팔 생각을 전혀 하지 않는다면 워런이 수지에게 금전 문제로 그처럼 빡빡하게 굴지 않았을 것이다. 워런은 수지에게 정기적으로 용돈을 주었다. 이것 외에도 수지가 청구하는 비용을 모두 지불했다. 자식들이 돈을 필요로 할 때는 워런이 외면했기 때문에 수지가 그 비용을 부담했다. 호위 부부가 자기들이 살 집으로 목조 가옥을 지었는데, 여기에 들어갈 돈을 마련하려고 호위는 자기 몫의 버크셔 해서웨이 주식 일부를 팔아야 했다. 이들 부부는 결혼 생활과 관련된 문제뿐만 아니라 돈 문제를 놓고도 줄다리기를 했다. 당시에 수지는 다음과 같이 불평했다.

"돈을 주지 않겠다고 하니, 정말 너무 심했어요. 워런은 아이들이 사는 집의 천장이 내려앉아도 내버려 둘 테죠. 아이들이 집을 잃어도 내버려 둘 거예요."

하지만 이건 두 사람이 벌인 줄다리기의 단지 한 부분일 뿐이었다. 워런은 수지가 그 비용을 감당할 것임을 알았다. 수지 주니어가 행복하지 않은 결혼 생활로 눈물을 흘릴 때도 수지는 자기 돈을 들여서 딸을 돌봤다. 늘 그랬듯이 수지는 모든 것을 감당하고 책임졌다.

그 모든 것에서 딱 한 가지, 돈은 예외였다. 돈을 버는 건 워런의 몫이었다. 그런데 이 모든 변화와 복잡한 문제들 그리고 수북하게 쌓이는 수지의 청구서들은 버핏 가족의 운수가 하강곡선을 그릴 즈음에 한꺼번에 들이닥쳤다. 수지가 샌프란시스코로 떠날 당시, 워런은 뉴욕의 버펄로에서 두 개의 신문사 사이에 끼여 소송 전쟁을 벌이고 있었다. 평소 같으면 그는 승부욕에 불타 소매를 걷어붙이고 나서서 이런 일을 즐겼을 테지만, 개인적으로 위기 상황을 맞고 있었기 때문에 그 일은 나머지 모든 것들을 전폐하고 고통을 감내하고 매달려야 하는 값비싼 싸움일 뿐이었다.

〈버펄로 이브닝 뉴스Buffalo Evening News〉 싸움은 오랫동안 길게 이어질 전망이었다. 블루칩의 자산 가치를 위협하고 그의 경력에 가장 달갑지 않은 오점으로 남을 수도 있었다. 어떻게 보면, 아주 오래전에 비어트리스라는 작은 도시에서 직면했던 갈등과 매우 흡사한 측면이 있었다. 당시 그는 다시는 그런 문제에 맞닥뜨리지 않겠다고 맹세했었는데, 다시 그런 일이 생긴 것이다.

1977년 봄, 워런과 멍거는 마침내 여러 해 동안 탐색했던 일간 신문사를 인수했다. 인수 가격은 3,550만 달러였고, 당시로서는 그들이 진행한 것들 중에 최대 인수 가격이었다.[15] 녹슬고 얼어붙은 도시 버펄로는 두 사람이 꿈꾸던 단일 신문사가 존재하는 성장하는 마을이 아니었다. 하지만 신문사를 소유하기에는 여전히 좋은 곳이었다. 버펄로의 시민들은 이른 새벽에 공장으로 출근했고 퇴근한 뒤에 신문을 읽었다. 〈버펄로 이브닝 뉴스〉는 경쟁자인 〈쿠리어-익스프레스Courier-Express〉를 압도했는데, 이 허약한 경쟁자는 재정적으로 부실했다. 워런은 신문 산업에서 경쟁과 관련된 이론 하나를 개발해 놓은 상태였다. 근거가 충분한 이론이었다.

케이는 경쟁이 자기들을 더 발전하게 만든다는 말을 늘 했습니다. 나는 이렇게 말했죠. '신문업계에서는 필연적으로 한 마을에 하나의 신문만 존재할 수밖에 없습니다. 덩치가 제일 큰 녀석만 살아남는다는 겁니다. 이 싸움에서 이겨야 합니다. 2등은 필요 없습니다. 2등상 따위는 없다는, 존재하지도 않는다는 말입니다. 결국, 경쟁이라는 게 있을 수가 없습니다. 2등은 살아남지 못하니까요'라고 말입니다.

〈쿠리어-익스프레스〉의 발행인과 직원들 역시 신문업계에서 2등은 존재하지 않는다는 사실을 잘 알고 있었다. 1920년 기준으로 미국의 700개 도시에서 주류 신문은 딱 두 개였다. 1977년까지 이런 신문은 쉰 개가 채 되지 않았다. 평일에 〈버펄로 이브닝 뉴스〉는 〈쿠리어-익스프레스〉보다 두 배 더 팔렸다. 〈쿠리어-익스프레스〉는 버펄로에서 유일하게 발행되던 일요일자 신문으로 명맥을 이어가고 있었다. 이 일요 신문이 신문사 전체 수입의 60퍼센트를 벌어다 주었다.

〈버펄로 이브닝 뉴스〉는 〈워싱턴 포스트〉에 매각 제안을 했지만 거절당했다. 케이 그레이엄은 강력한 노동조합이 있는 또 하나의 신문사를 감당할 수 없었다. 하지만 워런은 노동조합을 두려워하지 않았다.

우리는 그 신문사를 사기 전에 신문사 내의 여러 노동조합과 마주앉아 이렇게 말했습니다. '숱하게 많은 이유들로 해서 우리가 잘못된 길로 들어설 수도 있습니다. 하지만 두 개의 신문사가 있는 마을에서 한 신문사를 죽일 수 있는 확실한 길이 있습니다. 그건 파업이 오래 계속되는 일입니다. 여러분은 이렇게 할 힘을 가지고 있습니다. 만일 여러분이 이렇게 할 경우, 우리는 모두 함께 망할 겁니다. 하지만 우리는 이 위험을 부담할 겁니다. 이런 사실을 여러분이 충분히 이해해 주길 바랍니다. 칼자루를 쥐고 있는 여러분이 그 칼을 휘두른다면 우린 함께 망하고 맙니다'라고요.

워런의 말을 노동조합도 수긍하는 눈치였다.

워런과 멍거가 세운 제국은 이제 5억 달러가 넘는 자산을 가지고 있었으며,[16] 버크셔 해서웨이의 절반 이상과 블루칩의 65퍼센트 이상을 지배했다. 이 두 회사는 내셔널 인뎀너티, 록퍼드 은행, 씨즈캔디, 웨스코 파이낸셜, 〈워싱턴 포스트〉의 지분 10퍼센트, 핑커톤 탐정 사무소의 지분 25퍼센트, 가이코의 지분 15퍼센트 그리고 숱하게 많은 여러 회사의 주식들을 대량으로 가지고 있었다. 마지막으로 워런은 오랫동안 찾았던 일간 지역 신문사 하나를 소유했다.[17]

〈버펄로 이브닝 뉴스〉의 편집장이던 머레이 라이트는 곧바로 주말판 발행 계획을 워런과 상의했다. 전제적이던 전 소유주이자 귀족적인 가문의 상속녀이던 케이트 로빈슨 버틀러가 좋아하지 않았던 계획이었다. 지금은 이미 세상을 떠나고 없는 버틀러 부인은 백발의 머리카락을 크게 부풀린 헤어스타일을 고집했었다. 그녀는 직원들에게 사납게 으르렁거렸으며, 프랑스제 책상을 덮은 가죽 덮개를 주먹으로 내리쳤고, 시대의 흐름에 발맞출 필요성을 전혀 느끼지 않은 채 신문을 발행했다.[18] 그녀가 살던 집은 버펄로에서 유명한 저택이었고 신문사에서 몇 블록 떨어져 있지 않았다. 그녀는 화려한 이 저택에서 신문사까지 롤스로이스 리무진을 타고 다녔으며, 신문사 편집실에서 오가는 이야기보다 유럽 여행에 관심이 더 많았다. 자기 딸의 손을 잡아 줄 왕자를 찾는 게 그녀의 가장 큰 관심사였다.[19]

〈버펄로 이브닝 뉴스〉의 발행인이던 헨리 어번은 버틀러 부인과 원만하게 지냈다. 버틀러 부인이 신문 사설 내용을 놓고 꼬투리를 잡으며 화를 낼 때 그녀를 진정시키는 일이 그가 하던 일 가운데 중요한 부분이었다. 버틀러 부인이 신문사를 경영하면서 초점을 맞추었던 것은 수익을 많이 내는 것이 아니었다. 어번 역시 마찬가지였다.

> 헨리 어번과 같은 멋진 사람은 어디에서도 만나지 못할 겁니다. 하지만 신문 용지 공급업자들과 협상해야 한다는 생각이 이 사람의 머리에 들어 있지 않았습니다. 신문 용지 공급업자들을 찾아가자 마자 그들이 나더러 대뜸 낚시를 좋아하느냐고 묻더군요. 그래서 찰리가 낚시를 좋아하긴 하지만 나는 신문 용지부터 사야겠다고 했죠.

신문사는 다리 하나 건너 캐나다에 있는 신문사들보다 신문 용지를 10퍼센트 비싸게 주고 있었다. 이 가격은 플로리다와 캘리포니아, 댈러스에 있는 신문사들에게 매겨진 가격과 같았다. 워런은 운송 비용이 적게 든다는 점을 들어 1톤에 30달러를 깎아야 한다고 보았다.

우리는 한 해에 4만 톤 가까운 양을 구매하고 있었습니다. 그러므로 30달러씩 가격을 깎는다면 총 120만 달러를 절감하는 셈이었습니다. 수익을 제대로 내지 못하는 회사에서 이건 엄청난 금액이죠.

워런은 자기다운 방식으로 신문 용지 업자들과 협상했다.

물품 인도 기간에 따라서 가격을 다르게 책정한 여러 계약서들을 확보하고 이것을, 우리가 거래하던 업자 일곱 명에게 제시했습니다. 그리고 미국에 있는 그 어떤 신문사의 경우보다 적은 운송 비용을 들이고 가격은 똑같이 받는다는 사실을 지적했죠. 그동안의 계약은 존중하겠으나 가격 협상을 다시 하지 않으면 신문 용지를 다시는 구매하지 않겠다고 했습니다.

결국 그는 업자들과의 줄다리기에서 이겼다.

하지만 운송 비용을 줄이는 것만으로는 〈버펄로 이브닝 뉴스〉의 적자를 흑자로 돌릴 수 없었다. 버펄로의 두 신문사는 기묘한 균형 속에서 존재했다. 하나는 일간 신문 시장을 지배했고, 다른 하나는 주말 신문 시장을 지배했다.[20] 워런과 멍거는 확장이라는 방식을 통해서 일간 신문이 가지고 있는 강점을 최대한 늘리는 것 외에는 달리 방법이 없다는 결론을 머레이 라이트와 함께 내렸다.[21] 당시를 회상하면서 멍거는 다음과 같이 말한다.

"효과적으로 경쟁하려면 그렇게 할 수밖에 없었습니다. 이쪽이든 저쪽이든 어느 한 편이 이길 수밖에 없었던 겁니다."

〈버펄로 이브닝 뉴스〉가 새로 일요일판을 내기 두 주 전에 〈쿠리어-익스프레스〉는 〈버펄로 이브닝 뉴스〉가 다섯 주에 걸쳐 일요일에 무가지를 돌리고 그다음에는 할인 가격으로 신문을 팔아 자기들을 업계에서 퇴출시키고 불법적인 독점 상태를 유지하겠다는 계획을 세우고 있다면서 반독점 금지법 위반으로 소송을 제기했다.[22] 〈쿠리어-익스프레스〉 측 변호사 프레더릭 퍼스는, 2등 회사를 도무지 인정하지 않는 워런의 사업관을 이용하는 교묘한 전략 하나를 생각해 냈다. 외부에서 들어온 독점주의자들이 지역의 모든 사업체를 짓밟는다는 식으로 분위기를 몰아 가는 전략이었다.

퍼스가 고소인 자격으로 소환되면서, 극심한 경쟁은 결국 〈쿠리어-익스프레스〉가 문을 닫는 사태로 이어질 수밖에 없다는 사실을 워런과 멍거가 잘 알고 있음을 주장하는 한 다발의 서류가 만들어졌다. 〈쿠리어-익스프레스〉는 전면적인 선전전에 돌입했다. 우선 한 면 전체에 관련 기사를 싣고 관련 사실을 상세하게 설명했다. 그리고 연일 후속 기사를 내면서, 자기를 외부에서 온 인정사정 없는 거대한 골리앗에 맞서 싸우는 왜소한 토종 신문사 다윗으로 각인시켰다. 몇 주 동안 계속된 이 메시지가 버펄로 사람들에게 제대로 먹혀들었다. 버펄로가 한때 실업률이 낮기로 유명했다는 사실에 사람들은 자부심을 느꼈지만 이제 일자리가 급격하게 줄어드는 터라서 〈쿠리어-익스프레스〉의 선전전은 더욱 효과를 발휘했다.

워런은 웨스코 파이낸셜과 관련된 증권거래위원회의 지옥과 같은 조사에서 벗어나자마자 또 다른 법률 분쟁에 휩싸였다. 게다가 이 싸움이 벌어지는 현장은 냉담하고 추운 뉴욕의 버펄로였다.

〈버펄로 이브닝 뉴스〉는 블루칩의 금고에서 돈을 빨아들이기 시작했다. 워런의 변호사이던 칙 리커쇼서는 이미 '멍거, 톨스'를 떠나서 태평양연안증권거래소 책임자가 되어 있었다. 리커쇼서 대신 론 올슨이, 멍거가 로스앤젤레스에서 꾸린 법률단의 일원으로 버펄로로 갔다. 올슨은 워런이 신문을 얼마나 좋아하는지 강조하는 내용으로 진술서를 채웠다. 어린 시절에 신문 배달의 달인이었다는 이야기도 썼고, 〈오마하 선〉이 퓰리처상을 받는 데 그가 어떤 기여를 했는지도 썼다. 한편 〈쿠리어-익스프레스〉는 교묘하게 모든 판사들의 인물평을 우호적으로 실었다. 누가 해당 사건을 맡든 간에 자기를 우호적으로 보게 만들겠다는 계산이었다.[23]

하지만 이 사건을 맡은 판사는 그들이 게재한 인물평에서 빠진 판사였다. 그래도 판사 배정은 〈쿠리어-익스프레스〉에게 유리하게 이루어졌다. 뉴욕 남부 지구의 연방 판사 찰스 브라이언트가 배정되었던 것이다. 한편 워런은 언제나 어떤 사업체든 재무상태표 하나만으로 그 업체의 사정을 빠르게 파악할 수 있다는 데 자부심을 가지고 있었다. 워런이 처음 버펄로의 법정에 나타났을 때 〈쿠리어-익스프레스〉의 변호사 퍼스는 워런을 〈버펄로 이브닝 뉴스〉에 대해서는 아는 게 전혀 없으며, 신문을 발행하는 공장을 점검해 보지도 않았고 또 이 신문사를 인수할 때 전문가로부터 상담도 받지 않은 인물이라고 몰아세웠다. 그러면서 워런이 〈쿠리어-익스프레스〉를 업계에서 완전히 퇴출시킬 방안이 없는지 토론했다고 비난했다. 하지만 워런은 이런 사실을 부인했다. 퍼스는 증인을 내세워서, 워런의 인물평을 담은 최근 발행 〈월스트리트 저널〉 한 부를 흔들게 했다. 점차 높아가던 워런의 명성이 처음으로 그에게 불리한 무기가 되어 그를 압박했다.[24] 워런은 그 기사를 쓴 기자에게, 자기는 자산을 관리하는 일에서 벗어나 그리고 자기 자아가 더는 위태롭지 않아서 얼마나 기쁜지 모른다고 말했었다. 사실 그가 유명해짐으로 해서 그의 자아는 예전보다 더 위태로워진 상태였다. 이 기사는 워런의 친구 샌디 고츠먼이 기자에게 다음과 같이 했던 말을 인용하고 있었다.

"워런은 독점적이거나 시장 지배적인 신문사를 소유하는 것을, 통행료 책정에 규제를 받지 않는 유료 교량을 소유하는 것에 비유합니다. 원하는 때 원하는 만큼 얼마든지 가격을 올릴 수 있기 때문입니다."[25]

이 기사를 놓고 퍼스는 법정에서 워런을 다그쳤다.

"정말 이런 말을 했나요?"

"아닙니다. 유료 교량 같은 이야기를 했는지는 기억이 나지 않습니다만, 굉장한 사업임은 분명합니다. 네브래스카의 프리몬트에 있는 유료 교량보다는 확실하게 나을 것 같군요. 나는 정직한 사람들을 많이 알고 있습니다. 하지만 이 사람들이 인용할 때는, 반드시 이 사람들이 그것을……."

퍼스는 워런의 말을 끊었다.

"그 사람이 한 말을 믿는다는 겁니까, 아닙니까?

"그런 방식으로 특성을 묘사하는 것을 놓고 다툴 생각은 없습니다. (……) 그런 신문사를 가지고 싶습니다. (……) 인플레이션이 한창이던 때 규제받지 않는 유료 교량을 하나 가지고 있다면 굉장하겠다는 말을 한 적이 있습니다."

퍼스가 물었다.

"무슨 이유죠?"

워런은 판사를 바라보았다. 그는 판사에게 경제학을 가르칠 생각이었다.

"왜냐하면, 자본 비용(자본 제공에 따른 비용-옮긴이)을 이미 댔기 때문입니다. 교량을 건설할 때는 과거 시점의 돈을 들였습니다. 인플레이션이 일어난다 하더라도 거기에 따라서 비용을 새로 들일 필요가 없습니다. 다리는 한 번만 세워두면 계속 그대로 존재하니까요."

"당신은 '규제를 받지 않는'이라는 표현을 썼는데, 이건 마음대로 통행료를 올릴 수 있다는 의미로 쓴 것 아닙니까?"

"옳은 말씀입니다."[26]

워런은 자기가 친 그물에 걸려서 버둥거렸다. 미주리강 위에 건설된 유료 교량인 더글러스 스트리트 브리지는 사실상 어린 시절 워런을 사로잡은 명물이었다.[27] 워런이 아직 어리던 시절에 오마하는 아이오와로 가는 유일한 통로인 그 다리를 통행료를 징수하는 손아귀로부터 어떻게 해방시키느냐를 두고 10년 넘게 분열했다. 워런과 멍거는 나중에 '디트로이트 인터내셔널 브리지 컴퍼니Detroit International Bridge Company'를 인수하려고 했다. 이 회사가 디트로이트와 온타리오의 윈저를 연결하는 교량을 소유하고 있어서였다. 하지만 이 회사의 지분 24퍼센트를 확보하는 데 그치고 말았다.[28]

정말 엄청난 다리였지요. 300제곱미터에다가, 나날이 엄청난 돈을 벌어들였으니까요. (……) 인수에 실패했을 때는 정말 실망이 컸습니다. 찰리는 오히려 얼마나 다행스러운 일인지 모른다는 말을 나한테 수도 없이 했을 정도였으니까요. 찰리가 이러더군요. 다리의 통행료를 올릴 때마다 사람들이 나를 얼마나 나쁘게 생각하겠느냐고요.

실제로 그랬다.

판사는 나를 좋아하지 않았습니다. 무슨 이유에선지 나를 좋아하지 않았습니다. 그는 우리 측 변호인단들도 좋아하지 않았습니다. 사람들은 대부분 론 올슨을 좋아했지만, 유독 그 판사는 론을 좋아하지 않았습니다.

1977년 11월, 브라이언트 판사는 〈버펄로 이브닝 뉴스〉는 일요 신문을 발행할 권리를 완벽하게 가지고 있으며 일요 신문 발행은 공중의 이익에 부합한다는 1차 명령을 내렸다. 하지만 그는 퍼스의 유료 교량 논리에 사로잡힌 게 분명했다. 판사는 비유의 세상으로 날아올라 다음과 같이 말했다.

"버펄로 인근의 독자와 광고주가, 외부 세계에서 일어나는 사건들을 접할 수 있는 규제받지 않는 유료 교량으로서 단 하나의 신문만 있어도 아무 상관 없다는 식으로 결론을 내릴지도 모른다는 사실에 통탄한다."[29]

그는 〈버펄로 이브닝 뉴스〉의 계획이 약탈적이라고 보았으며, 일요 신문의 홍보나 마케팅 혹은 배포를 엄격한 제한 속에서만 할 수 있다고 명령했다. 또 〈버펄로 이브닝 뉴스〉가 무가지를 제공하지 못하도록 했고 구독료를 할인하지 못하도록 했으며 광고주에게 최소 부수 보장을 하지 못하도록 했다. 브라이언트 판사의 명령 가운데 가장 곤란한 사항은 독자가 일요 신문을 구독하려면 매주 신청서를 작성해야 한다는 내용이었다. 그러자 〈쿠리어-익스프레스〉는 미리 준비해 두었던 기사를 내보내며, 지역사회의 작은 신문사를 짓밟으려던 외부에서 온 거인을 이겼다는 승전보를 버펄로 시민들에게 알렸다. 〈버펄로 이브닝 뉴스〉는 여기에 대한 대응으로 아무 말도 할 수 없었다.

승패의 마지막 갈림길에 섰습니다. 판사는 우리를 좋아하지 않았고, 우리는 두 손이 묶인 채로 온갖 모멸을 고스란히 뒤집어쓴 채 싸워야 했습니다.

〈쿠리어-익스프레스〉 직원들은 판사가 내린 명령서 내용대로 잘 지켜지는지 〈버펄로 이브닝 뉴스〉를 감시하러 나섰고, 또 이 신문사가 적절한 형식의 구독 신청서를 작성하지 않은 사람들에게까지 일요 신문을 배달했다는 사실을 적발했다. 브라이언트 판사는 〈버펄로 이브닝 뉴스〉를 법정 모독죄로 고발했다.

다섯 주 뒤, 〈쿠리어-익스프레스〉에 광고를 내려는 광고주들은 줄을 섰고, 〈버펄로 이브닝 뉴스〉가 새로 발간한 일요 신문 광고주는 〈쿠리어-익스프레스〉가 자랑하는 광고주 목록의 4분의 1밖에 확보하지 못했다.[30] 〈버펄로 이브닝 뉴스〉는 상당한 수준의 수익을 내고 있다가 갑자기 140만 달러의 손실을 기록했다.[31] 워런은 소름이 돋는 느낌이었다. 여태까지 자기가 소유했던 그 어떤 사업체도 그처럼 빨리 그처럼 많은 돈을 손해본 적이 없었다.

1977년 12월, 크리스마스를 한 주 앞둔 비가 억수같이 오던 어느 날이었다. 브라이언트 판사가 최종 명령을 내릴 공판을 소집했다. 워런은 그해 가을의 나중 절반을, 수지가 가고 없다는 사실 그리고 아직은 자기를 완전히 떠난 게 아니라는 사실을 삭이려고 노력하면서 불면과 눈물로 보냈었다. 개인적인 고뇌를 잊어버리려고 워런은 뉴욕과 오마하, 워싱턴 사이를 오갈 때마다 마치 풍뎅이처럼 캐럴 루미스, 애스트리드, 케이 그레이엄에게 번갈아 가며 매달렸다. 확실히 워런은 이런 방식으로 고뇌에서 벗어나고 싶지는 않았다. 워런이 해마다 한 번씩 가족들과 만나는 휴가를 즐기려고 에메랄드 베이로 가면서 공판은 연기되었다. 이 휴가는 수지가 집을 떠난 뒤 처음 맞는 가족 행사였다. 이 휴가 동안 수지는 자기들의 삶은 예전과 다름없을 것이라는 말을 여러 차례 강조하며 워런을 안심시켰다. 버핏 가족의 신년 파티가 끝나자 워런과 수지는 각자 자기 갈 길을 향했고, 브라이언트 판사는 소송 당사자들을 재소집했고, 워런이 오마하의 사무실로 다시 출근하자 올슨과 멍거는 재판 내용과 관련해서 새로 확보된 자료를 들고 워런에게 전화를 하기 시작했다.

1978년 7월, 워런은 캐럴, 조지 길레스피와 함께 있었다.

우리는 뉴욕에 있는 케이의 아파트에서 찰리와 함께 브리지 게임을 하고 있었습니다. 그때 브라이언트 판사의 결정이 날아왔습니다.

나는 그것을 찰리에게 줬지요. 찰리가 명령서를 읽더니 이랬습니다. '뭐랄까…… 꽤 잘 쓴 문장이군.' 미칠 것 같았습니다. 잘 쓴 글인지 못 쓴 글인지 그런 관심은 눈곱만큼도 없었습니다. 온갖 구속에 얽매인 상태였으니까요. 나는 그 사람의 글 솜씨에 찬탄할 여유가 없었던 겁니다.

브라이언트 판사의 최종 명령서는 '버핏 씨, 버펄로에 오다'라는 부제를 달고 있었는데, 사법적 무구속에 대한 명판결문이었다. 이 판결문은 〈버펄로 이브닝 스타〉에 대한 기존의 모든 구속을 그대로 유지했다. 멍거와 올슨은 항소 계획을 세웠다. 그런데 특이하게도 워런은 판사와의 싸움을 연장하고 싶지 않았다. 멍거는 늘 워런더러 그의 경영 기술은 한 회사에서 현금을 빼내 가격을 올리는 것이라고 놀렸었다. 이러다가 잘 안 될 경우, 워런은 자기 화살통에 화살이 하나도 남아 있지 않다는 사실을 발견할 터였다. 이런 방법으로는 〈버펄로 이브닝 뉴스〉 문제를 해결할 수 없었다. 워런은 워낙 많이 두들겨 맞았고 또 판사와 다시 대면하기가 끔찍하게 싫었던 터라 3,550만 달러를 기꺼이 하수구에 내버릴 준비가 되어 있었다. 그가 가장 최근에 마지막으로 싸웠던 최대 법률 분쟁은 마무리 단계로 접어들고 있었다. 증권거래위원회가 마침내 버크셔 해서웨이와 DRC의 합병을 승인한 것이다. 워런은 변호사니 증언이니 소환이니 하는 것들과 영원히 작별하고 싶은 마음이 간절했다.

항소하고 싶지 않았습니다. 법정 싸움이 지독하게 길어질 것이고, 판사를 짜증 나게 만들 것이며, 짜증 난 판사는 명령서 내용을 더욱 강화하고, 〈쿠리어-익스프레스〉가 온갖 공격을 퍼부음에 따라서 우리는 더 많은 것을 잃을 것이고, 그러면 명령서의 금지 내용은 더욱 더 강화될 것이라고 보았던 겁니다. 그래서 나는 선언했습니다. 어쨌든 간에 일 년 혹은 일 년 반 뒤에 우리는 죽을 테니 항소하지 않겠다고요. 론과 찰리는 내가 잘못 생각한다고 했습니다. 두 사람 말이 맞았습니다.

결국 워런은 두 사람의 의견을 따르기로 했다.

항소해야 했습니다. 우리의 발목을 붙잡고 우리의 경쟁력을 무력하게 만드는 일련의 조치들에 무릎 꿇을 수는 없었습니다. 사실, 근본적으로 다른 대안이 없었습니다. 허풍이 아닙니다. 허풍은 내 스타일도 아니죠. 평생 동안 살면서 사람은 허풍을 치는 사람이냐 혹은 그런 사람이 아니냐 하는 평판을 받습니다. 나는 내가 허풍을 치는 사람이 아니라는 사실을 인정받고 싶습니다.

〈버펄로 이브닝 뉴스〉는 워런이 가지고 있던 단 하나의 가장 큰 투자처였다. 마진폭도 큰 사업이었다. 이 신문사에는 블루칩의 자본 가운데 3분의 1이 묶여 있었다. 그런데 브라이언트 판사의 금지 명령 때문에 엄청난 손해를 계속 보고 있었다. 게다가, 주식 가격이 떨어져서 워런이 좋아하는 급매물 가격으로 주식을 매입할 현금을 〈버펄로 이브닝 뉴스〉가 만들어 내어야 할 때 노동조합의 파업이라도 일어나면 한층 더 큰 타격을 받을 수 있는 위험에 노출되어 있었다. 〈버펄로 이브닝 뉴스〉가 처한 잠재적인 위험은 워런과 멍거가 3,500만 달러를 회수할 수 없을지 모른다는 것 이상이었다. 3만 1,500달러가 나중에 100만 달러가 될 수 있다는 믿음 때문에 이 돈이 아까워서 집을 사는 데 선뜻 내놓지 못했던 워런이었기에, 〈버펄로 이브닝 뉴스〉에 투자한 자금의 잠재적인 손실 상황은 겉으로 드러난 것보다 훨씬 심각했다. 그래서 워런은 항소 결정을 내렸을 뿐만 아니라, 샌프란시스코로 이주할 생각을 하던 스탠 립시까지 끌어들여 반전을 노렸다. 워런은 립시에게 샌프란시스코 대신 버펄로로 가는 게 어떠냐고 물었다. 당시를 회상하면서 립시는 다음과 같이 말한다.

"가슴이 답답해지더군요. 하지만 나는 워런이 무슨 제안을 하든 그 제안을 거절할 수 없었습니다."

립시는 임시로나마 도움을 주려고 버펄로로 향했다. 여러 해 만에 처음 닥친 모진 눈폭풍 속에서 립시는 버펄로에 도착했다. 눈은 건물의 처마까지 높이 쌓여 있었다. 립시는 워런이 추천한 호텔에 짐을 풀고 워런이 좋아하는 스테이크 하우스에서 식사를 했다. 그리고 워런이 어떻게 그 호텔과 식당을 견디는지 의아했다. 다음 날 아침 립시는 〈버펄로 이브닝 뉴스〉 사무실에 가서 워런이 왜 자기를 보냈는지 금방 알아차렸다. 신문은 훌륭했지만 경영은 너저분하기 짝이 없었다. 그는 비서 책상에 앉아서 수동 타자기로 일을 시작했다. 간부 한 사람이 곁에 오더니 이렇게 물었다.

"술은 어떤 종류로 갖다 드릴까요?"

립시가 그게 무슨 뜻이냐고 물었다. 그러자 그 사람은, 간부는 두 종류의 술을 마실 수 있다고 대답했다.[32]

립시는 한 달에 한 주를 버펄로에서 보냈다. 오마하에 와 있던 어느 한 주에 립시는 워런이 최근에 어떻게 사는지 알아보려고 그와 애스트리드를 만났다. 워런은 수지가 가고 애스트리드와 함께 있는 새로운 관계를 느긋하게 즐기는 게 분명했다. 워런은 애스트리드가 하자는 대로 립시를 데리고 드랙쇼(남자가 여자 복장을 하거나 여자가 남자 복장을 하고서 사람들 앞에 나서는 공연 ─ 옮긴이)를 보러 갔다.[33]

1979년이 되면서 립시는 〈버펄로 이브닝 뉴스〉의 경영 관련 문제를 깨끗하게 정리했다. 그리고 〈쿠리어-익스프레스〉와의 법률 분쟁도 승리로 막을 내릴 날이 다가오고 있었다. 1979년 4월, 브라이언트의 예비적 금지명령이 나온 지 거의 일 년 반 만에 연방순회항소법원 제2재판구는 브라이언트 판사의 명령이 '법률적 해석 및 사실적 판단에 오류가 있다'면서 재판관 만장일치로 원심을 뒤집었다.

"버핏 씨가 〈쿠리어-익스프레스〉를 신문 산업에서 퇴출시킬 의도를 가지고 〈버펄로 이브닝 뉴스〉를 인수했다는 증거가 없다. (……) 모든 기록물들을 볼 때, 버핏 씨가 〈버펄로 이브닝 뉴스〉의 경영 정상화를 위해서 최선의 노력을 다한다는 사실과 그가 자기 신문사의 경쟁력 강화가 〈쿠리어-익스프레스〉에 어떤 영향을 미칠지 생각하기만 하는 게 아니라는 사실을 알 수 있다. (……) 법원은 경쟁의 충격을 피하고자 반독점법을 이용하려는 원고의 시도를 경계해야 마땅하다."[34]

하지만 브라이언트 판사의 명령을 뒤엎은 승리는 그만 때가 너무 늦어버렸다. 〈쿠리어-익스프레스〉는 원심의 결정을 보호받으려고 곧바로 대법원의 문을 두드렸다. 〈버펄로 이브닝 뉴스〉의 변호사들은 이 우스꽝스러운 싸움을 계속하기 위해 진력이 난 채로 다시 칼을 빼 들었다. 한편, 립시 덕분에 보다 엄격해진 경영에도 불구하고 법률 분쟁에 따른 비용이 너무 많이 들고 광고주가 떠나면서 경영 압박은 심해졌다. 브라이언트 판사의 명령에 따른 제한도 이런 압박에 한몫을 했다. 〈버펄로 이브닝 뉴스〉는 적자를 기록했다. 적자 금액은 1979년에 세금 납부 이전 기준으로 500만 달러나 되었다. 이 정도 금액은 워런과 멍거가 다른 어떤 사업을 하면서 경험했던 손해보다 몇 배나 많은 금액이었다. 손실금을 회수하려면 그야말로 영웅적인 작업이 필요했다. 워런이 다시 립시에게 물었다.

"버펄로로 이사하는 게 어떻습니까?"

"정말이지 그렇게는 하고 싶지 않네요."

워런은 아무 말도 하지 않았다. 립시는 계속해서 버펄로로 통근했다.

1979년 중반으로 접어들면서 주식시장이 약세로 돌아섰고, 주식을 사겠다는 주문은 뚝 끊어져 그 빈도가 "점안기(點眼器)를 찾아 쓰는 수준이 되어버렸다"고 워런은 말했다.³⁵ 지난 10년 동안 다우지수는 마치 기화기가 고장난 고물 자동차처럼 힘겹게 헐떡거렸다. 그리고 결국은 익숙한 지점이던 800대 중반 포인트에서 자리를 잡았다. 워싱턴에서는 제럴드 포드 대신 백악관에 들어간 지미 카터가 에너지 절약 운동을 장려할 목적으로 미스터 로저스(PBS 방송국의 인기 어린이 프로그램이었던 〈미스터 로저스의 이웃Mister Rogers' Neighborhood〉의 진행자-옮긴이)가 입었던 붉은 스웨터를 입었다. 하지만 카터의 이런 행동은 역효과를 일으켰다. 아야톨라 호메이니가 국왕을 퇴위시키고 왕정(王政)을 끝낸 이란 문제를 제대로 처리하지 못하는 무기력한 미국의 모습을 상징하는 것처럼 보였기 때문이다. 왕비는 이제 더는 이란 대사관에서 왈츠를 출 수 없었다. 스리마일 섬에 있던 원자력발전소에서 원자로 노심용융 사고가 발생하여 방사능 물질이 대기 중에 퍼지는 사고가 있어났다. 인플레이션은 두 자릿수로 진행되었다. 주유소에서는 휘발유를 사려는 차량들이 꼬리를 물고 줄을 섰다. 〈비즈니스 위크〉는 이제 다시는 사람들이 주식을 사지 않을 것이라는 의미로 '주식 증권의 사망'을 선언했다. 골이 깊은 비관주의가 미국 전역을 덮었다.

투자자들은 금, 다이아몬드, 백금, 그림, 부동산, 희귀 동전, 광산주, 사육장에 있는 가축, 석유 따위를 사들였다. '현금은 쓰레기다'가 당시 표어였다. 여고생들은 크루거란드(남아프리카공화국의 1온스짜리 금화-옮긴이)를 모아서 만든 목걸이를 하고 다녔다. 스티브 잡스(1976년에 애플컴퓨터를 설립했다-옮긴이)는 그리넬대학교의 존경받던 밥 노이스 휘하의 재무위원회에 새로 들어온 자신만만한 성격의 청년이었는데, 그는 위원회가 주식을 모두 팔고 금을 사도록 하려고 애썼다.[36] 이십대 중반이던 잡스는 명석한 청년이었다. 그건 분명한 사실이었다. 하지만 위원회는 반대했고, 그리넬대학교는 금을 사지 않았다.

〈포브스〉에서 워런은 반대 방향으로 가야 한다는 글을 썼다. 투자자들이 주식을 살 때가 왔다는 것이었다.

"미래는 결코 분명하지 않다. 주식시장에서 긍정적인 의견 일치를 얻으려면 많은 대가를 치러야 한다. 불확실성이야말로 장기 가치 투자를 하는 사람에게는 좋은 친구다."[37]

워런은 장기 가치 투자가였다. 현금을 가지고 있지 않다는 사실만 제외하면 그랬다. 1970년대 초부터 현금은 주기적으로 워런에게 쏟아졌었다. 운용하던 투자 회사를 청산할 때 1,600만 달러가 들어왔었고, 개인적으로 투자한 회사 '데이터 도큐먼츠Data Documents' 주식을 팔 때 수백만 달러가 들어왔었다. 하지만 그는 이 돈을 모두 버크셔 해서웨이에 쏟아 넣었기 때문에 현금을 가지고 있지 않았다. 워런은 투자할 현금을 원했다. 그는 언제나 일 년에 5만 달러씩밖에 자기에게 지급하지 않다가 최근에 여전히 그다지 대단하지 않은 액수인 10만 달러씩으로 그 액수를 올린 상태였다. 그랬기 때문에 여러 은행으로부터 돈을 빌려서 다시 투자에 나서기 시작했다.

마침내 스탠 립시가 워런이 그토록 원하던 대로 버펄로로 이사했다. 1980년 어느 날, 늘 열려 있던 오마하의 워런 집 뒷문으로 립시가 들어와서는 자기 아내 지니가 이혼을 원하며 지니가 선임한 변호사가 야단법석을 떤다고 말했다. 워런은 톰 머피가 자기에게 가르쳐 줬던 말을 립시에게 상기시켰다.

"그 사람들에게 내일 당장 지옥에나 가라고 말하면 되잖아요. 언제든 그럴 수 있잖아요."

워런은 서로 다투는 두 변호사를 자기 사무실로 불러 자신의 두 친구가 이혼에 이르는 과정을 중재했다. 워런으로서는 이 일이 두 번째 경험이었다. 이 일이 있기 얼마 전에 워런은 친구인 에드 앤더슨과 그의 아내 셜리 스미스 앤더슨이 갈라서는 과정도 중재했다. 셜리는 수지와도 오랜 친구였다. 워런은 친구들이 힘든 과도기를 쉽게 이겨내도록 하는 방면에 숙련된 경험을 가지고 있었다. 워런은 립시에게 그 상황을 계기로 삼아서 인생을 새롭게 바꿀 필요가 있다고 했다. 립시도 어쩌면 그런 시기일지도 모른다고 생각했다. 두 사람 사이에 대화가 이어지는 가운데 워런은 립시가 자기 입으로 버펄로로 이사 가겠다는 말이 나오도록 이끌었다. 다음은 립시가 하는 말이다.

"워런의 전형적인 모습이었죠. 그는 내가 버펄로에 가기를 바랐습니다. 최악의 방식으로 말입니다."

결국, 워런이 운용하던 투자 회사에 투자하던 이들이 최종적인 결정을 했을 때처럼, 최종적인 결정을 한 사람은 립시여야 했다.

립시는 버펄로로 가서 정착했다. 그리고 금요일 밤마다 워런에게 전화해서 최근에 나온 '끔찍한 수치들'을 전했고, 그럴 때마다 워런은 아무리 나쁜 소식을 받았더라도 립시를 격려하고 고마움을 전했다. 이를 두고 립시는 다음과 같이 말했다.

"일종의 최면 같은 거였죠."[38]

1980년대 말, 손실은 1천만 달러로 늘어났다. 멍거가 작성한 1980년 블루칩의 연례 보고서는 〈버펄로 이브닝 뉴스〉의 긴박한 조건을 경고했으며, 멍거가 1978년 보고서에서 처음 했던 경고를 반복하면서, 다른 데서 임금 인상 투쟁을 하자 노동조합이 덩달아서 임금을 올려달라고 투쟁하는 상황을 불평했다.

"파업이 일어나서 〈버펄로 이브닝 뉴스〉가 발행되지 못하는 일이 일어난다면, 어쩔 수 없이 회사 운영은 중단되고 청산의 길을 걸어가야 할 것입니다."[39]

이런 표현을 쓰고 또 법률 분쟁에 휘말려 있던 〈버펄로 이브닝 뉴스〉의 미로 속으로 블루칩을 이끌고 항해할 때 멍거는 건강이 좋지 않은 상태였다. 여러 해 전부터 백내장이 점점 심각해졌지만 끈질기게 참다 보니, 결국 사물이 제대로 보이지 않는 지경까지 진행되었다. 백내장 수술을 받았지만 매우 드물게 나타나는 합병증이 발생했다. 상피눈속증식epithelial downgrowth이라는 질병이었다. 눈 바깥에 있는 특수한 유형의 1차 체세포가(이 세포는 아마도 각막세포가 아닐까 싶다) 눈 안으로 성장해서 마치 암처럼 커지기 시작하는 병이었다. 시신경이 압력을 받고 파괴될 때의 통증은 지독했다.[40] 천천히 파괴되는 자기 눈을 더는 지켜볼 수 없었던 멍거는 마침내 의안(義眼)을 하기로 결심했다. 멍거는 당시를 회상하면서 나중에 이렇게 말했다.

"나는 며칠 동안 상처 입은 동물 같았습니다."[41]

간호사들이 부축해서 목욕을 시켰다. 하지만 멍거는 그때도 제대로 일어설 수 없었다. 구역질이 날 정도로 통증이 심했던 것이다. 그래서 워런에게 죽고 싶다는 말까지 했다. 멍거는 또 다른 한 눈까지 이런 시련을 겪으면서 결국 장님이 될지도 모른다는 두려움에, 렌즈를 교체하는 대신 오른쪽 눈에 있던 백내장을 긁어내는 수술을 받았다. 그리고 구식 백내장 안경을 썼다. '멀쩡한' 눈 위에 걸쳐진, 마치 해파리처럼 두꺼운 안경이었다.

멍거가 이런 시련 속에서 고통스러워하는 동안 〈버펄로 이브닝 뉴스〉의 트럭 운전사 노동조합이 하지도 않은 잔업에 대한 초과 수당을 요구하고 나섰다. 새로운 경영진이 3년 동안 강압적으로 경영하는 과정에서 대담해지자, 신문사가 잠정적인 조치로 지급해 왔던 초과 수당을 항구적인 조치로 전환해 달라며 요구하고 나선 것이었다. 멍거와 워런은 이 요구를 거부했다. 그러자 1980년 12월, 트럭 운전사 노동조합은, 〈쿠리어-익스프레스〉와의 소송 전쟁이 계속 늘어지는 상황에서 워런이 어쩌지 못할 것이라 판단하고, 밤새 진행되던 중재 노력이 무산된 직후인 오전 6시를 기해 파업에 들어갔다. 파업하는 운수 노동자들의 시위 대열을 뚫고 립시, 헨리 어번, 머레이 라이트는 다른 노동조합에 속한 노동자들과 함께 신문을 발행하려고 무섭게 일했다. 그런데 마지막 순간에 인쇄공들이 파업에 동참했다. 인쇄기에서 형판을 들고 나가버렸던 것이다.

워런은 끝장이라고 생각했다. 수십 년 전에 신문을 배달하던 경험을 통해서, 그는 모두 합해 서른여덟 명밖에 되지 않는 작은 운전사 노동조합이지만 인쇄공 노동조합보다 더 강력한 힘을 가지고 있는 그들이 신문사의 문을 닫게 만들 수 있다는 사실을 잘 알고 있었다. 다른 노동조합에 속한 노동자들과 자원봉사자들이 신문을 만들어낼 수는 있지만, 트럭 운전사들이 없으면 이 신문을 배달할 수 없었다. 이렇게 되면 신문은 죽고 마는 것이었다. 워런은 비조합원을 투입해서 신문 운송을 맡기고 싶은 생각은 없었다. 그들의 안전을 보장할 수 없었기 때문이다.

우리 사람을 12월의 외곽 지역의 어두운 길거리로 내보내서 신문 뭉치를 운송하게 할 수는 없었습니다. 타이어 탈착용 지레를 든 괴한이 어디에서 습격할지 모르는 상황이었으니까요. 당시 나는 오마하에 있었습니다. 그리고 내가 내린 결정은 자기가 무슨 일을 하는지도 모르는 사람들을 위해서 내린 게 아니었습니다.

신문사는 폐업했다. 워런은 트럭 운전사 노동조합에 이렇게 말했다.

신문사가 가지고 있는 피는 한정되어 있습니다. 피를 너무 많이 흘리면 신문사는 결국 살아남지 못합니다. (……) 우리는 신문사를

정상적으로 운영할 수 있다는 전망이 보일 때 다시 문을 열 생각입니다.[42]

그 정점의 순간은 금방이라도 들이닥칠 수 있었다.[43]

그러자 다른 노동조합들은 깜짝 놀랐다. 그런 일이 있은 지 이틀 만에 〈버펄로 이브닝 뉴스〉는 다시 구독자들의 손으로 들어갔다. 일간 신문은 여전히 〈쿠리어-익스프레스〉를 압도하는 가운데, 일요 신문도 비록 느리긴 하지만 꾸준하게 성장하면서 〈쿠리어-익스프레스〉를 추격해 갔다.[44] 1980년 말, 립시와 워런은 한 해 손실을 150만 달러로 줄였다. 이 금액은 〈쿠리어-익스프레스〉의 손실 금액 절반에 해당되는 규모였다.[45] 비록 상당한 대가를 치르긴 하지만, '덩치가 제일 큰 녀석만 살아남는' 전쟁에서 이길 수 있을 게 거의 확실했다. 〈쿠리어-익스프레스〉는 브라이언트 판사가 내린 금지 명령의 효력을 유지하려는 노력을 끝내 포기하지 않았지만, 이 신문사의 소유주들은 '시장'이라는 또 다른 판사의 눈치를 보았다. 시장은 〈버펄로 이브닝 뉴스〉로 기울고 있었다. 〈쿠리어-익스프레스〉는 이제 언론 제왕 루퍼트 머독에게 스스로를 매각하려는 시도를 했다. 그러나 노동조합들은 선임자의 특권을 포기하라는 머독의 요구를 받아들이려 하지 않았다. 결국 〈쿠리어-익스프레스〉는 1982년 9월 마지막 카드를 뽑았다. 이 신문사의 다음 행보는 두 손 들고 파산 신청을 하는 것이었다.

〈버펄로 이브닝 뉴스〉는 곧바로 조간신문을 내기 시작했고 이름도 〈버펄로 뉴스〉로 바꾸었다. 길고 긴 싸움을 승리로 이끈 워런과 멍거는 시내에 있던 스태틀러 힐튼 호텔로 직원들을 만나러 갔다. 승리가 확정된 뒤에 갖는 첫 번째 회의 자리였다. 이 자리에서 누군가 회사가 거둔 수익을 직원들이 배분받을 수 있는지 질문했다. 그러자 워런은 이렇게 말했다.

"(편집실이 있는) 3층에 있는 사람들이 하는 일 가운데 수익에 영향을 미칠 수 있는 일은 아무것도 없습니다."

위험을 감수하는 주체는 자본이고, 따라서 보상받는 주체도 자본이라는 말이었다. 워런과 멍거는 일련의 의사결정을 하는 과정에 3,500만 달러를 걸었다. 자기들은 이 돈을 깡그리 잃을 수도 있었으니 수익도 고스란히 자기들에게 돌아가야 한다는 것이었다. 직원들은 일하고, 들인 시간과 노력에 따라서 더도 아니고 덜도 아니게 딱 그만큼 봉급을 받으면 된다는 것이었다. 거래는 거래라는 것이었다. 직원들은 그들이 거쳤던 모든 것에도 불구하고, 워런이 보이는 공감이 결여된 태도에 놀라서 아무 말도 하지 못했다.

회의를 마친 워런과 멍거가 자리에서 일어났다. 론 올슨이 인터뷰에서 회상한 내용에 따르면, 헨리 어번은 '최소한 수고했다는 인사말이라도 할 줄 알고 기다렸지만' 멍거는 아무런 말도 하지 않고 그를 그냥 지나쳐 갔다. 멍거는 다른 사람이 자기에게 말할 때도 못 듣는 척하고 택시에 타거나 자기 말을 마치기 바쁘게 상대방의 대꾸는 듣지도 않고 문을 닫아버리는 걸로 유명했다. 어번은 이런 사실을 잘 알고 있었음에도 불구하고 멍거가 보여준 태도에 놀라서 입을 다물지 못했다. 워런 역시 사람들에게 시선 한 번 주지 않고 멍거의 뒤를 따라갔다. 워런이나 멍거 모두 고맙다는 말을 하지 않았던 것이다. 그 바람에 올슨이 회의장에 남아 있던 사람들을 일일이 찾아다니며 악수를 하고 수고했다는 인사를 해야 했다.[46]

한 해 뒤, 광고료가 오르고 구독자 수가 늘어나면서 〈버펄로 뉴스〉는 세금 납부 이전 수익으로 1,900만 달러를 벌었다. 이것은 이전의 모든 손실을 충당하고도 남는 금액이었다. 이 가운데 반은 워런에게 직접 들어갔다. 흥분이 가라앉으면서 〈버펄로 뉴스〉에 대한 그의 관심도 시들해졌다. 비록 여전히 연례 보고서에서 〈버펄로 뉴스〉를 좋게 말하기는 했지만 그의 관심은 이미 새로운 곳으로 넘어가 있었다.

The Snowball:
Warren Buffett and the Business of Life

1

1 '엄청난 재산 뒤에는 항상 엄청난 범죄가 있게 마련'이라는 말은 특정한 출처를 밝히지 않은 채 수없이 인용되었다. 예를 들면, 마리오 푸조의 《대부The Godfather》 에서 그랬고 〈소프라노스The Sopranos〉(미국 드라마. 토니 소프라노스의 집안과 조직을 둘러싸고 펼쳐지는 블랙코미디 - 옮긴이) 및 인터넷 버블에 대한 언급에 서 그랬다. 오노레 드 발자크는 《고리오 영감Le père Goriot》에서 이 부분을 실제로 는 다음과 같이 적고 있다. "당신이 설명하기 곤란해하는 거대한 성공의 비밀은 범죄다. 아주 교묘하게 자행했기 때문에 여태까지 발각되지 않은 범죄 말이다."

2

1 허버트 앨런은 켄 올레타에게만은 예외를 허용했다. 그래서 그는 선 밸리 컨퍼런 스에 참석해서 이 행사에 대한 글을 쓴 최초이자 유일한 저널리스트가 되었다. 이 때 그가 쓴 글 "What I Did at Summer Camp"는 1999년 7월 26일 〈뉴요커 New Yorker〉에 실렸다.

2 돈 커우와의 인터뷰. 다른 손님들도 선 밸리에서 워런이 한 역할에 대해서 발언을 했다.

3 물론 도널드 트럼프는 여기에서 제외되었다.

4 다이앤 머챈, "Herbert Allen and His Merry Dealsters", 〈포브스〉, 1996년 7월 1일.

5 코끼리 무리는 모계 사회다. 암컷은 수컷이 나이가 들어 지배적이고 공격적으로 변하는 순간 곧바로 무리에서 쫓아낸다. 그러면 외로운 수컷은 짝짓기를 하려고 암컷 무리에 접근한다. 하지만 이것이 인간 코끼리 박치기 방식과 정확하게 일치 하지는 않는다.

6 앨런 앤드 컴퍼니는 구체적인 수치를 제시하지 않았지만, 1999년 선 밸리 컨퍼런 스 행사에 약 1천만 달러를 지출한 것으로 전해신다. 이는 초대받은 한 가족당 3 만 6천 달러가 넘는 액수다. 전체 경비가 500만 달러였든 1,500만 달러였든 간에 아무튼 이 돈은 길고 긴 주말 동안 이어진 플라이 낚시와 골프 따위의 비용으로 날아갔다는 말이다. 그리고 전체 경비 가운데 상당히 많은 부분이 보안과 물품 구 입에 소비되었다.

7 워런은 처음 트레일러에서 출발해 오두막집과 작은 콘도를 거쳐서 이렇게 커다

란 콘도로까지 이어지는 자신의 성공 여정에 관한 농담을 하기 좋아했다.

8 허버트 앨런의 아들 허버트 주니어를 사람들은 보통 '허브'라고 부른다. 하지만 워런은 몇몇 사람들이 그렇듯이 아버지 허버트를 '허브'라고 부른다. 물론 이건 그가 느끼는 우정의 표현이다(허브hub는 중심축이라는 뜻도 있다 – 옮긴이).

9 선 밸리 및 닷컴 열풍에 억만장자가 된 사람에 대한 묘사와 이들이 다른 사람들에게 준 충격에 관한 내용은, 누군가를 공격할 의도를 전혀 가지고 있지 않은 자산 운용 전문가들을 포함한 여러 사람들의 인터뷰를 종합한 내용이다. 이 사람들은 대부분 자기 이름은 밝히지 말아야 한다는 단서를 달았다.

10 앨런 앤드 컴퍼니와 필자가 추정한 금액이다. 이것은 그 회의에 참석한 자산운용가들이 주무르던 총 자산에 선 밸리에 초대받은 손님들이 가지고 있던 개인 재산을 합친 금액이다. 이 금액은 바로 그들의 총경제력을 나타내는 것이지 부의 소비를 나타내는 것이 아니다. 한편, 당시 미국 주식시장의 전체 자본화 가치는 약 10조 달러였다.

11 한 대에 34만 달러씩 하는 자동차를 알래스카, 델러웨어, 하와이, 몬태나, 뉴햄프셔, 사우스다코타, 노스다코타, 버몬트, 와이오밍, 이상 아홉 개 주의 각 가구에 돌릴 수 있다. 그리고 (워싱턴 디시의 컬럼비아 지구는 독립된 주가 아니므로) 덤으로 워싱턴 디시에도 돌릴 수 있다.

12 허버트 앨런과의 인터뷰.

13 워런은 그 이전에도 1992년과 1995년 선 밸리 컨퍼런스에서 연설을 했다.

14 워런과 멍거는 버크셔 해서웨이 연례 총회에서 주주들에게 많은 설교를 했다. 하지만 자기를 믿는 사람들에게 한 이런 설교는 계산에 넣지 않았다.

15 앨 파겔, "Coca-Cola Turns to the Midlands for Leadership", 〈오마하 월드-헤럴드Omaha World-Herald〉, 1982년 3월 14일.

16 이하 기술한 워런의 연설은 가독성과 길이를 고려해서 압축한 것이다.

17 파워포인트는 마이크로소프트의 소프트웨어 프로그램인데, 미국 기업계에서 슬라이드 프레젠테이션을 할 때 가장 흔히 사용된다.

18 빌 게이츠와의 인터뷰.

19 당시 기업의 수익은 GDP의 6퍼센트 이상이었는데, 이것의 장기적인 평균은 4.88퍼센트였다. 그리고 이 수익은 9퍼센트 대까지 올라갔는데, 이것은 기존의 수준에 비하면 엄청나게 높은 수치다.

20 장기간을 놓고 볼 때 미국 경제의 실질 성장률은 연 3퍼센트를 기록해 왔으며, 인플레이션이 반영된 명목 성장률은 5퍼센트였다. 전후의 재건기나 심각한 불황

이후의 시기가 아니었다는 점을 상기할 때 이 수치는 이례적으로 높다.

21 소위 '빅 4'로 꼽히던 미국의 4대 자동차 회사 가운데 가장 작은 규모였던 '아메리칸 모터스American Motors'는 1987년 크라이슬러에 매각되었다.

22 워런은 비유적으로 말하고 있다. 날개를 가진 것에 한두 번 투자했지만 그다지 좋은 결과를 내지 못했음을 인정한다.

23 워런은 이 이야기를 벤 그레이엄의 강연 원고에서 인용해 1985년 투자자들에게 보내는 편지에서 처음 썼다. 벤 그레이엄은 뉴욕금융학교에서 '증권 분석의 최근 문제들'이라는 제목으로 마련됐던 연속 강연 가운데 열 번째 강연에서 이 이야기를 했다. 1946년 9월과 1947년 2월 사이에 있었던 그의 강연 원고는 웹 사이트 http://www.wiley.com//legacy/products/subject/finance/bgraham/ 및 다음 책에서 볼 수 있다. 《The Rediscovered Benjamin Graham: Selected Writings of the Wall Street Legend》(New York: Wiley, 1999).

24 이 연설을 축약한 내용은 다음 제목으로 발표되었다. 'Mr. Buffett on the Stock Market', 〈포천〉, 1999년 11월 22일.

25 페인웨버-갤럽 조사, 1999년 7월.

26 프레드 슈웨드 주니어, 《Where Are the Customers' Yachts? or, A Good Hard Look at Wall Street》(New York, Simon & Schuster, 1940).

27 빌 게이츠와의 인터뷰.

28 케인스는 이렇게 썼다. "과거의 경험이 그럴 수밖에 없었던 폭넓은 근거들을 충분히 포착하고 이해하지 않는 한, 과거의 경험을 바탕으로 해서 귀납적으로 미래의 주장에 적응하려는 시도는 (……) 위험하다." 스미스의 다음 책에 대한 서평, "Common Stocks as Long-Term Investments" 〈Nation and Athenaeum〉, 1925. 이 글은 케인스의 다음 책에 서문으로도 실렸다. 《The Collected Writings of John Maynard Keynes. Vol.12, Economic Articles and Correspondence; Investment and Editorial》(Cambridge: Cambridge University Press, 1983).

29 모트 살이라는 코미디언은 "나 때문에 성질이 나지 않은 사람이 아직 남아 있나요?"라는 질문을 마지막 멘트로 쓰곤 했다.

30 이들이 나누는 이야기를 우연히 엿들었지만 자신의 이름은 밝히지 않겠다는 사람이 증언한 말이다.

31 돈 커우와의 인터뷰.

1 찰리 멍거와의 인터뷰.

2 멍거가 하는 설명의 각 부분들은, 인간이 저지르는 잘못된 판단의 심리학에 대한 세 개의 강의 및 1986년 6월에 했던 하버드대학교 경영대학원의 졸업식 연설에서 뽑았다. 이 둘의 내용은 다음 책에 있다.《Poor Charlie's Almanac, The Wit and Wisdom of Charles T. Munger》(edited by Peter D. Kaufman. Virginia Beach, Va.: Donning Company Publishers, 2005). 그리고 나머지는 필자와 한 인터뷰에서 뽑았다. 그가 한 발언 내용을 간결하고 선명하게 전달하려고 필자가 편집했다.

3 찰리 멍거와의 인터뷰.

4 멍거의 운전 습관은 다음 책에 묘사되어 있다. 자넷 로,《Damn Right! Behind the Scenes with Berkshire Hathaway Billionaire Charlie Munger》(New York: John Wiley & Sons, 2000).

5 한쪽 눈이 보이지 않고 캘리포니아 자동차국이 발행하는 특수면허증을 받을 자격이 있음을 입증하는 의사의 진단서를 받아야 한다는 말을 들은 멍거는 이 제안을 거부하고 대신 의안(義眼)을 빼겠다고 했다.

6 의사는 합병증 발생률이 높은 옛날 방식으로 수술했다. 이 점에 대해서 멍거는 의사를 탓하지 않고, 자기가 직접 의사나 수술 방식에 대해서 더 많이 조사했어야 했는데 그러지 않은 게 잘못이라고 말한다.

7 돼지 축사와 달걀 계수기 같은 것들에 대한 워런의 관심은 제한적인데, 관련 통계 수치를 축약된 양식으로 검토하기 때문이다.

8 그의 차를 탄 사람들이 불만을 터뜨리기는 했지만 필자가 알기로 워런은 단 한 번도 사고를 내지 않았다. 단지 그 사람들을 심장 발작 직전까지 몰고 갔을 뿐이다.

9 베스 보츠, 엘리자베스 에드워드슨, 밥 젠슨, 스티븐 코페, 리처드 T. 스타우트, "The Cornfed Capitalist", 〈르가르디스Regardie's〉, 1986년 2월.

1 워런은 시장에서 한 해 6퍼센트의 성장을 예측했다. 하지만 이 예측에는 전혀 성장하지 않을 역사적 변동 범위도 함께 설정되어 있었다. 게다가 잠재적인 수치들을 볼 때 이 수치는 더 높아질 수도 있었다. 요컨대 6퍼센트라는 수치는 위험성을

감안한 것이었다.

2 S&P는 스탠더드 앤드 푸어스 산업 지수를 가리키는 것으로, 미국 전체 주식시장
의 전반적인 성적을 표시하는 가장 일반적인 지수다. S&P는 재투자되는 배당금
도 포함한다. 버크셔 해서웨이는 배당금을 지불하지 않는다. 표의 모든 수치는 소
수점 이하 부분을 버리고 구한 값이다.

3 "Toys 'R' Us vs. eToys, Value vs. Euphoria", Century Management, http://
www.centman.com/Library/Articles/Aug99/ToysRUsvsEtoys.html. 2005
년 3월에 '토이저러스'는 사모펀드 회사인 '콜버그 크레비스 로버츠 앤드 컴퍼
니KKR'와 '베인 캐피털Bain Capital' 그리고 부동산 회사인 '보르나도 리얼티 트러
스트Vornado Realty Trust'가 제시한 66억 달러 인수 제안을 받아들였다.

4 샤론 오스버그와의 인터뷰.

5 워런이 오퀴르 클럽에서 한 연설, "An Evening with Warren Buffett", 2003년
10월.

1 계보학자인 워런의 누나 도리스 버핏은 버핏 가문의 계보를 폭넓게 조사했다. 필
자가 여기에서 소개하는 내용은 그녀가 했던 조사 내용을 근거로 한다.

2 나다니엘과 조지프 두 사람 가운데 한 명이었다.

3 외할아버지의 이 사업체는 오마하에 있던 말 및 마차 대여업체 가운데서 가장 크
고 고급스러웠다. 전성기에는 말을 70마리나 보유했으며, 썰매와 사륜마차, (바
닥이 평평한) 강을 오가는 배, 심지어 영구마차까지 보유했다. 이 사업체는 여러
해 동안 번성했지만, 자동차 시대가 시작되면서 갑자기 내리막길로 사라졌다.
"Six Generations Prove That Buffett Family Is Really Here to Remain", 〈오마
하 월드-헤럴드Omaha World-Herald〉, 1950년 6월 16일.

4 오빌 D. 메너드, "Tom Dennison… The Rogue Who Ruled Omaha", 〈오마하
월드-헤럴드〉, 1978년 3월. 존 카일 데이비스, "The Gray Wolf: Tom Dennison
of Omaha", 〈네브래스카 역사Nebraska History〉, Vol.58, No.1, 1977년 봄.

5 "Dry Law Introduced as Legislators Sing", 〈오마하 월드-헤럴드〉, 1917년 2월
1일.

6 "Omaha's Most Historic Grocery Store Still at 50th and Underwood", 〈던디
앤드 웨스트오마하 선Dundee and West Omaha Sun〉, 1963년 4월 25일.

7 제블런 버핏이 시드니 버핏에게 보낸 편지, 1869년 12월 21일.

8 시드니의 가게 이름은 원래 '시드니 H. 버핏과 그의 아들들Sidney H. Buffett and Sons'이었다. 여기에서는 어니스트와 프랭크가 함께 일했다. 이 가게가 있던 자리는 시내 14번가 남 315번지였는데, 1935년에 문을 닫을 때까지 계속 이 자리에 있었다. 프랭크는 1927년 시드니가 죽은 뒤 단독 소유자로 이 가게를 인수했다. 1915년 어니스트는 지점을 열었는데, 1918년 이 지점을 던디의 언더우드 가 5015번지로 옮겼다(당시에 던디는 독립된 도시였는데 나중에 오마하에 합병되었다).

9 셋째아이 그레이스는 1926년에 죽었다. 조지와 넬리, 네티도 19세기에 어린 나이에 죽었다.

10 찰리 멍거의 말을 인용한 워런 버핏.

11 도리스 버핏에 따르면, 그녀의 원래 이름은 데이지 헨리에타 듀발이었는데 오마하에 발을 들여놓았을 즈음에는 데이지라는 이름보다 어머니의 이름을 따라서 헨리에타라는 이름을 쓰기 시작했다.

12 찰스 T. 멍거가 캐서린 그레이엄에게 보낸 편지, 1974년 11월 13일.

13 어니스트 버핏이 '반하트 앤드 선Barnhart & Son'에 보낸 편지, 1924년 2월 12일.

14 찰리 멍거와의 인터뷰. 그의 어머니가 이 이야기를 멍거에게 했다. 멍거는 자기 '어머니가 조금 과장을 하는 경향이 있었다'고 말하지만, 이 노트를 보았다는 사람들이 있다.

15 예를 들어서 1931년 1월에 아들 클래런스에게 보낸 것과 같은 여러 편지에서 그는, 철도 자동화가 실업에 미치는 영향을 분석하고 대공황을 타개할 최상의 해결책은 대규모 공공노동 사업이라고 주장했다. 그런데 루스벨트가 다음 선거에 이긴 뒤에 공공사업을 추진하자 어니스트와 그의 아들 하워드가 루스벨트를 비난한 사실은 아이러니다.

16 어니스트 버핏이 프레드 및 캐서린 버핏에게 보낸 편지, 날짜 미상, 그러나 '너희가 결혼한 지 10년'이라는 말로 미루어 볼 때, 1939년 6월로 추정.

17 그는 1937년 텍사스에서 교통사고를 당해 요절했다.

18 Coffee with Congress. 하워드, 레일라, 도리스, 로버타 버핏과의 라디오 인터뷰, WRC 라디오, 1947년 10월 18일, 진행자는 빌 허슨(본문 내용은 방송 테이프를 바탕으로 했다-저자).

19 도리스 버핏과의 인터뷰.

20 기본적으로 가족 기록을 바탕으로 했다.

21 1896년 7월 9일에 브라이언이 했던, 소위 '금십자Cross of Gold'라는 제목의 연설은 미국 역사상 가장 유명한 정치 연설로 꼽히고 있다. 브라이언은 금본위제를 반대하고 스코프스 사건(1925년에 생물 교사이던 존 스코프스가 진화론 교육을 금지한 테네시주의 법을 자청해서 위반한 뒤 기소되어 재판을 받았지만 결국 패소했다. 〈바람의 상속자Inherit the Wind〉로 영화화되었다 ─옮긴이)에 자발적으로 개입한 것으로 유명하다. 스코프스 사건에서, 스코프스를 변호했던 저 유명한 클래런스 대로 변호사는 학교에서 진화론을 가르치는 것에 반대하는 입장에서 증언을 한 브라이언에게 무참할 정도의 망신을 안겨주었다. 사실 브라이언의 관심은 보다 폭넓었고 보다 덜 극단적이었다. 그리고 그가 당대에 행사했던 영향력은 오늘날 일반적으로 기억하고 있는 것보다 훨씬 더 강력했다.

22 가족 기록. 버니스는 자기 아버지가 정신병 유전자가 있는 집안의 여자와 결혼한 바람에 자기도 어머니를 포함한 외가 사람들과 같은 운명의 고통을 지고 살게 되었다며 아버지를 원망했다.

23 콘허스커 연감에 따르면 레일라는 1923~1924학년도에 네브래스카대학교 1학년이었고 하워드는 3학년이었다. 5장 주18의 라디오 인터뷰에서 하워드는 자기들이 1923년 가을에 만났다고 했다. 레일라가 열아홉 살이던 때였다. 보통 열일곱 살에 대학교에 입학했기 때문에, 2년 동안 집에서 일했음을 알 수 있다. 그녀는 1923~1924학년도에 신입생 선서를 했는데, 1925년에도 여전히 1학년이었다. 이것으로 그녀가 중도에 휴학하고 신문사 일을 하러 집으로 돌아갔다가 1925년 봄에 복학했음을 알 수 있다.

24 1923년 가을로 추정.

25 하워드는 '이노센츠'의 간사였다(〈데일리 네브래스컨〉, 1923년 9월 27일). 이 단체는 여러 해 동안 지속되었지만 결국, 워런의 표현을 빌리자면, "순수한innocent 사람 열세 명을 찾아내지 못하는 날이 오고야 말았다".

26 Coffee with Congress. 하워드, 레일라, 도리스, 로버타 버핏과의 라디오 인터뷰, WRC 라디오, 1947년 10월 18일, 진행자는 빌 허슨.

27 로버타 버핏 비알렉과의 인터뷰.

28 '해리 A. 코크 컴퍼니Harry A. Koch Co.'에서 이 일을 했다. 이 회사가 내세운 구호는 '우선 보험금부터 지불하자'였다. 하워드는 여기에서 한 달에 125달러를 벌었다.

29 '비브 앤드 루니언Beebe & Runyan'에서 발행한 영수증, 1926년 12월 21일, 레일라의 설명에 근거.

30 그들은 1925년 12월 26일에 결혼했다.

31 1928년 2월 12일.

32 하워드는 1928년 스물다섯 살에 교회 집사가 되었다.

33 미국신문편집자협회 회의에서 한 연설, 워싱턴 디시, 1925년 1월 25일.

6

1 그랬다 하더라도 백 명 가운데 세 명만이 주식을 소유했다. 많은 사람들이 존. J. 래스콥이 1929년 8월에 〈레이디스 홈 저널Ladies' Home Journal〉에 쓴 글 "Everybody Ought to Be Rich"에 도취해서, 그리고 에드거 로런스 스미스가 주식이 채권보다 수익률이 낫다면서 제시한 다음 책을 읽고서는 크게 빚을 내 주식에 투자했다.《Common Stocks as Long-Term Investments》(New York: The MacMillan Company, 1925).

2 "Stock Prices Slump $14,000,000,000 in Nation-Wide Stampede to Unload; Bankers to Support Market Today", 〈뉴욕 타임스New York Times〉, 1929년 10월 29일; 데이비드 M. 케네디, 《Freedom from Fear, The American People in Depression and War, 1929-1945》(New York: Oxford University Press, 1999); 조앤 브룩스, 《Once in Golconda, A True Drama of Wall Street; 1920-1938》(New York: Harper & Row, 1969). 로저 밥슨이 했던 저 유명한 경고, 즉 "나는 지금 이 시점에 작년에 했던 그리고 재작년에도 했던 말을 다시 반복한다. 조만간에 위기가 닥쳐온다"도 아무 소용이 없었다.

3 케네디, 《Freedom from Fear》. 케네디는 국가 채무에 대한 이자 지급액은 1차대전 때문에 1914년에 연 2,500만 달러이던 게 1920년대에 연 10억 달러로 증가했다고 지적한다. 이 금액은 전체 정부 예산의 3분의 1이었다. 1929년의 1년 실질 예산은 31억 2,700만 달러였다(《Budget of the U.S. Government, Fiscal Year 1999—Historical Tables》, Table 1.1—Summary of Receipts, Outlays, and Surpluses or Deficits: 1789-2003. Washington, D.C.: Government Printing Office).

4 11월 13일 바닥을 찍을 때까지 시장은 검은 화요일 이전의 약 800억 달러 가운데서 260억 달러 내지 300억 달러를 잃었다(Kennedy, op. cit., Brooks, op. cit.). 한편 1차 대전에 들어간 비용은 약 320억 달러였다(Robert McElvaine, 《The Great Depression: America, 1929-1941》, New York: Three Rivers Press, 1993; also Hugh Rockoff, 〈It's Over, Over There: The U.S. Economy in World War I〉, National Bureau of Economic Research Working Paper No. 10580).

5 찰리 멍거는 캐서린 그레이엄에게 보낸 1974년 11월 13일자 편지에서, 다른 곳에 직장을 가지고 있는 사람들까지 포함해서 모든 버핏 식구들이 그 가게에서 일했다고 적었다.

6 Coffee with Congress. 하워드, 레일라, 도리스, 로버타 버핏과의 라디오 인터뷰, WRC 라디오, 1947년 10월 18일, 진행자는 빌 허슨.

7 로저 로웬스타인,《Buffett: The Making of an American Capitalist》(New York: Doubleday, 1996).

8 로저 로웬스타인은 이런 사실에 대한 레일라 버핏의 기억을 인용한다, 위의 책.

9 어니스트 버핏이 클래런스 버핏과 마저리 베일리에게 보낸 편지, 1931년 8월 17일.

10 "Union State Bank Closes Doors Today: Reports Assets in Good Condition: Reopening Planned", 〈오마하 월드-헤럴드〉, 1931년 8월 15일. 이 내용은 그 은행이 처했던 비참한 상황을 축소해서 말하고 있다. 그 은행은 정부 감독 하에 구조조정에 들어갔고 파산 신청을 했다.

11 하워드는 은행에 대한 주식 1만 달러를 사려고 9천 달러를 빌렸다. 그런데 주식의 가치는 떨어졌고, 주택과 주택 담보 융자는 레일라의 명의로 되어 있었다. Standard Accident Insurance Company, 하워드 호먼 버핏이 제출한 신원보증 보험 신청서.

12 "Buffett, Sklenicka and Falk Form New Firm", 〈오마하 비 뉴스Omaha Bee News〉, 1931년 9월 8일. '버핏, 스클레니카 앤드 컴퍼니'의 1931년 9월 30일까지의 월간 보고서.

13 이 파도는 정부와 아무런 공식적인 관계가 없던 '미합중국은행Bank of The United States'의 지급 불능 사태 속에 1931년 12월 최고조에 달했다. 2억 8,600만 달러의 손실은 기록을 경신했고, 40만 명의 예금자를 경악하게 했으며, 이제 공적인 신뢰가 완전히 붕괴됐다는 메시지를 모든 사람들에게 전했다(Kennedy,《Freedom from Fear》). 그것은 은행 제도 자체를 무너뜨렸으며 이미 상당한 충격을 받고 비틀거리던 경제를 붕괴시켰다.

14 비록 매출액 대비 수익은 낮았지만, 이 회사는 지속적으로 수익을 냈고, 또 이런 상황은 두 달을 제외하고 계속 이어졌다.

15 1932년 말까지 하워드 버핏은 1931년에 비해서 평균 40~50퍼센트 증가한 수

수료를 받았다. 이 내용은 '버핏, 스클레니카 앤드 컴퍼니'의 재무 보고서에 따른 것이다.

16 '새끼 독수리' 찰스 린드버그 주니어가 1932년 3월 1일 유괴되었다. 그의 사체는 1932년 5월 12일 발견되었다. 1920~1930년대 많은 부모들이 유괴의 공포에 떨었다. 이 공포는 실제로 1924년 '레오폴드와 로에브 사건'에서 시작되었고, 찰스 린드버그 주니어 사건에서 절정에 다다랐다. 오마하에 있는 한 컨트리클럽 관리인은 자신이 납치되어 7달러를 강탈당했다고 주장했고, 댈러스에서 한 성직자는 납치 자작극을 벌여 자기 몸을 교회의 선풍기에 묶었다(〈오마하 월드-헤럴드〉, 1931년 8월 4일과 1931년 6월 20일).

17 로버타 버핏 비알렉에 따르면, 하워드는 한때 류머티스열을 앓았다. 이 바람에 심장이 약해졌을 수도 있다.

18 도리스 버핏과의 인터뷰.

19 도리스 버핏과의 인터뷰. 워런도 역시 이걸 기억한다.

20 로버타 버핏 비알렉과의 인터뷰.

21 잭 프로스트, 노마 서스턴-페르나, 스튜 에릭슨, 루 바티스톤과의 인터뷰들.

22 레일라가 앓았던 질병의 정확한 병명은 알려져 있지 않다. 하지만 목 부분에 실제로 통증이 있었던 것 같다. 후두부 신경통은 초조함이나 후두부 신경 손상으로 발생하는 만성적인 통증과 관련된 장애인데, 이런 장애는 편두통처럼 머리를 콕콕 찌르는 통증을 유발하고, 이 통증은 목덜미에서 시작해 이마와 두피로 퍼져나간다. 후두부 신경통은 육체적인 스트레스, 정신적 외상[트라우마] 혹은 목 근육의 반복된 수축으로 발생할 수도 있다.

23 케이티 버핏과의 인터뷰. 이때는 워런이나 버티를 임신했을 때였을 것이다.

24 케이티 버핏과의 인터뷰.

25 "Beer Is Back! Omaha to Have Belated Party", 〈오마하 월드-헤럴드〉, 1933년 8월 9일; "Nebraska Would Have Voted Down Ten Commandments, Dry Head Says", 〈오마하 월드-헤럴드〉, 1944년 11월 15일; "Roosevelt Issues Plea for Repeal of Prohibition", AP통신, 1933년 7월 8일, 〈오마하 월드-헤럴드〉에 게재.

26 U.S. and Nebraska Division of Agricultural Statistics, 《Nebraska Agricultural Statistics, Historical Record 1866-1954》. Lincoln: Government Printing Office, 1957; 《Almanac for Nebraskans 1939》, The Federal Writers' Project Works Progress Administration, State of Nebraska; Clinton Warne, "Some

Effects of the Introduction of the Automobile on Highways and Land Values in Nebraska", 〈Nebraska History〉 quarterly, The Nebraska State Historical Society, Vol. 38, Number 1, March 1957, page 4.

27 캔자스에서는 담보물이던 농지를 차압하러 나갔던 은행원이 22구경 및 38구경 총알에 맞아 살해되었다. 범인은 사체를 그의 자동차에까지 끌어다 놓았다. "Forecloser on Farm Found Fatally Shot", 〈오마하 월드-헤럴드〉, 1933년 1월 31일. 담보 대출과 관련된 또 다른 충돌과 갈등에 대해서는 다음 참조. "Nickel Bidders' Halted by Use of Injunctions", 〈오마하 월드-헤럴드〉, 1933년 1월 27일; "Tax Sales Blocked by 300 Farmers in Council Bluffs", 〈오마하 월드-헤럴드〉, 1933년 2월 27일; "Penny Sale Turned into Real Auction", 〈오마하 월드-헤럴드〉, 1933년 3월 12일; "Neighbors Bid $8.05 at Sale When Man with Son, Ill, Asks Note Money", 〈오마하 월드-헤럴드〉, 1933년 1월 28일.

28 "The Dust Storm of November 12 and 13, 1933", 〈미국기상학회지 Bulletin of the American Meteorological Society〉, 1934년 2월; "60 Miles an Hour in Iowa", 〈뉴욕 타임스〉 호외, 1933년 11월 13일; 워더머 캠퍼트, "The Week in Science: Storms of Dust", 〈뉴욕 타임스〉, 1933년 11월 19일.

29 로저 로웬스타인의 《Buffett》에 소개된 레일라의 회고에서 인용.

30 〈네브래스카 사람들을 위한 연감 Almanac for Nebraskans, 1939년〉에서. 네브래스카 주립 역사학회 후원으로 발행된 이 책자에는, 냄비를 열쇠구멍 높이에 맞춰서 매달아 둠으로써 냄비의 얼룩을 닦아낼 수 있다는 발상 등 믿을 수 없는 이야기들도 수록되어 있다.

31 "Hot Weather and the Drought of 1934", 〈미국기상학회지〉, 1934년 6-7월.

32 메뚜기는 네브래스카의 비공식적인 주(州) 상징 동물이다. 네브래스카는 스스로를 '버그이터 Bugeater 주'라고 부른다. 네브래스카대학교의 미식축구 팀 이름이 '콘허스커스'가 되기 훨씬 전인 1892년에, 철마다 네브래스카를 찾는 메뚜기를 기념해서 이 미식축구 팀은 스스로를 '버그이터스 Bugeaters'라고 불렀다. 이 미식축구 팀의 팬들은 지금도 비공식적으로는 스스로를 그렇게 부른다. 메뚜기는 건조한 기후 조건을 좋아하며 지상에 살아 있는 모든 식물을 먹어치움으로써 토양 침식을 유발한다. 1934년부터 1938년까지 메뚜기가 입힌 피해액은 3억 1,580만 달러, 2007년 기준으로 환산하면 약 47억 달러다. 네브래스카, 사우스다코타와 노스다코타, 캔자스, 아이오와를 아우르는 지역은 메뚜기로 인한 재앙의 진원지였다. 참조, 〈네브래스카 사람들을 위한 연감, 1939년〉 아이번 레이 탠힐,

《Drought: Its Causes and Effects》(Princeton: University Press, 1947).

33 "Farmers Harvest Hoppers for Fish Bait", 〈오마하 월드-헤럴드〉, 1931년 8월 1일.

34 프랭클린 델라노 루스벨트 취임 연설(1933년 3월 4일)에 등장하는 표현. 하지만 이 표현은 루스벨트가 경제적인 마비 현상을 말하려고 동원한 것이다.

35 전기적인 보안 장치 및 현금에 대한 보안 의식이 부족했기 때문에 당시 은행들은 지금보다 강도의 습격에 훨씬 취약했다. 그 바람에 1930년대에 은행 강도 사건 이 유행병처럼 만연했었다.

36 하워드와 버티를 포함해 버핏 가문에서 여러 명이 소아마비에 걸렸다. 소아마 비는 1940년대 중반에 또 한 차례 확산되었다. 백신이 널리 보급된 1950년대와 1960년대 이후에 태어난 사람들은 옛날 사람들이 왜 이 만성적인 질병을 두려워 했는지 이해하기 어렵겠지만, 그 시대에 이 위험은 직접적으로 부딪쳐야 하는 실 제적이고 현실적인 위험이었다.

37 1912년에 네브래스카의 노스루프 인근에서 엄청난 바람이 기차를 탈선시키는 바 람에 25명이 다치는 사건이 일어났다. 〈네브래스카 사람들을 위한 연감, 1939년〉.

38 테드 키치가 워런 버핏에게 보낸 편지, 2003년 5월 29일. 키치의 아버지는 버핏 집안의 가게에서 일했다.

39 도리스 버핏과의 인터뷰.

40 하워드는 자기가 다니면서 속물주의 때문에 고통을 받았던 센트럴고등학교 대신 에 던디에 있는 벤슨고등학교에 자기 아이들이 다니기를 바랐다.

41 매리언 바버 스탈은 '스탈 앤드 업다이크Stahl and Updike'의 공동 소유주였고, 〈뉴 욕 데일리 뉴스New York Daily News〉 등을 고객으로 두었다. 그는 아내 도로시와 함 께 파크 애비뉴에 살았고, 두 사람 사이에 아이는 없었다. 매리언 스탈의 사망 기 사, 〈뉴욕 타임스〉, 1936년 11월 11일.

42 로버타 버핏 비알렉과의 인터뷰.

43 로버타 버핏 비알렉, 워런 버핏, 도리스 버핏과의 인터뷰들.

44 도리스 버핏과의 인터뷰.

45 1935년 9월 9일, 컬럼비아 스쿨에 들어갔다.

46 워런 버핏 및 로버타 버핏 비알렉과의 인터뷰.

1 어릴 때 로즈힐 학교에 다녔던 사람들 가운데 저자와 인터뷰한 사람들은 당시를

목가적이었다고 회상한다. 하지만 워런이 1학년이 되기 한 해 전에 로즈힐의 학부모들은 과밀 학급 문제와 운동장의 '진흙 구덩이' 문제를 해결해 달라고 학교에 요구한 일이 있었다. 그러나 체납 세금이 회수되지 않는 한 그런 기대는 하지 말라는 답변만 돌아왔다. "School Plea Proves Vain", 〈오마하 월드-헤럴드〉, 1935년 1월 22일.

2 로버타 버핏 비알렉과의 인터뷰.

3 그에게 권투를 가르친 선생 월트 루미스는 도리스 또래의 덩치 큰 아이였다.

4 로버타 버핏 비알렉과의 인터뷰.

5 스텔라를 맡았던 의사들은 조현병이라고 진단했다. 하지만 해마다 특정한 시기들에 불안과 혼란 증상을 보였으며, 조현병이 드러내는 인격 파탄의 증상은 보이지 않았다고 말했다. 가족력 그리고 스텔라의 어머니 수전 바버 외 다른 가족들 가운데서도 '조증을 보이거나' 정신적으로 불안정했던 이가 있었다는 사실을 놓고 볼 때, 스텔라는 양극성 장애(조울증)를 앓았던 것 같다. 하지만 최소한 1930년대와 1940년대에는 이 질병의 존재를 거의 인식하지 못했다.

6 레일라의 일기 내용 가운데서.

7 인터뷰에서 워런의 급우였던 조앤 퍼게이트 마틴은 워런이 자기와 '잡담을 나누려고' 자기 집 앞을 주기적으로 찾아왔다고 말했다.

8 로버타 버핏 비알렉과의 인터뷰.

9 스튜 에릭슨, 워런 버핏과의 인터뷰들.

10 로즈힐의 학적부 기록에 따르면 워런은 1939년에 4B반으로 올라갔다.

11 스튜 에릭슨과의 인터뷰.

12 "맹장 수술은 나의 사회적인 삶이 절정에 이르게 했던 매우 중요한 사건이었습니다"라고 워런은 말한다.

13 워런은 "(그걸 써먹을 수 있게) 그 수녀들 가운데 한 사람이 범행을 저지르길 바랐습니다"라고 말한다.

14 로스코 맥거윈, "Dodgers Battle Cubs to 19-Inning Tie", 〈뉴욕 타임스〉, 1939년 5월 18일. 워런과 어니스트는 그 경기를 끝까지 보지 못했다.

15 엘리 컬버트슨,《Contract Bridge Complete: The New Gold Book of Bidding and Play》(Philadelphia: The John C. Winston Co., 1936).

16 브리지 게임 설명은 밥 해먼이 했다. 그는 열한 번이나 세계 챔피언 자리에 올랐으며, 1985년부터 2004년까지 세계 브리지 순위 1위였다. 나중에 그는 버크셔 해서웨이의 주주 총회 자리에도 참석한다.

1 워런은 이 껌을 할아버지에게서 한 통에 3센트를 주고 샀다.

2 도리스 버핏, 로버타 버핏 비알렉과의 인터뷰들.

3 율리시스 S. 그랜트 대통령과 시어도어 루스벨트 대통령은 재임 후에 한 번 더 대통령에 출마했지만 둘 다 낙선했다.

4 '트랜스 룩스 코퍼레이션Trans-Lux Corporation'사는 1923년 최초로 뉴욕증권거래소에 티커테이프 프로젝션 시스템을 설치했다. 이 시스템은 팩스처럼 작동하는 것이었다(요즘은 컴퓨터를 활용해 여러 가지 차트를 보고 분석해서 판단하지만, 당시에는 티커테이프가 투자자들이 가격을 확인하고 투자를 결정하는 도구였다─옮긴이). 그런데 이 일이 계기가 되어 이 회사는 1925년 아메리카증권거래소에 상장되었고, 오늘날 아메리카증권거래소에 상장된 회사 가운데 가장 오래된 회사로 남아 있다.

5 프랭크는 1921년 헨리에타가 사망한 직후 어니스트와 화해했다. 그리고 버핏이라는 가문의 이름을 내건 또 다른 가게를 내고 운영했다. 존 바버는 부동산 중개인이었다.

6 피라미드 사업은 나중에 투자한 사람의 돈을 먼저 투자한 사람에게 배분하기 때문에 처음 겉으로 보기에는 사업이 잘 돌아가는 것처럼 보인다. 하지만 기본적으로 불가능한 수익을 투자자들에게 약속하는 사기 행위일 뿐이다. 이 투자 조직이 유지되려면 계속 보다 더 많은 투자자를 끌어들여야 하므로 조직의 체계는 피라미드 형태를 띤다. 하지만 그러한 구조적 한계 때문에 결국에는 실패하고 만다.

7 앨든 휘트먼, "Sidney J. Weinberg Dies at 77; 'Mr. Wall Street' of Finance", 〈뉴욕 타임스〉, 1969년 7월 24일; 리사 엔들리치,《Goldman Sachs: The Culture of Success》(New York: Knopf, 1999).

8 와인버그가 어린 워런에게 의견을 물었다는 사실은 그의 의견 자체보다 더 중요했다. 현재 워런은 그때 어떤 주식을 추천했는지 기억하지 못한다.

9 워런은 나중에 한 인터뷰에서, 그때 자기 머릿속에 '저기가 바로 돈이 있는 곳이구나'라는 생각이 관통했다고 한다. 이 표현은 당시의 은행 강도 윌리 서턴이 했었지만(그는 왜 은행을 터느냐는 질문에, '거기에 돈이 있으니까'라고 대답했다─옮긴이), 어린 워런이 이 말을 듣고 인용한 것은 아니다.

10 워런은 그로부터 10년 가까이 지난 뒤에 열너덧 살로 성장한 동생 버티와 이야기를 나누면서는, 자신이 백만장자가 될 나이를 서른 살로 낮추었다. 로버타 버핏

비알렉과의 인터뷰.

11 워런은 자기 아버지가 그 주식에 대해서 이야기하는 것을 엿들었다고 믿는다. 그 주식은 뉴욕증권거래소에 맞서 중개인들이 거리에 모여서 거래했던 소위 '길모퉁이 거래소Curb Exchange'에서 거래되었기 때문이다(이 '길모퉁이 거래소'가 나중에 '아메리칸증권거래소'로 발전한다).

12 '버핏, 스클레니카 앤드 컴퍼니'의 기록에서.

1 "유럽에 이렇게 퍼주는 것들은 모두 정치가들이 자기 권력을 유지하고 강화하기 위한 것이다", "사회주의 쪽으로 변해 가는 미국", 하워드 버핏의 말 인용, 〈오마하 월드-헤럴드〉, 1948년 9월 30일.

2 1940년 10월 30일, 프랭클린 루스벨트는 3선을 노리며 대통령 선거 유세를 하던 중 보스턴에서 이 말을 했다. 진주만 습격이 있기 4개월 전이었다.

3 레일라 버핏이 클라이드 버핏과 에드나 버핏 앞으로 보낸 편지, 1964년경.

4 연방 정부 농무부와 네브래스카주 정부 농무부,《Nebraska Agricultural Statistics (preliminary report) 1930》(Lincoln, Government Printing Office, 1930, p. 3).

5 1940년대의 사우스오마하에 대한 워런의 인상은 생생하다. "만일 그때 당신이 그 동네를 걸었다면, 분명히 말하지만, 핫도그를 먹고 싶은 마음은 전혀 들지 않았을 것입니다."

6 존 R. 커먼스, "Labor Conditions in Meat Packing and Recent Strike", 〈쿼털리 저널 오브 이코노믹스The Quarterly Journal of Economics〉, 1904년 11월; 로저 호로위츠, ("Where Men Will Not Work': Gender, Power, Space and the Sexual Division of Labor in America's Meatpacking Industry, 1890-1990"; 로런스 H. 라르센과 바버라 J. 코트렐,《The Gate City: A History of Omaha》(Lincoln: The University of Nebraska Press, 1997); 해리 B. 오티스가 도널드 H. 에릭슨의 공저, 〈E. Pluribus Omaha: Immigrants All〉. Omaha: Lamplighter Press (Douglas County Historical Society), 2000. 호로위츠는 특별히 오마하에 대해서 언급하면서 1930년의 도살장들은 업턴 싱클레어가 1906년에 발표한 소설 《정글The Jungle》과 거의 똑같았다고 했다.

7 2005년에 GAO(회계감사원. 의회 소속의 감사 기구-옮긴이)는 "각종 화학 약품과 병원균, 각종 가스에 노출됨으로써 발생하는 호흡기 염증이나 질식의 위험"을

산업 노동자들이 처한 현재적인 직업병 관련 위험 요소라고 지적했다.《Health and Safety of Meat and Poultry Workers》. '네브래스카 포장육 산업 노동자 권리장전'(2000년) 참조. 이것은 '자발적인 기구이며' 현재는 '보편적으로 적용된다'고 주 정부 노동청의 조 산토스에 말했다. 이 내용은 휴먼 라이츠 워치Human Rights Watch의 다음 보고서에서 인용.《Blood, Sweat and Fear: Workers' Rights in the U. S. Meat and Poultry Industry》, 2004년 12월.

8 전쟁 기간 동안 워싱턴 풍경에 대한 묘사는 많은 부분을 다음 책에서 의존했다. 데이비드 브링클리,《Washington Goes to War》(New York: Alfred A. Knopf, 1988).

9 하도 많은 남자들이 군인이 되어 전쟁터로 간 바람에 도시 버스 및 스트롤리 전차의 15퍼센트가 가동되지 못했다. '캐피털 트랜짓The Capital Transit'사는 1943년 흑인 차장 한 명을 고용한 뒤 백인 차장들이 항의 표시로 사표를 내자, 흑인은 차장이나 운전사로 고용하지 않는다는 방침을 발표했다(1944년에서 1945년에 걸치는 기간에 J. 에드거 후버 FBI 국장은 법무부 장관에게 이렇게 보고 했다. "만일 이 회사가 흑인을 직원으로 고용한다면, 전차 노동자들이 곧바로 파업을 일으킬 것이고 (……) 그 결과 컬럼비아 지구에서 교통 체계는 완전히 마비 상태에 빠지고 말 겁니다." 워싱턴 디시에서의 인종적인 여건에 대한 공식 기록, 1944년 9월 5일 그리고 1944년 12월 9일, 조지아주 정부의 〈Special Collections〉에서).

10 하버드대학교 학생들은 두 차례에 걸쳐서 '좌석 점거 시위'를 벌였다. 1943년 4월 리틀 팰리스라는 카페테리아에서 주인이 흑인 고객에 대한 정책을 바꿀 때까지 이런 시위를 했다. 1년 뒤에는 56명의 학생이 '톰슨 레스토랑Thompson's Restaurant'에서 이런 시위를 했는데, 일부 백인들도 동조하고 군중들이 몰려드는 바람에 경찰이 일시적으로 식당 측에 모든 사람에게 음식을 팔라고 지시했다. 플로라 브라이언트 브라운, "NAACP Sponsored Sit-Ins by Howard University Students in Washington, D.C., 1943-1944", 〈The Journal of Negro History, 85.4〉, 2000년 가을.

11 프랭크 레이첼 박사는 화학섬유 제품을 생산하던 '아메리칸 비스코스American Viscose'를 지휘했다.

12 도리스 버핏, 로버타 버핏 비알렉, 워런 버핏과의 인터뷰들.

13 워런이 나중에 깨달은 사실을 집어넣어 조금 윤색하는 게 아닐까 싶다.

14 로버타 버핏 비알렉과의 인터뷰.

15 한때 '구시'라는 이름으로 알려졌던 글래디스는 이 기간의 어느 시점에 이름을 메

리로 바꾸었다. 워런은 그녀의 딸 캐롤라인과의 사랑을 꿈꾸었지만, 캐롤라인은
나중에 그의 친구 월터 스콧과 결혼했다.

16 워런은 그게 바이런의 아이디어였다고 말하고, 바이런은 워런의 아이디어였다고
말한다. 스튜는 기억이 나지 않는다고 말한다.

17 조앤 퍼게이트 마틴은 그 날짜를 기억하고 그때의 이야기를 확실하게 정리했다.
그녀는 그때의 소년들이 완벽한 신사들이었으며, 자기들이 어색하고 서투른 바
보들 같았다고 한 남자들의 회상에 대해서는 아무 할 말이 없다고 했다.

18 스튜 에릭슨, 바이런 스완슨과의 인터뷰들. 이들은 그 이야기의 세부적인 내용들
을 제공했다.

19 이 전화번호는 애너 메이 주노가 보낸 편지에 들어 있다. 그녀의 할아버지는 푸줏
간에서 일했다.

20 이 불쌍한 소년이 찰리 멍거였다.

21 케이티 버핏과의 인터뷰.

22 위 인터뷰. 레일라는 사회적인 지위와 신분의 상승 욕구에 사로잡혀 있었다.

23 "내 안에 있던 독립에 대한 열망이 더욱 커졌던 계기가 바로 할아버지의 식료품점
에서 일하던 경험이었다고 말할 수 있을 겁니다"라고 워런은 말한다.

24 노란색 종이에 쓴 이 편지는 한때 워런이 가장 소중하게 여겼던 유산 가운데 하나
였는데, 여러 해 동안 그의 책상 서랍 속에 있었다. 어니스트는 식료품점을 운영
하는 사람들이 모여서 만든 단체를 통해 체인점들에 반대하는 로비 활동을 하며
체인점에 높은 특별세를 부과하는 법안이 제정되도록 힘썼다. 하지만 그의 이런
노력은 수포로 돌아갔다.

25 도리스 버핏과의 인터뷰.

26 워런 버핏이 메그 그린필드에게 보낸 편지, 1984년 6월 19일.

27 슬프게도 버핏 가문 사람들 가운데 현재 이 원고의 사본을 가지고 있는 사람은
없다.

28 '스프링 밸리'의 마케팅 브로슈어. 독자적인 문장(紋章)을 가지고 있다.

29 Women Accepted for Volunteer Emergency Service(WAVES). WAVES 이전
에는 간호사로서만 해군에 들어갈 수 있었다.

30 앨리스 딜 중학교의 이름은 워싱턴 디시에 설립된 최초의 중학교 교장 이름을 따
서 명명되었다.

31 워런은 올와인 선생이 자기의 영어 교사였으며 자기를 그다지 좋게 평가하지 않
을 이유가 충분히 있었다고 말한다. "그런 평가를 받아도 쌌어요."

32 캐스퍼 하인들과의 인터뷰.

33 "내가 그 소득에 대한 세금을 냈는지 역시 확실하지 않다"고 워런은 덧붙인다.

34 레일라가 쓴 회고록에 따르면, 워런은 자기가 관리하는 돈에 레일라가 손도 대지 못하게 했다.

35 인터뷰에서 그런 내용의 이야기가 맞다고 확인한 로저 벨은 당시에 전시 채권 우표를 수집하고 있었고, 진짜 채권을 살 수 있을 만큼 충분히 모은 뒤에는 이것을 현금으로 바꾸어서 여행 자금을 마련했다. "나는 어머니에게 우리가 이제 여행을 갈 것이라고 말했지만 어머니는 내 말을 믿지 않았습니다"라고 그는 말한다.

36 로저 벨과의 인터뷰.

37 워런의 1944년 성적표에서.

38 성적표에 기재된 의견에 의거한 것이다.

39 노마 서스턴-페르나와의 인터뷰.

40 빌헬미나 여왕은 주상 복합 단지인 '웨스트체스터'를 인수한 네덜란드의 지주 회사 주식을 소유했다.

41 그는 다양한 노선의 버스 승차권을 수집했다. "승차권들은 색색깔로 화려했고 나는 뭐든 수집했습니다." 가족 가운데서 다른 사람들도 취미로 무언가를 수집했느냐는 질문에는 다음과 같이 대답한다. "아뇨. 다들 나보다는 대중적인 사람이었으니까요."

42 고객들은 헌 잡지들을 계단통에 버렸고, 워런은 이것도 수집했다.

43 워런도 이 이야기를 기억하고 있다. 하지만 놀라울 정도로 세세한 사항까지 기억하는 사람은 루 바티스톤이었다.

44 루 바티스톤과의 인터뷰.

⑩

1 이런 종류의 장난 편지는 20세기 중반에 널리 퍼졌다. 어떤 계기로 이런 편지가 시작되었고 워런이 누구에게서 이런 편지를 받았는지는 알려져 있지 않다. 그가 이런 장난을 누구를 상대로 얼마나 자주 했는가 하는 문제는 일단 젖혀놓고, 그가 재미를 좇아서 이런 장난을 한 데는 이유가 있었다. 결정적인 약점과 관련된 은밀한 이야기에 사람들은 일반적으로 많은 관심을 보이기 때문이다. 부끄러움이 가지고 있는 힘을 찬양하고 싶었던 것이다.

2 텐리타운 최초의 백화점이던 시어스가 사람들에게 준 충격과 이 백화점의 옥

상 주차장이 발휘했던 특이한 매력은 다음 책에 상세하게 묘사되어 있다. 유디스 벡 헴름스, 《Tenleytown, D.C.: Country Village into City Neighborhood》(Washington, D.C.: Tennally Press, 1981).

3 인터뷰에서 노마 서스턴-페르나는 이 이야기의 본질적인 내용이 사실임을 입증하며, 자기 남자친구인 돈 댄리가 워런과 함께 시어스 백화점에서 좀도둑질을 했다는 사실을 회상한 뒤에, 이런 행위는 고등학생이 되어서까지 어느 정도 수준으로 계속되었다고 덧붙이며, 생일 선물로 받은 멋진 허니서클 향수와 배스파우더가 시어스 백화점에서 훔친 물건이라는 사실을 알고는 얼마나 당황했는지 모른다고 설명했다.

4 수전 M. 암스트롱이 워런 버핏에게 보낸 편지(2007년 12월 20일)는, 자기 5촌 당숙의 친구인 지미 파슨스가 우드로 윌슨 고등학교 시절에 워런과 함께 골프공을 훔쳤다는 사실을 회상한다.

5 한니발은 소설 및 영화 〈양들의 침묵The Silence of Lambs〉에 등장하는 사이코 악당이다.

11

1 정치적인 노선이 다른 진영에 있었던 사람이 태프트의 특성을 칭찬하는 글을 찾는다면 참조, 존 F. 케네디, 《Profiles in Courage》(New York: HarperCollins, 1955).

2 미국이 금본위제를 버렸던 1933년부터 1947년까지 소비자 물가 지수는 무려 18퍼센트 이상 크게 변동했다. 인플레이션이라는 조건 아래에서 연방준비제도의 역사가 너무 짧아서, 그동안의 자료만 가지고는 어떤 의견이 옳은지 확실한 증거를 제시하지 못한다.

3 로버타 버핏 비알렉과의 인터뷰. 다른 사람들도 이 이야기를 기억한다.

4 Coffee with Congress. 하워드, 레일라, 도리스, 로버타 버핏과의 라디오 인터뷰, WRC 라디오, 1947년 10월 18일, 진행자는 빌 허슨.

5 케이티 버핏과의 인터뷰. 레일라는 영국에서 왕위 계승과 관련해서 위기가 감돌던 1936년경 월리스 워필드 심슨에게 깊이 빠졌다.

6 우드로 윌슨의 학기는 2월부터 6월까지 이어졌다. 워런은 한 학기를 건너뛰었기 때문에 그의 2학년은 2월에 시작되었다.

7 풍자만화가 앨 캡은 '릴 애브너'라는 캐릭터를 만들어 냈는데, 이 인물은 오만하게 권력을 휘두르는 자기 어머니 '마미 요컴'으로부터 힘을 물려받았고, 이 어머

니가 '잘 자거라 아이린' 하면서 휘두르는 엄청난 펀치는 요컴 집안 특유의 규율과 훈련의 일부분이었다.

8 도리스 버핏과의 인터뷰.

9 바티스톤은 하워드가 그들을 최종 목적지까지는 아니라 하더라도 일부 구간은 자기 차로 태워줬다고 회상한다.

10 비록 이런 정보의 대부분이 〈스트렝스 앤드 헬스〉에서 나온 것이긴 하지만, 엘리자베스 매크라켄이 퍼지 스톡턴에게 바친 찬사였던 다음 글도 참조했다. "The Belle of the Barbell", 〈뉴욕 타임스 매거진New York Times Magazine〉, 2006년 12월 31일.

11 퍼지는 자기에게 보디빌딩을 소개해 준 레스 스톡턴과 결혼했다.

1 "그건 결코 커다란 성공이라고 할 수 없었습니다. (……) 잘 되지도 않았고, 또 그렇다고 해서 참담하게 실패하지도 않았습니다. 오래 지속되지도 않았고요."라고 워런은 말한다.

2 워런 버핏과의 인터뷰뿐만 아니라 로저 벨과 캐스퍼 하인들과 각각 했던 인터뷰들이 그 농장에 관한 상세한 사실들을 밝히는 데 도움이 되었다. 워런은 자기가 이것을 부동산 중개인이었던 외가 쪽 작은할아버지인 존 바버를 통해서 혹은 그에게서 직접 샀다고 믿는다.

3 캐스퍼 하인들과의 인터뷰. 네브래스카 땅의 반 이상을 소작농이 경작했다. 토지를 담보로 한 대출은 흔하지 않았다. 농작물 가격의 변동폭이 워낙 커서 토지를 날릴 위험이 컸기 때문이다.

4 노마 서스턴-페르나와의 인터뷰.

5 인터뷰에서 루 바티스톤은 고등학교 시절을 회상하면서, 야한 코미디 연극을 하는 극장에서 워런 버핏의 뇌는 '두 측면', 즉 사업가처럼 냉정하고 수학적인 모습과 야한 코미디에 낄낄거리며 웃는 모습을 동시에 보였다고 했다.

6 루 바티스톤과의 인터뷰.

7 워런은 이 이야기를 2005년 하버드 경영대학원에서 말했다.

8 카네기는 오마하 전 지역을 아우르던 '아머 앤드 컴퍼니Armour & Co.'의 영업사원이었다. 카네기와 워런이 기질적으로 통할 수 있었던 것은 아마도 두 사람 다 중서부 지역의 기풍을 가지고 있었기 때문 아닐까 싶다.

9 전체 내용, 데일 카네기, 《How to Win Friends and Influence People》(New York: Simon & Schuster, 1938. Copyright Dale Carnegie & Associates. Courtesy of Dale Carnegie & Associates).

10 데일 카네기가 존 듀이의 말을 인용하면서.

11 다음 자료에 따르면 1946년의 1인 평균 소득은 2,473달러였다. 상무부, 통계국, 〈Historical Statistics of the United States: Colonial Times to 1970, Bicentennial Edition〉(Washington, D.C.: Government Printing Office, 1975, Series D-722-727, p. 164).

12 인터뷰에서 루 바티스톤이 한 말에 의거.

13 12년 전, 불황의 초기 단계이던 1931년 7월 24일의 한 신문 광고에 따르면, 깨끗하게 닦은 중고 골프공은 세 개에 1달러 5센트였다.

14 돈 데드릭과의 인터뷰. 그는 고등학교 때 함께 골프 팀에 있었던 친구다.

15 루 바티스톤과의 인터뷰.

16 "중고 핀볼 기계들을 사면서 총 50달러씩이나 인지세를 낸 유일한 사람이었습니다. 아버지가 그렇게 하라고 주장하시지 않았다면 내가 과연 그 세금을 냈을지 어땠을지는 모르겠습니다"라고 워런은 말한다.

17 루 바티스톤과의 인터뷰. '윌슨'이라는 이름은 '우드로 윌슨 고등학교'라는 교명에서 비롯된 것이다.

18 이발소에 땅콩 판매기를 설치하는 사업도 시작했지만, 스페인 땅콩 2킬로그램을 넣어둔 땅콩 판매기가 남자들의 주먹에 박살나고 유리 가루가 섞인 땅콩이 한 주먹씩 사람들의 입으로 들어가는 일이 몇 차례 벌어지자 워런은 곧 이 사업을 접었다.

19 이 일화에서 워런의 말과 표현은 루 바티스톤과의 인터뷰를 바탕으로 했다. 하지만 사실 관계는 워런의 회상과 정확하게 일치한다.

20 돈 데드릭과의 인터뷰.

21 그 자리에 있지 않았던 워런의 고등학교 친구가 이 이야기를 워런과는 약간 다르게 했다. 커런은 눈치가 빨라서 워런의 꾐에 빠지지 않았으며 골프장에는 단 한 번도 가지 않았다는 것이다. 하지만 사실 여부를 떠나서 워런이 풀어놓는 이야기는 무척 재미있다.

13

1 케이티 버핏과의 인터뷰.

2 이 이야기는 오랜 세월 속에서 부풀려지고 윤색된 느낌이 있지만, 이 이야기의 기본적인 뼈대는 사실이다. 몇 년 뒤 워런이 대학교에 다닐 때 아버지에게 보낸 편지들 속에서도 이런 내용들이 묻어 있다.

3 스튜 에릭슨과의 인터뷰.

4 돈 데드릭과의 인터뷰.

5 밥 드와이어와의 인터뷰.

6 그레이에 따르면, 하브 드 그레이스 경마장으로 가는 기차에서 워런은 농담 삼아서 '그림으로 보는 여러 가지 성 범죄 Sex Crimes Illustrated'라는 이름으로 잡지를 만들면 좋지 않겠느냐고 했다.

7 빌 그레이와의 인터뷰. 그는 현재 콜로라도주립대학교 기상학과의 명예교수이며, '적도 기상학 프로젝트'의 책임자다.

14

1 졸업 인원은 추정치다. 왜냐하면 우드로 윌슨 고등학교는 2월에 졸업하는 반과 6월에 졸업하는 두 반이 있었기 때문이다. 워런과 같은 학생들은 추가 학점을 이수함으로써 2월에 졸업하는 반에 있다가 한 학년 위의 6월에 졸업하는 반으로 월반했다. 학교는 워런이 50등 했을 때 그의 성적이 '상위 7분의 1' 범위에 들지 못했다고 했었다.

2 상대 여자는 일명 '보비'인 바버라 위건드. 그녀는 영구차만 기억한다. 도리스 버핏은 영구차 문제로 가족이 논쟁을 벌였다고 회상했다.

3 밥 페이틀러, 앤 벡 맥팔레인, 월도 벡과의 인터뷰들. 데이비드 브라운은 앤 벡의 오빠인 월도 벡과 처남매부 사이가 된다.

4 밥 페이틀러, 워런 버핏과의 인터뷰들. 워런은 상업적인 용도로 자동차를 사용하고 있었기 때문에 휘발유 배급제가 빡빡하게 실시되었다 하더라도 여분의 쿠폰을 받을 수 있었을 것이라는 사실을 참조.

5 'policy'라는 단어는 아마도 게일어 'pá lae sámh'(발음은 '파아 레이 시흐')에서 나오지 않았나 싶다. 이 게일어는 19세기 아일랜드계 미국인의 도박 용어인 'easy payday', 즉 '쉽게 돈을 당기는 날'을 뜻한다.

6 이 법안으로 인해 중서부 지역에서는 노동자들의 격렬한 저항 운동이 발생했다.

7 도리스 버핏과의 인터뷰.

8 다음 자료를 바탕으로 추정한 것이다. 낸시 R. 밀러, "Public Services Archivist", The University Archives and Record Center, University of Pennsylvania.

9 보드빌이라 불리는 희가극의 가수였던 졸슨은 20세기 초에 가장 인기가 많았다. 그는 다음과 같은 수많은 노래들을 작곡했다. 〈You Made Me Love You〉, 〈Rock-a-Bye Your Baby with a Dixie Melody〉, 〈Swanee〉, 〈April Showers〉, 〈Toot, Toot, Tootsie, Goodbye〉, 〈California, Here I Come〉. 그는 1927년에 영화 〈재즈 싱어 The Jazz Singer〉에서 흑인으로 분장하고 〈마이 매미 My Mammy〉를 불렀다. 이 영화는 최초의 장편 영화로서 폭넓은 대중적인 성공을 거두었다. 그는 또 자신의 삶을 극화한 영화 〈앨 졸슨 이야기 The Al Jolson Story〉의 인기에 힘입어 1948년에 〈버라이어티 Variety〉가 실시한 투표에서 '가장 인기 있는 남자 가수'로 선정되었다. 그리고 그 영화 덕분에 그는 젊은이들 사이에서도 다시 인기를 누렸다. 오늘날 기준으로 볼 때 백인이 흑인으로 분장하고 공연하는 게 인종 차별적이라고 비난받기 십상이지만, 당시에는 흔히 있는 일이었다.

10 〈마이 매미〉, 가사 샘 루이스와 조 영; 음악 월터 도널드슨, 저작권 1920년.

11 리치 코헨, 〈Pledge Allegiance〉. 다음 책에서, 《Killed: Great Journalism Too Hot to Print》(ed. David Wallace. New York: Nation Books, 2004).

12 클라이드 레이하드와의 인터뷰.

13 Coffee with Congress. 하워드, 레일라, 도리스, 로버타 버핏과의 라디오 인터뷰, WRC 라디오, 1947년 10월 18일, 진행자는 빌 허슨.

14 척 피터슨과의 인터뷰.

15 클라이드 레이하드와의 인터뷰.

16 척 피터슨, 샤론 마틴과 거트루드 마틴 부부와의 인터뷰들.

17 앤서니 베치온과의 인터뷰. 이 내용은 로저 로웬스타인의 다음 책에 인용되어 있다. 《Buffett: The Making of an American Capitalist》(New York: Doubleday, 1996).

18 피터슨은 자기는 일 년 내내 혹은 적어도 거의 일 년 내내 그 생각을 했다고 회상한다.

19 도리스 버핏과의 인터뷰.

20 케네소 마운틴 랜디스, 《Segregation in Washington: A Report, November 1948》(Chicago: National Committee on Segregation in the Nation's Capital,

1948).

21 밥 드와이어와의 인터뷰.

22 돈 댄리, 로웬스타인의 《Buffett》에서 인용. 댄리는 사망했다.

23 노마 서스턴-페르나와의 인터뷰.

24 바버라 월리 포터와의 인터뷰.

25 클라이드 레이하드와의 인터뷰.

26 베자, 로웬스타인의 《Buffett》에서 인용. 베자는 사망했다.

27 돈 스파크스와의 인터뷰.

28 펜실베이니아대학교에서 신발을 닦아주는 행위는 상당한 의미가 있었다. 신입회원이 충성을 서약하는 전형적인 행위가 바로 현역 회원의 신발을 닦아주는 행위였다.

29 인터뷰에서 레이하드는 이 이야기의 개요를 기억했다. 워런은 피해자이던 베자의 룸메이트 제리 오랜스키(나중에 '오랜스'로 개명)와 친한 친구가 되었다. 오랜스는 사망했다.

30 바버라 월리 포터와의 인터뷰.

31 앤 벡 맥팔레인과의 인터뷰. 그녀는 그 데이트를 그녀의 부모와 레일라 버핏이 계획해서 마련한 것이라고 생각한다.

32 수전 톰슨 버핏은 1950년경의 자기 남편 워런을 이렇게 묘사했다.

33 클라이드 레이하드와의 인터뷰.

34 밥 페이틀러와의 인터뷰.

35 클라이드 레이하드와의 인터뷰.

36 앤서니 베치온과의 인터뷰. 로웬스타인의 《Buffett》에 인용되어 있다.

37 마틴 위건드와의 인터뷰.

38 "Buffett Lashes Marshall Plan", 〈오마하 월드-헤럴드〉, 1948년 1월 28일. 하워드 버핏의 유세 문건 역시 외국 원조를 쥐구멍에 돈을 퍼붓는 행위로 묘사한다.

39 1948년 6월 5일, 메모리얼 파크 제막식.

40 프랭크 D. 버핏의 유언장, 1949년 2월 19일자.

41 청원에 대한 승인. 네브래스카 더글러스 카운티의 카운티 법정, 1958년 4월 14일. 채권은 만기 환급되었다. 왜냐하면 유언장에서는 적절하게 '판매된' 재산권의 모든 수익금은 미국 정부가 발행한 채권에만 투자될 수 있다고 되어 있었기 때문이다. 기회비용과 이자를 고려하면 하워드의 선택은 현명했다.

42 레일라 버핏의 일기장. "추운 날이다…… 하지만 1948년에서 1949년으로 넘어

가던 때의 쓰라렸던 겨울을 기억하자."〈오마하 월드-헤럴드〉, 1959년 1월 6일.

43 〈커머셜 앤드 파이낸셜 크로니클Commercial & Financial Chronicle〉, 1948년 5월 6일.

44 도리스 버핏과의 인터뷰.

45 루 바티스톤과의 인터뷰.

46 샤론 마틴과의 인터뷰.

47 월도 벡, 앤 벡 맥팔레인과의 인터뷰들. 브라운은 그 이야기를 여러 차례 했다.

1 골프공 총 220다스를 1,200달러에 팔게 된다.

2 워런 버핏이 하워드 버핏에게 보낸 편지, 1950년 2월 16일.

3 워런은 하워드에게 편지를 보내, 쇠너가 맡기라고 한 1,426달러를 보내달라고 했다. 그리고 서명했다. "자동차 회사의 낮은 수익을 위하여, 당신의 워런이." 워런 버핏이 하워드 버핏에게 보낸 편지, 1950년 2월 16일.

4 워런 버핏이 제리 오랜스에게 보낸 편지, 1950년 5월 1일. 다음 책에서 인용. 로저 로웬스타인, 《Buffett: The Making of an American Capitalist》(New York: Doubleday, 1996).

5 "Bizad Students Win Scholarships", 〈데일리 네브래스컨〉, 1950년 5월 19일.

6 벤저민 그레이엄, 《The Intelligent Investor: A Book of Practical Counsel》 (New York: Harper & Brothers, 1949).

7 가필드 A. 드류, 《New Methods for Profit in the Stock Market》(Boston: The Metcalf Press, 1941).

8 로버트 D. 에드워즈와 존 맥기, 《Technical Analysis of Stock Market Trends》 (Springfield, Mass.: Stock Trend Service, 1948).

9 우드, 로웬스타인의 《Buffett》에서 인용. 우드는 사망했다. 우드는 이 대화가 언제 있었는지 확실하게 기억하지 못한다고, 즉 하버드에서 퇴짜를 맞기 전이었거나 컬럼비아에서 대학 생활을 시작한 뒤였을지 모른다고 로웬스타인에게 말했다. 하지만 정황으로 보건대, 이것은 그가 그레이엄을 직접 만나기 전이었다.

10 워런에 따르면, 하워드 버핏은 그 회사의 이사회 구성원 가운데 한 사람과 잘 아는 사이였다.

11 뉴욕시티의 컬럼비아대학교 1950-1951년 겨울 및 봄 학기 경영대학원의 자료.

1   고인이 된 하원의원 팁 오닐은 회고록《Man of the House》(New York: Random House, 1987)에서, 자기의 교구 신부가 가톨릭 신자라면 개신교가 운영하는 YMCA에 가는 것도 죄라고 설교했다고 회상했다. 그런데 오닐과 한 유대인 친구가 한번은 슬론 하우스에서 묵었다. 1930년대의 통상적인 요금은 하룻밤에 65센트였다. 하지만 할인이 가능했다.

다음은 오닐이 한 말이다. "하지만 만일 성공회 예배에 참석하겠다고 하면 아침까지 포함해서 35센트였다. 우리는 바보가 아니었다. 그래서 35센트짜리로 선택했다. 아침을 먹은 뒤 예배가 시작되기 전에 잽싸게 빠져나올 생각이었다. 그런데 이런 멋진 생각을 한 게 우리가 처음이 아니라는 사실을 깨달았다. 아침을 먹는 동안 출입구를 잠가버렸던 것이다. 우리는 꼼짝없이 갇히고 말았다." 하지만 1950년대가 되면, 슬론 하우스에서 '기도를 할래, 아니면 돈을 더 낼래' 식의 선택은 사라졌다. 여기에 대해서 워런은 이렇게 말한다. "만일 그런 게 있었다면 나는 아마 기꺼이 신의 계시를 경험했을 겁니다. 할인해 주기만 한다면 무슨 교파든 다 받아들였을 겁니다."

2   당시 했던 담배 관련 약속이 세 아이 모두에게 적용된 것인지, 아니면 딸들에게만 적용된 것인지 워런은 확신하지 못한다. 하지만 세 아이 모두 졸업과 동시에 거의 같은 조건으로 2천 달러를 받은 것만은 분명하다.

3   대부분의 돈은 '유에스 인터내셔널 시큐러티즈U.S. International Securities'와 '파커스버그 리그 앤드 릴Parkersburg Rig & Reel'에 투자되었다. 그리고 1951년 1월 1일 이 돈을 빼서 '트리콘티넨털 코퍼레이션Tri-Continental Corporation'에 투자했다. 하워드는 돈의 대부분을 그리고 워런은 아이디어와 노력 즉 '땀의 지분'을 비공식적인 동업자에게 기부했다.

4   벤저민 그레이엄과 데이비드 L. 도드,《Security Analysis, Principles and Technique》(New York: McGraw-Hill, 1934).

5   바버라 도드 앤더슨이 워런 버핏에게 보낸 편지, 1989년 4월 19일.

6   데이비드 도드가 워런 버핏에게 보낸 편지, 1986년 4월 2일.

7   19세기의 '유니언 퍼시픽 레일로드'는 모든 철도 회사들 가운데서 불법적인 문제와 파산 등으로 가장 악명 높았다.

8   윌리엄 W. 타운센드,《Bond Salesmanship》(New York: Henry Holt, 1924). 워런은 이 책을 서너 번 읽었다.

9 잭 알렉산더와의 인터뷰.

10 그리고 워런과 한 여성 매기 생크스에 따르면.

11 프레드 스탠백과의 인터뷰.

12 미드애틀랜틱 지역에 살았던 사람 가운데 특정 연령대의 세대는 '스탠백과 함께 즉방을'과 '신경통neuralgia'이라는 표현을 지독한 두통을 가리키는 단어로 인식한다.

13 증권거래위원회SEC의 공정 공시 규정은 현재, 모든 기업은 중요한 미공개 정보의 선택적인 공개를 금지하며, 또 주식시장에 내놓는 정보의 공개를 정보 수혜 대상에 따라서 시간적 차등을 두지 않도록 정하고 있다.

14 투자자로서 슐로스는 일 년에 2,600달러를 받음으로써 1951년의 비서 평균 연봉보다 적었다. 전국비서협회에 따르면 1951년의 비서 평균 연봉은 3,060달러였다.

15 프레드 스탠백과의 인터뷰.

16 월터 슐로스와의 인터뷰. 몇몇 소재는 다음 책에서 인용. 《The Memoirs of Walter J. Schloss》(New York: September Press, 2003).

17 벤저민 그레이엄, 《The Memoirs of the Dean of Wall Street》(New York: McGraw-Hill, 1996).

18 '스트라이커 앤드 브라운'은 마셜-웰스 주식을 전문으로 거래하던 마켓 메이커였다.

19 마셜-웰스는 그가 '파커스버그 리그 앤드 릴'에 이어 두 번째로 산 '그레이엄 앤드 도드' 주식이었다. 스탠백은 그린과 점심을 함께 먹은 것은 기억하지만 날짜는 기억하지 못한다.

20 다른 사람들은 여태까지 줄곧《후즈 후 인 아메리카Who's Who in America》에서 깨우친 것이라고 기술했지만, 이건 사실이 아니다. 워런은 그 내용을《무디스 매뉴얼》에서 읽었을 수도 있고, 데이비드 도드나 월터 슐로스에게서 들었을 수도 있고, 또 신문이나 잡지를 보고 알았을 수도 있다.

21 법률적인 조항 때문에 가이코 주식의 이 매각은 1948년에 증권거래위원회로부터의 동의명령제(규정을 위반한 기업이 피해 보상과 시정 약속을 하면 당국이 이를 승인하고 사법적인 제재를 가하지 않고 사건을 종결하는 제도-옮긴이) 대상이 되었다. 그레이엄-뉴먼은, 비록 '실수로 그 인수가 합법적으로 수행되었다고 선의로 믿긴 했어도' 1940년의 투자회사법Investment Company Act의 12(d)(2)를 위반했다. 등록된 투자 회사는, 만일 소유권의 25퍼센트를 가지고 있지 않다면,

보험 회사의 전체 미지급 소유권 주식(소유자가 의결권을 가지는 주식 – 옮긴이)
의 10퍼센트 이상을 취득하지 못하게 되어 있었던 것이다(그레이엄-뉴먼 코퍼
레이션은 자본 투자의 한도를 정하지 않은 다각화된 경영 투자 회사였다).

22 월터 스미스가 정리한 로리머 데이비드슨의 가이코 역사 구두 진술, 1998년 6월
19일. 참조, 윌리엄 K. 클링거먼,《GEICO, The First Forty Years》(Washington,
D.C.).

23 1929년에 10만 달러를 번다는 것은 2007년에 121만 2,530달러를 버는 것과 마
찬가지였다.

24 1951년 무렵 가이코는 이제 우편물을 통한 접근 방식보다는 텔레마케팅 방식으
로 무게 중심을 옮겼다. 전화 판매원은 각 지역의 사무소에 배치되어 일했다. 그
리고 위험 요소들을 걸러내기 위해서 이들은 철저한 훈련을 받았다.

25 '비표준'이라고 불리던 자동차 보험사들은 이런 고객들을 전문 대상으로 설정해
초과 납부금, 구체적으로 말하면 일반 납부금을 80퍼센트씩이나 초과한 납부금
을 요구했다. USAA와 가이코는 당시 '특급으로 선호되던' 회사들이었는데, 이들
은 위험도가 가장 적은 고객을 우선 대상으로 설정했다.

26 이 제도의 가장 큰 문제점은 사람들이 미래에 있을지도 모르는 사고에 대비한다
는 개념이 아니라 자기 목숨을 걸고 도박을 한다는 점이었다. 살아남은 사람이
모든 납입금을 독식한다는 것은 그렇지 않은 사람에게는 어떤 이유로든 보험료
를 지불하지 않는다는 원칙을 바탕으로 했다. "매우 매력적인 게임이다. 하지만
얼마나 잔인한가!"《Papers Relating to Tontine Insurance》(The Connecticut
Mutual Life Insurance Company, Hartford, Conn.: 1887).

27 Office Memorandum, Government Employees Insurance Corporation,
Buffett-Falk & Co., 1951년 10월 9일.

1 벤저민 그레이엄,《The Memoirs of the Dean of Wall Street》(New York:
McGraw-Hill, 1996). 그레이엄이 회상하는 일화들을 워런 버핏이 사실과 일치
한다고 확인했다.

2 1915년에 그로스바움 가문 사람들은 미국에 살던 수많은 유대인들과 마찬가지
로 성을 바꾸기 시작했다. 새로운 성은 그레이엄이었다. 1차 대전 도중에 그리고
이 전쟁이 끝난 뒤에 팽배했던 반유대주의에 대한 나름대로의 대응책이었던 셈

이다. 벤의 가족은 1917년에 그로스바움이라는 성을 그레이엄으로 바꾸었다. 출처: 짐 그랜트가 2007년 11월 15일에 유대인 역사 센터 Center for Jewish History에서 한 연설, "나의 영웅, 벤저민 그로스바움".

3 그레이엄은 1894년에 태어났다. 미국 역사상 가장 큰 금융 공황 중 하나가 일어났던 해다. 그리고 그 뒤로 1896~1897년의 불황, 1901년의 공황, 1903~1904년의 공황('부자들의 공황'), 1907년의 공황, 1913~1914년의 전쟁기 불황, 1920~1922년의 전후 불황 등이 줄을 이었다.

4 벤저민 그레이엄, 《Memoirs》.

5 위의 책.

6 위의 책.

7 사람들이 월스트리트에 발을 들여놓는 경로는 전통적으로 두 가지였다. 하나는 가업을 잇는다는 의미로 가족이나 친척이 하던 일을 떠맡아서 계속 하는 경우였다. 다른 하나는, 월스트리트 사람들의 표현을 빌리자면 '닻줄 구멍을 통과하는 경우'였다. 어린 시절 잔심부름꾼이나 보드판의 숫자를 바꾸는 역할로 취직해서 잔뼈를 키우며 성장하는 경우였다. 시드니 와인버그, 벤 그레이엄, 월터 슐로스 등과 같은 사람들이 그렇게 성장했다. 기본적으로 1950년대 초까지 월스트리트에서 일하겠다는 생각을 가지고 경영대학원에 입학하는 사람은 없었다. 당시까지만 해도 대학교에서는 재무 관련 사항, 특히 증권 관련 업무를 가르치지 않았기 때문이다.

8 그레이엄의 초기 경력에 대한 자세한 사항들은 자넷 로의 다음 책을 참고했다. 《Benjamin Graham on Value Investing: Lessons from the Dean of Wall Street》(Chicago: Dearborn Financial Publishing, 1994).

9 그레이엄은, 경영진을 만나면 경영진의 개성이나 수완에 휘둘려서 올바른 판단을 하지 못할 수도 있다고 믿었다. 그랬기 때문에 그런 자리에 나가지 않는 것이 감정에 휘둘리지 않고 냉정을 유지할 수 있는 한 가지 방법이라고 보았다. 하지만 그가 인간 존재에 대해서 특별하게 관심을 가지지 않았다는 점도 그의 이런 태도에 영향을 미쳤다.

10 로다 사나트와 버니 사나트 부부와의 인터뷰.

11 로의 말을 인용했다.

12 벤저민 그레이엄, 《Memoirs》.

13 위의 책.

14 잭 알렉산더와의 인터뷰.

15 《Security Analysis, Principles, and Technique》(New York: McGraw-Hill, 1934)에서 벤저민 그레이엄과 도드는 '내재적 가치'를 단 한 가지로 정의할 수 없다고 했다. 내재적 가치는 수익, 배당, 자산, 자본 구조(자기 자본과 부채의 구성 비율 조합 – 옮긴이), 증권의 만기 기간 그리고 '기타' 요인들에 의해서 결정되기 때문이라고 했다. 추정치는 늘 주관적이어서, 가장 중심적으로 고려해야 할 사항은 언제나 안전 마진이라고 했다.

16 플라톤의 동굴 비유는 패트릭 번(온라인 유통 회사인 '오버스톡닷컴 Overstock. com'의 CEO – 옮긴이)이 처음 했다.

17 흔히 이것은, 그가 좋아했던 저평가된 주식들은 유동성이 낮았고 또 대규모로 매입할 수 없었기 때문이다. 하지만 워런은 그레이엄이 좀 더 대담한 전략을 구사할 수도 있었다고 느꼈다.

18 잭 알렉산더와의 인터뷰.

19 빌 루안과의 인터뷰.

20 잭 알렉산더, 빌 루안과의 인터뷰들.

21 슐로스는 회고록에서 자기 아내 루이즈를 따뜻한 애정으로 묘사했다. "아내는 평생 우울증과 싸웠다." 두 사람은 루이즈가 사망한 2000년까지 53년 동안 함께 행복한 결혼 생활을 했다.

22 월터 슐로스와의 인터뷰.

1 메리 모넨. 댄 모넨의 누이였던 메리는 나중에 그의 변호사가 된다.

2 수지의 부모는 워런의 부모와 친구 사이였다. 하지만 두 집안의 아이는 다른 학교에 다녔기 때문에 서로 사귈 기회가 없었다.

3 로버타 버핏 비알렉과의 인터뷰. 수지는 1932년 6월 15일 태어났고, 버티는 1933년 11월 15일 태어났다.

4 얼 윌슨은 〈뉴욕 포스트〉에 기사를 쓰던 소위 '살롱 기고가'였다. 〈미디어 라이프 매거진 Media Life Magazine〉은 〈뉴스데이 Newsday〉가 지미 브레슬린을 다루는 것을 묘사하면서, 살롱 기고가는 '뉴욕에만 존재하는 특이한, 그 자체로 특이한 특정한 스타일의 기사를' 쓰는 사람이며, 이들은 '일반 사람들이 찾는 장소들을 순례하고 인간 조건에 대해서 자기들이 생각하는 것들을 쓴다'고 정의한다.

5 이 유명한 여성 전용 주거 시설은 지금도 운영되고 있다(뉴욕시티 웨스트 34번

가 419번지에 있다).

6 1991년 2월에 워런에게 보낸 한 밸런타인 편지에서 배니타는 "자기는 치즈샌드위치를 절대 좋아하지 않았으며, 워런을 기분 좋게 하기 위해 먹었다"는 가능성을 제기했다(이 편지에서 그녀는, 다른 편지에서도 그랬듯이 자신의 중간 이름을 처녀 때의 '메이(Mae)' 대신 '메이(May)'로 적었다).

7 이런 묘사는 과거 워런과 했던 데이트를 추억하는 배니타의 여러 편지들(1991년 1월 1일, 1991년 2월 19일, 1994년 1월 1일 등)에서 나온 것이다. 이 내용에 대해서는 워런도 동의한다.

8 수전 톰슨 버핏이 2004년 워런에게 한 말 가운데서. 워런은 이걸 기억하지 못한다. 그리고 자기가 그랬을 리가 없다고 덧붙인다.

9 워런은 비록 그녀가 괴짜 같은 행동을 하기는 했지만 실제로 위협을 받는다는 생각은 해본 적이 없다고 말한다. "내가 그 '뚱땡이'를 쓰레기통에 던져 넣을 배짱은 없었을 겁니다. 무슨 말이냐 하면, 줄곧 맞기만 했던 사람은 그녀가 아니라 나였을 것이라는 말입니다." 한편 그녀는 얼마 뒤에 프레드 스탠백에게 그런 일은 절대로 일어나지 않았다고 주장했다. 비록 프레드에게 결코 자랑스럽지 않은 자기 개성의 한 측면을 까발릴 동기가 없긴 했지만.

10 찰리 멍거가 표현하듯이 워런은 '배니타의 손길을 뿌리침으로써' 그녀와 결혼하는 재앙과 같은 일을 아슬아슬하게 피했다.

11 "A Star Is Born?" AP 통신, 〈타운 앤드 카운티Town & County〉, 1977년 9월 24일.

12 윌리엄 톰슨에 관한 정보는 워런, 로버타, 도리스 및 다른 가족들과의 여러 인터뷰들을 포함한 많은 자료에서 나왔다. 이 자료에는 다음도 포함된다. "Presbyterian Minister Reviews Thompson Book", 〈오마하 월드-헤럴드〉, 1967년 1월 5일; "Old 'Prof' Still Feels Optimistic About Younger Generation", 〈오마하 월드-헤럴드〉, 1970년 3월 28일; "W. H. Thompson, Educator, Is Dead", 〈오마하 월드-헤럴드〉, 1981년 4월 7일; "O.U. Alumni Honor Dean", 〈오마하 월드-헤럴드〉, 1960년 5월 15일.

13 워런에 따르면, 학교 IQ 검사 감독관이었던 톰슨 박사는 워런의 IQ 검사 결과를 접할 수 있었다. 사실 그는 워런과 도리스, 로버타의 IQ 성적을 모두 보고는, 성적들이 매우 높고 또 비슷하다는 사실에 깜짝 놀랐을 것이다.

14 그 행사에 참석했던 마지 백커스 터처는 인터뷰에서, 도대체 톰슨은 무슨 이유로 일요일마다 그 작은 교회까지 멀리 여행해서 설교했는지 의아하게 생각했다. 톰슨은 종교 관련 서적도 한 권 출간했다. 그 책은 다음과 같다. 《The Fool Has Said

God Is Dead》(Boston: Christopher Publishing House, 1966).

15 수전 톰슨 버핏은 이 이야기를 버핏 집안의 여러 가족들에게 했다.

16 소아기나 청소년기에 류머티스열을 앓으면 나이가 들면서 경미한 증상부터 심각한 증상까지 다양한 심장 관련 합병증이 후유증으로 나타나는 경우가 많다(하워드 버핏은 경미한 합병증). 그러나 수전 톰슨의 그 뒤 병력으로 보건대, 그녀는 심각한 심장염이나 장기간에 걸친 심장 손상은 피한 20~60퍼센트 집단에 속한다.

17 워런, 도리스, 로버타, 수지 버핏 주니어 그리고 다른 버핏 집안 사람들은 이 놀라운 장면 이야기를 한다.

18 '래키'로 불리던 라켈 뉴먼과의 인터뷰.

19 앨 파겔, "Susie Sings for More Than Her Supper", 〈오마하 월드-헤럴드〉, 1977년 4월 17일.

20 샤를렌 모스크레이, 수 제임스 스튜어트, 매릴린 캐플런 와이스버그와의 인터뷰들.

21 이름을 밝히길 거부한 고등학교 때의 몇몇 급우들의 증언에 따른 것이다.

22 도너 밀러, 잉가 스웬슨과의 인터뷰들. 나중에 배우가 되는 스웬슨은 수지가 맡았던 에밀리 킴브로의 상대역인 코넬리아 오티스 스키너 역을 맡아서 연기했다.

23 잉가 스웬슨, 도너 밀러, 로버타 버핏 비알렉, 존 스미스 등과의 인터뷰들을 근거로 해서. 존 스미스와 형제 사이인 딕 스미스는 교내 행사에서 수지와 춤을 춘 적이 있다.

24 수 제임스 스튜어트, 매릴린 캐플런 와이스버그와의 인터뷰들. 고등학교 때 수 브라운리였던 스튜어트는 가장 친한 친구이던 수지가 브라운과 데이트할 수 있도록 자동차로 그녀를 카운슬 블러프로 태워다 줬다.

25 로버타 버핏 비알렉, 워런 버핏, 도리스 버핏, 매릴린 캐플런 와이스버그와의 인터뷰들.

26 버티는 학보사 기자에게 이렇게 말했다. "여태까지 이보다 더 짜릿한 흥분을 안겨준 사건은 없었습니다." 하지만 하워드는 이렇게 말했다. "이런 일이 일어나라고 우리가 버티를 노스웨스턴대학교로 보냈나?"

27 '와일드캣 카운슬'은 신입생 주간에 학교 방문객들과 지도급 인사들을 안내하는 일을 했다. 여기에 가입하려면 승인을 받아야만 했다(Northwestern University Student Handbook, 1950~1951).

28 밀턴 브라운과의 인터뷰. 그는 만일 처지가 바뀌어서 자기가 수지 입장이었다면 그 클럽에서 탈퇴했을 것이라고 말한다.

29 수 제임스 스튜어트와의 인터뷰. 유일신을 믿는 '일신론자'로 자처하던 수지는 범

신론의 불교에 평생 빠졌다. 그리고 스스로를 '선(禪) 수행자'라고 말했다. 그녀가 '선'과 '일신론자'라는 용어들을 느슨하게 사용했다고 봐도 무방할 것 같다.

30 앨 파겔, "Susie Sings……."

31 로버타 버핏 비알렉과의 인터뷰.

32 척 피터슨, 도리스 버핏과의 인터뷰들.

33 찰리 멍거와의 인터뷰.

34 밀턴 브라운과의 인터뷰. 이 이야기에 한 가지 사실을 덧붙이자면, 이때 브라운은 버핏 가족이 살던 집에 처음이자 마지막으로 들어갔다.

35 수 제임스 스튜어트와의 인터뷰.

36 워런은 "나는 지금도 드레스를 입었던 그녀의 그때 모습을 생생하게 기억합니다"라고 말한다. 자기 방 침실의 벽지 색깔이 뭔지도 모르는 사람임을 감안할 때, 그의 이 말은 매우 통절하게 들린다.

37 "Debaters Win at Southwest Meet", 〈Gateway〉, 1951년 12월 14일.

38 "ASGD Plans Meet for New Members", 〈Gateway〉, 1951년 10월 19일.

39 워런 버핏이 도로시 스탈에게 보낸 편지, 1951년 10월 6일.

40 워런 버핏에게 전달되었던 수전 톰슨 버핏의 말.

41 밀턴 브라운과의 인터뷰.

42 1948년~1949년에 미국은, 2차 대전 직후에 분할되었으며 소련이 무력으로 봉쇄하고 있던 서베를린에 식량 및 기타 물품들을 공수했다.

43 대화가 이렇게 장장 세 시간에 걸쳐 길게 이어진 것은 톰슨 박사가 이야기하는 동안 워런이 계속 질문을 했기 때문으로 추측해 볼 수 있다.

1 투자 순수익은 7,434달러였다. 그리고 버핏-포크에서 받은 급료 가운데 저축한 돈 2,500달러도 함께 포함시켰다.

2 보험 사업 평가에 관한 워런의 추론을 좀 더 자세히 살펴볼 수 있는 그의 설명이 있다. "주식은 대략 40달러 선에서 거래되고 있었습니다. 그러므로 전체 회사는 약 700만 달러에 거래된다는 말이었습니다. 나는 회사의 자산 가치는 대체로 수입 보험료(보험 가입자가 낸 총 보험료 합계. 제조업에서는 매출액에 해당된다-옮긴이)만큼 될 것이라 생각했습니다. 왜냐하면 수입 보험료와 달러 단위로 거의 일치하는 '플로트'에서 발생하는 투자 수익을 얻을 수 있기 때문이었습니다.

여기에 또 장부 가치도 있었습니다. 그래서 나는 회사의 가치는 아무리 적게 잡아도 수입 보험료만큼은 된다고 보았던 것입니다. 그랬기 때문에 내가 할 일은 10억 달러 규모의 수입 보험료를 만들어 백만장자가 되는 것이었습니다."

3 이 회사는 나중에 '콘아그라ConAgra가 된다. 버핏-포크는 조만간 공개될 우선주 매입 자금으로 10만 달러를 맡아서 관리하고 있었다. 당시 기준으로 보면 이건 적은 규모의 거래가 아니었다.

4 버핏-포크에서 비서로 일했던 마거릿 랜든과의 인터뷰.

5 월터 슐로스가 인터뷰에서 한 말에 따르면, '시어스, 로벅 앤드 컴퍼니Sears, Roebuck & Co.'의 줄리어스 로젠월드의 상속자였던 노먼 가문 사람들이 "가이코 주식을 받았습니다. 왜냐하면 이들은 그레이엄-뉴먼의 거대 투자자들이었기 때문입니다. 노먼 가문 사람들은 그레이엄-뉴먼에게 더 많은 돈을 맡기려 했고, 이들은 벤 그레이엄이 자기들에게 현금 대신 주었던 가이코 주식을 줬습니다. 이 주식이 시장으로 나왔는데, 오마하에 있던 워런이 이 가이코 주식을 샀습니다. 하지만 그레이엄은 자기가 이 주식을 워런에게 파는 줄 몰랐습니다. 그리고 워런은 왜 그레이엄-뉴먼이 그 주식을 파는지 알 수 없었습니다." 그레이엄-뉴먼의 가이코 주식 판매에 대해서는 다음 책에서도 자세하게 기술되어 있다. 자넷 로, 《Benjamin Graham on Value Investing: Lessons from the Dean of Wall Street》(Chicago: Dearborn Financial Publishing, 1994).

6 밥 쇠너와의 인터뷰. 그는 당시 버핏을 '버피'라고 불렀다.

7 강의실에서 찍은 사진 참조.

8 리 시먼과의 인터뷰.

9 사람들이 그의 강의를 들은 목적 가운데 하나는 주식 정보를 얻는 것이었다. 이렇듯 투자 아이디어를 가르쳐 준 것은 그가 벤 그레이엄을 닮은 유일한 시간이다. 그가 이렇게 한 이유는, 자기가 투자할 수 있는 돈의 범위를 훌쩍 넘어설 만큼 투자 아이디어가 많았기 때문이다.

10 마거릿 랜든과의 인터뷰. 그녀의 기억 속에서 워런은 거의 언제나 무엇인가를 읽고 있는 모습이다.

11 Office Memorandum, Cleveland Worsted Mills Company, Buffett-Falk Company, 1952년 9월 19일.

12 프레드 스탠백과의 인터뷰.

13 워런은 개인적으로 두 개의 주식을 거래했다. '카펜터 페이퍼Carpenter Paper'와 '페어몬트 푸즈Fairmont Foods'였다. 그는 비록 그 회사를 마켓 메이커로 전환하고 주

식을 거래할 만큼 기민하긴 했지만, 페어몬트 푸즈의 CEO D. K. 하우를 '돈 노 하우(Don't Know Howe, 어찌해야 좋을지 몰라)'라고 부를 만큼(비록 재치가 있었을지는 몰라도) 아직 덜 성숙했다.

14 빌 로젠월드는 나중에 '뉴욕연합유대인청원 United Jewish Appeal of New York'을 창설했다.

15 도리스 버핏, 로버타 버핏 비알렉과의 인터뷰들.

16 프레드 스탠백과의 인터뷰.

17 척 피터슨과의 인터뷰.

18 주 방위군 제34사단의 워런 우드 준장.

19 바이런 스완슨과의 인터뷰.

20 프레드 스탠백과의 인터뷰.

21 수지는 신혼여행을 다녀온 다음 주에 수 브라운리(수 제임스 스튜어트)에게 이 이야기를 했다. 수 제임스 스튜어트와의 인터뷰.

22 와후는 할리우드의 거물급 제작자 대릴 자누크가 태어난 곳으로도 유명하다.

23 "Love Only Thing That Stops Guard", 〈오마하 월드-헤럴드〉, 1952년 4월 20일.

24 워런과의 인터뷰. 그리고 브라이언 제임스 비어먼, "Where in the Hell Is Omaha?" Americanmafia.com, 2004년 3월 21일.

20

1 더글러스 맥아더 장군은 썩 내키지 않는 마음으로 대통령 후보 지명전에 나섰다. 하지만 태프트에게 가려 빛을 잃은 상태였다. 맥아더와 그의 참모였던 아이젠하워는 서로 냉담하기만 한 적이었다.

2 로버타 버핏 비알렉과의 인터뷰.

3 컬럼비아대학교 부학장이던 데이비드 L. 도드가 워런 버핏에게 보낸 편지, 1952년 5월 20일.

4 기업가들에게는 환영받았지만 대부분의 미국인들에게 지탄받았던 태프트-하틀리법을 공동으로 발의했던 바로 그 태프트다. 즉, 태프트는 온건파 유권자들을 끌어들이기보다는 당의 극단적인 입장을 대표하는 역할이었다.

5 역설적이게도 이 정파의 많은 사람들은, 비록 정부에 대해서 자기들이 가지고 있는 다른 정책들과 상충함에도 불구하고 관세, 농업 부문 정부 지원, 강력한 노동법 등을 지지했다. 자기 지역구의 소상공인과 농장주들이 이런 것들을 강력하게

바랐기 때문이다. 이 집단의 또 다른 유명 인사로 네브래스카 상원의원 '유쾌한 장의사' 켄 훼리가 있었다. 큰 인기를 누렸던 그는 인도차이나를 '인디고 차이나' 라고 하고 의장을 '미스터 패러그래프'라고 부르며 자기의 '만장일치 의견'을 내는 등 우스꽝스러운 말실수를 잘하기로 소문난 사람이었다. 〈타임〉, 1951년 6월 25일. 그는 선거 직전에 사망했다.

6 이 집단의 지도자는 헨리 캐벗 로지와 넬슨 록펠러였고, 하워드 버핏 및 그와 비슷한 성향을 가졌던 공화당원들은 두 사람을 경멸했다. 또 자기들이 추진하는 '큰 사업' 및 자기들이 가지고 있는 실용적인 이해관계에 부합될 때마다 공화당의 핵심적인 원칙을 폐기하고 민주당과 연대한 동부 연안 지역의 부유한 아이비리그 출신 엘리트들을 경멸했다.

7 "Top GOP Rift Closed But Not the Democrats", 〈뉴욕 타임스〉, 1952년 9월 14일; 엘리 아벨, "Taft Rallies Aid for GOP Ticket", 〈뉴욕 타임스〉, 1952년 10월 5일.

8 하워드 버핏이 전직 대통령 후버에게 보낸 편지, 1952년 10월 23일. "저는 아이젠하워를 열렬하게 지지하지는 않습니다만, 그를 지지하기로 한 각하의 결정은 저에게도 괜찮습니다." 하지만 그는 이 편지를 쓴 직후 마음을 바꾼 것 같다.

9 로버타 버핏 비알렉과의 인터뷰.

10 케이티 버핏과의 인터뷰. 그녀는 이 대화를 회상하면서 무척 재미있어했다. 그녀는 "워런이 나한테 그런 말을 한 걸 잊어버렸나 보죠?"라고 말했다.

11 수전 굿윌리 스테드먼이 2001년 11월 수전 톰슨 버핏과 했던 개인적인 인터뷰를 회상한 것에서. 수록을 허락해 준 수전 굿윌리 스테드먼과 엘리자베스 휠러에게 감사의 말을 전한다.

12 수전 톰슨 버핏과의 인터뷰.

13 메리 홀랜드와 딕 홀랜드, 워런 버핏과의 인터뷰들.

14 라켈 뉴먼, 애스트리드 버핏과의 인터뷰들.

15 IQ 이야기는 가족들 사이에 전해지는 이야기다. 하지만 톰슨 박사가 전체 학교의 IQ 검사를 감독했기 때문에 어느 정도 신빙성은 있다. 톰슨 박사는 새로운 심리 지능 검사법을 개발하는 과정에서 자기의 두 딸 및 손자 손녀들을 대상으로 집에서 IQ 검사를 자주 했다. 도티의 IQ 점수가 어느 정도 되었든 간에, 도티를 바보라고 생각한 사람은 아무도 없었던 것이 분명하다.

16 이 이야기는 레일라의 일기에도 언급된다. 아울러 다음 기사에서도 보도되었다. 게이브 팍스, "Court Has Nomination Vote Vacancy", 〈오마하 월드-헤럴드〉, 1954년 7월 4일.

17 "Buffett May Join Faculty at UNO", 〈오마하 월드-헤럴드〉, 1952년 4월 30일; '버핏-포크 앤드 컴퍼니' 발표문, 〈오마하 월드-헤럴드〉, 1953년 1월 9일; "Talks on Government Scheduled at Midland", 〈오마하 월드-헤럴드〉, 1955년 2월 6일; "Buffett Midland Lecturer in 1956", 〈오마하 월드-헤럴드〉, 1955년 2월 15일.

18 워런 버핏이 '아빠' 하워드 버핏에게 보낸 편지. 날짜 미상이지만 '수요일'로 기록됨. 1954년 8월 4일로 추정. "Scarsdale G.I. Suicide, Army Reports the Death of Pvt. Newton Graham in France", 〈뉴욕 타임스〉, 1954년 8월 3일. 이 기사의 전체 내용은 다음과 같다. "독일의 프랑크푸르트, 8월 2일. (로이터 통신). 뉴턴 그레이엄 이병이 프랑스의 라로셸에서 자살했다고 미 육군이 오늘 발표했다." 아이작 뉴턴의 이름을 딴 뉴턴은 그레이엄이 두 번째로 아이작 뉴턴이라고 이름을 지은 아들이었다. 그 이름을 받은 첫 번째 아들은 아홉 살 때 수막염으로 사망했다. 그레이엄은 이 아들의 정신적인 상태가 점점 불안해지는 걸 지적하면서(그는 '신경과민이 심각하며 어쩌면 조현병일지도 모른다'고 했다) 아들이 의가사제대 조치를 받도록 하려고 애썼지만 뜻을 이루지 못했다. 벤저민 그레이엄, 《The Memoirs of the Dean of Wall Street》(New York: McGraw-Hill, 1996).

19 수지 버핏 주니어는 자기에게 유아용 침대가 있었다고 말한다.

20 '내놓는'이라는 표현을 느슨하게 이해해 주기 바란다. 모든 수익이 배당금으로 지급되지는 않기 때문이다. 이 경우에 발생하는 차액은 한때, 배당금으로 지불되지 않는 수익에 대한 주식의 평가로 귀속되어야 하는 할인에 대한 매우 심각한 학문적 논쟁의 주제였다. 배당금을 지불하는 회사들에 할당된 프리미엄은 여러 가지 이유로 감퇴해 왔다. 46장의 '동결 회사' 참조.

21 프레드 스탠백과의 인터뷰.

22 그해 그의 개인적인 투자 수익률은 144.8퍼센트였다. 한편 다우존스지수의 상승률은 50.1퍼센트였다.

23 '유니언 언더웨어'는 '프루트 오브 더 룸 Fruit of the Loom'의 전신이다.

24 워런은 인터뷰하면서 고전적인 이 이야기를 회상했다.

25 수 제임스 스튜어트와의 인터뷰.

26 엘리자베스 트럼블과의 인터뷰.

27 록산 브랜트와의 인터뷰.

28 〈왈가닥 루시〉, 시즌 1의 6편, 1951년 11월 11일.

29 워런의 인용은 정확하게 이랬다. "I can see her pulsing and moaning as she said, 'Tell me more……'".

1 버크셔 해서웨이 회장의 편지, 1988년.

2 후입 선출법(제품이나 원재료 등의 재고품을 출고할 때 구입순과 반대로 나중에 사들인 것부터 출고한 것처럼 하여 출고품 및 재고품의 원가를 계산하는 방법 ─옮긴이) 재고 청산에는 세금 납부가 면제되었다. 세금을 피할 목적으로 록우드는 후입 선출법의 회계 방식을 선택했는데, 이 방식은 가장 최근의 카카오콩 가격을 사용해서 수익을 계산하기 때문에 세금은 최소화된다. 옛날 가격으로 들여온 카카오콩을 선입 선출법의 회계 방식을 선택할 경우, 이것을 팔 때 막대한 세금이 붙는다.

3 프리츠커는 왕성한 투자 활동을 통해 거대 복합 기업을 일구었지만, 대개는 하얏트 호텔 계열의 창업주로만 알려져 있다.

4 이 거래 기간 초기에, 록우드가 내놓은 585만 킬로그램의 물량 가운데 반을 차지하던 '아크라Accra' 카카오콩은 0.45킬로그램에 0.52달러에 거래되었다. 그런데 이 가격은 교환 기간 막바지에 0.44달러까지 떨어졌다. 이 카카오콩의 가격은 1954년 8월 0.45킬로그램에 0.73달러라는 최고점을 찍었고, 과자 회사들은 5센트짜리 캔디바의 크기를 줄여야 했다. 조지 아우어바흐, "Commodity Cash Prices", 〈뉴욕 타임스〉, 1954년 10월 4일과 20일.

5 '록우드 앤드 컴퍼니'의 주주들에게 보낸 편지, 1954년 9월 28일.

6 1988년 주주들을 위한 버크셔의 연례 보고서에 들어 있는 회장 편지에서. 이 편지는 록우드 거래에 대한 간략한 설명을 담고 있다.

7 이 거래에 대한 투기자의 수익에는 그가 부담하는 투자 관련 비용이 반영되어야 한다. 예를 들어, 만일 석 달이라는 거래에서 그의 수입액과 지출액이 같을 경우, 투기자의 이 비용을 고려한다면 그 거래는 그에게 수익성이 없다.

8 선물시장에서 투기자와 안정을 추구하는 투자자의 차이는 기본적으로, 해당 물품의 기초 자산 포지션(주식이나 통화 또는 선물이나 옵션 등에 대해 가격의 상승이나 하락을 기대하고 매입이나 매도의 잔고를 보유하고 있는 상태 ─옮긴이)이 위험 회피를 위한 것이냐 아니냐에 달려 있다.

9 톰 냅, 월터 슐로스, 워런과의 인터뷰들.

10 워런 버핏이 데이비드 엘리엇에게 보낸 편지, 1955년 2월 5일.

11 《무디스 인더스트리얼 매뉴얼》에 나온 수치에 따르면, 록우드 주식은 1954년에 14.75달러에서 85달러 사이에서 거래되었고 1955년에는 76달러와 105달러 사

이에서 거래되었다. 워런은 이 주식을 1956년까지 계속 보유했다. 1만 3천 달러의 수익은 추정치다. 그레이엄-뉴먼의 연례 보고서에 따르면 1956년 초에 록우드 주식은 한 주에 80달러 남짓 선에서 거래되었다.

12 위에서 언급한 데이비드 엘리엇에게 보낸 편지(1955년 2월 5일)에서 워런은 록우드가 (아직 발표하지 않았던 '필라델피아 앤드 리딩' 주식에 이어서) 자기에게 두 번째로 큰 포지션이라고 설명하고 다음과 같이 썼다. "(프리츠커는) 지난 몇 년 동안 정신없이 빠른 속도로 사업을 진행해 왔습니다. 2년 전에 '콜슨Colson Corp.'을 샀으며 자전거 사업부를 '에번스 프로덕츠Evans Products'에 판 뒤 나머지는 F. L. 제이컵스에 팔았습니다. 또 '힐러 앤드 하트Hiller & Hart'를 약 1년 전에 샀으며 돼지 도축업을 곧바로 중단하고 부동산 회사로 바꾸었습니다. (……) 프리츠커는 록우드 주식의 약 절반을 가지고 있으며 이것은 약 300만 달러가 됩니다. 물론 (현금이 아니라) 코코아 가치입니다. 그가 이런 종류의 재고로 이런 종류의 돈을 묻어두는 걸 원하지 않으면 어떤 종류든 빨리 합병을 하고자 한다고 나는 확신합니다." 그는 수치를 연구한 게 아니라 제이 프리츠커를 연구했다.

13 처음에 그는 그 주식을 주식 중개인이던 시절 그레이엄-뉴먼에게서 샀다. 그레이엄-뉴먼의 주문을 받았지만 실수로 그 주문에 대한 이행을 하지 않았던 사소한 실수를 한 직후였다. 워런은 이때 산 주식을 계속 보유했다.

14 2000년 이전에는 투자자와 분석가들이 주식 거래를 유리하게 하는 데 도움이 될 비공개 정보를 추구했고, 이것은 일상적인 관행이었다. 이런 정보의 취득은 다른 사람의 희생을 대가로 해서 일부에게만 이득을 주었는데, 이것을 사람들은 자본시장의 효율적인 기능의 하나이며 또한 부지런한 조사 활동의 보상이라고 여겼다. 워런 버핏과 그의 투자자 인맥에 속한 사람들은 이런 오랜 관행으로부터 상당한 이득을 취했다. 벤 그레이엄은 1955년에 의회 청문회에 출석해 이런 관행과 관련해서 광범위한 질문을 받았다. 그는 이렇게 답변했다. "하루하루 그리고 다달이 발생하는 이런 정보들을 해당 회사의 이사나 임원들은 자연스럽게 취득합니다. 그런데 회사의 활동과 관련해서 발생하는 이런 정보를 날마다 발표하기란 있을 법한 일이 아닙니다. (……) 다른 한편 실질적인 문제로서 이사나 임원들에게는 비밀 엄수의 의무가 없습니다. 매주 자기들이 취득하는 정보와 관련된 이야기를 얼마든지 해도 괜찮다는 것입니다. 이와 관련해서 근본적인 사항으로 지적할 점은, 회사의 중요한 정보는 즉각 주주들에게 공개해서, 누가 그 정보를 미리 취득함으로써 추가적인 이득을 보지 못하도록 해야 한다는 것입니다. 그런데 중요한 정보라고는 하지만 중요성에도 차등이 있을 수밖에 없습니다. 그래서 어떤 정

보는 당연히 혹은 마땅히 일반에 공개되어야 하며 또 어떤 정보는 여태까지 그랬던 것처럼 특수한 경로로만 유통되도록 두어야 할지 기준을 정하기가 매우 어렵다는 문제가 있습니다." 그리고 또 모든 투자자들이 그 정보의 특수한 유통 경로를 알고 있다고 볼 수는 없다는 말을 덧붙인 뒤에 다음과 같이 자기 의견을 밝혔다. "평균적인 경험을 가지고 있는 사람이라면, 어떤 사람들은 자기보다 (자기들이 주식을 거래하는) 회사에 대해서 더 많은 정보를 가질 수밖에 없다고 여길 것이라고 나는 생각합니다." 2000년까지는 사실상 이런 상황이 지속되었다.

내부자 거래를 충분할 정도로 논의하는 것은 이 책의 범위를 넘어서긴 하지만 조금만 더 살펴보자. 내부자 거래에 관한 법령은 증권거래위원회의 규정 10b-5로 1942년에 공표되었다. 하지만 존 브룩스가 〈신나는 시대The Go-Go Years〉에서 지적했듯이 "일반 투자자들을 희생시켜서 혜택을 받는 월스트리트의 이런 관행은 워낙 뿌리가 깊어서" 이 법령은 1959년까지 제대로 집행되지 못했다. 그리고 1980년대까지도 내부자 거래 행위 금지법의 대상이 되는 내부자들이 지켜야 할 의무에 대해서 진지한 의문이 제기되지 않았다. 그때조차 연방 대법원은 '덕스 대 증권위원회 사건, 463 U.S. 646(1983년)'에서 증권 분석가는 그런 종류의 내부 정보를 자기 고객에게 공개하는 것이 불법이 아니라고 판결했다(증권 분석가이던 에드워드 덕스는 한 보험 회사가 회계를 분식한 사실을 알고는 이것을 자기 고객에게 알려 손실을 피하게 했고, 증권거래위원회는 덕스에게 징계 처분을 내렸으며 덕스는 이에 불복해서 연방항소법원에 이의신청을 했으나 기각되자 연방 대법원에 상소했다-옮긴이). 대법원은 또한 '키아렐라 대 연방정부 사건, 445 U.S. 222(1980년)'에서 "정보의 불균형은 증권 시장에서 불가피한 현상이다"라고 했다. 내부 정보의 점진적인 흐름에 따라서 누군가가 이익을 보는 것은 어느 정도 이해할 수 있다는 의견이었다. 사실 모든 사람이 동시에 어떤 정보를 취득할 수는 없지 않느냐는 것이었다.

하지만 1980년대의 이런 사건들 속에서도 대법원은 내부자 거래에 대한 새로운 '악용' 이론을 정리했다. (은행이나 증권 회사 등의) 피신탁인에게 악용되는 내부 정보에 책임성이 따른다고 규정한 것이다. 거품 시대에 횡행했던 증권 분석가와 기업의 온갖 유착 행위(예를 들면 '은밀한 정보 교환'에 대한 대응으로, 증권거래위원회는 2000년에 공정 공시 규정을 마련해서 이 '악용 이론'을 더욱 확장해, 회사 경영진으로부터 비공개 정보를 선택적으로 받아들이고 또 유포하는 증권 분석가들까지 규제 대상에 포함시켰다. 공정 공시 규정의 등장으로 소위 정보의 '비밀 유통 경로'는 사라졌다. 그리고 섬세하게 조율된 정보 공개(공시)의 시대가 시작되었다.

15 1956년 말, 배당금을 받은 상태에서 워런은 20달러에 거래되던 주식 576주를 소유했다. 1만 1,520달러어치였다.

16 그는 그 증권을 주식 중개인의 이름이 아니라 자기 이름으로 등록해서 배당금 수표가 곧바로 자기에게 우송되도록 했다.

17 조지 길레스피, 엘리자베스 트럼블과의 인터뷰들. 이들은 이 이야기를 매들린에게서 들었다. 워런은 이 이야기를 자기의 쉰 살 생일잔치에서 길레스피에게서 처음 들었다. 수지는 그 이야기를 워런에게 하지 않았던 것이다.

18 50년도 더 지난 뒤에 호위는 이것이 자기가 가지고 있는 첫 번째 기억이라고 회상한다. 비록 이런 일이 불가능하다고 볼 수도 있지만, 시카고대학교의 할리와 리즈는 자신의 논문(University of Chicago, Developmental Psychology, Vol. 35, No. 5, 1999)에서, 태어난 지 몇 달 뒤에 있었던 일을 성인이 되어서 기억하는 일이 종종 나타난다고 결론을 내렸다. 그들이 제시한 설명 가운데 하나는, 부모가 어린아이에게 어떤 사실을 반복해서 이야기할 때 그런 기억이 남을 수 있다는 것이다. 두 사람의 이론에 따르면, 벤 그레이엄이 호위에게 주었던 선물이 워런에게는 무척 소중했고, 워런이나 수지, 적어도 두 사람 가운데 한 명이 이 선물 이야기를 반복해서 했으며, 그것이 아직 유아이던 호위의 의식에 각인되었다는 설명이 가능하다.

19 버니 사나트, 로다 사나트와의 인터뷰.

20 이 이야기는 다음 책에도 인용되어 있다. 자넷 로, 《Benjamin Graham on Value Investing: Lessons from the Dean of Wall Street》(Chicago: Dearborn Financial Publishing, 1994).

21 월터 슐로스와의 인터뷰.

22 워런 버핏이 '힐튼 헤드 그룹 Hilton Head Group'에 보낸 편지, 1976년 2월 3일.

23 슐로스는 독립을 하면서 자기 돈 5천 달러를 동업자 지분으로 내놓았다. 가족이 먹고 살아야 할 돈이었고 따라서 매우 위험한 선택이었다. 워런은 슐로스가 댄 코윈으로부터 사무실 공간 마련과 관련된 도움을 받을 수 있도록 주선했다. 슐로스의 회사에는 벤 그레이엄이 1만 달러를 투자했고, 슐로스의 친구 여덟 명이 각자 5천 달러씩 투자했다. 슐로스는 수익의 25퍼센트를 수수료로 뗀다고 정했다. "하지만 그게 다였습니다. 만일 시장 상황이 나빠지면 우리가 그 손실을 메워야 했습니다. 동업자들이 결딴나기 전까지는 말입니다."

24 냅은 투자 자문 회사 '밴 클리프, 조던 앤드 우드 Van Cleef, Jordan & Wood'의 증권 분

석가였다.

25 톰 냅과의 인터뷰.

26 에드 앤더슨과의 인터뷰.

27 위 인터뷰.

28 그레이엄은 1894년 5월 9일 태어났다. 그는 예순한 살 때 그레이엄-뉴먼의 문을 닫으려고 결정했다. 하지만 그레이엄-뉴먼의 마지막 주주 총회는 1956년 8월 20일에 열렸다.

29 제이슨 츠바이크는 2003년 7월 〈머니〉의 한 기사 '역대 최고로 위대한 투자자에게서 배우는 교훈들 Lessons from the Greatest Investor Ever'에서 이렇게 말한다. "전체 주식시장의 연평균 상승률이 12.2퍼센트였던 1936년부터 1956년까지 그레이엄-뉴먼의 뮤추얼펀드에서 그는 연평균 14.7퍼센트의 수익률을 기록했다. 이것은 월스트리트에서 가장 길게 이어졌던, 그리고 가장 폭이 넓었던 수익률이다." 하지만 이 기록은 1948년 주주들에게 분배되었던 가이코의 엄청난 수익을 반영하지 않은 것이다.

1 워런은 나이 서른 살에 백만장자가 되고 싶다는 말을 자주 했었다.

2 에드 앤더슨과의 인터뷰.

3 "A. W. 존스가 헤지펀드를 창시했다고 다들 생각하지만, '뉴먼 앤드 그레이엄'이 존스보다 앞섭니다"라고 워런은 말한다. A. W. 존스는 주식 단기 매매의 위험을 막는다는 개념 hedging을 맨 처음 주창한 사람으로 널리 알려져 있다. 하지만 수수료 구조, 파트너십 관계, 유연한 투자 방식 등, 즉 고전적인 헤지펀드의 여러 특성들을 그레이엄이 존스보다 앞서서 개척했다. 그레이엄보다 앞서서 또 누가 그 분야를 개척했는지는 모르지만…….

4 척 피터슨과의 인터뷰.

5 최초의 계약서 내용은 다음과 같다. "각 유한 책임 조합원[동업자]은 직전 연도 12월 31일의 자본금 계정에 따라서 연 4퍼센트의 이율로 이익금을 지급받는다. (……) 그리고 연 4퍼센트에 해당하는 금액은 회사의 운영 비용으로 부과된다. 1956년 12월 31일 끝나는 기간에 대해서는 이익금을 분리 산정하지 않고, 각 조합원은 원래 자본 기여금의 2퍼센트에 해당하는 이익금을 지급받고, 같은 금액이 동 기간 동안의 회사 운영 비용으로 부과된다. 이것 외에 각 조합원은 회사의

형성 시점부터 특정 기간 사이에 발생한 회사의 전체 순수익을 각자의 자본금 비율에 따라서 지급받는다." 동업자들이 받는 전체 이익금 합계는 회사 수익의 전체 이익금 가운데 21/42, 즉 50퍼센트가 된다. 버핏 어소시에이츠 유한회사 인가증, 1956년 5월 1일. 손실 분배에 대한 내용은 1958년 4월 1일자 개정 계약서에 들어 있다.

6 조이스 코윈에 따르면, 버핏뿐만 아니라 그녀의 남편 댄 코윈도 고트챌트와 캐서린 엘버펠드의 돈을 맡아서 관리했다. 코윈은 프레드 쿨켄을 통해서 워런을 소개받았다.

7 척 피터슨과의 인터뷰.

8 이 발언들 가운데 일부는 2003년 조지아공과대학교에서 학생들을 상대로 한 강연에서 나온 것이며, 나머지는 저자와 했던 인터뷰에서 나온 것이다.

9 하트먼 L. 버틀러 주니어, "An Hour with Mr. Graham", 1976년 3월 6일. 이 인터뷰는 다음 책에 수록되어 있다. 어빙 칸, 로버트 밀른, 《Benjamin Graham: The Father of Financial Analysis》(Occasional Paper No. 5, The Financial Analysts Research Foundation, 1977).

10 톰 냅과의 인터뷰.

11 "관광객, 해외에서 사망. 포르투갈-스페인 고속도로를 달리던 중에 발생한 교통사고로 롱아일랜드에 사는 미국인 사망", 〈뉴욕 타임스〉, 1956년 6월 23일. 쿨켄은 1년 일정의 여행을 하던 중이었다. 또 쿨켄과 함께 자동차에 타고 있었던 폴 켈팅은 중상을 입었다.

12 슬로안 윌슨, 《The Man in the Gray Flannel Suit》(New York: Simon & Schuster, 1955).

13 수지 버핏 주니어와의 인터뷰.

14 MSNBC의 〈헤들라이너스 앤드 레전드즈Headliners & Legends〉(2001년 2월 10일)에서.

15 찰리 멍거와의 인터뷰.

16 혹은 그 부근에.

17 에드 앤더슨과의 인터뷰.

18 톰 냅에 따르면, 도지와 워런의 공통점 가운데 하나는 이들이 모두 짠돌이라는 점이다. 호머 도지는 나중에 워런의 동업자들 가운데 가장 돈을 많이 모았음에도 불구하고 카누 제작업자에게 공짜 카누를 얻으려고 수를 쓰기도 했다. 그는 라 구아디아 공항 및 JFK 공항에서 뉴욕시티로 들어가는 모든 경로를 알고 있었으며, 택

시를 타고 가기보다는 버스와 지하철을 갈아타며 또 도중에 걸어야 하는 수고를 아끼지 않았다.

19 도지 부부는 조금 다른 거래를 선택했다. 수익에 대한 워런의 몫은 25퍼센트밖에 되지 않았지만 그가 잃을 수 있는 전체 금액은 최초의 자본금 100달러가 한도였다. 버핏 펀드 유한회사 인가증, 1956년 9월 1일.

20 4퍼센트 이상에 대해서는 수익을 확실하게 나누었다. 하지만 손실에 대해서는 무한 책임을 지게 되었다. B-C 유한회사 인가증, 1956년 10월 1일. 1961년에 B-C는 '언더우드 파트너십 Underwood Partnership Ltd.'으로 흡수되었다.

21 '버핏 파트너십'의 문서 "Miscellaneous Expense"(1956)와 "Postage and Insurance Expense"(1957).

22 워런 버핏이 동업자들에게 보낸 최초의 편지, 1956년 12월 27일.

23 전쟁 기간 동안 사람들은 '자유 채권'을 샀다. 이 채권은 애국심에 호소한 것이어서, 수익률이 낮았다. 금리가 점차 올라가자 이 채권의 가치는 액면가 아래로 떨어졌다. 그러자 사기꾼들은 '자유 채권' 소유자들에게 액면가에 채권을 사겠으며 대신 내셔널 아메리칸의 주식을 주겠다고 했다. 이 제안에 사람들은 시장에서 85 달러에 거래되는 채권과 100달러 가치의 주식을 바꿀 수 있다고 생각하고, 채권과 주식을 바꾸었다. 하지만 이때 주식의 가치는 거의 제로나 마찬가지였다. 농부들을 속였던 사기꾼들은 심지어 이사회의 이사 자리를 제공하겠다는 감언이설까지 동원했다고 한다. 헤이든 애먼슨이 워런에게 한 이야기에서.

24 1928년부터 1954년까지 그 매뉴얼은 '무디스 투자 매뉴얼 Moody's Manual of Investments'이라는 이름으로 해마다 다섯 권으로 출간되었다. 각 권의 내용을 보면, 1권은 정부가 발행하는 증권, 2권은 은행·보험 회사·투자 신탁 회사·부동산 회사·금융 회사 등이 발행하는 증권, 3권은 제조업 분야의 증권, 4권은 철도업 분야의 증권, 5권은 공익사업에서 발행된 증권이다. 1955년에 무디스는《무디스 뱅크 앤드 파이낸스 매뉴얼 Moody's Bank and Finance Manual》을 따로 발간하기 시작했다.

25 워런은 이 이야기를 헤이든 애먼슨에게서 들었다고 말한다.

26 워런: "그는 내셔널 아메리칸 인슈런스에서 나의 동업자였습니다. 댄은 많은 돈을 가지고 있지 않았죠, 그래서 원래 동업자 지분에 넣으려고 계획했던 돈을 쓰고 얼마간의 돈을 따로 빌렸습니다".

27 1968년 윌리엄스법이 의결되었기 때문에 오늘날에는 이렇게 할 수 없다. 또한 하워드 애먼슨도 주식을 조금씩 사들일 수 없었다. 윌리엄스법에 따르면, 주식을 사들이는 사람은 주식을 가지고 있는 모든 사람이 동일한 가격과 조건을 따라서 자

기 주식을 팔 수 있도록 '공개 매입' 절차를 따라야 한다.

28 프레드 스탠백에 따르면, 워런은 '모든 돈을 털어서 매입에 나설 때' 그에게도 매입하기 시작하라고 했다.

29 1년 뒤에 워런은 내셔널 아메리칸 주식을 (그의 기억이 맞다면) 주당 125달러에 뉴욕의 사업가 J. M. 캐플런에게 팔았다. 캐플런은 1940~1950년대에 '웰치스 그레이프 주스Welch's Grape Juice'를 창립하고 운용했으며, 나중에는 자선가로 이름을 남겼다. 캐플런은 결국 이 주식을 나중에 다시 하워드 애먼슨에게 팔았다.

30 예를 들어서 다음을 참조. 빌 브라운, "The Collecting Mania", University of Chicago Magazine, Vol. 94, No. 1, 2001년 10월.

31 척 피터슨과의 인터뷰. 이것은 그녀 남편의 자산에서 나온 보험 수입이었다. 그때까지 워런은 동업자들에게 위험과 보상의 조합을 다양하게 제시하고 선택할 수 있도록 하겠다고 마음먹고 있었다. 피터슨 부인은 워런에게 위험과 보상이 둘 다 높은 조합을 선택했다. 이 조합에서는 워런이 수수료 수익을 얻을 수 있으려면 시장 수익률보다 4퍼센트가 아니라 6퍼센트 높은 수익률을 내야 했다. 하지만 대신 그 이상 수익률을 낼 경우에는 전체 수익의 3분의 1을 가질 수 있었다. 그리고 그 이하 수익률을 낼 경우 손실의 25퍼센트를 충당해 줘야 하는 의무를 졌다. 언더우드 파트너십의 합자회사 인가증, 1957년 6월 12일.

32 아서 와이슨버거, 《Investment Companies》(New York: Arthur W. Wiesenberger & Co.). 이 책은 1941년부터 해마다 출간되었다.

33 '유나이티드 스테이츠 앤드 인터내셔널 시큐러티즈 코퍼레이션US&IS'은 호황으로 한창 떠들썩하던 1928년 10월에 '딜런, 리드 앤드 컴퍼니Dillon, Read & Co.'가 설립했지만 곧 치욕의 대열에 합류했으며, 1950년에는 그야말로 길에 버려진 담배꽁초 신세였다. 딜런 리드의 설립자인 클래런스 딜런은 1933년 상원 페코라 청문회에 소환되어, 자본금 9천만 달러의 US&IS와 US&FS 지배권을 500만 달러에 어떻게 장악했는지 설명했다.

34 인용은 리 시먼에서. 워런은 이 내용이 전반적으로 정확하다고 확인했다. 그런데 의문은 누구 혹은 무엇이 와이슨버거로 하여금 전화하게 했느냐 하는 것이다.

35 리 시먼이 인터뷰하면서 회상한 내용에 따르면, 도로시 데이비스가 그렇게 말했다.

36 워런, 에디 데이비스와의 대화를 회상.

37 다체는 버핏 펀드와 비슷하다. 워런은 4퍼센트라는 선만 넘으면, 그 이상의 수익에 대해 무조건 25퍼센트를 받았다. 다체 합자회사 인가증, 1957년 8월 9일.

38 의회 기록에 따르면, 워싱턴 디시의 한 가구점은 워싱턴 탄생일 기념 할인 판

매 기간 동안에 구매자에게 우라늄 주식을 나누어 줬다고 한다. 〈Stock Market Study〉, 상원의 은행 및 통화 특별위원회 청문회, 1955년 3월.

39 모넨은 또한 작은 부동산 회사에도 워런 및 척 피터슨과 함께 투자했다. 이 돈과 내셔널 아메리칸에서 나오는 수익, 따로 가지고 있는 개인적인 저축액 덕분에 그는 빠른 시간 안에 워런의 최대 동업자들 가운데 한사람으로 자리를 잡았다.

40 4퍼센트에서 6퍼센트까지의 수익률 기준선을 초과한 부분에 대해서. 워런은 정부의 장기 채권 수익률을 기준으로 삼아서, 동업자들에게 만일 자기가 그보다 나은 성적을 내지 못하면 수수료를 받지 않겠다고 했다. 이윤 분배의 폭넓은 범위를 보면 워런이 취했던 위험 수준이 다양했음을 알 수 있다. 예를 들어서 가장 많은 수수료를 받은 경우에는 손실 보전의 무한 책임을 졌다.

41 워런은 6퍼센트를 초과하는 부분에 대해서는 25퍼센트의 수수료를 부과했다.

42 메그 뮬러는 인터뷰에서, 당시 그 동네의 다른 집들과 비교할 때 그 집의 크기가 적절한 규모였다고 회상한다.

43 레이놀즈는 시 의회 의원이었다. "Sam Reynolds Home Sold to Warren Buffett", 〈오마하 월드-헤럴드〉, 1958년 2월 9일. '버핏의 어리석음'은 1958년 3월 12일 제리 오랜스에게 보낸 편지에서 언급된다. 다음 책에서 인용, 로저 로웬스타인, 《Buffett: The Making of an American Capitalist》(New York: Doubleday, 1996).

44 수지 버핏 주니어와의 인터뷰.

45 호위 버핏과의 인터뷰.

46 신우신염(腎盂腎炎). 이것은 때로 임신과 관련이 있다.

47 로웬스타인의 《Buffett》에서 인용. 빌리그는 고인이 되었다.

48 찰리 멍거와의 인터뷰.

49 여러 인터뷰들. 마르시아 앵글 박사가 그 TV를 산 것은 1950년대 후반이었으며 그것이 자기 아버지에게 얼마나 커다란 인상을 심어줬는지 기억한다. 켈시 플라워와 메그 뮬러는 그 TV가 이웃 사람들에게 얼마나 큰 충격을 주었는지 기억한다.

50 호위 버핏, 피터 버핏, 수지 버핏 주니어와의 인터뷰들.

51 타마 프리드먼과의 인터뷰. 로레트 이브스는 세 번째 동업자였다.

52 호위 버핏의 인터뷰.

53 1951년, 워런은 컬럼비아를 졸업한 뒤 오마하에 가 있다가 뉴욕으로 몇 차례 여행했는데, 이때 쿨켄이 코윈을 워런에게 소개했다.

54 코윈에 대한 워런의 추도 연설에서.

55 코윈에 대한 조이스 코윈의 추도 연설에서.

56 마셜 와인버그, 톰 냅, 에드 앤더슨, 샌디 고츠먼, 워런 그리고 그 밖의 여러 사람들이 이렇게 코윈을 묘사하는 데 도움을 주었다.

57 워런은 다음과 같이 말한다. "코윈은 그 돈을 아무런 담보도 없이 빌려주었습니다. 세금이라는 요인 때문에, 1달러의 단기 손실은 2달러의 장기 수익과 결과적으로는 똑같았습니다. 그래서 장기 자본 수익 배당금을 지불하는 뮤추얼펀드를 사서 배당금을 받은 직후에 팔아버림으로써, 장기 수익을 그해의 수익으로 넣을 수도 있었습니다. 나는 장기 수익과 단기 손실을 섞었습니다. 비록 전체 금액이라는 양적으로는 동일할지 모르지만, 납세 신고를 할 때는 완전히 달랐으니까요. 이모든 게 그때는 합법적이었습니다. 하지만 이제는 불법이죠, 못 합니다. 아무튼 그때 그렇게 해서 나는 아마 1천 달러쯤 아꼈을 겁니다. 무척 큰 금액이었습니다."

58 조이스 코윈과의 인터뷰.

59 이것은 1,800가구에 저가로 주택을 공급하려고 실험적으로 조성한 마을이었다. 그리고 2차 대전 뒤에 수많은 정부 재산이 경매 절차를 거쳐서 민간에 매각되었다. "House Passes Bill to Speed Greenbelt Sale", 〈워싱턴 포스트〉, 1949년 4월 14일; "U.S. Sells Ohio Town It Built in Depression", 〈뉴욕 타임스〉, 1949년 12월 7일; "Greenbelt, Md., Sale Extended for 30 Days", 〈워싱턴 포스트〉, 1952년 5월 31일.

60 척 피터슨은 자기가 들은 이야기를 자기 나름대로 각색했다. 기본적으로는 사실과 다르지 않겠지만, 순전히 기억에 의존해서 되살린 내용이기 때문에 구체적으로 했던 말들은 정확하지 않을 수 있다.

1 "A. C. Munger, Lawyer, Dies", 〈오마하 월드-헤럴드〉, 1959년 7월 1일.

2 조지 W. 호먼의 아들인 헨리 A. 호먼의 사망 기사(〈오마하 월드-헤럴드〉, 1907년 3월 22일)는 호먼이 멍거 판사보다 열두 살 많았지만 그와 친했다고 쓰고 있다. 하지만 호먼 쪽의 가족과 버핏 쪽의 가족은 친하지 않았다.

3 "33 Years a Federal Judge", 〈오마하 월드-헤럴드〉, 1939년 3월 12일.

4 찰스 멍거가 캐서린 그레이엄에게 보낸 편지, 1974년 11월 13일. 멍거 판사가 사망했을 때, 바로 이 고모 우피(루스)는, 그가 최근에 셈을 잘 못했기 때문에 신의 은총이 그를 데리고 갔다고 험담했다고 한다. 그리고 그녀는 "그 일 이후로 그는

더 이상 세상에 머물 수가 없었다"라고 말했다.

5 로, 《Damn Right!: Behind the Scenes with Berkshire Hathaway Billionaire Charlie Munger》(New York: John Wiley & Sons, 2000). 많은 가족들의 인터뷰를 바탕으로 한 로의 전기를 멍거 가족사의 기본적인 자료로 썼음을 밝혀둔다.

6 로의 《Damn Right!》에서 그런 식으로 말했다.

7 리 시먼과의 인터뷰.

8 메리 맥아더 홀랜드와의 인터뷰.

9 버핏 부부와 친구 사이였던 하워드 제슨과의 인터뷰.

10 오마하에서 저명한 변호사였던 그의 할아버지는 하버드 로스쿨 학장이던 로스코 에 파운드와 친구 사이였다.

11 멍거는 예를 들어서 로스쿨의 학회지인 〈로 리뷰 Law Review〉에 가입한다든가 하는 등의 자기 이력서에 빛을 내려는 노력을 하지 않았다. 인터뷰에서 그는, 그런 점과 관련해서는 자기가 상대적으로 초연했었다고 말했다.

12 그의 아버지도 그에게 이런 충고를 했다.

13 로의 《Damn Right!》.

14 로의 《Damn Right!》에서 인용.

15 멍거가 자넷에게, 로의 《Damn Right!》에서 인용.

16 《Damn Right!》에서 멍거는 투자와 결혼한 것으로 비유된다. 낸시는 멍거가 감정을 드러내는 데 '젬병'이라고 말했다. 그의 아들 찰스 주니어는 이렇게 말했다. "마음만 먹으면 아버지가 더 잘하실 수 있는 게 많습니다. 하지만 그냥 넘어가 버리시죠."

17 멍거, 로의 《Damn Right!》에서 인용.

18 위와 동일.

19 로의 《Damn Right!》에서 낸시는, 찰리가 집안일에는 그다지 도움이 되는 사람이 아니라고 했다. 낸시의 일흔 살 생일에 찰리는 전당포에 가서 퍼플하트(전쟁터에서 부상을 입은 군인에게 수여하는 훈장―옮긴이)를 하나 사다가 줬다고 워런은 말한다.

20 로저 로웬스타인, 《Buffett: The Making of an American Capitalist》(New York: Doubleday, 1996).

21 로, 《Damn Right!》.

22 찰리 멍거와의 인터뷰.

23 리 시먼과의 인터뷰.

24 다우존스지수가 38.5퍼센트 올라갔던 해에도 워런은 최소한의 위험으로 이보다 더 높은 수익률을 기록했다.

25 버핏 어소시에이츠에 100달러를 넣은 것 외에도 워런은 나중에 자기가 지분을 가지고 있던 다른 회사, 즉 버핏 펀드, B-C, 언더우드, 다체, 모-버프, 글레노프 등에도 각각 100달러씩 넣었다.

26 리 시먼과의 인터뷰.

27 이 이야기 버전은 여태까지 알려져 있던 것들과 다르다. 예를 들어서, 수지 버핏은 자기가 그 자리에 있었다고 줄곧 말해왔지만 이건 사실과 다르다. 여러 지자들은 이 만남이 조니스 카페에서 이루어졌다고 썼지만 이것도 사실과 다르다. 하지만 로저 로웬스타인은 그 만남이 오마하 클럽에서 이루어졌다고 했다. 만남의 장소나 여기에 참가한 사람들과 관련해서 이런 차이가 나는 이유는, 아마도 나중에 진행된 내용이 워런과 찰리가 맨 처음 만났던 일화와 뒤섞여서가 아닐까 싶다. 필자가 보기에는 시먼의 이야기가 가장 자세하며 또한 윤색이 덜 되어서 실제 사실과 가까운 것 같다.

28 찰리 멍거와의 인터뷰. 이날의 저녁 자리는 워런과의 인터뷰 및 멍거와의 인터뷰를 통해서 재구성했지만, 두 사람의 기억이 선명하지는 않다. 한편 낸시 멍거는 전혀 기억하지 못한다. 멍거 부부는 첫 번째 만남 이후에 정식으로 다시 소개를 받았는데, 장소는 조니스 카페였을 가능성이 가장 크다. 워런은 멍거가 자신의 농담에 스스로 도취해서 배꼽을 잡고 웃었던 일을 선명하게 기억한다.

1 추정치. 1958년 말 기준으로 워런은 여섯 개의 각기 다른 동업자 지분으로 87만 8,211달러를 관리하고 있었다. 5만 달러의 '글레노프 파트너십'은 1959년 2월에 형성되었다. 1959년 말에 이들 동업자 지분의 시장 가치는 131만 1,884달러로 커졌다. 그가 개인적으로 운영했던 여러 펀드와 '버핏 앤드 버핏'이 이 총액을 증가시켰다.

2 샌본은 새로 생긴 건축물, 용도 변경 그리고 방화 설비나 건물의 구조재 변경 등과 관련된 정보가 담긴 스티커를 기존 지도에다 붙일 수 있도록 해마다 고객들에게 제공했다. 새로운 지도는 수십 년 만에 한 번씩 나왔다. 워런의 기억이 맞다면, 이 회사의 주식이 대량으로 시장에 나왔을 때 워런은 이 회사에 주목했다. 죽은 사장의 아내가 아들이 그 회사를 떠나려 했기 때문에 1만 5천 주를 판다는 말이

있었다. 필 캐럿이 이 가운데 1만 2천 주를 잡았다.

3 각각 5주에서 10주씩, 모두 46주.

4 워런은 그 회사의 CEO 파커 허벨과 친해졌다. 워런은 이사회의 다른 사람들이 그를 마치 '심부름꾼'처럼 대했다고 말했다. 허벨은 회사 소유 투자 자산을 지도 사업과 분리해야 한다는 계획을 지지했다. 그런 맥락에서 허벨은 이런 보고서 작성과 같은 사업을 후원했다.

5 "어떤 행동 방침을 놓고 경영진과 컨설턴트, 주요 주주들의 의견이 완벽하게 일치할 수는 없습니다. 게다가 상당한 양의 주식을 소유하고 있는 이사들 때문에 어떤 행동 방침을 밀고 나갈 수도 없습니다." 워런 버핏이 C. P. 허벨에게 보낸 편지, 1959년 9월 25일.

6 당시 높은 가격에 거래되던 주식은 회사 소유 주식으로 교환될 수 있었다. 그래서 회사는 거래에 당연히 뒤따르는 양도소득세를 피할 수 있었다.

7 워런은 약속에 따라서, 자기 투자 회사들이 소유한 샌본 주식을 입찰했다.

8 도리스 버핏과의 인터뷰.

9 켈시 플라워와의 인터뷰. 그녀는 수지 주니어의 어린 시절 친구였다.

10 딕 홀랜드 및 메리 홀랜드와의 인터뷰.

11 피터 버핏과의 인터뷰.

12 호위 버핏과의 인터뷰.

13 위 인터뷰.

14 〈게이트웨이 Gateway〉, 1961년 5월 26일.

15 헨리 워즈워스 롱펠로의 시 〈폴 리비어의 말달리기 Paul Revere's Ride〉. 독자들아 내 이야기에 귀를 기울여라. 수전 버핏이 수많은 사람들을 구했던 이야기를 들려주마(이것은 위 시의 처음 두 행, 즉 "아이들아 내 이야기에 귀를 기울여라. 폴 리비어가 그날 밤 말을 타고 달렸던 이야기를 들려주마"를 저자가 패러디한 것이다 - 옮긴이).

16 수지의 장례식에서 아이젠버그가 한 발언에서.

17 밥 깁슨(1935년 출생의 미국 야구 선수. 1959년에 세인트루이스 카디널스에 입단 - 옮긴이)의 자서전《Stranger to the Game》(written with Lonnie Wheeler, New York: Penguin, 1994)에 따르면 그는 한가한 철에는 오마하에서 살았다. 자서전에서 그는 1964년 오마하에서 백인 팀과 농구한 이야기며 아이오와로 여행해서 게임한 이야기, 북 30번가의 술집에 들락거리던 이야기를 적고 있다. 이 술집의 바텐더는 그에게 술을 팔지 않으려고 했다.

18 하워드 버핏. 다음에서 인용, 폴 윌리엄스, "Buffett Tells Why He Joined Birch Society", 〈벤슨 선 Benson Sun〉, 1961년 4월 6일.

19 기독교반공십자군은 1953년 창설되었다. 창설자는 '힘차고 정력과 자신감이 넘치는 오스트리아인' 프레드 슈워츠였다. 그는 내과의사이자 정신과의사, 평신도 설교자였다. 이 단체는 자신의 반공 철학을 전파하는 수단으로 미디어를 이용했다. "Physician Leads Anti-Red Drive with 'Poor Man's Birch Society', 〈뉴욕 타임스〉, 1961년 4월 30일. 참조, CACC의 웹 사이트 http://www.schwarzreport.org/.

20 레일라 버핏이 힐스 박사에게 보낸 편지, 1958년 12월 10일.

21 레일라 버핏이 크레이 부인에게 보낸 편지, 1960년 5월 23일.

22 수지 버핏 주니어 및 호위 버핏과의 인터뷰. 이들은 이 시기의 자기 아버지 행동이 늘 판에 박은 듯 똑같았다고 했다. 그리고 나중에야 깨달은 사실이지만, 자기 아버지는 현실을 부정하고자 했기 때문에 그런 행동이 나올 수밖에 없었던 거라고 했다.

23 호위 버핏과의 인터뷰.

24 척 피터슨과의 인터뷰.

25 척 피터슨에 따르면, 캐럴 앵글은 '잘 듣지 못했다'. 그녀는 당시 자기에게 진행성 난청 증세가 있었다고 말한다. 이 일화는 워런이 말이 얼마나 많았던지 보여주는 사례이기도 하다.

26 리 시먼과의 인터뷰.

27 딕 홀랜드와의 인터뷰.

28 프랭크 매슈스 주니어, 월터 슐로스와의 인터뷰들. 두 사람은 슐로스가 길거리에서 그들을 소개시켰다는 데 동의한다.

29 이것이 바로, 현재 헤지펀드는 법률적인 자격을 부여받은 투자자만이 운용할 수 있도록 규정된 이유다.

30 조지 페인 역시 이 회사를 설립한 동업자들 가운데 한 사람이었다. 그때 'B-C'는 이미 '언더우드'로 들어간 상태였다. 워런과 그의 아버지는 열 개의 투자 회사 외에도 여전히 '버핏 앤드 버핏'을 운영하고 있었다.

31 다우지수의 변동에 따른 이 결과는 지불된 배당금을 포함하는 수치다. 그리고 2,407달러는 워런이 수수료를 떼기 이전의 액수다.

32 척 피터슨과의 인터뷰.

33 켈시 플라워, 메그 뮬러와의 인터뷰들.

34 스탠 립시와의 인터뷰.

35 1962년 1월 1일 당시 워런은 서른한 살이었다. 하지만 그가 소유하고 있던 자산의 합계는 아직 서른 살이던 몇 달 전에 이미 백만 달러를 넘어섰다.

36 빌 스콧과의 인터뷰.

37 워런은 스콧을 위해서 자기가 받을 수수료를 포기했다. 이것은 자기가 고용한 사람에게 워런이 베풀었던 두 가지 경우의 가장 손이 컸던 혜택 가운데 하나다(또 다른 한 가지 경우에 대해서는 다음 참조, 헨리 브랜트의 "Haystacks of Gold"와 "Folly").

38 개인 회사이던 '데이터 다큐멘트Data Document'에 개인적으로 투자한 것 외의 모든 것을 다 투입했다.

39 투자자들에게 보낸 편지, 1962년 7월 6일. 1962년 2/4분기에 다우지수는 723.5 포인트에서 561.3포인트로 23퍼센트 떨어졌다. 그해 상반기에 워런의 투자 회사는 7.5퍼센트의 투자 손실을 입었다. 다우지수의 경우 배당금을 포함해서 21.7퍼센트의 손실을 기록했는데, 이에 비해서 워런의 투자 회사 수익률은 14.2퍼센트 포인트 나은 것이다.

40 워런의 경구는 그레이엄의 원본을 보다 영리하게 재구성한 것이다. 《현명한 투자자》는 다음과 같이 적고 있다. "모든 투자 계획에서 최상의 미덕은 투자자들에게 군중이 살 때 팔고 군중이 자신감이 없을 때 사라고 독려하는 것이다." (《The Intelligent Investor》, Part I: General Approaches to Investment VI: Portfolio Policy for the Enterprising Investor: The Positive Side, 1949 edition). 그리고 《증권 분석》은 다음과 같이 적고 있다. "채권 투자자들은 활황일 때는 특별히 조심해야 하고 어려운 시기일 때는 보다 자신감을 가져야 한다."(《Security Analysis》, Part II: Fixed-Value Investments, XI: Specific Standards for Bond Investment, 1940 edition).

1 워런 버핏이 타이프로 친 메모, 날짜 미상.

2 워런 버핏이 밥 던에게 보낸 편지, 1958년 6월 27일.

3 잭 톰슨이 워런에게 보낸 편지(1958년 3월 8일)에서. "우리는 현실적이어야 하며 합리적인 조건으로 일해야 한다는 원칙에서 조직을 재정비해야 한다는 게 제 생각입니다. (······) 클라이드가 유일하게 염려하는 것은 위신입니다. (······) 헤

일이 어제 클라이드로부터 편지를 받았습니다. 돈을 더 이상 맡기지 않겠다고 통지하는 편지였습니다. 깊은 증오에서 비롯되는 똑같은 일이, 감히 그에게 대적할 수 없는 우리 모두에게 이미 일어났거나 혹은 닥칠 것이라고 확신합니다. (……) 그의 딱한 처지가 안됐습니다만, 우리가 우리의 여러 문제들을 동정심으로 해결할 수 있다고는 생각하지 않습니다."

4 번 매켄지와의 인터뷰. 그는 워런이 자기를 고용할 때 이런 내용을 설명했다고 말한다. 공개적인 철수 전략이 없는 상태에서 이것은 회사의 자산 가치를 현금 및 기타 증권으로 실현할 수 있는 유일한 두 가지 방법 가운데 하나다. 독자도 깨닫게 되겠지만, 워런은 다른 또 하나의 방법은 아직 파악하지 못했다.

5 월터 슐로스와의 인터뷰.

6 워런 버핏이 클라이드 뎀스터에게 보낸 편지, 1960년 4월 11일.

7 워런 버핏이 밥 던에게 보낸 편지, 1958년 6월 27일. "사업은 점점 활기를 잃어가고 있습니다. 회사는 아무런 관심도 없는 그와 함께 정처 없이 표류하는 것 같았습니다. 하지만 그 외에는 그 누구도 어떤 일을 추진할 권한을 가지고 있지 않았습니다. (……) 마침내 우리는 클라이드가 계속 사장으로 머물게 함으로써 그 일이 완료되도록 했습니다." 그는 부사장이던 잭 톰슨에게 임시 운영 권한을 부여했다.

8 월터 슐로스와의 인터뷰.

9 한 주당 30.25달러에. 워런 버핏이 뎀스터 밀의 주주들에게 보낸 편지, 1961년 9월 7일.

10 워런 버핏이 투자자들에게 보낸 편지, 1961년 7월 22일.

11 워런 버핏이 투자자들에게 보낸 편지, 1962년 1월 24일. "뎀스터 밀은 과거에는 돈을 무척 잘 벌었습니다만 요즘은 그저 본전치기만 하고 있었습니다. 우리는 5년 동안 계속해서 소규모로 주식을 샀습니다. 이 기간 동안 거의 내내 나는 이 회사의 이사였고, 또 기존의 경영진으로는 수익 전망이 밝지 않다는 생각을 점차 키워갔습니다. 하지만 나는 또한 이 회사의 자산과 운영에 대해서 점점 더 많은 걸 알았습니다. 그리고 양적인 요인에 대한 평가는 여전히 매우 긍정적이었습니다." 그래서 그는 이 회사의 주식을 계속 샀던 것이다.

12 그리고, 풍차에 대한 수요가 감소함에 따라서 농업용수 시스템의 설비와 관련된 부품들도.

13 스콧은 다음과 같이 말한다. "우리는 풍차 부품들과 특정 농장 설비를 가지고 있었습니다. 우리는 사업이 성공할 것이라고 확신했습니다. 그리고 가격을 새로 책

정함으로써 더는 돈을 잃지 않았습니다. 어느 정도 성공을 거둔 셈이었지요."

14 1963년 1월 18일.

15 빌 스콧과의 인터뷰.

16 ① "Still a Chance City Can Keep Dempster", 〈비어트리스 데일리 선〉, 1963년 9월 1일; ② "Drive to Keep Dempster Rolls", 〈오마하 월드-헤럴드〉, 1963년 9월 30일.

17 워런의 후계자로서 뎀스터 밀의 회장 W. B. 매카시는 이렇게 말했다. "당신도 그러리라고 확신하지만, 나는 비어트리스의 많은 사람들이 당신과 해리가 뎀스터 밀에서 이룩한 섬세하면서도 꼭 필요한 일을 인식하지 못하고 있다고 봅니다." W. B. 매카시가 워런 버핏에게 보낸 편지, 1963년 11월 19일.

18 그 작전을 보다 폭넓게 전개하기 위해서 총 자본 280만 달러 가운데 175만 달러는 남아 있는 사람과 주식을 파는 사람에게 지불했다. "Launch 11th Hour Effort to Keep Dempster Plant Here", 〈비어트리스 데일리 선〉, 1963년 8월 29일.

19 "Beatrice Raises $500,000", 〈링컨 이브닝 저널Lincoln Evening Journal〉, 1963년 9월 3일; "Fire Sirens Hail Victory, Beatrice Gets Funds to Keep Dempster", 〈오마하 월드-헤럴드〉, 1963년 9월 4일; "Contracts for Dempster Sale Get Signatures", 〈비어트리스 데일리 선〉, 1963년 9월 12일.

20 워런은 이 투자로 투자금의 세 배 가까운 230만 달러를 만들었다. 워런은 지주 회사의 이름을 '퍼스트 비어트리스First Beatrice Corp.'로 바꾸고 본사를 키위트 플라자 건물로 옮겼다.

1 발언자들은 개인 자격으로 참석했다. 이들은 자기 인종이나 종교를 대표하는 사람으로 나온 것이 아니라 그저 각기 다른 집단에 속한 사람들일 뿐이었다. 어떤 개신교도 패널이 유대인과 가톨릭교도들에게 그들이 죽어서 지옥에 갈 것이라고 말한 것 딱 한 가지만 빼고는 모든 게 원만하게 진행되었다고 도리스 버핏은 말한다.

2 오마하의 도축 및 포장육 산업이 어려워지면서 흑인 노동자들이 직장에서 일자리를 잃고 밀려났다. 시내 북쪽의 '니어 노스사이드Near North Side'라 불리던 게토 안으로 밀려 들어간 이들은 헐어빠진 낡은 셋집에서 살았고, 악랄한 주인들은 집세를 엄청나게 비싸게 받았다. 1957년에 오마하의 연구 단체 '오마하 플랜Omaha

Plan'이 나서서 니어 노스사이드 재개발 사업을 제안했지만, 채권을 발행하는 데까지 나아가지는 못했다. 크레이턴대학교의 대학생들과 도시연맹National Urban League, 기타 여러 시민 집단들이 이끌던 맹아기의 인권 운동은, 1959년 이후로 흑인 고용 문제 및 공립 학교 교사를 대상으로 하는 인종 차별 문제를 개선하려는 노력을 기울이고 있었다.

3 수지 버핏 주니어와의 인터뷰. 그녀는 경찰 호루라기가 얼마나 유용할지 의아해했다.

4 피터 버핏과의 인터뷰.

5 도리스 버핏과의 인터뷰. 빅터 E. 프랭클,《Man's Search for Meaning》(Boston: Beacon Press, 1962).

6 수 제임스 스튜어트와의 인터뷰.

7 앨턴 엘티스트, "Miss Khafagy Gives Views on Homeland", 〈게이트웨이〉, 1962년 10월 5일.

8 어린이에게 도로의 건널목 안전 당번 책임을 지웠다는 사실에 독자들은 놀랄지도 모르겠다. 하지만 미국에서 20세기 후반까지는 어린이들이 전통적으로 상당히 많은 자유와 책임을 부여받았다.

9 호위 버핏과의 인터뷰.

10 호위와 수지 주니어는 인터뷰에서 자기들의 관계를 이런 식으로 묘사한다.

11 버핏 가족의 이런 모습은 수지 버핏 주니어, 호위 버핏, 피터 버핏과의 인터뷰들에 따른 것이다.

12 메그 뮬러와의 인터뷰. "우리 어머니는 그 이야기를 여러 해에 걸쳐서 몇 번씩이나 말씀하셨어요"라고 그녀는 말한다.

13 빌 루안과의 인터뷰.

14 딕 에스펜셰이드와의 인터뷰. 창립 멤버였던 변호사들 가운데 한 명인 제이미 우드는 다른 회사에 있다가 합류했다.

15 에드 앤더슨과의 인터뷰.

16 이 사례는 레버리지 개념을 쉽게 이해할 수 있도록 단순화한 것이다. 투자 자금이 내는 수익의 정확한 액수는 수익을 내는 데까지 걸린 시간과 대출금의 금리에 따라서 달라진다.

17 릭 게린과의 인터뷰. 자넷 로,《Damn Right!: Behind the Scenes with Berkshire Hathaway Billionaire Charlie Munger》(New York: John Wiley & Sons, 2000).

18 이 묘사는 에드 앤더슨이 한 것이다.

19 에드 앤더슨과의 인터뷰.

20 찰리 멍거와의 인터뷰. 재봉일을 하던 게린의 친모는 그가 십대일 때 사망했다.

21 에드 앤더슨, 릭 게린과의 인터뷰들.

22 자넷 로, 《Damn Right!》.

23 에드 앤더슨과의 인터뷰. 게린은 이 일은 기억하지 못하지만, 충분히 그랬을 수 있다고 말한다.

24 앤더슨은 자기에게 설명을 제대로 하지 않았다고 멍거를 비난하지 않고, 자기가 둔감해서 멍거의 마음을 제대로 읽지 못했으며 그것은 자기 책임이라고 말한다.

25 에드 앤더슨과의 인터뷰.

26 멍거와 함께 에드 앤더슨도 이 엄청난 거래를 했었다는 사실을 기억한다. 멍거는 그 이야기의 기본적인 내용은 사실과 일치한다고 말한다. 워런도 동의한다.

27 에드 앤더슨과의 인터뷰. 에드는 '왕위를 노리는 자'라는 표현을 썼는데, 그 이유를 이렇게 말한다. "왜냐하면 찰리는 자기가 '초심자'라고는 단 한 번도 생각하려 들지 않았으니까요."

28 아이라 마셜은 멍거의 혼동을 《Damn Right!》에 나오는 이름들과 연관 짓는다.

29 에드 앤더슨과의 인터뷰. 이런 표현은 워런이 친하게 지내는 사람들 사이에서 일상적으로 사용되었다. 워런은 투자자들에게 보낸 한 편지(1963년 1월 18일)에서 '옷자락을 붙들고 묻어 가기 coattail riding'라는 표현을 쓴다.

30 워런 역시 자기 농담을 듣고 멍거가 배꼽을 잡고 웃느라 과호흡 직전까지 갔다고 회상한다.

31 찰스 T. 멍거가 캐서린 그레이엄에게 보낸 편지, 1974년 12월 9일.

32 위의 편지.

33 1953년에 워런은 이 보고서 사본을 5달러씩 받고 팔았다.

34 워런은 또한 브랜트에게 '미드 컨티넨털 탭 카드 컴퍼니 The Mid-Continental Tab Card Company'가 괜찮은 수익을 보장하는 개별적인 투자처임을 알려주었다. 워런은 브랜트가 맡긴 투자 자금에 대해서 받을 수 있는 수수료를 포기했다. 하지만 이 거래는 두 사람이 모두 이득을 본 윈윈 게임이었다.

35 인터뷰에서 빌 루안은 "이와 관련된 보고서와 자료로 가득 찬 창고가 어딘가에 있습니다"라고 말했지만, 필자는 그 창고를 본 적이 없다.

36 빌 루안이 피셔가 가지고 있던 생각을 워런에게 일러주었다. 필립 A. 피셔, 《Common Stocks and Uncommon Profits》(New York, Evanston, and London: Harper & Row, 1958) ('scuttlebutt'는 배에서 선원들이 마시는 식수

를 담아 두는, 구멍이 뚫린 통이다).

37 콩기름 시장은 크지 않았다. 이것이 그 계획의 핵심적인 요소였다. 예를 들어서 석유 시장이나 재무부 단기 채권 시장의 경우 한 개인이 시장을 좌우할 만큼 많은 돈을 가질 수는 없기 때문이다.

38 이 사건을 다룬 기사들 대부분은 탱크 안에서 콩기름은 물 위에 뜨는 성질을 드 앤절리스가 악용했다고 잘못 설명했다.

39 농무부가 샐러드 기름 부문에 존재한다고 밝힌 것보다 더 많은 창고증권이 존재한다고 아메리칸 익스프레스가 보증한 이야기의 출전을 밝히면 다음과 같다. 마크 I. 와인스타인, "Don't Leave Home Without It: Limited Liability and American Express", Working paper, American Law & Economics Association Annual Meetings, Paper 17, 〈버클리 일렉트로닉 프레스Berkeley Electronic Press〉, 2005년, 14~15쪽.

40 하우프트는 증권 트레이더였고, 주식과 상품을 동시에 다루었으며, 뉴욕증권거 래소 소속이었다. 그래서 그는 증권거래소의 순자본 관련 규정, 즉 전체 채무의 1/20 이상의 순자본을 가지고 있어야 한다는 규정을 지켜야 했다. 증권거래소 규약 15c3-1은 중개인-트레이더의 순자본 내용을 규정한다. 총 부채 기준으로 오늘날에는 2퍼센트의 순자본이 필요하지만 1960년대에는 이 수치가 5퍼센트였다. 뉴욕증권거래소는 콩기름 사건으로 고객이 입은 손실을 메우려고 1천만 달러를 지불했다. H. J. 메이든버그, "Lost Soybean Oil Puzzles Wall St.", 〈월스트리트 저널〉, 1963년 11월 20일.

41 이 금액은 전체 금액의 2.9퍼센트였다.

42 증권거래소는 1933년 8월 4일 최루 가스가 살포되는 장난 때문에 문을 닫은 적이 있다. 일부 사람들은 케네디 암살로 인한 시장 중단이, 역사상 처음 '실제로' 주식시장이 문을 닫은 사건이라고 바라본다.

43 존 M. 리, "Financial and Commodities Markets Shaken; Federal Reserve Acts to Avert Panic", 〈뉴욕 타임스〉, 1963년 11월 23일.

44 H. J. 메이든버그, "Big Board Ends Ban on Williston, Walston and Merrill Lynch Are Instrumental in the Broker's Reinstatement, Haupt Remains Shut, Effect of Move Is Swept Aside by Assassination of President Kennedy", 1963년 11월 24일. 아메리칸 익스프레스가 했던 역할까지 포함한 콩기름 드라마는 케네디 대통령 암살 사건 이후 약 일주일 동안 절정에 다다랐다.

45 당시 아메리칸 익스프레스는 유한회사가 아니라 합자회사 방식으로 자본화가 이

루어진 미국 유일의 거대 주식회사였다. 이런 사실을 놓고 볼 때, 이 회사의 주주들은 자본이 부족하다고 볼 수 있었다. 다음은 워런이 당시를 회상하면서 하는 말이다. "그래서 미국의 모든 은행 신탁부는 공황 상태에 빠졌습니다. 내 기억으로는 '컨티넨털 뱅크Continental Bank'가 이 회사의 지분을 5퍼센트 넘게 가지고 있었습니다. 그리고 이들이 가지고 있던 신탁 계정들이 갑자기 깡통이 되어가고 있었고, 게다가 금융 당국으로부터 평가를 받는 일에 직면할 수도 있었습니다. 주식들이 쏟아져 나왔죠. 당연한 결과지만, 시장은 잠시 제대로 돌아가지 못했습니다."

46 '여행자수표'는 아메리칸 익스프레스의 주요 상품이었다. 은행들이 여행자수표에 대한 대응책으로 신용카드를 개발했을 때, 이 회사는 신용카드를 방어적인 차원에서 도입했다.

47 워런 버핏이 ('아메리칸 익스프레스 컴퍼니'의) 하워드 L. 클라크에게 보낸 편지, 1964년 6월 16일. 아메리칸 익스프레스의 전직 CEO 짐 로빈슨에 따르면, 브랜트가 워런에게 두께가 30센티미터나 되는 보고서 더미를 제출했다. 로빈슨도 이 보고서를 직접 보았다. 빌 루안은 인터뷰에서 이렇게 말했다. "아메리칸 익스프레스에 대한 헨리 브랜트의 막대한 양의 보고서를 얼핏 본 기억이 납니다."

48 결국 맨 마지막에는 드 앤절리스가 사기 및 내부자 거래 등 네 가지 혐의에 대해서 유죄를 인정해 10년 징역형을 선고받았다. "The Man Who Fooled Everybody", 〈타임〉, 1965년 6월 4일.

49 하워드 버핏, 1953년 8월 6일의 유언장.

50 패트리샤 던, 수지 버핏 주니어, 워런 버핏과의 인터뷰들.

51 《Grand Old Party》(New York: Random House, 2003)에서 루이스 L. 굴드는, 인권 운동 시기에 지지 정당을 바꾸었던 수많은 사람들에게, 공화당원이 된다는 것은 인종차별주의자가 된다는 것이나 마찬가지 의미였다고 적었다.

52 워런은 자기가 처음에 무소속으로 등록했는지 민주당원으로 등록했는지 기억하지 못한다. 선호도로 보자면 아마도 전자였을 가능성이 높다. 그리고 아마도 그 때문에 예비 선거에서 투표하지 않았을지도 모른다. 하지만 그 뒤 곧바로 혹은 적어도 다음 선거가 있기 전에, 즉 5년 안에 그는 민주당원으로 등록했다.

53 수지 버핏 주니어와의 인터뷰.

54 수전 굿윌리 스테드먼, 2001년 11월에 수전 톰슨 버핏과 했던 개인적인 인터뷰들을 회상한 것에서. 수록을 허락해 준 수전 굿윌리 스테드먼과 엘리자베스 휠러에게 감사의 말을 전한다.

55 댄 모넨, 다음에서 인용. 로저 로웬스타인, 《Buffett: The Making of an American

Capitalist》(New York: Doubleday, 1996). 모넨은 사망했다.

56 아버지의 죽음 이후 무기력해진 워런의 모습에 대해서는 대부분의 가족 구성원 들이 심각하게 증언한다. 이 내용들로 비추어 당시에 워런의 내면 상태를 가늠할 수 있다.

1 워런 버핏이 하워드 L. 클라크에게 보낸 편지, 1964년 6월 16일.

2 L. J. 데이비스, "Buffett Takes Stock", 〈뉴욕 타임스〉, 1990년 4월 1일.

3 "나는 그것을 백 퍼센트 확신하지 않습니다. 다른 사람들이 계속 그런 이야기를 해왔기 때문에 나로서는 실제 사실을 정확하게 기억하기가 어렵습니다. 하지만 그게 하워드 클라크였다는 사실은 꽤 자신 있게 말할 수 있습니다."

4 1964년 7월 워런이 투자자들에게 보낸 편지에 다음 내용이 있다. "(……) 우리의 전반적인 카테고리는 현재 버핏 파트너십이 최대 주주로 있는 세 개 회사를 포함 하고 있습니다." 독자들은 여기에서 버핏 파트너십의 자산 배분이 매우 편중되어 있음을 추론할 수 있을 것이다.

5 워런 버핏이 투자자들에게 보낸 편지, 1965년 11월 1일.

6 워런 버핏이 투자자들에게 보낸 편지, 1967년 10월 9일.

7 워런 버핏이 투자자들에게 보낸 편지, 1966년 1월 20일.

8 필자는 워런이 쓴 글과 인터뷰했던 자료들을 연구하면서 이런 결론에 도달했다. 한편 찰리 멍거는 (자기 자신이 아니라 다른 사람을 언급하면서) '불명예'와 '치욕'과 같은 표현들을 자주 사용한다.

9 존 하딩과의 인터뷰.

10 조이스 코원과의 인터뷰 내용에 따른 것이며, 시기는 1962년이다.

11 1인당 소득을 기준으로 했을 때. 에버릿 앨런의《Children of the Light: The Rise and Fall of New Bedford Whaling and the Death of the Arctic Fleet》(Boston: Little, Brown, 1983)에 따르면, 고래잡이에서 창출되는 연간 소득은 1854년에 1,200만 달러까지 치솟았고, 이 바람에 뉴베드퍼드는 독립 전쟁 이전 시기에 1인 당 소득을 기준으로 할 때 세계에서 가장 잘사는 도시였다.

12 1871년의 재앙으로 30척 이상의 배가 돌아오지 못했는데, 대부분 뉴베드퍼드에 속한 배들이었다. 경제적인 측면에서 그리고 인적 자원 측면에서 1871년의 엄청 난 피해는 포경 산업을 황폐화시켰다. 포경업자들은 얼음을 깨고 나갈 수 있는 철

선(鐵船)을 만들기 시작했다. 아직 남아 있던 포경 산업을 구하겠다는 시도였지만, 결국 이런 노력도 아무런 소용이 없었다.

13 고래의 수염은 고래가 플랑크톤을 걸러 내는 '이빨'이다. 스프링강의 사용도 고래의 수염에 대한 수요를 떨어뜨렸다.

14 호레이쇼 해서웨이, 《A New Bedford Merchant》(Boston: D. B. Updike, the Merrymount Press, 1930).

15 동업 계약서, 해서웨이 매뉴팩처링 컴퍼니, 1888년. 여러 동업자들 가운데서, 헤티 그린의 오랜 뉴베드퍼드 동료였던 윌리엄 W. 크레이포 역시 2만 5천 달러를 투자했다. 그래서 총 초기 자본은 40만 달러였다.

16 그녀의 재산은 약 1억 달러로 추정되었다.

17 에릭 로치웨이, 《Murdering McKinley: The Making of Theodore Roosevelt's America》(New York: Hill and Wang, 2003).

18 북부라고 해서 노동자의 낙원은 아니었지만 남부에서는 어린이 노동, 초과 노동 시간 혹은 작업장 안전 조건 등과 관련된 법률은 아예 존재하지도 않았다. 공장은 노동자들이 사는 집을 소유했고, 이들이 물건을 사는 가게를 소유했으며, 이들이 쓰는 물을 관리했고, 이들이 다니는 교회를 소유했으며, 주 정부와 법원을 효율적으로 통제했다. 기관총을 소지하는 주 정부 산하 국민군은 파업을 원천적으로 봉쇄했다. 노동자는 소작인이나 다름없었다. 2차 대전 뒤 제품의 품질을 높이기 위한 장치로 에어컨 설비가 갖추어진 공장들이 건설되던 시기, 직물 산업이 보다 싼 임금을 쫓아서 남쪽으로 캘리포니아까지 이전할 때 만 명 가까운 북부 노동자들이 일자리를 잃었다.

19 시베리 스탠턴, 《Berkshire Hathaway Inc., A Saga of Courage》(New York: Newcomen Society of North America, 1962). 스탠턴은 이 연설을 1961년 11월 29일 보스턴의 '뉴커먼 소사이어티 The Newcoman Society'(기술 분야의 연구에 초점을 맞추기 위해서 증기 기관의 초기 개발자이자 산업 혁명의 아버지로 일컬어지는 토머스 뉴커먼의 이름을 따서 원래 영국에서 1920년에 창설되었고, 미국 지부는 1923년에 창설되었다. 현재는 두 단체가 독립적인 관계다―옮긴이)에서 했다.

20 위 연설.

21 《용기의 모험담 A Saga of Courage》에서 시베리는, 스탠턴 가문을 뉴잉글랜드에서 직물 산업을 일으켰으며 '버크셔 파인 스피닝스'의 최초 전신이 되었던 회사를 1806년에 창립한 올리버 체이스로까지 거슬러 올라가는, '끊어지지 않고 이어진

소유권'의 한 부분을 형성한 주체로 바라본다고 말한다. 체이스는 18세기 말에 리처드 아크라이트의 혁신적인 방적 기술을 미국에 도입했던 새뮤얼 슬레이터의 도제 출신이다.

22 '해서웨이 매뉴팩처링 코퍼레이션'의 기업 탐방 안내 책자, 1953년 9월. 전재를 허락해 준 메리 스탠턴 플로든-워드로에게 감사드린다.

23 만일 일자리를 보전하는 게 목적이었다면 설비 현대화에 들어간 돈은 지출될 필요가 없었다. 로저 로웬스타인은 다음 책에서, (지금은 사망하고 없는) 켄 체이스가 시베리는 투자 수익률 개념을 전혀 가지고 있지 않았다고 말했다고 인용한다. 《Buffett: The Making of an American Capitalist》(New York: Doubleday, 1996).

24 (지금은 사망하고 없는) 스탠턴이 이런 의견을 가지고 있었다고 다음 글은 말한다. 제롬 캠벨, "Berkshire Hathaway's Brave New World", 《모던 텍스타일스Modern Textiles》, 1957년 12월.

25 1994년 버크셔 해서웨이의 회장 편지.

26 데이비드 S. 고츠먼, 마셜 와인버그와의 인터뷰들.

27 '트위디, 브라운'에 몸담고 있던 제임스 M. 클라크 주니어가 워런 버핏에게 보낸 편지(1990년 5월 4일)는 "하워드 브라운은 다양한 암호명을 동원했습니다"라고 적고 있다.

28 에드 앤더슨과의 인터뷰.

29 에드 앤더슨, 크리스 브라운과의 인터뷰들.

30 에드 앤더슨에 따르면 이것이 바로 워런이 거래하는 방법이다. 필자는 다른 상황과 맥락 속에서 이루어지는 버핏식 방법에도 익숙하다.

31 이 수수료는 별로 많아 보이지 않는다. 하지만 한 주당 10센트는 자기가 여태까지 지급한 수수료 가운데서 가장 큰 것이었다고 훗날 워런은 말했다.

32 메리 스탠턴, 플로든-워드로, 번 매켄지와의 인터뷰들.

33 오티스 역시, 뉴욕의 직물 가공업자(그 회사의 '회색 제품'을 완성된, 즉 염색을 완료한 제품으로 가공해서 고객에게 판매한 사람들)를 거치지 않으려고 했던 시베리의 전략은 심각한 판단 착오였다고 느꼈다.

34 "만일 당신 회사가 장기 파업을 버틸 수 없는 사업체라면 당신은 기본적으로 노동조합 측과 치킨 게임을 하는 셈이다. 만일 당신이 회사 문을 닫는다면 노동자들도 일자리를 잃을 것이기 때문이다. (……) 그리고 여기에는 수많은 게임 이론들이 내재되어 있다. 어느 정도는 당신이 약할수록 상대방이 유리한 고지를 차지할

수도 있다. 왜냐하면, 만일 당신이 극단적으로 허약할 경우 아주 짧은 기간 동안에 이루어진 파업이라 하더라도 당신은 업계에서 퇴출될 수 있기 때문이다. 이런 사실은 협상 테이블의 맞은편에 앉아 있는 노동조합도 잘 알고 있다. 반대로 당신이 상당히 오래 버틸 힘을 가지고 있다 하더라도, 노동조합 측에서는 보다 강력하게 밀어붙일 것이다. 하지만 파업을 감당할 수 없는 회사에서는 파업이 결코 좋은 일이 아니다." 버크셔 해서웨이의 워런 버핏과 찰리 멍거, "The Incentives in Hedge Funds Are Awesome, But Don't Expect the Returns to Be Too Swift", 〈Outstanding Investor Digest〉, Vol. XVI, No. 4 & 5, Year End 2001 Edition.

35 그레이엄을 추종하던 많은 사람들이 자기들은 그 방을 보았다고 맹세한다. 하지만 워런은 이런 이야기가 사실이 아니라고 맹세한다. 플라자 호텔의 전직 직원들은 17층에는 (전망이 좋지 않은) 특이할 정도로 작은 방들이 상당히 많이 있었으며, 특히 밤늦은 시각에는 이런 방의 숙박료를 흥정해서 깎는 일이 가능했다고 확인해 준다.

36 켄 체이스 주니어와의 인터뷰.

37 로저 로웬스타인의 《Buffett》에 따르면 이 이야기의 출처는 켄 체이스였다. 워런은 잭 스탠턴에게 어떤 이야기를 했다거나 하는 따위의 상세한 내용은 전혀 기억하지 못한다. 하지만 켄 체이스가 하는 말이 가장 정확할 가능성이 높다고 말한다.

38 메리 스탠턴 플로든-워드로가 워런 버핏에게 보낸 편지, 1991년 6월 3일. 스탠리 루빈이 제공했다.

39 메리 스탠턴 플로든-워드로와의 인터뷰.

40 이 이야기의 상세한 내용은 켄 체이스가 말한 것으로 로저 로웬스타인의 《Buffett》에 실려 있다. 워런은 플라자 호텔에서 가까운 어떤 벤치에 체이스와 함께 앉아서 아이스크림을 먹었던 사실을 기억한다.

41 "'주니어 리그'는 효율적인 행동과 훈련받은 자원봉사자들의 지도력을 통해서 자발성을 진작하고 여성의 잠재력을 개발하며 지역사회를 개선하는 데 헌신하는 여성 단체다. 이 단체의 목적은 오로지 교육과 자선이다." 이 단체의 강령에서 발췌(필자도 이 단체의 회원이다).

42 그는 나이가 든 에이브러햄 버코위츠를 대신했다. 버코위츠는 그 회사의 고문 법률회사 '로프스 앤드 그레이 Ropes & Gray'에서 일해온 사람인데 후임을 위해 자발적으로 물러나겠다고 결단했다.

43 스탠턴은 "회사에 대한 지배권을 행사하기에 충분한 양의 주식을 매입해 왔던 외부의 어떤 집단에 대한 정책과 관련해서 의견이 일치하지 않았기 때문에 나는 서

둘러 퇴진했다"고 말했다. "Seabury Stanton Resigns at Berkshire", 〈뉴베드퍼드 스탠더드-타임스〉, 1965년, 5월 10일.

44 버크셔 해서웨이 이사회 회의록, 1965년 5월 10일.

45 "Buffett Means Business", 〈데일리 뉴스 레코드Daily News Record〉, 1965년 5월 20일.

46 다큐멘터리 〈Vintage Buffett: Warren Buffett Shares His Wealth〉(2004년 6월)와 여러 사람의 인터뷰들을 참조해서 각색했다.

28

1 도리스 버핏과의 인터뷰.

2 위 인터뷰.

3 1965년 11월 10일.

4 《Report of the National Advisory Commission on Civil Disorders》(New York: Bantam Books, 1968).

5 "Riot Duty Troops Gather in Omaha", 〈뉴욕 타임스〉, 1966년 7월 5일. 주지사는 실업이 문제라고 했다. 흑인의 실업률은 백인의 세 배가 넘었다. 오마하에서는 흑인의 30퍼센트가 실업자였다.

6 버트런드 러셀,《Has Man a Future?》(New York: Simon & Schuster, 1962). 이 강력하고도 절대론적인 저서는 어떤 '근본적인 일'이 일어나지 않는 한 인류는 대량 살상 무기로 인해 멸망할 것이라고 주장하며, 머지않은 미래에 대량 생화학 살상 무기가 나타날 것이라고 예측했다.

7 1955년의 러셀-아인슈타인 선언문. 러셀은 1958년 결성된 '핵무장반대운동CND: Campaign for Nuclear Disarmament'의 의장이었고, 아인슈타인과 함께 핵무기 확산을 걱정하는 과학자들의 모임인 '퍼그워시 회의Pugwash Conferences'의 공동 의장이었다.

8 딕 홀랜드와의 인터뷰.

9 워런과 그의 최고관리책임자 존 하딩은 일련의 대표적인 대형주(일반적으로 시가 총액 50억 달러 이상인 주식-옮긴이)를 선택해서 시장 지수 하나를 만들었다. 워런은 주식 거래를 중개 회사를 통해서 하지 않으려고 했다. 왜냐하면 중개 회사는 매매 과정에서 수수료 수익을 올리며 자기에게는 아무런 이익을 제공하지 않기 때문이었다. 하딩은 대학교 재단 쪽과 접촉했다. 워런은 주식을 구하려고

개인적인 차원에서 시카고로 갔다. 당시에 공매자에게 직접 주식을 빌려준다는 발상은 아직 이상했기 때문에 대부분의 대학교가 그의 제안에 고개를 저었다. 하지만 하딩은 약 460억 달러 규모의 주식을 빌릴 수 있었다.

10 워런은 1966년 1/4분기에 50만 달러를 들여서 재무부 채권을 매입했다.

11 수지 버핏 주니어, 메그 뮬러, 메이린 맥도노와의 인터뷰들.

12 켈시 플라워와의 인터뷰.

13 수지 버핏 주니어와의 인터뷰.

14 마셜 와인버그와의 인터뷰.

1 시인 제임스 위트콤 라일리가 잡역부를 소재로 해서 쓴 동시 〈누더기 옷을 입은 남자The Raggedy Man〉에서 인용.

2 척 피터슨과의 인터뷰.

3 워런이 이 이야기를 한다. 찰리 하이더도 워런이 이런 이야기를 했다면서 잊을 수 없다고 했다. 하지만 파소는 기억하지 못한다.

4 바이어-롤닉과 옥스퍼드 클로시즈 모두 '코렛Koret'이 1967년에 인수했다.

5 솔 파소와의 인터뷰.

6 고츠먼은 '코바인 앤드 컴퍼니Corvine and Company'에서 일했는데, 망해가던 회사라고 그는 말한다. 그는 1964년에 자기 회사 '퍼스트 맨해튼 컴퍼니 First Manhattan Co.'를 창립했다.

7 샌디 고츠먼과의 인터뷰.

8 멍거는 다음과 같이 주장한다. "그것은 협상이 아닙니다. 사람들이 당연히 해야 할 일을 하는 방향으로 그 사람들을 이끌려고 함축성 있는 사례들을 쓰는 것일 뿐입니다. 설득이죠. 합법적인 설득입니다."

9 콘 가문 사람들은 그 회사가 보유하던 확실한 순자산의 4분의 1 미만을 매각할 계획을 세우고 있었다. 고츠먼은 '에퀴터블 생명 보험Equitable Life and Insurance Co.'과 함께 호슈차일드-콘을 위해서 사모 발행 작업을 해왔었기 때문에 그 회사의 재무제표 내용을 잘 알고 있었다. 그의 장모, 그의 형제인 마틴 콘 그리고 누이 등은 그 회사의 우선주를 가지고 있던 동등한 주주였다. 우선주는 배당금 지급에서 후순위로 밀리고 때로는 배당금을 받지 못하긴 해도, 의사결정권을 행사할 수 있어서 회사를 지배할 수 있었다. 하지만 그들은 이 특권을 행사하지 않았다. 보통

주는 마틴 콘에 이어 2인자이던 루이스 콘이 대량으로 가지고 있었다. 루이스 콘은 또한 그들의 친척이지만 조금 먼 가계(家系)에 속했다.

10 DRC의 8퍼센트 회사채 발행 문건, 1967년 12월 18일.

11 어쨌거나 이 대출 담당 직원은 '내셔널 시티 National City'와 연계해서, 거래에 필요한 돈 900만 달러를 단기 자금으로 그들에게 빌려 줬다. DRC의 설립 취지문, 1967년 12월 18일. 고츠먼과 〈무디스 뱅크 앤드 파이낸스 매뉴얼〉에 따르면 마틴 콘은 '메릴랜드 내셔널 뱅크'의 이사진에 이름을 올리고 있었다.

12 찰스 T. 멍거의 증언, 〈In the Matter of Blue Chip Stamps, Berkshire Hathaway Incorporated〉(HQ-784. 1975년 3월 20일 목요일. 187쪽).

13 워런은 그 문제를 1966년 중반 투자자들에게 보낸 편지에서 언급했다. '주식'을 사는 것보다 '회사' 전체를 사는 것과 관련된 문제를 더 강조했다.

14 찰리 멍거와의 인터뷰. 그 회사는 1967년 4월에 인수되었다.

15 DRC의 설립 취지문, 1967년 12월 18일.

16 워런은 로스너가, 자기가 에이 사이먼에게 대충 다음과 같은 내용으로 말함으로써 그 회사를 팔아도 된다는 동의를 그녀에게서 받아냈다고 하더라고 했다. "당신을 끝장내려고 말이오. 정 마음에 들지 않으면 직접 나와서 회사를 경영하시든가." 이 일로 두 사람 사이의 관계는 회복이 불가능할 정도로 틀어졌다.

30

1 워런의 순자산은 별도의 투자금인 '데이터 다큐먼츠 Data Documents'의 주식을 포함해서 950만 달러에서 1천만 달러 사이였다.

2 당시 상황을 워런은 다음과 같이 묘사했다. "한번은 개가 지붕에 올라가 있었습니다. 아들이 개를 부르자, 개가 지붕에서 뛰어내렸습니다. 놀라운 일이었습니다. 아들에 대한 애정이 깊었기 때문에 개는 그 높은 곳에서 뛰어내렸던 겁니다." 패트리샤 E. 바우어, "The Convictions of a Long-Distance Investor", 《채널스 Channels》, 1986년 11월. 이 이야기에서, 워런은 개가 어떻게 지붕에 올라갔는지 설명하지 않았다.

3 핼리 스미스와의 인터뷰.

4 "Haight-Ashbury: The Birth of Hip", CBS 방송국, 1968년 3월 24일.

5 1967년에 25억 주 이상이 거래되었다. 이 거래량은 전년도 기록을 3분의 1이나 초과하는 양이었다. 토머스 멀러니, "Week in Finance: Washington Bullish", 〈뉴

욕 타임스〉, 1967년 12월 31일.

6 하지만 보험 회사들은 저평가된 것으로 보였고, 그는 이 회사들이 오를 거라고 예상했다. 그래서 '홈 인슈런스Home Insurance'와 '임플로이어스 그룹 어소시에이츠Employers Group Associates'를 샀다.

7 2001년 선 밸리 컨퍼런스.

8 높은 수익률에도 불구하고 세금은 내지 않는다. 만일 어떤 주주가 한 주당 0.10달러의 배당금을 받고 여기에 대한 세금을 내고 남은 돈 0.06달러를 평균 수익률 5퍼센트의 시장에 투자할 때, 이 투자자는 약 0.42달러를 손에 넣는다. 하지만 만일 이 0.10달러에 대해서 워런이 지난 40년 동안 기록했던 21퍼센트의 수익률로 복리 계산을 하면, 위의 어떤 주주보다 135달러나 더 부자가 된다. 보다 범위를 넓혀서 바라본다면, 2007년의 경우에 그 작은 배당금이 버크셔 해서웨이 주주들에게 2억 달러가 넘는 '비용'을 발생시켰다.

9 번 매켄지와의 인터뷰.

10 워런 버핏이 투자자들에게 보낸 편지, 1967년 7월 12일.

11 번 매켄지와의 인터뷰.

12 "Requiem for an Industry: Industry Comes Full Circle", 〈프로비던스 선데이 저널Providence Sunday Journal〉, 1968년 3월 3일.

13 워런 버핏이 투자자들에게 보낸 편지, 1967년 1월 25일.

14 1967년 9월 30일 기준으로, 이 투자 회사는 전체 투자 자본 8,370만 달러 가운데 1,420만 달러를 재무부 채권과 단기 채권에 투자하고 있었다.

15 앨리스는 링월트의 친구였다. 그의 가족은 어니스트가 결혼 생활을 끝내기 전까지 그녀가 결혼에 대한 이른바 '이해'를 갖고 있을 것이라고 믿었다. 워런은 "링월트는 여자들과 잘 어울리는 남자란 평판이 자자했다. 하지만 자기 아버지를 위해 가정을 돌보는 앨리스에게 충분한 사람은 아무도 없었다"라고 말했다.

16 빌 스콧과의 인터뷰.

17 찰리 하이더와의 인터뷰.

18 로버트 도어의 "Unusual Risk' Ringwalt Specialty"(〈오마하 월드-헤럴드〉, 1967년 3월 12일)와 링월트의 《Tales of National Indemnity and Its Founder》는, 사자 조련사와 서커스 단원의 묘기, 홀인원 대회 등을 자세하게 다룬다. 워런은 이런 사람들의 이야기를 링월트에게서 들었다.

19 이 거래에 대한 수수료로 버크셔 해서웨이는 하이더에게 14만 달러를 지불했다.

20 빌 스콧과의 인터뷰.

21 회사를 확실하게 장악하고 있었기 때문에 필요한 80퍼센트의 주주 동의를 얻는 데는 한 주밖에 걸리지 않았다.

22 링월트는 자기가 쓴 책에서, 자기는 주차장에 주차비를 내고 싶지 않았기 때문에 거리의 주차 미터기를 찾아서 운전하고 있었을 뿐이라고 말한다.

23 이것이 바로 내셔널 인뎀너티가 재보험에 들지 않으려 하고 또 다른 보험 회사들로부터 보호받으려 하지 않았던 이유다. 보험 비용이 높기도 했고 또한 보험에 가입하는 순간 보험사에 예속적인 위치에 놓이기 때문이었다.

24 링월트의 이름 또한 1976년의 DRC의 주주 등록 명단에 포함되어 있었다(사실 그는 회사가 주식을 공개 매입하는 과정에 참가해서 3,032주의 주식을 팔았다).

31

1 킹 박사가 '가난한 사람들을 위한 캠페인'을 준비하던 당시 호세 이글레시아스와의 인터뷰에서 인용. "Dr. King's March on Washington, Part II", 〈뉴욕 타임스〉, 1968년 3월 31일.

2 위드. 인터뷰를 거절한 그는 지역 운동을 하는 감리교 교파 진영의 단체인 '웨슬리 하우스Wesley House'의 이사였다.

3 라켈(래키) 뉴먼 및 그녀의 아들 톰 뉴먼과의 인터뷰. 그 밖에 다른 많은 사람들도 수지와 래키의 활동을 기억한다.

4 척 피터슨과의 인터뷰.

5 워런은 호슈차일드-콘 쪽 인맥을 통해서 로젠필드를 만났었다.

6 그리넬대학교의 창립자이자 워싱턴 디시에 있던 '제일 회중 교회파First Congregational church' 목사이던 조시아 그리넬은 1852년 그가 속해 있던 남부 회중파가 그의 인종 차별 철폐 입장을 철회하라고 요구하자 회중파에서 탈퇴했다. 그는 〈뉴욕 헤럴드〉의 저 유명한 호레이스 그릴리(1811~1872. 미국 언론사에서 최고의 논설 기자로 평가받는 언론인. 〈뉴욕 트리뷴〉의 발행인이고 공상적 사회주의자였으며, 노예 제도 폐지를 강력히 호소했다-옮긴이)에게서 조언을 구했다. 그릴리는 또한 미국의 모든 어린이들이 출처도 모른 채 '가라, 서부로! 젊은이여, 서부로 가라!'라는 구호를 듣는다는 사실에 귀를 기울이기도 했다. 이 구호는 원래 존 솔이 1851년 인디애나주의 신문 〈테레 오트 익스프레스Terre Haute Express〉에서 처음 썼던 말이다.

7 일명 '윌리'라 불리던 월도 워커와의 인터뷰.

8 체이스 맨해튼 은행의 이사회 의장이던 조지 챔피언의 연설 순서는 불운하게도 킹 다음이었고, 그의 연설 주제는 '시대에 뒤처진 우리의 복지 국가'였다.

9 킹이 인용한 제임스 러셀 로웰(1819~1891)의 시구는 시인이 실제로 썼던 시구, 즉 '비록 운명이 처형대에 있고 또한 옥좌에 거짓이 있다 하더라도'보다 더 유려했다(이 시는 찬송가로도 만들어졌다. 찬송가 521장 〈어느 민족 누구에게나〉 – 옮긴이).

10 핼리 스미스와의 인터뷰.

11 킹이 1963년 웨스턴미시건대학교에서 한 연설에서. 킹은 이와 비슷한 내용을 1967년 10월 그리넬대학교 집회에서 했을 수도 있지만, 이때의 연설 원고는 남아 있지 않다.

12 킹은 1963년 클리블랜드에서 이것을 처음 이야기했고, 그 뒤로는 여러 주요한 연설에서 내용을 조금씩 바꾸어서 했다. 그는 도덕을 법률로 규정할 수 없다는 주장을 '절반의 진실'이라고 불렀다. "법률로 어떤 사람이 나를 사랑하게 만들 수 없다는 점은 명백한 진실입니다. 그러나 그 사람이 나를 구타하지 못하게 막아줄 수는 있습니다. 그것만 하더라도 얼마나 중요한 내용입니까."

13 다우지수는 비록 짧은 기간이긴 하지만 마의 1,000포인트 지점에 도달했다. 그러나 결국 15퍼센트 남짓한 상승률을 기록하는 데 그치고 말았다.

14 워런 버핏이 투자자들에게 보낸 편지, 1967년 1월 25일.

15 워런 버핏이 투자자들에게 보낸 편지, 1968년 1월 24일.

16 갤브레이스를 대상으로 한 이스라엘 셴커의 인터뷰, "Galbraith: '29 Repeats Itself Today", 〈뉴욕 타임스〉, 1970년 5월 3일. "뮤추얼펀드 폭발 현상은 예전의 투자 신탁들에 대한 대응 현상입니다. 일반 사람들은 금융 천재가 수없이 많이 있다는 사실을 기꺼이 믿으려 하는 놀라운 모습을 보이고 있습니다. 금융 천재는 떠오르는 주식시장입니다. 이에 비해서 금융적인 속임수는 침몰하는 주식시장입니다." 그는 또 다음 글에서도 이런 내용을 반복한다. "The Commitment to Innocent Fraud", 〈챌린지〉, 1999년 9-10월: "In the world of finance, genius is a rising market."

17 학교 측에서는 노이스를 가르쳤던 물리학 교수 그랜트 게일이(그리고 워런이 한 말에 따를 경우, 로젠필드가) 선처를 호소하고 나서자 노이스를 용서했다.

18 월리스는 미국당 후보로 네브래스카주 투표 용지에 이름을 올리기 위해서 서명을 받으러 다니던 중이었다.

19 월리스는 예전에 KKK 단원이었던 사람을 연설 원고 작성자로 고용하고 선동 연

설을 수없이 많이 했다. 이 연설들의 내용은 예를 들면 다음과 같았다. "버밍햄의 사람들이 검둥이들을 학대했다는 케네디 대통령의 발언을 나는 거부합니다. (……) 대통령은 우리가 마틴 루터 킹과 그의 공산주의자 집단들에게 이 나라를 내주길 바라고 있습니다." 월리스는 앨라배마대학교에서 입학 등록을 하려던 흑인 학생 두 명을 막아서는 시위를 하다가 연방 보안관과 주 방위군에 의해 제지되었는데, 그의 이 유명한 행동은 흑인이 이 대학교에 입학할 수 있게 허용하면서도 백인 우월주의를 달래고 폭력을 피할 목적으로 백악관이 막후에서 협상한 결과였다. 월리스는 나중에 흑인 사회에 자기가 한 행동을 사과했다.

20 AP통신, "Disorder, Shooting Trail Wallace Visit", 〈하트퍼드 쿠런트 Hartford Courant〉, 1968년 3월 6일; 호머 비거트, "Omaha Negro Leader Asks U.S. Inquiry", 〈뉴욕 타임스〉, 1968년 3월 7일.

21 "Race Violence Flares in Omaha After Negro Teen-Ager Is Slain", 〈뉴욕 타임스〉, 1968년 3월 6일; "Omaha Negro Leader Asks U.S. Inguiry", 호머 비거트, 위와 동일한 기사.

22 AP통신, "Disorder, Shooting Trail Wallace Visit", 〈하트퍼드 쿠런트〉, 1968년 3월 6일

23 UPI통신, "1 Wounded, 16 Held in Omaha Strike", 1968년 7월 8일.

24 시장은 오래 병원에 입원한 끝에 마침내 건강을 회복했다. 여기에 대한 설명 가운데 일부는 다음 책에서 빌려다 썼다. 《The Gate City: A History of Omaha》 (Lincoln: The University of Nebraska Press, 1997).

25 1981년 12월호 〈플레이보이 Playboy〉의 한 인터뷰에서 오마하 출신의 헨리 폰다는 이렇게 말한다. "결코 잊지 못할 경험이었습니다. (……) 우리 아버지의 사무실에서는 법원 광장이 보였습니다. 우리는 아버지 사무실 창문을 통해서 지켜보았습니다. (……) 소름이 끼치도록 무서웠습니다. 모든 게 다 끝났을 때 우리는 집으로 돌아갔습니다. 아버지는 거기에 대해서 일절 말씀이 없었습니다. 아마도 그 광경을 보고 내가 어떤 인상을 받았는지 잘 아셨던 것 같습니다."

26 1968년 4월 4일.

27 라켈 뉴먼과의 인터뷰.

28 이 클럽은 1999년에 '아이언우드 Ironwood'로 이름이 바뀌었다.

29 우연하게도 당시 척 피터슨 역시 하이랜드 컨트리클럽에 회원 신청을 해둔 상태였다. 피터슨은 거기에서 비행광 동료이던 밥 레빈과 함께 엄청나게 많은 음식을 먹었다. 그래서 공짜로 얻어먹기만 할 게 아니라 자기도 하이랜드에 회원으로 가

입해야 마땅하다는 생각을 했다.

30 워런의 친구이던 스탠 립시가 척 피터슨의 회원 가입을 지지하는 발언을 했다. 다음은 립시가 필자와의 인터뷰에서 한 말이다. "그 일로 나는 세간의 주목을 무척 많이 받았습니다. 덕분에 나는 다음 해에 이사가 되었습니다. 좋지 않은 행동을 했지만 처벌을 받지 않은 겁니다. 골프 친구이던 벅 프리드먼이 그 회사의 회장이었습니다. 그 사람은 언제나 진지한 얼굴이라서 내가 앞에 나서서 사람들을 웃기려고 노력을 좀 했습니다. 그런데 벅은 내가 자기를 '버키츠'라는 애칭으로 부르는 것을 좋아하지 않았습니다."

1 워런 버핏이 벤 그레이엄에게 보낸 편지, 1968년 1월 16일.

2 위의 편지.

3 아먼 플랜, "Run for Your Money", 〈뉴욕 타임스〉, 1968년 6월 3일; "Mutual Interest", 〈타임〉, 1968년 1월 19일; 로버트 D. 허시 주니어, "Mutual Funds Reaching Further for Investment", 〈뉴욕 타임스〉, 1968년 9월 29일.

4 1929년에 전체 인구 가운데 겨우 3퍼센트만이 주식을 가지고 있었다. 1968년에는 전체 인구 가운데 12.5퍼센트가 주식을 가지고 있거나 펀드에 가입해 있었다.

5 워런 버핏이 투자자들에게 보낸 편지, 1968년 7월 11일.

6 증권거래소는 1963년 새로운 시스템인 나스닥이 준비되고 있다는 연구 보고서를 마련했다. 나스닥은 1971년 2월 8일 출범했는데, 첫해에 아메리카증권거래소AMEX(뉴욕에 있던 뉴욕증권거래소 외의 또 다른 증권거래소 – 옮긴이)만큼 많은 거래가 이루어졌다. 에릭 J. 와이너, 《What Goes Up: The Uncensored History of Modern Wall Street》(New York: Little, Brown, 2005).

7 워런 버핏이 그레이엄 그룹에 보낸 편지, 1968년 1월 16일.

8 워런 버핏이 그레이엄 그룹에 보낸 편지, 1971년 9월 21일.

9 DRC의 수익은 1968년에 모두 40만 달러가 못 되었다. 수익률로 치면 17퍼센트였다. 한편 '어소시에이티드 코튼 숍스'의 투자 자본 수익률은 20퍼센트였다. 어떤 해든 눈부신 수익을 기록했지만 유독 1968년에는 어려웠다.

10 워런 버핏이 투자자들에게 보낸 편지, 1968년 1월 24일.

11 워런은 주식에서 때로 손해를 보긴 했지만 곧바로 손절했다. 안전 마진도 언제나 손해를 막아주진 않았지만 크게 손해를 보지 않도록 기여했던 것은 분명하다.

12 무정부주의 활동가들의 집단인 국제청년당Youth International Party('히피'와 국제청년당의 합성어인 이피족Yippees으로 불렸다 - 옮긴이)은 '피그'와 '페가수스'를 합쳐서 '피가수스'라고 이름을 붙인 돼지 한 마리를 대통령 후보로 지명하고는 이 돼지를 끌고 민주당 전당대회에 가서 난장을 벌였다. 이 집단의 지도자였던 제리 루빈은 1968년 10월 24일 브리티시컬럼비아대학교 교수 클럽 연설에서 다음과 같이 말했다. "닉슨이나 월리스, 험프리 같은 반은 사람이고 반은 돼지인 인간에게 투표하느니 차라리 백 퍼센트 순수한 돼지에게 투표하시라!" 험프리는 당시 민주당이 지명한 대통령 후보였다.

13 번 매켄지와의 인터뷰. 그는 체이스가 무척 화났지만 겉으로는 내색하지 않았다고 말한다. 체이스는 자기가 해야 할 일을 했다.

14 신용카드와 소비에 대한 소비자 의식의 근본적인 변화가 몰고 온 충격은 실로 엄청났다. 예전에는 심지어 옷 따위를 사더라도 현금 지불이 상식이었다. 예약 할부 판매의 유치(留置) 상품의 경우에는 할부 구입을 하더라도 대금을 완납하지 않으면 해당 상품을 소유할 수 없었다. 하지만 현금 지불은 모두 외상으로 대체되었다. 비록 경제학자들이 가계 자산을 측정하는 여러 방식들을 놓고 토론을 벌이지만, 결과는 늘 금융기관에 십일조를 바치는 빚쟁이들을 대상으로 하는 것일 뿐이었다. 하지만 이런 빚더미 속에는 세상을 뒤집을 위험이 숨어 있다(참조, 2008년의 신용 위기).

15 소매유통업자들에게 평균적으로 매출 1달러당 2센트의 쿠폰 관련 비용이 발생했는데, 그들은 이 비용을 상품의 가격에 추가하는 수법을 썼다.

16 그들은 블루칩 스탬프를 1.5센트 싼 가격에 구입했다.

17 블루칩 스탬프는 당시 캘리포니아에서 쿠폰 시장의 71퍼센트를 차지했다. "Safe on Its Own Turf", 〈포브스〉, 1968년 7월 15일.

18 '스페리 앤드 허친슨'은 '알파 베타Alpha Beta'와 '아든-메이페어Arden-Mayfair' 식품 체인점이 자기 쿠폰을 밀어내고 블루칩 스탬프의 쿠폰을 채택하자 소송을 제기했다. 이 분쟁을 조정하기 위해 블루칩 스탬프는 600만 달러를 지급했다.

19 가격이 101달러로 매겨진 각각의 '패키지'는 연리 6.5퍼센트의 액면가 100달러의 10년 장기 대출과, 각각의 가치가 0.333달러인 보통주 3주로 구성되었다. 합계 62만 1,600주의 블루칩 스탬프는 공개 매입 속에 포함되어 있었다. 블루칩 스탬프의 고객이었던 아홉 개의 소매유통업체들이 또 전체 가운데 다른 45퍼센트를 분할했는데, 이것은 10년 기한의 신탁으로 들어갔다. 그리고 나머지 10퍼센트가 회사의 경영진에게 돌아갔다. 이상의 내용은 1968년 9월 23일자 〈월스트리트

저널〉의 보도에 따른 것이다.

20 주유소 체인점 두 곳 역시, 캘리포니아 북부 지역에 있는 한 무리의 소형 쿠폰 회사들이 그렇듯이, 여전히 소송 중이었다. 블루칩 스탬프의 연례 보고서, 1969년.

21 일명 '그레이엄 그룹'에 속한 인사 한 명이 이 내용을 기억했다.

22 워런 버핏이 투자자들에게 보낸 편지, 1968년 1월 24일.

23 레즐리 베를린, 《The Man Behind the Microchip》(New York: Oxford University Press, 2005).

24 워런은 1965년 3/4분기 때 '컨트롤 데이터' 1만 주를 30달러대 초반 가격에 공매도했다. 이 시기에 워런은 전체 투자 자산 가운데 700만 달러를 공매도에 투자하고 있었다. 그러다가 결국 1968년 차익거래 차원에서 이 회사의 주식 가운데 일정량을 매입했다.

25 케이티 버핏과의 인터뷰. 프레드는 300달러를 투자하길 바랐지만, 자기가 '말을 잘한 덕분에' 100달러를 추가로 더 투자했다고 케이티는 말했다. 그녀는 더 많은 돈을 투자했으면 좋았을 것이라고 생각했다.

26 워런은 전환 사채 형태로 투자했다.

27 레즐리 베를린, 《The Man Behind the Microchip》.

28 워런은 '어소시에이티드 코튼 숍스'와 '내셔널 인뎀너티 컴퍼니'의 '특별하게 놀라운 성과'에 대해서 투자자들에게 말했다. 그러나 그가 직접적으로 지배권을 가지고 있던 회사들은 오로지 '그저 그런' 수준의 수익률밖에 기록하지 못했다. 버크셔 해서웨이와 호슈차일드-콘은 전체 수익률을 떨어뜨리고 있었다.

(33)

1 다른 곳에서 임시 사무직으로 일했던 카이저는 1967년 1월 입사해 1993년 은퇴할 때까지 일했다.

2 도나 월터스와의 인터뷰. 아울러 그녀는, 워런은 키위트 플라자에서 남성복 및 남성용 액세서리를 팔던 솔 파소의 단골 고객이었으며 월터스도 마찬가지였다는 말도 했다.

3 블루칩 스탬프의 쿠폰이 이와 가장 유사한 것이었다.

4 1952년 4월 20일의 〈오마하 월드-헤럴드〉의 기사 "사랑만이 주 방위군을 막을 수 있다"부터 시작해 보온병을 챙기며 소풍 채비를 하는 아이들과 수지의 귀여운 사진, 샘 레이놀즈에게서 집을 산 워런의 이야기까지.

5 루미스의 회상 내용은 그녀의 다음 회고록에서. "My 51 Years (and Counting) at Fortune", 〈포천〉, 2005년 9월 19일.

6 루미스는 〈포천〉에 게재했던 회고록에서 헤지펀드 운용자이던 A. W. 존스에게 감탄하는 내용을 적었는데 "The Jones Nobody Keeps Up With", 〈포천〉, 1966년 4월, 이 시기는 그녀가 워런을 만났거나 혹은 만나기 직전이었다. 이 글에서 그녀는 워런을 그저 스쳐 지나가듯 언급할 뿐이다. 그녀가 자기 회고록에서 버핏을 본격적으로 언급하는 것은 다음부터다. "Hard Times Come to the Hedge Funds", 〈포천〉, 1970년 1월.

7 워런은 어린 시절에 신문 배달을 하면서 단 한 번도 늦잠을 자서 배달을 빼먹은 적이 없다고 말한다. 아마도 다른 사람들이 일반적으로 경험하는 '시험 치는 꿈'의 워런 버핏식 버전이 아닐까 싶다.

8 제프리 코원과의 인터뷰.

9 톰 머피와의 인터뷰.

10 워런 버핏이 제이 록펠러에게 보낸 편지, 1969년 10월 3일. 워런은 다음과 같이 덧붙였다. "실물 크기의 여성 사진을 가운데 끼워 넣지 않으면 장사가 잘 되지 않는 경향이 있습니다. 하지만 나는 나에게 투자한 사람들에게 이런 말을 자주 합니다. 논리를 잘못 세우는 바람에 돈을 벌기보다는 차라리 제대로 된 논리를 세우고 돈을 잃겠다고 말입니다. 이 거래를 합리화할 수 있는 어떤 잠언을 찾을 수 있다면 좋겠습니다."

11 워런은 종잣돈으로 3만 2천 달러를 넣었다.

12 찰스 피터스와의 인터뷰. 그리고 그의 다음 자서전에서도 발췌. 《Tilting at Windmills》(New York: Addison-Wesley, 1988).

13 워런은 추가로 5만 달러를 넣었다.

14 자기의 투자금을 〈워싱턴 먼슬리〉에 자선 기금으로 기부할 수 없다는 말을 들은 뒤 스탠백이 한 선택은 이랬다. "나는 결국 거기에서 일하는 어떤 사람에게 내 주식을 줘버렸습니다. 목적은 다른 게 아니라 그냥 그 주식을 없애자는 것이었습니다. 아무런 가치도 없었으니까요."

15 워런 버핏이 투자자들에게 보낸 편지, 1969년 5월 29일.

16 위의 편지.

17 위의 편지.

18 버핏 부부는 자기들 대신 아이들을 돌볼 사람들로 교사들을 고용했다. 하지만 호위는 이 교사들의 남편들까지 자기편으로 만들어서 무정부 상태의 수준을 두 배

로 증가시켰다.

19 앨 페이절, "Susie Sings for More Than Her Supper", 〈오마하 월드-헤럴드〉, 1977년 4월 17일.

20 밀턴 브라운과의 인터뷰.

21 버크셔 해서웨이의 2004년 연례 총회.

22 워런 버핏이 투자자들에게 보낸 편지, 1969년 10월 9일.

23 존 브룩스,《The Go-Go Years》(New York: Ballantine Books, 1973).

24 그 주식은 다섯 개로 분할되었고, 그 뒤 곧바로 주가는 25달러로 올라갔다.

25 블루칩 스탬프는 주주들이 기존 주식을 일반에 공매하는 2차 공매 건을 투표에 부치기 위해서 주주 총회를 소집했다.

26 윈덤 로버트슨과의 인터뷰. 그녀는 자기가 2년 뒤에 카멜에서 진행되었던 그레이엄 그룹의 모임에 처음 참가했을 때 이 암호를 거의 이해하지 못했다고 말한다.

27 그레이엄 그룹에 보낸 편지, 1971년 9월 21일.

28 마셜 와인버그, 톰 냅, 프레드 스탠백, 루스 스콧과의 인터뷰들.

29 에드 앤더슨과의 인터뷰.

30 워런 버핏이 그레이엄 그룹에 보낸 편지, 1971년 9월 21일.

31 프레드 스탠백과의 인터뷰.

32 샌디 고츠먼과의 인터뷰. 그는 자기들이 그 거래를 하면서 기본적으로 본전치기를 했다고 말하면서, 호슈차일드-콘 거래와 관련해서는 과장되게 부풀려진 측면이 있다고 말한다. "역사 속에서 그 거래가 엄청난 실패작으로 묘사되고 있습니다만, (……) 다들 말하듯이 그게 큰 실수였다고 나는 생각하지 않습니다. (……) 조금씩 살이 붙어 결국 터무니없이 과장된 이야기로 커져서 그게 사실인 양 굳어지고 말았습니다."

33 '슈퍼마케츠 제너럴'은 호슈차일드-콘을 1969년에 현금 505만 달러와 현재가 약 600만 달러의 무이자 채권 654만 달러에 인수했다. 이렇게 해서 DRC가 실제로 받은 금액은 약 1,100만 달러였다.

34 1969년 DRC의 연례 보고서에서.

35 와일더만 워런의 요구를 쓸데없다고 본 게 아니었다. 워런은 이렇게 말한다. "대니[대니 코윈]는 내가 그것을 꼭 하고 싶어서 환장한다고 생각했습니다."

36 주주들에게 보낸 1989년의 편지에서 인용.

37 "How Omaha Beats Wall Street", 〈포브스〉, 1969년 11월 1일.

38 이 기사는 워런이 1952년에 결혼한 뒤 줄곧 그 집에서 살았다고 하지만 사실이

아니다. 이 오류는 그 뒤로 다른 저자들이 계속 반복했다. 파남가에 있던 그 집은 '첫 번째 집'이 아니었다. 이런 오류를 담고 있는 기사들은 그 집을 '수수하다'거나 혹은 그와 비슷한 표현으로 언급하지만, 그 집을 대대적으로 수리한 사실은 거의 언급하지 않았다. 워런은 그 집을 1958년에 샀다.

39 이블린 심슨, "Looking Back: Swivel Neck Needed for Focus Change Today", 〈오마하 월드-헤럴드〉, 1969년 10월 5일.

1 캐럴 루미스, "Hard Times Come to the Hedge Funds", 〈포천〉, 1970년 1월. 이 글에서 루미스는 처음으로 워런의 견해를 눈에 띄게 드러냈다.

2 장부 가치. 실질적인 장부 가치는 43달러였다. 워런 버핏이 투자자들에게 보낸 편지, 1969년 10월 9일.

3 위의 편지.

4 호기심이 많은 투자자들이었다면 1968년 연례 보고서를 읽고 버크셔 해서웨이가 〈오마하 선〉이라는 신문사를 소유하고 있다는 사실을 알아차렸을 것이다.

5 투자자들에게 보낸 편지, 1969년 10월 9일. 워런은 투자자들에게, 앞으로 10년 동안 세금을 납부한 뒤의 수익률은 약 6.5퍼센트가 될 것이며, 이 수치는 비과세 채권에 패시브 투자할 때의 수익률과 대충 비슷할 것이라고 설명했다. 또 아무리 유능한 자산운용가라 하더라도 세금 납부 후 9.5퍼센트 수익률을 기록할 수 없을 것이라고 했다. 이런 수익률을, 버핏 파트너십 초기에 그가 투자자들에게 제시했던 예상 수익률 17퍼센트 및 그가 실제로 기록한 30퍼센트가 넘는 수익률과 비교해 보라.

6 워런 버핏이 투자자들에게 보낸 편지, 1969년 12월 5일.

7 워런에 따르면, 이들 가운데 두 사람은 결국 자기 돈을 맡아서 운용해 줄 사람을 찾지 못했고, 한 사람은 샌디에이고에서 점집을 차렸다.

8 워런 버핏이 투자자들에게 보낸 편지, 1969년 12월 26일.

9 이 발언은 흥미롭다. 왜냐하면 워런은 자기가 만일 무인도에 있다면 자기가 선택하고 싶은 주식이 바로 '다우 존스'라고 말했었기 때문이다. 하지만 〈오마하 선〉을 선택한 것은 좋은 투자가 아니었다.

10 당시에 몇몇 사람들은 워런을 스토커처럼 감시하면서 그가 어떤 주식들을 가지고 있는지 살폈으며, 워런이 어떤 의도를 가지고 있을까 하는 궁금증이 동업 투자

자들 사이에 널리 퍼져 있었다. 10년 동안 비밀주의에 집착했으니 이제는 의도를 명백하게 밝히는 것이 중요하다는 사실을 워런이 놓치지 말았어야 했다. 비록, 그 당시에는 그 사실을 알 수 없었겠지만.

11 1969년 12월 26일 투자자들에게 보낸 편지에서 워런은 블루칩 스탬프 주식을 인수한 사람들을 성토하면서, 최대 경쟁사인 스페리 앤드 허친슨과의 '과도한 비교를 바탕으로 해서' 거래가 강제되었다고 말한다. 하지만 "이 주식이 인수업자에게 제시되기 직전에 다우존스산업평균지수는 훨씬 낮았지만 스페리 앤드 허친슨의 주가는 사실상 변동이 없었습니다. 이것은 블루칩 스탬프의 가격이 이전보다 훨씬 낮았음을 의미합니다."(블루칩 스탬프의 주식은 당시 상당한 수준으로 떨어져 있었다.) "우리는 마지못해서 동의했습니다. 그리고 거래가 끝났다고 생각했습니다. 하지만 다음 날 그들은 우리가 동의한 가격이 적절하지 않다고 말했습니다."

12 주유소들의 실제 불만 내용이 무엇이었는지 조금 불명확했다. 이들은 블루칩 스탬프의 쿠폰을 발행했고, 이를 통해서 돈을 벌었다. 캘리포니아에 다섯 개의 쿠폰 사업체가 있었다면, 아마도 주유소들은 더 많은 비용을 들여서 쿠폰을 발행했을 것이다. 그렇게 해서 이들이 더 많은 돈을 벌었을지는 분명하지 않다. 아마도 더 적게 벌었을 것 같다.

13 이것은, 매각이 지연됨에 따라서 버핏 파트너십에 여전히 묶여 있던 블루칩 스탬프의 주식 약 9만 주를 계산에 넣은 것이다.

14 DRC의 1971년 연례 보고서를 보면, '합병 회사의 보통주와 교환하는 조건으로' 84만 1,042달러의 채권이 발행되었다. 이 채권들의 만기일은 제각각이었거나 혹은 워런 버핏의 사망일 이후 24개월 이내였다. DRC는 1978년까지 이 채권을 계속 발행했고, 채권 총액은 152만 7천 달러였다. 첫 해에는 채권을 가진 사람이 요구하면 채권을 현금으로 바꿀 수 있었다. (DRC의 1972년 재무 보고서에 따르면) 확실히 이 채권들은 1972년에 이와 관련된 조항이 삭제되고 새롭게 발행된 게 분명하다.

15 연례 보고서 및 10-K 보고서(이것은 연례 보고서보다 자세한 것으로, 회사의 역사와 조직의 구조, 주당 수익률, 자회사 등에 대한 정보도 담는다－옮긴이)를 동원한 1970년도 네브래스카 리인슈런스 코퍼레이션, 버크셔 해서웨이, DRC, 블루칩 스탬프에 대한 연례 보고집.

16 번 매켄지와의 인터뷰.

17 로다 사나트, 버니 사나트와의 인터뷰.

18 찰리 멍거와의 인터뷰.

19 적대적인 인수를 막아낼 정도로 충분히 많은 주식을 확보함으로써.

20 블루칩 스탬프의 매출액은 1970년에 1억 3,200만 달러로 최고조에 달했다.

21 'A&P'(미국의 유명한 소매 유통점 – 옮긴이)의 할인 프로그램인 '절약의 근원Where Economy Originate'이 다른 슈퍼마켓 체인점들을 자극해 1972년에 할인을 받아들이게 만든다. "The Green Stamp Sings the Blues", 〈포브스〉, 1973년 9월 1일.

22 버크셔 해서웨이의 문서 파일에서.

23 빌 램지와의 인터뷰. 메리 시의 아들이며 그 회사의 창업자인 로런스(래리) A. 시가 사망했기 때문에 '씨즈캔디'의 매매가 이루어졌다. 그리고 그의 동생이자 재산권 집행자이던 찰스 시는 하와이에 휴가 가 있는 동안 알고 지내던 변호사에게 자기는 그 회사를 팔고 싶은 마음이 있다는 말을 했다. 이 변호사는 '스커더, 스티븐스, 앤드 클라크'라는 자문 회사에서 일하던 밥 플래허티에게 이런 내용을 전했고, 플래허티는 이것을 램지에게 전했다.

24 마거릿 무스 픽, 《See's Famous Old Time Candies, A Sweet Story》(San Francisco: Chronicle Books, 2005).

25 에드 앤더슨과의 인터뷰.

26 워런과 멍거는 씨즈캔디를 사면서 지난 열두 달의 수익을 기준으로 해서 11년 치의 수익을 지불했다. 이것은 워런에게 매우 높은 수익 대비 가격[주가 수익률]이었다. 워런은 수익의 열 배 이상을 지급한 적이 거의 없었기 때문이다. 장부 가치보다 높은 가격을 쳐준 것도 유례가 없던 일이었다. 수지는 한 명 이상의 친구에게, 워런이 초콜릿광인 "자기를 위해서 그 회사를 샀다"고 말했다. 워런은 아마도 애정의 표시로 그런 말을 했던 것 같다.

27 1960년부터.

28 존 W. 워틀링이 해리 W. 무어에게 보낸 편지, 1971년 12월 3일. 워런은 특히 그 인수에 따르는 세금 문제에 깊은 관심을 보였다. 그는 감가상각액 환수나 투자 세액 공제 환수처럼 어떤 회사를 매매할 때마다 따라붙는 세금 관련 비용을 발생시키지 않고 효과적으로 살 수 있는 가격과 동일한 과세 표준액을 찾아내기 위해서, 그 회사 여러 상표들의 구조에 대한 윤곽을 잡는 보고서를 꼼꼼하게 작성했다. 씨즈캔디의 회계 컨설팅 회사인 '프라이스 워터하우스Price Waterhouse'는 자기들이 할 일을 워런이 대신 해줘서 좋아했으며, 워런이 제안한 내용과 일치하는 보고서를 작성해서 세금 관련 비용을 어떻게 피해갈지 설명했다. '프라이스 워터하우스

앤드 컴퍼니'가 윌리엄 F. 램지에게 보낸 편지, 1972년 1월 18일.

29 이런 설명은 멍거와 한 인터뷰 내용과 2003년 버크셔 해서웨이 연례 주주 총회에서 있었던 발언들이 합쳐진 것이다. 워런 버핏과 찰리 멍거, "What Makes the Investment Game Great Is You Dont's Have to Be Right on Everything," 〈Outstanding Investor Digest〉, Vol XVIII, Nos, 3 and 4, Year End 2003 Edition.

30 에드 앤더슨, 크리스 브라운과의 인터뷰들. 버크셔 해서웨이 인수 과정에서도 그랬지만 여기에서 워런이 주장했던 요지 역시, 자기가 지배권을 가지려면 거기에 필요한 주식을 자기가 모두 가져야 한다는 것이었다. 하지만 워런과 동맹 관계를 맺은 사람들이 자기 주식을 그대로 유지하면서 워런이 제안한 안건에 찬성표를 던질 수도 있었다. 실제로 많은 자본을 가지고 있지 않았던 초기에 워런은 이런 작전을 구사했었다.

31 워런 버핏이 척 허긴스에게 보낸 편지, 1971년 12월 28일.

32 1970년대 초에 설탕 가격이 여섯 배로 뛴 적이 있었다. 비록 언론 보도 내용은 대부분 고기 가격에 초점을 맞추지만, 설탕과 코코아는 가격 상승의 쓰라림을 가장 절실하게 경험하는 생필품이었다.

33 당시 사람들이 콜로라도에 휴가를 갔다가 우연히 접한 뒤에 비행기에 싣고 집으로 가지고 왔던, 숭배의 대상이 되었던 제품.

34 이런 내용은 워런 버핏과 스탠리 크럼, 척 허긴스 사이에 있었던 1972년의 편지들을 바탕으로 했다. 1972년 말에 작성한 한 편지에서 절대금주자이던 워런은 이런 말도 한다. "어쩌면 프랑스에 있는 320제곱킬로미터 넓이 한 포도밭에서 나온 와인은 정말로 세계 최고입니다. 하지만 나는 늘 이런 의심을 합니다. 이 가운데 99퍼센트는 말로만 세계 최고이고 1퍼센트만이 와인으로 세계 최고가 아닐까 하고요."

35 수많은 관리자들이 이런 불평을 한다.

36 워런 버핏이 척 허긴스에게 보낸 편지, 1971년 9월 25일.

37 톰 뉴먼, 라켈 뉴먼과의 인터뷰.

38 아마도 워런은 또한, 만일 증권거래위원회가 버크셔 해서웨이는 이미 내셔널 인뎀너티라는 보험 회사를 소유하고 있기 때문에 문제가 될 수도 있다고 결론을 내리지 않았더라면, 자기가 무척 좋아하던 회사인 가이코의 이사진에 이름을 올렸을 것이다.

39 피터 버핏과의 인터뷰.

40 자문위원회 위원들은 모두 약 7천 달러의 투자를 했다. 그 은행의 지배권은 흑인

공동체가 가지고 있었다. 몇몇 흑인들은 백인 투자자를 원하지 않았다. 다음은 워런이 하는 말이다. "내 추측이긴 합니다만, 그 사람들은 우리가 자기들을 속이려 한다고 생각했던 것 같습니다."

41 존 하딩과의 인터뷰.

42 래리 마이어스와의 인터뷰. 마이어스에 따르면, 워런은 이런 수준의 관여를 17년 동안 계속했다. 자문위원은 정식 이사와 다르며, 시간도 덜 할애했다.

43 로저 로웬스타인, 《Buffett: The Making of an American Capitalist》(New York: Doubleday, 1996).

44 핼리 스미스와의 인터뷰.

45 로다 사나트, 버니 사나트와의 인터뷰. 워런도 이 이야기를 잘 기억하고 있다.

46 이보다 몇 주 전에 있었던 톰슨 부부를 위한 기념 파티에서 버핏 부부의 요리사가 음식을 만들었다. 하지만 이 음식은 그 뒤 오마하에서 '독이 든 치킨'이라는 이름으로 불렸다. 참치를 먹었던 랍비 부부를 제외하고 모든 참석자가 살모넬라균에 감염되었다. 당시 워런은 이미 오마하에서 유명 인사였기 때문에 이 이야기는 〈오마하 월드-헤럴드〉에 기사로 실렸다. 랍비 마이어 크리프케와의 인터뷰.

47 론 팍스와의 인터뷰.

48 이 이야기를 하면서 워런은 자기가 졌다고 말하지만, 록산 브랜트와 존 브랜트의 말에 따르면 워런은 여섯 살짜리 아이에게 지지 않으려고 기를 썼고, 결국 이겼다.

49 한 친구가 하는 말에 따르면, 수지는 1960년대 후반 무렵부터 이런 태도를 말로 나타내기 시작했다. 나중에 수지는 이런 얘기를 찰리 로즈에게 했다고 한다.

50 밀턴 브라운과의 인터뷰. 이 시기 동안 수지가 자주 브라운과 접촉했다는 사실은 여러 사람 및 자료가 확인해 준다.

51 라켈 뉴먼, 톰 뉴먼과의 인터뷰.

52 이 집을 담보로 해서 그가 은행에서 빌린 돈은 1973년 기준으로 10만 9천 달러였다.

35

1 "Warming Up for the Big Time: Can John Tunney Make It as a Heavyweight?", 찰스 T. 파워스, 〈로스앤젤레스 타임스〉, 1971년 12월 12일.

2 상원의원 에드워드 머스키가 워런에게 보낸 편지(1971년 9월 23일)는 머스키가 "특별히 이 발상에 관심을 가진다"고 말하는데, 이런 내용을 휴즈와 로젠필드는

워런에게 전했다. 나중에 이것은 보다 더 암기하기 쉽고 사람의 마음을 강력하게 사로잡는 명칭인 '참혹 지수misery index'로 무장하고 지미 카터가 재임을 노리는 선거에 등장했지만, 카터가 패배하는 데 한몫을 담당했다.

3 제임스 도일, "A Secret Meeting: Hughes Rejects Presidential Bid", 〈워싱턴 이브닝 스타〉, 1971년 7월 15일.

4 존 A. 애버릴, "Hughes Drops Out as Democratic Contender", 〈로스앤젤레스 타임스〉, 1971년 7월 16일.

5 정보 제공자는 익명, 제임스 리서, "'Personal' Religion of Senator Hughes", 〈디 모인 선데이 레지스터 Des Moines Sunday Register〉, 1971년 7월 11일. 휴즈는 1971년 4월 4일 〈언론을 만나다〉에 출연했다.

6 제임스 리서와 조지 앤선, "'Personal' Religion of Senator Hughes". 이 글에서 인용되는 휴즈는, 자기는 특정한 사람들은 미래를 예측하는 능력을 가지고 있다는 사실을 믿는다고 말했다.

7 휴즈가 (딕 슈나이더와 함께 쓴) 자서전《The Man from Ida Grove》(Lincoln, Va.: Chosen Books, 1979)에서 이 이야기를 하는 내용은 언론의 설명과 조금 다르다. 이 책에서 휴즈는 '신비주의자'라는 세간의 평에 대해서 자유롭게 말하며, 또 로젠필드가 자기를 후원한 것을 언급한다. 하지만 워런에 대해서는 언급하지 않는다. 그래도 만남의 자리가 있었다는 사실은 회고한다. 그런데 휴즈가 기억하는 장소가 워싱턴이 아니라 캘리포니아의 한 모텔이다. 집으로 돌아오는 비행기 안에서 그는 '끔찍한 핵 공격'을 시작할 수 있는 '붉은색 버튼'을 예지의 영상으로 선명하게 보았다. 그리고 자기는 대통령으로서 그 버튼을 누르지 못할 것이라는 사실을 깨달았다고 한다. 그리고 신에게 길을 물은 뒤에 대통령 후보 경선에 나서지 않기로 결정했다고 말한다.

8 존 H. 애버릴, "Hughes Drops Out as Democratic Contender". 그 매체가 어떤 시점에서든 그 내용을 터뜨릴 게 분명했다. 그렇게 본다면 경선을 포기함으로써 휴즈는 엄청나게 당혹스러울 수 있었던 미래의 상황을 피한 셈이었다. 휴즈의 자문위원들은 〈로스앤젤레스 타임스〉를 통해서, 휴즈가 강신술(降神術)을 믿고 또 죽은 형제와 의사소통했다는 사실을 언론 매체가 폭로한 것이 그의 사퇴에 영향을 미쳤다는 사실을 부인했다.

9 톰 머피와의 인터뷰.

10 이 내용은 머피가 하는 이야기와 워런이 하는 이야기를 합친 것이다. 두 사람이 말하는 내용은 대화의 사소한 부분을 제외하고는 모두 일치한다.

11 '포트 워스 스타-텔레그램 Fort Worth Star-Telegram'과 그 지역의 AM 및 FM 라디오 방송국을 캐피털 시티즈에 8천만 달러에 매각한다는 발표는 1973년 1월 6일 나왔다. 하지만 최종 합의는 1974년 11월까지 지연되었다.

12 워런은 이렇게 말한다. "내가 그것을 인수했어야 합니다. 정말 엄청났는데…… 그랬으면 아마도 우리는 많은 돈을 벌었을 겁니다."

13 보이스 타운(이제는 걸스 앤드 보이스 타운으로 불린다)에 따르면, 이 단체는 1917년 12월 12일에 문을 열었다. 처음에는 여섯 명으로 시작했지만 3주 만에 스물다섯 명으로 늘어났다. 추정된 날짜와 인원수(즉, '스무 명에서 서른 명 사이')는 다음에 인용되어 있다. 〈Omaha's Own Magazine and Trade Review〉, 1928년 12월.

14 "(하워드 버핏은) 우리가 독자적으로 우체국을 가지는 데 크게 도움을 주셨습니다. 이 점을 우리는 무척 고맙게 생각하고 있습니다. 그분은 우리가 친구를 절실하게 필요로 할 때 다가와서 우리를 도와주셨기 때문입니다." 패트릭 J. 노턴이 워런 버핏에게 보낸 편지, 1972년 4월 24일. 이 우체국은 1934년 설립되었고 보이스 타운이 1936년 법인 마을이 되었다는 내용은, 〈아이리시 인디펜던트 Irish Independent〉의 1971년 8월 25일자 기사에 따른 것이다. 우체국은 보이스 타운이 했던 기금 조성 청원의 가장 핵심적인 매력 요소였다.

15 〈오마하 선〉의 기사를 읽은 독자들이 했던 평균 기부금은 1.62달러였다. 믹 로드가 니콜라스 웨그너를 대상으로 한 인터뷰 사본에서.

16 위와 동일. 로버트 도어, "Hard-Core Delinquent Rarity at Boys Town", 〈오마하 월드-헤럴드〉, 1972년 4월 16일.

17 폴 윌리엄스, 《Investigative Reporting and Editing》(Englewood Cliffs, N.J.: Prentice-Hall, 1978). 윌리엄스는 보이스 타운 수사 당시 편집자였다.

18 〈오마하 선〉의 보도 이후에 특별 사업들을 추진하는 새로운 책임자로 임명된 마이클 케이시는 여러 교도소 및 여러 정신병원에서 근무한 경험을 토대로 판단할 때, 보이스 타운의 분위기는 '최소 보안 수준의 감옥' 같다고 한 기사에서 말했다. 〈오마하 월드-헤럴드〉, 1974년 3월 10일. 케이시의 설명에 따르면, 여섯 달 뒤에 자기는 보이스 타운에서 사임하라는 압력을 받았으며, 개혁 조치들은 겉치레뿐이었다. 보이스 타운의 협 신부는, 케이시는 자기에게 맡겨진 일이 다 끝냈기 때문에 나갔다고 말했다. 하지만 케이시는 전과가 있는 거리낄 게 없는 인물이었고, 이런 사실이 그를 '더욱 뜨겁게' 만들었다.

19 폴 N. 윌리엄스, "Boys Town, An Expose Without Bad Guys", 〈컬럼비아 저널

리즘 리뷰 Columbia Journalism Review〉, 1975년 1월/2월.

20 〈오마하 선〉에는 팔방미인의 인력들이 있었고, 이들이 신문사의 일곱 개 판으로 나갈 기사들을 썼다. 이들은 보이스 타운 이야기를 취재한 기자들이다.

21 폴 윌리엄스가 《Investigative Reporting and Editing》에 쓴 내용에 따르면, 보이스 타운은 학교 지원 기금과 주 정부의 복지 및 휘발유 세금 기금을 받았다. 한 해 약 20만 달러에 이르는 전체 예산 속에서 이런 기금과 관련된 수치 불일치의 규모가 '상대적으로 작았지만', 이런 불일치 자체가 현실적으로 존재했으며, 따라서 다른 분야에서도 문제가 충분히 있을 수 있음을 암시했다.

22 사본, 믹 루드가 니컬러스 웨그너를 대상으로 한 인터뷰에서. 웨그너는 이렇게 말했다. "그 여자는 링컨(주 정부의 소재지. 주 정부를 가리킨다 - 옮긴이)의 복지 담당 부서에 있는 사람이며, 침소봉대하려고 애쓴다." 그는 이것이 조직적이고 제도적인 차원의 문제라기보다는 개인적인 차원의 문제라고 생각했다. 그럼에도 불구하고 그는, 정부의 간섭이 지나치게 심하면 보이스 타운은 주 정부 예산을 포기하고 주 바깥으로 나갈 수도 있다고 넌지시 암시했다. "(왜냐하면) 우리의 정관에 우리는 여기에 머물도록 강요받지 않는다고 되어 있기 때문입니다."

23 폴 윌리엄스, 《Investigative Reporting and Editing》.

24 믹 루드와의 인터뷰. 여러 자료에 따르면, 좁은 지역사회인 오마하에서 보이스 타운의 내부 고발자로 나서려면 특별한 용기가 필요했는데, 이 역할을 한 사람은 클로드 오건 박사였다.

25 제니 립시 로젠블룸이 당시 한 인터뷰에서 묘사한 워런의 모습이다.

26 종교 단체로서 보이스 타운은 처음 2년 동안 소득 신고를 하지 않아도 되었다. 대교구 단위에 통합되어 신고할 수도 있었지만 어쨌거나 보이스 타운은 개별적으로 신고했다.

27 폴 윌리엄스에 따르면, 필라델피아에서 취재한 사람은 그가 과거에 고용하려고 시도했던 적이 있는 워싱턴의 기자 멜린다 업이었다. 그리고 마침내 전화가 왔다. 국세청에서는 1쪽에 1달러의 수수료를 부과한다면서, 모두 94쪽인데 정말로 이것을 원하느냐고 업이 물었다. 윌리엄스의 답은 당연히 '예스!'였다.

28 랜디 브라운과의 인터뷰.

29 〈오마하 선〉에 계속 게재되었던 그의 칼럼들에서.

30 이 2,500만 달러는 모금된 기금 및 투자 수익을 합친 것이다.

31 믹 루드, 워런 버핏과의 인터뷰들.

32 〈오마하 선〉은 목요일에 발행되었는데, 보이스 타운이 〈오마하 월드-헤럴드〉를

통해서 선제공격할 기회를 주지 않으려고 노력하면서 발행 일정에 맞추어서 작업했다.

33 폴 윌리엄스, 《Investigative Reporting and Editing》. 그리고 크레이그 톰킨슨, "The Weekly Editor: Boys Town Finances Revealed", 〈에디터 앤드 퍼블리셔 Editor & Publisher〉, 1972년 4월 15일.

34 사본, 믹 로드가 니컬러스 웨그너를 대상으로 한 인터뷰에서.

35 기자들은 열일곱 명 중 열세 명의 이사들을 상대로 인터뷰했다. 두 명은 고령과 질병 때문에 인터뷰할 수 없었다.

36 슈미트의 기자 회견 발언, 1972년 5월 22일. 기자 회견 사본.

37 랜디 브라운과의 인터뷰.

38 폴 윌리엄스, "Boys Town, An Expose Without Bad Guys".

39 보이스 타운의 감독 책임을 지고 있던 네브래스카주 정부의 공공 기관 담당 책임자인 마이클 D. 라모니타는 〈오마하 선〉의 비판을 '소수파가 시끄럽게 떠들어 대는 비판'이라고 평하며 무시해도 괜찮다고 말했다. "〈오마하 선〉의 목소리는 하찮으며, 이 목소리에 귀를 기울이는 사람은 많지도 않습니다. 공격을 받는 사람이 가만히 내버려 두면 제풀에 지쳐 쓰러질 겁니다." 그리고 그는 기자들을 '쓰레기 저술가', '기자 세계의 패배자'라고 불렀다. 웨그너에게 보낸 편지, 1972년 5월 25일. 물론 라모니타는 정서적으로 웨그너에게 동조했던 것이라고 볼 수도 있지만, 어쩐지 그의 어조는 단순히 그것만이 아닌 다른 이유가 있어 보인다.

40 폴 윌리엄스, "Boys Town, An Expose Without Bad Guys".

41 "Boys Town Bonanza", 〈타임〉, 1972년 4월 10일; "Boys Town's Worth Put at $209 Million", 〈로스앤젤레스 타임스〉, 1972년 3월 31일; "Money Machine", 〈뉴스위크〉, 1972년 4월 10일; 톰킨슨, "The Weekly Editor".

42 "Other Boys Homes Affected by Boys Town Story", 〈오마하 선〉, 1972년 12월 14일.

43 프랜시스 P. 슈미트가 보이스 타운의 공식적인 편지지를 이용해서 보이스 타운 후원자들에게 보낸 편지, 날짜 미상; "Boys Town May Take Legal Steps to Initiate New Programs, Policies", 〈오마하 월드-헤럴드〉, 1972년 12월 14일; 〈샌프란시스코 크로니클 San Francisco Chronicle〉을 통해서 기사가 널리 배급되었으며 종교 관련 추문 폭로를 전문으로 하던 칼럼니스트, 〈내셔널 뉴스페이퍼 신디케이트 National Newspaper Syndicate Inc.〉의 레스터 킨솔빙과 폴 윌리엄스 사이의 서신. 슈미트는 무척 화가 났다. 무엇보다도 특히, 기사에서 보이스 타운의 마케팅 주소가

역효과를 냈기 때문이다. 킨솔빙이 〈워싱턴 이브닝 스타Washington Evening Star〉에 실었던 후속 기사(1972년 11월 4일)에서는 네브래스카의 보이스 타운이라고 적었던 것이다. 슈미트는 그가 그렇게 할 권리가 없다고 생각했지만, 슈미트의 이런 생각은 틀린 것이었다.

44 폴 크리칠로, "Boys Town Money Isn't Buying Happiness", 〈필라델피아 인콰이어러〉, 1973년 7월 20일.

45 웨그너 신부가 〈샌프란시스코 이그재미너San Francisco Examiner〉의 직원이며 식자실에서 일한다고 밝힌 사람에게 보낸 편지, 1973년 6월 1일. 이 사람은 〈샌프란시스코 크로니클〉의 레스터 킨솔빙에게 편지를 보내 자기 이름을 기사에 밝히지 말라고 요구했다. 아마도 경쟁 신문사에 정보를 제공했기 때문이 아닐까 싶다. 킨솔빙은 이 편지를 워런에게 첨부했던 것 같다.

46 '오마하 프레스클럽 재단'의 허락을 받고 실었음을 밝힌다.

47 워런 버핏이 에드워드 모로에게 보낸 편지, 1972년 4월 21일.

48 폴 윌리엄스가 워런에게 보낸 편지, 1972년 10월 13일. 여기에는 워런이 쓴 메모도 함께 남아 있다.

49 믹 루드의 개인적인 문서, 1973년 1월 19일. 이것의 사본, 믹 루드가 니컬러스 웨그너를 대상으로 한 인터뷰에서.

50 수상 이유는 다음과 같았다. "네브래스카의 보이스 타운이 안고 있던 대형 금융 문제를 파헤쳐서 이 자선 단체가 대중으로부터 성금을 모금하는 방식과 사용 방식에서 개혁이 이루어지도록 기여했다." 지역 문제 탐사 특별 보도 부문에서 주간지가 상을 받는 건 〈오마하 선〉이 처음이었다('퓰리처 센터'의 설명에 따르면 탐사 보도 이외의 부문에서 주간지가 상을 받은 적은 몇 차례 있었다).

51 웨그너는 '약골'로 묘사되었다. 그는 여러 차례 수술을 받았었다. 참조, 폴 크리칠로, "Boys Town Money Isn't Buying Happiness".

52 컨설턴트들이 포착해 낸 보이스 타운의 여러 특성 가운데는 이런 내용도 있다. 직원의 사기가 매우 낮았으며, 장기 근속 직원들은 보이스 타운의 재정 상태가 나쁜 줄 알고 여러 해 동안 지극히 낮은 봉급에도 아무런 불평을 하지 않았었다. 〈오마하 월드-헤럴드〉(1973년 3월 21일)에 따르면, 1973년에 보이스 타운은 실질적으로 (600만 달러를 받았던) 1972년의 경우보다 더 많은 돈을 성금으로 받았다. 폭로 및 그 뒤에 이어진 개혁의 주된 결과를 꼽자면, 예산 관리와 집행의 투명성과 책임성이 강화되었다는 점이다.

53 조지 제롬 굿먼(필명, 애덤 스미스), 《Supermoney》. '제리'로 불리던 굿먼은 시

장 경제의 아버지인 애덤 스미스의 이름을 필명으로 삼았다.

54 존 브룩스, "A Wealth of Notions", 〈워싱턴 포스트〉, 1972년 10월 22일.

1 스탠 립시와의 인터뷰. 스크립스 하워드는 그 신문사의 60퍼센트를 소유했지만, 1968년에 법무부는 반독점법을 근거로 들어서 스크립스 하워드에게 이 지분을 처리할 것을 명령했다. 경쟁 신문사인 〈신시내티 포스트 앤드 타임스-스타Cincinnati Post & Times-Star〉의 지분을 가지고 있었기 때문이다. 블루칩 스탬프가 〈신시내티 인콰이어러〉의 주식 10퍼센트를 샀고 나머지를 2,920만 달러에 사려고 시도했다. 1971년 2월의 일이었다.

2 스크립스 하워드는 지분 매각에 관심을 가졌을 것이다. 왜냐하면, '저널 퍼블리싱Journal Publishing'과 '앨버커키 퍼블리싱Albuquerque Publishing'을 사고 싶어 했지만 이 셋을 모두 소유할 수는 없었기 때문이다.

3 그레이엄은 주식을 공개하는 유일한 대안은 회사가 가지고 있던 여러 TV 방송국 가운데 하나를 파는 것이라고 생각했다. 하지만 그녀는 이렇게 하고 싶지 않았다. 적대적인 입찰로부터 회사를 보호하기 위해서 비브와 가족 변호사이던 조지 길레스피는 주식 매각을 두 개 부류로 나누어서 실시하는 방안을 생각했다. 즉, '클래스 A 주식'은 가족이 자기고 있고 의결권이 상대적으로 적은 '클래스 B 주식'은 일반에 팔았던 것이다. 캐서린 그레이엄, 《Personal History》(New York: Alfred A. Knopf, 1997).

4 그레이엄이 이 이야기를 워런에게 했다.

5 캐서린 그레이엄, 《Personal History》.

6 캐서린 그레이엄이 찰리 멍거에게 보낸 편지, 1974년 12월 23일.

7 캐서린 그레이엄, 《Personal History》.

8 캐서린 그레이엄이 찰리 로즈에게 한 인터뷰, 1997년 2월 5일.

9 투표권이 없는 B 주식 일부는 신문사에 투자하는 의미로 케이의 오빠인 빌이 샀다. 케이의 여자 형제들은 〈워싱턴 포스트〉에 투자하지 않았다. 당시 수익성이 없던 신문사는 경제적인 자산이라기보다는 공적인 의무, 사회적 특권의 원천이라는 의미가 더 컸다.

10 고등학교 시절 워런이 소속되어 있던 골프 팀 감독이었던 밥 드와이어가 바로 이 일을 하던 사환이었다.

11 캐서린 그레이엄, 《Personal History》.

12 이 일화들은 위의 책에서 발췌한 것이다.

13 C. 데이비드 헤이먼의 《The Georgetown Ladies' Social Club》(New York: Atria Books, 2003)은 워싱턴에서 가장 영향력 있었던 여성들과 이들이 휘둘렀던 사적인 권력을 자료에 입각해서 충실하게 설명하는 책인데, 이 책은 필 그레이엄이 신체적으로 그녀를 학대했음을 말해주는 몇몇 사례들(예를 들어서, 눈에 멍이 들었다든가 하는 사례)을 담고 있다.

14 필 그레이엄이 바람을 피운 여자들 이야기, 그가 케네디가 바람을 피우던 여자들과도 함께 어울리며 케네디와 서로 애인을 바꾸기도 했다는 이야기, 이 여자들 가운데는 여배우 노엘-노엘도 포함되어 있었다는 이야기는 위의 주 11에서 언급한 책에서 소개된다.

15 회고록에서 그레이엄은 자기가 이랬던 것은 부분적으로는 당시 여성의 보편적인 특성이었던 소극성이 원인으로 작용했고, 또 부분적으로는 제대로 애정을 받지 못한 채 자랐던 어린 시절의 기억이 원인으로 작용했다고 적었다. 그녀는 필이 그런 행동을 하게 된 데는 자기에게 원인이 있다는 사실을 적어도 부분적으로는 파악했던 것 같다.

16 캐서린 그레이엄이 찰리 로즈에게 한 인터뷰, 1997년 2월 5일.

17 위 인터뷰.

18 돈 그레이엄과의 인터뷰.

19 비브는 뉴욕에 있던 '크래바스, 스웨인 앤드 무어 Cravath, Swaine & Moor'의 동업자였는데, 1948년 돈 스워틀런드의 지시를 받고 〈워싱턴 포스트〉가 가족 이외의 인물에게 매각되는 일이 없도록 구조적인 장치를 마련하는 일을 도왔다.

20 캐서린 그레이엄, 《Personal History》.

21 맥나마라는 나중에, 당시의 관련 사건들을 재검토할 수 있도록 원자료를 학자들에게 전해줄 목적으로, '베트남 관련 정책에 대한 미국의 의사결정 체계에 대한 역사'라는 문건의 작성을 지시했다고 말했다. 샌퍼드 J. 운거, 《The Papers and the Papers: An Account of the Legal and Political Battle over the Pentagon Papers 23-27》(New York: E. P. Dutton, 1972).

22 이상 그레이엄과 브래들리 사이의 대화는 《Personal History》와 찰리 로즈와 한 인터뷰에 나오는 내용을 압축해서 보다 선명하게 다듬었다. 장면 묘사는 《Personal History》에서 빌려왔다.

23 밥 우드워드, "Hands Off, Mind On", 〈워싱턴 포스트〉, 2001년 7월 23일.

1 닉슨은 그 면허 갱신 과정에서 명백하게 위협 행위를 했다. 하지만 이것을 증명
할 수 있는 문서는 1974년 5월이 되어서야 나왔다. 캐서린 그레이엄, 《Personal
History》. 케이는 1974년 6월 21일 연방통신위원회 FCC에 출두해서 진술서를 제
출했다. 이 진술서를 통해서 그녀는 TV 방송국 면허와 관련된 제재는 '백악관의
사주로 진행되었으며 (……) 워터게이트 사건을 보도한 데 대한 복수 차원에서
신문사에 피해를 입히려는 것'이라고 주장했다. 모턴 민츠, "Mrs. Graham Links
White House, TV Fights", 〈워싱턴 포스트〉, 1974년 6월 27일; 데이비드 E. 로젠
바움, "Threats by Nixon Reported on Tape Heard by Inquiry", 〈뉴욕 타임스〉,
1974년 5월 16일.

2 캐서린 그레이엄, 《Personal History》.

3 위의 책.

4 메이어에 관한 내용은 모두 다음 책에서 인용했다. 캐리 리치, 《Financier: The
Biography of Andre Meyer: A Story of Money, Power, and the Reshaping of
American Business》(New York: William Morrow, 1983).

5 캐리 리치, 《Financier》.

6 워런은 이렇게 말한다. "회사 전체의 가격이 한때는 8천만 달러까지 내려갔습니
다. 하지만 우리는 모든 걸 종합적으로 고려하여 회사를 1억 달러로 평가했던 가
격을 기준으로 해서 1천만 달러 조금 못 미치는 돈을 이 회사 주식을 사는 데 썼습
니다."

7 메이어와의 관계를 깎아내리는 케이의 회고록에서는 길레스피와 비브가 회사의
주식을 두 종류로 나누자는 아이디어를 내놓았다고 적고 있다. 하지만 메이어의
전기를 쓴 캐리 리치는 그 아이디어를 메이어가 내놓았다고 한다. 메이어가 가지
고 있었던 은행가로서의 재능을 고려하면, 그 일에 메이어가 관여하지 않았을 것
같지는 않다.

8 워런 버핏이 캐서린 그레이엄에게 보낸 편지, 1973년 5월.

9 짐 호아글런드, "A Journalist First", 〈워싱턴 포스트〉, 2001년 7월 18일.

10 로버트 카이저, "The Storied Mrs. Graham", 〈워싱턴 포스트〉, 2001년 7월 18일.

11 캐리 리치는 '화를 내며'라는 표현을 메이어 전기에서 사용했다.

12 아제이 밀러와의 인터뷰.

13 캐서린 그레이엄, 《Personal History》.

14 "확실한 것? 내부 정보란 무엇인가? 흑백논리적인 정의는 집어치워라. 진짜 세상은 종종 회색으로 나타난다, 마치 '새너제이 워터 워크스'에서처럼", 〈포브스〉, 1973년 9월 1일.

15 게다가 이 회사는 이미 1971년, 시 당국이 자기 회사를 인수하는 데 관심을 가지고 있다고 공시했었다.

16 빌 루안과의 인터뷰.

17 워런 버핏이 말콤 포브스에게 보낸 편지, 1973년 8월 31일.

18 빌 루안과의 인터뷰.

19 캐서린 그레이엄, 《Personal History》.

20 패트릭 브로건, 《The Short Life and Death of the National News Council: A Twentieth Century Fund Paper》(New York: Priority Press Publications, 1985). 1973년 창설된 전국뉴스평의회는 11년 동안 유지된 뒤에(즉, 인터넷 사용이 일반화되기 10년 전에) 자기들이 적발한 언론사의 부당한 행위를 일반에 전달할 유용한 통로의 부족으로 결국 두 손을 들고 말았다.

21 조지 길레스피와의 인터뷰.

22 돈 그레이엄과의 인터뷰.

23 캐서린 그레이엄, 《Personal History》.

24 1973년 10월 20일.

25 그린필드의 다음 책에 캐서린 그레이엄이 쓴 서문. 메그 그린필드, 《Washington》 (New York: Public Affairs, 2001).

26 케이는 회고록에서 그를 묘사하면서 '유쾌하고 장난기 넘치는 자극제'라는 꾀바른 표현을 썼다.

27 케이는 회고록에서 '어떤 사람'이 무형 자산의 감가상각을 언급했던 사실과 하워드 사이먼스가 불쑥 그 용어를 정확하게 정의해 보라며 자기를 궁지에 몰아넣었던 사실을 적고 있다. 어쩌면 케이가 자서전을 쓸 때 자기 자신이 으스대며 아는 체를 했다는 사실을 인식하지 못했을 수도 있다.

28 돈 그레이엄과의 인터뷰.

29 리츠 힐튼과의 인터뷰.

30 1944년에 개최되었던 '덤바턴 오크스 회의'를 말한다.

31 그녀는 프랭크 와이즈너와 사별했으며, 1975년에 칼럼니스트인 클레이턴 프리치와 결혼해서 폴리 프리치가 된다.

1 이 워틀스는 헛갈리게도 오마하에서 일명 '전차의 왕'이라 불리던 거든 W. 워틀스와 성이 같지만, 이 사람과 아무런 관련이 없다.

2 에드 앤더슨, 마셜 와인버그와의 인터뷰들.

3 워런이 '아메리칸 매뉴팩처링' 주식을 살 때 지불했던 가격은, 그가 생각하고 있던 이 회사의 실제 자산 가치의 40퍼센트였다. "How Omaha Beats Wall Street", 〈포브스〉, 1969년 11월 1일.

4 워틀스가 했던 일을 다른 두 사람도 했다. 토머스 멜런 에번스와 진 폴 게티가 그 주인공이었다. 워런은 에번스의 길을 따랐고, 컬럼비아 대학원 시절의 친구이던 잭 알렉산더와 그의 동업자인 버디 폭스는 게티의 길을 따랐다. 게티는 석유 회사들을 피라미드화하여 부자가 되었으며 ('부자가 되는to get rich 법'이 아닌) '부자로 존재하는to be rich 법'이라는 제목으로 책을 썼다. 피츠버그의 사업가 에번스에 대해서는 〈타임〉이 논의를 한 적도 있는데 "Heirloom Collector"(1959년 5월 11일), 그는 'H. K. 포터'와 '크레인 컴퍼니 Crane Co.'를 통해서 투자했다. 오늘날에는 이름이 전혀 알려져 있지 않은 워틀스는 이 '크레인 컴퍼니'의 이사였다.

5 누군가가 그랬듯이 주주들의 호주머니를 털지 않는 한 돈을 크게 벌 수는 없었다. 비양심적인 사람이라면 모회사의 자산을 자회사로 빼돌려서 모회사의 주주들을 엄청난 빚더미에 앉힐 수 있다. 존 S. 톰킨스, "Pyramid Devices of 20's Revived", 〈뉴욕 타임스〉, 1958년 11월 16일.

6 "내가 세상을 조금 더 멀리 볼 수 있었다면, 그것은 내가 거인들의 어깨 위에 서 있었기 때문이다." 아이작 뉴턴이 로버트 후크에게 보낸 편지, 1676년 2월 5일.

7 "Fighting the Tape", 〈포브스〉, 1973년 4월 1일. "나는 이 사람[워틀스]이 지적인 행동을 할 것이라고 믿는다"라고 루안은 말했다. 하지만 주주들은 워틀스 모델이 야기한 여러 갈등을 예시하면서 합병 과정에서 평가되었던 자산 가치를 놓고 소송을 제기했다.

8 찰리 멍거와의 인터뷰.

9 블루칩 스탬프는 1972년 7월 11일과 7월 14일 두 차례에 걸쳐서 웨스코 파이낸셜의 주식을 합계 13만 7,700주 샀다. 블루칩 스탬프는 5만 1,300주를 20여 일에 걸려서 공개 시장 매수를 했으며, 이는 전체 주식의 2퍼센트에 해당하는 양이었다.

10 "Not Disappointed, Says Analyst As Wesco, FSB Call Off Merger", 〈캘리포니

아 비즈니스California Business〉, 1973년 3월 15일.

11 합병 조건으로 제안된 웨스코 파이낸셜의 적정 장부 가치는 한 주당 23달러였고, 여기에 비해서 산타 바버라의 장부 가치는 한 주당 8달러였다. 산타 바버라는 구속이 없는 자유로운 자본을 하나도 가지고 있지 않았고, 여기에 비해서 웨스코 파이낸셜은 순자산의 7퍼센트가 자유로운 자본이었다. 악성 부채에서 발생하는 이자와 유예된 세금을 공제한 이후 산타 바버라의 주당 수익률은 웨스코 파이낸셜의 주당 수익률보다 28.7퍼센트 낮다.

12 당시 워런이 이런 말을 했다고 스스로 베티 캐스퍼 피터스에게 말했고, 이런 사실을 피터스가 기억하고 있다.

13 찰리 멍거가 루이스 빈센티에게 보낸 한 편지(1973년 2월 8일)는, 캘리포니아의 거물 은행인 '홈 세이빙스'는 '마치 웨스코 파이낸셜처럼 운영되기 때문에' 이 회사의 비용 구조는 그처럼 낮았다고 적고 있다.

14 베티 캐스퍼 피터스와의 인터뷰.

15 찰스 T. 멍거의 증언, 〈In the Matter of Blue Chip Stamps, Berkshire Hathaway Incorporated〉, HO-784, 1975년 3월 19일 수요일, 53쪽, 워런 E. 버핏의 증언, 1975년 3월 21일 수요일, 61~63쪽.

16 찰리 멍거와의 인터뷰.

17 그는 이렇게 썼다. "우리가 웨스코 파이낸셜의 주주들에게 제공하고자 하는 여러 대안들에 대해서 우리가 당신에게 이야기하고자 하는 이 마당에 그리고 산타 바버라 측의 행동이나 우리의 행동이 나오기 전까지는 당신이 다른 어떤 것도 고려하지 못하도록 하려는 이 마당에, 우리가 할 수 있는 것은, 일이 전개되는 데 따라서 모든 사람들이 최선을 다하도록 하는 게 아닐까 생각합니다. 현재로서는 일이 어떻게 전개되고 어떤 결과가 나타날지 확실히 알 수 없긴 하지만 말입니다." 찰스 T. 멍거가 루이스 R. 빈센티에게 보낸 편지, 1973년 2월 8일.

18 찰스 T. 멍거의 증언, 〈In the Matter of Blue Chip Stamps, Berkshire Hathaway Incorporated〉, HO-784, 1975년 3월 19일 수요일, 84쪽.

19 베티 캐스퍼 피터스와의 인터뷰.

20 웨스코 파이낸셜 코퍼레이션의 이사회 특별회의 회의록, 1973년 2월 13일.

21 베티 캐스퍼 피터스와의 인터뷰.

22 다음에 나오는 모든 증권 분석가 논평. "Not Disappointed, Says Analyst As Wesco, FSB Call Off Merger", 〈캘리포니아 비즈니스〉.

23 피터스는 그들에게 고맙다는 마음이 들었다. 그래서 두 달 뒤에 돈 쾨펠에게 편지

를 써서, 산타 바버라의 주식이 33달러에서 15.50달러로 추락한 상황을 놓고 볼 때 산타 바버라와의 합병을 없던 일로 한 결정은 '영웅적'이었던 것 같다고 했다.

24 찰리 멍거와의 인터뷰.

25 블루칩 스탬프는 웨스코 파이낸셜의 주식 50퍼센트를 사들이기 전에 '연방저축 대부보험공사FSLIC: Federal Savings and Loan Insurance Corporation'에 신청서를 냈다. 만일 웨스코 파이낸셜의 주식 50퍼센트를 사서 웨스코 파이낸셜을 지배할 경우, 블루칩 스탬프, 이 회사의 잠재적인 계열 회사인 버크셔 해서웨이, DRC 등을 하나의 단일한 금융 지주 회사로 바꾸어 놓을 수 있었기 때문이다. 비록 DRC는 블루칩 스탬프를 자회사로 여긴 적이 단 한 번도 없었지만 워런이 이 두 회사와 당시 블루칩 스탬프의 주식 17.1퍼센트를 가지고 있던 버크셔 해서웨이를 소유하고 있다는 점을 놓고 볼 때, DRC와 이 회사의 계열 회사들이 블루칩 스탬프를 지배하는 것처럼 보일 수 있다고 이 신청서는 밝혔다.

26 멍거는 캘리포니아 다른 은행들의 주식을 살펴보기 시작했고, 웨스코 파이낸셜이 '크로커 내셔널 뱅크Crocker National Bank'의 주식을 대량으로 살 수 있을 것이라고 빈센티에게 제안했다.

27 "나는, 10년 혹은 그 이상의 기간 동안 상당한 수준의(그것도 해마다 늘어나는) 배당금을 꾸준하게 지급하면서도 장부 가치로 11퍼센트에서 13퍼센트 사이의 수익률을 유지해 왔던, 극단적일 정도로 튼튼한 구조를 갖추고 있는 여러 기관들의 주식을 장부 가격에서 할인된 가격으로 사는 것을 선호합니다. 이건 나의 개인적이면서도 확고한 편견이라고도 할 수 있습니다. 게다가 나는 총경비를 조금도 늘리지 않으면서도 경제적인 기반을 웨스코 파이낸셜에 분산시켜서 다각화하고 싶은 사람입니다. 또한 나는 견실한 기업의 최대 주주가 되고 싶은 사람입니다. 이것이 투자 수익률을 높이는 데 긍정적인 요인으로 작용할 수 있다고 보기 때문입니다." 찰스 T. 멍거가 루 빈센티에게 보낸 편지, 1973년 4월 3일.

28 그해 워런의 거래 스타일을 보면 경제 상황을 비관적으로 바라보았으며 내림세를 준비하고 있었다는 사실을 짐작할 수 있다. 그는 '케네콧 코퍼Kennecott Copper'에 대한 커버드콜covered call(현물 주식을 보유하면서 콜 옵션을 매도하는 것 - 옮긴이) 전략을 써야 한다고 했으며, 또한 변동폭의 상한과 하한을 특정한 구간으로 미리 규정하는 보다 정교한 형태의 커버드콜인 '다운 앤드 아웃' 커버드콜을 '포드 모터스Ford Motors', '제너럴 모터스General Motors', '블랙 앤드 데커 Black & Decker' 등과 같은 여러 주식들에 구사해야 한다고 했다. 경제적으로 민감한 위의 세 주식을 공매도한다는 것은 워런이 경기를 낙관적으로 바라보지 않고 비관적

으로 바라보았음을 의미한다. 워런 버핏이 잭 링월트에게 보낸 편지, 1972년 3월 9일.

29 1973년 12월 31일에 그가 가지고 있던 〈워싱턴 포스트〉 주식의 가치는 790만 달러였다.

30 캐서린 엘버펠드가 워런 버핏에게 보낸 편지, 1974년 5월.

31 벤 그레이엄은 《현명한 투자자》에서 위스콘신의 오클레어에 있던 이 회사를 설명한다.

32 "만일 내가 그걸 팔지 않았더라면 엄청난 돈을 벌었을 겁니다. 그 주식으로 아마 상당한 재산을 모았을 겁니다." CEO가 모든 이사들을 상대로 해서 각기 다르게 급여 계약을 했다는 사실을 알고, 이 회사의 주식을 상당히 많이 가지고 있던 워런은 그 회사에서 얼른 손을 뗐다고 말한다. '보네이도'는 다른 경영진 아래에 있었고 여러 할인점들을 소유하고 있었던 것이다. 현재 이 회사는 스티븐 로스가 경영하는 부동산 투자 신탁 회사다.

33 밥 맬럿과의 인터뷰.

34 워런은 자기는 곧바로 맬럿에게, FMC는 주식이 싸기 때문에 당연히 자기 주식을 되사야 한다는 말을 했었다고 한다. 비록 FMC는 이렇게 할까 한 차례 고민했지만 결국 그렇게 하지 않았다.

35 흑인의 입학을 허용하는 학교는 이미 3분의 1을 넘어섰고, 가을에는 2분의 1이 될 전망이었다. 인종 차별 철폐 소송은 미결 상태로 남아 있었다. 원칙은 마련되었지만 이 원칙이 아직 집행되지 않고 있었던 것이다. 일부 백인 학생들은 오마하에서 가장 거칠기로 소문 난 '센트럴 앤드 테크 하이스쿨'이 공동 학군으로 편입될지도 모른다는 두려움 때문에 이미 다른 곳으로 전학을 갔다. 다나 파슨스, "Central Parents Express Fears, Seek Changes", 〈오마하 월드-헤럴드〉, 1974년 5월 9일. 위원회는 실질적으로 대학교 예비학교를 지향하는 마그넷 스쿨(전문화된 설비와 교육 과정을 갖추고 있으며, 인종 구별 없이 또 기존의 통학 구역에도 구애되지 않고 다닐 수 있도록 한 학교-옮긴이)의 설립을 유도하는 여러 조치들을 제안했다.

36 이 개는 이웃 사람이던 마크 트러스틴이 버핏 부부에게 선물했다.

37 수지 버핏 주니어와의 인터뷰. 그녀는 자기가 경찰관이 될 계획을 가지고 있지는 않았다고 말한다.

38 피터 버핏과의 인터뷰.

39 데이브 스트리커와의 인터뷰.

40 템테이션스의 세상에서는 남자들이 모두 데이지 메이다. 이 그룹의 노래를 소개하면 다음과 같다. 〈사랑을 잃어버린 뒤로Since I Lost My Baby〉, 〈당신이 가는 길, 당신이 하는 일The Way You Do the Things You Do〉, 〈당신이 나를 떠나가네 I Know I'm Losing You〉, 〈당신 곁에 갈 수 없어 I Can't Get Next to You〉, 〈그냥 상상만 할 뿐Just My Imagination〉, 〈그녀를 숙녀로 대해줘Treat Her like a Lady〉, 〈자존심도 없이 매달릴 거야Ain't Too Proud to Beg〉.

41 당시에 수지와 친하던 사람들 및 나중에 그녀를 알게 된 사람들 모두에게서 수집한 자료에 의한 것이다.

42 피터 버핏과의 인터뷰.

43 블루칩 스탬프가 그에게 지급했던 배당금은 세금 공제 이전 금액으로 한 해에 약 16만 달러였다.

44 DRC로 하여금 새로운 자회사를 통해서 내셔널 인뎀너티에 재보험을 들게 함으로써. 현금은 프리미엄(보험 회사는 채권 등의 금융 상품이 부도나면 대신 돈을 지급하기로 하고, 보험 가입자에게 수수료를 받는다. 이 수수료가 바로 프리미엄이다—옮긴이) 납입을 통해서 DRC로 들어갔다. 찰스 T. 멍거의 증언, 〈In the Matter of Blue Chip Stamps, Berkshire Hathaway Incorporated〉, HO-784, 1975년 3월 20일 목요일. 188~194쪽.

45 1973년 말까지 '네브래스카 리인슈런스 코퍼레이션'(나중에 '컬럼비아 인슈런스'로 개명)은 900만 달러의 투자 자금을 모았다. 이는 이곳의 현금 흐름을 시사한다.

46 찰스 T. 멍거의 증언, 〈In the Matter of Blue Chip Stamps, Berkshire Hathaway Incorporated〉, HO-784, 1975년 3월 19일 수요일. 멍거와 고츠먼 두 사람 다 이미 어느 정도의 주식은 가지고 있었다. 멍거는 대량 매입했었고, 고츠먼은 그의 투자자들이 내놓은 주식을 샀다.

47 찰스 T. 멍거의 증언, 〈In the Matter of Blue Chip Stamps, Berkshire Hathaway Incorporated〉, HO-784, 1975년 3월 20일 목요일. 193쪽.

48 찰스 T. 멍거의 증언, 〈In the Matter of Blue Chip Stamps, Berkshire Hathaway Incorporated〉, HO-784, 1975년 3월 20일 목요일. 190쪽.

49 그해 말 DRC의 연례 보고서에 보고되었다. 하지만 이것을 읽은 사람은 거의 없었고, 증권거래위원회 보고서에서 보다 시의적절한 정보를 얻으려면 별도로 창의적이고 부지런하게 조사를 해야 했다. DRC가 버크셔 해서웨이를 11.2퍼센트 보유한다는 사실은 버크셔 해서웨이의 1973년 연례 보고서에서 공개되었다. 아

울러 워런과 수지가 DRC의 43퍼센트를 소유한다는 사실도 함께 공개되었다.

50 190만 달러에.

51 돈 쾨펠이 워런 버핏에게 보낸 편지, 1973년 6월 15일.

39

1 대공황 시기(1929년 9월 3일부터 1932년 7월 8일까지)의 정점에서 바닥까지 다우지수는 89퍼센트 떨어졌다. 1970년대 초의 약세 시장(1974년 1월 11일부터 1974년 12월 6일까지)에서는 45퍼센트 떨어졌다. 이 두 시기는 20세기 최악의 약세 시장이었다.

2 로버트 레드퍼드의 인터뷰. 캐서린 그레이엄이 인용해서 다음 책에 수록했다. 《Personal History》(New York: Alfred A. Knopf, 1997).

3 캐서린 그레이엄, 《Personal History》.

4 톰 머피와 캐서린 그레이엄이 각자 소유했던 TV 방송국들 사이에 나중에 갈등이 일어난다.

5 캐서린 그레이엄, 《Personal History》.

6 앨 페이절, "What Makes Susie Sing?", 〈오마하 월드-헤럴드〉, 1977년 4월 17일.

7 글래디스 카이저와의 인터뷰.

8 케이가 워런에게 쓴 편지, 다음 책에 수록, 《Personal History》. 돈 그레이엄은, 수지가 자기 어머니에게 주려고 달걀 요리를 만들었고 수지와 워런은 그 요리를 조금도 먹지 않고 자기 어머니가 그 요리를 먹는 모습을 지켜보았다며 자기 어머니의 말을 빌려서 회상한다.

9 최대 손실을 기록했을 때다.

10 찰리 멍거와의 인터뷰.

11 "Fighting the Tape", 〈포브스〉, 1973년 4월 1일.

12 이 시트는 나중에 루안, 커니프가 살 때의 4분의 1 가격에 팔렸다.

13 기록을 보면 다음과 같다. 1970년: 세쿼이아 12.11퍼센트, S&P 20.6퍼센트; 1971년: 세쿼이아 13.64퍼센트, S&P 14.29퍼센트; 1972년: 세쿼이아 3.61퍼센트, S&P 18.98퍼센트; 1973년: 세쿼이아 24.8퍼센트, S&P 14.72퍼센트.

14 워런뿐만 아니라 마셜 와인버그도 이런 내용을 인터뷰에서 확인했다. 맬럿은 기억이 나지 않는다고 한다.

15 루미스는 '퍼스트 맨해튼'으로 들어가 샌디 고츠먼과 합류했다. 브랜트는 '에이브

러햄 앤드 컴퍼니 Abraham & Co.'로 갔다.

16 "Look at All Those Beautiful, Scantily Clad Girls Out There!", 〈포브스〉, 1974
년 11월 1일.

17 워런은 이 이야기를 하면서 "〈포브스〉는 내가 가장 중요하다고 여겼던 말들은 쓰
지 않았습니다"라고 했다. 팻 엘르브레히트에게 보낸 편지, 1974년 10월 24일.

18 로드 래스번과의 인터뷰; 내셔널 인뎀너티 컴퍼니의 전체 중재 재판 자료.

19 20년 동안 20퍼센트의 수익률을 복리로 계산하면 24억 달러의 수익을 날려버리
는 셈이 된다. 워런과 멍거는 이 기회를 놓친 것이 버크셔 해서웨이 역사상 최대
실수라는 말을 자주 했다. 이와 관련된 상세한 내용은 알 수가 없지만 기본적인
뼈대는 본문에서 묘사한 대로다.

20 "Why the SEC's Enforcer Is in Over His Head", 〈비즈니스위크〉, 1976년 10월
11일.

21 번 매켄지와의 인터뷰.

22 찰리 멍거가 척 리커쇼서에게 보낸 편지, "re: Diversified Retailing.Berkshire
Hathaway Proposed Merger", 1974년 10월 22일.

23 베티 캐스퍼 피터스와의 인터뷰.

24 번 매켄지와의 인터뷰.

25 남편으로부터 이 재기 넘치는 수사를 자주 들었던 로빈 리커쇼서는 필자를 만나
기 전까지는 자기 남편이 이 말을 처음 했었다는 사실을 알지 못했다.

26 만일 이게 사실이라면, 투자자들은 주식을 매입하는 주체 및 그의 인수 이유에 대
한 정보를 당연히 제공받아야 했음에도 불구하고 이런 정보도 없이 주식을 팔았
다는 말이 된다.

27 찰스 T. 멍거의 증언, 〈In the Matter of Blue Chip Stamps, Berkshire Hathaway
Incorporated〉, HO-784, 1975년 3월 20일 목요일. 112쪽.

28 그 거래가 무산될 경우, 산타 바버라의 가격 상승은 이런 위험을 부분적으로밖에
예방할 수 없었을 것이다.

29 찰스 T. 멍거의 증언, 〈In the Matter of Blue Chip Stamps, Berkshire Hathaway
Incorporated〉, HO-784, 1975년 3월 20일 목요일. 112~113쪽.

30 스탠리 스포킨과의 인터뷰.

31 위의 인터뷰. 이 변호사는 유독 화를 심하게 내면서 필자에게 자기 이름은 언급도
하지 말라고 했다.

32 증권거래위원회의 1975년 2월 소환장에 대응해서 작성된 두툼한 두께의 수많

은 문서들을 확인할 때 여러 가지 사항들을 알 수 있다. (1) 이 문서들 속에는 워런
이 내부 정보를 이용했다거나 인수를 기대하면서 주식을 매입했다는 증거가 없
다. (2) 워런은 수도 회사에 관한 규정과 요금 책정에 대해서 전문가가 되어 있었
다. 그리고 이 협소한 분야에 대한 그의 관심과 전문성은 놀라우리만치 대단했다.
(3) 조사 대상 설정과 방법이 워런의 사생활까지 건드릴 정도로 강했던 게 분명
하다. 그리고 또 워런은 기시감(데자뷰) 속에서 무척 당황스러웠을 게 분명하다.
왜냐하면, 이 문서들 속에는 그의 결백을 증명하려고 시도했던 〈포브스〉와 그가
나누었던 서신까지 포함되어 있었기 때문이다.

33 어떤 한 보험 회사의 최대 보유 주식 한도에 대한 주 정부의 여러 규정들 때문에
도표는 더 복잡해질 수도 있었다. 이 도표는 번 매켄지가 작성했으며 1977년까지
업데이트되었다(그래서 〈버펄로 뉴스〉도 이 도표에 들어가 있다). 버크셔는 1978
년 말까지도 여전히 증권거래위원회와 협상을 계속했다.

34 증언(〈In the Matter of Blue Chip Stamps, Berkshire Hathaway Incorporated〉,
HO-784, 1975년 3월 21일 금요일. 115쪽)을 통해서 워런은 다음 두 가지 사실
을 인정했다. (1) 자기와 멍거는 공개된 시장에서 공개 매입이라는 형식을 통해
서 웨스코 파이낸셜의 주식을 사들이고 있었다. (2) 리커쇼서가 워런에게 보다
더 많은 주식을 확보하려면 공개 매입 과정을 이용해야 한다면서 주식을 그만 사
라고 조언했으며 두 사람은 그 조언을 따랐다. 그런데 여기에서 리커쇼서가 불쑥
끼어들어서 다음과 같이 말했다. "그들이 그렇게 하는 것은 불법이라고 내가 분명
히 경고하지 않았다는 사실이 기록에 분명히 남아 있기를 바랍니다. 나는 그 사람
들에게, 그들이 어떤 일을 한 뒤에 그 일을 하려는 계획적인 의도는 애초에 없었
다는 주장을 다른 사람에게 확실하게 설득하기란 어려울 것이라고 말했습니다.
나는 내 말이 틀렸기를 바랄 뿐입니다."

35 리커쇼서는 동료에게 이런 내용을 말했다.

36 증권거래위원회는 워런, 멍거 그리고 게린이 기울였던 관심 분야 및 그 회사들을,
공개 매입을 목적으로 한 통제된 집단이라고 여겼던 건 분명하다. 워런(11퍼센
트), 수지(2퍼센트), 멍거와 그의 투자자들(10퍼센트), 버크셔 해서웨이(26퍼센
트) 그리고 DRC(16퍼센트)가 하나로 결합해서 블루칩 스탬프의 주식 65퍼센트
를 지배했다. 워런과 수지는 버크셔 주식의 36퍼센트와 DRC 주식의 44퍼센트를
소유했다. 멍거는 DRC 주식의 10퍼센트를 소유했다. 그리고 DRC는 버크셔 해
서웨이 주식 15퍼센트와 블루칩 스탬프 주식 16퍼센트를 소유했으며, 블루칩 스
탬프는 웨스코 파이낸셜 주식 64퍼센트를 소유했다.

37 나의 자유가 남에게 해를 끼쳐서는 안 된다는 '해악의 원리 harm principle'는 존 로크, 빌헬름 폰 훔볼트, 존 스튜어트 밀과 같은 학자들에 의해서 정식화되었는데, 이 학자들은 법이 존재하는 유일한 목적은 해악을 방지하고자 하는 것이며, 개인의 자유는 결코 잠식되어서는 안 된다고 주장했다. 이 해악의 원리는 미국 헌법의 특정한 부분들을 떠받드는 기초다.

38 척 리커쇼서 주니어가 스탠리 스포킨에게 보낸 편지, 1975년 11월 19일.

39 척 리커쇼서 주니어가 스탠리 스포킨에게 보낸 편지, 1975년 12월 1일.

40 워런 E. 버핏의 증언, 〈In the Matter of Blue Chip Stamps, Berkshire Hathaway Incorporated〉, HO-784, 1975년 3월 21일 금요일. 157쪽.

41 찰스 T. 멍거의 증언, 〈In the Matter of Blue Chip Stamps, Berkshire Hathaway Incorporated〉, HO-784, 1975년 3월 20일 목요일. 197쪽.

42 스탠리 스포킨과의 인터뷰. 스포킨은 1981년에 증권거래위원회를 떠난 뒤 CIA에서 법률 담당으로 일했다. 그리고 1985년 컬럼비아 지구의 연방 지구 법원 판사가 되었으며, 그 뒤 여기에서 계속 일하다가 2000년 은퇴했다.

43 위의 인터뷰. 스포킨에 대해서 보다 자세한 내용을 알고 싶으면 참조, 잭 윌러비, "Strictly Accountable", 〈배런스 Barron's〉, 2003년 4월 7일; 피터 브리멜로, "Judge Stanley Sporkin? The Former SEC Activist Is Unfit for the Federal Branch", 〈배런스〉, 1985년 11월 4일; 로버트 M. 블레이버그, "Sporkin's Swan Song?", 〈배런스〉, 1981년 2월 2일; "Why the SEC's Enforcer Is in Over His Head", 〈비즈니스 위크〉, 1976년 10월 11일.

44 이와 관련해서 스포킨은 다음과 같이 말한다. "나는 좋은 말에 돈을 걸었습니다. 그런데 그 말이 일등으로 들어왔네요."

45 저축 대부 산업에서의 규제 철폐 이후에 산타 바버라는 1980년대 초 연속해서 열다섯 분기 동안 모두 8,090만 달러의 손실을 입었다. 1984년 6월 이반 보에스키가 이 회사를 인수하고 또 급하게 필요한 자금 3,400만 달러를 투입하기 직전까지 갔지만, 없던 일로 끝나고 말았다. 1990년 이 회사는 결국 정부 관리 체제 안으로 들어갔고, 부실 자산을 정리하던 정부 기관인 정리신탁공사 RTC가 이 회사의 운영을 맡은 다음 1991년 '뱅크 오브 아메리카'에 4,100만 달러를 받고 매각했다.

46 블루칩 스탬프스는 11만 5천 달러의 벌금을 물었다. 〈In the Matter of Securities and Exchange Commission vs. Blue Chip Stamps〉, 1976년 6월 9일.

47 증권거래위원회의 기업공시감독위원회, 1976년 7월 30일.

1 더그 스미스, 〈오마하 월드-헤럴드〉, 1975년 5월 9일.

2 찰리 멍거와의 인터뷰.

3 찰리 멍거가 캐서린 그레이엄에게 보낸 편지, 1974년 12월 9일. 멍거는 'silly(바보 같다)'라고 써야 하는 게 분명한 곳에 'dilly(훌륭한 사람, 애인)'라고 썼다. 의미를 명확하게 전달하기 위해서 'silly'로 수정했다.

4 프레드 스탠백과의 인터뷰.

5 록산 브랜트, 월터 슐로스와의 인터뷰들. 브랜트는 나중에, 이것이 이혼 사유로 작용했다며 웃었다.

6 〈뉴욕 데일리 뉴스〉, 1975년 10월 30일.

7 2007년 12월을 기준으로 할 때 이 주식의 가치는 7억 4,700만 달러다.

8 평생 동안 많은 금액을 대출한 적이 없었던 워런이 자기 누이들이 총 매입 자금의 95퍼센트를 대출금으로 마련해서 버크셔 해서웨이 주식을 사는 게 현명한 선택이라고 생각했다는 사실은, 워런이 그 주식이 얼마나 싸다고 생각했는지 그리고 그 주식의 전망이 얼마나 좋다고 생각했는지를 잘 보여준다.

9 버크셔 해서웨이가 〈워싱턴 포스트〉의 주식을 워낙 많이 소유하고 있었고, 또 워런이 〈워싱턴 포스트〉의 이사회에 이름을 올리고 있었기 때문에, 버크셔 해서웨이가 방송국을 인수하면 이 소유권은 〈워싱턴 포스트〉의 소유권으로 간주될 수 있었다. 이 경우 〈워싱턴 포스트〉는 방송국 소유 상한선인 다섯 개를 모두 채우는 셈이었다.

10 하워드 E. 스타크가 워런 버핏에게 보낸 편지, 1975년 6월 18일. 참조, 리 스미스, "A Small College Scores Big in the Investment Game", 〈포천〉, 1978년 12월 18일.

11 캐서린 그레이엄, 《Personal History》(New York: Alfred A. Knopf, 1997).

12 소유주들이 설치한 새로운 인쇄 기술 때문에, 복잡한 장비를 운영하는 방법을 알고 있는 숙련 직원들에게 경영진이 인질로 잡히는 꼴이 되고 말았다.

13 캐서린 그레이엄, 《Personal History》.

14 위의 책.

15 조지 길레스피와의 인터뷰.

16 캐서린 그레이엄의 《Personal History》에 따르면, 그 제안에 따른 계약이 성립할 경우 〈워싱턴 포스트〉의 인쇄공은 미국에서 가장 높은 임금을 받고 해고의 위협

에서 해방될 수 있었다. 하지만 협상은 결렬되었다. 인쇄기를 파손시킨 노동자들을 다시 받아들이지 않겠다고 한 게 협상 결렬의 이유 가운데 하나로 작용했다.

17 《Personal History》에 따르면, 해고된 열다섯 명의 인쇄공은 여러 건의 가벼운 범죄를 저지른 사실을 인정했다. 인쇄기를 파괴하는 등 보다 심각한 범죄를 저지른 여섯 명은 철창 신세를 졌다.

18 그들은 소스 캐피털에 대한 소유권을 경영진에게 팔았다.

19 파업과 워터게이트 사건 등의 파문을 뒤로한 채 캐서린 그레이엄은 1970년대 중반에 〈워싱턴 포스트〉를 키우는 데 초점을 맞추었다. 그때까지 회사는 충분한 수익을 내지 못했고 성장 전략도 '주먹구구식이나 다름없었다'(《Personal History》). 매출액과 수익은 회사의 주식을 되사들이기 시작하던 무렵인 1976년에 상승하기 시작했다. 1970년 0.36달러이던 주당 순이익은 1976년 1.36달러로 올라갔다. 그리고 같은 시기의 자기 자본 수익률(순이익을 자기 자본으로 나눈 비율 – 옮긴이)도 13퍼센트에서 20퍼센트로 올라갔다. 그리고 수익 마진은 3.2퍼센트에서 6.5퍼센트로 올라갔으며 그 뒤로도 계속 좋아졌다('밸류 라인' 보고서, 1979년 3월 23일).

20 찰스 멍거가 캐서린 그레이엄에게 보낸 편지, 1974년 11월 13일.

21 돈 그레이엄과의 인터뷰.

22 C. 데이비드 헤이먼, 《The Georgetown Ladies' Social Club》(New York: Atria Books, 2003).

23 돈 그레이엄과의 인터뷰.

24 수지 버핏 주니어와의 인터뷰. 그녀는 자기 부모가 자기에게 간섭하지 않는 점을 신뢰한다.

25 수지 버핏 주니어와의 인터뷰.

26 딕 홀랜드, 메리 홀랜드와의 인터뷰.

27 수지 버핏 주니어와의 인터뷰.

28 위 인터뷰.

29 호위 버핏과의 인터뷰.

30 피터 버핏은 인터뷰에서 이 시기의 자기 일상을 설명했다.

31 그 관계에 대해서 수지가 케이를 비난했다고 말하는 수지 친구들의 증언에 따른 것이다.

32 앨 페이절, "What Makes Susie Sing?", 〈오마하 월드-헤럴드〉, 1977년 4월 17일.

33 위의 기사.

34 이것은 잭 번이 인터뷰하면서 데이비드슨이 힐난했던 사실을 회고한 내용이다. 잭이 워낙 화려하게 부풀리길 좋아하는 인물이기 때문에 이 내용은 데이비드슨이 실제로 말했던 것보다 조금 더 과장되었을 수도 있다.

35 토니 나이슬리와의 인터뷰.

36 워런 버핏이 캐럴 루미스에게 보낸 편지, 1988년 7월 6일.

37 1974년까지 전체 보험 산업은 치열한 가격 경쟁과 자동차 수리에서부터 소송에 이르는 모든 분야에서의 엄청난 인플레이션 때문에 25억 달러의 손실을 내고 있었다. 평가사인 A. M. 베스트는 이런 손실을 '참을 수 없는'이라는 수식어로 표현했다(〈A.M. Best Company Comment on the State of and Prospects for the Property/Liability Insurance Industry〉, 1975년 6월). 주 정부들 역시 소위 '무과실 보험법'을 의결했다(자동차 보험에서 무과실 보험 가입자는, 사고가 나면 보험금 결정 전에 보상금의 일부를 신속히 받을 수 있다—옮긴이). 이것은 사고가 발생했을 경우 사고를 일으킨 사람이 누구인지 따지지 않고 무조건 그 사고에 대한 보상 책임을 보험사가 져야 한다는 뜻이었다. 연방 정부 역시 중동전쟁 기간 동안 보험 산업에 대해서 가격 통제 정책을 펼쳤다. 한편 1973년~1974년의 황폐한 주식시장은 가이코 주식의 포트폴리오를 강타해서 한때 3.90달러이던 이 주식 가격은 0.1달러로 떨어졌다(레너드 커리, "Policy Renewed: How GEICO Came Back from the Dead", 〈리가디스 Regardie's〉, 1982년 10월/11월).

38 가이코는 5억 달러 규모의 보험 약조금을 받았는데, 현금 의무 보유 기준을 충족하려면 1억 2,500만 달러의 자금을 필요로 했다.

39 샘 버틀러와의 인터뷰.

40 잭 번과의 인터뷰. 번은 다음과 같이 회상한다. 그는 이 이야기를 좋아하고 또 자주 한다. "트래블러스의 멍청이들은 나 대신 에드 버드를 CEO로 선택했습니다. 나한테 투자된 백만 달러는 현재 십억 달러 가치가 있지만, 에드 버드에 투자된 백만 달러는 현재 75만 달러 가치밖에 되지 않습니다. 그래서 늘 화가 났죠. 하지만 지금은 이런 상태에 대해서 보다 더 성숙한 태도를 가지고 있습니다. 그래도 화는 나죠, 여전히." 이 내용은 다음 책에서도 자세하게 다루고 있다. 윌리엄 K. 클링거먼, 《GEICO, The First Forty Years》(Washington, D.C.: GEICO Corporation,1994).

41 잭 번과의 인터뷰.

42 "GEICO's Plans to Stay in the Black", 〈비즈니스 위크〉, 1977년 6월 20일. 월랙이 자기를 좋아하지 않는 것 같다는 것은 번이 받았던 인상이다.

43 가이코가 확보하고 있던 자본은, 모든 보험 증권에 대한 지불 능력을 보장하기 위한 의무 기준에 턱없이 모자랐다. 가이코는 사업 일부를 경쟁사에 이전함으로써 자본에 대한 부담을 덜게 되었다.

44 로다 사나트, 버니 사나트 부부와의 인터뷰.

45 루 심슨과의 인터뷰.

46 "Leo Goodwin Jr. Is Dead at 63; Headed GEICO Insurance Concern", 〈뉴욕 타임스〉, 1978년 1월 18일; "Leo Goodwin, Financier, Son of Founder of GEICO", 〈워싱턴 포스트〉, 1978년 1월 18일.

47 돈 그레이엄과의 인터뷰.

48 레너드 커리, "Policy Renewed".

49 워런 버핏이 캐럴 루미스에게 보낸 편지, 1988년 7월 6일.

50 블루칩은 1976년 3월에 핑커턴스의 지분 14퍼센트를 샀으며 워런은 이 회사 이사회에 이름을 올렸다. 보이스 타운이 은닉한 자금을 만천하에 공개하기도 했던 예전 소년 탐정에겐 전율이 이는 일이었다.

51 빌 스콧과의 인터뷰.

52 월랙은 대형 보험사들에게 최종 결정 시한을 6월 22일까지로 제시하고 가이코의 재보험 증권 총액 가운데 40퍼센트를 사라고 제안했었다. 하지만 이 제안을 받아들인 보험사들은 충분히 많지 않았다. 월랙은 가이코 퇴출 여부를 6월 25일 금요일까지 결정할 예정이었다. 그런데 그는 이 시한을 연기하고, 7월 중순에 가이코 회생 계획을 수정했다. 수정된 내용은 가이코의 프리미엄 가운데 다른 보험사들이 떠안아야 할 비율을 25퍼센트로 낮추고, 또 연말까지 가이코가 확보해야 할 자금 액수를 5천만 달러로 낮추었다. 레지널드 스튜어트, "Bankruptcy Threat Fails to Change Status of GEICO", 〈뉴욕 타임스〉, 1976년 6월 26일; 레지널드 스튜어트, "The GEICO Case Has Landed in His Lap", 〈뉴욕 타임스〉, 1976년 7월 4일; 매슈 L. 월드, "GEICO Plan Is Revised by Wallach", 〈뉴욕 타임스〉, 1976년 7월 16일.

53 내셔널 인뎀너티는 매우 특별한 보험사였다. 하지만 그다지 크거나 잘 알려진 회사가 아니었기 때문에 경쟁 업체를 도와야 한다는 논리를 펼치는 데 그다지 큰 힘을 발휘하지 못했다. 그리고 워런의 다른 보험 회사들은 (뒤에서 살펴볼 테지만) 고전을 면치 못하고 있었다.

54 맥더모트 장군이 실제로 어떤 내용을 썼는지 알 수는 없지만, 그가 이서했다는 사실은 보험사들 사이에서 상당한 신뢰의 근거가 되었다.

55 번에 따르면, 전직 가이코 직원들이 이런 놀라운 일이 일어나는 데 기여했다.

56 잭 번과의 인터뷰.

57 한 인터뷰에서 존 구트프룬드가 프링퀠리가 했던 말을 인용한다. 프링퀠리는 필자가 인터뷰하려고 전화하고 메시지를 남겼지만 응답 전화를 하지 않았다.

58 샘 버틀러와의 인터뷰.

59 레너드 커리, "Policy Renewed". 몇몇 자료에 따르면 버틀러 역시 구트프룬드가 이 거래에 나서도록 설득하는 데 기여했다.

60 의심할 것도 없이 그런 일은 일어나지 않았다. 가이코는 특히 손실 충당금을 계산하는 방법이 바뀌었다는 사실을 공시하지 않았는데, 이 계산 방법의 변화로 1975년 2/4분기와 3/4분기 동안 수익은 2,500만 달러 증가하는 것으로 분석되었다. "In the Matter of GEICO et. al.", 1976년 10월 27일.

61 레너드 커리, "Policy Renewed".

62 존 구트프룬드와의 인터뷰.

63 주식 공모가 시작된 뒤 이 주식이 어떻게 거래될지 평가할 때 예비 매입자가 뒤를 받치면서 지원하는 것은 기본적인 요소로 고려했다. 이런 예비 매입자가 있을 때, 공모 시장에 내놓은 주식을 인수하는 투자은행이 자기 자본으로 사들여야 하는 상황을 미연에 방지할 수 있다.

64 번이 회상한 내용에 따르자면, 뉴욕의 감독관이던 톰 하넷은 가이코의 재보험을 다른 보험사들이 받아주도록 최대한 분위기를 조성했다. 하넷에게는 그럴 만한 동기가 있었다고 번은 믿고 있다. 왜냐하면 '뉴욕 보증 펀드'가 빵빵하던 뉴욕시티 채권에 투자했었는데, 이 채권이 액면가에 훨씬 못 미치는 가격에 거래되었기 때문이다. 파산 상태나 다름없던 이 펀드는 결국 뉴욕시티의 재정 위기 속에서 증발해 버리고 말았다.

65 번은 이 이야기를 과거에 여러 차례 더 생생하게 했었다. 로저 로웬스타인의 저서 《Buffett: The Making of a American Capitalist》(New York: Doubleday, 1996)에서 그는 시런에게 다음과 같이 말했다고 밝혔다. "자, 여기 빌어먹을 허가증이 있으니까 받으시오. 지금 이 순간부터 우리는 뉴저지주의 시민이 아닙니다." 그는 시런을 '역대 최악의 보험 감독관'이라고 부른다.

66 자기들 일자리와 관련된 이야기를 듣고 불만을 품은 직원들은 꼭대기 층에서 창문 밖으로 보험 관련 서류를 던지기 시작했다. "서류들이 노스 저지 상공에 날아다녔습니다"라고 번은 말한다. 그런데 가이코가 보험금 지급 사무소를 필라델피아로 옮길 때까지는 이 서류 멸실 사실을 아무도 알지 못했다. "서류들을 옮기려

고 보니까, 서류들이 없었습니다." 번은 이렇게 없어진 자료 때문에 회사가 떠안아야 했던 비용은 자그마치 3천~4천만 달러나 되었던 것으로 추정한다. 보험 가입자들이 계약과 달리 과도하게 청구했지만 이를 바로잡을 근거가 없었기 때문에 어쩔 수 없이 그들이 청구한 금액대로 지급함으로써 발생한 비용이었다. 가이코는 또 매사추세츠에서도 허가증을 반납했다. 덕분에 다른 여러 주들에서는 이런 시위를 하지 않아도 되었다. 220만 명이던 가이코 보험 가입자 가운데 재계약하지 않은 가입자는 총 40만 명이었다.

67 잭 번과의 인터뷰. 필자는 이 이야기를 예전에 번의 비서로 일했던 사람에게서 처음 들었다.

68 토니 나이슬리와의 인터뷰. 이 회의들이 이처럼 길게 이어졌다는 사실은 그다지 신빙성이 없어 보인다. 하지만 어쨌거나 번은 초인적인 정력의 소유자였던 것 같아 보인다.

69 잭 번과의 인터뷰.

70 제임스 L. 로 주니어, "Fireman's Fund Picks Byrne", 〈워싱턴 포스트〉, 1985년 7월 24일; 사라 오티스, "Byrne Pulled GEICO Back from Edge of Bankruptcy", 〈워싱턴 포스트〉, 1985년 7월 24일.

71 그레이엄 그룹에 속한 사람들, 워런의 친구들, 워런의 직원들인 마셜 와인버그, 윈덤 로버트슨, 번 매켄지, 글래디스 카이저, 밥 골드파브, 톰 볼트, 핼리 스미스, 호위 버핏, 피터 버핏 등은 모두 그로스먼을 애정 어린 마음으로 기억한다.

41

1 그리스토퍼 오그던, 《Legacy, A Biography of Moses and Walter Annenberg》 (Boston: Little, Brown, 1999); 존 쿠니, 《The Annenbergs: The Salvaging of a Tainted Dynasty》(New York: Simon & Schuster, 1982).

2 오그던의 위의 책에는 다음 내용이 담겨 있다. 매코믹이 애넌버그에게 〈워싱턴 타임스-헤럴드〉를 인수하라고 제안했다. 애넌버그는 이 제안을 거절했다. 대신 그는, 필 그레이엄의 음주벽과 불안정한 정신 건강에도 불구하고 매코믹이 그레이엄 부부에게 그 신문사를 팔도록 설득했다. 그랬기 때문에 애넌버그는 현재의 〈워싱턴 포스트〉를 있게 했던 〈워싱턴 타임스-헤럴드〉 합병에 어느 정도 기여했다는 생각을 가지고 있었다. 그런데 그는 그레이엄 부부가 단 한 번도 그와 관련해서 자기 면목을 세워주지 않자 모욕감을 느꼈다. 워런은, 애넌버그는 자기가 한

역할을 과장했으며 또 그레이엄은 애넌버그의 이런 생각을 말도 안 되는 이야기로 치부했다고 말한다.

3 드루 피어슨, "Washington Merry-Go-Round:Annenberg Lifts Some British Brows", 〈워싱턴 포스트〉, 1969년 2월 24일.

4 닉슨을 바라보는 애넌버그의 관점을 워런이 회고한 내용에서.

5 애넌버그가 보이는 반응은 《Legacy》에서 빌려서 썼다. 드루 피어슨, "Senators Wary on Choice of Annenberg", 〈워싱턴 포스트〉, 1969년 3월 5일.

6 닉슨과의 이 비교는 애넌버그의 전기를 쓴 사람들이 한 것이다.

7 사실 애넌버그 부부가 영국 주재 미국 대사 공관인 윈필드 하우스를 개조하는 데 시간과 개인적인 비용 및 정확한 판단을 투자했다는 사실이 두 사람이 그 건물의 새로운 주인이 되는 데 결정적인 역할을 했다.

8 C. 데이비드 헤이먼, 《The Georgetown Ladies' Social Club》(New York: Atria Books, 2003)과 《Legacy》. 이것은 월터 애넌버그가 한 설명이다. 하지만 실제로 어떤 말이 오갔는지는 알 수 없다. 그러나 모든 설명을 놓고 볼 때 그의 감정이 상했던 것만은 분명하다.

9 나중에 그는 자기 돈 대부분을 애넌버그 재단에 기부했으며 소장하던 미술품은 메트로폴리탄 미술관에 기증했다.

10 랠리 웨이머스, "Foundation Woes: The Saga of Henry Ford II, Part II", 〈뉴욕 타임스〉, 1978년 3월 12일.

11 월터 애넌버그가 워런 버핏에게 보낸 편지, 1992년 10월 1일.

12 도너라는 이름이 완전히 지워진 것은 아니었다. 도너가 여든아홉 살의 나이로 사망한 지 7년 뒤인 1960년, 그의 재단이 확보하고 있던 자산 4,400만 달러를, 새로이 설립된 도너 재단과 원래 있던 재단(이 재단은 이름을 '독립 재단'으로 바꾸었다)이 반씩 가졌다(www.independencefoundation.org).

13 월터 애넌버그가 워런 버핏에게 보낸 편지, 1992년 10월 1일.

14 2003년 필자와 인터뷰하면서 했던 말이다. 이 말을 통해서 당시 그의 생각이 어디로 향하고 있었는지 가늠할 수 있다.

15 대부분의 인수 합병 거래에서 인수 대금은 (오로지 납부할 세금의 규모를 줄일 목적으로) 주식으로 처리되는데, 이런 미묘한 심리적인 반응 덕분에 매각하는 측이 유리하다. 인수 대금으로 자기가 소유하는 기업의 주식을 기꺼이 제공하겠다는 것은, 인수자가 자기 기업보다 새로 인수하는 기업을 높이 평가하고 선호한다는 뜻이 되기 때문이다. 그런데 순진한 매각자로부터 저평가된 기업을 고평가된

주식으로 인수할 때는 예외다. 이것은 공격적인 인수자가 주로 구사하는 방식인데, 보통 생각하는 것처럼 이런 경우가 그렇게 흔하지는 않다.

16 캐서린 그레이엄이 자서전에 직접 구사한 표현. 리즈 스미스는 그레이엄이 "버핏의 안주인 역할을 자주 한다"고 했으며, 다이애나 매클렐란은 "뉴욕에서는 온통 사람들이 케이 그레이엄과 워런 버핏 이야기만 한다. (……) 하지만 매우 조심스럽게 한다"고 썼다. 다이애나 매클렐란, "The Ear", 〈워싱턴 스타〉, 1977년 3월 12일; 리즈 스미스, "Mystery Entwined in Cassidy Tragedy", 〈시카고 트리뷴〉, 1977년 3월 6일.

17 헤이먼, 《The Georgetown Ladies' Social Club》.

18 예를 들어서 진 모네와 애들라이 스티븐슨과 그녀가 맺었던 관계를 참조.

19 로웬스타인의 《Buffett》에서는 그 편지를 이런 식으로 언급한다.

20 그레이엄은 댄 그로스먼에게 이 편지의 사본을 보여주었다. 수전 버핏 역시 도리스 버핏에게 이 편지의 사본을 보여 주었다. 그레이엄의 편지들은 현재 봉인된 상태다.

21 로저 로웬스타인, 《Buffett》.

22 "Interview with Susan Buffett", 〈게이트웨이〉, 1976년 3월 5일.

23 피터 시트론, "Seasoning Susie", 〈오마하 월드-헤럴드〉, 1976년 4월 7일.

24 "Buffett Serious", 〈오마하 월드-헤럴드〉, 1976년 9월 14일.

25 워런은 웨스트 55번가 24번지에 있는 앨프레드 크노프의 아파트를 살까 고민했다. 이 아파트는 나중에 록펠러의 기념비적인 아파트 두 개 가운데 하나가 된다.

26 수지 버핏 주니어와의 인터뷰.

27 앨 페이절과의 인터뷰.

28 드넨버그는 인터뷰를 거부했다.

29 앨 페이절, "What Makes Susie Sing?" 〈오마하 월드-헤럴드〉, 1977년 4월 17일.

30 위의 기사.

31 앨 페이절과의 인터뷰.

32 위의 인터뷰.

33 피터 시트론, "Seasoning Susie".

34 스탠 립시와의 인터뷰. 참조, 레오 리트윅, "Joy Is the Prize: A Trip to Esalen Institute", 〈뉴욕 타임스 매거진〉, 1967년 12월 31일.

35 스티브 밀버그, "Williams' Songs Outshine Voice", 〈오마하 월드-헤럴드〉, 1977년 9월 5일.

36 애스트리드 맹크스 버핏과의 인터뷰. 워런은 잠이 들면 수지가 옆에 있는지 없는
지도 모르는 걸로 유명했다. 다음은 라켈 뉴먼이 한 이야기다. 한번은 수지가 밤
10시나 11시쯤 된 시각에 노래를 부르려고 자동차를 몰아서 도티의 집으로 갔
다. 그런데 자정쯤 눈보라가 몰아치는 가운데 집으로 돌아오던 길에 낭패를 당했
다. 자동차의 기름이 떨어진 것이었다. 수지는 집에서 잠을 자던 워런을 깨우는
대신 친구에게 전화를 걸었으며, 주유소를 찾느라 온밤 내내 헤매고 다녔다. 고속
도로에서 트랙터 트레일러가 사고를 내고 드러누운 바람에 시간은 더 지체되었
다. 수지가 마침내 집으로 돌아온 시각은 동이 틀 무렵이었다. 하지만 워런은 수
지가 밤새 집에 없었다는 사실을 전혀 알지 못했다.

37 수지는 이 말을 자기들 부부가 친하게 지내던 한 친구에게 했다. 이 친구는 수지
가 아마도 진심이었을 것이라고 믿는다. 워런이 정말로 수지에게 깊이 의지했다
고 믿기 때문이기도 하거니와, 워런이 외가인 스탈 가문 및 버핏 부부의 친구들에
게서 일어났던 수많은 자살 사건을 마음에 심각하게 담아두고 있었기 때문이라
는 게 그 친구가 내세운 이유였다.

38 워런 버핏, "How Inflation Swindles the Equity Investor", 〈포천〉, 1977년 5월.
그레이엄 그룹에 보낸 한 편지(1977년 9월 27일)에서 빌 루안은 다음과 같이 썼
다. "이 글은 오늘날 우리의 경제적인 관심사의 주요 내용이라고 할 수 있는 많은
주제들을 놓고 토론하는 데 바탕이 될 수 있을 것입니다. 이 글은 인플레이션의
중심 주제를 다룰 뿐만 아니라 세금, 수익률, 배당금 지급 능력 및 우리 경제 체제
의 총체적인 가치를 감정하는 데 결정적인 여러 요소들을 다룹니다."

39 버핏 그룹은 이 주제를 그 뒤에도 계속 반복해서 다루었다. 하지만 구성원들은 비
관적이었으며 이 문제가 쉽게 풀릴 것이라고는 보지 않았다. 이들이 이런 생각을
한 것도 충분히 일리가 있었는데, 장기간에 걸친 연방 예산을 통제할 수 있는 결
의안을 채택할 권한을 의회가 가지고 있었기 때문이다.

40 마셜 와인버그와의 인터뷰.

41 7,200만 달러는 1977년 말 기준으로 버크셔 해서웨이, DRC, 블루칩에 가지고 있
던 그의 지분을 포함한 것이다. 이것 말고도 수지의 몫이 650만 달러나 되었다.
그리고 이 금액에는 워런이 위의 세 회사 사이의 순환 출자를 통해서 간접적으로
보유하고 있던 지분이 포함되지 않았다.

42 피터 버핏과의 인터뷰.

43 톰 뉴먼과의 인터뷰.

44 이런 사실에 대해서는 두 사람이 필자에게 확인해 줬다.

45 애스트리드 버핏과의 인터뷰.

46 위의 인터뷰.

47 마이클 애덤스와의 인터뷰.

48 애스트리드 버핏과의 인터뷰.

49 1977년의 편지는 예전의 편지들보다 '가르치고자 하는' 내용을 훨씬 더 많이 담고 있다. 워런이 버크셔 해서웨이를 12년 동안 지배해 왔었지만, 1977년 편지부터 장정 상태로 그가 친구들에게 썼던 편지 모음집에 들어가게 된다. 그리고 이 해의 편지부터 버크셔 해서웨이의 웹 사이트에 실렸다.

42

1 애스트리드 버핏과의 인터뷰.

2 마이클 애덤스와의 인터뷰.

3 켈리 머치모어와의 인터뷰.

4 가족과 친하게 지냈던 어떤 사람의 증언.

5 워런은 필자와 대화하면서 그리고 필자에게 보낸 편지에서, 자기 인생은 나이 마흔일곱을 전환점으로 해서 두 개로 나뉜다고 설명했다.

6 에스티는 죽을 때까지 '벤저민 그레이엄 부인'이라는 돋을새김 글자가 박힌 편지지를 썼다.

7 2003년 필자와 했던 인터뷰.

8 캐서린 그레이엄, 《Personal History》(New York: Alfred A. Knopf, 1997).

9 스탠 립시와의 인터뷰.

10 샤론 오스버그와의 인터뷰.

11 인터뷰에서 애스트리드 버핏은 그 VCR 관련 통화를 회고했다.

12 지니 립시 로젠블럼과 여러 사람들이 인터뷰 과정에서 이 내용을 포함한 상세한 사실들을 회상했다.

13 피터 버핏과의 인터뷰.

14 브라이언트는 플로리다의 데이드 카운티에서, 동성애자가 공립 학교에서 교사 활동을 하지 못하도록 하는 법안을 만들려는 운동을 펼쳤다. 그리고 동성애자에게 불리한 인권 조례를 통과시키는 데 성공했다.

15 이 가격은 연금 순부채 150만 달러를 포함한다. 블루칩 스탬프의 1977년 연례 보고서. 블루칩 스탬프는 여기에 필요한 자금을 마련하려고 1977년 4월 한 은행으

로부터 3천만 달러를 빌렸다.

16 1977년 말에 버크셔와 블루칩, DRC는 각각 3억 7,900만 달러, 2억 달러, 6750만 달러의 자산을 가지고 있었다.

17 워런과 수지는 개인적으로 버크셔 해서웨이의 46퍼센트를 소유했다(이 비율은 직접적으로 소유하던 지분뿐만 아니라 블루칩과 DRC를 통해서 간접적으로 소유하던 지분까지 모두 포함한 것이다). 그리고 두 사람은 또 블루칩을 (직접적으로 그리고 간접적으로) 35퍼센트 소유했다.

18 머레이 라이트, 《From Butler to Buffett: The Story Behind the Buffalo News》 (Amherst, NY: Prometheus Books, 2004). 버틀러는 1970년대 초 인권위원회의 조사를 받고 난 다음에야 흑인의 결혼 사진을 신문에 게재했다고 말한다.

19 스탠 립시와의 인터뷰.

20 〈버펄로 이브닝 뉴스〉도 토요일판을 발행했다. 하지만 이 신문의 몇 되지 않는 광고주 목록을 보면 〈쿠리어-익스프레스〉 일요일판의 위력이 얼마나 강력했는지 알 수 있다.

21 만일 〈버펄로 이브닝 뉴스〉가 일요 신문을 시작하지 않은 채 두 신문사의 균형 양상이 지속되었다면, 그로 인한 결과는 뻔하다고 할 수 있을 것이다. 공동경영협약을 체결하거나, 두 신문을 결합하기 위해서 〈쿠리어-익스프레스〉를 합병하는 것이었다. 하지만 이 둘 다 비싼 대가를 치러야 할 대안이었다.

22 '〈버펄로 쿠리어-익스프레스〉 대 〈버펄로 이브닝 뉴스〉', 피해 보상 및 반독점법 위반에 대한 금지명령구제(1977년 10월 28일).

23 〈쿠리어-익스프레스〉 전직 기자였던 마이클 A. 힐치크는 2000년 6월 20일 짐 로메네스코(저명한 블로거이자 저널리스트-옮긴이)의 웹 사이트 내 '미디어 뉴스 엑스트라Media News Extra'에, 담당 판사로 선임될 가능성이 있는 모든 주 정부 판사를 대상으로 〈쿠리어-익스프레스〉가 작성했던 아부성 기사들을 회고하는 내용의 글을 올렸다. 이 글에서 그는 브라이언트 판사가 주재하는 연방 법정에서 공판이 이루어진 건 '전략 수행의 실수'였다고 말했다. 이 사람에 대한 인물평 가운데 하나가 '이 판사는 법복을 벗으면 확고한 신념을 잃어버린다'라는 내용이었다고 한다.

24 론 올슨과의 인터뷰.

25 조너선 R. 레잉, "The Collector: Investor Who Piled Up $100 Million in the '60s Piles Up Firms Today", 〈월스트리트 저널〉, 1977년 3월 31일.

26 워런의 증언. 〈버팔로 쿠리어 익스프레스〉 대 〈버팔로 이브닝 뉴스〉, 1977년 1월

9일.

27 로저 로웬스타인의 《Buffett: The Making of an American Capitalist》에서 밥 러셀은, 러셀 부부의 집 앞으로 자동차를 몰고 지나가는 모든 사람에게 통행료를 부과하고 싶어 하던 소년으로 어린 워런 버핏을 묘사했다. 워런은 이 일을 기억하지 못하지만, 만일 실제로 그랬다면 아마도 오마하에서 미주리강을 건널 수 있는 유일한 다리인 더글러스 스트리트 유료 교량을 무료 교량으로 바꾸려고 했던, 당시 도시 전체가 들썩거리던 움직임에 영향을 받았을 가능성이 높다. 이것과 관련된 쟁점이나 소식은 그가 어린 시절에 언론 매체를 통해서 가장 많이 보도되었던 것이다.

28 이 다리는 마티 마론에게 1979년 3천억 달러에 팔렸다. 인플레이션을 감안할 때, 이 돈은 30년 전 이 다리가 건설될 때 들어간 비용보다 30퍼센트 적은 금액이다.

29 Findings and Conclusions, 예비 명령 신청, 《Buffalo Courier-Express, Inc., v. Buffalo Evening News, Inc.》, 1977년 11월 9일.

30 딕 허시, "Read All About It", 와 "Bflo Tales", 《비즈니스 퍼스트Business First》, 1978년 겨울.

31 버핏 체제의 첫 1년 만에. 머레이 라이트, 《From Butler to Buffett》.

32 스탠 립시와의 인터뷰.

33 위의 인터뷰.

34 《Buffalo-Courier Express, Inc., v. Buffalo Evening News, Inc.》(United States Court of Appeals, Second Circuit, 601 F.2d 48). 1979년 4월 16일.

35 워런 버핏, "You Pay a Very High Price in the Stock Market for a Cheery Consensus", 〈포브스〉, 1979년 8월 6일.

36 윌리 워커와의 인터뷰. 필자가 여러 차례 코멘트를 요청했지만 잡스는 답변을 하지 않았다.

37 워런 버핏, "You Pay a Very High Price in the Stock Market……".

38 스탠 립시와의 인터뷰.

39 블루칩 스탬프의 1980년 연례 보고서.

40 자넷 로, 《Damn Right!: Behind the Scenes with Berkshire Hathaway's Charlie Munger》(New York: John, Wiley & Sons, 2000).

41 위의 책.

42 워런 버핏이 임직원들에게 보낸 편지, 1980년 12월 2일.

43 처음에 경영진과 다른 노동조합들은 트럭 운전사 없이 신문을 발행하려고 했다

(〈버펄로 이브닝 뉴스〉, 1980년 12월 2일). 이 파업은 주급 41달러의 차이를 놓고 일어났다.

44 일요 신문은 약 19만 5천 부 팔렸다. 이것은 경쟁사들이 기록하던 판매 부수의 약 3분의 2 수준이었다. 이 수치는 1982년 3월 발행부수공시제도협회 ABC가 발표한 수치다. 로웬스타인, 《Buffett》.

45 블루칩 스탬프의 1980년 연례 보고서는 그해에는 소송이 '줄었고 또 여기에 따른 비용도 적게 들었다'고 보고했다.

46 론 올슨과의 인터뷰.

이경식

서울대학교 경영학과와 경희대학교 대학원 국문학과를 졸업했다. 옮긴 책으로《내 아버지로부터의 꿈》《신호와 소음》《소셜 애니멀》, 쓴 책으로《1960년생 이경식》외 다수가 있다. 오페라 〈가락국기〉, 영화 〈개 같은 날의 오후〉, 연극 〈춤추는 시간 여행〉, TV 드라마 〈선감도〉 등의 각본을 썼다.

워런 버핏 공식 전기

스노볼1

1판 1쇄 발행 2009년 8월 20일
2판 1쇄 발행 2021년 12월 22일
2판 3쇄 발행 2024년 1월 4일

지은이 앨리스 슈뢰더
옮긴이 이경식

발행인 양원석
편집장 김건희
디자인 신자용, 김미선
영업마케팅 조아라, 정다은, 이지원, 한혜원

펴낸 곳 ㈜알에이치코리아
주소 서울시 금천구 가산디지털2로 53, 20층 (가산동, 한라시그마밸리)
편집문의 02-6443-8902   **도서문의** 02-6443-8800
홈페이지 http://rhk.co.kr
등록 2004년 1월 15일 제2-3726호

ISBN 978-89-255-7910-8 (04320)
    978-89-255-7904-7 (세트)